国家清史编纂委员会·编译丛刊

北京：公共空间和城市生活（1400—1900）

上册

Peking: Temples and City Life, 1400-1900

[美] 韩书瑞（Susan Naquin）/著

孔祥文/译

孙　昉/审校

中国人民大学出版社

·北京·

Peking:

Temples and City Life, 1400–1900

Susan Naquin

UNIVERSITY OF CALIFORNIA PRESS
Berkeley Los Angeles London

总　序

纂修清史是我国新世纪标志性的文化工程，它包括 3 000 余万字的清史主体工程及文献、档案整理和编译工作。广大史学工作者正以高度的民族责任感和历史使命感，努力做好清史编纂工作，科学总结历史经验，继承和弘扬民族优秀文化，为建设中国特色社会主义服务。

世界各国从分散发展到趋于一体，大抵从 15 世纪、16 世纪开始，直至 19 世纪末 20 世纪初，形成了资本主义的世界市场和世界体系。清朝从 1644 年到 1912 年共延续了 268 年，这是世界历史发生深刻变化的重要的转折时期。在这个特定的历史条件下，清王朝却依然以“天朝大国”自居，闭关自守，使封建社会的中国越来越落后于西方资本主义国家，在洋枪洋炮面前不堪一击；西方列强用大炮打开了中国的大门，使之沦为半封建半殖民地国家。在 18 世纪世界历史的大变局中，康乾盛世不过是中国封建社会“落日的辉煌”，而到 19 世纪中叶鸦片战争后，清朝日益衰颓，已奏起了“落日的挽歌”。因此，研究清史，确定它的基本内容，以及确定研究它的基本理论、原则和方法时，不能脱离清王朝社会发展过程中世界正在发生深刻变化的广阔的社会历史背景。

在编纂清史时要有世界眼光，这已是广大史学工作者的共识。不仅要把清史放到世界历史的范畴中去分析、研究和评价，既要着眼中国历史的发展，又要联系世界历史的发展进程，而且还要放眼世界，博采众长，搜集和积累世界各国人士关于清代中国的大量记载，汲取外国清史研究的有益成果，为我所用。正是从这一基本认识出发，国家清史编纂委员会决定编辑出版“国家清史编纂委员会·编译丛刊”（以下简称“编译丛刊”）。

清朝建立之初，曾和世界各国保持一定程度上的接触。后来中国的大门一度被关闭而后又被强行打开，这期间，外国的传教士、商人、外交官、军队、探险家、科学考察队蜂拥而来，东方古国的一切都使他们感到惊奇。基于种种不同的目的，他们记录下在华的所见所闻。这些记录数量浩瀚，积存在世界各国的图书馆、档案馆、博物馆或私人手中，成为了解清代近三个世纪历史的珍贵资料。由于西方人士观察、思考和写作习惯与中国人不同，他们的记载比较具体、广泛，比较注重社会的各个阶层各个方面，因而补充了中国史料记载的不足。“编译丛刊”将从中选取若干重要资料译介给国内的读者；对早年问世的具有开拓性、奠基性价值，但不为中国学术界所熟知的作品，我们也将同样给予关注；此外，对反映当代国外清史研究新的学术思潮、前沿问题、热点问题和重要成果的学术专著，“编译丛刊”也将及时地介绍给中国学术界。

从中国史学的历史与现实出发，有选择地介绍国外新史学的一些理论与方法是必要的。如西方历史学家提出，第二次世界大战后，“历史学的界限变得越来越模糊了”，主要是强调扩大历史学家的视野，拓宽历史研究的选题；又如提倡“自下而上看的历史学”，努力将社会精英的历史变成社会大众的历史，将千百年来隐藏在历史幕后的社会大众推上历史的前台。此外，在第二次世界大战后历史研究整体化趋势的推动下，出现了一系列历史学分支学科，如社会史、人口史、民俗史、新经济史、新政治史、心理史、社会生态史、环境史、妇女史、城市史、家庭史等等，对于纂修清史有一定的借鉴作用，这些都将在“编译丛刊”的作品中有所体现。

人类的文明史就是一部不同文明间不断交流和融合的历史。任何国家的文化都是通过与异质文化的对话和交流获得营养，从而不断发展壮大。纂修清史必须排除闭关自守的文化排外主义的干扰，破除中西对立的僵化思维方式，以开放的胸襟、兼容的态度和科学的精神对待国外清史研究的一切成果，因为它们既是“中国的”，也是“世界的”。愿“编译丛刊”在新世纪中外文化交流的广阔背景下，作为一座科学的桥梁、友谊的桥梁，为纂修清史做出更多的贡献。

于 沛

2004 年 5 月

本书属菲利普·E. 利连索尔书系

本书系是为了纪念菲利普·E. 利连索尔（Philip E. Lilienthal），他从 1954 年至 1979 年供职于加利福尼亚大学出版社。本书系专门面向亚洲研究领域的年轻作者，出版优秀的著作。朋友、家人、作者、基金会共同捐赠了利连索尔基金，加利福尼亚大学出版社得以借此书系，精选作品，以反映这位了不起而受人爱戴的创造者的品位和睿见。

谨以此书献给希尔达·芒福德（Hilda Mumford）和贝蒂·史密斯（Betty Smith），是他们教我爱好历史。

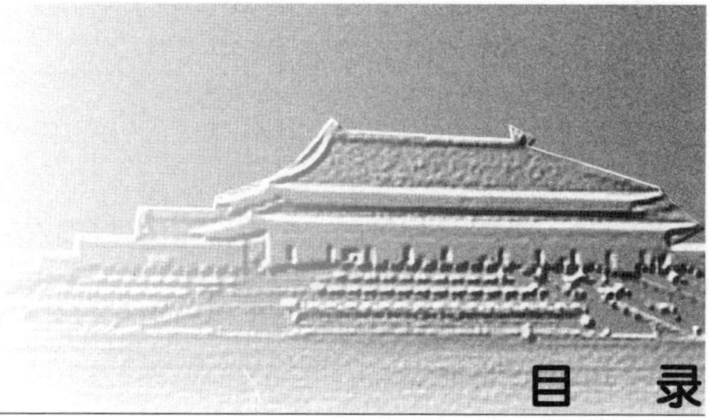

目录

上册

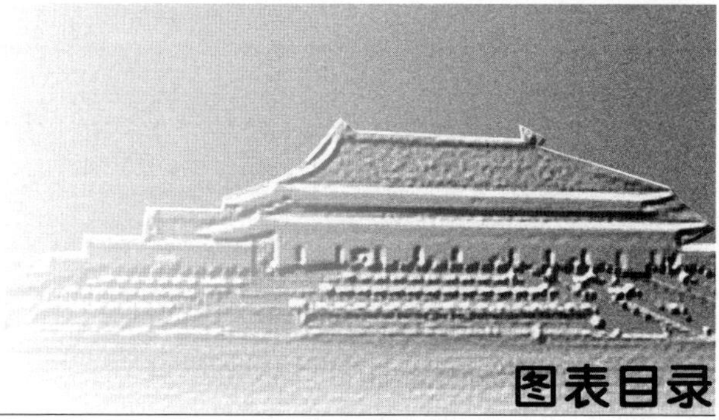

图表目录

上　册

表

地图

图

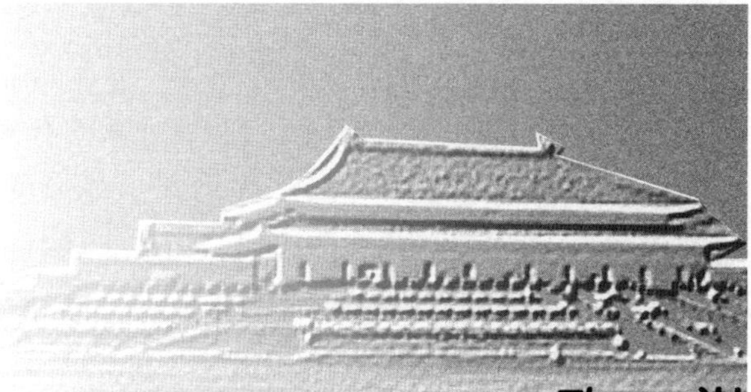

致 谢

1986 年，我首次认真地对北京的历史展开研究。当时，在澳 *xv*
大利亚的堪培拉，我获得了澳大利亚国立大学（the Australia National University）和美国国家人文基金会（NEH）两个机构的助学金，并且 1986 年 12 月受到台湾“中央研究院”会议上一篇论文的启发和鼓励，把我的研究领域拓展到北京的历史。1987 年，美国国家人文基金会的赞助使我在中国台湾和日本的研究成为可能。我还得到了美国的中国学术交流委员会（CSCC）的赞助，得以于 1987 年和 1988 年在北京开展研究。承蒙古根海姆基金会（John Simon Guggenheim Memorial Foundation）的支持，我在 1991—1992 年获得了宝贵关键的一年假期。在这段时间里，我作为华盛顿特区伍德罗·威尔逊国际研究中心（Woodrow Wilson Center for International Studies）的一名成员度过了八个月的光阴。宾夕法尼亚大学（the University of Pennsylvania）和普林斯顿大学（the Princeton University）也为我提供了假期和支持。对于这些机构的感激之情，我实在难以用言语表达。正是这些机构的支持，使我研究、写作和到东亚旅行成为可能。

在中国，那些重要图书馆和档案馆的工作人员非常热情。冀亚平、郑培珍以及他们在北京图书馆*善本部金石拓片室的同人真诚地为我提供20世纪80年代末征集过来的石碑拓片。当时他们正在进行搬迁新馆的工作，我这样的要求显然成为一种负担。首都图书馆地方文献部的韩朴和其他同人，同样也表现出乐于助人的精神。在古老的国子监（即馆藏所在地，堆满了从寂寥院落里搬运而来的成摞拓片）阅览室里的工作，使我在研究中享受到很大的乐趣。虽然我在中国社会科学院图书馆和现在被称作老北京图书馆的地方的时间比较短暂，但是那里的图书馆馆员同样非常热情。在华盛顿特区，我与陈家仁（Lily Kecskes）和菲尔图书馆（the Freer Library）打交道，美国国会图书馆的居蜜（Mi Chu Wiens）和普林斯顿杰斯特图书馆（the Gest Library）的马丁·海德拉（Martin Heijdra）、牧野靖子（Yasuko Makino）也不辞辛劳
xvi 地为我提供帮助。尤其值得一提的是，我的学生克里斯蒂娜·塔古帕（Christina Tagupa）、格雷格·郝尔（Greg Hall）、艾米莉·胡佛（Emily Hoover）和马修·周（Matthew Chou）在地图方面给予我特别重要的帮助。

这些年来，我和许多1949年之前生活在北京的人进行过谈话和通信，他们享有北京的记忆、照片和岁月，他们是卜德（Derk）、加利亚·布迪（Galia Bodde）、吴晓玲（Wu Xiaoling）、罗信耀（Luo Xinyao，又名H. Y. Lowe）和安妮·古德里奇（Anne Goodrich）。

我的研究中最美好的部分或许是20世纪80年代我花上数小时骑自行车穿越北京城郊。虽然本书中所描述的一些寺院已经得到了恢复并对外开放，但是更多的寺院却被改作他用。我还非常感谢鞠德源（Ju Deyuan）、李世瑜（Li Shiyu）和阎崇年（Yan Chongnian）等和我一起进行这些短程旅行的朋友们。这不仅因为他们是友善和有学问的伙伴，而且也是他们帮助我轻轻推开曾经被关闭的一扇扇大门。即使处于被毁坏的情况下，这些寺院也允

---

* 即今中国国家图书馆。本书中凡*注均为译者所加。

许我进行测量工作——当时并没有文字的记载，查看它们先前的规模、设置和环境。在20世纪90年代，我几乎没有意识到巨大的变化可能会席卷整个这座城市。

我和于君方（Chün-fang Yü）在中国朝圣方面的合作对于这本书写作的完成产生了影响。对于中国内外朝圣的理解以及我们在会议上的讨论，都促使和激励我撰写一本书，以便全面描述北京。对于她和全部其他人的参与，那些阅读和评论我那部著作的朋友，以及为我提供资助的美国学术团体协会、社会科学研究学会、美国国家人文基金会的联合委员会（the Joint Committee of the American Council of Learned Societies and the Social Science Research Council and the NEH），我表示由衷的谢意。

在华盛顿特区的时光，使我得以有机会与中国艺术历史领域的学者们会面和谈话，并且把我的注意力转向反映北京的绘画作品上。自从那时起，柯律格（Craig Clunas）、姜菲德（Freda Murck）和简·斯图尔特（Jan Stuart）对于我所关注的相关资料提供了相当大的帮助。

当我于1990年开始写作的时候，对北京历史感兴趣的新一代研究生开始涌现。我非常高兴能读到这些论文，听到对论文的介绍，或与马德琳·董（Madeline Dong）、白思奇（Richard Belsky）和陆康（Luca Gabbiani）进行谈话；他们正在进行着的和将要进行的工作有助于充实我的纲要（特别是19世纪后期）。李中清（James Lee）和康文林（Cameron Campbell）慷慨地与我分享他们在北京人口学方面的成果。宾夕法尼亚大学、加州大学伯克利分校（the University of California at Berkeley）、康奈尔大学（Cornell University）和牛津大学（the Oxford of University）提供的评论意见对我也有非常大的帮助。

卜正民（Timothy Brook）、柯律格、柯娇燕（Pamela Crossley）、崔艾莉（Alison Dray-Novey）、欧立德（Mark Elliott）、耿德华（Edward Gunn）、马丁·海德拉、姜士彬（David Johnson）、李明珠（Lillian Li）、刘怡玮（Cary Liu）、彭慕兰（Kenneth Pomeranz）、罗友枝（Evelyn Rawski）、罗威廉（William Rowe）、史 *xvii*

大卫（David Strand）、弗拉基米尔·乌斯本斯基（Vladimir Uspensky）、于君方曾经阅读并评论了这本书的部分手稿，提出了有价值的修改意见和建议（都是我没有留意到的）。我还要感谢希拉·列文斯（Sheila Levine）、苏珊娜·诺特（Suzanne Knott）和加州大学出版社（the University of California Press）的卡洛琳·希尔（Carolyn Hill），正是这些众多朋友的长久关心使我的写作得以顺利进行。

北京的历史是一个丰富的主题，本书的篇幅既过长而又不够长。对于那些想从中获得更多或者想简略了解的读者而言，我只能表示遗憾。对于那些对这座城市的了解比我更多、更深入的读者来说，我希望他们在这里发现的北京既是令人心安的、熟悉的，又是有趣不同的。

韩书瑞

于普林斯顿

1999 年 8 月

序　言

十多年前，当我开始从事这项研究的时候，我想把对中国民 xix
间宗教和我所熟悉的华北地区的研究兴趣从教派传统中分离出来*，转到更为普通的信仰和活动上面，并决定把主题确定为北京的寺院，仅仅因为我的一个朦胧想法，而我却没有意识到工作量会如此之大。中国的档案是传统意义上的原始资料整理，并非综合性叙述，这是不断形成更多新成果的一种途径，强调北京皇家的过往历史是以损害当地社会历史为代价的。其结果导致了一个特有的社会、经济、政治或文化历史没有存在于任何语言之中。①

---

* 韩书瑞曾长期从事中国秘密社会和秘密宗教的研究，著述甚丰，其中《千年末世之乱：1813年八卦教起义》《山东叛乱：1774年王伦起义》《十八世纪中国社会》均已经被译成中文出版。

① 参见侯仁之：《历史上的北京城》，第七章；阎崇年：《故都北京》。最新的研究成果开始改善这种状况。1994年出版的全十卷《北京通史》在方法上是相当传统的。由李宝臣和吴建雍撰写的《北京城市生活史》中有关明清的章节比较好一些，该著作晚至1997年才问世。由于我读到这些著作时，我对相同资料的基础研究工作已经完成，所以我没有依靠这些著作。（译者按：《北京城市生活史》系吴建雍、王岗、姜纬堂、袁熹等著，由开明出版社于1997年出版。作者所说的该书中关于明清的章节，即由李宝臣执笔的第三章“明代北京城市生活”和由吴建雍执笔的第四章“清前期北京生活”。）

直到最近，专门研究中国的论文才开始变得丰富起来。[②]

用英文阅读的读者会发现相关的文章还是很少的。曾有一些关于1900年以前北京历史方面未公开问世的著作，特别是盖杰民（James Geiss）博士（1979）、崔艾莉（Alison Dray-Novey，1981）以及乔安妮·维克兰（Joanne Wakeland，1982）的论文。史大卫（1989）关于北京20世纪20年代政治和生活的著作是我所能见到有关20世纪城市研究的著作中 xx 最好的一部；史明正（Mingzheng Shi）、董乐民（Madeleine Yue Dong）、白恩奇（Richard Belsky）和索菲亚·李（Sophia Lee）在近期撰写的论文以及其他正在进行的研究，弥补了这方面的不足。

有关中国其他城市的学术研究虽然获得了充分的发展，但鲜有涉及社会或宗教历史方面。芮沃寿（Arthur Wright）和牟复礼（F. W. Mote）开创了用英文书写中国帝都历史的先河。二十年前，施坚雅（G. William Skinner）提出了一个有影响的分析架构，即比较城市和它们在城市网络（urban networks）中的位置，在1800年前，大多数中国城市与它们在欧洲的对手（如果不是日本的话）相比，显得相形见绌，但是它们仍然保持着替补的角色。幸运的是，罗威廉（William Rowe）在两本关于近代早期汉口的著作中所做的分析表明：宏大规模的社会和经济力量，使得一座城市在18、19世纪必须探索城市事务的管理，制订城市社区的发展规划。其他用多种语言所进行的城市研究，包括中国台湾的鹿港，帝国中心的扬州、苏州和上海，以及北方的济南和天津，都有助于为理解近代之前中国城

② 这类论文仍然集中于这些主题：市场、交易、节日、宫殿和景点。参见《北京史苑》第1～3辑、孙健编的《北京古代经济史》、侯仁之主编的《北京历史地图集》中珍贵的历史地图。邱仲麟概述了明代的寺院建筑。[邱仲麟：《明代北京都市生活与治安的转变》，载《九州学刊》（香港），第5卷第2期（1992年），77～90页]

市打下知识基础。③ 大量有关20世纪城市生活的最新研究成果深受学界欢迎，但对20世纪之前的研究至今仍未引起足够的重视。④

欧洲、日本和北美的历史学者已经提供了研究思路、研究方法以及有关众多城市中心丰富的描述，但是与我们所了解的伦敦、巴黎、纽约和东京相比，有关中国城市的原始资料显得相对缺乏，其二手资料也是不完整的。尽管这对于那些希望本书能够提供新的有关比较城市发展跨文化理论的读者来说，可能会感到失望，但我希望至少能把北京加入城市区域研究的目录之中。这些城市区域漫长的社会和文化历史，对于广大的读者来说，是可以理解的。⑤

---

③ 扬州，安东篱（Antonia Finnane）：《清时的盛衰：扬州及其内地，1644—1810》；安东篱：《清代扬州的中心地位》，见张琳德（Linda Cooke Johnson）主编：《中华帝国晚期的江南城市》。

苏州，张琳德：《苏州的衰落和上海的崛起：城市变化的经济形态研究》；马默（Michael Marmé）：《从弱到强：苏州，1368—1550》；马默：《地球上的天堂：苏州的崛起，1127—1550》，见张琳德主编：《中华帝国晚期的江南城市》；桑保罗（Paolo Santangelo）：《中华帝国晚期的苏州城市社会》，见张琳德主编：《中华帝国晚期的江南城市》；曹志涟（Jr-lien Tsao）：《忆苏州：中华帝国晚期的城市生活》。

上海，张琳德：《上海：从市镇到通商口岸，1074—1858》。

鹿港，戴德安（Donald DeGlopper）：《鹿港：一个中国城市的商业和社区》。

济南，鲍德威（David D. Buck）：《中国的城市变迁：1890—1949年山东济南的政治与发展》。

天津，贺萧（Gail Hershatter）：《天津的工人，1900—1949》；关文彬（Man Bun Kwan）：《天津的商人世界：一座中国城市的社会和经济》；罗芙芸（Ruth Rogaski）：《从保护生命到保卫国家：天津公共卫生的出现，1859—1953》。

通论，施坚雅：《导言》《19世纪中国的地区城市化》《清代中国的城市社会结构》，见施坚雅主编：《中华帝国晚期的城市》，3～31、211～249、521～522页；牟复礼（F. W. Mote）：《书评：中华帝国晚期的城市史》，载《明史研究》，第34期（1995年），61～76页。

④ 对于这部分文献相关的讨论（似乎是1996年），参见安克强（Christian Henriot）和张利民在安克强和叶凯蒂（Catherine Vance Yeh）所编的论文集中的文章。有关超出上海范围的研究，参见周锡瑞（Joseph W. Esherick）主编：《重构中国城市：现代性与民族认同，1900—1950》。两本杂志报道了最近研究，即《城市史研究》（天津社会科学院出版社）和《墙和市场：中国城镇历史新闻》（肯塔基大学出版社）。

⑤ 请随意使用我的资料去构建自己的理论。我只是希望将这个描述过程可以应用到某些其他可比较的情况，并且在某种中等水平的复杂程度中是有影响的。

本书起始于明代第三位皇帝重建北京的15世纪早期，结束于外国人占领北京的1900年。因为在这五个世纪中，北京是帝国的首都，这个事实使得学者们会用帝国的历史来取代城市的历史。当然，皇家的世界是北京的一个重要组成部分，但它仅是其中的
xxi 一个部分。本书的一个目的是通过研究城市生活中的其他方面，把皇家的北京放在一个更好的角度上来进行观察。不同方面的相互作用、竞争和彼此渗透在我们的故事中扮演着一个重要的角色。虽然我不敢断言北京与其他任何城市一样，但是对于北京的非皇家领域（nonimperial dimensions）所给予的更多关注，将会比人们的期待显现出更多的共同点。

我尤其希望证明北京很适合探究城市生活中的宗教动态。长时间、近距离地观察一座城市的变化，将会扩大我们理解的范围，了解寺院在中国社会中所扮演的各种角色，证明宗教尤其是寺院在中国近代历史中的重要性——事实上，即使在今天的中国也是这样，尽管这已经超出了我研究的范围。

在本书中，我还对明代（1368—1643）* 和清代（1644—1911）在北京是毫无缝隙的连续时期这种假设提出质疑。这个没有变化的帝国首都的当代普通画卷忽视了这样一个事实——政治变化通常伴随着激烈的社会裂变。在15世纪早期，当明朝在更古老的遗址上营建北方都城的时候，一种断裂就已经存在了。另一个断裂始于1644年，当这座城市成为清朝的首都时，当地居民戏剧性地被外来者所取代。为了标记这些时刻，我以1403年为始，在本书的第二和第三部分中把1644年作为讨论的一个重点；为了强调这种断裂，我采用的是本土王朝的标签（the indigenous dynastic labels），而不是用通常所说的“晚期帝国”（late imperial）这个术语。1900年，外国军队占领北京长达一年之久，这个时间表明北京与过去有了一个“并非十分重要”的分离，但足以让我感到欣慰的是，可以结束这个故事了。

从1400年至1900年这个时期被认为是中国的“近代早期”

* 此处原书有误，应为（1368—1644）。

(early modern)，我使用——而且是谨慎地使用——这个术语，以强调这个时段与20世纪的发展相关联（虽然与世界其他部分的发展并非并驾齐驱）。在本书中，这种发展，特别是19世纪建立起来的新机构和动员习性将得以概述。但是在1900年后，这种发展偏离了原有的轨迹。然而，我还是希望可以说明，在20世纪前半期，这种认识——北京无可争辩地是非现代的，并且实际上代表了典型的古代都城——是如何形成的。

研究最后一个王朝统治下的中国城市生活，最主要的障碍之一是现存资料的性质。在清末以及随后的共和时期（即1870年后），文献资料得到改进，然而，报纸在许多方面被视为一个向现代转变的原动力，来到北京也不过是20世纪初的事情。西方的历史学家想当然地认为，1900年前识字在中国并不普遍，不足以产生大量各种私人资料。因为北京是首都，所以某种程度上关于它的档案更为丰富但也更歪曲。 *xxii*

在20世纪前，绝大多数的北京当地人没有留下书面记载：没有日记，没有信件，甚至极少数的商业或机构的文件也无从找寻。早期的文学小册子没有被保存下来，在1900年前也没有杂志。大部分能够描写这座城市的人不是永久的居民，但他们都是这个国家的精英，他们因为经商、科举或做官而不定期地来到首都。⑥ 在保留下来的他们的著作中，有关北京的参考资料虽然为数众多，但大都是零散而无系统的。

北京没有单独的市政府。管理这座城市一部分的两个县衙也没有档案保存下来，没有任何其他专门署衙日常活动的档案；事实上，北京没有警察、法院或税收的文献。我们缺少关于清代负责居民的城市监察官的档案，有关步军统领衙门的零碎档案只能追溯到19世纪晚期。⑦

---

⑥　由于受到“皇家的”（imperial）这个意义不明词的限制，我将使用“国家的”（national）来表达这个范围内的帝国性；民族国家的存在不是有意的。

⑦　我没有使用1996年出版的《清末北京城市管理法规》。（译者按：《清末北京城市管理法规》由北京燕山出版社于1997年出版，而不是1996年。）

有些清代的档案来自府县，虽然它们的职责在名义上隶属于北京，但几乎没有人关心首都。有关县和府的历史资料是很少的，包括在它们的辖境内无法把城市居民与郊区和农村居民区别开来。直到 20 世纪头十年，因为实行新政，这种情形才有所改变。

以北京作为总部的全国政府，在明清时期产生了大量的文献。在这些文献中，只有极少数原始文献是 17 世纪中叶以前的，大部分是关于接下来两个半世纪的资料。但是，在这些大量文献中，关于这个首都的资料只有一小部分，而且没有单独归档或编制索引。唯一的办法就是查找包括清代北京居民在内的司法案件，例如，在国家政府部门处罚的上百宗案件中会偶尔碰到，这些文献是按照发生时间顺序排列的，是没有索引的档案。在已经出版的官方文献中，有一个类似的发现，即在清代没有关于这座
xxiii 都城的单独汇编。⑧ 在清代的大部分时期，有关粮食价格的报告是由知县按月编撰的，而北京的报告是单独提交并且鲜有保存。就这样，关于北京的史料被淹没和散落于一个庞大帝国的历史之中。

虽然有关于 17 世纪 40 年代从东北迁来的旗人历史的有价值原始资料，但是这些文献把京师城内和城外的居民混杂在一起了。即使人数众多的皇族成员，他们当中的许多人也被认定为北京居民，我们没有办法确定他们实际上居住于何处。正如李中清所指出的那样，只有通过相当大的努力，才能从这些史料中追溯到有关社会和文化的信息。⑨

---

⑧ 在我的研究中，我得到 1922 年出版的有关北京和宫殿的《明实录类纂》相当晚。在这些细分的资料中，宗教不是一个主题。令我失望的是，这里有许多资料是关于国家和司法的，而不是当地事务的。虽然这样，没有公平地对待这些图书的责任在我。

⑨ 有关皇族，李中清、康文林、王丰：《清代皇族人口统计初探》，见戴维·莱尔、罗杰斯科·菲尔德编：《历史人口统计学中新旧方法》；李中清、王丰、康文林：《清代皇族中婴儿和儿童死亡率：两种积极限制类型的含义》，载《人口研究》，第 48 期（1994 年），395～411 页；李中清、郭松义主编：《清代皇族人口行为和社会环境》。

关于可以从一系列可比较材料分析获得的观点，李中清、康文林：《中国农村的命运与幸运：辽宁的社会组织与人口行为，1774—1874》。

基于读者在阅读这本书时可以更明白的原因，描写北京生活的绘画和文学也是非常少的。这座城市很少再现于画面上，正如我们在东京或巴黎、伦敦或费城所能够看到的那样，在数个世纪中我们无法看到北京自然变化的效果。绘画作品是由皇帝授权的，主要描绘的是在宫廷和苑囿里的私人活动；即使北京出现在绘画作品上，也只能显现在画面的边缘上，迷失在薄薄的雾霭之中。没有模仿长江下游城市苏州的明代画册和清代木版画，北京没有类似日本那样的以城市风光为题材的风俗画。直到 1860 年，外国摄影师才出现在北京，中国摄影师的出现还要更晚一些。1900 年后，外国旅行者还是相当少的。也没有人转向从事丰富而有特色地描写北京城市生活的小说创作之中。只是在 19 世纪，才有人发现一些作品可以笼统地被置于可以识别的同时代城市当中，而且直到 20 世纪，才有真实而细致地呈现北京的小说。

北京是如此不同于世界其他城市，而这些城市保存有大量的私家和官方文献，而且从一系列社会阶层的当地居民和旅客那里，可以勾勒出描绘日常生活的场景。正如读者在下面章节中所看到的那样，对于历史学家来说，文献中的问题并不仅仅是好运或霉运的问题，而是直接承载了有关共性和个性的问题。由朝廷和中央政府控制的文字和视觉记录，反映了它们在这座城市中的庞大存在。那些受过科举应试培训的精英在著述中，给予大众和城市生活有选择性的关注，从而使得在国家精英的士大夫价值观念和未受教育的当地民众的种种受限制世界之间的紧张保持平衡。

幸运的是，这种情形并不完全是黯淡的。有许多史料可以用于研究北京的生活历史，我认为它们的专业内容和它们存在的事实是同等重要的。

本书利用了镌刻在大型石碑上的众多碑文，这些碑碣竖立在 *xxiv*
公共场所特别是寺院中，为的是纪念建立寺院、重建寺院或其他特殊事件。这些碑刻的价值早在中世纪就已经得到历史学家的认可，对于我的研究也是极其重要的。

许多北京的“重要”石碑正文收录于清代皇家的实录之中；

在20世纪40年代，仁井田陞和他的同事们非常细致地拓印了与这座城市其他专业机构相关的碑文；即使在今天，人们发现仍有许多石碑矗立在这座城市中。无论如何，1986年我在访问北京图书馆时惊奇地发现，它的古籍善本汇编拥有1 500多种从这座城市征集而来的明清碑碣拓本，一些是20世纪30年代拓印的，其他的是20世纪50年代拓印的。由于大多数碑文不是出自著名书法家之手，极少数是与国家政治有关，几乎全部都是关于宗教事务方面，所以只有极少数学者对它们予以关注。自1990年至1991年，北京图书馆出版了100册一套的馆藏拓片汇编（这是在我的大部分国外研究已经完成之后），这样最终使得大部分碑刻资料能够更为广泛地被加以利用，它们一直是本书研究的必备资料。⑩

这些石碑许多是受人委托而竖立的，在传统的历史记载中，这些人很少被提及——特别是太监和普通民众。⑪ 石碑的碑文表述的是人类与神灵的关系、义务劳动和公众的责任、正在记住和已被记住的，它们包含了各种集体行为。一些碑刻上列出捐款的总额和捐赠人的名字，有时达到数百人之多——有男性也有女性，有店铺和商行。除了这些资料之外，宗教组织的存在很难找到文字记载，这部分将在第七章和第十四章中进行探讨。

同样，我对当地和职业团体碑文的查阅超出了战时由日本研究者费力保存下来的那些碑文（我对东洋文化研究所已经出版的那部分资料表示感谢），并且表明，1980年在北京出版的那部分内容只不过是冰山一角。⑫ 正如有些人所认为的那样，这些碑文揭示了世俗和神灵在经济、政治、宗教等独立领域中的融合，通过它们，人们能够用图表来展示19、20世纪形成中的劳动生活（在本

xxv

⑩ 参见附录二。一位欧洲人计划参照施舟人（Kristofer Schipper）的《三教文献》转录所有北京寺院石碑碑文，这项工作从1995年就开始进行了。

⑪ 虽然我偶尔会把“民”（*min*，意指明清的臣民）当作“公民”（citizens），但对这种关系的性质，我没有任何西方或现代的有关暗示。

⑫ 仁井田陞：《北京工业与商业协会以及作为其连贯性的元素的宗教和同乡关系》，载《民俗研究》，第9期（1950年），179～205页；李华：《明清以来北京工商会馆碑刻选编》。

书的第十五、十六章中有更为详细的说明)。[13] 我无法确定那些历史学家在从中国其他地区寻找类似史料时是否会发现它们要么数量如此之大，要么在来源上相类似。

有关北京风俗和名胜记载的情况相对要好一些。在 15 世纪初，也就是我们故事开始的时间，就已经有人开始撰写散文笔记，能够收集到一系列用这种固定风格写作的文章，在以后的几个世纪中，这种风格一直持续着，一部文学著作旨在展现这座城市的外来者和当地居民。这些著作为我提供了许多关于这座城市建筑、景点、庙会、节日和市场的信息，这部分将在第八章和第十三章进行讨论。从应试举子的诗赋到外国使臣日记等游人的个人文献，则被当作补充史料来加以利用。

虽然几乎没有一种存在于其他城市（在中国和其他地方）各种资料的代替品，但这些石碑和旅行指南使得这本书的写作成为可能。当现有的史料把我直接引向我的目标时，我认为这就是北京的生活——反过来又产生了那些特殊的史料。本书强调的重点是北京的寺院——正如这本书所做的那样，不只是一本体现个人兴趣的著作，而且是一本反映北京生活某些方面的著作，这种生活是由其居民以永恒的生活方式所决定的。

原始史料的特性和二手史料的缺乏，意味着这本书不得不把片段拼凑在一起，许多史料必然只能触及表面。此外，如果放置于长达五百年之久的全景画面中，演员个人是无法走到前台来的，百姓也消失在人群之中，个人的一生也会融入数个世纪之中。如果这本书有一个主人公，那就是北京自己。我的叙述来自城市各式各样的公众本身、其各种转变、其文化分量的获得以及人类情感的约定。

---

⑬　参见白思奇（Richard David Belsky）：《北京士大夫的同乡会馆：中国首都会馆的社会政治演变》。他最新的论文使我能够在最后阶段得以参考，感谢作者的慷慨。大量来自大北京的碑文以摹拓品的形式得以保存，虽然没有用于这里的研究，但它们使我们近距离观察当地居民（特别是旗人）的生活成为可能。

在发展不平衡的中国城市历史领域中，北京已经成为一个可替代的主题，与中国社会的其他方面相比较而言，对宗教生活的调查一直受到忽视。和在此之前数个世纪一样，明清两代中国生活有两个机构完备、生命持久而且富有活力的组织，那就是宗族和国家。其中每一个确定了共同体，提供了一种强有力的认同感，已经得到了广泛的研究。

xxvi 作为宗族的一个成员，个人置身于时间、空间、社会、生和死之中。对等级森严的宗族关系清晰表达的关注和与这种角色相称的恰当行为，是我们今天识别“儒家”传统核心的一部分——从表面上看，源于受尊敬的圣贤及其后来追随者的教义。宗族的价值在公开的辞藻中得到强有力的维护，而且被教化体系奉为神圣，这种教化体系是用于培养统治精英的。实际上，关于亲属关系的语言浸润于中国文化之中。

由宗族的血缘亲近关系所形成的家庭纽带是非常坚固的。在帝国晚期，整个族群通过组织一个共同父辈的后裔，在某些地区发展成为保护宗族资源的一种机制。把土地生产出来的收成留出来，这些收成是不能进行分配或被征税的，男性亲戚提供捐款，用于修缮祖先的坟茔和维持祭祀先人的用品，援助有需要的亲戚以及加强联系。

家庭成员暂时或永久的自然分离会减弱父系的控制，削弱感情的纽带，并创造组成团体的新基础和身份认同的补充形式。中国社会变得更加商业化，帝国变得更为庞大，而且交通运输使联系更加紧密，当研究职业的自然流动性和寄居变得重要时——从15世纪到20世纪的所有趋势，团体其他形式的增加成为必然和可能。在城市中，随着暂住居民比例的提高，这样的机会也会变得更多。

虽然选择蚕茧式家庭纽带（the cocoon of family ties）的模式是相当罕见的，即使在帝国末期孙中山宣布近代革命的时候，中国社会也并非完全“一盘散沙”。数个世纪之前，来自南亚的佛教教义主张与社会相分离的宗教生活是一条从众生的生与再生的轮回困境中跳出来，最终通往自由理想的道路。这种概念证明了因信仰而结合在一起的一种个人禁欲团体的形成，这种概念是参照正常世俗生活而进行定义的。那些成为和尚和尼姑的人宣称“出家”，受过教育的中国精英长久以来把这种行为视为不孝之举，对于孤儿或丧偶的成年人来说，则是非常合适的。在统治阶层方面，在家庭之外的生活是一个不明确而且通常不受欢迎的行为。寺院受到猜疑，而且在理论上妇女受到男人的监督、她们的性行为受到严格控制的一个社会中，尼姑庵是未婚女性居住在一起的地方，被视为尤其危险之地。在明清时期，僧侣终生从事的宗教职业是允许的，但没有受到应有的重视。

相比之下，更合法的团体网络（networks of association）是 *xxvii*
那些服务于政府的组织，被认为是对家庭生活补充的职业（虽然它不是经常性的）。明清两朝是通过一个庞大并充分发展的官僚体系来实行统治的，这个官僚体系在 15 世纪之前由数千个通信驿站构成，并为进入者和离开者制定了关于现任官员和前任官员的关系准则。这个职业的准入是由一个等级体系考试来调整的，这个考试在名义上是建立在以儒学思想为准则的基础之上，几乎指导了所有的正式教育，还为其他进入者提供了可乘之机。统治的任务和对中国哲学的长久关注，持续成为帝国最杰出的文人在智力和政治上一个有吸引力的竞技场。对于每一位得到任命的官员来说，有许多其他人在后面候补待缺，甚至那些人宣称这种经历将一直持续存在。

官僚共同体（the community of officials）向上延伸，把皇帝包括在内，皇帝是政治和宇宙秩序的中心。虽然官僚与统治者之间的关系可能是竞争性和对抗性的，但是这种关系以分享利益为前提，并凭借大臣的忠诚理念得以维持。在这个男性世界里，官员的角色得到很好的发展，通过被仪式化的言语和行为公开表现出来，并且与官员、士兵或太监这些职位有着截然分明的区别。

国家官僚制度的价值倾向于普遍化而非特殊化。规则管理着的团体是这样形成的：依靠考试保证了成功的无名之辈必须是最聪明的；详尽的律例对官员的行为加以限制，目的是防止私人关系干扰职责；官员的表现成为升职和降职的依据；等等。官员之间的私人联系被指斥为拉帮结派，这种派系的形成被理解为一种私利与公利之间的相互矛盾。私人关系对于官场生存和政治成功是必要的，但是却因此遭到君主和官员们的非难。

在国家范围内拥有两类团体，正式并且合法的与非正式并且受怀疑的。考试体系和官僚制度造就了这两类团体，赋予那些成为精英一员的人拥有实质权利的双链结构的帝国网络。

城市是政治脉络上的节点。考试在府治、省城和京城举行，造就了有着强烈情感纽带的阶层。成功的举子在地方职位上被授以官职。在城市中，他们的办公处所（由围墙环绕，被称之为衙门）是非常重要的自然、政治、经济和社会的存在。独立但威望不高的军事官僚机构也同样集中在城市的中心或附近。

在教育体系上，国家资源过于集中和不均衡性的影响，致使
xxviii 个人的长期存在和自我巩固相对有些困难。个人有进有出，但是他们的职位、权力和责任则将继续存在，每个朝代利用前辈的资源和经验，伴随着更有效的权力使用倾向。

在中世纪，皇帝和官僚已经削弱了他们最直接对手的权力。当佛教和道教信徒的宗教组织被剥夺了土地财产并受到官员折磨的时候，他们明智地再次重申服从于儒家思想。中世纪贵族父系的权力也同样被缩减，并且逐渐丧失各种特殊地位，为了保持声誉，只能通过不断地获取科举功名。世家血缘受到容忍，但是却往往妨碍其他竞争组织、意识和团体的形成。

由于它们自身所具有的重要性，宗族和政府吸引了历史学家的关注，而其他清末社会机构却没有得到重视，这种情况也就不值得惊讶了。⑭ 行会和同乡会是最值得研究的城市组织，北京在历史中所塑造的角色是众所周知的，但是文献资料有些混乱而且过度关注类型学（typology）。⑮ 其他著作则集中在宗族、兄弟关系和教派信仰，集中在海外华人、中国台湾以及其他南部团体的起

---

⑭ 陈宝良是一个最近的例外。

⑮ 到 1984 年，马仁美（J. M. Ma）有关于这个主题的重要学术参考书目，顾德曼（B. Goodman）已经完成了更多最新的工作。

源上。[16]

1989年后，有关19世纪后半期城市精英管理活动的研究似乎突然与当代的中国政治发生关联，迸发出一系列关于不是概念的存在就是现实的存在的讨论，这就是欧洲和北美历史学家所定义的“公共领域”（public sphere）或“公民社会”（civil society）。虽然某些工作的研究方向是基于现世主义者、世俗和目的论的，但其是建立在欧洲模式之上，陷入发展范例之中，在以前无法看到的过去和现在的中国社会多种组织中，这个需求激起了新的和受欢迎的兴趣。[17]

这个争论，如同许多有关中国历史的著作一样，一直由一个假定的两部分构成，一方面为“国家”（state），而另一方面为“社会”（society）。我宁愿对政府和宗族进行更清晰的对比，把重点放在这两个有势力机构外部发展的活动和组织上。但“外部” *xxix*
本身就是一个有着模糊范围的复杂概念。[18] 我认为，如果我们不是过分相信它们，这些类别就是从事分析的更好工具。

由此，读者不要企盼论争在这里再次发生——或者是得到关于中国民主未来这些问题的答案。本书最大的贡献就是在可能的范围内帮助我们对社会实践主义进行理解。这种社会实践主义在20世纪前的中国社会就已经出现，通过争论将给宗教以更多的关注。更多地关注于地点问题——尤其是人们能够收集的问题——可以把现存的文献资料放在略微不同的背景之中。

---

⑯ 有关这方面的文献是非常多的。切入点可以包括，华琛（又译屈顺天，James L. Watson）：《移民与宗族：香港与伦敦的文氏一族》；卜正民（Timothy Brook）：《中华帝国晚期的丧礼和宗族建设》，载《哈佛亚洲研究》，第49期（1989年），465～499页；王大为（David Ownby）：《兄弟结拜与秘密会党：一种传统的形成》；以及我的一些早期著作。（译者按：王大为的《兄弟结拜与秘密会党》已由刘平翻译，商务印书馆2009年出版。）

⑰ 有关这个争论参见，罗威廉（William Rowe）：《近代中国的公共领域》，载《近代中国》，第16卷第3期（1990年），309～329页；冉枚烁（Mary Backus Rankin）：《中国公共领域的起源：晚清时期的地方精英和社区事务》，载《汉学研究》，第9卷第2期（1990年），13～60页；《近代中国》，第19卷第2期（1993年），研讨会主题是“中国的公共领域/‘民间团体’?”；卜正民、傅尧乐（B. Michael Frolic）编：《中国市民社会》。

⑱ 黄宗智（Philip Huang）的“第三领域”的概念，《近代中国》，第19卷第2期（1993年），216～240页，研讨会主题是“中国的公共领域/‘民间团体’?”。

中国的宗教研究始于记述佛教和道教的历史，集中了各种教义、流派、重要的思想家和寺院生活。⑲ 儒学总是不确定地徘徊于宗教和哲学之间。民间宗教有时被解释为包含于这些体系之内，有时是它们的补充或替代。在中世纪时期，学者们后来转向调查宗教思想和实践如何植入世俗社会。⑳ 在明清时期，其他一些学者最终开始研究这种观点，虽然不是在城市里。㉑

通过比照，对村落社会（大部分在中国南方）的人类学研究，对于形成现存宗教和寺院的文献资料以及它们的社会地位已经有相当大影响。在这样的研究中，城镇尤其是乡村寺院，已经紧密地连在一起，地域界定的团体以正式的方式相互结盟，许多文献主要集中在有明显轮廓的村庄、宗族和副人种（subethnic identities）的特性上。㉒ 这些

⑲ 对明朝之前这些传统的一个简单的最新描述，参见伊沛霞（Patricia Buckley Ebrey）、彼得·N. 格里高（Peter N. Gregory）编：《唐宋宗教与社会》，18～35页。在近代以前，在汉语中没有一个与“religion”对等的概念，所有这些“主义”（isms）都是有问题的词语。在这里，我将允许宗教和文化之间的联系是可以相互渗透的。

⑳ 某些西方的文献，参见姜士彬（David Johnson）：《唐宋中国的城隍》，载《哈佛亚洲研究学报》，第45卷第2期（1985年），363～457页；索安（Anna Seidel）：《西方道教研究编年史，1950—1990》，载《远东亚洲丛刊》，第5期（1989—1900年），223～347页（引用了许多资料）；韩森（Valerie Hansen）：《变迁之神：南宋时期的民间信仰》；韩明士（Robert P. Hymes）：《官宦与绅士：两宋江西抚州的精英》；伊佩霞、彼得·N. 格里高编：《唐宋宗教与社会》；康豹（Paul R. Katz）：《多面相的神仙：永乐宫的吕洞宾崇拜》。

㉑ 康豹：《厉鬼与送船：中国帝制晚期浙江的温元帅信仰》；在《远东研究纪要》第8卷（1995年）和第9卷（1996—1997年）中有许多相关的文章。

㉒ 英文和中文有关村庄的文献过多以至无法引用。有一些关于城市的著作，王世庆（Shih-ch'ing Wang）：《一个中国城镇历史中的宗教组织》，见武雅士（Arthur P. Wolf）主编：《中国社会的宗教和仪式》；王斯福（Stephan Feuchtwang）：《三个政权之下的台北城市寺院》，见伊懋可（Mark Elvin）、施坚雅主编：《两个世界之间的中国城市》，264～301页；王斯福：《学宫与城隍》，见施坚雅主编：《中华帝国晚期的城市》，581～608页；施舟人：《旧台南的街坊祀神社》，见施坚雅主编：《中华帝国晚期的城市》，651～676页；戴德安：《鹿港：一个中国城市的商业和社区》；科大卫（David Faure）：《佛山城镇发展史：明清时期乡镇—城市认同的演化》，载《清史问题》，第11卷第2期（1990年），1～31页。[译者按：副人种是埃克斯坦特（Eickstedt）人种分类法中的一种，其内容为根据体型，将全世界的人种分为主人种、副人种、特殊类型和中间类型。]

模式是不是现代化之前其他地区的复制，仍然是一个有争议的问题。其他种类的宗教团体只有简短的论述。㉓

通过长期近距离地观察中国北方的寺院，我希望通过调查人们在这些寺院中组成的联系和关系来阐述不同的模式，我还希望能扩大我们对帝国组织能力的了解。 xxx

在本书中，我在宽泛的意义上使用“religion”（宗教）来涵盖这个社会成员所拥有的各种信仰（所讨论的这个社会是京畿地区）。“popular religion”（民间宗教）的意义指遍及社会范围的信仰分享。“popular cults”（民间祭拜）亦是如此。并非所有的信仰得到参与，其中有一些比其他更系统化。我把“宗教”包括在可以确认的传统中，在帝国内是本土、外来和流行的。尽可能避免使用“主义”（isms），我更愿意使用具体的佛教、道教或儒学教义和实践者（谨慎地，通过理念、学派和研究机构进行扩展）。㉔ 相类似的还有天主教、伊斯兰教或白莲教。在开卷之前，读者应该尽可能抛弃常由“集体”（community）和“身份”（identity）这些术语所造成的负担，从而让这些术语可以随着书页的翻动而轻轻移动。大部分团体并不使人感到温暖，模糊的组织充满了强烈的好感，少数个体是单独的或排他的。相反，读者应该推断个人和集体二者之间的特征是多样、流动和竞争的。

因为寺院的空间是自然的和社会的，是没有被宗族或国家所控制的少数场所，我把它们作为我进入北京社会的切入点。稠密的人口和精耕的农业阻碍了对开放且无人认领的土地的保护，在城市和农村中，“平民阶层”（commons）的观念是不发达的，居民区通常建有围墙。由于敌视在公众中普遍存在的任何形式的组织，明清政府极力反对任何地方存在的公众聚集。因此，与同时代世界其他地方不同，中国的城市公共空间是非常有限的。没有公园、

㉓　我将在以后的章节中涉及这个问题。

㉔　在相同的中国说法中，虽然士、道和儒是可以比较的术语，仅仅是必需，似乎无助于把如此包装整齐和不变的体系加以具体化。

散步场所、广场、喷泉、花园或运动场。现代早期在欧洲和北美非常发达的公共机构——市政厅、博物馆、音乐厅和动物园——都是在很晚的时候才来到北京。

在本书中，我认为自然空间对组织的形成是非常重要的。虽然街道、道路、十字路口和水路通常频繁地被公众使用，但在京城（甚至在其他地方），政府随时可以逮捕任何因聚集而使用这些
xxxi 场所的人。公众娱乐的地方（饭馆、酒楼、茶楼或剧院）适合临时但并非长期的联络。虽然共同的职业是团体形成的基础，但是店主、店员和顾客打交道的商业建筑不会为广泛的正式或非正式宗教仪式的建立联系提供场所。相比之下，到处存在的寺院对公众开放，寺院里有足够的空间，有围墙包围着院子，它的宗教目的被公认为是合法的并得到保护。寺院绝对是清末中国城市中公共空间的重要组成部分。它们已经拥有了一个重要意义，至少与世界其他地区的天主教堂、清真寺和犹太教堂同样伟大。

本书展示了寺院如何成为社区建设和身份界定的活动中心，寺院提供聚会的空间和祭祀的场合，证明这样做是正当的。它们远离家族或国家控制的相对自治得到了反映——以一种相当重要的组成方式，就是通过使用这种空间。随后的章节将探究一系列的活动，从福利、紧急救济到市场、社区欢庆、朝圣、娱乐、友善社交、非正式政治聚会和旅行。对于每项活动，寺院被注入各种私人和非私人的目的，在这个过程中，决定性地形成了北京的社会和文化。

在许多事例中，通过赞成寺院捐助者的举动，这些活动被证明是正当的，并且形成了新的团体。其中一些是临时的组织，它们的建立是出于一个特殊的目的，这个组织的内部关系是无系统的或不存在的。一些组织的行为是由一个基本准则进行调整的，经常是因为一年一度的神诞日而发起的，或因为建造或修缮一座寺院等目的而组成的。一些是因为人们的某种团结纽带而组成的团体，拥有其他原有的基础（如职业或居住地），通过定期捐奉给寺院来加强和表达公共的态度。另一部分是想象的团体，通过不协调的行动，或纸面上或可见的媒介来建立的，从未有过具体的

形式。正如我们看到的那样，寺院由各种专门的组织对其成员进行管理，或者通过自愿捐献的方式来松散地经营，或简单地管理无差别的公众活动。

对许多不同种类的团体来说，寺院是诸多用途之地：短暂的或长久的、吸引人的或微不足道的、竞争的或合作的、富有捐赠的或贫穷捐赠的、积极的和消极的、内向的和外向的、小的或大的。城市居民属于许多不同的社会团体，对许多人来说，北京有许多事物是繁杂的。宗教的地点、组织和活动是证明北京城市文化形成的要素，我希望能证明宗教对皇家宫廷生活、对帝国城市 *xxxii* 的联系、对君主和百姓之间的关系以及对普通市民生活的重要性。

虽然国家官僚机构和宫廷生活以不同寻常的方式支配着首都，但是我没有理由去推断与其他地区相比，北京的宗教机构是不重要的。我要通过自己的努力去改变它们被大部分现代中国历史学家忽视的这个事实，并且要表明通过审视宗教的空间和团体的活动可以了解到更多的中国人的生活，那里也是共有文化形成的所在地。

在随后的章节中，我在两个方面对地点、机构和活动进行重点关注。作为基础，我研究全部“寺院”——就非常宽泛的定义而言，以及发生在那里的活动。这不是一本关于单座寺院的指南手册，总的来说这本书将会涉及宗教机构及其数量、大小、位置等基本信息。我主要关注的是在北京的社会和文化生活中寺院地位的变化，对于类似机构和活动的分析将要放在更广阔的背景之中。㉕

同时，我还研究了托尼·坦纳（Tony Tanner）所说的城市“代表性的生活”（representational life）——用视觉和书面的方法对北京特别是宗教机构进行描述（和创造）。㉖ 我的设想是在绘画和地图中蕴含着什么样的信息，或在书中揭示理解和想象城市的

㉕　有关北京寺院图片最好的书是《北京古刹名寺》。

㉖　托尼·坦纳：《威尼斯渴望》，丛书的序言，vi～vii。我尽力使自己不对所存在的奇想抱有偏见。

重要方法。我最多关注的是什么应该省略，什么应该包括在内，如何组织和区分信息的优先次序。这样的媒体是由现实的和有意识的读者或观众团体的存在所暗示着的。这样的团体显现和反映了（不总是直接地）更多在社会上已经显示的部分。

有些人可能会认为本书过于冗长。期待在短时期内详尽地处理北京宗教的作用是不可能的，我已经全面地论述了这个主题。重新创造更广阔的背景，综合匮乏的二手资料的需要，驱使我调查大量相关问题，以至于明清时期北京初期的社会历史变得更加复杂，即便是对其进行简单的研究。

在转向明清时期的北京前，我在第二章和第三章中，用普通
xxxiii 术语来解释这座城市的宗教机构是如何运转的。然后我们将在第二部分转向明代的这座城市，它的建筑、皇家部分、团体和协会、旅游和节日生活。在第三部分中，我们将会看到这些观点在清初北京这种根本不同环境下的发展，而且这种发展贯穿了 19 世纪。

性急的读者可以随意浏览和跳过去，但对于那些能跟得上北京从 1400 年早期的重建到 1900 年被外国人占领这段紧凑结构故事的读者来说，我希望既能了解这座伟大城市的一些历史，又能评价在帝国晚期和中国近代对于城市生活来说宗教机构的中心地位。[27]

最后，我还有一个需要说明的问题。在本书中，我使用一个单独英语单词“Peking”来称呼这座城市，尽管它在中文里有不同的叫法。随着 1368 年明朝的建立，这座城市被命名“北平”（太平的北方）。在 1403 年，它被重新命名为“北京”（北方的都城）。

㉗ 因为“中国”（China）在很大程度上是一个现代的概念，一个充满民族主义偏见的政治实体，其对前期来说可能是不恰当的。除了在欧洲旅行者的讨论中，我在本书中谨慎地使用这个述语，仅限于地理范围内——华北平原、华中和华南等等。我甚至对年代错误感到遗憾。我同样也避免使用“西藏”和“蒙古”。我指的是与明代和清代（或帝国）一样，它们仍属于现在的中华人民共和国。我把“中国的”（Chinese）作为一个形容词保留下来，指的是这些政体中占统治地位的语言和文化。

在1420年后的几个世纪里，它被认为是“京师”（我们国家的首都）；为了与“南京”——南方的第二首都相区别，“北京”仅以非正式名称而存在。[28] 清朝继续使用“京师”[29] 这个名称，把陪都沈阳称为“盛京”（繁荣的首都）。在明清时期，把北京俗称为“都城”（围着城墙的首都）或“都门”（首都的城门）。（在用古代汉语所著的朝鲜人和日本人的作品中，似乎仍保持使用“北京”。）[30] 1912年，这座城市被短暂地再次命名为“北京”，但这个名字在1928年后因国民党在其他地方建都而被弃置，他们称这座城市为“北平”。现在的名字“北京”的再次使用是在1949年。[31] 当然，所有这些都是用中华人民共和国的汉语拼音字母的现代标准汉语普通话的发音。[32] 在这杂乱的可能性中，“北京”是少见的， *xxxiv*
虽然“京师”是对明清时期这座城市的惯称，但对于当代的读者来说是陌生的。

按其自己的方式来说，“北京”（Peking）是不恰当的，但在欧洲的语言中，它有一段古老的历史。在1615年，耶稣会（the Jesuit）传教士利玛窦（Matteo Ricci）在他的作品中把北京介绍给西方读者，马可·波罗（Marco Polo）所称的“北京”、“汗八里”（Cambulac）与明代的首都相同，利玛窦用意大利语称之为“Pacchino”和“Pachino”。他的译者用拉丁文称为“Pechini”，用法语称为“Pechin”和“Pequin”，用德语称为“Pachin”，用英语称为

㉘ 举例来说，刘侗、于奕正：《帝京景物略》，前言，5～8页；此书正在出版。（译者按：北京古籍出版社已于1980年出版《帝京景物略》。）

㉙ 在文中，“京师”一词无所不在。对这个用语，参见《北京及其周围地区旅游指南：北京城市平面图及其周围示意图》，12页。

㉚ 至少在下面的地图中，金景善：《燕辕直指》，1017页；斋藤幹：《北京和天津的路线图》。“燕京”的使用比“北京”更频繁。

㉛ 在1990年出版的地理辞典中，白挨底（Playfair）列出出现于当时的“本地新闻”中70多种不同名称（白挨底：《中国地名辞典》，432～433页）。对于这些名字其他简短的概述，陈宗蕃编著：《燕都丛考》，卷1，1～2页。例如，也有其他的引文称“北京”，如在北宋。

㉜ 博萨特·曼（Bosat Man），“Backhill/Peking/Beijng”，载《汉学理论文萃》，第19期（1990年）。

“Pequin”。[33] 在杂乱的可能性中，“北京”是最佳的城市名称。对这个城市来说，“京师”虽然是明清时期的通用名称，但对当代的读者来说，则是陌生的。到17世纪40年代，“Pequim”变成“Pekim”，到50年代成为“Peking”。[34] 在18世纪的欧洲语言中，“Pe-kim”和“Pékin”是对明清首都共同罗马名字的称谓。[35] “Nanking”是用来称呼当时南京的，同样也有一堆纷杂的中国名字，这个英语单词也是源于利玛窦。

对于一些读者来说，“北京”（Peking）似乎不是恰当的汉语而且有太多西方的创造[36]，但正如书中将要证明的那样，在今天的中国，“古都北京”骄傲地欢呼它自己多多少少是一个虚构的概念，由现在影射过去。“北京”与“京师”相比，不应该使读者感到更恼怒或不自然。但如果它做了，不管怎么样，这个词语是武断地使用一个单独名字掩饰间断恼人的剩余产物，也是一座迷人城市复杂过去的身份转换。

表 1-1　　明清统治者

明清皇帝有个人的名字、庙号和年号。为了使其正确清晰，我喜欢使用更为人熟知的年号。这样，名字为弘历，其庙号为高宗，其年号为乾隆，通常被称之为乾隆皇帝。我偶尔会使用个人的名字，这些也会在表里的括号中列出。明代中叶，皇帝朱祁镇两次登基，并且拥有两个年号（正统和天顺）；

---

[33] 在他们的信中，他们早期用葡萄牙语称北京为“Piquim”（16世纪20年代）和“Paquim”（16世纪90年代）。在1607年发行的法语和德语版的利玛窦信件中，使用的是“Pachin”。唐纳德·F.拉赫（Donald F. Lach）：《欧洲形成中的亚洲》，卷1，734页；利玛窦（Matteo Ricci）：《历史报告》《1606年至1607年日本和中国年报》；利玛窦：《利玛窦全集》，第2卷，22页；1618年信件见塞缪尔·珀切斯：《世界旅行记大成》，10：2：76。

[34] 参见约·弗·巴德利（John F. Baddeley）：《俄国·蒙古·中国》，卷1，130～166页；唐纳德·F.拉赫、埃德温·J.范克雷（Edwin J. Van Kley）：《欧洲形成中的亚洲》，卷3第4册，卫匡国（Martini Martino）东亚图第302号。

[35] 西蒙（Renée Simon）、荣振华（Joseph Dehergne，S. J.）编：《北京通信——宋君荣司铎书简集（1722—1759）》，356页；以及第十三章中的讨论。

[36] 一些人认为，它是“靠自我的异国情调维持其吸引力的一本不断扩充的西方词典中那众多令人盲目迷恋”[詹启华（Lionel Jensen）：《“Confucius”的发明和其中国同类，“Kong Fuzi”》，载《立场》，第1卷第2期（1993年），439页] 的词条之一。

有时用他的庙号英宗来称呼他。所选择的长寿的皇太后的姓、头衔以及死亡时间也予以列出。

皇帝 （年号，在位时间）	太后 （明：姓氏，死亡时间； 清：尊号，死亡时间）
明朝（1368—1644）	
洪武，1368—1398（朱元璋）	
建文，1399—1402	
永乐，1403—1424（朱棣）	
洪熙，1425	张，1442
宣德，1426—1435	孙，1462
正统，1436—1449（朱祁镇，英宗）	
景泰，1450—1456	
天顺，1457—1464（朱祁镇，英宗）	周，1504
成化，1465—1487	王，1518
弘治，1488—1505	张，1541
正德，1506—1521	夏，1535
嘉靖，1522—1566	
隆庆，1567—1572	陈，1596
	李，1614
万历，1573—1619	
泰昌，1620	
天启，1621—1627	
崇祯，1628—1644	
清朝（1644—1911）	
顺治，1644—1661	孝贤，1660
	孝庄，1688
	孝惠，1718
康熙，1662—1722	

续前表

皇帝 （年号，在位时间）	太后 （明：姓氏，死亡时间； 清：尊号，死亡时间）
雍正，1723—1735	孝圣，1777
乾隆，1736—1795	
嘉庆，1796—1820	孝和，1850
道光，1821—1850	
咸丰，1851—1861	孝贞，1881
	孝钦（慈禧），1908
同治，1862—1874	
光绪，1875—1908	
宣统，1909—1911	

第一部分

北京及其寺院

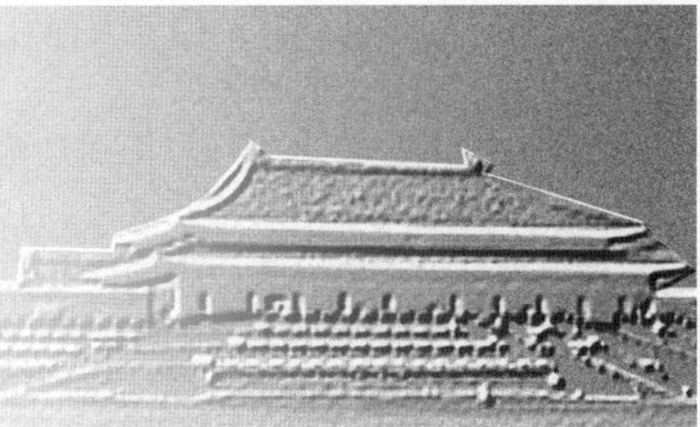

第一章

了解北京

在 15 世纪前几十年中，本书的主题——北京有其自然的形成原因。1403 年，永乐皇帝篡夺了皇位，决定把明政府的所在地从南京——他的父亲于 1368 年定在南方的都城——迁到他自己在北方的藩地。 3

几千年以来，在永乐皇帝的新都城或附近有过许多古老的城镇。实际上，史前“北京人”（Peking man）的洞穴就位于不远处的山丘上，远眺着湿地平原，就是后来建造城市的地方。距公元前 2 世纪以后发展起来的汉人帝国统治中心数千公里远，北京早期的闻名归功于亚洲北部非汉［即“非汉人的”（non-Chinese）］王朝把其作为首都。先是称为“蓟”（战国时代燕国的小中心），后来称作“幽州”（在中世纪是一个地方城镇）；从 10 世纪起，北京突然连续成为契丹辽朝（907—1125）的南京以及女真金朝（1115—1234）的中都*，后来是当时被马可·波罗称为“汗八里”

---

* 辽占据燕云十六州后，建立了五京州县制，以幽州（治蓟，今北京）为契丹国南京。金攻占河北广大地区后，建中都路（治中都，今北京），领一府（大兴府）五州（通、蓟、易、涿、顺）二十二县镇。

的蒙古元朝（1206—1368）的“大都”。① 它就是我们今天所熟知的永乐皇帝重建和改造的北京。

这些古老的城市名字——特别是蓟、燕和幽州——仍然保留在游人和居民有关北京的诗句之中。它们唤起了对宏伟古代遗迹的一种模糊意识，使得在心理和修辞上与城市先身的联系更为便
4 利。仍有许多要塞、建筑、街道、坟墓，甚至一直活到明代的树木，名字、街景、诗歌、习俗、有记忆地方的其他形式以及与以前城市相关联的习俗，古老砖石建筑的残块、碎石以及后来的文人笔记揭示了过去。这些记忆和共鸣最终要追溯到过去，那就是在中国历史上根植于后来北京的根。然而，在一些重要的方面上，永乐的城市是崭新的，有着不同的形状和地位，后来一直维持了五个世纪之久。在北京的文化和社会形成过程中，15 世纪初的城市设计布局及其所规定的城墙、建筑组成了永久的自然结构（the enduring physical framework）。为了了解这座城市，我们必须从它们开始。

城墙和城门

在此之前，不考虑城墙和城门而谈论北京是困难的。中文读者都知道“城”字可以解释为“城市”（city）或“城墙”（wall），这种联系源于古人利用泥土夯筑的墙去包围史前城市居民。由于被墙包围着，“城”，就这样在自然和文化上把文明的人类住宅与荒野分隔开来。

明朝的北京是由几座“城垣”——数道城墙组成。中间就是所谓的紫禁城，是皇家居住之所，面积稍大一些围绕紫禁城的城垣是皇城，紫禁城占皇城面积的 15%。②（参见地图 1 - 1。）高度从 12 米至 15 米的厚厚皇城城墙把私人湖泊、花园、仓库和统治者家族的工作场所隔离开来，在硕大的规模上营造出类似于一座带有庭院的中式房屋的大院子。相应地，皇城位于更大的正方形城

---

① 这些是北京作为首都的时间；参见傅海波（Herbert Franke）、崔瑞德编：《剑桥中国史》，第 6 卷，表 5。

② 这些比例是我自己根据地图测量而来的。

垣中央（占大约18%的北京城面积），从1403年至1553年，这道城墙把北京团团围住。③（参见地图1－1。） 5

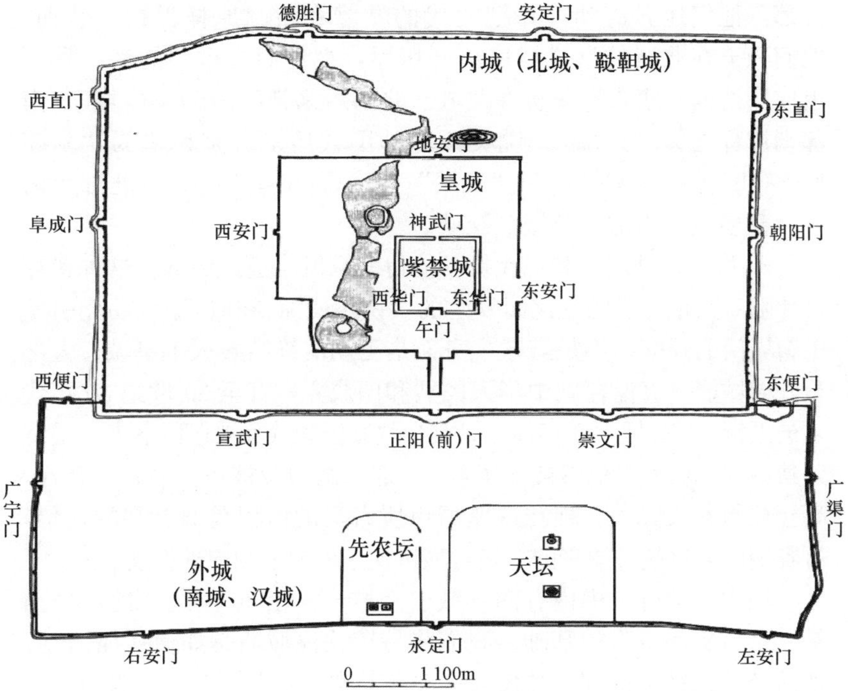

地图1－1　北京城

1550年，为了防御蒙古军队突袭首都，政府开始把商业繁荣和举行重要仪式活动的南部郊区包括进去，增加了一道新的、低矮的（6米高）外围防御工事。④ 明末（随后接着是清代），北京 6 既包括比较古老的正方形北城——占全部面积的65%，又包括相

③　在明代，北京周边仍保存着一些古老的城墙，但是在现代考古学揭示它们的全部轮廓之前，对这些城墙仍然缺乏系统的认定。参见夏南悉（Nancy R. Shatzman Steinhardt）:《中华帝国的城市规划》，21页。

④　《日下旧闻考》，卷90，1520页；孙承泽：《天府广记》，卷4，42～43页。说明南边城墙修建于1553年有误：那个日期标志着决定修建的日期。喜龙士（Osvald Siren）可能模糊了建造和维修之间的界限，城墙于1615年完工，护城河于1621年完工。喜龙士：《北京的城墙和城门》，107～112页；有关城墙高度的数据见该书第44～47、111页。

连的比较崭新的长方形南城。直到20世纪，南城仍然地广人稀。

17世纪中叶，由满人领导的一个联盟从长城外入侵并接管了首都，他们建立清朝，并把明代的城墙和城门原样保留。然而，他们强迫在北城的汉人居民离开房屋，把他们在东北的家乡移民组成所谓的“旗人”安置在北城。北部后来被称之为“内城”，南部则被称之为“外城”。说英语的外国人后来分别称之为“鞑靼城”（the Tartar City）和“汉城”（the Chinese City）。（北部＝内城＝鞑靼城，南部＝外城＝汉城。）

20世纪，外国人和现代技术使得北京城墙遭到毁坏，这种毁坏是伴随着其他显著的变化而发生的。铁路的需要和运输机动化引发了新城门的开辟，不是宫殿本身而是王朝的终结毁灭了皇城。大部分外城城墙一直保存到中华人民共和国成立，直至20世纪50年代才被推倒。20世纪90年代，只有少数城楼和城墙被保留下来，围绕紫禁城的护城河也仍然被保留着。* 北京的边缘被环形马路所替代，高楼控制着天际线。现在这座城市所占据的面积是旧首都的几倍，所容纳的人口超过原来的8倍，城市快速地向上和向外扩展。

墙内、墙外，圈内有圈，城内有城——在20世纪之前，分隔是北京历史和身份的基础。我们将持续关注城墙是如何压缩活动，把活动转入社区内部，并反对一般公共空间观念或共享的身份。

总的来说，城墙还形成了北京与附近乡村以及帝国整个外部世界的关系。在明代初期，这座城市有9座外城门，1550年后有13座城门。由护城河围绕着的外城城墙在城市和乡村之间画了一条清晰的线，自然地确定了这座城市的界线。对城市来说，这道城墙有着至关紧要的益处：防止受到攻击。在接近北部边界的传统居住区，由于居住着不同文化的游牧民族，这使得北京容易受到攻击，在10世纪和12世纪，辽朝和金朝就曾经占领了北京城。明朝的都城因靠近边界而变得危险，士兵驻扎在城墙内、城墙上或附近，甲胄和武器在手，这并没有什么可奇怪的。结果，北京

---

* 此处的“护城河”即今所谓筒子河。

夯实的土围墙，覆以砖石，是更具有威慑力的战场。虽然有蒙古 7
和满洲侵入者的到来（1550 年以及 1629 年至 1642 年断断续续的进攻），但他们并没有想要真正深入。真正的进攻，虽然造成了死伤，但还是少见的。⑤

北京城墙给人的一般印象（也许是误导）是保护、包围和安全。它们当然令人印象深刻。建立在平原之上的城墙和城楼渐进的景色必然给游人以极深的印象，但这几乎无人谈论过。一位来自南方的汉人刘尚友，17 世纪 40 年代来到北京，他记载道（像大多数来自东部的人那样）："崇城高嶷，雉堞耸峙，不觉啧啧曰：'美哉山河之固！斯诚天府也已。'"⑥ 在 19 世纪 80 年代，接近"这些巨大的城墙、高耸的城楼和大门"的倭纳（E. T. C. Werner）感到自己是一个"微不足道的西方人"。1910 年，另一位西方人评论道：这座城市从外面"看起来像一个巨大、愠怒的怪物，准备随时跃起"。⑦

城墙还宣示着皇帝的中心地位，因此其在定都北京的过程中也扮演了一个重要的角色。建立在伊利亚德（Mircea Eliade）和鲍威里（Paul Wheatley）关于圣城和对宇宙象征主义的思想基础上以及芮沃寿（Arthur Wright）在首都规划的文章中，杰弗里·迈耶（Jeffrey F. Meyer）已经详细说明了明清北京潜在的象征性结构。⑧ 城墙的形

---

⑤ 在 1644 年、1900 年、1937 年和 1949 年。（译者按：作者此处分别指李自成入京、八国联军占领北京、卢沟桥事变和平津战役。）

⑥ 司徒琳（Lynn A. Struve）编译：《明清之变：虎口中的中国》，7 页。

⑦ 倭纳：《秋叶：自传》，486 页；傅磊斯夫人（Mrs. Hugh Fraser，Mary Crawford）：《一位在许多国家的外交家夫人》，97 页；韦廉臣（Alexander Williamson）对西直门夸张城楼的画作已知有几个版本，例如，苏珊·雷朱克思（Susan Legouix）：《中国影像：韦廉臣》，52～53 页。尽管有许多外国人着迷于测量城墙，在西方语言中，常被引用的来源于喜龙士的《北京的城墙和城门》。

⑧ 芮沃寿（Arthur F. Wright）：《象征意义和作用：对长安和其他大城市的思考》，载《亚洲研究学报》，第 24 期（1965 年），667～679 页；惠特利（Paul Wheatley）：《四方之极：中国古代城市起源及特点初探》；杰弗里·迈耶（Jeffrey F. Meyer）：《天安门之龙：神圣的北京城》；参见马尔温·塞缪尔斯、卡门西塔·塞缪尔斯（M. Samuels&C. Samuels）《近代中国北京和地方权力》（见阿格纽、詹姆斯·S. 邓肯编：《权力所在：地理和社会想象力的结合》）关于鲁莽的东方学者名词（条目）"天朝之都"。

状精确地指向罗盘的各个点，定义明确的中轴线，集中于皇家居所上的同心被直接认为皇帝是“宇宙的中心”，首都就是其统治之下宇宙一面镜子的皇权思想的一种表达。

在大众的和学者的作品中，北京的形象已经得到广泛的重复。事实上，圈状城市与对称性相去甚远，至少皇城是这样的，虽然游人的记载表明城墙和对称的栅栏是如何令人印象深刻，但没有理由推断因为慑于天威，这一切似乎是理想化朝贡者的唱和。这
8 种布局不只是更完美的象征体系的一个祈求，而且，正如杰弗里·迈耶本人所注意到的那样，从其他方面来断言，这种布局是这座城市的竞争手段。⑨

对于居民来说，城市真实生活状况是平凡的。圆周上的点占据着主要位置，轴线的对称性是重要的。地址主要依靠四个方向：街道被命名为鼓楼南大街或鼓楼北大街、灯市东口或灯市西口等，建筑的分辨依靠它们在路的北、南、东、西边的位置。城门被成对地命名：东便门和西便门，右安门和左安门。如此对称——现实和想象二者——被宽阔大街增强，却被弯曲的小巷（当地称之为胡同）削弱，它们是当地人实际居住的地方。如果考虑日常规则的话，多重围墙是便捷活动的障碍。

而且，来到这座城市的大部分居民和游人很少有机会穿越帝国的中心——那是圣城北京的焦点所在。相反，居民居住在环带上，周边由城墙围起来，既把位于城市中心的皇家产业分隔开来，又把周边的乡村分隔开来。对于大多数人来说，首都可能没有中心，或者有许多中心，而不是单一的中心。

---

⑨ 北京规划的一个看法强调与潜在时间和空间力量的和谐：新城有四个角，表示四个季节，八个城门表示八卦，十二条主大街表示一年的十二个月，三百六十个胡同表示一年的天数，居于中央的是统治者。陈学霖（Hok-lam Chan）：《北京建城的蒙古传说》，载《亚洲专刊》，第3系列第3卷第2期（1990年），81页。在杰弗里·迈耶书中的大部分，他把北京理想化并且视静态的圣城思想为城市的“基本的结构”（杰弗里·迈耶：《天安门之龙：神圣的北京城》，45页）。他在第四章中没有充分研究杂乱的现实（依照我的观点来看）。

这些厚重的城墙给人以雄伟和压抑的感觉，使得进出北京变得不易。城门由士兵们把守，日出开启，日落关闭，形成有节奏的日常生活。拂晓之前，心急的农民和商人迫不及待地等着进城；傍晚，居民和游人要在关门之前赶紧通过城门。[⑩] 通过高大的城楼，可以从远处辨认出这些城门，但城门开口却相对比较狭窄，在外面被半月形环绕着的城墙阻挡着，允许对那些想通过的人们进行特别仔细的盘查。汉字“门”意指在围墙上的一个开口。在一个像北京这样城市的背景之下，英文翻译如“出入口”（gate）或“城墙门”（door）所表现出来的含义有些过于肤浅。它们不是“花园的门”（garden gates）。像“要塞”（fortress）、“闸门” 9
（portcullis）、“塔楼”（tower）、“城堡”（castle）、“碉堡”（blockhouse）、“地道”（tunnel）、“通道”（passageway）或“地下通道”（underpass）这些词语更能使人联想起有着许多道的城墙和穿过困难。北京城门居高临下，有着令人敬畏的设防、巡逻和狭窄限制的入口。在当地的生活中它们起着明显和重要的作用。

城市建在平坦平原上，由难以接近的城墙包围着，城里只有少数的建筑超过两层楼高，居民们可以看到远处珍爱的街景和住宅区，这并不奇怪。小山、高塔和越过河水所展现的宽阔视野是可以看到的更多景色。迈出城门也可以使人心情愉悦，许多诗歌描写了当一个人来到西直门西边时，突然展现在眼前的景象。[⑪]

15—20 世纪，虽然这些有纪念性城门的存在和位置是生活的一个方面，但它们的名称经常变动。不仅每个朝代有它们自己的选择，而且新名字的增补并非替代旧有的名称。有时，每个城门有多个名称——这些名称使得过去和现在变得模糊不清。[⑫]

北京城门不仅仅是实体的存在。它们主宰着城市空间的文化

---

⑩　查慎行记载，在 1700 年春天，东直门拥堵，全天都没有开放；那里堵塞严重，城墙两边滞留了几千人。（查慎行：《人海记》，4 页）亦参见金景善：《燕辕直指》，见《燕行录全集》，第 1 卷，1057 页。

⑪　《日下旧闻考》，卷 98，1624 页。19 世纪 60 年代，不安分的西方人一旦永久进入这座城市，就宣称有权在这些城墙上行走。

⑫　为了不让读者对这些变化感到不知所措，我更青睐于后来和更熟悉的名字。

形式。它们为大部分街道命名，构成了北京内部的网格状——正阳门外大街，东直门南二条，等等。词语“内”和“外”有规律地反复出现在地名上。一个人住在朝外（朝阳门外）或宣内（宣武门内）。居民们经常会这样想起城门和城墙的存在；即使他们无法亲眼看见，但也不会忘记。

城门的名称强调着规律性：在北边有两个门，沿着东西两边有四个门，三个门在南边，在中间的皇城和紫禁城各有四个门。然而，事实上，每个门在形状、大小、交通和文化共鸣上是相当不同的。⑬ 熟知这些有助于读者开始了解这座城市。

在明朝的前半期，最重要的城门或许是正阳门⑭，也称之为前门，次要的、其他两个邻近的门就位于最南面城墙上。南面或外城的中心正好位于这道城墙的另一边：这里汇集了通向南方重要的陆路和水路，聚集了大批的商人和游人。在16世纪后，建造起
10 新的外墙，虽然来自南面的交通通过5个开放的南面城门进行疏散，但前门外地区还是持续成为密集的商业区。对进入城市货物进行收税的主要衙门位于东面的崇文门外。

在通向首都以外的交通方面，其他的三座城门变得尤为重要。在明清时期，西北面的西直门见证了来往附近山区的繁忙交通，这个地区与城市的联系不断增强。穿过北面的德胜门，是唯一至今仍保存的城门，出现了来自北方和中亚规模较小的商业和对外交通。相反，通过东面的朝阳门可以到达北京东方的一个城镇，大运河的终点通州。供应首都精英基本口粮的粮船也来自通州。

在整个北京，热闹的商业设施位于那些靠近主干道和城门的地方。其他地区则较为安静，商业也较少，有时几乎是农村。在明代，对整座城市来说，在北部，我们能看到更多的住宅样式（更多是精英的住宅），在南部有更多的商业活动，施坚雅（G. W.

---

⑬ 参见黄铭崇（Ming-Chorng Hwang）：《18世纪北京城市形态研究》，61页及以下；喜龙士：《北京的城墙和城门》。夏南悉善意地提醒我注意黄铭崇的论文。

⑭ 《汉语大词典》，卷5，321～322页。

Skinner）已经描述了其在清代的情况。⑮

城墙和城门对北京生活的重要性在于强调更为直观的城市表现。在绘画作品中，一座隐约可见的城门经常代表着整个首都；在地图上，北京的轮廓是不同的。（如图 12－4 所示。）旅游手册着重强调城门的名称、位置和由此组成的“城市”，因为它们是应该参观的基本地方。在清末和 20 世纪，城墙和城门醒目地出现在城市照片上并不足为奇。（后来它们的毁灭使很多人感到痛惜。）

这样，北京的城墙既是帝国权力的象征又是现实，是城市规划主要的决定因素，对居民和游人而言无处不在。对于交通来说，它们又是一个相当大的阻碍，城门所提供的解决方案是安全比方便更为重要。象征性结构与王朝政治的紧张是一个方面，正常社会中不合常理的活力和商业交往则是另外一个方面，我们将在本章后面回到这个问题上来。

北京因城墙而停滞的想法只是一种幻觉。被城墙包围着的北京——即使在传统上代表了光荣的孤立——在物质和社交上根植 *11*
于其环境之中。如同所有中国建筑那样，城市的风水选址，对于人们如何认识它是十分重要的，水路和陆路是连接城市与乡村的生命线。让我们转而关注它们吧！

山光和水色

很早以来，人们就把山水组合起来作为描述和划定疆域的一种中国方式。这两个自然特性被帝王用于表达他们统治的范围，学者也把其作为任何地区的地理界线；因此，在国家和当地历史的开端总会发现逐条记载着的山脉和水路。在日常生活中，古人对风水的关注表达了在微观水平下相同的影响，从居民利益出发鼓励对这种环境的控制。山脉和河流就这样成为理解、描述和调

⑮　施坚雅：《导言》、《19 世纪中国的地区城市化》和《清代中国的城市社会结构》，见施坚雅主编：《中华帝国晚期的城市》，529～533 页。

整人类习惯进行地理界定的词语。无论这个地方是一座城市或一座寺院，是一幢房子还是一座坟墓，周围环境都是一个地区无法分离的一部分，有着主要而重大的影响。

北京坐落在一块平坦无奇、向南延伸到黄河的平原上，从山上流淌下来的河水流向东面、南面，裹着的泥沙沉积形成了这块平原。在史前时代，这座城市的位置靠近低矮的小山，有可能靠近海边。海洋变成一片沼泽，然后是湿润的平原，到我们所处的时期为止，北京位于海平面以上约 50 米，距渤海湾约 150 公里。⑯（参见地图1－2。）

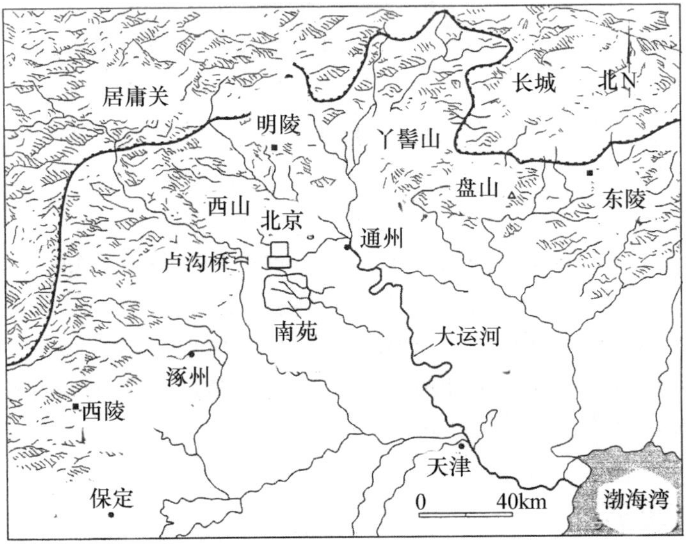

地图 1－2　北京城周边

在这个平原上，山脉兀然耸立。在北京 40 公里的范围内，坐落着 1 000 米高的山峰，在晴朗的天气里清晰可见。越过这些熟悉的山峰，就是城中看不到的更雄伟的山脉，在它们之后就是非汉人的领地。在 50 公里附近，人工建造的城墙（长城的一部分）增强了抵御北部草原游牧民族入侵的能力。事实上，伴随着这些山中河流和道路而来的既有军队又有贸易，与这些山川如此接近使

⑯　侯仁之主编：《北京历史地图集》，3～4 号地图文字。

得北京的位置既脆弱又危险。

在这些高山和北京之间坐落着绵延低矮的山脉，从城墙西北角算起距离约有12公里。这就是在金代已为人们所知的西山（西面的山）；或者正如说英语的外国人后来所称呼的“the Western Hill”那样，也许更为合适。城市居民对这些山的利用有着一个悠久的历史。山区比平原凉爽，它们提供了风景优美的景色、杳无人迹的山路、冬季风景、黝黑的洞穴、清澈的泉水和树木覆盖的
山坡。统治者在此狩猎，与世隔绝的庙宇寺院渐进地点缀着山水， *12*
多个世纪以来，君主、太监和名人在此为他们的墓地寻找风水宝地。正如我们在后来的章节中所看到的那样，如果把西山排除在外，就无法讨论有关北京的生活。

在边境上的高山则给予北京部分的保护，西山所赋予的特色和魅力在其他方面就平淡无奇了。对于这座城市来说，从这些山脉流出的泉水和河水同样重要。

与世界上大部分重要城市不同，北京不是依靠大河发展起来的。流经平原的河流蜿蜒曲折，难以控制。它们很容易改道，或洪水决开河堤，几个世纪以来，多次对河道进行修筑堤坝、疏通、改变方向、重新命名以及逐渐移动。明清时期，必须花费大笔的费用才能使这些河流服务于这座城市：这些河流为护城河和城市湖泊提供水源，支持有限的商业运输。这样，当北京不变的山区
成为当地永久文化的一部分时，这些不稳定的河道在形式上和文 *13*
化上变得更加麻烦而短暂。

事实上，北京位于一块大冲积平原的边缘上，这块平原扩展到整个地区，包括大运河在内，所有的河流都流入渤海湾。降雨常常集中在夏末，经常威胁着脆弱的人工水系管理。虽然北京地势略高一些，但是北京与天津以及下游河口的其他城镇处于相同的生态区域，定期受到洪水的袭击。[17]

---

⑰ 李明珠（Lillian M. Li）：《海河流域的洪水控制和饥荒救济：1801、1917年》，为美国学术团体协会与社会科学研究学会题为“中国历史上洪水和饥荒”研讨会准备的论文。该工作尚在进行中。

这些河流发源于山脉。白河在北京的正北部，注入首都东部的大运河。沙河发源于西南，进入北京北部平原。大一些的浑河源于山西的山脉，流经北京西面的平原，注入永定河。后者虽然有一个乐观的名字，却必须经常引起注意，它是洪水屡屡泛滥的根源，淹没了北京西部乡村，有时甚至城市本身。在丘陵附近的卢沟桥一带，这条河仍然多多少少被约束在一条固定的河道之内，一条向南的干道跨过永定河。这座建于 1192 年的石拱桥，因而成为当地不朽而著名的一个标志。[18]（参见图 1－1。）所有这些河流都支持有限度的运输，还成为通过和到达山那边的通道。

图 1－1　1771 年的卢沟桥

木版刻印的卢沟桥是一幅描绘乾隆帝南巡插图的一部分。在桥的东边表现了皇家石碑的两座亭子（观者的右边），一座在西边。在桥的东南可以看到一座令人尊敬的河神庙，在其围墙内，有两座石碑亭子、一座钟楼和一座鼓楼。

资料来源：《南巡盛典》，卷 95，5226～5227 页。

河水缓缓地向东南流淌，带走了污水，提供饮用水，成为北京与众不同的人工湖泊和池塘的源泉。山上的河水通过各自的“水门”进入城墙，注入元代修建在这座城市北部的大湖，为大都

⑱　后来在西方马可·波罗桥因为著名旅行家的大量描写而广为人知。马可·波罗（Marco Polo）：《马可·波罗行记》，由穆尔（A. C. Moule，一译牟里或慕阿德）、伯希和（Paul Pelliot）译注，第 2 卷，255～256 页。

市的中心提供了受欢迎的景色。最南端的湖泊被包围在皇城之内且为皇室所独占。

在这块昔日的湿地平原下面，存在着大量地下水。简单地挖一口井就可以得到水，北京（如在乡下）到处都是水井——在降雨量不确定的气候条件下，这是一个优点。唉，这些水大部分是略带咸味和苦味的。幸运的是，西山的泉水则是清澈、凉爽、甘甜的，是城市用水的一个主要来源。在 18 世纪中叶被乾隆皇帝赞誉为“天下第一泉”的玉泉，从金代以来就已经成为京师地理和文化的一个标志。 14

人类建筑特别是城墙和街道构成了北京皇家象征的布局，但不同的看法反映了这些河道是变化莫测且危险的。龙，力量的神灵，人们相传其能控制地下和空中的水，在另类的宇宙观中，龙起着决定性的作用。描述了普通情节的一个传说，讲述年轻的神灵哪吒来到北京平原，抓住龙的家族成员从而夺取了他的控水权，把龙王和他的妻子禁锢在一个湖里，把龙王的儿子赶到山上。[19] 据说，鸟瞰这座城市就会发现，北京是哪吒本人的八臂图：正阳门是头，里面两口井是眼睛，四个城门是胳膊的每一侧，两个北门是脚，皇城是五脏，天安门一直通向他的头部，里面的街衢是食道。[20] 在另一个故事里，北京的结构被解释成自身就是一条龙，城 15
墙是龙的身体，城门是眼睛和嘴巴。[21]

北京的山脉和河水集中在城市的西北部，这鼓励了居民朝这个方向发展。这样，与实际的城墙相比，北京的人文界域包括了西北郊区相当大的一部分。在其他方面，乡村虽然也在城市生活的范围之内，但相比较起来却显得毫无生气。

---

[19] 金受申：《北京的传说》，24～31 页。

[20] 金受申：《北京的传说》，10～17 页。陈学霖《刘伯温与哪吒城：北京建城的传说》尝试整理各种有关北京建立的传说；有关哪吒的内容，参见该书中的图 32。

[21] 裴丽珠（Juliet Bredon）：《北京》，37 页。另一个把城市规划和藏传佛教神灵大威德金刚（Yamantaka）联系在一起的传说有，费尔丁那德·列森（Ferdinand D. Lessing）：《仪式与象征：藏传佛教和中国象征文集》，89～90 页。

最后，“居庸障其背，河济襟其前；山海扼其左，紫荆控其右”成为描述北京作为首都地位相匹配的俗语。自然地理位置胜过天下所有地方，真正是人所称道的“天府之国”。[22]

人工河道把山水引入围绕城市的护城河，从那里进入依次把北京和大运河联系起来的小河道。[23] 在15世纪前，距离首都20公里远的大运河是宝贵的生命线，它为首都提供漕粮；船帆和纤夫顺着或逆着平缓的河流移动着船只。建造和维护大运河花费了相当大的人力和物力，主要目的是用于粮食的运输，大运河是北京以及其他北方省份主干线系统、沿海贸易航线和中原河流世界之间不可缺少的联系。

对于除了粮食之外的货物而言，陆路是帝国其他地方之间的重要纽带。在辽、金和元代初期，北京已经并入帝国。到了1368年，这座城市发现它自己反而处于南方帝国的边缘。在1644年后，当满洲控制的地区扩展到中国南方和亚洲北部时，正如其在蒙元时期那样，北京再次成为面向北部和南部的中心。

在向北方开放的时期，通过山脉的道路是货物和人口流通的通道，也是军事力量扩张的通道。在中国北方大部分地区，荒蛮
16 地区和狭窄的山谷限制了交通，骡子和骆驼是主要的交通工具。通过称为“某某口”的山脉关隘，或者，当被设为要塞时，“某某关”在这个网络中成为决定性的节点。这样的自然关隘有着悠久的历史和一定的持久性。例如，一座横跨在北京西北通往张家口和蒙古地区的道路上有着雄伟装饰的14世纪拱形门居庸口[24]，上面刻有六种文字的碑文。* 另一条通往东北主要的道路，通过古北

[22] 《三才图会》，卷6，248页，张爵绘制的地图3。关于其他，谢肇淛：《五杂俎》，卷3，178页。《日下旧闻考》，卷6第88页至卷7第115页各处。

[23] 最早连接北京（那时称蓟）和南方的运河是在7世纪由隋朝建造的。侯仁之主编：《北京历史地图集》，19号。

[24] 又称作“居庸关”。

* 作者此处所提到的拱形门，即居庸关云台，而所提到的有六种文字的碑文即云台洞壁上《陀罗尼经咒文》和《造功塔记》，均用梵文、藏文、蒙古八思巴文、西夏文、畏兀儿文和汉文六种文字镌刻。

口；在夏季，大部分清朝皇帝定期通过这条路前往位于热河的避暑山庄和沿途的皇家陵园。

向东通往朝鲜的道路由李朝控制，这条道路也是长期机会和危险并存。山海关是控制着长城与大海之间的关口，因为清代皇帝的家乡和陪京位于长城之外，所以在他们统治时期通过山海关的旅行者和移民也大大增加。

与北京南部的联系也同样重要。旅行者离开首都，沿着陆路或运河到达通州，经过大运河向东面和南面到达滨海港口天津，然后向南——历时数日——先到达运河与扬子江的交汇处、富庶的城市和稻米产区，最后到达中国的南方。如果通过陆路，旅行者可以乘骡车或驴车沿着泥泞的道路穿过平原。离开北京向西南沿着主要大路穿过浑河上的卢沟桥。人们向西可以越过太行山前往山西（例如，位于五台山的朝圣中心）和亚洲内陆地区，或是继续向南穿过平原到达商业发达的南方地区。

这些长距离的道路是首都和帝国得以生存的根本。沿着这些道路，有差役们带来的官方的报告和皇帝的批复，在南方巡视的皇帝的侍从，政府税收的收入与支出，京城军队与遥远的叛军进行战争对抗。道路对北京的生活也至关重要，对于这座城市来说，深入地方与深入帝国的程度是相同的：粮食、肉类、水果、蔬菜、煤炭、砖、奢侈品以及求职谋生的人们都是通过这些道路而来的。

然而，定都北京是战略上而非商业上的考虑，并且引发了将草原地区和稻米产区水陆联系的补给困难。北京最重要的资源是 17
政治力量而不是经济力量。虽然帝国的人口和物资是通过首都进行流通的，但地方却很少直接受益，直到清末，附近的城市才有能力和北京进行竞争。㉕

㉕　施坚雅：《导言》、《19世纪中国的地区城市化》和《清代中国的城市社会结构》，见施坚雅主编：《中华帝国晚期的城市》，237～238页；饶济凡（Gilbert Rozman）：《清朝和幕府时代日本的城市网络》，164页；以及章生道（Sen-dou Chang）：《城治的形态与结构研究》，见施坚雅主编：《中华帝国晚期的城市》，第91页有关于保定的内容，第十六章是关于天津的。

从首都所有的城门辐射出去的那些小路为当地人提供了通道。虽然附近乡村无法提供转运和出口到帝国的产品，但它为北京提供了日常所需的必需品，以及在手工和服务方面供养城市人口的劳动力。然而，君主和在京官僚机构在需求上就这样支配着北京，以至于地方和区域问题难以引起关注。

建于15世纪第二个十年的永乐城墙，没有立即创造出一座充满活力的城市：它们是巨大的容器，城市生活不得不在这个容器里重新扎根和生长。起初，居民在与城市不相称的宏伟之下显得如此渺小。经过几个世纪，北城人口变得稠密，为南城而修建的城墙也已经建造起来。表面上的永久城墙，使我们对于渐进的变化视而不见。此外，正如内部地区越来越城市化一样，恰好在城墙外的土地也慢慢融入首都的城市生活。

正如这本书将要说明的那样，与那些居住在城内使得世界成为他们日常生活一部分人一样，乡村人口成为城墙内社会的一部分。出于多种目的，北京包括了人口、“城外”和“城内”的土地、“关外”地区和“郊乡”。文学作品中关于中国城市和郊区的关系不过如此，极少会考虑到被城墙包围着的城市和以农业为营生的乡村之间相互贯穿的地区。接下来的章节将以一个更为详细的方式来展示这个地区对于城市生活的重要性。

然而，被城墙包围着的城市的准确范围取决于那些被表述的观念。尽管皇室和官方的北京是通过由城墙所确定的、清晰而有边界的空间呈现出来的，但是商业、宗教和私人休闲世界还是持续而无序地延伸入乡村。因此，除非在其他方面指明，读者应该认为，在这本书中所讨论的北京包括了那些乡村部分，这座城墙环绕的城市居民通过种种方式使自己进入乡村。

18 这明清都城的城墙里面或附近的普通居民，没有自发形成一种共享文化或一个城市共同体（an urban community）。远非如此。在接下来的章节里，我们将看到北京社区是如何形成的，有着怎样的困难，这座城市作为一个整体，是如何获得它的鲜明个性的。

第二章 神灵与僧侣

在北京的历史中，对中国寺院进行些许了解是评价它们重要 19
作用的基础。在本章和下一章中，我将对这座城市寺院的实际布局、它们的建筑、它们的神灵、它们的僧侣、它们与其他寺院的关系、它们的捐助人、它们的资产和它们被公众使用的情况进行分析。为了达到这样的目的，我将要在中国的宗教、历史和人类学方面展开广泛的研究工作，尝试以北京实例为背景，尽可能引用更多的当地例子。由于我把从明代到清代的资料杂糅在一起，所以这些章节也就必然具有同步的特点。尽管如此，对这些普通过程的思考会为读者对这些事物如何起作用带来更为丰富的感想，并且允许后续的叙述以更少的娱乐方式展开。

寺院建筑

在本书中，“寺院”（temple）通指专门用于容纳一位超自然神灵（god）造像的建筑物，在其面前摆放供品和进行祈祷。在建筑物（如住宅、商铺和衙署）里面，最初被主要用于其他目的的祭坛则被排除在外。①

明代北京寺院的数量以一个逐渐加快的速度递增。据我所知，
20 位于城北的寺院的数量从1401年的41座增加到1550年的236座。其他100座寺院是在南城被城墙围起来的时候增加的，我所统计的总数在16世纪90年代达到峰值，约480座，在明朝最后的几十年里，稳定地保持在约430座。② 随着清代城市人口增长，这些寺院的数量每隔十年都会增加10座或20座，城墙里面的寺院从1644年的440座增加到1800年的636座；在19世纪，寺院增长的速度较为缓慢，我所能统计到1880年的只有700座寺院。总之，从1400年到1900年，北京包括郊区在内有档案记载的寺院超过2 500座。然而，正如我在附录一所解释的那样，这些数字过低，完整的数字可能至少要多出三分之一，但是我们的资料不允许进行这种完整的统计。

在中国的社会里，一座独立的寺院建筑有自己的名字。传统上这些名字包含至少两个汉字和一个表述“建筑”的字样：“万佛寺”，“火神庙”，“报恩延寿寺”，等等。（所有寺院名字的汉字可以在术语表中查找到。）中国的神灵极少是独居的，许多寺院至少有一位以上的神灵。

虽然有可以描述建筑物的不同汉语词语，但在此我只使用单一的词语“寺院”（temple）。在明清时期的北京，它们使用频率的次序是：庙、寺、庵、祠、观、宫、禅林、院、殿、堂、阁和坛。这些词语想要传达的是有关寺院神灵种类的信息，一些是指居住在其中的宗教司职人员的种类，其他描述的是建筑物本身。与每一类相关的例子在本书中都会出现。

准确和一致的翻译是困难的，而我们的英文词汇又十分有限。“观”通常指的是容纳道士并在形式上得到他们崇拜的神灵的地方。“宫”也经常拥有道教教义中著名的神灵。“寺”这个词通常

---

① 本书坚持以过去为中心，即使现在时有可能也是正确的，我仍然会用过去时。

② 数量过低缘于我的手工统计，确实有少统计的情况。有关这些数字使人误解的准确度参见附录一，与沈榜的《宛署杂记》卷19相对比，在城里的宛平县，有242座。

指的是祭拜汉传佛教或藏传佛教神灵的场所，它同时还指修道院（但不是必需的）。“寺”这个词也用于穆斯林的清真寺（mosque）。“禅林”指的是从属于一系列禅师的寺院。“院”通常指佛教的神灵或僧侣的住处。“庵”通指佛教尼姑居住的小块地方。“祠”（圣祠）用于比较始终如一的祭祀对象，其祭祀对象是不平凡的历史人物，（或尚未）被视为神灵。“庙”，通常英译为“temple”，一般来说，庙里面容纳着许多神灵，这些神灵与佛教或道教的神职人员没有特定的关系。

“殿”通常是一个较大的建筑物里的一个独立大厅（不一定用 *21*
于宗教目的），可以命名整个建筑群。“堂”是一个类似于房间的词语，能够从事规模较大的活动；文人用于意指一个可能举行仪式的地方，也包括那些祭拜祖先的仪式，欧洲天主教用这个词语来指其教堂（church）。③“阁”是一座有几层楼的建筑，这个术语可以用于命名有这种类型建筑的建筑群。“塔”可能既指佛骨灵塔（stupa）或宝塔（pagoda），又可以用于表明作为整体的综合建筑群。“坛”，作为一种祭祀地点的名称，通常指宏大的皇家祭坛，主要的仪式是在露天举行，而不是把一个建筑物围起来。“茶棚”是向朝圣者提供服务的建筑物。“家庙”指的是供奉祖先的厅堂。

在汉语中，这些术语的使用是随意的和不一致的，它们的含义也随着时间而改变。人们可能把“寺”叫成“庙”，或者把“庙”称作“宫”，“禅林”、“禅院”或“禅寺”更是经常替代“寺”，等等。此外，许多寺院的名字不止一个，不同的名字相互交替使用。④新的名字总是无法流行起来，人们继续使用旧称。有

---

③　天主教徒也许认为一个“堂”是“文人讨论文学和道德问题的场所”，因此也是这个词语的魅力所在。南怀仁（Ferdinand Verbiest）：《欧洲天文学》，169页注释5。

④　似乎已经是明清皇家普遍的惯例，重建时皇家的赞助可以更改一座寺院的名字。有时在更名时要避讳皇帝的名字，最不便的情况是在康熙皇帝个人的名字中有个“玄”（深奥的、深沉的）字。“玄”经常用于道观，所以改名为“元”（最初）。参见约翰·施赖奥克（John Shryock）：《安庆的寺院及其崇拜：近代中国人的宗教信仰》，27页，有关于对寺院名字相似的一个理解。

些寺院是按绰号来称呼的，主要基于神灵的名字或绰号，或者与地点相关的故事。有时建筑物的性质改变了，但名字没有变化——尼姑替代了和尚，或同名的阁楼倒塌，或一位神灵代替了另一位神灵。有时，虽然名字改变了，但功能却没有变。

虽然在某些建筑物内会看到用来安置佛教、道教或儒教有代表性的神灵，但是在明清时期，这种差异变得越来越模糊了。在同一座寺院的殿内或同一座祭坛上，此种神灵们可以得到日常的祭祀，一座寺院可以设有多座祭坛。[5] 而且，大的庙宇有例外情况出现，宗教的职事人员很少对一座寺院建筑拥有一个特殊永久的权利，并且，虽然在同一个时期里很难找到不同类型的僧侣们生活在一座寺院里的情况，但一位佛教僧人曾经居住过的地方，后来可能被道教的道士们取代，最后归于藏传佛教的喇嘛拥有，等等。寺院也会暂时或永久地全部改变为其他的用途。

22 因为角色和名称的不断变化，使得对中文术语的把握变得混乱不清，我用英语词语“temple”（寺院）来表述所有的建筑物。当它们有关联时候，我就用中文名称，说明上述是何种地方。“Mosque”（清真寺）表明伊斯兰教礼拜的地点，而“church”（教堂）则是基督教的，我认为二者都是“temple”（寺院）。有时区别寺院是非常重要的，因为寺院里居住着数量众多、有组织的宗教专业人员，这些就是我所称的“monasteries”（寺院）——不论住在里面的是道士、汉传佛教的和尚或尼姑，还是藏传佛教的喇嘛。[6] 表 2-1 显示明清时期，在我所掌握精确的信息中，2 564 座建筑物的名字以“temple”来命名。[7]

每座中国寺院的核心是在桌案上或靠墙一个壁龛里至少有一位神灵的代表；祷告者站在或跪在祭坛前。在本书中使用的英文

⑤ 北京并不罕见，例如，贺登崧（Willem A. Grootaers）、李世瑜、常志文：《万全的寺院和历史（察哈尔），载《华裔学志》，第 13 期（1948 年），261 页；贺登崧、李世瑜、常志文：《中国北方城市的圣地》，各处。

⑥ 关于我使用“道士”和“喇嘛”的说明，参见本章后面的讨论。

⑦ 关于更多的“统计”，参见附录一。分解表 2-1 可以看出，相对于清朝，明朝没有出现更有用的见解。

词语“worship”（祭拜）囊括了在神像前举行的各种不同活动：祈祷（无声的传达或大声地诵读一份书面的声明），鞠躬（单次或若干次俯身），祭品（在祭坛上摆放食物和饮料），牺牲（屠宰一只牲口并捐献出去），许愿（许诺完成某种行动后答应酬谢一个愿望），预言（预知未来），忠诚（定期完成这些活动中的任何一项）。中国人的祭拜通常包括了恭敬、尊重和敬拜的情感，但较少包含崇拜或欣喜（与某些其他的宗教相比）。其大多数祭拜的基本形式包括焚香、鞠躬和祷告。

表 2-1　　北京寺院使用的术语 23

名称	寺院的数目
庙	859
寺	783
庵	415
祠	143
观	68
宫	65
禅林	40
堂	37
殿	34
院	29
阁	28
茶棚	14
坛	13
塔	7
家庙	6
其他	23
总计	2 564

已经涵盖了所有我所知的明清时期的寺院，对每一座寺院只选择一个主要的名字。这些数字只表示一般的模式。有关资料参见附录一。

最基本的供品是从各种芬芳木材提取的香，最起码的祭礼容器是能够插香的物品。也许，人们相信缭绕而上的刺激性的烟，可以与另一个世界相联系。香炉可以从一盏浅浅的碟子到比人还高的大型直立容器。祈祷者通常献上细长的线香；住寺僧侣们用药粉或粗大线圈来保持香的燃烧。

祭品包括饮料（尤其是酒和茶）、生熟食品，先放在神灵面前用于精神要素的消费，然后由祈祷者撤走并吃掉；纸钱（用于另一个世界的特殊货币）或纸制物品，二者都是要送到神灵那儿烧掉。整个五件套的仪式器具包括在中间有一座香炉，侧面是一对烛台和一对花瓶。

一座寺院大殿里有一座中央祭坛，通常靠墙面门。侧面的祭坛被安放在两边，或沿着右手或左手的墙。排列的众神灵被安置在三面墙上。在某些殿堂里，中央祭坛不是靠着后墙而是位于房间的中央，在后面有一个分割部分，在另一边可能是另一个神像和一扇通向后院的门。

在神灵和祖先之间没有明显的区分，在家里，通常根据这些相同的一般原则为已故的家族成员摆设一座祭坛，作为祖先的殿堂。（这些灵魂似乎经常由绘画或木牌来代表。）独立的祖先殿堂可以被视为一种寺院，尽管在皇家范围之外的北京，它们不是突出部分的场景。

寺院有各种形制规格，有些寺院比一平方米大不了多少，而
24 其他寺院则空间宏大。在北京，最小的寺院是用于供奉一群动物神灵，它们的影响范围仅限于单一的住宅。这些微型建筑物通常设在其他建筑物的院子里；几乎从未有过文献记载过，它们不在本书所考察的较大型寺院中。有少量关于土地庙的记载，这种寺院通常包括一个小的神殿或一个单一的殿堂，里面除一尊神像（也许还有他的妻子）外，就没有别的神灵了。

我通过资料发现，寺院似乎至少有一座殿堂面对着院子，围墙上开有一扇门。实际上，大多数好像并不只是如此简单的结构。在我所知道的 2 500 座寺院中，不到 10％的寺院规模似乎稍微大些。建筑物本身有一层楼高，木结构，有泥瓦坡屋顶；外墙是典型的灰泥砖墙。

清凉庵，一座小寺院，或许当时是一座尼姑庵，位于皇城的西边，其名来源于地处山西五台山的佛教寺院建筑群。（参见图2－1。）它是由一组封闭的建筑物组成，在南墙上开有一扇门，东西两边各有一座配殿，在北边有一座大殿。

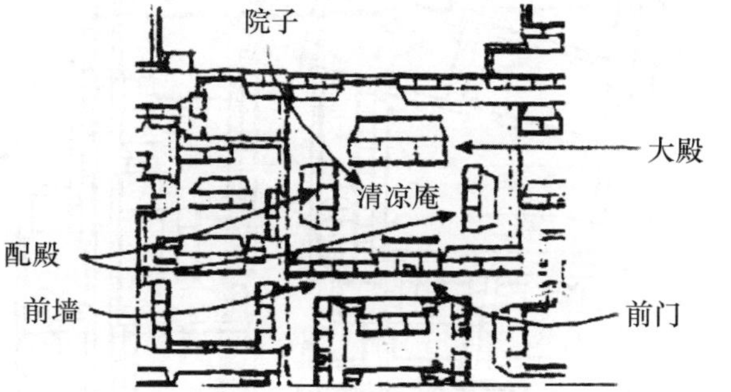

图2－1　内城的清凉庵

资料来源：《清内务府藏京城全图》，1750年，VI：8。

注：为了与中国地图制作传统保持一致，本图以及所有翻版地图（除非另有注明），均采用上北下南。

这种寺院可能供奉一位神灵——在这种情况下可能是文殊菩萨（Manjusri），五台山主要供奉的神灵——虽然其他神灵肯定也在场。由祈祷者捐献的神像平时安放在位于主祭坛上的神像的旁边，小一些的壁龛放在其左边或右边，或安放在配殿里。木版印制的门神（寺院的看门人和监护人）可能已经过时，因为它们被贴在许多房子的前门上。

甚至在许多带有庭院的寺院中，布局和空间的安排可能完全不同。图2－1至图2－4和图10－4、图10－5规模相同，来自18世纪中期为皇帝准备的一幅详细的北京地图。[⑧] 坐落于拥挤外城的 *25*
小的观音庙（图2－2），与位于外城的拥有可观的三个院子的药王庙（图2－3）以及在内城的大寺院隆福寺（图2－4）可以在大小

⑧　参见第十三章有关这幅地图的讨论。将这幅地图上的地点和保存下来未改变的结构相比较，我对它的精确度还是有信心的。

和形状上进行相互比较。⑨

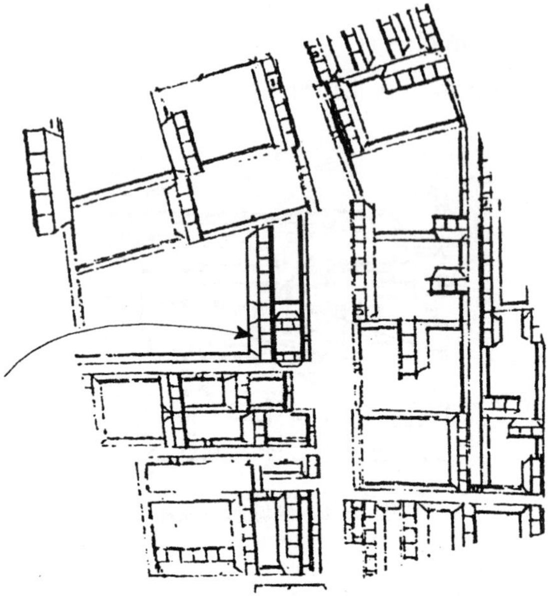

图 2-2 外城的观音庙

资料来源：《清内务府藏京城全图》，1750 年，XIII：7。

殿堂房间数目相同，但大小可能不一样，而且同等大小的寺院其祭坛多寡不一。法源寺有 12 个不同的神龛，而东岳庙则有超过 100 座独立建筑物并容纳相当多的主要神像。⑩ 读者只需要比较图 2-1 至图 2-5，就可以知道，大殿和院子的数量并不是完美的衡量尺度。⑪

---

⑨ 我用更为人熟知的清代名称（内城和外城）来称呼北京的组成部分，而不是明代名称（北城和南城），除非对明代有特别的讨论。

⑩ 安妮·斯旺·古德里奇（Anne Swann Goodrich）：《北京东岳庙及传说》，3 页。找到包括郊区和城内寺院的详细地图并允许进行尺寸大小的比较是不容易的。根据《北京附近地图，1∶25 000，工程师普意雅汇编 20 幅比例为 1∶200 000 的地图》（7、12 页）来判断，这两幅地图大小相同。

⑪ 不幸的是，在我们的资料中，这些数量经常地被提到；其他描述性术语（“宽敞”“大的”）用得更少。

在乾隆《京城全图》上标注的大多数寺院的规模都在这些图 26
所显示的范围之内，但那些由皇家敕建的寺院，例如图 10－5 显示的藏传佛教寺院弘仁寺，规模相对较大。大型寺院以皇家寺院如太庙（有隆福寺的三倍大）或有大型国家祭坛为例。

正如我们所看到的那样，除了因为空间而增加公众使用的寺院外，并非所有对北京历史和社会重要的寺院的规模是大的，许多寺院都是如此。据我所知，在北京寺院中，有许多寺院比一个主殿的面积稍大一些，90％是中等规模的——它们包括两到五座殿堂，沿着一条中轴线的两边分布，殿堂前后相接，每座殿堂由院子包围起来，并且被一道外墙共同包围着。⑫ 有一个例子可以对此加以证明。

图 2－3 显示天坛北面的药王庙。⑬ 它排列在西南至东北的轴线上，面向东单市场（East Dawn-market Square）。与大多数寺院一样，一对沉重的回转木门安在一个带有瓦制屋顶的建筑物里。寺院的名字镌刻在一块石头上，刻有名字的匾额就安放在这道门的上面。以前外面可能立有木制旗杆。（如图 16－2 所示。）

当穿过这座药王庙的前门，访客发现他们身处一个长长的院子里。在右手（即东边）是一座安放大钟的建筑物，在左手的一座相似的建筑物用于安放寺院的鼓。这些鼓楼和钟楼是大型寺院群的组成部分，在小一些的寺院中也并不少见。⑭ 它们每一座是典型的两层正方形建筑物，顶层悬挂着钟或鼓，从每一边通过开在四面墙上像门一样的窗户，可以听见钟鼓声。（参见图 2－3、10－4

---

⑫　有 280 座寺院是比一座殿堂大，249 座是中等规模的。

⑬　在杜德珍（John Dudgeon）的《中国治疗艺术》（载《教务杂志》，1870 年第 3 期）中发现一份长篇说明。这些石碑、香炉、大殿的照片和寺院的规划简图，以及其他更多，仁井田陞：《北京工商ギルド资料集》，卷 4，787～836 页。这座寺院的三座大殿在 1997 年 8 月仍然存在，已经变更为他用并划分为两个单独机构。参见三位朝鲜游客参观后留下的珍贵记载。金昌业：《稼斋燕行录》，180、205 页；朴趾源：《热河日记》，25 页；金景善：《燕辕直指》，1057 页。似乎这座寺院开始作为明朝太监魏忠贤祠庙，是在 1627 年他死后变更的，朱一新、缪荃孙撰，刘承幹考证：《京师坊巷志》，卷 8，13 页。

⑭　据我所知，约 88 座寺院有钟鼓楼（在全部 2 564 座寺院中）。

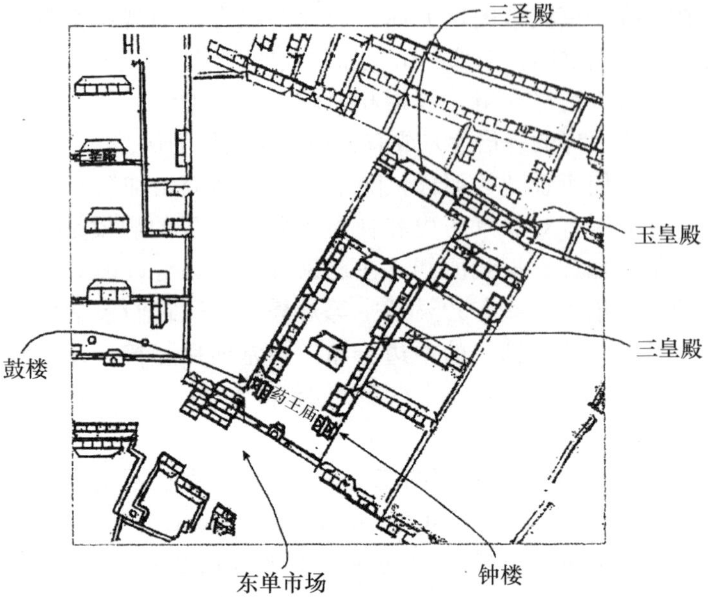

图 2-3　外城的药王庙

资料来源：《清内务府藏京城全图》，1750 年，XIII：4。

中的例子。）这些乐器用于表明寺院一天的开始和结束，形体更大的钟楼和鼓楼也是这样为整个北京报时。[15] 一口钟的铭文称洪亮的音调还可以被在地下的逝者听到，鼓励通过诵唱如来佛（Buddha）的名字可以获得救赎。[16] 青铜和铁制的钟是来自捐助者的普通礼物，表面经常铸有铭文。与许多西方的钟不同，它们的尺寸和重量相当大，挂在一个固定的位置，用一根木头撞击钟的表面。

27 相邻殿堂和院子的结合，展现了大部分中国建筑物的典型结构。如图 2-1 至图 2-4 更加清晰显示的那样，院子是中国寺院中一个必不可少和重要的特色。在外墙里面是空旷的空间，殿堂建于其中；它们在尺寸和形状上有所不同，但提供了能安排各种用途的封闭场地。

⑮ 普利普·摩勒（Prip-Møller）《中国佛教寺院》第 7～16 页已经描述了佛教寺院中这些钟鼓楼的历史，提出它们是华北地区的典型特征。

⑯ 北京图书馆藏拓片第 7703 号。

有时在寺院的院子里立有纪念性的石碑，在这座药王庙的第一个院子里立了两块石碑。这些石碑记载了建庙和后续一系列重建过程，是典型的一类：有几米高，每块又高又窄的厚板坐落在有装饰雕刻的石基或汉白玉上，圆形的碑额，有一个精细雕刻的顶冠。碑阳和碑阴，有时是碑的侧面用于镌刻铭文和捐献者的名字。（参见图 14－1。）有些寺院和院子立满了石碑——“碑林”。
一块御赐石碑，不但庞大而且放在一只大石龟的背上*——一个长 28
寿的象征；有时用小亭子保护着它们。⑰（参见图 1－1 和图 2－4，可以看到一些这样的亭子。）

通过药王庙大门的甬道进入第一座大殿，外面立着一个明代的香炉。朝向寺院院子的香炉通常由石头、铸铁或青铜制成，外形为老式正方形锅状或有三条腿形状的器具；一些香炉立在台子上面，许多有精细的装饰或铭文。香炉的尺寸和数量表明一座寺院焚香的数量，表明它的“香火”及其声望。

药王庙的第一座殿是三皇殿，三位皇帝的殿堂。在中央是伏羲像，黄帝在他的右边，神农在左边——三位传说中的中医创始人。靠近东边是药王本人的塑像，其中的一块石碑确定是为祖师孙氏、唐代医生和道士孙思邈而竖立的。

中国建筑的尺寸通常用“间”或“柱”来描述柱子之间的跨度或面积；几间可以构成一个房间。（来自我们图表即由皇家委命制作的地图是通过画柱子来标明间的数量。）这座典型寺院的第一个殿堂宽三间，约十米。

沿着院子的左右两边，在钟楼和鼓楼的后面，是可以用于各种目的的小殿堂。在第一个院子的配殿是过去著名医生的塑像。⑱

---

* 实际上不是石龟，而是赑屃。

⑰ 明末宗派集团的宗教经文利用刻有圣旨的石碑绘画，需要用皇家的长寿为卷首插图，作为合法性和权力的护身符。参见司徒洛娃（E. C. Stulova）：《〈普明宝卷〉译注》，8 页。

⑱ 这些医生完整的列表见杜德珍：《中国治疗艺术》，载《教务杂志》，第 3 期（1870 年），40 页。参见王吉民、伍连德《中国医史》卷 1 第 84～85 页中有关北京的官方药王庙。

其他殿堂有各种神灵的塑像——财神、龙王、火神、灶君、太阳日君和菩萨观音。

步入第二个院子，访客可以看到在右边是斗母殿，在左边是娘娘殿（供奉着泰山圣母及其侍从）。在每个殿堂的前面是由捐助人捐献的三足香炉。在主要轴线的第二个殿堂是玉皇殿，供奉着玉帝，那儿也有关帝的塑像。

第三个院子即后院布满了石刻，而且有自己的大香炉。第三
29 座大殿本身比较大，五间三圣殿，里面供奉三位最高的道教神灵。[19] 左边较小房间安放着关帝和各类守护神。右边是药王的寝宫，它前面是一座戏台，在那里可以为神灵和访客举行表演。后面曾经是一座有几层楼高的建筑物。沿着两侧的其他房间有用于睡觉的炕，可以容纳经常光临寺院的访客。

第一座殿堂似乎是最早的，而且容纳主要神灵。在第二座和第三座殿堂里的神灵不是与中医有关的特别神灵，那些安放在配殿的神灵也与中医无关。它们的存在主要是由各种组织决定的（在这种情况下，是商人会馆），他们资助和管理着寺院，也许受住观道士的影响。这种多种类型神灵的组合是典型的，也不存在多个捐助人。

寺院供奉正式佛教神灵，并为受戒僧众团体提供房舍，与上述药王庙的布局基本类似，但有其自己的建筑特点。[20]

隆福寺——意为有许多祝福的寺院，建于明代，位于北城的东部，比到目前为止所讨论的任何一座寺院的规模都大。[21]（参见图 2-4。）门外立有两座木制牌楼；里边是鼓楼、钟楼和三个院

---

⑲ 劳格文（John Lagerwey）：《中国社会和历史中的道教仪式》，23 页；杜德珍：《中国治疗艺术》，载《教务杂志》，第 3 期（1870 年），40～43 页。

⑳ 我依靠普利普·摩勒在 20 世纪 30 年代佛教寺院研究中所做的田野调查（并有丰富插图），主要是在华中。

㉑ 关于没有保存下来的寺院，刘侗、于奕正：《帝京景物略》，卷 1，43～44 页；《日下旧闻考》，卷 45，709～711 页。关于该寺院的僧人，中国地理和地形学会编：《新北京官方规划索引和说明指南》，19 页；《华北宗教年鉴》，197～198 页。

子，每个院子有坚固的门房与它们相连。人们进入长长的中央院子，来到一座天王殿，那儿有四个面目狰狞的神灵守护着房屋。[22]

三座殿堂位于中央院子。第一座容纳了三世佛也就是过去佛、现在佛和未来佛的画像。[23] 第二座供奉着三位伟大的菩萨（大士）：观音（Avalokiteshvara）、文殊（Manjusri）和普贤（Samantabhadra）。 30

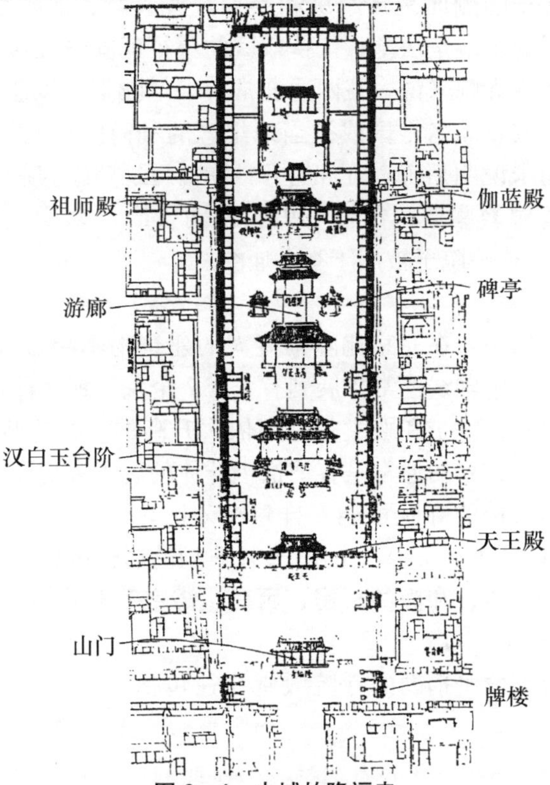

图 2-4　内城的隆福寺

资料来源：《清内务府藏京城全图》，1750 年，VI：4。

㉒ 比较普利普·摩勒：《中国佛教寺院》，16～24 页。

㉓ 燃灯佛（Dipamkara）、释迦牟尼（Shakyamuni）和弥勒佛（Maitreya）。有关汉藏佛教风格的画像，故宫博物院主编：《清宫藏传佛教文物》，图 39。在流行的说法中，“佛”可能是通称和非特定的，甚至通常是神；在这种情况下，不会大写。

第三座是毗卢舍那佛殿（毗卢殿）。在其他的佛教寺院中，主殿有释迦牟尼（即所谓的过去佛）、阿弥陀佛（Amitabha）和药师佛（the Medicine Buddha），全部坐落在莲花宝座上。昂贵的汉白玉台
31 阶和栏杆使得隆福寺中央大殿具有吸引力并令人印象深刻。院子里的两座亭子立有御赐的石碑。

沿着院子的侧面是藏经房和参拜观音菩萨、地藏王菩萨的殿阁。在院子的末端是法堂，住持权威的象征就安放在法堂里。[24] 对于较大的佛教寺院来说，在两边通常有一对殿堂：伽蓝殿[25]和祖师殿（里面安放着闻名全国或被当地纪念的和尚塑像）。[26] 在我们的资料里，尚未说明后面院子的主要目的。虽然该寺院可能曾经用于容纳藏传佛教喇嘛，但没有史料说明曾有许多僧人居住在此。到 18 世纪，这些院子被用于举办庙会。

大体上来说，在北京比隆福寺大的建筑物不超过 36 座。[27] 在其核心部分，中轴线经常扩展到有 5 或 7 个院子那么深，如果建在山坡上，每一个院子和殿堂是逐渐依次升高的。在这些大寺院中，沿着两边平行排列的通常是容纳僧侣群体的院子和房屋。

有相当数量的寺院可能安排建在郊区，那里可以得到更多的土地。(参见图 15－1 中一个例子。) 典型的居住区包括一座禅堂和斋堂、方丈住所、和尚的寮房、厨房、浴室和贮藏室，还有菜园、果园或田地。[28]

那些得到慷慨捐助的寺院殿堂往往包括罗汉（arhats）塑像，

---

[24] 普利普·摩勒：《中国佛教寺院》，83～89 页。

[25] 普利普·摩勒：《中国佛教寺院》，224、358 页；艾香德（K. L. Reichelt）：《中国佛教中的真实性与传说》，178～182 页。

[26] 普利普·摩勒：《中国佛教寺院》，92～95 页。有关在内城寺院两个大殿中那些被祭祀的人物，《弘慈广济寺新志》，53～67 页。

[27] 只有 27 座寺院拥有 5 座以上的殿堂。

[28] 有关和尚住处更详细的说明，普利普·摩勒：《中国佛教寺院》；尉迟酣（Holmes Welch）：《中国佛教的实践：1900—1950》。有关北京郊区的其他寺院，韩书瑞（Susan Naquin）：《潭柘寺的位置、圣徒和景色》，载《远东亚洲丛刊》，第 10 期（1998 年），183～211 页。

罗汉被认为是处于成佛道路上的提升阶段中的苦行僧。罗汉通常被描绘成现实中奇异而极具个性的人物。有时，把罗汉像单独安放在专门的殿堂里，典型的是 16 或 18 个罗汉像为一组，或更多的罗汉像，如五百罗汉。北京至少有 27 座寺院有十八罗汉，9 座寺院设有五百罗汉堂。（其他的寺院设有壁画、卷轴或透景画表现这些形象。）西北郊碧云寺的罗汉堂是现今仍能保存下来的极少数罗汉堂之一：在一座正方形建筑物里面，有和真人大小尺寸相同的五百罗汉， 32
沿着迷宫一样的狭窄通道排列成数行，充满尘埃的阳光透过窗棂模糊地照射在他们的身上。㉙

北京的一些寺院还有戒台或戒坛，来自更为广阔地域的人们在这里举行成为和尚、尼姑或道士的受戒仪式。在他们最复杂的形式里——如在戒台寺，一座山庙，其名字来源于这种结构——平台可能由精美雕刻的石头层层砌成，高达数米，顶部有为主持僧人设置的座席，坐落在神殿的一侧。受戒仪式可能一年举行一或两次。㉚

在佛教寺院中的一些建筑物——塔，是为神圣圣物而建造的。到了帝制晚期，“塔”这个词既可以指装有圆寂僧人骨灰的小型石头建筑（我们称之为“stupa”［佛塔］），也可以指一座装有圣物的大型塔状建筑物（我们称之为“pagoda”［宝塔］，但是彼此的界限并不是那么泾渭分明）。那个关于印度国王阿育王（Ashoka）如何建造 84 000 座塔来保存释迦牟尼圣物的故事，使得那种在东方

㉙ 北京市香山公园、北京市特艺公司画册组编：《碧云寺罗汉堂》；普利普·摩勒：《中国佛教寺院》，104～121 页；普利普·摩勒（第 110 页）概略描述了碧云寺殿堂的布局，记载（104 页）他曾参观过的五百罗汉堂，并推测在中国仍然超过 15 或 20 座五百罗汉堂幸存。艾香德《中国佛教中的真实性与传说》第 173～177 页也这样认为；理查德·肯特（Richard K. Kent）：《法律监护人的描述：中国的罗汉画》，见魏盟夏（Law rence Marsha Weidner）编：《中国佛教图像，850—1850》，183～213 页。

㉚ 有关戒台寺供坛，刘侗、于奕正：《帝京景物略》，卷 7，310～314 页；赵润星、杨宝生：《戒台寺》，30～32 页。据我所知，在同一时期或明清其他时期，北京有 8 座寺院有受戒祭坛：戒台寺、天宁寺、潭柘寺、法源寺、广济寺、广华寺、白云观和玉皇庙；参见第六章注 68，第十五章。有关恢复的祭坛，中国道教协会编印：《北京白云观》。关于受戒的时间安排，《潭柘山岫云寺志》，1750～1760 页各处；《日下旧闻考》，卷 105，1737～1742 页。受戒时间是每年四月和十二月的初八。

国度找到可靠圣骨盒的断言合法化。[31]

在北京，约有 12 座寺院宣称拥有古代的圣物。最著名的贮藏处是球茎状的白塔寺，据说有 20 块小的如同宝石的圣物，2 000座微型佛塔和 5 部《陀罗尼经》。[32] 许多其他的寺院群有更普通种类的塔，封存着骨灰，或骸骨，或已故著名僧人的衣物。[33]

33 大多数寺院拥有经文的抄卷，寺院一般将整座殿堂用作藏经室。[34] 这些藏经室通常位于建筑群最后面的殿堂，有五间宽而不是三间宽，而且一般是二层楼的建筑物，它们通常被称为藏经楼。

虽然上述的讨论已经厘清了可能认定为佛教徒还是道士的一系列祭拜和建筑物，但是中国寺院的自然结构对逐渐增长的小型神殿和新的殿堂来说是同源的。此外，由于没有强势僧侣的控制，因而可以出现许多团体。至于神灵和僧侣的这种灵活性也存在于布局结构的本身之中。不同的中国神灵不需要不同种类的自然背景。一座为释迦牟尼而修建的殿堂也同样适合于灶王爷。通过改变殿堂的名称和里面的塑像，一批神灵可以轻易地取代另一批神灵。

以北京南苑内的关帝庙为例。在前殿，祭拜关帝本人；在第二座殿堂里，供奉着真武大帝（通常与道教有关的北方神灵）；在

㉛ 参见刘侗、于奕正：《帝京景物略》，卷 3，139～142 页，有关这个故事的一个版本，在这种情况下，记载了隋代北京天宁寺宝塔。有关其他当地知名的故事版本，北京图书馆金石组编：《北京图书馆藏中国历代石刻拓本汇编》，第 52 册，163 页；第 58 册，11 页。《弘慈广济寺新志》，85～86、171～178 页。《日下旧闻考》，卷 98，1629～1630 页。

㉜ 蒋一葵：《长安客话》，卷 2，26 页。圣物赐给的时间是 10 世纪，并在 13 世纪被重新埋入；其他财宝是在 18 世纪增加的并于 20 世纪 70 年代被再次发现。宋晨：《精美的赤金镶嵌长寿佛像》，载《燕都》，1986 年第 5 期，36～37 页；傅海波：《1279 年“白塔”的供奉》，载《亚洲专刊》，第 3 系列第 7 卷第 2 期（1994 年），155～184 页。有关这些咒语，参见第三章。辽代的一个石头宝函里有一个被认定为佛祖牙齿的东西，发现于西山下方一个烧焦的宝塔中，刘锋编：《香山八大处风景区》，33～34 页。

㉝ 例如，班禅的衣服就埋在黄寺的佛塔中。裴丽珠：《北京》，224～228 页。本书图 15－2。

㉞ 我知道有 28 座；参见第三章。

第三座殿堂里，是三世佛。清代，这座关帝庙有和尚居住。[35] 在内城的宏恩观，同样可以说明两者的折中主义和身份的转换。在明代开始作为万佛寺，但后来成为著名的三帝庙，供奉着关帝、文昌帝君和吕洞宾。在 19 世纪 90 年代，一次重新排列（重新命名）将这三座神像挪到一座新的后殿，在前殿安放了一尊佛像，在配殿安放了二郎神、财神、泰山娘娘、地藏王菩萨和十殿阎罗。[36] 像这样的例子还有很多。

对任何神灵来说，祭祀仪式都是一样的。个人出现在神灵的面前是他们自己在某个时刻的选择，而不是由僧侣们按时间间隔有计划地将他们引导到神灵的面前。道士和僧人都各有他们自己的特殊仪式，在一座殿堂或院子的空间里，他们自己举行仪式，参拜者的存在是独立的。简而言之，在明清时期的中国寺院里，我们在空间和仪式上没有看到更多显著的区别，而这些区别在世界的其他地方产生了犹太教礼堂、基督教堂和清真寺或在这些信仰方面上有区别的教派。对一种寺院的亲近是会转移到其他的寺院。

此外，北京的寺院是按基本相同的布局修建的，如家、衙门、商业行会会馆，甚至紫禁城本身也是如此。了解任何一座寺院是 34
如何修建的，也就了解其他寺院修建的情况了。可以通过北京伊斯兰教清真寺看到帝国末期建筑风格的文化力量。虽然是为了适应不同国家传播宗教的建筑物，清真寺通常包含不属标准中式建筑局部的某些特征：一座大殿里，有一个可供站立、下跪和鞠躬的充足空间，以及为了能让信徒面向麦加（Mecca）排列的一堵后墙，供教职人员传经布道的讲坛；没有塑像、绘画或祭坛，但建有一座宣召祷告者们的尖塔。北京的清真寺保留了这些特色，这样的建造似乎为强调与中国寺院在外表上的相似之处，而不是区别。我们能在外城的清真寺看到这些伪装和变化，如图 2－5 中显

㉟ 《日下旧闻考》，卷 74，第 34 页。《钦定总管内务府现行则例·掌仪司》，卷 2，25、32 页。寺院当初似乎是供奉关帝的，此后阶段获得了另外两个殿堂；关帝和真武大帝二者的神诞日都在此庆祝。

㊱ 北京图书馆金石组编：《北京图书馆藏中国历代石刻拓本汇编》，第 86 册，184 页；第 87 册，73～74 页。

示。在北面一扇没有装饰的门后面是东西朝向的院子。[37]

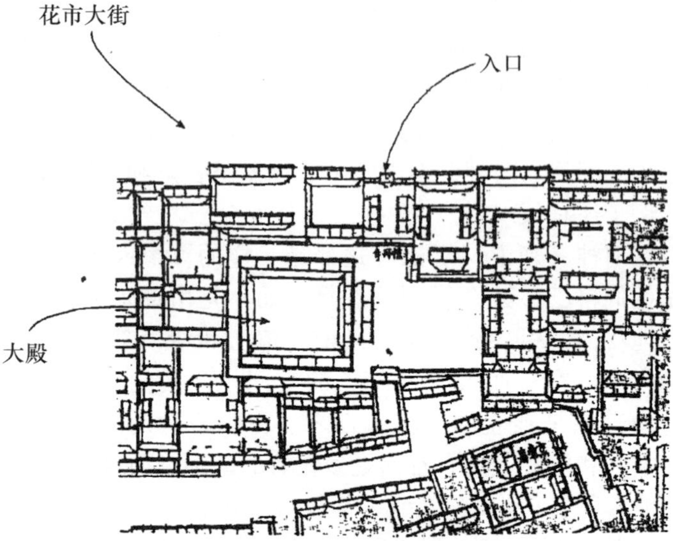

图 2-5　花市大街的清真寺

资料来源：《清内务府藏京城全图》，1750 年，XII：3。

基督教堂也把自己的差别融于中式建筑群中。1693 年由皇帝
35 赐给欧洲耶稣会的北堂的布局，沿用了中国的门和外墙的风格，但里面，在周围建筑物之上屹立着一个单独、雄伟的西式教堂的高大正立面。在院子里，正规的欧式花园营造出一个风格迥异的外国花园。[38]

---

[37] 北京主要的清真寺在牛街，仍然保存着，有着类似的改造。亦参见裴丽珠：《北京》，152 页。

[38] 北堂于 1826 年被夷为平地，然后重建、搬迁，被义和团于 1900 年烧毁后，再次重建，以某种形式在辛亥革命中得以保存，并且在 20 世纪 80 年代又一次重建。参见桑德厚（Joseph A.，S. V. D. Sandhaas）：《天主教的北京：天主教徒现代和历史名胜指南》，14～16 页。高华士（Noel Golvers）（在南怀仁图 43）用图说明一幅稀有的绘画（来自国家图书馆），显示了一张北京教堂群的鸟瞰图（约 1700 年?）；他确定这是北堂，通过与《清内务府藏京城全图》VII：8 地图比较，确认了他的观点。在绘画中花园得以表现，而不是在地图上。

中国的宗教机构就这样能在它们的建筑物内与围墙的后面隐藏变化和差别的表现。同时，它们的院子空间使得寺院可以一起适应其他的用途，既加强它们在社区中的作用，又逐渐削弱了它们作为宗教空间的职能。无论如何，一座中国寺院最重要的方面不是它的建筑物而是它里面的神灵。现在，让我们转而讨论这些神灵。

神灵之家

寺院是与超自然（supernatural）建立联系的地方。在中国社会里，这是它们基本的功能和文化的中心意义。我用“超自然”这个词是相当谨慎的，然而，读者不要推断中国人在自然世界和超自然世界之间会画出一条明显的分界线。同样，虽然我们可以认为中国寺院是一个神圣或圣洁的地方，但是这些词语并未完全超越它们在一些其他文化中所表征出来的内涵。中国的超自然世界是封闭的和多元的，充满了许多不同种类可达到的力量。

中国人把人类从看不见力量的领域里单独区分出来，称为各种各样的“天”、“造物主”、“神”或“鬼”，但是这些领域的界限，“怪”和“灵”的范围是模糊的并且可以相互渗透的。巫师甚至是普通人，可以来回穿越活人的阳界和死人的阴界。未来是可以预知的，物品通过燃烧从这个世界到达另外一个世界，上天和其他神灵知道在这个世界如何继续存在下去——他们会听得到和看得到，可以影响活人的生活。

神灵通过他们的形象表现出来。这些形象有多种呈现方式。一些是木制的牌子或一小片写有神灵字样的纸张，其他是绘制的或印刷在纸上的神灵图像。大多数常见的神灵是用泥灰、石料、
木料或青铜制成的塑像，甚至得道者的肉身往往也被供奉。大多 36
数塑像被进一步用镀金、涂料或漆所装饰。神像也在卷轴、墙壁和纺织品上得到描绘和表现。

如同其他宗教的神灵和圣人一样，一位中国神灵同时可以拥有在不同地方被接受的多种形象。正如乾隆帝本人所说的那样，

“神在天下如水之在地中。掘井得泉，不得谓水专在是矧”[39]。每一座神像对于信徒的祷告来说都是沟通的渠道。

寺院的名称只是部分地反映了神灵与寺院的联系。将近50%北京寺院的名称直接反映了它们主要的神灵：城隍庙、关帝庙、观音寺、皂君庙、于少保祠或天坛。[40]

一位神灵应该是极容易被理解的，但是，神灵并不是作为一个直截了当、可辨认、简单的祭祀对象，而是一位超自然的人物，并且被一类信徒附加了变化的信仰。甚至，某一神灵的核心身份也很难和其他神灵分离开来。杜赞奇建议我们考虑作为“superscriptions”（标题）而添加到某一位神灵身上的身份，以及所增添的意义。[41] 于君方关于观音的著作已经表明，某一神灵的不同版本是如何顺利地衍生和共存的。[42] 较古老的祭拜，（通常来说）更多的是有关神灵信念主体的多样化。

一位神灵的不同角色被不同的名称和形象以及不同寺院名字加以区别。大士、慈悲、水月或白衣这些词用于描述观音菩萨。伏魔寺是供奉关帝的，因为这是他的一个称号。泰山圣母也称之为碧霞元君、天仙或娘娘，这些名字用于她的寺院。玄帝庙和北极寺供奉着真武，一位北方神灵。有时名称指的是成群的神灵：
37 三清、五圣或忠节。许多佛教寺院，除以它们的神灵命名——弥陀佛或弥勒佛（Metreya）外，还引出宗教核心的概念：慈、法、普或广。

谁是北京的神灵呢？做出充分而完整的回答是不可能的：我

---

[39] 北京图书馆金石组编：《北京图书馆藏中国历代石刻拓本汇编》，第71册，211页。

[40] 大多数神灵在相同和不同时间有不止一个名字。在第一部分，我会通过使用知名的（通常是最新的）一个名字加以简单化。

[41] 杜赞奇（Prasenjit Duara）：《雕刻的符号：关帝的神话，中国战神》，载《亚洲研究学报》，第47期（1988年）。

[42] 于君方即将问世的著作。

们缺乏关于各种神灵在家中祭拜的记载，而且也很少知道在任何一座寺院里，谁是最重要的神灵。㊸ 然而，从后来的资料来看，对某些寺院的祭祀情况进行概括式描述还是可能的。表 2-2 是以本人对有关已知北京寺院中受祭祀神灵的统计为基础的（除去清真寺和教堂）。在所了解的资料中，超过三分之二的寺院里有 13 位神灵是主要的神灵。㊹

表 2-2　　　　北京寺院中的常见神灵（明清时期）

	主要的神灵	次要的神灵	总计
关帝	278	50	328
观音	203	50	253
碧霞元君[1]	116	43	159
真武	74	11	85
龙王	55	9	64
火神	50	6	56
地藏	32	11	43
五圣[2]	32	1	33
玉皇	24	15	39
三官[3]	23	4	27
财神	21	23	44
药王	20	12	32
佛陀	16	18	34

1. 在我的参考文献中，未确指的娘娘是唯一一位次要的神灵。

2. 这些在北京的五圣，身份很少被明确。参见《北京图书馆藏中国历代石刻拓本汇编》，第 68 册，71～72 页。

3. 三官：天官、地官和水官。

㊸ 遗憾的是，没有人把贺登崧对首都所运用的方法应用到 20 世纪 40 年代华北的其他地方（1948 年、1965 年以及其他文章没有在此引用）：对每座或大或小的寺院进行详细而谨慎的调查，并且在其中记录了每位神灵的画像和身份。有关台湾一份合理彻底的调查，只集中在主要的神灵。刘枝万：《台湾省寺庙教堂名称主神地址调查表》，载《台湾文献》，第 11 卷第 2 期（1960 年），37～236 页。

㊹ 1 416 座中的 986 座。次等神灵的资料尤其不完整。一份完整的列表可能揭示许多神灵来自当地动物的灵魂、历史上亡故的英雄、虔诚的个人，以及佛教、基督教和伊斯兰教中卓越的神灵。

38 到了明代，许多有影响力的动物、植物的灵魂和自然力量已经被拟人化，并且被理解为普通的神灵：狐仙、龙王、火神、灶王，如此等等。[45] 相当数量的神灵，男性和女性，身着官员和统治者的服装，他们的名字冠以皇帝、女皇、国王或君主的称号。一些“神灵”实际上是故去的人物，被提升到官员的地位：月神、城隍、阎王甚至是玉皇。能成为神灵的人物包括可钦佩的人物、悲惨死去的人物、高僧和宗教学派长老，虽然许多人物没有转变成神灵，但是他们由于品德的原因得以在神殿里受到祭拜。

并不存在把所有的神灵组织起来进行单一支配的系统。相反，不同的神灵体系和神灵群体彼此叠合，相互竞争，并且随着时代的变化以纷杂的方式进行演变。在印刷品和绘画中，有许多版本的“百神图”显示了在排行里的提升，组成了一个万神殿，每一个成为不同神灵的集合。[46] 几个世纪以来，许多称号已经在其经文中或由国家指派给不同的神灵，但这样系统化的努力只能部分地产生效果。被授以称号和公认的神灵更可能树碑立传，特别是在寺院或政府神殿中被祭祀的神灵；更深刻的变化流行于不在经典之中的神灵。此外，在社会的各层面上，许多被认为是神灵群体的灵验随着时代的变化而变化，影响到和反映出捐助人的慷慨程度。[47]

当然，在单一的文化区域内——例如北京地区——可能会拥有由长期接近和共同历史所形成的共识。横跨这个帝国的一致性似乎导致权威经文的传播变得更加困难，僧侣、官员和皇帝经过几个世纪的努力去吸收强有力的当地神灵，并且将他们拉入帝国祭祀的一个群体内。然而，基本多元化的一种信仰是不易被标准

㊺ 有关术语“普通的神灵”的使用略微不同，韩森：《变迁之神：南宋时期的民间信仰》，181～182页。

㊻ 有关共识，中国的神灵是天上官僚的一部分，参见武雅士：《神、鬼和祖先》，见武雅士：《中国社会中的宗教和仪式》；批评是远远不够（那远不是足够关键的），夏维明（Meir Shahar）、罗伯特·P. 威乐（Robert P. Weller）编：《任性之神：中国神和社会》。

㊼ 关于中世纪时期这个过程，韩森：《变迁之神：南宋时期的民间信仰》。

化的。

当神灵的世界是多元化的时候，信徒也是如此。因为有许多用于不同目的不同神灵，人们自由地选择他们祭拜的地方，他们会因为不同的原因在一个月中、一年中或一生中参拜许多寺院。尽管有时候寺院服务于专有团体，但是许多对中国乡村的研究而产生出来的模式并不适宜于城市的流动人口。 39

教义的排他性不是中国宗教的一个显著特色，但与中东地区的一神教（monotheism）相关联的极度忠诚和信仰关注确实是众所周知的。在 8 世纪，伊斯兰教已经来到了中国，到了明代，清真寺在帝国许多地方包括北京在内已经建立起来了。信徒和非信徒在当地的千禧年运动（millenarian movements）中所存在的一个明显差异也是帝国宗教景象的一部分。

使中国寺院看上去神圣的原因，并非简单地归结为人能与另一个领域沟通、询问、答谢或预言，而是有人也能看到那个世界、想象的神灵和魔鬼、天堂和地狱。而且，这里人类和超自然世界更有可能在奇迹、访问和无法忘怀的方面相互影响。

虽然僧侣可能住在寺院的后面或配殿的房间里，但主要的殿堂里放满了神像，神像是“活的”。㊽ 有一种称之为“开光”仪式，即在神像的瞳孔上作画。㊾ 如果神像非常逼真，它们会被称颂，“眼睛如同一个活人”，或“看起来他们的眼睛在动”，或“好像在说话”。通过这些画像，神灵是活生生地呈现出来的、体贴的和可接近的。

不断焚烧的香发出刺激性气味，向上缭绕的烟雾表明，从这个世界到下个世界的沟通渠道是畅通的。在节日期间，当参观人

㊽ 例如，在白云观的玉皇大殿中，包括玉皇大帝的塑像和其他 32 尊塑像，金景善：《燕辕直指》，1107～1108 页。1930 年，在江南城隍庙有 408 尊塑像。北京市档案馆，北京，民国时期，J2：8：74。对于如何全面看待这样的殿堂，《旧京返照集》，图 95（为蟠桃宫）。

㊾ 有关这个仪式，北京图书馆金石组编：《北京图书馆藏中国历代石刻拓本汇编》，第 72 册，187～188 页。

数众多时，每当有一位祈祷者进香时，僧侣可能敲一下寺院的钟，敲击出的声音是向神灵的一个宣告。[50] 平时，和尚在寺院里通过他们的诵经和默思与神灵保持着联系。

虽然访客是通过戏院、说书人和口头流传来了解神灵的历史
40 知识和功绩[51]，但神像本身也让参观者意识到超自然能力的世界。看守大门的卫士定下了基调。例如，在东岳庙的入口，站立着两尊庞大的全副武装的武士塑像，眼睛凸出，绷紧着腿并且准备一跃而起。在许多寺院里，四大天王的大殿在第一个院子里，同样是巨大而狰狞的。[52]

有些寺院里供奉的神灵看起来明显好像来自另一个世界：他们骑着异兽或坐在云中的莲花宝座上。龙王在长着和鸟一样的喙、翅膀和爪子的宠臣的陪护下出现，这些宠臣负责打雷和闪电。[53] 藏族的神灵经常戴着头骨项链，他们脚下踩着尸体，进行两性的交合，融合了动物与人类的特性，或向前喷涌着火焰和光芒。[54] 斗母，北斗七星女神，有八只手臂，作为观音的化身被表现为一尊有一千只胳膊和一千个头的巨大木制偶像。[55] 甚至有人性的罗汉也表现出苦行生活的古怪的消瘦。

通过对比，静坐沉思的佛陀带着超然慈悲的表情为观者留下

---

[50] 关于寺院钟声呼唤神的力量，德呢克（Nicholas B. Dennys）：《游客在中国北方的备忘录》，58～59 页。

[51] 安妮·斯旺·古德里奇《北京东岳庙及传说》借助一个故事解释寺院，他反过来利用小说，特别是《封神演义》，来告诉有关神灵的故事。

[52] 来自北京的例子是大量的，安妮·斯旺·古德里奇：《北京东岳庙及传说》，40～41 页，图 Xa、Xb；普利普·摩勒：《中国佛教寺院》，图 18、19、24。天宁寺塔在门的两边有守护天王塑像，梁思成、费慰梅（Wilma Fairbank）：《图像中国建筑史》，图 70a。来自中国其他地方的例子不胜枚举，但在这部分，在重建游客可能看到和知道的东西时，我尽量不离开北京太远。

[53] 各种龙王，傅磊斯夫人：《一位在许多国家的外交家夫人》，158 页；密福特（A. B. Freeman-Mitford）：《使馆馆员在北京——书信集》，344 页。

[54] 在中国的背景下，这些神灵看起来是与众不同的，例如，蒋一葵：《长安客话》，卷 1，20 页。

[55] 有关斗母，罗信耀（H. Y. Lowe）：《吴氏经历：一个北京人的生命周期》，上卷，222～223 页。现存大观音像在雍和宫。

了深刻的印象，使得他们想起逃离这个世界的一个许诺。相当多的寺院用众多的小佛像来修饰它的墙壁或者像天庆寺那样放置精致的神像——由成千尊小佛组成的一尊大佛。[56]

虽然大多数中国神像采用的是普通人的形象，但是他们通常可以激发起令人敬重的感觉。如同皇帝、皇后、王公、大臣和官员装扮的神灵指明了对长久维持的和强大的帝国的态度。由于是全身像，比真人大，由配有力量武器（剑、马匹和记录簿）的仆人和侍从陪伴着，这些超自然的官僚使崇拜者联想到真实生活中的人物。

一些神像本身就是奇异的，例如，在报国寺，绚丽多姿的“窑变”观音像是深思的姿势。其他变化的色彩过于明亮以至于无法凝视，闪烁着生命的光芒，无论你站在何地，她似乎总是在看
着你。还有一些神像被搬走或神秘地消失。[57] 有些神像因为制作耗 41
费惊人而引人注目。巨大的镀金青铜器、木制塑像高数米或由进口的檀香木、玉石或黄金制成的小一些神像，体现了财富并且证明自己是相当虔诚。

寺院里的神像向观众提醒的不仅仅是超自然世界的力量。天堂和地狱的表现使死后依赖于某人德行的幸福与痛苦得以准确表述出来。正如一篇石碑碑文警告的那样：“佛谓为善生天，为恶入渊。”[58] 佛教和道教经文中描述的内容对于信仰者来说是熟悉的，是以一种生动和直接的方法呈现的。

蟠桃宫有一幅万仙向王母祝寿的立体壁画，表现了天国中心神灵西王母掌控着天国的场景。在故事和民间传说中，神灵无处不在，通常拿着寓示长寿的桃子，由凤凰陪伴着，使得这样的一

[56] 金景善：《燕辕直指》，1060 页。

[57] “窑变”指的是烧制陶瓷时出现的无法预测的颜色和花样，刘侗、于奕正：《帝京景物略》，卷 3，108 页；阿奇博尔德·立德夫人（Mrs. Archibald Little）：《北京及其附近指南》，46 页。有关其他的例子，《帝京景物略》，卷 4，170～172 页；吴长元：《宸垣识略》，卷 7，129～130 页；蒋一葵：《长安客话》，卷 4，81～82 页；《日下旧闻考》，卷 41，646～653 页；《北京旅行指南》，205 页。

[58] 北京图书馆金石组编：《北京图书馆藏中国历代石刻拓本汇编》，第 52 册，148 页。

个场景可以立刻被识别出来。[59] 善果寺有一个相似场景陈列了虔诚的五百罗汉、佛、神仙和陌生的动物遍布山中。[60] 乾隆帝建造了几个缩小的天国（极乐世界），神仙们在小山和河谷中游乐的模型。[61]

与我们现在所能欣赏的相比，神仙壁画更为普遍，郊区的法海寺只有少数壁画仍保持如此绚丽。[62] 寺院也拥有神的画像或“变相”类有启发性的场景，可以拿来挂在一个大殿或一个特殊场景中。[63] 精心装饰的天花板，拥有一个共同的焦点即所谓的“天井”赫然呈现在上面。[64]

至少有 75 座寺院在它们正式的名称里有“天”字，指的是天的神秘、法力、祥和、福祉或祝福，指引一个人跟随、保护、相适应或面对天等等。有 5 座寺院有九天，许多寺院用神灵来命名，
42 在它们的称号中有龙、圣人、王、皇后或神仙。尽管在寺院的名称中很少使用地狱这个词，但是作为表达对一种推断、审判和惩罚这些繁文缛节程序的理解——这种理解也是平常的。

蟠桃宫有四位掌管命运官员的塑像，站在寺院进口的两边，东岳神掌管生和死，阎罗突出特点是提醒着裁判和评价。[65] 在郊区

---

[59] 泽田瑞穗：《蟠桃宮の神离咪々》，载《东方宗教》，第 26 期（1965 年），57～58 页；裴丽珠：《北京》，207～208 页。因系翻拍照片，所以不是十分清楚，见《旧京返照集》，图 93～96。

[60] 《北京旅行指南》，105～106 页。

[61] 《日下旧闻考》，卷 28，396～340 页；裴丽珠：《北京》，97 页；陈宗蕃编著：《燕都丛考》，卷 1，131～132 页。所有这些都具有某个祖传的肖像，与现今在新加坡和中国香港的虎豹别墅类似。

[62] 秦岭云：《北京法海寺明代壁画》；亦见金昌业：《稼斋燕行录》，170～173 页。

[63] 在报国寺的一座大殿里，有 120 幅卷轴画表现了关于天堂和地狱奇迹这样的场景。《日下旧闻考》，卷 59，964 页；卷 53，847 页。

[64] 有关例子，《北京旅行指南》，105～106 页。智化寺的屋顶被移到费城艺术博物馆和在克里夫兰的尼尔森·阿特金斯的画廊中。

[65] 有关蟠桃宫，泽田瑞穗：《蟠桃宮の神离咪々》，载《东方宗教》，第 26 期（1965 年），56 页。在一系列完全合乎逻辑的转化中，一个小的神殿是给包公的，宋代法官和纠正错误行为的人，首次变成辖区的一座监狱，（在 20 世纪 30 年代）成为公安局的办公室。《北京旅行指南》，126 页。

的碧云寺，天堂和“地狱极乐”是一个可能来世的缩影。一位 19 世纪的西方人震惊于地狱呈现的“残忍的、可怕的、独出心裁的和严酷的惩罚”。[66]

阎罗是成群聚集的。在首都的城隍庙里，沿着院子的边上，在他们房间中有 18 个司。一座小型的东岳庙里有供奉这些阎王的殿堂、表现他们地狱的壁画以及供奉地藏王菩萨的神龛，菩萨想把一个人从这些苦难中拯救出来。[67] 在其他寺院的钟上的相关铭文解释道，即使是在地狱深处也能够听到它的声音，引导他们进出天堂。[68]

有关地狱最著名的版本是在大东岳庙里被发现的，在那里促使访客积极地思考在他们死后泰山神灵如何来评判他们的行为。（这座寺院的平面图如图 7－1 所显示。）在一个与众不同的布局中，72 个小房间从三面朝向院子中央，每一个房间有一位地狱的官员和他的侍者。记录者的报告帮助神灵决定一个人在阴间和来世的命运。每一个对特别类型的灵魂（那些夭逝者、小偷和抢掠者、那些行善的人，如此等等）有管辖权或专门掌管某种官方程序（如抓住恶人、审讯、加盖印章或给予迅速的惩罚）。大部分判官看起来像是现实生活中的法官，其他的是恶魔和怪物；一些衙门展示出跪在这些判官前与真人同样大小的泥塑请愿者，许多图画表现了因为邪恶的行为而遭受痛苦和惩罚，一些图画则表现了对善人的嘉奖。两个大算盘象征即将来临的账目清算。[69] 在附近一座 43
小型寺院里看到相似的大殿表示十八层地狱。（实际上，这种情形

[66] 哈巴（A. P. Happer）：《参观北京两座著名的寺院》，载《教务杂志》，第 12 期（1881 年），370～372 页；照片见藤井彦五郎：《北清名胜》。

[67] 孙承泽：《春明梦余录》，卷 22，236～237 页；励宗万：《京城古迹考》，14～15 页；潘荣陛：《帝京岁时纪胜》，17 页；北京图书馆金石组编：《北京图书馆藏中国历代石刻拓本汇编》，第 74 册，3 页。另见 1943 年调查，《北京庙宇征存录》，2 页；北京图书馆金石组编：《北京图书馆藏中国历代石刻拓本汇编》，第 87 册，73～74 页；普意雅：《北京及其附近》，第二系列，《佛教寺院：戒台寺》。

[68] 北京图书馆藏拓片第 7703 号。

[69] 有 72 座大殿是在明朝建造的。安妮・斯旺・古德里奇：《北京东岳庙及传说》，242～255 页。到 20 世纪增加了 4 名官员。更详细的研究（有关清末算盘的研究），刘澄圆：《东岳庙七十六司考证》。这座寺院在关闭了 50 年后，于 1999 年再次对外开放。

可以最好理解为沿街较大寺院另一座院子的自然替代物。）在这里还有表现恶人等待拷问的彩色泥塑：设有磨石的地狱、铁床、刀山、滚油、冷冰、硫黄、泥河、血池和霹雳。[70]

这样的表现使得天堂和地狱是形象的、直接的、难忘的和真实的。但是在这个世界和其他世界之间的通道主要是通过神灵自己来穿越的。

在平常的宗教实践中，神灵用各种有规则的方式与人类联系。在祭坛前投掷占卜石块以是、不是或可能这样的简单方式来回答请愿者的问题。或者摇动一个装有许多细长小棍的容器，一个人通过一本小册子或一位算命先生进行选择和解释。祈祷使得一座寺院可以回答以后数周或数年之后的问题，如关于生孩子、治病或商业冒险的成功。许多寺院有圆形方孔的大铜钱；人们向它投掷真正的硬币并试图穿过这个大铜钱，在观念中，成功穿过大铜钱被认为可以给人带来好运。[71]

但是有时神灵会直接和明确地进行干涉。一位神灵能将其“附体”到一个崇拜者身上，掌控着那个人，通过他或她来说话。（遗憾的是，这样的情节在我所看见的材料中极少被记载。）对神灵来说，通过在乩板上写字与人进行交流，支配一种介质（一个人或一个物）在沙子或纸上写字也并不少见。[72] 有时候，神灵只是出现，例如关
44 帝在战斗中协助明朝和清朝的皇帝。[73] 神灵在这个世界上的介入被

---

[70] 采用由戴何都（Robert des Rotours）拍摄的照片。安妮·斯旺·古德里奇在这座小寺院于1932—1933年还存在的时候进行了详细的研究（1981年）。与东岳庙有紧密联系的泰山娘娘所在的寺院，也经常在阴间担任评判，普意雅：《四月北京的风俗习惯》，载《中国》，第38期（1923年b），302～303页；北京图书馆藏拓片第3681号、第7595号；北京图书馆金石组编：《北京图书馆藏中国历代石刻拓本汇编》，第58册，199～200页。

[71] 在大钟寺、白云观和东岳庙。人们因为同样的原因向一口钟投掷硬币，《草珠一串》，13～15页。

[72] 例如，参见首都图书馆藏拓片第50号。

[73] 沈榜：《宛署杂记》，卷19，203页；刘侗、于奕正：《帝京景物略》，卷3，97～100页；韩书瑞：《千年末世之乱：1813年八卦教起义》。文昌也帮助清朝，首都图书馆藏拓片第148号。

描绘在壁画上，虚构的历史事件被再现于泥塑的场景上，两者提醒人们此界和彼界之间的界限是可以穿越的。[74]

对于神灵来说更为普遍的是出现在梦中。皇帝的梦经常被记录在案，文人前往北京各种寺院为的是梦到他们考试的结果。关帝、观音和药王全部都出现在梦中给予指导、保护或治疗。当一些人遇到一个看起来仿佛曾经梦到过的地方就会修建寺院。[75]

信徒们留下礼物来证明和宣传神灵的应验能力。外国人注意到“奉献匾额”，是心怀感激的信徒们捐助的。贵重的匾额大而且使用上等的木料雕刻而成，但其他的则是简单地写在黄色丝绸或普通纸上的证言，粘在墙壁上或神殿的顶棚上。一个典型箴言可以说“有求必应”，下一年、月或日，祷告者的名字得到回应。香火鼎盛的寺院墙壁上被这种小纸片覆盖着。[76] 其他的画像或物体（泥的、纸的）也被留下来作为祷告者的证据和祷告者的回应：婴儿的鞋子、画着眼睛的丝绸、婴儿或狗的画像（在一位神灵治愈了一条狗的疾病之前），如此等等。藏传佛教塑像用捐助的围巾（蒙古语称之为“哈达”）装饰着。佛教故事讲述了听佛经转变信仰的少数神灵：城隍是从附近寺院里一条虔诚的蛇转化而来，这条蛇被具体化为在山池之中的一位龙神，或是一只微小神圣的蜘蛛。这些神奇的故事与神灵没有关联，但却与代理他们的圣僧相关联。[77]

一位神灵的有效存在不仅显现于祈祷者的回应，而且也显现于奇迹事件中。一些寺院和它们的神像在灾难性的火灾或洪水之后仍然幸存着。一座寺院佛堂中的柱子自己能重新粉刷，另一座

---

[74] 大慧寺墙壁上的观音，王智敏、闪淑华：《明代观音殿彩塑》。参见朴思浩《燕行纪程》第 894 页或金景善《燕辕直指》第 1038 页中有关据称奸臣秦桧被捆绑跪在被奉为神灵的英雄岳飞面前，乞求原谅的石膏人物场景。朱一新、缪荃孙撰，刘承幹考证：《京师坊巷志》，卷 8，8 页。

[75] 这些经验的例子出现在本书的其他地方。

[76] 阿灵顿（L. C. Arlington）、威廉·卢因森（William Lewisohn）：《找寻古北京》，145～146、167 页。它们有东岳庙的照片，例如，阿尔方斯·穆默（Alfons Mumm）：《摄影日记》，156～157 页。

[77] 例子来自《弘慈广济寺新志》各处和《潭柘山岫云寺志》各处。

寺院有奇异的花卉。广济寺院子里苦涩的井水忽然变得非常甘甜可口。[78] 功德寺有一个由明代和尚制作的木制魔球，能滚到潜在的捐助人家里，似乎在他们面前磕头；奇迹发生了，他们就向寺院
45 捐奉钱财。[79] 其他寺院有能够治愈疾病的东西：白云观的石猴或东岳庙里黄铜骡子形状的动物；那里有你能洗眼和治愈眼疾的盆子；郊区卧佛寺院子里的树上有药用的种子。[80]

超自然的经验持续地与非常古老的、令人敬畏的、著名的和非常不寻常的事件相关联。对于作为科举举子进入北京贡院的谦恭文人学者，或在刑部外面看见据称是来自明代殉难官员杨继盛的血点的那些人，或那些在首都只是寻找最古老紫藤的人，我们如何能真正坚定地在这些人中把那些来寻求奇迹的朝圣者区别开来？

当然，并非所有近距离的接触都是吉利的、有益的或奇妙的。神灵能惩罚和摧毁，也能令人沮丧和恐吓，这样的事情也会发生并在寺院中得到记载。

在佛教术语中，和尚和苦行者把山洞和岩洞视为长久沉思的理想地方，在道教术语中被视为尘世和长生的通道入口。[81] 在北京地区，这样的洞穴尤其与关帝有关，关帝像经常在壁龛里面被发现。[82] 滴水、涓涓而流的泉水和奇形怪状的岩石，秘密的、幽深的、潮湿的和黑暗的地方，与危险有着不可思议的结合，使得它

---

[78] 《弘慈广济寺新志》，53～67 页。

[79] 蒋一葵：《长安客话》，卷 3，51 页；刘侗、于奕正：《帝京景物略》，卷 7，291～295 页。两个世纪后，谈迁看到木球放在一个祭坛上，此庙后来被遗弃，谈迁：《国榷》，75 页。

[80] 杜安：《宫廷和北京平民的礼仪》，载《法中友好协会简报》（巴黎），第 2 期（1910 年），125 页；敦礼臣：《燕京岁时记》，28～30 页；潘荣陛：《帝京岁时纪胜》，17 页；《日下旧闻考》，卷 101，1677～1683 页，各处。

[81] 韩书瑞、于君方编：《中国历史上的进香与宗教圣地》，130、138、154～155、324 页。

[82] 据我了解，在北京城及其周边至少有 12 个这样的洞穴。它们也被用来保存和尚的骨骸或尸体。

们为勇敢的探访者所熟知。[83] 甚至在普通的寺院里，流传着关于来自危险密封的一口井的水神可能突然跳出来，或在院子里有古怪的大群萤火虫或蝴蝶的故事。[84] 事实上，寺院已经成为人们期盼怪异回响、古怪念头、不寻常声音或危险水汽的地方。[85]

舍利塔和宝塔存储的东西从死者那里获得了力量，经常与古怪的事件相关联。一些舍利塔拥有特殊的力量，另一些舍利塔突然发出独特的闪光，还有其他的塔会改变颜色预示改朝换代。因为它们的“镇”力，一些宝塔被用于控制危险的超自然力量，举例来说，在一座古老的坟墓或监狱安抚哀泣的灵魂。[86] 即使是儒家的神龛也能容纳鬼魂。据说在北京的浙江籍人于 1841 年为了
纪念在鸦片战争中与英国作战的牺牲同胞修建了正气阁，如果道 46
德败坏的人停留在那里，头带旧帽和身穿长袍的人会叫他们离开。[87]

寺院和人类死亡之间的联系增加了超自然之间的联系。因为任何死者都是潜在的神灵。一般而言，佛教和道教的司职人员在葬礼上是主祭者，寺院负责装殓现实中死者的尸体就成为自然而然的事情。

---

[83] 这些例子，李东阳：《怀麓堂稿》，卷 6，2579～2584 页；奉宽：《妙峰山琐记》，65 页；《日下旧闻考》，卷 103，1712 页；刘侗、于奕正：《帝京景物略》，卷 7，296～307 页；《日下旧闻考》，卷 105，1738～1739 页。有关一位隐士（在戒台寺），哈巴：《参观北京两座著名的寺院》，载《教务杂志》，第 12 期（1881 年），366～369 页。

[84] 刘侗、于奕正：《帝京景物略》，卷 7，307～310 页；《北京旅行指南》，105～106、141～142 页。

[85] 1943 年调查，《北京庙宇征存录》，3 页；朱一新、缪荃孙撰，刘承幹考证：《京师坊巷志》，卷 4，36 页；《日下旧闻考》，卷 60，974 页；刘侗、于奕正：《帝京景物略》，卷 2，53～54 页。

[86] 《都门纪略》，1874 年，卷 37。刘侗、于奕正：《帝京景物略》，卷 3，139～142 页；卷 4，157～161 页。《潭柘山岫云寺志》，77～79 页。《帝京景物略》，卷 4，157～161 页。

[87] 来自绍兴的明代忠臣也在此得到祭祀。朱一新、缪荃孙撰，刘承幹考证：《京师坊巷志》，卷 9，4～5 页；波拉切克（James Polachek）：《鸦片战争与清政府之内部斗争》，349 页。

葬礼服务通常在家里或附近举行；宗教司职人员被邀请前去举行仪式，对于死者灵魂通过在地狱里的审判并且进入天堂或有一个更好的重生加快进程。然后装入棺材的尸体搬离自家和社区埋于地下。在一个类似的过程中，死者灵魂由一块上面书写他或她的名字的木牌表示；在墓地上的一个仪式把灵魂灌入木牌中。[88]

在祖先的祠堂中，死者的牌位和肖像是以一个抽象的、正式的儒家形式而陈列的。幸运的是，我们有一个关于这种祠堂的描述，20 世纪 40 年代有一位西方人参观了当时被遗弃的一座祠堂，这座祠堂属于主人的满洲妻子家族。在里面，“一排排的供坛，一直升到天篷并覆盖了几乎全部的北墙，上面挤满灵牌，这些灵牌积满了灰尘和蜘蛛网，东倒西歪”。大箱子里有“大约 200 幅”祖传的画像，卷轴上的画像所显示的男人和女人都以一个正面的姿势，穿着正式的服装。在此，可能举行标准的家族仪式。[89]

宗教司职人员不仅在逝者的家中举行葬礼，而且他们在寺院中根据亲属的要求和按照常例在这一年里定期举行。[90] 在有大规模灾难的时候，和尚和尼姑也走出去进入社区举行仪式。例如，1644 年明朝灭亡的时候，一位和尚和他的弟子去帮助把遗弃的尸体埋入一个深坑中；被忽视和潜在的恶毒幽灵，看到这个虔诚行为并且接受这些仪式，会使其失去影响力。然后和尚在四个郊区的每个地方举行完整的四十九天仪式，为在地上和海上迷失的灵魂诵经，在仪式上抚慰那些受饥渴煎熬着的孤魂野鬼。此后，“不复闻鬼哭矣”[91]。

---

[88] 关于一般的葬礼，韩书瑞：《华北的葬礼：一致性与变化》，见华琛、罗友枝主编：《中华帝国晚期和当代的丧葬礼仪》，37～70 页以及该卷的其余部分。

[89] 大卫·季德（David Kidd）：《毛家湾遗梦：1949 年北京秘闻》，36、100～105 页，引文为第 104 页。

[90] 有关在潭柘寺的例子，北京图书馆金石组编：《北京图书馆藏中国历代石刻拓本汇编》，第 79 册，28～29 页。

[91] 《弘慈广济寺新志》，1704 年，再版载《中国佛寺史志汇刊》，99～111 页。

47　除了对无人认领的死者举行常规的诵经仪式外，范围最广的仪式是每年在（阴历）七月由佛教徒和尚举行的仪式，特别在阴历七月十五日。（除非另外注明，所有月份都是阴历。[92]）在整个月份里，和尚们为“饿鬼”即无人认领的死者不安的灵魂举行“盂兰会”。这些仪式在湖边的寺院中完整地举行，以便于如同莲花形状的纸灯和纸船的供品能被燃烧，运送象征迷路的灵魂穿过苦海通往新生和拯救。[93]

虽然坟墓附近常有一座用于陈设供品的祭坛，但是与许多基督教国家里一样，寺院不是社区公墓的中心。从理论上来说，子女们可以看见他们的父母安葬在家族的墓地里，而且葬礼是一个只需要风水先生和算命先生的私人事务。对于富人来说，一个看管人可能掌管或住在墓地附近。

然而，僧侣们经常对无子女或贫困的死者承担责任。正如我们将看到的那样，拥有充足资源和富有的太监更喜欢捐建一座新的寺院，这座寺院可能是他们身后安葬的地方，以至于那儿的僧侣能永久地照料他们的墓地和牌位。死亡的僧侣会做相似的处理：他们的遗体由寺院保存，并且他们的灵魂被祈祷。拥有富裕财产和大社区的寺院可能有石头纪念碑的“塔院”，其中保存了知名和尚的遗骨。在郊区潭柘寺，一个宽敞的院子保存至今，这个现象是很好的例子。1600 年，那儿保存了 12 座佛骨塔，到 20

---

[92] 在明清时期的北京，日历把全年划分为十二个月；新月落下是在每个阴历月份的初一日，满月在十五日。某些太阳活动也已知并被标记。决定日历是皇帝的特权（从很早的时间开始），他们被认为拥有推测天文学的知识和精通复杂历法的技能。为了协调月亮和太阳周期，每个月中天数必须在 29 天和 30 天之间变化，闰月必须适当地排入其中（约每三年），以便于二至日和二分日总是在适当的月份出现，月食、日食和其他不寻常星体的现象已被预知。使用这个日历，这样做，使他们自己成为中国世界的一部分。一个闰月由一个星号（*）来标明。

[93] 刘侗、于奕正：《帝京景物略》，卷 1，18～28 页；敦礼臣：《燕京岁时记》，60～62 页；普意雅：《七月北京的风俗习惯》，载《中国》，第 40 期（1923 年 c），474～476 页。对于更普通的描述，徐颂鹏（Sung-p'eng Hsu）：《明代佛教领袖：憨山德清的生平与思想，1546—1623》，45～46 页；艾香德：《中国佛教中的真实性与传说》，81～104 页；仁井田陞：《北京工商ギルド资料集》，卷 1，103～109 页；太史文（Stephen F. Teiser）：《中国中古时期的鬼节》，21～23 页。

世纪，有 75 座。它们风格不同，一些是高的，一些是矮的，一些是圆的，一些是重檐的，一些有大量的雕刻，证明历经了许多朝代。[94]

可以肯定的是，僧侣被认为拥有战胜死亡的能力，使得某些人把尸体放在他们那里“暂时地”保管，等待一个黄道吉日或有
48 足够的资源来埋葬。北京南部的寺院，因为靠近通往中原的交通路线，自然成为寄居者灵柩的安置处，等待将来运送回乡。[95] 正如我们所看到的那样，当地的团体不仅照料着这些棺柩，而且有时候为他们建造坟茔。1847 年，一个浙江钱庄行会报怨存放在二郎庙侧殿的棺柩散乱各处，该行会在那里举行仪式，规定任何已存放超过一年的棺柩必须移走。后来该行会在寺院附近修建两块社区墓地，每年夏天在那里为“孤魂”举行仪式；每隔一段时间，这些墓地就不得不进行扩充。[96]

把所有的墓地设在社区之外似乎是中国文化一个普遍的传统。[97] 因此，在北京的北城（清代的内城）那里没有公墓。尸体被运到郊区。16 世纪 50 年代，被封闭起来的地区（南城）在接下来的两个世纪中，似乎禁止在此设立墓地，但是在 18 世纪中叶后，在那里设立“义冢”得到了允准。[98]

北京西面和北面的山丘提供了上好的风水且被皇家、贵族、太监和其他城市精英占用。在它们更昂贵的形式中，这样的墓地包括一个小型的建筑物，刻有铭文的石碑，一条摆放石刻动物的大道，以及高大、古老、常青的树木，所有保护是依靠封闭的围

---

[94] 《潭柘山岫云寺志》，44～48 页；赵润星、杨宝生：《潭柘寺》，58 页；韩书瑞：《潭柘寺的位置、圣徒和景色》，载《远东亚洲丛刊》，第 10 期（1998 年），183～211 页。

[95] 吴长元：《宸垣识略》，卷 9，170 页；从 1925 年孙中山去世到 1929 年被移葬至南京，孙中山的棺柩被保存在北京城外的碧云寺，刘俊文：《北京：中国古代和现代首都》，138～140 页。

[96] 仁井田陞：《北京工商ギルド资料集》，卷 1，106～109、109～110 页。

[97] 詹姆斯·华森（James L Watson）、罗友枝主编：《中华帝国晚期和当代的丧葬礼仪》。

[98] 参见第十六章。

墙来防范一般性的侵犯。[99] 他们结实昂贵的棺材深埋于地下，不同于公共墓地所使用的薄皮棺材——这种棺材不久就会使骸骨暴露在光天化日之下。普通的家族墓地，即使受到定期的照看，也只是简单的圆锥形坟头，有时候成群排列，位于种植小米或高粱的田地里。

那种定期与超自然联系的地方密集地点缀着北京。占据最重要地域的那些地方，不管怎样，属于迄今为止所讨论的另一种类型的寺院。有 7 座大型国家祭坛。露天开放并且缺乏神人同形的表现，它们是为皇帝和他们的大臣与最伟大的超自然力相联系而保留的。由于这些祭坛与在任何中国城市里的一系列大大小小的宗教设施所供奉的并更容易接近的普通神灵相结合，使得首都成为异常强有力并可以渗透的宗教领域。

僧侣之家

如果寺院首先是神灵的家，那么同时也是那些“出家人”的 *49*
家。离开社会过着独身禁欲的宗教司职人员生活的男人或女人，以重要的方式在寺院以及如何理解寺院这些问题上发挥着影响力。

在帝制时代末期的北京，神职人员的中国术语是比较清楚和稳定的。“僧”是用于一名剃度佛教和尚的一个简单词语，“尼僧”是指佛教尼姑。[100] “番僧”和（后来的）“喇嘛”被用于泛指藏传佛教僧人。[101] “道士”更难翻译。我发现“Daoist priest”的误导性，用非斜体字小写来书写“daoist”作为与类似的（接下来的明清用法）和尚或尼姑相比较的一个名词。[102] “住持”这个术语表明一个

[99] 关于许多著名的明代墓地，参见历史学家谈迁的描述，他对所见了如指掌，谈迁：《北游录》，250～254 页。

[100] 更书面的术语是比丘和比丘尼。

[101] 有关喇嘛的不明确性，唐纳德·S. 洛佩兹（Donald S. Lopez，Jr.）：《香格里拉的囚徒——藏传佛教与西方》，17～20 页。汉语术语“喇嘛教”早在 1573 年被证明，《日下旧闻考》，卷 39，617 页。

[102] 对道士来说，一个更书面的术语是羽士。在我的资料中没有遇到女性道士。

掌管道士、和尚和尼姑团体的人，我统一为“chief cleric”。我用“cleric”（僧侣）这个词来表达任何的和所有的这些宗教司职人员，甚至有时包括穆斯林毛拉（mullah）和天主教教士（priest）。

在北京有多少神职人员呢？确凿的信息是非常难以捉摸的，最好的资料来源于 20 世纪前半期。表 2－3 通过一份 1908 年内城和外城的调查展现了部分片段，指出当年这座在城墙包围下的城市里可能有大约两千名和尚、尼姑、喇嘛、道士和毛拉。[103] 在当时调查的寺院中，无人居住的寺院占 40%；其中一些寺院有看管人，其他寺院则一个也没有。只有约 20 座寺院有超过 10 名僧侣，大部分寺院只有一名或两名僧侣。在 1941 年的调查（这份调查是由日本人进行的）包括郊区的寺院；这项调查报告了更多的数量和可以比较的比例。[104] 这些资料显示，帝制末期，在北京有两千或三千名僧侣；在这些人中，普通的佛教和尚数量最多：每座寺院有 7 名和尚或 2 名道士和 1 名尼姑。喇嘛住在寺院中，但只有相同寺院中其他僧侣的三分之一；小的寺院大部分住着一名或两名僧侣。[105]

根据目前的了解，把北京 20 世纪的数字放在一个广阔的视角
50 中是困难的。根据一份 1846 年官府的调查，在天津城及其近郊，每座寺院的僧侣比在北京寺院的僧侣少一半，但是在 1667 年的报告中，在整体上全国的数量与首都的数量接近。[106] 由皇帝资助的相

[103] 1908 年调查，《京师内城庙宇调查表》。这份调查是由新的内务部进行的。

[104] 和尚 1 743 人，喇嘛 763 人，道士 445 人，尼姑 270 人，毛拉 156 人，总计 3 368 人。《华北宗教年鉴》，100～135、197～198、241～244、315～316、414～418 页。

[105] 在整个帝国中，这些比率与所有那些登记人员相类似。参见《黄册》文字类第 5140 页和第 5141 页关于 1738 年和 1739 年的。

[106] 天津，在 158 座寺院中，有 115 名在册僧侣（每个寺院的人员 0.72 名）。《津门保甲图说》，卷 12 [饶济凡：《19 世纪中国人口数据两个来源》，载《清史问题》，第 3 卷第 8 期（1977 年），72～78 页。引起了我的注意]。在 1667 年，帝国在册的僧侣数量：和尚 110 292 人，道士 21 286 人，尼姑 8 615 人，总数为 140 193 人。寺院的数量：79 622 座。每座寺院有僧侣 1.7 名。《大清会典事例》，1899 年，卷 501，5 页。中世纪时期有关僧侣和寺院数量的讨论，谢和耐（Jacques Gernet）：《中国 5—10 世纪的寺院经济》，4～14 页。

当大的僧侣团体可能意味着在北京有一个相对高密度的宗教人员群体。

表 2-3　　　1908 年北京的僧侣

	内城	外城（一半）	估计总数*
和尚	796	136	1 068
道士	123	60	243
尼姑	94	33	160
小计	1 013	229	1 471
喇嘛	573	1	575
毛拉	0	17	24
总数之和	1 586	247	2 070
寺院的数量	702	201	1 104
无人的	310	56	422
有人的	392	145	682
超过十人的	18	2	22
每个寺院人数			1.87
有人的每个寺院人数			3.03

资料来源：1908 年调查，《京师内城庙宇调查表》。
* 外城遗失的资料是已知另一半资料的一倍。

在朝代早期制定的政策中，明朝和清朝国家试图尽力采取一些措施来控制这些宗教人员。中央佛教僧人和道士登记处（僧录司和道录司）这两个衙门，归礼部管辖并且设在首都的寺院里（在省里也建立了类似的机构）。登记处在理论上负责全国佛教和道教人员的事务，制定任命的标准，控制执照发放的数量和调查不法行为。[107]

---

[107] 每个职务有四个级别的职位。《大明会典》，1587 年，卷 126，1110 页；《大清会典》，1899 年，卷 36，378 页；龙池清：《明代的僧官》，载《支那佛教史学》，1940 年；于君方：《佛教在中国的复兴：袾宏与晚明的整合》，166～172 页。在明代，制度允许任命藏传佛教人员（菲尔德博物馆藏拓片第 955 号）；我所看到的资料，第二等级的职位，禅教，似乎被特别用于他们。

51 明代，道录司位于朝天宫；僧录司直到1535年（那时发生了火灾）设在庆寿寺，后来在护国寺。[108] 在这期间，在首都登记处的任命是有权威性的，标志着这个人已经得到朝廷关照，有俸禄和权利穿着特殊的长袍。[109] 登记处的职位是僧侣职业轨道向上晋升一个重要的阶段，经常同时举行北京大寺院的方丈任命，在他们灵骨塔的墓志铭上会着重加以记载。[110]

登记处的官员们似乎已经拥有指派北京新寺院负责僧侣人选的权力，但他们的权力好像又相当有限。[111] 事实上，到明代中期，任命这些官员似乎已经商品化，并且是作为永久荣誉空头衔而激增。[112]

在明代（和清代），国家要求在帝国内所有受戒的僧侣进行登记，支付一定的费用和领取一个执照（和尚称为“度牒”，道士叫“照”），但明朝创立者的严厉措施已经被削弱，这项政策的实施是相当不均衡的。最大的寺院机构组织和最著名的和尚可能不得不服从，但普通僧人中的大多数则并非如此。随着时间的流逝，国家似乎对于执照颁发听之任之，享受通过售卖一份空白表格创收而来的金钱。[113]

清朝统治者甚至在征服之前就已经建立了类似的登记处，但

---

[108] 《大明会典》，1587年，卷126，1110页。我没有关于道录司在1626年当朝天宫被烧毁后搬往何处的资料。庆寿寺又称为大兴隆寺，护国寺又称为大隆善寺。

[109] 毕德胜（Willard J Peterson）：《穿什么衣服？明末社会耶稣会士观察和参与》，见斯图亚特·史瓦兹（Stuart B. Schwartz）编：《模糊的认识：近代早期欧洲和其他国家人民的观察、报告和反思》，413页，引用的1381年条例载于《明史》，卷67，1656页。

[110] 某些例子，《日下旧闻考》，卷107，1778页（道士）；卷96，1609页（外来和尚）；卷95，1589页（和尚）。这些职位似乎没有向尼姑开放。有关一座舍利塔，《日下旧闻考》，卷95，1589页。

[111] 参见北京图书馆金石组编：《北京图书馆藏中国历代石刻拓本汇编》，第51册，128页。有关登记调查渎职的一个案例，《日下旧闻考》卷90第1527页中记载的1501年发生的事件。

[112] 于君方：《佛教在中国的复兴：袾宏与晚明的整合》，169页。

[113] 于君方：《佛教在中国的复兴：袾宏与晚明的整合》，146～147、155～162页；于君方：《明代佛教》，见崔瑞德、牟复礼编：《剑桥中国史》，第8卷，918～920页；黄仁宇（Ray Huang）：《16世纪明代中国之财政与税收》，246页。

直到17世纪70年代，这个责任才被转移到皇家而不是礼部。[114] 尽管他们的衙门没有像明朝那样设立在被指定的寺院里，但是清朝登记处的规定——书面佛经考试是必须的——主要针对那些无论是原因或结果而使得他们依附于首都的主要寺院的男性而言[115]，这些官员受命可以批准任命首都的方丈职务，对于不合法的宗教组织进行训诫，在他们的管辖权内留意僧侣，并审判品行不端的僧侣。[116] 清代试图重新建立明代的牌照，发放新的执照，但是旧的执照继续流通。[117] 52

清代法律和规则反映了一个长期存在的事实，即希望通过国家和儒教去控制宗教专业人员并且在专业人员和世俗信徒之间保持一个清晰界限。禁止僧侣——也许效率低下——为他们父母举行祭祖仪式、娶妻，或与任何人发生性关系，包括妓女。[118] 同时，掌管宗教专业人员的机构一直处于疲弱状态，以至于无法让自己成为宗教权威的一个独立来源。天主教模式的教皇对于明代和清代的皇帝来说是不受欢迎的。

直到帝制末期，佛教和道教的从业者才为祭拜者和资助人举

---

[114] 《大清会典事例》，1899年，卷501，1、5页。

[115] 例如，北京图书馆金石组编：《北京图书馆藏中国历代石刻拓本汇编》，第73册，32页。我只有少量的资料提到清代道录司中道士的职位，但即使是那些提到了在北京僧录司中和尚的职位，对我理解他们实际的作用也没有帮助。参见《顺天府志》，1885年，卷24，763页。北京图书馆金石组编：《北京图书馆藏中国历代石刻拓本汇编》，第65册，92页；第68册，1页；第82册，134～135页。

[116] 北京图书馆金石组编：《北京图书馆藏中国历代石刻拓本汇编》，第65册，92页；第71册，32页；第72册，48页；第82册，175页。方濬师：《西峰寺》，见《蕉轩随录》，195页。张伟仁主编：《明清档案》，A8-196号。1844年，也许努力对局部施加更大的控制，在北京不同部分，这些官员被赋予神职人员的事务。《大清会典》，1899年，卷36，378页；《大清会典事例》，1899年，卷501，5～6、25～26页。在北京市档案馆中，19世纪末的零星文件复印件（档案号181-15各处）显示，登记制度仍起作用。

[117] 《大清会典》，1899年，卷36，378页；《大清会典事例》，1899年，卷501，6页。

[118] 古·布莱斯（Gui Boulais）：《大清律例》，393、295、693～694条。《大清会典事例》，1899年，卷501，20页；高延（J. J. M. De Groot）：《中国的宗派主义和宗教迫害：宗教史的一页》，120～125页；宫中档，宗教类，第417包。非独身的道士被认为存在特别的问题，《大清会典事例》，1899年，卷501，9～12页。

行重叠和有特色的宗教服务。僧侣每次举行的葬礼仪式能加速亡者灵魂直达阴间；每个祭拜仪式是为宗教司职人员设计的。在某个宗教节日中，佛教的诵经是必要的，但在道观中，道士通常按日历引入（增加）定期的庆典，没有一位僧人出席。正像没有哪个组织有能力支配北京的宗教生活那样，所以在北京的僧侣中，各种分支与城市居民的差别是十分细微的。

在帝制晚期，在华北地区的道教从业者与两个“教派”相联系。较早一些的叫正一派（Orthodox Unity），由张氏家族领导，自称“天师”（Celestial Masters），他们的权威可以追溯至道教起源的第一个世纪，并且自中世纪起就已经得到了江西龙虎山（华中地区）的世袭特权。这些世袭的正一派道士可以结婚并在世间
53 居住，借助激活他们神灵的力量用于为各种目的举行“教”的仪式。他们代表社区和信徒，驱魔，在葬礼上主持仪式，祈雨，庆祝他们神灵的诞日和医治疾病。[119]

全真派（Complete Perfection），12 世纪中期由一位名叫王重阳的人在北方创立，是完全不同的派别。这些道士主张独身并强调冥想，如同佛教的和尚和尼姑那样住在道观里。他们蓄发，经常留着一个顶髻（与剃发的佛教人士相对比）。[120] 在 12 世纪 80 年代和 90 年代的金朝统治时期，在北京，全真大师已经与王重阳和他的弟子们留居的道观建立了联系。这个派别扩大了，成吉思汗后来将这个联合体移交给丘处机——王重阳的一位弟子；丘死于 1127 年，在明代和清代，场地的一部分成为白云观的核心。[121]

---

[119] 刘侗、于奕正：《帝京景物略》，卷 4，172～176 页。刘若愚：《酌中志》，卷 16，42～43 页。利玛窦：《16 世纪的中国：利玛窦日记，1583—1610》，100～101 页。阿尔贝·陈（Albert Chan）：《明朝的光荣与衰落》，115 页。朱一新、缪荃孙撰，刘承幹考证：《京师坊巷志》，卷 3，29～31 页；卷 4，5～6 页。

[120] 丁荷生（Dean，Kenneth）：《中国东南的道教仪式与民间崇拜》，24～26 页；姚道中（Tao-chung Yao）：《全真教：12—13 世纪中国北方的一个新教派》，90 页；利玛窦：《16 世纪的中国：利玛窦日记，1583—1610》，102 页；我还没有借鉴高万桑（Vincent Goossaert）的近期著作，或许是确定的。

[121] 姚道中：《全真教：12—13 世纪中国北方的一个新教派》，尤其是第 111～117、124、133、141 页。

元朝的统治者同时也资助正一派。1275 年，承认了当时的天师地位并且把他们的弟子张留孙安置在皇宫附近的一座道观里。14 世纪 20 年代，在城的东面为张留孙修建一座奉献给东岳大帝的新道观。其他的天师偶尔会从江西来到首都。[122] 在明代，道士个人的命运和他们道观地位的升降及皇家的喜好相关联，道教教规的不同版本反映了这些派别的影响。[123]

与道教相似，佛教僧人在私人家里举行葬礼，但是他们仪式的大部分是在寺院中聚集举行的，这些包括冥想、佛经诵唱、佛法布道、特殊的佛经讲授、背诵忏悔、七七斋和受戒。[124]

在北京最经常出现的佛教宗派是临济宗和曹洞宗。（至少）21 座不同寺院的和尚与临济宗相关，并声称通过传承有序的禅师可以追溯到唐代的禅（僧）。7 座寺院拥有带图表的石碑，上面胪列 54
着从创立以来的历代和尚，一条可靠的传递线路是一个看得见的证据。在清代开始时，一名和尚能声称属于第 28 代，在 18 世纪末，为第 35 代。[125] 我们发现，尽管有关曹洞宗的资料较少，但可

[122] 朱一新、缪荃孙撰，刘承幹考证：《京师坊巷志》，卷 3，18～19 页；《日下旧闻考》，卷 88，1489 页；阿尔贝·陈：《明朝的光荣与衰落》，115 页；珍尼特·R. 顿布鲁克（Janet Rinaker Ten Broeck）、尤桐（Tung Yiu）：《元代道教碑》，载《通报》，第 40 卷（1950—1951 年），60～122 页。

[123] 1244 年的版本认为，全真大师合并了他们的教派，但明清的版本表明了正一派天师的影响。柳存仁（Ts'un-yan Liu）：《道藏的汇编和历史价值》，见李度南（Donald D. Leslie）、柯林·麦克拉斯（Colin Mackerras）、王赓武（Gungwu Wang）：《中国历史资料论文集》，尤其是第 115 页；鲍菊隐（Judith M. Boltz）：《道家文献概观：10—17 世纪》，17～18、64～68、123～128、139～173 页。

[124] 在当今时代，有关这种实践，尉迟酣：《中国佛教的实践：1900—1950》，38、185～197、285～297、506 页。

[125] 根据尉迟酣《中国寺院中达摩卷轴和方丈的继承》[载《通报》，第 50 卷（1963 年），93～149 页] 所描述的，也许这些石碑有特殊的功能，与佛法卷轴相似。有关这些例子，北京图书馆藏拓片第 7994 号（我所看到最早的图是 1454 年）。北京图书馆金石组编：《北京图书馆藏中国历代石刻拓本汇编》，第 61 册，86～87 页；第 63 册，35 页。《弘慈广济寺新志》，58～59 页（有一个房间供奉着这一派的创始人）。这些所谓派别的区别在于它们的关系，而不是教义。尉迟酣：《中国佛教的实践：1900—1950》，395～400 页；福尔克（T. Griffith Foulk）：《宋代禅宗中的神话、仪式、寺院实践》，见伊沛霞、彼得·N. 格雷戈里主编：《中国唐宋宗教与社会》，147～208 页。

以看到铭刻在石头上同类的谱系。[126] 虽然这些派别名称的使用和对过去几代的了解可能预示着僧人专业化的更高程度，但是被这样认定的和尚本人不一定必须居住在大型的寺院里。[127]

辈分的位置是佛教僧人身份的一个重要方面，在和尚和尼姑名字中的标识（如在家族之中）分享了第一个文字。[128] 虽然师徒关系在一座寺院内部构成了僧人之间的关系，在巩固方丈之职方面也许是重要的，但它们似乎并非寺院之间持久联系的基础。[129]

在皇宫里，宦官会变成僧侣——和尚或道士——在适当的场合诵读佛经、举行仪式。在明朝，紫禁城里的宗教仪式由宦官们办理，这些宦官隶属于三个经厂。房间位于皇城的东北部沿着东墙，充当服装、仪式器具和各种成套典籍的仓库。[130]

明朝的“庙户”似乎是依附于国家宗教神祠的家族，是由王朝建立者所创立的强迫劳役制体系的一部分。[131] 后来清代更多的寺院管理者（庙主）——由世俗人士支付报酬照料财产——相比
55 之下，在宗教设施中广泛发现没有僧侣居住在里面。[132] 其他各种行业人员也聚集在寺院中或周边：算命的；宗教用品——香、纸钱、蜡烛、神像的供应者；乞丐，他们为虔诚者提供积功德的

[126] 在明清时期，我知道有 8 个。例如，参见北京图书馆金石组编：《北京图书馆藏中国历代石刻拓本汇编》，第 61 册，33～35 页，记载了超过 26 代传人的名字。我曾经提到的其他派别是曹溪和东山（禅宗，每派两次），一位外国和尚的西天派（两次）和龙门派（一次）。

[127] 参见北京图书馆金石组编：《北京图书馆藏中国历代石刻拓本汇编》，第 74 册，31 页。关于一位第 35 代和尚，在 1778 年，成为关帝庙的创建僧人。

[128] 例如，北京图书馆金石组编：《北京图书馆藏中国历代石刻拓本汇编》，第 51 册，133～134 页；第 73 册，168～169 页。

[129] 尉迟酣：《中国寺院中达摩卷轴和方丈的继承》，载《通报》，第 50 卷（1963 年），146 页，提出，“在不同的结合中，中国上百座大的寺院和上万座小的寺院之间的联系网络叠加在其他之上，松散并杂乱地联系在一起”，也许这些联系只是其中一部分。但在明清时期的北京，这种联系似乎是暂时的、松散的和随意的。

[130] 刘若愚：《酌中志》，卷 16，36～40、47 页。

[131] 《大明会典》（1587 年）卷 216 第 1080 页提到了这些首都的寺院。

[132] 来自 1908 年的调查数字只包括内城的庙主，但数量是道士的两倍。

机会。

对于那些其信仰未能广泛而深入地嵌入中国社会结构的僧侣们来说，北京也是他们的家：穆斯林毛拉、天主教神父和藏传佛教喇嘛。

我感到惊奇是，在明代以前，穆斯林团体就已经是北京的一部分，虽然这个宗教在接下来的五百年中受到派系和新生派系的影响，但是这些发展——主要研究是在他们中亚背景之下进行的——在北京对于信徒们而言没有显现出一个重大的影响。不管怎样，正如我们将看到的那样，宗教专业人士（毛拉、阿訇）可以预言，这对在首都以及其他地方的穆斯林团体来说同样重要。

我们在此所说的“藏传佛教”自中世纪起源于印度佛教并且在中亚得到确立；简而言之，其强调凭借手势（mudras）、咒语（mantras）和唐卡（tankas）的冥想、瑜伽修行为特征。僧人团体使得教义永存，并且《大藏经》将教义进行了整合。在 14 世纪末期，宗喀巴进行宗教改革，并且使得这个格鲁派逐渐占据了统治地位。在 16 世纪，一个想法使他自己发生转变，他认为非常神圣的僧人（狭义地说是喇嘛）能反复地转世。依靠强有力捐助者的帮助，随后几代这样的转世获得了竞争优势。转世喇嘛作为“活佛”被崇拜并且作为佛教神灵的证明而得到理解。[133] 到了清代，达赖和班禅成为北京最重要的活佛，在他们之后是蒙古的呼图克图。西藏、蒙古的喇嘛和僧人自 15 世纪初成为北京的居民。

在北京，天主教教士远远少于毛拉或喇嘛；他们于 17 世纪初到达北京，真正从首都离开是在两百年后。大部分是耶稣会士（Jesuits），他们属于由圣依纳爵·罗耀拉（Ignatius of Loyola）于 1534 年命令在东亚仿效成立的教团积极进行福音传道的一部分。

---

[133] 查尔斯·贝尔（Charles Bell）：《西藏的宗教》；札奇斯钦（Sechin Jagchid）：《清朝对蒙古的宗教政策》，1976 年，再版载于其《蒙古研究论文》，147～148 页。

在18世纪清代的首都，人们也能发现方济各会（Franciscans）和
56 奥古斯丁修会（Augustinians），在耶稣会于1773年被解散后，其他的修道会，（天主教）遣使会士（Lazarist），于1783年被罗马教皇授予掌管中国传教团（the Chinese missions）的权力。[134]

在本书所使用的有关北京资料中，涉及和尚、尼姑和道士以及僧侣们所固有的形象与在帝制末期和现代中国文化中被更广泛发现的形象相一致。

一方面，佛教的僧尼被视为虔诚的男人和女人，他们服务于群体，为了本人和他人的功德积累把自己奉献出来。毕竟，僧伽（sangha）是佛教三宝之一。和尚能因为他们的苦行戒律和远离社会的隐居生活而受到钦佩，道士因为他们长寿秘诀和在其他力量方面的知识而受到尊重。至少在明代，一些僧侣是受过高等教育的男子，对学者来说是适合和称心的伙伴。

在另一方面，僧侣们经常被冠以无法适应社会或自然的人，成为依靠他人施舍的寄生虫，不受家庭责任和传统道德拘束的人。他们可能——在中国的小说和戏剧中，通常被视为放纵和不虔诚的人，专心于尘世快乐和奢侈的生活，贪婪于财富、性欲和权力，腐败和堕落的人。因为他们也是人，声称能同（或代表）神灵进行交谈，所以惧怕他们的权力使得尤其是无知的人、愚蠢的人和女人误入歧途。道士的驱魔、长生不老药、春药、生育仪式以及类似的技巧对某些人来说，似乎是有吸引力和危险的，但对另一些人来说则是骗子和冒牌货。

寺院，僧侣们的家，也可以理解为是流浪者和罪犯，同样还有单纯和圣洁之人的避难所，是危险关系和诱人堕落的地方，同样也是专一虔诚的神圣之所。虽然更全面了解这些负面刻板印象超出了本书的范围，但这个方面从未远离男人和女人们的思想，他们的行为将在后面占据我们的注意力。但是寺院不仅仅是幻想

---

[134] 伯纳德·H. 维勒克（Bernard H. Willeke）：《1784—1785年中华帝国政府和天主教使团》，16～19页。

得到实现的地方，而且是和尚和尼姑以及道士居住之所，或世俗和超自然相遇之所：它们是一个向广大公众开放的自然空间，也可能是社区生活焦点。在下面的章节中，我将对这些宗教设施融入围绕和支持它们的社会的方法进行探讨。

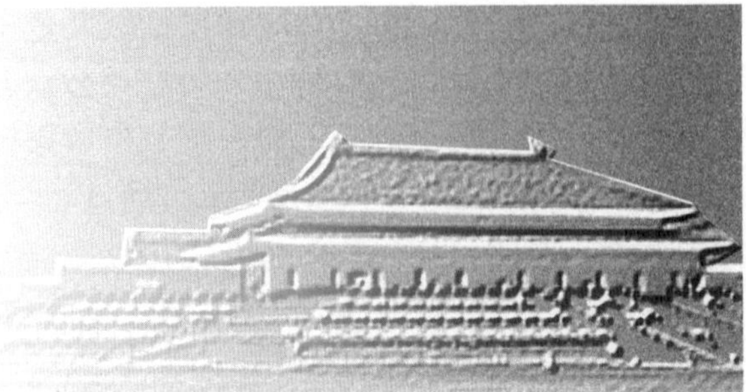

第三章

社区与公共空间

57 对于神灵和僧侣们来说，寺院并非简单意义上的寺院。它们依赖捐助人和城市居民的经济支持，才得以根植于北京社会。寺院不仅是节日、慈善、客栈和政治的一种组织形式，而且也可以用于图书馆、博物馆和公园这些不同的公共场所。无论这些活动是由居民个人还是国家精心安排的，通过发生在寺院房屋里的许多活动，都以现实和想象的形式创造了社区和文化。

在本章中，我们将把部分资料缀合在一起，揭示寺院是如何进行经营和管理的，然后研究形成于寺院及其周边更多可见的社区，最后讨论有关它们利用公共空间而大量记载的史料。大部分在此所做的概括说明，将在第二部分和第三部分进一步详细说明。

赞助人

北京的宗教设施属于谁？是谁控制了它们的财产？建造和维护建筑物、购买神像和法器、支付香火和蜡烛的费用、供养住寺僧侣，所有这些费用从何而来？僧侣和世俗赞助人的关系是怎么样的呢？来源于北京的史料没有直接给出这些问题的答案，但我们将首先通过寺院的收入和支出，最后是通过掌控这些资源的人来试图解答这个问题。

准确地说，只有当我们对“捐赠”和“赞助”进行充分解释时，才有助于我们了解明清时期北京寺院的修建和维护是通过捐助人的捐助而实现的。寺院捐助人的核心是自觉的支持者，甚至当某个人曾经进入寺院里游逛，即使离开时没有捐给任何东西， 58
也可以理解为证明了神灵的力量（如果不是有意地）。在出版物中，作者们提到某座寺院或在一幅地图中标明某座寺院也同样会增强它的声望。在一个没有有组织僧侣团体的寺院里——到目前为止在北京更为典型——在仍保留的事务中，一些人起着较大的作用，但也有许多人只起到部分作用。①

我们开始讨论捐助人、管理以及掌管那些所捐献的有价值的物品或大笔钱财给北京寺院的人，这些在历史档案中都有着详细记载。②（参见附录三。）钱财来自社会各个阶层，来自个人和组织，有一次性的资金捐助，有永久性的捐助。大部分捐助者是男性，因为他们可能希望在家庭之外向世界展示他们的支配地位。在北京的档案中，唯一可见的女性捐助者是皇家女性个体和宗教团体的女性成员。

明清两代的统治者（包括近支皇室成员）是众所周知的捐助者，在已知的北京捐助者中，他们对 2 344 座寺院中的 441 座进行过捐助（占 19%）。在这些寺院中，137 座寺院是皇家的财产，对于普通捐助者来说，在大部分时间里，这些寺院实际上是禁止入内的；皇帝在他们的领域外进行捐助的寺院只有 304 座（占 13%）③。据我所知，有 330 座寺院是由太监捐助的（占 14%），在明代，他们是主要的捐助者，217 座寺院有僧侣或其他类别（完全是和尚）的捐助（占

① 有关圣山相同的争论，《导言》，见韩书瑞、于君方编：《中国历史上的进香与宗教圣地》，1～38 页。

② 这个附录记载了约 300 个例子，特别列举了 1424—1911 年的礼物。我也依靠更多礼物的事例，但关于这些礼物没有给出准确的数字。

③ 在第五章中定义“这个皇家领域”。

9%）。宗教团体，包括各色人等，捐助了127座寺院（占5%）；至少有97座寺院是来自有组织的团体即同乡或职业行会的捐助（占4%）。由私人捐助的寺院数量为800座（占34%），有关这个范围的记载非常少，保守估计为1 545座寺院（占65%），我们没有（或不完全）掌握对寺院进行捐助的平民捐助者的相关资料。④ 虽然这些
59 数据有些稀少，但是可以清楚地看到尽管皇帝的存在是首都的显著特色，但是在皇家领域之外，皇帝直接介入的城市寺院只占10%。

赞助人修建了寺院并维护了它们。创建和恢复的区别经常是模糊的，这是因为场所被扩建、缩减和重新利用，大殿被一次或分阶段地重建或转变用途或部分重建。⑤ 1368—1885年，有关寺院建造（或重建）显示一个平均时间范围长达两个世纪。⑥ 在所有北京寺院中，约50%存在的时间为105—325年，其余相对被划分为短一些或长一些的时间。赞助使寺院在寿命上呈现出差别。

大部分慷慨并可以捐献的礼物包括用于建造、供应和永久维护寺院的充足资金，“据说”，毕竟，“盖开功莫大于创始事”⑦。更为常见的是，捐助人所捐奉的钱财只够建造建筑物本身和基础设施。其他捐助者接续的捐奉包括维修在内的费用，如修理一座殿堂、增加新的房间或完全重新修建综合性设施。一些小额的捐助被用于更换或增加寺院的设施——香炉、神像、钟、经书、横幅、碑刻、祭坛的帷幕、天花板装饰、法器和神像衣服等。一些人奉献劳力和参加修建或帮助筹备寺院周期性的节日。金钱有时被捐给特殊的场合，如剃度仪式的花费或宗教节日的演出。没有什么资源的个人可以与其他人合伙进行共同捐助。最普通捐助者的行

④ 这些数字相加超过100%，因为在其历史上许多寺院有超过一个以上的捐助者。

⑤ 新和旧的差别也被混淆（有意的?），当一个旧的名字被再利用，场所以前的用处会被遗忘，或一座新寺院被称为一个重建。

⑥ 我的数字221年可能有些低估，因为我的计算砍掉了每一个时期结尾部分。我的范围包括1 361座寺院。以1885年为限，我排除那些只在20世纪才看得到的寺院。

⑦ 北京图书馆金石组编：《北京图书馆藏中国历代石刻拓本汇编》，第80册，192页。

为是每月一到两次的焚香，以及小额不记名捐助。

单一场合下的大笔捐奉要么是个人决定，要么是筹款驱动的结果，但它们能促成资源的汇集，组织、集体以及社区的形成。正如本书结尾所阐明的那样，一些组织是临时性的而且目标狭窄，另一些则是日常性的并且松散协调着的；某些是基于面对面的接触，某些是基于视觉或文字媒介的亲密分享；某些是基于自愿和特殊的关系，某些是基于名称和先前存在的组织。由寺院提供合法并且自然的聚集地，在一个不鼓励在家庭之外成立社团的社会里，使得这个范围的选择成为可能。 60

一个令人感到沮丧的事实是，大多数寺院的捐助行为是未经记载的。只有例外的情况才会使本书成为可能。作为对捐助的纪念，最常见的存在形式是一座高大的石碑，可以永久表达捐助者的地位、虔诚和影响。（参见图 14－1。）通常，碑文刻在前面，捐助者的名字镌刻在后面。按惯例首先找出地位高的人（选），然后撰写（书）这些碑文内容。（在这两种个体之间所进行的任务划分使人印象更加深刻，并扩大了捐助者的范围。）大部分明代碑文以两个人的名字为起首，每个名字前是男性的职衔，越显贵越好。⑧ 以 1642 年的石碑为例："进士第光禄大夫柱国兼太子太傅礼部尚书文渊阁大学士知经筵日讲制诰实录总裁博阳朱延禧撰。"⑨ 清代，通行的惯例是把这些名字放在碑文的结尾，并且正好位于日期的前面。一些撰写者与他们庆祝的活动有着密切的个人联系，而其他人则是关系疏远或者坦率地说是含糊不清的。⑩

捐助者的姓名并排列在石碑的背面，比较慷慨和重要的捐助者的姓名放在较高的位置上；有时礼物的数量被具体说明。⑪（参见图 3－1。）对于募集资金的金额相对较少的礼物（少于 1 盎司的

---

⑧ 我已注意到这些职衔有一个不准确的倾向。

⑨ 北京图书馆金石组编：《北京图书馆藏中国历代石刻拓本汇编》，第 59 册，166～167 页。朱延禧是山东东昌县人，1595 年进士。《明清进士题名碑录索引》，第 1 册，766 页。

⑩ 例如，首都图书馆藏拓片第 653 号。

⑪ 清代的会馆和店铺与其他团体相比，更倾向于列出捐赠的数量。

61

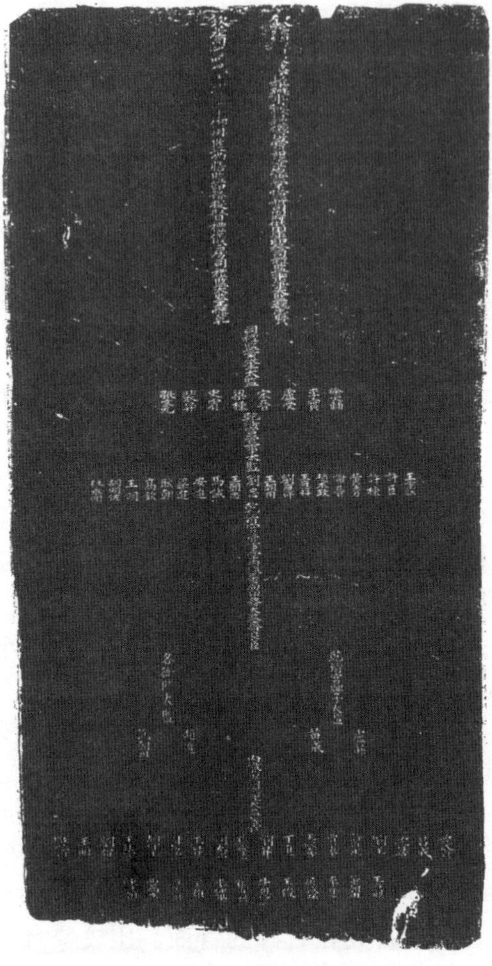

图 3-1　西顶庙 1624 年石碑碑阴

这个磨损处显示了两个职位较高的太监捐助者（也许他们捐给的最多）平行列于碑文顶部，他们的名字是魏忠贤和王体乾，他们的官衔排在前面。魏正处于当权时期，他的官衔更多一些。接下来是 8 名司礼监秉笔太监，然后是 19 名乾清宫管事太监和 1 名是乾清宫掌管内织染局印务太监的名字，下面 2 名职位较低的太监来自乾清宫，放在右边；2 名来自“不同衙门”太监，放在左边。最后底层，排列的是 30 名来自内织染局的其他太监。

资料来源：北京图书馆金石组编：《北京图书馆藏中国历代石刻拓本汇编》，第 59 册，167 页。

银子）会产生一个集中的影响，碑文的格式允许这样的捐助者与较富裕的人一同分享荣誉。[12] 这些公开的慈善行为是相当少见的，纪念石碑足以永恒不变，推断参与某种特别的事情似乎是合理的。不幸的是，这些列举无法把松散的个人从紧密有组织的团体成员中区分开来，同时正如我们所看到的那样，还原捐助者之间的联系并非易事。这些石碑上的碑文把他们全部遮掩在一种模糊的集体善意之下。

在汉语中，最普通的词语“给予”表示“捐”的意思，但有 62
时人们会说是“助”或“济”，偶尔用“施”或“布施”，很少用“给”或“赡”。“出资”则更为直接，如“发帑”或“出帑”。当某人成为可能的捐助者时，他们要求把钱用于特殊的项目，词语会用“募”（或“募化”）[13]。和尚有时用“钵钱”。正如这些词条所表明的那样，捐赠给寺院的礼物可以表达为慈善的行为和投资。捐助者精神奖励与寺院及其居住者的物质利益是相平衡的。

石碑的碑文使用的是传统语言——它们大部分起源于佛教，但很久以前就被吸收进当地的语言中了——描述了捐助者的动机。个人（和组织）经常写“发心”或“许愿”，然后是“还愿”，代表他自己或别人：“如果这个祈祷得以实现，我答应我……”某些寺院的建造是为了回应一个梦或对未指定祝福的感恩。捐助者把他们自己的行为描述为真挚和“诚敬”、奉献和“虔诚”；在组织中，他们强调一致性，描述他们自己为“志趣相投”（同心）或“善良的”（忠善仁德）人，就是那些来自“四面八方”因为他们喜欢做善事（乐善）而参加的。大部分石碑引用了从这些优秀事件中可以获得的善事（功）。皇家的捐助经常宣称他们的资金来自内库，财不取于赋税，调役不假于官师，这样才会“人心竞劝”。[14]

碑文记录了一座寺院的建立（“建”“创”），通常证明是赞美当地神灵的行为或强调地点所具有的激励人心的特性。大部分重

---

⑫ 参见附录三，我使用“盎司”（ounce）而不是“两”（tael）。

⑬ 在一个例子中用的是“领化”。

⑭ 《日下旧闻考》，卷 129，2077 页。北京图书馆金石组编：《北京图书馆藏中国历代石刻拓本汇编》，第 52 册，148 页；第 51 册，186 页。我没有理由怀疑这份声明的前半部分。

修和重建针对随着时间的推移造成的损害：风雨侵蚀并损坏了建筑；大殿即将坍塌；匾额破损，柱子不稳，院墙倾斜，屋顶漏雨，前门裂缝，神像剥落。这种状况是“痛苦地看到”和“刺痛了我们的心”。“如果寺院不是完整的，如何能容纳一位神灵？”

重修可能包括财富的扩展、改建和重新粉刷大殿，更换或为雕像镀金，逐渐地使该地再一次“漂亮而令人印象深刻”。皇帝和普通市民同样调用以前个人或组织的行为去调整继续满足慈善工作的需要。

63 皇家的捐助是用特殊语言表达的。一座由皇帝的资金建造或重建的寺院，可能以“敕建”或“敕修”（由皇帝命令建造或复原）为开始。名字和其他赐品被宣布为“敕赐”。皇帝为寺院撰写的文章，如果是他亲笔写的，可能被誉之为“御制”和“御书”。

捐助金额可大可小，并且以一种广泛的形式进行着。最大和最有价值的礼物是金钱和土地。寺院称其为“香火地”——这种土地可以保持寺院香火的延续。

附录三显示了明清时期捐助的范围和规模。虽然对皇家赏赐统计结果有偏差（特别在明代），但这些资料暗示了在捐助种类方面的倾向：在明初，更多的赏赐是土地，17 世纪它们大致是银两和土地，在 18 世纪主要是银两，在 1840 年后铜钱逐渐增加。以我们目前的学术水平，无法严格比较 1500—1900 年土地、银两和铜钱的价值变化，但这些捐助的倾向与其他更为成熟的发展是一致的：尽管（或者由于）日益增长的货币化和商业经济，但在明代铜钱普遍匮乏，受通货膨胀的影响，在 1600 年后货币开始加大供应，18 世纪是银和铜供给的增加，17 世纪中叶出现了通货膨胀，19 世纪中叶又再一次出现。⑮

---

⑮ 关于明代的货币制度，彭信威（Xinwei Peng）：《中国货币史》，537～635 页；万志安（Richard Von Glahn）：《财富的源泉：中国 1000—1700 年的货币和货币政策》。有关清代的货币制度，彭信威：《中国货币史》，636～844 页。没有用纸币作为赠给寺院礼物的记载，但看到用墨西哥银圆和金币捐赠的记载。因为用“金”这个词来代表银子，所以有时难以分辨“金”的真正含义。参见附录三。

明初或清初的皇帝都没有大规模赏赐土地的行为。[16] 总的来说，在京畿地区，已知赠给寺院的礼物范围从1566年太监购买作为修建关帝庙的3亩土地，到1466年成化皇帝的母亲为修建报国寺而捐助的20 000亩土地。[17]（一亩相当于1/6英亩。）明代，皇家 64
赐予的土地面积从100亩到6 000亩，许多宦官捐助则在1 000亩以下。清代最大的赏赐土地只有3 500亩。

经过两个朝代，土地捐助额平均在584亩，并且捐助的中值是200亩，但许多大的捐助（超过1 000亩）是来自君主。[18] 1710年，虔诚的信徒集资购置了3块土地（分别是40、60和100亩）捐给郊区潭柘寺，用于收入的捐赠，成为后来捐助的类型。[19] 在19世纪后期，相当少的土地赠予表明，货币的捐助不仅是一个优先选择，而且也是土地日益匮乏的结果。[20] 虽然城区的房产偶尔会被用于捐助，但在清末位于城区较远的地方，大部分土地被直接捐给了寺院。[21]

清朝皇帝（至少在乾隆时期）如果他们愿意，是有能力花费如此大笔钱财的：1657年，顺治皇帝赏赐30 000盎司银子用于孔庙的复建；1761年，乾隆皇帝花费28 000和47 000盎司去重建两座寺院。[22] 然而，绝大多数赏赐的银两是在10 000盎司以下：中等

---

⑯ 1059年，一位辽代公主捐给郊外昊天寺一万亩灌溉田和一百户（皇帝给了50 000串铜钱，皇后给了130 000串）。魏特夫（Karl A. Witffogel）、冯家昇（Chia-sheng Feng）：《中国社会史：辽（907—1125）》，295页。关于元代的宫廷，一万、二万或五万亩土地的捐助并不常见。参见《日下旧闻考》，卷43，680～687页；卷52，833～836页；卷97，1623页；卷100，1659～1664页。在后来的几个世纪中，如此慷慨捐赠土地的能力不再有，这意味着对于依靠其捐助而幸存下来的元代寺院是相当有利的条件。

⑰ 已知的慈仁寺，《日下旧闻考》，卷59，963～968页。有关关羽，北京图书馆金石组编：《北京图书馆藏中国历代石刻拓本汇编》，第57册，103～104页。

⑱ 我有关于91份1424—1911年捐助土地的资料。

⑲ 北京图书馆金石组编：《北京图书馆藏中国历代石刻拓本汇编》，第66册，148页。

⑳ 在1809年后，只有6座寺院接受土地捐赠。

㉑ 小柳司气太：《白云观志（附东岳庙志）》，164～166页；首都图书馆藏拓片第451号。

㉒ 《日下旧闻考》，卷66，1088～1106页；《内务府庆典成案》，卷2，13～17页。

额度的皇家赏赐是600盎司，平均为2 500盎司。[23]

蔡永庆，一位来自天津的人（可能是商人?），在1808年捐奉给白云寺6 000盎司的“白金”，另一次是在1809年捐奉了1 000文铜钱以及2 000多盎司银两，他描述自己“余荆鄙粗材也”，可以视为对这种行为的一种卖弄。[24] 共同的努力更为典型。1809年，在建筑交易中当人们要建造一座中型寺院的时候，他们首先会购买寺院所在的土地，然后修建了一扇门、主殿、两座侧殿和一道围墙；这个工程花费了半年时间和6 200盎司银两。[25] 在1908年，
65 来自不同衙门的81位官员（包括有权力的总督袁世凯和张之洞）以及许多皇家成员，捐给报国寺84 500盎司银两，每份单独的香火钱包括约1 000盎司银两。一个更为常见的情形是浙江行会在1772年捐给财神庙457盎司，包括4—170盎司的个人捐献，平均为45盎司（中值为30盎司）。[26]

在19世纪，以铜钱现金的捐助形式更加常见，显示了一个可以比较的范围：从1790年一位糕点店主为了给一座寺院增添土地而捐了30串（理论上，30 000文相当于30盎司银，但在这一时期白银值更多的钱），到1880年一位朝圣团体成员向娘娘庙捐了近10 000串（另外还有银两）。[27] 一些捐助是有系统的募集。例如，1845年，在北京西南郊的一个小村庄里举行的复建两座寺院的仪

---

[23] 提到的数字被证明超过一万。有关这些，参见方濬师：《西峰寺》，见《蕉轩随录》，172页以下，对我而言，这似乎是不合情理的。但是，帝国工程的耗费是相当高的。麻伦（Carroll Brown Malone）《清朝时期北京圆明园和颐和园的历史沿革》第83～88页中记载到，安佑宫被称为“圆明园中最重要的”寺院，在1742年建造时花费了600 000盎司银子。另一份资料记载，1731—1734年，皇帝花费超过800 000盎司银重新粉刷紫禁城。《北京历史纪年》编写组：《北京历史纪年》，209页（未提供原始档案的出处）。

[24] 小柳司气太：《白云观志（附东岳庙志）》，145～147页。

[25] 北京图书馆金石组编：《北京图书馆藏中国历代石刻拓本汇编》，第78册，113页。

[26] 北京图书馆金石组编：《北京图书馆藏中国历代石刻拓本汇编》，第89册，174页；首都图书馆藏拓片第1383号。

[27] 糕点店，仁井田陞：《北京工商ギルド资料集》，卷5，1015～1016页。关于朝圣，首都图书馆藏拓片第711号。

式，就是依靠村庄里那些拥有土地的家族的小额捐款资助。[28] 个人提供建筑材料或劳力，在节假日，宗教和朝圣团体提供自愿服务。

寺院从所有这些大额和小额、短暂和永久的捐助中获得了财富和地位。来自财产用以生存的必要资金超过了建造时所需的资金，也需要必要的资金去支持、供养神灵和常住僧侣。然而，这些捐助的无规律性和不可预知性，使得许多宗教机构财政处于不稳定的状态中。对于寺院的常住僧侣和寺院管理者来说，包含支付费用在内的稳定充足收入是一个问题。获得和保护产生收入的一个捐助则更为困难——且是值得去做的。

寺院资产

有关寺院资产的材料是很难找到的。[29] 在明清时期，甚至准公共机构很少有动机去了解它们的财富，并且有许多原因去保持这类资料的秘密。只有在 20 世纪 30 年代，随着一个更具侵略性的国家的到来，在北京似乎才有寺院资产系统的详细目录，那些只是一些实例。然而，这些概括性的材料才有可能被拼凑在一起。

一些大型的寺院已经拥有相当多的土地，几乎全部是皇家赏赐的结果。清代的雍和宫与众不同，通过对其财产的片断的了解可以使我们知道情况的概貌。1820 年，藏传佛教寺院收到来自 29 个不同县的地租银约 10 000 盎司。[30] 潭柘寺——一座古老郊区寺 66

---

[28] 以每亩 30 串铜钱的比率筹集了约 160 串铜钱用于仪式和宴会。外纪档，道光五年十一月二十八日。

[29] 据我所知，在 1949 年以前的北京寺院中，无法得到私有财产的记录，但赵润星、杨宝生《潭柘寺》第 24～25 页暗示它们是存在的。

[30] 其 1820 年的收入精确到 8 578 两和 1 229 串铜钱（主要货币）。内务府奏销档，卷 505，10～17 页；中国人民大学清史研究所、档案系中国政治制度史教研室合编：《清代的旗地》，367～369 页。租金变化，1751 年，雍和宫每亩地平均 0.2 盎司银，《清代的旗地》，345～351 页。我掌握了这个时期其他寺院租金的唯一数据，范围是相当大：每亩从 0.6 盎司到 1.3 盎司。1784 年，一座寺院的 195 亩土地产生 117 盎司银（北京图书馆金石组编：《北京图书馆藏中国历代石刻拓本汇编》，第 80 册，56～57 页）。其他寺院 1826 年 300 亩土地产生 400 盎司银［小柳司气太：《白云观志（附东岳庙志）》，147～148、190～191 页］。有关从土地租客的角度看雍和宫所拥有的土地（在 1942 年），参见《中国农村惯行调查》，卷 2，59、104、132、314～315、453、487 页。

院的方丈，在明清时期也接受了相当可观的皇家和私人捐助，单单在一年的时间里（1764 年）就购置了 20 000 亩土地。[31] 有关清代皇家修复寺院更具代表性案例的资料来自 1735 年的皇家档案，如表 3－1 显示。

表 3－1　　1735 年内务府资助的六座寺院的资产

寺名	资产		年度收入（盎司银两）
	房屋（间）	土地（亩）	
广通寺	60	2 002	392
法海寺	7	3 000	588
光明殿	33	3 008	785
大钟寺	35	8 868	1 384
拈花寺	121	6 006	1 572
万寿寺	106	6 603	1 576

资料来源：《宫中档雍正朝奏折》，第 25 册，378～379 页。

普通寺院自然得不到皇帝的赏赐，而且受捐赠的土地也非常少。据我所知只有 25 座寺院有超过 1 000 亩的土地。对于其他寺院来说，中值是 200 亩，但大部分寺院似乎极少拥有除了寺院所在地之外的土地。[32] 正如表 3－1 中所显示的那样，租金的收入随
67 着土地质量而改变。这份表格也显示了房屋的数量——城市不动产？——这些机构所拥有的。[33]

当经济变得更加商品化时，清代寺院接受金钱的捐助并出借他们的捐助以获取利息。在 1811 年，道教白云观在其财产中有 8 000 盎司的银两，用复利支付新增道士的费用。（这样特殊的数字是很少的。）[34]

20 世纪 30 年代，民国政府收集了更普通寺院财产的资料。[35]

㉛ 《潭柘山岫云寺志》，209～219 页；赵润星、杨宝生：《潭柘寺》，24～25 页。

㉜ 我所拥有的关于数量的具体资料在第 171 页。

㉝ 它们被称为“政府房屋”（官房），也许是君主的国家财产，它们的收入被指定给这些寺院。

㉞ 小柳司气太：《白云观志（附东岳庙志）》，145～147 页。

㉟ 1987 年，我得到允许去查阅在北京市档案馆里的民国时期的档案，档案中报告说，这些财产属于几十座小的寺院。许多资料载于 1997 年出版的《北京寺庙历史资料》。

在内城小而古老的关帝庙是座典型的寺院。根本没有土地的捐助。其全部资产包括 8 间房子和寺院所在的半亩土地，一棵老槐树，一口重三十斤的铁磬碗，一个木制的火盆，一面鼓，一对木制烛台。在祭坛上有七座泥塑关帝神像，四个将军立像，一个马夫，一个马神像。[36]

官方的火神庙，始于明代（或更早），清代内务府按月派送银子，可能代表更富有的情况。它的资产属中等规模：八十一间房子，五亩土地，外加五十二亩坟地，一棵槐树，两卷轴画，八套佛教徒的服装，一座小型石碑，四部经文，二十二个祭祀器具，八个佛龛，两根旗杆，两座牌楼，四口铁磬碗，两口青铜钟，一口小青铜钟，一口铁制钟，三面大鼓，一百零五个神像，其中两个神像是青铜的，其他则是泥塑的。[37]

大部分寺院依靠租金、捐助收入或间断的捐助品来存活。然而，有一些寺院则是依靠来自国家定期的资助，特别是礼部和内务府的资助。

作为我所称的“国家宗教”的一部分，少量的祭坛和寺院举行定期的仪式，由礼部支付费用，太常寺的官员进行监督和管理。[38] 条例（在明清会典中成为定例）描述了仪式本身，并且规定它们的时间、供品和祷词（由翰林院官员执笔）。[39] 68

㊱ 北京市档案馆，J2：8：47。

㊲ 北京市档案馆，J2：8：121；《钦定总管内务府现行则例·掌仪司》，卷 2，26 页。

㊳ 其他人已对这种祭祀进行各式各样的定义，称其为“国家祭祀”[魏乐博(Robert Weller)：《中华宗教的整合与分裂》]、“官方祭祀”（王斯福：《学宫与城隍》，见施坚雅主编：《中华帝国晚期的城市》，581～608 页；罗米音·泰勒：《明代官方宗教》，见牟复礼、崔瑞德编：《剑桥中国史》，第 7 卷，843 页）或“皇家祭祀”（王斯福：《帝国的比喻：在中国的民间宗教》）。我更喜欢用“宗教”而不是“祭祀”，以便于后者能被用于祭祀单个的神灵，“国家”是因为既有官方又有皇帝参加。我试图加以区别发生在北京的和其他地方的，但没有做到全部（王斯福：《学宫与城隍》，见施坚雅主编：《中华帝国晚期的城市》，585～587 页）。

㊴ 《大明会典》，1587 年，卷 81～94；《大清会典》，1899 年，卷 415～454。更详细的内容参见第五至第十章的讨论。

在明代和清代，这些仪式被分为三个等级。第一级和第二级祭祀在北京郊区的祭坛及其庙宇中，是为皇家的祖先、先帝和孔子举行的。在首都，这两个级别的祭祀得到慷慨的金钱资助，第二级别的祭祀对象是以变通的形式由国家各个行政部门确立的。

相比之下，第三级的祭祀比较庞杂。[40] 它们的数量随着时间的推移而增加，它们有时在北京举行，而有时在省里举行。当地的神灵和英雄人物在这个范畴内有选择性地得到祭祀，如果证明他们有益于朝代（护国），在数量有限的特定寺院中，国家会为他们而非一般神灵的祭祀提供这样的资助。礼部对神灵的“奉”带有一个官衔，同样意味着一座指定的寺院（并且通常只有一座）可能包括在这些“小祀”之中。我们可能注意到，这样的官衔对于等级制度、官僚、神仙或其他形式既不是其中一部分，也没有形成一种体系。在明朝统治下，不到 12 位神灵（以及这样的寺院）成为第三级祭祀的接受者，清代则略微多一些。[41]

指定一位神灵或寺院成为国家资助的接受者是官僚主义行动的最终结果，而不是帝国的心血来潮。与价值和合法性有更多共识的高级别祭祀不同，第三级祭祀不得不宣称和特别证明奇迹的出现。因此，在流行的信仰和国家资助的祭祀之间，这个相互重叠的区域是流动的，神灵和寺院定期从官方的列表中增补和删减。
69 实际上，每座由礼部资助或付款的寺院其祭祀可能赢得这个地位，可能是因为皇家喜好和官方接受二者之间斗争的结果。很少有祭祀能够促成这点。

尤其是在明代，皇家的决定经常受到官员的评论和批评，受到赞助的祭祀最终列表是值得商榷的：仪式的增加、废除、升级、降级以及更正仅仅是因为一个努力。而且，值得注意的是，接受

---

[40] 在明代，它们被称为“小祀”；在清代，被称为“群祀”。

[41] 明代的寺院主要接受实物资助：动物、酒、谷类和丝绸用于供品。《大明会典》，1587 年，卷 93，530 页。这些负担的一部分转嫁给当地的官员，参见沈榜：《宛署杂记》，卷 14，108～115 页。一些服务或附属于政府慈善制度的寺院也接受定期资助。

香火神灵的名单是如何受到限制的。明代和清代的国家宗教没有规定要祭祀单一的佛陀，或观音，或玉帝。此外，虽然国家祭祀是在可以观看的盛况和环境之下举行，但它们不会为自己举行更全面的庆祝活动。

皇帝们也私下资助寺院，来自清代的数字使我们看到这种资助是通过内务府进行的（这些数额反过来有助于我们了解寺院的费用）。（有关进一步的讨论，参见第十章。）《内务府则例》（有可能反映 18 世纪价格）证实将近 100 座北京的寺院接受钱财——每月一次，或每三个、六个、九个月，或一年接受一次。预算内容包括香、蜡烛、油、用作供品的大米和蔬菜、扫帚以及用于僧侣和寺院事务的银两。在特殊的日子里，给予僧侣们用于支付举办仪式的额外费用。在规定的场合下，还会提供特殊的藏香给一些寺院。[42]

这里提供一些例子，以资参考。弘仁寺，一座在皇城内得到慷慨资助的藏传佛教寺院，每个月领取香供银 59 盎司；每三个月用于香烛油米的银子为 60 盎司；每六个月领取五谷颜料银 26 盎司；一年三次接受 50 盎司银子（在佛祖诞日、皇帝万寿节和新年日）；藏香一年四次；并且接受一份充足的捐赠手帕（即哈达）的供给。这样一年从内务府获得的收入为 1 150 盎司。（这座寺院在图 10－5 中有说明。）更为适度的资金供给是玛哈噶刺庙（也位于皇城内），接受每个月 15 盎司银用于香火，每三个月 7 盎司银用于蜡烛等，一个月五次 0.1 盎司银用于素食供品：每年它的全部资助为 214 盎司银，是非常典型的皇家资助的寺院。在东郊的净住寺，一年总共只接受 15 盎司银。[43]（正如我们将看到的那样，这些藏传佛教寺院享有一种特殊的依附关系。由于在当地居民中的支

[42] 《钦定总管内务府现行则例·掌仪司》，卷 2，22～34 页。

[43] 《钦定总管内务府现行则例·掌仪司》，卷 2，22～34 页各处；《钦定总管内务府现行则例·广储司》，卷 2，52 页。在此提到的物品无疑代表的只是所提供物品的一部分。

70 持者有限，它们通常由皇帝建立和资助。）在 1857 年，当文昌庙被提升为第二级祭祀时，每个月接受的补贴只有 6 盎司银，不足以支付完成那些更有威严礼仪的新费用。㊹

没有皇家捐赠或补贴的寺院，不得不依靠它们僧侣的主动化缘或其他赞助人的慷慨。即使是在类似北京这样的大城市里，对这种资助的竞争也是相当激烈的。如果其是正确的，为了寺院得以维持，盛行的中国宗教（一种共同的状态）必须有一位神灵要持续显“灵”㊺，那么，当神灵的威力被证明是不足的时候，赞助者和僧侣们通过把显灵的次数作为进行长期捐助的一种尝试来使一座寺院得以永存。如果运用经济做比喻的话，捐助如同价格支持，奇迹可以对抗支持和需要的失衡以及市场的波动。在与生存做斗争的过程中，受到这样资助的寺院和神灵拥有一种明显的优势。

有时僧侣他们自己创造农业收入。人们当然能了解和尚们“禅诵余闲，躬耕寺侧”（特别是在明代）。例如，万寿寺的和尚们照管他们在郊区寺院的百亩菜地。在财产中，果园可能在外城和西山，能供给寺院定期的收入：在 15 世纪，郊区的广慧寺拥有 180 亩上千棵果树的土地。㊻ 其他树木生产的种子用于制造优质的染料、玫瑰念珠和药。㊼ 喇嘛们制作和售卖青铜金像、法轮、香炉、仪式用的碗和花瓶。㊽

㊹ 北京图书馆金石组编：《北京图书馆藏中国历代石刻拓本汇编》，第 90 册，25 页。

㊺ 这样的动态，韩森：《变迁之神：南宋时期的民间信仰》。成功的寺院必定解释为神灵的效力；例如，参见北京图书馆金石组编：《北京图书馆藏中国历代石刻拓本汇编》，第 86 册，123 页。

㊻ 耕作，《日下旧闻考》，卷 60，992 页；万寿寺，刘侗、于奕正：《帝京景物略》，卷 5，202～205 页。广慧寺，《日下旧闻考》，卷 95，1597～1598 页。

㊼ 哈巴：《参观北京两座著名的寺院》，载《教务杂志》，第 12 期（1881 年），363～364、366～369 页。

㊽ 裴丽珠：《北京》，224～228 页；克劳（Carl Crow）：《中国旅行手册》，285～286 页。

北京的一些寺院成为每月或每年市场或集市的场所，从每一个卖主那儿收取租金（或按销售的百分比收取），习惯地称这种费用为“香钱”。[49] 这种收入林林总总地由常住僧侣或寺院组织来进行管理。[50] 从 20 世纪 30 年代的资料判断，这些费用是个别的而且相当有限，但总的来说是相当重要的。[51] 其他寺院，特别那些风景 71
优美、位置处于中心或位于方便进出北京交通要道上的，它们变成客栈并出租房舍给长短途的旅客们。

在寺院，收入还来自仪式的表演。佛教僧侣诵读佛经和背诵忏悔。道士书写处方和符咒并且出售药物。为亡故者进行表演以换取捐款，在一些寺院中，挣钱的种类来自神灵的指示。[52] 寺院利用抽签的每一次算命告知收取费用。[53]

大部分寺院僧侣们依靠的是他们的虔诚和真挚，积极地募化财物。许多舍身和尚的故事听起来似乎是可疑的，例如有关和尚的传说，每当他念诵佛祖的名字时便把一粒米放在一边，20 年后，他的积累足以建造一座寺院。[54] 更有趣的记载是关帝庙的住持在 19 世纪 60 年代，“久坐禅门，叩钟诵经，昼夜不辍，足不出户者二百六十余日，四方仁人君子，悯其艰苦，发大慈悲，各舍资财，共襄盛典……兹因无力油色金装，僧发心钉腮叩化，众善信人等

---

[49] 在市场上，地方的权利来之不易，能变成一个有价值的世袭权利，莎拉・帕克・康格（Sarah Pike Conger）：《中国来信》，72 页；1937 年调查，王宜昌：《北平庙会调查报告（侧重其经济方面）》，59～60 页。

[50] 例如，在药王庙来自一个月两次的市集收入被用来购买香和灯笼。北京图书馆金石组编：《北京图书馆藏中国历代石刻拓本汇编》，第 67 册，104 页。

[51] 1937 年调查，王宜昌：《北平庙会调查报告（侧重其经济方面）》，59～60 页。

[52] 在我的资料中，有关这些活动种类的信息是稀少的。参见北京图书馆金石组编：《北京图书馆藏中国历代石刻拓本汇编》，第 59 册，6 页；第 79 册，28～29 页；第 81 册，131 页。朱一新、缪荃孙撰，刘承幹考证：《京师坊巷志》，卷 4，5～6 页。劳格文：《中国社会和历史中的道教仪式》，260～262 页。亦见尉迟酣：《中国佛教的实践：1900—1950》，38、185～197、285～297、506 页。

[53] 正如在 19 世纪 20 年代一座寺院里所发生的那样，占卜者为每一次算命支付 40 串钱。首都图书馆藏拓片第 694 号。在一座供奉吕洞宾的寺院中，卦签提供了“神方”。葛禄博（Wilhelm Grube）：《北京民俗》，68 页。

[54] 《日下旧闻考》，卷 54，879～880 页。

复行捐资助善”[55]。

奇迹甚至更具有效果。翠林和尚于 1609 年到达北京，发现一座被废弃寺院的遗址，他把自己用铁链拴在一尊韦驮像上，坐在“曝烈日中”，当佛像自己开始奇迹般地出汗时，捐献者走上前来为重建寺院捐奉钱财。[56] 如果和尚和尼姑无法鼓舞人心，或至死也没有增加足够的资金，或者如果一个奇迹不是一个接一个地出现，那么这样的行动只能是昙花一现。[57]

寺院承担了许多费用，因而定期的收入十分重要。在神圣的日子，要为参观者提供食物和可供住宿的屋室，对神像和仪式服
72 装进行清洁或整修，保持香火和蜡烛的燃烧。[58] 进行受戒的寺院必须为精致的仪式和大批有抱负的僧侣们提供费用。即使是在一座小型的普通寺院里，每月初一和十五的供香，要以某种方式为常住僧侣们提供必需的食物。

由于天长日久，就必须进行修缮，因年久失修而残破，石碑碑文上这样的套话是常见的。如果寺院陷入窘迫的境地，神灵（和他的信徒）将颜面扫地。有人这样写下隆安寺的困窘：我们不知道“僧何年去，殿何年攲，炉何年不烟，龛何年不灯，尘面佛何年金不浴。比邻人登座闲谭，脱帽，除履袜，看童子踏佛肩，探雀雏去。行人系马金刚臂上，枕罗汉以卧。如是者百年”[59]。

火灾是一个永远存在的危险，灭火的功效是有限的，即使是在清末当它变成更有组织的时候。例如，1780 年的大火灾横扫正

---

[55] 北京图书馆金石组编：《北京图书馆藏中国历代石刻拓本汇编》，第 83 册，46～47 页。

[56] 刘侗、于奕正：《帝京景物略》，卷 3，107 页。

[57] 失败经常不会被记载，但参见刘侗、于奕正：《帝京景物略》，卷 3，118～119 页。

[58] 明代隆安寺（在南城）因其一年一度的祭品而闻名：“设果饵享佛，盘千数，费各一金。”这种夸张只有在一位虔诚四川僧人的任期内是有可能的，这位和尚曾激励慷慨的捐赠，刘侗、于奕正：《帝京景物略》，卷 3，107 页。“金”可能指的是银。

[59] 刘侗、于奕正：《帝京景物略》，卷 3，107 页。

阳门外的整个地区，导致上百人死亡，烧毁四百间房屋，包括门楼本身、一些著名的戏院和至少两座寺院。[60]

北京还处于地震带上。伴随着可怕的频率，地下响声隆隆，地面开裂，河水翻腾，房屋倒塌。自1400年至1900年，北京地区共发生11次大地震。[61] 1679年的地震，其震中位于北京的东边，记录震级为里氏8.0级，发生于7月28日的早晨。地面开裂，官署、民居以及各种建筑物倒塌。据报告，有485人死亡，12 793间屋子倒塌，18 028间房子完全被毁。[62] 宗教建筑也未能幸免，在一座石碑上写道："在都城，没有寺院或塔不被毁坏的。"（据我所知有8座寺院受损严重。）

1730年的地震虽然烈度不大，但震中位于北京西北郊。详细的皇家损失调查（伴随着帮助重建的赏赐）揭示郊区有201人死 73
亡，城里有457人死亡；倒塌的房屋超过25 000间。[63] 几座基督教堂受损严重，位于皇城的白塔也受到损毁，慈因寺被摧毁，位于郊区的圆觉寺在废墟中躺了20年。[64]

---

[60] 朱一新、缪荃孙撰，刘承幹考证：《京师坊巷志》，卷7，2、3、13页。朱一新、缪荃孙：《京师坊巷志稿》，卷2，184页。纪昀：《阅微草堂笔记》，41页；昭梿：《啸亭杂录》，卷10，356页。关于这两座寺院，北京图书馆金石组编：《北京图书馆藏中国历代石刻拓本汇编》，第74册，105页；第81册，195页。

[61] 最严重的地震发生在1484年、1586年、1679年、1720年和1730年。参见中国科学院编：《中国地震目录》，各处。我统计所有这些直接波及北京的地震（3次），只有震级在6.0级或更高一些才能影响包括北京在内的地区（8次）。

[62] 中国科学院编：《中国地震目录》，102～103页；《清实录》（康熙朝），卷82，13～15页。

[63] 中国科学院编：《中国地震目录》，120～121页；《清实录》（雍正朝），卷97，11～13页；麻伦：《清朝时期北京圆明园和颐和园的历史沿革》，58页。与宋君荣所提供的夸大数字相对比，宋君荣：《北京通信——宋君荣司铎书简集（1722—1759）》，165页。

[64] 关于教堂，宋君荣：《北京通信——宋君荣司铎书简集（1722—1759）》265、337页；迪瓦恩（W. Devine）：《北京的四座教堂》，77页。关于佛塔，《日下旧闻考》，卷26，363～370页；中国科学院编：《中国地震目录》，120～121页。关于慈因寺，北京图书馆金石组编：《北京图书馆藏中国历代石刻拓本汇编》，第75册，52页。关于圆觉寺，北京图书馆金石组编：《北京图书馆藏中国历代石刻拓本汇编》，第71册，78页。

北京很好地抵御了强盗和叛乱者的抢夺。在1644年的改朝换代中，北京只受到很小的破坏（除了皇宫里），然而寺院和教堂在1900年的交战中蒙受了非常惨重的损失。集中存放的武器造成特别严重的事故。1626年五月初七日，位于北城西南角的火器作坊突然爆炸。这场爆炸堪比一场地震，但是损失更为集中。许多故事记载了那次恐怖的事件：轰鸣如同地震，火球乱飞，空气中弥散着硫黄味，到处都是尸体。轿顶被震飞，坐在轿子里面的妇女被剥得身无寸缕。数十棵古树被连根拔起，“宇坍地塌，木石人禽，自天雨而下”。附近象房里的大象惊恐地相互践踏。一座石头狮子被拔地而起并扔到了城墙上，远在西山的树上发现了人的衣裳。爆炸现场残留下了巨坑，直接威胁着附近的寺院。⑮

此外，时间和自然的危险、国家的敌意和充公的威胁都曾经出现过。⑯ 明代官员不时地猛烈抨击他们看到佛教建筑所产生的不良影响。保明寺因有皇家妇女的介入而被保存下来，但在1535年春天，大兴隆寺的一场火灾之后，官员们设法（艰难地）通过用操练箭术和训练大象把寺院变成教场。⑰ 在清代，如果寺院容纳有令人疑忌的祭祀而更容易被抓住把柄。1775年，当天主教的南堂被烧成灰烬时，常住传教士很快进行了重建，但当东边的教堂于
74 1811年被焚毁后，却没有得到宽限，嘉庆皇帝借此机会禁止重建

⑮ 朱一新、缪荃孙撰，刘承幹考证：《京师坊巷志》，卷3，4～5、8、10页；朱一新、缪荃孙：《京师坊巷志稿》，卷1，69～70页；刘侗、于奕正：《帝京景物略》，卷1，42～43页；樊彬：《燕都杂咏》，14页；贺凯（Charles O. Hucker）：《明代中国的监察制度》，222页。是两天前西边7.0级的地震引起了这场爆炸吗？中国科学院编：《中国地震目录》，76～77页。关于那些寺院，我了解承恩寺（《日下旧闻考》，卷49，786页）和石镫庵（《日下旧闻考》，卷49，786～787页）。

⑯ 如果政府官员发现他们自己有资金的压力时（正如许多人在19世纪所做的那样），在国家账簿中，寺院和神殿所属捐助土地的收入会被挪作他用。没收可能也是普通诉讼的结果，举例来说，如宫中档，秘密结社类，第497包第1号。

⑰ 关于保明寺，李世瑜、韩书瑞：《保明寺：明清中国的宗教与皇帝》，载《哈佛亚洲研究学报》，第48期（1988年），136～140页。与和尚姚广孝相关的兴隆寺在一些文人圈中不受欢迎。《日下旧闻考》，卷43，680～687页；瞿宣颖：《北平史表长编》，112页。有关确定未实施的1452年法令“各处寺观田土，每所量存六十亩为业，其余拨与小民佃种纳粮”，参见《大明会典》，1587年，卷126，1110页。

任何一座教堂。[68]

北京寺院的土地和僧侣们两者都是免于纳税的，在不受约束的掠夺中得到豁免。生活在宗教社区的僧侣们（明显地）不用交纳赋役或人头税，在北京的房产不征收土地税。普遍地称为“香火地”暗示了这些特权，指出那是一位接受如此恩惠财产的神灵，皇家的石碑表明了某些郊区寺院资产免于赋税。[69]

即使没有纳税的义务，经过几代保持寺院资产的完整也是不容易的。契约和合同是维护所有权必不可少的，为了安全保管，它们有时被移交给所属的寺院，向当地官府登记，或甚至镌刻在石头上。[70] 对于所选择的寺院，明朝皇帝们会公布规定（刻在石碑上并且放置在寺院里）禁止侵犯或侵夺寺院的土地，用检举威胁违犯者。例如：

> 朕惟佛氏之兴，自西域流传中国，崇信已久，其教以空寂为宗，以普度为心，化道善类，觉悟群迷，功德所及，无间幽显，敕赐净明寺在顺天府宛平县王河乡西山大峪窑之地，系祝求釐之所，兹特颁以护，敕令本寺僧众自在修行，不许官员、军、民人等侮慢，其原有山林、田园亦不许诸人侵欺，如有故意生事搅扰，以沮其教者，必罪不宥。故谕。[71]

---

⑱ 《日下旧闻考》，卷49，778～779页；迪瓦恩：《北京的四座教堂》，96页；第十五章。

⑲ 盖杰民（James Geiss）：《明代北京（1368—1644）》，17页，断言明代的寺院是免税的，但我认为不完全正确。参考1593年宛平知县的笔记《宛署杂记》某某寺院土地被免除徭役，沈榜：《宛署杂记》，卷18，182～183页。这种豁免在某种情况下得到授予是可能的。潭柘寺的和尚认为他们的豁免需要得到户部的批准，北京图书馆金石组编：《北京图书馆藏中国历代石刻拓本汇编》，第72册，182页。于德源《明代北京的庄田》［载《北京史苑》，第3辑（1985年），124页］中的例子能支持这样一个解释，虽然我不认为是一个非常有力的证据。1684年《宛平县志》（在许多事上不可靠）能参考，只可假定地说乡村寺院有小块数量的“香火地”每年承担0.03盎司银子的税赋。《宛平县志》，卷3，8页。

⑳ 例如，小柳司气太：《白云观志（附东岳庙志）》，164～174页；仁井田陞：《北京工商ギルド资料集》，卷5，1021～1022页。

㉑ 北京图书馆金石组编：《北京图书馆藏中国历代石刻拓本汇编》，第52册，6页。我了解了17个相同的例子，15个在明代，2个在清代。

当北京的人口扩散到郊区时，对放牲牧畜而言，山寺土地成为更有吸引力的地方，还可以获得木材和煤矿。[72] 在城市或乡村，一个最简单的护卫方式是，修建一道完整的外墙来防御不善的邻
75 居，一道即将坍塌的围墙意味着向入侵者开放门户。在官方登记的寺院（在明代它们都受到朝廷支持）可能有更多、更好的机会保卫它们的财产。那些在它们的名匾中公开确定的“皇帝敕令建造”也许能够吓住侵犯者。实际上，由君主赐给的任何石碑或匾额都能被解释为保护的标志。[73]

拥有土地的寺院也不得不担心它们租金的收取。即使是一座受到朝廷恩遇的寺院，如雍和宫似乎每年也只能收取固定租金的60％～70％，它的佃户迅速积累了巨额欠款。幸运的是，租金的70％是寺院所需要的全部费用，其余为盈余部分。[74] 对于僧侣来说，如果没有内务府的帮助，向佃户收取租金就更加困难。道教玉清观至少有 60 块约 4 500 亩土地，加之 6 个其他地方的建筑。难怪他们安排白云观道士（控制更多土地且可能有司职人员）接管收取租金的工作。[75]

依赖寺院定期集市的收入可能是一个危险的做法。几乎在每一个例子中，寺院都是这样做的，要么开始，要么已经变成空壳，其商业职能成为主要的职能，宗教目的已经萎缩。例如，清初，报国寺开始每月举行集市的时候，它似乎已经没有几个和尚了，

---

[72] 北京图书馆金石组编：《北京图书馆藏中国历代石刻拓本汇编》，第 52 册，144 页；第 61 册，150～151 页。

[73] 参见李世瑜、韩书瑞：《保明寺：明清中国的宗教与皇帝》，载《哈佛亚洲研究学报》，第 48 期（1988 年）。文中有关保明寺的讨论。

[74] 一年内有 10 000 盎司银的收入，在 1767 年欠款达 25 000 盎司银，并在 1809 年，前面的四十年欠款约 40 000 盎司银。外纪档，卷 80，嘉庆十四年七月初四；内务府奏销档，卷 505，10～17 页，道光元年四月初九日；中国人民大学清史研究所、档案系中国政治制度史教研室合编：《清代的旗地》，352～369 页。在北京内务府档案中有更多确切的雍和宫保存的记载；我查出少量分散的参考资料，并没有做更深入的研究。1735 年来自内务府的记载表明对于雍和宫以及其他的寺院来说，收租是困难的，并且慷慨地提出为选出的几所寺院提供少量额外的补贴。《宫中档雍正朝奏折》，第 25 册，378～379 页。

[75] 小柳司气太：《白云观志（附东岳庙志）》，164～166 页。

以出租房屋给寄居者而闻名。[76] 同样，在清代内城举办集市的藏传佛教寺院也只有为数不多的僧人或外来的访客；定期集市减缓了寺院的贫困，但加速了它们的世俗化。[77]

寺院的捐助可能会因为轻率出售财产而被侵蚀，对于那些住在首都的任何人来说，恶性循环是人们所熟知的。即使土地不是完全售出，赎回出售的土地（典当和抵押）也是一个带有风险的过程，容易导致无休止的纠葛和最后财产的损失。[78] 这种情况经常 76
被归咎于无心或贪婪的和尚们以及其他“不可靠”的管理者，他们让自己而不是寺院受益。以一座小型的乡村天仙寺为例。它是18世纪由一位太监捐建的，有四块土地（共30亩）可以提供定期的祭品并供养一名僧人。当僧人需要资金修缮寺院时，他抵押了20亩土地，反过来租种土地以保留种地的权利。然而，最终证明这种关系的契约遗失了。后来当抵押人试图出售土地时，该寺院不得不走上法庭；最终阻止了卖地，并且筹集资金赎回了土地。[79] 在另一个例子中，受职业会馆雇用在他们的寺观里举行仪式的道士，不仅典当了财产而且走上法庭夺取了对该寺观本身的控制权。[80]

---

[76] 参见谈迁：《北游录》，92页；约翰·麦思基尔（John Meskill）：《进士的赐予》，载《华裔学志》，第23期（1964年），361页。在清代，该寺院和尚绝迹（北京图书馆金石组编：《北京图书馆藏中国历代石刻拓本汇编》，第62册，79页；王士禛：《池北偶谈》，卷13，295页；朴趾源：《热河日记》，25页），而且只有一名道士常住。1908年调查，《京师内城庙宇调查表》。

[77] 1908年，隆福寺里还有22名和尚，但是他们的存在已经变得不重要了。他们能存在主要是依靠市场的收入。类似的情况还有护国寺；到1930年，只有少数的僧人在里面常住，大殿坍塌，佛像遗失，很少举行佛事。斐士（Emil S. Fischer）：《北京及其近郊指南》，36页；1937年调查，王宜昌：《北平庙会调查报告（侧重其经济方面）》，3～4、60～61页。

[78] 墓地特别容易受到侵害，参见1836年《歙县规条》，重新审定他们对墓地土地的控制。北京图书馆金石组编：《北京图书馆藏中国历代石刻拓本汇编》，第80册，104页。

[79] 北京图书馆金石组编：《北京图书馆藏中国历代石刻拓本汇编》，第86册，55页。

[80] 仁井田陞：《北京工商ギルド资料集》，卷2，327～330页。19世纪60年代，一位县官阻止了将一座寺院卖给西方传教士，要求和尚既不能出售，也不能放弃。杜德珍：《1865年第四次北京医院年度报告——与伦敦布道会相关联》，3～4页。

这样，以类似和相关的方式，寺院变穷了，神灵也变得不灵验了，信徒消失了，寺院的建筑物内空荡荡。在明代初期，官员记述了在北京邻近他住宿的一座寺院是如何慢慢地被废弃：开始的时候，和尚们离开，他们的住处出租给游人，然后骡马被安放在院子里；十三年后，最后留下的和尚死了，租客数量减少，牲口的声音也绝迹了。“颓垣残经，败像徒零落。”[81] 在 18 世纪末期，访客对于他在外城报国寺所看到的变化感到悲伤：“今毗卢阁改为平殿三间，双松竟举入木厂，海棠院今废为染衣之所。”[82]

在这样的时刻，一座寺院可能会轻易地消失。许多寺院都是这样消失的。明代，一座大道观建筑——朝天宫于 1626 年被毁；在明代的艰难时期，皇家的资金是难以获得的，地块变成了百姓的住宅。[83] 在相对记载完整的内城，234 座已知的寺院没能保存到 20 世纪。[84] 即使 1654 年为明朝将军孔有德修建的祠堂武庄王
77 祠，是国家祭祀的一部分，每年从内务府那儿接受两次祭品，也陷入了破产的境地；没有人提倡重建该祠，其受捐的土地也被渐渐吞噬。[85] 当然，有钱的话，恢复是可能的，废弃寺院有时会复活。时间流逝，新的捐助者出现，惊呼：“是古刹胜地也，不可废也。”[86]

一般来说，北京的寺院约每隔百年或将近每三代重建一次。[87]

---

[81] 北京图书馆金石组编：《北京图书馆藏中国历代石刻拓本汇编》，第 65 册，92 页。

[82] 阮葵生：《茶余客话》，726 页。

[83] “朝天宫”作为一个宫殿的名字非常久远。刘侗、于奕正：《帝京景物略》，卷 4，184～187 页；吴长元：《宸垣识略》，卷 8：144 页。

[84] 这甚至在民国时期反对宗教活动之前。其他数字——据我所知，明代寺院 269 座，在清代没有提及，并且另外 288 座清代寺院在 1900 年后不为人所知——可能过于受不确定档案的影响。

[85] 《顺天府志》，1885 年，卷 6，176 页；徐珂：《清稗类钞》，第 1 册，218 页；恒慕义（Arthur W. Hummel）主编：《清代名人传略》，435 页。孔有德支持清朝，并且在西南的一场战争失败后自杀。有可能圣祠位于孔有德的墓地附近。

[86] 《日下旧闻考》，卷 96，1608 页。

[87] 我拥有关于 543 个实例的资料。平均间隔是 114 年，中值为 89 年；范围是 2～479年，但 90%是均匀地分布于 14～292 年。

较短的时间间隔可能源于持续不断的捐助。著名的大觉寺（据查，1428、1466、1478、1516 年曾大修），皇家提供定期的资助；三圣祠，山西烟草行会于 1727、1760、1779、1802、1816 年捐助建造。[88] 当然，读者不要想象为是简单的循环。许多寺院从不连续的领导中显示了可预言的不稳定模式。[89] 承恩寺是个典型例子。由一名太监于 1513 年建造，1757 年才得以恢复；直到 1843 年才进行进一步的修缮（由一名满洲皇子和他的太监），1850 年方才告成。[90]

总而言之，建造一座寺院是一笔浩大的开支。为了启动工程，需要强有力的领导和大量的金钱。为了生存，它需要持久有价值的捐助和几代全身心投入的管理者，由此可能需要一个与之相适应的长期组织，但因为这样的组织不会受到中央朝廷的鼓励，我们反而能看到更为常见的模式是，一位充满活力的创始人，一段有活力的时期，缓慢的侵蚀和忽视，以及（在两三代后）放弃或恢复。

控　制

是谁控制了寺院的财产和资源呢？通常是捐助人或常住寺院的僧侣们，有时他们会选择管理者去管理日常的事务。在这些僧人和捐助者之间，权力平衡和合作水平的变化是非常大的，这取决于是分散的还是组织良好的，是少数的还是多数的。 78

典型的中国寺院采用的是一个值得尊敬的佛教寺院模式，捐

---

[88] 有关大觉寺，北京图书馆金石组编：《北京图书馆藏中国历代石刻拓本汇编》，第 52 册，134 页；有关三圣，仁井田陞：《北京工商ギルド资料集》，卷 5，863～940 页。

[89] 有四组塑像的寺院更少（46 座），且这样能计算出三次连续的重建行动。间隔略微有些小（中值 73，平均值 90），没有寺院显示了一致或固定的一个模式。一座寺院（观音寺）以 259、113、60 年的间隔重建；另一座（隆安寺）以 150、131、121 年的间隔重建。

[90] 北京图书馆金石组编：《北京图书馆藏中国历代石刻拓本汇编》，第 54 册，6 页；第 81 册，68～69 页、210 页。

助者把他们的捐奉财物转交给住持，他（或她）负责管理财产。在明清的寺观（佛教或道教）中，为了神灵和僧侣群体的利益，负责的僧侣有权获得和分散寺院的资源。也许，他能决定寺院里增加什么样的神灵，僧侣群体有多大，是否需要筹集新的资金，等等。这位领导者得到明确地认定，在掌权者死后，权力会传承给一位继任者。[91]

在北京的主要寺院（特别是皇家的寺院）中，创立人可以选择一位住持。在这种情况下，住持募捐的责任是清晰的：和尚为一位已去世的皇室祖先（如朱棣）祈祷，或为一位（明朝）太监资助者在其死后照料他的坟墓（这是一个前提）。[92] 在寺院事务中，有钱有势的捐助者有决定性的影响，他们进出寺院肯定是不受阻碍的。尽管如此，礼仪上的语言强调住持正式而独立的这种地位：他们被“延”、“迎”或“承请”进入并对寺院负责。此外，明代北京最大的寺院和道观的负责人经常是相当重要的人物，他们控制了过多的资源（在现实和精神上的），以至于捐助者也无法完全控制他们，即使是皇家的寺院。

僧侣的社会性、知性和政治权力在这个时期被削减，然而，许多寺院不是真正的寺院。只有当一些和尚、道士或尼姑常住时，捐助者自己才能经常控制寺院及其资产。组织有序的捐助者更能轻易地控制僧侣。例如，北京糖业行会的成员，“请和尚大慧照料寺院的香火”，但他们按照规定程序，一位指定的管理者（每年进行轮换）可以检查他的工作，如果有必要，可以“召”别人。[93] 北京周边农村的村子似乎更容易形成团体，在聘请僧人方
79 面施加影响。1664 年，在一座石碑上刻了一些规定：“此地原为香

[91] 仁井田陞：《北京工商ギルド资料集》，卷 5，1015～1016 页；北京图书馆金石组编：《北京图书馆藏中国历代石刻拓本汇编》，第 90 册，45～46 页；1937 年调查，王宜昌：《北平庙会调查报告（侧重其经济方面）》，59～60 页。亦见北京图书馆金石组编：《北京图书馆藏中国历代石刻拓本汇编》，第 57 册，40～41 页。

[92] 北京图书馆金石组编：《北京图书馆藏中国历代石刻拓本汇编》，第 51 册，112～113 页。

[93] 仁井田陞：《北京工商ギルド资料集》，卷 5，1015～1016 页。

火，不许本庙住持典当，如若本庙子孙私行典当者，众乡亲阻挡。”[94]

在帝制末期的北京，有组织的捐助看起来并非城市周边的典型形式。虽然这种状况的出现部分可能是人为因素造成的[95]，但城市中的住宅成交远远超过乡村，邻居不是永久的、可辨认的或同类的。外来者作为寄居者定期到达北京，在15世纪20年代和17世纪40年代，出现了较大规模的人口迁移。

因此，在现代化之前的城市中，起源于中国乡村的人类学著作，对于理解寺院与团体之间的关系，也许不能提供最好的指南。北京的情况更为类似，这是唐纳德·德格洛柏（Donald De Glopper）在19世纪台湾鹿港及长江中游的汉口发现的。[96] 那就是说，城市邻里关系存在于复杂的社会流动中，这种社会流动是由人口流动以及家族、不同的土地使用和定期重建的重叠交叉而造成的。邻里关系不同于乡村那种封闭的社区，可以理解为宽松无法人地位的实体。当它们合并时，会在附近集资修建一座寺院，它们这样做也许是一时而为之，也许并不完全是。如果是一时兴起，捐助额最多

---

[94] 北京图书馆金石组编：《北京图书馆藏中国历代石刻拓本汇编》，第65册，82页，编者标注的日期有误。参见沈榜：《宛署杂记》，卷17，169页。

[95] 那是不可能的，例如，从地图上标出的土地庙了解到，城市如果以一个整齐方式划分是不可能的，如施舟人在19世纪的台南所发现的。（施舟人：《旧台南的街坊祀神社》，见施坚雅主编：《中华帝国晚期的城市》，658页）我认为我所了解的土地庙数字是不完整的，即使是在清末。例如，我知道在内城只有47座，虽然确信有更多。况且，有关附近居民捐助任何寺院的资料很少。有关清末的例子只包含了店主，北京图书馆金石组编：《北京图书馆藏中国历代石刻拓本汇编》，第82册，173页。

[96] 参见戴德安：《鹿港：一个中国城市的商业和社区》，153～160页，特别是在第155～156页中称清楚地标出周边是困难的。他有说服力地主张“周边”的言论错误地强调整齐和谐的社区（197～199、241页）。罗威廉也强调交叉关系的重要性，虽然他发现清末汉口周围和周边寺院比我所确定的北京更加固定。罗威廉：《汉口：中国城市的冲突和社区，1796—1895》，77～83、177～178、239页。“天国”（kingdoms）或“教区”（parishes）这些词是非常不恰当的。在清代，台北（被一位现代的人类学家视为）似乎遵循着乡村范例：王斯福：《三个政权之下的台北城市寺院》，见伊懋可、施坚雅主编：《两个世界之间的中国城市》，268～280页。王斯福承认，不管怎样，日本占领时期的经验加强了寺院排斥的影响（285页）；这是对他早期理解的扭曲吗（430页注12）？

的人似乎更占优势。[97]

80 虽然北京寺院密布，但它们在整个城市中的分布是不平衡的。[98] 因为每座寺院潜在的捐助者包括许多新来的人，他们之间的密切关系可能变得不易创建。在捐助人分散而且联系较少的那些地方，常住的僧人们提供了连续性，也许相对容易控制寺院的资源。

在任何情况下，一个流动的城市社会环境使得所有寺院要面对如何保证连续的收入和可预料的领导。僧侣和捐助者面对的是资源的经常性竞争和有关未来的不确定性。正如我们看到的那样，这些压力，一方面促成了狭窄的、私人的和安全的捐助，另一方面也促成了宽敞的、变化的但又不确定的捐助。

一些宗教设施——家庙、皇家祠堂和家乡的会馆——被排除在外，这些成为特殊捐助人的责任。在其他寺院里，私有化（由

---

[97] 词语“里人”有时用于指那些城市周边的居民。股份制企业似乎并没有建立，按照孔迈隆（Myron L. Cohen）的说法，在清末台湾，不使用可转移“份额”的词语。

[98] 我们怎么能了解寺院的数量与人口以及潜在捐助者规模之间的关系？明清人口的数量是相当粗略的（韩光辉《北京历史人口地理》中估计的数字是最可靠的），但是在19世纪中期我们必须有更充分的根据。在1851年由内城的步军统领衙门所做的调查报告中，在1 224条街有91 000个家庭，在这个范围内拥有866座寺院。我把76 000座住宅和15 000店铺合并在一起。根据这个片段，每105个家庭拥有一座寺院（尽可能让数字准确），每座寺院依靠家庭规模估计为1.4条小巷或500～600个人。吴建雍：《清代北京的粮食供应》，见《北京历史与现实研究》，168页；我非常感激李中清和李明珠提供给我吴建雍的文章。1882年内城的人口为479 000，韩光辉：《北京历史人口地理》，128页。1906年调查的结果是住在外城的人口更为稀少，每165个家庭拥有一座寺院，每座寺院为2.8条街。1906年调查，《京师外城巡警总厅第一次统计书》，33、35～36页。18世纪较少可靠的估计认为，每600个人拥有一座寺院是一个合理的推测。来自1750年地图（索引11-26），能计算出在完全由城墙包围着的城市中，有1 275座寺院；从韩光辉的统计来看，人口约有800 000。韩光辉：《北京历史人口地理》，128页。这些数字表明，北京粗略估计的密度可能为600人拥有一座寺院，但可比较的地方是相当少的。在1846年的天津，212个家庭拥有一座寺院，或每1 258人拥有一座寺院（《津门保甲图说》，1846年，卷12）。19世纪末，在台湾的台南、嘉义和彰化城，分别是每87、86、50个家庭拥有一座寺院。施舟人：《旧台南的街坊祀神社》，见施坚雅主编：《中华帝国晚期的城市》，651、769页。除了错误的衡量，有关正确的想法和非常不充分的资料参见艾博华（Wolfram Eberhard）：《中世纪和近代中国的寺院建设活动：一个实验研究》，载《华裔学志》，第23期（1964年），264～318页。这些数字，当然是平均值，并没有告诉我们任何有关一个有意义社区的实际规模。

一个有限组织接管）解决了对固定收入的需求。寺院一旦被一个定义明确的团体所保留，寺院本身也就转变成文化首都的一种形态，这也是提高控制团体地位的手段。当这样的捐助人拥有了使其自身长久存在下去的办法时，可以确保长期的捐助。[99] 在后面的
章节中，我们将会看到一些例子，皇帝是如何捐助的，少数宗教 81
和职业会馆对于其他的使用者的寒蝉效应。[100]

相比之下，许多在北京的寺院——在帝国的其他地方——肯定欢迎捐助者的多元化，出于不同的目的热切地接受来自不同的资源。结果，不同的个人和组织经常以一种完全不协调的方式进行参观和捐献。这样，石碑记载的不仅只是香火钱，而且还有潜在需要的影响。因为寺院的名誉是通过书面和口头的语言进行有区别地传达，它们能影响人口的许多部分，众所周知的富人和穷人、男人和女人、老人和青年人，也包括中国人和外国人。正如我在其他部分讨论的那样（以北京郊区的潭柘寺为例），许多宗教设施，依靠单一的捐助团体，即使有可能，比寺院多重身份的促进和寻找大量的捐助者效果更差。在这样的情况下，常住的僧侣和任何特殊捐助人都不会产生更大的影响，并且相互配合是困难的。寺院的捐助者不是通过这种活动联合在一起的单一团体，而是单独、自我控制和平行组合的捐助者。[101]

而且，多数寺院在根本上是相互竞争的。在帝国后期，与宗教结构的薄弱立场保持一致，在僧侣或北京寺院的神灵之间没有坚固的关系。可以肯定的是，至少从 15 世纪开始，较小的寺院可以被指定（通常由皇帝或太监）为一座较大寺院的“下院”。寺院

[99] 以 18 世纪的小说《红楼梦》中贾家对“嫦娥庙”的行为为例。当家族拜访时，寺院对普通公众是关闭的。《红楼梦》，曹雪芹著，1792 年。杨宪益（Hsienyi Yang）和戴乃迭（Gladys）译为 *The Dream of Red Chamber*，卷 29。

[100] 这些私人和专有的关系与 20 世纪的台湾更为类似，那儿的寺院捐助人遵循着得以加强的、既存的团结与分歧的分界线。

[101] 韩书瑞：《潭柘寺的位置、圣徒和景色》，载《远东亚洲丛刊》，第 10 期（1998 年），183～211 页。

可能援助或管理下院，选择它的住持，控制其收入。在一些情况中，主要寺院不是位于附近而是有些距离的。[102] 据我所知，在20世纪有一百座北京寺院是下院，但在明清时期很少有关于这种联系的信息。[103]

在北京的寺院中，正如它们在中国台湾和东南地区那样，没有发现“其他地方祭祀的附属”。[104] 在那些地方，来自一所现存寺
82 院的香火被用作为相同神灵而成立一座新的寺院，这个过程通常称为“分香”（或一个类似的词语）。两座寺院此后保持在一种母女或中心与分支的关系连接中，是单独祭祀的一部分，相互关联寺院的嵌套等级可以这样建立一个广泛的领域。[105] 在北京地区，我没有看到任何有关寺院（或神灵）有这样关系的资料。

在华北地区，最有系统组织的祭祀包括与泰山相关的两位神灵。正如我们看到的那样，这些男性和女性神灵的寺院经常被称之为“行宫”，用在此处的词语，指一位皇帝（人类或神灵的），当他从日常居住的宫殿离开时停留的地方。这些寺院被理解为网络的一部分，这个网络是从一个中心辐射出来的（朝圣）。

在北京，一些寺院供奉着其他神灵，直到帝国末期，这些神灵在帝国的其他地方有主要的祭祀中心。通过对这些地方的朝圣，首都的常住者与一个宽广宗教世界相连接。他们可能去湖北

---

[102] 也许在热河或五台山。关于明初期的一些例子，《日下旧闻考》，卷101，1671～1672页；北京图书馆金石组编：《北京图书馆藏中国历代石刻拓本汇编》，第51册，198页。亦见《弘慈广济寺新志》，209～210页；《潭柘山岫云寺志》，42页；小柳司气太：《白云观志（附东岳庙志）》，145～149、164～166页；北京图书馆金石组编：《北京图书馆藏中国历代石刻拓本汇编》，第85册，186页；北京市档案馆，民国时期，J2：8：104；1943年调查，《北京庙宇征存录》，2页。

[103] 20世纪的资料主要来自1943年的调查，《北京庙宇征存录》。

[104] 施舟人：《旧台南的街坊祀神社》，见施坚雅主编：《中华帝国晚期的城市》，653页。

[105] 施舟人：《保生大帝的祭祀及其在台湾的传播：对分香的研究》，见费梅尔（E. B. Vermeer）主编：《17至18世纪福建省的发展和衰亡》；桑高仁（P. Steven Sangren）：《一个中国社区的历史和魔力》，213～215页；王斯福：《帝国的比喻：在中国的民间宗教》，126～135页；丁荷生：《中国东南的道教仪式与民间崇拜》，249页。

武当山，那儿供奉着真武大帝并且纪念着他的一生，前往浙江的杭州或普陀山参拜观音菩萨，前往山西五台山参拜文殊菩萨，甚至是福建湄洲的妈祖。在这些网络的组成部分中，连接的媒介是人，而不是寺院。个人的连接无助于规范宗教意象，对于一位神灵的历史和身份会赋予某些一致性。在北京，有同样神灵的寺院是非正式连接着，并且，虽然更普通的寺院可能会提供肖像模型，每个是一个交替的——从根本上是竞争的——神灵信徒的所在地。

活　动

捐助人和僧侣之间可能的各种关系，加上对值得尊敬的佛教虔诚所授予的合法性允许寺院成为组织、协会和团体形成的所在地和中心。同时，寺院空间的容易获得（以及可选择性的缺乏），使得寺院得到普通民众的使用和共享。这些各种各样的活动不仅有助于构成和证明捐助人的群体，而且他们还把寺院融入北京生活的结构中去。这些过程的许多例子将在下面的章节中提供，所以我们在此只做一个简略的概括。[106]

作为首都，北京在各种仪式和帝国（天下）的精神建设中扮演了一个中心的角色。通过皇家资助和协调的仪式，皇帝和他的官员们执行着这个重大的政策，证明其存在，定期更新它。在北 83
京，礼部管理的国家宗教有利于行政去界定帝国的居民。祭祀对公众来说是不开放的，而且主要的捐助者是国家的代表者。在这样的仪式中，日常的祷词包括通过提供超自然力“佑国佑民”。[107]通过容纳这样的仪式，为他们提供空间，使北京作为帝国首都的认同感得以加强。

---

[106] 更充分的引用在随后的章节中会找到。

[107] 《大明会典》，1587 年，卷 93～94。在此和更多的例子中，*Guo* 指的是统治王朝及政府机构，不是 country，nation。但参见序言注 6，我偶尔用“国家的”来指“有关帝国的”。

国家宗教仪式也有助于形成其他无实质性的社区。在北京，许多接受第三级祭祀的神灵同时得到普通民众的祭祀。如果我们能谈论一个民族群体信奉的这些神灵——我不完全确定我们能——那么王朝一定有助于这种祭祀的形成。这些神灵的名誉得益于朝廷支持的典礼和令人印象深刻的称号，即使当帝国尝试指定神灵时，他们的身份也会被重塑、被忽视或被抗拒。[108]

北京寺院没有什么独特的地方——在村庄、城镇及以外的地方，几乎所有寺院都有竞争对手。而且，在明清时期，城市宗教设施成为定居者和游客所想象的“北京”的一部分，并且在帮助界定北京的过程中，起着非常重要的作用。由于寺院被一座大城市的公众用于多种目的，因此，寺院卷入了城市更为广阔的世界之中。作为定期集市、游行、市场、朝圣、公共救济、住宿和会议的设施，寺院能成为当地的标志。就让我们看看这是怎样发生的吧。

在一个神诞日里，当僧侣们在寺院的大殿或院子里忙碌时，游客们把剩下的空间填得满满当当。在这样神圣的日子里，包括人群、货物、游行、娱乐以及仪式被称为“庙会”。对这些节日的描述，用套话表达为游人如织、川流不息，游人填满了胡同和塞住了街道，喧哗着挤进了整个院子里。有时人的确过多，以至于神诞日成为持续数天或数周的庆祝。最大的一年一度的庆祝就这样成为尽人皆知的事件。

这些节日是热闹且令人激动的，因为有大量的娱乐活动。世俗的捐助者和表演者献演以取悦神灵们，一个对于援助的“报”
84 也会促成神灵和祭祀者之间的好感，加强寺院捐助者之间的联系。如果寺院的院子缺乏用竹子和苇席临时搭建的戏台的空间，就可以利用附近的街道。将近有 24 个例子证明，寺院拥有永久的舞台（戏台或戏楼），大部分是有组织的团体（职业和当地行会）在 18

[108] 参见杜赞奇：《雕刻的符号：关帝的神话，中国战神》，载《亚洲研究学报》，第 47 期（1988 年），782～755 页，其中有关于关羽情况的复杂性。

世纪及其之后建造的。[109](参见图 3-2。)

图 3-2　看丹村的药王庙

一座永久性戏楼面朝这座郊区寺院。朝拜者们在四月二十八日前来庆祝神诞日。

资料来源：《畿辅赈溺全图》，1892 年，第 15 号。亦参见北京图书馆藏拓片第 3735 号。北京图书馆金石组编：《北京图书馆藏中国历代石刻拓本汇编》，第 71 册，8 页；第 72 册，187～88 页。

其他的艺人团体来自四面八方。有让人惊怕的飞刀、杂技演员、秋千表演、跳火圈、走钢丝或杆子、吞刀、翻滚和踢毽子。其他人 85
毫不费力地挥舞棍棒、叉子。成年男子和男孩熟练地要着球、盘子、坛子、石头或重锁，举起它们，或把它们扔得很高，和另一个伙伴一起玩要，让它们在头上保持平衡，用肘部支撑它们，等等。魔术师手的技巧令人印象深刻；其他人卖弄他们训练的狗、熊、猴子甚至是老鼠。人们可以观看戏班子演出的踩高跷、划旱船或舞狮。人们可以听盲人乐师、说书的和唱大鼓的表演，或看皮影戏和拉洋片。

---

[109] 我知道有 22 座永久戏台。它们的建造可能与公共戏院的成长相平行。在紫禁城和皇城里也有许多戏台。参见北京图书馆金石组编：《北京图书馆藏中国历代石刻拓本汇编》，第 79 册，160 页，其中有关于重新安排一座寺院建筑以便于舞台能直接位于神殿的前面。

算命先生以及各类小贩和医上充杂其中。剃头的、治牙的、卖药的、写信的、刻印的和换钱的都在寻找着顾客。游戏的机会是很容易找到的，更不要说掷骰子和打牌，赌鹌鹑和斗蛐蛐了。[110]

因为附近有空地，至少在 6 个地方，庙会节日伴随着体育赛事——赛马和赛车，马球和射箭比赛。赌博增强了观众们的兴趣。(在一些集市上，贩马商人通过展示来为他们的马匹做宣传。）清代八旗贵族、官员热情地炫耀他们最快的骏马，这是长期根植于北京文化的军事部分。在清末，西方人在西南郊区建了一个赛马场（拥有完整的看台和围场)，成为“北京体育生活的中心”；比赛——无障碍赛和障碍赛——每逢春季和秋季定期举行。许多汉人前去观看和下注。[111]

由佛教僧侣举行的仪式是节日一个基本组成部分：清洗佛像、展示彩灯船、驱鬼、拯救饥饿的灵魂、绕行寺院。这样的仪式不仅可以分辨僧侣群体的本身，展示其存在和目的，而且帮助创造了一个更大的想象群体——一个从未聚集的群体——在佛教术语中人们渴望拯救。

作为他们生日庆祝的一部分，一些神灵参加巡游，但是在北京，这样的事情相当少见，有关他们或他们的捐助者的事迹很少被记载。我们不知道在明代是谁带着一顶轿子里的东岳大帝在他的诞日“巡游”（节日是整个城市的事）。在 18 世纪，世俗组织通过一年三次的巡游把内城和外城的城隍庙联系起来了，从而把城市象征性地结合在一起。[112]

---

[110] 许多资料，各处，但参见葛禄博：《北京民俗》，99 页；《北京民间风俗百图》；塞缪尔·维克多·康斯坦特（Samuel Victor Constant)：《京都叫卖图》。一个详细的描述是 1780 年一位朝鲜使者在热河的避暑山庄所看到的，参见朴趾源：《欢喜：热河戏法娱乐》，由丰浮露翻译和注释，载《远东学报》，第 19 期（1972 年），143～153 页。

[111] 明代，刘侗、于奕正：《帝京景物略》，卷 2，71 页。清代，第十六章注 30；20 世纪 20 年代，安·布瑞芝（Ann Bridge)：《姜黄色的狮鹫》，特别是第六章和第十章。

[112] 作为北京两个县新建城隍庙的捐助人，一个世纪后，一年两次出巡。土地爷、城隍和东岳特别喜欢通过巡游划分领地？参见约翰·施赖奥克：《安庆的寺院及其崇拜：近代中国人的宗教信仰》，104 页；王斯福：《三个政权之下的台北城市寺院》，见伊懋可、施坚雅主编：《两个世界之间的中国城市》，273～274 页；亦参见戴德安：《鹿港：一个中国城市的商业和社区》，153 页。北京的资料太少，以至于无法揭示是否竞争支撑了这些出巡。

蒙古喇嘛们通过自己的仪式把他们展现在北京的公众面前， 86
在他们信奉的特殊神灵前，同时为信徒群体祈求。到了清代，他们在若干座主要的藏传佛教寺院内部和外部举行冬天驱魔仪式，以确保来年的好运，吸引了好奇的北京居民们。按照汉人的标准，穿着礼服的喇嘛们是奇特的，他们穿着黄色的上衣，插着羽毛的帽子、拿着人头盖骨和骨头诵唱，声音如同隆隆的咆哮和黄铜角的低长音调。普通的景象是，大的喇叭，海螺声，钟声，鼓声，这种仪式俗称为“打鬼”。[113]

宗教设施的院子也相当适合举办周期性市场，这些市场是由城市商人非正式（和无形）举办的。这些“庙市”蔓延到邻近的小巷和胡同中，并且市场和宗教活动通常是保持独立的。这样的市场一般相隔十天举行一次；例如“逢二”，意味着在每个月的初二、十二和二十二日举办一次。到了清代，寺院集市的相互连接已经得到了发展，允许小贩可预见地流动并有效地穿越城市，轮流服务于每个区域并允许消费者在当年的任何一天去附近的商店。相互交替的城市节日充斥着寺院，它们的人群、卖主、娱乐、游行和仪式成为理解北京岁时的支柱，对于参与者和局外人来说，这些定义了当地的文化，并且在绘画和编写的指南中被客观化。

宗教设施也提供给其他活动，成为容纳更多听众的场地，并且有利于其他新群体的形成。

许多寺院因它们提供住宿给游人而闻名。在这座城市附近的山丘上，只有很少的人居住在那里，按照惯例，寺院向劳顿的旅行者开放。因为西山未能地处一条通道上，所以没有客栈，山庙的和尚们会提供热情招待、食物和住宿。当游客高兴时，他可以提供补偿。明清时期，文人经常步行或骑马远足至此。因为没有地图或好的向导，他们经常迷路，寺院成为少有的地标。当意外

[113] 关于这些仪式的说明，第十五章；奥斯汀・瓦德尔（L. Austine Waddell）：《藏传佛教》，第二十章。关于照片，阿尔方斯・穆默：《摄影日记》，61～62页；傅公钺等：《旧京大观》，267～272页。

地来到大门时，这些疲劳的游客们会被提供茶水，介绍四周环
87 境，讲述当地的历史，吃斋饭并提供一个可以睡觉的地方，指明前行的方向。[114] 因为西山可以定居并且容易到达，在炎热的夏天里，城里人为了享受凉爽的天气和洁净的空气开始租住寺院的房间。

在城里，寺院更系统地出租它们的房间。北京到处是外来者，微不足道的大批官员和应试的举子们涌入首都，他们生疏于本地的方言，并且需要临时的住处。[115] 虽然城里有许多客栈，但寺院也是一个常见的选择。当朴趾源（Pak Chiwŏn）于 1780 年参观夕照寺时，他发现许多来自福建和广东的人住在那里："无资不能归，多留此中，相与著书刻板以资生，时居共三十一人，为人赁书，朝出未还。"[116] 这样的房间可能是喧闹的。钱澄之在增寿寺留宿诗云：

一路风尘满鬓华，解鞍便宿老僧家。
房留官坐监施饭，店与人开带卖茶。
庭树午余时系马，钟楼日落乱栖鸦。
五更不睡骡车过，铎响铃声枕畔哗。[117]

寺院为了他们的住宿不得不担负起相当于警察的职责。[118] 在清末和 20 世纪，当这座城市宗教设施资金越来越不足的时候，房间以这样的规模和条件被出租出去——作为居住、仓库和货栈——

---

[114] 例如，李东阳：《怀麓堂稿》，卷 6，2579～2584 页；陶允嘉：《西山纪游》，1614 年；谈迁：《北游录》，250～254 页；《小方壶斋舆地丛钞》，卷 4，2405～2425 页。

[115] 住在陌生地方的不安全考虑可能已经由游人把狐狸精反映在许多书面指南中，当地人认为空房间闹鬼。纪昀：《阅微草堂笔记》，A，48 页；赵翼：《簷曝杂记》，卷 2，2455 页；郝懿行：《晒书堂笔录》，见《郝氏遗书》，卷 4，3～4 页；韩瑞亚（Rania Huntington）：《狐狸与明清小说》。

[116] 朴趾源：《热河日记》，25 页。

[117] 朱一新、缪荃孙撰，刘承幹考证：《京师坊巷志》，卷 9，2 页。

[118] 在清朝至少如此。崔艾莉（Alison Dray-Novey）：《帝制时代北京的空间秩序和警察》，载《亚洲研究学报》，第 54 卷第 4 期（1993 年），899 页。

寺院的完整性常常丧失了。[119]

通常，住宿者作为个人或拖家带口地到来，但对住房供给的需要和互相帮助也激励着寄居者群体以一种有组织的方式去寻求房屋。出生相同地区或有共同职业的人们通常想拥有一个地方去祭祀一位当地的神灵或他们的技艺或生意的庇护者，所以他们常常合并这些功能。他们可能一起修建一座寺院，然后在厢房居住，或者他们可能租用一座建筑物，在这些房间里设立祭坛，一些房间用来居住。那些无力负担整座建筑物的人，可能会在一座大型的寺院里租房间。[120] 短暂进京的朝觐官员们会利用这些设施，城里的商人们也会短期来到这里。对于那 88
些醉酒和犯罪但又不肯离开的人来说，制定一些规则是必要的。[121]

寺院也用于存放客死异乡寄居者的棺柩。“（京都）其中贫病飘离孤孑失所死无殡地者……蔓草荒磷，枯骼遗胔，半残于蝇蚋狐狸之吻，此真仁人孝子所不忍闻，伤心惨目孰过于斯耶！”[122] 一些团体把它们的集体活动集中在墓地附近寺院里。[123]

正如我们在后面章节中所看到的那样，由家乡的和职业的团体建立的寺院和会馆，通过一个宗教框架和无私的公开声明使得世俗圣会合法化。当会馆开始在明清时期戏剧性地扩展时，它们在北京成为一个重要且持久的新团体——然后是全国。在清末，当国家危机使得在私人和公众商业之间的界限更加流动时，它们

[119] 1926 年《北京指南》列出在城内有 149 座寺院，那儿的房间在短时间内可以定期得到。在内城和外城之间被平等地划分；8 座郊区寺院也被列于其中。《北京指南》。

[120] 参见第十四章有关东岳庙的讨论或第十五章的精忠庙。

[121] 例如，仁井田陞：《北京工商ギルド资料集》，卷 5，1015～1016、1019～1020 页，或《京师河南全省会馆管理章程》，5 页。

[122] 北京图书馆金石组编：《北京图书馆藏中国历代石刻拓本汇编》，第 83 册，197 页。

[123] 例如（安徽）歙县茶商和银行家。参见《重续歙县会馆录》，1834 年，其中各处；仁井田陞：《北京工商ギルド资料集》，卷 6，1166 页，其中有关于各种设施的图画。

被用于新的目的，例如有组织的军队、灭火，甚至策划革命。

对于中国精英们努力为他们的群体提供公共服务的现象，在学术文献中进行了长期的讨论。我们知道大量有关粮仓、控制水资源、学校、紧急救济、慈善事业和乡勇的记载。因为这些活动在传统上被认为是朝廷和集团首领的责任，在中国历史过程中，它们已经由各类官员和私人领导的结合完成了。这些福利活动进行的地方很少给予细致的关注。

到明清时期，官员们通常使用自己的建筑物，由朝廷进行维修，在省级行政中心以及在首都建立粮仓、学校、墓地和孤儿院。但是因为不愿意让大批的普通民众进入朝廷建造的房屋，所以这些建筑物在紧急情况下无法替代在其他时间和地点被强制用于服务的军械库、学校操场或附近的教堂。

寺院可供使用的空间和慈善特性使得它们适合于这些目的，它们的场地成为国家和私人个体能单独和共同运行的一个区域。
89 正如我们所看到的那样，明朝大多数慈善事业有了半官方的特征，以及在随后一波又一波的地方活动中，可以利用寺院来救济穷人。寺院空间就这样被用于（和限定于）当地官府和精英们共同担责的社团服务。

与这些活动相联系，精英们把令人尊敬的词语“善行”与宗教语言结合起来，使他们的行为合法化。“义”在这样的环境条件下经常被翻译成“慈善”，意味着公共意识直接指向好的和无私的结果，并且这些词被用来作为这些目的的前缀：“义仓”“义学”“义冢”，等等。[124] 虽然它们的基金经常是得到官方的批准而进行筹集的，但是这些组织既不是由国家控制也不是由个人家族控制，而且它们会被我们今天所理解的公众目的所替代。即使没有规定它的范围，“义”暗示了受到这样正当行为指导的群体存在。

---

[124] “义”有时被翻译成“righteous”，虽然“doing what is understood as right”（认为所做的是正确的）更为中立和准确。

明清时期，国家管理着几个公共服务机构，即孤儿院、养济院、粥厂。虽然大部分公共服务机构是在寺院里或是在其附近开始创办的，但它们是由地方或国家朝廷建立，通常服务于北京居民。（正如我们所看到的那样，官方定义的“首都”松散地包括郊区的居民们，但排除来自较远荒野的避难者。）当最初的两所学校在县的领导下于1702年建立的时候，都没有自己的校舍：一所设在大一些的房子的一部分里，另一所则设在一座寺院里。[125]

北京的精英们（包括长期寄居者）视慈善事业为他们合法组织的一个领域，他们也把总部设在寺院里。他们认为自己是获益者，但很难看到他们群体的轮廓。有时他们也许没有邻居大，虽然他们经常尝试获得当地官府的捐助，而且声称他们是作为一个整体服务于这座城市的。

1705年，皇室开始定期支持由当地和尚创办用于无家可归者避难的“慈悲院”，——一个宣告宗教和利他主义目标的名称。一旦皇帝增加拨款，它就变成更通用的一个名称而被知晓——普济堂。[126] 这种合作关系反映了向世俗管理方向发展的一种趋势。在另一个例子中，在这个朝代的初期，在北京更贫困周边的寺院里设立了5个粥厂；1851年，有9个，除了一个外，其余全部设在寺 90
院里。然而，从19世纪60年代至70年代，许多事情开始发生变化，成立了20多个粥厂，这时多数粥厂是由新群体领导下的慈善社团而非寺院进行管理。[127] 这些私人社团称之为“善堂”，并于1875年后在北京大规模地成立。虽然有时接受朝廷的资助，但它们主要接受私人的管理，拥有自己独立的房子，乐于占据着国家与家族之间的模糊地带。即便如此，对于紧急事件的救济，寺院也保持其重要性，1890年在南部郊区发生大洪水期间，在慈善堂

[125] 朱一新、缪荃孙撰，刘承幹考证：《京师坊巷志》，卷8，25页。

[126] 北京图书馆金石组编：《北京图书馆藏中国历代石刻拓本汇编》，第69册，179～180页；《日下旧闻考》，卷92，550～551页；《顺天府志》，1885年，卷12，316～319页；《金吾事例》，卷12，316～318页。

[127] 《顺天府志》，1885年，卷12，316～319页；《金吾事例》，卷9，58页。

承担的救灾中，它们成为关键的节点。（图 16－2 中证明了这些活动。）[128]

作为公共慈善机构的场所把合法性带给寺院。而在另一方面，宗教和朝圣团体被（只能被）国家容忍，直到 19 世纪，慈善堂和寄居会馆获得确切未经声明的合法性。在帝国晚期和近代早期，对于那些为政治活动去寻找集会场所并为他们的公开活动而构建合法架构的政治活动者来说，这种相同的情况却是无法适用的。

集中了儒家传统的教育机构自然而然地成为学者们讨论思想和政策的地方，这对于士大夫们来说是相当重要的，但对于皇帝来说则是潜在的危险。它们与人们可能想象的寺院如此显著不同。[129] 对于学者来说，北京两所持久的高等教育机构是国子监和翰林院，它们都被误认为“学院”。后者最好被理解为皇帝的一个秘书处，那儿有被培养成为最高职位、最成功的学位获得者。前者，国子监，那是在经学方面受官方资助的机构。对于帝国范围内的学者群体来说，位于城东北角并被誉称为“崇尚教化”（Revere the Teaching）之区的国子监建筑群，是连接首都以外地区的学校和考试体系的一个焦点。追述被朝廷认可的教师、学者和文字的历史在国子监的牌位、碑碣和书册中有具体的表达。[130] 邻近的孔庙是表达该群体仪式的代表。国家着重
91 于插手这些机构，虽然政治讨论和派系无所不在，但这些权力之地不太可能并且也不适于那些活跃的异端分子或文人在私底下结社。

---

[128] 《畿辅赈溺全图》，1892 年。来自洪水救济这段历史插图与在图 16－2（第 24 号）所显示的为无家可归的妇女和孩子设置带有茅草屋顶小屋的九莲寺避难所（第 27 号）不同，并且一座关帝庙被用于分配粥和柴火（第 5 号）。

[129] 参见万安玲（Linda Walton）：《南宋神圣之所书院》，见伊沛霞、彼得·N. 格里高利主编：《唐宋时期的宗教与社会》，其中有关于这种相似之处的讨论。

[130] 国子监也刊行经典和朝代历史的版本。张琏：《明代中央政府刻书研究》，特别是第 43～75 页。

与帝国内其他的城市不同，首都没有私人或半公共学院。在17世纪20年代紧张的政治氛围中，反对宦官的东林党试图建立一所这样的学校，最终以失败而告终。在清代，士大夫对于集会和联系采取更为谨慎的态度，以避免被指责为朋党、派系或更为严重的罪名。

不管怎么样，一些寺院被认为相当适于权力精英资助集体活动的地方，尤其是“祠”，对于善良的人们来说，适于为无懈可击的美德和为朝代牺牲的忠勇之士们，并歌颂他们的忠、孝、节。[131]来自相同出生地并有着兄弟般情谊的人们为了那些值得纪念的人，有时证明有组织的群体对这些祠堂的照看是合法的。一座敬奉杨继盛的祠堂，建于18世纪80年代，重建于19世纪40年代，对于一些士大夫（特别是来自但也不完全是来自杨继盛的故乡）来说，杨继盛这样一位明朝官员，他对外族的不屈不挠和抨击腐败的无畏精神成为一种象征。在另一个实例中，1844年，文人们聚集在报国寺为他们崇敬的17世纪学者顾炎武摆设了一个祭坛。在鸦片战争后充满危机的年头里，文人们在设于寺院中他们的“祠堂”里，带着个人的、政治的以及纪念以往的、同时代的目的举行定期集会。[132]

其他的寺院呈现出更多危险的可能性。在一些情况下，出家为僧被认为是一种政治行为，而且寺院可以成为令人注目的文人们远离政治的地方。（然而，北京不是适合于这种态势的地点。）[133]和公共房屋一样，寺院又是适合精英们在墙壁上舞文弄墨的地方，尽管我们的资料没有使这种现象唤起我们的注意，但是这种无名

---

[131] 在清代北京，有将近24个这样的圣祠。《顺天府志》，1885年，卷6，170～180页。

[132] 波拉切克：《鸦片战争与清政府之内部斗争》，217～221、348页。

[133] 在清朝征服时期，有位明代的官员在北京的崇效寺出家成为和尚。他绘制了一幅表示僧人靠着松树和杏树的画。由寺院的僧人保存，在随后的三个世纪，许多人寻找它，人们在其中看到了隐含的政治象征意义。每个附加的注，有令人印象深刻的名单：王士禛、朱彝尊、翁方纲、纪昀、康有为和梁启超等。《北京旅行指南》，94～95页；罗信耀：《吴氏经历：一个北京人的生命周期》，上卷，106～108页。

的媒介对当权者和朝廷事务遮遮掩掩的批评是理想的。[134] 寺院不仅是僧侣们可以合法聚集的地方，而且也是可以讲经布道的地方，知名的游方僧人们（特别是明代），也可以在这里给大批僧人和世
92 俗信众布道。这种活动——是朝廷所担心的——在万历时期达到了一个顶峰。

在明清时期，皇帝们和官员们被认定为唯一合法的政治角色（在特殊情况下，上天只能通过百姓行动），国家试图完全控制政治的公开讨论。皇帝（和在较小范围内的官僚们）持续不断地这样做，去约束接近官方消息的通道、控制媒介，限制政治讨论。“妄”或“邪”的书籍会被非难或被没收，官员中的派系是重大变化的根本基础，关于煽动骚乱的法律被用来惩罚百姓的抗议。

而且，关心政治的老百姓们生活在没有现代报纸的世界之中。国家控制的刊物定期发行并且只以官方角度选取文章，在政治新闻的传播中，内幕小道消息格外重要。即使到了 17 世纪，当出版业的繁荣促进了新思想的传播时，被认定为危险的书籍会遭到没收，它们的作者、出版者以及拥有者会受到惩罚。这样，在政治上的沟通常常是面对面地发生或者是通过非常隐秘的渠道。

对于一个组织或任何规模的运动来说，聚会的地点是相当关键的。但对国家事务进行无私和公平的讨论能发生在何处呢？学校、私宅和公共场所（客栈、茶馆或酒肆）每个地方都有其自身的弊端。但寺院是一个在家庭和政治办公室之外的地方，人们可以在那里轻松地进行会面，它们成为政治谈话和联系的场所。直到这个朝代的晚期，戏剧性变化才到来，并且直到 20 世纪，首都才出现政治行动和全新形式的组织。

由于官方批准的宗教仪式能更容易把国家团体连接起来，因而地方团体也可以在较小规模和更易于管理的尺度上做到这一点。更广泛的公众被吸引到寺院的前提是由常住僧侣们在宗教节日里为神灵们举行的仪式。随着这些节日逐渐成为年历上的节点，这

[134] 例如，摩诃庵因这种传播而闻名，蒋一葵：《长安客话》，卷 3，61 页。

些节日为集会的合法性提供了场所，并且在北京的城市文化中保证了寺院场地的安全。

虽然中国的神灵在任何时候都是容易接近的，而且他们的寺院通常向公众开放，但每个月的初一和十五（分别是新月和满月），宗教设施是公众最常去的地方。在这些日子里，人们来“拜”——烧香和烧纸钱并且祷告；这样的参观“晨夙兴，午余罢”[135]。

93 明清时期，因为大多数神灵被人格化，所以在他们的诞日里，他们被认为特别容易接受信徒们的祈祷，礼物也是恰当的。虽然大多数神灵有诞日，但是并非所有寺院的节日都能吸引大规模的人群。[136] 这些庆祝活动所做的准备工作包括整修、清扫、清洁庙宇；挂新灯笼；除尘和装扮佛像；把多余的桌子挂起来并在院子里挂满了遮雨篷；摆香、仪式的器具、蜡烛和在祭坛的供品；为游人准备茶点（茶或酸李子汁）。[137] 在寺院里，这项耗时的任务通常由常住的僧人们担当，但在许多其他的寺院中，虔诚个人组成的团体接替了这个职能。这些团体通过这些活动组织它们自己，并证明它们的存在。

僧侣团体（众），已经通过任命（和证书）明确被加以界定，并且可以定期活跃于仪式的表演上，为世俗团体提供了榜样和合法性。[138] 正如我们在第七章和第十四章中所看到的那样，资助寺院供品和节日是必需的，有时被用于证明世俗圣会的创造（会）。当时，这样的慈善和宗教团体（义会、圣会）在寺院节日和朝圣两方面因为得到辛勤而持久组织的资助、建设和维持而繁荣。

休　闲

北京的寺院非正式地满足了更广泛公众的需要，许多人到这

---

[135] 刘侗、于奕正：《帝京景物略》，卷 3，100～101 页。

[136] 在 2 500 多座寺院中，我知道有 108 座寺院有节日。

[137] 北京图书馆金石组编：《北京图书馆藏中国历代石刻拓本汇编》，第 72 册，187～188 页；在随后的章节中有许多例子。

[138] 田海（Barend ter Haar，又译伯瑞特·德哈尔）《中国历史上的白莲教》第 62 页认为对于嫡亲成员这个词的使用来自佛教实践。

里来是因为个人的祈祷或一时的消遣，而不是因为聚集和组织活动。一些寺院有博物馆似的贮藏地，随着时间流逝变得古老而沧桑，甚至有些历史意义；一些寺院拥有奇特的、令人耳目一新的、优美的环境。当这些令人愉悦的知识被记录在书上、标在地图上并得到口口相传时，寺院就被进一步融入北京的景观之中，帮助游客和居民们确定和建构这座城市。

一些寺院拥有可观的藏书，其他寺院则以各种形式进行无系统的图书收藏。虽然对于对历史、哲学和宗教有兴趣的男人们（以及女人们?）来说，阶级和识字能力在促成易于入门方面上可
94 能有决定性的作用，但对于独一无二的帝国和私人财产来说，这些财宝是可供选择的一种东西。可以预见的是，孔庙自己的经书拥有专门的藏书楼，而且清代天主教教堂至少有两座藏书阁，并且佛教、道教寺院也有几十座藏书阁。[139]

汉文佛教经文（《大藏经》）已经得到编纂并于中世纪时代及之后一再被编辑，其后皇帝们将其增订、重新刊印并分发到全国的重要寺院。首都的寺院受到特别的宠幸。它们拥有成书于 1064 年辽代《大藏经》的复本，1173 年金代版本，1251 年朝鲜高丽版本和 1294 年元代版本。[140] 1410 年，当永乐皇帝承担其他版本的刊印时，复本自然会在新首都进行分发：在 1445 年和 1462 年，北京

[139] 关于教堂，惠泽霖（Hubert Verhaeren）:《北堂书目》；孟德卫（David E. Mungello）:《神奇的国度：耶稣会士传教本土化和汉学研究的起源》，47 页。关于藏经阁，普利普·摩勒：《中国佛教寺院》，第 51～60 页和在插图 72 中有关于北京的法海寺的书柜。秦岭云：《北京法海寺明代壁画》。

[140] 关于这些版本的日期，陈观胜（Kenneth K. S Ch'en）:《佛教在中国：历史考察》，374～376 页；大觉寺的辽代版本，菲尔德博物馆拓本第 732 号。弘法寺的金代版本，《日下旧闻考》，卷 155，2502 页。正文是以护国寺的元代版本为基础，《日下旧闻考》，卷 53，842～847 页。朝鲜版本是在庆寿寺，《日下旧闻考》，卷 43，686 页。对我来说，1332 年护圣寺的版本并不清晰；一个版本的正文是金色的，其他有黑色的。参见《日下旧闻考》，卷 100，1662～1663 页；富路特（L. C. Goodrich）、房兆楹（Chaoying Fang）主编：《明代名人传》，423 页。

至少有20座寺院得到了御赐的《大藏经》。[141] 第二波捐献是在16世纪70年代至90年代，伴随着李太后虔诚的行为；她拥有新的佛经雕刻和印刷版本，并且分发了较早期的版本。[142] 在广济寺，由清朝第一位皇帝于17世纪50年代在南京资助了《大藏经》重印，为此建造一座新的藏书楼并于1663年从皇帝那里接受了一套。[143] 雍正皇帝在1738年重新印制经文，他的继任者在北京的寺院至少分 95
发了三套。[144] 1773年，一个满文版本也完成了。[145]

1410年，永乐皇帝还赞助刊印了第一部藏传佛教经典《甘珠尔》(*Kanjur*)；在18世纪，清代朝廷赞助经文和它的注释本

---

[141] 这是所称的北方永乐版本（不是位于南京明朝创立者捐助的南方版本）。参见徐颂鹏：《明代佛教领袖：憨山德清的生平与思想，1546—1623》，76、181页。陈观胜没有标明永乐版本的日期，我认为它是1445年。所有分发行为（可能会）在1445年后，在那年至少被分发过7次。这个版本大概是“新撰”，一份皇帝的序言标明是1440年，这在富路特和房兆楹主编的《明代名人传》第293页中提及。道教经典，开始于同时期，是1445年完成的。

[142] 印刷工程和李太后在其中的角色值得进行深入研究。这个版本首次是以书而不是折叠的经文印刷。参见普利普·摩勒：《中国佛教寺院》，60页；富路特、房兆楹主编：《明代名人传》，141页。万历皇帝描述一份1590年额外礼物（41箱，可能他母亲喜欢的佛经），加上原有的（637箱）；参见沈榜：《宛署杂记》，卷18，194页；北京图书馆金石组编：《北京图书馆藏中国历代石刻拓本汇编》，第58册，13页，其中有关在次年有一份类似的礼物。一些大概类似的东西在16世纪80年代和90年代分发（或许诺?），这是德清和尚名声和耻辱的一个来源，参见徐颂鹏：《明代佛教领袖：憨山德清的生平与思想，1546—1623》，76～82页；吴百益在《明代名人传》第1273页中的论文。这个版本现存的一套保存在台湾“中央图书馆”，表明册子是一本一本印刷的，在明代任何时期，用来捐助的不像是一“整套”，即使皇家礼物的用语暗示了这个。卷册似乎从16世纪80年代开始印刷，一直持续到清代。《“国立中央图书馆”善本书目》，第3册，707～824页。有关北京的版本，北京图书馆金石组编：《北京图书馆藏中国历代石刻拓本汇编》，第58册，197页；沈榜：《宛署杂记》，卷18，194页；《日下旧闻考》，卷130，2095页。

[143] 《弘慈广济寺新志》，53～67、110～111、119～126、179～189页。事实上，这套677箱版本可能是开始于万历工程的完成版本。

[144] 1737年清梵寺（《日下旧闻考》，卷99，1649～1650页），1739年潭柘寺（《潭柘山岫云寺志》，13～15页），1753年白塔寺（戴逸：《乾隆帝和北京的城市建设》，见《清史研究集》，第六辑，1988年，22页）。

[145] 王湘云：《清朝宫廷的藏传佛教：章嘉二世阿旺罗桑却丹的生平与事业(1717—1786)》，147、151、154页。

(《丹珠尔》）的藏文、蒙古文和满文版本的出版。[146] 这套丛书允许北京的藏传佛教寺院成为来自亚洲内陆僧人受教育的中心，正如经典的汉文经文那样成为朝鲜、日本和中国的信徒对释迦牟尼佛共同忠诚的一个核心。

北京的居民们还得益于皇家在道教经文（《道藏》）中的类似投资。1118 年，宋代木版刻本是由金代统治者带到北京，保存在道观中，这座道观就是后来的白云观；金代的版本于 1191 年刊行。永乐皇帝于 1406 年开始印制这部经文的新版本（即使他以前已转向《大藏经》），最终在正一派的监督下于 1445 年刊印。一套复本一直保存在白云观，而且为此特地修建了一座新的藏书楼，1598 年李皇后下令印制了一个新的版本。一部更为简短的增补本于 1607 年发行。[147]

根据我的统计，1610 年，在这座城中（至少）39 座寺院有佛教经文（36 部）或道教经文（3 部）。这些都是大套丛书：《大藏经》在约 600 口箱子里，有 6 000 单卷，并且不断增加，明末《道藏》的大部分也是如此。[148] 拥有这些经文中的一部是非同小可的特

---

[146] 艾略特 · H. 斯珀林（Eliot H. Sperling）：《明初对西藏的政策》，145 页。亦参见第十章，特别是注 139。

[147] 柳存仁：《道藏的汇编和历史价值》，见李度南、柯林 · 麦克拉斯、王赓武：《中国历史资料论文集》，105、111～116 页；姚道中：《全真教：12—13 世纪中国北方的一个新教派》，122～124 页；丁荷生：《中国东南的道教仪式与民间崇拜》，220 页。陈国符：《道藏源流考》，174 页，印制持续了十年。它和其他的证据表明，敕令宣称一份经文的礼物通常先于现实中的礼物。

关于白云观，北京图书馆金石组编：《北京图书馆藏中国历代石刻拓本汇编》，第 51 册，159～160 页；阎崇年：《古都北京》，7 页；丁荷生：《中国东南的道教仪式与民间崇拜》，220 页。复本保存到 20 世纪，并且成为现在再版版本的基础。其他复本于 1447 年和 1452 年赐给北京的两座真武庙，北京图书馆金石组编：《北京图书馆藏中国历代石刻拓本汇编》，第 51 册，148～149、178 页。考虑到皇家《四库全书》在 18 世纪知识分子生活中所产生的连锁反应（促进了考据学派的发展，皇帝和其编者对原文进行令人恐惧的检查被认为是不值得的），我们可能会想知道类似的后果——现在对缺乏的研究视而不见——那些包括佛教和道教经文编纂。

[148] 徐颂鹏：《明代佛教领袖：憨山德清的生平与思想，1546—1623》，第 76 页中提到把帝国作为一个整体，16 世纪 90 年代皇帝赐给的《大藏经》只有 15 部。刘若愚：《酌中志》，卷 18，6～7 页。

权。受过教育的僧侣们为寺院寻求拥有这些书籍的机会，如同文人对哲学、历史或宗教的兴趣。[149] 这样，尽管中原地区也拥有高度 96
集中的著名寺院，但是皇家的慷慨有助于把北京变成一个重要的宗教中心。

儒家经典是更为简短并更易广泛获取的著作，但是有更多注释的版本是在北京刊印的，这些版本反映了在科举环境下不同经典的持续变化情况。永乐皇帝于1415年出版了《四书大全》、《五经大全》和《性理大全》。把明代（和清代）考试体系的核心确立在以南宋程朱理学（新儒学）为基础之上。精美的皇室经典和历史版本定期印制。[150] 在18世纪90年代，仿效汉唐，乾隆皇帝将一个标准、权威规范的“十三经”版本刻在石板上。这些将近200片石板存放在孔庙附近的国子监。[151] 另外两部明清系统化和重新记录知识的著作也被保存在首都：《永乐大典》（1407年）和乾隆《四库全书》（1782年）。[152]

事实上，至少从11世纪起，北京就成为图书出版的中心。除

---

[149] 妙峰（福登）于1572年也这样做，富路特、房兆楹主编：《明代名人传》，463页。遍融在同一个时期，北京图书馆金石组编：《北京图书馆藏中国历代石刻拓本汇编》，第58册，84页。参见恒慕义主编：《清代名人传略》，676页；柳存仁：《道藏的汇编和历史价值》，见李度南、柯林·麦克拉斯、王赓武：《中国历史资料论文集》，第117页提示我们，文人刘师培于1910年特地到白云观把道教的经文应用于他的儒家经典研究之中。

[150] 艾尔曼（Benjamin A. Elman）：《中华帝国晚期科举文化史》，114～116页。

[151] 刘俊文：《北京：中国古代和现代首都》，199～200页；恒慕义主编：《清代名人传略》，199页。刘俊文说（在1982年）有189块石头包括约630 000字符（约合《莲花经》的篇幅）。

[152] 《永乐大典》在南京完成，包括22 000多卷。原件运往北京的宫殿；在16世纪60年代，制作了两部另外的副本（一部被送往南京，一部保存在紫禁城内）。在清代，一部副本被送到翰林院，其中部分得到皇家《四库全书》的复制。宫殿副本于1797年被烧毁，现今没有整部保存下来。翟林奈（Lionel Giles）：《永乐大典笔记》，载《新中国评论》，第2卷，第2期（1920年），137～153页；富路特、房兆楹主编：《明代名人传》，263页；恒慕义主编：《清代名人传略》，198～199页。《四库全书》一部被保存在宫中，一部在圆明园，其他五部在其他的地方。恒慕义主编：《清代名人传略》，121～122页；刘怡玮（Cary Y. Liu）：《清朝的文渊阁：建筑与知识整理》。

了管理和其他汇编，皇城内的明廷司礼监和经厂也印制经文。[153] 寺院不仅接受皇家的赐书，而且它们也是积极的私人著作出版者。[154]

97 与那些大型的寺院藏书楼相比，无论如何，普通寺院的藏书楼更为简单朴素。1935 年，火神庙拥有经书的总量只有三部：《观音经》、《地藏经》和一部七十卷的《莲花经》。[155]

另外，寺院以石刻碑文的形式积累经文。刻在辽代佛经《大悲咒》柱上的正文表示了陌生重复词组长字符串的梵文发音。视觉的特点使得石头富有质感花纹，与保护圣歌密集而沉默的声音相平衡；实际上，符咒的力量不是人类对于词汇的理解，而是他们结束恶魔和灾难的力量。[156]

其他寺院（我所知道的有 30 座）把佛教经文刻在石板或石柱或铸在钟上进行展示。对于《般若波罗蜜多心经》和《金刚经》这样格式的经文，它们因为简洁而更加受到喜爱并且成为皇帝、和尚和学者们虔诚的公开表现。[157] 例如，在外城的龙泉寺，人们能看到明代大书法家董其昌书写的《金刚经》（1626 年）和清代学者

---

[153] 佛教经文的辽、金、元版本在弘法寺印制，位于明代南城的西边。北京图书馆善本组辑：《析津志辑佚》，68 页。陈观胜：《佛教在中国：历史考察》，375 页。明代作坊是汉经厂（制作佛教经文）、道经厂（制作道教经文）和番经厂（制作藏传佛教经文）。刘若愚：《酌中志》，卷 16，36～40 页；周绍良：《明代皇帝、贵妃、公主印施的几本佛经》，载《文物》，1987 年第 8 期；张琏：《明代中央政府刻书研究》，181～183 页。

[154] 我知道这样的寺院在北城有 4 座，在郊区有 3 座，但可以肯定的是有更多。北城：隆福寺、慈恩寺、延福寺和观音寺。郊区：万寿寺、衍法寺和保明寺。印制有时由僧人捐助，有时由私人捐助者捐助（包括宦官和皇亲国戚）。杜信孚纂辑：《明代版刻综录》，卷 1，8 页；卷 2，54 页；卷 3，39 页；卷 5，36 页。朱一新、缪荃孙撰，刘承幹考证：《京师坊巷志》，卷 4，38 页。泽田瑞穗：《增补宝卷の研究》，107 页。

[155] 北京市档案馆，民国时期，J2：8：104。

[156] 例如，“itime itime itime atime itime nime nime nime nime nime ruhe ruhe ruhe ruhe tahe tahe tahe tuhe thule”，利昂·胡维兹（Leon Hurvitz）译：《妙法莲花经》，322 页；拼法来自《莲花经》。另参见喜龙士：《宋、辽和金代中国的雕刻》，载《远东古物博物馆馆刊》，第 14 期（1942 年），45～64 页。在北京至少有 20 座寺院有这样的柱子。

[157] 我知道 18 部《心经》正文和 7 部《金刚经》。

翁方纲书写的《心经》(1830年)。[158] 1406年，在一座大钟表面和内部铸有16种不同的经文；据说永乐皇帝把它作为对那些在他夺取皇位宝座的战争中死者灵魂的一种祈祷。[159]

并非所有保存于寺院中的经文被如此公开地进行展示，这也不是所有宗教的属性。[160] 许多创作的诗歌在寺院建筑群内展示，并且乾隆皇帝也不是唯一一位急于把其作诗的才能留下痕迹的人。在建于外城观音庙的欢乐亭，19世纪的游人为了志趣相投的观众 98
把他们的诗写在墙上；1885年，住持收集了一百多首诗并且把它们镌刻在石头上。[161]

寺院是物品的储存之地，也是经书储存之所。在整个国家没有图书馆，收集来的物品也不可能被系统地排列用于查阅或观察，但它们是易于接近的，鉴赏的传统使得它们适合于外人有选择地进行仔细观看和评价。

寺院中许多法器是捐献者捐助的，它们是虔诚公众的记录和宗教生命力的切实标记：香炉、青铜或铁钟、用金属制作的磬，当用一个木槌撞击它们时，会发出梆梆的声响并伴随着僧人们的

[158] 张江裁、许道龄：《北平庙宇碑刻目录》，96～97页。董其昌的文字内容可能来自那年在他夫人生日时为其父母做十五天功德的版本，李慧闻(Celia Carrington Riely)：《董其昌生平(1555—1636)》，见何惠鉴(Wai-kam Ho)等编：《董其昌的世纪》，卷2，428、453～454页。翁方纲的石碑是1818年在其死后立起来的。

[159] 这个钟(高和宽超过6米)现在存于大钟寺。其表面约有两万字，刘俊文：《北京：中国古代和现代首都》，142～145页。

[160] 关于来自18世纪"文昌帝君阴骘文"的几种雕刻，参见张江裁、许道龄：《北平庙宇碑刻目录》，8～9、92页；北京图书馆金石组编：《北京图书馆藏中国历代石刻拓本汇编》，第77册，135页；以及在五塔寺中未标明日期(1799年?)有相关内容的石碑。许多道教文本不能自由地传播，它们用于欣赏而并非权力的来源和从业者的收入——有价值的私人财产，而不是公共财产。亦参见丁荷生：《中国东南的道教仪式与民间崇拜》，213页。

[161] 《八旗文经》，卷13，14～15页；《北京旅行指南》，88～89页。关于乾隆皇帝众多诗句中的两首，北京图书馆金石组编：《北京图书馆藏中国历代石刻拓本汇编》，第74册，50页；第75册，90页。

诵经声。[162] 神像和寺院壁画通常更容易吸引游人们的注意力，但它们很少因为艺术的优点被有文化的游客们注意到，这些人操控着历史的记载。许多壁画的作者不是有名的艺术家，而且它是不同寻常的。当王士禛和他的同伴诗人宋荦为一个朋友的告别聚会而聚集在圣安寺时，不同寻常的是他们以欣赏的笔调记下了这座大殿里的壁画——由明初宫廷画家商喜所作。[163] 由元代雕刻家刘元创作的许多珍贵雕像，到明代大部分已经丢失了，是个类似的例外。[164] 如同在天主教堂中陌生的绘画和壁画，壁画可能因为它们的特殊形式或珍贵材质而被注意到。[165]

其他艺术物品被认为是不适于寺院的。卷轴画有时是有名的
99 游客捐助的，有时是僧侣们购买的。[166] 一位参观斗母宫的朝鲜人看到墙上挂着绢轴画，屋里“有许多旧书画”；他就急切地想查出知名大师的作品。[167] 19 世纪初期，松筠庵和尚心泉因为善于鉴别书

---

[162] 据我所知，有 135 多口铁磬碗作为供品，那些按日期分成两部分，主要集中于 1500—1700 年以及 1800 年后两个时期（我不知道为何）。个人或家庭小规模的捐献经常简短地铭刻了捐助者的名字和日期（参见许道龄：《北平庙宇通检》，卷 2，97 页）。关于重量和材质，北京市档案馆编：《北京寺庙历史资料》，26～425 页各处。

[163] 我仅知道北京地区 13 座寺院有壁画，但肯定有更多。最好的、最有名的、保存最好的是法海寺的，文献记载也较详细。山本赞七郎：《北京名胜》，54 号（碧云寺），1909；王智敏、闪淑华：《明代观音殿彩塑》，104～121 页（大慧寺，还存在?）；《中国佛教之旅》，43 页（观音寺，现存）；《中国佛教艺术》，第 127 图（黄寺，现存）。关于商喜，王士禛：《池北偶谈》，卷 14，345 页；高居翰：《江岸送别》，25 页。关于商喜的其他壁画的详细分析，康豹：《多面相的神仙》。

[164] 它们还在东岳庙，谈迁：《北游录》，58、99 页；王士禛：《池北偶谈》，卷 14，345 页；王士禛：《居易续谈》，卷 1，6 页；查嗣瑮：《查浦诗钞》，卷 2，11 页；《日下旧闻考》，卷 88，1484～1491 页。

[165] 谈迁：《北游录》，45～46 页；《宛平县志》，卷 1，38～39 页；《日下旧闻考》，卷 49，772 页；姚元之：《竹叶亭杂记》，卷 3，6 页。

[166] 关于明因寺绘画，刘侗、于奕正：《帝京景物略》，卷 3，103～104 页。关于法源寺，罗桑彭：《北平法源寺沿革考》，载《正风半月刊》，第 1 卷第 8 期（1935 年），85～96 页；第 1 卷第 21 期（1935 年），78～81 页；第 1 卷第 22 期（1935 年），102～110 页。关于雍和宫，费尔丁那德·列森、古斯塔·蒙杰尔（Gosta Montell）：《雍和宫：北京藏传佛教寺院图解，附藏传佛教神话和祭仪笔记》。其他，震钧：《天咫偶闻》，卷 7，25 页。

[167] 金昌业：《稼斋燕行录》，170～173 页。

画而闻名，许多书画商到寺院里向他请教。[168] 我已经知道寺院拥有的卷轴和石碑表现了罗汉、龙、虎、竹子、松树、梅花、鹤、兰花和岩石，可以肯定一些是名人绘画的——禹之鼎、文徵明、郑燮、赵孟頫、董其昌。行家也来到庙里欣赏由知名书法家撰写的碑文，虽然在清代，娴熟的帝王书法更是无处不在。[169]

寺院的树木和花卉也得到北京居民的欣赏，特别是那些无法接近私人花园的人们。相对于平原和山区不断加剧的森林砍伐，寺院的树木受到保护，一些寺院的树木还变得相当有名。1635 年，一本有关北京景点的书讨论了七棵不寻常的树，包括天坛的榆树，在秋天而不是春天结籽，一棵在报国寺的矮松树茂密的树枝伸长到人行道上。[170] 吏部庭院里弯曲的紫藤，是文人吴宽于 15 世纪末种植的，到明朝末年延绵数千尺，它的芳香气息弥漫了吏部所有的房间。[171] 乾隆皇帝为两棵巨大古老的银杏树作诗并赐给其他树头衔。[172]（戒台寺一棵形状非常美的白皮松在图 8-2 中显示。）

在春季和夏季的月份里，许多游人在他们休闲的时间里到寺院去看开花的植物。如同在宫中和精英们的家里，在寺院建筑里有充足的空间可以种植灌木，照管盆栽和布置花坛。在农村或山
区，有时是靠近在经济上有生产能力的果园，对于游人来说是非常 *100*
好的景色。北京的寺院因为它们的丁香花、莲花、菊花和紫藤，它们的草本植物和牡丹，它们开花的梓树、山楂、樱桃、杏、李子、

---

[168] 林克光：《松筠庵与公车上书》，见林克光等主编：《近代京华史迹》，248 页。

[169] 关于现存董其昌书法，北京图书馆金石组编：《北京图书馆藏中国历代石刻拓本汇编》，第 58 册，15、99 页；第 59 册，158～160 页。在寺院中保存的其他作品被记载于励宗万：《京城古迹考》，6 页。《日下旧闻考》，卷 49，774～778 页；卷 91，1542～1547 页。张江裁、许道龄：《北平庙宇碑刻目录》，96～97 页。康熙、雍正，特别是乾隆，在由他们资助寺院建造或重建时经常赐给横匾或春联，推测是他们亲自撰写的。

[170] 刘侗、于奕正：《帝京景物略》，卷 3，125 页。一些寺院以树命名，松树观音庵、龙爪树庙等。

[171] 刘侗、于奕正：《帝京景物略》，卷 2，51～52 页。

[172] 有关大觉寺的树，《日下旧闻考》，卷 106，1764～1767 页。有关西峰寺的银杏树，北京图书馆金石组编：《北京图书馆藏中国历代石刻拓本汇编》，第 75 册，42 页。亦参见邓之诚：《骨董琐记　续琐记》，卷 1，第 21 页中有关皇城内大高玄殿金代松树的记载。

桃子和梨树而闻名。一些植物因为它们的花色受到称赞（“翡翠竹”，如同一只公鸡的血的“山楂红”），一些是因为味道（“在夏季的香气”），一些是因为罕见（绿牡丹），一些是因其质料（如刺绣，如挂毯，如云锦）。西郊朴素的摩诃庵受欢迎的原因是因为“高轩待吟，幽室隐读，柳花、榆钱和松子飞落时满院中”。在一个半世纪以后，在墙那边杏树果园的香味使得寺院变得更加有名。[173]

寺院也是存放一些历史残片的地方：一片陨石，一个铁船锚，有古怪图案的岩石，研磨草药的石头，葡萄牙的桌子、古旧的齐特琴（zither），一个大玉石碗，旧建筑物题铭或者装饰的石头碎片，等等。有些是在现场发掘的，有些是从其他地方带来的。对于精英们来说，可能是不值一提的东西；但对于好奇的普通访客来说，这些东西的构成却是非常有趣的。

虽然寺院可以无系统地收藏各种东西，但后来却被欧洲艺术或自然历史博物馆收藏，它们通常不保存活的动物、野生动物或驯养的动物。在北京，皇家狩猎园林是早期的动物园。明代皇帝在皇城里有一个虎坊和豹房，那里还有犀牛、大象、海豹、猞猁、孔雀、鹦鹉、鹤。显然，人们有可能去参观这些地方，向下看，给这些动物投喂食物，并且——当然——会被它们吓着。康熙皇帝在夏季别墅里建了一个虎栏，其后继者一直将其保持至少到19世纪初期。[174]内城的皇家象房，更方便而且不那么令人害怕，吸引了许多游人。毕竟，大象不吃人，在夏季这种巨大的野兽被领到河边去洗澡，担心突然闯入一只发情狂怒的大象，这被许多游人和当地人谈论。[175]

---

[173] 刘侗、于奕正：《帝京景物略》，卷5，210～213页；《日下旧闻考》，卷97，1614～1616页。

[174] 阎崇年：《古都北京》，142～143页；沈德符：《万历野获编》，606页；麻伦：《清朝时期北京圆明园和颐和园的历史沿革》，107～108页。

[175] 建于明代，厩持续容纳大象（来自东南亚贡品，用于新增皇室游行的魅力）直到19世纪。蒋一葵：《长安客话》，卷2，22页；谈迁：《北游录》，45～46页；雅布兰（E. I Ides）：《1693年俄罗斯使臣雅布兰的中国游记》，见托马斯·阿斯特勒（Thomas Astley）编：《由迄今已在任何语言中出版的，包含欧、亚、非、美洲的各种非凡事物的最令人尊敬的关系所构成的游记的文集新版》，卷3，574页；《日下旧闻考》，卷49，784～785页；《草珠一串》，16～18页；阿灵顿、威廉·卢因森：《找寻古北京》，164～170页。

通常，与那些皇帝专有和富有精英们的家相比，在宗教设施中的书籍、古董、艺术和动物显得如此微不足道。此外，虽然寺 101
院的长期存在有助于保存这些物品长达几代，但是贵重物品易于损坏或被盗，石碑污损，书籍损坏，绘画被错识，历史被渲染。即使是在寺院的一个社区内，也没有制度化的机制准确地和仔细地维护其过去。正如我们看到的那样，这些指南手册文献的一个目的是，核实和记录这样的资料。

一些寺院——大部分在城外——如同近代的公园，因为其自然美丽的地点，所以树、水、山和远景融合一起并吸引了悠闲的散步者和虔诚的朝圣者。

城内建在湖边的寺院，需要有一个开放延伸的供水、季节性花鸟和冬夏两季温和的气候。从位于城市较西北湖泊的净业寺门口（如图3－3显示），一个人能看到沿水边的码头、富有精英们的别墅和其他寺院的木制桩基。[176] 在清代，茶馆、酒肆和王公贵族的住宅围绕着柳树成荫的什刹海。[177] 一些寺院不得不建造这样的栏杆把金鱼池塘或溪流附近围起来作为安静的垂钓之所。[178]

一眼天然泉水使得一座寺院富有吸引力，特别是当泉水凉爽和甘甜，全年供水充足，流水声潺潺悦耳时。通常这样的泉水被直接引入一条小河，注入一个水塘，环绕着通过地下。碧云寺有一眼清凉的硫黄泉供游人饮用，但在这个地区只有一座寺院有温泉。[179] 寺院的名字显示了其他的特性：灵泉，清水泉，双眼泉；温暖的、不间断的或风景优美的泉水。

---

⑯ 刘侗、于奕正：《帝京景物略》，卷1，19～28页；麟庆：《鸿雪因缘图记》，卷3，52～53页。

⑰ 吴长元：《宸垣识略》，卷8，150页；《北京旅行指南》，132～133页。字面上的意思“刹土寺院的海”：正确的发音是“Shichahai”，而当地人称为“Shishahai”（什刹海）。

⑱ 在水库有鱼和其他水生生物（有意购买的场合），可以自由自在地生活。

⑲ 碧云寺，杜德珍：《医学报告》，见《海关税务司》（上海），1871年，81页；库克（T. Cook）：《库克的北京、天津、山海关、奉天、大连、旅顺和汉城旅游手册》；其他，《北京和周边地区》，6页。

102 在西山，在寺院僧人的住地或附近经常有山洞：一些是大的、一些是低的和浅的，一些能挖出水来，一些有闪闪发光的结晶石头。[180] 一位苦行僧在宝珠洞度过了四十年。[181] 其他的山洞用于存放和尚们的骨灰、棺材甚至干尸；有的还有龙王、吕洞宾或观音的画像（普陀山的水洞）。参观者爬上去，仔细地凝视或缓慢行进到里面。

图 3-3　净业寿荷

净业湖是位于内城最北边的美丽湖泊。满洲旗人麟庆做此木版画以纪念在1843年6月他回到首都受到五个朋友宴请（全部是旗人）。他们看到开着的荷花铺满水面，闻着它们的花香。华佗庙在画的右下角。在湖的另一边是净业寺，就是麟庆和他的朋友朝外所能看到的。那座寺院是永乐皇帝的顾问姚广孝在15世纪前十年初期修建的，乾隆皇帝也到此参观过几次。

资料来源：麟庆：《鸿雪因缘图记》，卷3，52～53页。亦参见《日下旧闻考》，卷53，854页。北京图书馆金石组编：《北京图书馆藏中国历代石刻拓本汇编》，第71册，187页；第75册，58页。

[180] 据我所知，有18座寺院有这样的山洞。

[181] 《北京旅行指南》，175～176页。

在地势平坦的北京很难找到宏伟的景色，因此西山成为深受欢迎的地方，提供了山区绿化的小景色或平原更宽阔的远景：展现在你面前的是“像一片丝绸”的郊区湖泊，“像一条玉带”的河，“好像设计好刺绣”的河道和平原，“闪闪发光”的北京城门和塔，宫殿金色的屋顶在阳光下金光闪闪。在一个晴天里，有时你能看到远在东边 20 公里远的通州宝塔。[182] 103

在这座城市里，一些寺院模仿自然构造建造了“假山”和互通的山洞。[183] 其他的寺院有用于观看湖上落日风景或听雅致钟鼓声的多层殿（阁或楼）。北京有一座唯一可以登高的宝塔：外城七层高的法藏寺。从那里，人们可以看到天坛的围墙、屋顶和大门，内城宫殿的金瓦和远山。[184] 皇族可以爬到紫禁城后面的万岁山上。[185] 在 18 世纪 70 年代的西郊，乾隆皇帝挖掘了一个湖泊，修建起一座可以看月色的平台，重建了金代的“钓鱼台”。[186] 在清代，外国人甚至敢于沿着城墙行走。[187]

在九月初九，精英们登高饮酒吟诗。在 17 世纪 50、60 年代，王崇简和他的朋友几乎在每年的这一天外出。他们参观西山的香山寺院，登上位于西郊附近摩诃庵的望楼和外城报国寺的望楼，

---

[182] 《日下旧闻考》，卷 100，1666～1667 页。

[183] 例如，在郊区的万寿寺。

[184] 洪大容：《湛轩燕记》，卷 1，277～278 页；李坤：《燕行纪事》，卷 2，604 页；《日下旧闻考》，卷 56，908 页。该寺院于 19 世纪初期被废弃，到 1905 年才消失。宝塔于 1971 年倒塌，金受申：《北京的传说》，115～119 页；朱一新、缪荃孙撰，刘承幹考证：《京师坊巷志》，卷 7，27～28 页。大部分建造在北边的宝塔相当坚固，足以抵得住大风。

[185] 清代称其为“景山”，19 世纪西方人又称其为“煤山”。刘若愚：《酌中志》，卷 20，7 页；《日下旧闻考》，卷 35，549～556 页；普西格（A. Poussielgue）：《从上海经由北京、内蒙古和俄罗斯东部到莫斯科，根据法国总理布尔布隆的笔记编辑，1859—1862 年》，载《旅游世界》（巴黎），第 9～10 期（1864 年），36 页。

[186] 《日下旧闻考》，卷 95，1592～1594 页。

[187] 在清初，朝鲜游客习惯登上外城城墙；到 19 世纪中期，西方人体会到沿着内城城墙行走的快乐。洪大容：《湛轩燕记》，卷 1，324 页；约翰·托马斯：《中国及其人民的插图》，第 4 册，第 11 号。有关中国人登上城墙的参考资料相当少，王崇简：《青箱堂文集》。

找到城南的一座小山，爬上西山宝珠洞，并在城墙上行走。[188]

明清时期，一些位于京畿地区的“胜地”变得有名起来。在寺院，胜地和神圣之地易于混淆：“凡佳山胜水、荣林福地，鲜不
104 由其营建以为栖息之所”（例如寺院）。[189] 寺院不会因它们的神灵或和尚而特别闻名，但可能会因为标注在地图上其他方面的吸引力被游人寻出而变得远近闻名，当地人以此为荣，游人也因愉快而留存于记忆中。

当然，在城市和帝国的精英宽广的家园里，有花卉、树木、水道和远景。寺院除了没有高高的回廊可以漫步外——沿着这座城市北部湖泊和护城河的堤岸，或西北和东部的运河都有这样的地方。私宅、酒肆和茶楼也是政治上积极会晤、闲谈、发牢骚和策划的场所。寺院节日同样是最容易接近但不是北京举办庆祝活动唯一公开的场所。虽然皇帝的随从在城内外的频繁活动被认为是察觉不到的，但在街上富人定期举行的婚礼和葬礼可以包含许多有趣的内容。[190]

部分原因是它们的公共性质，在朝廷的眼里，寺院是令人怀疑的。明清两代国家的行为——通过它们的官员和它们的皇帝——反映了一系列密切的关注，一直持续到近代也未能有所减少。[191] 有这样

---

[188] 王崇简：《青箱堂文集》；亦见蒋一葵：《长安客话》，卷 2，23～24 页。

[189] 北京图书馆金石组编：《北京图书馆藏中国历代石刻拓本汇编》，第 53 册，144 页。

[190] 士兵清道并在十字路口挂上帷幕以阻挡观看。显示康熙皇帝从北京出发南巡的轴画表明街道是空的，店铺的前门板是关闭着的。为了看一眼，一个人必须冒着被惩罚的危险。闵明我（Domingo Fernandez e Navarret）：《闵明我修士行记和论战，1618—1686》，卷 2，221 页；宋君荣：《北京通信——宋君荣司铎书简集（1722—1759）》，188～189页；密福特：《使馆馆员在北京——书信集》，173～174 页；卡尔女士（Katharine Augusta Carl）：《慈禧写照记》，154 页；阿奇博尔德·立德夫人：《熟悉的中国》，493～505 页。关于康熙皇帝，参见《紫禁城》，39 页；麻伦：《清朝时期北京圆明园和颐和园的历史沿革》，175 页；何慕文（Maxwell K. Hearn）：《〈康熙南巡图〉：王翚的叙述》，82、169 页。排练受到公众热切的关注，金景善：《燕辕直指》，卷 1，1069 页。

[191] 在许多方面对这些关注表达了深切的感受，所以往往成为老套——不论其后面的严肃性。我没有尝试引用特别的资料。

一个信条——凡人是愚蠢的，容易受“得到祝福和避免灾难”这类希望的愚弄。由于有主张妇女远离公众视线的倾向，所以妇女们除了在她们的丈夫监督下，必须远离公共聚集，因为在那里她们可能会和男人们或不良妇女们“厮混”。可以肯定的是，宗教活动是浪费的，因为人们花费精力和时间远离生产工作。对寺院的不信任是因为它们吸引了穷人，可能会成为僧侣们不正当活动的地点，是无业者一个临时或固定的居住之所（也就是说，可能的麻烦制造者）。任何一个群众大型集会因为是危险的，所以都会得到密切的关注。担心人群可能出现抢劫，集市可能会出现聚众赌博，参拜会导致“寻衅滋事”。任何无法在朝廷监视之下的组织都是可疑的。“异端”言论，无论其是作为谣言被表达还是印在书中，都会成为一个巨大的忧虑。对于任何可以进行捐助的人而言，105
这些关注在朝廷那里始终能被发现，但又是文化的一部分，与北京生活中有价值的、重要的以及合法的寺院之地共存。

第一部分已经说明，明清时期的北京宗教机构是如何运作的，将捐助人与寺院彼此联系起来的不同机制，寺院在城市及其居民生活中所扮演的角色。我们现在转向北京实际的历史，这段历史开始于15世纪初期的首都重建。

第二部分

明代的北京

第四章

一个新首都

保存过去

1403 年，北京开始自然地转变成京城并且一直保持了五个 109
世纪，因此我把这一年作为本书的开始。虽然这种划分加大了15 世纪的北京和以前年代之间城市的不连续性，但一系列的断裂已经动摇了北京与过去的联系。1215 年，蒙古军队占领、摧毁并放弃了金朝在北京的都城，仅仅在十五年之后，他们在紧挨着的地方建造了一座新城。1368 年，在被明朝军队占领之前，北京作为元朝的一座城市长达一个世纪之久。北京被降级为一个省的城镇并且分配给朱棣——明代缔造者的第四个儿子；他作为燕王住在北京长达 30 年。① 明朝的新首都在千里之外远的长江边上。

① 乔安妮·克莱尔·维克兰（Joanne Clare Wakeland）：《中国明朝首都的行政部门：16 世纪的北京》，32 页。

在朱棣于1403年夺取皇帝宝座后，开始扩大和重建北京；直到1421年初，他作为永乐皇帝在那儿举行祭天仪式，蒙古的统治已经过去数代人了。② 但是蒙古军队在1368年之后的很长时间里持续挑战着明王朝的权威，提醒着那个地方仍然是未开化之地。此外，之前的北京地位本身也是个问题（考虑到来自历史意识精英的观点）：“野蛮的”辽国和金国（916—1234年）的契丹以及女真的统治者挑战，并最终瓜分了曾经辉煌的宋朝领土。

110 中原的百姓并不欢迎朱棣把首都重新定在这座曾经被外来统治者占领过的遥远城市。在14世纪，位于长江边上的南方京城金陵是一个与受过教育精英们有着密切联系的地方，这些精英从中世纪时期就已经是文化和政治的开时尚之先河者。永乐皇帝对这类人的支持存有疑虑，这促使他决心远离南京而迁都北京并更加捍卫这个选择。他需要一个拥有无可争议的皇家地位的新首都。

作为皇帝，朱棣首先把那些特色集中起来，这些特色不仅使得这座城市与他父亲创建的首都相当，而且也要与以往朝代的首都——开封、洛阳和长安相媲美。汇聚城市布局特点的一个帝国首都已经发展了几个世纪，关键的组成部分在元朝的城市中就已经显现出来。③ 通过下面这些古老模式和理想化的规律，永乐皇帝向世人夸耀，他有权继承这种传统。通过纪念性地强调和大量征用汉白玉和木材以及来自遥远地方的熟练工匠，他所要实现的目标就是给人以深刻印象的、高质量的和没有瑕疵的帝国建筑。

因此，明代的北京是建立在元代的蓝图之上，有城墙和广场，小心翼翼地指向罗盘上的点，两侧对称的城门，以及井然有序的

---

② 爱德华·德雷尔（Edward L. Dreyer）：《明初中国：1355—1435年政治历史》，186页。

③ 芮沃寿：《象征意义和作用：对长安和其他大城市的思考》，载《亚洲研究学报》，第24期（1965年），667～679页；夏南悉：《中华帝国的城市规划》；杰弗里·迈耶：《天安门之龙：神圣的北京城》。

宽阔大街，形成了一个整齐的南北和东西方向的网格，中心是皇帝居住的地方。元代北京的帝国象征性地被保存了下来，但如同在这块土地上古老城镇的残迹一样，为明代的继任者所吞噬。随着其于 1420 年被正式指定为京师，北京作为“北方首都”的特殊性转变成从属于作为“［我们的］京城”的新身份。南京保留了一个次要的“南方”首都，尽管永乐皇帝死后仍有一些犹豫，直到 1441 年，北京作为唯一京师的地位才稳定下来。④

在 15 世纪头几十年里，一个全方位的帝国布局构造是皇帝首先要采取的措施，目的是强调这座城市超过其特殊位置并且作为一个整体从属于帝国。这些帝国结构的自然持久性，再加上反复阐明这个帝国首都的观点，使得新城市的这个方面非常有名。对于许多人来说，永乐皇帝可能感到骄傲（也许吃惊），今天的北京已经成为象征着中国漫长帝国历史中有价值和必然的顶点，一个经典的京师。

但即使是永乐皇帝本人——他一生的大部分时间都居住在此——也不能忽视北京所确立的特殊性。在 1403 年后的几十年中，当厚重的北京城墙和高大的宫殿重建起来的时候，他也重视 111
寻找连接城市自身更狭隘历史的方法。在我们所能考虑到的国家和地方城市之间，这种紧张在北京的历史中成为一个持久不变的话题。在永乐皇帝策划再造的当地八景中，这个动态和困难的过程是非常明确的。⑤

1414 年，一群来自南方首都的宫廷艺术家随同永乐皇帝巡视北方，完成了一幅北京及其周边的八处风景的画卷并创作了诗歌。在确定这个主题时，他们在长期确定下来的绘画和诗歌流派中工作——通过集中在事先指定的一些固定“风景”或“景观”去记

④　1424—1441 年，北京暂时失去了其作为京师的称谓；我已缩短这些年的变化，范德（Edward L Farmer）：《明初的政府：两京的发展》，123、175 页。

⑤　有关这个讨论，我采用李嘉琳（Kathlyn Liscomb）：《北京八景：人文艺术中的政治》，载《亚洲艺术》，第 49 卷第 1～2 期（1988—1989 年），127～152 页；朱利亚·玛丽·怀特（Julia Marie White）：《明代早期的实景画：王绂的〈北京八景图〉》，1983 年；史树青：《王绂北京八景图研究》，载《文物》，1981 年第 5 期，78～85 页。

录一个地区的一种方法。[⑥] 这些建筑物是中国地方顺从精英消费的一个途径，显然北京需要这种开化。

宫廷画家把他们的卷轴画称作“燕山八景”。尽管他们明显受到了由这个题目而创作的 12 世纪 90 年代金代的在一组诗歌的鼓励，但是他们对北京所使用的这个名字，早在 12 世纪 20 年代短暂的宋代就已经存在了。[⑦] 永乐的画家们就这样追溯到蒙元去恢复传统主题，对于汉人的王朝来说，这可能被认为是更为适合的。

这些画家不仅剔除城市过去有争议的部分，而且他们宣称北京是一个值得尊重的地方。他们的画卷，用朱利亚·玛丽·怀特（Julia Marie White）的话来说，“精致现存的北京，在风水上、地理上和战略上是一个安全的港湾”，因为其“把北京与其他文化重要地区归为一类……［它］证明了北京作为文化中心的重要性”[⑧]。画卷是一种尝试，似乎表明，对于受过培养的精英们来说，用于生活的北方城市是可以接受的地方。

按传统喜好的类型，宫廷画家展现了北京城内外的八景[⑨]：

居庸叠翠
112 玉泉垂虹
太液晴波
琼岛春云
蓟门烟树

---

⑥ 姜斐德：《王洪的潇湘八景》，见方闻等编：《心印》；史树青：《王绂北京八景图研究》，载《文物》，1981 年第 5 期，78 页；卜正民：《明清历史的地理资料》，59～60 页。

⑦ 李嘉琳：《北京八景：人文艺术中的政治》，载《亚洲艺术》，第 49 卷第 1～2 期（1988—1989 年），130 页。1123—1124 年，北京曾短暂地由宋朝接管，在此期间北京被称为燕山县。陈宗蕃编著：《燕都丛考》，卷 1，2 页。金代的诗歌已经失传。手卷现存于上海博物馆。（中国古代书画鉴定组编：《中国古代书画图目》，卷 1，金代，2～108 页）通常描述为王绂的作品，但我更乐意强调其绘画和诗歌两部分的共同性质。

⑧ 朱利亚·玛丽·怀特：《明代早期的实景画：王绂的〈北京八景图〉》，61 页。

⑨ 李嘉琳：《北京八景：人文艺术中的政治》，载《亚洲艺术》，第 49 卷第 1～2 期（1988—1989 年），127～152 页。李嘉琳的翻译有些改动。王正华（Cheng-hua Wang）把“琼华岛”翻译“Island of Beautiful Stones”。

西山霁雪
卢沟晓月
金台夕照

这些景色表明它们的环境是诗意的、世俗的、些许壮丽的而且根本不是城市的。只有两个（湖泊和岛屿）位于明代都城的城墙内（他们是皇城里消遣的场所，前者与汉朝首都相关联）。郊区的金台和蓟门在 15 世纪前就已经消失了，但作为乡村加以想象。居庸关、玉泉山、西山和卢沟桥是北京周边永久的当地景点，所有这些景点距北京有些距离。“燕山八景”画卷——和诗同样产生——如此强调新首都地区的传统景观和历史的庄严。北京的帝国标志被文人的品味标志增强，或许这也是画家（以及皇帝）所希望的。

这些风景的名字和想法呈现了新的生活，然而在开始时则是人为或被迫制造出来的。在接下来的几百年中，即使没有帝国的鼓舞，在诗歌和绘画两个方面得到了带着明显真挚感情到此游览以及当地的文人持续引用。最初是人为的想象，这些画面把北京引入一个广泛共同的精英文化之中，并成为城市身份的一部分。

经过几十年的时光流逝，帝国的宫殿和神坛完工了，房屋代替了蒙古人居住的穹庐，使得首都原始自负的新奇变得柔和起来。当北京早期的历史消退时，它获得的价值成为比它所摆脱的东西更珍贵；的确，恢复过去的困难也许使其更加宝贵。在一个没有广泛识字的社会里，历史知识是宝贵的。甚至对于那些受过教育的人来说，他们所受到的训练鼓励他们对历史进行研究（即使有一个可证明的正统版本），有关北京历史的信息很容易遗失、扭曲或被掩盖。在明朝开始的时候，城市历史的文字资料就已经很少了，此后正式的知识以一种无系统的方式积累起来。⑩ 后来的实践表明，视觉记录可能不会开始大量出现，根本很少被保存 113

⑩ 在明末，北京的历史知识更加系统；20 世纪，考古学和其他发现极大地扩展和巩固了我们有关明以前城市的知识。

下来。⑪

当然，口头传说有很多，但现在对于我们来说几乎失传了。过去的地名、习俗、节日、口头传说、歌曲和故事顽强地保存下来，但这些知识是可塑的，随着时间的推移变得更加脆弱。流传下来的故事最常见的是围绕明代城市的重建，在北京的历史中证据一直被视为一个决定性的转折点。⑫

对于所有居民来说——无论是识字还是不识字，这座城市本身就是准备最为充分而且是以往历史信息可靠的储藏地，一种三维博物馆式的百科全书，我们可以多少理解这座新首都的居民们是如何认知明代之前的北京。

尽管文献不易得到，但是元代和明代北京之间的自然转变仍然是可以看到的。⑬ 人与事件的传说附着的地点（甚至那些后来全部重建的）反过来成为与过去进行交流的重要地方。明代保留了元代北京东西两边的城墙，重新确定了北面和南面的范围，把元大都的中心保留为新首都的核心。在这些地区，有最大连接成片的街道和水路，大概还有建筑物和街区。这个帝国的城市得到重新改造和重建，湖泊通向城市的北部，但并不引人注目。许多大一些的建筑物（以及大概小一些的）持续到明代或在早

---

⑪ 《元一统志》，成书于约 1300 年，也许包括一个区域地图，陈高华、陈智超：《中国古代史史料学》，334 页。卢沟桥的绘画对于我来说，是唯一展现明代以前北京任何部分的画作。现存首都博物馆的一幅元代绘画的画面上，圆木在十一孔拱桥附近沿河而下，它就是俗称的《卢沟运筏图》，并在阎崇年的《古都北京》第 80 页中转载。（亦见中国古代书画鉴定组编：《中国古代书画图目》，卷 1，金，2～273 页。）其他相同的绘画保存于台北“故宫博物院”，被认为出自宋代并且通常称为《雪山行旅图》，《故宫周刊》，第 276 期；亦见史树青：《王绂北京八景图研究》，载《文物》，1981 年第 5 期，83～84 页。

⑫ 有关建造城市的哪吒神奇故事，开始讲的是元代的首都，后来彻底改换为永乐重建的传说，陈学霖：《北京建城的蒙古传说》，载《亚洲专刊》，第 3 系列第 3 卷第 2 期（1990 年），第 63～96 页；陈学霖：《刘伯温与哪吒城：北京建城的传说》。

⑬ 大多数学者在时间上的努力已经确定了帝国大都仍保存着的那些部分。朱偰：《元大都宫殿图考》；夏南悉：《蒙古资助下的帝国建筑：忽必烈的大都皇城》；《日下旧闻考》，卷 30～32。

期的地点上被重建。⑭

宫殿是过去保存最好的部分之一——对于那些享有特权进入宫殿的人们而言。在那座建筑物之外，泉水、湖泊、树木、街道、墙壁和格子状的街道设计仍或多或少地保存完好无损。尽管其他元代建筑肯定会被保存和再次利用，但我们很少知道有关象房、店铺和作坊的更多故事。寺院是个例外。建造持久且更易于保存， *114* 它们也有历史，这些历史是公开记载中可以接近的部分。这种优势有助于它们在北京的生活和历史中变得异常重要（如同在帝国一般）。

我有关寺院的资料提供了转移到宫殿以外地区去研究朝代的一个途径。通过这种估算，可靠地说约有 129 座寺院建于 1403 年以前。而它们之中，三分之二建于元代，其余的建在元代以前。另外 64 座声称（没有确切的证据）建于元代或更早的时期。⑮

我们应该认为这 193 座明代以前的寺院是一个庞大的数目吗？据我所知，352 座寺院在 1500 年的京畿地区中仍然存在着，并且，虽然二者的数目是被低估的，但它们的比例可能更可靠。如果是这样的话，在 1500 年，在所有宗教设施中，明代以前的寺院有一多半并且在明初的城市中是一个重要的存在；除了宫殿，它们的确是可以看见的最重要的古老建筑。⑯

牟复礼（F. W. Mote）认为“中华文明没有把它的历史嵌入建筑之中”，从 13 世纪至 16 世纪，建筑风格之中的差别必然是更加

⑭　有关这些古老城市的地点，参见黄铭崇：《18 世纪北京城市形态研究》，地图第 2-13 号、第 2-14 号；侯仁之主编：《北京历史地图集》，21～28 号。

⑮　64 座寺院中的 49 座（占 76%）被认为是元以前的。129 座寺院中只有 2 座是明代皇家范围内的。

⑯　如果只考虑确切的寺院日期，36%是明以前的；如果包括那些传闻证明的寺院，数字达到 54%。对比现存明以前寺院与元代寺院的全部数量可能用的是一种不同的方法。然而后来甚至是去估算也是非常困难的。从《元一统志》北京部分的片段可以得知，被重建并且只列出更广阔元大都地区的 120 座寺院，其中许多没有保存到明代。《元一统志》，卷 1，21～54 页。元代县志《析津志》也遗失了，后来根据明和清的资料重新汇编；它能过多地代表幸存者。北京图书馆善本组辑：《析津志辑佚》，54～94 页。在元代首都，两种资料都无法用于获得超过最低限度估计的寺院数量。

精细微妙而非显著的。⑰ 此外，寺院（如同其他的建筑）以主要和次要的方法得到持续恢复和重建。在建筑方面，正如在其他方面一样，中国的过去被轻轻地折叠进现在之中，差异被淡化而不是被强调。我们也许知道，在1500年，北京寺院的一半是出自元代，但是那个时代的人们也许无法通过他们的视觉而辨别这些寺院。

应该提醒读者，中国人没有通过连续的日历留意现在与过去
115 的关系，这种方式可自动找到一个事件之间简单的内在联系。⑱ 相反，复杂的计算对于测量两个事件之间的间隔是必需的，即使对受过教育的人来说，需要进入正统的历史中，并拥有良好的记忆力。普通人也许知道辽代后面是金代，金代后面是元代，但可以肯定的是，他们只有模糊的感觉：几百年前是辽代时期。对于明代北京的居民来说，元代如此迅速地成为“古老的”，更早期甚至更古老的朝代。然而，宝贵的古代却没有得到正确的理解。

然而，公共建筑充当过去的储存地有助于建立一种共同的历史责任感。建在西山耶律楚材坟墓旁的祠堂也是如此。在蒙古人于1215年占领北京时，是北京当地人在那里值守，耶律楚材后来侍奉成吉思汗和窝阔台可汗，但是他在蒙古朝廷中却是一个对华北有兴趣的倡导者。在明代，文人拜访这座坟墓和邻近的祠堂：里面的石像和外面侍从的石像无言地证明了某种朦胧的古代。⑲

---

⑰ 也许是由没有改建的残存建筑、不充分的学术关注和西方定义的“风格”造成的幻觉？牟复礼：《中国千年城市史：苏州的形式、时间和空间概念》，载《莱斯大学研究》，第59期（1973年），51页。

⑱ 在普通应用中的年号制度（例如在一个重复六十年周期的某某年，或皇帝统治的某某年）中，任何一种都无法测量漫长的时间跨度或提供按顺序把稍短部分与另一个部分相互连接的方法。必须按顺序了解每位皇帝的名字和每个朝代的时间，以便于进行推算，例如，在明代正德二年和洪武二十三年之间的时间；也必须了解由官方计算每个前面朝代的长度和次序，以便于知道明代以前的唐代是多少年。

⑲ 它位于今天的颐和园内。对游人来说，耶律楚材埋葬和圣祠修建的日期是不清楚的（按公历算分别为1243年和1261年）。刘侗、于奕正：《帝京景物略》，卷7，307～310页；谈迁：《北游录》，73～74页；《日下旧闻考》，卷99，1655页；首都博物馆编：《元大都》，36～37页。另一座祠堂建于明代，供奉着一位元代的人物——文天祥——有助于保存另一段国家和地区意义的元代历史。参见第六、十一章中的讨论。1377年和1545年，在北京官方也建造和维护元代皇帝忽必烈的祠堂；对由礼部官员体现的这种政府支持的适合性的怀疑最终导致其被遗弃。《日下旧闻考》，卷50，791～792页。

护国寺——位于宫殿西北的一座大型寺院，根据寺内碑文可知，其建造时间为元代。对于其他人来说，一对寺院雕像不寻常的服装和发型似乎有使人受到鼓舞的故事（对此并没有确认的证据），那个地点是元代丞相脱脱的住所。⑳ 西城墙外的白云观是丘处机的一座道观，丘处机是早期全真派的一位创始人，死于1227年。而丘的历史可以从石碑上获知，似乎人人都知道有关这位神仙如何每年在他的诞日回来的故事。㉑

过去被附着于事件，同样也附着于地方以及物品——不论是小而轻便的，还是大而笨重的——更容易被公众所接近，当存放于寺院中的时候更容易避开衰退和灾难而得到保存。例如，元代 116
著名书画家赵孟頫的作品被受过教育者骄傲地称为艺术和历史。除了藏于私家和皇家的作品外，在北京寺院里至少有五块公开展示的石碑保存着赵孟頫的墨迹。㉒

当时，许多元代的地方和物品在一个变动的城市中消失了，转变了或迷失了它们的辉煌。10世纪至13世纪金代和辽代城市的踪迹甚至消失得更快。这两个朝代首都的实际地点位于明代早期北京的西南部。㉓ 像“燕山八景”的景色一样，后来与金代有联系

⑳ 这个故事首次提到（我所看到的材料中）是在明末。刘侗、于奕正：《帝京景物略》，卷1，33～36页。

㉑ 北京图书馆金石组编：《北京图书馆藏中国历代石刻拓本汇编》，第53册，126页；沈榜：《宛署杂记》，卷19，203页；刘侗、于奕正：《帝京景物略》，卷3，137～139页。关于丘处机，姚道中：《全真教：12—13世纪中国北方的一个新教派》。重要的是不要把明代对元代的理解与我们的混为一谈。元代的土城墙、钟楼和望楼并未确定。我们所称的元代两座塔据传说是监狱的所在地，“在晚上冤屈的灵魂会哭泣”，但即使是学者对这些塔的年代也表示存疑，刘侗、于奕正：《帝京景物略》，卷4，157～161页。

㉒ 后来有关其绘画在寺院收藏的传闻，金昌业：《稼斋燕行录》，170～173页。关于赵的书法，《日下旧闻考》，卷52，833～836、836～839页；卷53，845页；卷104，1733～1734页。刘侗、于奕正：《帝京景物略》，卷2，64页。珍尼特·R. 顿布鲁克：《1927年东岳庙记》。赵成为城市中一个名人，他的诗有时因首都的景色而再次印制（例如，刘侗、于奕正：《帝京景物略》，卷4，160页）。

㉓ 辽和金首都的部分被并入16世纪新南城的西面部分。参见夏南悉：《中华帝国的城市规划》，图19。

的许多地方或在宫殿内，或在西郊。在八景以及保存的明代皇城内命名的小岛或周围的湖泊中，据说在金代就已经是一个避暑地并且与皇帝金章宗（1190—1208 年在位）有着特殊的联系。郊区的鹿园、钓鱼台、香山和玉泉山对明代的文人来说，也是金朝统治者休闲和避暑的地方。这样的知识深植于口头和书面的资料中，但在那些地方没有历史遗存。㉔ 走到那里的普通人不会看到任何过去。

明清记载列出了 17 座金代寺院和 20 座辽代寺院（平均分布在城内外）。㉕ 在遥远的山上的戒台寺，仍有一块“大金”石碑和一块更早的辽代石碑。灵光寺（也在这座城市的西边）有一篇 1479 年的碑文宣称（能够看清的文字），金朝统治者在大定二年（1162）之前就已经更改了寺院的名字。㉖ 对于没有受过教育的人来说，17 世纪初的戒台寺有一棵大而且散开的松树，要四或五个人才能环抱。在这些人的眼中，这是古老的显著标志。㉗ 事实上，在许多地方，庞大的树冠（特别是松树和银杏树）被理解为古代遗迹的标志。

117 元代以前更为明显和独特的古代遗迹是高大的八面菱形独立石幢，也就是按辽代的惯例在其上面雕刻佛教保佑符咒的经文。在后期没有模仿或加以恢复，这种样式是辽代遗址的一个典型标志。20 座寺院至少有一个经幢（*dharani* pillar）。㉘ 即使是不识字的人也能认出是非同寻常的人制作了密密麻麻的图案，重复的

㉔ 蒋一葵：《长安客话》，卷 1，12～15 页；卷 3，47～48 页。谈迁：《北游录》，250～254 页。陈文述：《颐道堂诗选》，卷 3，6 页。《日下旧闻考》，卷 87，1462～1463 页；卷 89，1515 页；卷 95，1592～1594 页。亦见夏南悉：《蒙古资助下的帝国建筑：忽必烈的大都皇城》，47～48 页。

㉕ 非直接证据增加了 9 座金代寺院和 3 座辽代寺院。

㉖ 北京图书馆金石组编：《北京图书馆藏中国历代石刻拓本汇编》，第 52 册，148 页。

㉗ 蒋一葵：《长安客话》，卷 4，77～78 页；刘侗、于奕正：《帝京景物略》，卷 7，310～314 页。

㉘ 法源寺有 4 个。张江裁、许道龄：《北平庙宇碑刻目录》，72～76 页。然而在市郊的法海寺有 3 个明代早期的经幢（我于 1988 年 6 月参观该处）。

字符覆盖了这些柱子的表面。此外，在这样的寺院里，通过这些起码可以被认为是充满保佑力量的柱子旧物，和尚们的知识可以传达给未受教育的游人们。对于文人来说（正如对现代的历史学家），这些东西和它们的文字作为历史证据是非常有意义的。

在辽代以前，只有少数的北京寺院有确切的年代记载。7 座声称来自宋代（也就是，北宋，960—1126），但是只有唐代（618—907）的寺院才具有真正古代的象征。虽然只有在城市西边山上的较高级别寺院具有这种意义，但仍有 25 座寺院声称起源于唐代。[29]资料往往表明没有超过较早名称的记忆。[30] 其他寺院珍藏着可能的古董：例如，三个唐代《心经》石刻，或者据说是在 1130 年金军入侵杭州时从上天竺寺院转运而来的不同寻常的木制观音像。[31]

许多寺院给出了虚假的精确度，坚称它们的东西——碑文、钟或者塑像，源于唐代贞观年间（627—649），是古董。经证实，唐代在北京历史上是一个重要时期。[32] 但在此的准确度并非我们所关心的事情。是什么事情使得北京的居民认为他们的某些寺院建于唐代并且利用它们去建构这座城市的过去。

庙产中古老的物品常常与死亡相关，例如，在西山大觉寺（一座标明 1068 年的寺院）和潭柘寺（一座标明 1175 年的寺院）

---

[29] 没有单独证据表明是在这个地点，我没有查证这些说明。

[30] 参见沈榜：《宛署杂记》，卷 19，第 197 页中有关郊区的卧佛寺的记载；刘侗、于奕正：《帝京景物略》，卷 7，第 314～318 页中有关潭柘寺的记载。

[31] 《心经》的复本以及标有唐广德二年（764 年）的日期被刻在石镫庵的石头上。刘侗、于奕正：《帝京景物略》，卷 4，154～155 页；《日下旧闻考》，卷 49，786～791 页。关于其他寺院，《日下旧闻考》，卷 50，788～791 页。有关观音，《帝京景物略》，卷 3，138 页；《日下旧闻考》，卷 95，1594～1596 页。

[32] 有关这些例子，《日下旧闻考》，卷 50，788～791 页；卷 52，839、861 页；卷 61，998 页。刘侗、于奕正：《帝京景物略》，卷 1，36～37 页。在 7 世纪中期，这座城市是唐军远征东北的总部所在地。阎崇年：《古都北京》，45 页。

118 的佛塔和辽代和尚的墓志铭。㉝ 死去的人同样也在口头传统上保存力量。法源寺，北京最古老的寺院之一，其建立的传说与死亡部分相关。其早期的名字“悯忠”，指阵亡在辽东战场上的唐朝士兵，他们的尸骨从那里被带回并得到安葬和照料。㉞ 明末传说解释称，城南的大蚁丘据说是辽金战争中被屠杀并且没有得到掩埋的死者，转变为一群群的昆虫形成的。在每年春天扫墓的日子里，这些蚂蚁回到此地，他们的坟墓。㉟

在唐代以前，北京已知的历史是相当稀少。有 9 座寺院坚称起源于隋代（581—618），但是大部分没有得到可靠的证实。㊱ 现在仍可以看到的天宁寺高塔，被认为是阿育王的佛祖遗物存放处之一，其隋代的石碑在元代末期遗失了。㊲

明代的首都甚至宣称有两处古迹来自近似传奇的周朝（公元前

㉝ 大觉寺，《日下旧闻考》，卷 106，1766～1767 页；本书图 15 - 1。潭柘寺，《潭柘山岫云寺志》，46～48 页。在 18 世纪，潭柘寺有将近 12 座明代以前的佛塔。金朝统治者的皇家坟墓离北京西南不远，但是直到明末它们似乎一直被忽视，作为对关外满洲反叛（被理解为金朝的复兴）的反应，它们被“亵渎”。（译者按：天启二年，由于后金的努尔哈赤势力崛起，为了断绝后金的“龙脉”，明熹宗下令夷毁金朝帝陵。）柯娇燕：《历史的透镜：清帝国意识形态中的历史和族性认同》，170 页。直到清代，金代的陵墓得到再次照管并且被带回公众的意识中。《清实录》（顺治朝），卷 106，11～12 页；顾炎武：《京东考古录》，42～43 页。关于寺院的地址，参见于杰、于光度：《金中都》，地图。

㉞ 刘侗、于奕正：《帝京景物略》，卷 3，118～119 页；《日下旧闻考》，卷 60，972～985 页。两座宝塔建在大片墓地之上的传说，是后来被添加在双塔寺上的。刘侗、于奕正：《帝京景物略》，卷 4，158 页。有关地点同样与隋末北方战争相关，《宛平县志》，卷 1，57 页；《日下旧闻考》，卷 60，973 页；卷 95，1598～1599 页。

㉟ 刘侗、于奕正：《帝京景物略》，卷 3，134～135 页。

㊱ 在北京西南 40 公里的房山，一座有影响的中世纪寺院，因其有雕刻佛教石经的大工程而闻名。这种复杂的工程只有在明末皇家的赞助下才得以纳入北京的轨道，即使那样其仍然超越了大部分北京居民所能达到的文化程度。塚本善隆：《中国近代佛教史的诸问题》；雷德侯（Lothar Ledderose）已经在从事这个项目的研究，我感谢他有关这方面的指导。（译者按：作者此处所提到的佛教石经即著名的房山云居寺石经。）

㊲ 塔可能建于辽代。刘侗、于奕正：《帝京景物略》，卷 3，139～142 页；《日下旧闻考》，卷 91，1542～1547 页；阎崇年：《古都北京》，54 页。

一个千年前)：孔庙的“石鼓”和檀香如来佛。二者都是皇家的战利品，据说是金朝于1126年从宋朝的首都开封运来的，东西被合法地运到作为一个继任首都的北京。十面鼓(实际上是一米高并且被熏黑了的大石块)保存了我们所知道的可信周朝内容的古老文字。[38]传说释迦牟尼的檀香塑像来源于佛祖自己本身所在的年代(公元前7至公元前6世纪)是相当不可靠的，但对明代的奉行者来说是一种看得见的力量：真人大小的雕像颜色随着季节而发 119
生微妙地变化，木料足够柔软被擦得锃亮如漆，有很大的金属回声。[39]

寺院通过它们的塑像、物品、故事、名字和自然存在，保存和形成了北京的历史并且使其易于接近。反过来，寺院成为城市连续性和身份的关键性证明。

城市重新安置

在15世纪早期，当巨大建筑工程围绕着较古老的建筑物时，北京的居民被新来者的浪潮裹挟着。尽管我们对元代居住在城市的下层、本土语言和传统的基本载体知之甚少，但我们能确定出自新社会的其他组成部分，可能缓慢地形成的集体身份。

在蒙古人统治的最后几十年里，南方粮食输入的中断夹杂着经济崩溃，但在元明更替的过程中，北京没有遭受重大的物质损失。[40] 1368年夏天，当新王朝在中原建立起来的时候，明朝将军徐达没费一兵一卒就占领了被放弃的大都。虽然元朝的统治阶层逃走了，但许多普通的百姓——包括蒙古人和汉人，留了下来或不久又返回来。徐将军成为这座城市的总司令，立即把这座城市

㊳ 马几道(Gilbert L. Mattos)：《秦石鼓》，363页。参见在第八章的讨论，亦参见裴丽珠：《北京》，171～173页。

㊴ 清代藏传佛教崇拜的对象，依次容纳在6座北京的寺院里。刘侗、于奕正：《帝京景物略》，卷4，170～171页；《日下旧闻考》，卷41，648～649页。

㊵ 有关明初更详细的北京社会的重建，参见盖杰民：《明代北京(1368—1644)》，特别是第二章。

命名为北平。当明朝创立者于1370年把土地和官衙赐给他的儿子们时，这座城市作为封地赐给了第四个儿子。朱棣——十个男孩子当中的一个，被赐予“燕王”的称号，与徐达的女儿结婚，1380年搬入整修过的元代宫殿。㊶ 直到14世纪末，在皇帝军事移民鼓励的援助下，人口才从元代的崩溃中恢复起来。㊷

洪武皇帝死于1398年，其长子的儿子继承皇位。在1399年夏天，边境发生了一系列战役，燕王发动了历时三年的叛乱，推翻
120 了侄子的皇位取而代之。㊸ 1402年，作为永乐皇帝，他搬到南方的南京，但他与燕地仍保持着牢固的联系，并且几乎即刻着手把他当皇子时的领地转变为第二首都。1403年，易名为北京（北方的首都）并制定了城市规划；从1406年开始修建主要的建筑。同时，在这座城市北边的皇家陵寝也开始破土动工。1417年，这位皇帝搬到了北京，开始永久定居在当时所称的京师，在1421年的头个月里，他举行了朝贺庆典。随后进一步完成北京的重建。15世纪40年代，在与南京分担双重首都地位的几十年后，北京最终成为这个王朝的主要中心。㊹

当明代的北京呈现出生机和活力的时候，它却不得不适应在北部与蒙古人越过山脉的土地接壤所造成的损失，并把自己改造成为一座重兵防守的堡垒以防御来自这个方向的军事威胁。这座城市也还需要与南方一带铸造更为紧密的联系，这使得15世纪最

㊶ 富路特、房兆楹主编：《明代名人传》，355～357、605～607页；朱彝尊：《日下旧闻》，卷1，23～25页。亦见爱德华·德雷尔：《明初中国：1355—1435年政治历史》。

㊷ 许大龄：《明代北京的经济生活》，载《北京大学学报》（人文科学版），1959年第4期，41～42页；范德：《明初的政府：两京的发展》，61、65页；乔安妮·克莱尔·维克兰：《中国明朝首都的行政部门：16世纪的北京》，35～36页。我们能有多少自信把120万“人口”置于1393年的“京畿地区”登记之下呢？《畿辅通志》，1735年，卷30，18页。有多少人住在城内或周边呢？

㊸ 关于这些事件的二手资料是丰富的。参见《剑桥中国史》，第7、8卷。

㊹ 爱德华·德雷尔：《明初中国：1355—1435年政治历史》，186页；牟复礼、崔瑞德编：《剑桥中国史》，第7卷，209、237页；黄铭崇：《18世纪北京城市形态研究》，36～37页；范德：《明初的政府：两京的发展》，128页。

初十年提出恢复大运河的任务变得更加容易。不久，依靠北京后面的国家资源，北京开始吸引——并且征用——物资和服务以及整个帝国的人口，当地的经济变得更加朝气蓬勃。

在 15 世纪的头数十年里，转变成国家首都的这座边境城市引起了一波大规模的移民潮，一些是自愿地，一些则是国家的命令。[45] 南城城墙外的地名反映出那些社区的人们出身于士兵并且一起入住营房，例如，在宣武门附近山西、四川驻军狭窄空间的胡同，或来自遥远南方的安南和蛮子兵的营房。[46] 这座城市附近曾经是蒙古统治时期被用于放牧的土地和贵族庄园，用于耕种的土地是免费的，更多军事殖民被建立起来，来自西北的罪犯们在土地上劳动，农业移民（估计数量较大）受到机遇的吸引并被许诺免税。为了提高农业产量和政府的税收，1403 年，这位新皇帝命令大约三千 121
名“有产者”从中原迁入首都；而其他人则安置在城里服务于朝廷。[47]

此前的四个世纪，北京不再是汉人朝代的首都，并且在明代早期仍保持着其多样性。穆斯林、蒙古人、女真人、藏人和畏兀

---

[45] 范德：《明初的政府：两京的发展》，100 页。大卫·罗宾逊（David Robinson）《明中期京畿地区土匪与叛乱（1450—1525）》第 83 页引用其他二手文献的结果显示，在明朝统治的前三代（即 1425 年前），多达 100 万人可能迁移到这座北方大城市（确定为北京）。

[46] 在城里，其他的地名表明新居民的集中：河南营；白回回胡同，可能是穆斯林；山西厂；陕西巷；丰城胡同（江西的一个城市）。张爵：《京师五城坊巷胡同集》，各处；侯仁之主编：《北京历史地图集》，31～32 号。对于这些保存下来的独特社区并不清楚。

[47] 范德：《明初的政府：两京的发展》，151～152 页；盖杰民：《明代北京（1368—1644）》，13 页及各处；乔安妮·克莱尔·维克兰：《中国明朝首都的行政部门：16 世纪的北京》，182～188 页；万依：《论朱棣营建北京宫殿迁都的主要动机及后果》，载《故宫博物院院刊》，1990 年第 3 期，32 页；佐藤学：《明初北京への富民层强制移住について》，载《东洋学报》，第 64 期（1983 年），1～2、69～98 页。关于在宫廷工作的来自中原的熟练工匠和来自中国北方地区的宦官，陈大卫（David B. Chan）：《燕太子的篡夺，1398—1402》，97～100 页；盖杰民：《明代北京（1368—1644）》，65 页；万志安：《明末江南的市政改革和城市社会冲突》，载《亚洲研究学报》，第 50 卷第 2 期（1991 年），282 页。在北城东南角的镇江胡同、苏州胡同和扬州胡同可能指的是举家迁移，张爵：《京师五城坊巷胡同集》，各处。

儿人成为北京常见的一个风景。据15世纪60年代一位学者估计，有一万名蒙古人住在这座城市里。[48] 外国使团也展示了某种世界性，他们开始定期到达北京，人们期盼着皇帝（永乐）的赞助，进行前所未有的航海扩大明代附属国的数量。使团来自朝鲜和安南，来自暹罗、爪哇、文莱、占城、波斯和中亚的国家，甚至来自帝国内非汉族的苗、瑶、畲和壮族地区。[49] 永乐皇帝对藏传佛教的形式产生了浓厚的兴趣，当上皇帝后，他就从中亚邀请僧侣使团到他的首都（最初是南京，后来是北京），他的继任者也同样断断续续地这么做。[50]

在这种多样化和不稳定的社会之外，出现了强大而杰出的人物，他们中的大多数从朝廷中汲取他们的经济和文化资本，还有一些是在科举体制和官僚衙门中的成功者。在第六章，我们会详细地研究这些精英。此刻，让我们勾勒一下明代首都社会的大概轮廓吧。

皇权的重要性在于与一个相互联系皇家军事精英的社会、政治、文化和经济地位保持平衡。正如其他人争论的那样，统治家族、他们的外戚、锦衣卫和皇宫里的宦官的结合是在15世纪的过

---

⑱ 林蔚（Arthur Waldron）：《中国的长城》，95页。亦参见司律思：《15世纪首都警察中的外国人》，载《远东学报》，第8期（1961年），59～83页；陈学霖：《北京建城的蒙古传说》，载《亚洲专刊》，第3系列第3卷第2期（1990年），63～96页。大卫·罗宾逊《明中期京畿地区土匪与叛乱（1450—1525）》第二章表明一直持续到16世纪，在北京城内外军人中蒙古人的重要性。为了方便读者，我使用不合时代的20世纪中期的“维吾尔”这个词语来指代明清时期塔里木盆地绿洲中讲突厥语的穆斯林信徒。

⑲ 崔瑞德、牟复礼编：《剑桥中国史》，第8卷，各处。陈永海（Wing-hoi Chan）：《客家族谱中的命名：一种宗教习俗及其衰落》，见科大卫、萧凤霞（Helen F. Siu）主编：《深入乡土社会：华南的地缘纽带》，他的研究表明，我们可能想说“所谓的非汉人”。

⑳ 《明史》，卷331，8572～8577页；龙池清：《明代北京における喇嘛教团》，载《佛教研究》，第4卷第6期（1941年），特别是第70～75页；艾略特·H. 斯珀林：《明初对西藏的政策》。

程中出现的，并成为北京生活中一个最典型的特点。[51]

核心是皇族。在此后的两个半世纪中，朱棣的后裔持续了十三代，所有都是在北京出生和成长的。其他的皇子被送到远离首都的地方生活，而皇家的女儿们在宫中成长，然后与当地人结婚。作为妃嫔进入紫禁城的年轻女子们通常同样是在首都地区土生土长的。那些足够幸运能生育男孩的女人们，她们的地位提高到令人眩晕的程度，变成妻子，甚至皇后和皇太后。随着她们在这个社会地位上升的是她们的亲戚，特别是她们的父亲和兄弟。[52] 122

一些皇家的姻亲出身普通，一些是军事家族的成员，经常是锦衣卫的官员。其他人在结婚后会接受锦衣卫的任命进入皇族。[53]一些是通过奖赏继承爵位。公爵、侯爵和伯爵的官衔被分配给外戚和其他受宠爱的人，这些家族成为原始当地“贵人”的支柱。

在1420—1620年，有75名贵族居住在北京。[54] 这些包括7名公爵、28名侯爵和40名伯爵。10名是外戚。55个家族持续他们

---

[51] 富路特、房兆楹主编：《明代名人传》，859页；盖杰民：《明代北京（1368—1644）》，206～207页；乔安妮·克莱尔·维克兰：《中国明朝首都的行政部门：16世纪的北京》，290～295页；爱德华·德雷尔：《明初中国：1355—1435年政治历史》，68、86页；艾伦·弗雷西亚·索利尔（Ellen Felicia Soulliere）：《明代宫廷妇女：1368—1644》；大卫·罗宾逊：《明中期京畿地区土匪与叛乱（1450—1525）》。

[52] 关于皇子，《明实录》（嘉靖朝），103～104页。我从未看到有关作为寺院捐助人的明代皇子的参考资料（除了永乐皇帝是燕王的时候）。艾伦·弗雷西亚·索利尔《明代宫廷妇女：1368—1644》第301页中指宦官协助选择通过婚姻进入皇宫的家庭；我没有做过系统的研究。有关公主与当地男人结婚的例子，富路特、房兆楹主编：《明代名人传》，75、856、1102页。参见艾伦·弗雷西亚·索利尔有关明代宫廷内妇女生活的更广泛讨论。

[53] 艾伦·弗雷西亚·索利尔：《明代宫廷妇女：1368—1644》，311～318页。鉴于他们在京畿地区社会内的军事优势，这个联盟并不奇怪。大卫·罗宾逊：《明中期京畿地区土匪与叛乱（1450—1525）》，100页。

[54] 《明实录》（嘉靖朝），105～107页各处。我将把那些只拥有一代或少于三十年的有头衔的许多家族以及一些明确并完全地居住在首都以外地区的家族排除在外。我不得不用1620年作为分界日期，因为在《明史》中，许多称号拥有者最后一代的资料是不完整的。

的父系和保持他们的称号超过八代。其他的则消失更快。对于皇族和皇室的成员来说，俸禄可以充分证明贵族称号的声誉，收入来自附近的皇家土地。[55] 这些大的皇庄是京畿地区的一个典型特征（特别是北京南边）。[56]

与有称号的家族和锦衣卫官员相互交织在一起的是北京最有
123 权势的宦官。这是一个自然的联合。宦官掌管着皇庄的经营、皇室的事务和宫殿里的生活。他们当中的许多人本身就来自京畿地区，与他们本地的社区保持联系，他们的行为表现与当地的男人别无二致。[57]

十二个主要的宦官衙门包含了全方位的宫殿服务和供给的职责：人员、配饰、徽章、马匹、寺院供品、食品、印章、证书、宫殿维修、衣服、交流和礼仪事务。这些衙门管理者的职位是有威望和权力的，随着时间的推移，一个全面苦心经营和向外扩张的宦官权力不仅深入北京和周边地区，而且也深入帝国的经济和政治方面。司礼监和锦衣卫宦官管理的西厂和东厂成为恐怖的编外官僚监督管理机构。[58]

作为皇城内宦官的补充的少量侍女们，她们担当侍从、女佣、奶妈、裁缝、洗衣女和厨娘。这些宫内的侍女们（肯定是当地人）与宦官们建立了虚拟的亲属关系，并且，同样在首都的生活中，这些皇家的仆人变得非常积极。宦官们也与有称号的贵

---

[55] 这些俸禄的范围从每年 5 000 石（谷类）向下到 900 石；公爵超过 2 000 石，其他是 1 000 石上下。《明实录》（嘉靖朝），105～107 页各处。我已保留“内务府”来指清代管理皇家事务的机构；在明代，这样的事务由宦官机构进行处理。

[56] 黄仁宇：《16 世纪明代中国之财政与税收》，106～107、303 页；盖杰民：《明代北京（1368—1644）》，91～95 页；于德源：《明代北京的庄田》，载《北京史苑》，第 3 辑（1985 年），117～127 页；大卫・罗宾逊：《明中期京畿地区土匪与叛乱（1450—1525）》，94～97 页；蔡石山（Shih-Shan Henry Tsai）：《明朝太监》，165～170 页。一些庄园用于供给特定的宫廷大殿，沈榜：《宛署杂记》，卷 8。

[57] 盖杰民：《明代北京（1368—1644）》，91、93 页；大卫・罗宾逊：《明中期京畿地区土匪与叛乱（1450—1525）》，91～94 页。

[58] 贺凯：《中国古代官名辞典》，第 2231、5238、7421 条；蔡石山：《明朝太监》，39～56 页；牟复礼、崔瑞德编：《剑桥中国史》，第 7 卷，349、465～466 页。

族建立密切和重要的联系，甚至是更有影响力的皇后和公主的代理人。[59]

并非所有的皇室成员、首都驻军或宫廷人员都是有钱有势的。对于这些等级制度中最上层的精英来说，皇家的权力和关系提供了金钱、财产、权力和许多利用和滥用他们权力的机会。明代的历史，是由他们的对手撰写的，已经迅速告诉我们有关他们不负责任、榨取、残酷的行为。在第五章中，我将纠正（也许是矫枉过正的）这种不平衡，以及更富有同情地看待北京的精英在当地宗教和上流社会相互连接中所扮演的领导角色。正如我们所看到的那样，他们中的许多人投入大笔钱财建造和恢复北京的寺院，资助僧侣，建造坚固的坟墓并在他们的别墅花园中奢侈地进行娱乐。

皇家的权力就这样建立并扎根于首都地区这些家族交织的网络之中。好的和坏的皇家影响是通过妇女、仆人以及亲戚，通过军人、贵族和宦官，越过宫殿的城墙和皇城向外流动，进入北京，进入当地。而当地的文化也沿着同样的渠道向上流动。

这个朝廷的精英既反映了北方首都粗略、流动、边界的性质，124
也反映出其孤立的、女性化的宫廷世界。与那些出身富家或受过教育的人相比，宦官和外戚是在一个更不稳定的基础上构建了他们的地位。依赖极短时间的皇家恩惠，不断地受到宫廷阴谋和官僚敌意的挑战，他们可以指望在仅有的一生中获得他们的权力——至多——不是说一心一意，但他们必定对他们的成功担忧。然而北京的社会与其他城市中的社会是不相称的。世袭头衔和俸禄给予其贵族们一个持久的权力，这与那些通过商业、土地和科举成功者而幸存下来几代的人相类似（虽然有些甚至比他们更多一些）。

---

[59] 艾伦·弗雷西亚·索利尔：《明代宫廷妇女：1368—1644》，261～262、266～268页；黄仁宇：《万历十五年》，13、58页；希尔（Ph. de Heer）：《看守皇帝：15世纪中国皇家的机构的方面所反映的在朱祁钰统治期间的政治历史》，12页。

宫廷精英并没有完全统治首都。兵营作为城市防御的警戒线被布置在更宽阔的地区以及郊区，军事家族成为当地社会中重要的组成部分。[60] 此外，虽然比例不同，如同其他的城市一样，北京既有当地受教育的精英，也有一批寄居的官员、文人和商人。

15 世纪早期，科举考试的恢复为当地家族能够进入国家官僚机构创造了机会，在元朝统治时期，官僚机构在其上层并非封闭的。大兴和宛平（北京范围内的县）就有这种成功者，他们通过几个级别的考试达到最高级——进士。在整个朝代过程中的 79 次考试中，两县产生了 204 位最初等身份拥有者（举人）：开始的时候人数并不多，但是在 15 世纪 40 年代和 16 世纪 20 年代，每年都会有几个，此后为数更少，而且在 1625 年后，再次出现了一个短暂的波动。通过与帝国其他地方进行比较，我们能将其视为还不错的结果。[61]

事实上，来自北京的进士数量是实际的两倍多。更多数量的
125 男子是在锦衣卫或首都的其他兵营中进行登记并且也参加考试；从 15 世纪中期开始，他们做得相当出色，包括城市中一些非常有名和相当受尊敬当地人的儿子。[62] 这些在当地拥有身份的人获得进

---

[60] 估计人数从 150 000 人至 300 000 人，他们具体驻扎在北京地区何处是不清楚的。范德：《明初的政府：两京的发展》，173 页；盖杰民：《明代北京（1368—1644）》，57～63 页；乔安妮·克莱尔·维克兰：《中国明朝首都的行政部门：16 世纪的北京》，99 页；崔瑞德、牟复礼编：《剑桥中国史》，第 8 卷，54～72 页。

[61] 平均每次考试为 2.6 个。《畿辅通志》，1884 年，卷 5，35～36、128～353 页（我的统计）。一个令人困惑的不同和较大的数字（611 个相对于此处的总数 480 个）——我没有使用——可以在清代早期这两个县的县志中找到，《宛平县志》，卷 5，3～30 页；《大兴县志》，卷 5，3 页以后。1885 年的《顺天府志》与《畿辅通志》所记载的大致相同。《顺天府志》，1885 年，卷 115，5560～5590 页。亦参见佐藤学：《明初北京への富民层强制移住にっぃて》，载《东洋学报》，第 64 期（1983 年），1～2、75、85 页。这两个县的总数（204 个）与何炳棣（Ping-ti Ho）所提供的那些较大的县的“不寻常的学术成功”相比，并不逊色。何炳棣：《明清社会史论》，246 页。亦参见艾尔曼《中华帝国晚期科举文化史》中的表 5-9。

[62] 锦衣卫家族产生了 276 个进士。《畿辅通志》，1884 年，35～36、128～353 页（我的统计）。虽然这些家族世代居住在北京，按当地的配额参加考试，但他们登记的目录和祖籍（通常远离北京）保持着他们公开身份的一部分。

入地位较高的职位；其他人因他们的诗歌或绘画或好客而获得美名——那就是，他们在雅致精英生活方式上的优势。这些考试精英家族与皇家军事精英、寄寓的官员、商人们混在一起，他们之间经常会形成一座社会桥梁。

15 世纪的前半期，迁居（或被迁至）到北京的那些人中的大部分开始作为外来者变为居民。城市的人口进一步被其他的寄居者扩充，家乡在外地但却住在首都的那些人则是出于职业的原因。

三级全国范围的考试体系不仅形成了一个当地的精英群体，而且一个世纪接着一个世纪吸引数千名考者三年两次到达北京。从 1405 年开始，北京成为第二级省举人考试的场所，上千名来自周边省份的举子们参加三年一次的八月份考试。京城的进士考试于 1415 年首次举行，此后每隔三年于春天举行。参加极端考验记忆和体力考试的五千多候选人，当时也许在京城停留不会超过几个月，但是他们许多人不止一次来到京城，这种涌入是经常性的且不间断的。[63] 那些——只有极少数人——能够获得成功然后留下来等待朝廷的职位，一些可能在京城有更好的发展。

明代京城官僚机构配备的人员也许有几千名文官，按等级排名，分配到六部和许多较低的职位。[64] 吏员的数量超过了他们的上司，一些可能是从当地人中雇用来的（首先，包括那些在元代从事同样工作的人），但是中高级的官员最初则是来自永乐皇子的随从以及南京。帝国神经中枢的许多建筑位于一个大的街区之中，紧挨着紫禁城和皇城城墙南部的外面。[65] 由于从事与帝国内部事务 126

[63] 爱德华·德雷尔：《明初中国：1355—1435 年政治历史》，179 页；《日下旧闻考》，卷 48，747～758 页；艾尔曼：《中华帝国晚期科举文化史》，表 2-2。

[64] 黄仁宇：《万历十五年》，53 页。乔安妮·克莱尔·维克兰：《中国明朝首都的行政部门：16 世纪的北京》，99 页，估计有 3 000 名至 5 000 名文官加上“学生”。来自浙江绍兴府寄居的师爷直到明末才得以定居北京。柯志文（James H. Cole）：《绍兴：19 世纪中国的竞争与合作》，97 页。

[65] 在明代，有一份记载政府衙署非常详细的地图，牟复礼、崔瑞德编：《剑桥中国史》，第 7 卷，243 页。

有关的工作，在他们的私人生活中，这些男子长期或短期地成为北京居民。

首都也会按照官员和其他人员大致类似的比例为当地政府衙门提供房屋。皇城北面是两个县的衙门，这两个衙门对城市有管辖权并隶属于顺天府。通过几个军事官僚机构，北京以非典型的密度进行驻防，是五军都督府衙门的所在地。有 74 个京城护卫单位驻扎在周边地区，33 个属于皇家卫队，在这些军队中，最重要的是锦衣卫，对皇帝负责，在宫殿附近有宽敞的房屋。[66]

皇家和官僚阶层的需求是由一大群商人、掮客、店主、作坊主和服务人员进行满足的。一些是来自徭役；另一些是长期的商人，渴望为朝廷和私人事务服务。他们包括来自长江下游的画家和工匠，来自安徽从事茶叶、墨汁和木料生意的商人，以及山西贩卖油和金属的商人，江西的陶瓷商人和福建的纸商。一些是参加科举举子的亲戚和邻居，他们与其他的社会精英混在一起（或试图）。[67] 许多寄居者长期居住在首都，与那些在北京的家族建立起复杂的关系；他们成为当地领袖时几乎没有障碍。（低级的短期居留者，特别是难民，很少受到热情欢迎。）

想知道有多少人居住在明代的北京是困难的，特别是早期；只有到 1600 年证据略微确定一些。撇开因其过低的税收数字，而代之以对粮食消费的估算，乔安妮·克莱尔·维克兰（Joanne Clare Wakeland）已经计算出明代城市的人口在某个时期是在 600 000 人至 1 150 000 人。还有许多其他估计偏爱较低的数字。在这些数字中，我们能粗略地确定几千名贵族，也许几万名宦官，50 000 名当地商人，50 000 名官员以及也许 150 000 名

---

[66] 贺凯：《中国古代官名辞典》，第 1248、1177、1127 条；乔安妮·克莱尔·维克兰：《中国明朝首都的行政部门：16 世纪的北京》，57～58 页。

[67] 盖杰民：《明代北京（1368—1644）》，65～67、186～187 页；乔安妮·克莱尔·维克兰：《中国明朝首都的行政部门：16 世纪的北京》，98～99、279～280 页。

军户。[68]

对于明代的大部分人来说，城墙中的北京指的是北城。人口 127 稀少的宫殿和宦官管理的皇城中的作坊、仓库——对公众来说，二者都是禁地——是统治的核心。经济中心的重心似乎已经在宫殿南面的街道、市场和前门外稠密的人口地区形成。城市的东面，靠近大运河的地方，则更加商业化。许多空间最终包括在南城墙内，仍保留着乡村的特点。

作为一个城市的北京，缺乏制造业并远离周边的农村，其生存依靠资源而且受皇帝指挥调控，可以肯定的是，已经被透支了。这座明代的城市本身也是个生产者，它既从周围的环境中汲取资源也对其进行投资。皇室的衙门有许多作坊，生产物品（例如青铜和漆），除此之外用船运到北京供皇家使用（陶瓷、丝绸）或由外国人运送来作为贡品（毛皮），也寻找它们进入当地市场的方式。煤和石灰在城市西边山上得到挖掘和开采，在东北是生产铁的作坊，城里还印刷书籍，砖和瓷瓦也在此制作。[69] 此外，从北京周边的乡村吸引农民去寻找永久或临时的就业，吸引买主消费他们的产品和服务。全社会各个阶层所消费的数量可观的蔬菜和水

[68] 乔安妮·克莱尔·维克兰：《中国明朝首都的行政部门：16 世纪的北京》，84～99 页。有根据地推测这些数字的范围更为广泛。有关贵族的数据，是我的推测。有关宦官，从 10 000 名至 100 000 名，虽然大部分学者赞同在这个朝代的过程中，他们的数字是增加的。贺凯《明代中国的监察制度》第 44 页指出在 15 世纪末约有 10 000 名宦官，在明末有 70 000 名宦官。白彬菊（Beatrice S. Bartlett）：《君主与大臣：清中期的军机处（1723—1820）》第 305 页注 20 中说明对宫廷宦官数量的许多估计是夸大的，并且提出在清代只有几千名太监或更少。鉴于文人有倾向性的资料强调宦官的权力，同其他人一样，我倾向黄仁宇更保守的数字，他指出在 16 世纪末约有 20 000 名宦官。黄仁宇：《万历十五年》，13 页。关于从事服务的妇女，艾伦·弗雷西亚·索利尔：《明代宫廷妇女：1368—1644》，第 262 页估计 3 000 名至 12 000 名。有关士兵，在明代初期和中期，有 50 000 名至 160 000 名士兵（加上他们的家庭）。黄仁宇：《16 世纪明代中国之财政与税收》，59、68 页；阿尔贝·陈：《明朝的光荣与衰落》，33 页；乔安妮·克莱尔·维克兰：《中国明朝首都的行政部门：16 世纪的北京》，99 页。关于一个更高的估计，牟复礼、崔瑞德编：《剑桥中国史》，第 7 卷，247 页。

[69] 盖杰民：《明代北京（1368—1644）》，71～75、199～200 页。关于煤炭，邓拓：《从万历到乾隆：关于中国资本主义萌芽时期的一个论证》。

果不得不来自周边的农村。租借的收入支持着皇家和贵族，马匹在皇家附近的牧场放牧，全年种植着花卉。

15 世纪早期的重建和重新安置，随着永乐北方首都的建造，在本书中被认为造成了第一次社会大分离。在这个动荡之后的几个世纪，明代社会所显现出的问题，我们会转在第二部分的末尾进行讨论。我们将在第三部分看到，在明朝统治者于 1644 年被推翻后，北京经历了新一波移民和第二次大重组。城市不得不再一次重建，不同的成分打造出新的社区。

第五章 皇家的北京

有关明代北京社会现有的描述主要集中在这座城市作为首都 128
的角色上。帝国和士大夫们的偏见表现在它们强调朝廷的重要性，宦官和皇亲国戚滥用权力，以及当地政府的效率低下。[①] 当北京的文化和社会呈现出更多不同的场景时，集中于寺院的焦点使得我们从更宽广的视野去审视君主、政治和政府在当地的影响成为可能。我们已经看到寺院是如何容易地充当和城市过去接近的载体，我们将在后续的章节中特别关注它们在地位创建和展示、社区和集体的形成以及当地身份的表述中的作用。

我们从北京社会的顶点开始。与君主相联系的那些人不仅是这座城市作为首都地位的标志，而且是当地社会积极的参与者。通过确定这个皇家世界和对宗教、捐助者以及寺院内部的研究，我们才能开始评估这个领域在北京社会结构中的地位。

① 最常见的解释，见盖杰民《明代北京（1368—1644）》和乔安妮·克莱尔·维克兰《中国明朝首都的行政部门：16 世纪的北京》中未发表的论文。《北京通史》第 6 卷在方法上类似。

皇家领域

首先，如果无法对君主从事活动的城市部分，即公众被严格限制接近以及我所称之为皇家领域的区域进行完全的界定，就无
129 法了解北京的社会生活。② 这个范围自然并象征性地塑造了北京，使其发展的轨道出现偏斜，使其作为京师有所区别。

当还是皇子的时候，永乐皇帝就已经为其家族在北京的中心地区保留了土地。1403 年后，通过重建有围墙的宫殿群，他不仅保留了元代的布局，而且在帝国首都以向心的中国模式复制了许多更古老的空间。③ 城墙环绕着的北京中心是众所周知的皇城，皇城内是紫禁城和御花园。到 1420 年，在郊区为最高级并专有的祭祀仪式建造了大型祭坛。元代放牧的南城土地变成一片很大的狩猎场。这些财产构成了皇帝们、他们的家人以及为他们提供服务和保卫的人员的住宅和工作场所。简单地说，这个范围是从普通民众所使用的范围中被扣除的部分，约占这座城市的六分之一，是一个大得多的农村部分。④（参见地图 1－1 和 1－2。）这个范围的某些部分属于皇家和侍从的专属区域，其他范围则有选择地对游人和客人开放。

明代，那些居住和工作在这个范围的人不超过十万（在明代初期肯定更少）——未超过城市人口的 10%～15%——但是在北京的生活中，他们的重要性是不成比例的。⑤ 他们的角色和所涉及

---

② 我用“皇家”（imperial）这个词语指“与统治家族相关”，而不是“与帝国相关”。

③ 参见夏南悉：《中华帝国的城市规划》。

④ 其他郊区的土地归皇家控制，用于牧马、培育饲料和种植蔬菜。许大龄：《明代北京的经济生活》，载《北京大学学报》（人文科学），1959 年第 4 期，42～44 页。有关北京腹地经济发展，董钧科：《明代北京郊区村落的发展》，载《历史地理》，1983 年第 3 期，121～130 页。

⑤ 黄仁宇：《16 世纪明代中国之财政与税收》，8 页，估计超过 100 000 人。乔安妮·克莱尔·维克兰《中国明朝首都的行政部门：16 世纪的北京》第 99 页指出有 45 000～60 000 人。参见第四章注 68 中的讨论。

的领域是多方面的。通过对皇家范围内宗教建筑的建造和使用的研究，我们也许可以开始了解宫廷和城墙之外社会之间的联系。通过对在这些寺院中所形成的不同社区的认定，我们可以开始看到皇室在北京社会中的地位。通过研究皇室成员在参与地方和国家社区的过程中，私下和公开的面孔之间的紧张关系，我们有可能看到这个皇家范围内的居民是如何既把自己变成北京生活的一部分，而又与其保持着距离的。

在大内——位于紫禁城的后部中心，居住着皇帝、他的妃嫔和子女们以及大群宫女和太监。由于大内位于这座建筑群的后部，并且远离前门，因此尽管是修建在一个大得多的规模之上，但大内仍然与一个精英家庭所居住的房子相当。这个私家的大部分是把外人隔离开来极难进入的紫禁城，事实上也正是如此。 130

许多原因决定了对这座宫廷内的家族的隔离：皇帝个人象征意义的重要性、对其妻儿隔离保护的需要以及由高墙所提供的安全。但是侍卫、太监以及其他的仆人可以进行日常往来，并从外面世界带来物资和信息。

在大内，几乎所有的社会和自然空间都归皇家使用。作为整个帝国的私人住宅，在房间的壁龛或祭坛上供奉了许多神灵——例如，在一位皇太后的房间内——有许多殿堂用于已故父母的私人祭祀。每位新皇帝和他的家族成员可以选择供奉哪些神灵，大部分宗教活动是非常私人化的。⑥ 太监们充当了僧侣人员的职责。

更大的“紫禁城”——大内只是其中的一部分——允许有多

⑥ 未齐：《紫禁城中的寡妇院——慈宁宫》，载《紫禁城》，第4期（1982年），24～25页；《日下旧闻考》，卷35，546页；孙承泽：《春明梦余录》，卷6，11页；《明史》，卷51，1334～1338页；刘若愚：《酌中志》，卷20，1～10页；《大明会典》，1587年，卷92，529页。唯一一座寺院似的建筑是位于后花园的四官祠，并且也没有注明日期是明代，孙承泽：《春明梦余录》，卷6，12页；《日下旧闻考》，卷35，547页。

种不同的宗教活动，反映了其相对更加开放和变化的特性。⑦ 它包括了皇家其余部分的房屋：接待房间、办事处所、守卫房间和仓库等。所有一切费用都来自皇帝个人的腰包或皇庄，而非政府官僚机构的定期供给。进入这些地区的限制比进入大内的限制略少一些，而且安全是有保障的。⑧ 不同的群体利用宫殿的这个空间：一部分皇家典礼在此举行，官员们朝觐皇上和处理国家事务，接见朝贡者和代表国家举行仪式。

许多事件都发生在这三座中央大殿之中，重要的空间逐渐专注于公共功能，成为这座皇宫典礼的中心。在这个朝代初期，这些大殿最初用于祭祀祖先，永乐皇帝把一幅真武大帝的画像挂在墙壁上。后来，每当岁首、冬至和皇帝的万寿节，就在这些殿堂
131 里举行一年一度的主要仪式。⑨ 虽然这些仪式规定并由此确定了帝国的政治群体，但是一些北京人以京官、侍卫和服务者的身份位列其中。虽然更为广泛的公众被排除在外，但几乎任何人都可以通过二手或三手资料了解到这些仪式。通过这些参与者们的故事——以一种偷窥方式强烈好奇地欣赏，这座皇宫里的生活持续渗出，进入北京文化，而且无法从中逃逸。

紫禁城的一部分也作为皇家办公之所而运行，是皇帝担任最高统治者的空间（正如他应当的那样，但在明代，只要他希望），负责一个庞大的政府官僚网络。接见官员是在这些大殿中的一座进行的，人们认为大学士们按其能力担任皇帝最亲密的顾问，每天进入皇宫。结果，内阁恰好坐落在皇宫之内，午门的东北边，大学士们被派往附近的文渊阁，那里还是存放档案、悬挂孔子和

---

⑦ 我所看到的有关明代紫禁城的术语包括“宫殿”、“禁内”、“内园”和“紫禁城”。刘若愚：《酌中志》，卷 17，1 页；刘侗、于奕正：《帝京景物略》，尤其是卷 5。

⑧ 在 1461 年，平息了所谓的政变。大卫·罗宾逊：《1461 年政变失败和中国蒙古》，未发表论文，1996 年 6 月。在宦官的默许下，1615 年，一个人溜进没有守卫的大门，进入慈宁宫（译者按：应为慈庆宫），试图刺杀住在此处的皇位继承人。《日下旧闻考》，卷 35，542 页；酒井忠夫：《明末にぉけょ紅封教と梃击案》。

⑨ 孙承泽：《春明梦余录》，卷 7，73 页；《日下旧闻考》，卷 34，501、515～520 页。

其他杰出人物的画像的地方。⑩

也许君臣关系最为紧张的空间是在午门外，即紫禁城的正南门。在这个大门口前，在帝国红色的城墙下，官员们显得相形见绌，他们在破晓前等候皇帝陛下听政；在此他们或上奏陈言，或被缉拿讯问，被公开羞辱以及被鞭笞。⑪

尽管官员们只能接近这座宫殿中的某些部分，但他们高兴地把这些充当闲谈的资本。在大多数的首都城市，国家政治观点吸引了许多临时性和永久性居民的注意；相比之下，似乎显得微不足道的地方事务被排除在外。

紫禁城内没有正式的寺院或常住的僧侣，但僧侣在受到邀请后可进入宫里举行特定的仪式。对于某些皇帝来说，在皇家范围内的这部分宗教生活似乎以某些受宠的宗教司职人员为中心。这些人因进宫而闻名，并且把皇家注意力从国家重要事务上转移开来，这种行为使他们受到官员们的严厉批评。这些被断言为江湖骗子的人（与他们所服侍的皇帝们结合在一起）对于明代政治历史的研究者来说，是众所周知的：永乐皇帝和姚广孝，姚是一位高僧，他的法号叫道衍；成化皇帝、道士李孜省与和尚智晓；弘治皇帝和道士崔知端；嘉靖时期的邵元节和陶仲文。例外的情况是，在这些人当中，没有一个与北京的寺院有关系，他们的活动似乎已经被限制在宫廷之内。即使当嘉 132
靖皇帝在西苑修建和重建殿堂，在一系列深奥的礼仪和习俗中去寻求长生不老之药，并邀请各种“道教”天师进入他的住处举行通灵对话的时候，他坚持在私下举行这些活动而不是在寺院建筑

⑩　孙承泽：《春明梦余录》，卷23，243～252页；《日下旧闻考》，卷12，165页；张琏：《明代中央政府刻书研究》，100～101页；刘怡玮：《清朝的文渊阁：建筑与知识整理》，223～239页。

⑪　黄仁宇：《万历十五年》，24页；阎崇年：《古都北京》，102页；牟复礼、崔瑞德编：《剑桥中国史》，第7卷，411、417、423、476页；牟复礼、顾德曼（Howard L. Goodman）：《明史研究手册》，18页；宋汉理（Harriet G. Zurndorfer）：《“亚当把我们推出天堂，其他人把我们推出中国”：杨匡贤的挑战者汤若望》，见包乐史（Leonard Blussé）、宋汉理编：《近代早期东亚的冲突与调解》，154页（在1637年）。

内举行。[12]

然而对统治者、他们的家族以及他们的宦官来说，秘密安排组织这种不合乎礼仪的宗教活动并非罕见。他们更喜欢在方便的宫殿房屋中采用快捷的形式，据说在外面举行私人的礼仪形式：在奉天殿的台阶上祈雨，或者不去郊区的祭坛而在这里举行祭拜天地的仪式。[13]

这样的行为招致了受过教育的保守的官员们的关注和干涉。1476 年，成化皇帝在修建一座供奉玉皇大帝的圣祠时，遭到了劝阻。二十年后，高级儒学家们批评在钦安殿举行仪式并使用原本用于郊区祭坛的祭器，阻止扬起那些旌旗，极力反对可能是私人领域内的宗教人员的权力。[14] 针对这种活动而定期浮出水面的官僚主义对抗，超出了其在宫殿内的控制，反映了在官员和接近皇帝的宦官以及皇权之间的更广泛和更激烈的争斗。

越过紫禁城的城墙，皇城内外是为皇族保留的若干个像公园似的区域。如果把紫禁城比作一个家庭的住宅，那么这些区域就是娱乐的地方，内花园只对这个家庭和他们的客人开放。[15]

明初的皇帝们依照金代和元代的惯例，征用了城内几个湖泊用于他们的私人娱乐。[16] 明朝统治者重新设计了紫禁城正西边的区域，继续享受其开阔、水面、花木以及景色。著名八景中的两个

---

⑫ 牟复礼、崔瑞德编：《剑桥中国史》，第 7 卷，351、464～465、479～482 页；《日下旧闻考》，卷 42，661～664、665～666 页。因为道衍个人介入城市中的各种寺院，所以他是例外情况。

⑬ 《大明会典》，1587 年，卷 84，486～487 页；高延（J. J. M. De Groot）：《中国宗教制度》，第 5 卷，781 页。有关私人更正式的祖先祭祀，王崇简：《青箱堂文集》，79～117 页。

⑭ 《日下旧闻考》，卷 35，546～547 页。在嘉靖皇帝和官员们之间关于他的父亲祭祀的冲突的一部分，包括他坚持为这个目的使用的一座私人殿堂。《明史》，卷 51，1336～1338 页；费克光（Carney T. Fisher）：《选定其一：明世宗朝廷里的继承和收养》。

⑮ 刘侗、于奕正：《帝京景物略》，前言，5 页。王崇简：《青箱堂文集》，229 页，讨论另一座园子，东院，对于我来说是陌生的。

⑯ 这些是今天所知的北海和中南海，后者仍然对公众关闭。

就位于此处。嘉靖皇帝于1542年搬出紫禁城——他因差点死于宫女们的谋杀而感到恐惧——在他统治的后25年中就住在西苑里。⑰ 133

在这座园子里，有适于散步的殿堂和亭子，但没有真正的寺院。有一座小型的祠堂供奉着掌控水的神灵们，修建的结果是嘉靖皇帝可以在泛舟之后进奉供品。⑱ 1531年，他在这里还建造了一座蚕坛，之所以决定这么做，是因为在北郊更适合举行这种典礼的地方，对于他的皇后来说太不方便了。⑲（清代西苑转变的一个方面是寺院的增加。）

尽管西苑只对被皇家邀请的人开放，但它成为明代北京的一个标志，甚至那些来自远方的人也会喜欢它。对于明代统治者的娱乐来说，大型的岛和它的石山是特别受欢迎的地方。一些皇帝喜欢邀请成群的官员们（包括大学士、六部的长官、锦衣卫的高官）来园子里观景，这些活动通常包括行船、登山、饮酒和用餐。文人用诗文来纪念这种参观（“西苑观菊”“漫步万岁山”）。17世纪早期的《三才图会》把帝国内有名的地方编入目录，包括西苑公认的插图，描写夸张的深广池子，其香气、优雅的芦苇和莲花，岛上的怪石，仙岛气派堂皇殿堂的回忆。⑳

有明一代，湖泊、小山、花园和亭子的自然美景因皇帝的权力和威望而加强，有助于提升它们的知名度。如同闲谈的书面记载展示了这个纯净的世界且使其更加公开，这有助于宫中的生活

⑰　李嘉琳：《北京八景：人文艺术中的政治》，载《亚洲艺术》，第49卷第1～2期（1988—1989年），140～141页；富路特、房兆楹主编：《明代名人传》，318页；蒋一葵：《长安客话》，卷1，12～15页；高士奇：《金鳌退食笔记》，卷2，4～5页；牟复礼、崔瑞德编：《剑桥中国史》，第7卷，464～465、479～482页。

⑱　高士奇：《金鳌退食笔记》，卷2，4～5页；《日下旧闻考》，卷36，570～571页。

⑲　《日下旧闻考》，卷36，562～564页；《顺天府志》，1885年，卷5，133页；约瑟夫·S.C.林（Joseph S.C. Lam）：《中国明代国家的祭品和音乐：正统、创造力和表现》，57～74页，1559年后，该仪式被废止（第72页）。

⑳　《三才图会》，卷6，250～251页。《顺天府志》，1593年，卷6，68～117页包括一些有关这个地区的诗。蒋一葵：《长安客话》，卷1，12～15页。《日下旧闻考》，卷35，549～556页；卷41，638～640页。亦参见柯律格（Craig Clunas）：《明代中国的园林文化》，61页；王崇简：《青箱堂文集》，233～246页，其中有关于宣德统治时期的部分。

与一个更广阔的北京相结合。对于那些没有读过有关公园描写的人们而言，听到它、谈论它、想象它并希望能参观它。

皇城的城墙把一个更为广泛但缺少密切联系的皇家产业包围了起来。这个更大的开阔场地也许使其有可能建造寺院和配备僧人，但明朝皇帝们很少这样做。[21]（清朝统治者可能有所不同。）精力旺盛的嘉靖皇帝于 1547 年在山湖之间建造了大高玄殿，安放了
134 三清塑像；在此宦官能够了解并参与道教仪式。[22] 在嘉靖皇帝统治的后十年，在湖的西边又另建了一座大型的环形殿堂，形如一座天坛；据说是在其统治后期与陶仲文研究修炼内丹的地方。[23] 在皇城内，官员们的敌意延伸到这些宗教建筑。当正德皇帝在湖的西边修建了一座藏传佛教寺院时，他受到官员们的严厉批评（“毁佛寺，出番僧”），因此这座寺院没有保存多久。[24]

皇城内有两座祭坛用于令人尊敬的最高等级的皇帝祭祀。社稷坛和太庙平行分布于紫禁城南面中央轴线的两侧，一座是祭祀上古的农神，另一座是祭祀皇家的祖先。（参见地图 5－1。）如同郊区祭坛，此地针对皇帝、帝国和朝代的安康，由礼部精心安排一年举行几次仪式。[25]

经过永乐皇帝设计以及 1530 年的重建和扩建，天坛和山川坛成为南城城墙围绕着的建筑群，在北边、东边和西边的郊区是小一些的地坛、日坛和月坛。在这些建筑群内，主要仪式在祭坛上露天举行并面向大自然。人们期待皇帝每年亲自举行这些仪式：冬至在天坛，夏至在温度较为适中的地坛，其他仪式则依次举行。[26]

㉑ 在本段中我只能确定 3 个曾经讨论过的。

㉒ 大高玄殿远离北面湖泊的东南端。《日下旧闻考》，卷 41，638～640 页。

㉓ 高士奇：《金鳌退食笔记》，卷 2，91～93 页；《日下旧闻考》，卷 42，665～666 页。

㉔ 《日下旧闻考》，卷 42，656 页。

㉕ 《大明会典》，1587 年，卷 85，488～490 页；《日下旧闻考》，卷 9，129～135 页。

㉖ 许道龄：《北平庙宇通检》，卷 1，182～186 页；卷 2，7、14～15、39～40 页。此处不强调这些仪式在有明一代的方式改变，但予以密切关注。例如，直到 1530 年才得以单设地坛。

然而，这些祭坛不像它们崇高的仪式所隐含的那样孤立着。这些仪式需要定期的皇家出行，每次包括大量的官员参与者和提供支援的人员，从宫中出来，通过城市街道。

出于私人目的，明朝统治者在北京的南面保留了一块重要禁猎区，一个允许改变环境和有更大自由活动的地方。这就是南苑，后来它又被称为南海子，一处比北京大许多倍的宽阔区域。[27]（如地图 1－2 显示。）从前，这个区域是元朝皇帝们用于休闲的地方，他们也许帮助排干沼泽并修筑了湖塘，永乐皇帝把这个区域加以扩大 135

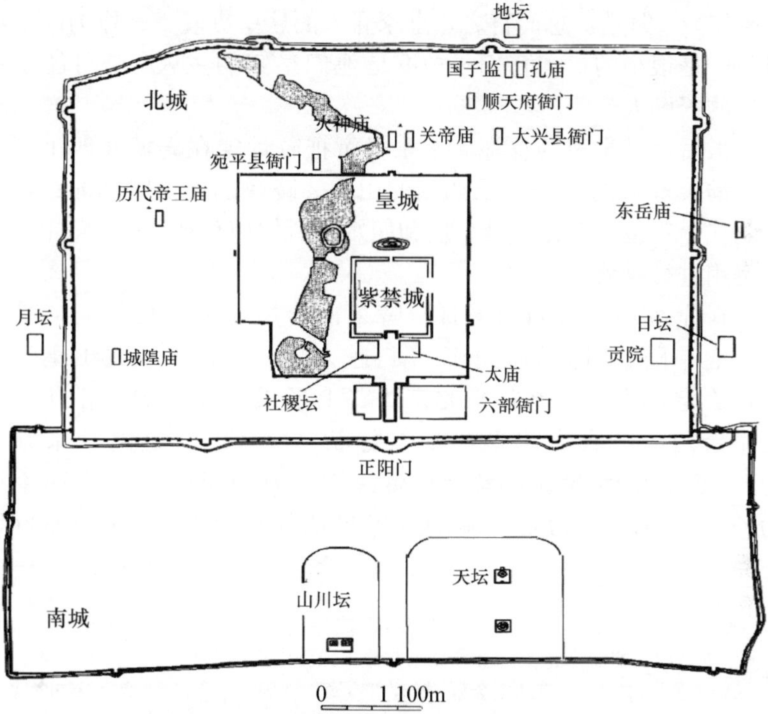

地图 5－1　明代北京城

并且用围墙围了起来，饲养鹿、鸭、兔和皇家祭祀所需的牲口。 136
打猎（是当地也是皇家文化的一部分）可以与军事训练方便地结

[27] 侯仁之主编：《北京历史地图集》，38 号。

合在一起。直到正德皇帝时期，他于1507年参观南苑（南海子）时发现这处园子需要修缮；又过了半个世纪后，禁止公众进入南苑的规定也逐渐废弛，建筑物为荆棘所覆盖，树木被砍伐，动物逃跑了，土地被渴望的农民所接管。㉘

南苑由常住的宦官和仆人看管，还修建了一些寺院。一座建于1472年的寺院里供奉着龙王爷——适于这种有水的地形；在另一座寺院里供奉着盛行的神灵关羽。当正德皇帝在一个园门的附近修建一座桥时，他建造了一座新的龙王庙并且亲自动笔撰写石碑碑铭。㉙ 但是，总而言之，皇家介入的这些寺院——作为园子本身——是很小的，宦官们——不是他们皇家的主人——可能是更积极的资助人。

最后，是皇家的墓地。永乐皇帝把陵址定在离城北四十五公里远的天寿山的一个风景如画的山谷。陵寝的建造时断时续，作为明代十三位皇帝以及其皇后和妃嫔死后的埋葬地。㉚ 陵寝用皇家的费用进行维修。

在先帝和先后们的忌日，陵墓前会燃香和摆放供品，受祭者的名单随着时间的流逝而变得越来越长。这些仪式由皇帝或其代表定期举行，在往来北京的路上形成了深深的车辙印。宣德皇帝两次亲自去那里，隆庆皇帝一次（他只是离开京城远行），正统皇帝四次，嘉靖皇帝三次。万历皇帝在三十四年里的四次旅行被认为是过多的（出自他的官员们）。这些远行包

㉘ 控制这种财产从来就不是一件容易的事。盖杰民：《明代北京（1368—1644）》，65页。北京图书馆金石组编：《北京图书馆藏中国历代石刻拓本汇编》，第53册，153页；第57册，132页。《三才图会》，卷6，248页。刘侗、于奕正：《帝京景物略》，卷3，134～135页。有关狩猎，盖杰民：《正德朝的豹房》，载《明史研究》，第24期（1987年），1～38页；刘若愚：《酌中志》，卷20，5页。

㉙ 北京图书馆金石组编：《北京图书馆藏中国历代石刻拓本汇编》，第78册，81页；《日下旧闻考》，卷74，34页；北京图书馆金石组编：《北京图书馆藏中国历代石刻拓本汇编》，第53册，153页各处。

㉚ 实际上，第一位埋在此处的人是永乐的皇后，她死于1407年。顾炎武：《昌平山水记》，卷1，5页。明朝最后一位皇帝是清朝于1644年埋葬此处的。参见安·帕路丹（Ann Paludan）：《明十三陵》。

括一大群的随行人员并且在事实上通常是相当地浪费。[31] 官员们来到此地，察看建造或护送皇家的棺材，但坟墓——像大部分中国的坟墓——保持在一个皇家范围内相当私人的部分，对于公众是关闭的而且对于局外人来说属于不合法的兴趣。[32] 正如 17 世 *137*
纪早期有关北京的书中所载："四坛、诸陵，臣庶瞻望焉，罔敢至止。"[33]

有一位皇帝没有与其他的皇帝埋在一起。他就是倒霉的景泰皇帝朱祁钰，他是在同父异母哥哥被瓦剌也先俘去后于 1449 年继位；当他的哥哥于八年后复位时，景泰皇帝被废黜（并可能被杀害了）。* 死后追判为逆贼，葬于北京西北郊区，玉泉山北。[34] 虽然金山口周边经常被精英游人光顾，但它埋葬了数十名明代的妃嫔，这些妇女是在她们的丈夫死后自杀或因其他原因单独安葬的。众多故事中有一个是关于建文皇帝，他被他的叔叔（永乐皇帝）废黜了，传说其在遥远的广西被俘获，转到北京受审，葬于西山；传说嘉靖皇帝曾参拜他的陵墓。[35] 这个有仇而不得报的动人传说，当与一个想象中迷失的墓地相关联时，加深了当地地形文化产生

㉛ 黄仁宇：《万历十五年》，121、123 页；那志良（Chih-liang Na）、威廉姆·科勒（William Kohler）：《皇帝出行：明代两个卷轴》，130～131 页；王崇简《青箱堂文集》第 75 页上载明代皇帝中只有 7 位埋在陵墓中。

㉜ 例如，参见李慧闻：《董其昌生平（1555—1636）》，见何惠鉴等编：《董其昌的世纪》，卷 2，50、432 页。蒋一葵：《长安客话》。《日下旧闻考》，卷 136，2184～2195 页；卷 137，2196～2220 页。顾炎武：《昌平山水记》，卷 1，3～12 页。宦官魏忠贤的众多专横行为之一，是他于 1623 年参拜陵墓时，他的行程如同一位皇帝，用黄沙铺路。邓恩（George H. Dunne）：《从利玛窦到汤若望：晚明的耶稣会士》，200 页。

㉝ 刘侗、于奕正：《帝京景物略》，前言，5 页。

* 此处所说的废黜朱祁钰之事即明英宗复辟的"夺门之变"，但朱祁钰并没有被杀害，而是旋即含恨而终。

㉞ 富路特、房兆楹主编：《明代名人传》，294～297 页。有关景泰帝时期更详细的研究，希尔：《看守皇帝：15 世纪中国皇家的机构的方面所反映的在朱祁钰统治期间的政治历史》。有关陵墓，蒋一葵：《长安客话》，卷 4，86 页；《日下旧闻考》，卷 100，1664 页；刘侗、于奕正：《帝京景物略》，卷 5，222～223 页。

㉟ 蒋一葵：《长安客话》，卷 4，86 页；刘侗、于奕正：《帝京景物略》，卷 5，222～223 页。参见富路特、房兆楹主编：《明代名人传》，397～405 页，特别是第 404 页，有牟复礼对这位皇帝和这些传说的充分讨论（似乎被编辑删减了）。

的共鸣。难怪当历史学家谈迁于17世纪50年代到此地游览时，他感受到不愉快的“游魂夭绝”。[36]

明朝把祭祀以往皇帝作为国家宗教的一部分，承担起对他们的责任（通过王朝的指示宣称自己是他们合法的继承者。）[37] 1377年，忽必烈汗的祠（他真正的坟墓无从知晓）建于北京，当时南京还仍是首都；顺天府一年举行两次祭祀，这种情形一直持续到16世纪30年代历代帝王庙建起来之后，这座寺院用于一起供奉汉、唐、宋和元等朝的开国皇帝。[38]

这就是皇家范围——北京内部的核心和某些城墙外的郊区地区。这里大部分寺院有小祭坛用于个人祭祀或大祭坛用于国家宗
138 教，几乎所有的家族团体和国家团体都在这些空间里举行仪式。这些宗教生活方面似乎反映出并且确实促进了明代皇家范围从其环境中的分离。由知情者在这个范围内所做的栩栩如生的陈述可以进一步洞悉宫廷社会，而那些由局外人所呈现的，则告诉我们如何从远处来看待它们。在这两种情况下，图像使得仪式客观化，并帮助观众再次经历或想象这个专属世界。

来自明代皇家范围的生活绘画（似乎是）为数不多。[39] 大部分包括小幅插图和片段，以分开、孤立的形式集中出现在特殊场合中，至于更广泛的宫殿建筑群和城市本身都是缺乏的。宫廷生活的绘画是如此地很不完整。

㊱ 谈迁：《北游录》，253～254页；《日下旧闻考》，卷100，1667～1670页。

㊲ 这样的统治者，从传说中的伏羲到宋理宗（1265年），在36个地方供奉。《大明会典》，1587年，卷93，531～532页。辽和金的统治者没有包括在内。明朝的创立者原本在北京西南金朝皇家陵墓建了一座寺院，但永乐放弃了这些仪式。《日下旧闻考》，卷51，806～807页。

㊳ 后来停止单独祭祀忽必烈。他的祠堂称为元世祖庙。《大明一统志》，卷1，27页；《日下旧闻考》，卷50，791～792页。有关帝王庙，《大明会典》，1587年，卷91，517～520页；刘侗、于奕正：《帝京景物略》，卷4，181～182页；《日下旧闻考》，卷51，806～822页。

㊴ 在此处和整本书中，我意识到为代替更大范围的明代绘画而采用已保存的某些被歪曲的例子是有些危险的。

《行乐图》记录了皇帝自己的享乐。一个著名的例子是六米长的横幅卷轴表现了宣德皇帝观看箭术、蹋球、骑马等表演和参加其他游戏。地点明显是在皇宫里，但只有皇帝的出席标志了这一点。背景是相当精美的却没有另外的不同。大殿叫不出名字来，只有普通的外表。宣德皇帝——在北京统治的第二个皇帝，在宫里动用各种各样来自中部省份合适和有才能的画家，超过任何一位继任者利用他们记录宫廷生活。与同时期的作品相比，一幅非常大的挂轴，表现了皇帝与其随从在一个树林但又像是林苑背景中的骑行。[40]

稍后的画轴同样传达了皇家的孤立印象。其日期为 1485 年，表现了成化皇帝也是在宫廷背景的私密环境下，特别是在新年和灯会期间享受着各种消遣。通过比较可以看出，较早期的画卷是斯巴达式（spartan）的。在这里，表演者们占满了院子，表演着杂耍、跳圈、平衡杆子以及其他的杂技；乐队的表演和灯笼装饰的一座高塔构成了炫耀。这个生动的场景再次被放在一个普通的宫廷院子里，外面的世界只能通过宫殿的象征来表现——高大厚重的红色城墙和环绕的薄雾。[41]

一队往返祖先陵寝的皇家行进队伍（也许在 16 世纪 50 年代）*139*
用插图，以一种宏大的方式展现了宫廷生活的另一个方面。千名随从伴随着皇帝，骑马出宫，坐船返回，我们可以清楚地看到一

[40] 有关风俗画，王崇简：《青箱堂文集》，卷 4。第一幅绘画，马季戈：《〈宣宗行乐图〉卷》，载《紫禁城》，第 58 期（1990 年）；姜斐德（Alfreda Murck）：《清代画家袁江》，见周汝式（Ju-his Chou）、克劳蒂亚·布朗（Claudia Brown）编：《乾隆皇帝时期的中国绘画：论文集两卷》，即《菲伯斯》，第 6 卷第 2 期（1988），356 页；班宗华（Richard M. Barnhart）：《大明的画家：宫廷与浙派》，91 页。第二幅画，近 4 米宽、2 米高，李雪曼（Sherman Lee）选编：《中国：5 000 年，艺术的创新和转型》，第 190 号；班宗华：《大明的画家：宫廷与浙派》，56～57 页。两者现存于北京故宫博物院。王崇简已经确定成化皇帝作为手卷的主题以及宣德皇帝在西苑作为手卷的主题（第 223～246 页）。

[41] 傅起凤：《中国杂技古今谈》，73 页；《中国古代书画图目》，卷 1，京-2-268。其他明代绘画（未标明日期）也许能通过比较显示什么使得皇家妇女在靠近云雾缭绕的宫殿一个开放的平台上烧香。一个特定的场景似乎得到表现，虽然我不能确定。《中国古代书画图目》，卷 4，沪-2106。

大群太监、皇家卫队和其他随员服装和装备的细节。（城市？宫殿？）的大门透过云雾朦胧地显现出出发地，一个类似的城门紧跟着建筑群的一道红墙和有一个清晰中轴的金色屋顶，笼罩在薄雾之中，等着返回的队伍。㊷

这些熟悉皇家生活的人在绘画中所表现出来的宫廷生活是非常有选择性的。当许多人聚集在一起时，他们强调岁时的理由，也许因为这些绘画定格了参与者群体的瞬间。如果那些描绘构成一个群体，绘画强调了它包括的不只是皇帝及其亲密的家族，也还包括仆人和官员。这些由宫廷画家创作的绘画大概融入了和那些被描绘入画者相同的观点。㊸

这些画卷中所表现的宫廷生活在北京并不是根深蒂固的。虽然借用宫殿模糊的背景，但没有描述出一个反映特殊场景或与明代北京皇家范围内特定宫廷情感相符的要求。相反，通过与清代对比，插图清楚地显示出宫门与宫墙的含义。难道这样的视觉材料就意味着明代早期的统治者们尚未（了解？）他们的皇家生活已经变得多愁善感起来了吗？㊹

我们缺乏皇帝个人的证据，但是有一位明末宦官——一个狂热的知情者带着感情描述了宫廷世界。17 世纪 30 年代刘若愚所著的《酌中志》，是一部更好了解魏忠贤时期的宫廷政治片段的记

㊷ 有关这个主题的两个卷轴现存于台北“故宫博物院”。那志良（那志良、威廉姆·科勒：《皇帝出行：明代两个卷轴》，129～137 页）列出各种有关皇帝身份的理论，但主张他是嘉靖并且所讨论的事件发生在约 1536—1538 年。有关宫殿的场景，参见第 121～123 页。没有胡须的随从是宦官。这些卷轴是 26 米长，近 1 米宽。参见方闻（Wen C. Fong）、屈志仁（James C. Y. Watt.）：《拥有过去：台北“故宫博物院”藏中华瑰宝赴美巡展》，332～333 页，在此处，方闻思索“卷轴是理想化表现物，以纪念所有他的（‘嘉靖皇帝的’）参观而不是任何特定参观的记载”，并且注明日期为“约 1550 年”。有关与非常不同的文人风格版本的一个类似事件相比较，参见第八章注 50 中有关董其昌的绘画的讨论。

㊸ 其中的这些相同点在王崇简《青箱堂文集》卷 5 中。

㊹ 鸟、花、动物和一般景观似乎是宫廷画家更多的流行主题，班宗华：《大明的画家：宫廷与浙派》。也许是相关的，从仁宗朝到武宗朝（1425—1522），住在北京的七位皇帝中没有一位活过 40 岁，大部分死于 35 岁左右。

录，但它又展现了紫禁城内的一种残忍和充分发展的寄生生活。㊺ 140
例如，对季节性餐饮和仪式上奢侈靡费的描述，其精致和花样都是令人瞠目的，有烤鹅、烤鸡、烤鸭、去皮羊尾，又以各样精肥肉、姜、蒜剉如豆大，拌饭，以莴苣大叶裹食之，用手抓蟹肉并蘸着醋汁和蒜泥。

一种皇家范围内的不同知情者想象，也就是对不同类群体的一种陈述，可以从四幅明末挂轴上看出来，毫无疑问，这四幅画描绘的就是北京紫禁城。㊻ 每幅画在手法上是相似的，都采用鸟瞰式方法描绘皇宫建筑物，从中间看到北面是一排宫殿、庭院和城墙，沿着主轴线向后延伸。在前景，通常是城门，也就是我们今天所知道的天安门和可以辨认出来的汉白玉桥，高高的汉白玉柱上面有祥云和神兽，至今仍然矗立在天安门附近。皇宫大殿在尺寸上被夸张并且笼罩于云雾中，它们还主导着画面。

虽然紫禁城是这些绘画的中心，并且通常也会提到一个更大的北京，但是被压缩在外部边缘。一幅画（参见注释中的“图画1”）更为详细地表现了西苑的湖泊（湖中有几艘船穿梭于荷花中）、六部衙署、城门和市区的东四条部分。这些外围地区在其他的绘画中更是被大幅度压缩。在每幅画卷中，有一个尺寸奇大

㊺ 刘是在监狱写了这本《酌中志》（也正如英文译名“Measured Accounting”所言）。该著作在清代被禁止，但它以手抄及不同的名字流传；可利用的一部分载于更简短的《明宫史》，全文在19世纪中期发表。有关细节，参见富路特、房兆楹主编《明代名人传》第950～953页中的刘若愚的传记。

㊻ 两幅现存于台北“故宫博物院”，一幅在大英图书馆。《“国立中央图书馆”善本书目》卷1第338页中列出我所称的“绘画第1号”和“绘画第2号”（这些是唯一两幅我所看到的原件）。另一幅，我所称为“绘画第3号”保存于北京的中国历史博物馆（译者按：2003年，该博物馆与中国革命博物馆合并为中国国家博物馆）。吕树芝：《明代北京宫城图》，载《历史教学》，1982年第9期，第64页中加插图绘画第1号和第3号。绘画第3号更好的翻版在郑连章：《紫禁城城池》。绘画第4号，在大英博物馆；其细节也经常被翻版，全部场景在罗德里克·怀特菲尔德（Roderick Whitefield）：《大英博物馆里的车派绘画》，载《勃林顿杂志》，第114期（1972年），285～294页，图片14。也许在北京故宫博物院中有其他绘画的存在。有关大小尺寸，我有三幅尺寸范围：1.7米至2.1米长，1.1米至1.7米宽。绘画第2号和第4号在最重要的位置显示了其他人物。

的男性形象立在右前方或左前方，这些人已经被认定为是建筑师。㊼

我们看到，这些画卷反映了对所描绘建筑特性的强烈关注和
141 在宫殿巨大的殿堂中以这种夸张的形式所展现出来的真正自豪感。这些绘画是在宫廷里绘制和保存的，不是为了让更多人欣赏，不仅意味着感激是皇帝对宫廷建筑者们的赞赏，而且还似乎表明那些在皇宫里面居住和工作的人们对紫禁城所共有的依附感。我如此表述是为了表明嵌入明代宫廷生活是真实的北京城。

通过对比，正如皇家范围不会为阅读公众进行系统描写那样，它也不会由局外人描绘，也不会为局外人描绘。㊽ 少数几幅绘制这座城市的明代地图被保存下来，在上面我能看到画面描绘了北京一种可以名状但又难以理解的特性——一个与公众监督相隔离的世界。

图 5－1 显示的一幅地图见于一本刊印于 1560 年有关北京的书中。皇城由城墙表示，九座连续的大殿构成了皇城的主干。郊区的几座祭坛虽然没有大小之分，但是也被标示了出来。㊾ 事实上，到 17 世纪早期，有关紫禁城在某种视觉上的惯例就已经得到了良好的确定：一排上升有斜脊的屋顶被云雾缭绕，高大的红墙，两根华表，一座汉白玉桥。（可以在木刻画中看到它们，参见图 8－1。）

㊼ 虽然没有人对所有例子进行过仔细的比较研究，但绘画好像记载了大火后宫殿的重建。绘画 1 上的题词清楚地确定它属于徐镐 1562 年重建的主题。有关这些作品的许多讨论说明了它们的不同，但我信赖吕树芝有关建造者的一个令人信服的理由。有关因为皇帝的感激而赐予徐镐和其他人的名誉，参见富路特、房兆楹主编：《明代名人传》，750～751 页。

㊽ 甚至是大的祭祀也没有用文字或图画描述下来，除了《大明会典》中仪式的分项，行政汇编。《大明会典》，1587 年，卷 81～88。

㊾ 张爵《京师五城坊巷胡同集》中的地图。它们标出北、东和西郊的祭坛、天坛和地坛（即山川坛）。同样地，在一幅 1593 年府志地图中，宫殿范围只通过勾画在皇城城墙内飘浮在云中的屋顶标示出来，见《顺天府志》。这些地图不是为偶尔到来的游人准备的。

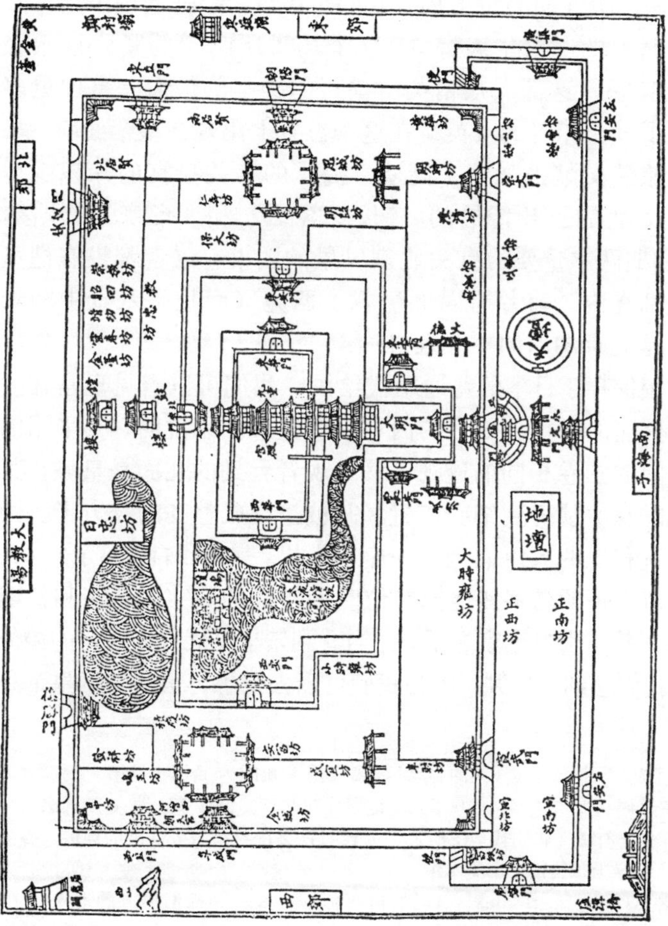

图 5-1　1560 年的北京

这幅图来自张爵的《京师五城坊巷胡同集》，是保存最早的北京地图。中轴从南面的永定门开始延伸，通过皇城，到达北面的钟鼓楼。

资料来源：张爵《京师五城坊巷胡同集》中的地图。

实际上，这些宫殿已经成为北京的象征，但北京的身份则是作为帝国的政治和仪式核心。当士大夫精英的成员在画中描绘宫殿时，它同样也处于一个国家的背景之中，特别是国家的政治。当官员们站在紫禁城外时，官僚和皇帝的关系在一个关键的时刻经常被压缩其中。一幅未标明日期的黄道周（1585—1646）绘画表现了他站在通往午门的路上的一根华表旁。[50] 这个场景所暗示的紧张情景在《牡丹亭》（1598）这部大众精英所撰写的剧本的最后一幕中更多地被戏剧化了——年轻的女英雄在这个位置上出现在皇帝面前。[51]

明末的旅游文献也强调了高墙，揭示的有关皇宫的知识少得可怜，这种文献是公开传播的。《长安客话》和《帝京景物略》，是 17 世纪初期两本重要的有关北京风景的图书，二者都没有把皇城的部分包括在内。前者错误地记载了西苑（而且是八景中两景的所在地）是北京湖泊的一个入口。[52]

通过一幅保存于日本的普通明代绘画，我们可以瞥见皇宫在公众想象中所扮演的角色。更多的内容用图画来加以说明，其采用的是与建筑师们的画卷相同的透视手法：观者看到的北面是皇城，其城墙、城门以及房顶得到细心布置，并被挤压成整齐的长方形。图
143 中表现了皇帝和他的大臣们坐在一座宫殿里，大象站在午门外。在顶部列有题诗皇帝的名字和他们在位时期年代的数字。名字和日期的错误表明其并非出自皇家之手。[53] 当看到紫禁城展现在好奇的局外人眼前时，我们感到了鼓舞，因为我们可以去设想有很多关于皇帝私

[50] 鹿桥（Wu Nelson）：《怪人的容忍》，载《艺术新闻》，第 56 卷第 3 期（1957 年），27 页。黄道周从 1622 年至 1640 年间断地居住在北京。恒慕义主编：《清代名人传略》，345～346 页。有关 4 张明代地图册页，也表明官员在紫禁城殿堂外的等候，参见 Vm 2874～2877，存于布拉格国家美术馆。

[51] 史凯娣（Catherine Swatek）：《汤显祖两幕剧中妇女和她们男人的形象》，为"中国明清妇女和文学研讨会"而准备的论文，耶鲁大学，1993 年 6 月，29、38 页。

[52] 这些作品在《长安客话》和《帝京景物略》中。参见第八章中有关的更详细内容。

[53] 任金城：《明刻〈北京城宫殿之图〉——介绍日本珍藏的一幅北京古地图》，载《北京史苑》，第 3 辑（1985 年），423～429 页。卷轴是 99cm×50cm，东北大学藏。我感谢刘怡玮把这幅绘画推荐给我，引起了我的注意。该文列出的皇帝到万历，但任金城推断其宫殿的年代为 1531—1562 年。刘想知道它对于叙事者来说是否有一个视觉上的帮助。

人生活可靠性不一的资料以口语和短暂媒介的形式进行流传。

虽然皇家范围是北京作为大明首都广泛身份的核心，但只有少数知情者对此加以少量而有限的集中表述，而且对于局外人而言，皇家范围内是相对看不到的生活，两者既反映大型聚会的缺乏，又反映了皇家融入更广泛北京生活之中不稳定的过程。

然而，一个重要的相反倾向起着作用：在城市生活中，宫廷的参与是通过媒介来进行的。虽然明朝的皇帝们很少走出皇宫，但是他们通过代理人进行远距离操作，这样他们得以在自己的范围之外拥有大量资源。此外，伴随着皇家对这座城市自然和文化结构介入的急剧增长，北京居民是通过这些地点的利用而及时跟进的。为了理解这些过程，我们必须转向寺院和北京建筑的皇家捐助者上，它们是连接皇帝和城市的管道。

国家宗教

大量的文献倾向于强调明朝皇帝们和他们的家族成员介入京畿地区对经济产生的负面影响。然而，对寺院的皇家捐助和城市宗教的调查表明，支持、保护和投资中的关系至少是和抽取与镇压同等重要。

我们应该从这些定义开始。什么是明代准确的“皇家捐助”？按照第三章所讲到的方法，我用“patronage”（捐助）来涵盖在大范围内对寺院的捐助：捐赠土地或金钱，资助（重）建殿堂，为仪式和供品支付费用，为僧侣或看管人提供薪酬，捐献使用或装饰的物品，参拜使得寺院增光，或赐予一个名号。

要准确说明“皇家”的含义是更为复杂的事情。由在位的皇帝决定礼部为某些仪式支付费用，但谁来负责“出内帑”和来自“宫中”的供品呢？[54] 有时，皇帝用个人的理由去解释他们的捐助 *144*

---

[54] 三个皇城的宝库，一个在紫禁城内，大概是这种资金的来源。黄仁宇：《16 世纪明代中国之财政与税收》，10～20 页。黄注意到，来自内承运库的钱用于“捐给宗教机构”（第 10 页）。

行为并且制成公开的碑文。[55] 更为常见的是，至少在宗教事务中，他们间接或通过其他人和代理人担任。在这些例子中，把皇帝从他们的太监、妃嫔、母亲和女儿中剥离出来是不可能的。本章余下的部分将研究这些不同的人物，但会考虑所有礼物或采取的行动是以皇帝的名义作为“皇家的”捐赠。（没有皇族成员指示的太监捐助在第六章中进行单独阐述。）

明代皇家所捐助的北京寺院，经过如此定义，是不同的、多渠道的和意义深远的。通过它，金钱和名誉从其他独立的中心流出来进入这座城市。尽管其间有官员反对，但皇室还是参与并成为其周边宗教文化的一部分。此外，皇家的捐助使得大量和重要的城市寺院基础设施增加成为可能，结果，正如我们看到的那样，这座城市中可利用的公共空间得到了扩大。

为了阐述这些发展，让我们首先研究国家宗教和相关的活动，然后，反过来看皇帝，他们的妃嫔、母亲，以及他们的宦官和其他仆人。

北京显著特色之一就是拥有大量的宗教设施——24 座寺院——礼部用税收建造和定期提供资金。大量的时间、金钱、人员和空间用于它们的仪式，使得这些寺院成为北京生活的一个重要组成部分。

国家宗教的分级仪式原来是由明朝开国者在南京建立起来的（按照来自以往朝代的惯例），后由永乐皇帝在北京重建，再后来于 16 世纪 30 年代在嘉靖皇帝统治时期被改建。[56] 那时，用于第一级和第二级祭祀的仪式和自然建筑物被完全重新安排。南郊祭坛得到重建、扩大和重新组合：天坛和山川坛。在西面、北面和东面的郊区建造月坛、地坛和日坛。社稷坛作为构成重新设计太庙

---

[55] 虽然对于皇帝来说，在公众面前以私人的声音进行表达是困难的，但与其他的相比，我们所拥有的文章很少是公式化的。

[56] 费克光：《选定其一：明世宗朝廷里的继承和收养》；牟复礼、崔瑞德编：《剑桥中国史》，第 7 卷，443～450、457～458 页。

的一个补充。修建历代帝王庙，对于先师孔子的仪式大体上也被改动。[57] 建筑和户外祭坛增加了注重皇家的对称性和象征意义的设计。木制的牌子——而不是塑像——托管在祖先的寺院里，为前代的皇帝建造寺院，也为孔子建造寺院。[58]

受到保护和慷慨支援使这些地点得以长久存世，只有山川坛没有保存下来。它们在空间上的使用也是过度的。只需要看一下地图 5－1，就可以发现两座最大的祭坛几乎占据了皇城大部分土地。太庙和社稷坛——皇宫南面的一对建筑，自己本身巨大——无论其中哪一座都是数倍大于当时这座城市的任何其他公共建筑。这种不朽的规模本身和帝国指挥当地资源与仪式的重要性是相称的。

这些仪式的目的、所使用的祷词以及出场的人物显示，受益人是皇帝、统治家族和那些在他们权力之下的人。祷词会提到皇帝作为天子——天的儿子，提到大明和有益于“民”——王朝当局统治下的百姓。把对国家来说重要的事件向那些超自然力量报告。通过这两个最高等级的国家宗教，国家官僚政治中的皇帝和官员们就这样形成和持续不断地再创造想象中的帝国群体。所以这些祭坛和仪式明确断言在明朝的统治下北京作为首都地区的地位。

在第三级的祭祀中，我们发现更多按照惯例被理解的神灵们，

---

[57] 《大明会典》，1587 年，卷 81～83；卷 85，488～490 页；卷 86～88，497～511 页；卷 91，517～525 页。有关山川坛，我把一个复杂的祭祀过于简单化，在明代多次被重新安排过。这些地点包括先农坛，但多次被误称为“地坛”（参见张爵《京师五城坊巷胡同集》中地图），或被外国人称之为“土地庙”。许道龄：《北平庙宇通检》，卷 1，182～183 页。《大明会典》，1587 年，卷 81，460 页；卷 85，492～495 页；卷 92，525～526 页。至少两个其他祭坛短暂存在过，即帝社稷和蚕坛。《大明会典》，1587 年，卷 85，490 页；《日下旧闻考》，卷 36，562～564 页。罗米音・泰勒：《明代官方宗教》，见牟复礼、崔瑞德编：《剑桥中国史》，第 7 卷，845 页，其中列出明末的这些仪式。

[58] 同时，孔子的头衔被降低，从“王”到“先师”。刘侗、于奕正：《帝京景物略》，卷 1，3～14 页；牟复礼、崔瑞德编：《剑桥中国史》，第 7 卷，458 页；司马黛兰 (Deborah A. Sommer)：《图像转成文字：明代儒教打破旧习》，载《故宫通讯》，第 29 卷第 1、2 期（1994 年），1～2 页。

这些神灵在建筑物中被供奉并通过偶像来加以表现。这个级别的祭祀不仅吸引强大神灵对皇位加以保护，而且还把国家直接卷入流行的祭祀中。根据《大明会典》规定：“各处山川土神、古今圣贤、忠臣烈士，能御大灾、能捍大患，以劳定国、以死勤事，或奉特敕建庙赐额，或沿前代降敕护持者，皆著祀典。秩在有司，不可胜列。”[59]

146 在明代如此受崇拜的神灵是一个不同的集合，归纳起来是有困难的。皇帝与官员们在何种祭祀礼仪可以官方化的问题上进行零星而激烈的争斗。（与清代相对比）虽然有关这种冲突的适当研究还没有开展，但间歇的发作是众所周知的。通常，皇帝们支持普通民众所供奉的神灵，他们在儒学官僚敌意的面前试图提高或指定有公共地位的神灵。

在北京，11 座寺院被指定为第三级祭祀，其他 14 座是在南京，只有少数的寺院在国家的其他地区。在首都的北面，只有 2 座寺院是在皇家范围之内，几乎所有其他的寺院在北城，有几座寺院在皇城北门附近。（参见图 5－1。）对国家和公众来说是如此地易于接近。对于北京的百姓来说，皇帝有权以国家的名义赐予选定的神灵荣誉和资助这座城市中的寺院，这种具体表现形式促进了当地的宗教活动，甚至可能反映出皇帝和百姓之间存在着一种真正的团体利益。

在北京，被授予第三级祭祀荣誉的一些神灵是模糊不清的，只在一个或两个地方供奉。除了官方指定的神灵外，许多寺院还有其他的神灵，例如，火神（至少有 16 座其他的寺院供奉着他），真武大帝（有 35 座其他的寺院），还有关羽（有 89 座其他的寺院）。[60] 然而，不能把皇家捐助说成是既自始至终地领先又跟随流行的惯例。有时皇家的支持促进了祭祀，但有时没有持续的影响；有时反映了公众的信仰，而有时又忽视它。国家宗教未声明的限制揭示了佛教神灵和女性神灵的缺乏。让我们看看在北京第三级祭祀资助的 17 座寺院中的一些，以便于了解它们在这些过程中所

---

[59] 《大明会典》，1587 年，卷 93，531～532 页。

[60] 这些是整个明代的数字。

起的作用以及对这座城市百姓来说，寺院所产生的特定后果。

皇家的直接参与可以平衡和补充流行的信仰，正如其在关羽和真武大帝的例子中所做的那样。永乐皇帝认为，真武大帝——北方的神灵，在皇位斗争中提供了非常宝贵的帮助；正如明史学家所知道的那样，这位皇帝成为这位神灵祭祀的一位主要捐助人。1412 年，在湖北的武当山开始建造道教寺院群，在接下来的数百年中，武当山成为一个繁盛的朝圣之地。[61] 三年后，为了感谢真武大帝的“无形保佑”，永乐皇帝在北京为真武大帝修建了一座祠堂，其地点位于皇城北门的正北面。后来的皇帝们逐渐提升这座寺院的等级，从“祠”到“庙”，再到“宫”。在每年的三月初三 147
（真武大帝的诞日）、九月初九（他升天为神的日子）和当朝皇帝的万寿节里摆放供品。[62] 在明代的首都和国家范围内，这个无人争夺的皇家支持好像已经奉献给（并且反映了）真武大帝的声望。

三国时代的英雄关羽在帝国内同样广为人知（特别是通过故事和戏剧的流传），明朝开国皇帝于 1395 年在南京为他修建了一座寺院。在北京官方的祭祀集中于一种特殊的表现，圣人关羽骑着一匹白马。[63] 1477 年，成化皇帝慷慨地为关羽重新扩建一座寺院，然后授予侯爵头衔，使其成为法定祭祀的一部分。1536 年，这位神灵被提升为王，1614 年被封为大帝。[64] 虽然这些追封无可置疑地增强了圣人关羽的权威，但是对关羽灵验的信奉在文化中

---

[61] 劳格文：《五台山进香》，见韩书瑞、于君方编：《中国历史上的进香与宗教圣地》，特别是第 299～300 页。

[62] 《大明会典》，1587 年，卷 93，530 页；沈榜：《宛署杂记》，卷 18，189～190 页。

[63] 也许包括对当地一匹马的祭祀。按照一个版本，永乐皇帝于 1410 年打败蒙古人后，回到北京，得知人们谈论一匹白马，这匹马在战斗时突然喘气和出汗。这位皇帝把这个传说作为可以确信的版本，他和他的军队看到有像关羽一样的神灵骑着一匹白马，引领他们走向胜利。刘侗、于奕正：《帝京景物略》，卷 3，97～100 页，亦见富路特、房兆楹主编：《明代名人传》，12～15 页。沈榜《宛署杂记》卷 19 第 203 页中提到明英宗有一个梦解释了这个祭祀。

[64] 北京图书馆金石组编：《北京图书馆藏中国历代石刻拓本汇编》，第 52 册，129 页；沈榜：《宛署杂记》，卷 18，189 页；《日下旧闻考》，卷 44，696～700 页；《大明会典》，1587 年，卷 93，530 页。

也相应地得到了确立。明代的北京有将近 100 座寺院供奉着关羽，但只有一座得到国家的资助。

通过对比，我可以看到灵济宫更多不连续的皇家捐助。灵济宫由永乐皇帝建于 1417 年，是为了祭祀徐氏兄弟——两位福建的神灵。他把他们晋升为道教的真人，赐予土地和称号，要求在他们的诞日由官方赞助祭祀。在首都，后来没有为这些神灵建造其他的寺院，在当地对他们的祭祀也没有得到发展，最终（1642 年）京官们告发他们“叛臣之裔也，祀典不敢议”，并把对他们的祭祀从国家宗教中剔除出去。[65]

许多被列入国家宗教之内的神灵共同面对的是官员们的反对和皇家、百姓支持的杂糅组合。例如，北京的东岳庙，通过玄教大宗师张留孙的努力于 1329 年建成，于 1447 年用皇家的费用加以重建和扩建，并且资助定期的供奉。由于和东岳泰山相关，而且泰山已经被皇帝供奉了一千多年，似乎保证在国家的宗教中其能
148 与道教宗派主义保持一定的距离，但并不是一个太平无事的地方。1488 年，礼部衙门试图从这座寺院中撤回官方的支持并把其（以牌子的形式）限制在北京的山川坛和山东的泰山。皇帝和他的官员们肯定也意识到这座寺院受到大众的欢迎，就否决了这个提议。[66]

1488 年，礼部侍郎周洪谟不仅抨击北京东岳庙的官方供奉，而且建议剥夺其他类似 13 位神灵的国家支持。刚刚继位的弘治皇帝对这个问题经过考虑后，驳回了礼部计划中的四项，修改了四

---

[65] 沈榜：《宛署杂记》，卷 17，182 页；卷 18，190 页。刘侗、于奕正：《帝京景物略》，卷 4，172～176 页。《日下旧闻考》，卷 44，691～695 页。鲍菊隐：《道家文献概观：10—17 世纪》，91 页。爱德华·戴维斯（Edward Davis）：《武器和道：传统中国的英雄崇拜和帝国》，载《宋代的社会和宗教》（东京），第 2 期（1985 年），45 页，其中引用了那些到北京这座寺院进行祭祀的游人的例子，却认为永乐皇帝的捐助实际上加速了对该祭祀的扼杀（第 40～41、46～47 页）。

[66] 北京图书馆金石组编：《北京图书馆藏中国历代石刻拓本汇编》，第 51 册，152 页；第 57 册，134～135 页。北京图书馆藏拓片第 1102 号。《日下旧闻考》，卷 88，1484～1491 页。珍尼特·R. 顿布鲁克、尤桐：《元代道教碑》，载《通报》，第 40 卷（1950—1951 年），60～122 页。《明史》，卷 50，1306～1310 页。

项，其他项目则予以接受。[67]

在国家宗教中，道衍（又名姚广孝，1335—1418）的地位也是突出争论的主题。他从 13 岁开始出家，而且是一个博学多才的人。在几十年里，道衍是永乐皇帝信任的顾问。尽管他的夺位建议遭到官员和文人的非议，但他的牌位还是于 1425 年被永乐皇帝的儿子和继任者安置在太庙之中。1530 年，翰林院学士廖道南说服嘉靖皇帝相信，在太庙中立着一个和尚的牌位是不适宜的，并把它移到庆寿寺（道衍曾经住持过的寺院）。每年仍由礼部两次提供较少的供品。在 1538 年后的一场火灾之后，该牌位再次被移走，这次是一座藏传佛教寺院（护国寺）。这里的一座小殿堂里展现了姚的两种角色，一种是可以认知的形象——身着僧人服饰并摆出僧人姿态，另一种是一块简朴的牌子。这个由国家资助的祭祀一直持续到 1586 年——当官员们获得胜利的时候——最终被完全终止。[68]

国家宗教的历史揭示了在皇家捐助、官员监督和流行崇拜之间的复杂关系中的一部分。为了弄清皇帝和普通崇拜之间是如何相互纠缠在一起的，我们必须扩展我们的视野。要么是国家宗教的部分，要么是位于皇家范围内的那些寺院，在明代君主捐助的更多设施中，那些寺院仅占非典型部分的五分之一。[69] 为了能看到这个更广泛的范围，让我们现在把视线转过来吧。

皇帝倡议

皇帝在他们的个人能力中，可以超越皇家的范围和礼部正常 *149*

---

[67] 例如，虽然对城隍的单独祭祀仍持续着，但文昌帝君却被降级了。《明史》，卷 50，1306～1310 页；祁泰履（Terry F. Kleeman）：《梓潼帝君与文昌化书》，78～79 页。

[68] 《大明会典》，1587 年，卷 93，530 页；沈榜：《宛署杂记》，卷 18，192 页；富路特、房兆楹主编：《明代名人传》，906～907、1561～1565 页；《日下旧闻考》，卷 44，684～685 页；蒋一葵：《长安客话》，卷 1，20 页。大部分明清资料恭敬地写着道衍，而不是用他的俗名来称呼他。

[69] 在 191 座由皇家捐助的寺院中，29 座是在皇家范围内，30 座是国家宗教的一部分，42 座要么属于其中一种情况，要么兼具上述两种情况。

的委托来提供援助。经推测，由皇帝撰写的石碑碑文为数很少，经常是在大规模建设工程后设立的，而且内容公式化。[70] 个人的关注被文字语言和其他的场景之后的存在所遮掩。此外，对明朝皇帝们的宗教兴趣进行概括是有困难的。14 位统治过北京的男人彼此之间完全不同；他们对道教、佛教或藏传佛教创始者的兴趣是有选择性的，对儒学或狂热或轻蔑，有时在他们的宗教关注中有非常古怪的行为。但是，他们赐给寺院金钱或土地的原因与我们所发现的在社会中作为一个整体是相符合的：对证明灵验神灵的感恩，对一个宗教人物精神力量的崇拜，虔诚地希望获得益处。皇帝们主要的差别在于他们的资源上。有关长期模式的研究也许不值得花费时间，但是对一些明确由皇家主动修建寺院的相关事件详细记载的密切关注，会为我们对有关目的、言辞和这种活动理由带来灵感。

在我所知道的 1 091 座明代寺院中，44 座是由皇帝创立的，一小部分（4%）寺院是皇帝以某种方式进行资助的。[71] 几十个这样捐助的行为被不均衡地分配，但当时可预言的是在永乐皇帝统治时期达到一个顶点，在嘉靖时期突然爆发，最多寺院建造行为（总数的三分之一）是在万历皇帝统治时期（1573—1619）。显然，这座城市宗教设施的稳定积累没有影响更多的建筑物。

皇家的捐助能很容易地呈现出一个半官方的性质。1433 年，宣德皇帝为供奉三位最高道教神灵提供了一个相当好的地方，用于修建北京的朝天宫。建造在元朝龙虎山天师居住过的地方，它是一个由 12 座大殿和上千间房间组成的庞大建筑群，得到慷慨的土地捐助，但其捐助者不是孤立的。江西道士在北京时就居住于此，并把它用于为王朝利益举行的表演仪式上。道录司的官员们也在此居住，前提是为岁首、冬至和皇帝的万寿节排演大规模的皇家庆祝表演。[72]

---

[70] 据我所知有 16 块这样的石碑，大部分是成化皇帝御制的。

[71] 我已经把重建和小的礼物排除在外。

[72] 蒋一葵：《长安客话》，卷 2，22 页。沈榜：《宛署杂记》，卷 18，171～172、181～182 页；卷 19，202 页。刘侗、于奕正：《帝京景物略》，卷 4，184～187 页。孙承泽：《春明梦余录》，卷 66，991 页。有关道士和僧人登记，参见第二章。在明代，元代的头衔“天师”已消失，这些天师通常是所说的“真人”，即完美之人。

在一位来自杭州道士的影响下，永乐皇帝开始祭祀王灵官，在这座城市的西北部建造了一座寺院；一个大殿容纳了据说这位创始人的 26 尊天将塑像。永乐皇帝的继任者们扩建了寺院并且由皇家——而不是由礼部——定期提供费用。但在这种情况下，皇家的信仰也没有被世人接受，儒家学者们批评这种祭祀。然而，没有皇家支持的寺院继续存在，并且借助有关它扭曲的松树和观景楼景色的文学作品而广为人所知。[73] 私人捐助跟随着皇家建立寺院是一个常见的过程，为此首都的宗教基础设施被扩大、变得富有并得以维持。 150

在北京为藏传佛教神灵修建的皇家寺院建筑物反映了个人和皇帝二者之间的战略利益，与那些广泛社会的利益是明显不同的。明朝的统治者沿袭了元朝与高级的西藏和蒙古喇嘛之间建立捐助—顾客关系的做法。像他父亲一样，永乐邀请这些人来到朝廷，赐予他们等级和头衔，资助精致的仪式表演，开始是在南京接待定期的使团，1413 年后是在北京。许多随从居住在寺院，皇帝提供正式的俸禄和定期的供品。[74]

我们能看到从 1420 年至 1520 年这样的捐助达到高潮，特别在永乐、弘治和正德时期，但在平民中却没有大量的资助，这个藏传佛教基础设施是薄弱的（特别是与清代进行比较时），并且偶尔引起皇家和官方的不满。最严厉的打击也许在嘉靖时期，他亲自毁灭了至少三座这样的寺院。[75] 然而，这种捐助允许来自中亚的和尚和有藏传佛教塑像的设施在北京地区保存，给予这个城市文化

---

⑬ 这座寺院就是通常所说的显灵宫。刘侗、于奕正：《帝京景物略》，卷 4，176～179 页；泽田瑞穗：《蟠桃宮の神离咪々》，载《东方宗教》，第 26 期（1965 年），56～57 页；《日下旧闻考》，卷 50，800～801 页；沈德符：《万历野获编》，917 页；1908 年调查，《京师内城庙宇调查表》。

⑭ 在元代，大都有藏传佛教寺院，艾略特・H. 斯珀林：《明初对西藏的政策》，80 页。永乐皇帝和徐皇后二人都接受并加入噶玛巴派，艾略特・H. 斯珀林书的第 78～82 页和第四章。

⑮ 1523 年保安寺，《日下旧闻考》，卷 49，786 页。1535 年大慈恩寺，《日下旧闻考》，卷 43，685 页。1536 年善佛殿，龙池清：《明代北京における喇嘛教团》，载《佛教研究》，第 4 卷第 6 期（1941 年），73 页。有关在正统统治初期文官努力减少外来和尚的数量，《明史》，卷 331，8577 页；《日下旧闻考》，卷 53，844 页。

一个有特色的品味。

其他的皇家捐助是更私人化的，作为慈善直接赐予了皇家的
151 依附者。安乐堂是为年老和快死的宫殿仆人以及存放他们的棺柩而建于皇城的；这些殿堂有供奉的祭坛和人员的住处。那些在职期间去世死者的尸体被抬出皇城火化，并安葬在附近附有一座小祠堂的墓地中。[76]

一旦开始对宗教机构进行资助，以后就会定期而系统地执行，这确实是皇帝个人的意图，而且，对于皇族来说这样做肯定是可能的（正如清朝皇室所做的那样）。从可以得到的资料清楚地看到，为某些寺院提供的资金来自个人钱包。例如，太监刘若愚的《酌中志》告诉我们在万历皇帝统治时期，12 名太监被定期派往数量不定的一些寺院燃香。[77] 然而，由于明朝统治者具有高度不同的宗教利益，最有可能——并且相当符合这种行动的个人性质——皇帝个人只有在他们的一生中会对这种预算进行支持。[78]

皇家偶尔投资于一座皇帝先祖以前创立寺院的决策，证实了这种持续体制缺乏支持的力度。在北京寺院中，这些由成化皇帝（1465—1487）御制的 11 篇碑文内容表明了他对以前捐助历史的广博知识，以及他对恢复由父亲、祖父甚至高曾祖父修建的寺院的渴望。[79]

---

[76] 第一座这样的殿堂是永乐皇帝于 1417 年为在宫里当差的工匠修建的。埋葬的地方就是通常所知道的宫人斜。蒋一葵：《长安客话》，卷 3，62 页。沈德符：《万历野获编》，901 页。《日下旧闻考》，卷 39，615 页；卷 41，645～646 页；卷 96，1606～1608 页。陈宗蕃编著：《燕都丛考》，卷 2，476 页。刘若愚：《酌中志》，卷 16，47～48 页。1908 年调查，《京师内城庙宇调查表》。

[77] 刘若愚：《酌中志》，卷 16，47 页。《明宫史》这一段（卷 2，37 页），命名了 4 座寺院，其他是暗示的。

[78] 帝国参与的不平衡格局似乎表明了这一点。例如，于 1465 年登上皇位的成化皇帝，每个月派宦官带着香、蜡烛和灯油去元朝的白塔寺。其以前接受特别的皇家捐助，但在他登基后就没有接受了。沈榜：《宛署杂记》，卷 19，196 页；卷 18，193 页。蒋一葵：《长安客话》，卷 2，26 页。

[79] 例如，北京图书馆金石组编：《北京图书馆藏中国历代石刻拓本汇编》，第 52 册，134 页。它们也表明了对母亲和其他家族成员请求的响应能力。

然而，就全局来看，皇家从国家事务中的撤离，使得许多明代皇帝所表现出来的这种特性遭到官员如此强烈的反对，与一个来自北京可比较的隔离相类似。这些统治者很少到宫殿和他们自己花园的外面去冒险——而且他们也不被鼓励这样做。我知道明代皇帝参观了在皇家范围内的14座和在其范围外的15座寺院（大部分在西北郊）。[80] 例如，功德寺，张太后于1427年重建位于西北 152
郊区湖边的一所寺院，据记载是辽、金和元等朝统治者喜欢光临的地方。她和她的儿子——宣德皇帝以及她的孙子——后来的英宗，在前往永乐皇帝的陵墓进行参拜时，全部停留在此，在这座寺院的后面为其准备了一处雅致的房间。[81]

到皇家范围外面旅行——特别是为了超过法定仪式的宗教目的——会遭到高级官僚们的高调反对，而且这种反对经常得逞。虽然一些皇帝抵制这样严苛的批评，但大部分是默许的。在1453年一个著名的事件中，新登基的景泰皇帝计划前往位于宫殿东边的几个街区用皇家费用重建的隆福寺。他打算进行一次全面的参观，挑选了吉日并且在破晓前把这座城市的街道打扫干净，但是天真的皇帝遭到礼部的强烈反对，被迫取消了这个行程。[82]

正德皇帝也许是个例外。1507年，他在北面湖泊后面皇城西北角的“豹房”，建造了一座私人宫殿；在那里进行军事训练，表演狩猎以逃避来自挑剔成性的大学士们的批评。[83] 他修葺和使用南苑，喜欢玉泉附近的山丘，参观西山的寺院；此外，他还进行了

---

[80] 由于我没有对《明实录》进行深入的研究，只能依靠与寺院本身相关的记载资料。由此产生的数字必定过低。

[81] 李东阳：《怀麓堂稿》，卷6，2579～2584页；沈榜：《宛署杂记》，卷19，197页；蒋一葵：《长安客话》，卷3，51页；《日下旧闻考》，卷100，1659～1664页。

[82] 北京图书馆金石组编：《北京图书馆藏中国历代石刻拓本汇编》，第51册，186页；刘侗、于奕正：《帝京景物略》，卷1，43～44页；《日下旧闻考》，卷45，709～711页。这种反对在清代是难以想象的。

[83] 盖杰民：《正德朝的豹房》，载《明史研究》，第24期（1987年），1～38页。盖杰民已经再现了这个建筑群可能的位置并且（明显地）反对接受文人对“豹房”中生活的描述，即除了放荡外一无是处。

南巡和前往西北边境一系列的远征。[84] 万历皇帝也喜欢从他拜访位于城北其祖先的陵寝的途中绕道返回。他愿意停留在黑龙潭祈雨，停在万寿山（其母亲帮助修建的）吃斋，或在西湖地区休息，他和随行的嫔妃们还会在那里泛舟。参观通常附带着（或跟随着）皇家的赏赐。[85]

153 皇帝们也许没有意识到他们的慷慨所产生的影响——虽然他们无疑会从宦官那里听到许多奉承话。事实上，在北京皇家捐助的影响主要不是体现在统治者的个人存在，而是来自皇帝的金钱及与皇族有联系人士的参拜。各种各样的宫廷人员一起加入这些活动是常见的。例如，1472 年护国寺的重建，名义上是皇帝的倡议，实际上是由他的母亲、太后、皇后，以及许多妃嫔、宫女和宦官共同捐助的。[86]

皇帝对寺院捐助形成了北京宗教设施的多样性。虽然是特定的和选择性不同个人信仰的一种反映，但是这样的赞助具有持久的重要性是因为能有钱财提供。随着时间的推移，许多各种各样的寺院、各种宗教习俗和术士们会得到一时的（或持久不衰的）皇家宠爱。

二手文献没有呈现皇家捐助宗教的有利方面。少数几位皇帝受到谨慎的赞扬，大部分则是批评，许多责备被转移到接近君主的宦官和妇女身上。例如，朱祐樘，弘治皇帝（1488—1505 年在位），他因热爱“儒学”，热衷于解散在朝廷中被其父亲所接受的

---

[84] 北京图书馆金石组编：《北京图书馆藏中国历代石刻拓本汇编》，第 53 册，153 页；第 54 册，8 页。沈榜：《宛署杂记》，卷 19，197、198 页。《日下旧闻考》，卷 104，1726～1727 页。奉宽：《妙峰山琐记》，44 页。牟复礼、崔瑞德编：《剑桥中国史》，第 7 卷，418～423、430～436 页。盖杰民：《正德朝的豹房》，载《明史研究》，第 24 期（1987 年），1～38 页。

[85] 《日下旧闻考》，卷 106，1759～1764 页；刘侗、于奕正：《帝京景物略》，卷 5，202～205 页；陶允嘉：《西山纪游》。例如，当正统皇帝于 1446 年秋天到西山的一座寺院旅行时，他赐给了银两和丝绸。《日下旧闻考》，卷 101，1671～1672 页。

[86] 北京图书馆金石组编：《北京图书馆藏中国历代石刻拓本汇编》，第 52 册，95、96～97 页。

“品格不端的道教术士”、“贪婪的佛教和尚”以及成千的“他们之流”而受到表扬。在弘治时期，皇家给予寺院的赏赐因此被归咎于他的皇后（他的挚爱）及其亲戚的邪恶影响。[87]

把统治者从其家族有影响力的成员分离开来，确实是一件棘手的事情，也许不适合进行分类的区别。为了进一步探究这个问题，让我们转到在北京这些宗教其他的皇家捐助者，首先是女性亲戚，然后是宦官。

皇室妇女

作为本地宗教的捐助者，皇帝所起的作用经常与他们的妃嫔、母亲和女儿们保持一致。通常对这种间接关系的委婉说法指的是：禁中、内或大内、中宫（指的是皇后）或东宫（意指明确的皇位继承人或他的母亲）。捐款和礼物被私下和不定期地提供，由私人 *154*
掏腰包，超出礼部所能达到的范围。

统治者家族的大部分妇女来自北京地区；与皇帝相比，她们和宫外的世界有着更多的联系。在官员的直接责难之下，对于捐助佛教设施，皇家的妃嫔和公主们比她们的驸马和儿子有更大的自由。对于她们来说，进入尼姑庵不合惯例，所以她们用参拜和赏赐来表达她们的虔诚。她们对于当地信仰肯定见多识广，与一班僧侣相熟悉（与那些人谈话也是有可能的），与她们的亲戚相联系，与她们的女性侍从保持亲密关系，在许多情况下她们对宗教非常感兴趣，皇家妇女们能领会赐地、新殿堂、题字或区区一次参拜对一座寺院、这座寺院的僧侣们以及邻近的地区的意义。

我们了解皇太后，即一直健在到她们的儿子和孙子在位时期的皇帝后妃们的大多数活动。有 8 位明朝皇后的健在时间超过她们丈夫许多年，她们当中的四位活到她们儿子在位时期。那些能

[87] 牟复礼、崔瑞德编：《剑桥中国史》，第 7 卷，351～356 页。在 1488 年和 1501 年，弘治帝公开反对官员的建议。

够享有权力地位许多年的皇太后成为最积极和有权力的明代妇女——当然是在宗教的范围内。[88] 通过这些不寻常的妇女，我们可以体会到在皇族内合作可能性的范围并且瞥见这些难得一见的皇后、妃嫔和公主们。她们的捐助在北京有显著的影响。

一座已经几近废弃的辽代寺院，但是风景优美，在北京可以越过平原看到它。出于张太后——宣德皇帝母亲的需要，于1428年由宫中出资重建。智光和尚，印度班智达（Pandita）和尚的一位汉族追随者，在这里建造寺院并且分派了一百多名僧人弟子；这座寺院被重新命名为大觉寺。第二轮的皇家捐助有助于其成为西山大型寺院中的一座。15世纪70年代，周太后得到儿子成化皇帝的准许，为一次主要的修理支付费用。如同大多数皇后可能做
155 到的那样，她捐助土地（以确保稳定的收入）并派太监定期进香。虽然现存的记录没有显示，但可以肯定的是，这些妇女也亲自参拜寺院。[89]（参见图5-2。）

156 虽然皇帝不一定赞同他们的母亲，但是感情与明确的孝顺虔诚美德相结合使得这些男人很难反对母亲的意愿，对官员们的批评显得为难。有个我在其他地方曾提到过的例子，1527年，嘉靖皇帝无法关闭在北京城外的一座寺院，尽管他自己的偏袒和官员们的热情促使他这样做。然而，他的家族妇女，不只是他的母亲，出于对虔诚尼姑的尊敬而成功地保护了它。[90]

一位妇女超过明代（或清代）的任何其他皇后，在北京城内及其周边修建了寺院：李太后（1546—1614），隆庆皇帝的妃嫔，1567年成为皇后，1572年当儿子作为万历皇帝继承皇位时，她成

---

[88] 参见表1-1，显示8位妇女的姓氏和她们的死亡时间。她们在丈夫死后的存活时间如下：张皇后，16年；孙太后，27年；周太后，40年；王太后，31年；张太后，36年；夏太后，14年；陈太后，24年；李太后，42年。富路特、房兆楹主编：《明代名人传》，各处。

[89] 菲尔德博物馆藏拓片第921、957号；《日下旧闻考》，卷96，1608～1609页；北京图书馆金石组编：《北京图书馆藏中国历代石刻拓本汇编》，第53册，130、150页。我没有关于这块土地位置的信息，推测其来自皇庄。

[90] 李世瑜、韩书瑞：《保明寺：明清中国的宗教与皇帝》，载《哈佛亚洲研究学报》，第48期（1988年），136～140页。

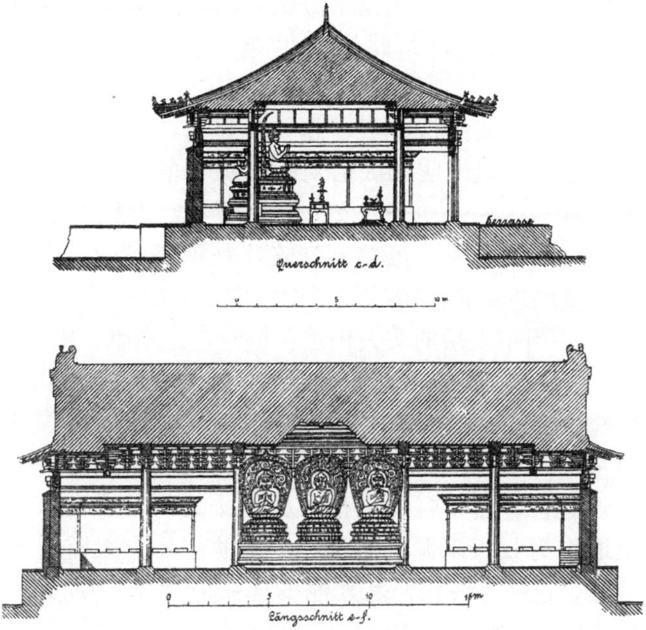

图 5-2　大觉寺主殿

这些画由锡乐巴（Heinrich Hildebrand）于 1892 年绘制，是西山大觉寺中殿两个剖面的风景，一个来自侧面，另一个来自正面。

资料来源：锡乐巴：《北京大觉寺》，图 IV 和图 III。

为皇太后，年仅二十六岁。直到四十二年后去世。在首都，甚至在全国，她是宫廷宗教生活中最有权势的女人。[91] 实际上，单单是在北京地区，她就至少负责了 13 座寺院的修建和另外 12 座寺院的恢复，她还是 6 座寺院的重要捐助者。[92] 在大多数场合下，来自宫中的宦官和其他皇族成员们的遗赠补充了她的赏赐。在她当太后的那些年头里，超过半数赐给寺院的皇家捐献是她的赏赐，许多其余的捐助也有可能是李太后的赏赐。从 1571 年至 1602 年，只有将近一年的时间她没有在这座城市的其他地方修建寺

---

[91] 富路特、房兆楹主编：《明代名人传》，856～859 页，图版 9。

[92] 我的资料肯定对这种情况打有折扣。

院。显然宗教对她和下一代是十分重要的，皇家的金钱极少被分发给国家以外的宗教，如此慷慨的赠予必定会有一个更大的影响。[93]

对首都基础设施的这些贡献是如此显著，以至于它们值得更详细地去阐述。它们说明李太后对这座城市的积极介入超越了皇宫，也说明她与丈夫、儿子、女儿、宦官和宫女以及偶尔来到大城市的官僚之间的关系。虽然下列陈述是不完整的，详细的相关财富有助于我们理解在其他的例子中模糊不清的过程。

1571 年，当李太后的丈夫仍然在世时，她捐献了 1 500 盎司银子（有 1 000 多盎司由宫中其他人捐助）重修在东郊的观音庙。根据她的另一个计划，她向观音庙赠送了一套全新的佛经复本。[94]

157 1574 年春天，作为太后，她重建并扩大了南郊的另一座观音庙，那里曾经有一名年轻的男孩作为她丈夫的替身出家。她捐赠六百亩土地作为收入来源。同月，她资助由一位太监主导的一座寺院的重建，这座寺院曾经是其他宦官在 16 世纪初期为一位知名和尚而修建的。[95] 她还在离北京南面 60 公里的地方为盛行的泰山娘娘修建寺院。[96]

1576—1578 年，她为西城慈寿寺的修建支付费用，在那里她为过世的丈夫提供供品并且为即将成婚的儿子祈求生育男性后代。她捐赠土地给寺院，征召内阁首辅张居正撰写石碑碑文（正如他在 1574 年和 1575 年为一些寺院所做的那样）。在其旁边修建了一

---

[93] 在 16 世纪 40、50 和 60 年代，几乎没人能料到来自宫廷的个人寺院捐奉。皇家兴趣的缺乏无疑起着某种作用，但也许在 1543 年至 1570 年，通常用于这种目的的个人资金，已经转移用于支付军事费用。黄仁宇：《16 世纪明代中国之财政与税收》。

[94] 北京图书馆金石组编：《北京图书馆藏中国历代石刻拓本汇编》，第 57 册，4 页。

[95] 《日下旧闻考》，卷 90，1526～1527 页；《顺天府志》，1885 年，卷 17，530 页；北京图书馆金石组编：《北京图书馆藏中国历代石刻拓本汇编》，第 57 册，21 页；首都图书馆藏拓片第 1089 号。

[96] 该寺院位于涿州，那里已经有一座东岳庙，而且在那里使用皇家的费用同时修建了一座桥。《日下旧闻考》，卷 128，2065 页；卷 129，2077 页。（译者按：该寺院为玉女祠。）

座13层的宝塔。[97] 她说服皇帝帮助她支付一座长达20年之久的东岳庙的复建。

1577—1578年，李太后在城西北资助修建另一座万寿寺。关于这项任务，如同其他许多任务一样，她派遣宦官冯保通过占卜选择一块吉地监督修建。张居正再次撰写石碑的碑铭。将近一千亩免税的土地被赐予这座万寿寺，半数在寺院附近，其余部分在别处并且出租作为收入的来源。在永乐皇帝统治时期铸有佛经的大钟从保管地运送过来并悬挂在此处。在此修建了缩小的假山象征佛教圣地普陀山、五台山和峨眉山。[98]

1581年，她命令冯保在城北购买宦官住宅改为拈花寺，用于新近从中国西部来到首都的一位和尚（西蜀僧）遍融的住处。超过1 700名宦官和宫女也捐了钱，并且特地铸造了几十尊塑像。[99]

1589年，李太后恢复并重新命名南城的一座小型佛教寺院， 158
大概是用于知名和尚真可居住。[100] 1591年，她和另一位皇太后——陈太后，还有公主、妃嫔和贵族（共275名），捐钱重建这座位于城市正西的观音庙。听说和尚归空云游三座佛教圣山，为每位伟大的菩萨燃烧一根手指，太后在他于1592年到达北京时修

[97] 慈寿寺，富路特、房兆楹主编：《明代名人传》，857页。沈榜：《宛署杂记》，卷18，182页；卷19，197页。刘侗、于奕正：《帝京景物略》，卷5，216～217页。《日下旧闻考》，卷97，1611～1613页。宝塔仍幸存。有关东岳庙，北京图书馆金石组编：《北京图书馆藏中国历代石刻拓本汇编》，第57册，40～41页；第58册，34页。

[98] 富路特、房兆楹主编：《明代名人传》，859、462～465页。沈榜：《宛署杂记》，卷18，183页；卷19，198页。刘侗、于奕正：《帝京景物略》，卷5，202～205页。《日下旧闻考》，卷77，1291～1297页。

[99] 北京图书馆金石组编：《北京图书馆藏中国历代石刻拓本汇编》，第57册，101～102页；《日下旧闻考》，卷54，875～877页；裴丽珠：《北京》，193～194页。1598年，遍融死后，在北郊附近为他的遗体修建了一座七层塔，并提供金钱、佛像和近五百亩土地。北京图书馆金石组编：《北京图书馆藏中国历代石刻拓本汇编》，第58册，84页。

[100] 刘侗、于奕正：《帝京景物略》，卷3，103～104页；《日下旧闻考》，卷58，947～948页；富路特、房兆楹主编：《明代名人传》，140～143页。30年后，董其昌写了一篇《释迦如来成道记》，记载他与他的朋友真可相遇的情景；其文雕刻在石头上并安放在那座寺院中。

建了一座寺院。[101] 在那一年，她出钱援助一座寺院群落，那里最初是为一位来自四川的和尚修建的。1594 年，李太后捐钱修建西山潭柘寺的新殿堂。[102]

1595 年初冬，也许是复杂政治斗争中的一个步骤，宫中正在进行着选择一位明确继承人的斗争，李太后为祈祷皇帝长寿而修建了一座寺院。她以前的婢女王氏即皇长子的母亲（但不是这位皇帝最宠爱的）参加了这个行动。[103]

1599 年，她出钱重建另一座郊区寺院并且在那儿安放了一座刻有董其昌诗的书法石碑。1608 年，她出资（并且劝说皇帝这样做）援助郊区一座小的真武庙转成大的碧霞元君庙，借助当地一位巫师之口，碧霞元君的表现唤起了信徒崇拜。李太后在其 68 岁去世后留下了南城未完成的土地庙的复建，由她的儿子于 1615 年完成。[104]

除了那些工程，李太后还留意更小赏赐的可能性（她的宦官可能用它们引起她的注意）。我的研究证明，1573—1593 年，她至少把六部佛经赐给了北京的寺院，在那些年之后赐给了一口钟，一件漂亮刺绣的佛教长袍，一座大香炉和一尊真人大小的镀金释迦牟尼像。[105]

---

[101] 1591 年，北京图书馆金石组编：《北京图书馆藏中国历代石刻拓本汇编》，58 册，131～132 页。1592 年，刘侗、于奕正：《帝京景物略》，卷 3，116～118 页。在这座寺院中，正如许多其他寺院，在阿灵顿、威廉·卢因森所著的《找寻古北京》（第 219 页）中是不可靠的。

[102] 1592 年，《日下旧闻考》，卷 96，1605～1607 页；北京图书馆金石组编：《北京图书馆藏中国历代石刻拓本汇编》，第 58 册，32～33 页。1594 年，北京图书馆金石组编：《北京图书馆藏中国历代石刻拓本汇编》，58 册，50 页。

[103] 北京图书馆金石组编：《北京图书馆藏中国历代石刻拓本汇编》，第 58 册，61～62 页；富路特、房兆楹主编：《明代名人传》，208 页。

[104] 1599 年，北京图书馆金石组编：《北京图书馆藏中国历代石刻拓本汇编》，第 58 册，98、99 页。1608 年，北京图书馆金石组编：《北京图书馆藏中国历代石刻拓本汇编》，第 59 册，166 页；北京图书馆藏拓片第 2781 号。1615 年，《日下旧闻考》，卷 59，959 页。

[105] 经文，北京图书馆金石组编：《北京图书馆藏中国历代石刻拓本汇编》，第 57 册，4、144 页；第 58 册，13 页。沈榜：《宛署杂记》，卷 18，194 页。《日下旧闻考》，卷 100，1665 页。亦参见第三章注 142 有关于她可能也负责的其他四部经文。1594 年的钟（在灵光寺，1991 年 10 月），北京图书馆金石组编：《北京图书馆藏中国历代石刻拓本汇编》，第 58 册，61～62 页。1599 年香炉（在戒台寺），普意雅：《北京及其附近》，第二系列，《佛教寺院：戒台寺》；刘侗、于奕正：《帝京景物略》，卷 4，170～172 页。长袍，《亚洲艺术》（1—2 月，1991 年），24～25 页；有关长袍的准确日期应该是 1595 年，是寺院修建的年份。

这些虔诚行为是因为许多正常的关注促成的——为她的亡夫的灵魂、为她儿子的健康以及为皇族持续的生命力——但它们也唤起了李太后的个人信仰。它们揭示了明末社会有魅力和有才能 159
的和尚们的重要性（在较小的程度上，还有尼姑们），这也是关于这类国家级人物如憨山德清和云栖袾宏的第二手文献所谈到的内容。[106]

李太后捐助的大多数寺院可以属于佛教——那就是，它们的中心神灵是可辨认的佛陀或菩萨，而不是其他的神灵。在北京（即主题本身）之外，她特别向三大神山提供了非常可观的捐助。[107]通过这些捐助，这位太后似乎热切地确定把自己奉献给观音。在她所修建的寺院中，有 4 座寺院在它们的名号中有“慈”的字样——一种与观音相联系的特质，李太后本人的头衔是慈圣皇太后。[108] 在她丈夫于 1572 年死后的几个月中，她的第一次捐助行为是捐给保明寺尼姑庵。归圆——一位年轻的尼姑，在这里声称自己是观音的化身。也许受到其事迹的鼓舞，约在 1587 年的某个时候，这位太后——当时约四十岁——梦见菩萨给了她一本《九莲经》，她也相信她自己就是观音的化身。[109] 此后，九莲菩萨的像安放在李太后捐助的北京寺院里。[110]

---

[106] 徐颂鹏：《明代佛教领袖：憨山德清的生平与思想，1546—1623》；于君方：《佛教在中国的复兴：袾宏与晚明的整合》；富路特、房兆楹主编：《明代名人传》，141、462～465 页。

[107] 参见富路特、房兆楹主编：《明代名人传》，856～859 页。

[108] 她于 1572 年接受这个称号。她也在城里修建（日期不明）了另一座小观音庙。北京图书馆金石组编：《北京图书馆藏中国历代石刻拓本汇编》，第 64 册，112～113 页。

[109] 1572 年钟（在大钟寺，1981 年），李世瑜、韩书瑞：《保明寺：明清中国的宗教与皇帝》，载《哈佛亚洲研究学报》，第 48 期（1988 年），140～143、152～159 页。这个经验也许鼓励她努力赞助佛教新《大藏经》的印刷，包括这部经文。刘侗、于奕正：《帝京景物略》，卷 5，216～217 页。

[110] 在慈寿寺，刘侗、于奕正：《帝京景物略》，卷 5，216～217 页；北京图书馆藏拓片第 3192、3194 号。在慈恩寺，北京图书馆藏拓片第 2538 号；1987 年，在北京，这个雕版印刷品被售卖。在她死后，长椿寺，谈迁：《北游录》，122～123 页；《日下旧闻考》，卷 59，956～958 页；岗田玉山：《唐土名胜图会》，卷 4。

正如我们看到的那样，许多人跟随着榜样李太后捐钱给佛教寺院，似乎她捐给观音引起了一个更广泛的反响——她的慷慨（官僚们称之为“浪费”）也许受到北京其他居民的赏识，并且在国家宗教中，为佛教机构的缺乏做出更多的弥补。

李太后也为另一位女性神灵——碧霞元君捐赠财物。[111] 虽然对这位泰山女神的捐助是应儿子们的恳求，并且碧霞元君在北京地
160 区也是一位盛行的神灵，李太后显然对各种女性神灵感兴趣。当利玛窦于1601年呈献给万历皇帝一幅圣母玛利亚的画像时，这位皇帝把它转交给他的母亲。[112] 那时，她必定会拥有全套相当华丽的画像。

李太后修建或修复的大部分寺院规模宏大。每项工程使得皇家的资金注入了当地的经济，有助于城市或农村部分的发展，新寺院所在地拉紧了与城镇中心的联系。大多数寺院位于郊区附近，通常在城墙外几公里内；6座密布于阜成门外向西的路旁，便于前往她的父亲李伟的庄园。[113] 后来，景点中的许多深受广大公众的欢迎。

在她的一生中，对李太后的批评是缄默的并且转向了宦官和和尚（更容易的牺牲品）。皇帝对于1574年她在位于涿州的碧霞寺所花费钱财而招致的抱怨置之不理，但能读到在1595年审判憨山德清时间接地抨击他皇家的女性捐助人。[114] 旷日持久的万历立储

---

[111] 参见以上注96、97和104。

[112] 邓恩：《从利玛窦到汤若望：晚明的耶稣会士》，78～79页。该画是罗马圣母大殿一幅著名肖像的复制品。

[113] 在她作太后的42年期间，北京139座寺院中，18%确切是她负责修（重）建的，包括34座中的16座寺院比三个大殿更大。我没有关于这些建筑工程劳力的使用资料，但是银制礼物似乎是相当真实的。亦参见富路特、房兆楹主编：《明代名人传》，856～859页。

[114] 赵参鲁，批评者，1574年因公开不同意见受到处罚，但是对于其他人来说，教训并没有丧失。《明史》，卷221，5824页。《日下旧闻考》，卷128，2065页；卷129，2077页。富路特、房兆楹主编：《明代名人传》，57页。有关德清，徐颂鹏：《明代佛教领袖：憨山德清的生平与思想，1546—1623》；富路特、房兆楹主编：《明代名人传》，856～859页。

之争，在宗教捐助以及其他的领域中得到了证明。

自明代起，历史学家们就按照官僚们抨击的指向，以尖锐而不利的观点来看待李太后对宗教的慷慨资助。总的来说，这些观点集中于李太后动用的资源是否有利于这个帝国（例如，资助一个更有效对付东北满洲威胁的防御事业）。然而，从当地的观点看，在北京的经济和城市公共设施方面，万历时期皇家捐助寺院明显是一种相当有价值的投资。

况且，没有官僚机构的正式支持就去行动，这并不像皇太后行事风格。尽管官员们也许曾经表示不赞成（就像这一时期官方历史所坚持的那样），但是许多人还是同意她的工程借用他们的名字。众所周知，由于万历皇帝尚在幼年，李太后与内阁大学士张居正结成联盟，直到 1582 年张居正去世。我们看到，在石碑上有 *161*
关于工程的描述，张居正在 1574—1578 年至少撰写了 5 篇碑文。有关后来寺院的修复，进士出身、内阁重臣和其他值得尊敬的官员们也撰写了类似的碑文。[115]

李太后经常与我们所说的宫廷群体的其他成员采取一致行动。1572 年她和 8 名妃嫔、41 名主要的宫内宦官（由冯保率领）、成国公朱希忠和他的兄弟朱希孝以及他们的许多亲属，还有 55 名寺院的尼姑，超过 1 700 名其他人，至少半数系妇女（可能是宫中的侍从）为保明寺捐献钟。[116] 来自其他工程中的石碑列出了类似参与者的名字：皇子、公主、太监和宫女，贵族和李太后本人的亲戚也忝列其间。[117]

我们将更进一步看到有关朝廷精英在行动中的实例。家族集合与皇帝的关系超过了一个有组织的群体，他们仍然能够采取集体行动以反映共同的利益。钟和石碑表达了位于不同阶层的男人

[115] 这个时期的学者们对国家政治感兴趣，也许发现这些寺院资源对于调查派系联盟有利用价值。

[116] 李世瑜、韩书瑞：《保明寺：明清中国的宗教与皇帝》，载《哈佛亚洲研究学报》，第 48 期（1988 年），141～142 页；1572 年钟（在大钟寺，1981 年）。

[117] 例如，《日下旧闻考》卷 97 第 1612 页关于 1576 年，或北京图书馆金石组编《北京图书馆藏中国历代石刻拓本汇编》第 57 册第 177～178 页关于 1590 年。

和女人之间的联系。这些成百上千的人们曾经在一个地方集结，或许为他们捐献礼物举行仪式？即使不是，显然存在着从他们每个人那里募集钱财的机制，某些共同信仰和价值放在铭刻姓名的下面用于永久的纪念。宗教也许反映了他们群体的感觉，但可能在创建过程中甚至更为重要。此外，这些捐助活动，所有都发生在皇家范围之外，说明在北京当地历史中，这个皇宫的群体被理解为重要的角色。

宦官媒介

宦官是明代皇族的眼睛、耳朵和腿，有必要对他们做进一步研究。熟悉有关这个题目二手文献的读者会注意到形容词“evil”（邪恶）和“rapacious”（贪婪）会从这本书中消失。在中国皇家体系中，作为被理想化几个世纪的士大夫，他们代表皇帝进行统治，在全国竞争性考试中通过测试他们古典文学的知识成功地获
162 得权力。其他人是不能渗进来的。正如在之前的朝代一样，宦官依靠某种亲密关系可以进入皇室，皇室不仅轻易地允许宦官扩大权力而且夺取权力。朝廷的这种结构使得宦官成为官僚的对立面。虽然官员们在政治上被宦官超越，但是他们却拥有一种补偿武器——几乎独占历史记载。因此宦官的历史是由他们的敌人来撰写的。[118] 为了开始重新评估宦官在北京的作用，我们必须摆脱那种观点，至少是暂时地。

宦官在皇族和围绕他们的城市之间有着一种非正式却又关键的联系。虽然宦官更了解如何使皇帝保持愉悦，但在宗教事务上他们积极引导信息的进入（有关一位著名和尚的到达、倒塌寺院的存在、一个具有吸引力地方的实用性）及资金流出（雇请劳力、管理建筑）。他们利用（滥用）这个位置去获得信赖、获取财产以及致富。

当宦官被皇帝和皇后指定负责工程建造时——正如他们经常

[118] 《酌中志》明显是一个例外。对宦官生活所有方面一个更公平的评价还没有。

所做的，把他们从帝国男主人和女主人那里分离出来是有困难的，提议来自何处也总是不明显的。宦官何时恰当地遵照指令，何时提出捐助目标，何时按照自己的权力行动？一系列实际情况说明，宦官与其他人在宫殿团体中分享真诚而不是在宗教中获得投机取巧的利益（虽然“真诚和投机取巧”可能更接近这种目标），并且应该归功于他们的某些倡议。

除了皇帝和皇后提议公开参加的慈善外，宦官作为皇家的代理人扮演着复杂的角色。以谷大用为例。他是“八虎”之一（他们的敌人给他们取得的称呼并不那么友善），在 16 世纪头几十年中，受到正德皇帝的信赖。[119] 他的捐助行为与他主人的目标紧密地纠缠在一起，使得把他们互相分开是有困难的。

1508 年，谷大用自己捐献给道教白云观新建的殿堂一口大钟。1510 年，他和其他的宦官执行皇帝的命令（推测地）恢复南苑的灵通庙。到 1512 年，从皇帝和皇家成员那儿获得捐助，他和五个随从宦官完成了城西门外大一些的衍法寺的恢复。1512 年，为了接纳来自中亚的和尚，谷大用和宦官张雄按照皇帝的指令恢复护国寺。同年，当他协助皇帝进行另一座在遥远西山的寺 163
院的恢复时，谷大用似乎开始他自己的计划。他发现在荒凉山脊上有一座毁损的寺院，里面只住了一个和尚，并且“善念津兴”，花费一笔可观的金钱拆毁倒塌的建筑并且重建它。“由是瓦砾荒凉之区，易为金碧宝坊之境。”[120]

或以冯保为例，冯保是深州人（在北京以南两百公里的地方），李太后的盟友、代理以及伙伴（还是朋友?）。1569 年，甚至在李太后掌权之前，他就请求皇帝资助首都佛教寺院的复建。正如我们所看到的那样，1572 年后，他积极地为皇帝服务。典型的

[119] 富路特、房兆楹主编：《明代名人传》，744～747 页。我不知道他的家乡。

[120] 1508 年，1987 年时钟还在。1510 年，北京图书馆金石组编：《北京图书馆藏中国历代石刻拓本汇编》，第 53 册，153 页。衍法寺，北京图书馆金石组编：《北京图书馆藏中国历代石刻拓本汇编》，第 53 册，174 页；第 53 册，176 页。护国寺，刘侗、于奕正：《帝京景物略》，卷 1，33～36 页；谈迁：《北游录》，78～80 页。金仙庵，首都图书馆藏拓片第 874 号。

是在 1573 年，当另一位太后（通过宦官和宫女）听到一位来自河南的朝圣和尚居住在南城的一座古老寺院时，命冯保在那里负责修建一座新寺院。1575 年，万历皇帝自己（也许在冯的敦促下，因为没有理由进行这样的行动）命冯保（或用金钱）在城北购买一位已故太监的住处并把它变成一座新寺院。（张居正撰写了碑文。）同年，似乎带领内廷成员捐助药材，冯保自己开始修建了一座药王庙。他在北京西南房山县的山上恢复了三座佛教寺院，在他管控五军营时，他在城北的教场上修建了一座祠堂，皇帝赐予了一千盎司的金子。[121]

谷大用和冯保的行为表明，他们不仅是把到北京寻求资助人的著名和尚带进皇家注意力内的幕后角色，而且也是宦官在城墙内外广泛介入城市寺院的重要人物。另外，这些例子说明，宦官倡议和皇家合作模糊不清的混合是如此众多行为中的典型。

某些赞助源于对和尚与寺院慈善的一种共同利益。但那些在内廷当差和特别接近皇妃、公主或皇帝的宦官对保护健康和生育
164 的神灵也有一种有限的兴趣。[122] 这样，捐助一座寺院并给它配备祈祷的和尚，这些非常特别的参拜者在国家问题中成为最初组织起来的（或成熟的）派系的表达，并且隐藏在对皇室生存普遍关切的背后。

明代的宦官也跟随着皇家的脚步重建和扩建现有的寺院，慷慨地向它们捐赠。有时宦官随着一份皇家赏赐附上自己的捐赠。例如，在太后资助大觉寺主体重建后的两年，他们 12 个人于 1430 年捐给郊区大觉寺一口刻有佛经的钟。他们还通过日后的增建或

---

[121] 1569 年，沈榜：《宛署杂记》，卷 19，196 页。1573 年，《日下旧闻考》，卷 55，890 页。仁圣皇太后陈氏是隆庆皇帝时期无子嗣的太后，她死于 1596 年。富路特、房兆楹主编：《明代名人传》，367 页。1575 年，《日下旧闻考》，卷 48，770 页。药王庙，沈榜：《宛署杂记》，卷 19，204 页；北京图书馆金石组编：《北京图书馆藏中国历代石刻拓本汇编》，第 57 册，30 页。佛教寺院，《日下旧闻考》，卷 130，2096～2097 页。祠堂，《日下旧闻考》，卷 107，1775～1776 页。（译者按：原文为赐千金。）

[122] 有关包括公主、妃嫔以及在她们住处当差宦官的情况，参见北京图书馆金石组编：《北京图书馆藏中国历代石刻拓本汇编》，第 57 册，177～178 页。

修缮来加强皇家的工程，例如，他们于1493年翻新了西域寺，保持了皇家和宦官捐助有声望的智光和尚的传统。[123] 正如我们将在第六章所更为详细地读到的那样，宦官经常把保管额外资金的特权利用于自己的计划，并把和尚指派到偏爱的寺院里。[124] 有时，他们还安排寺院接受新名号和警示："毋得侵占田土！"[125]

对大多数寺院来说，宦官只是安排一个"敕赐"名号。在明代祈求皇帝并接受一个新名号是有可能的，新名号被写在匾额上，夸耀地展现在房前："某某寺院的名字以皇帝的名义授予。"似乎向君主提出请求、获得批准并且由礼部执行。[126] 这种捐赠只构成了最低级别的皇家祝福，仅是一次性的，不包括金钱。这种赠予的综合记载似乎没有保留下来，但我知道有185座北京寺院（占所有明代寺院的17％）接受了皇家赐予的名号。[127] 安排一块铭匾可
以建立多种联系，在大多数情况下可能跟宦官的联系有关。[128] 这个 165
特权只扩展到皇家范围之外的寺院，而且不是国家宗教的一部分。许多是佛教设施。[129] 公开的保护声明和赐名是宦官和文官之间争论的焦点，宦官们通过皇帝促进他们的共同利益，官僚担心皇家的

---

[123] 1430年，菲尔德博物馆藏拓片第921、923号；亦见北京图书馆金石组编：《北京图书馆藏中国历代石刻拓本汇编》，第53册，150页。1493年，北京图书馆金石组编：《北京图书馆藏中国历代石刻拓本汇编》，第53册，20～21、108页；《日下旧闻考》，卷96，1608～1609页。

[124] 例如，潭柘寺的新大殿是宦官戴顾命于1507—1508年修建的，是皇帝赐予的。《潭柘山岫云寺志》，16～19页。

[125] 在大多数情况中（可能全部），这类铭刻的石碑似乎是皇帝为了宦官修建或重建寺院而敕令的。据我所了解，15个明代情况集中于成化、弘治和正德统治时期（1465—1521），1579年获得免税是一个例外情况。有关保明寺尼姑1499年接受免税的内容，沈榜：《宛署杂记》，卷18，182页。

[126] 参见北京图书馆金石组编：《北京图书馆藏中国历代石刻拓本汇编》，第51册，161～162页，其中有关程序的说明（不完全清楚）。

[127] 沈榜的《宛署杂记》特别留意有皇家赐予名字的寺院。我不相信这些匾额是一座寺院全面注册制度的基础。

[128] 大部分有匾额的寺院（85％，185座中的135座）是皇帝、皇家的妇女或宦官以其他方式捐助；在有这样匾额的寺院中，72％实际上是宦官捐助的。

[129] 根据我的统计约60％，但实际数字可能相当大。

特权可能被妄用。[130]（赐名的制度在清朝被废除。）

我们不应假定在宗教捐助的行为中，宦官与皇帝的合作是腐败的、误入歧途的或极度的奢侈。宦官如同其他人一样可以被虔诚、谦卑、感激之情以及威信和地位的欲望所激励。捐钱修建寺院是一个认真的、昂贵的行为，并且不是特别地自我放纵（当我们认为其他的可能性）。为什么我们应该驳回宦官的语言“圣之勋荷赏赉之恩”并且“关恩广大无以补报”？这些仆人完全依赖皇帝，那些人感到幸运和表示感谢是自然的事情。[131]

当然，官僚们是反对的，他们感到“浪费”金钱并对皇帝有负面的影响，当皇家的妇女们没有直接包括在内时，这些官员会坦率地提出批评。一块1501年的石碑热情地描述了一座恰好由宦官李兴建于首都东南郊寺院。皇帝听到这件事，认为非常好，并赐给寺院“隆禧”的称号和保护的法令。但是监察御史们却掀起了一系列的激烈反对，包括认为迄那时为止皇帝没有参与寺院的
166 建设中，祈求皇帝长寿只是一个简单的伪装，李兴的动机完全是个人的，对淫荡和尚的提升是不适宜的，等等。尽管官僚们反复试图捣毁这座寺院并褫夺其合法性象征的行动并没有成功，但是户部能撤销李兴把寺院土地换成朝廷土地的要求。[132]

---

[130] 有关的例子，《日下旧闻考》，卷90，1527页。亦参见李世瑜、韩书瑞：《保明寺：明清中国的宗教与皇帝》，载《哈佛亚洲研究学报》，第48期（1988年），131～188页，其中有关于所提到的术语“御赐”分量的讨论。

[131] 1432年，王妙秀曾照料过朱瞻基（宣德皇帝），用她的积蓄在南城城墙外买了块地，并且经过12年在其土地上修建了一座寺院，容留和尚为皇帝祈福，这个虔诚的行为用于表达她的家庭被赐予特权的感激。北京图书馆金石组编：《北京图书馆藏中国历代石刻拓本汇编》，第51册，128页；樊彬：《燕都杂咏》，12～14页。术语“祝釐”用于描述皇帝长寿的仪式（或皇家的父母，或明显的后嗣）可能委托给感激的捐助者。我了解7座明代寺院，是进行特别祈祷的地方。关于这一概念，北京图书馆金石组编：《北京图书馆藏中国历代石刻拓本汇编》，第52册，6页；第60册，135～136页。《日下旧闻考》，卷61，1002～1003页。关于一位宦官赞助人，《日下旧闻考》，卷97，1621～1622页。

[132] 《日下旧闻考》，卷90，1527页。富路特、房兆楹主编《明代名人传》第960页中提到了同一位李兴。根据宦官的提议，1492—1493年用弘治皇帝、皇后和他法定继承人的钱在西山重建两座寺院。

依赖皇家的恩惠，一个宦官的阅历可能是短暂而且危险的；他的敌人随时准备对他发起攻击，一位皇家保护者的死亡通常意味着终结。在正德皇帝死后六个星期内，谷大用被投入监狱，并且许多他的随从也丧失了权力。冯保在大学士张居正死后被万历皇帝撤职，控告有罪，最终被发配到南京。[133]

明末宦官魏忠贤与官僚们的敌对关系异常紧张，是一个极端的例子。在天启皇帝（1621—1627）的朝廷中，他拥有非凡的权力，残忍地对待官员批评者，过度的自我膨胀是众所周知的。也许预见到会随着权力的倒下而被推翻，在1626—1627年的夏天和冬天，魏开始修建“生祠”，在那里可以为他提供祈祷。（他可能需要它们。）在全国修建了超过一百座这样的祠堂，至少有9座在首都。1627年，他的皇家保护者去世，魏忠贤自杀；他的尸体被千刀万剐并被扔进河里。那些在北京的生祠，大约只有半数已经完成，被迅速地转为他用，他捐助的公开记载也被完全彻底地抹掉了。[134] 但这位有权势的宦官仍活在当地的记忆中。二十年后，在明朝灭亡后，他的衣冠被忠诚的朋友们埋在一座气派的坟墓中，是明智的魏忠贤于1623年建造的，位于风景如画的西山碧云寺后面。一位白面无须的不寻常神像就是传说中的他。[135]

---

[133] 参见富路特和房兆楹主编《明代名人传》第746页中有关谷大用的内容，第111～113页中有关张永的内容，另一位积极的寺院资助人也来自北京地区。有关冯保，参见该书第50、326页。

[134] 贺凯：《明代中国的监察制度》，213页；王士禛：《居易续谈》，卷1，2～4页；邓之诚：《骨董琐记　续琐记》，卷1，2页；乌尔里希·马米切希（Ulrich Hans-Richard Mammitzsch）：《魏忠贤（1568—1628）：对明末朝廷中宦官和党争重新评估》，250、293页。认定这些祠堂不是一个简单的事情；我能自信地数出9座，但也有其他的。魏忠贤对宗教的介入需要进一步研究。

[135] 如果没有和尚们的告知，清初的访客很难找到坟墓。17世纪90年代，一位御史上奏君主，提出把这个令人反感的宦官权力的存留物铲平。并且也是如此。谈迁：《北游录》，250～254页；谈迁：《枣林杂俎》，卷1，58页；王士禛：《居易续谈》，卷1，2～4页；查慎行：《人海记》，卷1；王鸿绪：《横云山人集》，卷2，811页；《日下旧闻考》，卷87，1474页；朱彝尊：《曝书亭集》，卷67，6～7页。有关魏忠贤画像的推测，《北京旅行指南》，198页；亦参见杜德珍：《中国治疗艺术》，载《教务杂志》，第3期（1870年），125页。一个类似的情况包括毁灭——也在清代——与15世纪宦官王振相关的石碑；在一块不经意间幸存下来的石碑上，文字被有条理地破坏，但其中画像没有损坏。北京图书馆金石组编：《北京图书馆藏中国历代石刻拓本汇编》，第52册，19页。碑文的磨损是相当罕见，最平常是日期或被蔑视的宦官名字被挖掉。更多的例子，《日下旧闻考》，卷57，63～64页；北京图书馆藏拓片第7994、10221、7595号（包括魏忠贤）。

我们将在第六章中更多地讨论私人宦官对当地宗教的捐助，
167 但此刻，铭记在心的是，皇帝、皇后、皇族成员以及他们的宦官侍从的捐助交织在一起，读者也许准备远离无条件的谴责。

皇室资助的影响

两个半世纪明代皇家捐助的寺院在北京的影响被认为是可观的，而且按照我的判断，是有益于这座城市和它的居民。从皇帝那里得到的资助和关注增加了新的建筑，促进城镇和郊区经济的发展，支援了现存机构和人员，有助于抵制官僚机构反对宗教权力的冲动，加强在朝廷和平民中信仰的共同基础，并且使得首都成为一个有权威的宗教中心。

在整个明朝时期，皇家的捐助持续进行，虽然新寺院的数量在明代早期是相当高的，但后来逐渐减少，在万历时期又有所增加。[136] 朝廷兴趣的差异和官僚机构能够干涉的有限范围，导致皇家支持的各种神灵、派别和僧侣既有些模糊不清而又众所周知。非正式的捐助抵消了把佛教神灵从国家宗教中排斥出去的行动：有90％皇家支持的寺院有僧尼居住。[137]

在皇家范围之外，国家投资的北京公共基础设施集中于粮仓（大的、昂贵和关键的城市福利）、朝廷部院衙门（大部分与国家事务有关）、仓库和供应皇族所必需物品的作坊。几乎所有这些设施位于城北，在城墙内70％的寺院接受皇家的捐赠。在前门外的商业地区，实际上没有修建寺院或受皇帝资助的寺院。郊区的寺
168 院，特别是那些位于这座城市西北边的寺院，接受大量的皇家捐助。[138] 虽然正德皇帝在西湖旁有一座小型的行宫，但是明代的统治

---

[136] 皇家建筑比任何其他建筑记载得更完整，所有明代寺院是否保持这种模式是难以知道的。

[137] 半数主要殿堂用于经典佛教神灵。24座（12％）有道士，已知5座有藏传佛教僧人。君主有限的捐助供给3座清真寺和1座小的天主教教堂。

[138] 在北城、南城和郊区，所有明代寺院的比例为43％：16％：38％（总数为1 081座）。皇家捐助的明代寺院可比较的比例（排除那些唯一捐助的证据是御赐匾额的寺院）是41％：10％：49％（总数为191座）。

者们没有在城外修建“夏宫”。[139] 得到良好资助的寺院在农村的存在促进了北京人口向这个地区的扩张，并在农村转向郊区的过程中起着重要的作用。

依照狭义的定义，皇家捐助的寺院只占全部寺院的 18%，但它们是更大、更富有、更持久并且变得更有名的寺院。[140] 它们的石砖结构、坚实的木材、众多的房间、大型的藏经楼、庞大的镀金塑像、交游广泛的僧侣和维持长久存在的收入是来自明朝帝后们的一份持久遗产。

对皇家在宗教上的捐助花费进行精确评估是有困难的。礼部支付建筑、维修和扩建寺院以及国家宗教的祭坛费用，这些花费是非常浩大的（考虑到财产规模），但是鉴于它们的仪式和符号的分量，认为花费应该更多。非正式的费用变化是相当大的。

15 世纪有记载的皇家捐助几乎全是土地，这也许是金属缺乏的一种反映。[141]（参见附录三。）它们范围从少量的（6 亩）到非常多的（6 000 亩），平均为 600 亩。[142] 这些捐助的土地来自皇室的庄园，它们一度成为寺院的财产，似乎一直免于纳税。这些转变的经济影响就是税收用于个人钱包并且可以把寺院的僧侣掌握在自 *169*
己的手中。皇家收入会流失进入个人的腰包，但固定的政府税收不能受到影响。如果没有更多慈善的地主，和尚也许就是无能之辈。

---

[139] 阎崇年：《古都北京》，148 页。

[140] 明代 1 091 座寺院中约 191 座是由皇家捐助的：40%带土地（130 座中的 53 座），60%有僧侣（85 座中的 51 座），超过半数有超过三个殿堂（56 座中的 34 座）。到 1644 年，83%（196 座中的 162 座）皇家捐助的寺院仍保存，其中 130 座直到 1911 年清灭亡时仍幸存。这些寺院也有良好的记载，它们的历史对于读者来说是易接近的。它们占已知全部有石碑寺院的 29%，占被发现全部已知明代石碑的 45%。为了不夸大情况，在这个注解中，我排除只接受宦官给匾额的寺院；把他们捐助寺院包括在内会提高数字，但不会改变描述。

[141] 万志安：《财富的源泉：中国 1000—1700 年的货币和货币政策》，第二、三章。

[142] 在我所知道的 24 个例子中，赐予合计近 16 000 亩土地。最大的礼物也许没有被记载。参见附录三。

在我已经使用的资料中，钱财的礼物只是个概括的记载：一千盎司的银，四千、一万或三千“白金”，一百“金”，等等。一个主要的建筑工程可能需要五千至一万盎司的银子。[143] 劳力对于皇帝来说不是瞬间产生的额外费用，可能由北京戍卫士兵提供，但材料获取也许是昂贵的。[144] 我知道在此期间的两个半世纪中，有61座寺院是由皇帝重新建造的。

黄仁宇努力把万历皇帝的花费放入一个平衡观点是有指导意义的，已经注意到李太后在宫中财产中有将近五万盎司银子的年收入。[145] 如果前面的评估大概是正确的，那么这个数额可以为她积极的宗教活动提供资金。类似的情况对王朝初期的皇后们是真实的，对皇帝们来说也是一样的。

黄仁宇曾经断言，明朝财政体制的结构性弱点以及限制和削弱中央政府的低效有同等重要的作用。[146] 总而言之，对北京的宗教捐助来说，资金流失的严重与其抨击者所说的一样，这对于我而言是难以看到的。实际上，银两的支出在京畿地区的经济上可能有一个刺激影响。但可以肯定的是，国家利益被北京的那些利益所牺牲。

在这座城市里，谁是这些费用真正的受益者呢？一些由皇帝支持的寺院与一个更为广泛的公众密切相关，它们的仪式是为皇族和朝廷准备的。在其他地方，皇家的捐助对其他的捐助者来说，可能是一个令人寒心的影响。在那些与国家宗教结合但却向公众
170 开放的寺院里，定期的游行和伴随着的破坏，以及来自礼部特别

[143] 重要的善果寺的重建，进行了两年（1503—1505），费用“超过一万盎司”。北京图书馆金石组编：《北京图书馆藏中国历代石刻拓本汇编》，第53册，144页；但亦参见第56册第93～94页中有一个更低的数字。

[144] 黄仁宇：《16世纪明代中国之财政与税收》，58、68页。这些士兵的费用由皇帝支付，来自相同的银库。参见此书第282～284页黄仁宇的16世纪宫廷建筑费用相当复杂的估价和材料费用的建议（我没有相关的资料）也许非常重要。

[145] 黄仁宇：《16世纪明代中国之财政与税收》，303、325页。49 000盎司用于两位皇太后。

[146] 黄仁宇：《16世纪明代中国之财政与税收》，特别是第272～275页。

必备用品的需求和预备参观，肯定阻止其他人有组织的介入。对于主人来说，皇家的光临是昂贵的，不是所有的寺院会为令人敬畏的光临者们保留特别的房间。[147]

根据寺院僧侣们的观点，非正式和间歇的皇家捐助，特别是如果伴随着可观的赏赐，总的来说可能是需要的，特别是在皇家参观之间如果有长时间的间隔。的确，在由皇帝修建和重建，然后被冷落的寺院里，在被冷落期间允许去寻找其他的顾客，也是有必要的。[148]

如此之多由皇帝认定的宗教设施的存在，成为首都的特征和财产。最高级别的祭坛让游人和居民感到印象深刻，如同它们的墙垣、宏大的场地一样难以接近。在其他地方，皇家慈善的宏伟踪迹是夸耀的显示而且是有效果的：皇家捐助的匾额悬挂在大门上，藏经楼里丰富的经文，昂贵的祭坛器具，精美的大钟或雕刻的香炉，坐落在巨大石龟上的石碑。人们也许能在首都之外看到这样的财产，但在北京，它是权力的集中表现。

在城市生活中，皇帝修建富有宽敞的寺院尤其重要。在后来的几个世纪中，至少有 34 座寺院用于节日，22 座用于慈善活动，12 座用于市场，10 座用于朝圣，至少有 7 座用于非正式的政治组织。它们当中的三分之一（63 座）持续获得来自商人或普通民众的宗教团体的私人捐助。皇家捐助的寺院在明代的游记中也经常被提及；至少它们当中的 89 座（可能更多）定期接待文人游客，60 座被外国人参观过。[149] 虽然这些数字不应过于表面化，但它们显示了这个城市公众领域因为皇家捐助的成果而受到更多的强化。为了准确地了解这些寺院对北京普通居民宗教活动是如何做出贡献的，我们必须考虑皇族之外和皇家范围之外的影响。

---

[147] 正如功德寺所做的。沈榜：《宛署杂记》，卷 19，197 页。

[148] 韩书瑞：《潭柘寺的位置、圣徒和景色》，载《远东亚洲丛刊》，第 10 期（1998 年），183～211 页。

[149] 1635 年的《帝京景物略》列出了 123 座寺院，52 座（42%）是皇家捐助的；在 1688 年《日下旧闻》中，385 座明代寺院中有 117 座（30%）；在 1785 年扩充的《日下旧闻考》中，585 座明代寺院中有 156 座（26%）。

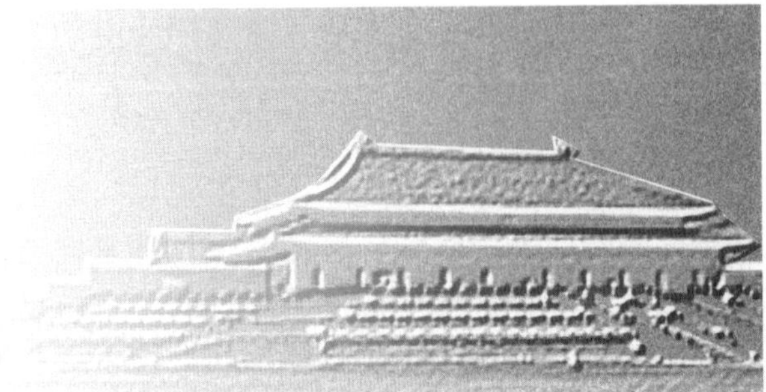

第六章

城市群体

171 明代的北京比皇家的范围大得多。到 1550 年，这座城市至少有百万居民，也许更多，并且已经向城墙外扩展。来来往往的信使、官员、前来赶考的举子、商人和服务人员现在证明了北京是“五方之枢”的说法。① 一些居民已深深扎根于京畿地区，一些是新近定居的，而其他的则寄居于此。他们是如何使自己成为这座城市的一部分，而且还把这座城市变成自己生活的一部分呢？

原始资料难以复原居民的思想、感情和普通经验，但通过研究宗教活动留下的痕迹，总的来说我们可以了解赋予城市生活本质的有组织团体、圣会和社区。在本章和下一章中，我们将要研究这样的群体，把重点放在那些形成于寺院周边的群体，但尽可能把它们放在社会背景之下。要评估在这个家族和官僚之外区域的活力是可能的，这样能够更好地理解明代北京复杂而多变的公

① 这个短语在清代变得更为陈词滥调，但参见北京图书馆金石组编：《北京图书馆藏中国历代石刻拓本汇编》，第 60 册，75～76 页。

共生活。

我们从朝廷所创造的人工框架开始——公共的仪式生活和形成的团体，然后转向宫廷宦官、当地文人、旅居官员和商人的有组织的活动，最后是宗教社区。

官　员

坊、县和府是明朝创立的治理北京城市百姓的自然和官方记录用语，但没有反映出先前存在的社会关系。然而，当地百姓对 172 这些单位赋予了意义和反响，影响了城市身份的轮廓，并且没有对此理解就讨论城市生活是有困难的。为了剖析这些层状的行政单位，我们必须从上至下开始介绍。

这座城市的名字是帝国的一个提示：京师，“我们的首都”。[②] 按照普通的说法，北京又称作“都城”（首都的城市），它的居民是“都人”（首都的人民）。（与中文相比，英文词典有关首都城市的词条是相对贫乏的。）不仅是名字、皇帝的存在和皇家的范围标志着北京是一个首都，而且一个巨大帝国的神经中枢需要大量的自然建筑物：宫殿南面的内阁建筑群、国子监和贡院、观象台、造币厂、谷仓和军营。许多城市居民的劳作生活发生在这些建筑物中，并且与国家事务相关。世俗的礼仪，如与考试共同进行的仪式在郊区的神坛举行，提醒着居民和游人，它们是这个更广泛政治单位的一部分。在明朝的历史中，首都的这些生活方面是司空见惯的，在此不需要予以特别的关注。应有更多的回报转向当地官僚身份的阶层和他们对北京首都身份以外的贡献。

因为北京是帝国的首都，当地统治的特别制度被准确地用于创建明代北京，而不是省内有府、府内有县的一种嵌套级别制度。

② 有时，还使用京都或京城，但并非正式的。

这座城市位于北直隶（北面直接统治的区域），与一个拥有类似南方机构的南京保持一致；这些准省级官员不向他们自己的上司（巡抚）报告（没有任何人），而是直接向首都的内阁报告。北京自己属于在永乐皇帝统治时期创建的一个新的行政单位顺天府。它包括 15 个（最终为 22 个）单独的县和州，府衙设在北京。由于这种结构，所以作为府所在地的城市身份是强大的，但其与上一级省的联系是薄弱的。在明代，全国其他地方省级中心的发展在此受到抑制。③

通常没有纯粹的城市治理单位。每个县包括村庄和小城镇，
173 也有城市中心。大都市经常被分成数个县，以抑制城市独立的权力。这种分立的管理也用于北京的治理。这座城市被分为两个县：大兴和宛平——略微朴素古典的名字。④ 两县的衙门位于北城，理论上是平分的，但并不平均（大兴在东面，更大一些）。每个县包括邻近的农村部分。这样在行政术语上，“首都的居民”是没有意义的，并且独立的县级身份也难以发展。宛平和大兴这两个县，每个县既小于北京，又超出北京。

然而，县籍是个人身份的一个重要组成部分，对于任何要参加科举、离开生活过的家乡或基于任何原因从政的人来说，是一个必不可少的标志。科举体制以共鸣的文化重要性浸入这些行政单位，因为它们是基本的建筑基石。此处的北京再次破例，因为它的两个县没有单独的考试名额（如同其他县那样）和单一的府学（由府管理）服务于它们。⑤

---

③ 贺凯：《中国古代官名辞典》，第 1024 条；《顺天府志》，1885 年，卷 35，1165 页；《明史》，卷 40，884～885 页。

④ 辽代（11 世纪）此地就有一个宛平县，金代（12 世纪）有包括北京在内的大兴府。《顺天府志》，1885 年，卷 35，1154、1157 页。有关这些县在明代的地图，乔安妮·克莱尔·维克兰：《中国明朝首都的行政部门：16 世纪的北京》，61 页。在南城城墙修建后其存在的概略情况主要依靠乔安妮·克莱尔·维克兰的上述著作，见各处，特别是第三章和第四章（虽然我没有使用她的术语）；《北京通史》，第 6 卷，73～75 页，地图；张爵：《京师五城坊巷胡同集》；贺凯：《明代中国的监察制度》，85 页。

⑤ 乔安妮·克莱尔·维克兰：《中国明朝首都的行政部门：16 世纪的北京》，124～125 页。

更糟糕的是，虽然首都的居民为参加科举在大兴和宛平登记，虽然他们的长官在北京设有衙门，但是大部分与县相关的职权只能扩展到农村。[6] 北京内部的居民由另一个独立行政机构来管理。只有在北京和南京才有这样的安排。对首都的职责被细分为“五城”，照字面意思来讲，就是“five walled areas”或“five cities”，但是为了使意思表达得更加清楚（因为它们没有被城墙包围），此处翻译为“五个区”（Five Districts）。[7] 在16世纪60年代以后，四个区属北城，南区管理着刚刚用城墙包围起来的南城。每个区由隶属兵部的五城兵马司指挥负责。[8]

五城本身被细分为三十六坊。紧挨着外城城门的外部人口属于 174
类似坊的地区，他们城市化的特性得到了认可，这使得城市与郊区的区别更进一步复杂。许多坊的名字是从元代的这座城市承接而来；许多寓意吉祥，有一些与当地有联系。例如，“金台坊”，指的是黄金台，八景之一；“教忠坊”这个名字唤起在此处决宋代大臣的记忆。[9] 这些坊依次被细分为“牌”，牌下分为“铺”。[10]

---

⑥ 即使是在农村，县也被认为受到上面相当大的干涉。沈榜，一位有思想的明末宛平知县，留下了一本关于他管辖范围的笔记：他所辖县的大部分土地属于皇庄，宫廷精英平时干涉当地的事务，他永远缺少资金，县衙可想见是破败的。亦参见乔安妮·克莱尔·维克兰：《中国明朝首都的行政部门：16世纪的北京》，139、169、187、306页，以及各处。当我写到城市内的地区“在”这些县时，这个有限的管辖权应该得到理解。

⑦ 为了把明代的五城和清代的区别开来，我称前者为“Five Districts”，后者为“Five Boroughs”（借用了盖杰民的明朝术语）。

⑧ 乔安妮·克莱尔·维克兰：《中国明朝首都的行政部门：16世纪的北京》，58～60页；贺凯：《明代中国的监察制度》，85页。

⑨ 原来有33个坊。在南面城墙修建后，北城被重新划分为29个坊，人口稀少的新南城有多达7个坊。《日下旧闻考》，卷38，605、611页；《北京通史》，第6卷，75页。《日下旧闻考》卷37第592～593页、卷38第600～602页列举了42个元代的坊并给出它们名称的由来。关于金台坊，《日下旧闻考》，卷38，600页。其将会用于18世纪金台书院的名字。参见第十二章。关于教忠坊，张爵：《京师五城坊巷胡同集》，18页。

⑩ “铺”似乎是北京家庭登记制度中最小的单位，但在城里这似乎是最低水平的问题，在明代它是如何演变的，需要我给予比此前更多的认真关注。关于当地政府许多方面有用的资料也许分散在《明实录类纂：北京史料卷》中。

住在城墙内的人家是重叠的行政单位、为了某种目的住在一个区里坊的居民、为了其他的目的属于一个府的县的居民这种混乱安排的一部分。这表明要弄清楚同一个城市的北京和“郊”的差别是有困难的。明代的管理者运用“关”（城门）的自然暨社会的概念，指定了靠近每个城门外面（通常所知的“关外”）的组合区域作为一个可辨认的行政区域，并且允许它被城市当局管理。这样，沿着西、北和东面的城墙，仅仅越过了城门，五城就这样把“关外”地区监管起来。当新城墙于16世纪的下半叶修建起来时，南边城门外的近郊地区被正式地合并到县（并且细分成另外的坊）。非正式的新围墙被称为“新城”，但开始慢慢地成为通常所知的“南城”。[11]

这些交叉和重叠的行政类别对于政府管理单位来说，减少了大城市和郊区的人口，符合国家对控制和安全的关注。与此同时，这样一个复杂的系统使一致性和连贯性大打折扣。此外，政府几乎没有为明确界定的城市身份提供精神或行政上的支持；事实上，
175 它在（似乎有意地）分散和破坏这样一个身份。[12] 政府引导全市活动的证据是有限的。

当县官和地方精英在其他地方合作编纂当地历史的时候，北京却没有这样做。[13] 1560年的《京师五城坊巷胡同集》就是在南郊被城墙包围起来调整后的坊巷名称细目。在这个时期如此界定的体例不适于当地的历史，而且它也没有描述民众或社会。这本书中的地图显示了城门和坊的名字，并把整齐而过于

---

⑪ 张爵：《京师五城坊巷胡同集》，地图。新城，《京师五城坊巷胡同集》，卷17。南城，沈德符：《万历野获编》，686～687页；首都图书馆藏拓片第302号。元代的城里面有一个南城，同样的术语用于描述朱祁镇在15世纪50年代被监禁的宫廷部分。《日下旧闻考》，卷40，626～630页。

⑫ 乔安妮·克莱尔·维克兰以沈榜笔记为基础的论文，强调了当地政府的与众不同和烦琐的性质。当地行政的分裂对于每一位研究这个主题的人来说是显而易见的，但成为理解和说明的一个障碍。

⑬ 大兴和宛平的县志确定著于15世纪40年代，但只有标题记载，我从未看到任何地方引用过。《顺天府志》，1885年，卷122，6327～6328页。我甚至很少相信源自这份原始资料中有关第二套《明实录》存在的推测（卷122，6332页）。

简单的规律强加在这座城市上。[14]（它的地图如图 5-1 所示。）稍后的（1593 年）《宛署杂记》也没有记载当地的历史，而《宛署杂记》是由一个县官撰写的。通过这种衡量，县级的领导并不强大。[15]

当帝国其他地方的同僚们可以对山岳与江河、社稷进行祭祀的时候，北京的县官却不能这么干。相反，国家宗教的皇家祭祀把这些当地的祭祀纳进来。同样，在其他地方用于动员和界定当地社区而举行的由国家赞助的公开祭祀，在北京被更换为更高的级别，这是其作为首都的地位和多种身份所决定的。因此，当地经常被边缘化或排除在外。

在许多行政中心，城隍是县官们超自然的对手，其寺院为当地官员和那个中心的居民提供了作为共享利益表达的一个活跃焦点。但是明代的北京一度是异常的——缺少合适自己的城隍。永乐皇帝指定了在北城西南建于 12 世纪的城隍庙为首都的城隍庙。所以，它容纳了十三个省城的城隍塑像，帝国的代表们；一个当地的焦点因此被取而代之。不出所料，在这个首都城隍的诞日没有公开的节庆活动。[16]

府的身份是通过学校和考试来表达的。对于来自北京和其他府县有抱负的人来说，顺天府学是社交活动的场所，他们至少偶尔会一起参加一个仪式。每年在冬天结束时，在城墙外东北面的郊区一个适合世俗开放的区域举行“迎春”仪式。府和县的官员们、他们的随从以及属于学校的学生和教师前来参加。他们骑马列队进城，向皇帝和皇室呈献一尊“春牛”的塑像。这样的典礼 176

⑭ 张爵：《京师五城坊巷胡同集》，地图。五城的分界线没有显示，但显示了邻近的郊区。

⑮ 有关这些原始资料讨论，参见第八章。总部设在苏州（江苏）的两个县各自创作了两部明代的地方志。

⑯ 南京的城隍，可能作为同等级官僚来理解，而不是一个从属，没有包括在内。寺院接受来自礼部的小额钱款，在万寿节、神诞日（五月十一日）以及（1530 年后）每年春天和秋天是以供品的形式赐予的。《大明会典》，1587 年，卷 93，530 页；沈榜：《宛署杂记》，卷 18，189 页；《日下旧闻考》，卷 50，792～799 页。

有助于界定和创立来自府的文人群体；后来，节日包括在内。参与者返回“春场”休息，宫廷精英举行赛马。普通百姓只是在场外呆呆地看着或者是下注吗?⑰

其他与科举相关的公共仪式涉及一个国家的精英，而不是一个地区或地方的精英，而且在北京重要名胜古迹举行的仪式，对于公众来说是不开放的。

顺天府在北京管辖三座朝廷资助的祠堂。⑱ 在政治上和社会上最重要的祭祀是为忠臣文天祥举行的祭祀。文天祥来自江西省吉安府庐陵县，最初是他的同乡在首都促成了对他的祭祀。一位来自吉安的寄居官员于 1376 年请求在文天祥 1283 年被处死的地点附近修建一座祠堂，来自庐陵的人聚集于后来资料所称的怀忠会馆。然而，1408 年对文天祥的祭祀被移交给顺天府并且融入了国家宗教，而且他的祭祀就这样得以在政治上保持中立。⑲ 因为这座祠堂的地点位于府学建筑群内，由来自首都地区的地方官员、教师和学者共同定期维修，来自帝国许多地方的文人对它也进行非正式的拜访（并且还有虔诚的朝鲜儒学家）。这样，虽然这座祠堂持续吸引了来自江西的众多游人，但官方似乎已经成功地把它从个人的范围内移到了官方的

---

⑰ 《大明会典》，1587 年，卷 216，1080 页；蒋一葵：《长安客话》，卷 1，10 页；刘侗、于奕正：《帝京景物略》，卷 2，65～66 页；刘若愚：《酌中志》，卷 20，2 页。这些是明代祭祀的一些文物遗迹。参见茅甘（Carole Morgan）：《对中国年鉴中一页的研究》，48～58 页和各处。这些祭祀被认为是在立春举行，一个节气（2 月 3—4 日），经常在农历正月十二日，但在北京与新年那天合并为一天。

⑱ 一个被分给大兴（仪式在秋天举行）和宛平（在春天）负责；宛平与附近的良乡县分担着另一个。沈榜：《宛署杂记》，卷 18，187、190～192 页；卷 19，206 页。《明史》，卷 106，3134～3136 页；富路特、房兆楹主编：《明代名人传》，64～67 页。

⑲ 文天祥被葬于吉安。他的祭祀被清朝停止。《大明会典》，1587 年，卷 93，530 页；刘侗、于奕正：《帝京景物略》，卷 1，14～18 页；《日下旧闻考》，卷 45，713～718 页。术语“会馆”可以追溯到 17 世纪 30 年代，但这类机构似乎转瞬即逝。参见在第七章中的讨论。

范围内。[20] 无论如何，它的崇拜者超出了北京。 177

那些渴望成为国家精英的一部分人来到首都，把他们的目光放在考场上。贡院本身是一个受到良好保护而且不友好的地方：在它于 1574 年扩大后，有了高高的瞭望塔，有许多主考官和吏员们的房屋，还有限制应试举子们的五千个小隔间。这也是危险的：在 1463 年的进士考试中，考场发生火灾致使举子们陷入绝境，有 90 人死亡。[21] 三年一次考试的最后时刻是结果的公布，著名事件记载于一幅手卷中，这归功于专业画家仇英（约 1495—1552）。[22] 当地公共祭祀就这样被那些打算成为频繁流动性国家精英的人遮蔽或取代。

较为松散定义的当地社区是通过慈善的分配创建的。正式的责任在宫廷和各种官僚机构衙门之间进行无系统的划分，但帝国的资金和参与比其他的城市要多。地方精英没有分享这些职责，国家守护其组织的权威，获得自身文化的资本，并加强政治而不是社会义务和感激的纽带。

在王朝开始的时候，皇帝在城墙内重建一座古老的寺院幡竿寺，利用其设施对穷人进行救济。粮食的每日份额和燃料的每月定额发给“京城流民”。第二座寺院是蜡烛寺，建于 1506 年，位

[20] 这所学校被认为是文天祥的死亡所在地。《顺天府志》，1885 年，卷 61，2123～2125 页；卷 62，2183～2184 页。对于一个识字的公众而言，府尹们利用成功进士的威望和有权势的内阁大学士确保文天祥的称号，纪念他，展开他们自己的活动。北京图书馆金石组编：《北京图书馆藏中国历代石刻拓本汇编》，第 58 册，71 页；第 60 册，61 页。孙承泽：《春明梦余录》，卷 22，7～13 页。刘侗、于奕正：《帝京景物略》，卷 1，14～18 页。《日下旧闻考》，卷 44，713～718 页。有关刻在石头上的文天祥肖像，《日下旧闻考》，卷 60，141 页。亦参见《明人传记资料索引》，843 页。《大明会典》，1587 年，卷 93，530 页。北京图书馆金石组编：《北京图书馆藏中国历代石刻拓本汇编》，第 55 册，136 页；第 58 册，41 页。由于把文天祥的力量视作抵抗不公正统治的象征，因此这个祭祀必定会拥有一种政治倾向。

[21] 贡院建在元代礼部的地址上。《日下旧闻考》，卷 48，747～758 页。那些死于大火中的举子被追授为进士。

[22] 这幅《观榜图》现存于台北“故宫博物院”。该画所示场景的精确位置（似乎在皇城内外），对于我来说是不清晰的。仇英寄居于北京时还不为人所知。高居翰：《江岸送别：明初与明中绘画，1368—1580》，201～210 页。

于城镇的另一边（可能由一位宦官修建），用于照料病人和死者的棺柩。在任何一个地方，住宅的资格没有严格的定义。㉓

178 通常，当地官员分担了平民福利的责任。在五城和坊巷官员们的任务中，有维护街道、城墙、沟渠，以及灭火和照料穷人的职责。㉔ 到1457年，宛平和大兴，每个县都建有一个“养济院”，这是对来自明朝开国皇帝一项法令迟来的反映。㉕ 它们原本只救济那些在县登记居民中的穷困者；食物由中央政府提供，宦官负责。正如在许多福利机构中那样，骗子和奸商是长期存在的问题，官员们定期调查、监督以及努力（徒劳无益地?）使这些慈善活动运行流畅。碎片化的管理是低效的，当宦官控制了幡竿寺和蜡烛寺的救济时，慈善活动变得松懈，权力被共同转给礼部、五城和知县。㉖ 这种分享权力是社会专断行政划分所需要的。

县官也负责安葬无家可归或身无分文的死者，并声称这是荣誉。在宛平和大兴管辖的范围内有公共的墓地，但我们对于前者的了解更多是因为宛平知县沈榜留给我们的详细记载。到1593年，这个县管理了8处“义冢”，在西城门外的乡下占地约五百亩。1579年前，只有2处“义冢”仍然存在。㉗

㉓ 沈榜：《宛署杂记》，卷19，196页。《日下旧闻考》，卷43，676～677页；卷50，800页。朱一新、缪荃孙撰，刘承幹考证：《京师坊巷志》，卷2，9页；卷3，17页。《北京旅行指南》，148～149页。很明显，任何一个在县登记的居民，无论城内的、城外的，都能接受帮助。

㉔ 乔安妮·克莱尔·维克兰：《中国明朝首都的行政部门：16世纪的北京》，125、257～258页；《大明会典》，1587年，卷225，1109页。

㉕ 张爵：《京师五城坊巷胡同集》，10、12页；《日下旧闻考》，卷50，791页；乔安妮·克莱尔·维克兰：《中国明朝首都的行政部门：16世纪的北京》，125～126页；阿尔贝·陈：《万历皇帝年间（1572—1619）的北京》，见《亚洲历史学家国际协会第二次会议会刊》，台北，1962年10月，145页。

㉖ 《日下旧闻考》，卷43，676～677页；沈榜：《宛署杂记》，卷11，80～82页。

㉗ 《顺天府志》，1593年，卷2，74～75页；1885年，卷26，839页。乔安妮·克莱尔·维克兰：《中国明朝首都的行政部门：16世纪的北京》，125页。沈榜：《宛署杂记》，卷20，251～252页。据明末的一个估计，在一亩地里埋有约两百具尸体（那是叫花子们的尸体）；随着时间的流逝，这些土地也许能被再次利用。《顺天府志》，1593年，卷2，74～75页。

这些贫弱的机构对于像北京这样大小的城市是不够的，穷人、无家可归者、无助的人和绝望的人始终存在。㉘ 然而，还没有发现有关争夺粮食的骚乱或社会灾难的例子。当北京人口异常膨胀或受到严重威胁时，皇帝会接管过来。在农村，难民流动的危机是一个经常发生的问题——他们成为任何超大和良好配置城市的问题。例如，在1550年，当蒙古人的入侵驱使许多难民涌入北京的防护城墙内时，君主会采取特殊救济的特别命令应付危机。在最后时期，朝廷发放金钱用于购买药材去应对席卷整个城市的瘟疫。㉙

总而言之，在北京，政府对于创立或维持一个当地社团极少 179
表现出兴趣，宁可分而治之，也不愿意与百姓分享权力。如果有社团，也是代表皇帝自身和当地官员的社团，而不是乡绅的社团。为了更好地理解地方官员和当地人民之间的相互作用，从实际的社会秩序中对弱者和政府造成的分裂空间秩序加以区别，我们需要转向其他的观点。

乡 绅

正如第四章中所提到的那样，北京的乡绅是由那些与朝廷有关系以及追求学术或有做官经历的人组成的。虽然在他们权力的来源和表现地位的方式上时有不同，这些家族在类似的舞台上是活跃的并且经常难以区别。宗教是建立他们自己社会雄心的一个重要的方式，它让我们得以一瞥北京社会的运作方式。我们将从这些宫廷的宦官精英和锦衣卫成员开始，然后考虑其他种类有影响力的当地家族。

宦官的职业和私人世界出现于皇城内。在皇宫里，他们不是私人的仆人，而是从事多方面生产和皇家仓库装备工作的从业者。功利主义占据他们日常的注意力，可以从胡同、衙署、建筑物、仓库、地窖

㉘ 例如，参见有关北京乞丐的讨论，谢肇淛：《五杂俎》，卷5，401～402页。

㉙ 阿尔贝·陈：《万历皇帝年间（1572—1619）的北京》，见《亚洲历史学家国际协会第二次会议会刊》，台北，1962年10月，146页；谈迁：《国榷》，卷99，5985页。

和用于存储大量物品地方的名字中看出：豆腐、灯笼、篮子、马鞍、弓箭、缎布、涂料、陶瓷、梳子、酒、酱油、车辆、经书、椅子、屏风、服装、弹药、蜡烛、香、帽子、武器、长袍、油墨、木材、石灰、木柴、煤、书籍、绳、冰、瓦、盐和大米。宦官也安排皇城作坊内的人员从事编织和染色以及漂洗，从事铁、银、玉和上漆、印刷和琉璃制造的工作；他们在菜园、花坛、葡萄园、果园、饲料贮存场和粮仓工作；他们维护马、羊、骆驼、豹、虎、狗、猎鹰以及鸽子的圈笼。[30]

虽然有大量的贸易进出皇城，但这个庞大生产复合体的管理却掌握在宦官的手中，普通百姓被认为生活在其他地方。在此，宦官形成了一个当地团体，他们了解皇城的生活，我们必须理解他们。因为皇室的活动扩展到近郊和远郊，为了成群的马匹和饲
180 料的场地，为了矿井和采石场，宦官又把这座城市和乡村连接起来了。此外，他们的工作和他们被净身的状态决然地形成了他们的生活，包括他们对宗教的介入。而且，正如我们所看到的那样，他们展现了一种非同寻常的集体行动能力。

许多皇城的作坊（可能全部）拥有它们守护神的小祠堂。马神庙，建于1515年，属于御马监；在南边正好是牧马场。[31] 同样，造币厂管理着72个作坊；它们的强劲鼓风炉被指为是72个凶神，附近是守护神真武大帝的寺院。[32] 许多作坊的祠堂供奉着真武大帝，但在西苑的一座观音庙建于16世纪早期，并且得到在此工作的宦官的反复重建。[33] 在

---

[30] 朱一新、缪荃孙撰，刘承幹考证：《京师坊巷志》，卷1，1～39页各处。

[31] 《日下旧闻考》，卷39，620～621页。

[32] 北京图书馆金石组编：《北京图书馆藏中国历代石刻拓本汇编》，第57册，83～84页；朱一新、缪荃孙撰，刘承幹考证：《京师坊巷志》，卷1，20页。

[33] 关于其他真武寺院位于明代作坊所在地的事实拥有清代的证明——织染局、帘子库、酒醋局等。许道龄：《北平庙宇通检》，卷1，88～89页；《宛平县志》，卷2，50～51页；《日下旧闻考》，卷39，614页；吴长元：《宸垣识略》，卷4，71页；北京图书馆金石组编：《北京图书馆藏中国历代石刻拓本汇编》，第56册，42、170页。有关明代皇城中真武流行一个更普通的陈述，参见北京图书馆金石组编：《北京图书馆藏中国历代石刻拓本汇编》，第57册，83～89页，但不确定在宦官的工作区域为何他是如此常见。观音庙，北京图书馆金石组编：《北京图书馆藏中国历代石刻拓本汇编》，第57册，132～133页。也有宦官捐助的寺院与皇城外的作坊相关。北京图书馆金石组编：《北京图书馆藏中国历代石刻拓本汇编》，第52册，115页。

这些和其他的例子中，捐献者的名单只包括了宦官，寺院显然得到了工友们的维护，而且通过集体支持的仪式和行动加以维持和定义。

这些皇室的服务人员没有把他们自己限制于职业界定的集体，但通常成为宗教的捐助者。宦官对北京宗教基础设施的贡献是非常大的，大大超过皇帝或任何其他单一身份的捐助者。有明一代，约有 189 座寺院受益于皇家的赏赐，但是其他的 293 座单独接受宦官的捐助；42 座寺院是由明代皇帝和皇后修建的，但是有 140 座是由宦官捐建的。在明代上半叶，宦官开始时的动机特别重要，但即使当新的寺院数量逐渐减少时，宦官们作为捐助者仍然起着一个至关重要的作用。[34]

许多明代宦官是当地人。[35] 他们的行为暗示着，作为孩子或成年人是否要净身，那些来自京畿地区的宦官了解和分享着他们父 181
母、亲戚和邻居的信仰、神灵以及庆祝。如同外戚和锦衣卫的成员，来自华北的宦官必定视北京为一座主要但常见的大城市。在此，他们有别于应试的举子、商人和官员，这些人是来自帝国其他地方的访客和附近的陌生人。

一旦宦官在北京获得了职位（毕竟他们是终身被雇用的），他们就成为真正的当地人。他们的住宅位于皇城里、北城和郊区，而且许多人选择埋葬在北京的周边。[36] 那些变得非常富有的宦官在当地的经济中起着重要的作用，并且把资源奉献给权力和享乐。如同到处都有暴发户，明朝的宦官们用他们的财富去创造可通行的文化资本，加强他们的社会地位。

㉞ 当地人欣赏宦官的角色，但文人批评家夸大和贬抑它。于奕正在 1635 年的《帝京景物略》的“略例”中赞许地评论：“西山巨刹，创者半中珰。金碧鳞鳞，区过六百，编所列梵宫，间存创者姓氏，志滥也。”刘侗、于奕正：《帝京景物略》，略例，6 页。

㉟ 大卫·罗宾逊：《明中期河北太监纪事》，载《明史研究》，第 34 期（1995 年），1～16 页。在清朝他们也是如此，罗友枝：《清代宫廷社会史》，163 页。

㊱ 《日下旧闻考》，卷 48，770 页；北京图书馆金石组编：《北京图书馆藏中国历代石刻拓本汇编》，第 57 册，101～102 页。

佛教规范、词汇和信仰似乎对宦官们有特别的吸引力，这些男性对于那些正常父系的永存是不可能的，对他们自我放纵的指控听起来是真实的。修建一座寺院，那儿的僧侣会通过不断的祈祷积累善业，是在这一生中获取荣誉的一种广泛接受的方式并且有益于来生，为这一行为辩护的言辞定位了捐助者远离自我的目的。寺院建筑也提高了这些宦官生活的物质和道德条件：它创造了就业、赢得了赞赏（至少在某些地方），一同把惹眼的费用拨给有抱负的当地精英。对于一个主要资助人来说，一座庙也能完成更多的私人目的：神可能保佑好运，建筑能为商业和退隐团体提供地方，和尚能照料包括墓地在内的财产。[37] 在这样的寺院捐助中，我们能发现有公共的动机和私有的冲动。

除非他们收养一个儿子，否则宦官在他们年老和死后没有人照顾。宫廷分配（不断地增加）一定数额钱用于葬礼费用，一些宦官联合起来形成了“慈善圣会”购买墓地用于他们集体使用。[38] 更小一部分人——能够负担得起的——找到一处吉祥墓址，在邻近捐赠一座寺院，配备许诺会不间断上供的僧侣。

虽然现存的记载并不总是使人们了解，明代宦官在北京城内
182 或周边修建的许多寺院是靠近墓地建造的。据我所知，有 19 座，而且可能有 6 座是其他人的。[39] 所有都位于郊区，那里是有吸引力和风水吉祥的安葬之地；大部分有和尚常住。这些寺院规模适中，但有一些规模巨大的寺院遮蔽了后面的坟墓。许多拥有丰富捐助的寺院，持久地用于其他的目的，它们创建者用于墓地的意图已经给遗忘了。许多实例将会表明，对于北京后来的社会历史是重要过程的第一阶段。

---

[37] 和尚也能作为宦官们的代理人和调解人。这些不规律的活动在我最多依赖的资料中很少得到记载，但参见陆容：《菽园杂记》，卷 5，9 页。

[38] 《日下旧闻考》，卷 87，1474 页。关于这些圣会，参见第七章。

[39] 并非所有用于坟墓的寺院明确出于这一目的而建造。李童在 15 世纪 40 年代早期出于对皇帝恩惠的感激创建了法海寺，但当他突然生病和死亡时，被埋葬在那里。北京图书馆藏拓片第 10224 号和来自地点的照片，第 10423 号和来自地点的照片；《日下旧闻考》，卷 104，1723 页。这座寺院现在闻名的壁画是后来（约 1515 年?）增加的。

魏彬，正德皇帝统治时期的“八虎”之一，用占卜的办法在南郊确定一个安葬的地点，于 1514 年在那里修建了弘善寺，获得一个皇家赐予的名字和一块捐赠的土地。那时，墓地无人问津，但寺院被民间称为韦公寺，因其不寻常的树木和海棠果园而受到欢迎。[40] 摩诃庵邻近西郊，是赵政于 1546 年建造的，赵政作为皇后身边的太监升到高位，安葬于这个建筑群外；摩诃庵在后来也成为文人骚客喜爱的地方。[41]

在宦官们的一生中，寺院很容易成为他们的目标。对于那些享受退休生活的太监们来说，寺院提供了一个家；在宦官和独身僧侣之间，寺院有一个可利用的相似之处。例如，在 1508 年，有三名太监决定休致，“反省”地住在北京北边一座精致的山寺里；这也是宦官们进行捐助的一个目的，那时有其他 35 位宦官捐钱扩建它。（宦官—和尚持续住在此，并安葬于此，直到 18 世纪。）[42] 由宦官团体捐建的其他长寿“寺院”位于西郊附近的小山上。开始是作为刚铁庙的附属建筑，刚铁是一位明初太监，因其身强力壮而出名；后来，其他的太监们也安葬于此。此后，仍有其他的宦官经常捐献土地，整修寺院，并在他们年老的时候住在此处。[43]

在 15 世纪后半期，富裕的太监捐出自己的住宅改作庙宇的现象并不少见。阮安，1447 年在他的庄园里，受到从元代寺院发现 183
的一块石碑的驱使，决定把他的家宅变成一个宗教建筑，可以肯

㊵ 谈迁：《枣林杂俎》，卷 5，48 页；刘侗、于奕正：《帝京景物略》，卷 3，125～132 页；《日下旧闻考》，卷 90，1524～1525 页。

㊶ 北京图书馆金石组编：《北京图书馆藏中国历代石刻拓本汇编》，第 55 册，134 页；《日下旧闻考》，卷 97，1614～1616 页；刘侗、于奕正：《帝京景物略》，卷 5，210～213 页。这样的例子可能有很多，北京图书馆金石组编：《北京图书馆藏中国历代石刻拓本汇编》，第 55 册，144 页；《帝京景物略》，卷 5，196～197 页。

㊷ 北京图书馆藏拓片第 5326 号；北京图书馆金石组编：《北京图书馆藏中国历代石刻拓本汇编》，第 66 册，144 页；鲁琪、刘精义：《清代太监恩济庄茔地》，载《故宫博物院院刊》，1979 年第 3 期，51～58 页地图。

㊸ 北京图书馆金石组编：《北京图书馆藏中国历代石刻拓本汇编》，第 55 册，153～157 页；第 58 册，25 页。刘侗、于奕正：《帝京景物略》，卷 6，278～279 页。《日下旧闻考》，卷 104，1724～1725 页。该寺院仍保存着。（译者按：刚铁本名为刚炳。）

定的是，他的这种行为持续产生了相当大的影响。㊹ 我们可以注意到，这样的决定在这个过程的第一步中借助了皇家捐助，资源首先变更为半私人财产，然后成为公共财产。

在宦官和他们的寺院之间，最密切的联系保存在寺院的别号中。㊺ 道教的崇元观是明末太监曹化淳修建的，通常称为曹公观或老曹公观。御马监太监蔡秀重建佛教寺院普会寺的村子被习惯称为蔡公庄或蔡公店（这里的居民也是他的租户?）。㊻

寺院的大部宦官捐助有传统的目的：授予一位受尊敬和尚荣誉，修建殿堂或增加捐助，修建（或重建）一座塔。15 世纪 70 年代，有两位宦官听到一位和尚为了给疲乏的游人提供饮水而掘井；他们“钦佩其决定，怜悯其费用”，因此给他捐钱用于寺院的大规模重建。张永，也是“八虎”之中的一员（北京以南地区的当地人），当他在这座城市西边的道路偶尔驻足于一座古老的佛教寺院前时，他还没有达到权力的巅峰。张永与一位和尚进行了谈话，这位和尚劝说张永重建寺院，张永就捐赠了一百亩土地。为了这个虔诚的目的，他招募了超过一百名其他宦官给予帮助。㊼ 我认为，没有理由认为这些动机是不真诚的。

在大多数情况下，很难发现宦官集体行动所建立的网络。但是，很明显，宦官或受益于形成的组织，或他们的行动有着非常良好的记录，或两者兼而有之。

在 15 世纪 30 年代，当宦官宋文毅寻找皇帝可以捐助一套佛教经文的寺院时，他来到南郊的悯忠寺。这座寺院声称起源于唐代，肯定在辽代就有，但是几乎没有适合的皇家捐赠。宋文毅听从一

㊹ 沈榜：《宛署杂记》，卷 19，195 页。据我所知，有 6 个以上这样的例子。

㊺ 我知道 8 座明代寺院有这样的别号。

㊻ 关于曹化淳，《日下旧闻考》，卷 52，840～841 页；敦礼臣：《燕京岁时记》，16～17 页；富路特、房兆楹主编：《明代名人传》，1475 页。关于蔡秀，《日下旧闻考》，卷 95，1589～1590 页。

㊼ 关于 15 世纪 70 年代，《日下旧闻考》，卷 89，1516 页。关于张永，北京图书馆金石组编：《北京图书馆藏中国历代石刻拓本汇编》，第 53 册，160 页；第 66 册，163 页。

名住院和尚的劝说，从几位同僚那儿筹措钱财。在接下来的十年中，一座中等规模的寺院被修建起来，包括一座收藏《大藏经》的两层建筑物；那位和尚成为住持，一块纪念这个工程的石碑后面的名字反映了这种（也许是暂时的）团体：约 250 人的名字，184 三分之一是住在此地的和尚，其他人是宦官。[48]

正如上面所述和其他实例所显示的那样，对于品级较高的太监来说，它是一种普通的模式，即决定进行一个物质捐助并且以一个善行招集同僚太监和其他常住皇宫的人。参与其中的人数是相当可观的。当御用监太监尚义按这种方式于 1440 年重建宝光寺时，两块石碑记载了 939 名宦官捐助的礼物，通常他们在这种情况下被称为“信官”。[49]

社会对宦官捐助人的接受度，体现在政府中出身高贵或有地位的士大夫们为他们撰写的纪念石碑碑文中。事实上本书这部分引用的所有石碑证明了强大文官们明显愿意确认宦官对宗教的这些慷慨行为。

胡濙，江苏人，他的经历在北京是非常常见的（从 1400 年至他去世的 1463 年断断续续地），从 1438 年至 1461 年，胡濙撰写了至少 30 篇石碑的碑文。在它们中的大部分上，其官职确定是礼部侍郎。位于这种职位的官员有义务撰写这样的碑文，但是这种现象似乎更为普遍。[50] 商辂，15 世纪 70 年代的内阁大学士，

---

[48] 这座寺院就是今天所知的法源寺。北京图书馆金石组编：《北京图书馆藏中国历代石刻拓本汇编》，第 51 册，106～107、145 页；罗桑彭：《北平法源寺沿革考》，载《正风半月刊》，第 1 卷第 8 期（1935 年），88 页。其他例子，北京图书馆金石组编：《北京图书馆藏中国历代石刻拓本汇编》，卷 53，122～123 页；《日下旧闻考》，卷 52，830～831 页。

[49] 北京图书馆金石组编：《北京图书馆藏中国历代石刻拓本汇编》，第 51 册，99、164～165 页。

[50] 富路特、房兆楹主编：《明代名人传》，643～645 页。关于这些石碑，北京图书馆金石组编：《北京图书馆藏中国历代石刻拓本汇编》，第 51 册，各处。《日下旧闻考》，卷 50，800～801 页；卷 52，830 页；卷 58，948 页；卷 59，955 页；卷 61，1004～1005 页；卷 100，1671～1672 页；卷 101，1677～1683 页；卷 105，1738～1742 页；卷 114，1884 页。沈榜：《宛署杂记》，卷 19，196、197、199、203 页。菲尔德博物馆藏拓片第 940 号。北京图书馆藏拓片第 5308 号。

因反对宦官汪直而闻名，就曾为相当数量由宦官捐建的寺院撰写碑铭。[51] 刘效祖，一位武官家庭出身的文官，从其致仕后的16世纪70年代至80年代的十年，为宦官捐建的9座不同寺院撰写过碑铭。[52] 清初的历史学家谈迁告诉我们，叶向高传统上被认为是宦官权力的敌人，就曾为（他所称的大敌）魏忠贤复建的碧云寺撰写过纪念石碑碑文。[53]

185 并非所有的宦官在皇室内身居高位或者可以召集强有力的援助，但是他们仍然担任着寺院捐助人的角色，只是处于一个适中的规模并且通常是集体的。韩贵，来自北京西边一个小村子；孤儿出身的他成为一名太监并且每年回去祭扫父亲的坟墓。他经常停留在附近的一座寺院里烧香，他于1637年决定扩建它。许多年后，在一百多位同僚宦官的帮助下，韩贵看到了完工；他自己撰写了碑文。[54]

虽然在此提到的大多数实例中的神灵是佛教的神灵，但是宦官也捐助其他的神灵。他们捐助真武大帝，在皇城里尤其显著，而且扩展到城外。宦官王瑾（御用监）在城北他的田庄修建了一座真武庙，182名太监捐助了钱财。[55] 魏忠贤是碧霞元君的信徒，

---

[51] 据我了解如下，北京图书馆金石组编：《北京图书馆藏中国历代石刻拓本汇编》，第51册，189页；第52册，90、161页。沈榜：《宛署杂记》，卷19，197页。《日下旧闻考》，卷60，986～987页。

[52] 《日下旧闻考》，卷55，890页；卷99，1636～1637页；沈榜：《宛署杂记》，卷19，204页；北京图书馆金石组编：《北京图书馆藏中国历代石刻拓本汇编》，第57册，27、81～82、83～84、132、134～135、148页。

[53] 谈迁：《枣林杂俎》，58页。叶向高于1599年为其他的宗教团体包括宦官的撰写碑文，并且在1622年和1623年，撰写了两篇其他文章，包括碧霞元君庙的一篇，该庙确系由魏忠贤捐建。北京图书馆金石组编：《北京图书馆藏中国历代石刻拓本汇编》，第58册，91～92页；《日下旧闻考》，卷98，1631页；励宗万：《京城古迹考》，6页。

[54] 北京图书馆金石组编：《北京图书馆藏中国历代石刻拓本汇编》，第60册，81～82页。宦官也与普通人合作，但基于一个较小有组织的基础。例如，在15世纪中期，太监普安感梦而帮助郭真重建寺院。沈榜：《宛署杂记》，卷19，196页。

[55] 北京图书馆金石组编：《北京图书馆藏中国历代石刻拓本汇编》，第51册，148～149页。

参观并捐给其寺院许多钱财——最著名的是在1624年和1625年所谓的西顶寺院，他召集了其他的宦官进行合作。[56]（一些捐助者的名字列于图3-1中。）1628年，宦官季良在大内就职，紧挨他在皇城居住的关帝庙，他每天在那儿烧香，“不忍见其”破旧不堪，所以进行重建；他吸收了70位同僚宦官捐助。晏公祠，由宦官晏忠于16世纪初期建于西山，有儒家的正统人物塑像、刻有五经的石头，以及前代文人的著作。其他宫廷宦官是穆斯林（作为锦衣卫的成员），他们自然成为北京清真寺积极的捐助人，并且安排它们接受皇家捐助的匾额。[57]

宦官捐助寺院的地理范围同样是众多，并且（虽然在此我们无法关注这方面）延伸到整个帝国。在京畿地区——宦官重建寺院的所在地，他们打着官差的旗号巡游这些地方，而且这样的行为有助于把这些地区连接在一起。例如，在北京西南的山区里（今房山县），那是宦官们为宫廷从事采掘石料、矿藏和金属的地方，在16世纪，他们也资助寺院、修路和挖井。[58]

大部分宦官的努力是在离家较近的地方。在293座他们主要 186
捐助的寺院中，84座是在北城（包括16座在皇家范围），32座是在南城，166座在郊区，而且只有11座在京畿地区（据我所知）。有超过半数的寺院建于北京城墙外的空间，宦官对其发展所做出的贡献值得特别关注。而且，在南城变得更商业化时，考虑到皇家投资的缺乏，宦官数额可观的投资促进了这个地区的发展，而

---

[56] 北京图书馆金石组编：《北京图书馆藏中国历代石刻拓本汇编》，第59册，166页；北京图书馆藏拓片第2781号。文中描述他所参与的延寿宫已被毁损，北京图书馆藏拓片第7595号。有关涿州寺院，刘若愚：《酌中志》，卷24，209页。

[57] 季良，北京图书馆金石组编：《北京图书馆藏中国历代石刻拓本汇编》，第60册，5～6页。晏忠，刘侗、于奕正：《帝京景物略》，卷6，270页。单个和尚常住此，并且在他的小屋子里有佛像。穆斯林，北京图书馆金石组编：《北京图书馆藏中国历代石刻拓本汇编》，第53册，47页；第57册，89～90页；第59册，152～153页。吴长元：《宸垣识略》，卷7，139页。

[58] 一些例子，北京图书馆金石组编：《北京图书馆藏中国历代石刻拓本汇编》，第52册，161页；第53册，30、70～71页；第54册，47、74页；第56册，19、30页；第60册，第162页；第62册，8页。《日下旧闻考》，卷131，2117页。

且有助于乡镇两部分之间的融合。

宦官不是唯一独立于皇帝和皇后担任寺院捐助人的宫廷精英成员。在这个朝代的上半叶，贵族和锦衣卫中有良好关系的成员以同样的方式捐助宗教。以玉虚观为例。在1437年秋天，吕仪——一位锦衣卫的官员，他和一位道教处士以及一位年长的退休学者一起散步到南城墙外他的别墅。当他了解到那里曾是一个道教的设施时，吕仪受到鼓舞把他的地产转成一座供奉真武大帝的道观。在资金问题上，他求助于有影响的当地人，包括石亨的弟弟。石亨出身于北京北边的一个武官家族，当这些行为受到纪念时（1453年），石亨已经受爵且权倾朝野。在尔后的几年，证明了道士祈雨是有效的，道观吸引了惠安伯（太后的兄弟）和皇帝的注意。[59]

明初，有时仅偶尔有贵族家的男人和女人自己修建、重建寺院或捐助和尚、道人；锦衣卫独立捐助的实例是相当少的。[60] 在
187 16世纪中后期，宫廷的精英成员反而会与科举功名家族建立联系。正如在第四章中所提到的那样，来自锦衣卫的人到15世纪中期已

---

[59] 《日下旧闻考》，卷59，954～955页；富路特、房兆楹主编：《明代名人传》，1202～1204页；同样地，泰宁侯——在永乐时期帮助修建新首都人中的一位后裔——他的母亲于1451年联络了几百个宦官整修寺院。北京图书馆金石组编：《北京图书馆藏中国历代石刻拓本汇编》，第51册，174～175页。

[60] 世袭的成国公的朱氏家族成员，《日下旧闻考》，卷52，830页；北京图书馆金石组编：《北京图书馆藏中国历代石刻拓本汇编》，第55册，172页；首都图书馆藏拓片第305号；《明史》，卷106，3099～3102页。首位修武伯，沈清：《明史》，卷107，3213～3214页；《日下旧闻考》，卷52，830页；北京图书馆金石组编：《北京图书馆藏中国历代石刻拓本汇编》，第51册，121～122页；《日下旧闻考》，卷52，840～841页。惠安伯，《日下旧闻考》，卷85，1589页；《弘慈广济寺新志》，83～85页。彭城伯，《弘慈广济寺新志》，83～85页。永宁伯，《日下旧闻考》，卷48，769～770页。广平侯，《日下旧闻考》，卷52，832页。我了解到只有8座寺院是由锦衣卫成员修建的，全部是在1560年前，其他6座寺院捐助的是钱财或礼物。他们修建寺院的一些例子，《日下旧闻考》，卷59，955页；卷99，1649页。刘侗、于奕正：《帝京景物略》，卷1，37～39页。北京图书馆金石组编：《北京图书馆藏中国历代石刻拓本汇编》，第59册，51～52页。沈榜：《宛署杂记》，卷19，201页。

经开始在考试中获得成功，并且他们持续这样下去。

我们从李东阳的经历可以看到，早期阶段这位永乐皇帝的军事追随者转变成北京的学者官员精英。李的曾祖父来自湖南长沙府，以燕王侍卫的身份来到北方。他的后人出生和成长在首都，并保持了那个正式地位。李东阳，作为一个早熟的年轻人展现给皇帝，在十六岁就考中了进士，被提拔到官僚机构中很高的职位，在接下来的半个世纪中历经了三代皇帝，多半是在首都。作为一位杰出的大学士（1499—1513），李东阳在朝廷中周旋于有权势的宦官之中。[61] 他创作了许多有关当地风景的诗，在他死后为其修建了一座祠堂，人们找到他的住所，重修其位于郊区的墓地，有关他记忆力的故事被反复和恭敬地提到。[62]

另一些著名军事祖先家族的男性人物有着类似的转变，包括刘效祖（1550 年进士），一位诗人和历史学家，在 16 世纪 70 年代和在他从政府致仕后的 16 世纪 80 年代中，在首都为宦官捐助的寺院撰写碑文。[63] 崔子忠，只获得了最低的职位，但他以画家而闻名，画家和学者米万钟（更晚些时候）也来自锦衣卫家族。[64]

直到明末，甚至北京的贵族也渴求一种生活方式，这种生活方式的标准主要出现在长江下游的城市——苏州和杭州。如同锦

---

[61] 1501—1515 年，李东阳为北京的寺院至少撰写了 10 篇碑文。这些资料的全部情况是清晰的，这些寺院是由宦官修建和重建的，包括刘瑾捐建的，宦官刘瑾最终于 1510 年被驱逐。当地贵族经常作为捐助人加入刘瑾的行动。也许很重要的一点是，尽管李东阳作为书法家而闻名，但他没有出借那些技艺给任何人用于这些活动。沈榜：《宛署杂记》，卷 19，第 196 页。北京图书馆金石组编：《北京图书馆藏中国历代石刻拓本汇编》，第 53 册，81～82、102、105、130、174 页。《日下旧闻考》，卷 88，1483 页；卷 99，1636～1367、1632 页；卷 104，1722 页。菲尔德博物馆藏第 985 号。

[62] 刘侗、于奕正：《帝京景物略》，卷 4，第 155～157 页；富路特、房兆楹主编：《明代名人传》，877～881 页。香火断了是因为有人说邻居们扰乱了墓地的风水。

[63] 富路特、房兆楹主编：《明代名人传》，949～950 页；孙承泽：《畿辅人物志》，卷 14，411～412 页；据我所知有 9 篇碑文。《日下旧闻考》，卷 55，890 页；卷 99，1636～1637 页。北京图书馆金石组编：《北京图书馆藏中国历代石刻拓本汇编》，第 57 册，27、81～82、83～84、132、148 页。沈榜：《宛署杂记》，卷 19，204 页。

[64] 有关崔子忠，恒慕义主编：《清代名人传略》，777 页；孙承泽：《畿辅人物志》，卷 19，558～561 页。

188 衣卫家族一样，他们重视熟悉书法、诗歌和绘画，在获取和消费的商品中感受适当的文人艺术，并且被已经有这种品味的人们所接受。

从北京的证据来判断，最有价值的文化资本种类不是通过宗教的捐助而是通过建筑和公园的社会配置创造的。这些园子（园林、别墅）是家庭生活设施消遣的扩展，包括亭子和走廊、花草和树木、池塘和湖泊、岩石和小山。[65] 当大片有吸引力的庄园向一个选择的公众开放时，这些公园似的园子在许多方面可与所在地的寺院进行比较。然而它们代表了帝国文人精英的世俗价值观。

北京最大的园林是皇城内的西苑。通过其庞大的规模和相对难以接近赢得了地位，还通过受邀客人的书面笔记得以宣扬。在明朝初期，它甚至可能为苏州雅致园林的设计提供了灵感，即使有人认为它是粗俗的，他们也不大可能公开发表那种观点。[66]

在北京的其他地方，有三个周边地区特别受到私人别墅的偏爱：东南角、北面的湖泊和西北郊区。（对于富人来说，在城内有一处住宅，在郊区还有一处住宅是司空见惯的。）因为大部分理想地点是那些靠近水的地方，富有家庭在沼泽地排水筑堤，使它们迅速转变成更有价值（和更城市化）的庄园。作为家庭财富的流通，增长和下降只不过增强了他们的声誉。

在北城东南角，筑堤包围着的泡子河湿地是最早的别墅区之一，可以追溯到明代。[67] 这里是宫廷精英贵族家族的家。这座别墅是咸宁侯于 16 世纪第二个十年修建的，成国公在最后一位咸宁侯死于贬黜（1552 年）之后获得了这座别墅。他们称其为“十景

㊅ 韩德玲（Joanna E. Handlin Smith）：《在祁彪佳社会世界中的园林：明末江南的财富和价值》，载《亚洲研究学报》，第 51 卷第 1 期（1992 年），55～81 页；柯律格：《明代中国的园林文化》。

㊆ 柯律格：《明代中国的园林文化》，61～62 页。

㊇ 刘侗、于奕正：《帝京景物略》，卷 2，52～54 页；《日下旧闻考》，卷 53，858 页。

园”：它有一座精美的望楼、一片大池塘、十几棵松树和一棵据说有四五百岁之久的槐树。这个庄园后来又属于武清侯李家；当那个家族开始从权力顶峰跌下来的时候（在李太后于 1614 年死后），它又被转给了一位驸马。[68] 北京高级官员的别墅，虽然鲜有完整的记载，也许是中等规模，也位于泡子河。[69]

在这个朝代稍晚一些的时候，位于北城的湖岸地方也成为豪华之家的偏爱之地。迷恋花园建筑的明末上层确定已经感染了首 189
都，别墅和寺院沿着湖混合修建。[70] 1633 年，英国公张维贤，在一个冬日，羡慕坐落在精致观音庙的地产，紧挨着它购买了半个宅子建成一座私人园子。[71] 这些故事提醒我们，寺院是如何提供给普通百姓接近风景如画地区的机会，如何抵挡住被富裕精英和皇帝选定成为要吞并的房产。

明末最有名的别墅是位于西山附近正处于发展中的西北郊区。在 16 世纪 90 年代，惠安伯张家的产业，也是明初一位有权势皇后的后裔，种植了数亩的牡丹。客人漫步在主人提供的竹林花丛中或从开放的楼阁上眺望芬芳的田野，感受自由驻足和小睡片刻的愉悦。[72]

李氏家族在辉煌的年代（约 1570—1620），也在此拥有地产。李伟——武清侯，李太后的父亲，在南城报国寺的场地上首次修建了一座三层阁楼用于短期休假。他还在东面郊区挖掘一些沼泽地修建适于划船的大湖泊，有亭台围绕，以便于酬酢。但是这个家族最著名的别墅是位于西北郊区的清华园。十平方里（一里相当于半公里）并且围绕着新建的湖泊，因其岩石、牡丹和望景楼而闻名。离南边不远，白石桥附近，是明末

[68] 朱一新、缪荃孙撰，刘承幹考证：《京师坊巷志》，卷 4，14、31 页。

[69] 例如，杨荣的杏园。

[70] 柯律格：《明代中国的园林文化》，97 页。

[71] 刘侗、于奕正：《帝京景物略》，卷 1，19、29～32 页，列出此处 8 个园子并且详细描述几个。

[72] 刘侗、于奕正：《帝京景物略》，卷 5，199～200 页；《日下旧闻考》，卷 96，1610 页；富路特、房兆楹主编：《明代名人传》，340 页。

另一位姻亲万炜——李太后女儿瑞安公主驸马的别墅。这里的柳树、松树、竹子、牡丹和海棠树形成了用于“漫步”的一个合适环境。李氏家族就这样不仅分享了朝廷的文化，在城内外的寺院上与太后过度庞大的费用相结合，而且参与了学者官员精英们更世俗的别墅文化。[73]

高雅文人的标准不断受到宫廷精英资源和权威的挑战。米万钟，一位1595年的进士，唯一从其锦衣卫家族背景下脱离出来的
190 一代，在郊区修建了一座园子——勺园，很快变得有名。画家吴彬用一幅长达三米的卷轴庆贺1615年园子的完工，吴是米在南京时的朋友。在朴素的文人风格中，这幅绘画记载了春日的聚会并且把观众带入了场地，描绘了树木和人行道、湖泊和桥梁、凉亭及殿堂。米的目的似乎是诱导参观者与附近武清李氏壮丽的别墅进行比较，他的勺园显得更亲密、更优雅。[74]

北京的科举精英对于这座城市的寺院不是积极、慷慨或有组织的捐助人。他们参观宗教设施享受风景，但很少单独或集体在它们身上花钱。1583年的进士方从哲于1606年为一座在南城修复的佛教寺院撰写了碑文。米万钟为一位令人印象深刻的虔诚和尚的石碑撰写传记，而皇家已经为其赠予了礼物；他也创作与寺院

---

[73] 报国寺，《日下旧闻考》，卷59，968页。东郊，刘侗、于奕正：《帝京景物略》，卷3，104～105页；朱一新、缪荃孙撰，刘承幹考证：《京师坊巷志》，卷8，9页。（我采纳这些编者的观点，他们反对这个别墅位于天坛的北面这个传统看法。）清华园，蒋一葵：《长安客话》，卷4，69～73页；刘侗、于奕正：《帝京景物略》，卷5，217～222页；谈迁：《北游录》，113～114页。万炜，刘侗、于奕正：《帝京景物略》，卷5，197～199页；周绍良：《明代皇帝、贵妃、公主印施的几本佛经》，载《文物》，1987年第8期，11页。寺院的捐助，刘侗、于奕正：《帝京景物略》，卷3，100～101页；北京图书馆金石组编：《北京图书馆藏中国历代石刻拓本汇编》，第59册，125页。有关更多的“漫步”，参见第八章。

[74] 园子的所在地现为北京大学的一部分。蒋一葵：《长安客话》，卷4，69～73页；刘侗、于奕正：《帝京景物略》，卷5，217～222页；恒慕义主编：《清代名人传略》，572～573页。吴彬的绘画，铃木敬编：《中国绘画总合图录》，A13-010；翁万戈（Wango H. C. Weng）：《中国园林艺术，来自私人和博物馆的收藏》，15、28页。有关米的其他版本，洪业（William Hung）：《勺园图录考》；高居翰：《山外山：晚明绘画，1570—1644》，167页画83。

相关的诗歌，正如邹元标（1551—1624）所做的那样。[75]

这些科举精英家族在我们所称的社区关注点中不是非常积极的。相反，正如我们所注意到的那样，照料不幸和贫困的人是由政府提供的，极少（记载）与当地百姓合作或获得帮助。我们知道，10 块用于义冢的土地中，有 4 块由宛平县管理，是由私人居民捐助的；但其中一块的管理后来被官员接管，其他两块义冢从属于寺院。[76]（当然，当地精英为自己修建小型、私人的墓地。[77]）这样，在北京，国家肩负的责任范围似乎没有受到鼓励，甚至精英们的行动主义也许受到了阻止。[78] 更困难的是，所有北京的当地精英为了领导权要与来自这座城市的许多富有和有影响的寄居者进行艰难的竞争：为了博取身份和官职的候补者、在京任职的官员和富有并出身名门的商人。

寄居者

和许多明代城市一样，在北京，外来人是一个常见的景象。 *191*
由于这种户籍制度不便于快速落实为正式户口，而且这种文化也不鼓励轻易改变忠诚，而那些寄居在外的人，即使他们在这里停留一辈子，也会和家乡保持联系。虽然许多北京非常住居民是有财有势的人，并被吸收进入国家事务，可是他们从未在首都的当地生活中扮演过重要角色。他们的心思主要放在政治和他们的职

---

[75] 方从哲，北京图书馆金石组编：《北京图书馆藏中国历代石刻拓本汇编》，第 58 册，176～177 页。这是法源寺。米万钟，北京图书馆金石组编：《北京图书馆藏中国历代石刻拓本汇编》，第 59 册，101 页；刘侗、于奕正：《帝京景物略》，卷 3，116～118 页。

[76] 已知的捐助者是宦官和军人（朝廷的精英，实际上）。沈榜：《宛署杂记》，卷 20，251～252 页。

[77] 有关墓地的证据是大量的。李东阳和米万钟都葬在西北郊区，方从哲葬在西南。沈榜：《宛平县志》，卷 1，57 页；《日下旧闻考》，卷 99，1632 页。当然许多贵族的家族在乡下有墓地，有关英国公张、定国公徐、惠安伯张和修武伯沈，参见《顺天府志》，1885 年，卷 26，843～845 页。宦官有足够的金钱获得土地但没有足够的金钱捐赠一座寺院，例如，北京图书馆金石组编：《北京图书馆藏中国历代石刻拓本汇编》，第 57 册，69 页。

[78] 有关在其他地方这样的活动，参见梁其姿：《施善与教化：明清的慈善组织》，第二章，许多早期的著作在其中被引用。

业上，官员们和可能成为官员的人们以及参加科举的举子们，利用北京的寺院和别墅从事个人和公共的交际，甚至偶尔的政治活动。他们帮助创制了新的和持久的准公共社团组织，因为他们有空闲和观光的习惯，所以在确定北京旅游景点方面有着不相称的影响。为了看到他们是如何在首都通过利用寺院和其他公共空间组成社团，我们将首先来看寄居的学者们、参加科举的举子们和在京官僚机构中的官员们。

与在私人别墅招待寄居官员和取得功名的首都精英一样，长期居住在首都的官员们也会在家里做东宴请客人。来自明代早期的绘画，为我们保存了有关志趣相投者亲密集会的信息。

杨荣（1371—1440），福建人，是永乐和宣德时期的重要官员，从北京被指定为首都起，似乎就一直住在北京。在这座城市的东边，有他的一座别墅，就是众所知的杏园。1437 年，他用木版画插图和绘画纪念了在这里举行的生日聚会。9 位贵宾都是首都的寄居者，和他们的主人一样，也是有权势的人；而且他们都身着官服，在土生土长的白皮松和远道运来的太湖石旁，或立或坐，并由仆人们伺候。[79]

---

[79] 这个场景的两幅绘画仍保存着，两幅画归功于明初期浙江宫廷画家谢环。陆九皋讨论和再创作了其中的一幅，现存于中国浙江省博物馆；亦参见李雪曼选编：《中国：5 000 年，艺术的创新和转型》，第 191 号，182 页。另一幅存于纽约大都会艺术博物馆，比较班宗华：《大明的画家：宫廷与浙派》，78～79 页。聚会也被表现在印刷于约 1560 年的一本叫《二园集》书中一套木版画，并且翻版在柯律格：《明代中国的园林文化》，65～66 页。木版画场景与镇江绘画极为类似，二者都显示了谢环最初时的结构；在大都会手卷中植物南面多于北面。因此镇江的版本和木版画对于我来说，似乎描绘得比原来的场景更加精确。我感谢弗瑞尔（Freer Gallery）美术馆的简·斯图尔特（Jan Stuart）提供给我有关陆九皋这些绘画的文章。有关“三杨”，富路特、房兆楹主编：《明代名人传》，1519～1521、1535～1538 页。关于别墅的位置（不是非常精确），参见周述有关在大都会卷轴尾的题注。通过恒慕义主编《清代名人传略》第 163～165 页，我发现加插图的图书保存于美国国会图书馆。除了画家谢环，那些在画中的人物（木版画和绘画）依次是（从右到左）钱习礼、杨溥、王英、杨荣、杨士奇、王直、周述、李时勉、陈循。有关木版画的记载，每个参与者作诗一首；9 个人全都在聚会图卷轴末尾。

在对先前事件的自觉模仿中，1499 年举行了另一次生日庆祝。 192
周径，一位山西人，大部分时间居住在北京，受邀参加竹园的庆祝活动。那里呈现的是在途中的首都官员，包括吴宽负责为聚会木版画加插图；这个场景同样是以诗和绘画的形式记载的。[80] 一幅 1503 年的卷轴表现了另一次在北京的团聚，这个时期的十个人于四十年前考得进士，其中包括李东阳和最年轻的一群人。[81]

明末，类似地位较低的男子说明了这种社交持续的重要性。在 1631 年春天的第一天，北京的士绅米万钟邀请他的诗社成员——和他一样，也不是当地人——纪念沿着湖而建的新园漫园的竣工。[82]

这个画面意在回忆朋友和同僚们的亲密社团：主人、客人、雅致的园子、画家、诗人以及自然和约会的场合。[83] 他们在一个园子里表现了私人的场景，对于外面的城市世界没有参照。任何欣赏这些作品的人会认识到这样的聚会只能发生在首都；尽管没有

---

⑧⓪ 有关木版画，《二园集》。有关周径，富路特、房兆楹主编：《明代名人传》，268 页。绘画，极其类似于木版画，潘深亮：《吕文英、吕纪合作〈竹园寿集图〉浅析》，载《故宫博物院院刊》，1988 年第 4 期，第 61～63 页，以及现存于北京故宫博物院。吴宽是常州（江苏）人，初次参加会试是在 1427 年，从那以后留在北京。在 1489 年初春，他邀请朋友去他家（也许在北京东边某地）赏菊。这个聚会由杜谦以绘画的形式（画从那以后遗失?）记载并且附诗。《日下旧闻考》，卷 45，704～706 页；富路特、房兆楹主编：《明代名人传》，1487～1489 页。《日下旧闻考》中提到的另一幅在这个别墅玉延亭的绘画，由一个叫张见阳的绘制。另一幅小的手卷存于上海博物馆——名为《五同会图》——似乎许多处类似于杏园和竹园的场景。参见《中国古代书画图目》，卷 4，沪-1-2114。

⑧① 富路特、房兆楹主编：《明代名人传》，880～881 页。我不知道目前这幅绘画所藏何处。

⑧② 刘侗、于奕正：《帝京景物略》，卷 1，23 页。1638 年挂轴《杏园宴客》也表现了一个私人场景，画有岩石、花丛、仆人和两个坐着的文人。当地的画家崔子忠作画是为了纪念他停留北京期间刘履丁（推测是园子后来的主人）的盛情好客。（或是有相同名字的另一处花园?）参见钤木敬编：《中国绘画总合图录》，A31-148；高居翰：《山外山：晚明绘画，1570—1644》，224～226 页，画 127。绘画由秦袁才（Ching Yüan Chai）收藏。

⑧③ 文以诚（Richard Vinograd）称为“私人备忘录”。文以诚：《近代中国画中的私人艺术和公共知识》，见苏珊·屈赫尔（Susanne Kücher）、瓦尔特·梅利翁（Walter Melion）编：《记忆影像：关于记忆和代表》，190 页。

表明这是在北京。同时，园子和别墅有意为普通的样子，因为北
193 京不是这个主题。它是一种感觉的分享，帝国内文人的文化是通过这样的地方和场合以及他们绘画和诗歌的表现形式创造的。

北京的别墅对不同的游客有一定程度的开放，人们不会对绘画产生怀疑。虽然风尘仆仆徒步而来的普通人似乎不大可能得到允许进入，但是旅京学者和官员显然很容易进入许多明末的园子。来自中原自负的文人可能会喜欢（也许他们嗤之以鼻）那些人工园林，而巨额财富及其宫廷和皇帝之间的亲密联系使得那些人工园林庸俗的开端被淡化了。[84]

寄居北京的士大夫也捐助城市的寺院吗？是的，但为数少而且没有宫廷精英们所做的那样广泛。那些无法进入别墅的人经常会利用寺院作为集会或消遣的空间，把它们视为准私人的园子进行描述。一幅由陈洪绶所绘制的知名卷轴记录了16世纪90年代末的蒲桃社在北京护国寺花园似的庭院里举行的一次集会活动，蒲桃社是一个由包括有才华的袁氏兄弟在内的人组织的一个非正式组织。[85]那些前来参加宴饮并享受花草树木和开放气氛的人是用他们难得的光临为寺院做出贡献，但是他们当中鲜有文人是积极的捐助者。

可以预见的是，来自远近的考试精英集中在与他们学习和管理的世界相联系的寺院中。一些神灵赢得名誉是因为他们能精确地预测未来。在考试地点附近的寺院，道士吕纯阳变得众所周知，

---

[84] 蒋一葵：《长安客话》，卷4，69～73页；刘侗、于奕正：《帝京景物略》，卷5，217～222页。柯律格认为有关明代园子可以进入的观点是令人信服的，强调与欧式公园的相似性。柯律格：《明代中国的园林文化》，91～103页。

[85] 陈洪绶画了8位士大夫和1个和尚在一个花园背景的文殊菩萨像前集会。高居翰：《山外山：晚明绘画，1570—1644》，256～257页，画134。护国寺（又称崇国寺）有文殊菩萨殿，殿内有菩萨塑像，寺内还有一个葡萄藤凉亭，所有这些都在袁宏道于1599年参观那座寺院后的一篇笔记中被特别提及。《云游集：袁宏道及其兄弟的诗和散文》，齐皎瀚（Jonathan Chaves）译，105～106页；袁宏道：《袁中郎先生全集》，卷9，509～510页；刘侗、于奕正：《帝京景物略》，卷1，33～36页；亦见文以诚：《自我的边界：中国肖像，1600—1900》，35页和第七章。

是因为在神秘的梦中给整晚在那儿的举子们揭示考试的结果。在一块著名的1613年石碑上，江苏举子顾秉谦告诉人们，当他和三个儿子全部努力考中进士时，他是如何于1592年来到这里祈祷的。他梦到三只鸭子并且相信预言的实现，一个儿子获得了第三名。他自己考试失败，但三年后他返回来，顾秉谦再次撰写祷词，再次梦到三只鸭子，这次他和他的两个朋友通过了考试。⑧⑥（对梦 *194* 的解释允许这种灵活性。）难怪许多举子在举行会试时会参拜这座寺院。对一个自幼就没有接受其他训练的年轻人来说，在他这一生中最为关键的时刻，这种考试经验的黑暗面反映在鬼气的传说上，有时候可以发现这团鬼气盘旋在这座寺院后面的水面上，正在引诱人落水而亡。⑧⑦

位于北城和南城之间的前门，在它的外部有半圆形的围墙，围墙里是两座小型的寺院。位于西边的寺院是关帝庙。尽管我们对它在16世纪90年代前的历史一无所知，但那时到北京的游人认为他们应该停留在此处烧香和祷告。卦签是卦辞的关键，许多游人向这位神灵寻求保佑在京城的生意。⑧⑧ 在这个狭小空间，文人与社会各个阶层的人、外国人和中国人摩肩接踵，他们敬拜的虔诚被反映在1591年安放在这里的一块石碑上——一个可能在事实上关系到这座小寺院未来名声的事件。

在那年，有19个人委托在大石柱刻上诗文，称赞关羽的忠、

---

⑧⑥ 锦衣卫为这块石碑的重建支付费用。北京图书馆金石组编：《北京图书馆藏中国历代石刻拓本汇编》，第59册，51～52页。1592年进士顾天埈，积极参与东林党事件，正巧是在这块石碑竖立的时候。《明人传记资料索引》，949、953页；富路特、房兆楹主编：《明代名人传》，742页。

⑧⑦ 刘侗、于奕正：《帝京景物略》，卷2，52～54页；《日下旧闻考》，卷46，719～720页；菲尔德博物馆藏拓片第1108号。在此有另一个关于万历年间预言的梦，可在某种意义上验证进士的记载，参见《日下旧闻考》，卷46，720页。在其他也有考试的城市有类似的寺院，成为焦虑举子们传说的一部分。参见艾尔曼：《中华帝国晚期科举文化史》，第六章。

⑧⑧ 蒋一葵：《长安客话》，卷2，24～25页；《日下旧闻考》，卷43，671～673页；刘侗、于奕正：《帝京景物略》，卷3，97～100页；北京图书馆金石组编：《北京图书馆藏中国历代石刻拓本汇编》，第58册，15页。有关这些神谕的内容，参见司马虚（Michel Strickmann）：《中国的诗歌与预言：东亚的书面神谕》。

义和信。这些捐助者直接获知了结果，因为他们当中的 14 人在令人精疲力竭的考试中幸存下来，通过考试成为 1589 年同班进士。焦竑，那篇碑文的作者，获得空前的成就，成为状元，在 347 个通过的人中名列第一。没有比状元更高的学术荣誉了。这 14 个人当中的 11 个参加接下来的翰林院考试，有 9 个人获得了成功；1591 年秋天，这些人中的少数人也通过了翰林院考试。书写碑文的董其昌，迈出了其作为官员、画家、艺术历史学家以及书法家漫长而杰出人生的第一步。在短时间内，焦竑和董其昌被称为“二绝”[89]，作为帝国内最显眼的人物，二人有很好的理由公开表示他们的感谢。

195 在随后的几年里，有抱负的人参观了这座寺院，在短时期内，这位神灵从当地人和外来人那获得了其他的证明。米万钟和王思任于 1595 年获得进士并竖立一块刻有感谢诗的石碑；这两个来自陕西省同一个县的人能够同时完成他们的学业，并于 1613 年竖立了他们自己的石碑。[90] 通过这样的活动，前门的关帝庙不仅享誉北京，而且闻名全国。

一旦成功并在首都任职，官员们就可以参加和观看在大祭坛举行的国家宗教祭祀。由于皇宫西边的朝天宫寺院建筑群用于排练，因而它时常被那些有共同经历的人用诗词的形式加以描写。[91]

---

[89] 菲尔德博物馆藏拓片第 1073 号；北京图书馆金石组编：《北京图书馆藏中国历代石刻拓本汇编》，第 58 册，15 页。非常感谢李慧闻让我能对捐助这块石碑的这群人有所了解。我关于这些男人成功标准的说明是来源于她的研究（包括她对碑文的翻译），即她正在进行有关董其昌研究的部分内容，在 1989 年她慷慨地与我分享。我也感谢常林生（Lin-sheng Chang）在碑文方面的帮助。据我推测其他 5 个人不是 1589 年进士，有约相似的（可能很难做比较）原因感激神灵。焦竑有特别的原因进行感激；他的年龄是 48 岁，董其昌是 34 岁。有关“二绝”，《日下旧闻考》，卷 43，671 页。

[90] 米万钟和王思任的石碑未标明日期。北京图书馆金石组编：《北京图书馆藏中国历代石刻拓本汇编》，第 59 册，122 页；富路特、房兆楹主编：《明代名人传》，1420～1425 页。有关 1613 年石碑，《日下旧闻考》，卷 43，671～673页；我要感激李慧闻提醒我注意这些捐助者之间的联系。有关其他石碑，北京图书馆金石组编：《北京图书馆藏中国历代石刻拓本汇编》，第 58 册，198 页；第 59 册，127 页。

[91] 1626 年，毁于一场大火。蒋一葵：《长安客话》，卷 2，22 页；刘侗、于奕正：《帝京景物略》，卷 4，184～187 页；李东阳：《怀麓堂稿》，卷 2，963～965 页和各处。

京官有时也参与到京城寺院中，他们担任正式纪念石碑的作者或书法家，尽管他们与这些设施可能没有个人的联系。

当然，有些人有着重要的利益，尤其是在寺院上。例如，黄辉，一位来自南充（在嘉陵江边，从重庆北上的一个通道）的四川人，于 1589 年获得进士并持续担任翰林。在 16 世纪 90 年代，黄辉帮助一位四川和尚修建了一座寺院，从宦官和李太后那里获得额外的援助。他为佛像雕刻蜡模，并且铭刻了一米高的佛塔用于一只似乎是在听诵经的虔诚蜘蛛（理解为一个转世菩萨）。郊区的慈慧寺成为黄辉、他的同窗董其昌和朋友们可以会面的地方。黄辉和董其昌还曾为圆通寺撰写碑文，黄辉为一座有另外 3 名四川和尚的寺院撰写题词，而且他还是前面所提到的蒲桃社的一员。[92]

然而，这样的例子是很少的，寄居者对于当地宗教的态度经常更为冷淡。吴宽经常为了社交和做诗而参观寺院，在一首 1458 年创作的诗中，他对在道教白云观热闹的节日和对孔庙的漠视之间进行比较感到后悔。但包括他的住所在内的海月庵，那儿也有 196
一尊被奉为神灵的（优雅?）观音像。[93]

一些来访的精英从长江中下游把新的宗教实践介绍到京城。在 16 世纪晚期和 17 世纪的早期，文人开始为“放生”的目的组成社团。1585 年，在改革主义者和尚袾宏创作的短文中提到“为抑制杀生而放生”，为行动提供了灵感和蓝图。在北京，志趣相投的人们捐钱修建池塘，在那里鱼能从钩下安全解脱，购买被捕获的动物以便于让它们能重获自由（大张旗鼓地）。在寺院场地上定期

---

[92] 黄辉，《明清进士题名碑录索引》，第 2 册，1473 页；富路特、房兆楹主编：《明代名人传》，1636 页。慈慧寺，北京图书馆金石组编：《北京图书馆藏中国历代石刻拓本汇编》，第 58 册，120、136 页；蒋一葵：《长安客话》，卷 3，62 页；刘侗、于奕正：《帝京景物略》，卷 5，208～209 页；《日下旧闻考》，卷 96，1605～1607 页。其他，北京图书馆金石组编：《北京图书馆藏中国历代石刻拓本汇编》，第 58 册，98、99 页；《日下旧闻考》，卷 49，786 页；刘侗、于奕正：《帝京景物略》，卷 1，33～36 页。

[93] 《日下旧闻考》，卷 45，704～706 页；刘侗、于奕正：《帝京景物略》，卷 2，71 页。

举行的放生仪式为公开展示宗教功绩提供了一个机会。[94]

1601年，受到袾宏的鼓励，陶望龄在他家乡（绍兴）组织了一个“放生”会。几年后，在北京新近重建的石镫庵，位于北城西南角的一座古老寺院，他和黄辉组织了一个类似的每月聚会。他们集合朋友和和尚诵经，释放“笼禽雀，盆鱼虾，筐螺蚌”；鸟飞走了，鱼虾龟鳖被认为（从捕鱼人那里）游到附近相对安全的护城河里。这种仪式造就了一些模仿者，但人们不知道是什么地方的人搞出这种不切实际的散财宴。[95]

总的来说，北京寄居者们公共活动的表现是罕见的。年长的内阁首辅徐溥，曾在家乡江苏参与慈善活动，于1499年为西北郊区关羽庙中的一口井建成撰写碑文，尽管他在首都居住了四十年，但这是他唯一已知的参与活动。几乎没有其他有关善井或建桥的例子，而这正是在帝国的其他地方精英们进行公共服务的形式。[96]

197 也许更重要的是这些有名望的士大夫把长江中下游的品味和文化带到了首都，同样也把北京的文化带回了家乡。以这种方式，他们创造和更新了帝国范围内的文人文化，北京当地和朝廷精英只是其中的一部分。因为寄居者们的利益和活动偏爱与作为京师的北京相联系的公共场所，所以他们投资于这些地方，也加强和延续了北京是国家的——而不是当地的——身份。

---

[94] 于君方：《佛教在中国的复兴：袾宏与晚明的整合》，27、83～85、94页。韩德玲主张这些在长江中下游的活动意义超越了佛教的框架，是由袾宏发展的，如同许多在北京的情况。韩德玲：《明清时期的放生：佛教徒的灵感和精英们的想象》，载《亚洲研究学报》，第58期（1999年），55～81页。

[95] 《日下旧闻考》，卷49，786～787页；有关陶望龄在浙江，于君方：《佛教在中国的复兴：袾宏与晚明的整合》，27、85页。1606年，在一位来自江苏的和尚真程的动议下，寺院得到了重修，他住在房山县（北京西南较远的地方）的山寺里。放生的活动由两位1628年的进士林增志和谭贞默持续（复兴?）。刘侗、于奕正：《帝京景物略》，卷4，154～155页。石碑表明，1624年在同一季节的另一座寺院中有一个相同的活动。北京图书馆藏拓片第99号。

[96] 《日下旧闻考》，卷100，1666页；富路特、房兆楹主编：《明代名人传》，598～600页。位于郊区佛教寺院的两口善井是1468年由一个虔诚的和尚捐建的。北京图书馆金石组编：《北京图书馆藏中国历代石刻拓本汇编》，第52册，63～64页。有关其他慈善，梁其姿：《施善与教化：明清的慈善组织》，第二章。

并非所有临时的游人都有意于官员的职业。首都必然吸引了远道而来从事服务业的人员、商人、工匠、商贩和生意人。他们当中的大多数与受过教育的精英们一样都对自己的家乡有文化上的依附。现在是充分探索这些延伸的寄居习俗，基于共同籍贯、共同职业的链式移居实践，以及他们组织的潜力的时候了。

会馆中人

男性的主要身份是作为父系的一部分，但至少从中世纪时期起，家族还用所在地来确定自己。“家乡”是一个在社会上有用和流动的指定，一个人可以体现在不同的层次上——县、府和省。实际上，它成为为自己的事业而远离家乡的许多中国男人建立关系、维持组织原则最能被接受的基础。[97]

在陌生人中家乡提供了一个表面上有伙伴关系的自然借口，毕竟，这些人，操着相同的方言，喜爱相同的食物，崇拜同样的神灵。当某个人远离家乡时，这种纽带是给予和接受帮助的基础，而且可以通过不断增长的包容团体来表达。因为寄居和历经数代的移民经常包括了在同样的职业体系中的人们——生产者和分配者——同乡和职业经常是重叠和相互巩固的类别。

并不是所有的环境都可以促进家乡身份的强化。许多人依靠的是距离、人数以及语言。北京吸引了这类人群，这是许多团体形成的原因。来自靠近首都的华北地区的人们可能很容易混入这个大都市，乐于充当本地人。那些来自长江中下游城市的人们也许不那么渴望这样做，因为他们受到那个在其中迁移不易且有权力但又遥远的朝廷世界、一个对文化或差异没有特别要求的当地

[97] 有关这个众所周知的中国文化方面的一般描述（大部分是有关清代的），施坚雅：《中华帝国晚期的流动策略：一项区域系统的分析》，见卡罗尔·A. 史密斯（Carole A. Smith）编：《宗教分析》，卷 1，327～364 页；顾德曼：《家乡、城市和国家：上海的地缘网络与认同，1853—1937》，4～14 页；何炳棣（He Bingdi）：《中国会馆史论》，1～9 页。

198 精英和不同于他们自己方言的语言的阻碍。来自帝国边缘的访客明显感觉到自己是个外来人。

虽然同乡的身份对于促进地理包装提供了明显的可能性，但大部分北京的社区似乎没有在这种基础上得到建立或保持。[98] 也许迁入的移民太少、太慢、过于不同或者分散，以至于无法促进同乡的有效聚集。那些依靠职业和家乡联系的寄居者，对于北京的社会还是有很大的影响。

为了征税的目的，国家承认商业联结成职业性的“行”，自从中世纪时期起就已经知道的一种组织形式并且经常把它译成为“行会”。[99] 在16世纪80年代，北京的38 000多家登记的商行被分为132行，根据产品售贩或提供服务加以确定，例如柴薪、印刷、做媒、豆腐、当铺诸行。[100] 一些是当地的商行，一些是寄居的外来人。

对我们来说，对这样的“行”可能最好的理解是以职业为基础的团体。在国家的眼里，它们在作为赋税责任协商单位的角色中获得合法性，但它们也非正式地调节价格、设定标准并且在它们的“成员”中平抑纠纷。[101] 我没有看到明代有关北京的“行”有共同财产或定期举行聚会场地的证据，并且这样的翻译“guild”，我在此处所用的，应该被理解为“行业协会”，而非“会馆”的含义。

---

[98] 尽管在第四章中引用了例子，因家乡而聚集在一起似乎不是一个普遍深入或持久的模式。然而，明代的证据是相当稀少，并且1644年北城的疏散阻止了研究。18世纪一个四川义冢的存在和在明代就已经知道地点的家乡会馆作为四川驻军所在地（在南城）也是一个例外情况？1784年（甲辰）四川会馆石碑断片（位于五塔寺）；戴璐：《藤阴杂记》，卷10，249页；朱一新、缪荃孙撰，刘承幹考证：《京师坊巷志》，卷10，27页。

[99] 加藤繁：《中国商人的行会和协会》，载《东洋文库研究所回忆录》，第8期（1936年），45～83页。他在行会和会馆之间做了同样的区分（在第79页），也是我所做的。

[100] 沈榜：《宛署杂记》，卷13，96页。33个列于其中。

[101] 在明代的北京，我还没有看到这些功能的证据，虽然它们确实存在。

一些行向更具有社团特征的身份转变，是明代重要新发展的一部分。在这种推动力的作用下，在某一地方集会和住宿带来了新的组织形式，即被称作“会馆”（按照字面意思，就是“assembly lodge”）的社团组织。这些会馆是由在北京的寄居者们倡议的，基于共同的职业和家乡。

寄居者们有特殊的住宿需要。临时的游人能停留在客栈里，客栈运行并且提供给那些操着相同的口音和来自帝国相同地方的 199
人们服务，但客栈不是最好的选择。人们在哪里可以举行更为私人的聚会去讨论共同的利益问题，或祭拜一位熟悉的神灵，或者是一起宴饮呢？墓地是另一个不幸的需要，即使对于临时的葬礼来说。为了满足这些需求，寄居者们首先转向寺院，但那时会馆已经得到了发展。

“会馆”和寺院之间的联系是密切和重要的，尽管经常因为微不足道的原因而被解散。两者都对家族之外的联系提供合法的空间，并且两者都利用神灵的文化权力和对共享忠诚的组织举行仪式。不会令人惊讶的是，许多早期的北京会馆实际上就是我们所称的“家乡寺院”。

虽然这个机构全部早期历史仍然需要编写，何炳棣的先驱工作表明，那些像会馆的东西在明代早期是零星地出现，并在 16 世纪中期之后以缓慢但稳定的方式开始扩散。[102]（当这个机构得到全面发展时，明代的术语“会馆”在清代得到广泛地运用。参见第十五章。）因此，会馆不仅可以被视为北京寄居精英半公开生活的一种表现，正如在本章中对它们所做的讨论那样，而且是明末全部联系活动增长的一部分。

会馆的若干特点对于理解它在北京生活中的意义具有相当的重要性。“会馆”的存在是脱离于朝廷，并且不是由朝廷正

[102] 何炳棣：《中国会馆史论》。在对这本书进行研究后，我读了白思奇已经完成的有关北京会馆的博士论文；他更多详尽的研究确认了这个描述（白思奇：《北京士大夫的同乡会馆：中国首都会馆的社会政治演变》，35～42 页）。

式批准的。如同宗教团体、家族、行会、教派或宗教设施一样，它们是没有关系的人们组织在一起的一种方式，保存这些连接长达几代之久。但会馆也是拥有共有财产的团体，如同私人商行、家族或寺院一样。通过定义，无疑它们是一个自然的场所。

有时候，这种地方是一座寺院，或是一座附属于墓地的建筑物，或是一座出租的房屋，最常见是，一座会馆会为宗教祭祀保留一间厅堂。像家族而不像教派的会馆得到明代国家的容忍，这具有决定性的重要意义。如同寺院，它运用集体利益的语言证明其存在，并且使得利己的特殊性管理转向其他方向。因此，家乡寺院具有了双重合法性。从朝廷的角度出发，这些会馆是控制来京游人的有效方法：精英（绅）在掌控之中，寄
200 居者有地方停留，游人被报告给朝廷。[103] 在北京有大量的寄居者，事实上他们中的许多人是受人尊敬和有着相互的联系——甚至超过其他的城市——在其他方面，发展成危险的机构似乎已经成为可能。

通过类型或顾客试图把会馆（大部分是商人，大多数官员）进行分类是一个有限的评价方法，而且它忽略了这种机构坚持单一职能或单一含义的这个要点。在实践中，同乡或同行的标准是不同的，有着灵活的定义，而且随着时间和环境而改变。组织起来的动力来自四面八方，会馆似乎已经成为备受欢迎的地方，而且恰恰是因为它的适应性。事实上，在北京有应试的举子们、为觐见而返回的官员们、对皇帝非常重要的商人们，通常受过教育的人们来自同一个地方，这种事实使种种界限变得模糊起来。

令人沮丧的是，和北京历史的诸多方面一样，有关明代会馆的资料不成系统而且支离破碎。使用术语“会馆”最早期的证明（据我所知）是在17世纪的头十年，我宁愿谨慎地使用这个术语

---

[103] 刘侗、于奕正：《帝京景物略》，卷4，180～181页。

或回顾性地识别这种机构。[104] 我拥有关于明代北京的 45 个类似会馆机构存在的资料，但对其中半数的了解仅仅是通过可信度不一的道听途说。[105]（这些会馆列于表 15－1。）因此，我们将使用一些记载完整的例子来说明这些组织的性质和功能。

首先进行概述。在这些会馆中，三分之二的位置是已知的：7 个在北城，其余在南城的商业区。（正如我们后面将会看到的那样，那些位于北城的会馆因为 1644 年的事件，可能不具有代表性。）这些会馆的捐助者能被认定是来自 11 个不同省份的人和两个职业类群，但在许多情况下这些范围是重叠的。至少有 16 个团 201
体（词语似乎是合理的）使用寺院作为他们聚会的场所，6 个会馆有墓地。

何炳棣揭示了在这个帝国任何地方关于会馆的最早实例，一名来自安徽的京官，他在 15 世纪初首次在北京供职。当他离开时（在 15 世纪 20 年代或 30 年代），捐出了位于前门外的住宅作为举子们住宿的客栈。[106] 这个只和“会馆”术语关联的实践在这件事之后并没有得到广泛效仿。所有其他 22 个会馆成立的日期（或运作时期）现在已知是在 1560 年后；那个世纪的下半期见证了一种相

[104] 参见沈德符：《万历野获编》，608～609 页；刘侗、于奕正：《帝京景物略》，卷 1，14 页。两者都引自何炳棣：《中国会馆史论》，17 页。一座 1618 年的石碑现在没有保存下来，也许使用了这个术语，《重续歙县会馆录》，1834 年，A：4。一座 1791 年的石碑表明了这是个明代术语，北京图书馆金石组编：《北京图书馆藏中国历代石刻拓本汇编》，第 75 册，185～186 页。在 20 世纪，一些有关北京会馆的历史得到撰写（据我所知有 12 个），但它们因明代档案的缺乏而受到了限制。我的讨论也因拥有良好记载的资料而出现了侧重（例如福建）。我没有使用何炳棣和白思奇曾使用的方法，那就是，求助当地县史，这些历史资料记载了北京的会馆。这是研究北京会馆全面历史所必须使用的方法。虽然后来的资料参照和引证了 16 世纪 80 年代以来的明代石碑碑文的内容，但我对保存到我们时代的最早石碑和使用术语“会馆”被标明的时间为 1667 年并且由山西商人设立的史实已经了解。参见北京图书馆金石组编：《北京图书馆藏中国历代石刻拓本汇编》，第 62 册，85 页。

[105] 白思奇：《北京士大夫的同乡会馆：中国首都会馆的社会政治演变》。他的研究已经做了全部统计，有 70 处（58、115、341～347 页）；它们的空间分布与我的发现是相同的。

[106] 何炳棣：《中国会馆史论》，13～14 页。

当程度的组织繁荣。

为当地神灵修建一座寺院或者为一位当地有钱人修建祠堂，对于来自同一个家乡的男人们来说，是最初、最常见的创造一个空间的方式，在那里他们可以方便地住宿和合法地聚会。仪式给了这种组织以生命。一所正式的会馆也许是后来创建的。

在最早的一些寺院中，萧公祠（经证实是 1560 年为来自江西的人而建的）和张相公庙（1565 年，浙江）是与特殊寄居组织有关联的寺院。[107] 从家乡输入的神灵具有吸引力，不仅在政治上没有威胁，在社交上是有限的焦点，而且他们的寺院还拥有可以聚会的场所。两篇分别来自 1586 年福建邵武和 1587 年汀州的碑文解释称，由于福建的其他八个府已经有了一个会馆，所以这两个县在南城得到它们自己的土地，修建了一座寺院用来供奉它们当地的城隍。[108] 1624 年，几个山西人（可能是钱庄老板们）抓住为了纪念在关外死于战争同乡的机会，把三忠祠变成了他们的会馆。[109]

对于同行同业的男人们来说，寺院也是一个自然的焦点，他们会定期祭祀他们捐助的神灵。通过使用一座他们主要或独家赞助的寺院，这些商铺在仪式上构建了“行”的部分或全部，提升了自己的地位以及体制上的可见度。山西纸商（来自临汾和襄陵）
202 在南城的白纸坊西南角修建了这样一座寺院，可能是在 1592 年。[110]
其他来自潞安府和从事金属生意（黄铜、铁、锡和煤）的山西人，

---

[107] 《日下旧闻考》，卷 55，886 页；北京图书馆金石组编：《北京图书馆藏中国历代石刻拓本汇编》，第 80 册，25 页；葛禄博：《北京民俗》，57 页；朱一新、缪荃孙撰，刘承幹考证：《京师坊巷志》，卷 2，18 页。

[108] 《闽中会馆志》，1942 年，第 3 册。在明朝的某个时期，另一座城隍庙是由来自江南的寄居者在西郊修建的，在主要的首都城隍庙中，这位城隍没有得到表述。励宗万：《京城古迹考》，14 页；北京图书馆金石组编：《北京图书馆藏中国历代石刻拓本汇编》，第 70 册，195 页。

[109] 北京图书馆金石组编：《北京图书馆藏中国历代石刻拓本汇编》，第 73 册，122 页；《日下旧闻考》，卷 59，951～953 页。

[110] 吴长元：《宸垣识略》，卷 10，198 页。在城镇的其他地方，他们也许有一个“东馆”。北京图书馆金石组编：《北京图书馆藏中国历代石刻拓本汇编》，第 72 册，174 页。

为炉圣庵支付费用——供奉老子这位与炼金法术相关的人物——在明代的一段时期内，一直位于原址。[111]

在组织上，学者和官员们也是活跃的。最知名的早期会馆是（浙江）稽山会馆。它建于15世纪中后期的南城，起初是由来自绍兴府（会稽县和山阴县）所在地的文人为参加考试的举子而建的。据推测，这座建筑用于对一座古老观音青铜塑像的祭祀，不久被用于住宿。[112]

历史学家沈德福对其家乡嘉兴府（在浙江）会馆表示不满，在17世纪早期经过大量的讨论之后决定进行修建；他对势利地只允许“贵游”，而不允许级别较低的官员和文人逗留在那里表示反对。[113] 来自湖南（长沙）、四川、湖北、山东、广东、河南和云南的人后来也声称他们拥有创建于明代的会馆。[114]

在1563年，来自安徽歙县的旅居商人（茶行?），受到掩埋那些客死他乡人的驱动，在永定门外集体购置了墓地，包括邻近的一座寺院和一座守墓人的住宅。一年两次举行供奉。然而，这三亩地很快就被占满了，直到16世纪80、90年代，才得到了第二块和第三块墓地；在17世纪早期，又逐渐增加了额外的十亩小块土地。同时，其他墓地在南城也在增加，大部分是由来自安徽的人

---

[111] 吴长元：《宸垣识略》，卷9，169页；仁井田陞：《北京工商ギルド资料集》，卷5，1067～1068页。其他组织没有那么有利的证明。明代的厨师行会为他们的庇护者灶君修建了一座寺院，吴长元：《宸垣识略》，卷9，167页；阿尔贝·陈：《万历皇帝年间（1572—1619）的北京》，见《亚洲历史学家国际协会第二次会议会刊》，台北，1962年10月，133～134页，正如（推测下）糖果制造者所做的，步济时（John Stewart Burgess）：《北京的行会》，77页。

[112] 同时期使用的名字“稽山会馆”得到证实，刘侗、于奕正：《帝京景物略》，卷4，180～181页；亦参见《日下旧闻考》，卷61，998页；《绍兴县馆纪略》，1920年前言，8～13页。

[113] 沈德符：《万历野获编》，608～609页。

[114] 分别见，《北京长沙郡馆志略》，卷2，1、25～26页。四川会馆石碑片段（在五塔寺）。沈德符：《万历野获编》，924～925页。朱一新、缪荃孙撰，刘承幹考证：《京师坊巷志》，卷8，6页。《北平湖广会馆志略》。《京师坊巷志》，卷2，3、4页。谭文：《北京掌故》，111、114页。北京图书馆金石组编：《北京图书馆藏中国历代石刻拓本汇编》，第87册，190页；第75册，185～186页；第69册，80页。

出资购置的。[115]

总的来说，这些明代会馆的结构似乎是相当脆弱的，拥有微
203 薄的共同资源（一座小寺院、建筑或墓地），依靠优秀的领导，建在一个具有高流动率的有限人口和没有妇女涉足的背景之下。[116] 他们的寺院属于非常私有化的类型，他们会馆的建立排除了大多数和少数的特权。毋庸置疑，这些会馆里里外外会受到不间断的怨恨、嫉妒以及不同职业、不同家乡、不同政治、不同目的人之间竞争的折磨。当然，并非所有的寄居者都能创建这样的机构。大量的销售商和生产商在较为宽松的“行”的结构中工作。其他的游人保持着无组织的状态，分散地进入首都社会。[117]

因为别墅是朝廷和文人精英在为地位而进行竞争时能够创造和表达共同价值的一个渠道，所以家乡会馆掩盖了商人和官员之间消失的差异。首都繁荣的商业团体寻求和创立与士大夫相关的社会地位，并且在一定程度上保留对国家的敌意。[118]

虽然在书面材料中很少提及并且（据我所知）没有在绘画中加以表现，然而“行”和“会馆”还是在北京大城市商业生活的土壤中繁荣起来。这些因不同动机而组成的明代寄居会馆始终拥有社会和政治行动独立的理由。但有可能是错误地把明代会馆理解为同类社会生活中某种较高级的形式，现代性的萌芽。它们的目的是私人

---

[115] 歙县商人在北城也有一个会馆（毁于明清换代之际）。仁井田陞：《北京工商ギルド资料集》，卷 6，1173 页。北京图书馆金石组编：《北京图书馆藏中国历代石刻拓本汇编》，第 70 册，105 页。《重续歙县会馆录》，1834 年，A，1～5 页，B，1、5、15 页。赵吉士：《寄园寄所寄》，卷 1，47 页；何炳棣：《中国会馆史论》，19 页。其他墓地，张江裁编：《清代燕都梨园史料正续编》，第 3 卷，1680～1681 页；北京图书馆金石组编：《北京图书馆藏中国历代石刻拓本汇编》，第 69 册，33 页；《京师休宁会馆公立规约》，1922 年；《北平福建泉郡会馆志》，1 页。

[116] 沈德符：《万历野获编》，608～609 页。白思奇：《北京士大夫的同乡会馆：中国首都会馆的社会政治演变》，190～191 页，有关于士大夫们会馆寿命的主张相当令人信服。

[117] 来自江西抚州府的人（按照清代资料）到达北京是在明中期，经过几代“为”宛平人。北京图书馆金石组编：《北京图书馆藏中国历代石刻拓本汇编》，第 74 册，123 页。

[118] 在 17 世纪 20 年代的危机中，它们没有受到政府的怀疑，这似乎不太可能。

的，非公众的。更乐意看到家乡寺院和会馆只是作为团体众多不同原因中的一个，这种团体正逐渐对明代北京的定居者开放。

如果我们要充分了解存在于北京的各种社区，必须在转向活跃的明末世界之前，考虑最后一种类型：僧侣所形成的宗教社会。虽然表面上自成一体，但这些团体也根植于并积极参与他们周围的社会。它们的种类和特点给予北京文化一种不同的风味，而且它们为众多新的世俗社会提供场地和组织形式。

僧　侣

在明代的北京（或帝国其他任何地方），独身的专业僧侣形成 204
的社团是家族之外组织最好和最持久的机构。在它们最发达的形式中，它们有地产、定期的收入、领导结构、自我吸引的习俗、共同目的以及在国家和社会视角下的合法性。共同的居民、他们入会的仪式、信仰体系、有特色的服饰和饮食、终身责任制促成了团结——没有提到他们批评者的敌意。此外，这些虔诚的专注吸引了资助人和信徒定期的崇拜，有助于僧侣们深入到更广泛的社会之中。我们将开始于和尚和道士，他们的寺院是世俗集体的典型，然后转向藏传佛教的喇嘛和天主教神父，在他们信奉的寺院和教堂中形成类似的团体。我将结束于北京的穆斯林和清真寺，以其有特色的团体为内容。

大部分北京的寺院最多拥有一或两位专职的僧侣常住。明代寺院中的和尚、尼姑、道士或喇嘛有内部的命令和责任、规定和规则的分级，并且有某种捐赠收入，这类是相对较少的：约 80 座。大多数寺院为中等规模的寺院，它们中的半数位于西北和西边的郊区。⑪⑨ 那些房间数量众多、财产规模大、拥有经文的藏书

⑪⑨　在 1 091 座寺院中，有 83 座或 7%。明代常住僧侣的数目几乎没有提供。我使用以下判断成分的某种结合：住持，在住处中超过两代的僧侣，僧侣的住处，一个创始人的殿堂，受戒，已故僧侣的舍利塔，佛教或道教经文，拥有的大片土地，许多房间，分支寺院。

楼、有权举行受戒的寺院是相当少的，在 10～20 个地方，不会再多了。七分之一有道士，其余的是和尚和尼姑。[120]

僧侣团体的运转是昂贵的，而且有相当高的比例是享受皇家的捐助。在 81 座寺院中，有 12 座是由朝廷修建的，其他 29 座是由宦官修建的；38 座之多有来自宫廷或宦官或二者的支持，并且——明显地——只有 4 座什么也没有。（有迹象表明，这 4 座寺院可能也接受同样的捐赠。）这些寺院有半数似乎早于明代，明王朝的捐助可能依随着元、金和辽等朝统治者的同样的关注（或甚
205 至更多）。[121] 寻求可靠的皇家支持以及把它转成持续的捐赠对住持和他们的捐助者来说，成为基本的挑战。其中一些比其他的更为成功。

全真教独身道士的总部位于西边城墙外的白云观。在永乐皇帝登基之前修复并由宦官捐助者再次扩建。在 1444 年，白云观有至少 88 名道士和一套新版道教经文，可以理所当然地被称为“首都的主道观”。神灵们被安放在此，被道士们祭拜——三清、玉皇大帝和教派元老——但主要庆典是每年为丘真人于 1 月 19 日返回日举行的喧闹聚会。在北京的节日庆祝中，拥有一个地方确保民众对道观的支持，但是宫廷内部的赞助也同样要持续。[122]

东岳庙是北京另一个主要道教设施，供奉着泰山神灵——东岳大帝，位于这座城市的东边；它是由正一派天师修建的。正如我们将在第七章中所看到的那样，这些道士不是独身的，而且东岳庙的世俗捐助者掌握着相当大的权力。保持着与江西的联系；

---

[120] 寺院的位置，北城：24 座（29%）；南城：13 座（15%）；郊区：46 座（55%）。我了解只有 6 座寺院有受戒的权力，只有 14 座有真正大量的房间和院子的布局，43 座有经文。资料过于简单，无法估算每座寺院僧侣的平均数量。

[121] 这样的寿命经证实确定为 13 年，另外一个宣称 27 年。我没有试图留意这样的捐助，但有关的某些例子，参照《日下旧闻考》，卷 53，845 页；卷 59，958～595 页；卷 94，1575～1585 页。本书第三章注 16。

[122] 北京图书馆金石组编：《北京图书馆藏中国历代石刻拓本汇编》，第 51 册，122、159～160 页；第 53 册，126 页。刘侗、于奕正：《帝京景物略》，卷 3，137～139。刘若愚：《酌中志》，卷 20，3 页。

第43代天师负责永乐版本的道教经典，第50代监修万历版本。公共“教”的仪式是庆祝一年一度的三月二十八日神诞日，但是因为人数众多，道士举行的仪式常被大量的庆祝活动挤占了。[123]

虽然一座寺院的建立经常来自精英的倡议，但是僧侣他们自己有时也扮演着决定性的角色。有魅力的人物由于具有表达的能力或与超灵验的力量保持联系，因而会有灵感和感染力。这样的僧侣能为他们的寺院赢得支持或劝说他们的捐助人修建一座新的寺院。

年轻的僧人道深，一位贵州（在偏远的西南）当地的头人，于1421年到达北京，作为早期朝贡使团之一来到新建的永乐朝。
他留在首都与最有影响的印度和尚班智达的弟子智光一同学习。206
道深对佛教经文的日渐精通受到了皇家的青睐并且任职于僧录司。1439年，在西山的荒芜地区为他修建了一座寺院，从1439年至1472年，他为至少8座其他同样位于郊区的寺院撰写了石碑碑文，许多寺院也许是由宦官修建的。[124]

同样，正如我们所看到的那样，悯忠寺的一个大型僧人团体劝说宦官出资进行重新翻修，以便把寺院带回15世纪40年代的生活；那时有80位僧人常住。在接下来的一个半世纪中，没有接受捐助的记载，但另一位积极的僧人再次让外来者对这座寺院发生兴趣。他“礼贤好客四方士绅，上公车及谒选者率多投止”，石碑

[123] 北京图书馆金石组编：《北京图书馆藏中国历代石刻拓本汇编》，第58册，192页；刘侗、于奕正：《帝京景物略》，卷2，64页；北京图书馆善本组辑：《析津志辑佚》，54～55页；陈国符：《道藏源流考》，174页。金堉：《朝天日记》，214页，其中有一个非常粗略的想法，据说1637年那里有“几十名道士”。是他们永久的居住地吗？

[124] 班智达来自尼泊尔、印度边境并于1371年来到南京，富路特、房兆楹主编：《明代名人传》，1111～1113页。关于智光，一位山东人，《日下旧闻考》，卷96，1608～1609页。有关道深的一生，《日下旧闻考》，卷100，1666～1667页；富路特、房兆楹主编：《明代名人传》，823、1553页。关于他在1458年后在城东边的住处，《日下旧闻考》，卷88，1495～1496页；励宗万：《京城古迹考》，8页。有关道深撰写石碑的寺院，《日下旧闻考》，卷102，1685～1686页；沈榜：《宛署杂记》，卷19，195、197、198页；菲尔德博物馆藏拓片第940号；《日下旧闻考》，卷95，1597～1598页；北京图书馆金石组编：《北京图书馆藏中国历代石刻拓本汇编》，第52册，92页；刘侗、于奕正：《帝京景物略》，卷1，37～39页。

碑文表明这些维修时间是在1601—1602年，宦官提供了资助，当地人方从哲和张邦纪撰写了碑文。[125]

在北京，与和尚的数量相比，尼姑是相当少的，据我了解只有一座长期存在并且重要的尼姑庵。保明寺非常成功地从皇宫得到稳定而持久的支持。正如我在其他地方所描述的那样，这座寺院在15世纪50年代是皇帝为一位尼姑修建的，她的继任者女住持得到李太后、公主和她们的亲戚在16世纪20—30年代热情的捐助。后来李太后成为归圆的一个捐助人，其他的尼姑也在这座庙中，1 700位宫廷宦官和宫女加入捐助者的行列。到16世纪70年代，在传了九代后，至少有55名尼姑常住。[126]

一些寺院面对皇家控制的官僚主义扩张，找到了安全的节点，也许结果就是，在当地社会中无法起到这种活跃或独立的作用。一直是僧录司所在地的这两座寺院是皇家捐助的主要接受者，在那里没有证据表明它们的道士对手以任何固有方式被包括在北京社团中。[127]

当然，寺院不仅仅局限于捐助。它们是一个家和一种生活方式，相对少数的男人和女人为了一个独身的宗教使命，选择宣称
207 放弃中国家族几代人生活的地方。从理论上说，这些寺院是独立的团体，不管位于这座城市的中心还是在与尘世隔绝的山上。除拜神殿堂外，一座有代表性的寺院包括藏经楼、禅室、寮房、斋堂、厨房、洗澡堂、贮藏室和墓地。生活包括禅堂、仪式和祷告，偶尔进入社会举行特殊的仪式——佛教徒的禅、道士的教和

[125] 北京图书馆金石组编：《北京图书馆藏中国历代石刻拓本汇编》，第51册，106～107页；第58册，176～177页；第60册，113～114页（引文）。富路特、房兆楹主编：《明代名人传》，176页。《明清进士题名碑录索引》，卷1，505页。1618年，一位来自长江中下游的和尚到达此地，举行法会，所收信徒达数百人，刘侗、于奕正：《帝京景物略》，卷3，118～119页。

[126] 李世瑜、韩书瑞：《保明寺：明清中国的宗教与皇帝》，载《哈佛亚洲研究学报》，第48期（1988年），131～188页；“宗派”石碑（1987年，在现场）。

[127] 参见第二章注107。

二者的葬礼服务。寺院通过招募新的僧侣和朝圣僧人或道士的拜访得到补充。那些有权举行受戒的寺院吸引了全国可能成为僧侣的人。

据我所知，明代北京有 4 座寺院进行和尚受戒。最有名的是位于距北京三十公里的山上的戒台寺，建于 15 世纪 30 年代。它有三层白色受戒石台，可以接受和尚和尼姑受戒，至今仍然保存着。[128] 1546 年，一名给事中抱怨在天宁寺的受戒仪式，"广聚僧徒，辄建坛场，受戒说法，拥以盖舆，动以鼓吹。四方缁衣，集至万人，瞻拜伏听，昼聚夜散，男女混淆"。尽管官方有这样的担忧，但这些活动还是延长为几天，经常是在春天，吸引了不少路人。[129]

除了为聚集人群和忏悔苦修提供需要外，在一年当中僧人们在他们的寺院内数次为全社会福祉举行仪式（当然不排除为这个王朝）。在四月初八，即佛祖释迦牟尼的诞日，僧人清洗佛像，接受世俗人的还愿。在某些郊区寺院，受戒仪式也定在那一天，成为不怎么虔诚地看热闹者的节日。[130] 在七月十五日，许多寺院的僧人举行为恶鬼祈福的盂兰盆会。[131] 而且，在这些寺院举行的一年一度宗教仪式表演再现了一个宗教团体，既是生的又是死的，是想象的但又真实的，不仅仅扩展到北京，而且扩展到遥远的佛教世界范围。

虽然皇家捐助无疑是重要的，但大的寺院更多得益于一种多 208

[128] 关于天宁寺，《日下旧闻考》，卷 91，1544 页。关于潭柘寺，《日下旧闻考》，卷 105，1748～1749 页。关于法源寺，北京图书馆金石组编：《北京图书馆藏中国历代石刻拓本汇编》，第 60 册，70 页。关于戒台寺，菲尔德博物馆藏拓片第 927 号；刘侗、于奕正：《帝京景物略》，卷 7，310～314 页；《日下旧闻考》，卷 105，1741 页。我没有关于明代道士在任何北京寺院受戒的参考资料。

[129] 《日下旧闻考》，卷 91，1544 页（引文）；《顺天府志》，1593 年，卷 1，15 页；刘侗、于奕正：《帝京景物略》，卷 7，310～314 页。

[130] 蒋一葵：《长安客话》，卷 3，45～46 页；权怏：《燕行录》，117 页；刘侗、于奕正：《帝京景物略》，卷 2，68 页；沈榜：《宛署杂记》，卷 17，168 页。

[131] 《日下旧闻考》，卷 53，849～852 页。刘侗、于奕正：《帝京景物略》，卷 1，18～19 页；卷 2，69 页。刘若愚：《酌中志》，卷 20，6 页。

样化的香客。就拿潭柘寺来说，这些支持包括来自首都（为他们火化的遗骨而选择的舍利塔院）的其他僧人，赐予土地和金钱的宦官和皇室成员，朝圣团体，以及把它当作一个风景如画的著名地点而参观的旅居和当地的精英。[132] 用同样的方式，北京其他长期存在的寺院得到广泛散布的支持者而不是单一的捐助人或单一附近居民的滋养。因为佛教、道教人员和他们的寺院只不过是文化的一部分，这种关系的范围是可能的，些许是偶然、认真、短期和略微长些的。对于较新的宗教，这个模式是不可能的，因此，北京的藏传佛教、天主教和穆斯林的设施只能依靠不稳定和为数更少的支持。

藏传佛教虽然只更多地和清朝发生联系，但是在明代的北京也建有寺院。正如在第五章脚注中所表明的那样，皇帝修建寺院并对在北京参观的使团和永久团体提供资助。我知道在明代的城市，曾经有九座藏传佛教寺院，两座在皇宫内的殿堂。

这些僧人通常称为“番僧”，这是因为他们来自“西域”，但他们也许无法与他们后来在 16 世纪中期发展的活佛制度（“精神上主人”）清晰地区分开来。[133] 这些藏传佛教僧人的数量似乎随着皇家的恩惠和使团的规模而变化，但在这个朝代早期，在北京肯定有好几百人。

因为这些寺院主要依靠皇帝的支持——如果他是慷慨的话，所以容易受到官方采取的措施而缩减或关闭。明代官僚以怀疑的态度对待这些僧人，正如他们认为其他僧侣是恶棍和骗子一样（正如他们看到的那样）。当正德皇帝打算邀请一位西藏“活佛”到首都时，遭到内阁的反对，称这种宗教“邪妄不经”，表示这样的人应该只能在参观朝贡使团的框架之内得到允许。这些劝谏被

---

[132] 韩书瑞：《潭柘寺的位置、圣徒和景色》，载《远东亚洲丛刊》，第 10 期（1998 年），183～211 页。

[133] 在 1436 年看到各种各样名字得到使用，《日下旧闻考》，卷 53，844 页。几所明代寺院（庆寿寺、能仁寺和护国寺）同时容纳汉僧和番僧。

置之不理。[134]

尽管（或因为?）他们的神灵是陌生的，但这些寺院仍向公众开放，许多受到文人的喜爱。例如，位于北郊的五塔寺因有可供眺望视野的一座二层屋顶而受到明末精英的欢迎，该寺得名于屋顶上的五个小塔。[135]（参见图 6-1。） 209

当藏传佛教的僧人们受到元代朝廷的尊敬时，其于 13 世纪开始向中亚的蒙古传播；当 16 世纪出现了第二波高潮时，独身禁欲主义的宗喀巴格鲁派获得了许多蒙古信徒的支持，达赖喇嘛的权威开始建立。来自中亚的使团——从事茶叶、丝绸、宗教佛像和马匹的贸易——在首都可以找到皇家捐助的寺院（正如他们在清朝所做的）。虽然我们可能假定这个信念传播到在北京的蒙古人居住区，但是没有明显的迹象表明藏传佛教的僧人受到当地信仰团体的广泛支持。[136]可以肯定它不是一个汉人的世俗团体（除了皇帝）。事实上，按照法律，没有汉人得到允许成为一名藏传佛教的僧人。[137]

在明代北京，欧洲基督教最早“寺院”的建立应该被理解为通常是在外国宗教的皇家捐助背景下。耶稣会（Jesuit）在最高阶层寻求支持的策略，虽然他们也许没有认识到，这使得他们在帝国的地位与中亚僧人的位置没有什么不同，那就是，皇帝的怜悯，以及暴露在有疑心官僚的眼皮子底下。

北京第一座基督教堂开始运作是在 1605 年夏天。意大利传教士利玛窦试图从 1598 年以来就开始在首都北面寻找一个地方。他和同伴教士最终在宫廷内找到赞助人，于 1605 年搬入他们自己的

[134] 在 15 世纪 60 年代，有关高僧活佛，龙池清：《明代北京における喇嘛教团》，载《佛教研究》，第 4 卷第 6 期（1941 年），72 页及各处。正德使团于 1515 年被派遣去传达邀请，但没有成功，《明史》，卷 331，8574 页。

[135] 刘侗、于奕正：《帝京景物略》，卷 5，200～202 页。蒲桃社在护国寺集会。

[136] 柔克义（W. W. Rockhill）：《拉萨的达赖喇嘛及其与清帝的关系，1644—1908》，载《通报》，第 11 卷（1910 年），2～6 页；富路特、房兆楹主编：《明代名人传》，377 页。有关护国寺资料的一个更深层次的探究可能是富有成效的。

[137] 龙池清：《明代北京における喇嘛教团》，载《佛教研究》，第 4 卷第 6 期（1941 年），66、75 页；《大明律》，2 页。

房子，靠近一座足以容纳他们当时已经吸收的超过一百名信徒的礼拜堂。[138]

耶稣会事业的宗教范围在公共场所是低调的，利玛窦已经放弃了佛教僧人的外衣，利于获得更多在社会上有名望儒家文人的支持。此外，通过获得与外国使臣和中亚穆斯林单独分开的住宅，

210

图 6－1　1843 年麟庆参观五塔寺

当 1843 年麟庆驻足于五塔寺作为在郊区游览的一部分时，他爬上并查看在这平台上的 5 座塔，听到了喇嘛用他们的西藏号角进行练习的独特声音。

资料来源：麟庆：《鸿雪因缘图记》，卷 3，51～52 页。

---

[138] 这座礼拜堂可能变成南堂。邓恩：《从利玛窦到汤若望：晚明的耶稣会士》，54、77、80、83、101、104 页。利玛窦自 1601 年离开外国使节住处至他正式获得允许定居期间，他住在何处对于我来说并不清楚。

通过他们礼拜堂的一个堂（厅），耶稣会士希望在他们的住处可以讨论严肃的知识和道德问题。[139]

依靠皇家的恩惠意味着在17世纪前二十年的政治危机中有着更 211
多的不确定性，尽管他们的命运跌宕起伏，但少量的耶稣会士还是设法留在宣武门外为利玛窦提供的住处内。他们甚至受到指控：他们的信仰如同白莲教一样，也是属于“异端”宗教的一部分。[140]

来自汉人信徒的捐奉使他们能在1623年维修这些建筑物。有好几年（1622—1624）一个反宦官文人学派——东林党在隔壁兴盛起来；当它结束时，建筑物被赐给了为他们钦天监服务的耶稣会士。直到17世纪30年代，这座教堂建筑——天主堂广为人所知，以至于在随附的诗词中或在首都经典指南中被议论。那里，在著名的教堂旁边有其自己坚固的入口，这座教堂的奇怪形状和不同寻常的宗教绘画得到详细的叙述，因为它是基督教的基本思想。[141]

直到明末，在北京附近地区耶稣会已经拥有16个团体，至少是他们所说的众多的几百个信徒，在紫禁城内的小教堂，那里有超过12名的宫廷女性基督徒举行会见祷告（他们与传教士的联系是通过宦官调解者和通信），有一个皇家捐助的城外墓地，利玛窦（接着是其他人）被安葬在那里。1638年，崇祯皇帝不仅赐予一块四字匾额，而且有定期津贴和两千盎司的银子用以购置创造收入的地产。[142] 在他们的信徒中有宦官、宫廷精英和当地贵族——还是这些人，他们同时也是许多流行宗教的积极捐助者，他们（正如

[139] 毕德胜：《穿什么衣服？明末社会耶稣会士观察和参与》，见斯图亚特·史瓦兹编：《模糊的认识：近代早期欧洲和其他其他国家人民的观察、报告和反思》；南怀仁：《欧洲天文学》，169页注5；邓恩：《从利玛窦到汤若望：晚明的耶稣会士》，80页。

[140] 田海：《中国历史上的白莲教》，219～220页。

[141] 刘侗、于奕正：《帝京景物略》，152～154页；邓恩：《从利玛窦到汤若望：晚明的耶稣会士》，187页；伯纳德·H. 维勒克：《1784—1785年中华帝国政府和天主教使团》，9页；《日下旧闻考》，卷49，774～778页。四首关于耶稣会的诗也包括其中。有关东林党，参见第七章。

[142] 邓恩：《从利玛窦到汤若望：晚明的耶稣会士》，309～312页；伯纳德·H. 维勒克：《1784—1785年中华帝国政府和天主教使团》；阿尔贝·陈：《明朝的光荣与衰落》，123页。

我们在第七章中所看到的）在这个时期为宗派主义者提供保护。

但是，天主教还没有达到根深蒂固的程度。明末宫廷政治的严重动荡使得欧洲人确保他们辛苦得到的地位，或去完成他们渴望在宗教信仰上的广泛皈依变得极为困难。然而，他们在钦天监的立足点和他们的教堂足以允许耶稣会在北京保持一个存在——
212 他们在当时的影响尚未得到充分的赞赏——直到 18 世纪末期。

北京的伊斯兰教神职人员和信徒在城市中与天主教和佛教徒有一个不同的地方，虽然他们也是外来的宗教信徒。清真寺是身份确定、长期居住并且群居区域的核心，它们没有拥有大数量的神职人员，但它们的毛拉是有相当影响的人物。

在明代的北京，穆斯林既是外来的也是本地的。通过宗教、旅游和商贸与中亚的联系，使他们成为更广阔世界的一部分，而且他们当中许多人也是上百年的北京本地人。在东亚，自 8 世纪起，中亚穆斯林得到整个亚洲蒙古帝国朝廷的雇用，那时在北京的就超过一万人。许多穆斯林似乎在明朝胜利后留了下来。他们作为宦官找到差事，任职于锦衣卫，或在北京的官僚机构中从事翻译和口译，或作为钦天监的官员（直到他们被耶稣会士所取代）。少数外来的歌手和舞者住在城市皇家精英的家中。普通的穆斯林从事特色贸易，特别是从事羊、马的买、卖、宰。[143]

首都的汉人穆斯林团体与西亚通过穿梭于北京、伊斯兰城市和西边国家的商队而保持相互联系。蒙古人和维吾尔穆斯林松散地结合在“从属的”结构中，而且定期来自绿洲城镇的使团带着数百

[143] 彭年：《北京回族的经济生活变迁》，载《回族研究》，1993 年第 3 期，31 页；盖杰民：《正德朝的豹房》，载《明史研究》，第 24 期（1987 年），15～16 页；莫里斯·罗沙比（Morris Rossabi）：《穆斯林和中亚起义》，见史景迁、卫思韩（John E. Jr Wills）编：《从明到清》，178、180 页；威廉·沃森（William Watson）：《青铜、铁和白蜡》，见詹宁斯（R. Soame Jenyns）、威廉·沃森编：《中国的艺术：镜子艺术》，91 页；刘俊文：《北京：中国古代和现代首都》，156～158 页；富路特、房兆楹主编：《明代名人传》，194～195 页。以及最新的李普曼（Jonathan N. Lipman）：《熟悉的陌生人：西北回民史》，24～57 页。

（甚至数千）人来到首都，尽管在朝代末期表面上次数有所减少。因为控制的困难和住宿的费用，这样的使团在当地人中会造成显而易见的抱怨，但他们也带来了来自如哈密、吐鲁番和撒马尔罕（Samarkand）的马匹、玉石、奇特的动物和贵金属。[144]

正是信仰者们的责任、培养宗教领袖（毛拉）的制度，也是建立社区清真寺的悠久传统塑造了北京穆斯林居住区的形式和宗教生活结构。

他们的宗教和职业使穆斯林明显有别于他们的邻居，至少从13世纪起，他们和他们的宗教拥有了一个名字：回回。[145] 他们不 213
同的习惯（例如禁食猪肉）和特别的仪式（每隔七天的一个宗教服务，一年中有为期一个月的斋戒）为他们的邻居所熟知。穆斯林的寺院（Mosques）通常被称之为“清真寺”（指道德和仪式的纯洁清正），而且不对非信徒开放。[146]

在15世纪20年代，明代首都重新设计的清真寺至少有三座。最古老的清真寺位于尘土飞扬的西南郊的牛街上，据说时间可以追溯到10世纪，在明代早期搬进北京的穆斯林肉商进一步向同样是郊区的东边聚集，位于后来成为花市的附近。（这座清真寺如图2-5所示。）第三座清真寺位于皇城的正东。[147] 我知道，随后又建了其他三座清真寺。有两座在北城，其中一座在表面上用于接待

---

[144] 牟复礼、崔瑞德编：《剑桥中国史》，第7卷，260～261、363～394、452～453页；莫里斯·罗沙比：《从1368年到目前的中国和内亚》，28～39页；莫里斯·罗沙比：《穆斯林和中亚起义》，见史景迁、卫思韩编：《从明到清》，174～177页。

[145] 《汉语大词典》，卷3，610页。人们能读到回回人、寺和法。“回回教”似乎是明代或清代的术语。

[146] 礼拜寺被证实至少早在1496年就存在并且在首都最终成为一个普通名称。北京图书馆金石组编：《北京图书馆藏中国历代石刻拓本汇编》，第53册，47页；第57册，89～90页；第59册，152～153页。谈迁：《北游录》，357～359页。杜磊：《中国穆斯林》，12～13页。

[147] 《北京市清真寺调查》，载《回教月刊》，第1卷第6期（1938年），35～38页；第2卷第1期（1938年），41页。北京图书馆金石组编：《北京图书馆藏中国历代石刻拓本汇编》，第59册，59～60页。阎崇年：《古都北京》，57页。李福良：《花市清真寺》，载《北京史苑》，第3辑（1985年），334～338、335页。《大明一统志》，卷1，25页。杜磊：《中国穆斯林》，11～12页。

一个来自中亚的使团，另一座在西郊，是穆斯林主要的墓地。[148] 牛街的清真寺享有大量的资助。其于1496年的重建得到穆斯林宫廷宦官们的资助；在首都官僚机构中的（穆斯林）锦衣卫和官员提供资金用于1613年的修缮。[149] 同样，在郊区新的清真寺是由穆斯林宦官们捐建——石碑也是由一名府学穆斯林学生和一位来自附近的穆斯林进士撰写的。[150]（这些清真寺如地图15-1所示。）

伊斯兰教的皇家捐助是偶尔的。正德皇帝在豹房期间，开始接纳中亚穆斯林和藏传佛教徒。一位来自哈密名叫赛义德·侯赛因（Sayyid Hussein）的伊斯兰教领袖（戴着镣铐被押送到北京）利用宦官的关系把自己变成皇家的一位知交。他也许帮助了一个在锦衣卫的穆斯林同伴引起皇家对来自中亚女子的兴趣，因为该地区的姑娘以皮肤宛如润玉而闻名。[151]

214 北京穆斯林团体的规模是难以估计的。因为没有理由去推测城市中的穆斯林在明代比清代多，宽松向上的估计可能是明初有五万至十万。[152] 无论是中亚本地的人或是中国北部的人，皈依伊斯兰教没有遭受类似藏传佛教或天主教那样的宗教责难。由于他们愿意和大多数作为北京社会普通成员一样而生活，他们能——并且——可以践履他们的宗教。虽然住在附近的乡间以及其他的城

---

[148] 北京图书馆金石组编：《北京图书馆藏中国历代石刻拓本汇编》，第57册，89～90页；张爵：《京师五城坊巷胡同集》，12页。这座清真寺据说是“皇家敕建”，但没有日期；第一份文字参考是来自1560年。在郊区的清真寺建筑群内也有坟墓，《北京市清真寺调查》，载《回教月刊》，第1卷第6期，25页；第1卷第7期，60页；第1卷第8期，43～44、48页；第2卷第1期，44页。

[149] 菲尔德博物馆藏拓片第974～976号；北京图书馆金石组编：《北京图书馆藏中国历代石刻拓本汇编》，59册，59～60页；亦参见阿尔贝·陈：《明朝的光荣与衰落》，119页。

[150] 北京图书馆金石组编：《北京图书馆藏中国历代石刻拓本汇编》，第59册，152～153页；《明清进士题名碑录索引》，第1册，372页。

[151] 皇家瓷器也有阿拉伯铭文。富路特、房兆楹主编：《明代名人传》，1152～1153页；盖杰民：《正德朝的豹房》，载《明史研究》，第24期（1987年），1～38页；莫里斯·罗沙比：《穆斯林和中亚起义》，见史景迁、卫思韩编：《从明到清》，180～181页。

[152] 这个评估推测在1938年有170 000～200 000名穆斯林，当时城市人口约150万，而明代城市人口也许只有这个数字的一半或三分之二。参见第十五章注31。

市，穆斯林在北京的生活中依然是一个值得注意的组成部分。[153] 处于社会边缘，受到掌控汉文书面记载那些人们的忽视，他们得到了其他宗教少数群体所羡慕的免受外部干扰的有一定的组织和知识的独立性。

本章已经研究了贯穿明代北京社会范围的行动者和能够形成的许多集体。城市居民以不同的，有时是竞争的，有时是重叠的方式确定他们自己：以他们的家族、他们的职业、教友、在京官吏、文人高级社会、宛平或大兴或其他家乡的县、皇家范围和全国。不安的明代当地人、新的外来者和寄居者逐渐变成一个更好和更流动的混合。其他人的忠诚没有把根植于当地城市身份的积极创造排除在外。[154]

在国家允许和文化接受的范围内，不同的各类人创造了一系列组织。寺院、仪式空间、精英别墅、行会会馆和政府衙门都为形成组织的人们提供了空间，但宗教机构是特别容易接近和住宿的地方。本章中的证据表明，强调宗教机构的用途去区别和加强专有集团，但我们也已经看到复制、合作和联系的实例。此外，虽然正式组织的水平是低级的并且某些组织属于想象多于实际，但对于有更大权力和持久的团体我们仍能看到在明末日益增长的和可看得见的一个趋势。在接下来的两章中，我们将看到这些过程和他们集体行为的可能性，以及社会融合更分散的形式。

[153] 在北京还有许多犹太人。18世纪的耶稣会开始寻找传说中的《圣经》，在明末的首都发现了一个犹太社区的线索，但是已经成为"穆斯林社区"。宋君荣：《北京通信——宋君荣司铎书简集（1722—1759）》，423～424、665～667、723页；迈克尔·波拉克（Michael Pollak）：《清朝官吏、犹太人和传教士——犹太人在中华帝国的经历》，65、192、264页。

[154] 有关苏州的争论，如牟复礼，他强调一个空间的和社会的乡村—城市连续性。牟复礼：《中国千年城市史：苏州的形式、时间和空间概念》，载《莱斯大学研究》，第59期（1973年），特别是第54～58页。

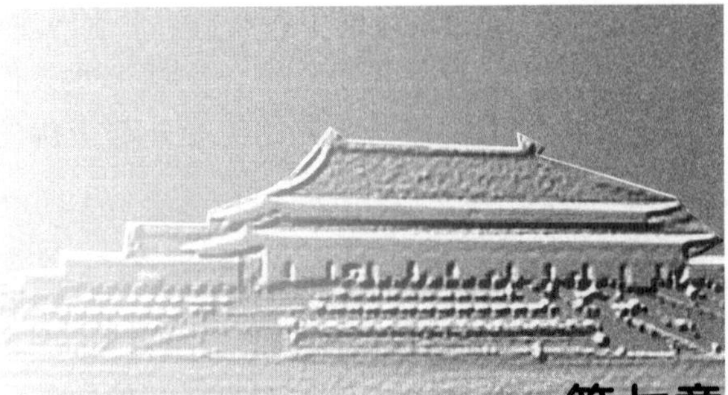

第七章 明末圣会

215 到目前为止，所有已经描述的组织和社会团体只是构成了明末北京团体生活的一部分。更多的活动发生在城市寺院的殿堂和庭院之中。在本章中，我们将从学者和官员们逐渐上升的激进主义（activism）开始，然后看一下同时代由僧侣们和世俗传道者们所主导的动员，最后对寺院圣会进行细致研究，这些圣会在明代首都的生活中拥有一个鲜为人知的特点。

16 世纪中期之前，明帝国经历了一系列加速式的变化，这些变化导致许多士大夫目睹了对以往时代的一个重要突破。这些发展已经在学术文献中得到了详细阐述：一个增长的商品经济与新兴国际市场有着更为紧密的联系。社会类型和经济关系的宽松化。比以往更多的人口和萎缩的政府资源基础。不断扩大的出版业。对儒家正统学说的阐述和有说服力的批评。在艺术和文学上爆发出来的创造力。与欧洲文化的初步接触。到 17 世纪初期，社会的动荡、农民起义、边境上逐渐增加的挑战和在国家政治中非比寻常的恶意更是进一步削弱了国力。

北京的政治危机也同样是众所周知的。从16世纪80年代起，就出现了中央的软弱领导和数十年激烈的党派之争。1600年后，士大夫的东林党进行有组织的反对活动。17世纪20年代，宦官当权并压制着他们的敌人。而后是崇祯皇帝犹豫不决的统治。所有 *216* 这一切伴随着逐渐增加的恐慌感，这种恐慌感是由王朝政权内在和外部的威胁造成的。[①]

其他较少关注的以发展为特征的这个时期，使得社会和文化的生命力和政治经济的不确定性因此而闻名，本章将把它们当中的一部分带到前面来。士大夫们有效地使我们对一种被提升和有选择性的虔诚（religiosity），以及集中在华中的各种组织活动的高潮加以关注。[②] 我们就把注意力集中在包括这个北方首都更为狭窄区域内的一种趋势上，并把北京带进这幅画面中。

特别要说明的是，本章将对圣会的增加做详细研究。这样的团体从临时性和尝试性变成有目的的和长期的存在。当世俗宗教和朝圣组织与会馆和寺院共同繁荣发展时，北京的政治中心吸引着寻找更为广泛跟随者的政客们、来自新兴本土学派的说道者们和改信外来宗教的人们。政治和社会的动荡助长了一些宗教狂热，甚至它们促进了抑制更激进变革的反对和镇压。让我们来看一下详细的情况。首先是政治。

政　治

首都是“党派斗争的焦点”（正如贺凯所称呼的那样），因为

---

① 参见《剑桥中国史》，第7、8卷。

② 人们可能注意到这些资料，石汉椿（Richard Hon-Chun Shek）：《明末宗教和社会：16、17世纪中国教派主义和流行的思想》；夫马进（Fuma Susumu）：《善会善堂的出现》，见小野和子编：《明清时代的形成和社会》；韩德玲：《善堂：明末清初慈善机构的重整》，载《亚洲研究学报》，第46期（1987年），309～337页；卜正民：《为权力祈祷：佛教与晚明中国士绅社会的形成》；梁其姿：《施善与教化：明清的慈善组织》；以及这些学者所做的其他相关工作。

重要的政治角色都集中在那里：皇帝、有权的宦官、皇亲国戚、京官、翰林院官员和赶考的举子。[3] 我们将从政治抗议开始，然后沿着从16世纪50年代到17世纪30年代期间宗教和政治相互交织的线索，研究士大夫、和尚和世俗传道士所创造的集会和组织。

虽然已经有许多描写是关于中华帝国时代政治的权力和决策，但极少关注自然空间的使用。北京到处是合法的政治空间：内阁、中央政府衙门、翰林院、国子监以及府县衙门。我们可以说主要的政治活动应该尽可能被限制于这些建筑物之中，并且权力局限于那些适合在那里工作的人们。

那些侵犯国家权力的人往往在身体上和形式上属于边缘性人
217 物（marginal）：有影响力的宫廷妇女和宦官、落第举子、相关的市民、低级官僚、武装起来的农民和大胆的外国军队。尽管临时的私人同盟和一时兴起的暴乱特别难以阻止，但是国家毫不松懈地警惕着超越国家的组织（extrastate organizations）和不得其所的政治活动。

官僚中非正式的网络（创建于工作空间之外并反映特殊的诉求）会受到皇帝的怀疑。如果没有定期的沟通或面对面的会谈，这样的网络是难以缔造和维持的；安全的不足以及缺乏有名气的会议和组织场所，则会阻碍某种强大并具有表达力的国家精英的形成，而且也会使有组织的抗议变得更为险恶。有关这些推论，通过研究为这种目的而使用寺院庭院的现象，可以更好地理解明末政治以及组织、团体和空间的问题。

关于皇家决策信息的有限实用性进一步限制了对政治的讨论。在明末，公文刊印在《邸报》上，由此传播给不是定期为政府效力的人们。作用越来越突出的匿名小册子和宫廷传闻反映出对新闻的饥渴，即使这样的信息没有帮助，但是可以以不可靠的和无

---

③ 贺凯：《明代中国的监察制度》，183页。我不可避免地忽略了北京之外重要的但又著名的发展。

系统的方式进行传播。④

虽然在 1600 年后明帝国作为一个整体正经历着不断升级的暴力，但是在北京，大规模的社会的、政治的或经济的抗议看起来似乎明显不存在。⑤ 对于这座城市来说，绝望者们的低水平暴力和小规模的抢夺是地方所特有的，无论在哪里都一样，但是很少能变成大规模的骚乱。在 1476 年冬天，一场恐慌横扫北京，如同神秘的幽灵一样在夜晚开始袭击人们，但是两个月后据说好像有一场包括宦官在内的叛乱阴谋，这些只是促使了新的控制机构的形成。⑥ 失业的人们可以集会进行大声抗议，商家会临时发起抵制，但没有重大内乱接踵而至。⑦ 市民直面官员进行偶尔的抗议（在各部衙署附近面向长安街的宫殿大门之外上演）。⑧ 宫廷密谋有时会被泄露到合法行动者的圈子之外，而且变得残忍。 218

④ 司徒琳：《明清冲突，1619—1683：史学史和史料导读》，9～10 页。关于这些尚未研究的主题的零星例子，黄仁宇：《万历十五年》，25、86～88 页；富路特、房兆楹主编：《明代名人传》，210 页；徐颂鹏：《明代佛教领袖：憨山德清的生平与思想，1546—1623》，83 页；宋汉理：《“亚当把我们推出天堂，其他人把我们推出中国”：杨匡贤的挑战者——汤若望》，见包乐史、宋汉理编：《近代早期东亚的冲突与调解》，141～168 页。

⑤ 仔细考虑一下就会知道，我对北京的结论并非建立在对“实录”仔细阅读的基础之上，我必须依靠二手资料，并希望，由于如此之多的学者对于发生在首都的事件感兴趣，最主要的破坏已经得到关注。邱仲麟的《明代北京都市生活与治安的转变》［载《九州学刊》（香港），第 5 卷第 2 期（1992），91～103 页］看到明末公共秩序的恶化。

⑥ 高延：《中国宗教制度》，第 5 卷，780～781 页；谈迁：《国榷》，卷 4，2367～2379 页；陆容：《菽园杂记》，卷 10，5 页。

⑦ 参见许大龄：《明代北京的经济生活》，载《北京大学学报》（人文科学版），1959 年第 4 期，9 页，关于 1508 年，对宦官刘谨试图把城中的工人驱逐到东郊的抗议；《明实录》（正德朝），卷 41，960 页。（我已按照《明实录》有关的正确日期。）参见汤维强（James W. Tong）：《天堂下的骚乱：明朝的集体暴力》，146、154 页，有关 1529 年徽州商人的抵制和 1600 年商人的抗议；万志安：《财富的源泉：中国 1000—1700 年的货币和货币政策》，99 页，有更多关于 1529 年事件的叙述；阿尔贝·陈：《明朝的光荣与衰落》，119 页，有关于 1588 年穆斯林商人的抗议——所有被认为是政府对贸易施加限制引起的反应。

⑧ 参见汤维强：《天堂下的骚乱：明朝的集体暴力》，154 页；沈榜：《宛署杂记》，卷 11，81 页。两处有接受官方慈善救济的那些人的抗议。亦参见蒋一葵：《长安客话》，卷 1，11～12 页。

许多因素可以解释这个普通的命令——也许不仅是因为最重要的安全食品供应，而且还因为密集的驻兵和专注的监视。⑨ 即使当首都的士兵出征或临时调派到其他地方时，皇帝仍然会立即在附近部署大量的军队（特别是其他有关的城市）。城墙阻挡了来自城外的破坏。而且15世纪东厂和西厂的出现赋予有权势的宦官以特殊代理人的身份，可以调查任何他们认为对当地安全有威胁的事情。⑩

在这种环境下，没有武装的官僚或市民有组织地反对皇家或宦官政治是一件危险的事，所以学术和宗教的场地可能被用来进行掩护也就不足为奇了。对于学者和官员而言，知识增长和政治行动有了真正密切的联系。哲学家王阳明（1472—1529）有影响力的思想已经提出儒学思想的新方向。他的论述指出，“道”不是受过教育少数人的财产，而且每个人在成为圣人方面都是具有潜力的，对于其众多追随者来说这是鼓舞人心的平民主义（populism）和激进主义（activism）。⑪ 这样的思想动摇了教育、考试和皇家体系，并且进一步激起政治争论和行动。

219 16世纪书院的增加，也与王阳明有关。书院为学者和官员的聚集、读书、谈话和组织提供了场所。尽管备受监控的首都依然

⑨ 参见第十一章中有关清代食物供应的讨论。

⑩ 1550年秋天，在俺答汗率领下的蒙古军队穿过关隘，烧杀掠夺农村，直逼北京城下。（译者按：这一事件史称“庚戌之变”。）林蔚：《中国的长城》，160页；牟复礼、崔瑞德编：《剑桥中国史》，第7卷，475页；汤维强：《天堂下的骚乱：明朝的集体暴力》，121页。1629—1630年冬天，满洲领导的军队开始类似袭击的第一波，并持续到下一个十年；后金兵从东面降临到北京，进攻并且占领了更小的城市，在郊区抗击明朝军队，显示了后金兵的力量，然后撤回长城外。在1636、1638、1639年，有几次袭击。牟复礼、崔瑞德编：《剑桥中国史》，第7卷，616、629页；恒慕义主编：《清代名人传略》，2页；《清实录》（天聪朝），卷5，38～52页各处。1644年，首都的卫戍部队无力抵抗李自成军队的任何进攻或满洲的侵犯。关于东厂和西厂，参见第四章注58。

⑪ 王阳明的文献是大量的，但是在石汉椿《明末宗教和社会：16、17世纪中国教派主义和流行的思想》的第46～61页中发现的较为狭隘的观点与此处有特别的关系。反映了对佛教和道家思想一个相对开放的时代特点。一位追随者，林兆恩，在16世纪后期基于“三教合一”的前提，在福建发起了一个成功的宗教运动。丁荷生：《三教合一：一个崇拜在中国东南的传播》，64～136页。

处于这些活动的主流之外，但这些活动开始大规模地在中原和南方展开，并泛起阵阵涟漪。⑫ 在1553年和1554年，内阁大学士徐阶——一位与王阳明有联系的江苏人，积极从事成立书院的运动，在北京创立了一系列家学。为了这样做，他和朋友们选择一座古老而宽敞，并有良好资助来源的北城寺院灵济宫作为场地。在两年当中以及在此后的偶然时间里，徐阶和志趣相投的士大夫（欧阳德、聂豹、程文德、罗汝芳）吸引了上千名的听众来听他们的讨论。⑬

随着这种势态的发展带来的是对关闭书院的不断尝试。1537年的禁令似乎没有取得效果。1579年的禁令主要在长江中下游执行，但令整个体制不寒而栗。当罗汝芳返回北京并在佛教寺院广慧寺讲学时，他很快遭到弹劾。⑭

这些知识分子中的许多人还亲自投身于有组织的佛教上。事实上，僧人为僧人传道——无论是研究一个关于戒律的佛经或者是传道——在大寺院中是常见的，世俗参观者有时也加入其中。这样的活动变得更为重要，特别是在华中地区，16世纪袾宏领导了宗教的复兴。⑮ 虽然某些官僚不赞同这些人群，但当在万历朝文人的讲演被取缔时，寺院讲演得以繁荣。从16世纪70年代至

⑫ 约翰·麦思基尔：《明代书院——历史散论》，116～124页。

⑬ 约翰·麦思基尔：《明代书院和政治》，见贺凯编：《明代中国政府》，162页；《日下旧闻考》，卷44，691～695页；富路特、房兆楹主编：《明代名人传》，570～576、976、1013、1096～1098、1102～1103页。16世纪60年代中期在此讲学。灵济宫是一个奇怪的选择。也许只是因为它有一个没有人感兴趣的宽敞空间。

⑭ 约翰·麦思基尔：《明代书院和政治》，见贺凯编：《明代中国政府》，153～154、160～161、163～164、171～172页；约翰·麦思基尔：《明代书院——历史散论》，139～140页。罗汝芳的讲学似乎发生在16世纪70年代。该寺院于16世纪50年代由宦官和锦衣卫修复，北京图书馆金石组编：《北京图书馆藏中国历代石刻拓本汇编》，第56册，104页。关于罗汝芳，富路特、房兆楹主编：《明代名人传》，976页。

⑮ 参见第二章；尉迟酣：《中国佛教的实践：1900—1950》，506页；于君方：《佛教在中国的复兴：袾宏与晚明的整合》，第四章。袾宏在1571年前的某个时间游历了北京（于君方：《佛教在中国的复兴：袾宏与晚明的整合》，16页）。关于番僧在15世纪20年代的传道，《日下旧闻考》，卷100，1666～1667页。

17世纪20年代，著名的和受欢迎的僧人，他们中的许多人来到北京，在首都公开演讲，为他们中的一部分人赢得了声誉。在16世纪80年代，延寿寺住持慈舟布道，鼓励“宦官和贵族”成为他的弟子。1592年，十年前因在五台山讲解佛经而闻名的憨山德清，也是李太后赐予礼物的接受者，来到北京居住在慈寿寺（李太后所修建的）。在那里，他也为僧人或宫里的听众布道。[16]

但北京是险恶的，即使是僧侣人员也无法从宫廷政治的奸诈
220 阴谋横行的环境中幸免于难。德清慷慨地为李太后宠爱的皇子祈求福寿的服务提供资助，结果使自己卷入围绕皇储竞争的派系混战中（正如僧人真可所做的那样），他于1595年被捕、审判，然后被流放到南方。德清因为遭受不公正的对待而赢得文人的钦佩，但更不幸的真可却死在监狱里。[17]

在这样的情况下，在16世纪90年代末期，袁氏兄弟（袁宗道、袁宏道和袁中道）和他们的朋友在一座寺院葡萄藤凉亭的文学聚会中组成了一个团体，他们称之为“蒲桃社”，似乎更自然和更清白。[18] 读者对这种现象不必感到奇怪，因为政治和宗教之间的界限已经变得模糊起来了。1606年，寄居北京的高层人士在位于

---

⑯ 关于慈舟，北京图书馆金石组编：《北京图书馆藏中国历代石刻拓本汇编》，第57册，143页。关于德清，徐颂鹏：《明代佛教领袖：憨山德清的生平与思想，1546—1623》，79页；富路特、房兆楹主编：《明代名人传》，1272～1275页。关于其他例子，刘侗、于奕正：《帝京景物略》，卷3，118～119页；《弘慈广济寺新志》，112页；《日下旧闻考》，卷91，1548～1549页；北京图书馆金石组编：《北京图书馆藏中国历代石刻拓本汇编》，第57册，1～2页。

⑰ 吴百益：《儒者的历程：中国古代的自传写作》，153～154页；富路特、房兆楹主编：《明代名人传》，141、1272～1275页；徐颂鹏：《明代佛教领袖：憨山德清的生平与思想，1546—1623》，第79页。

⑱ 正如在第六章中所讨论的那样。袁中道：《珂雪斋集》，卷2，72页；刘侗、于奕正：《帝京景物略》，卷1，35～36页；《日下旧闻考》，卷53，847页；富路特、房兆楹主编：《明代名人传》，141、1635～1636页；《云游集：袁宏道及其兄弟的诗和散文》，105～106页。诗社在清朝统治头一个百年里被多次禁止的事实（关文彬：《天津的商人世界：一座中国城市的社会和经济》）提醒我们，陈洪绶在紧接着1644年之后的关于这个团体的绘画有情感的和政治的分量。

北城的石镫庵举行“放生”仪式；1621 年，当东北的辽阳被满洲人占领后，这里又成为公众举行悼念仪式的地方。⑲

在东林书院于 1604 年在无锡（江苏）成立之后，随着中原政治反对运动的逐步升级，一些学者再次断言书院——不是寺院——是最适合于关心时政和受教育的人们聚会和谈论严肃问题的场所。1620 年万历皇帝死后，一些与东林党事件有牵连的人怀着为一个更值得赞扬的统治者效力的希望，返回北京。在随后的几年中，他们一度再次得以显示自己的实力。我们可以透过这些冲击来了解在明朝体制内行动的可能性。

邹元标和冯从吾——两位与东林党事件有牵连的京城给事中，在失宠后的几十年时间在家乡的书院讲学。他们一回到北京，就避开佛教场地，寻找继续讲学的地方——那时还没有书院——这两个人首先在北城的城隍庙举行讲演。1622 年秋天，当条件变得似乎有利时，他们通过购买宣武门内的一座私人住宅创建了首善书院，紧挨着附近耶稣会士的住宅和他们的教堂。邹元标是王阳 221
明的追随者，在那里为有兴趣的学者们授课。这所书院维持了二十个月。随后，1624 年权倾朝野的太监魏忠贤将其关闭，并猛烈地打击东林党的抨击者和对手。这所书院的牌匾和书籍被烧毁，董其昌亲笔书写的石碑也被砸碎了。⑳

虽然在 17 世纪 30 年代恢复了些许的平静，但孤单的个人还是那十年无组织、英勇和软弱的政治行动的代表：在紫禁城城门前的杨光先，在上交一份抨击皇帝身边腐败的手写奏本时，抬着自己的

⑲ 对于我来说，谁捐助了这些仪式是不清楚的。参见刘侗、于奕正：《帝京景物略》，卷 4，155 页，关于诗歌的编者评论由谭贞默著。

⑳ 刘侗、于奕正：《帝京景物略》，卷 4，149～152 页；《日下旧闻考》，卷 49，774～778 页。冯从吾是 1589 年进士；作为由董其昌为 1591 年关帝庙石碑创作碑文捐助者之一，他也许邀请董为书院建立题词（然后由大学士和支持者叶向高撰文）。建筑和场地于 1629 年转给钦天监，耶稣会士汤若望和他的同伴一直在那工作到和超出了朝代结束。《日下旧闻考》，卷 49，774～778 页；刘侗、于奕正：《帝京景物略》，卷 4，149～152 页；邓恩：《从利玛窦到汤若望：晚明的耶稣会士》，202 页。

棺材；当他走过时，祝福者们把支持他的诗文投入到棺材里。[21]

在这些年中，其他不知名的政教激进主义（politico-religious activism）嫩枝开始萌芽，它们的尖锐矛头直指首都的危险地带。北京地区在世俗佛教新明清风格的出现中扮演着重要的角色，国家最终把这种宗教称为“白莲教”。[22] 在16世纪和17世纪早期，这些新型宗教的布道者在中国北方活动积极，许多新型宗教在北京寻找资助者和追随者。[23] 实际上，这些宗教反映出而且有助于加强首都和周边地区的文化联系。同时，由于不断加强的法律禁令把它们定性为异端邪说，使得信徒们在寺院中公开安置他们的神灵变得越来越困难。这些宗教的郑重承诺使得教派倾向于反抗社会
222 习俗和政治禁令，而且，在极端情况下，这些信徒愿意向我们显示通常隐藏或被压抑的其他活动的可能性。

创始人罗清，似乎是这波新兴宗教的最早传道者，来自山东，活跃于运河上下流域；1527年，他死后被安葬在距北京仅80公里的密云县。此后，他的坟墓由徒弟们维护。[24] 16世纪50年代，李宾越过长城，在距离北京西北一百五十多公里的地方传播黄天道，

---

[21] 尽管被抓和流放，作为耶稣会士天文学家的对手，杨一直活到清朝。宋汉理：《“亚当把我们推出天堂，其他人把我们推出中国”：杨匡贤的挑战者汤若望》，见包乐史、宋汉理编：《近代早期东亚的冲突与调解》；恒慕义主编：《清代名人传略》，889～890页。

[22] 参见田海：《中国历史上的白莲教》；他的讨论（196～238页）强调的是共性而不是与流行的世俗佛教的差别。尽管“白莲”（White Lotus）这个名称被贴上了耻辱的标签，田海如此清楚地把它拼写出来，但我发现没有更好的名称来区别一个宗教传统；这个宗教传统我认为不同于（通过其一系列的创办人、书、信念和组织）先前和当时流行的宗教。甚至田海认为，“新型白莲教”（new style White Lotus teaching）这一术语也许是可以接受的（114～115页）。

[23] 虽然我们对特殊个体的了解仍是不足，但现在还是有一部关于这个宗教传统早期历史的真正文献。读者应该特别参阅欧大年（Daniel L. Overmyer）、泽田瑞穗和田海的著作。

[24] 欧大年：《宝卷：16—17世纪中国民间宗教文献导读》，92～102页；议覆档，276～280页，乾隆十一年七月十六日。这座坟墓在两个世纪后仍会被祭拜，宫中档，秘密结社类，第451包第1号。

他的弟子和后代继续维持那个教派。[25] 16 世纪 70 年代和 80 年代，归圆——来自北京近郊保明寺的一位尼姑，制作了一套罗清《五部六册经》的经文回忆录，并且得到宫廷上层的赞助。[26]

当这些传道者获得更大的成功时，国家开始注意并行动起来反对他们。1579 年，来自武清县（北京东南 60 公里）一位富有魅力的宗教天师王铎，率领他的追随者在房山的石经寺修建了一座豪华的阁楼。他的一个追随者因惧怕事发，就向东厂的宦官告发，王铎被逮捕并查获了他的“妖书”。[27] 16 世纪 80 年代，来自山东的罗教创始人的追随者利用多种关系，试图向皇帝呈献他们的经文复本——希望从高层获得保护——但他们却遭到了逮捕。[28]

许多教派主义者寻求与宫廷的联系，虽然它既是危险之源但同样也是安全之所。后来，弘阳派的创始人韩飘高于 1594 年来到北京，通过与皇室的联系，大胆地培养宦官和其他在那里地位高贵的捐助人。定国公徐文弼就是他们当中的一位，支持韩飘高（于 1594 年）和归圆（于 1584 年和 1604 年）。[29]

王森，归圆的另一位弟子，也许是他那个时代最成功的世俗
传道者，在首都地区，特别是在北京的东面县城拥有大批的追随
者。他在宦官中也有门生，宦官是他社交的一部分。王森于 1595 223
年被捕，后来被释放，他在皇后的亲属之间寻求必要的保护。
1614 年，门徒之间的纠纷导致王森再次被捕，尽管有高层资助人

㉕ 石汉椿：《千禧年无乱：中国北方的黄天道》，载《近代中国》，第 8 卷第 3 期（1982 年）；亦参见司徒洛娃：《〈普明宝卷〉译注》；韩书瑞：《中华帝国晚期白莲教的传播》，见姜士彬、黎安友、罗友枝编：《中华帝国晚期大众文化》，256 页注 2。

㉖ 李世瑜、韩书瑞：《保明寺：明清中国的宗教与皇帝》，载《哈佛亚洲研究学报》，第 48 期（1988 年），152～156、162 页。归圆从北京以东约 150 公里的一个县城来到北京。

㉗ 瞿九思：《足本万历武功录》，卷 1，31～32 页。1596 年，该寺院可能由李太后捐助，北京图书馆藏拓片第 3887 号。

㉘ 瞿九思：《足本万历武功录》，卷 1，29～30 页。这件事的发生年代是 1582 年。

㉙ 石汉椿：《明末宗教和社会：16、17 世纪中国教派主义和流行的思想》，276～287 页；泽田瑞穗：《增补宝卷の研究》，366～408 页。韩飘高来自北直隶的南部。徐文弼是徐达的后代，在首都的五军督都府有职位。参见 1572 年大钟铭文（1981 年，该钟在大钟寺）；《明史》，卷 125，3732 页；富路特、房兆楹主编：《明代名人传》，606～607 页；泽田瑞穗：《增补宝卷の研究》，74 页，其弄错了徐文弼的身份。

的介入，最终他还是于1619年死在监狱里。[30] 有一位姓张的妇女，是王森在北京的一个门徒，把天师介绍给新来的皈依者们，作为弓长祖，她后来甚至把教义更进一步传入中国中部和西部。[31]

寺院和僧侣的皇家捐助在16世纪70年代和17世纪第二个十年达到高潮，宫廷精英狂热地把自己投入宗教活动范围内，其中的"宗派主义者"（sectarian）总是无法进行清晰分辨。长期以来，北京是宗教书籍出版的中心，不必感到惊讶的是，同样的设备也用于这些新宗教经文（称为宝卷）的印刷。[32]

由明末布道者和他们的门徒所撰写的宝卷——如同其他宫廷出版物一样——是令人赏心悦目的物件：大尺寸（通常高约35厘米，其宽度是高度的三分之一），清晰地印在上等纸上，在缎面封皮上镶有金箔字。虽然内容经常承诺一个没有饥饿或疾病的新世界，那里全年可能会是春天，但经典的版画插图包括一张模式化祝愿皇家长寿的精雕石碑图片："皇上万岁，万万岁。"[33] 正因为李太后不仅支持归圆，也支持许多僧侣，所以其他没有明显宗派色彩的经文也是在宫中制作出来的。[34] 李太后深信自己无可置疑地就

㉚ 岳和声：《餐微子集　擒妖始末》，650、921、1015～1063页，特别是1018、1022、1026～1032页。亦参见浅井纪：《明末徐鸿儒の乱の史料汇について》，载《东洋学报》，第60卷（1978年a），54～91页（在这里岳的著作引起我的注意）。浅井纪：《明末の间香教汇について》，载《明代史研究》，第6期（1978年b），4页，认定王森的贵族资助人是永年伯中的一位，王森采用了他的姓（王）；一等伯爵（于1577年授予封地）王伟是当时无子嗣皇后的父亲（《明史》，卷107，3296～3297页；卷114，3536页）；田海：《中国历史上的白莲教》，227～233页。

㉛ 岳和声：《餐微子集　擒妖始末》，1018页；《古佛天真考证龙华经》，第十六章和第二十四章；石汉椿：《明末宗教和社会：16、17世纪中国教派主义和流行的思想》，287～296页。弓长，是姓"张"一个简单的代号，来自北京南部地区，但也许是一个亲戚。

㉜ 泽田瑞穗：《增补宝卷の研究》，70～80页；石汉椿：《明末宗教和社会：16、17世纪中国教派主义和流行的思想》，226页；以及上面的注29。

㉝ 司徒洛娃：《〈普明宝卷〉译注》，5～8、79～82、126页；泽田瑞穗：《增补宝卷の研究》，70～71、369页；李世瑜、韩书瑞：《保明寺：明清中国的宗教与皇帝》，载《哈佛亚洲研究学报》，第48期（1988年）。

㉞ 五部经书印于1579—1616年，周绍良：《明万历年间为九莲菩萨编造的两部经》，载《故宫博物院院刊》，1985年第2期；周绍良：《明代皇帝、贵妃、公主印施的几本佛经》，载《文物》，1987年第8期。

是九莲菩萨，她这种信仰就是缘于一种混合性的影响——“非正统”和“正统”的差异是毫不相干的。

然而，平衡的发展促进了两极分化和宗教的狂热。对新教派的压制不仅发生在宦官—文官暴力的情况下，而且还是对有组织群众日益增加国家担忧的一部分。

这些新宗教的传播，基于一位称无生老母的神灵和她许诺拯 224
救的信念之上，招致佛教僧侣的批评和政府的禁止。千禧年主义与世俗虔诚和流行信仰长期交织在一起，受到清楚表达灾难经文预言的鼓舞，这个灾难可能开创新的劫变时代——“一阵黑风满世间，东西无月，南北无天。”救世主能保护信徒并且返回他们“原来的家”。㉟ 在这种社会中，正如当时这个社会的少数意识形态一样，这些五花八门的信仰已经表明，唤起真正革命行动的可能性。

明朝开国皇帝因反对宗教世界而闻名，而且有时非常严厉，尽管宗教世界部分地成就了他的帝业，早在1370年朱元璋就宣布左道为非法，并且制订了惩治各类宗教法师的律例。㊱ 16世纪初，当种种敌对行动针对那些不仅从事祈祷和祭祀仪式，而且还宣扬劫难和福运，并吸引大群渴望的追随者的“魔法师”和“术士”的时候，警惕的官员们张贴公告提醒公众关于惩治左道的法律并在可能的情况下会实施逮捕行动。

在更广阔的北京周边地区，许多这样的天师是非常活跃的，在1538年，一个人甚至带着他的“白莲教义”进城。㊲ 这类宗教活动在范围上得到扩大并且在16世纪末变得更加剧烈，他们千年福运的趋势日渐明显。田海已经记载了明末文人和僧侣对于被他们

㉟ 这些预测在白莲教经文中司空见惯，但我在这里引用《皇极金丹九莲正信皈真还乡宝卷》，1523年，卷11。

㊱ 《大明律》，卷11，34页；仪式，27页；田海：《中国历史上的白莲教》，124页。

㊲ 我参考的是田园的情况。酒井忠夫：《中国善书的研究》，457～460页；田海：《中国历史上的白莲教》，139～147页；《明实录》（嘉靖朝），卷218，4466页。

视为可疑之举名气的关注。[38]

1615 年，当紫禁城的安全被一个与太监同盟，而且被断言与教派有牵连的男子冲破后[39]，一条反对这些宗教的新法律被公布。有 9 个教派被当作左道的范例名列其中，而且对教派天师们的捐助被定为特殊的罪名（“宁薄于骨肉，而厚于伙党，宁骈首以死，而不敢违其教主之令”）。礼部的文官们也注意到，“凡在天下处处盛行，而畿辅为甚”。[40]

225 1622 年夏天，现实充分地印证了朝廷的忧惧，王森一个儿子的追随者和他的弟子——徐鸿儒，在山东西部和北直隶中部举行起义。朝廷花了半年时间才把他们的起义镇压下去，并且清楚地表明这个宗教能对国家造成威胁。[41] 有人甚至认为这次起义对宫廷敌意起到了决定性的作用。虽然明朝皇帝在 17 世纪 20、30 年代面临着更为严峻的挑战，但是对于正式禁止的判例仍然必须紧紧地落实到位。因此，那些教派的宗教和打击它们的法律在北京社会、周边地区和帝国的大部分地区（当这样的信念蔓延时）社会中依然是一个持久的部分。

对教派越来越严厉的禁止，如同对同时代儒家政治行动主义的压制，应该可以理解为是在令人不安的知识分子和制造新兴宗教以及多样化的背景之下进行的。这样，日益活跃的组织冲动在

㊳ 田海：《中国历史上的白莲教》，第六章。

㊴ 酒井忠夫：《明末にぉけょ紅封教と梃击案》，载《Tsukamoto hakushi shōjü kinenkai bukkyō *shigaku ronshū*》，390～398 页；田海：《中国历史上的白莲教》221 页；《日下旧闻考》，卷 35，542 页；牟复礼、崔瑞德编：《剑桥中国史》，第 7 卷，554～555 页。这个事件显然也与宫廷周围的继承人阴谋有关。

㊵ 这条法律经常被引用；此处我是源于石汉椿：《千禧年无乱：中国北方的黄天道》，载《近代中国》，第 8 卷第 3 期（1982 年），231 页。我所查阅的原文，在《明实录》（万历朝），卷 533，18～19 页。

㊶ 浅井纪：《明末徐鸿儒の乱の史料汇につぃて》，载《东洋学报》，第 60 卷（1978 年 a）；富路特、房兆楹主编：《明代名人传》，588～589 页。1630 年，在北京东面 220 公里的山上有短命的宗派崛起。韩书瑞：《华北的两个家族：永平王家，1500—1800》，见伊沛霞、华琛编：《中华帝国晚期的家族组织》，229 页。

许多方面与国家的敌视相遇。在首都，有威信的首领使得某些新型组织获得许可，但精英之间的竞争削弱了为集会目的而组织的健全机构的发展。当宦官猛烈抨击士大夫官员的时候，官员们行动起来反对由宫廷精英保护的宗派主义者；没有人拥有足够长期的权力能彻底地镇压或进行一个可能的制度改革。（在18世纪，乾隆皇帝针对这两种对皇家权威的挑战进行了更有效的反击。）

有一种术语与所有这些活动相关：“会”。其中心含义是“集结”，且可以用于一个动词（“去集结”）和一个名词（“集结”）。当一种集结是有规则和有组织的时候，“会”意味着“一个团体”。[42] 在政府的眼里，所有集会是危险的。明初法典已经禁止萨满巫师与白莲教支持者“和这样的‘会’”，因为那些人“焚香聚集，夜聚昼散”。即使是普通的迎神赛会也会按同样的原则进行惩罚。总之，1615年在宗教组织上有关教派的禁止有所加强，矛头对准那些“聚众”的游僧和“轮会”，以及乐于“私会”的人们。[43] 226
虽然这些法律难于执行，但是它们毫无疑问地对“会”加以指责。正如我们所看到那样，那些组织起来的人们因此设法说明他们的集会是正当的，他们的办法是冠以一个前缀如“义”、“善”和“圣”，或增加一个合法的后缀如“观”。

既没有精英的领导，也没有虔诚的宗教动机为集会和团体提供充分的保护以对抗宫廷或官僚的敌意。然而在明末北京有一种类型在现实中蓬勃发展。我指的是寺院圣会，其包容性和围绕祭祀以及节日的定位允许它们把人们相对安全地结合在一起。在本章的其余部分，我们将集中在圣会上。

为世俗捐助寺院的目的而创建的圣会在明代并不鲜见。这样的组织——起初称之为“社”——至少从中世纪起成为流行虔诚

[42] 在早期，“会”有一个面对面商讨（有时包括进餐）、坚固的联系、联盟以及讨论诸含义。其他集会的词语（例如“集”）缺乏这种到一起后待在一起的含义。《汉语大词典》，卷5，782～783页。

[43] 《大明会典》，1587年，卷165，848页；《大明律》，卷11，34页；《明实录》（万历朝），卷533，10094～10095页。

的重要表达。[44] 然而，由于缺乏足够的材料去研究明以前这种现象在华北的发展，虽然有不同的名称和不同的组织（其中一些），但是似乎最好简单地把明清时代的圣会视作早先参与积德修行僧侣生活的冲动在后来的表现形式。最显著的发展可能大大降低了僧侣的作用。在明末的北京，许多团体不是由打算获益的僧人或尼姑所领导的，而是由信徒他们自己创造的，并指向神灵和寺院。

让我们从这一进程的 16 世纪阶段开始，首先关注虔诚捐助者的松散集体，然后是被命名的组织和他们的活动。

集体的虔诚

有明一代，北京居民为了捐助寺院而把他们的资源集中起来。在 1420 年后的两个世纪中，（至少）有 109 块石碑记载了众多捐助者的名字。[45] 寺院的石碑，有半数位于城墙内，半数位于郊区。这些捐助者的行为相当有规律地发生在 1440 年至 1640 年，但集中于 15 世纪中期（当时许多新的寺院被修建），再其次是万历皇帝统治
227 时期（1550 年以后的占 50%）。这些石碑的大部分是宦官竖立的，有时是与（宫廷）妇女或和尚共同竖立的。总之，约有 31 840 名捐助者的名字列于其中，3 440 名是妇女。[46]

我们还不能完全把这些集体称之为“组织”（group）。[47] 碑文

㊹ 例如，谢和耐：《中国 5—10 世纪的寺院经济》，259～277 页；田海：《中国历史上的白莲教》，28～43 页；陈观胜：《佛教的中国转型》，210～212、281～294 页。但亦参见于君方：《佛教在中国的复兴：袾宏与晚明的整合》，75 页。

㊺ 我统计了一下列出 20 个以上名字的碑文，排除没有名字（或名字较少）的。正如在这本书中的其他数字，这些总和并不完全准确。许多碑文的情况不佳；这样，统计名字比读出他们更容易，一些估计不得不是近似的。我试图保守一点。

㊻ 在 109 座石碑中，80%记载了寺院创建人，90 座（也占 80%）是由宦官修建的。每座石碑上宦官的平均数为 289 个，妇女的平均数为 118 个。

㊼ 词语“group”在英语中经常被随意地使用，在北京的例子中意指比实际情形更紧密的联系和更多的持久性。我试图小心地使用它。

的语言通常没有表明正式的关系，有关主要捐献者的信息使其他人黯然失色。因此，对于这样的问题，只有少数几个可能的答案，确切地说，这些人的关系就是把这些大石头背面填上名字的关系。

许多石碑纪念了人们的集体行动，这些人来自相同的工作场所，共同捐款给某个地方的寺院。[48] 寿明寺位于北京北部，紧挨着神宫监外面的作坊。在1513年，有2名太监组织了重建。他们首先从他们的上级（在他们自己监的6名和其他监的2名男子）那儿，然后是从他们同一个衙门的同行那里（136人），以及从他们的下属那儿募集钱财。总之，大约700名男子进行了捐助。尽管最高职位的宦官常常用这些慈善行为来表功，虽然来自下属的捐助可能比预期有更多的主动性，但这样的石碑表明了主动权来自中层。[49]

在许多情况下，捐助者之间的关系是非常不清晰的。一些“群体”的捐助者是由高层宦官（靠友谊联系?）和其下属组成的吗? 在南部郊区的善果寺，开始于1464年由来自尚御监宦官重建，1483年的2块石碑记录了正在进行的建设。一块列出来自这个监的113位宦官，连同84位他们的侍者，一起捐钱；另一块石碑刻有139名来自三个不同衙门宦官的名字，192名更低级的宦官——他们的工作场所没有详细说明，19名锦衣卫成员，96名两代辈分的僧侣，157名妇女（可能是皇宫的佣工），33名各类其他人员。共有833人。[50] 也许这样的一个集会源于人与人之间一个资

---

[48] 北京图书馆金石组编：《北京图书馆藏中国历代石刻拓本汇编》，第51册，174～175、197页；第54册，4～5页；第55册，122～123页；第56册，109～110页。有关在作坊中的寺院参见第六章。

[49] 北京图书馆金石组编：《北京图书馆藏中国历代石刻拓本汇编》，第54册，4～5页。

[50] 北京图书馆金石组编：《北京图书馆藏中国历代石刻拓本汇编》，第52册，57～58页；菲尔德博物馆藏拓片第955、960、961、963号。同样地，26名宦官于1564年在郊区戒台寺捐助了一座大殿的重建，这些宦官来自由宦官管理的五个不同监司。北京图书馆金石组编：《北京图书馆藏中国历代石刻拓本汇编》，第56册，114页。

228 金驱动非常松散的联系？大多数石碑标出了不同的姓氏，而这些人的住处或家族联系却没有显露出来。[51]

在石碑碑文中，另一种“组”是由虔诚的世俗者们构成的。他们的执着和他们之间的某种联系措施反映在田海所称的在他们名字中“宗教归属特性”（religious affiliation characters）的应用；捐助者名单（如同自己的优秀作品）证明了虔诚的慷慨。[52] 来自北京的实例所标明的时间是明代初期和中期；我已经看到 1444—1520 年的 11 个实例。[53]

这些捐助者大多数是妇女，在她们的名字中几乎所有的人都使用了“妙”字，这是建立在女性虔诚、观音和公主妙善故事基础上的某种古代惯例。[54] 每个实例通常涉及大量的妇女（达到约 150 名），总是与同等或更多的宦官相联合。在少数情况下，我们将这些妇女与皇宫相联系，这是因为难以想象还会有谁能与宦官有如此密切关系，我猜测，这些妇女都是宫女和奶妈。

在 15 世纪 20 至 40 年代为纪念白云观新增殿堂的碑文中，同样列出了不同的虔诚捐助者：一些宦官（首先列出），一些贵族成员（包括太后的兄弟和侄子），20 多名京城的军官，约 70 名“普通士绅”（庶士），88 名来自本观的道人以及 22 名妇女——在她们

---

[51] 有关的例外情况，参见北京图书馆金石组编：《北京图书馆藏中国历代石刻拓本汇编》，第 56 册，第 60 页，许多贡献者以及主要捐献者（一位宦官）都姓李。

[52] 田海：《中国历史上的白莲教》，35、39～40 页。这个现象在明末时期中原的世俗佛教中是普遍的。于君方：《佛教在中国的复兴：袾宏与晚明的整合》，92 页。

[53] 北京图书馆金石组编：《北京图书馆藏中国历代石刻拓本汇编》，第 51 册，10、121～122、128、159～160 页；第 52 册，16～17、153～154 页；第 53 册，86 页；第 54 册，64 页。北京图书馆藏拓片第 7725 号。菲尔德博物馆藏拓片第 963 号。《日下旧闻考》，卷 99，1649 页。我注意到此后唯一使用“妙”的例子是捐助保明寺尼姑的宫女，日期是在 16 世纪 70 年代。李世瑜、韩书瑞：《保明寺：明清中国的宗教与皇帝》，载《哈佛亚洲研究学报》，第 48 期（1988 年），174 页。

[54] 田海：《中国历史上的白莲教》，40 页；于君方即将问世的著作第八章。

的名字中也使用了“妙”字。[55] 至少在其他两种情况下，男人们的名字里会使用相同的字样“福”（祝福）。[56] 这样，我们也许可以把这类名字看作不过是广泛世俗虔诚的显示。这些是“群体”吗？我们只能理解这种术语意味着一种诸如可能是为了筹集款项而临时组成的团体。 229

一些“组织”为一个更大的群体提供服务，实际上可能已经是集会了。正觉寺由一位虔诚的信徒于 1468 年修建，建筑物得到了一位宦官的捐助。1514 年，大约有 50 名太监和 70 位妇女用虔诚的名字捐款，以便于这座寺院的僧人能举行一场大型的诵经法会。[57] 1570 年，一位和尚组织居士们每月两次在东岳庙给朝圣者施茶，率领四组（众）于另外两天在东岳庙诵念佛陀的名字。[58] 令人敬佩的佛教实践提供了更为正式的榜样。1589 年，一座靠近湖边的大寺院开始举办一次弥陀会，几百名皇宫太监、一百名僧侣和一些来自皇宫的妇女聚集在一起，绕着祭坛，诵念了三千多次阿弥陀佛的名字（以确保他在西天新生），并且在他的塑像前鞠躬。[59]

相反，其他的捐助人会使用“义会”（慈善团体）这个术语，

---

[55] 1448 年，当君主捐出一套道家经文给道观时，另有 75 个妇女（在她们的名字中用“妙”字）、105 个男人和 12 个或其他来自中国北方诸县的医生也认捐了一套。北京图书馆金石组编：《北京图书馆藏中国历代石刻拓本汇编》，第 51 册，121～122、159～160页；《日下旧闻考》，卷 94，1582 页。

[56] 1459 年的永隆寺整修，由僧人开始，得到了 900 位居士的援助，他们半数是男人（使用名字如五福善），半数为妇女（如魏妙长）。类似的名字和人数描绘了保明寺资助人的特性。北京图书馆金石组编：《北京图书馆藏中国历代石刻拓本汇编》，第 52 册，16～17 页；“宗派”石碑（1987 年仍保存着）；李世瑜、韩书瑞：《保明寺：明清中国的宗教与皇帝》，载《哈佛亚洲研究学报》，第 48 期（1988 年），174 页。有“福”和“妙”字的例子与其他没有这些字的例子相混合（大部分为宦官），北京图书馆金石组编：《北京图书馆藏中国历代石刻拓本汇编》，第 52 册，153～156 页。

[57] 北京图书馆金石组编：《北京图书馆藏中国历代石刻拓本汇编》，第 60 册，135～136 页；《日下旧闻考》，卷 53，847～848 页。这座明代石碑的时间无法辨认，但根据其他参考，我把它标为 1514 年，有可能是 1522 年。

[58] 北京图书馆金石组编：《北京图书馆藏中国历代石刻拓本汇编》，第 57 册，188～189、196 页；第 59 册，124 页。他们的 1590 年石碑约有两千名捐助人（宦官、和尚和妇女）。他们施茶是在初一和十五，背诵在初二和十六。

[59] 北京图书馆金石组编：《北京图书馆藏中国历代石刻拓本汇编》，第 58 册，91～92 页。这些“会”拥有悠久的历史。

与公正关注一种更大的群体福利一样，暗示了一种更大的一致性。在某些情况下，这种名字似乎意味着相当小的规模。例如，大约80名宦官于1596年为药王庙提供资金组成一个“义会”，但是他们的行动似乎仅仅是对治疗表示感谢的一次普通表达，以及为寺院进行的一次捐助；没有迹象表明存在常设机构。[60]“慈善团体”，特别是用于捐助墓地，体现了更持久的宦官管理的项目。在1594年，通常由一名宦官和“其同官、家人、僚友”组成一个“义会”，捐钱给共同的团体购买一块共有的坟墓。[61] 然而，这些“会”是相对少见的，它们不同于圣会，我们现在就转向圣会这方面。

寺院圣会

230 在明朝统治的最后一个世纪里，一种比较正式的集体在历史记载中出现，并在北京生活中发挥着相当重要的作用。这些集体就是“圣会”——神圣的或宗教的团体。

这个词于1578年在北京出现，在16世纪90年代经常使用，并且在接下来的三个半世纪一直持续存在。[62] 一般来说，“圣会”

---

[60] 北京图书馆金石组编：《北京图书馆藏中国历代石刻拓本汇编》，第58册，66～67页。有关其他例子，北京图书馆金石组编：《北京图书馆藏中国历代石刻拓本汇编》，第55册，180～181页；第59册，51～52页。

[61] 许道龄：《北平庙宇通检》，卷1，145页。北京图书馆金石组编：《北京图书馆藏中国历代石刻拓本汇编》，第57册，64页；第58册，53页。有关其他“义会”的宦官墓地，北京图书馆金石组编：《北京图书馆藏中国历代石刻拓本汇编》，第57册，103～104页；1548年（嘉靖五年）广化寺石碑（在五塔寺）。“义冢”成为群体运营慈善墓地的标准用语。在刚铁庙周围逐渐形成宦官墓地——始自不晚于1551年——是由一个自称“黑山会”的组织资助的。来自司礼监的宦官（是刚铁任职的衙门）照管他的坟墓，重修了寺院，并且自己也安葬于此。北京图书馆金石组编：《北京图书馆藏中国历代石刻拓本汇编》，第55册，157页；第58册，25页。

[62] 我对这个词的早期历史知之甚少；《汉语大词典》并不包含它。参见于君方：《佛教在中国的复兴：袾宏与晚明的整合》，45页，其中有关于1089年江苏和尚组建的莲花圣会，北京图书馆善本组辑《析津志辑佚》第217页中有关于元代北京这个词语的模糊用法，在《北京图书馆藏中国历代石刻拓本汇编》第60册第135～136页中有关于1514年形成于北京支持僧侣背诵经文的华严圣会。参见田海：《中国近代早期地方社会和宗教组织：初步研究》，载《中亚与东亚的宗教研究》，第8期（1995年），17～23页，其中有关于宋、元和明集会的其他类型。

是一个有组织的世俗团体，出于崇拜和支持的目的而定期访问特定的寺院。这种组织拥有名称，反映了它们特别的馈赠或寺院服务，它们由指定人员管理；主要目的不是支持由僧侣举行的仪式表演。

在明末的北京和其他地方，这些组织显然是高度宗教虔诚和社会活动的一部分。[63] 但它们真的是新的吗？我认为它们存在日期的最早证据是 16 世纪 50 年代。如何评价此前的沉寂呢？正如我认为的那样，16 世纪中叶的文献表明，在这期间地位高的宦官记录下了在以前那些名不见经传的人当中形成（虽然也许并不普遍）的某些圣会惯例。然而，因为所使用的这些已知组织的名字最初各不相同，并且只是后来才会变得更加标准化，所以它们有可能（即使可能）不会早至 16 世纪 50 年代之久。

一旦确定为一个有威望的活动，“圣会”——如同“会馆”，但不同于更脆弱的书院——此后在范围和重要性上都有所上升，经历一种向上的趋势直到 19 世纪。此刻，让我们从宗教行动的其他较少结构形式中探究圣会在表面上的构成。通过这样做，应该可以说明宗教提供了一个合理社交集会场所的另一种办法，并有助于形成北京文化特殊的品味。

即使在“圣会”名字出现之前，古老的一些术语“义会”就开始不同地被使用。在 1552 年官方的关羽寺院有一个有组织的团体，他们自称为“关王庙义会”。有义会领导人（会首），他们摆出穿戴衣冠、供奉香烛的神灵，邀请来自不同坊巷的慈善绅士（善士）参加，募集捐款，每年在神诞日“乘诚协力”举行庆祝活动。这个组织又继续存在了 14 年，并于 1559、1566 年镌刻了其他两座石碑。宦官是这个义会的主要成员，1566 年的石 231

[63] 有关其他地方的团体，于君方：《佛教在中国的复兴：袾宏与晚明的整合》，第四章；田海：《中国历史上的白莲教》，198～200 页；卜正民：《为权力祈祷：佛教与晚明中国士绅社会的形成》，103～107 页。

碑由顺天府制。[64]

虽然没有称“圣会”，但这些关王义会出现的历史却得到完整记载，这表明建立“圣会”的习俗得到首次记录。正如我们所看到的那样，它可能是太监们长期参与宗教并开始模仿其他社会阶层组织的做法，然后他们用昂贵的石头载体进行纪念，他们（而不是其他人）已经习惯于炫耀自己的虔诚。

1578 年，在北京西山寺院中，有 221 人捐助了一口铁钟，这些人认为他们自己是“秀山圣会”。在四月（集结）为了“进香”（开始朝圣），“组织”起来前往这座寺院。他们有约 40 个“会首”和 90 个“会末”，构成家庭集合的一部分。[65] 我们将要在后面研究与朝圣有关的泰山娘娘祭祀，但我们首先必须转向北京的东岳庙。接下来，在那里出现了“圣会”，并且兴旺起来。

从古代起，屹立于华北平原的泰山就被视为一个神圣之处。对东岳大帝的祭祀，从他被尊称为天齐仁圣帝时就开始了，泰山
232 脚下的东岳庙于中世纪兴盛起来。在整个帝国修建了东岳庙。它们通常建在城市，因而分布有限；到不晚于 14 世纪早期的时候，

[64] 北京图书馆金石组编：《北京图书馆藏中国历代石刻拓本汇编》，第 56 册，40、121 页。也有一块来自 1538 年五月（神升级为王的等级之后不久）石碑，名单列于其后面；不幸的是，并没有保存下来，但可表明同样的活动比那年早，张江裁、许道龄：《北平庙宇碑刻目录》，57 页。直到 1596 年，在五月十五日，组织一群人去一座郊区的关王庙；北京图书馆金石组编：《北京图书馆藏中国历代石刻拓本汇编》，第 64 册，64～65 页。府尹也许参加了这个组织，因为寺院得到某些适度的国家支持，但较早一位府的官员做的一篇类似 1560 年的碑文，反而建议捐助者试图获得政府的许可。在明代的北京，我知道只有 3 块石碑是由顺天府建立的（与国家宗教无关），上个世纪所有的石碑都与这块石碑相当不同，北京图书馆金石组编：《北京图书馆藏中国历代石刻拓本汇编》，第 51 册，106～107 页；《日下旧闻考》，卷 103，1705 页；沈榜：《宛署杂记》，卷 19，197 页。

[65] 首都图书馆藏拓片第 873 号。钟保存于山庙金仙庵内。奉宽《妙峰山琐记》中确定了组织作为“泰山进香圣会”，但那些精确的词语没有出现在钟上。“秀山”，在钟上被用了两次的名字，指的是附近一座形成中的朝圣之山妙峰山。

这位神灵的诞日得到了盛大的庆祝。[66] 在明代，北京有一座他的寺院：位于朝阳门外通往东郊路旁的庞大建筑群。

这座寺院是于 14 世纪 20 年代为江西的道士天师而修建的，之所以能这样快获得声誉，是因为这位神灵有求必应。根据约 1350 年一份当地风俗的记述描述，三月，街道到处是去参拜的朝圣者，小贩们售卖香烛，在二十八日神诞日的庆祝达到顶点。[67] 1447 年，在皇家的倡议下，进行了一次大规模的修缮，但是 16 世纪中期以前的其他资料仍然是缺乏的。[68]（参见图 7－1。）

在 1560 年，记载显示东岳庙不仅有活动而且还有组织，不仅有集会而且还有圣会。46 名宦官和 212 名妇女组成所谓的“善会”，为了纪念参加东岳大帝神诞日“超过十年”而立了一块大石碑。所有这些人被任命为“善首”。他们为寺院提供塑像使用的新衣服。知县受邀撰写碑文。一块 1607 年的石碑甚至称有更早的有组织活动：这个组织已经声称他们提供供品并且在神诞日资助一个“教”超过 80 年——那是从 16 世纪 20 年代开始的。[69]

1570 年，350 位宦官和妇女（同样这些人在早期并不活跃）筹集和资助金钱用于修复东岳庙的殿堂；除了 6 名会首的名字外，他们看起来类似于曾经讨论过的早期非组织集体种类，这里名称

---

[66] 汉人皇帝运用他们赐地的权力并且在 745 年使神成为一个王（天齐王），在 1013 年为帝（齐天仁圣帝）。《日下旧闻考》，卷 88，1484～1491 页。有关经典作品研究，沙畹（Edouard Chavnnes）：《泰山志》。有关在元代盛行的庆祝，伊维德（Wilt L. Idema）：《13、14 世纪戏剧中的泰山朝山》，载《中国文学》，第 19 期（1997 年），23～57页。

[67] 北京图书馆善本组辑：《析津志辑佚》，54～55 页；《日下旧闻考》，卷 88，1489～1490 页。没有提及有组织的团体。

[68] 《日下旧闻考》，卷 88，1490～1491 页。除了 3 座元代和 1 座明代的皇家石碑外，1560 年前唯一的石碑日期为 1524 年，似乎涉及一个朝圣团体。

[69] 北京图书馆金石组编：《北京图书馆藏中国历代石刻拓本汇编》，第 56 册，44～45 页；第 58 册，192 页。现在受到严重侵蚀的 1524 年石碑（没有列上捐献者）可能包含了这些行动的证明。北京图书馆金石组编：《北京图书馆藏中国历代石刻拓本汇编》，第 56 册，108 页。

233

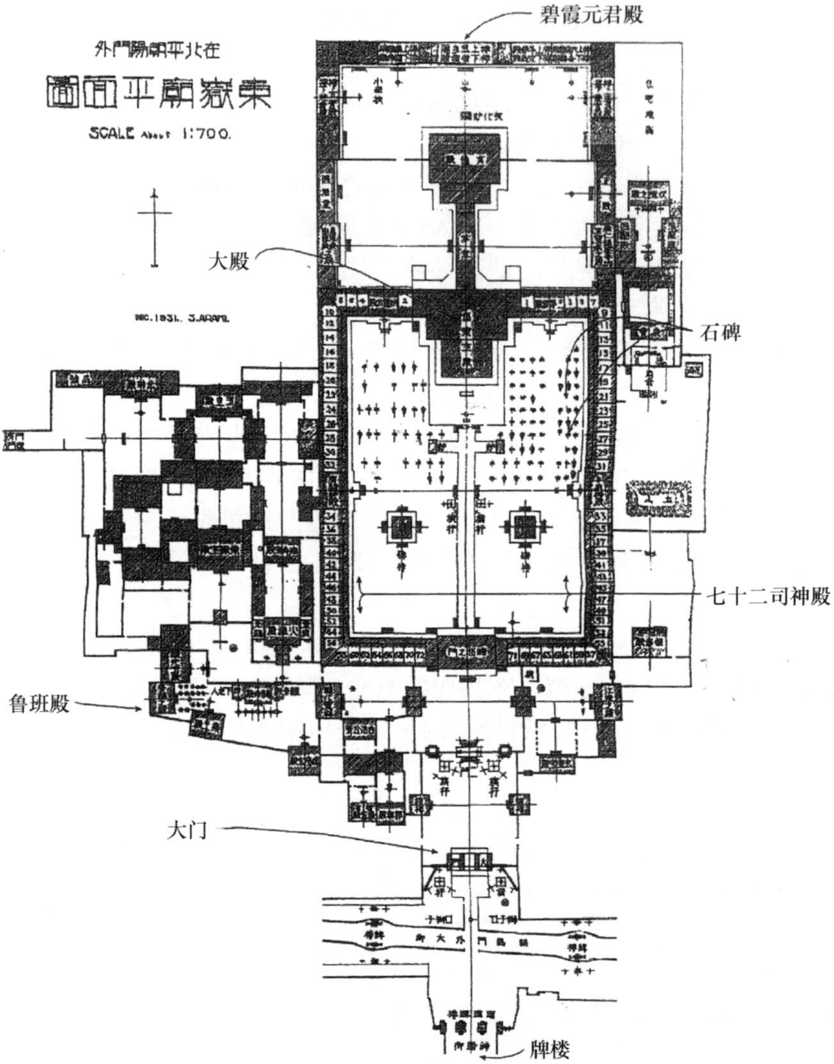

图 7-1　1931 年的东岳庙

直到 1698 年大火和乾隆 1761 年重建后，东岳庙才得以形成图中的规模和轮廓。
资料来源：小柳司气太：《白云观志（附东岳庙志）》。

表明了组织。[70] 1585 年，一个自称“供奉香火义会”的组织立了一块石碑。在这块石碑上面，他们提到在五年的时间内为了东岳大帝神诞日的服装和其他必需品按月筹措钱财的惯例。此外，宦官的名字列在上面（没有妇女），还有一些他们的称衔。[71]

在这座寺院中，“圣会”这个术语的首次使用出现在一块 1587 年由“东岳庙圣会”为纪念东岳大帝神诞日三年的捐赠品上。这个组织是由宦官创立的，没有使用称号。[72] 234

在 15 世纪 60、70 年代，虽然东岳庙的圣会活动与其他宫廷人员在该地较少量有组织的参与活动同时进行，但并没有取代后者。[73] 然而，在 1585 年后，变化是相当突然，几乎所有的东岳庙石碑都是由圣会竖立的（例外的情况是皇家捐赠品）。[74] 而且在这座寺院里有许多石碑。1585—1640 年，有 26 块这样雕刻的石头被安放在这座寺院的庭院中，平均是每两年一块，在数量上和频率上超过了北京任何其他明代建筑。实际上，对于这座寺院和泰山祭祀而言，这种圣会似乎相当特别。此外，碑文显示在 16 世纪后半期，这些组织得以发展而且变得专门化，也许受到它们的宦官赞助人的影响。

例如，我们看到，从最初各种各样的名字类型变化——自我表征里的一种不稳定——到对“圣会”单一术语的偏爱。1548—1596 年，7 种不同的“义会”得到记载。因此，“义会”消失在这种背景中。“善会”于 1570 年和 1629 年得到使用，然后一直存在

---

⑦⓪ 北京图书馆金石组编：《北京图书馆藏中国历代石刻拓本汇编》，第 56 册，168～169 页。

⑦① 北京图书馆金石组编：《北京图书馆藏中国历代石刻拓本汇编》，第 57 册，134～135 页。

⑦② 北京图书馆藏拓片第 1102 号。

⑦③ 例如，1560 年捐助来自宦官暨擢，1576 年那些捐助来自李太后，北京图书馆金石组编：《北京图书馆藏中国历代石刻拓本汇编》，第 56 册，50 页；第 57 册，40～41 页。

⑦④ 北京图书馆金石组编：《北京图书馆藏中国历代石刻拓本汇编》，第 58 册，34、186～187 页；香炉是 1587 年由宦官而不是由一个团体捐助的。

到19世纪才在实际中消失了（在这种背景下）[75]；相反，前缀“善”，表明慈善的品德，成为用于团体奉献者和捐助者的常见名字：“善士”、“善人”、“善众”、“善信”、“善者”和“善男信女”。在1578年后，单一的词“圣会”占据着优势和一个一致的意义——围绕某座寺院节日而组建的一个有结构并且正在进行的宗教组织。（至少到1624年，“圣”和“胜”才可以互换。[76]）此后，它继续保持着一致性和频率进入20世纪。

词语“众”，通指寺院的团体，在这个17世纪的背景下经常
235 延伸到一般民众。在明代早期和中期的北京，短语“众善”有时用于指宦官捐助者，但它不是暗指一种与他们有联系的组织。[77] 当时，由于佛教和道士团体拥有合法性，因而这个词组对于宗教团体世俗成员来说成为标准的一般用语。

在这些组织内（在此我们能有一些信心使用这个词语），“会首”（团体的领导者）的任命，“会众”（团体的成员）以及“会善”（成群的慈善人员）的出现带有极少的精确度，但使用频率大，与“信官”和“信女”较古老的语言同时存在。一些群体只有一些“会首”，可能实际上是承担责任的6个人或12个人，或许是最重要的捐助者。甚至有人是拥有更具体任务的“会头”（圣会的头头）、管事（管理人）以及香头（朝圣的领导），但在这期间，复杂性是罕见的。许多组织简单使用术语“会首”指在一个组织中所有的参与者（正如在一个团体中290名“呈送礼物的会首”，或者另一个团体中“会首信女”）。一个圣会指定25

---

[75] 其被用于与东岳庙有联系的两个组织。北京图书馆金石组编：《北京图书馆藏中国历代石刻拓本汇编》，第56册，44～45页；第60册，21～22页。

[76] 这个“圣会”可能被译成“喜庆的”或“庆祝的团体”。吴百益：《17世纪人们朝拜泰山的矛盾心理》，见韩书瑞、于君方编：《中国历史上的进香与宗教圣地》，第68页中把“圣”译为“极好的”，在此也许是恰当的。有关在一篇碑文中“圣”的两个特性，参见北京图书馆金石组编：《北京图书馆藏中国历代石刻拓本汇编》，第59册，154～155页（从1624年）。

[77] 北京图书馆金石组编：《北京图书馆藏中国历代石刻拓本汇编》，第51册，99页；第54册，4～5页；第55册，71～72页。

个男人作为“施茶会首”。[78]（这些词语已经在当时帝国的其他地区出现，尽管缺少资料的情况不允许我们进行认真比较。[79]）

在1600年后，这些在东岳庙内的圣会名称越来越专门化，通常它们的名称源于这座寺院本身或提供给这座寺院的捐赠品：“长香圣会”或“白纸圣会”。这些圣会的形成不是为了慈善行为而是为了每年制作可以历经数年、最后是数十年以及数代的捐赠品。

在1560年后，15 000多人提供了21个捐赠东岳庙的实例记载；三分之一是妇女，平均每块石碑约有760名资助人。不幸的是，没有资料显示有关捐助的金额。捐助人在很大程度上是相同的一群宦官、宫女和锦衣卫，他们在同时期和上个世纪（在那种情况下，他们聚集起来但没有使用组织的名字）是如此积极地修建其他寺院。[80] 妇女似乎特别热衷参加“圣会”。进士出身的士大 236
夫官员被征募去撰写碑文，与在皇家石碑上他们的对手相比，大部分是平庸的。

通过研究一个负责竖立7块石碑的圣会，我们可以更好地感受这些活动。牛先生，来自锦衣卫家族，从16世纪80年代开始管理这个“圣会”。1624年，牛把管理权转交给他的儿子和妻子。他们的惯例是从参与者那里聚敛钱财，并且每年春天的三月二十八日到东岳庙庆祝神诞日。他们进贡冠袍、大（纸?）马和四季白

---

[78] 北京图书馆金石组编：《北京图书馆藏中国历代石刻拓本汇编》，第56册，168～169页；第57册，134～135、177～178、187页；第59册，124页；第60册，17～18页。

[79] 由劳格文抄写和研究的武当山4块明代石碑似乎来自朝圣组织，使用了“香长”（1581、1612年）、“会首”（1583年）、“香首”（1597年）这类术语。有关这些石碑的资料包括在劳格文1992年会议论文版本的附录中。

[80] 刘厚滋：《北平东岳庙碑刻目录》，载《国立北平研究院院务汇报》，第7卷第6期（1936年），115～138页。北京图书馆金石组编：《北京图书馆藏中国历代石刻拓本汇编》，第56册，168～169页；第57册，40～41、134～135、177～178、187、196页；第58册，2～3、5、34、21～22、23～24、36～37、186～187、192页；第59册，124、117～118页；第60册，21～22、24～25、38～39、41～42、56页。首都图书馆藏拓片第297号。1587年东岳庙香炉在1988年位于白云观。北京图书馆藏拓片第1102号。

楮等，以备岳府冥司应用。他们称他们的圣会为“四季进贡白纸圣会”。与大多数的群体不同，他们注重神诞日，这个圣会提供全年的资助。（也许是一个新的发展？）捐助者包括 42 名宦官和约 600 名妇女。1629 年，在牛先生之子的领导下，这个圣会竖立了一块昂贵的石碑，由约 730 人捐献，大部分仍然是妇女，但也包括宦官。三年后，白纸圣会立了另一座类似的石碑，记载了他们不间断的活力。圣会此时接近 1 000 人，几乎全部是妇女。此外，增加了称号（“助理会头”）和一个略微更详细的责任结构介绍。[81]

从关帝庙和东岳庙碑文文字中，我们可明确知道这些宗教圣会对于其供奉的规律性和连续性感到骄傲。哪怕只不过是存在三年或六年也会被认为是一个成就，并且竖立一座石碑公开证明作为一种永存的集体活动方式。[82] 两个事实表明了某些圣会所固有的脆弱性。

这些圣会参与者之间确切的关系是什么呢？这些资料没有给出一个直接的答案来，但这些圣会的出现是基于自愿而不是内在的关系。

我们应该有可能推测，家族成员一起担当，但捐助者的名单没有突出亲属关系。男人和女人单独分列，而且中国人的姓氏无法允许当代读者鲜明地去匹配夫妻。偶然，两个兄弟或一对夫妻
237 在碑文中被提及，并且有时在捐助者中可以发现许多人拥有同一个姓氏。[83] 但是通常则不是这样的。有关妇女的资料是最少的（通常只有她自己和丈夫的姓），但对于男人，我们也知之甚少。正如

[81] 北京图书馆藏拓片第 1102 号。北京图书馆金石组编：《北京图书馆藏中国历代石刻拓本汇编》，第 59 册，154～155 页；第 60 册，17～18、41～42 页。这些圣会的名字于清代复苏（第十四章）。另一个有着不同名字的“组”，还有一个不同的本地位置（但也在南城的东边部分），于 1633 年立了一块石碑，首都图书馆藏拓片第 302 号。

[82] 例如，北京图书馆藏拓片第 1102 号；北京图书馆金石组编：《北京图书馆藏中国历代石刻拓本汇编》，第 58 册，5、21～22、23～24 页。

[83] 一些例子，北京图书馆金石组编：《北京图书馆藏中国历代石刻拓本汇编》，第 55 册，115 页；第 56 册，44～45 页。首都图书馆藏拓片第 742 号。

在本章前面所讨论的部分宦官和宫女集体虔诚的例子，模式——当一种模式可辨明时——是由不明显关系联系着的不同参与者之一。

在《宛署杂记》中，沈榜于1590—1593年在北京担任知县，明确记载了关于在东岳庙募集的方法，以及作为普通联系而单独挑出来的住宅："每年各随其地预集近邻为香会，月敛钱若干，掌之会头至。"[84] 邻居确实是形成一个"会"的重要基础，但不是唯一的。

幸运的是，白纸圣会可以告诉我们更多一些。首先，女性参与者大大多于男子——不是人们所希望的来自同一个街坊。[85] 此外，参与者来自市区的不同部分。我们所知道的第一个会首是锦衣卫成员，而且1624年石碑指出，捐助者是来自"明时等坊巷"（明时位于北城崇文门内和东北）。1632年，这个圣会据说不是来自"崇文门外东南坊（在南城）"。另一个白纸会（也许是一个分支?）也确定自身来自南城的崇南坊。[86] 这些新成员因此没有包括宫女或宦官，也不是其他成员的邻居，而是城镇其他部分的人。

一篇碑文提出口头的动力可能有助于这些群体的增长和多样化。"今行之五载，"作者写道，"而内善士闻风来附者日增月盛如今。"直到1640年，另一座圣会石碑可以说明其成员为"内贵宦戚、士庶人民，近而都城市，远而村落隐僻"。[87] 显然，这些是选择参与的完全不同的个人。圣会在清代的发展证实，圣会是以建立在一个广泛基础上的成员（如果不是一直）为特征的。

如同其他的世俗组织一样，圣会比僧侣团体更扩展和更开放。 *238*

---

[84] 沈榜：《宛署杂记》，卷17，167页。

[85] 沈榜：《宛署杂记》，卷17，167页中提到独有的妇女团体（妇人会）。

[86] 北京图书馆金石组编：《北京图书馆藏中国历代石刻拓本汇编》，第59册，154～155页；第60册，41～42页。首都图书馆藏拓片第302号。在1624年有500个妇女和40个男人。

[87] 北京图书馆金石组编：《北京图书馆藏中国历代石刻拓本汇编》，第57册，134～135页；第61册，19～20页。

一次单一的捐赠对一次性会员是足够的了。它们对于一个更广泛公众的开放程度超过了以同乡或职业为基础的行会或会馆。它们比新教派或书院需要少得多的承诺，虽然都是基于自愿参与。这些庙宇圣会，也许由于成员资格方便性和合法性的缘故，在规模上大于我们迄今所讨论的任何其他团体，并且它们有更多的女性成员。

然而，可能因为“圣会”没有宫廷或政府的明确保护，它们只修建了几座寺院，并在明代（或实际上在清代）没有成为一个普遍的现象。此外，虽然这些圣会有能力——和日益致力于——继续采取行动达几代人之久，但是它们缺乏连续性的稳固机制。通过使寺院成为它们专有的焦点，圣会也是建立在这些宗教机构脆弱的合法性基础之上的。而且，不同于会馆（与谱系血统和寺院本身），它们没有（据我所知）自己的共同财产或共同生活。

与我们已经讨论过的大部分组织相类似，在 16 世纪后半期圣会存在着大笔的赞助，但它们似乎已经完全和越来越远离权力中心，有幸免于参与万历朝和天启朝的内部斗争。文人精英建立了这些丰富多彩的组织，却关注其他的地方，似乎并没有深深卷入其中。在律例中禁止游行的规定——可以适用于“圣会”——似乎已被忽视，即使是在北京。由于这些圣会的出现（并且肯定是）截然不同于当时更危险的千禧年群体，它们逃脱了比较严格的监督。

寺院圣会为明末北京领导人和社区的创造提供了合理稳定的支架，或许，与“会馆”并列。两者——一个是当地男人和女人们的媒介工具，另一个是为了寄居的男人们——是这个时代新兴宗教和社团活动有活力的部分。

寺院圣会也是有趣的，它们打算把宗教节日变成假日。它们帮助创造和维持虔诚和愉快的表达，它们把这种情绪集中于特别的场所和特别的时期。许多世纪以来，东岳庙是北京生活一个重要组成部分，通过这些圣会的努力，它在首都更广泛的文化和宗教生活中更加根深蒂固。东岳大帝的神诞日已经成为一年庆祝岁
239 时的一个顶点，这座城市的公共特性是至关重要的，许多资料证

明了1590—1640年的庆祝活动。[88]

东岳的“游”，在三月二十八日通过城市街道，把城镇和寺院连接在一起。沿着（现在未知的）游行的路线，庆祝“迎”神：“妇女满楼，士商满坊肆，行者满路，骈观之。”游人和朝圣者也挤满了寺院的庭院，在他们的小祠堂里向地狱的阎王祈求，在大殿中向东岳大帝为自己祈祷。

香烟在屋顶上缭绕，弥漫了整座寺院。在正殿的旁边，悬挂着一个大钱币复制品，外圆中方：请愿的人，如果他的目的足够好，就可以把真正的钱币抛过那个洞，他们会认为，他们为子孙的祈祷得到了许诺；寺院道士等着去铲起大量的钱币。有两个非常大的盆盛着水，据说可以治愈失明和其他眼部有疾病的人，许多人到那冲洗眼睛。在院子里按行排放着高大的白色石碑，到明末这些石碑至少有34块是精心雕饰的，从不大的（一米左右高）到巨大的（高达三米），谁能对这些石碑视而不见呢？这些石碑大多数由“圣会”竖立。

数十个有上百名会员的圣会到处存在。他们见证过为寺院的盛况配备以适当物品：帽子和长袍、腰带和鞋子、车、雨伞、金银容器、茶杯、记录本、画笔、墨、砚、处罚人的绳索、标牌、灯笼、香、纸钱和粮食产品。“不管怎样，神所需要的，都在那儿。”这些组织也参加游行，并为朝圣者提供茶水。

因此，圣会在北京生活中获得了它们的位置，成为这座大寺院的许多赞助阶层中的一个，并且是通过它们的许多服务，一种基本的服务。同时，它们宗教组织的类型已经横向蔓延到首都的其他地区。这种类型之所以能做到这一点，是通过对一位神灵碧霞元君的祭祀来实现的，这既是东岳庙的一部分，又单独享受祭祀。

---

[88] 有关那些接下来的记载，我引自在这座寺院的许多明代碑文，在此引用的并非全部，也有《大明会典》，1587年，卷93，530页；沈榜：《宛署杂记》，卷17，167页；蒋一葵：《长安客话》，卷4，79页；刘侗、于奕正：《帝京景物略》，卷2，64～68页；刘厚滋：《北平东岳庙碑刻目录》，载《国立北平研究院院务汇报》，第7卷第6期（1936年），116～121页；《顺天府志》，1593年，卷1，14～15页；《帝京景物略》，卷2，64页。

朝 圣

围绕东岳庙宗教活动一个令人意外的方面在其他地方是很少
240 能见得到的。实际上，对关帝的崇拜在 16 世纪中期让我们首次对“圣会”投以一瞥，尽管持续下去了，但是没有扩展起来（确实是这样）。[89] 然而，在东岳庙的屋檐下，来自泰山另一位神灵的祭祀也越来越独立。这位女神是天仙圣母（碧霞元君、天仙圣母碧霞元君）。在这里让我们开始谈谈这位神灵本人，然后转向为供奉她而成立的宗教圣会。

在明末北京，不同的故事讲述了碧霞元君的身份。[90] 1635 年的指南手册偏爱（和永传）的故事是，在汉代，即一千五百年前，“金童”和“玉女”石头雕像就已立在泰山神灵的面前。被忽视了百年，男性雕像已经解体，女性的那个被推倒在一个池塘中。当宋代皇帝真宗于 1008 年到达泰山时，在池塘边休息，透过水面看到了雕像，把它搬出来进行清洗和祭拜。她被称为山神的女儿。[91]

在明代的书中，有关这个祭祀的讨论以及碑文频繁提到泰山和东岳大帝，指出泰山是如何使帝国“独东岳为世所崇”并且强调祭祀的正统性（“亡论千百□ 俗，好谓□□缁服左道淫祠之比”）。[92] 在此期间，在国家的宗教中缺乏对女性神灵的支持以及白

[89] 在 1592 年郊区寺院由宦官和太后建立的石碑中，至今没有引用的唯一例子是圣会模糊语言的使用（“那些在会中”）。北京图书馆金石组编：《北京图书馆藏中国历代石刻拓本汇编》，第 58 册，32～33 页。

[90] 有关同时代其他的明代版本，但在北京不是必须知道的，《泰山志》，卷 2，55～59 页；《碧霞元君护国庇民普济保生妙经》，见《续道藏》，“隶”五；谈迁：《北游录》，2～3 页。有关某些 20 世纪的猜测，顾颉刚编：《妙峰山》，120～123 页。

[91] 刘侗、于奕正：《帝京景物略》，卷 3，132～133 页；沙畹：《泰山志》，30 页。这个故事在明代经典中得到回应，引用于注 90。皇帝宋真宗也负责帝国范围内东岳的振兴。韩明士：《官宦与绅士：两宋江西抚州的精英》，192 页。

[92] 北京图书馆金石组编：《北京图书馆藏中国历代石刻拓本汇编》，第 58 册，38 页；括号内引文出自第 58 册第 89 页。

莲教无生老母的不稳定性，使得碧霞元君的信徒们可能明智地强调了这种关系。

碧霞元君通常被称为泰山顶上天仙圣母，简称泰山圣母；她的简单和最通俗的称谓是娘娘，“圣母”。[93] 她的寺院往往（总是?）有一个大殿供奉东岳的塑像并且经常被称为“行宫”。在北京，她 241
的寺院香火被视为“遥分岱岳高”。[94]

泰山圣母的祭拜在概念上源自东岳大帝的祭拜，在历史上则稍晚于后者的祭拜。而且，对她的祭拜与对东岳大帝的不同，在地理上局限于山东及其邻近省份。起初，男性神灵可以提高女性神灵的声望；后来，反过来了。虽然东岳大帝在明代末期仍然被认为是非常灵验的，但碧霞元君的名气已经增加到可以与之相媲美的程度，并且在清初的华北地区几乎使他黯然失色。

这两个祭拜在内容上是相当的不同。东岳大帝，天齐仁圣帝，在其敬畏方面是皇家的，拥有的权力既是古老的，又是普遍的（巍巍然）。[95] 他所在的山位于东部“五岳之首”，得到皇帝的长期捐助。在地狱七十二司的下属神灵是严厉的判官，从地狱的“阴”到他明显可知的“阳”，记录并“按判善恶”，决定在来世谁将会受到惩罚。[96]

碧霞元君，圣母，被认为关心孩子和有“慈”（善、慈悲）的能力，这是由于她与“以东方生物之府”和“万物皆生于母”联系在一起。供奉她的一座寺院中的一座块石碑宣称：“五岳并尊，

[93] 刘侗、于奕正：《帝京景物略》，卷 3，132～134 页；北京图书馆金石组编：《北京图书馆藏中国历代石刻拓本汇编》，第 59 册，166～167 页。我采用杜德桥（Glen Dudbridge）的“圣母”。

[94] 北京图书馆金石组编：《北京图书馆藏中国历代石刻拓本汇编》，第 58 册，199～200 页；刘侗、于奕正：《帝京景物略》，卷 3，132～134 页。某些碧霞寺院有专门针对东岳祭祀的狱府。

[95] 一座 1590 年石碑把东岳大帝的回应比作“慈母听子”，对于这位神灵的评论与普通崇拜的腔调如此不同，以至于我怀疑其指的是碧霞元君。北京图书馆金石组编：《北京图书馆藏中国历代石刻拓本汇编》，第 57 册，187 页。

[96] 北京图书馆金石组编：《北京图书馆藏中国历代石刻拓本汇编》，第 56 册，44～45 页；第 57 册，196 页；第 59 册，154～155 页。

独东岳为世所崇，奉东岳诸神，又独天仙圣母为世所崇奉，岂非以东方生物之府，而万物皆生于母耶?”[97]

圣母像与东岳大帝、玉皇大帝相似。她以威严的姿态端坐着，身着正式的长袍，双膝分开，露出脚，紧握手中的笏版，三只或更多的小鸟装饰着她的头发。她由同伴神灵们陪同着，她们在姿态和头饰与她相配：（她的左边）是只有一只眼睛的眼光娘娘，（她的右边）是抱着婴儿的送子娘娘。她们有时由其他负责生孩子
242 阶段的6个人伴随着——开始怀孕、滋育胚胎、加速生长、分娩、哺乳、避免天花等。[98]（参见图7-2。）

另一项单独的研究需要调查泰山朝圣的历史，以及在帝国其他地方与这位圣母声望的关系。[99] 泰山吸引了如此众多的朝圣者，以至于明朝官府于1516年开始在泰山脚下征收人头税。基于我们的目的，这种现象足以引起注意。张岱笔记中有关他1628年的游览给吴百益（Pei-yi Wu）所称的“游行团”为朝圣达到顶峰提供了充足的证据。[100] 围绕着东岳庙周围和北京碧霞朝圣团体的增长，在北部边缘的地区，无疑是更普遍现象的一部分，以至于我们可以说它们是泰山风格的宗教组织。

---

[97] 北京图书馆金石组编：《北京图书馆藏中国历代石刻拓本汇编》，第58册，89页；沈榜：《宛署杂记》，卷17，168页。

[98] 参见安妮·斯旺·古德里奇：《北京东岳庙及传说》，53～64、257～258页，画XII、IIIb。一幅来自山东碧霞早期的肖像，沙畹：《泰山志》，34页；马伯乐（Henri Maspero）：《现代中国的神话》，见阿坎［(Joseph) Hackin］等编、F. M. 阿特金森（F. M. Atkinson）译：《亚细亚神话》，图71中。利用不同的资料，不是来自北京的，彭慕兰（Kenneth L. Pomeranz）认为，危险的性别特征是碧霞人格一个突出的方面。

[99] 但请参见伊维德：《13、14世纪戏剧中的泰山朝山》，载《中国文学》，第19期（1997年），23～57页；杜德桥：《17世纪小说中的朝拜：泰山和〈醒世姻缘传〉》，载《通报》，第77卷（1991年），226～252页；布赖恩·多特（Brian R. Dott）：《登泰山：18世纪中国的社会文化互动》；彭慕兰：《泰山女神崇拜中的权力、性别和多元化》，见胡志德（Theodore Huters）、王国斌（R. Bin Wong）、余宝琳（Pauline Yu）编：《中国历史的文化和国家：习俗、和解和批评》，182～204页。我正着手对这个祭拜更进一步予以研究。

[100] 吴百益：《17世纪人们朝拜泰山的矛盾心理》，见韩书瑞、于君方编：《中国历史上的进香与宗教圣地》，79页；亦参见杜德桥：《去泰山的女朝圣者：来自17世纪小说的一些记录》，见韩书瑞、于君方编：《中国历史上的进香与宗教圣地》。

图 7－2　碧霞元君及其他八位娘娘

版画印刷，57.8cm×60cm。

资料来源：塞恩斯基藏品，远东艺术博物馆，科隆，德国。图片：莱茵图片档案馆，科隆。

泰山娘娘的祭仪是何时传到首都的呢？1447 年纪念重建北京东岳庙的石碑碑文没有提到为她修建大殿。据我所知，最早给她修建寺院是天顺年间（1457—1465）在北京的修建。在东岳庙的 1524 年石碑上，不幸的是，在状况很差的情况下，在其诞日记载了“泰山碧霞元君祭祀供品清单”。因此，我们可以确信，这个日期是她在这里被供奉的日期。[101] *243*

其他寺院修建于 16 世纪（特别是在郊区），到 1640 年有 48 座

[101] 有关这座石碑的年代，与 1524 年相对照的 1523 年（比较，仁井田陞：《北京工商ギルド资料集》，卷 4，759～760 页），我遵循北京图书馆金石组编：《北京图书馆藏中国历代石刻拓本汇编》，第 54 册，108 页。

碧霞寺院建在北京周边地区（并且更多的是在农村），在那些其他地方，她只是一位次要的神灵。有关这些寺院历史的资料是不足的，但是有关它们节日的资料，据我们所知是相当多，从它们那儿我们能看到这个祭拜是如何变得完善的。

到16世纪60年代，位于北京西北门外几公里靠近高梁桥附近的地方有一座圣母庙，一条风景如画的河流已为首都居民所知。在这里，这位神灵对圣子们表达了一个特别的愿望。从四月初八的释迦牟尼佛诞日到四月十八日的碧霞元君诞日，为期十天，这座寺院被朝圣者挤得水泄不通。耍杂耍的和其他艺人为神灵和游客们献艺。尤其是妇女，包括各个年龄和阶层，都到这里来祈祷和庆祝。[102]

碧霞元君与泰山的联系是由称她的寺院为“顶”的惯例形成
244 的。（她和东岳大帝在泰山脚下都有寺院，但是碧霞元君控制着“顶”。）到1614年，在北京西北郊区的圣母庙解释自己与泰山是一对，用别号“西顶”来称呼自己。[103] 在17世纪的头十年，它的声望也许促进了北京周边“顶”的增加。在1635年一本有关北京的重要图书中，其作者谈到西、中、东、北和南顶，5座寺院的位置能任意地辨别这些别号。（如它们在地图14－1中所示。）正如我在其他地方所主张的那样，扎根于帝国的圣顶制度在首都地区的复制，意味着潜在局部结构（an underlying local structure）的一个神圣保护。[104] 因此，这个领域既包括了被城墙环绕的城市，又包括了乡村。

虽然这些寺院只是想象中的山岳（甚至没有人在山上），但是

---

[102] 沈榜：《宛署杂记》，卷17，168页；北京图书馆金石组编：《北京图书馆藏中国历代石刻拓本汇编》，第58册，38页；蒋一葵：《长安客话》，卷3，45～46页；袁中道：《珂雪斋集》，各处；《日下旧闻考》，卷147，2353页。

[103] 陶允嘉：《西山纪游》，见何镗：《名山圣概记》，卷1上。我无法证明一个更早些的“西顶”的用法。在这座寺院中，碧霞祭祀开始不早于1590年；“西顶”可能开始被使用是在那座寺院全盛时期的早期，约1608年。

[104] 韩书瑞：《北京妙峰山的进香：宗教组织与圣地》，见韩书瑞、于君方编：《中国历史上的进香与宗教圣地》，337～338页。

这些绰号提醒信徒，碧霞元君的家在泰山上，并且在她的权力得到承认的更广阔领域之内可以祈求保佑。在这个祭拜的世界中，泰山是中心，华北是宇宙，北京是边缘，并且缔结的组织是泰山的朝圣。

不同于东岳大帝，碧霞元君表明自己在这个世界上广为人所知。西顶的早期历史为我们提供了有关灵魂附体的信仰，以及这种与政治无关的宗教领域波动的精彩例子。这座寺院开始是作为真武大帝的祠堂，位于郊区宦官管理的染房附近。1590 年，当地一名男子拥有了这座庙并宣布真武大帝已被提升；因此，人们开始重建寺院，利用这个机会给关王和圣母增加了新的殿堂。

1608 年，碧霞，她降神于一位姓毛的男子身上[*]；通过这个人宣称，位于那座寺院西侧有一个大坑对于她是一个极大的不便，并且要求她的追随者填掉它。一位狂热信徒立即做出反应，关注到这位女神的不悦，迅速到寺院抬着一袋袋的土填入坑中。“一切男妇不论贵贱，或车运，或马载，以至艳妇处女，亦坐两人小舆，怀中各抱一土袋，以香楮随其后，入庙献之。”万历皇帝和他的母亲听说这件事，母子二人资助了金钱。寺院被再一次扩大，这一次专门供奉碧霞元君。[105]

17 世纪早期，北京地区最有人气供奉圣母的寺院可能是城墙 245
外东南约二十公里远的天仙庙。通过河上的一座桥，这座寺院（建于成化年间，1465—1487，俗称“南顶”）自四月初八至十八日吸引了大批民众。许多人来到这里，富人和贵族乘着车，其他则乘骡车或马车，或步行；忏悔的人在尘土飞扬的道路上交替着行走和跪伏前行。一些朝圣者是有组织的团体，由其会首动员，在轿子上载着披金带银的碧霞元君塑像，上面张着伞盖，

* 据中文史料，应为王从智而非毛姓男子。

[105] 引文来自沈德符：《万历野获编》，746 页；这位忧虑的作者发现了另一个在宋首都的“进士”插曲，就是在北宋败于女真之前，并且（预示着）在他那个时代北方边疆危险形势。北京图书馆金石组编：《北京图书馆藏中国历代石刻拓本汇编》，第 59 册，166～167 页；北京图书馆藏拓片第 2781 号。

显示绣有她名字的巨大横幅，男子们敲锣打鼓陪同着。一些朝圣者群体甚至再往南行进，到涿州城北门六十公里远的娘娘庙。[106]

与东岳大帝神诞日寺院中塑像的巡回游行形成鲜明对照，这些信徒抬着他们自己的塑像前往泰山圣母的这些寺院。[107] 此外，朝圣者和东岳的圣会会合于一座寺院中，但为了碧霞元君，他们还会游历一系列庙宇。

“顶”的制度为这位神灵在寺院之中创造了松散联系的层次。1640 年，为六顶供奉白纸的宗教圣会成员描述了在过去的三十年中，他们为东岳大帝和圣母金身如何制作白纸钱的过程。在这种情况下，他们到南、西、北以及中顶朝圣。[108] 一本明末经文《灵应泰山娘娘宝卷》讲述了一个虔诚的女人，在涿州圣母塑像前、东顶（可能这意味着东岳庙）、在马驹桥（南顶）以及丫髻山（北京东边）烧香的故事。虔诚的朝圣者也被要求这样做。[109]

虽然这些朝圣说明了存在着为碧霞元君而形成的“圣会”，但
246 是记载它们的明代石碑却相当少。[110] 虽然几乎无法辨认的 1524 年石碑提到了她的名字，但在 1636 年前没有圣会这样做。一块于 1636 年竖立的石碑上，圣会称自己为“香会”——在字面上是“香会”，却意味着一个为朝圣供香的组织。在这个时期，它们之前的几代东岳庙圣会得到了良好的发展。它们在有关西顶朝圣圣会的笔记中提到许多组织内的职位由男人控制：两位总负责人（总管会首），17 位主要圣会领导人（正会首），25 位副领导人

[106] 刘侗、于奕正：《帝京景物略》，卷 3，133 页。刘若愚：《酌中志》，卷 20，1 页；卷 24，4～5 页。《日下旧闻考》，卷 147，2353 页。

[107] 我还没有看到有关抬出一座寺院的一尊圣母像在周边巡游的参考资料。

[108] 首都图书馆藏拓片第 306 号。东顶，也许从来都不是一座活跃的寺院，但为了对称，指定由一座药神庙代替。

[109] 《灵应泰山娘娘宝卷》，1652 年。

[110] 据我所知有 20 篇碑文（在石碑或钟上）安置在明代碧霞寺院；12 篇仍保存着，但只有 2 篇是由宗教团体创作的。

（副会首），14 位管理人员（管事）和 200 位成员（随会）。这些数字包括了那些三年一轮值的领导人。[111] 一本北京指南指出，在一座碧霞寺院中，这些圣会的成员将按照他们的领导人（首人）或朝圣领导（香首），带着标有“令”的小旗，“如师，如长令，如诸父兄”。[112]

通过名字我们知道，碧霞元君寺院的捐助人都是宦官或内廷的人员，包括李太后和万历皇帝，而且他们的行为属于一个熟悉但非联合的类别。[113] 在 1622—1624 年，魏忠贤资助了广仁宫（西顶）的重建，并且它似乎因得到他和太后的积极赞助，使得涿州寺院众所周知。[114] 对于其他碧霞元君庙更普通的捐助人，我们一无所知。

萨满巫师拥有治疗、送子和创造奇迹的能力似乎已经使圣母比东岳大帝更易接近和有吸引力，促成了她在北京（和华北）后来的巨大成功。在石碑上对于她的宗教节日的描述和更易接近的媒介在传播祭拜中肯定起了一定作用。1609 年，一幅全国出版发行的《顺天京城地图》显示，南顶是少数的几座寺院之一。在她 247

[111] 北京图书馆藏拓片第 2761 号。这两个首领在石碑侧面一篇单独的碑文中描述他们自己为“总香头”（圣会香头），说明“香”和“圣”可以互换使用。

[112] 刘侗、于奕正：《帝京景物略》，卷 3，133 页。

[113] 在 47 座已知的碧霞寺院中，有关创始人的资料只有 13 座；它们是皇帝、太后、宫女、宦官和锦衣卫成员这种熟悉的群体。有关例子，北京图书馆金石组编：《北京图书馆藏中国历代石刻拓本汇编》，第 58 册，38 页；第 60 册，31～32、81～82 页；第 71 册，141 页。李太后认为她自己是观音转世，受托于她的女儿瑞安公主的一部 1611 年宝卷，解释泰山圣母也是一尊菩萨的化身，也就不足为奇了。参见第五章；李世瑜、韩书瑞：《保明寺：明清中国的宗教与皇帝》，载《哈佛亚洲研究学报》，第 48 期（1988 年），160～162 页；于君方：《普陀山：中国的普陀洛迦山的创立和朝圣》，见韩书瑞、于君方编：《中国历史上的进香与宗教圣地》，210～211 页；周绍良：《明代皇帝、贵妃、公主印施的几本佛经》，载《文物》，1987 年第 8 期，8～11 页。亦参见沙畹：《泰山志》，102～104 页。

[114] 西顶，北京图书馆金石组编：《北京图书馆藏中国历代石刻拓本汇编》，第 59 册，166～167 页。似乎许多“今之□祠者”，魏忠贤为自己建造的是碧霞元君寺院的一部分。邓之诚：《骨董琐记　续琐记》，卷 1，2 页；刘若愚：《酌中志》，卷 24，1～5 页。涿州，刘若愚：《酌中志》，卷 20，175～176 页；卷 24，209 页。《明史》，卷 221，5824 页。《日下旧闻考》，卷 129，2077 页。

宝卷里的插图以及青铜器和纸上的神像，安放在寺院和家庭的祭坛上，使其肖像具有常识一样的效果。[115]

虽然碧霞元君的寺院缺乏受过教育的僧人、非常古老和吸引文人的历史文物，但到 17 世纪初期对她的供奉已经成为过于引人注目的场景以至于不能对其视而不见。事实上，对于北京土生土长的所有阶层而言，她的祭拜已经成为当地引以为傲的事件。于奕正，1635 年《帝京景物略》的两位作者之一，此人为本书收集了许多当地的资料，他是一位北京当地人，而且他的个人经历可能形成了同情碧霞元君祭祀笔记的基础。甚至知县沈榜也无法忽视春天朝圣者的人群。[116] 连同大量有关泰山的文献，这样的著作使得这个祭拜引起了读者的注意。[117]

这两位泰山神灵相结合的庆祝活动，引起了特别的注意。当他们的假期成为吸引更广泛公众节日的时候——在这个过程中，我们将在接下来的章节中研究——两种祭拜，他们的寺院以及他们被紧紧地编入北京社会结构中的圣会。

正如我们已经看到的那样，在明代的北京皇宫、官僚机构和居民家庭之外，社区的形成有很多种可能性。对当地生活有兴趣的皇族，一个其权力源于朝廷拥有广泛基础的地方精英，来自北京和帝国其他地方的士大夫、工匠和寄居商人、僧侣和道士、宗派人士和一般公众——所有人都（不同程度地）积极参与建立和维护空间和组织，允许某种程度上更广泛的集会和集体行动。他们这样做，没有顾及正式敌对的政府体制和政策。此外，尽管他

---

[115] 地图，《三才图会》，卷 6，248 页。我不了解任何明代碧霞寺院或庆祝的绘画。当有插图的经文出现时，已经了解注有日期的碧霞肖像来自明末，例如，苏富比拍卖行：《中国装饰艺术目录》，伦敦，1982 年 10 月 29 日，条款 128。《天仙玉女碧霞元君经》，1576 年。

[116] 于奕正，富路特、房兆楹主编：《明代名人传》，969 页；刘侗、于奕正：《帝京景物略》，前言，5～8 页；沈榜：《宛署杂记》，卷 17，168 页。

[117] 例如，《泰山志》；谢肇淛：《五杂俎》，卷 4，277～283 页；吴百益：《17 世纪人们朝拜泰山的矛盾心理》，见韩书瑞、于君方编：《中国历史上的进香与宗教圣地》。

们只占据了一部分范围，这个范围包括从私人别墅的派别到在学校的讲学再到官员主导的仪式，但是成立在寺院内部及周边的圣会在为有组织的行动所开创的空间中获得相当大的成功。发展中的机构“会馆”和“圣会”是对行会的补充，向僧侣职能方向发展的世俗社会以及诗社成为后来更牢固和更积极的机构基础。

这些组织在形式上的不稳定，国家结构中一部分人民的参与，248 以及独立或反对语言的缺乏，使得人们在目的上把它们同后来表面上自主的欧洲“公共领域”（public sphere）进行比较，这是危险的，而且可能不合适。[118] 这个问题似乎甚至有些倒退。在本章中讨论的这种组织和空间被定义为“公共的”（public）。这是因为它们根本没有存在于某些安全单独的私人领域——正如家族和宗族所做的那样——它们的活动和场所很容易受到国家的干预。

---

[118] 关于明末“公共空间”的争论，卜正民：《为权力祈祷：佛教与晚明中国士绅社会的形成》，23～29、106～107 页；冉枚烁：《中国公共领域的起源：晚清时期的地方精英和社区事务》，载《汉学研究》，第 9 卷第 2 期（1990 年），13～60 页。

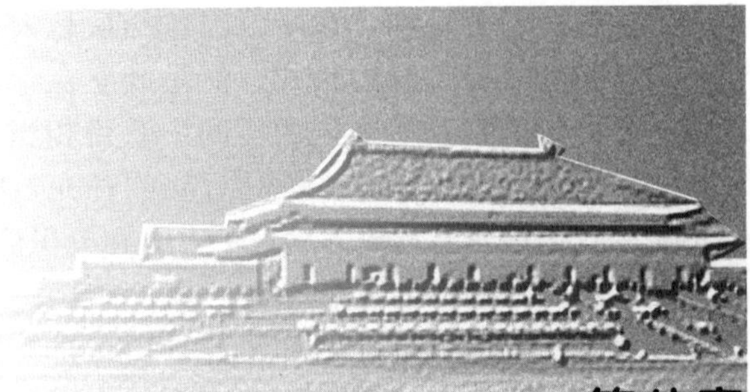

第八章

游览观光

249 在明朝统治两个世纪之后，这座北方都城被公认为这个帝国的大城市之一，其政治中心和文化尊严得以确立。1600 年，北京不仅成为国家精英不可分割的一部分，而且拥有自己的当地居民，许多家族在那里生活了至少十代。不同成分和外来人口的持续流入，使得一座拥有自己身份的城市——不只是首都——已经被确立起来了。但是皇家的北京仍然无处不在，通过城市布局、纪念性建筑和皇家言论进行表达，从而加强了金钱和权力的适当分配。为其皇家目的而殖民的北京，皇帝仍然倾向于压制其他类型身份竞争者的表现。

正如我们所看到的那样，当地官员所呈现的身份却被政府的结构驱散和分裂。当然，通过寺院我们可以看到，朝廷精英统治着公众的生活，在创造、展示地位和文化的过程中，生活超过任何其他事务。有关那些与宫廷相关的人，就帝国寄居的精英方面而言，国家和宫廷政治仍然比地方事务更具有吸引力。来自北京本地的精英文人，是当地身份更合乎逻辑的拥护者，却没有形成他们自己独有的特色，似乎被更有权威的社会集团同化。

也许并非显而易见，但旅游业是形成强大非主流北京美景的一个舞台。成见以及游人和东道主二者的经验，形成了某些北京形象并广为传播。寺院——因为它们充当了对游人具有吸引力的地方、朝圣者的目标和节日的场所——既提供了当地人引以为荣的地方，又成为游人固定的目的地。这样它们可以起到说明北京旅游业一般进程的作用。

在一个可以悠闲旅行的世界中——明代的中国就是这样一个 250
世界——大量期待发展成为有趣、著名、不同、独特和值得一看的地方。那些认为这个问题可以由历史学家进行深入探讨的人是受过教育的，确切地说，那些人可以成为游人。他们制造和消费与这些事件相关的书画，而且已经出现了对社会底层有影响的标准。关于普通游人的期望和活动的资料，我们知之甚少。

对我而言，旅游业似乎包括了一种在游人和当地人之间的辩证关系：一个人问："到那里去看什么？做什么？"另一个人就回答说："到这里来看这个。"持续不断的议论为著名景点在游人和当地人之间提供了一个共同的文化背景。在明朝统治的过程中，一连串"北京著名的景点"得以发展。由无数游人的行动所创造的这些景点，通过诗歌、散文笔记以及当地创作的绘画和地图，以书面的形式把它们记载到书里。

当由受过教育的精英男性成员对此加以说明时，游人的北京被证明是长久的、有权威的和有影响的，也许跟皇家的北京是一样的。两者只是部分的景色，但两者都对后代有着非常大的影响。

出游备览

发展于明末有关北京的旅游文学是建立在早期作品的基础之上。总而言之，向一个阶层提供了有关已逝首都的回顾和怀旧类著作。①

---

① 在此所讨论的著作里，也许只有《梦粱录》没被刊行。刘侗、于奕正：《帝京景物略》，前言，8页。杜信孚纂辑：《明代版刻综录》，卷6，16页；卷4，36页；卷6，36页。艾蒂安·白乐日（Etienne Balazs）、吴德明（Yves Hervouet）：《宋代书录》，151页。

首次通过3世纪的散文诗（赋），为京都辉煌的口头描述创立先例，京都“宫室光明，阙庭神丽”。[②] 长安和洛阳这两个汉朝首都就这样用文字为后代所保存，并且作为皇帝陛下典范的遗址和权势而被理想化。

6世纪的《洛阳伽蓝记》也是一部纪念被毁灭都城的伟大著作，创立了与宗教机构建立这种伟大联系的一个永久先例。这本书一段一段地对这座城市进行研究，描述了与它们相关的著名事件和寺院。[③] 1147年的《东京梦华录》回顾了宋朝首都开封，这
251 座城市早在二十年前就被入侵的金军占领了。它提供了一个更为全面的城市生活场景，其中的宫廷和寺院在城市生活中仍然占据着重要的地位。13世纪末的《梦粱录》和《武林旧事》这两部著作对于被蒙古人占领前的南宋都城有着类似的作用。[④] 在其标题中援引了汉代宫殿的绘画，回顾了开封的龙舟，或创造了一个理想化和明显有着丰富装饰的非城市远景，气势宏伟的精致殿堂为这些风俗画在视觉上提供了等价物。[⑤]

另一类的旅游知识来自明朝有关北京的学术著作。[⑥] 在方志中，官员和精英们以系统的方式研究行政单位，描写历史、政府事务、地理、风俗和当地的名人，并且带有学术分支的姿态，对细节进行了全面的关注。在这种类型中，冠以“著名景点”和“古代遗迹”的部分按地点和事件编成目录以便进行查阅。明末，

---

② 萧统（501—531）：《昭明文选·京都》，157页；最有名的这些“狂想曲”在此翻译，93～477页。

③ 杨衒之（Hsuan-chih Yang，卒于555年?）：《洛阳伽蓝记》，王伊同（Yi-t'ung Wang）译，xi—xiii，6～7页，以及他的《洛阳伽蓝记》译文。

④ 艾蒂安·白乐日和吴德明的《宋代书录》第151页描述了《东京梦华录》。有关《梦粱录》和《武林旧事》，《宋代书录》，154～155页。

⑤ 有关众多“汉宫”绘画中的两幅，方闻、屈志仁：《拥有过去：台北“故宫”藏中华瑰宝赴美巡展》，画83，148页。

⑥ 参见王灿炽：《燕都古籍考》，1～67页，其中有关他所能确定的关于此城市的28个故事。大部分是简短的，并且许多故事甚至在明代就已经不存在了。刚好是在它们于14世纪60年代被摧毁之前，对元代宫廷的记载有消失都城的风格，但——对元代的留恋未得到公开的鼓励——直到1616年也没有刊行。萧洵：《故宫遗录》，72页。

“名胜”指的是人们想要参观的“著名景点”，山脉或河流，桥梁或殿堂。[⑦] “古迹”则是指被遗弃的人类建筑物（梯田、建筑物）以及自然物质（岩石、树木、洞穴、池塘）。

北京复杂的行政地位和相对薄弱的当地精英可以解释在明朝以前或明朝时期地方志缺乏的原因。[⑧] 首都被包括在 1376 年省级 252
范围的《北平八府志》和 1461 年的《大明一统志》中。[⑨] 直到晚明，这类历史和地理知识才得以显著扩大。1593 年，该县湖南籍知县沈榜的《宛署杂记》刊行，也是一种地方志，这在两个世纪

⑦ 原来用于名人的短语，《汉语大词典》，卷 3，170、174 页。（据我所知）声称对此风景有一个系统描述的最早的书由曹学佺（1574—1647）所著，可能在 17 世纪 30 年代，即《大明一统名胜志》、（有关四川的）《蜀中名胜集》（在其他之中）、有关北京地区非常简短的志稿《燕都名胜志稿》。比较，富路特、房兆楹主编：《明代名人传》，1299～1301 页。由亨利・D. 史密斯（Henry D. Smith）予以解释的《梅说》中的日本人感觉也同样赢得了中国人概念的仿造特性：“一个本质上具有传统诗歌属性的文学场所。”亨利・D. 史密斯：《导言》，见《歌川広重，名所江户百景》，10 页。

⑧ 1403 年之前简短的县级历史可能已经得到记载，但在明代几乎没有任何这类著作甚至是手稿的传播。王灿炽《燕都古籍考》第 79～82 页认为洪武年间的宛平和大兴“县志”确实存在，但现在只知道标题；我想知道为何如此。亦参见《顺天府志》，1885 年，卷 122，6327～6328、6332 页。《北平考》（约 1400 年）摘录了有关明朝的城市且重点在城门、祭坛、宫殿和别墅、寺院、附近的山川。张爵 1560 年的《京师五城坊巷胡同集》，直到 20 世纪 20 年代其他的片段一般仍是不可用的，简单列举了都城的坊和街道。然而，在其开始，包括了八景、旧的遗址以及地图，对于游人来说它可能是有用的。张爵：《京师五城坊巷胡同集》，3 页。《析津志》，于 14 世纪中期由一位来自江西的寄居者著，在明代很少有人知道。文中的内容我们现在只能从保存在其他文章中的部分再现（例如，《永乐大典》）。参见北京图书馆善本组辑：《析津志辑佚》，前言；王灿炽：《燕都古籍考》，61～66 页。18 世纪编纂的《日下旧闻考》广泛地引用保存下来的片段并且首次把这部分材料放入公共的范围内。“析津”是一个辽代称呼北京府所在地的名字。原有著作的全面结构无从知晓；1983 年版本的编辑是根据他们自己编辑的目录重新进行集中的部分。有关寺院的资料在这个版本中散落于全书各处。北京图书馆善本组辑：《析津志辑佚》，54～55、117～119 页；关于节日，参见第 202～205、211～224 页。

⑨ 关于 1376 年县志，王灿炽：《燕都古籍考》，76～79 页；《顺天府志》，1885 年，卷 122，6326 页；贝勒（勒士畲得）：《北京及其周围地区考古和历史研究》，10～11 页。1461 年著作是《大明一统志》。13 世纪末《元一统志》和明初期的《永乐大典》也包含了首都地区的资料，但是无法轻易得到。陈高华、陈智超：《中国古代史史料学》，334 页；《顺天府志》，1407 年。

中是第一次。[10] 同一年，顺天府也有一篇简短文章，包括典型的半官方类型的两幅北京地图。这些地图强调了城墙和大门，很少涉及皇城，并且只确定了朝廷衙门和若干相互交叉的部分。[11] 总的来说，这些明代北京学术的表达不如在帝国内其他重要城市那样数目众多或详尽。[12] 它们必定强调其作为帝国首都和行政中心的身份。

第三类，更广泛的题材——游记，是以添加个人经验的记录为基础的。受过教育的精英——当地人，特别是寄居者——不仅创作了有关旅行和景点的简短文章，而且也创作了一个更长篇幅有关北京的旅游备览文献，他们把注意力集中在风景。后者在明代后期繁荣起来，因增长的印刷书籍刊行和资料的普通商品化而
253 得到加强。正如卜正民（Timothy Brook）所说的那样，这个时期是以专注于“地方特殊性”（particularity of place），就是以表现视觉和书面形式两方面为特征的。[13]

在明末有关北京的游记中，寺院绝对是最常见的旅游景点。不仅有零星的桥梁、坟墓、山峰，而且著名的别墅、宗教设施内部以及越过城墙之外，也都是精英旅行最常见的目标。虽然明代文人很少捐钱修建或维护京城的寺院，但他们仅仅通过到达此地和记载他们的游览就可以把寺院变成著名的景点。通过诗歌和简短的游记，文人为他们自己记住了这些地方，也与远方的同时代

---

⑩ 沈榜认为他是第一个记载县行政的人，沈榜：《宛署杂记》，前言，4 页。有关沈榜本人，参见北京版本的前言；富路特、房兆楹主编：《明代名人传》，1185～1187 页；乔安妮·克莱尔·维克兰：《中国明朝首都的行政部门：16 世纪的北京》，16～20 页；孙承泽：《春明梦余录》，前言。

⑪ 《顺天府志》，1593 年，卷 1。其内容今已经不可知，但在《日下旧闻考》中有引用。

⑫ 例如，比较有关南京、苏州和广州的条目，参见《中国地方志联合目录》，卷 1，310～311、314～317、673～674 页。

⑬ 卜正民：《明清历史的地理资料》，60 页。有关一个可得到的优秀游记文献（大部分是明代和从明代起），参见金玉满等人编：《中国旅游文献书目选编》。柯律格《〈长物志〉：早期现代中国的物质文化和社会状况》第 56～57 页中提到明末通过它们的出处对目标进行区别（和分成等级）的一个关注。

人分享着他们的记忆。⑭

对于文人（包括接受文人角色的官员和商人）来说，因为旅行的愉快赋予“游”的特色。“游”是悠闲的、娱乐的且从容的短行。⑮ 无论是一个下午还是数天甚至数周，这些地方在过去是通过重复他们的经历来和志趣相投的人们进行交流的场合。精英旅行者因此寻求原先被描述且已经指定为景区（胜）的或旧的（古）或著名（名）的地方。“游记”是一种以第一人称并按照时间顺序对参观过的地方进行叙述和评论的一种文章。⑯

经过传统训练的中国人经常赋诗填词，而且易如反掌，他们习惯于利用诗词作为难忘瞬间的文字快照。这种诗很少具有一张照片的特性，但标题和附加的注解通常是非常准确的。一首诗暗示和含糊地提到远山、诵经的僧侣或秋天的气息，可能被称作“某某年九月九日登毗卢阁”。这样一首诗对于想知道那座楼阁看起来像什么的历史学家来说是一种贫乏的资料，但它有助于我们理解一个人在俯视时的感受，它提供了有关诗歌创作时代和地点的完好信息。诗歌经常是公共事件，有时甚至直接写在绘画上。
因为游人被吸引到诗中曾提到过的那个地方，在那儿过去的名人 254
同样也这样做，一个由关系良好、博览群书的人组织的松散团体——在时间和空间上遍布——就是这样形成的。查看这种诗歌的积累，我们就可以理解某些景色和地点是如何积累了诗歌的历史并获得了文化意义。

1635 年的《帝京景物略》，它的作者认识到文人诗歌作为当地景点标记的重要性，在有关北京的著作中它是一个重要的里程碑。⑰

⑭　我已经调查这些旅行者的某些著作并且查询了明末再版的这些书籍。

⑮　这个汉语词汇可能也被译成“旅行”、“参观（一个地方）”甚至“假期”；其有某些“简单、感觉、愉快的自信”，亨利·詹姆斯（Henry James）将其与巴黎浪子相联系［引自克里斯托弗·普任德葛斯特（Christopher Prendergast）：《19 世纪巴黎》，4 页］。

⑯　关于这种风格早期历史的更多内容，宣立敦（Richard E. Strassberg）：《笔下景观：中华帝国旅行著述》，1～56 页；亦见吴百益：《17 世纪人们朝拜泰山的矛盾心理》，见韩书瑞、于君方编：《中国历史上的进香与宗教圣地》。

⑰　略早的《长安客话》包括了某些诗（蒋一葵）。《帝京景物略》的编者拥有比我们今天所能得到的多得多的资料选择。

其引用超过 1 100 首有关上百个不同地方的诗歌，每个景点按时间顺序排列，并列出作者的姓名和籍贯。少数作者是明代以前的，但在 378 位诗人中，引用的大多数（据我统计）属于明代中期和末期。这是外来者有权威影响的一种反映，在所有诗人中，只有 3 人是寄居者。

随着时间的推移，明代的精英们在北京及其周边为他们的读者群创造了一连串的景点。在 17 世纪的头十年里，有关首都的一个可识别的旅游文学最终刊行。我把指南手册（这是游人撰写的）从游记中区分开来，并把它们确定为为游人编写的有关北京景点的书籍。

在以往的分类中，这样的游人资料深藏于比较长篇的论著之中。[18] 曹学佺（福建人，1595 年进士）的著作在普通说法中似乎帮助创建了词语“名胜”。[19]《大明一统名胜志》中的四卷是有关顺天府的部分，他根据著名游人和景观重新铸造当地历史共有的“山川和水道”部分。大多数名胜位于这座被城墙围绕着的城市之外，曹学佺评论道，潭柘寺的景色能打动人心，不亚于他为读者描绘的江南景色（长江中下游）。

蒋一葵著于 1602 年后的《长安客话》，是在作者经验的基础之上为游人编写的。[20] 孙国敉的《燕都游览志》，可能撰写于 1626—
255 1636 年，以一位匿名观察者的伪客观性的口吻描绘景色。[21]

刘侗（一位湖北籍寄居者）和于奕正（北京本地人）1635 年

---

⑱ 沈榜 1593 年的《宛署杂记》包括了几页定义为“古迹”（全部在这个县里，没有一个在北京）的 49 个词条、当地习俗的记载以及岁时节日，以及能看到的一系列远景。沈榜：《宛署杂记》，卷 4，31～32 页；卷 17，166～169 页；卷 20，261～264 页。同年的府志也包括一个有关“古迹”的简略部分。《顺天府志》，1593 年，卷 1。

⑲ 我不知道较早的书籍以这种方式使用这个术语。曹学佺至少刊行了其他 4 部描述帝国其他地方“名胜”的著作。

⑳ 8 卷中的 4 卷用于记述城市和郊区以及首都地区的其余地区。

㉑ 这部 40 卷的著作未有现存版本，但根据现在保存的摘录来判断，其有大量关于北京寺院和景色（包括石碑的正文）资料。《日下旧闻考》，各处；王灿炽：《燕都古籍考》，140～156 页。宋启明的《长安可游记》现今也未保存下来，其著作晚于 1635 年，且似乎集中详细描述西北郊区的旅行。《燕都古籍考》，171～175 页。

合著了8卷本《帝京景物略》，是现存最著名和最重要的指南和游记。其是按地理排列的，标明了128处景点，列出每篇描写景色的短文，并附上以前游人的诗；整本书只有一卷论述北京及其近郊。有关岁时的资料附加在一个条目下。

这部著作值得仔细研究，《帝京景物略》对悠闲的文人游人来说是一部完备的指南。虽然这本书本身部头过大不便于使用，但任何16本单独的平装分册在短程旅行中可以很容易地挪动和携带。[22] 然而，《帝京景物略》几乎没有给它的读者任何实际上的指导：没有地图，没有方位，也没有提到住宿或用餐的地方。它对于商人没有任何参考意见，对集市和宴请的评价也仅仅是顺便提及。它只是孤立地指明并说明哪些景点是作者认为值得游览的。虽然这部著作把这些信息进行了合并和组织，但仍然更接近于诗歌和游记。

《帝京景物略》给人的感觉是它对北京历史的了解相对肤浅。它提到了明代和之前元代的事件，对发生在辽、金或宋的事件却很少提及，对更早一些的历史提到得就更少了。而且，与大多数指南手册一样，它把过去融入现在，把全部带进一个可接近的程度，模糊了在任何情况下以时系事的中国方式简单进行记载的差异。《帝京景物略》没有考察整个这座城市。许多东西被遗漏掉了。[23]

明末的旅游文献——指南手册、诗歌、散文笔记——把重点放在“北京”这个比我们建议使用的单一英文名字更加模糊的名称。在书面形式中，这座城市很容易被称以各种名称，而且地理区域包括了不同的形式。[24] 绘画和地图集中于城市但不是这个文献的一个系 256

㉒ 其测量为26cm×15cm。

㉓ 只有127个宗教建筑被提及，在这些宗教设施中，只有64个是单独的词条的主题。

㉔ 这些名字包括长安（直到现在意指任何大的首都）、燕都（燕的都城）、皇都（皇帝的首都）和帝京（皇帝的首都）。北京（北方的首都）不经常出现，通常与南京相伴；见《帝京景物略》，前言，5页。

统部分。[25] 1560 年，城市平面图《京师五城坊巷胡同集》以一个格式化和扭曲的形式把更外围的郊区地点包括其中。（如图 5－1 所示。）在 1593 年《顺天府志》中，北京的表现也有类似的重点，却遗漏了湖泊，而且根本没有显示郊区。[26]

大多数以游客为导向的材料把郊区包括了进来，而且把这座城市放置于“大北京”这个更为宽泛的地理和文化区域，但是这个更大领域的界定是非常松散的。在刘侗和于奕正的《帝京景物略》中，这座城市对于读者来说是通过章节标题为“内城墙”、“外城墙”和“西山”（意思是西北郊区）来建构的。在《长安客话》中，其组成分别是“皇都”、它的“郊区”（郊乡）和“首都地区”（畿辅），而畿辅超出了北京之外。[27]

《顺天府志》提供了整个顺天府布局的一个粗略叙述，北京及其全部城门位于一片河道纵横交织的平原之上，被新月形的山脉环绕着，单调的词语描写了北京靠近北方边境的“荒地”。[28] 1609 年的《三才图会》提供了一幅可比较的地图“顺天都城”，通过北边的长城和东边的渤海湾界定了这个府的范围。[29] 在《长安客话》八个章节中，有一半以上涉及更广泛的首都地区风景名胜，延伸至长城和东南面的天津。相比之下，那本《帝京景物略》只有一章是关于这个地域的，包括在任何方向约五十公里的范围（东到通州，西南到房山，以及北边和西边到山区）。

与行政或地理界定的北京形成对比，这些材料同时形成了一个更具有诗意的注解，用八景既可以代表北京的特殊性，而且也

---

[25] 《洪武北平图景》大概是一种带有地图的方志，写于城市 1403 年重新命名之前，没有保存下来，也没有任何宣称明初当地的历史。参见王灿炽：《燕都古籍考》，76～107 页各处；《顺天府志》，1885 年，卷 122，6326 页。沈榜 1593 年的《宛署杂记》也没有地图或插图。

[26] 人们可能希望有一份管理性的文件，城市地图（诗意地命名为《金门图》）显示了三个当地政府衙门、东西牌楼和鼓楼。《顺天府志》，1593 年，卷 1。

[27] 刘侗、于奕正：《帝京景物略》，卷 8；蒋一葵：《长安客话》。

[28] 《顺天府志》，1593 年，京师地区的地图。

[29] “顺天京城”在《三才图会》，卷 6，248 页。在 1613 年《图书编》中，“燕山”的地图与之类似。章潢：《图书编》，卷 17，7021 页。

可以描述更广泛的地区。明初“燕山八景”保存下来，其中两处——西山和玉泉，已深入人心并且成为首都现存风景的一部分。257 其他两处，卢沟桥和居庸关，仍是首都繁华的关口和北京地区的分界点。居庸关这道关隘吸引了相当少的文人游客。卢沟桥位于通往首都的必经陆路要道上；石狮子和优雅的拱形桥是值得一看的景致，许多人在通过时会停下来记录这个时刻。[30]（这座桥如图 1-1 所示。）

更为系统的视觉处理，可以在 1609 年刊刻的《三才图会》中的一套木雕版画中发现。虽然有写实的文人绘画，但是这些画作并没有试图准确地表现北京的景点，甚至没有确认这就是北京的景点，而且，就像明初的手卷一样，它们和城市没有一点关系。相反，它们只通过识别标签和所附着的文字表现了通用可辨认的风景。[31] 然而，特别是对那些没有访问过北京的人来说，这本书把这组“八景”确定为可证明的著名景点，并通过乡村的地标介绍了这座城市。这是一个古老和风景优美的北京，无可争议地与城墙围绕着的不朽行政首都城市截然不同。

对于游客们来说，北京远远超出了它的城墙。更大的北京是由旅游创造的，被解释为包括城墙内居民一个偶然的远足所参观到的任何地方，延伸到郊区农村（郊乡），但不是以一种没有限制的方式进行的。把城墙以外的地方挑选出来用笔记的形式构成了一个不规则的拼凑物，农村地区居民的日常生活资料——家庭、

㉚ 其他两个在皇城的并且是普通人不可接近的湖区。蓟门之景早已消失（蒋一葵：《长安客话》，卷 1，3 页；在《帝京景物略》中没有词条），正如金台，但明代文人保留了金台名字，把它附加到城市东南角外的一个土冢上，并且把它与该地区历史无关的故事混为一谈。参见李东阳：《怀麓堂稿》，卷 3，1145～1147 页；蒋一葵：《长安客话》，卷 1，4 页；刘侗、于奕正：《帝京景物略》，卷 2，88～93 页。关口，蒋一葵：《长安客话》，卷 7，141～142 页；《三才图会》，卷 6，254 页。桥，蒋一葵：《长安客话》，卷 4，76～77 页；刘侗、于奕正：《帝京景物略》，卷 3，143～146 页。

㉛ 《三才图会》关于西山（词条卷 6，252～253 页）是一个例外情况。亦参见朱利亚·玛丽·怀特《明代早期的实景画：王绂的〈北京八景图〉》中的讨论。有关最近试图重建文人绘画的更广泛背景，柯律格：《早期现代中国的图像与视觉性》。

作物和劳作——在大多数游客的陈述中是看不见的。[32] 虽然它可能被视为一种殖民行为（有很好的理由），与旅游业联系在一起的地方有助于建立更大的北京网络。那些在明代遗留下来的轨迹形成了持久的文化惯例——地理上的空间和历史上的时间——其他人跟随其后。作为相同程序的一部分，我们将看到，另一系列的联系是通过季节性节日创造的。

为了增强这个另一幅观光北京画面的效果，在接下来的两个部分中试图重新创造正如其在 17 世纪头四十年里被游人所看到的
258 城市。我们将开始于郊区，然后转向内部自身的地区，确定文人参观过的地方，并且给大多数受欢迎的地点更特殊的注意力。

郊区景色

西北郊区的景色从别墅亭台和小路的雅致花朵扩展到溪流、运河和护城河的绿色堤岸，再到光秃秃而平缓的小山上，最后，穿过众多高峰之间狭窄山谷的坎坷崎岖小路，远离定义的文明村庄和城镇。对于休闲的人们来说，在这一景观的节点是寺院。随着时间的推移，宗教基础设施已经被皇帝、皇后和宦官们淡忘了，却被科考举子、官员、学者、诗人、作家、画家来到或居住在北京的这些人积极地占用。

在明代，西山已成为最著名的旅游区和受青睐的漫步地点。“西山霁雪”是八景之一，在帝国的图册和每一篇我曾经看到的有关明末北京的“游记”中，这些山几乎都被赞美过。[33] 虽然村庄和军营点缀着乡间，但西山仍然无人居住。紧挨着城墙外面的是富

[32] 比较而言，村庄、集市和税金，是令县官关注的事务，并因此在地方志中有所考虑。

[33] 有关图册，《三才图会》，卷 6，252～253 页；章潢：《图书编》，卷 17，7021～7026 页；何镗：《名山胜概记》，卷 1；曹学佺：《直隶名胜志》。《长安客话》半数篇幅用于这个区域。《帝京景物略》七卷中的两卷有关北京的部分集中于西山，以及郊区附近的其他地方。上面列出最多诗的 3 个地方全部在此：这 3 个地方（总共 101 个）有 257 首诗（全部为 1 121 首）。

裕人家的别墅，但很少有人住在低矮的山里，高山后面是真正的荒野。起伏的地形是理想的墓址，那里还有让骑马的人可以轻易通过的小径。

因文明而改造这些群山的主要工作是由寺院和它们常住的和尚完成的。而且他们为数不少。[34] 显然土地可以优先用于建造寺院，并且刺激了游人的增长。精英远足的记载把这个地区的进步性结合起来，绘制于更大北京地区的绘画之中。[35]

这些游人通常所评价和评论的包括草木和影子，透过湖泊的 259
景色，或来自远方的山顶，或者远处的庙宇，池水、泉水和水的味道，傍晚或夜间的声音，幽暗的洞穴，尤其是古老或开花的树木。庙宇对于游人来说是至关重要的地标；它们承担了旅店功能，在那里一个人可以用餐、饮水和过夜，并作为过去的痕迹被发现、讨论、阅读，然后被再次纪念。每经过一年就会增加。据我统计，1470 年，在西北郊区只有 97 座寺院；一个世纪之后这个数字增长了一倍以上，达 240 座；到 1640 年有 330 座。在上面任何给出的时间里，大约有一半寺院位于这些山上。[36]

从游记、诗歌、旅游手册相结合得到的信息中，我们能重新构建这些在明末西北郊区有特殊吸引力的景点。有三座山是大部分远足最基本的中心。瓮山，是大西湖畔北边瓮形的山，而玉泉山因其湖泊和为这座城市供给玉泉水而闻名，在周边平原上兀然耸立。香山倾斜到西边更远的山上。杨尔曾提供这个地形的木版画补充了他的书面笔记。[37]（如图 8－1 所示。）

没有登上瓮山或参观其破旧寺院的游人们通常驻足于青龙

㉞　据我所知在明末有约 330 座寺院位于西北郊，其半数（172 座）在山上，其他的寺院在平原。我在此记载了明代文人喜欢参观的 106 座寺院。

㉟　好的例子包括在李东阳的笔记中，见李东阳：《怀麓堂稿》；李流芳：《游西山小记》；陶允嘉：《西山纪游》；杨尔曾：《西山图说》，见《新镌海内奇观》，卷 2；袁中道：《珂雪斋集》，卷 1，99～105 页；宋彦：《山行杂记》。当然还有其他的。

㊱　我把从正西到北京西北角正北部分包括在整个郊区范围内。请记住这些数字使人误解的准确度。

㊲　这幅图片也出现在 1609 年的《三才图会》（卷 6，252～253 页），带有增加寺院的标记。

桥，最主要的吸引力是这座山南面有着长长堤岸的西湖。[38] 沼泽广阔的水面，茫茫一片的荷花使风带着芳香，阳光洒落在周边的稻田上（在北方是稀少的），风景和鸟鸣声，沿着河堤高兴漫步，在不同季节观看这个场景——这一切不仅使当地人愉悦，而且使那些家乡在中国中部运河和稻米产地的人们想起了自己的家乡。[39]

图 8－1　西山和北京

杨尔曾撰写了有关西山远足的游记（约 1610 年），提供了这幅木版插图。右边是北京，通过其城墙和宫殿的房顶表现；左边是布满沼泽的郊区和西山。玉泉山、瓮山和卢沟桥横越的河流被全部标记。山中寺院的名字和描述在文字中显示。

资料来源：杨尔曾：《西山图说》，见《新镌海内奇观》，卷 2。

这道堤岸过去把稻田引向玉泉山——金代的八景之一，其柔
260 和景象和纯净的泉水确保了它在游人中的名气。在山上有洞穴，

㊳　几种资料认为湖面方圆十里，但是渴望土地的农民蚕食了它及其附近的湿地。在清朝如果没有被纳入皇家的保护，湖也许不会保存至今；湖的形状被这些后来控制水系的工程所改变。现今是颐和园的一个主要吸引力。参见刘侗、于奕正：《帝京景物略》，卷 7，307～310 页。

㊴　蒋一葵：《长安客话》，卷 4，73 页；《三才图会》，卷 6，248 页；袁中道：《珂雪斋集》，卷 1，99～100 页；刘侗、于奕正：《帝京景物略》，卷 7，291、307～310 页。

有若干座小型的寺院，并且有可以在那儿酌酒赋诗的一座观湖亭子。[40]

香山是比较荒凉的，只有东麓（靠近北京）被开发过。它有森林、自己的泉水、宛如香炉的巨岩（其因此得名）、开着淡雅花朵的杏树。1635 年的《帝京景物略》称古老山庙在首都是最好的旅游地，并且赞美其许多景色，大池塘中的鱼“头头迎客，履音以期”以及来青轩（由万历皇帝赐名）。有超过一百首有关这一地 261
区记载的诗歌证明在来自帝国其他地区的访客中香山受欢迎的程度，包括哲学家王阳明、画家文徵明、艺术家和作家徐伟、诗人袁宏道。[41]

任何参观香山的人必驻足于碧云寺和卧佛寺，它们是附近两个令人印象深刻的建筑群落。卧佛寺建在安静的山谷中，其五米高的青铜佛像是由成化皇帝捐建的。明代的游人还可以观看奇异古老的娑罗树，据说是从印度带来的种子长成的。春末，宦官捐助者栽种的牡丹花香弥漫了整个院子并且充满了酒香。[42] 在山谷上面是碧云寺，建在元代遗址之上，适于作诗。它也有清泉（“夜坐卓锡泉”）、池塘（“碧云寺施朱鱼”）和游客住宿（“碧云寺看月”）。[43]

沿着香山山麓向南，另一组寺院于 15 世纪中期（用皇家的钱）修建在自唐、金或元代以来的宗教设施的位置上（并且在 20 世纪成为著名的八大处）。1503 年秋，李东阳做了一次短途旅行：尽管倾盆大雨，他和同伴终于来到 1425 年重新修建的平坡寺，却

㊵ 蒋一葵：《长安客话》，卷 3，47～48 页；《三才图会》，卷 6，253 页；刘侗、于奕正：《帝京景物略》，卷 7，296～307 页。

㊶ 李东阳：《怀麓堂稿》，卷 3，1145～1147 页；沈榜：《宛署杂记》，卷 19，198 页；蒋一葵：《长安客话》，卷 3，53～55 页；杨尔曾：《西山图说》，见《新镌海内奇观》，卷 2；刘侗、于奕正：《帝京景物略》，卷 6，229～245 页。

㊷ 蒋一葵：《长安客话》，卷 3，57 页；袁中道：《珂雪斋集》，卷 1，101～102、236、253 页；刘侗、于奕正：《帝京景物略》，卷 6，260～263 页；许惠利编：《卧佛寺与樱桃沟》。

㊸ 蒋一葵：《长安客话》，卷 3，56～57 页；袁中道：《珂雪斋集》，卷 1，101、235、253 页；刘侗、于奕正：《帝京景物略》，卷 6，245～257 页。

非常失望地错过了观看首都风景的时机，据僧侣们说，可以在一个清新的早晨看到京城。他们迷路了，几次试图寻找香山，结果花了整个晚上才到达另一座寺院。到 17 世纪，这个地区被冷落了，《帝京景物略》怅然地评论平坡寺：“制宏丽，宫阙以为规。今圮坏，而僧说宏丽当年，指故物道新，指旧阶戺道丹碧，客叹息，如将见之。”㊹

平坡寺对面的山以卢师命名。卢师是一位来自中原的和尚，据推测他于 7 世纪到此并且在一个洞穴里隐居沉思。它名望的获得来源于在那修建的一座寺院的故事。住寺和尚的两位年轻弟子
262 显示自己是龙王的儿子，化身成蛇，一大一小，结束了干旱。他们吸引了皇家的注意力，被赐予称号，并且在不晚于金代的时候（直到明代），官员来此祈雨。与这个官方的重视相类似，其他游人在附近的山洞中修建了卢师和童子的塑像。游人到此听着传说，观看山洞和一棵据说由卢师手植的松树，步行通过离寺院不远处名叫秘魔崖的危险隘路。㊺

其他两座寺院经常吸引明末的游人：真正的古老宗教机构潭柘寺和戒台寺，其位于北京的正西，相当遥远，直入山中。潭柘寺毫无疑问是一个重要的古迹建筑设施，建在离这座城市四十公里远的山坡上；宦官于 15 世纪两次重建。《帝京景物略》作者告诉我们，游人历经数日在狭窄蜿蜒的小路中的艰辛旅行终于得到了回报，看到了红墙碧瓦的寺院建筑。那些寻找历史记忆的人可以尝试阅读 7 块石碑（时间范围 1173—1511 年），其中许多石碑记载着皇家赞助，并提到这座寺院许多早先的名字。或许因为它的池塘，这座寺院借用了据称在卢师山降雨龙蛇的传说。这座寺院喂养了两条超过五英尺长的大蛇，起了相同的名字；在寺院的钟声里它们从树林返回，卧在一个红匣子里，每当它们高兴时，就

㊹ 李东阳：《怀麓堂稿》，卷 6，2579～2584 页；刘侗、于奕正：《帝京景物略》，卷 6，274 页。

㊺ 刘侗、于奕正：《帝京景物略》，卷 6，272～274 页。《日下旧闻考》，卷 103，1713 页；卷 104，1716～1720 页。

蜷缩在祭坛上。㊻

戒台寺离潭柘寺不远。㊼（参见图 8－2。）这座寺院声称充当和尚受戒的地方已经长达几个世纪之久，仍然矗立着标有金代和辽代日期的石碑。从千佛阁可以看到浑河，弯曲“如玦然”；精力旺盛的人可以爬到山上并小心翼翼地钻进洞穴——有些洞穴里住着苦行僧，其他充满了钟乳石。也许是因为它是作为僧尼受戒的地方，戒台寺又因其堕落而声名大噪。春天的景色似乎引来了临时的货摊，不仅贩卖酒茶而且还有娼妓——据称，这是即将出家

263

图 8－2　戒台寺松树

在北京西山戒台寺这棵高大、形状漂亮的白皮松树由铁路工程师、制图师和热爱北京风景的学者普意雅（Georges Bouillard）于 1922 年绘制。

资料来源：普意雅：《北京及其附近》，第二系列，《佛教寺院：戒台寺》。

㊻　刘侗、于奕正：《帝京景物略》，卷 7，314～318 页；《日下旧闻考》，卷 105，1743～1748 页。

㊼　其明代原本的名字为“万寿寺”。菲尔德博物馆藏拓片第 927 号。

为僧的男子们最后一次机会，但对于荒度岁月的游人却是非常方便的。[48]

有关这些庙宇的诗词告诉我们文人的经历：《游香山》《再宿
264 碧云寺》《同文待诏登西山洪光寺》《卧佛寺听泉》《中峰庵雨后看涧水》《清凉寺龙潭》《秘魔崖柏树歌》《嘉禧寺楼眺望》《自山中归经西湖遇雨》《经功德废寺》《登望湖亭》《夜经玉泉看月》《瓮山圆静寺》。在明代，新组诗歌的意境已被创立：西湖十景、香山、碧云寺和宝藏寺。[49]

在诗歌和散文中，北京的景观和优美的景致所表现的要比明代文人绘画更好。一个例外情况验证了这个规律。1596 年，董其昌，一名新科进士，一本题为《燕吴八景》的画册反映了现在为人熟知的八景主题，打算作为礼物送给离开首都前往南方的朋友。这位画家的题名明确指出前五个景观表现的是北京。董提到了在这座城市的某处有他的"茅草屋"，并讨论了首都西湖地区；有三个画面涉及他和朋友喜欢的景色：《西山暮霭》、《西山秋色》和《西山雪霁》。但是，因为这本画册并非旨在唤起写实的场景，而是天才的一个陈述和关于共同价值的声明，画面本身是通用的，并不是只针对北京。[50]

㊽ 蒋一葵：《长安客话》，卷 4，77～78 页。刘侗、于奕正：《帝京景物略》，卷 2，68 页；卷 7，310～314 页。《顺天府志》，1593 年，卷 1，15 页。

㊾ 诗，刘侗、于奕正：《帝京景物略》，卷 6～7，各处。景色，沈榜：《宛署杂记》，卷 20，261～262 页；《日下旧闻考》，卷 100，1666～1667 页。

㊿ 只有标题能建立联系。何惠鉴等编：《董其昌的世纪》，卷 1，画 2；卷 2，6 页。两幅其他的绘画于 1624 年在北京制作并且记载了董其昌参观皇陵，同样没有参考具体或可辨认的当地标志，李慧闻：《董其昌生平（1555—1636 年）》，见何惠鉴等编：《董其昌的世纪》，卷 2，50、54、56、432 页。明代早期的画家戴进的《听雨图》与其类似：虽然是在其北京住所创作的，但没有人认为是首都。高居翰：《江岸送别：明初与明中绘画，1368—1580》，49 页。我们也许注意到，外国的参观者在形成有关北京郊区的中国思想中并不重要，据我所知没有外国的明代城市图像。在欧洲地图上，北京是常见的标示但经常被标错。例如，参见顾德曼《家乡、城市和国家：上海的地缘网络与认同，1853—1937》第 257 页有关奥特里斯（Ortelius）的 1567 年地图，或沃尔特·卢茨（Walter Lutz）编《日本：制图视觉：16 世纪初期至 19 世纪欧洲地图印刷》第 24 页有关洪第乌斯（Hondius）的 1623 年地图。

直到明末，通过个人或间接的经历，首都为受教育的精英、当地人和寄居者短途或长途观光游览开发了附近的小山。虽然距离和简陋的交通工具使得旅行成为困难的事情，即使是那些有能力雇用马匹和仆役的游人也一样，读者不应假定文人拥有这些寺院和远景。

士大夫、官员与皇家宫廷的成员分享着这些景色（在时间和 265
空间上）。正德皇帝曾经到过香山寺和卧佛寺，嘉靖皇帝（感叹山是那么绿）和万历皇帝也有过几次。有一次，从北京北部的皇陵祭祀回来，万历皇帝驻足于西湖并划了一次专门准备的“龙舟”。[51]宦官们更多次是“漫步”观景。当宫廷精英旅游的时候，他们很可能由大批随行人员陪伴着。他们的行程怎么能与独自云游四方的男子如李东阳或杨尔曾相比较呢?

一方面，我们也许认为文人游客对皇家的存在保持着清醒的认识，更喜欢享受他们安静的短途旅行。另一方面，他们当中的一些人，如官员，也是皇家随从的一部分。在任何情况下，正如在本章中我们后来看到的那样，皇帝和精英二者更喜欢避开也参观这些景点的普通北京居民。

当最靠近这座城市的地区得到发展时，西山就变成了建设用地。优美的风景被用于修建别墅、坟墓以及寺院，在西湖东边，春光洋溢的平原就是已知的海淀，农田变成了皇戚和著名的当地精英家族的夏季庄园。[52] 这样，富有冒险精神的游客们就被鼓励去更远的地方。

西山地区不是明代文人游览的唯一目的地。在近郊、东边和南边以及城墙围绕着的城市西北（大部分也是寺院），是人们想去看的地方。这些景观也有助于确定这座城市在地理上的所至之处，而且当它们的人气与有魅力的季节和日期契合起来时，形成了一

---

[51] 我没有尝试制作一个完整的表格。沈榜：《宛署杂记》，卷 19，197、198 页；蒋一葵：《长安客话》，卷 3，53～55 页；刘侗、于奕正：《帝京景物略》，卷 7，287～290 页。

[52] 参见第六章。其他的参见谈迁：《北游录》，78～80 页；《日下旧闻考》，卷 98，1627 页。

年中重要的日子。

首都最显著的标志之一是位于这座城市西边 13 层的天宁寺宝塔。因其相当的高度和数以百计铃铎的声响，能在很远的地方看到和听到。有关神秘灯光和怪异倒影的故事证实了保存在塔内佛骨的力量。游人的诗写道："夜宿见塔光"，"春日过天宁寺"。[53]

266 近郊的一些寺院非常受当地人和寄居精英的欢迎。摩诃庵位于这座城市西门几里之外，相当于一个普通规模的建筑，由太监在 16 世纪中叶依墓而建，已经成为典型的文人宠爱之处。"殿前后多古松、古桧、古柏，壁间多名公题咏。四隅各有高楼，叠石为之。登楼一望，川原如织，西山逼面而来。"（在这种特殊的注视下，平原上随处可见的田地和庄稼就消失了。）全景、树木以及宁静使得其更具吸引力，有修养的僧人以及连续停留数天的客人，可以撰写诗歌或弹奏古筝。[54]

西边和北边郊区也有寺院，它们因为宗教节日的热闹和尽情地吃喝玩乐吸引着文人。在这些场合，受过教育的指南文献的读者会与傲慢的贵族和吵闹的人群相遇。

两个传统似乎已经合并形成了（并且证明了?）春天郊游。一个传统源于庆祝强大神诞日的祈祷、礼品和节日的惯例。各类北京居民在佛诞日聚集在郊区的寺院和人气日渐兴盛的碧霞元君庙，二者都是在四月（通常是公历五月）。允许妇女们参加（即使是在社会保守的地区受到非议）。在春季（三月、四月甚至五月的不同时期），北京人还延续（或许是改变?）着一种古老而且更为世俗

---

[53] 蒋一葵：《长安客话》，卷 3，66 页；杨尔曾：《西山图说》，见《新镌海内奇观》，卷 2；刘侗、于奕正：《帝京景物略》，卷 3，139～142 页。声称持有释迦牟尼的圣物和标明的日期为隋代，推测建筑在元末被摧毁并且由朱棣（永乐）在他当燕王时重建。可悲的是，如今其被工厂和高层建筑所包围，在 1999 年仍然保存。

[54] 蒋一葵：《长安客话》，卷 3，61 页；刘侗、于奕正：《帝京景物略》，卷 5，210～213 页；《日下旧闻考》，卷 97，1614～1616 页；阿灵顿、威廉·卢因森：《找寻古北京》，307 页。魏忠贤终结了宁静的时代。"天启中，魏珰过庵下，偶指楼曰：去之。即日毁。自是人相戒不过。僧日畏不测，渐逃死，庵则渐废。"它是一个政治以及娱乐的地方？在 1988 年，它仍然在那里。

的“踏青斗草”习俗。富家男子们携着女伴，带着酒水和糕饼，前来寻求放纵的场所：在更远的碧云寺和卧佛寺、这座城市附近的道教白云观，特别是高梁桥地区[55]，这些成为与调情和感官快感相关的时间和地方。

高梁桥，与这座城市西北角的西直门只有几步之遥，横跨在源于西湖注入护城河的河流之上；这条河的河水“水急而清”，被说成到处是鱼和堤柳垂青，柳树淡淡的绿叶标志着春天的开始。267
在这里，在清明扫墓时节，士女可以野餐，看着西山落日。酒肆和棚子排列在堤岸之上；有音乐、娱乐、赛马以及人群沿着河岸漫步。从四月初八到四月十八日，当人们为祭祀泰山女神而聚集在寺院时，虔诚中混杂着愉悦。[56]

这座城市南部的农村——位于1553年后增加的外城墙之外，虽然发展程度远远不及比它高和干燥的西北郊区，但在明朝统治的最后一个世纪里，它更加靠近首都文化的轨道。该地区的天然温泉鼓励农民种植花卉出售给富有的城市居民。冬天，用火加热中空的土窖，开花的植物和灌木可以高价出售并且享受反季节赏花的快乐。春天，在草桥和丰台，季节性鲜花一亩一亩地盛开：梅花、海棠、池塘的荷花、紫丁香和牡丹满地芬芳。修建于1627年的另一座碧霞元君庙增加了一个四月的朝圣活动，吸引了妇女和文人游客。[57]

东郊风景比较少。三忠祠的祠堂位于这座城市东边的运河路

[55] 14世纪的《析津志》描述了元代的这个风俗，《日下旧闻考》，卷147，2353页。有关明代的习俗只有少数几个参考，刘侗、于奕正：《帝京景物略》，卷2，67页。沈榜：《宛署杂记》，卷17，168页；卷19，206～208页。《日下旧闻考》，卷99，1632页。张江裁《北平岁时志》卷2第6页所引好像描述了17世纪早期的习俗。

[56] 北京图书馆金石组编：《北京图书馆藏中国历代石刻拓本汇编》，第58册，38页。沈榜：《宛署杂记》，卷17，168页。蒋一葵：《长安客话》，卷3，45～46页。袁宏道：《袁中郎先生全集》，卷1，99、232页；卷2，68、70页。刘侗、于奕正：《帝京景物略》，卷5，191～195页。刘若愚：《酌中志》，卷20，4～5页。《顺天府志》，1593年，卷1，15页。

[57] 刘侗、于奕正：《帝京景物略》，卷3，119～121页；《日下旧闻考》，卷90，1531页。碧霞祭祀也刺激了北京正西石景山的适度发展。刘侗、于奕正：《帝京景物略》，卷6，280～283页。

线上，正好在城墙外，一座被槐树和柏树掩映着的水榭使三忠祠成为一个相对优雅的地方，便于离京的游人辞行话别。[58]

当明末北京文人们到农村远足享受春天的气息和秋天的叶子，或去朝圣，或去和娼妓寻欢作乐的时候，他们的目的地成为这座城市社会世界的一部分，而且又延缓了农村向郊区转化的过程。在理解这个过程中，我们可以开始理解清朝1644年的征服所造成的断裂。贵族的别墅就在那个时候被夺占了，并在一个世纪内西
268 山最受欢迎的地点（和景点）也被封锁起来专供清朝皇家享用。当作为移民的旗人群体定居于郊外时，发展得到了加强，而且切断了与已经积累了数个世纪的明代过去的联系。有兴趣的清代学者努力尝试确定这些消失景点的位置，然而，最终在这些景点中倾注了怀旧的痛楚。

城市景观

北京宏伟城墙内的生活结构，从开放的、尘土飞扬的、农村的不均衡地延伸到嘈杂的、熙熙攘攘的、真真切切的城市。这里拥有水面或景色的地方很少，如果拥有水面或景色，也就可以成为传统意义上的"风景"了。包括西苑美丽湖泊建筑群落的核心城区限制着普通百姓的进出，尽管曾受邀进入西苑的官员们对此加以宣传。

这三片位于皇城以北较小的公共湖区相对来说是重要的。这里的桥梁，加上寺院和在堤岸上的连排别墅，为百姓能够享受公开水域中各种已知的莲花池、积水潭、净业湖、什刹海和海子提供了进入点。一个人可以在芬芳莲花开放时节宴请宾客，燃放精致的烟花，观看宦官洗刷皇家的马匹，还可以看采摘菱角；在下雪天喝着温热的酒，乘坐木制雪橇滑冰。《帝京景物略》列出了57

[58] 蒋一葵：《长安客话》，卷4，80～81页；刘侗、于奕正：《帝京景物略》，卷2，80～82页；《日下旧闻考》，卷89，1515页。这三位是诸葛亮、岳飞和文天祥。

首描写这个湖区的诗歌，每首证明了活跃的文人在其中接近它时的喜悦。[59]“江以北来无此胜游。”[60]

在北城东南角的泡子河是另一片沿河地区，没有那么宽阔，也没有那么优美。虽然几乎没有水泡，也没有日益开发的城市住宅区，但是堤岸上仍然有树木、芦苇和野生动物，还有别墅和寺院，使人们得以远离商业交通的喧嚣。[61]

一些城市寺院因舒适的冬天聚会而闻名——比郊区地点更方便，特别是在寒冷的冬天。虽然位于皇城西部的灵济宫是由永乐皇帝修建的，享有由礼部提供的定期供品，并用于16世纪50年代的儒家讲座，但明末文人也把它作为一个在寒冷冬晚与朋友畅饮的地方。[62] 显灵宫有高耸的阁楼（也是由永乐皇帝修建的），据说， 269
“看月则莫便于显灵宫”[63]。

对于受过教育的男子和有抱负的官员来说，另一个非去不可的景点是孔庙建筑群落，自元代起，孔庙就坐落于这座城市的东北角。至圣先师和那些重要门徒在这些殿阁中被供奉着，并在院子竖立的石碑上列着自1404年以来在每三年一次考试中取得功名中榜者的名字。在这里的其他景致有由元代儒家学者种植的松树，十面石鼓于唐代在陕西被发现，宋代被珍藏起来，金代从开封被搬运到北京，而且成为诗意灵感的对象，引起了明代文人们的浓厚兴趣。[64]

按照文人的标准，在南城发现的景致是相当少的，在16世纪

---

[59] 蒋一葵：《长安客话》，卷1，12～15页；刘侗、于奕正：《帝京景物略》，卷1，19～32页。

[60] 《日下旧闻考》，卷53，849～850页。

[61] 刘侗、于奕正：《帝京景物略》，卷2，52～54页；朱一新、缪荃孙撰，刘承幹考证：《京师坊巷志》，卷4，5页。

[62] 刘侗、于奕正：《帝京景物略》，卷4，172～176页。

[63] 蒋一葵：《长安客话》，卷2，23～24页；刘侗、于奕正：《帝京景物略》，卷4，176～179页。

[64] 蒋一葵：《长安客话》，卷1，26～27页；刘侗、于奕正：《帝京景物略》，卷1，3～14页；蒋一葵：《长安客话》，卷67，1107～1108页；参见马几道：《秦石鼓》，第二章。

50年代前，这里就已经是开放的农田。城门的周围地区是拥挤和商业化的，到处都是农业和制造业的气息和噪声。然而，精英们发现这里的一些地方不像是农村。例如，南城东南的法藏寺，有一座可以攀登的高塔。沿着狭窄蜿蜒的楼梯爬行，每一层有小的窗口，人能最终可以从顶部“望余秋色远”。[65]

服务于王朝的宽敞寺院报国寺，是当时的皇后为她的哥哥于1466年重修的，在当时也被广大市民所利用。由于报国寺靠近南边的道路，因而有助于其成为和即将离京的朋友话别的地方。它那巨大、蔓延、古老而弯曲的苍松，可以望见皇家祭坛的阁楼，不同寻常的观音像激发了大量诗词的创作：《夏卧报国寺松下》《与冯开之登毗卢阁言别》《报国寺阁秋望》。[66]

天坛的正北是养金鱼的池塘。在酷热的夏天，当最好的鱼已被出售或移走时，游人到此漫步。由于金鱼池两旁没有寺院而且也没有任何名人的别墅，所以这片地方被嗤之以鼻地认为是有些粗俗的，而这地方到处是下层游人。[67]

270 作为适宜的一个大城市，北京是一个购物的地方，有些市场作为城市景观而博得声誉。棋盘街穿过皇城最南端大门外的地区：其北是各部衙门，正南面是前门。朝廷官员、学者、工匠和工人涌入这个开放空间，其每日举办的市场吸引了商家和顾客。虽然不是传统景区，《长安客话》仍然称它是“景”，此亦见国门丰豫之景。[68] 只在紫禁城中定期举行“逢四”（每个月的初四、十四和二十四）的集市；在这个内市，可以购买由皇室掌控的宫里剩余物品和奢侈物品。[69]

---

[65] 刘侗、于奕正：《帝京景物略》，卷2，69页；卷3，105～106页。

[66] 刘侗、于奕正：《帝京景物略》，卷3，107～116页。列出四十首诗。亦参见谢肇淛：《五杂俎》，卷10，808页。

[67] 刘侗、于奕正：《帝京景物略》，卷3，102～103页。

[68] 蒋一葵：《长安客话》，卷1，11页；刘侗、于奕正：《帝京景物略》，卷4，25页；谈迁：《北游录》，334页；王士禛：《居易续谈》，卷1，7～8页；《日下旧闻考》，卷43，674页；盖杰民：《明代北京（1368—1644）》，76～77页。

[69] 1621—1627年，其变换到另一个位置。沈德符：《万历野获编》，612～613页；朱一新、缪荃孙：《京师坊巷志稿》，卷1，34页。

新年灯市是一个繁荣的市场，于正月初八和正月十八日之间在紫禁城东华门外举行。作为对包括休假朝廷臣工和每年朝贡的藩属国使者们在内的顾客们集中的回应，各种各样的商品都可以在这里买得到。大群艺人的嘈杂声迎接着游人，有遮篷的地方留出用于餐饮，装饰的彩灯通宵摇曳闪烁。到明末，这一时节和这块地方已经变得相当有名了，极少有文人会错过机会去观看和记载它们。[70]

后来庙会变得普通了，但是在明代只有一座寺院举办了定期多种功能的市场，而不是一年一度的庆祝活动。[71] 北京官方的城隍庙在元代就已建成，于永乐年间重修，并多次用皇家的资金重建，但它的集市与国家赞助的祭祀无关。到明末，它每月有三天（初一、十五和二十五）举行并且已经成为渴望的游客们必到之处。挑剔的买家们可以购买古书、字画和古董（有真品也有赝品），还有漆器和瓷器。从帝国各地运来的有珍珠、宝石、象牙和丝绸，还有西藏佛像、耶稣像、牧民地毯和日本扇子。15 世纪宣德和成
化时期的香炉和瓷器在行家中已经变得如此流行，价格陡升。寄 271
居者们用愉快的笔调一条条地记下了他们在这里敏锐地发现购买商品的经过，这些记载进一步刺激了读者们的欲望。[72]

17 世纪早期北京视觉记录捕获和宣传了这些商业和消费场所

[70] 刘侗、于奕正：《帝京景物略》，卷 2，57～63 页；卷 4，25 页。《日下旧闻考》，卷 45，707～709 页。刘若愚：《酌中志》，卷 20，1～2 页。谢肇淛：《五杂俎》，卷 3，第 260～261 页。沈榜：《宛署杂记》，卷 17，167 页。

[71] 批发市场——不属于游人的兴趣——在城门外的街上举办。刘侗、于奕正：《帝京景物略》，卷 4，25 页；《日下旧闻考》，卷 43，675 页；朱一新、缪荃孙撰，刘承幹考证：《京师坊巷志》，卷 7，11 页。更多关于北京经济生活方面的内容，许大龄：《明代北京的经济生活》，载《北京大学学报》（人文科学），1959（4）；盖杰民：《明代北京（1368—1644）》；乔安妮·克莱尔·维克兰：《中国明朝首都的行政部门：16 世纪的北京》。

[72] 沈榜：《宛署杂记》，卷 18，189 页；刘侗、于奕正：《帝京景物略》，卷 4，161～170 页；《日下旧闻考》，卷 50，792～799 页；沈德符：《万历野获编》，613 页。这些著名的描述被柯律格《〈长物志〉：早期现代中国的物质文化和社会状况》第 136～137 页以及其他著作翻译。

的一部分。承袭了宋代绘画《清明上河图》的传统，《皇都积胜》试图通过描绘一处生动的商业中心来捕捉这个更大的市区。这幅画落款日期是1609年，画幅展开长达六米，向观众展现出通往这座明末城市的一条小路。欣赏者可以从画面上的南边农村地区开始看起，跨过卢沟桥，穿过永定门，进入城区，沿着中轴大道，通过前门和棋盘街市场，然后进入北城，最后画面在长城的居庸关结束——从八景中一处到另一处的旅行。城乡对比显示出这座城市密集惊人的生命力。尤其是在拥挤的紫禁城南部地区，有着鲜艳装饰的商店、心急的购买者、小贩、卖艺者，有的步行，有的骑马，有的乘车，有的坐轿子，都表现出相当多生动的细节。不管画家的创作目的如何，这幅画卷肯定捕捉了只有在旅游文学才有所示意的北京城市生活方式。[73]

地图不仅比这样一幅少见的手卷有着更为广泛的观看者，而且城市最突出的特征只隐含于文人著述之中。在1560年《京师五城坊巷胡同集》的地图中——正如图5-1所显示的那样——标示了鼓楼、钟楼、东岳庙以及八景、湖泊、大型祭坛。[74] 但画面没有标明西四牌楼、东四牌楼、西单牌楼和东单牌楼，紫禁城两边的主要相交路口是著名的定位点，城市的贸易是拥挤的象征——并且位于西四牌楼十字路口的行刑场，象征着国家权力。[75]

272 在寄居者和（少数）当地人的著作、绘画、诗歌和散文中，明末北京呈现了一个大量可消费的理想场景。一系列可看的东西有助于构成对北京的描绘，并且可以在地理上精确地定位出来。如此描述的城市拥有各种令人印象深刻和难忘的地点和对象，许

---

[73] 参见王宏钧：《反映明代北京社会生活的〈皇都积胜图〉》，载《历史教学》，1962年第7期，43～45页。在此没有提供有关完成绘画的可能意图或者有关翁正春书籍出版说明的内容，以及其礼部侍郎的身份。富路特、房兆楹主编：《明代名人传》，212、1331页。现存于北京的中国历史博物馆。

[74] 唯一显示的其他地方是北郊的大教场和郑村坝（一座位于城市东北的城镇，在那儿饲养着皇家的马匹）。

[75] 雷大受：《西四牌楼：明代的刑场》，载《燕都》，1985年第8期，12～13页。这些牌楼是在1593年《顺天府志》地图上少有的界标之一。它们也标明了描绘标记的宫殿重建之一，参见在第五章注46中的第一幅绘画。

多著名的游人拥有得到高级商品的难得机会。受过教育的士大夫精英的标准定义了价值，皇帝和中央朝廷发挥着次要的作用。公认的精英和有社会抱负的读者所了解的北京与帝国的首都不同，但又为互补。[76] 明代文人游客的基调几乎总是积极的，我们很少能意外地遇到批评。[77] 我们必须为自己设想这些。尽管他们是有选择和局部的，确定在明代并保存下来的北京景观成为日后这座城市独有而宝贵的特色。

在这座城市的岁时中，我们可以看到相互重叠但仍有所不同的另一个北京版本——这座城市是由本地人而不是寄居者来理解的。正如一系列著名景点把北京压缩在这个空间内那样，节日也能及时地表达出城市的身份。虽然当地人冷漠地对待游人能够享受的景色，但节日必然被北京的居民保持下来。游人有时加入这些庆祝活动，但没有权力创建它们。通过对岁时的分析，我们因此可以看到首都身份一个具有更广泛基础的版本。

岁时年节

在北京，某些共同的习俗是与一年中的某些时节相关联的。这些一年一度的节庆活动与帝国其他地方的节庆相类似，它们体现了城市对于大中华文化的参与。到了明末，北京每年的周期性活动已经成为可预见的、与众不同的，这是城市身份的一个重要特点，也是城市社区基础的一部分。[78]

按照标有农历月份进程的日历，冬至和夏至、春分和秋分以

---

[76] 每个怀有抱负的举子都知道翰林院，任命是为那些赢得了进士资格的精英而保留着，通常会保证获得一个成功的职位。热望者肯定想看看这个地方，如果只从外面，但在文献中它很少被提到。同样，似乎衙门不会被认为是一个旅游目光适当的目标。但参见王灿炽《燕都古籍考》第105页有关一个20卷的黄佐（1490—1566）的《翰林记》；富路特、房兆楹主编：《明代名人传》，670～671页。

[77] 在适当的地方也许我没有看到，也许它们没有保存下来。

[78] 这一节中的部分材料早前以另一种形式见于韩书瑞：《北京的节日》，见《民间信仰与中国文化国际研讨会论文集》。

273 及四季是区分“文明的”中国人和“野蛮人”的一种方法。在这个日历上，许多日期很早就被公认为中国的节日，最重要的是春节本身。这些共同的日期把当前与珍贵的过去联系在了一起，并且保持作为共同文化的标志（即使习惯发生了变化，也仍然如此）。共享与特定仪式的这个组合构成了当地社会的独特结构。这种足以辨认的熟悉感，使得这些节日让中国游客们感到既是在家乡，又是在他乡。

中国有记载“岁时”的悠久传统。[79] 一些年节被描述为当地历史“风俗”的一部分，但是在沈榜1593年的《宛署杂记》之前有关北京的岁时很少得以保存，《宛署杂记》也只包括了当地风俗的一小部分。[80] 在1635年《帝京景物略》中，岁时的庆祝被归于“春场”条目之下，在所记载的习俗中位列第一。[81] 毫无疑问这是北京本地人于奕正的贡献，是他把知识性细节写进了这部著作。

《长安客话》和1619年的《万历野获编》是曾经居住和工作在北京的中原人所撰写的，这两部书都没有提供当地的岁时，虽然每部书顺便讨论了这样的节日。孙国敉的《燕都游览志》也有类似之处，在涉及其他有关话题时会偶然提及每年的节日。[82]

唉！最能充分体现这一传统的《北京岁华记》——是由一位名叫陆启浤的寄居者撰写的——没能留存下来。从仅存的标题和引文来判断，这部书是在17世纪初（可能是17世纪30年代），以

---

⑲ 这样的笔记集中于城市和地区，包括皇城。参见卜德（Derk Bodde）：《汉代中国的节日》，1～21页。有关岁时的部分包含在较早期朝代的会要中并分散地出现在首都城市的当地历史和笔记中，艾蒂安·白乐日、吴德明：《宋代书录》，132～152、175～178页各处。有关北京特别岁时的资料存在于本章前面所讨论过的许多著作中。

⑳ 沈榜：《宛署杂记》，卷17，167～169页。1593年《顺天府志》（卷1，14～17页）简短的岁时由沈榜绘制。14世纪的“北京志”包括年度节日的资料，但很大程度上与宫廷相关。北京图书馆善本组辑：《析津志辑佚》，202～205、211～224页。有关“当地风俗”的部分，通过比较，在清朝和民国的当地历史中比较丰富。参见丁世良、赵放：《中国地方志民俗资料汇编：华北卷》。

㉑ 刘侗、于奕正：《帝京景物略》，卷2，65～80页；基本岁时说明见第66～71页。

㉒ 蒋一葵：《长安客话》；沈德符的著作在《日下旧闻考》中各处被引用。

一种系统的方式描述了岁时。[83] 而且，这部书刊行的时间表明了与此期间发现的当地自我意识增强的实例有关。 274

北京居民声称他们会过一些传统、广为流传的中国节日：元旦，元宵，清明（这一天祭扫家族墓地），端午（五月初五日），盂兰会（仲夏中元节），中秋（月亮节日），冬至，腊八节（腊月初八），送灶君的小年（腊月二十四）。[84] 一般季节性的符号视觉效果得到各个阶级的利用，也标志着中华文化领域的参加：一座鹊桥描述了与七月初七相关的传说，菊花象征着秋天，荷花代表着夏季，有毒的生物与五月相关，而灯笼则与新年相关联。[85] 当一个地方风俗有更古老的对应之物，或使用了一个非常确切名称的同时，受过教育的作者会为其引经据典。这样，明末北京的风俗就充满了历史的厚重感和（中国的）普遍主义光辉。[86]

普遍共有的岁时因北方首都的气候和地理的特殊性而改变和扩增。[87] 农历四月和五月（通常为公历的五月和六月），当北京的

---

[83] 这个内容被引用于《日下旧闻考》卷147～148第2344～2369页各处，还有张江裁的《北平岁时志》。通过内部的证据，标明的日期为1592年后的某个时段，可能是崇祯统治时期。王灿炽《燕都古籍考》第179～182页陈述了许多保存的片段。有关陆启浤，陈田：《明诗纪事》，卷4，3343页。

[84] 例如，参见卜德关于汉代节日的叙述，或艾蒂安·白乐日、吴德明《宋代书录》第127～128页有关宋代《岁时广记》内容的表格。

[85] 简·斯图尔特（Jan Stuart）：《层的意义》，见刘易斯·考特（Louise Court）、简·斯图尔特编：《加入颜色：中国瓷器中的装饰和意义，香港敏求精舍收藏家的陶瓷》，48～50页。

[86] 新旧名字的混合掩盖了生死习俗的差异。当援引过去时，明末历法记载最常提及汉、唐或宋的风俗而不是那些较近的北方朝代，也许反映了对北京以北过往的一种不安。

[87] 这个部分参见沈榜：《宛署杂记》，卷17，167～169页；卷19，203、206～208页。《顺天府志》，1593年，卷1，14～15页。刘侗、于奕正：《帝京景物略》，卷2，65～80页，并且较短的词条在卷1，18～28页；卷3，102～103、122～125页；卷5，191～195、217～222页；卷7，78页。《北京岁华记》片段（参见注83）。刘若愚：《酌中志》，卷20，1～10页。《畿辅通志》，1683年，卷1，9～10页。《日下旧闻考》，卷147，2354页。其他资料发现于蒋一葵：《长安客话》，卷1，10、32、35页；卷3，45～46页。沈德符：《万历野获编》，67～68、619、898～899、901页。权怏：《燕行录》，117页。金堉：《朝天日记》，221页。并且其他明代资料引用于《畿辅通志》，1683年，卷1，8～11页；《日下旧闻考》，卷53，849～852页；张江裁：《北平岁时志》，各处。有关在寺院庆祝节日，更详细和更具体的引用视情况而提供。

天气适于远足旅行的时候，对于参观郊区寺院和树下溪流旁饮酒的人们来说，到处都是适合的场所。这个季节与当地植物的气味和颜色相关：淡绿色的柳树、醇香的牡丹花、粉红色的桃花、白色的杏花和黄色的柿子花。事实上，北京全年可以经历一连串季节性娱乐的天气，并拥有可用的食物：新年的糯米糕和烟花、夏季斗蟋蟀比赛、秋季的月饼和冬天的腊八粥。[88] 北京是一座沿湖河而建的城市，但是它在五月初五并没有举行那种有代表性的赛龙舟，而是野餐、郊区骑射比赛。[89] 游客和长住居民可以把首都节日与他们在家乡所知道的节日联系起来。(详见表 8-1。)[90]

275 **表 8-1　　《帝京景物略》中的 1635 年岁时**

日期	活动
立春	知县和士绅们在东郊“迎春”
正月初一至十五	农历新年。在家里庆祝新年，并在未来几个星期拜访亲属和朋友。参拜某些寺院
正月初八至十八	灯市。购买、展示并观看街道上的灯笼
正月十五	元宵佳节。每个人都可以漫步街头，整晚停留在外
正月十九	庆祝白云观的燕九
正月二十五	制作和吃一顿特殊糕饼的大餐，称为“填仓节”
二月初二	除虫，并吃与“龙抬头”相关的特殊食品
清明	祭扫家族墓地，纪念已故的祖先
三月二十八	东岳神神诞日，在他的庙里庆祝
四月初八	释迦牟尼佛诞日，在佛教寺院庆祝
四月十八	碧霞元君神诞日，在各处寺院庆祝
五月初五	参观景点。采取预防措施，以“避邪驱瘴”

[88] 许多特殊菜肴和游戏名称拒不改变，而且有各自相应的节日。即使是富裕的、有能力坚持这种周期性的富人——购买提早开花的树枝、最早的春茶、第一批果实、反季节的温室里的花朵——仍然受其制约。

[89] 只有在宫里的湖上才有实际上的龙舟。刘若愚：《酌中志》，卷 20，6 页。

[90] 有关表 8-1 及相关的讨论，我主要相信刘侗、于奕正：《帝京景物略》，卷 2，65～80 页（特别是第 66～71 页），以及较短的词条，在卷 1，18～28 页；卷 3，102～103、122～125 页；卷 5，191～195、217～222 页；卷 7，78 页。在注 87 中，我已经阅读和比较了其他同时代的笔记。

续前表

日期	活动
五月十三	关羽的生日，在他的庙宇庆祝
六月初六	晒书节和晒衣节，在家里和在寺院
三伏	在最热的天，帝国大象在护城河洗澡
七月初七	女孩子在家的院子里通过在一个碗里投浮针预测她们在家里的技艺
七月十五	宗教人士在寺院里举行仪式来安抚被忽略了的亡灵，在城市湖泊上浮动的灯笼船到达终点
八月十五	供奉满月。家庭一起吃月饼
九月初九	登高望远
十月初一	在即将来临的冬天给已故的亲人送寒衣
冬至	官员庆祝，其他人开始计数冬天来临的日子
腊月初八	吃特别的稀粥
腊月二十四	家家供灶君
腊月二十五	家中供玉皇
腊月三十	在家中举行仪式；家庭聚集并守夜到新年，即除夕

年节也还把在北京以及周边的具体地点编入这一结构中。许 276
多节日发生在家庭之外，偶尔在街头和集市，有时在河岸和湖边，但大部分经常是在寺院之内或旁边。少数的庆祝活动缺乏与宗教或礼仪空间的联系；神圣日子是假期，结合了世俗娱乐与虔诚的行动。往往伴随着僧侣举行的仪式，这些庆祝活动向所有人开放，并由个人和亲戚或朋友的团体参加。

元宵节是正月第一个重大公共节日，吸引着人们来到所有的城市街道，但是它在地理上集中在皇城正东面的灯市。（参见地图8-1。）有这样的一种风俗，在新年的第二周，即这个节日即将结束的时候，特别是在第十五日的满月，男女老少们，晚上可以自由自在地行走街头。甚至在北城和南城之间的大门也特别允许一直敞开着。在大多数建筑门外悬挂着经过装饰的灯笼，它们是捐助者财富可见的标志，照亮街道，吸引散步的人群。爆竹不断点燃，随处可见，这座城市成为一个共享的公共空间。

人们在新年中可以参观好几个地方。正月初一，许多人到这座城市东边宽敞的东岳庙，在新年之初的好几天也有一些人围着蒙古式白塔寺的佛塔绕行。南城东南边法藏寺的僧人们通过把灯笼放入经过装饰的佛塔侧面的58尊佛像的壁龛里，吸引着无数的游客，绕行它并且“唱歌使佛祖喜悦”。

直到正月十八，灯笼才被取下来，第二天举行为北京所独有的另一场大型节庆活动。城外正西边的白云观——金代著名全真教人物丘处机的道场。（后来他的坟墓也在这里。）在流行的传说中，丘处机在正月十九日以一个伪装的模样返回人间（作为其诞
277 辰周年和逝世的各种描述）。因此，来自远方的道士们希望遇到真人（也许他伪装成学者、妓女、乞丐，可是有谁知道呢?），并且到明末，成千上万的人们——男男女女，不分尊卑——做着同样的事。人们把这一天称作“燕九”（一个书面名词，有着不同的理解）。邻近开放的地方提供空间用于骑马、射箭和球赛、大众艺人和野餐。富有的宦官在这一天把钱和食物施给穷人，这吸引了更

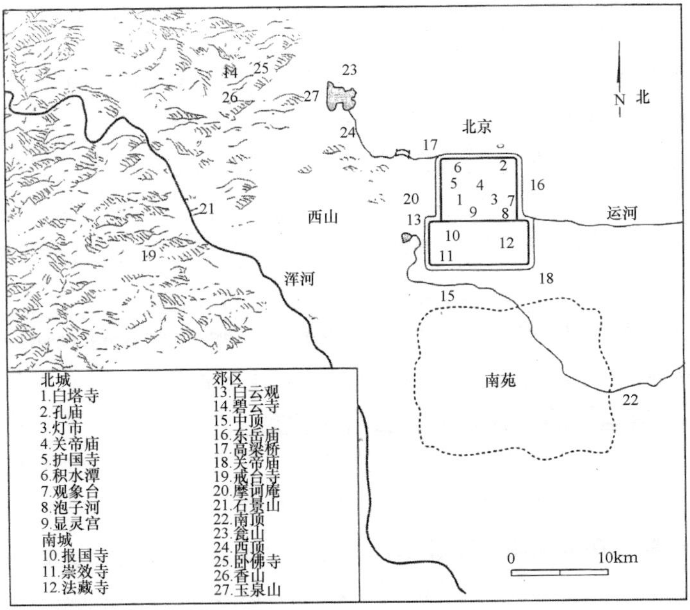

地图 8-1 明代北京名胜

多的人。

其他的节日意味着访问其他的寺院。四月初八是浴佛日，象征性地清洗寺院的佛像。在某些地方，这些私人宗教仪式是捐助者参加的一个公共事务。四月十八日，人们到郊区的众多寺院中的一座为碧霞元君的神诞日祈祷。在念诵佛经的盛夏期间，七月 278
十五日的放莲花河灯达到了顶点，人们沿着北城的湖岸野餐，观看闪烁的河灯漂浮在真正的莲花之中，并欣赏燃放制成鸭、鹅、龟、鱼形的烟火。标志着当年其余部分的其他公共节日却是相当少的。[91] 九月初九，人们可以登高并坐下来欣赏景色；在平坦的城市内，文人喜欢登临寺院附属的阁楼。[92]

用于这些节日的二十四座寺院平均分布在北城、南城以及郊区。多数是在这一年中很容易到达的地方，一位精力旺盛的庆典主持者将多次奔波返往首都，拜访城墙内外的不同场所。这些习俗必须与这座城市捆绑在一起，游人、居民与新邻居互相熟悉，通过社会阶层创造了共享的经验。从某些方面而言，正是这座复杂的城市通过岁时得以体现、演示和戏剧化。

当然，节假日也是不断创造和重申差异的时机。

在文人的笔记中，很少能看到北京各种居民所经历的实际年节。虽然少数由僧人或道士主持的节日已成为更为普遍庆祝活动的一部分，但是寺院僧人也有自己的年节。北京的穆斯林、蒙古人和基督徒的节日处于更为独立的领域中。由皇帝和他的代行者在郊区祭坛和其他由朝廷资助的寺院举行的官方仪式也构成了一系列事件，与仅是偶然和大多数人所经历的“年度事件”相冲突。[93] 但是，在他们的个人能力中，皇宫里的居民是北京生活的一

[91] 八月十五日的中秋节通常在家中庆祝。

[92] 指南手册提到它们中的法藏寺的七层宝塔、北城显灵宫的两座塔以及报国寺的阁楼。

[93] 唯一在指南手册中提到的官方兼社团祭拜是“迎春”，当地官员和学者聚集在一起参加府学的一个仪式。

部分，甚至他们利用这种场合来彰显自己的特殊地位。[94]

许多节日显然是与性别相关的。每年正月耍五个球、摩挲城门的金属锁或举行其他类似的活动，据说是可以让妇女的生育能力增强。成年女性和女孩子可以在元宵节之夜漫步这座城市，她
279 们表面上是去看花灯，实际上是去享受平时难得的看与被看的自由。[95]

尽管许多资料描述了由“士女”即贵族男子和女子组织的短程出行，有些节日和男子在家庭以外的情趣有着特殊的关系。“踏青”和郊游的农历四月和五月，甚至如来佛的佛诞日都是男子们携带艺伎或妓女，前来享受畅饮、音乐和性爱调戏的快乐时光。

尽管如此，节日还是临时建立社区的场合。许多节日是家庭事务，在私家范围内共享；随之而来的仪式在屋内、在庭院或在门口前举行：在正月二十五日的新年仪式，填满一个人的“粮仓”，二月初二吃某种糕饼并熏蒸家庭，五月初五戴上辟邪的符咒和食用特殊的食物，七月初七投浮针，八月十五日供奉月亮，腊月初八喝粥和腊月二十四送灶王爷。

对于大多数在北京的人来说，无论其社会阶层如何，节日是亲戚相会和表达他们和睦的时机。经常是共享特殊食品的一餐，并且纪念这个节日。[96] 某些儿童玩具、游戏、童谣也与一年中的特定时间相关联，在年轻人的心目中留下了深刻的印象，在怀旧的愉悦中为成年人所记忆和传承。其他的活动强调代代相传的父系轴线：新年在祖宗牌位前跪拜，当然更不用说清明节和农历七月了。

---

[94] 刘若愚：《酌中志》，卷 20，1～10 页；富路特、房兆楹主编：《明代名人传》，952 页。刘若愚投入更多的注意力于房兆楹所描绘作为宫廷的“美食岁时”。宦官和宫廷妇女按季节更换他们的衣服，每一个配有适当象征性的装饰，并且他们找到了最喜欢的宫殿内景点场地（特别是西苑）去定期欣赏鲜花和开花的树木。在第五章中，新年和元宵节的宫廷画据我所知是唯一现存的岁时庆祝绘画。

[95] 七月初七是有一个有关妇女的私人仪式。

[96] 特别的食物因添加了昂贵和令人难忘的馅料（坚果、干果、糖果和肉类）而得以区别。

在新年的两个星期中，拜访是在朋友和亲戚中加强和再次确认社会网络的典型时机。其他场合（为数更少的）是已婚妇女通过归省以加强姻亲关系。被称为女儿节的五月初五和九月初九一样，是这种归省的时间。

这样，属于更为广泛的民众而不只是文人游客的年节，既创
建又象征了北京。虽然有许多节日不是一个简单序列的拼凑，但 280
是它们却叠加在一起，表现出千变万化而又独特的北方首都年节。对于生活在北京的这些人来说，如果与都城绑定在一起的话，这些有层次的节奏可能是无意识的，但是至关重要。而且，在一年中的不同时期里，有规律地预定安排走访京师的不同地方，是为了那些体验北京是一种什么样特别感觉的人们而创建的。直到明末，这种时空结构得到了很好的组合。

明代的北京

到 17 世纪，元大都已经完全变成了一座闻名全国的明代城市，除了雄伟这个词语之外，人们极少能用其他的词语来描述它。数万的人游历或寄居在此，或许有一百万人把北京称作家。这是当时王朝的所在地，行政阶层的顶端，景色优美的城市，可与苏州、南京相匹敌。

当然，有关许多明代有权势旧士大夫家族的文化标准在长江中下游仍然存在，特别是在苏州。直到 15 世纪中期，这座大运河边的城市已从明朝建国时期的破坏之中恢复过来，并再次成为王朝中也许是帝国中最卓越的城市。[97] 苏州自我意识的信心体现在——其他事情中——由当地文人艺术家所做的不平常特定陈述：沈周（在 15 世纪似乎已经确定风格的人物）、文徵明、陆治、张

---

[97] 马默：《从弱到强：苏州，1368—1550》；马默：《地球上的天堂：苏州的崛起，1127—1550》；牟复礼：《中国千年城市史：苏州的形式、时间和空间概念》，载《莱斯大学研究》，第 59 期（1973 年），335～365 页。

宏及其他人。[98] 到了明末，苏州的标志和园林得到确定，并且为一个国家文人观众所熟知。这种绘画是文化优势意识的唯一表现，它允许文震亨（17 世纪初）在真正的鉴赏家和“某些北方憨子”之间进行比照。[99]

北京和南京之间的差异是另一个序列。明朝开国皇帝定都南京，他的南京旧名称建康和金陵，拥有强大的文化共鸣，但永乐皇帝已经把它降级到“南都”。在 15 世纪 40 年代后，虽然设置了跟北京一样的官署衙门，而且礼仪也继续保留着，但是由于实质
281 性权力被掏空，南京衰落了。皇家的象征意义对南京的自我定位是重要的，到了明末，南京的经济生活已经变得活跃，甚至是有争议的。[100] 直到 17 世纪 20 年代，画卷描述的街道和商店——一种视觉和文字的旅游文学正在发展中，并且许多文人发现了这座城市在某种程度上有北京所无法拥有的放松和吸引力。[101]

不过，直到 1600 年，北京已经发展成为一座强大的城市，可

---

[98] 例如，高居翰：《江岸送别：明初与明中绘画，1368—1580》，特别是第二章和第六章。高居翰：《山外山：晚明绘画，1570—1644》，39～59 页。《八代遗珍：纳尔逊美术馆、阿特金斯博物馆、堪萨斯城和克里夫兰艺术博物馆的收藏》，画 152，181～184 页；画 155，187～189 页。单国强：《晚明绘画中两个伟大传统融合的倾向》，见何惠清等：《董其昌国际学术研讨论文集》，第 3 卷，3～15 页；马仁美（Jen-mei Ma）：《沈周的山水风景画》，159～162 页。

[99] 柯律格：《早期现代中国的图像与视觉性》。亦参见《明代中国的园林文化》第四章。对苏州的看法可能不那么乐观，我们发现虎丘难以接近，对精英统治的压迫我们更难看到，但肯定存在。他们后来也这样做了。参见马默：《地球上的天堂：苏州的崛起，1127—1550》，39～44 页。

[100] 万志安：《明末江南的市政改革和城市社会冲突》，载《亚洲研究学报》，第 50 卷第 2 期（1991 年），280～307 页；牟复礼：《南京的变迁，1350—1400》，见施坚雅主编：《中华帝国晚期的城市》，101～153 页；马默：《从弱到强：苏州，1368—1550》，436 页；毕德胜：《方以智和 17 世纪 30 年代的思想变化》，各处。通常与南京对比，北平被偶尔地称为“北京”。

[101] 南京的图卷，如同那些关于北京的，后来与苏州进行比较，参见王宏钧、刘如仲：《明代后期南京城市经济的繁荣和社会生活的变化：明人绘〈南都繁会图卷〉的初步研究》，载《中国历史博物馆馆刊》，1979 年第 1 期，99～106 页。有关远景，中国古代书画鉴定组编：《中国古代书画图目》，卷 3，沪-1-1028；卷 7，苏-24-0163。一本 1623 年的图书内有 40 幅城市画，显示了城市特性和特定的风景，附有诗，参见恒慕义主编《清代名人传略》第 170～172 页所提到的朱之蕃《金陵图咏》。在 17 世纪 20、

以成功地在文化声誉方面与帝国任何地方的对手进行竞争。即使没有世界上其他已知城市所拥有的有组织社团的身份，也没有中原地区著名的地方精英，但是这个明代都城确实已经发展出自己独有的特性。实际上，北京已经成为若干特性相互结合在一起的一座城市，并且适应了这种差异，对于其他城市来说，北京是强者。

皇家北京的概念，统治王朝的家园，都嵌入这座城市的布局里，体现在宫廷精英的身上，位于帝国的领域中，在国家宗教寺院和仪式的举行上，而且保存在由宫廷精英们竖立的实物和文字的纪念碑上。由于京师的其他部分被城墙隔离开了，并且只向某些人开放，因而帝国北京无法看到却又无所不在。对在皇城领域内的宫廷社团，京师的其余部分是他们经常而且容易干预的一个单独领域。正如帝国的存在一样，北京皇家身份预示着控制或扼杀其他的生活，但是它却保证了资金和游人稳定地来到当地，并且带给北京一种独特的宏伟和世界性。

北京同时是京师，明代帝国的行政首都，一个身份体现在其政府建筑物和考试大殿上，象征着宏伟的城墙和大门上，并反映在那些川流不息的有功名或有官职的男子们（或渴望得到功名的男子们）的身上。京师的公共仪式允许这些人代表国家，而且政治是他们私人和公共集会的生命线。由于靠近帝王之家，所以朝廷是京师的最大雇主，它的活动泛滥到地方生活的大多数方面。由国家霸占的政治、经济、学术、文化的巨大资源使得京师和帝国不可分割地结合在一起。

直到 17 世纪初，对于受过教育的男子们来说，北京因其风景 282

30 年代，为精英参观者而写的旅行指南如同那些有关北京的图书也得到创作。（恒慕义主编：《清代名人传略》，170～172 页）《帝京景物略》的作者刘侗、于奕正，也计划撰写一本有关南京的类似图书。明末南京的末世情怀也许被与清朝征服伴随而来的怀旧情感所夸大。参见司徒琳：《历史和〈桃花扇〉》，载《中国文学：随笔、文论、评论》，1980 年第 2 期，55～72 页；白润德（Daniel Bryant）：《旧南京的句法、声音和情感：王士禛的〈秦淮杂诗〉》，载《中国文学》，1992 年第 14 期。有关明末杭州表述，柯律格：《早期现代中国的图像与视觉性》，84 页。

名胜还被确定为旅游目的地城市，而且也作为以当地特有的方式体验全国性节日的地方。游客来到北京，因为这是王朝的所在地，帝国的首都，而且是所在地区的最大城市。作为旅游者感兴趣的对象，首都由景点来界定，分散地记载于诗歌、散文、书画和经历的节日活动中。个别景区暂时的组合随着岁月季节的替换而改变，这个北京不是集中于这座被城墙围绕的城市，而是松散地向外延伸，而且其重心位于西郊地区。到17世纪初，这样的一些特性被具体编入著作之中用于指导游人。

对于那些土生土长在这里的人来说，首都皇家、行政和风景名胜各种版本并存的城市，是他们的故乡。与当地的食品、一个独特的节日年度周期、自己的方言以在城墙围绕着的城市和郊区之间流动的界限相关联，这个北京在公共（或私人?）书面或视听媒介方面的表达是软弱无力的。自身的不确定和行政的支离破碎，甚至地方精英要么是宫廷文人，要么是中原的文人，在他们自己的权力中并没有出现强有力的领导者。然而，尽管大部分城区被皇帝或朝廷所占有，许多美丽的开放空间得到游人的喜爱，但是当地居民仍然能在跨阶级的宗教节日和组织中，以及在一种蓬勃发展的买卖、商铺和服务的经济中表达自己的北京。

北京这些能共存的不同版本是所有伟大城市调节力量的一种标志。多样性、竞争性和世界性的蓬勃发展，甚至处于皇帝盛气凌人的存在之中。在北京的每个身份中，寺院发挥了重要作用，部分是因为它们共享了城市便利。开放给各种用途和赞助人，同时随着时间的推移，它们为各种社会群体提供了一个建构和表达自己的场所。但是，强大帝国和政府的存在从来没有远离，而且北京的寺院，如当地居民一样，一直生活在它的影子之中。

但读者们要擦亮眼睛。有关北京这些身份的看法展现出过于美好的场景：皇室善举的意图不是榨取民脂民膏，仪式展现完美，朝廷没有穷人、刁民和叛乱市民的反抗，景点的天气是艳阳高照没有一丝乌云。由于受文献的影响和我重点关注的限制，我把这些失实的叙述给复制了过来，尽管我对此是十分清楚的。

在现实中，皇帝忽视了自己的责任，皇宫里杂草丛生，下水道恶臭扑鼻，乞丐们乞讨，官僚们搞阴谋，强权人物滥用他们的职权，富人变得更富，穷人仍然贫穷。有虐待百姓的官员和狂妄的学者，违背誓言的淫荡僧人，浪费寺院财产的贪婪方丈，炫耀 283
虔诚自以为是的朝圣者。北京不是天堂，但这些丑陋的阴暗面在这里消失了。

这似乎是一个令人痛心的讽刺，到 1600 年，当北京在帝国内获得其地位时，明朝统治的大厦却失去了权柄。在 17 世纪中期，一个新的统治家族建立了，一个新的王朝以及数以十万计的随从迁进了北京，整个北城的居民被迫流离失所。因此，北京的社会机体接受最剧烈的大手术，1644 年后，这座城市的居民不得不开始艰难地重建他们社区和构建他们自身的过程。

第三部分

清代的北京

第九章

1644年：分割和过渡

占　领

17世纪中期，明朝被推翻了。两代之前，一位名叫努尔哈赤 287
的人把长城以东和以北的边疆人民联合在一起，这个联合体最终夺取了政权。他们自称是“满洲人”，并引用了12世纪女真统治者统治中国北方的名义——金，他们声称自己是金的后代。在17世纪的头三十年，努尔哈赤和他的儿子们东征西讨，或与他们北方的民族联合，逐渐占领了辽河地区的城镇，不时地侵扰明朝的关内地区。他们把作战技能与官僚机构、农业剩余和有利可图贸易的垄断权结合起来，而且通过把追随者编组成不同的“旗”，创造了一种可以扩大胜利果实的兵民合一的社会形态。1644年，他们占领了北京以及全国。他们的朝代被称为“清朝”。

清朝征服中国后，承续了明朝政府的结构和意识形态。因为在接下来的两个世纪里，清朝的统治者是勤勉和有效率的一群人（特别是与他们明代的前辈相比较），当时他们加强和巩固这些国家机构，保卫并随后拓展了疆土，统治着一个庞大而多样的帝国。虽然社会通常变得更加流动，旗人——1644 年之前的满洲追随者和他们的后人——保持一种不同和特殊的社会地位，在东北、北京城内外以及一些战略要地部署驻防。旗人与汉人一起参与朝廷（并且作为一个监督者），但是八旗兵在皇帝的控制下保持了一个单独的军事建制。清朝的制度起到相当好的作用，也许是过于好，
288 直到 19 世纪，甚至那时的统治者们仍能避免毁灭性的国内叛乱和外国帝国主义的压力，直到最后才被受近代民族主义思想驱动的革命家于 1911 年推翻。①

1644 年春天，极少有人预见到清朝的统治能运转得如此之好或持续得如此之长。对于北京的居民来说，朝代更迭的后果是特别富有戏剧性和持久的影响。在全国没有哪个地方能如此强烈地感受到征服者的存在。

虽然新兴的清朝政权已经经历了几代人的发展，而且经历了大明王朝的抵抗被消灭前的数月和完全确立对帝国统治之前的几十年，但是 1644 年的阴历五月，清朝攻占京师才能被视为他们长达 268 年统治的开始。对这一过渡时期的极大兴趣促使历史学家们仔细研究这一年所发生的已广为人所知的事件。②

当努尔哈赤的继任者聚集在东边长城外时，李自成领导的农民军从西边接近了首都。在位的崇祯皇帝自杀了。李自成的军队占领了北京。明朝将军吴三桂的军队在满洲入侵者和首都之间犹豫不决，最终选择投向清朝。八旗军队进入关内，联合吴三桂击败农民军。李自成和他的追随者们放弃北京，清军进入首都，宣布他们的到来是为了恢复城市和领土秩序。

我们相当详细地了解到，在 1644 年阴历三、四、五月（约公

---

① 这些事件大量地包括在二手档案中。魏斐德（Wakeman Frederic）《洪业：清朝开国史》第十四章中认为，清朝的成功也许排除了更多革命变革的需要。

② 例如，魏斐德：《大顺政权》，见史景迁、卫思韩编：《从明到清》；魏斐德：《洪业：清朝开国史》，第四章。

历的四、五、六月）的北京，这些国家事件的剧情是如何上演的：京城官员们的担忧渐渐增加，崇祯皇帝最后的那几天和几小时，李自成占领北京的42天，他对明朝官员们的侮辱，吴三桂的困境，他犹豫不决地迎接清朝摄政王多尔衮入关。我们还知道农民军占领京师的后果：野蛮而又有准备的农民军对房屋和皇宫的“清洗”使经过积累的私人财产受到损害；开始是明朝官员们自杀，然后是屠杀市民，叛军离开北京之前放火烧了紫禁城的部分建筑物。③ 在这个叙述中，北京是一个全国的戏剧舞台。在大多数的描述中，清军进入城市，如同莎士比亚戏剧中的最后一幕，这种行为带来了胜利的结局。但是对北京自身而言，这出戏剧还远未结束。

清军士兵和他们的家眷被命令迁入首都。为了给他们提供住 289
处，汉人居民被迫搬离他们的家；整个北城被转交给旗人，并且南城成为重新部署的汉人居住区。在北京的历史上，这个事件是极其重要的，仍然没有得到研究。在本章中，我以一个初步方式来重建所发生的事件，然后思考为什么我们对清朝占领北京之前的了解是如此之多，而在此之后有关这座城市的了解是如此之少。④

在努尔哈赤三十三岁的小儿子、摄政王多尔衮和年轻顺治皇帝的统率下的八旗军，于阴历五月初二早上到达北京，但是极少数的城市居民了解“大清朝”究竟意味着什么。他们对这些侵入的军队感到疑惑：他们由东北人，或者由吴三桂将军，或者也许由明朝太子中的一个率领？这些陌生人穿着不同质地的服饰，留着一个古怪样式的发型；一些人说着满语，一些人说的是蒙古语，一些人说的是汉语。当多尔衮开始亲自向人群喊话时，有一个人

③　魏斐德：《大顺政权》，见史景迁、卫思韩编：《从明到清》，70～71页；魏斐德：《洪业：清朝开国史》，314～315页；《宛平县志》，卷2，3页；朱偰：《明清两代宫苑建置沿革图考》。

④　因为没有基于这个时期汉人和满洲档案的大量研究，接下来的论述只是部分的回答了清朝统治北京的头十年发生了什么。

在努力地理解他的意思，并巧妙地解释称：他肯定就是那个在1449年对蒙古作战中被俘明英宗的一个后裔，现在来要求归还他的皇位。⑤

清朝在北京的统治转换非常顺利。叛乱者已经离开，没有有组织的抵抗。受过训练的八旗士兵负责分兵驻守，禁止劫掠。⑥ 但是他们停留在哪里呢？秩序刚刚恢复，八旗军就开始破坏性地占领城市居民的家。在六月十日，多尔衮颁布了减免税收以便于抵消影响：对于汉人来说与占领军共享房屋可以免一年税，对那些财产被完全接管的人免三年税。⑦ 第二天，多尔衮进一步澄清清朝的意图，并且宣布，北京（他称之为“燕京”）将是新王朝的首都。⑧

290 但是谣言满天飞。许多居民不能也不愿相信新来者会在此停留，乐观的人误解了返回东北去接家眷的八旗兵，认为他们都将很快离开这里。⑨ 悲观的人则重复着可怕的预言，说与此前的新皇帝到达时候一样，将会在八月有一场大屠杀。多尔衮的通告没有平息过于自然的不安，八月初一发生的日食也没能帮助他。⑩ 为了让明朝官员们相信清军不是未开化的闯入者，崇祯皇帝的牌位被安置在太庙并且拨款用于祭祀北京北郊的明代帝陵。⑪

九月十九日，当满洲首领判断形势已经在充分控制之下时，顺治皇帝，七岁的福临（多尔衮的侄子，努尔哈赤的孙子），被护

---

⑤ 《清实录》（顺治朝），卷5，1～2页。明英宗已在1450年返回，并且于1457年复辟。魏斐德：《大顺政权》，见史景迁、卫思韩编：《从明到清》，74页；魏斐德：《洪业：清朝开国史》，314～315页；富路特、房兆楹主编：《明代名人传》，289～290页。

⑥ 《清实录》（顺治朝），卷5，8页。

⑦ 多尔衮所指的是什么税？他了解城市居民每年是免于纳税吗？参见第十一章的讨论。

⑧ 《清实录》（顺治朝），卷5，15～16页。“燕京”是在辽代使用的名称。清使用这名字是在1644年，此后偶尔使用这个名字，指的是这个时期。

⑨ 《清实录》（顺治朝），卷5，18页；魏斐德：《洪业：清朝开国史》，450～451页。

⑩ 《清实录》（顺治朝），卷8，2～3、7～8页；魏斐德：《洪业：清朝开国史》，451～452页。

⑪ 《清实录》（顺治朝），卷5，25页；张伟仁主编：《明清档案》，A1-118号。

送进入皇城。他不久在郊区的天坛和地坛举行祭祀，发布一份正式的谕旨，阐明对北京的意图。⑫ 他们的追随者——组织有素的八旗军就毫无疑问地进入了北京城。北城——从此以后所称的，按照清代的习惯用法，内城——成为旗人的一个保留区。住处被分成四份：正黄旗和镶黄旗在北面，正白旗和镶白旗在东面，正红旗和镶红旗在西面，正蓝旗和镶蓝旗在南面。⑬（这些军队的分布如地图 11－1 所示。）

正如有人充分设想的那样，把民人从旗人中分离出来是缓慢而痛苦进行的过程。许多清的追随者一次没到或住过所占用的住宅，后来五个月的记载表明，财产权的转移既不迅速也不顺利："民房应给旗下者，当宽以限期。俟其搬移。始令旗下管业。"⑭ 在中原和南方的明军对新王朝仍然进行着武装抵抗，有组织的抵抗危险为警告提供了把柄。但是征服者需要房屋并且被告知去拿下房屋：反对武力和恫吓的规劝能有多大效力？ 291

接下来的夏天（1645 年），清朝皇帝又颁布了一道臭名昭著的命令——要求所有的汉人改变他们的发型以示表明接受满洲的统治——而且这道命令是强制性的。每个男性臣民马上剃掉前额的头发，把他的头发编成辫子。违者处死。⑮

1646 年阴历二月，由于原来的居民和新来的人仍然共同生活在内城，为使汉人搬离，朝廷命令工部加速完成外城新居民区的修建。事实上，一个主要的建造计划在内外城已经开始，以便于

⑫ 《清实录》(顺治朝)，卷 8，13、14 页；卷 9，1～5 页。

⑬ 描述八旗准确的部署，顺治元年十月初一的公告在《清实录》(顺治朝) 卷 9 第 10～23 页中没有找到，在张伟仁主编的《明清档案》A2－12 号中也没有原文内容。更详细的内容在 1739 年的《八旗通志》(卷 1，第 17 页)。称是基于十月初一的版本，但也许是简单的回顾。内城的定居也许在最初的几个月里是偶然的，但是到了 1654 年，住宅似乎已被这些军队所占据。参见《清实录》(顺治朝)，卷 79，9～11 页。

⑭ 《清实录》(顺治朝)，卷 14，9 页。在英文中，官员给君主的报告习惯称为 "memorials"。

⑮ 对新的拥护者来说，改变发式在关外的战争中是标准的政策，但在北京，因清军初来乍到，暂时停止了这项制度。魏斐德：《洪业：清朝开国史》，47、60、217 页。《清实录》(顺治朝)，卷 5，10 页；卷 17，7～8 页。

扩大可供分配住房的储备，这样更易于过渡。[16]

不是所有的旗人都被分配到城墙围绕着的城内；一些旗人在汉人中间驻军，形成了一个围绕北京的防卫警戒线。京畿地区的农业土地被大规模地圈占。虽然新来者中的一些搬进了这些住宅，但是当时充公的土地被用于旗人收入的来源，他们大部分成为缺席的地主而不是农民。[17]（汉人所有者变成佃户，负责租借而不是赋税。）划分出来的这些财产通过调整分配给旗人，并且随着以前所有者的不确定性，造成了几十年的破坏和困苦。[18]

到1648年即顺治五年夏天，北京城墙内两部分人的分离仍然没有完成。虽然清朝试图鼓励通婚和建立良好的关系，但是劫掠和谋杀的情况揭示了几乎浮出水面的一个不稳定仇恨，群体之间的仇恨随时可能爆发。[19] 现在我们更加确信的是，仍然支配年幼福临的多尔衮决定积极地推行所有分隔区的“持久利益”。在第二年（1649年）末，他宣布，所有居住在内城的汉人官员、商人和普通百姓搬迁到外城，他们确实搬离了。他们的家园被拆毁或以适当的补
292 偿卖给旗人。然而，即使这样一道命令也允许有例外的情况——僧侣、六部或其他朝廷衙署的吏员和差役不在搬迁之列，而且三个月后，朝廷仍然担心如何减轻“拆迁”之苦的情况。[20]

事实上，尽管看起来多尔衮有他自己的既定目标，但是在1649年多尔衮反而认真考虑在北京东面的另一处地点再建一座全新而且完全独立的都城。[21] 原因当然是反映了强大的清朝分离主义者的迫切要求，且只有一部分与大北京的沼泽地带相关，苦咸的

⑯ 《清实录》（顺治朝），卷24，4页；《八旗通志》，卷23，435～436页。

⑰ 参见安熙龙（Robert B. Oxnam）《马背上的统治：鳌拜摄政时期的满族政治统治，1661—1669》第170～175页或凯思乐（Lawrence D. Kessler）《康熙帝与清朝统治的巩固，1661—1684》第46～52页，有中文和日文大量文献的概述，其中一些错误地暗示大多数旗人搬到农村。

⑱ 1666年，皇族内部的斗争导致正白旗和镶黄旗之间土地权力的大规模交换，安熙龙：《马背上的统治：鳌拜摄政时期的满族政治统治，1661—1669》，170～175页。

⑲ 1655年，满洲可能被禁止旗外通婚，罗友枝：《清代宫廷社会史》。

⑳ 《八旗通志》，卷23，434～435页。

㉑ 《清实录》（顺治朝），卷44，2页。

饮水和潮湿气候也是摄政王搬迁所援引的理由。这位皇叔已经逐渐把大权集中到自己的手中，很有可能就要通过这个提议，但是第二年（1650 年）他的死使得这些雄心勃勃的计划搁浅了，放弃北京的冲动也就逐渐消失了。[22] 此时，京城里的旗人圈地已经变得不可阻遏。[23] 到十年之后的 17 世纪 50 年代中期，强迫搬迁和分割城市显然是完成了。

我们对于这种能对其进行初步评估的重组知之甚少。开始，我们对这种没有包括某些数字在内的城市生活的重组规模无法进行评价。有多少汉族居民被重新部署？多少旗人搬进来？唉！可靠的回答是困难的。

许多问题使得明代北京人口数量成为一个猜测。在近来最细致的研究中，韩光辉估计在 1621 年北城的四个区约有 600 000 人。[24] 这个人口数字包括许多寄居者和士兵，似乎是合理的估计，因为在明朝灭亡前夕，许多寄居者出于谨慎而返回家乡，而后者则被派遣到其他地方。北城的人口可能减少了四分之一。那些留下来的显然被 1643 年春天的瘟疫所摧毁，虽然资料显示“十房九空”比精确的叙述更通 293
俗。另一个“咯血的”鼠疫在第二年的春天爆发，当李自成的军队到达时，更多人确实逃离了北京。[25] 而且在清军到达后并非所有的人都返回北京——肯定没有明朝皇家的成员，或许也没有有权势的

㉒ 《清实录》（顺治朝），卷 49，11～13 页；卷 53，17 页。恒慕义主编：《清代名人传略》，215～219 页。亦参见安熙龙：《马背上的统治：鳌拜摄政时期的满族政治统治，1661—1669》，第三章。

㉓ 类似的圈地也在旗人驻地中产生。欧立德（Mark Christopher Elliott）：《外来居民：满族在中国的经历，1644—1760》。

㉔ 韩光辉：《北京历史人口地理》，107 页表 3－14。乔安妮·克莱尔·维克兰估计在万历统治时期，在城市和近郊分别有 800 000 人和 1 000 000 人。其中，她认为也许有半数住在北城（350 000～550 000 人）。乔安妮·克莱尔·维克兰：《中国明朝首都的行政部门：16 世纪的北京》，83～101 页。

㉕ 张伟仁主编：《明清档案》，A1－162 号。谈迁《国榷》卷 99 第 5985 页中载“死亡无算”。刘尚友说“都人患此者十四五”（司徒琳编译：《明清之变：虎口中的中国》，8 页）。

宦官和他们的家眷。必定有许多被遗弃的房屋。我们推测 300 000 人（也许更少）仍在当地并且可能不得不放弃他们的房屋给旗人。㉖

有多少旗人搬入城中呢？我们所有的数字，虽然与明代人口的种类不同，但表现出同样的困难。韩光辉估计 400 000 旗人在 1644 年后定居于北京和郊区；柯娇燕（Pamela Kyle Crossley）把那些进关的旗人人口（120 000～150 000 人）与只在几年以后就膨胀的人口进行了对比。㉗ 据我本人推测，开始至少有 300 000 人在北京的内城寻找住处。㉘

㉖ 韩光辉《北京历史人口地理》第 128 页估计顺治统治时期外城的人口约 150 000 人。

㉗ 韩光辉：《北京历史人口地理》，123～124 页表 3－20；柯娇燕：《乾隆对汉军八旗的再理解》，载《清史问题》，第 10 卷第 1 期（1989 年），76 页。仔细查阅在北京的清代档案，可能会提供更有力的证据。

㉘ 一个评估的方法是从牛录的数字计算的。房兆楹详细地计算，提出在 1643 年约有 550 个牛录。一个牛录的数量显然是不断变化的，从“标准”300 人向下到 100～200 人（但也许是非常地不平均）。参见图 68；《清实录》（雍正朝），卷 60，26～29 页；房兆楹：《评估早期满族军队兵力的一种方法》，载《哈佛亚洲研究学报》，第 13 卷第 1 期（1950 年），204 页以下。柯娇燕：《乾隆对汉军八旗的再理解》，载《清史问题》，第 10 卷第 1 期（1989 年），76 页，被周远廉引用证明汉军旗人的规模更大。一个估计如下：550 个牛录每个平均 150 人，约 80 000 名士兵。但这些人中的许多人在 17 世纪 40、50 年代的战争中，把他们的家眷留在了东北。另外被派遣到在全国的旗兵驻地。（15 000 名士兵在顺治统治时期。欧立德：《外来居民：满族在中国的经历，1644—1760》，97 页。）并且那些驻扎在首都的，并非全部在城市里安排住宅；一些驻扎在其周围。（欧立德：《外来居民：满族在中国的经历，1644—1760》，60～61 页，其中显示约有 2 000 名士兵。）可以猜测在 1644 年，少于 60 000 名旗兵要寻找新的住处。然后我们不得不加上每个士兵家眷（若有的话）数量的因素。如果一个家族有四口人，那么约有 250 000 人？欧立德《外来居民：满族在中国的经历，1644—1760》第 143 页用每个家庭有五口人并且声称有一些多达九口人。在朝代初期，数字似乎（对于我来说）更低。韩光辉用一个同样的逻辑但对他的数字进行了不同的推测。

安双成从 1723—1724 年的满洲秘档中的资料得出在 1648 年旗兵的数量为 347 000，并且在 1720 年为 686 758 人。我发现如果他们指的是“丁”，这些数字不可能的，因为每个“丁”的家庭四个额外人口会产生不可信的旗人为 130 万和 270 万。如果档案中的这些数字指的不是旗人全部人口，它们是相当合理的并且与其他的旗人数字及全部北京人口保持一致。如果我们能估计出在 1648 年有 347 000 人并且从中去掉驻扎在首都之外的 16 000 名士兵和他们的家眷，我们能得出有 279 000 旗人寻找地方居住。从以后几个世纪有完整人口记载进行的逆向工作过于棘手以至于无法进行，因为内城中旗人和常住居民后来的混合以及汉军旗人被从登记制度中去除。

这些根据不充分的推测，认为搬进搬出内城的数量相同——双方各为60 000～80 000个家庭。 294

内城人口的迁移和北京猛然被分成两部分，对人们产生了不同的影响。也许，有许多寄居者出于对明朝的效忠或者对前景的担心，只是简单地一起离开了北京。有些人可能回来，同意搬迁并去寻找新的机会。清朝政权是富裕的但不习惯城市的奢华生活。北京庞大的服务从业者中的一部分为了生存，重建旧时的市场，或谋求新的职位，像为老的精英们服务一样来伺候新的精英。商人们一边服从命令，保护在外城的新建筑和仓库的安全，一边冷静地盘算着获得新统治者青睐的机会。僧侣团体免于搬迁，他们的寺院是稳定的小岛。㉙

然而，对于大多数人而言，城市的分割只能是一场大灾难。贫穷的人一如既往没有什么损失，由于他们离边缘如此接近，因此没费吹灰之力就把他们撵走了。富人们则不得不放弃他们在舒适而熟悉邻近区域中的宽敞宅院，住进拥挤的商业区或尘土飞扬的外城胡同——这场搬迁必定是相当不愉快的。补偿的费用肯定是不够的。在这样的危机中保持自己的地位将会遇到困难；一些明代精英在过渡时期幸存了下来，而其他的则未能幸免。对于每个人来说，这座城市的经济地理被彻底地重新调整了，使最简单的交易变得不确定和费时。

我们不能贸然得出这样的结论：所有的旗人都渴望住在北京。他们中的一些已经是城市居民——居住在辽河河谷的城镇并且已经是汉文化的一部分或熟悉汉族文化。对于他们来说，北京可能是具有吸引力的，无疑这些人会很快适应。但是对于其他人，特别是来自更遥远东北崎岖地区的乡村士兵——操着蒙古语和满语的人们，明朝的首都确实是相当陌生并且有更多的威胁。这些士兵的妻子被迫离开她们所熟悉的远在数百里之外的家乡，搬进被一道巨大的城墙包围着的不同样式的 295

㉙ 《清实录》（顺治朝），卷40，9～10页。在1644年，在内城有1 069座寺院，外城有494座寺院。（参见附录一中相关这些数字。）

房屋里，到处是小心翼翼操着汉语的人们，在那里女性美意味着一种陌生的发型和缠足。她们一定带着害怕而毫不情愿的心情服从命令，收拾好她们的东西南下。天花流行的谣言把大家吓坏了。多尔衮自己发现北京炎热又有疫病，顺治皇帝经常躲到南苑，他的儿子，即第二任清朝皇帝，坚持在关外修建一个夏宫建筑群，在那儿他可以享受凉爽山区的气候和地势。

正如我们在第十一章中所讨论的那样，旗人地理上的封闭允许王位继续其高度官僚化和集体化管理，加强征服者和被征服者之间的区别。在被分割开的都城里，这两个群体因此同样面临着为他们自己创造新社区的任务：新来的人住在内城，原来的居民住在外城。

调　整

1650 年多尔衮死后，调整的过程在顺治皇帝名义的指导下持续进行，那年顺治十二岁，这个少年对北京感觉如同家一样。重建皇宫花费了 13 年，因缺少资金而进展缓慢。皇子们在这期间构筑了巨大的宅第，这些宅第将成为内城主要的地标。[30] 在此期间，福临能相当自由地游逛北京城，拜访亲戚的家，以及狩猎、钓鱼和主持在京城南苑里的军事操练。[31] 朝廷继续关注修建更多的房屋，而地方官仍然担心着那些失去生计的人。[32]

重新布局的影响对于外城和内城同样是戏剧性的。明代南城

㉚ 《清实录》（顺治朝），卷 77，2～4 页；卷 91，8 页；卷 102，23～26 页。瞿宣颖：《北平史表长编》，198 页。有关这个时期可怕的政治，安熙龙：《马背上的统治：鳌拜摄政时期的满族政治统治，1661—1669》，47～49 页；恒慕义主编：《清代名人传略》，255～259 页。

㉛ 《清实录》（顺治朝），卷 65，3 页。他经常去南苑，《清实录》（顺治朝），各处。在其最后的几年，1659—1660 年，福临开始到郊区巡幸，《清实录》（顺治朝），卷 130，3～13 页；卷 141，4 页。

㉜ 《八旗通志》，卷 23，436 页；《清实录》（顺治朝），卷 125，11 页。

的出现还不到一个世纪，用新的外城墙把郊区切割出来并把三个南门外群集的居民点、郊区大祭坛和许多乡村包围起来。宣武门、正阳门和崇文门外的地方已经商业化，是来自南方商人的中心，但现在南城更是如此，因为汉族商人把他们的店铺和仓库搬到了那里。

不久，新来的旗人就开始肆意妄为。对他们无法无天的抱怨 296
浮出水面：骑在马背上的旗人沿着街巷鲁莽地挥舞着皮鞭；收买地方官以便顺利地解决他们的诉讼；高层男子把持着城市市场的利润，或者派他们的仆人到郊区拦截来京商人，迫使他们贱价出售自己的商品；其他人则霸占了西山玉泉的好水并据为己有。㉝ 尽管有关处理旗人和民人之间司法案件的则例被制订得详之又详，但是旗人和民人之间的冲突仍时有发生。1653 年，朝廷为了紧急调动驻京八旗军，制订了一份十分详细的规则。㉞

重塑某种正常的生活因危险而变得更加困难，地方性流行病天花出现在未出痘的旗人中。（来自东北更边远地区的成年人，大概比辽河流域中部和西部的定居点那些已经出痘的旗人要更危险。）㉟

在头一个十年中，当两类人口仍然杂居的时候，清朝规定，在内城传染上天花的汉人必须搬离到距离约二十公里的农村。1645 年二月，一位富有同情心的汉御史官劝谏，力陈只有那些表现出出痘症状的人才应该搬离，而不是那些只有一个发热状态的人；此外，他还恳求染病的小孩子不应被其父母遗弃在路边。他提出在北、东、南和西面郊区建造收容所的建议得到了批准。汉族富商们（也许是粮食商人）捐赠了三十万盎司白银，以帮助那些被疏散的人。㊱ 对于旗人来说，新年和皇帝万寿节的庆祝典礼被

㉝ 《清实录》（顺治朝），卷 125，11 页；卷 137，19～23 页；卷 138，23～24 页。《清朝文献通考》，卷 23，5143 页。

㉞ 《大清会典事例》，1899 年，卷 1031，17394 页；《清实录》（顺治朝），卷 79，9～11 页。

㉟ 参见恒慕义主编《清代名人传略》第 898 页中有关在 1633 年满洲熟知天花危险的证据。

㊱ 《清实录》（顺治朝），卷 14，13～14 页；谈迁：《北游录》，354 页。

视为特别危险的集会，那些染有天花的人不得参加。正当福临刚刚长大可以行使这些仪式的职责时（1649 年），他自己却经常缺席。㊲

在 1650 年多尔衮死后，改用不甚严厉的措施来应对这一传染病，用一根绳子把染病家庭住宅封锁起来。然而，次年冬季，皇宫内再次爆发天花，福临躲到了南苑。所有住在距离朝廷衙署四
297 百米以内和明确表明未受传染的成年人再次被迫搬离。㊳ 即使这些措施只是偶尔执行（这是在可能的情况下），但是这些令人恐慌的检疫措施也刺激着分离主义分子的冲动，而这种冲动将会形成在他们统治期间的满洲意识。

清朝统治北京的最初几十年不仅仅是以武力、摩擦和恐惧为标志的。颁布缓和的措施，类似于那些把全国作为一个整体，政府再次及时开始起作用，解决争端和为成千上万的官吏提供就业。由于当地铸造了大量的铜币，京师的经济也得到了刺激。㊴

从进京的第一年夏天开始，多尔衮（以及后来的福临和他的母亲即皇太后*）把家长式统治延伸到京师贫民、孤儿和难民，这种家长式统治是以旗人的皇家待遇为特征的。为那些无人照顾的人们设立普济堂，先是在外城设立了第一座普济堂，然后是在郊区。㊵ 1653 年夏，京师城厢内外发生涝灾，需要为旗人和平民采取更广泛的救济措施，其中就包括那位皇帝母亲所捐赠的八万盎司银钱。这种慷慨也自然地伸到了贫困的八旗兵丁。广泛提供食物、金钱、衣物和住所可能体现了皇家重复的主张："民为邦本"，

㊲ 《清实录》（顺治朝），卷 21，12 页；卷 23，12 页；卷 42，1 页；卷 62，1 页；等等。

㊳ 谈迁：《北游录》，413、354 页。疾病最终感染了福临，在 1661 年他 23 岁时死于天花。对于选择得过天花的儿子为新帝就不足为奇了。皇子和未来的皇帝，玄烨，以前曾被隔离在紫禁城外的一座小寺院里。恒慕义主编：《清代名人传略》，258、328 页；《顺天府志》，1885 年，卷 16，447 页。

㊴ 万志安：《财富的源泉：中国 1000—1700 年的货币和货币政策》，208～209 页。

* 即孝庄文太后博尔济吉特氏。

㊵ 《清实录》（顺治朝），卷 5，第 17 页；《顺天府志》，1885 年，卷 12，315～317 页。

但它也反映了对京师安全的细心关注。㊶

由于远在云南的明朝皇位的最后据有者直到 1662 年才被处死，因此京师周围的形势多年不稳。㊷ 在这十几年中，虽然北京保持相对的平静，但是在 1673 年还是发生了一件令人震惊的事件，298
一个效力于汉军旗人的汉族仆人声称自己是明朝的朱三太子，并在内城里组织了数百人，似乎准备推翻清朝。㊸ 直到 1681 年平定三藩之乱和 1683 年平定郑成功的台湾反叛，有组织的明朝抵抗才得以被消灭。换言之，在整整一代人的时间里，清朝为巩固统治宝座历经了某种程度的风险。然而，直到 1691 年，福临的儿子康熙皇帝在位 30 年，帝国才安定了下来，这种不稳定性也消失了。北京的政治中心地位是无可匹敌的，京师作为帝国首都的身份相当牢固。

记　忆

明清更替的历史永远是一个敏感的话题，但不是一个被禁止的话题。新王朝关心的是忘却不愉快的插曲，牢记难忘的事件——君权自信能够区别彼此。㊹ 改朝换代呈现给普通百姓和历史学家的是类似基本语言的问题；恐惧加剧了情绪上的困扰，从开始用各种委婉的词语

㊶ 危机持续到那年冬天和第二年夏天。《清实录》（顺治朝），卷 76，24～25 页；《十二朝东华录》，卷 4，32 页；《清实录》（顺治朝），卷 77，6 页，这一年后来的其他记载，卷 96，5 页；谈迁：《北游录》，65 页。非常详细地记录了这个救灾工作，其中一些得以保存，《黄册》，2405 册。亦参见第十六章中旗人，《清实录》（顺治朝），卷 8，2～3 页；卷 111，13 页。

㊷ 例如，旗人家族中的逃奴问题，有许多档案记载，见中国第一历史档案馆编：《清代档案史料丛编》，第 10 辑，64～130 页，以及有关这个统治时期的《清实录》。

㊸ 《清实录》（康熙朝），卷 44，15～16 页。有关这位皇子后来更著名的冒充事件，恒慕义主编：《清代名人传略》，192 页；史景迁（Jonathan D. Spence）：《曹寅与康熙：一个皇室宠臣的生涯揭秘》，236 页。（译者按：此处有误，郑成功已于 1662 年收复台湾后去世，1683 年率领台湾军队和清军作战的是郑成功之孙郑克塽。）

㊹ 司徒琳：《明清冲突，1619—1683：史学史和史料导读》，28～41 页。清试图重塑和重写他们自己早期的历史，这是众所周知的。柯娇燕：《〈满洲源流考〉和满洲历史源流的形成》，载《亚洲研究学报》，第 46 期（1987 年），761～790 页；柯娇燕：《乾隆对汉军八旗的再理解》，载《清史问题》，第 10 卷第 1 期（1989 年），63～107 页；柯娇燕：《历史的透镜：清帝国意识形态中的历史和族性认同》；富路特：《乾隆朝的文字狱》。

来谈论我们现在用英文（也是各种各样的）所描述的“rise of the Manchus”（满洲的崛起）、“fall of the Ming”（明朝的衰落）、“Ming-Qing transition”（明清更替）、“Qing conquest”（清朝的征服）。

这种转变是根本性的，并且体现在历法上，而记录时间的语言提供了一种谈论变化的方式。自 1616 年起，清朝和明朝一直保持各自独立，但在纪年上是平行的（每个统治时期由它们的统治者来划定）。[45] 1644 年，两者合二为一。由此，1644 年之前的清代纪年仅是指努尔哈赤和他的继承人皇太极早期历史相关的事件。明代纪年为记载到 1643 年的事件而被保留了下来。1644 年，由于政权已经在阴历五月易手，所以崇祯十七年被改为“顺治元年”。因而，从崇祯十六年十二月三十日（即我们的 1644 年 1 月 27 日）到顺治元年正月初一（1644 年 1 月 28 日），明朝就这样毫无缝隙
299 地融进了清朝。[46] 继续使用明代纪年是一种政治行为，但是没有效忠的军队，抵抗就变得越来越微弱了。[47]

但是，如何谈论 1644 年呢？明朝党羽和许多其他人使用一个政治上中立的历法体制来代替朝代名字。[48] 顺治元年——取消废止了的崇祯十七年——又是甲申年，后者表达的使用回避了必要的选择。事实上，甲申成为 1644 年事件的普通代名字。“甲申之难”、“甲申动乱”、“甲申强盗灾害”和“甲申过渡”这些词组成为唤起人们面对的真正危险和困难选择。[49] 很少遇到其他方式所指

---

[45] 年代的指定是不同的，但是清代的纪年似乎沿袭明代的月和日，这是共享标准的一种敏感反映。

[46] 在平常使用过程中，可以接受“崇祯十七年”指其死于当年三月份前的部分。参见《日下旧闻考》，卷 42，665～666 页；卷 45，713～718 页。在北京标有 1644 年的石碑上，我没有看到任何一种纪年。

[47] 但参见司徒琳：《明清冲突，1619—1683：史学史和史料导读》，30 页。

[48] 中国已经习惯纪年，不仅用一个可回溯的皇帝连续性系列作为参照，而且还用两个符号表（十个天干和十二个地支）组成的六十年周期。

[49] 《日下旧闻考》，卷 90，1524 页；朱一新、缪荃孙撰，刘承幹考证：《京师坊巷志》，卷 4，20 页以及各处；北京图书馆金石组编：《北京图书馆藏中国历代石刻拓本汇编》，第 61 册，17 页（从 1645 年）。朝鲜人也使用这种方式谈到 1644 年，金昌业：《稼斋燕行录》，240 页。许多有关朝代转换的笔记在标题中使用这个词语。参见魏斐德：《洪业：清朝开国史》，1190、1211、1227 页。

的过渡，包括国变、国运或改革。[50]

几千年朝代的兴衰给予中国以其他委婉的说法，最常见的表现形式可以参照青铜鼎，这是合法统治的象征。从胜利的角度来看，转变因此可以称为“本朝定鼎京师”。或者，用同样的方式，也可以说：“当年明清革鼎。”在援引其自身特定过去的时候，清朝统治者也喜欢谈论他们 1644 年入关前后时期。[51] 更多华而不实的语言指“兴龙”的时代，而且旗人谈论“顺龙入关”。[52]

这些不同的回避扩大了对 1644 年改朝换代的记载和记忆方式。然而，却未曾开发有关北京占领和隔离可接受的词语。[53] 问题似乎已经如此敏感，以至于在任何情况下，记载这个事件都是危 300
险的。即便如此，令人奇怪的是北京人口重新分配的主题是如何完全被避免的。除了以前被引用的官方法令，我几乎没有看到一份文献直接引用它。1704 年的《弘慈广济寺新志》不痛不痒地记载：“皇师入关逐之，八旗所处皆故明宅第”，这肯定被视为少有而胆大的记载。[54] 相反，人们间接地接近这个主题：“以前我们在内城有一个小屋，然后……我们重建了它 [在外城]”，“灯市向在 [内城的一个被命名的地方]，今散置 [在外城一个被命名的地方]”，明代内城的某某地现在无法确定，等等。[55]

---

[50] 谈迁：《北游录》，415～416 页；计六奇：《明季北略》，卷 24，686 页；施闰章：《施愚山先生全集》，散文，卷 11，23 页。

[51] “定鼎”，《畿辅通志》，1735 年编辑前言。“革鼎”，中国人民大学清史研究所、档案系中国政治制度史教研室合编：《清代的旗地》，卷 1，引用了一个 1747 年内容；或《燕京杂记》，117 页中有关于“鼎革”。“入关”，《清实录》（雍正朝），卷 99，6～7 页。一份官方档案记载了崇祯皇帝是如何“失天下”，《清实录》（雍正朝），卷 124，7～11 页。

[52] 高士奇：《金鳌退食笔记》，前言，1 页；《清实录》（雍正朝），卷 99，6～7 页；《八旗文经》，卷 27，3～4 页。在 18 世纪末期，当朝代初年被重新审查时，1644 年以前时期成为通常所说的“开国”。

[53] 在清代私人笔记中，费力寻找可能会改变这种状况，但 18 世纪清代的审查——对这一话题的关注我们仍不了解——可能消灭了许多记载。富路特：《乾隆朝的文字狱》，51～52 页。

[54] 《弘慈广济寺新志》，105 页。

[55] 分别见赵吉士：《寄园寄所寄》，卷 1，47 页。朱一新、缪荃孙撰，刘承幹考证：《京师坊巷志》，卷 10，16 页；卷 7，4 页。

对这种事件的如此沉默鼓励我们得出这样的结论：这不只是最初令人不安的事件，而且还深深地困扰着北京的居民和寄居者。汉人不得不把愤怒和怨恨吞到肚子里，小心地表达对明代北京苦乐参半的记忆。甚至当旗人前来欣赏已失去的东西时，他们必须不安地考虑为新家所要支付的价格。

不过明代的北京仍然存在。随着时间的推移，留恋过去变得更安全，名人、名胜和著名事件保存于汉人居民和游客的著作和记忆中。对于清朝统治者来说，明朝是一个强有力的象征——在其适当的位置——并且他们高兴地强调与他们前朝的连续性。

非常真实的隔离（但现在对于我们是模糊的）迫使重新彻底地界定“首都的居民”，重新思考北京的身份。地方政权的结构已被推翻，现在这是正式分岔的社会。这座城市被隔离了，与以往曾经热闹的都城相比，北京更像是遭到占领的领土。曾经被当地人引以为豪并为游人所钦佩的明末北京文化，此时却遭到了那些看起来是野蛮夷人的边境移民的破坏和糟蹋。在这些心理的创伤中，很少有所记载。在后面的章节中，我们将研究在1644年后的几十年中，人们对某些事件是如何做出反应，如果不是，他们是如何感觉的。

对这些清朝征服者所参与的当地宗教的研究，一种北京社会方面的记载使得这种调节过程显而易见。我们首先转向第十章去
301 重新界定皇家范围，探究新王朝在都城生活中的角色。在第十一章中，我们返回旗人和汉人是如何适应他们新家的这一问题上。在明清之间的北京，这段历史应该有更明确的相似之处——尤其是差异。因此，可能令人感到惊讶的是，到了清末，移入的边境外来者不仅成为彻底的城市居民，而且成为真正的北京当地人。

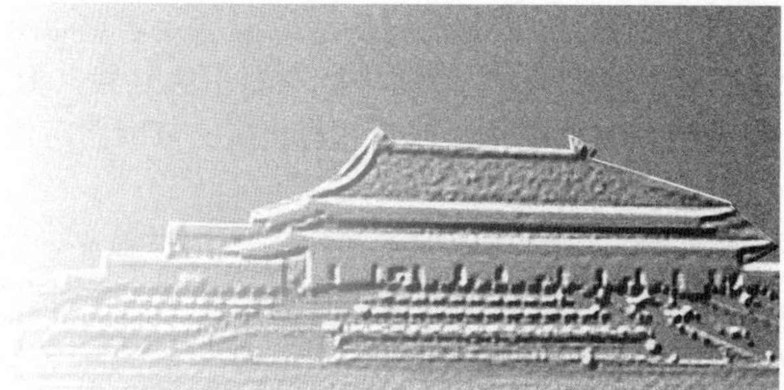

第十章 皇家世界

清朝统治者在 1644 年刚刚占领北京的时候，就开始对其进行 302
投资。两个半世纪前永乐帝规划的首都成为令人印象深刻的繁华都市，新皇帝也明白有必要提升其居民安全感和满意度。他们也毫不犹豫地利用现有的大量资源去积极维护这个城市具有象征意义的重要场所，以提高他们的威望和合法性。

满洲统治者们立即宣布北京的明代皇家范围为己所有。紫禁城和西苑将继续成为皇帝家族的住宅，郊区祭坛和宫殿的大殿用于国家的祭祀，红墙仍然封闭着皇城内的衙门和作坊。首都的中心就这样自 13 世纪以来一直保持着行政上与空间上的分离。

南苑再次被隔离开来。经过一两代人的时间，西山附近的土地被用于修建新的皇家夏季住宅。在那里，排干沼泽，开挖湖泊，修建亭台楼阁，引进野生动物，以及设计道路。用围墙把花园与喧闹的外部世界隔离开来。重建或重新规划了道路、沟渠和水道，以便于快速通过进入城里的十几公里道路。早在 18 世纪，与这个过程并行的是八旗兵营转移到这里的郊区，在那里用围墙圈起来，

为他们修建了兵营似的村庄。①（这些定居点如图 12－5 所示。）夏
303 季宫殿的大部分于 1860 年被欧洲军队烧毁，但新建筑于 19 世纪 90 年代在其附近地区修建。清代皇家范围比明代的皇家范围更大、更广阔，而且互联互通。

明朝皇帝们在他们的皇家范围内被孤立，宗教捐助是属于比较私人的活动，处于官僚机构和公众视线之外。太监和皇家妇女、当地活跃的宫廷精英领导人，对于修建寺院基础设施的资源而言是主要渠道，反过来又服务于更广泛的首都。我们对清代皇家宗教制度的研究同样把重点放在君主、皇家范围和城市之间的关系上。正如我们所看到的那样，在它们更大范围之内，满洲统治者的积极介入扩大了的国家宗教，大大系统化了的皇室捐助反映了在城市生活中君主日益增长的重要作用和增强的北京皇家机构。

首先我们将全面研究皇宫、紫禁城、西苑和郊区别墅，尤其是它们的寺院和公共场所，然后转向更广泛的清代捐助世界。我们将看到，新的皇帝准备成为当地神灵的信徒，而不只是国家祭祀的继承人，这也表现在他们的私人生活中。皇帝和旗人一样，宗教证明了清朝对北京的调整是一个重要渠道。

紫禁城

清代紫禁城沿袭了明代的布局，尽管清代紫禁城的大多数殿堂被多次重建，而且用途不同。② 与在明朝的统治下一样，皇家私人住宅既包括故宫又包括邻近的西苑。太监继续成为皇家妇女的仆人，但作为皇室的管理和工作人员的地位被取代了。清朝皇帝们在这个空间里挥霍着金钱，更自由地使用它，向旗人群体开放，并且不会受到汉族官员的干涉。

① 麻伦：《清朝时期北京圆明园和颐和园的历史沿革》，55～56 页。《日下旧闻考》，卷 101，1677 页；卷 102，1689～1690 页。

② “紫禁城”是清代通称，但是吴长元《宸垣识略》（卷 2）中用“大内”泛指整个紫禁城建筑。

紫禁城的后部（即最北面）仍然是皇帝和妃嫔们的私人居所，这个大内继续成为在殿阁而不是在一座有名字的寺院举行宗教祭祀的地方。获准成为僧人或道士的太监们在这里举行仪式，在其他场合下，皇城寺院里的僧侣们会受邀进宫。③

在某种程度上，皇宫的其余地方有更多的开放。相当多的殿堂举行过有选择的各种宗教仪式，尤其是崇拜藏传佛教的神灵。④一些祠堂供皇帝们使用，也有一些供皇后们、公主们和宫女们使用。有些祠堂供个人使用，有些则供家庭使用，还有一些供社区仪式和庆祝活动使用的祠堂。内务府负责香火和为圣像提供供品。 304

钦安殿，位于紫禁城中轴线最北端的大殿，供奉着北极真武大帝。在此处，元旦的时候，皇帝驾临这里；皇帝万寿节的时候，10名道士会被带到这里来为皇帝庆祝；太监们在这里定期举行仪式。⑤ 清朝统治者乐于把明代建筑转换用于新的用途。他们把坤宁宫用于满洲萨满教的仪式；乾隆皇帝于18世纪把原先用来祭祀道教三清的大殿雨华阁，改为供奉藏传佛教神灵，并且安置了太监一喇嘛们。⑥ 18世纪初，在紫禁城拥挤的西北角修建了一座小庙，这座寺院用于供奉城隍。⑦

清代的官僚们对在宫里举行道教、佛教、藏传佛教或满洲萨

③ 《钦定总管内务府现行则例·掌仪司》，卷2，34页。

④ 我能确定有22个殿堂，不包括无数安放佛像的壁龛。其中的9个是藏传佛教的，但1个是新建的，更详尽的著作列出了15个，故宫博物院主编：《清宫藏传佛教文物》，132页。

⑤ 在1839年后，为了与降低仪式费用的总趋势保持一致，太监被剥夺了这样的职责。《日下旧闻考》，卷14，193页；《钦定总管内务府现行则例·掌仪司》，卷2，31、34页；《紫禁城帝后生活，1644—1911》，113页。

⑥ 《国朝宫史》，卷6，94～95页；卷2，214页。阿灵顿、威廉·卢因森：《找寻古北京》，47～49页。庄士敦（R. F. Johnston）：《紫禁城的黄昏》，171页。孟森：《清代堂子所祀邓将军考》，载《明清史论著集刊》，第2辑，314～315页。雨华阁，吴长元：《宸垣识略》，卷2，38页；陈宗蕃编著：《燕都丛考》，卷1，74页；阿灵顿、威廉·卢因森：《找寻古北京》，57页。

⑦ 作为需要，道士被带入宫中。《日下旧闻考》，卷19，259页；《钦定总管内务府现行则例·掌仪司》，卷2，25～33页各处。

满教的仪式没有提出过异议。这些对皇帝活力和权力敏感的官员和他们的明代前辈们相比，皇家参与宗教活动似乎既没有产生太多的苦恼，他们也不愿意表达反对的声音。⑧

帝国对宗教的兴趣被允许在皇宫内外自由发挥。1655 年，十七岁的顺治皇帝福临，结识了富有才干并且令人印象深刻的德国耶稣会士汤若望（Adam Bureau），接着六十五岁的汤若望被多尔衮任命为钦天监监正。* 福临免除了汤若望在觐见时下跪和叩首的义务。许多年来，这位老者与青年皇帝的关系相当密切。1656—1657 年，福临 24 次驾临南堂，那里是耶稣会士的住处，他好像经常
305 提出问题。两人讨论了婚姻和独身、灵魂不灭以及天主教教义。⑨

在这同一时期，顺治皇帝开始更多地了解佛教。据说，他于 1656 年来到皇宫正西边的广济寺，努力思考如何跟年老住持谈话。第二年在南苑狩猎，途中停留在一座寺院里，那里有最近成为住持的一位来自浙江的著名禅僧。福临要求接见这位四十七岁的性聪，在此他发现了禅道并为之所着迷。在后来的两年中，性聪至少两次受邀进宫，讨论佛理，回答顺治皇帝有关中原僧侣和寺院的问题。1658 年，顺治皇帝任命他为外城最古老和最大寺院的住持。⑩ 顺治皇帝也还派人去邀请数名来自浙江寺院的其他著名僧人。当时已经六十二岁的道忞就是其中的一位，顺治皇帝专心致

---

⑧ 雍正皇帝安置娄近垣时没有人反对，娄是一位非传统的道教天师，作为在紫禁城内钦安殿的首席道士，他在 1730 年治好了雍正的病，而且，皇帝在三年之内复建了大光明殿（在宫殿外但在皇城里）并在那儿重新任命了娄。北京图书馆金石组编：《北京图书馆藏中国历代石刻拓本汇编》，第 64 册，64 页；陈国符：《道藏源流考》，181 页；昭梿：《啸亭杂录》，卷 9，274 页。

* 此处作者叙述有误。多尔衮已经于 1650 年去世，旋即被顺治帝以谋逆罪追夺了生前的爵位。根据可靠记载，顺治元年（1644），汤若望被授予钦天监监正之职。次年，汤若望因将《崇祯历书》压缩成《西洋新法历书》，并进呈多尔衮，被授予太常寺少卿之职。

⑨ 恒慕义主编：《清代名人传略》，255～259 页；邓恩：《从利玛窦到汤若望：晚明的耶稣会士》，347～354 页。

⑩ 《弘慈广济寺新志》，119～126 页。性聪，北京图书馆金石组编：《北京图书馆藏中国历代石刻拓本汇编》，第 61 册，153～154 页；《日下旧闻考》，卷 90，1526～1527 页。

志与他长谈，如同与汤若望一样，顺治与道忞讨论广泛的问题，不仅只局限于宗教。当这些禅师返回南方时，顺治皇帝在北京庙宇安置了他们的两名弟子。⑪

在这些年里，顺治皇帝与一位最喜爱的妃子分享他对佛教的兴趣与喜爱，他已经全身心投入其中。他们因1658年出生不久的儿子夭亡而感到极度痛苦，而且那位皇妃也成为当地寺院的赞助者。例如，他们都访问过善果寺——道忞一个弟子居住的地方，赐给老和尚一本御制诗文集复本。那位皇妃死于1660年夏天，顺治皇帝非常悲痛，他本人也体弱多病，虽然他如同孩子一样受到坚持不懈的保护，但还是感染了天花；不到五个月，二十三岁的顺治皇帝去世了。禅师主持了上面的两次葬礼。⑫

不管具有向佛教僧侣和天主教教士请教的特点，还是与来历 306
不明的魔术师和巫师进行结交，这位青年皇帝和各种宗教司职人员的这些关系与在明代所发现的没有什么根本的不同，但清朝统治者们仍然青睐于那些修建寺院中的一部分僧侣。⑬ 顺治皇帝的好奇心还可以在他的儿子身上找到，康熙皇帝对我们所说的宗教和朝廷的重叠区域有着强烈的兴趣，可以被视作清代所特有的（但

⑪　毫无疑问，对临济宗的兴趣，使得顺治扩大了皇家以石碑的形式对郊区法海寺的保护，石碑上列出42代禅师，说明其土地的所有者以及禁止侵犯。北京图书馆金石组编：《北京图书馆藏中国历代石刻拓本汇编》，第61册，144～145、150～151页；《日下旧闻考》，卷103，1695页。

⑫　顺治皇帝的宗教关注——也许和他的早死有关——也转变为一个当地民间传说的人物。早在1656年，到首都的历史学家和游人——谈迁，听到“今上盖僧转世也”。一个迟些的故事描述顺治没有死而是放弃皇位到南苑一座寺院中当和尚。18世纪早期在郊区天台寺的一个和尚肉身后来被认为是顺治。谈迁：《北游录》，359页；敦礼臣：《燕京岁时记》，34～35页；普意雅：《北京及其附近》，第八系列，《香山周围的寺院：天台寺　卧佛寺》。亦参见巴克斯（Backhouse）、濮兰德（J. O. P. Bland）：《北京宫廷的编年史和回忆录（从16世纪到20世纪）》，235～237页；首卷插图照片显示了肉身（现在已消失，虽然寺院仍存在）。有关葬礼，恒慕义主编：《清代名人传略》，301～302页；北京图书馆金石组编：《北京图书馆藏中国历代石刻拓本汇编》，第64册，34页；王士禛：《池北偶谈》，卷3，68页。

⑬　因为顺治皇帝恢复了太监管理内务府的权力，一些人判断他对宗教的兴趣是不得体的，是明代对宦官、妇女和骗子偏爱的复兴。

肯定不是独有的）。事实上，后来的皇帝加强了帝国机构的权威——并鼓励北京的世界性——同时在国家宗教中举行他们指定的仪式，研究儒家经典，支持佛教和道教神职人员，从西藏喇嘛那里寻求指示，并仁慈地宽待穆斯林和基督徒。⑭

此外，这些满洲皇帝是勤政者，他们长时间工作，阅读大量的奏折，定期召见官员，并深入参与旗人贵族和国家官僚机构（至少到19世纪中期）。皇帝新的而且更亲密的满汉顾问小组——军机处值房的自然位置靠近大内，标志着皇帝和官场之间的与众不同以及沟通的更进一步加强。⑮

在清朝统治下，皇宫里许多区域是开放的，包括内朝和所谓的内廷。⑯ 外国使臣受到款待，观看位于后花园西边舞台上的表演。在皇宫建筑群的深处，年长的皇子、旗人和蒙古人准许在紫禁城骑马。⑰ 皇子、满洲贵族和高级官员有时甚至是普通百姓在皇帝万寿节和其他祭祀场合下，得到允许进入后面的祭祀大殿。1722年，康熙皇帝在乾清宫邀请六十岁以上的老翁参加生日宴会；
307 1783年，乾隆皇帝在那里宴请1 300多名宗室成员，在慈宁宫即乾隆皇帝母亲的住处定期举行太后的万寿节。⑱

---

⑭ 柯娇燕：《历史的透镜：清帝国意识形态中的历史和族性认同》；罗友枝：《清代宫廷社会史》。

⑮ 白彬菊：《君主与大臣：清中期的军机处（1723—1820）》，14页地图。

⑯ 白彬菊用“内廷”和“外朝”指人和地方［白彬菊：《君主与大臣：清中期的军机处（1723—1820）》，14～15页地图］；我发现她的绘画差异太明显。《日下旧闻考》卷12第156页有关内朝；亦参见韩书瑞：《评论白彬菊〈君主与大臣〉》，载《现代亚洲研究》，第27卷第4期（1993年），917～920页。

⑰ 吴艾兰（Ellen Uitzinger）：《为了拥有一切的男人：乾隆宫廷在万寿盛典中的西式新奇事物》，见包乐史、宋汉理编：《近代早期东亚的冲突与调解》，57页；《清实录》（雍正朝），卷87，18页。

⑱ 《钦定平定教匪纪略》，卷6，1～2页；《清实录》（嘉庆朝），卷276，13页。关于康熙帝，吴长元：《宸垣识略》，卷2，31页；《紫禁城》，30页。1796年，乾隆帝邀请5 000人庆祝他的禅位。有关其母亲，魏东（Dong Wei）：《清帝国的“风俗画”：图画记录艺术》，载《东方》，第26卷第7期（1995年），19页；戴逸：《乾隆帝和北京的城市建设》，见《清史研究集》，第六辑，8页。有关孝和太后，《国朝宫史》，卷5；《起居注》（道光朝），卷1。

在紫禁城的前部，许多大殿更是经常举行各种开放的仪式，这里有助于形成较大的群体：为皇家祖先上供、历法上的庆祝活动（特别是在新年）、皇帝的万寿节、转世活佛的拜访和葬礼仪式。前三大殿用于举行婚礼和葬礼的仪式、登基大典、觐见和召见、庆祝宴会和殿试。数以百计的人定期上朝觐见，包括来自帝国内外的朝贡者。⑲ 当这些经历得到参与者的描述，或是再现于皇家绘画和外国朝贡者写生的图片上时，这些经验就会向更为长久而广阔的视野开放。⑳ 和明代一样，这些不同的仪式也有助于建立和巩固广大皇室和帝国政治社会的团结。

由大约六百名士兵守卫㉑的紫禁城几乎完好无损地防范了入侵者，然而到了19世纪，对日常进出的控制似乎已经变得随意起来。午门仍然是使臣和官员们的皇宫出入口，新历书在那里颁布，应试举子们在那里等候殿试结果。威严的朱红大门下的空间用来展示被皇帝打败的敌人，例如，1755年蒙古叛乱者达瓦齐。㉒

皇宫的不可侵犯随着时间的推移而被削弱。1813年九月，太监们协助宗教叛乱分子攻入皇宫，到皇帝的侍卫们集结起来并占了上风前，战斗持续了几个小时。1900年，北京被欧洲和日本军队占领长达一年之久，当完备森严的紫禁城被反复强行开放给外 308
国入侵者，并屈辱地暴露给随随便便的外国人观看时，皇宫的不

⑲ 吴艾兰：《为了拥有一切的男人：乾隆宫廷在万寿庆典中的西式新奇事物》，见包乐史、宋汉理编：《近代早期东亚的冲突与调解》，44、57页；《国朝宫史》，卷5。

⑳ 例如，郎世宁的《哈萨克贡马图》（见塞西尔·伯德莱、米歇尔·伯德莱：《郎世宁：一个在中国皇帝朝廷的耶稣会士画家》，103页）和欧洲人贡匹图（台北"故宫博物院"绘画档，卷132，2页）；景泰蓝饰板表现了抬送贡品的人（《清代家具生活》，三栋屋博物馆展览目录，第2号）；一幅描绘了朝鲜使者的屏风［马芝安(Margaret Tao)：《纽约克里斯蒂的日本和韩国销售》，载《东方》，1998年2月，88页］。在一本1805年日本书籍中，宫殿庆祝的木版插图显然基于中文正本，岗田玉山：《唐土名胜图会》，卷1。

㉑ 《清实录》（嘉庆朝），卷276，20～21页。

㉒ 《日下旧闻考》，卷10，142～146页；《国朝宫史》，卷11，187～190页；伦敦佳士德：《精美早期中国陶瓷、玉器，以及艺术作品》，1986年4月21日，第274号；恒慕义主编：《清代名人传略》，9～11页。

可侵犯也就被无可挽回地突破了。㉓

皇城里西苑的湖泊和殿堂仍然被城墙包围着，后面的山也是这样，它们在清代成为极少数人的私密空间，而且是帝国范围内相当重要的一部分。㉔ 皇帝和皇后在这里十分惬意自在，1644 年后，许多寺院、殿堂和楼阁一座接一座被修建、扩建，并不断地用于居家、礼仪和娱乐等目的。在明代，那座园林里似乎只有一座寺院，但到了清代却修建了 11 座。到 18 世纪，西苑风景如画开放的建筑和景观很快成为宫廷的社区中心，而且也是京师一个众所周知的象征。

一些宗教建筑物，如太庙和社稷坛是正式大型祭祀的预定范围和地点。与明代嘉靖皇帝一样，乾隆皇帝也希望在距离宫里更近的先蚕坛，遵循古代的惯例，皇后和宫女可以方便地举行祭先蚕的仪式。考虑到清初城外较远地方的后勤补给过于困难，乾隆皇帝下令在西苑东北角的早期地址上修建了新的建筑，使妇女们可以稳重而安全地到达那里。㉕

在西苑的其他 8 座寺院，大多数用于祭拜佛教神灵（释迦牟尼、文殊和观音），4 座寺院有喇嘛值守。虽然一些明朝皇帝已经是中亚僧人的捐助者，而且敬重藏传佛教，但是对广为中亚蒙藏民众所普遍接受的宗教，清朝统治者们的遵守却比明朝皇帝更强烈、更复杂。满人在征服中原之前就已经开始信奉藏传佛教，这种信仰一直持续了整个清代。

清朝皇帝们本人深信藏传佛教，亲自参加活动，光临寺院并和喇嘛们交往，皇帝们乐意把自己定义为既是转轮圣王（Chakra-varitian）统治者，又是文殊菩萨的化身。由于同时扮演着资助人

㉓ 韩书瑞：《千年末世之乱：1813 年八卦教起义》；何伟亚（James L. Hevia）：《使中国完全平等》，载《历史社会学杂志》，第 3 卷第 4 期（1990 年），379～400 页。

㉔ 仔细查看 1750 年的大地图，它们圈起来的特性明显。《日下旧闻考》卷 21～28 页和吴长元《宸垣识略》卷 4 第 59～71 页中有关西苑的部分。

㉕ 这些仪式只在 1744、1749 年举行和 19 世纪末举行过几次（由慈禧太后）。《日下旧闻考》，卷 28，391～392 页；卷 36，562～564 页。以及下面注 151。

和信徒的角色，因而他们对最高级喇嘛们存在着影响力，而且给自己也带来了个人宗教顾问。此外，清朝的积极捐助扩大了藏传佛教世界，清朝和藏传佛教世界在帝国内外创建并表达了满洲对 309
藏传佛教的坚定信仰。㉖

清朝动用皇家财富修建起数量可观只供奉藏传佛教神灵的寺院，并且为寺院配备来自中亚的僧人。1651年，五世达赖喇嘛应皇家的邀请，即将到京拜访，顺治皇帝命令修建了三座藏传佛教寺院，有两座建在皇城里。其中一座寺院有着白色的钟形佛塔即白塔，是西苑的标志，至今它仍然矗立在北海。㉗ 当雍正皇帝还是一位皇子的时候，他协助在皇城复建一座古老的寺院，作为另一位转世喇嘛的驻锡地。㉘ 单是以乾隆皇帝热情捐助为例，就足以说明这一事实。1758年，为庆祝他的生日，修建了一座高大方形的万佛楼，用样式不同的琉璃砖覆盖，与大多数中国寺院有着惊人显著的不同。满洲皇子们和高级官员们得到许可参加这座为万佛楼建筑的命名仪式。㉙

那时，在皇宫里有六座藏传佛教的大殿，西苑有五座，皇城有六座，至少有七座在郊区别墅。（大体上在城里也有几十座。）喇嘛们居住在这些寺院里面，这些寺院用于接待旗人和来自中亚的游人。

㉖ 戴维·法夸尔（David M. Farquhar）：《清统治时期政教（佛教）合一现象》，载《哈佛亚洲研究学报》，第38期（1978年），5～34页；何伟亚：《喇嘛、皇帝和仪式：清帝国仪式的政治含义》，载《国际佛教研究学会期刊》，第16卷第2期（1993年），243～278页；柯娇燕：《满洲人》，112～122页；柯娇燕：《历史的透镜：清帝国意识形态中的历史和族性认同》，第五章。藏文的清代石碑碑文使汉人了解这种语言（他们有时弄错以为是梵文）。陈宗蕃编著：《燕都丛考》，卷2，339页；张江裁、许道龄：《北平庙宇碑刻目录》，59～61页。

㉗ 《国朝宫史》，卷16，351～354页；《日下旧闻考》，卷26，363～370页；《北京历史纪年》编写组：《北京历史纪年》，190页。第三座是黄寺。（译者按：这里的西苑指的是北京城内紫禁城西侧北、中、南三海的合称。）

㉘ 这是法渊寺，在1711年或1712年，重修和重新命名为嵩祝寺，为当时章嘉呼图克图驻锡地，在乾隆时移建。王湘云：《清朝宫廷的藏传佛教：章嘉二世阿旺罗桑却丹的生平与事业（1717—1786）》，70页；许道龄：《北平庙宇通检》，卷1，94页。“Jangjia”是蒙古发音，“Zhangjia”是汉语发音，并且“lCangskya”是藏语发音。王湘云：《清朝宫廷的藏传佛教：章嘉二世阿旺罗桑却丹的生平与事业（1717—1786）》，26页。

㉙ 《日下旧闻考》，卷28，401页；普利普·摩勒：《中国佛教寺院》，63～65页画83、84、85。寺院1922—1935年被烧毁。庄士敦：《紫禁城的黄昏》，337页。

清朝统治者的特点在于他们对于藏传佛教的特别关注没有妨碍对普通佛教机构的个人参与和捐助。顺治皇帝把在西苑湖滨一角的一座明代殿堂改建成一座寺院，太监-僧人们居住其中并接待来访的禅僧；雍正皇帝赐予这座寺院一套《大藏经》。清朝皇帝们也用这座万善殿来庆祝七月十五的节日。[30] 如同他们的明朝同行一样，清朝统治者负责照料管辖流入皇家湖泊的水神以祈求得到他的谅解，但在他们范围内的这部分几乎没有为道教人员修建的建筑。[31]

310

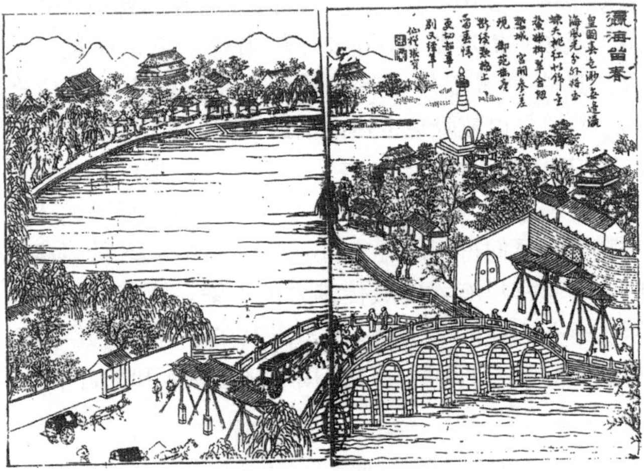

图 10－1　白塔

这幅木版插图（约 1831 年）显示了白塔，顺治皇帝在西苑修建了琼华岛。金鳌玉蝀桥用于公共交通并且提供了皇城湖泊的一瞥。

资料来源：张宝：《续泛槎图三集》，卷 3，36～37 页。

紫禁城北面的小山，是对来自北方危险力量的一个风水稳定器，在清代被重新命名为景山。明朝的末代皇帝把自己吊死在此处（旧的名字为万岁山，有些不恰当），无疑，这个不祥的事件促

㉚ 《钦定总管内务府现行则例·会计司》，卷 4，78 页；《日下旧闻考》，卷 25，356 页；吴长元：《宸垣识略》，卷 4，63 页；法式善：《陶庐杂录》，卷 1，19～20 页；罗信耀：《吴氏经历：一个北京人的生命周期》，上卷，238 页。

㉛ 《日下旧闻考》，卷 25，354 页；卷 36，570～571 页。只有一座龙王庙有道士居住。

使新的统治者（除了少数几个人外）对所有人关闭，以避免其成为明代忠臣一个焦点。顺治皇帝最初把这个地方用于操练兵马；乾隆皇帝在山顶上修建了五座亭子，在景山的北边修复了寿皇殿，驾崩的皇帝和薨逝的皇后在出殡前就在寿皇殿停柩，他们祖先的画像也在那儿展示，这对于其可怕过去也许更合适吧。由于在完全平坦的城里很容易看到景山，所以景山已经是一个常见的地标，尽管它为人所知——但仍然隔着距离。㉜

正因为清朝的统治者们把紫禁城用于公共职能，所以他们开放 311
了西苑的湖区用于举行大型接待活动和庆祝活动。在我们今天所说的中南海西边的一块土地上，修建了用于庆祝军事大捷的紫光阁。正如这些仪式的插图所揭示的那样，有大量的百姓和武官参与其中。这个空间还用于在新年宴请朝贡的使臣、旗人演练射箭、举行武进士的弓马骑射考试。乾隆皇帝冬天在这里观看旗人滑冰队的训练，这是皇家绘画的另一个常见主题：当旗人在封冻的湖面上举行花样复杂的滑冰表演时，这位皇帝和一群官员们站在冰面的边上观看。㉝

西苑向外国使臣们开放，他们和清朝官员一样，也记述了令人难忘的参观。㉞ 那些在皇宫里当差的人，从横跨湖面的金鳌玉蛛

㉜ 谈迁：《北游录》，51～52、229～230 页；《宛平县志》，卷 1。《清实录》（顺治朝），卷 116，6 页；《日下旧闻考》，卷 19，259～261 页；庄士敦：《紫禁城的黄昏》，178 页；阿灵顿、威廉·卢因森：《找寻古北京》，126 页；金昌业：《稼斋燕行录》，169 页；吴长元：《宸垣识略》，地图；保罗·瓦林（Paul Varin）：《远征中国》，262 页。山东面所有建筑中的一座是小的观音庙。吴长元：《宸垣识略》，卷 3，52 页。

㉝ 戴逸：《乾隆帝和北京的城市建设》，见《清史研究集》，第六辑，9 页；朴思浩：《燕行纪程》，849 页；敦礼臣：《燕京岁时记》，9 页；吴长元：《宸垣识略》，卷 4，62 页。滑冰，台北“故宫博物院”绘画藏品的摄影档案，卷 63，3 页；《北京故宫博物院：来自紫禁城的珍宝》，150～151 页；小德金（Chrétien Louis Joseph de Guignes）：《北京、马尼拉、毛里西亚岛游记》，卷 1，379 页。其被用于 1760 年（平定新疆），1776 年（对中国西部金川部落的胜利），以及 1828 年（捕获了中亚穆斯林叛乱者张格尔）。高士奇：《金鳌退食笔记》，卷 1，28～30 页；《国朝宫史》，卷 6，135 页；《日下旧闻考》，卷 24，326～327 页；恒慕义主编：《清代名人传略》，68 页。

㉞ 例如，洪大容：《湛轩燕记》，277～278、312 页；金景善：《燕辕直指》，1072 页；王鸿绪：《横云山人集》，卷 1，511 页；元璟：《京师百咏》，见《完玉堂诗集》，卷 7 中；施闰章：《施愚山先生全集》，自传。

桥上，可以看到许多景致，其中以白塔最为明显。[35] *（这个景致见图 10－1。）虽然景山、湖泊和西苑从外面可以看得到，在中文旅游指南中也被提到，但是它们对于普通公众仍然是关闭的。

郊区庄园

紫禁城和西苑有限的空间太小了，以至于无法包容躁动不安的满洲皇帝。在恢复南苑的景观后，他们开始闯入明代贵族们偏爱的西北郊区。18 世纪的统治者，如同他们在法国、俄国和其他地方的同类人物一样，征用有吸引力的场所用于他们夏季庄园。皇家投资和八旗兵的驻扎为君主圈占了这个地区，把它融入了八旗世界并且使得普通的平民难以接近。（参见图 10－2 中有关这些地产。）

最初，清朝把南苑作为狩猎的地方加以恢复；新的殿堂在顺治时期修建，后来皇帝通常在他们前往皇家陵园的路上停驻于此。顺治皇帝于 1652 年在南苑接见了五世达赖喇嘛，好大喜功的乾隆
312 皇帝，于 1780 年安排款待六世班禅。虽然乾隆皇帝也重建了这个园林的一部分，嘉庆皇帝在南苑围猎和操演兵马，每年春天途经这里去陵园，但是凉爽的西山还是逐渐成为更理想的郊区休闲寓所。[36]

构成了京城西北风景的皇家园林和别墅（现在用英语通称为“summer palaces”）远近闻名。[37] 17 世纪 80 年代，康熙皇帝开始在此修建并接管了曾经著名的李伟（即李太后的父亲）别墅用于他的畅春园。有关这一拨款费用，资料中没有提到。

---

* 原书如此，正文有注码，但页下并无注释。

[36] 《日下旧闻考》，卷 74，1231～1251 页；戴逸：《乾隆帝和北京的城市建设》，见《清史研究集》，第六辑，30 页；《清实录》（嘉庆朝），卷 280，1～2 页。

[37] “园”用于这些各种各样的庄园，没有一个单一的英语词与之相对。“Garden”指的是一个易于误解强调植物的园子，而“summer palace”过于强调建筑并且错误地暗示纪念性的建筑。不得以退而求其次，我使用“park”指这些地方，就是皇帝短途旅行巡幸，经常包括狩猎以及“别墅”，他们在那里一次居住几个月。我在此依据的是麻伦在 1934 年的优秀研究。

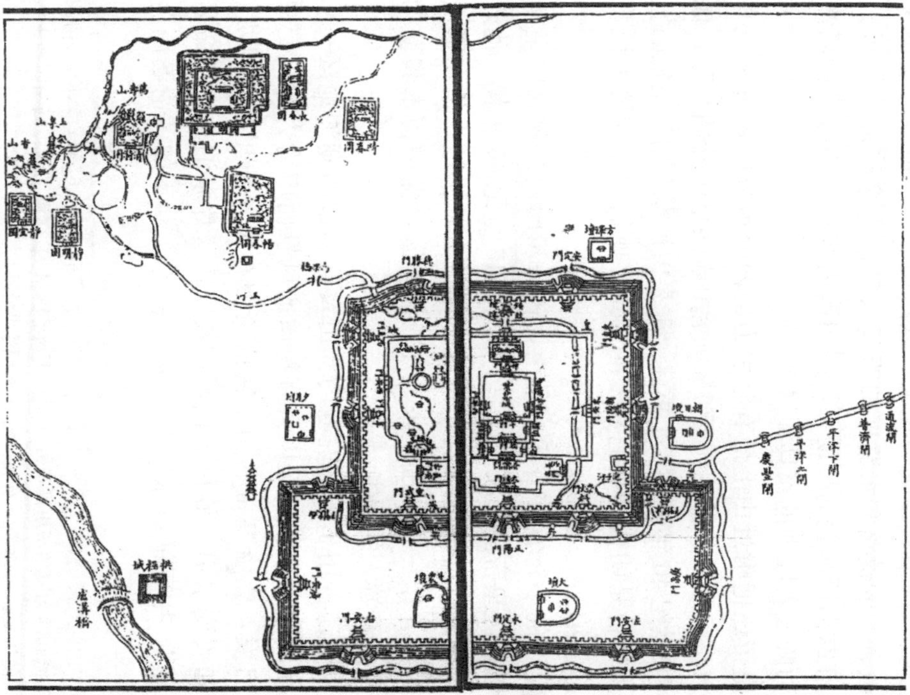

图 10－2　1820 年清代皇家范围

这幅地图式的绘画来自一个皇家授权的方志，显示了北京和在西北郊区的夏季别墅。南苑没有包括在其中。
资料来源：《嘉庆重修一统志》，卷 1，1～2 页。

313 1723年，雍正皇帝登上皇位后，扩建了父亲为他在附近修建的别墅，把畅春园留给母亲并建造了一座小的祠堂用于安放康熙皇帝的画像。为新建军营不断增加的八旗兵配额也开始于这个时期。在18世纪中期，乾隆皇帝承担了主要的建造工程——圆明园，346公顷的湖泊、楼阁、住宅、道路和寺院，被一道墙围绕着，通过改善后的道路和水路把圆明园与皇宫连接起来。18世纪70年代，在欧洲耶稣会的帮助下，圆明园内修建了不寻常的西洋建筑，里面陈设着欧洲的家具和器物。[38]

乾隆皇帝还把附近山上最有吸引力的两处地方圈占过来，并把它们变成皇家园林。静明园于1680年由康熙皇帝开始兴建，他的孙子于18世纪40年代进行了重建。玉泉山被圈占用于皇家的娱乐。玉泉山也曾是明代精英们喜爱的景致，他们曾在阁楼上散步吟诗，俯瞰湖泊。[39]

康熙皇帝的小行宫在香山东麓上，进一步向西是狭长的皇室狩猎场，被乾隆皇帝圈起来变成一个园林。18世纪40年代，他开始占用这片土地，并逐步接管了山区东面的大片土地；他在里面饲养了鹿群，并用一道墙围起来，变成静宜园，保护树木和动物不受农民和好奇游人的侵害。[40]

乾隆皇帝还占用了形如驼峰的瓮山及其邻近的湖泊地区——这些景区在前代王朝就已经因具有特质的风景而广为人知。受中原风景的启发，乾隆皇帝利用丰富的资源在沼泽地里排水筑堤、扩大湖面和改变水道。效仿汉代都城长安，这片湖泊被重新命名为“昆明湖”，用于演练水师和娱乐。建于1750年的“清漪园”，

㊳ 《日下旧闻考》，卷76，1277页；阎崇年：《古都北京》，167页；麻伦：《清朝时期北京圆明园和颐和园的历史沿革》；丹比（Hope Danby）：《圆明园：圆明园和生活在那儿的皇帝的历史》，113页（有关一幅与众不同的绘画）。

㊴ 刘侗、于奕正：《帝京景物略》，卷7，296～307页；《日下旧闻考》，卷85，1412～1436页；普意雅：《北京及其附近》，第十系列，《静明园（玉泉山）》；麻伦：《清朝时期北京圆明园和颐和园的历史沿革》，122页。

㊵ 《日下旧闻考》，卷86～87，1437～1459页；戴逸：《乾隆帝和北京的城市建设》，见《清史研究集》，第六辑，17页；麻伦：《清朝时期北京圆明园和颐和园的历史沿革》，110、124～131页。

把瓮山和昆明湖围了起来，前者被赋予更有尊严的名字——“万寿山”，以纪念乾隆皇帝的母亲，并于1751年在那里庆祝她的六十大寿，八旗驻军也被重新部署到这附近。[41]

这些郊区别墅得到严格保护，一直持续到19世纪初的动荡时期，但是大多数于1860年被英法联军突然洗劫并纵火烧毁了。在这场至今仍然臭名昭著的“惩罚”中，圆明园几乎被完全摧毁（虽然汉白玉的欧式风格建筑废墟至今仍然保存着），昆明湖附近的许多建筑物也遭到严重的破坏。重建是困难的，因为帝国的资源已经消耗殆尽，王朝的生存面临着艰巨昂贵的挑战。这些无人过问的皇家领域，断断续续地向公众非正式地开放。[42] 314

另一次建园高潮是由慈禧太后指令的（这个举动被许多人理解为是奢侈浪费），建起了一座园林和别墅建筑群，至今仍然存在。在19世纪70年代至90年代的几十年里，慈禧太后再次把万寿山地区围了起来，在被烧毁后的废墟上重建，并利用早期园林里的石材和其他建材。包括整个昆明湖毗邻地区在内的大面积土地被墙围了起来，再次限制人员出入。这就是她的颐和园，我们现在称之为“the new Summer Palace”。[43]

另一处皇家捐助的集中地区是早期圈占的离北京更远的地区，即东北方向约80公里处的盘山。至少从唐代开始，在这个岩石嶙峋和树木参天的地方就有寺院修建，明代偶尔有不辞劳苦的游人

㊶　《日下旧闻考》，卷84，1391～1411页；吴长元：《宸垣识略》，卷14，290页；麻伦：《清朝时期北京圆明园和颐和园的历史沿革》，109、133页；洪大容：《湛轩燕记》，321页；《汉语大词典》，卷5，587页；《大清会典事例》，1899年，卷546，12265～12266页。

㊷　在19世纪后半期，西方人以一个混乱的方式用“圆明园”指所有郊区的别墅。它们向外国人开放，似乎也有中国人。密福特：《使馆馆员在北京——书信集》，111～112、209～210页；查尔德（T. Child）：《北方中国》，6618号；《都门纪略》，1878年。

㊸　麻伦：《清朝时期北京圆明园和颐和园的历史沿革》，109～117、196～212页；《北京旅行指南》，151页以下；庄士敦：《紫禁城的黄昏》，368～372页；阿灵顿、威廉·卢因森：《找寻古北京》，283～292页。

光临这里。康熙皇帝在他晚年开始在那里停留，可能是在前往东陵的途中。他创作了有关盘山的诗词，汇编成册，并恢复了一些寺院。乾隆皇帝也把更多的注意力放在这个地方，经常来这里巡幸，58 年中巡幸了 28 次。1743、1754 年，他至少恢复了十座寺院，指定了盘山八景，后来是十六景，1754 年修建了一座大型的行宫。他指定山区的大部分成为他的静寄山庄（正如他在香山那样），用围墙把这个地区圈起来，其中许多寺院对于普通公众是关闭的。[44]

在更远的距离——超出了我们的适当考虑——为期两周前往
315 东北的行程，越过长城，这里是清朝在热河的避暑山庄。越过热河，在更远处的远方，就是木兰围场。[45]

皇室提供资金和进行维护，就是因为这些别墅和园子是皇室长期居住的地方。在这个范围内修建和捐助寺院是跟随着清朝更为强烈地参与这个更广泛的北京之后的一个自然结果。宗教建筑给皇室家族和他们的仆人在皇宫范围内提供了用于祈祷的地方，而且他们的祭拜以不同的方式强调了个人的喜好、皇家的恩遇和皇家血统的永存。

清朝皇家修建寺院的冲动在这个皇家范围内被释放出来。位于南苑、圆明园、昆明湖、香山和玉泉山等郊区园林，建于清朝或以前王朝的 70 多座寺院中，只有 7 座寺院是建于 1644 年之前。90％的寺院建于 1680 年至 1800 年，大部分属于 1736 年至 1799 年的乾隆时期。圆明园地区（包括康熙时代的别墅）数量最多，有 30 座寺院；玉泉山和昆明湖差不多，有 21 座。由于南苑和香山的静怡园主要是围猎的小屋，因而宗教建筑数量相对较少，每处有 8—12 座寺院。[46] 被祭祀的神灵各式各样。

在有着复杂水利系统的适宜地区——万寿山和圆明园就是其

---

[44] 蒋一葵：《长安客话》，103～105 页。《日下旧闻考》，卷 115，1894～1908 页；卷 116，1909～1926 页。

[45] 这组建筑似乎已在 1861 年咸丰死在那儿后被放弃。斯文·赫定（Sven Hedin）：《热河：帝王之都》，273 页。

[46] 总计 71 座。在颐和园中，修建于王朝末期的建筑在我的图中未得到充分表示。

中的两处，普遍建有龙王庙。安抚这些可以保证湖泊和河道供水充足又不至于泛滥的神灵是一项重要职责，在形式上这几座龙王庙由礼部举行仪式或由内务府进行维护。最著名的也许可能是位于昆明湖东边一个小岛上的龙王庙，1750 年乾隆皇帝翻修了这座龙王庙，1812 年这座龙王庙被列入国家宗教之中，而且在玉泉山、香山和南苑建有相同的祠堂。[47]

18 世纪 40 年代，傅恒将军利用香山一座破损的山庙，让一支新的八旗部队在此训练攀登要塞的技能——为在西部边疆的金川之战做准备。当这些战斗结束后，为了感谢那些模拟城堡的石头，于 1749 年再次用这些石头修建了实胜寺。[48]

18 世纪 50 年代，受到参拜附近山西的五台山宗教场所——全 316
国祭祀文殊菩萨中心的影响，乾隆皇帝开始在香山修建藏传佛教寺院。早至 1644 年前，自称是元、明等朝正统继承者的清朝皇帝就被认定为文殊菩萨转世。自中世纪初，五台山就已经与文殊菩萨建立联系，15 世纪初，五台山成为藏传佛教世界中非常重要的部分。[49]

在 1761 年参拜五台山后，乾隆皇帝在那些山上强力推行一系列类似的计划，在香山修建新的寺院，同时又在热河的避暑山庄建造寺院，这些寺院的灵感都是来源于西藏。五台山文殊菩萨的形象被复制并安放在宝相寺中，后来在热河也安置了一个。1780 年，为了纪念班禅的到访，乾隆皇帝在热河与香山修建了藏式建筑。[50] 北京就这样成为清朝统治者想象的圣地网络中的一部分，这

㊼ 《日下旧闻考》，卷 75，1263 页；卷 84，1406 页；卷 85，1413～1414 页。《钦定总管内务府现行则例·掌仪司》，各处。

㊽ 北京图书馆金石组编：《北京图书馆藏中国历代石刻拓本汇编》，第 70 册，96～97 页；《日下旧闻考》，卷 102，1690～1694 页；麻伦：《清朝时期北京圆明园和颐和园的历史沿革》，130～131 页。

㊾ 在 1746、1750、1761、1781 年和其他两次时间。戴维·法夸尔：《清统治时期政教（佛教）合一现象》，载《哈佛亚洲研究学报》，第 38 期（1978 年），24 页。

㊿ 《日下旧闻考》，卷 87，1458～1459 页；卷 103，1609～1703 页。菲利普·弗赖特（Philippe Forét）：《热河承德的皇家风景：满洲的造园工程》，59 页；吴长元：《宸垣识略》，卷 15，213 页。乾隆在 1751 年开始复制一座五台寺。反过来，圆明园的“日天琳宇”是仿造北京城里的雍和宫。《日下旧闻考》，卷 81，1355 页。

些圣地有自然的相似性和相关神灵的塑像，因活佛们的光临以及其信徒们有选择性地参拜而变得神圣。

在郊区的别墅里，佛教神灵（观音、文殊和释迦牟尼）和其他大众神灵（关帝、东岳大帝、真武大帝、文昌帝君、土地爷）也得到崇拜，往往是在同一建筑物内。这些寺院也住有喇嘛、和尚或太监-僧人。有些寺院的规模比较大，其他则是相当私密的。安佑宫在圆明园里是一座大型的祖先祠堂，看起来像太庙；瑞应宫是一座中型的单层起居殿堂，用作龙王庙，其中也会供奉关帝、玉皇大帝和各种佛像。[51]

总而言之，清朝在皇家范围内的宗教捐助比明朝的捐助更为慷慨。根据皇家捐助的记载，在皇家产业中，寺院的数量增长了四倍。[52] 这种参与宗教与这些产业的扩大以及它们在北京作为一个整体的影响是并列的。

为修建皇家园林和别墅而被圈占的郊区土地既是重要的部分
317 也是有选择的。那片成为圆明园的区域原先受到精致别墅的偏爱，漫步和短途旅行的人们直到它们在 18 世纪中叶被占用前一直喜爱那里的湖光山色。[53] 这些强占也被理解为是在清代初期圈占土地的背景之下，而且许多京师地区的土地在八旗的手中，这个地区的道路和运河得到重新整修以供皇家使用，郊区兵营得以增加。北京居民悠闲生活的郊区地方在 1644 年后就这样被彻底推翻。

尽管这些郊区的庄园对公众是关闭的，但是它们和紫禁城、西苑一样，也用于节庆并有选择地接待宾客。也许很少有人参观过香山的鹿苑，相反，圆明园的部分地区是最开放的。起初，这

---

[51] 安佑宫，麻伦：《清朝时期北京圆明园和颐和园的历史沿革》，83～88 页；他称其为“在整个宫廷背景下最令人尊敬的建筑”。《圆明园四十景图咏》，38～39 页；《日下旧闻考》，卷 81，1351 页。瑞应宫，《日下旧闻考》，卷 81，1355 页；《圆明园四十景图咏》，42～43 页。

[52] 在明代，64 座和 28 座；在清代，223 座和 127 座。

[53] 直到 19 世纪末，普通文人可能进入昆明湖的一部分。陈文述：《颐道堂诗选》，卷 5，20 页；麟庆：《鸿雪因缘图记》，卷 1，23 页；《燕京杂记》，127 页。

些区域由享有充足供给并且对于皇家生活必需的人员居住着，由驻扎在附近的士兵防守。清朝皇帝经常在郊区处理政务，在别墅里接见高级官员。皇家诗词中记述了它们，宫廷画家也描绘了它们，部分皇族成员、高级官员以及八旗精英对它们也是有所了解的。

甚至外国人也有进入的机会。有时，朝贡使臣在这里觐见皇帝，接受赐宴和招待。清代初年和中叶受雇于宫廷的耶稣会士就居住在圆明园附近。正如我们在第十三章中所看到的那样，由那些外国人出版并在国内流传的书籍和信函上，这些夏季宫殿向读者开放，并广为人所知。1640—1860年，它们被朝鲜文、荷兰文、英文、葡萄牙文、法文和德文几十种出版物描述过。

越过城墙之外的皇家范围的命运是与君主的力量紧密联系在一起的，当王朝的资源变得有限，并且王朝的权力在19世纪受到挑战时，皇家控制的郊区园林缩小了。南苑继续用于狩猎兼作军事演习，但是到19世纪80年代朝廷已经失去控制进入南苑的能力，而且，随着佃户进入南苑进行耕作，南苑逐渐从牧场变为农田。19世纪90年代的水灾摧毁了围墙。[54] 1860年的破坏（这个行为提升了西边“颐和园”的知名度）使汉人和外国人得以光临西北郊区。即使是慈禧太后的颐和园也很快向公众和外国人开放，成为这座城市被拍照最多的景观之一。从1900年被外国人占领到 318
清朝覆灭，清朝统治家族特别享有的圈占土地已经所剩无几。

然而，从1644年到1860年，皇家园林在北京的生活中成为新颖而重要的元素。虽然这些园林仅供少数人使用并且把多数人排除在外，但是通过扩建郊区住宅，这些产业有助于发展更大的北京，使得这些地区和京师的联系更为密切。此外，这些别墅成为京师某种最知名的象征。它们残酷的开端被遗忘了，到了20世纪，甚至可以对清代夏季行宫倾注情感，并抒发怀旧的情怀。

---

[54] 《钦定总管内务府现行则例·南苑》；《北京历史纪年》编写组：《北京历史纪年》，245～264页各处；《北京旅行指南》，218～219页。

表　现

对皇家范围内清朝统治家族更深度的介入带来了自我反思。在明代的北京，皇宫不是书面记录的重点，只是略微保存在留存下来的绘画之中。相比之下，在清代，皇家范围内的生活通过私人的和公开的，以文字和绘画的形式被更广泛地记录了下来；这种表述有助于我们了解北京的皇家群体是如何构成的。[55]

就总体而言，清初的北京地图为数很少。刻印于17世纪80年代的地方志表明，只有皇宫建筑是最容易接近的部分。（图12－4就是一个例子。）50年后，保存比较长久的《畿辅通志》版本展现了更多的地图。（参见图10－3。）虽然上面标记了中央大殿和大门，西苑的地址也被标示了出来，但是这份汇编的复本没有得到广泛传播。考虑到君主和八旗之间的密切关系，厚重的1739年《八旗通志》可以起到半个知情者的作用，开始更加准确而完整地宣传北京的皇家核心区域，在其中正确展示了规模、湖泊的形状和外城门的名称，这些都不足为奇。[56]

皇家世界在清初的档案中有类似的描述，其中许多集中于明代的京师。据一份1684年有关景山的当地历史记载，因为“市民不得入”，“故其中景物无由详载”。[57] 到18世纪，提供了更多的信息。1746年版《大清一统志》列出了（但没有说明）紫禁城的大殿，包括了有关郊区别墅简短的而又详细的条目。[58] 在1785年版皇家概要的《日下旧闻考》中，对皇家范围内的建筑首次有了一个彻底的论述。二十卷被用于叙述紫禁城，八卷多用于前面朝代宫殿研究，四卷则用于皇城的研究。[59]

---

[55] 大量清代资料对我而言不只是保存得更好的结果。

[56] 《八旗通志》，卷2，1～2页。

[57] 《宛平县志》，卷1，23页。

[58] 《大清一统志》，卷1。

[59] 《日下旧闻考》，卷9～36、39～42。有关这些书的更多内容，参见本书第十三章。

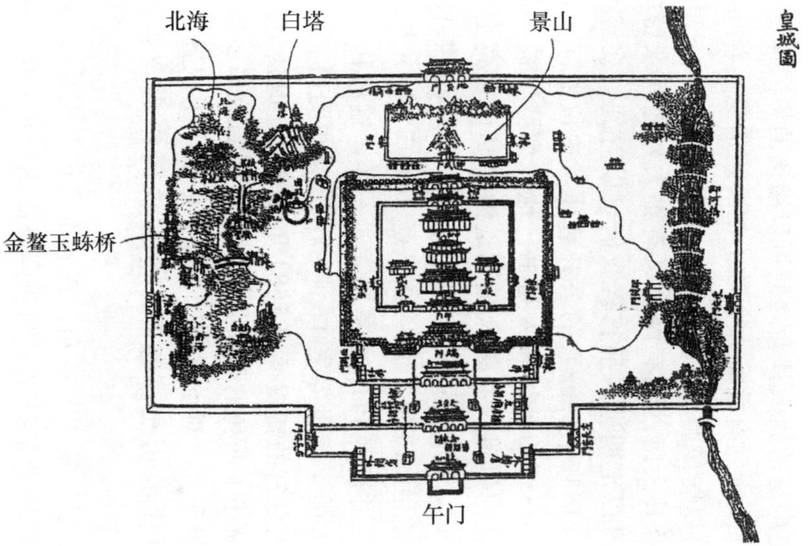

图 10－3　皇城

1735 年《畿辅通志》中的皇城。全部的比例被扭曲，为的是使城市东西对称。

资料来源：《畿辅通志》，1735 年，卷 504，28 页。

1788年出版的《宸垣识略》为视野更广泛的读者提供了简缩信息。这本书用整个章节来记录大内和皇城，包括详细的地图。（这些地图中的一幅见图13－1。）紫禁城现在显示得相当详尽——
320 55个地方被标注（大部分是殿阁和城门）——这些信息对于从未到过那里的人来说，确实相当令人感兴趣。[60]

书籍和地图不是局外人了解宫内世界的唯一手段。皇室、太监和奴才以及更广泛的旗人社会之间可以渗透的界限保证了京师和皇家一样，都能听到有关私人和政治的小道消息。有几次窥见以尊贵的方式得以保存了下来。

清朝皇帝及其大臣（既有汉人又有旗人）之间亲密的工作关系使这些人可以定期进入皇宫。我们可以看到，在这个世界里刊印高士奇（1645—1703）的公开著作，这位浙江人，担任了二十年的康熙皇帝的某种私人秘书。他在皇城里被赐给一所住宅，在紫禁城内值班，并多次随驾巡游和私访。高士奇公开了这些旅行笔记，前往热河（在1681年和1683年）、沈阳（1682年）、五台山（1683年）和宁夏（1697年）。与他那些提到了宫廷生活并已经刊行的许多诗词一样，这些作品把有限的读者带进私人的皇家世界之中。[61] 高士奇以更为商业的冒险方式把他利用出入皇宫的特权换成1684年版《金鳌退食笔记》。在这本书中，他描述了西苑的著名景点：太液池和琼华岛景观，以及楼阁、殿堂和寺院。对于每一处景点，他给出了位置、描述以及关于它在明代的历史。有时，个人轶闻作为花絮而形诸文字。[62]

绘画还提供了知情者的视角。张廷玉这位有权并深得皇帝信任的大臣，在1726年的挂轴《圆明园登高图》题词中，回忆道："雍正丙午九月九日，皇上率近臣十数人登高于圆明园最高处，臣

---

[60] 皇城的地图所提供的资料较少并且标注也相当少，早期的地图也没有。吴长元：《宸垣识略》，卷1，有关地图，并且卷2～3是内容。

[61] 恒慕义主编：《清代名人传略》，413～414页。

[62] 高士奇：《金鳌退食笔记》，各处。

廷玉与焉。”汉军旗人高其佩第二天完成了绘画。[63] 在许多这种场合下，皇帝题写的诗词以多种宫廷版本刊印给有选择的读者。[64]

尽管一些宫廷世界的知识比先前更容易传播，但真正的激增是发生在由朝廷来书写并由朝廷来阅读的记载中。这种视觉记录 321
的轨迹和皇家范围之内的皇家参与是平行的：从康熙朝中叶开始不断增长，经过雍正朝之后，在乾隆朝的 18 世纪后期达到顶峰，道光时期缓慢地衰落，但在慈禧太后的 19 世纪末有一个短暂的复兴。在这里，我们将集中关注清代早中期，而在第十三章中会再次讲到这个故事。

由于在天文学方面的成就，耶稣会士在 17 世纪 80 年代开始被康熙皇帝用于一个更广泛的服务之中，在接下来的世纪中，皇帝利用了传教士在军事、医学、制图、绘画、建筑、钟表以及工匠方面的技巧。[65] 在这些技术中，地图制作和绘画是此处我们特别感兴趣的方面。

耶稣会士和汉人画家隶属于内务府的皇家作坊，这个作坊位于紫禁城里，乾隆时期在圆明园里。一种优美且是三维的“欧洲”风格在 18 世纪的宫廷绘画中得到采用，而且产生不同于避免写实并重视笔法的文人画作效果。这些宫廷画家的一个任务是记录和庆祝皇家范围之内的事件，他们是以新的力度和彻底性来做到的。(文献没有把这些经过筹划和美化的绘画排除在外。) 由于康熙皇帝和乾隆皇帝扩大了他们的活动范围，绘画、出版物和地图也就记载了遥远的木兰、热河、盘山以及京郊的庄园。圆明园得以彻底表现：乾隆皇帝命令制作了一套彩画和印刷品——通常附有他的诗句。画家们把别墅区分成若干个景点，每处景点集中了一组建筑，其中许多建筑是寺院，（使人产生误解地认为）坐落在低矮

[63] 鲁克思（Klaas Ruitenbeek）：《遗弃的画笔：高其佩（1660—1734）和他的手指画》，150～151、256～258 页；恒慕义主编：《清代名人传略》，54～56、259 页。虽然陡峭的山顶夸大了西山的地形，但这不是乾隆时期比较有名的圆明园。

[64] 例如，《御制诗余集》，各处。

[65] 唐纳德·F. 拉赫、埃德温·J. 范克雷：《欧洲形成中的亚洲》，卷 3 第 1 册，253 页以下。

的丘陵上。[66] 这种仿乡村的孤立状态唤起了文人园林式风格。这些画作的主要观赏者是私人——皇帝的一家人，也许还有他们的来访者——宫廷的印刷设施刊刻了配有某些相同视角的木刻插图的大部头书籍，这些书籍令人印象深刻。

清朝宫廷的其他绘画以一种（仿照）文献的形式记载了重要
322 的皇家祀典。雍正皇帝和孝贤皇后分别在先农坛和先蚕坛举行的仪式都用数个版本的绘画描绘了下来。1760 年，在西苑紫光阁为庆祝平定新疆——或许是乾隆皇帝非常值得骄傲的一次成就——被更为全面而彻底地描绘下来。这座大殿里有负责征伐的文武官员的全尺寸画像、记功碑以及描绘这场战争的图画。这场仪式用不同版本的画面描绘了下来。大多数画面显示了紫光阁本身，聚集的官员和旗人，并以湖泊、桥梁和映衬着白塔的小岛为背景。在巴黎为乾隆皇帝定制的铜板雕刻，刺激了在圆明园欧式建筑内的更多雕版作品的产生，随后对纪念 18 世纪 80 年代和 90 年代其他皇家出征的雕版画，也起到了这种作用。[67]

---

[66] 《紫禁城：中国皇帝的宫廷文化（1644—1911）》，92～102 页。皇家范围的清代绘画数目众多，我只引用了几个例子。木兰，塞西尔·伯德莱、米歇尔·伯德莱：《郎世宁：一个在中国皇帝朝廷的耶稣会士画家》，172 页。盘山，台北“故宫博物院”绘画藏品的摄影档案，卷 75，17 页。避暑山庄，《紫禁城：中国皇帝的宫廷文化（1644—1911）》，146～149 页；《中国美术全集》，卷 10，第 114 号。圆明园，《圆明园四十景图咏》；丹比：《圆明园：圆明园和生活在那儿的皇帝的历史》；伯希和（Paul Pelliot）：《中国皇帝的征服》，载《通报》，第 2 系列第 20 卷（1920—1921 年），239 页。牟复礼：《18 世纪中国的知识氛围：乾隆时期北京、苏州、扬州一瞥》，见周汝式、克劳蒂亚·布朗编：《乾隆皇帝时期的中国绘画：论文集两卷》，即《菲伯斯》，第 6 卷第 1 期（1988 年），26～27 页，按我的观点，称这个乡村式“奢侈赝品”过于粗糙。地点是乡村，这种风格使得花园别墅之外的世界被忽略了。

[67] 祭坛，聂崇正：《分藏两地的〈雍正帝祭先农坛图〉卷》，载《文物天地》，1990 年第 3 期，44～47 页；魏东：《清帝国的“风俗画”：图画记录艺术》，载《东方》，第 26 卷第 7 期（1995 年），18～24 页；《日下旧闻考》，卷 24，326～327 页。紫光阁，这些图片被广泛地翻版，伯希和：《中国皇帝的征服》，载《通报》，第 2 系列第 20 卷（1920—1921 年），184～274 页；塞西尔·伯德莱、米歇尔·伯德莱：《郎世宁：一个在中国皇帝朝廷的耶稣会士画家》，185、189 页；《紫禁城：中国皇帝的宫廷文化（1644—1911）》，148～149 页；伯希和：《中国皇帝的征服》，载《通报》，第 2 系列第 20 卷（1920—1921 年），239～244 页；毕梅雪（Michele Pirazzoli-T'serstevens）：《乾隆皇帝征服的印记——吉美博物馆》。两个更活跃的集合在嘉庆朝产生，还有一个在道光朝。

1713、1751、1790年，出版了一系列用于图解康熙皇帝六旬万寿庆典、乾隆皇帝母亲六旬万寿庆典和乾隆皇帝八旬万寿庆典仪仗的手卷和木刻图册。有一组绘画描写了1761年孝圣太后七旬万寿皇宫庆典和前往郊区行宫途中的情景，其中包括在五塔寺驻足的情形。五塔寺是乾隆皇帝为此次庆典而特意修复的。[68] 描写康熙皇帝和乾隆皇帝先后于1689年和1765年南巡情景的手卷，每幅手卷都是以北京为开端和收尾。配有插图的书籍使有选择性读者得以利用这些场景。

宫廷画家在皇家范围内也会记载不那么有魅力的事件。有一幅手卷聚焦于观象台，描绘了1761年阴历岁首的太阳、月亮和五大行星的吉祥结合以及附近笼罩在蒙蒙薄雾之中的皇宫。还有一幅挂轴则描绘了1773年冬季第一天在紫禁城的两次降雪。[69] 其他画作表现的是更为平淡无奇、直接和日常性的情景。乾隆皇帝让画家参与是为了记载地址、事件、人物或物品——这些都在画面上被适当地安排好了，当然，乾隆皇帝很快就会在这样的画面上题诗。

其他绘画在其多样性和细节方面表现了皇城。有一幅挂轴表现了一个冬季的场景（或许是新年的情景?）：前景是天坛，中轴线上是一排祭祀大殿，这幅画把大部分注意力放在皇家的身上。 323
我们可以看到湖面上的溜冰者，庭院中的人物，位于皇宫南门两侧的社稷坛和太庙，而且还可以看到远处的白塔和景山。在这个画面上，皇城已经超出了薄雾和云彩，在确切的位置上变得具体起来。[70] 也许由于皇城是此时宫廷集团的社会中心，西苑是一个受

---

[68] 《紫禁城》，1990年第58期，21页；《日下旧闻考》，卷77，1288～1291页。亦参见魏东：《清帝国的“风俗画”：图画记录艺术》，载《东方》，第26卷第7期(1995年)，18～24页。

[69] 台北“故宫博物院”绘画藏品的摄影档案，卷75，35页；卷109，3页。《故宫周刊》，第424期。魏东：《清帝国的“风俗画”：图画记录艺术》，载《东方》，第26卷第7期（1995年），19页。

[70] 绘画据说来自乾隆时期，且推测在北京的故宫博物院保存。阎崇年：《古都北京》，90页；《紫禁城》，1990年第60期，20页。这样的绘画可以和第十三章中所讨论的炫耀北京的地图相媲美。

到偏爱的主题，它有八孔拱桥、北海的弯曲轮廓和立有白塔的岛屿。（参见图 10－1 和 10－3。）

许多清代宫廷绘画表现了皇宫内亭台楼阁里的家庭成员：乾隆皇帝在满是树木的庭院中一处敞开的房间里；从近处细看，嘉庆皇帝和一个儿子坐在一道游廊上，还有手持乐器的仆人们；道光皇帝和他两个儿子在练习书法，几个女儿在看着三个更小的儿子放风筝。其他的画面是清朝皇家喜爱的马、狗、鸟、花草树木的形象。[71] 尽管这些画面被净化了，但是这样的作品还是记载了一个更加亲密、富有人情味的皇室家庭和真实的宫廷场景。而且，这些绘画被准确无误地置于当时那个时段。清代的发型和服饰使得这些绘画得以区别于包括一般传统和想象中昔日皇家的那些其他宫廷绘画。[72]

这样的绘画，只用于皇宫内，而不是用于消费，这样似乎反映了宫廷群体的出现，皇家范围的人已成为一个家庭。岁时的庆祝活动和仪式定期地把皇家成员、官员、侍卫和仆人们吸引在一起；寺院、殿堂和庭院以及皇家范围内的湖泊和花园，这些景区和适宜的集会为这些活动提供了场合。皇宫和行宫得到积极利用，而且可以说这些仪式及其举行的地点造就了这种群体。这个范围里的绘画反映出一种北京的景象——不仅是作为优秀北方首都，

---

[71] 《紫禁城帝后生活》；《中国美术全集》，卷 10，第 163 号；《故宫周刊》，第 334 期；《紫禁城：中国皇帝的宫廷文化（1644—1911）》，156～157 页；塞西尔·伯德莱、米歇尔·伯德莱：《郎世宁：一个在中国皇帝朝廷的耶稣会士画家》；庄吉发：《皇帝的新宠物：郎世宁的〈十骏犬〉命名由来》，载《故宫通讯》，第 23 卷第 1 期（1988 年），1～13 页；航羽：《历代竹枝词选》。

[72] 例如，经常翻版和非常普通的“月令图”与另一套表现同一时代以清代为背景的 12 幅绘画相比较。参见（按序）台北“故宫博物院”绘画藏品的摄影档案，卷 64，37 页；卷 71，22 页；卷 55，37 页；卷 63，5 页；卷 127，45 页；卷 71，20 页；卷 63，8 页；卷 65，36 页；卷 55，36 页；卷 71，21 页；卷 63，1 页；卷 55，38 页。（这些通常不是作为一套进行陈列的，但是根据部门负责人林柏廷的说法它们是一套。）第一个月的景色用于韩书瑞和罗友枝《18 世纪的中国社会》的封面；两套由台北“故宫博物院”所藏。简·斯图尔特（Jan Stuart）：《帝国的娱乐：18 世纪作为治国方略的消遣主义》，载《丹佛自然历史博物馆学报》，第 3 卷第 15 期（1998 年），55～65 页。该文强调了这些描绘的象征功能。

最新转世的长安城，而且是特定的清朝地方——爱新觉罗氏统治者的家。[73]

而且，毫不奇怪，清朝乐意在其皇城和昔日都城之间有一种平衡——一种把他们放在一个正统朝代系列和已经覆灭王朝之间的平衡。就如同清朝喜欢把龙作为共享而永恒的象征或者把北京 324
称为“长安”一样，祥云缭绕的宫殿屋顶被用来代表京师的做法鼓舞了一种视北京为永恒不变首都的想法。[74] 此外，所有这些表现——既有具体的也有普遍的——强化了北京的帝国声誉，而且皇宫金碧辉煌的世界也在面向国外表现中国的形象中发挥了重要作用。

国家宗教

自进入北京开始，清朝已经通过举行明朝国家宗教仪式巩固其最高统治权。1644 年秋为祭天仪式提供供品，不久就地举行了一场定期的正式仪式。此后，京城里的大型祭坛被保留了下来，那时候国家的仪式是双重的。在清代，礼部支持了 15 座寺院，其中有 13 座是新建的。

经过大约一代人的时间，起初皇帝和官僚之间那种脆弱的关系已经得到了巩固。皇帝不是由太监作为中间人，而是直接占用更多的权力（对官员们的公开羞辱几乎停止了），且变得更加专制（帝国行动的渠道被疏通了）。[75] 清朝皇帝们专意变革国家宗教，而且无论是由于畏惧或是因为接受，还是由于越来越意识到这种事

---

[73] 正如我们将在第十一章中所看到的那样，一个平行过程也把旗人和北京联系在一起。

[74] 皇帝的画像并不是要在宫外流传，方孔钱只有当前统治者的年号。刊行同时代清代皇帝的雕版在欧洲似乎鲜见。参见唐纳德·F. 拉赫、埃德温·J. 范克雷：《欧洲形成中的亚洲》，卷 3 第 4 册，图 311、312。

[75] 有关这个问题的大量文献在此几乎没有涉及。相关例子，盖博坚（R. Kent Guy）：《四库全书：乾隆晚期的文人与政治》；孔飞力（Philip A. Kuhn）：《叫魂：1768 年中国妖术大恐慌》；白彬菊：《君主与大臣：清中期的军机处（1723—1820）》。

务无关大碍，官员们都没有对此表示强烈的反对。没有像明朝那种礼仪上的争论，这种特点是令人惊奇的。

在清代，与先前一样的大祀和中祀持续大规模地举行。[76] 在一年中，清朝继续准确地按照指定的时间间隔举行复杂的仪式：冬至的时候，在天坛的露天环形祭坛上举行仪式，当春天到来时就在天坛的蓝色穹殿里举行仪式；春天在日坛举行仪式，而秋天就是在月坛；夏至在地坛；春耕仪式在先农坛；夏天和冬天在社稷
325 坛举行；每个季节和阴历岁首在太庙举行。其他场合的仪式也是如此，特别是庆祝皇帝的万寿节或旱灾时期的祈雨仪式。[77] 礼部为祭坛和仪式提供资金，京师的属县提供额外的徭役劳力。[78]

与明代一样，京师国家宗教仪式由清朝皇帝及其代理人举行，他们代表了一个更大的政治群体，包括所有那些在内阁、省、府和县的官员（这个结构是从明朝继承而来，但是在地域和人数上都比明朝更大、更多），以及被编进八旗中的内陆亚洲百姓。例如，有两幅为宫廷创作的横幅表现了 18 世纪初在先农坛举行的仪式，在仪式现场至少有五百名文武官员。[79]

在清代，这些大祭坛经常出现在北京的地图上，不仅因为它们是作为皇家首都象征角色的一种反映，也是它们对于这座城市本身重要

---

⑯ 在乾隆时期，仪式地点被恢复和改变，一些是以主要的方式。在外城最西边两个祭坛的祭祀，由于长期的不均衡而被合并。有许多名字但已知最常见的是先农坛，我称其为“Altar to Agriculture”。

⑰ 我查看皇家仪式活动的例子，《清实录》（顺治朝），106～113 页。《起居注》，乾隆朝，17 页；嘉庆朝，21 页；道光朝，1 页。《都门汇纂》，1886 年。司徒安（Angela R. Zito）：《身体与笔：18 世纪中国作为文本/展演的大祀》。《日下旧闻考》中有关于这 6 座祭坛的词条，卷 9，129～135 页；卷 10，136～141 页；卷 55，892～905 页；卷 57，922～932 页；卷 88，1492～1495 页；卷 96，1600～1602 页。

⑱ 《大清会典事例》，1899 年，卷 1090，17965 页。每年直隶省的 27 个县供给 170 个劳力，支付每个人一份津贴。

⑲ 聂崇正：《分藏两地的〈雍正帝祭先农坛图〉卷》，载《文物天地》，1990 年第 3 期，44～47 页；《北京故宫博物院：来自紫禁城的珍宝》，图 32、37。一些仪式包括了朝贡者和藩属国的代表。

性的反映。[80] 当外城变得人口更加稠密，而围绕天坛和先农坛的红墙边缘也被扩大时，那些土地就更为紧密地被纳入城市生活之中。

和每个新朝代一样，清朝谨慎地把自己放在正统继承者的位置上，而且立即在寺院里增加了辽、金、元三朝开国皇帝的牌位。清朝还宣称自己是中国北方统治者的继承人。[81] 此外，还瞻仰了地处北京西南一百公里远，并为明朝所忽视的金朝皇陵，他们修复了金朝皇陵并且在那里举行中祀仪式。这些活动都是严肃的，却没有人对这些活动有公开的争议——无论如何，礼部官员或许也是这么认为的。[82]

清朝祭奠明代皇陵的仪式是一丝不苟的。他们定期修缮明代皇陵，分配用于提供收入的土地，并定期提供祭品。从北京出发的道路因此变得通畅。[83] 虽然围墙使陵墓免于农民的冒犯，但是起初陵墓似乎仍是开放的。清初文人曾在明皇陵附近旅行，甚至像顾炎武这样一位明代忠臣，在 1677 年之前，不少于六次瞻仰明皇陵，他向明皇陵“示以敬意”，并且仔细研究了明皇陵的建筑物。[84] 后来，清朝似乎禁止进入明皇陵，直到 1860 年后，明皇陵再也没有成为吸引观光者的地方。 326

中祀是在金代和明代的皇陵举行，而大祀则是为已故的清代统治者举行。为了安葬死在“关内”的先帝——顺治皇帝是第一位——清朝统治者使用两处陵址，无规律地交替安葬死者。东陵，安葬顺治、康熙、乾隆、咸丰和同治等皇帝、后妃，共计 157 人，

---

⑳ 吴长元：《宸垣识略》，地图；金景善：《燕辕直指》，1017 页地图；杨静亭编：《都门纪略》。

㉑ 《清实录》（顺治朝），卷 5，25 页；《日下旧闻考》，卷 51，806～822 页；柯娇燕：《历史的透镜：清帝国意识形态中的历史和族性认同》，第六章。

㉒ 《清实录》（顺治朝），卷 106，11～12 页。对满汉档案的进一步研究可能会揭示出更多的论点。

㉓ 张伟仁主编：《明清档案》，A1－118 号。《日下旧闻考》，卷 136，2184～2195 页；卷 137，2196～2220 页。亦参见刘镇伟：《中国古地图精选》，地图 23、76。

㉔ 顾炎武：《昌平山水记》，卷 1，3～13 页；恒慕义主编：《清代名人传略》，422 页。有关其他的游人，谈迁：《北游录》，67 页以下。谭其骧主编：《清人文集地理类汇编》，第 5 册，679 页；第 6 册，759 页；第 7 册，225 页。

距离北京东面一百公里远，从 1661 年开始安葬皇帝和皇后。由于雍正帝决定不和自己的父亲与祖父葬在一处，于 1730 年开始在几乎与北京同样远而且正好位于东陵的相反方向，修建西陵。西陵还埋葬了嘉庆、道光和光绪等皇帝，以及 73 名其他人员。[85] 每逢这些先帝的忌日，需要摆放正式的供品，而且随着死亡皇帝数量的增加，祭陵活动更为紧张而且开销巨大。

清廷用城墙把这些景色宜人的风水宝地围了起来，并派兵把守。君主不得不无休止地为征收用于维护而必需的租金以及阻止农民越过围墙伐木和狩猎而斗争。[86] 两个陵区和北京之间的乡村土地因皇帝和他们代理人的定期出行而得到开发和发展，但是这两条都不是普通游人常走的路线；直到 20 世纪初，游人们才通这两条路线参观清代皇陵。

在清朝统治下，位于北京东北部的孔庙继续享有中祀的待遇，但是与前面刚刚描述的典礼场地不同，祭孔得到更为广泛的民众
327 参与。通常被称为文庙、孔庙或先师庙的这座寺院，于 1657 年重建，而且此后多次受到朝廷捐助，皇家多次参拜孔庙。正如每年八月二十七日圣人诞辰仪式上那样，一年两次的祭孔仪式在帝国每个行政中心的学校里引起共鸣。[87]

紧邻孔庙的是国子监的古树和建筑，是皇帝讲授古代经典之所。官方指定的历代先贤是通过在这里和其他官学选定的祭拜牌位来体现的；清朝皇帝重塑了这种组合，尤其提高了朱熹的地位。朱熹是宋代哲学家，他的著作是当时科举的正统内容。[88] 院子里

---

[85] 于善浦：《清东陵大观》，1 页；《清西陵览胜》。

[86] 梁方仲：《中国历代户口、田地、田赋统计》，268 页；中国人民大学清史研究所、档案系中国政治制度史教研室合编：《清代的旗地》，344 页。

[87] 《日下旧闻考》，卷 66，1097～1106 页。我们称为“Confucius”的男人在我的资料中指的是“先师孔子”、“先师”或“孔子”。参见詹启华：《“Conficius”的发明和其中国同类，“Kong Fuzi”》，载《立场》，第 1 卷第 2 期（1993 年），414～449 页。

[88] 魏伟森（Thomas A. Wilson）：《追根溯源：中华帝国晚期儒家传统的构建及效用》，62～64 页。

密密麻麻地竖立着公示明清殿试中举者名单的石碑，还有镌刻权威“十三经”的文本、圣谕和清代中叶征战告捷的石碑。国子监陈设乾隆皇帝复制的石鼓，石鼓上的文字展示了中国古汉字的特质。整座建筑物显然是对有学识的民众开放，这样就给予那些受过正统教育的男子们的共同体表达共同利益的空间，这个共同体包括皇帝在内，并扩大到整个清朝统治下的领土，从恭敬的朝鲜游客来看，他们在这个共同体之外。[89]

孔子是明代唯一可以允许享有中祀祭品的人物，而清朝统治者把这种待遇赐予他们感激的另外两个保护者：关羽和文昌帝君。[90] 这样的决定伴随着官方的热情（精心安排的?）。

明代，关羽受到正式的皇家支持，清廷热情地继承了对关羽的祭祀。1644 年，在皇城外的关帝庙开始被用于官方祭祀，并且由朝廷多次出资重建。（参见图 10－4。）早在 1652 年，关帝首次被赐予许多额外的称号以表明他的品德：“忠诚、正直
和神武”。此后，每当关羽对朝廷的军事行动有所帮助时，就 328
会被赐予新的称号：1768 年，被赐予“灵佑”；1814 年，在镇压八卦教叛乱后，被赐予“仁勇”；1828 年，在对穆斯林张格尔的战役之后，被赐予“威显”；19 世纪中叶的叛乱期间，还授予关羽更多的称号。1853 年，对关羽的祭祀被提高到中祀的级别。[91]

---

[89] 《日下旧闻考》，卷 66，1088～1097 页；金昌业：《稼斋燕行录》，242 页，并且实际上每个朝鲜游人都如此；《大清会典事例》，1899 年，卷 435，10849～10866 页；裴丽珠：《北京》，168～177 页；安妮 · 科马克（Annie Cormack）：《北京孔庙》。乾隆制造的新鼓所铭刻的新内容使用的是古老的文字，马儿道：《秦石鼓》，73 页；《日下旧闻考》，卷 66，1088～1106 页，以及卷 68～70。科考列表的拓片在北京图书馆金石组编：《北京图书馆藏中国历代石刻拓本汇编》，各处。

[90] 《大清会典事例》，1899 年，卷 36，369 页。

[91] 《日下旧闻考》，卷 44，696～700 页；《太常寺则例》，71 页；《顺天府志》，1885 年，卷 6，148～150 页；《大清会典事例》，1899 年，卷 438，10887～10891 页。亦参见韩书瑞：《千年末世之乱：1813 年八卦教起义》，338～339、358～359 页；甘博（Sidney D. Gamble）：《定县：一个华北农村社区》，420 页；《清实录》（道光朝），卷 132，20 页。在北京首次正式祭祀关羽于 1645 年神诞日举行。《清实录》（顺治朝），卷 16，11 页。

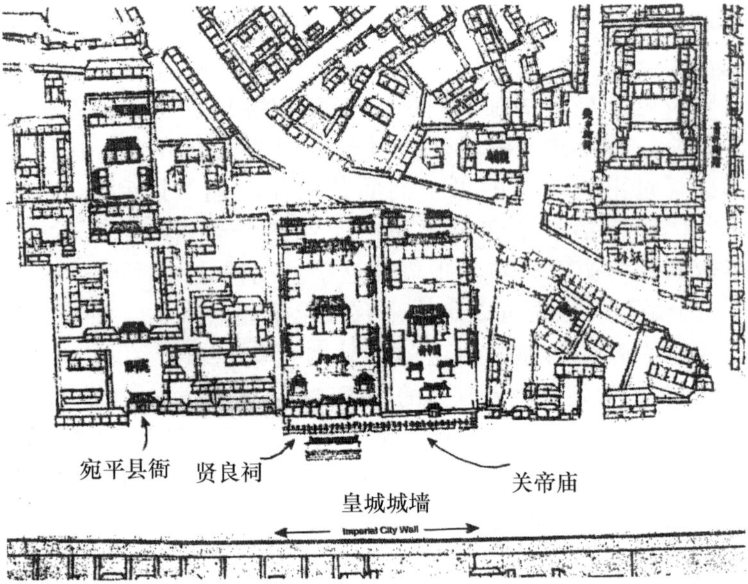

图 10－4　官方关帝庙建筑

在其内举行的仪式作为国家宗教一部分的关帝庙位于皇城正北。西面紧邻财神的祠堂。西边更远的是宛平县衙门的所在地。

资料来源：《清内务府藏京城全图》，1750 年，IV：7。

文昌帝君是一位来自四川的神灵，元代被授予“大帝”的称号，作为应试举子们的庇护者而得到全国性资助。明代，文昌帝君的重
329 要性已经减弱。[92] 在 19 世纪初，文昌帝君再次成为国家宗教的一部分。1800 年，在对抗四川白莲教叛乱中，文昌帝君显现了他自己作为一个王朝保护者的威力，所以嘉庆皇帝赐予他法定的供奉，与关帝同级。1801 年，忙于战事的满汉武官，亲自监督重建北京一座衰败已久的文昌庙，并慷慨地给予捐助。[93] 1856 年，当太平军叛乱蔓延

---

⑨② 他接受礼部的支持只有 15 世纪末的十年，祁泰履：《梓潼帝君与文昌化书》，77～80 页；《明史》，卷 50，1306～1310 页。

⑨③ 乾隆皇帝死于嘉庆四年（1799 年）正月，此时嘉庆皇帝实际掌权不到一年。北京图书馆金石组编：《北京图书馆藏中国历代石刻拓本汇编》，第 77 册，94～95、96、97～98 页。后来的仪式，《起居注》，光绪朝，12 页；《大清会典事例》，1899 年，卷 438，10887～10893 页。

到中原时，这座文昌庙的祭祀级别被提升到可与关帝庙相匹敌的高度。这两座寺院位于皇城后门外附近，19 世纪皇帝亲自举行祭拜仪式。

清朝礼部把资金和精力集中放在大祀和中祀上。正如我们在第三章所看到的那样，在第三级即最低级别的祭祀中，寺院仅被提供用于特定时间间隔的供品和资金——通常一年只有那么几次。对寺院或神灵也没有其他日常的支持。群祀的核心是从明代延续而来，例如，在太医院里祠堂举行的祭祀是被神化的历代医生的仪式，或是一年两次把供品奉献给显佑宫里的真武大帝。[94] 当在位皇帝诞日时，这些寺院和其他类似地位的寺院（如东岳庙和京师城隍庙）也摆放特殊的供品。皇宫北部的火神殿在每年一次的神诞日里，也能收到定期的供品。[95] 所有这些第三级别的祭祀仪式是为帝国和王朝的利益而松散地举行，由礼部负责管理，位于内城的寺院里，普通民众可以前往。

7 座新的龙王庙被增加到第三级仪式中，这是加强环绕北京水路系统管理和在北京修建郊区行宫的一个结果：黑龙潭龙王庙（于 1783 年增加）、玉泉山龙王庙（1751 年）、昆明湖龙王庙（1812 年）、白龙潭龙王庙（1813 年），以及行宫内其他 2 座龙王庙（1817 年）。[96] 这些龙王庙成为祈雨的重要地点。 330

清朝还为那些平常不在寺院祭祀的某些神灵安排供品：炮神（在旗军练习场），看管建筑工程的神灵（特别在皇家陵园），照料政府谷仓、窑和城门的神灵。这类的祭祀（许多是关于皇家财产）

---

[94] 太医院，《顺天府志》，1885 年，卷 6，152～153 页。真武，《日下旧闻考》，卷 54，864～865 页；《大清会典事例》，1899 年，卷 444，10959 页。

[95] 生日，《大清会典事例》，1899 年，卷 1064，17708～17709 页。1884 年后，慈禧太后为她的生日也举行这样的祈祷。《大清会典事例》，1899 年，卷 444，10961～10962 页。火神，《太常寺则例》，卷 73；这座被毁坏的寺院在 1999 年仍存在。

[96] 《大清会典事例》，1899 年，卷 444，10962～10965 页。清代皇帝也在大高玄殿进行私人祷告，大高玄殿位于故宫北面，其道士举行的仪式被认为是强有力的唤雨者，在 19 世纪代替了有此目的的黑龙潭。高士奇：《金鳌退食笔记》，卷 2，61 页；《起居注》，道光朝，卷 1；傅公钺等：《旧京大观》，37 页。其他寺院和神灵在干旱季节有时也参与。台北“故宫博物院”绘画藏品的摄影档案，卷 118，21～30 页（大钟寺）。有关祈雨的一个不同的观点，罗友枝：《清代宫廷社会史》，220～230 页。

似乎由内务府、各旗和工部管理。[97]

虽然清代的群祀比明代有一个更大的范畴，但是在北京增加的祭拜对象大多数（31 个中的 21 个）是有功德的个人而不是神灵，也没有表现国家对民间宗教的更深的参与度。清朝君主特别着力于新建祠堂，定期祭拜英勇旗人的灵魂，他们的牺牲表现了忠、孝、仁以及其他类似的美德。雍正皇帝按照祖父的范式修建了 6 座这样的祠堂。其他祠堂是为了祭祀那些在台湾、中亚和华南地区的阵亡者，例如，乾隆皇帝于 1751 年为了纪念在西藏战争中阵亡的满洲将军修建的双忠祠（在拉萨也修建了一座祠堂）。只有一座祠堂是为汉族官员修建的：著名晚清官员李鸿章的祠堂，是百姓自发修建的，由皇家于 1901 年赞助。[98]

这些祠堂对北京内城而言是极具特色的，因为它们确定的祭祀对象是效力于清朝的旗人和官员。事实上，虽然仪式是礼部的职责，但它们反过来被转交给内务府。这样，国家宗教被用于旗人团体。这些祠堂里的祭祀人物不断增加。贤良祠是雍正皇帝为纪念他的兄弟和亲密伙伴怡亲王胤祥而建的，这座寺院建于 1730
331 年，毗邻关帝庙。（如图 10 - 4 所示。）在乾隆皇帝的统治时期，增加了其他效力于清朝的汉人和满人的牌位；1785 年，有 99 个牌位被调入奉祀，直到清末，达 110 个牌位。[99]

---

[97] 《大清会典》，1764 年，卷 48，2～3、6～8 页。《大清会典事例》，1899 年，卷 415，10544～10545；卷 444，10960～10964、10966 页。

[98] 《顺天府志》，1885 年，卷 6，176 页；《畿辅通志》，1884 年，卷 13，458～463 页；《北京旅行指南》，123 页；《八旗通志》，卷 55，1049～1050 页；《日下旧闻考》，卷 48，759～761 页；恒慕义主编：《清代名人传略》，250 页。李的祠堂位于内城。《旧都文物略》，卷 7，4 页；阿灵顿、威廉・卢因森：《找寻古北京》，150 页；恒慕义主编：《清代名人传略》，471 页。

[99] 《日下旧闻考》，卷 44，701～702 页；《北京旅行指南》，135 页。有三座其他的祠堂专门供奉怡亲王，所有这些是在其死后几年修建的。一个是从他的宅第转变而来（《日下旧闻考》，卷 45，3 页），一个从他的夏季别墅转变而来（北京图书馆金石组编：《北京图书馆藏中国历代石刻拓本汇编》，第 68 册，110 页）；另一座贤良祠是户部在内城重新修建的（《日下旧闻考》，卷 49，772 页，并在图 15 - 3 中显示）。有关胤祥与其兄弟和那个衙门的重要关系，白彬菊：《君主与大臣：清中期的军机处（1723—1820）》，82～83、68～79 页。

在明清时期，作为国家宗教的一部分，皇家对寺院的赞助只占很小的比例。[100] 与其他事项一样，君主还有其他资源和机构可以支配，所以北京深受它们的影响。由于积极参与自己的世界，当统治家族超越这个范围后，他们这种做法比明朝会更为系统。我们可以看到清朝皇室和旗民社区管理的差异，以及他们对宗教正式和非正式的资助。由于减少了混乱且更有秩序，清朝皇帝的捐助进一步扩大，发展了北京的宗教基础设施，还使皇家捐助在这个社会中更能抵制其他人的利用。通过这样的努力，北京的皇家身份变得更加强大。为了了解这种模式中的一些，我们将开始研究内务府安排的捐助活动，然后转向皇帝个人和皇室家族成员更为多样而无系统的行为。

皇　室

首先，让我们来看一下整体情况。清朝皇帝比他们的明朝前任更积极地参与皇家范围之外的活动。这种差异反映在他们对宗教的关注上，并且可以得到程度不同地概述。与明代 196 座相比，满洲统治者为 317 个宗教机构赐予供品。在清代，皇家捐助寺院占所有庙宇的 28%，而明代只有 17%。在这个新王朝的统治下，皇家范围之外有 75%的寺院得到皇家的恩赐，而这些受益者不曾受到明朝君主们的喜爱。清朝还略微更广泛地开发郊区，特别是西北郊。[101] 此外，清朝皇帝巡游的次数也远远超过了他们的前任 332
者，在更大的北京地区向寺院提供更多的捐助，而且还远远超出了北京范围。无论按何种标准，清代的宗教活动都是清晰的，在

[100] 在明代约 18%，或 196 座中的 35 座（196 座这个总数不包括另外的 308 座赐给匾额的寺院）；在清代有 17%，或 317 座中的 53 座。

[101] 这两个朝代的时间几乎同样长。除了接受者不同，不属于皇家财产而接受皇家赞助的寺院数量并没有什么不同（在明代，168 座；在清代，190 座）。地理分布：皇家捐助的清代寺院 40%在内城，6%在外城，56%在郊区（数目为 317 座）。在明代的比例相应为41：10：49（数目为 196 座）。所有清代寺院的总比例为 47：21：32。

其他范围内产生的共鸣在此不予考虑。

如果我们看一下清朝皇帝建造的新寺院，它们的日期所显示的轨迹与我们所知道的总体上帝国资源和活力相符合。在37座皇家范围之外修建的寺院中，90%是由康熙、雍正、乾隆等皇帝修建的；只有2座是1680年以前建造的，还有2座是建于1806年之后。总的来说，这些寺院和君主的关系比和民众的关系更为密切。在所有57座皇家建造的寺院中，25座是藏传佛教寺院，另外20座是为那些与清朝有关并可以成为榜样的人物所修建的祠堂，几乎所有其余的寺院是为国家宗教中非人格化的神灵修建的；20座是在皇家范围，没有一座在外城。[102] 有感于自己是一个多民族国家的统治者这一事实，清朝皇帝们有权支持任何他们想要支持的宗教及其教职人员，并以多种方式来满足各种利益。

人们难以准确记载清朝君主对寺院投入钱财的数量。个人名义的捐助可能是最适中的（如康熙皇帝于1716年光临丫髻山时捐助了300盎司银），他们也可以进行慷慨地捐助（如乾隆皇帝于1788年捐给白云观8 600盎司银）。但是当进行一个主要重建工程时，则需要巨大的支出，尤其是在清代前半期，例如，1657年重建孔庙耗资30 000盎司银，1692年重建潭柘寺耗资10 000盎司银。内务府可能每年花费至少15 000盎司银用于定期的宗教费用。[103]

清朝依靠新的机构来管理皇家私人事务。他们认识到宫中的太监是明朝覆灭的一个原因，就剥夺了太监们的大部分权力，减

[102] 57座与明代的44座相比较。两个数字包括并入国家宗教的建筑。

[103] 《钦定总管内务府现行则例·掌仪司》，卷2，25～30页，根据我的统计。但谁知道有多少。《顺天府志》，1885年，卷24，761页；北京图书馆金石组编：《北京图书馆藏中国历代石刻拓本汇编》，第75册，93～94页；《日下旧闻考》，卷66，1088～1106页；《潭柘山岫云寺志》，81～88页。乾隆朝的清代石碑中说明皇家礼物的数量的还是相当少见的。虽然开始我没有把北京皇室的档案排除在外，但没有找到列有专门费用的说明手册。

少服侍妃嫔、子女、皇帝本人（和皇子们）太监的人数。[104] 太监参与京师和全国政务的特权也被剥夺了。清朝废除了十三衙门，由内务府取而代之。1661 年后，内务府处在适当的位置上并由君主牢牢地掌控着，这个新机构人员由特殊的旗人阶层* 和依附于皇家的包衣构成，这些人反过来又管理着太监。 333

内务府是独立的常设官僚机构，而且以一种不同的方式进行运作。如同明代太监组织，内务府拥有许多同样重要的权力：供应和服务于皇族，管理皇城的作坊和仓库，支配由君主控制的全国垄断权，充当皇家的代理人，接受和分配私人钱包里的资金。这个新机构得到了比较完善的管理或者说好像曾经得到比较完善的管理，而且，尽管内务府确实流行着半腐败的现象，但是对于清朝大多数时期而言，无论是太监个人还是包衣，都不能利用内务府来侵夺皇帝的权力。

尽管太监在皇宫里仍然占有重要地位，但是皇城已经成为旗人包衣的天下，这些包衣成为北京社会新的组成部分。我们将在第十二章中更详细地考察包衣所具有的那种能力。我们在此关心的是内务府中配备人员的责任。

内务府可以自由支配的金钱是相当充裕的。除了来自皇庄的地租——这种地租提供了一种十分必要的基础（食物和金钱），还有来自制造业和商业的实际税收收入。内务府还从事着清朝垄断的盐和贵重金属的专营，接受来自国内外的贡品，管理制造精美瓷器和丝绸纺织品的皇家作坊，插手国内外的贸易关税收入，在典当和放高利贷中积累了雄厚的资本。[105] 至少直到 19 世纪，清朝君主个人支配着源源不断的财富。当皇帝和他们亲密的家族成员希望凭借个人能力向帝国范围内外不属国家宗教的宗教活动进行

---

[104] 在顺治皇帝时期的 1653—1661 年，有一个短暂的尝试去重新建立明代的体制。陶博（Preston M. Torbert）：《清代内务府：对其机构和职能的研究，1662—1796》，23～25 页。

* 即由镶黄旗、正黄旗和正白旗组成的“上三旗”。内务府官员均出自上三旗。

[105] 张德昌（Te-ch'ang Chang）：《清代内务府的经济职能》，载《亚洲研究学报》，第 31 期（1972 年），243～273 页。

捐助时，就会转向这个内务府和这些资源。

内务府是皇家表达这种资助宗教活动愿望的一个有效机构。因为由亲密的皇族成员来管理内务府的人员和资金，所以皇帝们可以随心所欲地建造宗教建筑和祭祀他们喜欢的神灵，汉族官僚
334 的赞同与否则无关紧要。在礼部和内务府的清单上看不到寺院，也很难看到从一个清单转到另一个清单的现象。[106]

皇家范围内的宗教设施由皇家来进行修建，并完全由皇家来支持；掌仪司监管并系统处理这个复杂的任务。[107] 在这些园林和宫殿里，包衣和太监们在所有的宗教神像前焚香，他们按照神灵的等级来补充香火和供品。皇宫的常住者个人可以使用这些殿堂和寺院，并确保定期维修建筑和进行必要神灵的祭祀，保证僧侣举行必要的仪式。如果是其他的家庙，则资助来自家族（往往是富有的家族），而不需要来自个人和社团的捐助。

由内务府支持的寺院包括了本章前两节所讨论的那些较大的建筑物，如皇宫里的钦安殿、西苑里的白塔、昆明湖上的龙王庙或圆明园里的安佑宫。但是内务府也维修皇帝祭拜已故近亲的小祠堂：永慕寺是康熙皇帝在南苑内为纪念他的祖母而修建的，恩佑寺是雍正皇帝为他的父亲在夏宫中修建的一座寺院，恩慕寺是由乾隆皇帝在内务府附近为他的母亲而修建的。[108] 这些设在私人场合的祭祀活动，目的非常单一而且观者也很少。

为了稍微扩大服务范围但仍限制皇室群体和最高旗人贵

---

[106] 但它真的发生了。黑龙潭被迁到皇室，《钦定总管内务府现行则例·掌仪司》，卷2，25页；《大清会典事例》，1899年，卷444，10962页。在《大清会典事例》1899年版本的插图中，堂子、奉先殿和寿皇殿——皇室用于祭祀和内务府支付费用的所有殿堂——位于大祀举行地点之中。《大清会典图》，1899年，卷2，1047～1091页。

[107] 我关于这部分的主要资料来自《内务府则例》，特别是这个衙门（内务府掌仪司）。这些则例于1937年刊印，但是从其内容来看，包括的资料只到1841年。我首次在北京中国第一历史档案看到这份资料的复印件，非常感谢罗友枝使我对此予以注意。

[108] 这些种类祷文的普通术语似乎是“祝釐”或有时是“荐福”。释迦牟尼佛像或其他传统的佛像被安置在主要的祭坛内。参见《顺天府志》，1885年，卷16，467页。《日下旧闻考》，卷74，1246～1247页；卷76，1277～1278页。吴长元：《宸垣识略》，卷12，255页。《钦定总管内务府现行则例·掌仪司》，卷2，25页。

族，内务府在两处祭祀地点精心准备了谢绝汉人参加的萨满教仪式：一处是紫禁城范围内的坤宁宫，以方便皇室；另一处是于1644年建于皇城东南角的堂子，以便于宗室成员和皇子们参加。[109]（图11－3是一个堂子的图。） 335

皇家范围内的宗教设施自然是由皇室来管理和资助，这也符合清代介入的情况，但是据我们所知，超过100座寺院由于接受了捐助而被纳入皇家的影响范围中，超过半数以上（59座）没有列在皇家的财产上。[110] 这些寺院，有36座位于郊区（主要是西北郊），19座位于内城，4座位于外城。这些地点不仅体现了帝国对西山占有的强化以及频繁参拜那里的寺院——这些寺院的资助只有一种表现形式，而且也反映出对非旗人外城的忽视。59座寺院中有11座最初是由君主修建的；这些寺院往往是藏传佛教寺院或充当皇家驿站的郊区寺院，对这两类寺院而言国家资助是必不可少的。

某些在皇家范围之外的寺院享有内务府分拨给它们永久独立支配的金钱和劳力收入。如同在宫内的主要大殿，这些设施的金钱是从内务府大量掌控土地的部分租金中分配而得的。例如，雍和宫于1744年从皇帝在内城的产业变成一座藏传佛教寺院；其租金收入是内务府人员从超过24个县的土地上征收而来的。其他寺院，如大型祭坛，则安排从旗人抽出来的庙户来从事强制劳动。[111]

对于皇家范围之外寺院的支持大部分是以拨款的形式进行的。内务府增加拨款以便于仪式能举行，捐助的目的是举行诵经和表

[109] 《清实录》（顺治朝），卷8，11～12页；《清内务府藏京城全图》，1750年，X：4；《国朝宫史》，卷6，94～95页；吴长元：《宸垣识略》，卷5，88页；昭梿：《啸亭杂录》，卷8，231～232页；孟森：《清代堂子所祀邓将军考》，见《明清史论著集刊》。关于萨满教、满洲身份和政治，罗友枝：《清代宫廷社会史》，231～244页。

[110] 我的数字没有包括记载不充分的其他的12座寺院。

[111] 我知道25座寺院有庙户，全部由君主提供资金，8座是在皇家范围之外。《钦定总管内务府现行则例·掌仪司》，卷2，25、30页；《太常寺则例》，卷72；北京图书馆金石组编：《北京图书馆藏中国历代石刻拓本汇编》，第72册，33～35页；《大清会典事例》，1899年，卷1090，17965页。有关雍和宫，参见第三章注30。

演，一年又一年定期地供给香、蜡烛和供品，发给常住僧侣人员津贴。一个复杂而精细的等级清单决定了这种资助。[112]

336 对香火钱的供给从每个月的 59 盎司银到每三个月不到 1 盎司银。一些寺院在每月初一和十五也接受素菜供品的资助：给郊区的五塔寺提供 245 碗，在宫里的城隍庙每年一次赐予 5 碗。在某些寺院中，常住的僧侣、道士、和尚、喇嘛或看管人每月接受特殊的费用，从两盎司银（给“高”级别喇嘛）到半盎司银；有一些会接受购置大米或服装的钱。[113]

大型的寺院需要大笔的收入，特别是那些没有当地捐助者的寺院。至少有 12 座在皇家范围之外的藏传佛教寺院以这样或那样的方式出现在内务府的清单上。[114] 功德寺（乾隆皇帝于 1770 年为其六旬万寿庆典而重修的一座郊区寺院）的 45 位常住喇嘛每年接受 358.08 盎司银（据精确的计算）用于他们的伙食开支。[115]

内务府也支持那些在北京普通居民中很有人气神灵的寺院——观音、关帝、碧霞元君、真武大帝、东岳大帝、火神、龙王和各类神灵。当 1726 年在紫禁城内和 1731 年皇城西边的城隍庙得到修建时，皇家范围构成了当地区域神灵套嵌网络的一部分。君主也维修了 4 座祭坛，这些祭坛用于重要的祈雨活动，都朝向紫禁城。[116] 通过对这些神灵明确而公开的支持，清朝皇帝与他们的臣民共同分享着祭祀——而且比汉人的明朝皇帝更为积极——据说，

---

⑫ 《钦定总管内务府现行则例·掌仪司》，卷 2，25～33 页。

⑬ 在道光时期（19 世纪 20 年代）这种支持开始减少。《钦定总管内务府现行则例·掌仪司》，卷 2，30～34、36 页。

⑭ 我知道 20 座。其他由内务府资助的在皇家范围之外的寺院容纳了佛教僧侣（29 座寺院）或道士（17 座）；我知道没有尼姑。

⑮ 《钦定总管内务府现行则例·掌仪司》，卷 2，29 页。寺院似乎没有吸引中亚的游人，喇嘛只能靠自己维持着；在 20 世纪，超过 12 座寺院处于毁坏的状态中。《日下旧闻考》，卷 100，1659～1664 页；裴丽珠：《北京》，283～284 页；《华北宗教年鉴》，197～198 页。

⑯ 城隍，《大清会典》，1764 年，卷 88，23～24 页。《日下旧闻考》，卷 19，259 页；卷 42，665 页。祭坛被赋予云、风、雷和四海的权力。《大清会典》，1764 年，卷 88，21～22 页。

在更晚些时候，清朝统治者声称在各种情况下和这些神灵的其他信徒有着一致的目标。

然而，和礼部一样，内务府的捐助很少扩大到外城非旗人的汉人。君主认识到黑窑场龙王庙对京师水源供给的控制权，因而重视这座龙王庙；佛教崇效寺给予一年几次少量的捐款。在雄伟的法源寺，唯一由内务府开销的仪式是为一年一度的皇帝生日举行的仪式。前门关帝庙，我们曾经讨论过它在明末的声望，1828 337
年，清朝皇室首次对这座关帝庙予以适度补助。[117] 与在皇家范围内或北京其他地方寺院的费用相比较，这些份额不仅少，而且只是偶尔发放，这反映清朝皇帝对北京那个部分缺乏自信和零星的接触。除了在前门城墙内的两座寺院外，皇帝不参拜在外城的寺院。[118] 这样的视而不见很难说是偶然的。

曾有一座寺院被增加进皇室的预算中，可能持续捐助了好几代。内务府的官僚组织确保了有系统的捐助和汉人官场的独立。结果是，接受内务府捐助的寺院不需要其他的捐助，而且受到如此捐助的寺院是北京周边规模最大而且香火最持久的寺院。同时，正如我们所看到的那样，这些完全由皇家权力来资助而极少由社团来资助的设施与它们周边的世界相当疏远。

皇　帝

不是所有的皇家捐助都是非常有系统的。某些皇家捐助只是

---

[117] 《钦定总管内务府现行则例·掌仪司》，卷 2，27、29、31～32 页。崇效寺，北京图书馆金石组编：《北京图书馆藏中国历代石刻拓本汇编》，第 68 册，1 页。《顺天府志》，1885 年，卷 12，321 页；卷 16，519 页。法源寺，北京图书馆金石组编：《北京图书馆藏中国历代石刻拓本汇编》，第 68 册，150 页；普利普·摩勒：《中国佛教寺院》，294～295 页；朱一新、缪荃孙撰，刘承幹考证：《京师坊巷志》，卷 9，10 页。关帝庙被加入列表，是因为清朝在新疆的战争中得到神的帮助。《清实录》（道光朝），卷 132，20 页。

[118] 我所知道的唯一例外是 1657 年顺治参观寺院，在那儿举行道士任命。北京图书馆金石组编：《北京图书馆藏中国历代石刻拓本汇编》，第 61 册，161 页。当然有关于皇帝的故事可能——特别当他们包括康熙时——是真实的。阿灵顿、威廉·卢因森：《找寻古北京》，229～230 页。

一次性的，范围是从建造的资金（不包括维修）到许多种类较小的赏赐品。这样的开销是仰赖于那个在皇位宝座上的男人，并相应地增加或减少。此外，清朝皇帝是不需要而且也不会受到代理人或中间人的操控。

许多依靠清朝皇帝临时性捐助的寺院是他们曾经亲自参观过的寺院。总的来说，这些人的出游超过了明朝统治者，扩大了皇家范围而且还超出了这个范围。他们定期光临只有几个小时路程的郊区行宫和园林，对于许多清朝皇帝来说，每年暂居塞外的避暑山庄是例行之事。康熙皇帝和乾隆皇帝是最活跃的，但是不包括咸丰皇帝和同治皇帝（他们于 1851—1874 年在位），所有清朝统治者都参观过京畿地区的寺院。那些成年才登基的皇帝还在做皇子时就已经拥有在当地生活的经历。[119]

338 根据我个人不完全的粗略统计，明朝皇帝参观了皇家范围之外的 15 座寺院（还参观了皇家范围之内的 14 座寺院）。与之相反，清朝的统治者参观了至少 56 座寺院，超过了他们的私人产业，而且 44 座其他寺院处于皇家范围之内。在这 100 座寺院中，只有 20 座在明代被授予荣誉。[120] 这样，尽管君主与这些宗教机构的关系不总是亲密的，但是更频繁的远足能更加广泛地感受到皇家的存在。

一些参观是国家宗教和家族义务所要求的，这些参观被安排在皇家的计划里。除非他们过于年轻，清朝皇帝通常亲自完成仪式，他们被反复地带到大祭坛和皇陵。顺治皇帝于 1657 年即他统治的第十四年，12 次举行大型祈雨仪式。一个世纪后，乾隆皇帝于 1752 年至少有 39 天参观寺院，或前往祭坛焚香，或举行更为复杂的仪式，包括两次拜谒东陵和一次拜谒西陵。乾隆皇帝还拜谒了与开凿河道或重建桥梁等皇家建筑工程有关的寺院。当然，他

---

[119] 嘉庆皇帝 39 岁当政，雍正皇帝 45 岁登基，道光 39 岁登基，乾隆皇帝登基时 25 岁，咸丰皇帝登基时 20 岁，其他 4 位皇帝登基时还是儿童。

[120] 我没有把多次参观制成表格。

还驻足视察他曾捐助金钱修复的寺院。[121]

沿着往来京城最繁忙的道路，皇室在相隔适当的间距修建“行宫”，以便有合适的住处接待皇室。其中一些行宫建筑毗邻的庙宇，依次定期收到帝国慷慨的馈赠。[122]

每年的节庆活动也向清朝皇帝们展现了大北京地区，并促使他们参与发展大北京地区。1748 年，乾隆皇帝三次途经位于通往圆明园的运河堤岸上的美丽的万寿寺，登岸漫步，欣赏树木花鸟。后来，他决定为庆祝母亲的六十岁生日，而再次修缮这座寺院。乾隆皇帝为母亲修建了房间，1761 年还为庆祝她的七十岁生日而捐助钱财；在这样的场合下，为她诵读佛经。[123]

当皇帝们在他们的夏季行宫里享乐时，很容易参观西山附近的地点。有半数寺院在他们参观皇家范围之外的地区，皇帝的题词点缀了许多著名的大型寺院。受人崇敬的卧佛寺曾接待了至少三位明朝皇帝，在清朝仍然有人气。康熙皇帝曾为卧佛 *339*
寺的古树作诗；雍正皇帝前往卧佛寺纪念他的亡弟胤祥以及胤祥之子，并赐予以丰厚的赏赐；乾隆皇帝和嘉庆皇帝也数次参观过卧佛寺。[124]

1747 年夏天，乾隆皇帝进行了一次短途旅行，从香山前往位于不远处沿着山谷海拔逐渐升高的“八大处”。同时，他还监督附近大觉寺的重大修复工程。他参观了三座寺院，当年冬天他又重返旧地，这时树叶已经落尽，只有一些菊花还在开着，他沿路登上山顶上的宝珠洞。[125]

康熙皇帝曾三次拜谒位于较远山上的潭柘寺，他的大量赏赐

---

[121] 顺治，《清实录》(顺治朝)，106～103 页。乾隆，《起居注》，乾隆朝，17 页(我没有把他在热河的两个夏天月份计算在内)。《日下旧闻考》，卷 104，1729～1733 页；卷 20，263～269 页。北京图书馆金石组编：《北京图书馆藏中国历代石刻拓本汇编》，第 73 册，124～126 页。

[122] 《畿辅通志》，1884 年，卷 15，471～483 页。

[123] 《日下旧闻考》，卷 77，1291～1297 页。

[124] 沈榜：《宛署杂记》，卷 19，197 页；《日下旧闻考》，卷 101，1677～1683 页；《起居注》，嘉庆朝，24 页；《畿辅通志》，1884 年，卷 8，28～59 页。

[125] 《日下旧闻考》，卷 103，1709～1714 页；卷 106，1766～1767 页。

更详细地展示了这类捐助。27 岁的康熙皇帝于 1686 年秋首次来到潭柘寺，可能与维修附近他赞助的戒台寺有关。他捐献了（可能是在他返回后）自己抄写的《金刚经》、一座大香炉、石雕观音像和十八罗汉像。六年后，他赐给潭柘寺一万盎司银，用于重修曾遭火灾的主殿。1697 年，康熙皇帝再次参拜潭柘寺，赐给不同的大殿六块匾额，还赏赐饰有一条黄龙的缎面旗帜、三百多匹布和竹帘。1696 年和 1699 年，康熙皇帝为主大殿捐赠了吊挂，并且在为他准备的两间房子附近种植花卉和竹子。康熙皇帝还把特制药赏赐给病中的潭柘寺方丈，在精神上令人钦佩的继任方丈被邀请去皇家行宫，帮助驯养在那里捕获的老虎。（这些老虎已经变得难以驾驭，那位方丈通过讲经说法来安抚老虎。）1702 年，康熙皇帝再次来到潭柘寺，并且下榻已经准备好的新住处。康熙皇帝赏赐了更多的匾额，并为寺院殿堂书写了对联，赐给和尚们 300 盎司银，还写了一首纪念参拜的诗词。虽然康熙皇帝此后再也没有来潭柘寺，但是在接下来的几年中他赏赐了其他的物品：经文、塑像、礼器、香炉、茶和三角旗等。[126]

一种持续的个人与君主的关系能给一座寺院带来声望、荣耀和收入。但也有不利之处。当皇帝陛下参观时，建筑物和僧侣必须保持清洁，正常的程序被打乱，普通参观者被赶到一边。虽然皇室准备为预备好的合适住处支付费用（他们应该这样做，可是他们真的总是这样做吗?），但是有特权的包衣在举止上可能（至多）是专横
340 的，并且习惯于为当权者提供像铺平道路这样许多小的便利设施。对于和尚们来说，这样的要求也许只是用大量的赏赐来补偿所造成的不便，但是仅仅带来微薄赏赐的一次皇家参拜是值得的吗?

然而，这样的参拜也有助于建立共同的基础，统治者确实和许多不同的臣民共同分享宗教信仰和实践。因为雍正皇帝个人的兴趣，外城的两座寺院被增加到皇家的支付清单里，但是他的介入似乎没有阻止寺院吸引其他游人和捐助者。白云观接受了康熙皇帝和乾隆

---

[126] 《潭柘山岫云寺志》，44、73、75～76、99～102、104～105 页；《畿辅通志》，1735 年，卷 51，10 页。

皇帝的赏赐和拜谒，然而即便是没有他们，也会得到很好保存。在潭柘寺，皇帝只不过是众多捐助者中的一位。⑫（我们将在第十四章中进一步研究在东岳庙和泰山女神普通祭祀中的皇家捐助。）

宗教的清代捐助确实是世界性的。随着热度的变化，清朝君主对宗教的支持不仅扩大到地方和国家的祭祀，而且还扩大到外国传教士。穆斯林、欧洲天主教以及蒙古和西藏的藏传佛教也接受皇家的拨款，与之而来的是相应的皇家控制。藏传佛教受到相当的崇敬。相反，清朝皇帝们没有在教堂和清真寺里进行祷告，它们的神灵也没有变成王朝的超自然保护者。

北京的第一座基督教堂建于明朝末年。耶稣会士，特别是汤若望，赢得了满洲人的捐助和顺治皇帝的友谊，他们帮助汤若望于1657年复建。由于对欧洲人的技能感兴趣，康熙皇帝在宫里雇用了这些牧师，于1675年参观教堂，赐给匾额和对联，于1712年慷慨地帮助重建这座教堂。⑱

1655年，顺治皇帝把宫中东边一个单独住宅赐给葡萄牙耶稣会士安文思（Gabrielde Magalhãens）和利类思（Ludovicus Buglio），几年后，他们修建了自己的教堂。但是他们没有继续得到皇家的恩惠，在1664—1669年鳌拜辅政期间的反耶稣会运动中，他们的住处变成禁锢的房子，教堂也被拆毁。（17世纪70年代，以私人的名义重建了这座教堂。）⑲

1693年，由于法国耶稣会士用奎宁治好了康熙皇帝的疟疾， 341

---

⑫ 《日下旧闻考》，卷94，1575～1585页；北京图书馆金石组编：《北京图书馆藏中国历代石刻拓本汇编》，第66册，87页；韩书瑞：《潭柘寺的位置、圣徒和景色》，载《远东亚洲丛刊》，第10期（1998年），183～211页。

⑱ 北京图书馆金石组编：《北京图书馆藏中国历代石刻拓本汇编》，第61册，95页；《日下旧闻考》，卷49，772、778～779页；南怀仁：《欧洲天文学》，170～171页。原来以西堂而闻名，这座建筑在1700年后因现在的名称南堂而闻名。康熙在圣诞节派遣太监到此为他自己祈祷。南怀仁：《欧洲天文学》，154页。

⑲ 这座教堂成为已知的东堂。南怀仁：《欧洲天文学》，169～171页；柯娇燕：《历史的透镜：清帝国意识形态中的历史和族性认同》，116～117页；安熙龙：《马背上的统治：鳌拜摄政时期的满族政治统治，1661—1669》，146～151页。

康熙皇帝赏赐给他们产业，1703 年，他们修建了北堂。这些事实清楚地表明康熙皇帝的支持：位于皇城的著名地点，并且以一块“敕建天主教堂”匾额而引以为荣。[130]

虽然从未从君主那儿获得定期收入的支持，但这些教堂存在了整个 18 世纪，甚至在 1724 年后当天主教整体上在全国遭到禁止时，传教士作为艺术家和技术专家仍然受雇于皇室。旗人和汉人都被禁止皈依天主教，朝廷对皈依天主教的敌意也日益增加。1811 年，在皇家完全放弃了对天主教的支持后，教堂被迫关闭或被拆毁；直到 1860 年签订条约后，清朝才允许重建天主教堂。

皇家对于伊斯兰教的态度也是模棱两可的。在皇家的捐助中只有一座清真寺得到修建。这座清真寺位于皇城里，用于纪念 18 世纪中叶平定回疆叛乱，与藏传佛教徒、天主教传教士一样，它将穆斯林和君主联系起来。[131] 虽然皇宫很少赏赐这个宗教，但是允准信仰伊斯兰教，其他清真寺获得准许举行活动，许多北京居民就是穆斯林。

藏传佛教僧人的地位在某些方面与天主教徒相类似。君主赐给这两种宗教京城寺院，允许从外面带来信徒，但是禁止汉人皈依这两种宗教。清朝期望这两种宗教为皇室效劳，支持君主的权力。但也有许多区别。

清朝判定藏传佛教对于社会稳定和皇家权力都没有威胁，藏传佛教寺院的数量数倍于欧洲人的教堂，而且喇嘛人数所占的比例更大。清朝对这些喇嘛和藏传佛教寺院的捐助是一件重要的国家大事，使得内亚世界在精神上和政治上把清朝作为中心。它也关系到清朝皇帝个人信仰的问题。乾隆皇帝对藏传佛教的信仰复杂地表现在他和宗教老师若贝多杰（Rolplay Dorje）的亲密关系
342 上，表现在把他自己作为转世文殊菩萨的形象上，表现在他陵墓

[130] 迪瓦恩：《北京的四座教堂》，44、88、99、162、215 页。有关其 18 世纪的位置和规模，参见 1750 年地图，VII：8。

[131] 张江裁、许道龄：《北平庙宇碑刻目录》，51 页；《北京市清真寺调查》，载《回教月刊》，第 1 卷第 7 期（1938 年），57～58 页。

的藏文石碑上，表现在供自己使用的皇宫内的众多祠堂和大殿的修建以及他慷慨捐赠的京城内外的藏传佛教寺院里。[132]

清代，北京的藏传佛教寺院超过了明代（比例是 43∶9）。有 23 座藏传佛教寺院是皇家的产业，完全由皇室资助；13 座寺院是在皇家范围之外但由内务府支持；还有 7 座寺院不属于皇家财产，只接受临时的皇家赏赐。[133]

许多新的清代寺院用于安置重要的转世喇嘛和随行的中亚僧人团体。在北郊有两座大的藏传佛教寺院：黑寺和黄寺，建于清初。黑寺始建于 1645 年，作为察罕喇嘛从沈阳搬到北京的住处。[134]清朝于 1652 年修建黄寺用于接待伟大的五世达赖喇嘛；其后来被用于其他高级西藏和蒙古僧人，而且皇室多次拨款修缮。另一座藏传佛教寺院建于 1706 年，位于皇城东北部的番经厂旁，用来作为蒙古章嘉呼图克图的驻锡地。章嘉呼图克图是皇帝的宗教国师，并且维持着清朝与蒙古的关系。这里一直刻印并售卖蒙文和藏文的佛经。[135]

1665 年秋，根据一道皇室命令，在皇城西北角开始修建一座新寺院，这座寺院不是为了安置一位圣人而是供奉一尊圣像。这尊有一人身高的檀香木释迦牟尼像是一个古董，是金朝于 1127 年从北宋京城开封搬来的皇家珍宝。从元代起，这座佛像就保存在北京，成为一个著名的参观对象，人们认为这座佛像有两千多年的历史了。这座寺院（如图 10－5 所示）得到慷慨的捐助并配有上百名的喇嘛。雍正皇帝和乾隆皇帝看到，檀香木佛像的故事在内亚佛教徒中广为人知，在他们中有更多的反响，乾隆皇帝于

---

[132] 有关这个题目的扩展处理，柯娇燕：《历史的透镜：清帝国意识形态中的历史和族性认同》，第五、六章；罗友枝：《清代宫廷社会史》，244～263 页。

[133] 我没有统计只在 20 世纪被证明有喇嘛的 6 座寺院。

[134] 这位喇嘛是以前清朝和达赖喇嘛的一位使者。黑寺在康熙时期得到进一步改善。《日下旧闻考》，卷 107，1774 页；牙含章：《达赖喇嘛传》，36 页。

[135] 《日下旧闻考》，卷 39，616 页；艾约瑟：《北京》，见韦廉臣：《华北、满洲及东蒙旅行记》，313～392 页；札奇斯钦：《清对蒙古的宗教政策》，1976 年，亦见其《蒙古研究论文》，148 页；普意雅：《北京及其附近》，第九系列，《北京的寺院：喇嘛庙雍和宫及其喇嘛》第三章。

1760 年修缮了这座藏传佛教寺院。[136]

344 皇城之外最大而且也是得到最好捐助的藏传佛教寺院是雍和宫，雍和宫是宗教智者的中心和培养僧人的基地。1743 年，经与他的宗教顾问和伙伴——若贝多杰呼图克图磋商后，乾隆皇帝开始把他父亲作皇子时的宅第变成北京第一座藏式佛学院。雍和宫的产业被扩大，80 名喇嘛进入这座寺院开始学习和讲授哲学、艺术、科学以及医学；1744 年，培养了 500 名喇嘛。雍和宫从受捐土地中获得大量的租金收入，而且在一种非同寻常的安排下得到由皇室和理藩院这个皇室信赖的机构来共同管理。它可能容纳过一千多名蒙古喇嘛，而且还被当作接待内亚僧人代表团的馆舍。[137] 其他在皇家范围之外的藏传佛教寺院由清朝统治者用于家族庆典，例如，乾隆皇帝于 1751 年和 1761 年在五塔寺庆祝母亲的万寿盛典。[138]

皇室的捐助从寺院、喇嘛扩展到经文。由于得到蒙古族祖母的支持，康熙皇帝重新刊刻藏传佛教经文（于 1700 年开印，而且以后多次重印）。1718—1720 年，北京刊印了一个修订后的蒙古文版藏传佛教经文。1724 年，在若贝多杰的率领下，用藏文刊印了

---

[136] 《日下旧闻考》，卷 41，646～653 页；《钦定总管内务府现行则例·掌仪司》，卷 2，25～33 页各处；艾骛德（Christopher Atwood）：《蒙古非凡喇嘛：一个文化模仿的现象学》，载《匈牙利东方学报》，第 46 卷第 1 期（1922—1993 年），17 页。年轻康熙的蒙古祖母可能负责 1665 年寺院恢复。恒慕义主编：《清代名人传略》，301 页；安熙龙：《马背上的统治：鳌拜摄政时期的满族政治统治，1661—1669》，167～168 页。

[137] 有关原来地点的扩展，对 1739 年《八旗通志》卷 2 第 2～10 页中的地图与后来的地图进行比较。王湘云：《清朝宫廷的藏传佛教：章嘉二世阿旺罗桑却丹的生平与事业（1717—1786）》，93～94 页；妙舟：《北平雍和宫记》，载《微妙声》，第 1 期（1937 年），44～46 页；《大清会典事例》，1899 年，卷 1173，18796～18797 页；艾约瑟：《北京》，见韦廉臣：《华北、满洲及东蒙旅行记》，344～345 页；杜剑叶等编：《雍和宫》。支持 80 位喇嘛的命令（引自王湘云）是在《大清会典事例》（1899 年）卷 987 第 16956 页中找到，那儿标注的日期为雍正八年（1730 年）。与王不同，我认为这是误标，应为乾隆八年（1743 年）；其他全部证明的日期是雍和宫正式修建完工的 1744 年。

[138] 五塔寺，《日下旧闻考》，卷 77，1288～1291 页。其他，《日下旧闻考》，卷 20，263～269 页；《起居注》，乾隆朝，十七年三月十一日，十七年十月十三日；恒慕义编：《清代名人传略》，372、581 页；刘俊文：《北京：中国古代和现代首都》，151～155 页。

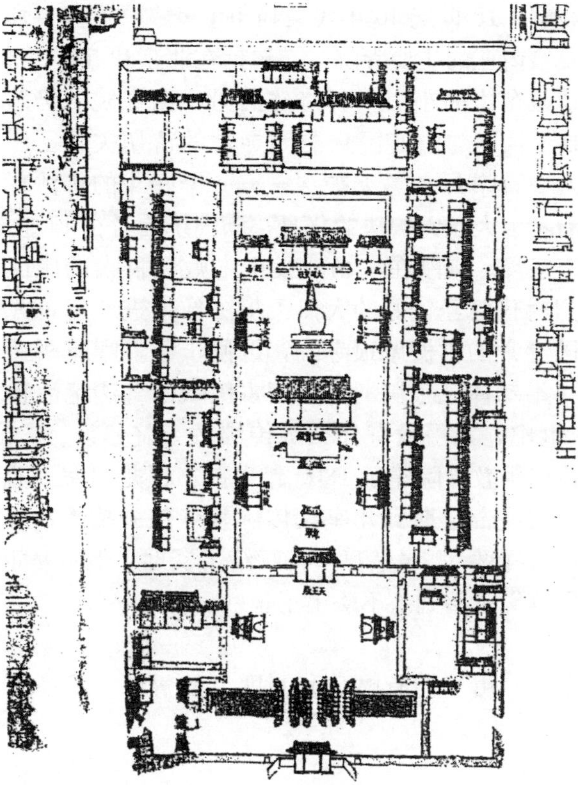

图 10－5　旃檀寺

弘仁寺于 1665 年建于皇城内。因其安放着一尊北京最有名的雕像，后来也被称为旃檀寺。这尊站立的檀香木佛像通常被认为是释迦牟尼，但实际上是印度优填王（the Indian King Udayana）。据说，金朝在 12 世纪初把这尊佛像从开封运到北京。后来，这尊佛像依次安置于北京六座不同的寺院。当这尊佛像被搬到弘仁寺时，才得到藏传佛教僧人的崇拜。这尊佛像被立于圆形舍利塔前的中央大殿内。18 世纪，有一千名喇嘛住在弘仁寺，在中轴线两侧可以看到他们的所有房间。弘仁寺在 1900 年义和团运动中被法国军队所毁，那尊精美的佛像也不知下落。

资料来源：《清内务府藏京城全图》，1750 年，V－VI：8。

注：刘侗、于奕正：《帝京景物略》，卷 4，170～172 页；《日下旧闻考》，卷 41，646～653 页；范罢览（Braam，Andrè Everard van）：《北京之行：1794 年和 1795 年荷兰东印度公司驻中华帝国朝廷使臣纪实》，卷 1，274～277 页；潘荣陛：《帝京岁时纪胜》，8～9 页；洪大容：《湛轩燕记》，338 页。有关佛像的故事，谈迁：《北游录》，77～78 页；阮葵生：《茶余客话》，712 页。有关 18 世纪早期的寺院，参见 1713 年万寿庆典，《万寿盛典初集》，卷 41，28 页；有关 19 世纪中期慈仁殿的绘图和佛像，参见麟庆：《鸿雪因缘图记》，卷 3，69 页。来自雕刻在石头上的这尊佛像两维拓片是众所周知的，魏盟夏编：《中国佛教图像，850—1850》，221～225 页。

长篇佛教经解，18 世纪 40 年代又刊印了蒙古文经解。所有这些出版物被分发给内亚的主要寺院——包括在北京和五台山的寺院。[139]

在紫禁城东边的小山上新修建的另一座寺院（仍然位于皇城内）也反映了清朝与内亚民众非同寻常的密切关系。许多世纪以来，蒙古人一直崇拜大黑天护法——一个好斗的佛法保护者，视他们的统治者为大黑天护法的化身；满洲统治者在 17 世纪 30 年代
345 接受了这个祭拜。刚刚在一场战役中击败蒙古人的康熙皇帝，把一尊忽必烈时代已经铸好的大黑天护法像带进北京，并为其修建了一座不同寻常的重檐屋顶寺院，以便于蒙古喇嘛祈祷，康熙皇帝通过这一举动体现了满洲人是蒙古民众的合法统治者。[140]

在 19 世纪，几乎没有什么藏传佛教寺院建设——据我所知，所有这些藏传佛教寺院建于 1800 年以前，但是皇室一直对它们进行捐助。嘉庆皇帝定期到几座藏传佛教寺院去拈香，慈禧太后和光绪皇帝也这样做。[141] 虽然皇室持续给予资助，但不是定期的。到了清末，喇嘛们也感到入不敷出了。

总而言之，由于拥有财政和制度上的资源，清朝统治者得以

---

[139] 满文的版本以重要的方式得到编辑。戴维·法夸尔：《清统治时期政教（佛教）合一现象》，载《哈佛亚洲研究学报》，第 38 期（1978 年），17、24 页；海希西（Walther Heissig）：《蒙古的宗教》，33、112 页；柯娇燕、罗友枝：《满语在清史研究中的作用》，载《哈佛亚洲研究学报》，第 58 卷第 1 期（1993 年），97～98 页；王湘云：《清朝宫廷的藏传佛教：章嘉二世阿旺罗桑却丹的生平与事业（1717—1786）》，140～154 页；并且从弗拉基米尔·L. 乌斯本斯基（Vladimir L. Uspensky）《允礼（1697—1738）：满洲政治家和藏传佛教徒》中获得有用的意见。其他的宗教资料——陀罗尼咒、神灵的绘画——同样得到更广泛利用。克拉克（Walter Eugene Clark）编：《两种藏传佛教神系》；王湘云：《清朝宫廷的藏传佛教：章嘉二世阿旺罗桑却丹的生平与事业（1717—1786）》，150～151、157 页。

[140] 寺院由乾隆皇帝恢复。是 1694 年由多尔衮的住宅转变而来，在 1988 年部分仍然存在。《日下旧闻考》，卷 40，634 页。有关祭拜，塞缪尔·格鲁伯（Samuel Grupper）：《清初满洲的帝王祭祀：盛京密教寺院的大黑天文本与研究》，特别是第160～165 页。关于这个有着青蓝色身体、六只手臂各执法器、面目狰狞、火焰环绕和身佩人头的大黑天法像，参见故宫博物院主编：《清宫藏传佛教文物》，图 26－1。

[141] 《起居注》，嘉庆朝，21、24 页；光绪朝，12 页。《清实录》（咸丰朝），卷 84，40 页。

广泛而灵活地介入到京城的宗教生活中。清朝统治者支持僧人、道士、喇嘛和传教士，以及那些为当地居民和寄居者所熟知的寺院和神灵，这样，他们的范围远远超出了皇宫和皇家范围。积极活跃的清朝皇帝角色与很少出头露面的皇室宗亲形成了鲜明对比。更广泛的皇家范围、不同的家庭体制和新的皇室代理机构都重塑了皇子、妇女，特别是太监们潜在活动的范围。

皇　族

因为清代体制的连续性，在位皇帝的儿子们仍然住在京师而不是在分封的领地上。他们在北京长到成年，不知道谁将继承皇位，并且按例代替他们的父亲参加皇家仪式。[142] 当这些皇子成人并结婚后，他们就会住到紫禁城外。关于他们在城里的活动以及对宗教的捐助，将在第十一章中论述。

罗友枝认为，清朝皇室婚姻和继承制度使后妃以及外戚难以在宫中掌权。[143] 当然，外戚仍然有可能利用他们与中央权力的关系，正如皇子可以成为强有力的摄政者，清朝无法阻止懦弱或年幼的皇帝受到女性或男性亲戚的控制。我们只要看看清初多尔衮 *346*
的颐指气使，还有鳌拜在康熙皇帝年幼期间的辅政，或者看看皇帝的叔父、妻子、母亲和太监在清朝最后半个世纪里的所作所为，就可以理解帝国体制持续扭曲而脆弱的结构。

皇族的新娘和新郎来自旗人精英，他们许多是蒙古人，而且他们的特权全都依靠朝廷。皇后主要出身于少数满洲贵族家庭，或是从皇家包衣中挑选出来的秀女。清朝禁止旗人与汉族平民通婚。虽然在某些方面，相比较而言旗人群体的上层与明代通婚的

[142] 罗友枝：《清代的皇室婚姻和政治统治问题》，见华若碧（Rubie S. Watson）、伊沛霞编：《中国社会中的婚姻关系和男女平等问题》；罗友枝：《清代宫廷社会史》，第三章。嘉庆皇帝感谢在 1819 年春天一场及时雨，他自己去圆明园的龙王庙，并且派他的第二个儿子去龙王潭，他的第三个儿子去大钟寺，他的第四个儿子去昆明湖龙王祠。《清实录》（嘉庆朝），卷 357，24 页。

[143] 罗友枝：《清代宫廷社会史》，第四章。

地方军事精英相同，但是与汉人隔离的强烈感觉使皇家姻亲和皇帝的共享利益更为强化。

在清朝征服的时代里，大多数嫁到皇家的妇女和明代一样，也是当地人在北京世界和紫禁城世界之间的重要渠道。尽管清朝皇家妇女们没有缠足，而且从理论上来说，她们要比明代的汉人皇家妇女更灵活，但是她们在更为广泛的京师地区并不活跃，而且也没有单独捐助宗教。

我们可以推测，皇族中的妇女在选择和供应在宫里和皇家别墅中许多殿堂和祠堂上所起到的作用。实际上，由于在这个扩大的范围内有大量这种受到崇拜的私人场所，因而她们不需要走到外面去。无论如何，关于清朝皇后慷慨捐助皇家范围之外的寺院鲜有记载。和明朝一样，皇太后是最积极的捐助人，这些皇帝的母亲和祖母是凭借自己的年龄和地位得到这种权力的。（有六名皇太后比她们的丈夫健在时间长，其中有两名皇太后活得比她们的儿子还长。）[144]

清初，对后妃外出活动的约束是相当少的。顺治皇帝的年轻妻子——孝贤皇后，喜欢参拜外城的善果寺，并指定住持寺院的僧人。[145] 她的婆婆——孝庄太后，比她的儿子活得长，以皇太后的
347 名义向京师贫民捐献了供修建寺院的土地，并且开始在内城的祠堂中祭拜征服战争时期的四位英雄。[146]

在孝庄太后过世后，她的侄孙女孝惠太后，顺治皇帝的另一

[144] 参见表1－1。这六位是孝庄（皇太极的妃子并且做太后45年）、孝惠（57年）、孝圣（42年）、孝和（30年）、孝钦（47年）、孝贞（20年）。孝庄和孝钦（慈禧）比他们的儿子活得长。恒慕义主编：《清代名人传略》，257、300～301、369、968、295页。

[145] 北京图书馆金石组编：《北京图书馆藏中国历代石刻拓本汇编》，第64册，34页；恒慕义主编：《清代名人传略》，257、301～302页。

[146] 《日下旧闻考》，卷107，1774页；徐珂：《清稗类钞》，第1册，218页；《潭柘山岫云寺志》，221～222、247页。在她死后，太监中的一位捐钱在外城修建了一座寺院，据说是为她进行祈祷。恒慕义主编：《清代名人传略》，300～301页；金昌业：《稼斋燕行录》，170～173页；《日下旧闻考》，卷55，890页。

位皇后，作为皇太后在位 57 年，是清代健在最久的皇太后。虽然，与明朝李太后相比，孝惠太后的行为并不突出，但是仍是清代一位比较积极的宗教捐助者。她陪同康熙皇帝参观潭柘寺，在那里有她自己的行宫，在 1704 年和她去世的 1718 年之间，每年捐助潭柘寺 500 盎司银。1703 年，她还支付在西郊另一座寺院的重建经费，任命了一位方丈，并且保证这座寺院接受少量来自皇家的定期赏赐。[147]

众所周知，乾隆皇帝孝敬他的母亲——孝圣皇太后，因此很难把孝圣太后的虔诚从以她的名义或荣誉所做的行为中剥离开来。她经常在乾隆皇帝的陪同下到处游览，但是很少独自走出皇家范围之外。[148]甚至直到 19 世纪上半期，清朝皇家妇女仍然很少积极外出。单是以嘉庆皇帝的正妻——孝和皇后为例就可以说明这一点，她是碧霞元君的信徒。1837 年，她修复了丫髻山寺院，并亲自主持开光。[149]

然而，到了清末，我们碰到另一位可以与李太后相媲美的太后。这就是孝钦太后，即通常所说的慈禧太后（1835—1908）。她比她的丈夫——咸丰皇帝和儿子——同治皇帝活得都长，而且控制了她的侄子——光绪皇帝。在作为皇太后的 47 年中，她的权力犹如皇帝一般。在慈禧太后有效的统治时期内，皇宫的太监更为引人注目且更有权势。慈禧太后晚年得到外国外交官女眷们的吹捧，却遭到 20 世纪的历史学家们无情抨击。长久以来，慈禧太后是一位有争议的人物。

实际上，与她的政治活动相比，慈禧太后的宗教活动没有引起更多的注意，似乎也并不那么重要。然而，尽管慈禧太后并没有为重大的重建项目提供资金，但是这位皇太后还是继承了参拜和赏赐受青睐的宗教机构的传统，而且她更重视宗教事务。

---

[147] 恒慕义主编：《清代名人传略》，300 页；《潭柘山岫云寺志》，84、86 页；《日下旧闻考》，卷 99，1644 页；《钦定总管内务府现行则例·掌仪司》，卷 2，26、33、34 页。

[148] 康无为（Harold L. Kahn）：《皇帝心目中的君主统治：乾隆朝的想象与现实》，第五章。当乾隆皇帝于 1764 年赏赐礼物给潭柘寺时，他的母亲捐赠了景泰蓝的仪式器具给方丈。《潭柘山岫云寺志》，201 页。

[149] 麟庆：《鸿雪因缘图记》，卷 3，97～98 页。更多的内容在第十四章。

348 和李太后一样，慈禧太后似乎也把自己想象成为观音菩萨的化身。在新落成的颐和园里，她在莲花丛中，摆好菩萨姿势留影，有写着“圣母”字样的旗子，慈禧太后还允许其他人称自己为“老佛爷”。这种行为可以理解成基于藏传佛教的思想。如果清朝皇帝们能视他们自己为文殊菩萨的转世，为什么慈禧太后就不能是观音菩萨转世呢？[150]

这位皇太后还以其他方式侵犯了皇帝仪式中的地位。在她的生日（十月十日）安排礼部为几座京城寺院提供祭品，她复兴了在皇城的蚕坛，在那里亲自举行仪式。[151]

在其他捐助活动中，慈禧太后比其他的清朝皇家妇女多得多。她和孝贞太后捐助了在皇宫附近的一座太监寺院——兴隆寺，并于 1867 年派太监捐助位于外城琉璃厂附近的一座吕祖祠。在 1878 年的旱灾时期，清朝以皇帝和两位太后的名义进行救济。慈禧太后经常前往郊区，也捐助那里的寺院。她定期使用位于前往建于 19 世纪 80 年代新别墅途中的万寿寺，并在行宫里休息。[152] 慈禧太后是泰山女神的一位捐助者，她赏赐了京城内外的几所寺院。然而，和李太后不同，慈禧太后似乎没有宠信任何僧人或其他僧侣，

---

[150] 巴克斯、濮兰德：《北京宫廷的编年史和回忆录（从 16 世纪到 20 世纪）》，卷首插画，相对地，32 页；庄士敦：《紫禁城的黄昏》，70～73 页；玛利纳·瓦勒（Marina Warner）：《龙皇后》，174、246 页。早期的皇帝也称为“老佛”。古伯察（M. Huc）：《鞑靼西藏旅行记》，卷 1，376 页；戴维·法夸尔：《清统治时期政教（佛教）合一现象》，载《哈佛亚洲研究学报》，第 38 期（1978 年），5～34 页；庄士敦：《紫禁城的黄昏》，72～73 页；牙含章：《达赖喇嘛传》，259～266 页。正确的术语可能是“化身”。

[151] 万寿节，《都门纪略》，1886 年。《大清会典事例》，1899 年，卷 444，10959～10962；卷 1064，17709 页。养蚕，仪式被定在 1887 年 3 月 12 日；参见《都门纪略》，1886 年；日历，《大清会典事例》，1899 年，卷 415，10544～10545 页；莎拉·帕克·康格（Sarah Pike Conger）：《年老的中国和年轻的美国》，27 页；普意雅：《二月的北京的风俗习惯》，载《中国》，第 35 期（1923 年），131 页。

[152] 北京图书馆藏拓片第 647 号。北京图书馆金石组编：《北京图书馆藏中国历代石刻拓本汇编》，第 83 册，120 页；第 84 册，187 页。万寿寺，裴丽珠：《北京》，230 页；普意雅：《北京及其附近》，第二系列，《佛教寺院：戒台寺》，303～304 页；北京图书馆金石组编：《北京图书馆藏中国历代石刻拓本汇编》，第 87 册，99～100 页；敦礼臣：《燕京岁时记》，36～37 页。

而且在她的宫廷里也没有拉普斯廷（Rapustin）那样的人。*

清朝大部分时间既没有让太监、宫女，也没有让旗人包衣在皇宫外代理他们皇家主人的宗教事务。与明朝对比，这是相当富有戏剧性的。即使是李莲英——据说是慈禧最宠信的人，“北京半数当铺和钱庄都属于他”，当他单独行动或代表慈禧太后时，也没有明显捐助寺院的行为。⑮³ 我们在第十一章中的讨论将会表明，清代皇宫人员比他们在明代的前辈受到更多的限制。 349

由于清朝皇帝们和他们的家族以本章所叙述的各种方式拓展了皇家范围，因而他们跨越了家族、城市和帝国的世界。通过仪式，他们使自己成为一系列重叠团体的中心，而这些团体是通过对这些庆祝活动的考虑来展现的。

每年在皇帝的生日，礼部安排在太庙和两位先帝的皇陵以及真武大帝庙、东岳庙和城隍庙摆放供品。同时，皇室还资助额外43座其他的寺院仪式开销。许多寺院为此目的而单独接受金钱。例如，恰好在皇宫外的祭祀殿堂——大高玄殿，24名道士连续举行了36天的铺张仪式。所有这些生日支出的后果是代表君主赞助京城的主要宗教资源。寺院很难拒绝。除了一些著名的场合外，非皇家的人们禁止参加这些庆典。[154]

---

* 拉普斯廷是沙俄末期的一位东正教神父，曾取得沙皇尼古拉二世和皇后的宠信，因多次出入宫廷，秽闻颇多，后被暗杀。

[153] 清末太监与明代的宦官同样被尖刻地对待，有许多关于李莲英的负面传说。有关这个引用，辛博森（B. L. Putnam [B. L. Simpson] Weale）主编：《来自北京的有欠审慎的信函》，30页。参见普意雅《北京及其附近》第一系列《仰山寺院》中有关他在大觉寺附近修建的几座寺院。亦见金勋：《妙峰山志》，7页。

[154] 1713年万寿庆典，《万寿盛典初集》，卷13，8～12页；《钦定总管内务府现行则例·掌仪司》，卷2，25、30页。没有皇帝的生日与那些著名的神灵的诞日相同。当光绪的生日与重要的秋分仪式相冲突时，庆贺了两天。卡尔女士：《慈禧写照记》，57页。皇家组织（并且资助）这些节日。婚礼通常对于公众的观看是关闭的。在1872年，一位外国记者从鸦片烟馆窗口的一个洞里速写了午夜新娘的列队前往宫里，这样为《伦敦画报》创作了一个精美的封面。威廉·辛普森（William Simpson）：《中国皇帝的婚礼》，载《伦敦画报》，第61卷第1739号，1872年12月28日，619～624页。有关婚礼仪式，罗友枝：《清代的皇室婚姻和政治统治问题》，见华若碧、伊沛霞主编：《中国社会中的婚姻关系和男女平等问题》，191～192页。

1713年春天，康熙皇帝允许北京居民参加从他的郊区别墅畅春园到紫禁城的六十万寿庆典游行。在1790年，乾隆皇帝在他自己八十万寿节时仿效了他祖父的这个举动。与通常的惯例相反，这些游行开放给公众观看——尽管在亲军的严密监视下。后人用彩色绘画记载了这两次庆典，每幅画用将近150块木板印刷，以书册的形式刊行，并附有一篇描述节日的散文。[155] 此外，还在沿途的朝廷官署内搭建了许多祭坛，还有36座在这两次万寿庆典中被提及或画入插图中的寺院，其中只有10座寺院被列入皇家的支付清单中。总而言之，在京城内和周边至少有74座宗教设施参加过此次或彼次盛典，它们共同支持了盛典，而且它们当中
350 大多数寺院都参加了两次盛典。它们的僧侣和普通信徒被吸引到一个更大的皇家社区中，而且道路和寺院成为这个共享时刻表达的中心。

在1713年的游行中，许多人为装饰庆典和活动支付金钱，它们是出于自愿的也是被强迫交纳的。来自皇家或城内各种团体的捐献，用于支付和尚吟诵《长生经》和其他合适经文的经费，也用于道士举行复杂宗教仪式的经费。沿路每隔一段距离，就搭建装饰奢华的祭坛，摆放供品，并在上面诵念经文。一些捐助者还为皇帝和众人提供娱乐活动：沿途有演奏颂扬吉祥歌曲的戏台、在长廊上展示的画作（如《百寿图》《耕织图》）、精致的刺绣帷幔和大量装饰的亭子、喜庆牌楼、祝寿对联。装饰一新的皇家大象被牵了出来；街道、商铺、寺院都装饰着灯笼、横幅和旗子。（图12－2显示了细节。）吉祥的词语和符号无处不在：仙鹤、蟠桃、龙，当然还有寿字。因为康熙皇帝的万寿节在四月的第二周，所以沿途摆放了盛开的李花、桃花、紫丁香和牡丹。其他地方，则把无数的鸟儿从笼子里放出来，这是太监为了展现皇帝的佛教功德行为。帝国的边远地方进贡了当地特产，呈交了贺词。

---

[155] 康熙，1713年万寿庆典，《万寿盛典初集》，卷41～44。乾隆，1790年万寿庆典，《八旬万寿盛典》，卷77～78。这两幅卷轴现存北京故宫博物院。

皇室亲戚、官员、士兵和市民呈献了礼物。那些提到的人包括满洲皇子、皇宫太监和与皇家密切的包衣，各省、六部、府和北京的两个县的官员们，候补和新近上任的官员们，步军统领衙门和漕运管理事务衙门的士兵，各旗的官员和男丁。在图中还可以看到盐商，长江中下游城市的百姓，来自运河终点——通州附近的穆斯林，当然，还有商人和北京的“小民”。在皇帝经过时，打开马车的帘子，不只把皇帝的容貌展示给民众看——尽管大部分人在皇帝经过时是下跪着的，而且允许康熙皇帝亲眼看一下他的臣民们。

既定的路线穿过内城和西北郊区，沿途人群大部分是旗人，然而一些激动、做作或真诚的人充满了整个京城。历史记载告诉我们，当时在外城“士民商贾万余人建经棚于珠市口（前门的正南面）”。[156]

关于 1790 年秋天八月十三日乾隆皇帝八十万寿巡游的文 351
献和图片记载，显示了来自京师内外大量相似人群的庆贺。来自乾隆帝国的边疆部落也加入朝贺的行列中：台湾高山族人、蒙古牧民、刚刚降服的中国西部藏族金川部落的贡使，越南、寮国、缅甸和朝鲜等国的国王也进贡了礼品。富商们大肆挥霍他们的财富，以维持这种场合的气氛。其他北京居民的参与没有得到清晰的表现，然而，有人怀疑三百首皇家诗歌流行的真实性，这三百首诗歌是从五万首乾隆皇帝的御制诗集中挑选出来的，由孔庙的人员进行配乐、刻印并颁发给全国，目的是让老百姓演唱。[157]

另一位清朝皇帝——嘉庆皇帝活着看到了自己的六旬寿典，他也许还记得父亲的铺张浪费，但是他在 1819 年仍然毫无责备地允许大办这种寿典。[158] 没有人对效仿乾隆皇帝而感到羞愧，慈禧太

---

[156] 1713 年万寿庆典，《万寿盛典初集》，卷 44，14 页。

[157] 1790 年万寿庆典，《八旬万寿盛典》，卷 77～78；《万寿衢歌乐章》。天津盐商捐了 715 000 盎司银，特别帮助修复圆明园。关文彬：《天津的商人世界：一座中国城市的社会和经济》，179 页。

[158] 《清实录》（嘉庆朝），卷 362，各处；卷 363，5 页。

后计划在1894年秋天为自己的六十岁生日举行盛大的庆典，可是当时却传来了清朝被日本打败的消息，不得不取消了寿典。[159]

清朝在北京捐助的影响是深刻和广泛的，这是显而易见的。清朝对京城基础设施的贡献，无论是在宗教方面还是在其他方面都是巨大的，大规模地修复和重建了古老的建筑。无论是礼部或是皇家支付，这些活动在京城中体现了帝国的投资。通过借助这些两个半世纪的投资功效，与全国其他城市相比，北京变得更加与众不同——更加至高无上。

清朝不仅仅有把他们自己视为明朝版图的皇帝。他们所参与的藏传佛教把私人信仰与帝国新的景象结合起来。[160] 喇嘛、寺院和中亚事务是君主的事务，不是固定官僚机构的事务。个人金钱的资助为王朝许多事务提供了良好的供应，如果他们愿意，满洲皇
352 帝可以调用皇家的资源提供给这个更广大的宗教世界。他们还运用宗教仪式去创造想象而强大的信徒团体，扩展并超越了清朝直接控制的地区。

虽然清朝采用的是明代的政府体制，但是清代国家对待汉人宗教的态度是相当不同的。登记制度和统计寺院数量，僧侣度牒和颁布“敕令”寺院名匾的制度已经废除。介入大众祭拜的驱动力被抑制。清朝把特权赐予一些神灵，这些神灵的权力和声誉与清朝有着紧密的联系，旗人的忠烈祠堂也被赐予特权，其他的神灵可能无人问津。当清朝统治者捐给京城寺院金钱时，他们的这种行为是随意和临时性的。清朝皇帝与个别僧侣形成个人关

---

[159] 恒慕义主编：《清代名人传略》，298页；鹏昊：《慈禧六旬庆典点景》，载《紫禁城》，1983年第19期，31～33页。慈禧带着她的随行到紫禁城的小山上并且壮观虔诚地释放了她为这个场合而购买的笼子里的万只小鸟。麻伦：《清朝时期北京圆明园和颐和园的历史沿革》，第211页；德龄公主：《紫禁城两年》（《我在慈禧太后身边的日子》），297～298页。

[160] 柯娇燕（《历史的透镜：清帝国意识形态中的历史和族性认同》，作为正在写作中的著作而我能够阅读）和罗友枝［《18世纪皇帝形象的创立》，见荣鸿增（Bell Yung）、罗友枝、华若碧编：《和谐与矛盾：中国语境中的礼乐》；《清代宫廷社会史》］二人已经发展了这种观点。

系——顺治、雍正皇帝与僧人，顺治、康熙皇帝与耶稣会士，雍正、乾隆皇帝与喇嘛——但是在皇宫里，宗教人士的影响力是不同的，并且大为降低。[161]

皇帝和官员们一直都非常严肃地对待宗教组织和发动民众的能力；由于两者都意识到国家权力的限制，所以对宗教的压制则更具有目的性，更为有力。当需要的时候，皇帝就能给予闪电般打击，以一种廉价的恐吓方法惩罚某个人或某个组织。

正如我在接下来的章节中所看到的那样，清朝皇帝们动用各种方法来对付宗教。宗派组织被贴上危险和异端的标签。清朝既理解也担忧基督徒和穆斯林思想动员的可能性，朝圣不仅受到谴责而且也受到忽视，尽管僧侣得到皇家雇用而为其提供服务，却被阻止在权力中心之外，清朝以一种冷静而慎重的方式捐助流行的神灵。即使在 19 世纪中叶，如果迅速认定与皇家利益发生冲突或存在威胁，就会被成功地处置。

虽然那些受到帝国资助的寺院只占北京所有寺院的 15%，但是仍有超过 300 座寺院从中受益，这使人感到皇家在京城的存在比过去更为强烈。[162] 集中于宗教设施这种投资是庞大和持久的，但是这样的支持比明代更具有组织性，而且更为频繁。[163] 清朝皇家范围是活跃且广阔的，超过三分之一的皇家捐助的寺院位于其中。 353
虽然捐助会随着皇家权力和资源而变动，但是比明朝更加始终如一。皇帝自己负责，由皇家执行，官僚的反对意见也很少或容易被压制。

皇家的慷慨赠予并非一致地分配给北京。虽然 19 世纪在城市

[161] 有关一位有影响的道士，参见第十一章中关于娄近垣的讨论。也许满洲皇帝的性格在这个新的情况下起决定性作用，但是有关清朝某些全社会范围的分析，参见卜正民：《为权力祈祷：佛教与晚明中国士绅社会的形成》，325～330 页；周启荣（Kai-wing Chow）：《中华帝国晚期儒教礼制的兴起：伦理、经典与宗族话语》，1～14、129～203 页。

[162] 在 2 108 座中有 317 座。与明代的 18%（196 座）相比，因为不充分和歪曲的资料，百分比可能被人为地提高。

[163] 在已知的清代寺院中，大于五个殿堂的，64%是皇家资助（25 座中的 15 座）；有土地捐赠的，32%是皇家资助（157 座中的 51 座）。

中旗人和汉人的界限可能大大地减弱，帝国的城市也变得易于渗入，许多郊区别墅不再得到使用，但三分之二由君主资助的寺院仍在皇家范围内或内城，而且许多其他寺院在郊区。[164]

清朝对北京外城——在占领时期他们重新部署首都汉人人口的范围——的捐助是贫乏的。虽然君主承认受到汉人臣民欢迎的神灵，并且持续向举办大型庙会的郊区寺院赏赐礼物，但是这样的捐助在一个更广泛环境中似乎并不重要。虽然满洲皇帝和汉族士大夫都信奉儒家思想，并正确保持儒家传统，但是在他们宗教生活的其他方面，满洲皇帝们仍然占有单独的空间。此外，君主对寺院的资助倾向于在皇家轨道内的私人化。只有20%寺院的支持来自其他社会成员。[165] 部分寺院没有皇家的支持就很难存活。[166]

通过资源的系统应用和权力选择性的表现，清朝扩展和巩固了皇家的北京。然而我们必须小心，不要被他们详细记载的活动弄得不知所措。这座城市的意义远不止此。即使是在1785年由乾隆皇帝下令对北京地标的一份研究中，皇家捐助的寺院只构成了那些被提及的寺院的三分之一。20世纪，当较小的寺院消失并且北京的过去被重新组合时，这样的建筑物变得更为显著和独一无二。[167] 这样的曲解不是我们造成的。为了看到完整的场景，现在让我们转向北京的其他部分——这座城市中的旗人、城外的汉人以及混合的郊区世界。

---

[164] 除去在皇家范围内的寺院，内城、外城、郊区的比例为44∶23∶32。

[165] 约317座中的66座。不幸的是，信息是缺乏的。正如我们看到的，一些充当（或持续充当）集市、朝圣或政治活动的地点。

[166] 所有已知的清代寺院有常住的僧侣团体，超过半数接受皇家的礼物（75座中的46座）。这些僧侣包括和尚、喇嘛和道士，其比例为5∶4∶3。

[167] 在指南手册中所提到的多达半数的寺院，据我调查是皇家资助的。参见第十一章。

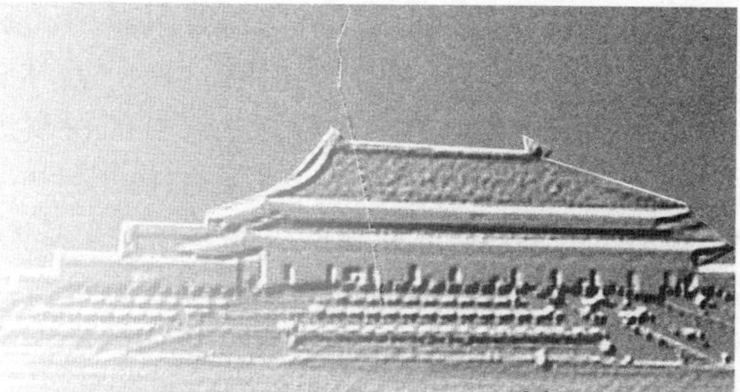

第十一章 新的划分

统治帝国

清代北京继续为管理全国的中央政府机构提供房屋。南京，354
由于在17世纪40年代是明朝抗清的中心，被清朝贬称为江宁——江苏省的首府。努尔哈赤本人在明代东北的驻防城镇沈阳（又称奉天）按照皇家土地规划重建了皇宫、陵墓以及与北京一样的行政机构。1644年后，沈阳以盛京之名继续保存了下来，由于它是陪京，因而对旗人来说至关重要。① 由于皇室在北京活动，故北京仍然保持着京师的地位。

本章开始研究在1644年后形成于北京社会的国家和地方政府机构。然后更进一步讨论成为北京新居民与众不同的清代旗人组织和管理。

① 震钧：《天咫偶闻》，卷10，25页；欧立德：《外来居民：满族在中国的经历，1644—1760》，49～56页；罗友枝：《清代宫廷社会史》，18～19页。

与明朝一样，朝廷官署房屋建筑集中于紧挨着皇宫南面的位置。六部（吏、户、礼、兵、刑、工）、翰林院、都察院、钦天监和太常寺也设在此处。尽管这些京城的行政机关没有像皇家范围那样统治着当地，而是作为主要的使用者并且集中于政治事务，但是仍然深刻影响着京城的生活。

355 由于宗人府、太医院和太仆寺接近皇宫，因而这些衙署明显有利于直属皇帝而非帝国的官僚机构。满洲萨满教徒的堂子和理藩院也设在附近，而且朝觐的贡使和使团也被安置在不远处。[②] 19世纪中叶，当清朝需要一处与列强代表签订条约的地方时，于1859年使用了理藩院的俄罗斯馆，1860年使用了礼部大堂。因此，接近各部衙门东边的地区发展成为外国使馆区，新的衙门如总理衙门以及与其相关的总税务司也在附近。[③]（参见地图11－1。）

所有官员集中在这个政府区：内阁和满洲皇子、汉人和旗人的低级臣工、新科进士和资深的衙门主事、困惑的外国人、笔帖式和吏员。大概有成千上万的高级或低级人员，在这个官僚机构中谋到职位，大量地耗费着笔墨纸砚，官员们定期地涌进来，直到他们离职或调任。[④]

其他重要的政府建筑分散在内城。东北部是安静和宽敞的孔庙和国子监。距离孔庙不远处是内阁管辖的两个铸币局；这些房屋不是为优雅的绅士们而修建的，而且散发着刺鼻的气味，到处肮脏不堪，供应京师和帝国的铜钱就是在这种原始的手工作坊生产的。在东南外城墙附近是两层楼的观象台和贡院。

外城很少设有国家行政机构。无论如何，整座城市被稽征货

---

② 贺凯：《明代中国的监察制度》，各处；侯仁之主编：《北京历史地图集》，31～32号。这个地区位于皇城外和内城内。清代建筑所占的空间比明代的少。

③ 蒙思明（Ssu-ming Meng）：《北京的俄罗斯馆》，载《哈佛亚洲研究学报》，第23期（1960—1961年），29页；斯温霍（Robert Swinhoe）：《1860年华北战役纪要》，346页；坂野正高：《中国和西方，1858—1861：总理衙门的起源》，232页。

④ 对京城官僚机构所雇用吏员数量的估计几乎和猜测的一样。18世纪末的访客认为有5 000人（小德金：《北京、马尼拉、毛里西亚岛游记》，卷3，97页）。在清代早期或之前，在官府衙门职位较低吏员中绍兴府（浙江）人成为主要的寄居者。参见柯志文：《绍兴：19世纪中国的竞争与合作》。

物税收的税关和分支机构所包围，主要的税关衙门位于崇文门——内城与外城之间的最东边城门之外。户部和皇室分享了税关收入。1668年之前，垄断盐业的衙门（北京是对长芦产盐区征税）是另一个由户部和内务府负责的部门，也位于崇文门外。⑤

356

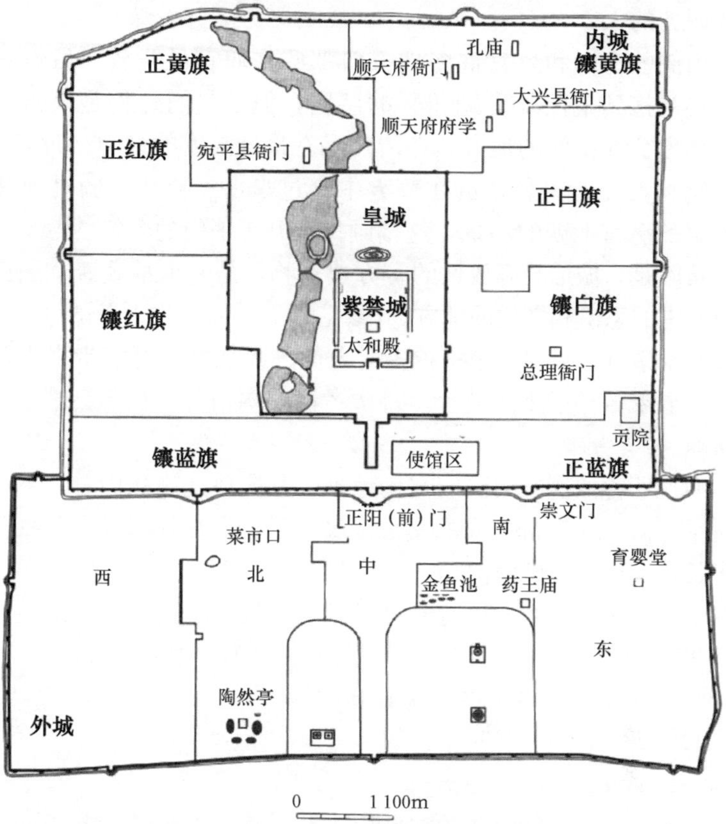

地图 11-1　清代北京城

内城按八旗划分，外城分为五城。

⑤ 《大清会典》，1899年，卷23，1～4页；《大清会典事例》，1899年，卷234，1～4页；谢林：《崇文门税关概述》，载《北京史苑》，第1辑（1983年），80～94页；张德昌：《清代内务府的经济职能》，载《亚洲研究学报》，第31期（1972年），258页；在1688年，管理盐业的衙门搬到天津，范围包括直隶、河南和山东。朱一新、缪荃孙撰，刘承幹考证：《京师坊巷志》，卷8，16页。

357 由于朝廷不鼓励市民参观，因此衙门对于普通公众来说是关闭的。事实上，北京几乎没有可供市民与官员正式互动的空间。1725年，来自京东地区的四百人请求留任当地的知县，他们聚集在“宫门前”，结果因此受到了处罚。[⑥] 这些“公众”指的是有身份或职务的人。

内阁的房屋和皇宫许多地方对那些在职官员开放。虽然官员们不再被拖到午门外受到屈辱的惩罚，但是午门外仍是皇宫和官僚机构象征性接触的地方，在清代保有最低限度的权力。1745年，一幅绘画表现了一名官员在薄雾中穿过汉白玉拱桥，骑马前往云雾缭绕的皇宫上朝的场景，这幅画作提升了午门的名气。[⑦]

贡院是京城最具开放性的官方建筑物，是一个承载着全国读书人想象中的恐惧和期望的地方。（参见图11－1。）进士考试每三年一次在春季举行，吸引了越来越多的人前来参加这个可能带来官职的考试。上千名举子来到北京，每次考试都飘扬着“礼部会试”字样的旗帜。

我们所称的这些会试的文化地理及其庆典允许我们看一下在北京科举、衙门和皇帝之间的交汇。汉人举子们在外城找到住处，但为了长达一周的考试他们必须前往设在内城东南角的贡院。考试结果在三周后张榜公布。那些通过考试的少数幸运儿进入紫禁城，在大殿里参加为期一天的殿试，一大群文武官员盛装出席。一种类似的礼仪对于了解考试结果是必要的。[⑧]

---

⑥ 《清史编年》，卷4，145页。

⑦ 爱丽丝·海伦（Alice R. M. Hyland）：《神、君主、女人和文人：明清时期的人物画》，72～73页。绘画藏于波士顿美术馆。爱丽丝·海伦似乎对标记有所误解。许多其他的例子：台北“故宫博物院”绘画藏品的摄影档案，卷127，9页；《中国美术全集》，卷21，第53号；麟庆：《鸿雪因缘图记》，卷1，24页；《点石斋画报》，第1辑，9～96页。由外国人所表现的城门，哈特马特·瓦拉文斯（Hartmut Walravens）：《中国图画：16—18世纪在镜子中欧洲了解中国》，147页；岗田玉山：《唐土名胜图会》，卷1；伯希和：《中国皇帝的征服》，载《通报》，第2系列第20卷（1920—1921年），262页。

⑧ 武进士考试在北面郊区举行，殿试在西苑举行。《大清会典事例》，1899年，卷719，14386页。《大清会典事例》没确定“外场”，但参见震钧：《天咫偶闻》，卷8，3～4页。

最高的荣誉落在获得第一、第二和第三名的三个人身上。向皇帝表达谢意后，他们获得通过午门中间门洞的特权，离开皇宫， 358
捧着新科进士等级皇榜的内阁官员跟在后面。在吹吹打打的盛大游行中，这前三名从皇宫东边行进到顺天府衙门，在那里他们受到接待和宴请。然后，他们在京城街道上完成对皇宫的绕行，向

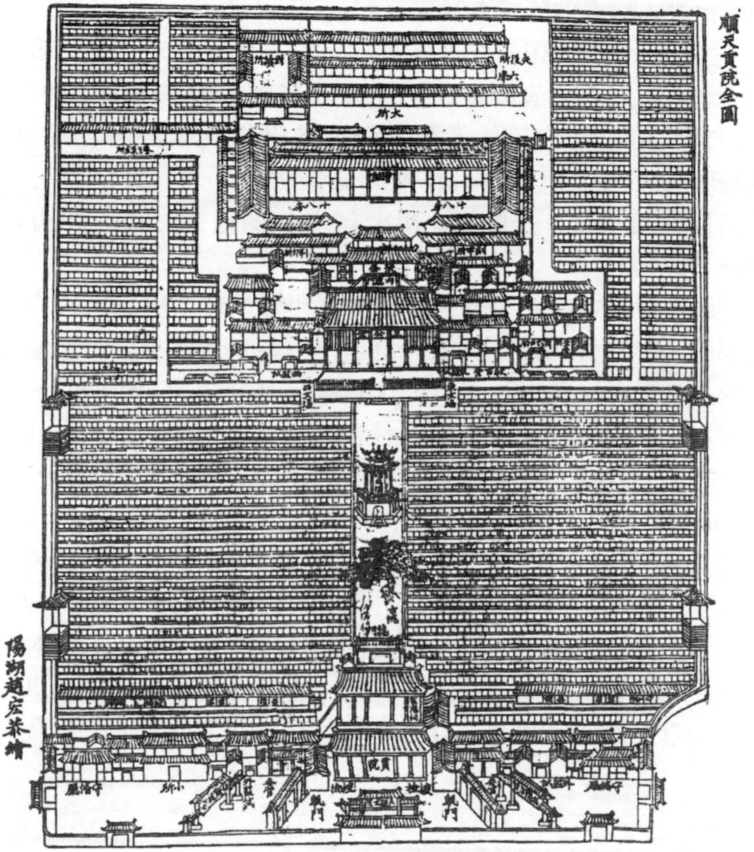

图 11－1 顺天贡院

资料来源：《顺天府志》，1885 年，地图。

北，进而向西，通过前门走到外城。在外城，公众的庆祝变成了 359
私人的庆祝，每位中试者都会得到同乡们的单独宴请。数天后，

新科进士们在礼部衙门受到款待，然后全部集结在午门前向皇帝谢恩，再前往孔庙。[9]

在明代南城（即外城）城墙修筑之前，这个仪式的重心位于内城。三年一度的游行确实有吸引旗人的效果，通过游行所经过的街坊进入考试和官府世界；同时，汉人，既渴望看到游行的观众，也进入旗人的区域去观看。

实际上，和帝国百姓一样，与官府关联的北京平民更多的是作为观众，而不是演员。尽管官员坐在轿子里遮掩了他们，但是在京城街道上依然能看到他们。皇家仪仗队虽然经常出行，但却不便观看，而且不对百姓开放。然而，老百姓前往位于外城路口的菜市口——刑部处决全国罪犯的地方，可以作为真正旁观者。

就这样，这座大都市的官僚机构和科举体系构成了作为国家首都的北京身份的重要方面，但是作为朝廷所在地，对这座城市来说，又是喜忧参半。当然，这意味着北京日渐成为政治中心。事实上，从 15 世纪或更早些时候起，首都就向北移，北京的方言成为官话的基础，官话作为政府通用口语得以牢牢地确立下来。[10]（20 世纪官话成为国语。）虽然清朝政府占据着主要的城市地产，但是也为当地的人口提供了就业，并且吸引了富有的寄居者消费当地的商品和服务。

和皇宫里的政务一样，京城官僚机构的日常政务似乎对北京居民和旅居者都有极大的兴趣。也许有必要把北京的本地事务放在更为重要的国家事务的背景之下。相比较而言，北京的政府是弱小的。

---

⑨ 文朵莲（lona Doung Man-cheong）：《1761 年的科举阶层：会试的政治》，81、143、152、192、227～229 页；约翰·麦思基尔：《进士的赐予》，载《华裔学志》，第 23 期（1964 年），362～367 页；商衍鎏：《清代科举考试述录》，119 页。（商是 1904 年汉军旗人进士。）麟庆记述自己成功的时刻，通过会试后，在午门前鞠躬。麟庆：《鸿雪因缘图记》，卷 1，24 页。

⑩ 托马斯·阿斯特利（Thomas Astley）编：《航海旅行文集》，卷 4，194 页；关纪新、孟宪仁：《满族与沈阳语、北京语》，载《满族研究》，1987 年第 1 期。

统治北京

新的王朝和旗人的到来促使京城当地政府进行重新调整，但是复杂的市民结构仍和与君主相关联的军事人口相互竞争和重叠。360
由于清政府能进一步理解当地的现实情况并与之相适应，而且当地社会本身也在改变，因此这些体制随着时代在进行演变，可是它们还是从根本上分裂了。[11] 君主保持占有优势的力量，始终关注着当地的安全。

明代的五城制度被保留了下来，但是从根本上重新做了规划；现在我称之为“the Five Borough”。这些行政区由那些有权向内阁和皇帝奏陈的文官来管理；这些文官被称为御史，但是最好把他们当作巡捕的监察者。每个城对内城、外城和郊区之间的复杂交错地带正式负责。然而，按照惯例，巡城御史和他的巡捕随从专注于外城和郊区的汉人人口。[12] 内城主要通过皇帝领导下的一个单独文武兼备的旗人官僚机构进行治理。皇族成员无论身居何地，都由宗人府管理。皇城则由皇室来管理。

西边的郊区和农村归宛平县管辖，东边则归大兴县。每位知县接管了他们明代前任设在内城的县衙门。这些县继续成为顺天府的一部分，顺天府衙门也设在内城。两位知县必须照顾一块庞大的区域，现在扩大到十八个县和五个州。1690 年，四个厅负责北京北、南、西、东的远郊的治安，并驻扎在距离 20—30 公里远的镇子上。[13]

---

⑪　我的表面描述掩盖了许多这些调整。

⑫　“城”代表一定程度的自治，在清代，这种情况是不存在的。有关这些结构，布鲁纳特（H. S. Brunnert）、哈盖尔斯特罗姆（V. V. Hagelstrom）：《当代中国的政治组织》，第 206、214、793～802 号。《大清会典事例》，1899 年，卷 1025，17344～17347 页；卷 1031，17394～17395、17407～17408 页。徐珂：《清稗类钞》，卷 3，1276、1335 页。《中国第一历史档案馆馆藏档案概述》，101 页。1788 年这些地区，参见吴长元《宸垣识略》的地图中标明，并且在今堀诚二《北平市民的自治构成》的图中显示得更清楚。有关更多的混合，参见第十二章中的注 112。

⑬　《顺天府志》，1885 年，卷 22，681～683 页；第十二章。

军事力量的精细结构与这些文职结构是平行的。清初，来自明朝军队的汉人士兵作为绿营被重新组建。先是两个绿营，1658 年增加到三个，到 1782 年增加到五个，最后全部约一万名官兵——作为一只警备部队驻守北京。他们被等量地分配到由外城里的、城门外的、皇家夏季别墅附近的哨位和卫戍点组成的网络中。⑭

361 对于当地和王朝的安全，清朝更多依靠的是自己的八旗军队。所有旗人在理论上都是士兵，但不是每个人都服役，随着时代的演变极少有人这样做了。为了防止任何一个旗本身构成对君主的威胁，亲军（和他们的组成单位）由来自不同旗的人组成。所在的旗决定了一个人在城中的住处而不是他的服务单位。19 世纪，八个营约五万人被派到北京，许多人被部署在京师周边警备。⑮ 他们随时准备着被分派到帝国的任何地方，奉命出征——在 17 世纪 70 年代对抗中国南方的三藩之乱，在 17 世纪 90 年代和 18 世纪 50 年代对抗中亚的蒙古，在 19 世纪 50—60 年代，镇压太平天国起义以及其他难以计数的叛乱。

一个新的清朝机构——步军统领衙门，负责维持京城秩序。1691 年后，步军统领衙门的权力扩展到包括外城以及内城和周边农村地区，成为唯一管辖整个大北京的机构。到 1825 年，已经有超过 23 000 名旗人隶属于这个衙门，由君主掌管并拨发粮饷。⑯

步军统领衙门的士兵被指派到 9 个内城城门、7 个外城城门和 98 处警备驻地以及上千个在内城的小岗哨；他们主要负责这片区域的治安。职责包括守卫城门，维护道路和下水道，确保街道的

---

⑭ 此处和其他地方，依据崔艾莉《维护帝都北京的治安：清代步军统领衙门，1650—1850》第 10～12 页和第一章 E。到 19 世纪，许多士兵是旗人出身。

⑮ 崔艾莉：《维护帝都北京的治安：清代步军统领衙门，1650—1850》，59～67 页。

⑯ 崔艾莉：《维护帝都北京的治安：清代步军统领衙门，1650—1850》；崔艾莉：《帝制时代北京的空间秩序和警察》，载《亚洲研究学报》，第 54 卷第 4 期（1993 年）。小的金额来自内阁，崔艾莉：《维护帝都北京的治安：清代步军统领衙门，1650—1850》，42～44 页。有关主要来源，《金吾事例》；亦参见《中国第一历史档案馆馆藏档案概述》，101～102 页；《八旗通志》，卷 54，1036 页；《大清会典事例》，1899 年，卷 869，15834～15840 页。

昼夜秩序，拘捕和审讯犯罪嫌疑人。如同绿营旗兵一样，他们装备各种火器、弓箭、盾牌、长矛、钩头杆、剑、刀和鞭子。相比之下，老百姓被解除武装，禁止拥有杀伤性武器。遍布内城和外城的栅栏用于夜间检查过路行人和封锁坊巷与胡同。⑰

步军统领衙门的统领掌管着旗兵和绿营，并且协调他们的行动。因为这种权威组合形成了一种不同寻常的权力集中，所以这个高级职位由可信的满蒙官员担任。起初，步军统领衙门所在地（设有自己的监狱和一定人数的文职吏员）设在宣武门内，1756 年 362
后，为了便于管理，改设在紫禁城的北边。⑱

北京的行政机构就这样变得更加独一无二。虽然严格按照法律规定北京是直隶省的一部分，可是，北京的官员没有一个是向直隶总督负责的。⑲ 三个不同的官僚机构使京师居民直接处于皇家管辖之下，城市事务通常同时由包括步军统领、巡视五城的汉人御史和由汉人担任的顺天府尹进行管理。

北京城墙只是与这些行政区划相吻合。其他军事和民事组织被从一个更大的北京划分出来，在各个方向深入扩展到农村——大运河东面的通州、南面的卢沟桥、北面的明皇陵和西面的山区。甚至旗人与民人（即其他普通百姓）之间所谓的基本划分也被朝廷的这些组织所颠覆。⑳

---

⑰ 崔艾莉：《维护帝都北京的治安：清代步军统领衙门，1650—1850》，67～94 页；徐珂：《清稗类钞》，卷 4，1656 页；史明正（Mingzheng Shi）：《北京转变：中国首都的城市基础设施、公共工程和社会变迁，1900—1928》，第三章；约翰·贝尔（John Bell）：《1719—1722 年从圣彼得堡到北京旅行记》，138 页；韩书瑞：《千年末世之乱：1813 年八卦教起义》，152 页。有关城门的说明，崔艾莉：《帝制时代北京的空间秩序和警察》，载《亚洲研究学报》，第 54 卷第 4 期（1993 年）。几百名其他士兵负责顺天府之下的郊区。崔艾莉：《维护帝都北京的治安：清代步军统领衙门，1650—1850》，139～140 页。

⑱ 崔艾莉：《维护帝都北京的治安：清代步军统领衙门，1650—1850》，46～58 页以及第一章 C；《大清会典事例》，1899 年，卷 870，15842 页。

⑲ 北京事务不会奏报给巡抚（在 1724 年后，一位总督），其驻于保定（首都以南 140 公里）。《清代职官年表》，卷 2，1510 页和各处。总督于 1871 年迁到天津。直隶在明代为北直隶，在 20 世纪成为河北省。

⑳ 许多明代徭役类别已经过时了。

不同的词语表达了某些地区居民要求拥有京城资源的观点。如：虽然“畿辅”指的是直隶全省，但通常用于狭义，指畿辅近地和“京畿”。[21] 表达上的随意性伴随着朝廷衙门权力不规则地扩展到北京周边的乡村。

全国范围的科举制度以一种不规则的方式联系着北京和直隶，而当地政府的结构却把北京从直隶省中分离出来。府、省和国家考试的复杂重叠使得当地举子进一步分离出来。

和顺天府的其他衙门一样，大兴县和宛平县共同拥有大量分配给本地居民的生员名额。城墙内的汉人仅是因为这种目的而被算作这两个县的居民，而旗人则被认为是属于顺天府而不是这两
363 个县的居民，而且旗人拥有另外入仕的途径和单独的科举分配名额。这两个群体与来自顺天府其他地方的士子，构成了顺天府的府学群体。[22]

每三年的秋天，举行选拔举人的考试。由于北京又是直隶省的大邑，因此顺天府的应试士子不得不与直隶省的其他行政区竞争省级的举人名额。虽然在帝国其他地方这种考试会产生一个省级身份的焦点，但在直隶却不是如此。科举考试独一无二地对非居民开放：任何获得生员或捐到类似资格的人（称为监生）可以到北京并尝试在当地参加举人考试。这样，当地生员在顺天府的考试（正如其所称的）不仅仅是与同省的士子而且与全国范围内的竞争者竞争。[23] 这些漏洞的结果和科举考试的推动力，持续了整个清代，参加顺天考试的士子人数持续增长，从两千人到一个世

---

[21] 其他等同词语：“直隶近京地方”“京师附近地方或近京地方”“京城一带”“京外附近”。通过对比，“京城内外”似乎只包括郊区附近。参见《宫中档雍正朝奏折》，第25册，369～370页；《畿辅通志》，1884年，卷1，16页。

[22] 《大清会典事例》，1899年，卷371，1～11页；《八旗通志》，卷48，各处。

[23] 《大清会典事例》，1899年，卷377，1～2页；卷348，各处。商衍鎏：《清代科举考试述录》，50、76～77页。直隶居民被配给大量的配额，允许他们参加这个考试，但是对于获胜者而言，少的配额使他们失去了这个优势。文朵莲：《1761年的科举阶层：会试的政治》，54～55页。举人出身的旗人被认定为顺天的居民，但有一个单独的配额；汉人被指定为大兴或宛平本地人。

纪后的一万人，清末达到一万四千人。㉔

北京是皇帝的居住地，又是首都，而且还是旗人的家园，所以君主对京师安全方面的关注非常深切、广泛和强烈。人们频繁用“首善之区”和“重地”来描述北京的皇家特征，以此来证明恩威之间的优厚待遇。并且通过这些话来暗示应该善待并感谢全体居民。

复杂和成本高昂的粮食供应机制为京师提供大部分主要的粮食，这些粮食来自相当遥远的地方。每年三四百万石的贡粮（大部分是大米）从华中沿着大运河运到北方；在春天和夏天到达，存储在内城 13 座粮仓和通州的粮仓里。㉕

从这些巨大的仓库中，对皇宫里的居民、满洲贵族以及城郊的全体旗人进行粮食配给，当时在京城任职的官员也是一样。一 364
种特权阶层就这样产生了。向不断增长的人口供应口粮使粮库处于紧张状态，但是在整个清代这条必需的生命线得到了成功维持，从而确保北京普通人口和内城特殊人口定期得到廉价的粮食供给。㉖（京城的食盐供应也有一个类似的机制。）㉗

外城的寄居者和普通的汉族居民只是间接地得到这种贡粮，但是皇家对粮食短缺的忧虑也使得他们从中获益。旗人有时会转卖他们配给的粮食，粥厂定期向城内穷人提供食品，当市场粮价过高或附近农村歉收时，朝廷就会低价出售粮食以平抑价格。通过这些措施，城内的谷物价格被人为地保持低价。农村出产的昂

㉔　参见第十二章中注 104。

㉕　有关粮食供应的讨论，我主要依据李明珠 1994 年的研究和与她的多次谈话。进贡的小米、豆子和麦子也来自河南和山东。谷仓也是皇家经常重视的一个目标并且在整个朝代数量有所增长。《顺天府志》，1885 年，卷 10；亦参见阮葵生：《茶余客话》，90 页。一石体积为 103.5 升且约 84 公斤（主要谷类）。濮德培（Peter C. Perdue）：《清政府和甘肃的谷物市场，1739—1864 年》，见托马斯·罗斯基（Thomas G. Rawski）、李明珠主编：《从经济角度看中国历史》，第 104 页的注 20。

㉖　李明珠、崔艾莉：《清代保障北京的粮食供应：国家、市场和警察》，载《亚洲研究学报》，第 58 期（1999 年）。

㉗　来自天津长芦的专买盐每年供给京城，作为贡品，然后再分配。关文彬：《天津的商人世界：一座中国城市的社会和经济》，162 页。

贵小米和麦子可以自由进城销售，但是禁止把城内的低价谷物输送出去。[28] 当周边地区歉收或饥民涌到城门的时候粮食价格会上涨，粥厂和降价销售会把价格再次压下来。虽然市场力量似乎可以保持价格变动不至于过大，但是君主还是愿意通过从外部输入粮食来防止当地市场短缺并保持粮价处于低水平。

对粮食安全的关注，符合皇家对于北京普通社会和经济秩序的警惕性。针对八旗群体会有大量直接的补助（后来还有所增加），而且城郊的农田也经常缓征赋税。[29] 皇帝还介入当地的货币市场，以便于保持白银和铜钱之间比价的稳定。[30]

由于北京非常密集地部署了士兵和巡捕，国家对武器的垄断深深地渗透到社会之中，从而相对直接地控制了犯罪现象，混乱
365 的事件对于这个高达百万人口的城市来说，明显是稀少的。[31] 不满的旗人偶尔会聚集在一起抗议津贴的不足，参加考试的士子们有时会“闹场”。[32] 1705 年，发生了一次极端性事件，20—30 名发挥失常的考生，怀疑顺天府在分级考试中有舞弊现象，就聚集在外城的图书古董市场。然后，他们抬着扮成主考官的假人游行，走到十字路口执行处决，他们在那里以一种象征翻案的一致行动砍下了假人的脑袋。由于这件事，他们被挨个处死了。[33] 1725 年，

㉘ 《故宫周刊》，第 227 期，3 页；第 228 期，1 页。

㉙ 特别是那些皇家随从定期经过那些地区。城市房产只有在其易手时才会征税，旗人除外（其需要服军役），城市居民没有交纳田赋或服劳役的义务。

㉚ 邓海伦（Helen Dunstan）：《“朝令夕改”：清代中国的货币政策周期，1744 年 11 月至 1745 年 6 月》，载《通报》，第 82 卷（1996 年），66～136 页。

㉛ 18 世纪在北京的传教士经常谈论这个事实。崔艾莉：《帝制时代北京的空间秩序和警察》，载《亚洲研究学报》，第 54 卷第 4 期（1993 年），885～922 页；也利勒《北京描写》第 10 页和约翰·贝尔《1719—1722 年从圣彼得堡到北京旅行记》第 183 页，二者可能指的是内城。崔艾莉：《帝制时代北京的空间秩序和警察》，载《亚洲研究学报》，第 54 卷第 4 期（1993 年），905 页认为，人口中巡捕的比率特别高。

㉜ 1758 年，在考试中失利的旗人涌入院子中一个大殿（那是主考人所在地?）。艾尔曼：《经学、政治和宗教：中华帝国晚期常州今文学派研究》，107～108 页；《清实录》（乾隆朝），卷 557，12～18 页。

㉝ 《清实录》（康熙朝），卷 223，14～15 页；《文献丛编》，卷 1，86 页（来自史景迁：《曹寅与康熙：一个皇室宠臣的生涯揭秘》，241 页）。他们聚集在琉璃厂，前往菜市口。

几百名内务府披甲人涌入王府抗议被威胁停发职位津贴时，他们的首领被很快逮捕并处以斩首。㉞

即使在警备松懈时，国家仍然能迅速集中力量并强有力地进行处罚，19 世纪初紫禁城的安全三次受到冲击，这种情形就很明显。1803 年一个携带武器的人试图行刺车驾里的皇帝，1805 年另一个人冲进皇宫北门，结果都未能得逞。㉟ 1813 年，三百名教门起义者冲进了紫禁城，造成了相当严重的后果，但是他们还是被包围在皇宫里，经过一天刀、弓箭和火器的殊死对抗后，被镇压下去了。主谋在闹市上被处决，他们的首级在外城的几个地方被示众。㊱

然而，北京的治安并不只是暴力成年人的事情。两次内城宫廷铸币作坊工人起事造成了罢工和炼铜炉的关闭。1741 年，索薪不仅造成连续工作的中断，而且造成作坊内的争吵和暴力行动。步军统领衙门谨慎地部署士兵，而且承认担心刺激三千名铸币工人。皇帝大声训斥内阁官员效率低下，内阁官员保证将会调查事件并惩罚闹事者，然而内阁官员却接受了工匠们的要求。1816 年，工匠们在一处铸币作坊发生械斗，升级为对设备的占领。在这种情况下，负责官员通常采取的办法是缓和工匠们的情绪而不是激化事态。无论什么时候，这些危险性的事件决不能泄露到铸币作坊的围墙之外。㊲ 366

㉞ 柯娇燕：《孤军：满人一家三代与清帝国的终结》，56 页；《清史编年》，卷 4，161 页；《清实录》（雍正朝），卷 38，3～7 页。撇开雍正与其兄弟胤禩对抗的复杂政治不谈，这个事件是一个皇室内部的事件，包含其空间和政治范围。披甲人对裁减人数的传闻做出反应，他们聚集在廉亲王（被视为建议的源头）和其他人的家里（确定由内务府雇用的汉军旗人）。在威胁给予认定的首要分子以可怕的惩罚之后，雍正惩处了他们中的 5 个人。

㉟ 《清实录》（嘉庆朝），卷 109，12 页，1937；上谕档方本，卷 179～184，嘉庆八年二月二十日；卷 211、213～215，嘉庆十年二月二十一日。这两个事件没有合理的解释。

㊱ 韩书瑞：《千年末世之乱：1813 年八卦教起义》，180～184、340 页；《钦定平定教匪纪略》，卷 2，40～43 页。

㊲ 《康雍乾时期城乡人民反抗斗争资料》，卷 2，520～525 页。

汉口这个没有重兵把守的华中商业城市，同样相对很少发生骚乱。正如罗威廉和史大卫所争论的那样，汉口的事例提醒我们城市精英在管理冲突中的重要角色。[38] 正如我们在第十五章中所观察的那样，行会在他们自己的工匠中负起维持团结的主要责任，防止工人罢工并发展为暴力行动。[39] 然而，由于19世末期以前北京精英机构的缺乏和软弱，这些已知的事件——以及其他同样规模的事件，甚至在史料中很少被提及——说明在北京很少发生大规模的暴力事件，主要是由于国家愿意保持本地人的平安以及一直存在着的压倒性武力威胁（二者相互作用）的综合结果。

在清代的北京，当地政府的分割加强了中央的权威，使强有力当地官员的出现成为不可能。此外，各种切割司法的横断结构和重叠的权力，有效地防止他们成为当地权力扩张便于利用的桥梁。明代就维持了这种模式，皇家和京师北京的相对影响就这样以当地社会为代价而得到强化。

然而，本章所描述的行政和社会划分结构无法抗拒变化。正如我们看到的那样，内城和外城的人口不能被永远隔离，在巡捕和审判当局之间权力的界限也变得日益模糊。到了19世纪，由于中央权力被削弱，对当地利益的主张和国家之外的新制度，以及对当地集体关注才有了伸展的空间。

在清代初期和中期，只有极少的空间或机会把国家和百姓聚
367 集在一起。反而，君主利用公共空间展示他的力量。京城北面的开阔地带，部分被城墙围绕起来，继续成为一处教场。后来，绿营在东边安定门外训练。八旗有他们自己的训练场地：在东、北和西郊是6个旗，在外城有2个旗。虽然春秋景色和这些操练兵马的声音构成了北京的特色，但是这些幕后上演的恐吓没有变成当

㊳ 罗威廉：《汉口：中国城市的冲突和社区，1796—1895》，6～8页；史大卫：《北京的人力车夫：20世纪20年代的市民与政治》，285～292页。

㊴ 在19世纪80年代的鞋匠罢工最终是通过精英的调解和法律行动得以平息，参见仁井田陞：《北京工商ギルド资料集》，卷3，489～491页。

地人引以为傲的理由。变得活跃的唯一团体是国家。郊区兵营的存在，如同在岗哨中值勤和整个京城巡捕衙门内无处不在的士兵和巡捕一样，永远向人们提示皇家权力的存在。[40]

按理来说，官府衙门是平民百姓可以接近的地方，虽然肯定是令人胆战心惊的，但是许多五城御史和他们的属员居然没有合适的地方办公：大部分人在租赁的房屋里办公，直到 1729 年雍正皇帝才批准他们修建房屋。即使如此，他们的办公场所还是拥挤不堪，而且令人厌恶。[41]

御史们自己把总部设在内城的官署区域。15 个下级衙门和辅助衙门中，有 11 个位于外城，每个衙门有一分队士兵驻扎在附近。其他 4 个衙门位于城市化的郊区，而且正好在城门外，每个方向各有一个衙门。[42] 只有少数几个包括御史和它们巡捕集体活动的场所。

在全国所有的县中，当地的官员希望通过在每月初一和十五宣讲圣谕，来教导正确的行为。在北京，宣讲诸如“笃宗族以昭雍睦”“黜异端以崇正学”等劝诫性陈词的任务，就落在五城御史身上。宣讲的听众是汉人百姓。1750 年，有人提议把这些宣讲扩 368
大到附近的郊区，而且要扩大到内城，这个提议遭到了步军统领衙门的拒绝。由于旗人可以从童年开始就被指望了解这些原则，所以举行宣讲的话就能与“在皇家战车之下”成长的当地人一样，然而如果不能抓住本质，在内城进行聚集可能在事实上就是纵容骚乱。御史们在外城和郊区的大兴、宛平两县进行

[40] 《大清会典事例》，1899 年，卷 870，15840 页；卷 1041，17485 页。侯仁之主编：《北京历史地图集》，41～42 号；在内城和郊区似乎都存在岗哨。崔艾莉：《维护帝都北京的治安：清代步军统领衙门，1650—1850》，88、123 页。

[41] 在步军统领衙门下的营官也有同样的问题，雍正同样设法补救。《大清会典事例》，1899 年，卷 870，15841～15842 页。有关 18 世纪中期一名巡城御史所需要的场地、他的责任和他属员的规模（“一千人”），参见《日下旧闻考》，卷 62，1048 页。

[42] 朱一新、缪荃孙撰，刘承幹考证：《京师坊巷志》，卷 2，11、17 页；卷 7，7、15、24、26 页；卷 8，2、13、37 页；卷 9，2 页；卷 10，29 页。《大清会典事例》，1899 年，卷 1031，11 页。《日下旧闻考》，卷 62，1048 页；布鲁纳特、哈盖尔斯特罗姆：《当代中国的政治组织》，第 796 号。这些郊区与明代关外地区一致；那儿的代理人于 1766 年被更换。《京师坊巷志》，卷 7，9 页。

宣讲。㊸ 尽管对皇家圣谕的反复宣讲避免了规则成为无人过问的一纸空文，但即使在理想的情况下，宣讲圣谕也是表达了朝廷和百姓的关系是如同师生之间的关系。

每年冬天，五城官员以家长式的责任为穷人负责管理粥厂。由于缺乏适合的官府产业，御史们经常利用寺院作为分发食物的中心以及应对其他紧急事件的场所。粥厂最初设在外城和近郊；后来，有一些粥厂被设在更远的郊区。

和御史们相比，北京的知县们拥有建于明代的真正衙门，而且对公众来说印象深刻，但是这些设在内城里的衙门位置对于他们的下属来说，是相当不方便，因为他们没有人住在内城城墙里。事实上，大兴和宛平在清代对于北京的生活来说，是相当边缘化的：他们对于京城或其附近的郊区除了科举的事情之外，没有直接的责任。可能适合县级的活动已经并入了顺天府。毋庸惊讶的是，当康熙皇帝取消了帝国行政单位对当地历史进行编纂的权力时，顺天府承担了编纂这两个县历史的责任。直到 1812 年和 1872 年，宛平和大兴才各自有了自己的城隍庙，这恐怕不是巧合吧。㊹

顺天府的人在内城有一个气派的衙门，对他们来说位置合适，但是对于其中的乡村衙役来说却有所不便。（参见图 11－2。）顺天府显著的当地身份被用于学校和考试，每次考试拥有它们自己独有的自然空间并且获得的名额也多于北京。

在明代，古老的迎春仪式由顺天府主持，有府尹、知县、礼部的高级官员和当地生员参加。他们通过午门中间的拱门行进到
370 皇宫，为在大内的皇帝呈献春牛。对朝见的精英们来说，皇家的角色和季节的象征促使这些场景通过可见的媒介加以表现出来。㊺

㊸ 米怜译：《康熙皇帝庭训格言》；梅维恒：《〈圣谕〉中的语言和思想》，见姜士彬、黎安友、罗友枝编：《中华帝国晚期大众文化》；《金吾事例》，卷 8，73～80 页；《大清会典事例》，1899 年，卷 1090，17961 页。

㊹ 张江裁、许道龄：《北平庙宇碑刻目录》，25 页。

㊺ 《日下旧闻考》，卷 147，2345～2346 页；《清实录》（顺治朝），卷 97，6 页；潘荣陛：《帝京岁时纪胜》，卷 1，2 页；让廉：《京都风俗志》，2 页。《钦定总管内务府现行则例·掌仪司》，卷 1，2 页。有关皇家收集的地图册，台北“故宫博物院”绘画藏品的摄影档案，卷 99，第 30 页第 2 号；卷 100，第 7～18 页第 5 号；卷 101，第 21～32 页第 6 号。

只有在清末，普通人才被允许观看。

与其他府学或北京自己的学校相比，顺天府学对国家文人利益的发展而言，也是一个较好的媒介物，而且考试的场地是国家精英地位结构和表现的独有场所。在一本编纂于 19 世纪 80 年代的清代府级方志孤本中，有一幅木刻插图，全是和教育相关的：国子监、

369

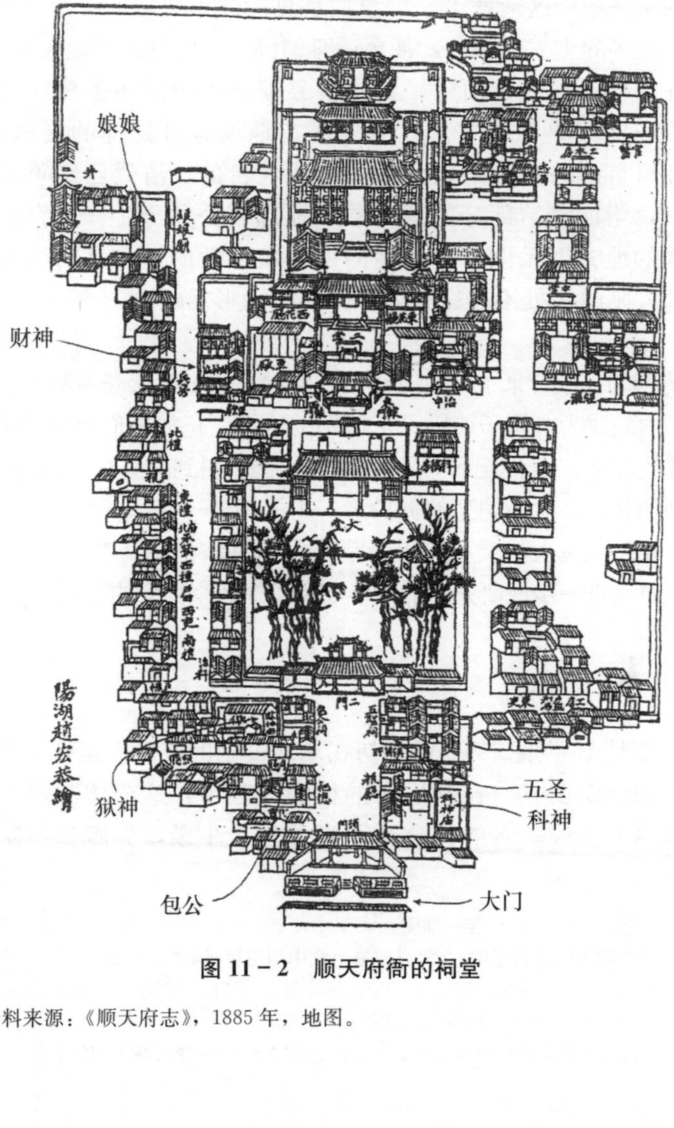

图 11－2　顺天府衙的祠堂

资料来源：《顺天府志》，1885 年，地图。

府学、科场和一所当地书院。[46] 它们反映出国家文化背景下北京所得到的教育拨款。同样地，在府学内用于供奉宋代民族英雄文天祥的明代祠堂，继续成为国家宗教的一部分，其仪式由府尹主持。文丞相祠于1668年和1828年由负责教育的官员进行修缮，1883年由府尹修缮，历来对京城和各省的应举士子们开放。文天祥就牺牲于祠堂的所在地，这造就了一种显而易见的北京关联，但是文丞相祠吸引了更多的士大夫来访，甚至还有朝鲜人，而且比当地人多。[47]

在这些不同的方面中，县的事务被并入府的事务中，依次合并入省和国家事务之中。政府的所在地没有可处理的当地事务，并且北京首都的发展是以北京城市为代价的。清代已经重新划分了人口，增加政治部分的新阶层，控制着公共土地——官员与百姓会面的地方，无论是实质性的还是象征性的，北京的当地政府就是这样随时无处不在、处处干涉而又无形无状。

清朝的征服带来了一大波移民，使得北京的社会遭到破坏并变得复杂。内城成为八旗子弟们一个特别的区域，正如他们经常被君主亲切称呼的那样。17世纪50年代，没有人能预料到这些旗人最终成为朝气蓬勃的北京文化最响亮的拥护者。为了理解这是如何发生的，我们必须首先研究旗人的类别，以及满洲和汉军。然后，在第十二章中，我们可以更进一步地研究在清代早期和中期北京社会的发展。

旗　人

371 八旗是16世纪末17世纪初在东北创制的，以后是作为夺取明朝领土的组织工具。在其后来的征服过程中，这个体制用于管理旗兵和旗人。最基本的社会半军事单位是牛录，为旗兵与家属的

---

[46] 《顺天府志》，1885年，插图。

[47] 北京图书馆金石组编：《北京图书馆藏中国历代石刻拓本汇编》，第62册，117页；第79册，122页。《顺天府志》，1885年，卷6，178～179页。《大清会典事例》，1899年，卷415，10544～10545页。谈迁：《北游录》，72页。励宗万：《京城古迹考》，25页。金昌业：《稼斋燕行录》，209、242页。金景善：《燕辕直指》，1091页。

附属单位。由牛录组成八个单位，以实际的旗子颜色加以区别：正黄旗和镶黄旗，正白旗和镶白旗，正红旗和镶红旗，正蓝旗和镶蓝旗。每个旗，有三种不同的类别，用民族加以区别：满洲、蒙古和汉军。每个旗人因此可以把自己确定为某某旗牛录的一员，例如，蒙古镶红旗、汉军正红旗，等等。皇族成员是满洲旗人中一个重要的分支，属于皇室和王府的包衣同样是汉军旗人一个大的分支。[48]

在英文的学术用语中，这些旗人类别的民族内容被取代是不言而喻的：满洲旗人是满洲，汉军旗人是汉人。因为术语“Manchu”已常被历史学家指代可能更恰当的“Bannermen”，所以北京旗人的历史是作为满洲融入他们周围强大汉族文化的一个故事而得到讲述的，更多征服的野蛮人被一个更高一级的文明所吸收。这种解释，在大部分现代中国历史上得以确立，现在出现了更多的疑问：毫不掩饰地以中国为中心并且过于笼统。其扭曲了这个王朝的历史以及北京的历史。结果，对清代北京新的审视意味着对旗人新的审视。

柯娇燕有说服力地主张：这三个假定的旗人民族最好被理解为清代国家发展类别的产物并且没有——甚至在蒙古旗人的情况中——可辨认的种类，带有独特文化的先前存在的组织。[49] 旗人形成之地的东北流动边疆世界被如此清晰的界限所阻止，正如在北京 372
生活中所做的那样。其似乎有更多成果可以接受，他们全部的历史，旗人是国家人为创造的，清朝以最大的努力来维持八旗制度。

在东北的早期，首先创建的是满洲和蒙古八旗，然后才是汉军八旗。尽管辽河河谷一带的城镇操着汉语的百姓被并入八旗已经二十多年了，但是直到 1642 年，才出现了汉军八旗。当西行清

---

⑱　也许多达 50%：柯娇燕：《乾隆对汉军八旗的再理解》，载《清史问题》，第 10 卷第 1 期（1989 年），77 页。但不是所有的包衣是汉军，欧立德：《满族档案 2 中的词语笔记：有关“booi”》，*Saksaha*，第 3 期（1998 年），18～21 页。

⑲　柯娇燕的文章对于我这些观点的形成起到了决定性的影响，柯娇燕：《创造蒙古：清代和蒙古身份的出现》；柯娇燕：《满洲人》；柯娇燕：《历史的透镜：清帝国意识形态中的历史和族性认同》（从 1991 年起在草稿中与我分享）。有关在 1644 年前的时期，跟随着她的思路，把主要操着满语、蒙古语和汉语的人进行分类的想法似乎是合理的。

军向北京进发并接管了整个国家时，汉军旗人的人口在征服中国前后的年份里才有了显著增长。许多1644年来到北京的汉军旗人，或许他们只有什么是汉军旗人这样的模糊概念。[50]“满洲”和“汉军”的文化内涵和意义持续发展——而且不是以一种简单的方式。在这种过程中，应当考虑到北京已经成为众多入关旗人的家。

这种制度使得满洲、蒙古和汉军旗人的分类保存下来，并且同时试图在所有旗人和其他人口之间画了一条牢固的分界线。福利措施、国家支配的使用和隔离住房供给反映了对于旗人的一种官僚家长式的领导，这种制度自征服以前时代就遗留下来了。通过审视这些政策，我们就可以了解重组内城生活（而且也改变了郊区生活）的方式。北京旗人社区的历史也就会变得更加清晰。

一开始，用地理隔离把旗人从他们突然涌进的汉人汪洋大海种区别出来是清朝的一个基本策略。迁入北京已经把旗人士兵和他们的家眷从东北城镇、村庄和军营以及混合文化的边疆世界中连根拔除，把他们重新安置在汉人和高度城市化的明代首都中。当旗人在此停留变得更加清晰时，他们概括地被重新定义为登记在册的北京人。那些参加科举的旗人士子被视为来自顺天府，驻
373 扎在全国其他地方的旗人士兵希望他们在休致或死亡时“归旗”。[51]

---

[50] 有关汉军旗人的历史，柯娇燕：《乾隆对汉军八旗的再理解》，载《清史问题》，第10卷第1期（1989年），63～107页；柯娇燕：《历史的透镜：清帝国意识形态中的历史和族性认同》。参见柯娇燕《满洲人》中有关起源的意义，在满语中是相当不同的词语——ujen cocha。我对于柯娇燕把“汉军”译成“Chinese-martial”感到不自在，因为其暗示（虽然她相当肯定没有此意）外表或行为的一种风格。以我的经验，“汉军”被用于一个独立式的名词，指一类人。其意指在清朝中服务的那些具有士兵身份的汉人，其字面上的汉语意思能被表示“Han army”或“Chinese army”。因为“满洲”、“蒙古”和“汉军”被经常用于以对比方式进行区分的人，我更喜欢把他们翻译——用这些资格——为“Manchu”、“Mongol”和“Chinese Banneren”。

[51] 大部分观点，包括本章中的观点，在以普通旗人和省级的驻防为背景的柯娇燕《孤军：满人一家三代与清帝国的终结》和欧立德《外来居民：满族在中国的经历，1644—1760》的著作中，进行过更详细的讨论；亦参见任桂淳《清朝八旗驻防兴衰史：广州、杭州与荆州驻军研究》、吴卫平《八旗兴衰》，唯一地，旗人没有隶属于县。在1726年，在官僚机构中的汉军作为直隶省本土人可以视为是为了规避规则。《畿辅通志》，1884年，卷2，66页。返京的政策首次在顺治朝得到清晰的表达但是最后改变了。欧立德：《外来居民：满族在中国的经历，1644—1760》，179～185页。

正如雍正皇帝在1732年所说的那样，“京师乃其乡土”。[52]

正如我们在第九章中所看到的那样，从这个明朝北方都市的撤离和对其重新占领间歇地发生，历时十多年。内城被划分为八个区，每一个区归八旗中的一个旗管辖，用于该旗成员的居住。这些旗本身由满洲、蒙古和汉军旗人混合组成。每个区被街门和栅栏进一步细分。[53] 房屋的建造是必需的，而且可以理解为是旗的财产，如果不要房子，就必须予以归还。还制定了关于房屋大小和详细级别的复杂规定。[54] 不是所有的旗拥有同等的规模和权力，它们也没有新的区域。拥有特权的“上三旗”，是由皇帝直接控制，而不是归皇子控制，而且比其他五个旗大。上三旗中的正黄旗和镶黄旗还拥有最好的不动产，位于城北的湖边上。[55] 一些旗人驻扎在农村，但没有人住在外城。（参见地图11－1。）

在八旗中，满洲、蒙古和汉军以粗略平等的措施进行分配，但不是相等的数量。从约在1720年的牛录数量来判断，满洲旗人似乎占全部八旗人数的58%，蒙古旗人占18%，而汉军旗人占24%。在现实中，汉军似乎远远超过其他旗人的数量：69（汉军）∶8（蒙古）∶22（满洲）。[56]

步军统领衙门单独为内城提供的特殊公共服务是如此众多， 374

---

[52] “京师乃其乡土”转引自欧立德：《外来居民：满族在中国的经历，1644—1760》，185页。我查阅了中文原文《上谕八旗》，15页。《外来居民：满族在中国的经历，1644—1760》第187页中也引用了1735年一个满文的法令记载“京师乃其乡土”。

[53] 《北京历史纪年》编写组：《北京历史纪年》，186页；崔艾莉：《帝制时代北京的空间秩序和警察》，载《亚洲研究学报》，第54卷第4期（1993年），892～893页。

[54] 《十二朝东华录》，卷12，22页；《八旗通志》，卷23，438页；《大清会典事例》，1899年，卷869。

[55] 在每个牛录中，有非常不同数量的登记人口，最小的旗可能只有最大旗的一半。两个黄旗在1851年拥有41%的土地。《金吾事例》，卷6，15～18页。此处和其他地方我排除了（小的）不相称的左翼和右翼家眷的资料。

[56] 在上三旗中有更多的满洲和蒙古人。我所信赖的安双成的数字，包括大量的包衣。他们来自1723年由允祥进行的最新调查并且是以满文报告的。亦参见第九章注28。牛录的数字来自朱一新、缪荃孙撰，刘承幹考证：《京师坊巷志》，卷6，29～36页；比例是我自己计算的。

以至于18世纪和19世纪的欧洲游人大为吃惊。维护街道，定期清理下水道，扫雪；在炎热的夏天施冰，穷人和无家可归之人可以得到庇护，提供诊所预防天花。如果大雨造成屋面渗漏和墙壁倒塌，或火灾、洪涝和地震带来破坏，皇帝就提供资金用于修理。[57]

为了维持他们的战争优势，旗兵每年在郊区进行几次训练，并被征召到南苑或（后来）长城外的木兰进行狩猎。[58] 为了强化他们与汉军八旗官员和普通文官的区别，君主禁止旗人从事当兵以外的其他职业。反过来，君主保证在经济上支持旗人。北京的旗人群体因此被赐予银两和粮食的定期津贴，还有对旗人婚丧娶嫁的特别补助，这些收入来自旗下的庄园。[59]

在清朝统治的头十年中，京城地区农田约有75%被“圈占”了，接管过来作为旗人的产业。旗地包括明代宫廷、贵族和太监充公的所有土地，各种各样被抛弃的财产，以及其所有者已经决定或被迫“投充”给旗人的土地。像明代皇家庄园，大部分这些土地位于距首都一百公里内的顺天府。宛平和大兴县的95%土地就是被这样圈占的。[60] 在整个地区都能感觉到旗人的存在。

在这些土地上隔离旗人的最初计划被放弃了，旗人正式地或

---

[57] 李中清、郭松义主编：《清代皇族人口行为和社会环境》，402页；梁其姿：《明清预防天花措施之演变》，见《国史释论——陶希圣九秩荣庆祝寿论文集》；崔艾莉：《帝制时代北京的空间秩序和警察》，载《亚洲研究学报》，第54卷第4期（1993），885～922页；崔艾莉：《维护帝都北京的治安：清代步军统领衙门，1650—1850》，第二章C；史明正：《北京转变：中国首都的城市基础设施、公共工程和社会变迁，1900—1928》，第二、三、五章。崔艾莉和史明正对内外城的区别没有我的清晰。

[58] 欧立德：《外来居民：满族在中国的经历，1644—1760》，314、324页。

[59] 柯娇燕：《孤军：满人一家三代与清帝国的终结》，51～57页；欧立德：《外来居民：满族在中国的经历，1644—1760》，338～360页。

[60] 关于开始的决定，《八旗通志》，卷18，310～311页；中国人民大学清史研究所、档案系中国政治制度史教研室合编：《清代的旗地》，1～22页。关于全部土地的圈占，刘家驹：《清朝初期的八旗圈地》，第54页；I. 杨（I. Yang）：《清前期土地制度》，见《中国历史研究：清前期的国家与社会，1601—1722》，第2卷第2部分（1981—1982年秋冬），95页。关于圈占的比例，村松佑次：《18世纪旗人财产和土地——来自两个新来源的证据》，载《一桥经济学杂志》，第12卷第2期（1972年），1～13页；韩光辉：《清与民国三百年间北京今市域内人口地理的初步研究》，38～39页。大部分的圈占发生在1647年前。

非正式地，迅速地或逐渐地，成为由来自庄头管理的土地的租金所支持的城市住处的受俸者。这个收入被分配给不同的皇室、皇族、陵墓和各种首都寺院；大部分（约80%）作为旗人供养而被分配。[61]

关于接受教育和入仕的管理规定使旗人得以从事文官工作。占 375
领北京后，清朝马上成立了旗人特殊学校，强调武功和文学的技能。汉军旗人甚至较早期被用于配备朝廷衙门的吏员，清朝承认他们在语言方面的优势，在1652年后，允许旗人参加定期的汉语考试。[62]同年，清朝为满洲和蒙古旗人创制了考试途径，后来于1689年废止，此后所有被认为具有能力的旗人参加正式的科举考试。[63]

清代，对旗人生活的管理是高度集中的，而且实行家长式的管理，结果导致需要大量的官员。通过城门和每个旗下营房的路障所表现出来的地理界线，与行政封闭层面并行。管理是通过旗的牛录运行的，其重要性是以亲属关系单位为代价得到加强的。每个牛录的佐领保持和定期报告他管辖下详细的人口数字，记载婚姻、死亡和出生。通过牛录来分配职业、分发津贴和确定住处。[64]

---

[61] 关于隔离计划，《八旗通志》，卷18，310～311页。有大量的关于旗地（例如村松佑次）文献，许多意味着旗人住在农村。中国人民大学清史研究所、档案系中国政治制度史教研室合编《清代的旗地》"前言"第4页和欧立德《外来居民：满族在中国的经历，1644—1760》第345～346页中与我所估计的实际上很少有旗人迁入这些土地相一致。关于收入的分配，I. 杨：《清前期土地制度》，见《中国历史研究：清前期的国家与社会，1601—1722》，第2卷第2部分（1981—1982年秋冬），95页。

[62] 柯娇燕：《满洲人》，86页；《顺天府志》，1885年，卷9，286～287页；《八旗通志》，卷48，923页。在1669年，首次，满洲和蒙古旗人被分配给共用的考试配额，且汉军旗人是另外一个。有关满洲教育，柯娇燕：《满族教育》，见艾尔曼、伍思德（Alexander Woodside）编：《中华帝国晚期的教育和社会，1600—1900》。

[63] 汉森·施兹：《清初满语的地位》，18、49～50、122～124、150～153页；《大清会典事例》，1899年，卷348，9692页。柯娇燕：《满族教育》，见艾尔曼、伍思德编：《中华帝国晚期的教育和社会，1600—1900》；艾尔曼：《中华帝国晚期科举文化史》，第三章。在顺天府府学，为旗人安排了地方；他们生员的规则是宽松的。《八旗通志》，卷46，895～896页；卷48，926页。也有一个逐渐扩大允许旗人参加的考试，在1697年后，宗室的主要家族被纳进来，且包衣是在1738年后。《北京历史纪年》编写组：《北京历史纪年》，202、211页。

[64] 《八旗通志》，卷22，410～411页；欧立德：《外来居民：满族在中国的经历，1644—1760》，第四章。

八旗中的每一个有其自己单独的满洲、蒙古和汉军都统，都统直接向皇帝报告并且在内城设有一个衙门。宗人府是一个特殊的官僚机构，与大的宗室相关联，并裁定所有和宗室有关的事务，就像我们所看到的那样，皇室掌握旗下的包衣。根据现存档案的文书来判断，这些制度在19世纪上半叶运行得相当好。[65] 内城的生活和与郊区旗人相处的生活是如此被深深地官僚化，而且被汉人群体所不知的行政机构渗透。

376 清代早期征服精英（柯娇燕的术语）希望把粗犷的军事活力保存在他们自己和新臣民之间的差异之中，把一个动员起来的社会带入国家服务达到不同寻常的程度——和统治相比，这些特色更适宜于征服。建立以旗人人口作为一个单独社会等级的政策是需要金钱的，还要警惕经过几代时间所受到的影响：杂居、迁徙和结婚；被授予名号的人口不断增长，加之固定费用逐渐增长；士兵们也失去了作战的优势；他们和东北的联系也淡漠了。八旗制度的费用和行政的需要，既是如此集中于北京，又是相当地昂贵。[66] 部分八旗适应北京的故事的被融进君主的斗争中，由此带来明显混杂的结果——这种区别和这些结构的活力都得以保持下来。

根本不稳定的力量是人口的增长。无论我们所采用的1644年基数是什么样的数字，旗人数量的增长是无可置疑的，到18世纪20年代至少达到了两倍之多。[67] 这种变化大部分似乎是自然增长的结果，但是也有一些是通过婚姻或收养的方式，使人口从汉人

---

[65] 《八旗通志》，卷23，432～433页；朱一新、缪荃孙撰，刘承幹考证：《京师坊巷志》，各处；李中清、康文林、王丰：《清代皇族人口统计初探》，见戴维·莱尔、罗杰斯科·菲尔德编：《历史人口统计学中新旧方法》，361～382页；李中清、郭松义主编：《清代皇族人口行为和社会环境》。

[66] 有关在省驻防部队中八旗问题的一般性和特殊性，柯娇燕：《孤军：满人一家三代与清帝国的终结》；欧立德：《外来居民：满族在中国的经历，1644—1760》。

[67] 安双成：《顺康雍三朝八旗丁额浅析》，载《历史档案》，1983年第2期，100页；韩光辉：《北京历史人口地理》，表3-19。在1660年，宗室约1600人，并且在1915年有49 600人。郝瑞、鞠德源、韩书瑞：《清代皇族的玉牒》，载《清史问题》，第6卷第2期（1985年），38页。

转移到旗下。[68]

因为没有人口会一成不变地进行自我繁衍，即使是在数量上没有增长，保持内城住宅区的整齐仍是困难的。三个民族组织已经任意分布于旗下的住宅区并且可以通婚。由于朝廷禁止满汉通婚，而且皇家也加以劝诫，所以汉人进入内城而旗人离开内城的活动被迟滞了下来。但是到了18世纪末，这种努力就被放弃了。1785年，乾隆皇帝只能含糊其词地称“内城居民多系旗人”。[69]

这样，居住区的隔离措施作为区别旗人，或区别汉人与旗人的一种模式，变得愈加无效起来。同时，我们将在本章后面看到许多实例，北京在事实上已经毫无疑问地成为旗人情感的家园。

在与东北故土的联系变得淡漠的同时，旗人们也失去了他们作战的优势。清代中后期，战备的下降是老生常谈，几乎不再使我们对此有所疑问；然而，皇家所表达的担忧是非常真实的，旗 377
人已经不再是一个完全为战争而动员的社会，而且断断续续地调用他们的军队似乎已经变得有些僵化。随着“满洲旧俗”的衰落，对于在北京的旗人来说，军人职业已经不是仅有的一个选择，而且难以获得其他的工作。人们对旗人沉湎于饮酒、赌博和听戏持有非议，但是他们沉湎于悠闲的都市生活，反映了他们对北京的适应。[70]

随着皇家的鼓励，受教育的旗人转向文职服务，一些非军事

---

[68] 收养，欧立德：《外来居民：满族在中国的经历，1644—1760》，456～458页。顺治皇帝在1648年允许“满人”和“汉人”通婚［《清实录》（顺治朝），卷40，11、14页；《八旗通志》，卷60，1191页］，但是罗友枝引用了几份有关清代在1655年后禁止满人与任何非在旗汉人通婚的权威资料。罗友枝：《清代的皇室婚姻和政治统治问题》，见华若碧、伊沛霞主编：《中国社会中的婚姻关系和男女平等问题》。

[69] 《大清会典事例》，1899年，卷869，15834～15836页；卷1090，17960页。

[70] 欧立德：《外来居民：满族在中国的经历，1644—1760》，403～426页；韩书瑞：《千年末世之乱：1813年八卦教起义》，1页；柯娇燕：《孤军：满人一家三代与清帝国的终结》，26页（“老一套”）和各处。欧立德有效地分解了“旗人”并且主张在北京外的驻防衰落最初开始于汉军旗人之中（在17世纪80年代），然后是满洲和蒙古（在18世纪30年代），但“按照所有的迹象”，在首都甚至更严重。欧立德：《外来居民：满族在中国的经历，1644—1760》，406～407、415～416页。关于实例，《宫中档雍正朝奏折》第26册，475～477页；柯娇燕：《孤军：满人一家三代与清帝国的终结》，84～85、91～94页；欧立德：《外来居民：满族在中国的经历，1644—1760》，353、373页。

职业合法地向他们开放。从 17 世纪 90 年代到 18 世纪 30 年代，平均在每场考试中有 8 个满洲和 2 个汉军旗人获得进士出身。[71] 到了 18 世纪 20 年代，越来越多的旗人渴望接受学校教育并且参加科举考试，以至于朝廷不得不在北京设立新学校，每个旗下各有一所学校，宗室成员、包衣以及郊区的旗人也各自设有学校。[72] 乾隆皇帝就是满洲人可以有信心地加入汉族文化的缩影（据某些人说，这是过于自信），在乾隆皇帝统治的时期，普通旗人对典籍、绘画、诗歌和书法越来越精通。[73]

满语和蒙古语的专门训练没有造就出众多娴熟的翻译者，毋庸置疑的是，到 18 世纪中期，汉语已经成为大部分旗人的主要语言。一位朝鲜到访者注意到在 1713 年，“在街上，汉人和满人二者都用汉语，因此年轻的一代满人大部分不懂满语”。忧心忡忡的皇帝们经常抱怨旗人满语能力的丧失。[74] 这已经是对过于屈服汉族文化的一种反映了。

---

[71] 《八旗通志》，卷 125，3401～3417 页；卷 126，3461～3462 页。关于进士，在 17 场考试中，有 140 个满洲旗人、45 个汉军旗人和 7 个蒙古旗人。

[72] 《顺天府志》，1885 年，卷 9，286～287、290 页。参见柯娇燕：《满族教育》，见艾尔曼、伍思德编：《中华帝国晚期的教育和社会，1600—1900》，有关一个展开的分析。

[73] 有关某些传记，恒慕义主编：《清代名人传略》，396 页（关于文昭）、227～228 页（法式善）、259 页（高其佩）。艾骛德：《蒙古非凡喇嘛：一个文化模仿的现象学》，载《匈牙利东方学报》，第 46 卷第 1 期（1922—1993 年），9～10 页中提到 62 位蒙古诗人用汉语写诗，其中只有少数的几个是来自中亚。亦参见牟复礼：《18 世纪中国的知识氛围：乾隆时期北京、苏州、扬州一瞥》，见周汝式、克劳蒂亚·布朗编：《乾隆皇帝时期的中国绘画：论文集两卷》，即《菲伯斯》，第 6 卷第 1 期（1988 年），17～55 页。

[74] 汉森·施兹：《清初满语的地位》，卷 3，9 页以下，21～27、159～160 页；柯娇燕：《孤军：满人一家三代与清帝国的终结》，24～30 页；季姆克夫斯基：《1820 年和 1821 年通过蒙古到中国的旅行》，331 页。关于朝鲜人，伽里·莱德亚德（西勒鸠斯）：《四百年间（1488—1887）在中国的朝鲜游人》，载《有关朝鲜的非定期论文》（西雅图，华盛顿），第 1 期（1974 年），19 页。关于翻译，梁文金（Man-Kam Leung）：《中国清朝时期北京和其他大都市蒙古语言教育及考试（1644—1911 年）》，载《加拿大蒙古评论》，第 1 卷第 1 期（1975 年），29～44 页；柯娇燕：《结构与符号在明清四夷（译）馆中的作用》，载《中亚与内亚研究》，1991 年第 5 期，38～70 页；柯娇燕：《满族教育》，见艾尔曼、伍思德编：《中华帝国晚期的教育和社会，1600—1900》。

皇家供养旗人的制度需要大量的资金用于津贴、补助金和普通
的维持。由于需要住所，朝廷定期为旗人家族修建新的住处，并以 378
相当庞大的规模进入 19 世纪。当某些旗人自愿但却是非法地迁到城外时，郊区旗人群体的正式发展得以加速。其他旗人则被重新安置在京师地区的其他地方，而且一些财产较少的旗人被迫安顿在东北。[75]

庄园制度没有解决如何供养在规模和从属关系上日益增长的人口问题。代表皇家或旗主管理土地的庄头难以控制庄园，而且足额征收租金变得困难起来。产业在旗人中被转移，直到转到汉人手中，乾隆时期试图阻止完全买卖旗人产业的努力也被迫放弃。尽管租金仍然流向北京，但是正如村松佑次所假设的那样，在清朝统治的过程中，“旗庄园制度最后终结于大量的个人土地所有制之中”。[76]

因为大多数旗人无法依靠在现役服务中获得额外收入，尽管这样的职位在数量上有所增加，但那些抵押他们租金收入的人，最终只能完全依靠他们的粮饷津贴。受补助的当地粮食市场有助于旗人供给，但是津贴没有和生活费用保持联系。[77] 旗人背负重债的故事到 18 世纪比比皆是。国家供给住房和定期收入使他们对于

[75] 所有这些问题，参见柯娇燕《孤军：满人一家三代与清帝国的终结》，特别是第 48～56、86～87 页，以及欧立德《外来居民：满族在中国的经历，1644—1760》中一个普通的讨论，但当他们专门用于北京时，我试图描述问题。《北京历史纪年》编写组：《北京历史纪年》，211、215、227、229 页；瞿宣颖：《北平史表长编》，282～283 页；内务府奏销档，卷 513，85～88 页，道光二年八月十八日；戴逸：《乾隆帝和北京的城市建设》，见《清史研究集》，第六辑，31 页；《宫中档雍正朝奏折》，第 26 册，475～477 页；《畿辅通志》，1884 年，卷 3，172 页；韩光辉：《清与民国三百年间北京今市域内人口地理的初步研究》，60～68 页。在 1695 年，修建 2 000 间用于 7 000 名内城无家可归的居民。《十二朝东华录》，卷 12，22 页；《八旗通志》，卷 23，438 页。

[76] 村松佑次：《18 世纪旗人财产和土地——来自两个新来源的证据》，载《一桥经济学杂志》，第 12 卷第 2 期（1972 年），9 页；欧立德：《外来居民：满族在中国的经历，1644—1760》，345～346、352 页；《八旗通志》，卷 23，436 页；《清实录》（乾隆朝），卷 63，1～2 页；《畿辅通志》，1884 年，卷 3，117 页。

[77] 我依据，韩光辉：《清与民国三百年间北京今市域内人口地理的初步研究》，58～68 页；李中清、郭松义主编：《清代皇族人口行为和社会环境》，126～130 页；柯娇燕：《孤军：满人一家三代与清帝国的终结》；欧立德：《外来居民：满族在中国的经历，1644—1760》；加上我无系统收集的第一手资料。关于粮食市场的谈话，我感激李明珠；参见李明珠、崔艾莉：《保障清代北京的粮食供应》，载《亚洲研究学报》，第 58 期（1999 年）。津贴在 1670 年提高，但是此后没有。欧立德：《外来居民：满族在中国的经历，1644—1760》，355 页。

放债者来说是有吸引力的顾客，因为生活奢侈和贫困这两样可以灾难性地急骤下滑为欠债。当欠债旗人的债务属于皇家代理机构时，皇家的笔能简单地勾销它们，在清代前半期会定期发生这种情况。[78] 实际上，君主不懈地寻求方法来补救这个制度：17 世纪 90 年代至 18 世纪 40 年代提供了旗人可以借贷的特殊资金，并且安排特殊衙门购买粮食津贴。[79] 到了 1821 年，当大部分旗人不再
379 是士兵时，旗人不得经商的规定（这个规定肯定早就成为一纸空文）被正式废除，旗人被允准在京师地区执业。[80]

在这些条件下，旗人群体变得更加分化。从一开始，就已经详细而明确地按照等级和地位不平均地进行分配资源，当时富人轻而易举地变得更富，穷人变得更穷。有许多这种断层线。亲密的皇家亲戚和有头衔的家族比普通旗人得到更多的供养和更好的房屋，官员的特权按官阶来分级，相当大的间隙隔开了那些活跃的就业者和那些没有职业的人；总的来说，满洲和蒙古旗人比汉军受到更好的对待。[81] 征服时代的平均主义民族精神（如果它曾经有过的话）不久就消失了。

到 18 世纪中期，分辨旗人群体并支持他们与汉人之间差异

---

[78] 柯娇燕：《孤军：满人一家三代与清帝国的终结》，48～56 页；欧立德：《外来居民：满族在中国的经历，1644—1760》，345～355 页；《北京历史纪年》编写组：《北京历史纪年》，204 页。

[79] 邓海伦：《“朝令夕改”：清代中国的货币政策周期，1744 年 11 月至 1745 年 6 月》，载《通报》，第 82 卷（1996 年），73 页；邓海伦：《参差言论足以乱世：清代政治经济的文献研究，1644—1840》，第四章；《清实录》（雍正朝），卷 66，13 页。

[80] 《清实录》（道光朝），卷 21，17～18 页；亦参见 1985 年调查，《北京市满族调查报告》，见《满族社会历史调查》，92～94 页。

[81] 李中清、郭松义主编：《清代皇族人口行为和社会环境》，134～153 页。住处，《八旗通志》，卷 23，435 页；《大清会典事例》，1899 年，卷 159，7165～7167 页；王锺翰：《清代旗地性质初探》，载《文史》，1979 年第 6 期，128 页。满洲和蒙古旗人能成为贵族，服务于显赫的衙门，他们有更多津贴和更容易承担官事。柯娇燕：《乾隆对汉军八旗的再理解》，载《清史问题》，第 10 卷第 1 期（1989 年），78～79 页；欧立德：《外来居民：满族在中国的经历，1644—1760》，472～473 页。在 17 世纪汉军服务于文职官僚机构达到高潮。《八旗通志》，卷 22，410～441 页。

的结构因此而受到严重削弱，也许这种削弱是致命的。清朝需要采取更强硬的措施。君主对两个旗首次采取减少旗下登记人口数量的措施，然后在这个较小些的残余群体周边画定了一条更坚固的分界线。

征服时代的整齐类别不可避免地被混淆和侵蚀，在 18 世纪初，清朝努力清理家庭登记，并使处于边缘类别的人退出八旗系统，停止做旗人。[82] 在这个很重要的官僚主义过程中，旗人群体内的分歧得到了利用。汉军旗人和普通汉人之间的界限是最松散的，君主逐渐放弃保持这种分离的努力。1742 年，来自首都地区、在 1644 年后降清的汉军，准许出旗；在 1756 年，某种类别的包衣同样被准许出旗，在北京的年老和无业的汉军被简单地命令出旗；1762 年，所有汉军转成民人。[83]

住在北京城外农村的旗人已经难以进行管理，因而更容易放弃。18 世纪中期，朝廷命令当地知县开始把他们转变为家庭登记的普通制度；19 世纪初，当地知县正式接管迁到城外的失业旗人，以及那些不受所在旗管理的旗人（据说可能他们全部都是这样）。农村的宗室满洲成员以及他们的包衣，现在也被视为普通百姓。[84] 因为大多数旗人似乎是汉军，也由于不少人住在郊区，这些措施必定会减少那些在皇家供养簿上的数量。 380

八旗在文化和结构上被紧紧地联系在一起。柯娇燕已经表明，18 世纪皇家鼓励强调一种日益增长的“种族主义”（racialist）的满洲民族的划分。尤其是，柯娇燕所称的分类修辞和乾隆时期的活动——满语学习的复兴和翻译项目，强调军事技能的复兴，征

㉜ 欧立德：《外来居民：满族在中国的经历，1644—1760》，470～471 页；《清实录》（乾隆朝），卷 506，3～6 页。

㉝ 议覆档，181～190 页，乾隆七年四月十三日；25～26 页，乾隆七年六月初九日。柯娇燕：《孤军：满人一家三代与清帝国的终结》，52～53 页；欧立德：《外来居民：满族在中国的经历，1644—1760》，470～471、485 页。

㉞ 《大清会典事例》，1899 年，卷 1033，18488 页。康熙皇帝已在 1684 年开始这个过程。《清实录》（康熙朝），卷 125，22～23 页。满洲，《清实录》（嘉庆朝），卷 277，29 页；卷 280，25 页。《钦定平定教匪纪略》，卷 24，1 页。

服以前过去的重写和“文化理想化”——强化和加强了独一无二的满洲文化。[85] 这些措施促使满洲从其他旗人中区别开来。这样，直到 19 世纪中期，满洲旗人不仅在数量上超过了蒙古和汉军旗人，而且与清初相比，他们在特殊性问题上拥有更多和更明晰的话语权。[86]

就此而论，满洲人在北京的故事，就成为形成于东北而迁移到一个迥异的环境中高度官僚化的八旗制度故事。当旗人把京城当成他们自己的家时，旗人内部的差异开始模糊起来，进而消磨殆尽。许多人离开旗，还有人从汉军八旗转到满洲八旗。这种区别民族的规制是由皇家政策明确的，并由君主塑造，来自对立面
381 的压力使其得到并不完善的维护。当八旗制度衰落时，“汉军八旗”的类别开始解散，“满洲八旗”被重新定义并且得到复兴。如果这样的描述是完全正确的，那么在北京的旗人故事就不是一个简单的“满人同化”了。

满人和汉人

但八旗制度的种类不只是专制的文化建设。真正的区别是存

---

[85] 柯娇燕：《乾隆对汉军八旗的再理解》，载《清史问题》，第 10 卷第 1 期（1989 年）；柯娇燕：《孤军：满人一家三代与清帝国的终结》，20～30 页；柯娇燕：《历史的透镜：清帝国意识形态中的历史和族性认同》；柯娇燕、罗友枝：《满语在清史研究中的作用》，载《哈佛亚洲研究学报》，第 58 卷第 1 期（1993 年），63～102 页；盖博坚：《四库全书：乾隆晚期的文人与政治》，163～166 页。1739 年编纂的《八旗通志》和 1745 年编纂的《八旗满洲氏族通谱》是旗人身份巩固的重要部分。满洲旗人作为本地标志“长白”的一个用法（满洲在东北起源地的一个参考）是如此加强意识的一个后来反映吗？我看到其首次使用是在 1726 年，并且在 19 世纪 20 年代后更频繁地使用。有关一些例子，北京图书馆金石组编：《北京图书馆藏中国历代石刻拓本汇编》，第 68 册，41 页；小柳司气太：《白云观志（附东岳庙志）》，147～148、148～149 页。

[86] 数量，崔艾莉：《维护帝都北京的治安：清代步军统领衙门，1650—1850》，230～233 页。如果看一下 1845 年人口普查册或 1851 年的数字，模式是清晰的。后者的满、蒙、汉的比例是 56∶23∶20。

在的。为了理解这些种类，我们需要从政府结构回到社会本身。尽管旗和民是国家划定的类别，但是满汉之分所起到的差异作用却被北京居民利用起来。我们把注意力转向这对术语，就可以看到清代北京生活的其他方面——然而，不幸的是，这也缺乏文献记载。[87]

在1644年后的数十年中，清朝的汉族臣民首次了解了“旗人”的类别，并且随后了解了他们之间有区别的必要性。这显然并不困难。清代占领的天意被大多数汉人所经历，如同被外来者征服一样。在17世纪50年代，一位来自浙江的汉人毫不费力地解释那些来自辽东在八旗中的汉人就是已知的“汉军”，而在另一方面，通常在其他省份的人被称为“汉人”；一个类似的观察者可以清楚地区分京师的居民，称他们为“满人”。[88]

在顺治和康熙朝时期，清朝君主主要依靠汉军旗人作为管理者，利用他们在语言方面熟练的优势，使他们成为效忠新王朝的显著象征。但是当汉军作为中间力量的必要性减少时，在“满”和“汉”之间的对立加剧了。清朝调整了京城和各省的官僚机构，在重要的职位上需要同时任命两个官员；直到18世纪，这些职位一方是满洲官员，另一方是汉人官员（不是旗人对非旗人）。权力集中于具有自我意识的满洲统治者家族手中，清朝君主对于区别事件的敏感进一步加剧了满汉问题的政治性。[89]

“汉”这个字作为亚洲更北部地区的人们用于可以被辨认为 382
“汉人”的人口，已经拥有悠久的历史；“满”则是一个新名词，

[87] 以下部分基于片断证据并且我的推测不是系统的，但问题的费时调查研究是值得的。我只能粗略地浏览一些偶尔有关北京的著作，其中提及满汉之间的区别。

[88] 王士禛：《池北偶谈》，卷3，57页；谈迁：《北游录》，65、94、354页，分别在各处。

[89] 有关汉军，凯思乐：《康熙帝与清朝统治的巩固，1661—1684》。在有关清代政治的二手文献中对差异的敏感性已经进行过充分论述，例如，孔飞力：《叫魂：1768年中国妖术大恐慌》。

是皇太极于1635年仅为女真族旗人而采用的。清朝就这样被赋予满和汉两种生活和影响。在征服前后的清代汉文文献中，这个双态的对比似乎是常见的。当顺治皇帝虔诚地宣布，恰如他妄求抹掉他们之间的区别那样，仍然制造着区别："满汉官民皆朕臣子。"[90] 这样，清朝不仅鼓励汉人保持统治者的满人特征，而且把他们自己称为"汉"。

清朝统治者频繁地使用"满"这个词语，似乎表达了他们自己作为不同于汉人的固执感觉（"我们满人"）——有时候，是作为征服中原前的"旧俗"所延续的感情用事的表达，有时候是表达了对他们子民的持续怀疑和不信任。这种词语、这些结构和更少见的记载在词汇背后隐藏了促使两极分化的偏见，起到了与"旗人"这个更合适类别相反的作用。[91]

"满"和"汉"之间的差别也反映了二者真正和感觉上的文化差别。首先，是语言。满洲的文字和语言在结构上都和汉语根本不同——对北京人来说，满语是新来的外语。但是，满语作为两种象征之一把清朝用语与古典汉语相结合起来，很快就在北京变得常见起来。城门上的牌匾用两种语言书写，铸造日常使用的铜

---

[90] 柯娇燕：《乾隆对汉军八旗的再理解》，载《清史问题》，第10卷第1期（1989年），63～107页。陆西华（Gertraude Roth）的《满汉关系，1618—1636年》（见史景迁、卫思韩编：《从明到清》）经常不能准确使用术语。柯娇燕在《乾隆对汉军八旗的再理解》中主张"汉"和"满"二者是不清楚和不稳定的类别。有关"满"、"满—汉"和"汉民"的使用紧接着征服，《清实录》（顺治朝），卷5，5页；卷12，2～3页。"我的子民"，《清实录》（顺治朝），卷40，11页。

[91] 多愁善感，欧立德：《外来居民：满族在中国的经历，1644—1760》，404页；亦参见柯娇燕：《乾隆对汉军八旗的再理解》，载《清史问题》，第10卷第1期（1989年），85页。在康熙用满语讲述的1710年意见中，我们能看到不信任："博学的汉官不想让我们满人持续太久——不要让你自己被汉人所蒙蔽。"引自欧立德：《外来居民：满族在中国的经历，1644—1760》，304页。亦参见柯娇燕：《乾隆对汉军八旗的再理解》，载《清史问题》，第10卷第1期（1989年），88页。伴随着《四库全书》（1772—1794）的审查，有助于从书面记录中消除针对满人的诋毁或敌对的记载。

钱在一面用满文，另一面是汉字。[92] 在官方文书和受教育的书籍、手稿和文章中，人们可以敏锐地发现“满”“汉”两种文字。[93] 383

满人还有与汉人不同的姓名习惯，而且这些名字很少按照汉语音译来书写或发音：鳌拜（满文：Oboi），苏克萨哈（Suksaha），纳木福（Namfe），班布额善（Bambursan）；写或说，这些毫无疑问是外来者的名字。此外，许多满人缺乏汉人认同的基本东西，即姓氏。（但是汉军旗人通常拥有与汉人无法区别的姓名。）[94]

“满洲”被认为是其他的文化习俗，而且似乎在两方面存在着一种满汉习俗各异的感觉。[95] 满人强调狩猎和军事文化，与北京的习惯形成共鸣，但是对于来自中部和南部省份的汉人来说更不寻常。[96] 清

---

[92] 汉军旗人可能操着一种不同的口音，但在北京使用的是可识别的汉语版本，受山东话的影响，从那里移民到东北。冈田英弘：《满语，满洲人的语言：阿尔泰语?》，见嵇穆（Martin Gimm）、史达礼（Giovanni Stary）、魏弥贤（Michael Weiers）编：《满族研究中的历史和文献研究》。参见《清实录》（顺治朝），卷106，第8页有关于用两种语言书写所有牌匾的决定。档案室的文档是用满、汉或二者书写的；当有必要时，一些可能用蒙古语书写。参见柯娇燕、罗友枝：《满语在清史研究中的作用》，载《哈佛亚洲研究学报》，第58卷第1期（1993年），63～102页中有关于更多满语的内容。蒙古语比汉语更接近于满语，但是有可能更亲密，是因为蒙古人在京长期存在。有关蒙古人的命运，梁文金：《中国清朝时期北京和其他大都市蒙古语言教育及考试（1644—1911）》，载《加拿大蒙古评论》，第1卷第1期（1975年），29～44页；艾骛德：《蒙古非凡喇嘛：一种文化模仿的现象学》，载《匈牙利东方学报》，第46卷第1期（1992—1993年），9～10页。

[93] 例如，《清实录》（顺治朝），卷106，8页。

[94] 当满人和汉人的习俗混合时，甚至在家族内部或为个人取的名字也改变了。柯娇燕：《孤军：满人一家三代与清帝国的终结》，88页；柯娇燕：《历史的透镜：清帝国意识形态中的历史和族性认同》，102页；石继昌：《旗人姓名琐话》，载《燕都》，1987年第6期，11～12页；欧立德：《清代八旗中的民族性》，3页；周汝式：《唐岱：传记概略》，见周汝式、克劳蒂亚·布朗编：《乾隆皇帝时期的中国绘画：论文集两卷》，即《菲伯斯》，第6卷第1期（1988年），192页。在下面的表中比较同一个人的不同名字（宋德林往往称为德林），《内务府掌仪司承应各项香会花名册》，卷5，5、6页。

[95] 皇帝了解他们满人自己的仪式——《清实录》（顺治朝），卷17，4页；卷31，10页——并且能相应地说出“汉俗”。《清实录》（顺治朝），卷144，2～6页。谈迁客气地写到“这个朝代的习俗”（谈迁：《北游录》，356页）。

[96] 王士禛：《居易录》，卷6，6～7页；《燕京杂记》，115页；徐珂：《清稗类钞》，卷1，9～10页；李家瑞：《北平俗曲略》。

初，要求所有的官员骑马，但是他们却渐渐地改乘轿子；首先是汉官这样做，然后是汉军，满洲旗人似乎还没有这样做。[97]

清初，隐秘的满洲萨满教仪式引起了汉人的好奇心。堂子，是1644年秋在内城的一条街道上为举行萨满教仪式设计的特殊的寺院。清朝初期和中期，萨满教仪式一直保持另类和神秘色彩："京谚有三不问，堂子祭典其一也。"[98]（如图11－3所示。）

384

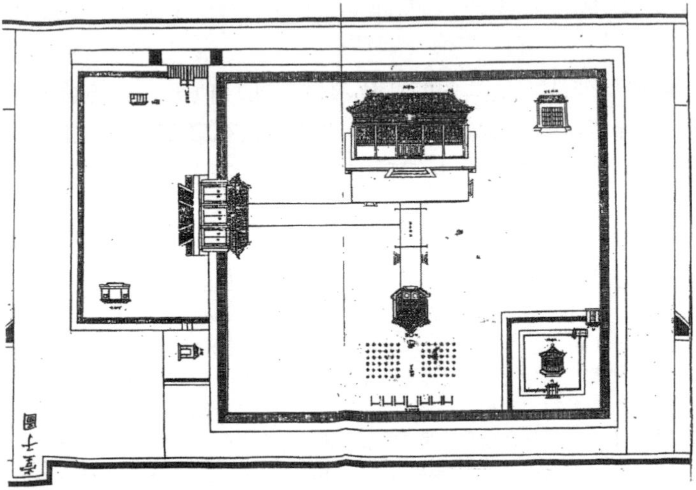

图11－3　满人的堂子

位于皇城东南角，堂子用于满洲精英私人的萨满教仪式。这个建筑于1900年被毁坏，并且在宫中重建；意大利使馆建在这个地点上。

资料来源：《大清会典图》，1899年，卷5，1117页。

---

⑰　王士禛：《池北偶谈》，卷3，68～69页；伽里·莱德亚德：《四百年间（1488—1887）在中国的朝鲜游人》，载《有关朝鲜的非定期论文》（西雅图，华盛顿），第1期（1974年），19页。

⑱　金景善：《燕辕直指》，1056页；朱一新、缪荃孙撰，刘承幹考证：《京师坊巷志》，卷2，8～9页。引文，徐珂：《清稗类钞》，卷1，19～20页。有关这个大殿被误解为"邓将军庙"，谈迁：《北游录》，50页；金昌业：《稼斋燕行录》，162页；孟森：《清代堂子所祀邓将军考》，见《明清史论著集刊》，第2辑。有关西方的误解，帝礼仕（Ira Tracy）：《北京城的描述》，载《中国丛报》，第2卷第10期（1834年），433～443页；第2卷第11期（1834年），488～489页。裴丽珠：《北京》，181页。

满洲女性（满女）明显有别于汉族女性：公众可以清楚地看到，满洲女性在街上骑马，有着一双大脚——没有在童年接受缠足的脚，而缠足则被视为汉人女性必须具有的身体特征。[99] 在宫廷筵宴的菜肴和充塞北京街道的婚丧礼仪中，也可以看到满汉文化的其他差异。[100]

满汉差异是个敏感问题，汉文原始文献对此普遍保持沉默，这种状况促使我们在 17 世纪和 18 世纪的外国来访者对北京的观察中寻求证据。尽管这些外国人在理解“中国”这个范畴上有偏差，但是他们仍然注意到满洲的特色。朝鲜游人在他们用文言文撰写的日记中，自由自在地使用轻蔑的词语来描述满洲，而且他们的确是这样做的。金昌业不仅频繁地用“胡人”来称呼满人，而且 385
轻而易举地从“清妇”中把“汉妇”分辨出来了。[101] 欧洲人从 14 世纪起，用“Tartars”（鞑靼人）和“Tartary”（鞑靼地方）来称

[99] 在街上，1713 年万寿庆典，《万寿盛典初集》，卷 41，48 页；卷 42，10、65 页。闵明我：《闵明我修士行记和论战，1618—1686》，卷 2，217 页。乔治·斯当东爵士（Sir George Staunton）：《英使谒见乾隆纪实》，卷 3，296～297 页。《通往世界首都的路线时刻表和陆路到印度、波斯、远东的指南》，327 页。明恩溥（Arthur H. Smith）：《中国谚语和俗语》。脚，金昌业：《稼斋燕行录》，155 页；《燕京杂记》，118 页。白喀夫（Baikoff）的估计来自 1657 年（约·弗·巴德利：《俄国·蒙古·中国》，卷 1，149 页）。是我最早看到外国人有关大脚的评论。也见乔治·斯当东爵士：《英使谒见乾隆纪实》，卷 3，296～297 页；徐长辅：《蓟山纪程》，811 页。

[100] 宴会，吴艾兰：《为了拥有一切的男人：乾隆宫廷在万寿盛典中的西式新奇事物》，见包乐史、宋汉理编：《近代早期东亚的冲突与调解》，216～239 页；约翰·麦思基尔：《进士的赐予》，载《华裔学志》，第 23 期（1964 年），366～367 页。游行，谈迁：《北游录》，105、356～357 页；邓恩：《从利玛窦到汤若望：晚明的耶稣会士》，353 页；托马斯·阿斯特利编：《航海旅行文集》，卷 4，94～95 页；徐长辅：《蓟山纪程》，812 页；罗信耀：《吴氏经历：一个北京人的生命周期》，下卷，42 页。

[101] 伽里·莱德亚德：《四百年间（1488—1887）在中国的朝鲜游人》，载《有关朝鲜的非定期论文》（西雅图，华盛顿），第 1 期（1974 年），19 页；金昌业：《稼斋燕行录》，155、168 页。在 1803 年，徐长辅（《蓟山纪程》，811 页）用“满”。在 19 世纪中期，激烈反满的太平天国起义把“胡”放在中文的用法中。

呼蒙古人和我们现在所称的中亚地区。[102] 欧洲人称汉军旗人为“Tararified Chinese”（鞑靼化的汉人），并且通常用“Tartar City”（鞑靼城）来称呼内城。[103] “Manchu”（或其他欧洲语言中的等同词语），则通常使用得比较少，欧洲人花费了较长的时间来才使这个词的拼写和意义稳定了下来。[104] 欧洲人也寻找出妇女、服装、食物和狩猎作为满人和鞑靼人显而易见的标记。[105]

这样，似乎清楚的是，在清初和中期，那些亲眼看到满人的当地人和外国人从多个方面把“满人”从“汉人”中区分出来，但只是肤浅地涉及由八旗制度所造成的差异。因此，对“不问满汉，但问民旗”[106] 这句老北京俗语的怀疑态度可能比现实更具有理想色彩。满汉之间的文化差异与这种区别旗人和平民的结构同样重要，而且随着时间的延续仍然愈加重要。[107]

---

[102] 《牛津英语词典》；柯娇燕：《满洲人》，第一章。例如，曾德昭（Alvarez Semedo）：《中华帝国通史》；纽霍夫（Johannes Nieuhof）：《东印度公司遣使觐见中国鞑靼皇帝记》；闵明我：《闵明我修士行记和论战，1618—1686》。

[103] 《中国旅行》，64 页；李明（Louis Le Comte）：《关于中国目前状况的新观察报告》（又名《中国现势续录》）55 页；约翰·贝尔：《1719—1722 年从圣彼得堡到北京旅行记》，127 页。

[104] 《牛津英语词典》；在 1655 年（其首次证明）至 1821 年其各种拼写：“Mantcheoux”、“Manchews”和“Mantchoos”。《牛津英语词典》第 2 版首次证明“Manchu”是在 1883 年；没有进行系统调查，我是在杜德珍《中国的疾病，与欧洲对比探讨其起因、条件和流行》第 42 页发现的。“Manchuria”到 1870 年被使用（韦廉臣《华北、满洲及东蒙旅行记》的书名中）。

[105] 冯秉正（Joseph Anne Marie Moyriac de Mailla）的多卷本中国历史（《中国通史》）描述了“鞑靼人”的发型和官服（X，417 页）、妇女的服装（XII，649、652 页）、食物（XII，649、652 页），以及上级人物（XII，689～690 页）。亦参见约翰·麦思基尔：《进士的赐予》，载《华裔学志》，第 23 期（1964 年），366～367 页；吴艾兰：《为了拥有一切的男人：乾隆宫廷在万寿盛典中的西式新奇事物》，见包乐史、宋汉理编：《近代早期东亚的冲突与调解》；约·弗·巴德利：《俄国·蒙古·中国》，卷 1，150 页；约翰·贝尔：《1719—1722 年从圣彼得堡到北京旅行记》，129、168 页。

[106] 引自《北京市满族调查报告》，见《满族社会历史调查》，81 页。

[107] 也许因为他们是更常见的外来者，并且在数量上更少，蒙古旗人似乎在北京居民中没有引起特殊的兴趣。实际上我碰到的所有参考资料（用汉语或西方语言）中，访问的是非本地蒙古人。

但是，仅仅看一下这种区别结构在八旗制度的表达，以及关于差异的思想在文化中的充分表达，是无法体验北京八旗生活的。并非日常文化所有方面都在文化或政治上得以体现。日常生活和行为的许多方面极少有满汉或旗民的差异。在这些方面，旗人自己适应了北京的文化和社会，借用、增加、改变、适应和创造的是一个当地的身份，而不是民族的身份。

参与当地的宗教是进入这个领域的一个舞台，满汉旗人可以而且是迅速地开始适应。[108] 正如清朝皇室遵循明代先例而支持宗教一样，旗人通过积极参拜寺院和捐助，从而踏上了明代精英的足迹。 386

文化上的独特性就是这样不均匀地被保存着，但是从长远来看，即使是在北京，汉族文化也具有自身的优势。[109] 与宫廷有联系的汉人不得不适应满人的服装、语言和举止。但是除了剃发留辫外，清朝没有试图强迫普通百姓接受自己的文化。乾隆皇帝曾努力复兴征服者精英们的满洲特征，但是没能扩展到那个组织之外。此外，从女真文化转变为满洲文化是一个相对短暂的历史，满人与东北家乡的联系变得日益脆弱（而且汉人文化在东北也是一支强大的力量）。相比之下，1644 年，无数汉族制度和传统在北京处于适当的位置，并且成千上万的当地人传播着有关它们的知识。由于汉军旗人为数众多，所以整个旗人在数量上与整个京畿地区的汉人相当。实际上，如果放大范围，旗人在帝国内只能算是少数。

由于国家在制度上没有支持满语在日常生活中的应用，所以居住在北京的旗人在汉语语言环境中迅速地学会汉语，这并不值得惊奇。而且，被汉语包围的满语也会受到汉语的某些影响。尽

[108] 在第十六章中，我们将讨论戏院，当地生活的另一个方面，旗人也深深参与其中。

[109] 柯娇燕《孤军：满人一家三代与清帝国的终结》和欧立德《外来居民：满族在中国的经历，1644—1760》描述了在省级八旗驻防中满洲身份的困境。

管如此，在两方面都产生了影响，而且京师文化与清朝占领前已经有了区别，再次变成一个富有朝气的混合物。

我们现在所知道的北京官话在清代发展为本地方言（这种方言本身受到了辽、金和元等朝代的官方用语的显著影响），不仅受到汉军旗人山东方言的影响，而且也受到蒙古和满洲所属的阿尔泰语系的影响。18 世纪，这种语言成为北京本地方言，一直到 20 世纪，满洲人被认为是操着漂亮北京话的人。[110]

387 许多边疆习俗被城市生活所破坏和抛弃。满人和旗人文化的其他元素逐渐融合：新兴的流行娱乐形式（如杂技、摔跤、风筝）、汉藏宗教艺术、手指作画艺术的复兴、满汉歌谣、说书大鼓，甚至一种驰名于西方的小狗也用京城来命名——京巴狗。[111]

---

[110] 罗杰瑞（Jerry Norman）：《汉语》，5～6 页；陈学霖：《“一箭之隔”：关于阿尔泰地区测量的论述》，载《宋元学刊》，第 25 期（1995 年），46 页；冈田英弘：《满语，满洲人的语言：阿尔泰语?》，见嵇穆、史达礼、魏弥贤编：《满族研究中的历史和文献研究》，168～175 页；欧立德：《旗人和民人：19 世纪江南的民族矛盾》，载《清史问题》，第 11 卷第 1 期（1990 年），67 页；威哲扬（Stephen A. Wadley）：《中国清朝混合语言的诗句》，载《亚洲腹地》，第 16 辑，60～112 页；桥本万太郎：《中国北方汉语的阿尔泰化》，见约翰·麦克考恩（John McCoy）、黎天睦（Timothy Light）编：《汉藏研究》，76～97 页；关纪新、孟宪仁：《满族与沈阳语、北京语》，载《满族研究》，1987 年第 1 期，73～81 页；燕瑞博（Robert W. Swallow）：《北京生活侧影》，vii。《库克的北京、天津、山海关、奉天、大连、旅顺和汉城旅游手册》第 13 页中提到满人的“蒙古话”“仍在下层中使用”。

[111] 关于娱乐，刘侗、于奕正：《帝京景物略》，卷 2，72 页；罗信耀：《吴氏经历：一个北京人的生命周期》，下卷，152～154 页；傅公钺等：《旧京大观》，179 页。关于宗教艺术，噶尔梅（Heather Karmay，即海德）：《早期汉藏艺术》；谢瑞华（Terese Tse Bartholomew）：《旧金山亚洲艺术博物馆中的乾隆时期汉藏艺术》，载《东方》，1991 年 6 月，34～45 页。关于指画，鲁克思：《中华帝国晚期的木作与营造》；黄巧巧（Nixi Cura）正在撰写一份关于旗人绘画的论文（在美国纽约大学）。关于说书，凯瑟琳·史蒂文斯（Catherine Stevens）：《北京的鼓音》，271 页；冈田英弘：《满语，满洲人的语言：阿尔泰语?》，见嵇穆、史达礼、魏弥贤编：《满族研究中的历史和文献研究》，168～175 页；柯娇燕：《孤军：满人一家三代与清帝国的终结》，85、91 页；李家瑞：《北平俗曲略》，4～5、8～9 页。关于狗，芮尼（D. F. Rennie）：《驻华英使馆第一年期间的北京和北京人》，卷 2，96 页，“我购买了一只北京所特有的小狗（在一个庙会上）”。

为了更详细地说明这种转变，并揭示出北京是一个超出皇家或国家范围的首都，我们将在下一章转向17世纪和18世纪的北京社会生活。

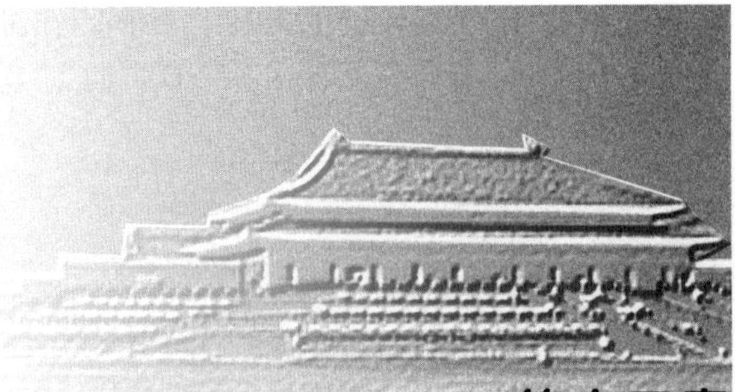

第十二章 重新统一

388 清朝的入侵打断了北京历史的发展轨迹。改朝换代的剧变摧毁了京城文化和社会生活，同时被摧毁的还有宫里的富裕精英、分散隐居的寄居官员、文人和商人，来自边疆地区的特权移民涌进了北京城，淹没了普通居民。尽管大部分实体结构在改朝换代中免于毁损，而且经济生命线也恢复得相当快，但是社会和政治的分裂却进一步加大了。此时，北京与15世纪初所面临的挑战是一样的，但是这种变化被加速了。京城是如何进行调节的呢？生活将会有什么样的不同呢？锻造新群体和重塑一种共同享有的城市文化需要经过多长时间呢？我们将在接下来的章节中研究这些问题。

在概述清代北京社会历史轮廓的同时，对于我们所能了解到的公开成立的组织和团体，它们对公共空间（特别是寺院）的利用和集体生活的表现给予重点关注。在本章中，对清代统治初一个半世纪中的北京社会研究，依次按照京城的各个部分进行：旗人的内城，汉人的外城，然后是混居的郊区。① 在考虑皇家捐助的背景之下，

① 本章的主题以一种不同的方式包括在吴建雍的《清前期北京城市生活》中。

暂时先不考虑有组织的团体，我们就可以看到寺院在个人、家庭和集体生活中的地位。最后通过对岁时节日的调查，我们可以估量出18世纪中期一个已经出现的共有集体的生活范围。

旗人之内城

为了了解北京内城的生活是如何重建的，我们将详细研究旗 389
人社会的成员、公共空间的可利用形式，以及当地宗教习俗所采用的方式。我们来看一下，寺院的赞助是如何为周边团体的形成提供物质条件的，如何使得人们可以不分地位高低、不分男女、不分僧俗合法地聚结在一起，帮助这些外来者在北京立足。在汉军旗人的引导下，清朝接管了明朝精英们留下的地方，他们通过尊重当地神灵、保护古迹和支持北京的僧侣获得了功德和威望。这样，宗教捐献创造了拥有当地价值的文化首都，易于旗人整体进入这个社会之中。

明代北京的贵族精英在1644年就已经被消灭了，迅即由清朝的八旗贵族所取代，并且得到新攫取的庄园的支持。② 这群贵族人数远远多于他们明代的对手，更多地集中于北京，而且在他们范围内更加地方化，但是同样要依靠君主的力量。这样一个阶层的存在，虽然有能力慷慨资助寺院，但在根本上寄生于京城地区和帝国，这样持续把北京和其他城市区分开来。

对旗人而言，迁入内城似乎具有相当的吸引力。威严网格状的宽阔大街巩固了一片片的小巷（当地人称之为“胡同”），这些胡同形成了上百块被包围的地区，可以随处看到金碧辉煌或掩映于林荫中的古老寺院和贵族豪宅。一串串湖泊提供了广阔的山光水影，钟鼓楼——安全和秩序的象征——高高地矗立着，被高大的外墙包围着并从属于内城红砖碧瓦的皇宫，为旗人提供了最好

② 这些庄园位于首都附近和东北部。杨学琛、周远廉：《清代八旗王公贵族兴衰史》，217～321、444～466页。

的北京。旗人精英们也迅速声称对内城拥有所有权。

新来的爱新觉罗家族迅速把自己确立为京城社会权力的中心。那些在皇位争夺中存活下来的皇子、皇帝的兄弟和叔父（在入关后的第一个一百年里，许多人死于皇位争夺）在朝廷和当地社会中变得强而有力。[③]

一套十二个头衔用于这些皇子和其他皇室男性成员的奖赏和
390 等级：第一级、第二级皇子等等。[④] 作为成年人，这些男性大多数（和他们的后代）住在皇宫外面的大宅子里，由内务府分配太监和包衣；他们有权在礼服、马匹和陵墓上使用象征其地位的特殊符号。[⑤] 他们与君主分享财富、特权和亲密的关系，皇城的管辖区域是他们的社会中心。清初的几十年中，由于习惯于自治并且突然被授予大量可供他们自由支配的资源，这些皇子的行为变得胆大妄为。他们修建了精致、崭新宽敞的住宅，并在再次辉煌的京城内炫耀他们的地位。通过家丁，他们还动用并滥用权力——这在明代传统中也是常见的。[⑥]

这种有特权的家族是危险的，清朝君主很快就采取措施来控制他们。清朝一成立，封号就以依代降级的方式来继承，即儿子继承的头衔比父亲低。清朝慷慨地分配较低级的头衔，对最高级的头衔则不这样做。[⑦] 在一个单传的家族里，死亡、过继、晋级以

---

③ 罗友枝：《清代宫廷社会史》，第三章；白彬菊：《君主与大臣：清中期的军机处（1723—1820）》，68～69 页。

④ 布鲁纳特、哈盖尔斯特罗姆：《当代中国的政治组织》，第 16～17 号；杨学琛、周远廉：《清代八旗王公贵族兴衰史》，第一部分。

⑤ 布鲁纳特、哈盖尔斯特罗姆：《当代中国的政治组织》，第 27 号 A。来自下五旗低等级的包衣被分配给皇子。

⑥ 《清实录》（顺治朝），卷 137，23 页。有关从城门和桥上抽取合法商业交通费用（至少是 17 世纪 70 年代），《清朝文献通考》，卷 32，5144～5145 页。

⑦ 布鲁纳特、哈盖尔斯特罗姆：《当代中国的政治组织》，第 27 号 A、27 号 B；吴玉清、吴永兴等编：《清朝八大亲王》，2 页；《清实录》（顺治朝），卷 62，6～7 页。在顺治朝，拥有最高四个头衔之一的一个男子对应着拥有两个最低头衔之一的一个男子。在这个朝代末期，比率接近于在顶端的一个对应着底部的八个。这些是我自己计算的结果，基于杨学琛、周远廉《清代八旗王公贵族兴衰史》第 159～178、472～485 页提供资料的基础上。

及降级都支持这种无规律的继承。

最终，皇帝从这些亲贵手中夺取了其他的权力；到雍正朝末期（1735 年），皇家的权力变得更加巩固，皇权控制的八旗资源被官僚化，并且明显减少。⑧ 受宠爱的皇子们被吸收进围绕着皇位的国家权力范围之中，其他皇子则留在北京和沈阳受到更多限制的局部范围。所有皇子带着他们的大批随从，继续把持着街道，利用他们的资源来控制当地短缺货物的供给。⑨

无论如何，整个清朝有超过一百多个爱新觉罗氏皇族能享有贵族地位的特权；在这些家族当中，约有 15 支父系家族拥有高级爵位和充裕的俸禄，并被允许享受真正的豪华生活。⑩ 18 世纪 70 391
年代，清朝皇家的统治更加巩固，乾隆皇帝决定，允许八大家即征服者一代的后人，作为重新回顾打造清朝历史的部分，永远享有第一和第二级别的高贵头衔。这八大家贵族的帽子因此被说成是“铁制”的，但是直到此时，他们在当地社会中仍然占据着主要地位，因而更加巩固。⑪

清朝为非宗室旗人另设了一套贵族头衔，把他们按照明朝以来惯用的九个级别分成等次：公、侯、伯、子、男等。⑫ 颁赐这类头衔通常是为了效忠君主。例如，鄂尔泰由于他在文职官僚机构中有过重要的经历（18 世纪 20 年代至 30 年代西南地区非常著名的几任总督），因而在朝廷中拥有相当大的权力，在任官的经历中，他被赐予并且也被剥夺过几个贵族头衔。他的子孙继承了他最后的头衔三等伯爵，但大多数似乎没有什么区别。相比之下，

---

⑧ 黄仁宇：《16 世纪明代中国之财政与税收》，168～173 页。

⑨ 《清朝文献通考》，卷 32，5146 页。

⑩ 杨学琛、周远廉：《清代八旗王公贵族兴衰史》，159～178、472～485 页。我统计有 121 个头衔持续超过三代；只有 15%有超过 1 000 盎司银的收入。数量在朝代早期较高（第 39～40、149～155 页）。

⑪ 但在事实中似乎有九个这样的家族。恒慕义主编：《清代名人传略》，218～219、923 页；布鲁纳特、哈盖尔斯特罗姆：《当代中国的政治组织》，第 41 号。

⑫ 在这些中，只有头五个似乎拥有影响力。布鲁纳特、哈盖尔斯特罗姆：《当代中国的政治组织》，第 944 号；杨学琛、周远廉：《清代八旗王公贵族兴衰史》，45～46 页。

男爵哈什屯（卒于 1663 年）的儿孙们，可以获得更高的头衔，他们的名字——米思翰、李荣保、马斯喀、马齐、傅文、福康安、福隆安、福长安、明亮和明瑞——对 18 世纪的旗人社会产生了影响。⑬ 在清朝统治的过程中，两百个满洲、蒙古和汉军旗人家族拥有这样的贵族头衔超过了三代。⑭

在旗人贵族中，皇家的姻亲与宫廷有着特殊的亲密关系。这些皇亲国戚不可能和明朝的对手一样依靠母系家族或一个合适的婚姻来提高卑微家族的短暂权力。更为常见的是，他们也是与君主有密切关系的精英家族，他们的权力通过与皇家的姻亲得到进一步加强——当他们的一个女儿生下的儿子成为皇帝时，这种情形就更为明显了。来自边疆地区的蒙古旗人喜欢迎娶清朝公主，一些跟皇家结亲的蒙古旗人成为在北京的政治和社会上有影响力的家族。只要得到权力，这些皇亲国戚就保持着它。直到 19 世纪后半叶，清朝 24 个皇后家族中除了 7 个之外，都保持着世袭称号（通常为公爵）。⑮

这些皇亲国戚的名号制度造就了特权阶层。对于那些陷入这
392 个秘密世界中的人们来说——当经常身处这种情形时——等级和进入的次要差异可以引起强烈的关注。但是仍然存在真正的差别：这不是无关紧要的小事，在特权阶层中，婴幼儿的死亡率是比较低的。⑯ 在这个贵族阶层中，人口的增长与许多在整体上影响旗人的相同财政压力相结合，在贵族内部，以及其他旗人部分之间加大了社会和经济上的差距。直到 19 世纪第二个十年，这种巨大的差异仍然存在于裕丰家族之中，豫亲王裕丰——努尔哈赤的一个后代，是八大家族之一的首领。他住在京城的豪宅中，由一大群

⑬ 关于鄂尔泰，恒慕义主编：《清代名人传略》，601～603 页；《清史稿》，卷 170，5525～5526 页。关于哈什屯，恒慕义主编：《清代名人传略》，580～581 页。

⑭ 《清史稿》，卷 168～173；杨学琛、周远廉：《清代八旗王公贵族兴衰史》，149～178 页。

⑮ 罗友枝：《清代的皇室婚姻和政治统治问题》，见华若碧、伊沛霞主编：《中国社会中的婚姻关系和男女平等问题》，178～179 页；《清史稿》，卷 167，各处。

⑯ 李中清、王丰、康文林：《清代皇族中婴儿和儿童死亡率：两种积极限制类型的含义》，载《人口研究》，第 48 期（1994 年），395～411 页。李的数字是针对宗室。

仆人伺候着，一个名叫朱贤（zhuxian）的汉军旗人包衣虽然正式归属于裕丰的家族，但是却作为一个农民生活在北京郊区，还有一个名叫海康（Haikang）的无业闲散宗室成员。[17]

惹人注目的豪宅是贵族在内城（还有一些在郊区）存在的标志。18 世纪中叶，超过 30 座这样的王府以可观的比例占据着京城的房地产。（其中一座如图 12－1 所示。）由于完全位于由旗人所占有的内城住宅区内，19 世纪时超过 50 座这样的王府为人所熟知，成为当时知名的当地旅游景点。[18] 这些住宅区以其拥有至少三个庭院、许多花园、高大的外墙、青瓦或黄瓦覆盖的屋顶（黄瓦更是一种特权）、少有的宽阔大门、鲜明的装饰和角楼（有时候）而著称。[19]（而明代府宅则没有这样的规模。）

随着时间的流逝，新的府宅建了起来，而旧的府宅被移作他用（这种情况比较少）。因为大型寺院是可以在空间和地位上与府宅相媲美的建筑物之一，因而可以被转为他用。[20] 明代太监修建的高公庵位于内城，是蒙古王公策凌到达北京时的常住之地，当他的孙子拉旺多尔济与乾隆帝之女结婚时，高公庵作为府宅被赐给这个家族。[21]

---

⑰ 韩书瑞：《千年末世之乱：1813 年八卦教起义》，70、81、158 页；《清史稿》，卷 162，5001 页。

⑱ 大的乾隆地图显示了最重要的 37 座王府，1750 年地图，《清内务府藏京城全图》，索引。刘之光（刘之光：《北京清代王府概述》，载《北京文物与考古》，135～175 页）讨论了 61 座（排除那些低级别的王府），并且详细地描述了 34 座（第132～133 页）。在 1826 年，昭梿列举了 89 座，昭梿：《啸亭续录》，卷 4，509～511 页。皇子在郊区也有庄园，《大清会典事例》，1899 年，卷 590，12838 页。

⑲ 塞缪尔·维克多·康斯坦特：《京都叫卖图》，164 页。刘之光《北京清代王府概述》（见《北京文物与考古》，1983 年第 7 辑，13 页）展示了 2 个典型的布局。一些王府保存到了今天，一些另做他用。

⑳ 6 座最大的王府比大多数寺院大很多。多尔衮的王府变成玛哈噶剌庙，许道龄：《北平庙宇通检》，卷 1，92～93 页。胤祥的王府在其 1730 年死后变成他的祠堂，《北平庙宇通检》，卷 1，14～15 页。雍和宫是雍正皇帝的王府。

㉑ 那王府。杨乃济：《那王府历史沿革与现状》，见《燕京春秋》；恒慕义主编：《清代名人传略》，756 页。

393

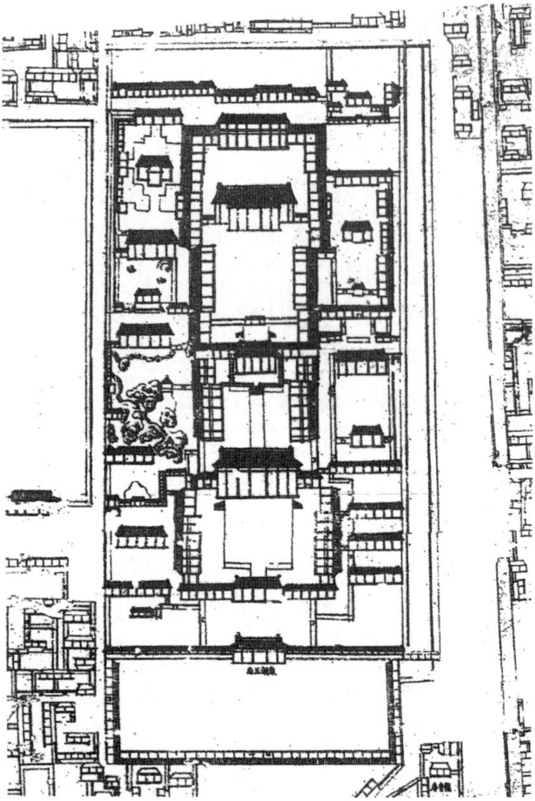

图 12－1　廉亲王府 *

资料来源：《清内务府藏京城全图》，1750 年，VII：9。

394　和寺院不同，王府宅院是不允许公众进入的。每座宅院都住着单个家族以及大批仆役，《红楼梦》这部清代小说是一位汉军旗人包衣撰写的，他对京城的富裕生活和爵位了如指掌，从而可以帮助当代读者了解在这种府宅中的生活。[22] 这部小说以强烈的戏剧

---

* 不是廉亲王府，而是康亲王府，作者此处有误。

㉒ 这部小说以手稿的形式首次流传于作者的朋友之中；1792 年刊行，允许广泛和渴望的读者（受教育的人）去看这个贵族家庭的内部。霍克思（David Hawkes）、闵福德（John Minford）译：《红楼梦》，前言，卷 1，15～18 页。

手法描述了这些家族突然失去皇帝宠爱后的败落，而后又迅速地恢复家道的经历。因为不仅是头衔而且房子和生财的资产都受君主支配，所以宫廷政治的巨大波动会产生强烈的后果。

这些显赫于街上的府宅，对北京来说是独有的，它们反映了司空见惯的“贵家”“贵人”所持续扮演的角色。从这个角度来看，明代的变化没有如此之大。贵族消费的规模，权力和不安带来的自大，甚至“衣香犹带御炉烟”留下的气味使得新的宫廷精英在北京的场景上成为一个危险而熟悉的存在。[23] 因为大部分有权力的家族是新满洲人，他们的权力通过他们占统治地位机构的特殊团结而得以加强，而且还通过参加皇家的萨满教和藏传佛教仪式，以及通过他们卷入流言蜚语和阴谋而有所加强。[24]

皇室在满洲八旗中构成了一种不同的子群。被确认为努尔哈赤祖父的后代由两大部分构成：主要的家族是努尔哈赤的父亲(称为宗室)，次要的家族是他的叔叔和伯父（觉罗）。为了象征和宣扬他们特殊的世系，宗室里的男子有权佩黄带子，而旁系男子佩红带子。[25]

宗室成员的生活也（如同所有旗人的生活一样）是高度官僚化的；他们有自己的管理行政机关、他们自己的学校和他们自己的司法机关。在宗室内，特权的等级制度由地位确立，可以确保一个定期的收入和称号扩大到子女们。当宗室在规模上日益增大 *395*
时，就逐渐分化，虽然大多数成员与皇家的关系仍然维持着，但是他们最终和其他旗人一样，承受着资财缩减的压力。他们当中

㉓ 《草珠一串》，4 页。

㉔ 王湘云：《清朝宫廷的藏传佛教：章嘉二世阿旺罗桑却丹的生平与事业(1717—1786)》，272、276 页。

㉕ 李中清、康文林、王丰：《清代皇族人口统计初探》，见戴维·莱尔、罗杰斯科·菲尔德编：《历史人口统计学中新旧方法》，361～382 页；李中清、郭松义主编：《清代皇族人口行为和社会环境》。令人印象深刻的人口统计成果——宗谱没有规定他们的成员居住在何处。李中清、王丰、康文林：《清代皇族中婴儿和儿童死亡率：两种积极限制类型的含义》，载《人口研究》，第 48 期（1994 年），第 396 页估计十分之九住在北京，其余的人住在沈阳。

许多人发现自己已经落魄了，尽管地位不一定低下。㉖

阶层和差异也是由八旗制度本身内部的特权和权力的等级制度造成的。都统是宫廷精英的一部分，获得钱粮的完备等级制度加剧了低级官员之间的差异。当君主拉紧其与旗人核心组织的联系并且抛弃了许多人时，旗内的贫富差距被加大，而且和外城、郊区的汉民的差异日益被模糊。

几种不同种类并且不带想象成分的数据，使我们多少了解到18世纪北京旗人的规模。一份有关牛录数量增长的完备记载用图表形式表现了在皇家敕令中所提到的人口平稳增长：1647年，707个牛录；1725年，1 138个；1781年，1 373个。㉗ 更多无系统记录的数字说明支付军饷士兵的数量，相比之下，似乎清代大多数时候保持约100 000名。㉘ 对全部旗人人口一个相当可靠的估计来自1851年由步军统领衙门进行的一次内城详细调查：他们统计有76 000个旗人家庭，并乘以5（每个家庭的人口），可以得到那时有380 000人。㉙

㉖ 当皇族人口增加时，发给俸禄和赐予头衔的职位会减少，而且君主的资源会变得紧张。李中清、郭松义主编：《清代皇族人口行为和社会环境》，126～130页；郝瑞、鞠德源、韩书瑞：《清代皇族的玉牒》，载《清史问题》，第6卷第2期（1985年），37～47页。

㉗ 我们了解牛录的数量，但不知道每个牛录有多少人；有关大概的数量范围，参见《清实录》（雍正朝），卷60，26～29页。我们也不能把驻扎在郊区和那些（大多数）在内城的牛录区别开来。朱一新、缪荃孙撰，刘承幹考证《京师坊巷志》卷6第29～36页中显示1725年每个旗牛录数量的变化是相当大的。

㉘ 1985年调查，《北京市满族调查报告》，见《满族社会历史调查》，183页；185页有120 000人，但参见《清实录》（乾隆朝），卷879第13～15页（见《北京历史纪年》编写组：《北京历史纪年》，219页）中有关说明，在1771年城市只有89 000人，并且乔治·奥古斯特·马肃（Georges Aguste Morache）《北京及其居民的卫生研究》第76页有75 000的数字。

㉙ 《金吾事例》，卷6，15～18页。可靠的20世纪资料进一步证明了1851年的数据。约1911年进行的调查发现有83 000户和456 000人（乘以5.4），梁方仲：《中国历代户口、田地、田赋统计》，268页。一份1926年调查发现有97 000户和467 000人（乘以4.87），《北京指南》，卷1，24～25页。亦参见韩光辉：《清与民国三百年间北京今市域内人口地理的初步研究》，25～28页；韩光辉：《北京历史人口地理》，120～125页。

皇城只是一小部分旗人、大部分包衣和几千名汉族太监的家。[30] 十三名都统被同样有利可图但更严格控制的皇室所代替，京城也不再是一个太监权力集中之所。[31] 396

极其富有和有权势的内务府，位于紫禁城内，被一小批受到信任的八旗皇子和贵族所掌控。一等公爵傅恒是乾隆皇帝的妻弟，担任总管内务府大臣长达三十年（同时拥有其他的职位）。和珅，在1775年后作为年老的乾隆皇帝的宠儿升到高位的旗人，也担任过总管内务府大臣；对皇家事务长期的影响是其相当大权力基础的一部分。[32]

内务府总管之下是数千名管理者和从跟商人打交道中获利的包衣。甚至一个更少数的包衣家族作为皇帝私人的代理人可以获得巨大的财富，成为他的亲信并且为君主提供嫔妃。[33] 例如，嘉庆皇帝的母亲，是内务府包衣官员的孙女和女儿，和道光皇帝的母亲一样；她们的父亲都是包衣，因此而被提拔为公爵爵位。包衣和侍女通婚，一些包衣妇女作为奶妈和宫女服侍皇帝，其他偶然的途径也能使得他们变得富有和显贵。[34]

---

[30] 在17世纪60年代，也许有15 000人，20世纪早期增长到47 000人。纽霍夫：《东印度公司遣使觐见中国鞑靼皇帝记》，121页，15 000人。《北京指南》，卷1，24～25页，1926年47 000人。《市政统计年鉴》，1939年63 000人。章英华：《20世纪二三十年代中国城市的内部结构》，45页，1907年5 000户。有关包衣，韩光辉：《北京历史人口地理》，121页。有关太监，小德金：《北京、马尼拉、毛里西亚岛游记》，卷1，378页，5 000～6 000个太监；艾约瑟：《北京》，见韦廉臣：《华北、满洲及东蒙旅行记》，323页，2 000个太监；庄士敦：《紫禁城的黄昏》，174页，1911年前3 000个太监。皇城居民约占内城人口的10%，似乎比他们在明代的人数多。

[31] 皇室包衣包括汉人、满人、朝鲜人和俄罗斯人。在朝代早期他们的牛录构成了十分之一的旗，但是他们的人口合计达到旗人半数；在18世纪至少有200 000人。安双成：《顺康雍三朝八旗丁额浅析》，载《历史档案》，1988年第2期，100～103页；韩光辉：《北京历史人口地理》，120～125页。

[32] 陶博：《清代内务府：对其机构和职能的研究，1662—1796》，33、77页；恒慕义主编：《清代名人传略》，288～290页。

[33] 陶博：《清代内务府：对其机构和职能的研究，1662—1796》，28～30、64～80页，以及第五章。最有名的例子是《红楼梦》的作者曹雪芹家族。

[34] 张德昌：《清代内务府的经济职能》，载《亚洲研究学报》，第31期（1972年），246页；陶博：《清代内务府：对其机构和职能的研究，1662—1796》，72～77页；罗友枝：《18世纪皇帝形象的创立》，见荣鸿增、罗友枝、华若碧编：《和谐与矛盾：中国语境中的礼乐》；恒慕义主编：《清代名人传略》，968～969页。

大部分包衣地位卑下而非显赫。多数包衣是宫中、皇家庄园、王府和皇城衙门中普通的受雇者。包衣和其他旗人的界限是互相渗透的，当时汉人包衣的地位和汉军一样，很容易被抛弃。[35]

397 除了清初和清朝灭亡时期，大部分太监属于最低级别的包衣。他们的范围被收缩到宫中（及某些王府），他们的活动受到内务府的严密监督。虽然有为包衣和太监而设的学校，但是对于太监的教育并没有得到重视。据说，1769 年规定，在太监学校（创建于 1696 年，大部分时间设在西苑的万善殿）只用满语进行教学。“我朝宫府肃清，内监等从不令干预政事，既不识字何碍？或伊等间有登记册档之处，但能精辨字画足矣。”[36]

清初，环绕京城的红墙是一个重要的划分：1656 年，内务府人员被命令住在皇城里；两年后，皇子和他们的随从人员被命令迁出皇城。[37] 虽然每天出入皇城受到监视，但是旗人的出入似乎相当容易。此外，正如我们所看到的那样，许多皇城里面定期举行的庆祝活动有大批的高官和旗兵参加。我们能肯定的是，直到 1813 年，通过皇城东西外门不会受到限制。在那年，图谋叛乱的人们带着藏有武器的小贩篮子毫无阻拦地徐行通过这些城门。只有在紫禁城入口，安全措施才适当有加强。

当时间使得内城旗人居住区所造成的地理划分变得紧张时，在京城东西两边之间形成了文化的差异。[38] 沟通的自然障碍无疑加大了这条新的断层线：皇城城墙和北边湖泊因为被迫通过的瓶颈地区而最大程度地减缓了东西交通。（参见地图 11－1。）17 世纪时，“东

㉟ 陶博：《清代内务府：对其机构和职能的研究，1662—1796》，64～69 页；《北京历史纪年》编写组：《北京历史纪年》，210、211 页；欧立德：《外来居民：满族在中国的经历，1644—1760》，454～458 页。

㊱ 《顺天府志》，1885 年，卷 9，291 页（引文）、279～280 页；徐珂：《清稗类钞》，卷 2，555 页。包衣学校位于皇城内。有关宫中的侍从概况，罗友枝：《清代宫廷社会史》，第五章。

㊲ 《清实录》（顺治朝），卷 102，18 页；卷 116，8～9 页。

㊳ 对于我来说，在内城中有多少地理的机动性不是很清楚。20 世纪资料提供的记载是相当少的，1985 年调查，《北京市满族调查报告》，见《满族社会历史调查》，83 页。

城”和“西城”这两个术语已经被使用，而且自此更为司空见惯。[39]

清末，京城东西部分之间的差异更为明显。大运河交通、贡院、孔庙和太学中外来人员的存在，使得东城拥有更多的商铺和更大的市场。相比之下，与人数较少的混杂旗人相联系的西城显 398 得更加孤立。那时，本地人听到不同的口音，甚至不同的说书风格，而且京城的两大部分通过分别举行的庙会发生关联。[40]

内城和外城被认为容纳了在法律和政治上两类不同的人口，被高墙和容易通过的三个城门所隔离。禁止旗人从事大部分职业，并强行将商业和娱乐活动布置在外城的举措强化了清初的社会差别。由于远离宽敞的大街，内城是居住区，并且具有相同性质，甚至在 19 世纪，游人仍然把比较安静的内城地方与更为繁忙而拥挤的商业外城进行比较。尽管如此，17 世纪在汉人和旗人世界之间制造的如此痛苦的藩篱，还是沿着两个方向被逐渐拆开。[41]

内城慢慢地向汉人开放。首先，一些高官在那里获得临时性或永久性住所的赏赐。[42] 不久以后，汉人在旗人居住区内可以租住和拥有自己的房子。步军统领衙门的调查表明，到 1851 年，内城

---

[39] 北京图书馆金石组编：《北京图书馆藏中国历代石刻拓本汇编》，第 65 册，66～67 页。这些术语不能与外城的五城部分相混淆。

[40] 金昌业：《稼斋燕行录》，240 页；1937 年调查，王宜昌：《北平庙会调查报告(侧重其经济方面)》，26～27、83 页；《金吾事例》，卷 6，15～18 页；柯娇燕：《孤军：满人一家三代与清帝国的终结》，91 页。寺院是东边的隆福寺和西边的护国寺。

[41] 斯温霍：《1860 年华北战役纪要》，356 页；乔治・德・科容理（Georges de Kéroulée）：《北京一游》，177 页；比少耐（Eugène Buissonnet）：《从北京到上海旅行回忆录》，33 页；戈登・卡明（C. F. Gordon Cumming）：《漫游中国》，第 2 卷，160、263 页；濮义耐（A. Bouinais）：《从河内到北京：中国札记》，225 页；孟鹤龄（Henry Norman）：《远东的人民和政治：在英国、法国、西班牙和葡萄牙的殖民地、西伯利亚、中国、日本、朝鲜、暹罗和马来亚的旅行和研究》，197 页。也许在 1725 年，雍正有关八旗居住区的详细描述可以被视为试图稳定一个已经失去控制的形势。《八旗通志》，卷 1，17～22 页；亦参见 1723 年图，《皇城宫殿衙署图》。

[42] 张英和高士奇是早期的例子。朱一新、缪荃孙撰，刘承幹考证：《京师坊巷志》，卷 1，16、19、25、27 页；恒慕义主编：《清代名人传略》，64～65、413～414 页。许多其他人拥有这样的特权，包括米汉雯、张廷玉和朱彝尊。徐珂：《清稗类钞》，卷 1，291 页；《京师坊巷志》各处。

有 15 333 名店主——根据推测，这些店主并非旗人——可以肯定的是，这种趋势始自 1800 年。[43]

到 18 世纪中叶，很难防止满洲官员以一种同样的方式迁居到外城。尽管 1781 年就已经有普通旗人得到允准在那里修建房屋，但在 19 世纪 60 年代，皇帝仍然试图防止宗室成员在外城私下修建房屋。当其他旗人悄悄搬到乡村时，他们就把城内的住宅租了出去。[44]

内城的社会历史就这样在整体上沿着旗人的途径：形式上的差异与越来越无效的作用对抗着汉人和满人的相互渗透，但也没
399 有排除可辨认的旗人核心，特别是满洲人口、文化和制度。

八旗制度本身在内城是占统治地位有组织的模式。牛录和旗之间的联系所拥有的社会后果决定了居住区和捐助的渠道。一旦定居北京，与大部分陌生的邻居一起，移民很少能对这些团体和交际渠道做出明确的选择。

这种制度很少提供用于集会的公众空间，而且如同在第十一章中所讨论的文职政府机构那样，这种制度是阻挠而不是推动共同利益的发展。宗室在紫禁城外面有管理衙门；24 个旗有学校；每个旗的首领在适当的地方内设有衙门。每所学校最终可容纳多达一百名学生，有些学校（特别是那些皇亲的学校）是可观的建筑物。然而，只有一小部分旗人能在这些学校里面接受教育，和衙门一样，学校没有成为其他活动的中心。[45]

总的来说，在旗人周边不会形成或实行一种集体存在的仪式

㊸ 《金吾事例》，卷 6，15～18 页；刘小萌：《从房契文书看清代北京城中的旗民交产》，载《历史档案》，1996 年第 3 期，83～90 页。

㊹ 《清实录》（乾隆朝），卷 441，15 页；《清实录》（同治朝），卷 108，26～27 页；瞿宣颖：《北平史表长编》，317 页。《宫中档雍正朝奏折》，第 15 册，914～915 页。

㊺ 《八旗通志》，卷 23，433～434 页；朱一新、缪荃孙撰，刘承幹考证：《京师坊巷志》，卷 1～6 各处；《顺天府志》，1885 年，卷 9，279～289 页。从 1691 年至 1729 年，也有 24 所单独的义学。柯娇燕《满洲人》第 129 页估计这些学校“不超过一千人”，大部分是宗室成员。

或举行仪式的空间。（校兵场用于服役士兵，而且皇家仪式也不是为每个人举行的。）假如说旗人有一个中心，那就是代理之所：皇宫。即使对那些没有机会进入皇宫的旗人而言，紫禁城似乎是确认他们旗人身份的核心、权力之所、闲谈的焦点、保护和帮助的来源，而且是他们团体的中心。正如我们在第十章中所看到的那样，清代宫廷绘画同样集中描绘宫廷，当表现内城时，内城就会被当作画面远处的边缘或作为皇家行进队列经过的空巷。即使是参观的外国人也把他们的绘画集中于皇家的范围，而不是围绕着它的城市。（清代早期或中期的中国地图强调各种各样的官府衙门，从而体现了在公共地标中这些官方场所的主导地位。）[46]

紫禁城周边次要的社会中心在更小的范围内运行。八旗精英了解汉人的别墅和花园文化，并利用这种文化作为通向当地社会的桥梁。皇帝们在亲信的簇拥下，在西苑里悠闲地漫步，这种情 400
形在口述、绘画和书籍得到描述。对明代北城沿湖生活的描写激发了他们的娱乐活动，清朝贵族重建了包括花园在内的老宅子，举行欢乐的私人宴会。德胜门内的积水潭比明代更加拥挤，但是却保留了其具有吸引力的水滨景色：人们仍然可以在仲夏时节来到这里观看荷花，在柳荫下饮酒。[47]（图 3－3 表现了这样一个聚会。）

明代文人在仿古乡村别墅里邀请朋友们参加社交活动，用绘画记录这个瞬间，这样的惯例也被旗人精英采用。生于蒙古八旗包衣家族的法式善是在皇城内成长的，于 1780 年获得进士出身，成为一名诗人和文人，其影响超出八旗世界之外。1810 年，奉钦命编纂宫廷历史是他所从事的其他工作之一。作为一名常住北京的文人，法式善的自我认同是显而易见的，他最大的兴趣是李东阳——明代早期的诗人、官员和京城的当地人。法式善声称：他

---

[46] 《大兴县志》，地图；《畿辅通志》，1735 年，卷 504，28 页；吴长元：《宸垣识略》，地图；《八旗通志》，地图。

[47] 李家瑞：《清代京师竹枝词四十种提要》，载《读书周刊》（天津），第 77 期，1936 年 12 月 3 日；潘荣陛：《帝京岁时纪胜》，25 页。泡子河地区的湖泊现在已经消失。在 18 世纪中期，仍有十几座大的王府，三分之一拥有封闭的花园。刘之光：《北京清代王府概述》，见《北京文物与考古》，132～133 页。

拥有难以名状的快乐，他位于什刹海（北边三个湖泊的中部）岸边的住处就是李东阳曾经住过的地方。这座曾经招待过许多汉族游人的别墅，以其竹子和藏书楼而闻名。法式善的一位朋友在1799年绘制的画册纪念了附近的景色，包括湖边的莲花和雾蒙蒙的景色。[48] 一直到19世纪，这个地区和这些活动仍然盛行，尽管到那时或多或少的私人集会开始具有日益增长的政治和公众活动的特征。

正是在这样一个由皇室、国家和精英组织统治的城市背景之下，我们可以开始理解旗人何以能如此乐意把内城的寺院作为私人团体和公众慷慨解囊的合适场所。

旗籍移民几乎一开始就把他们自己投入北京的宗教生活，我
401 们对此并不感到惊讶。汉人文化在1644年前就由世代驻防军人家属带到了辽河流域，移民拓荒者寻求土地和机会，城市的工匠和商人也是如此；在17世纪早期，那里的寺院可能是一个普通风景。至少在11世纪，辽河以西有固定居所的地区，那里有汉人的寺院和佛教寺院；1537年的方志记载了该地区以东在其14个行政单位内有170座寺院，而且已经建立了国家祭祀制度。因为许多移民来自华北，这些宗教制度与那些在北京的宗教制度是相似的。[49] 在17世纪30年代和40年代早期，新出现的清朝满洲建立者在他们的新首都沈阳已经捐建了几十座佛教和道教寺院，安置

---

[48] 他也撰写了李东阳的传记，再版了他的文集作品，找到并恢复李东阳在郊区的坟墓，并在李东阳的生日（六月初九）那天定期与朋友在那儿会面。恒慕义主编：《清代名人传略》，227～228页；富路特、房兆楹主编：《明代名人传》，879页；朱一新、缪荃孙撰，刘承幹考证：《京师坊巷志》，卷6，3～4页。在明末，李东阳的宅子被认为在别处；祠堂变更为他用，到清代消失了。参见第三章。有关画册，富路特、房兆楹主编：《明代名人传》，879页；铃木敬编：《中国绘画总合图录》，16～049页。这些是文人风格的绘画，市中心的北京作为绝对乡村加以表现。旗人接受了绘画，但顺治皇帝以他们为范例，集中于人物和风俗画。鲁克思：《遗弃的画笔：高其佩（1660—1734）和他的手指画》。

[49] 魏斐德：《洪业：清朝开国史》，第一章；《辽东志》，卷1，27～34页。军事驻军可能来自中原，但大部分移民来自山西、山东和直隶。

僧侣并按照汉人习惯捐助钱财。[50] 北京的宗教对于满洲皇帝或汉军旗人来说，并不是新的宗教。

清朝前五十年的活动表明，当地宗教的迅速发展是在汉军旗人的首领和官员的合作下开始的。中国宗教的皇家捐助可以把愤世嫉俗解释为对重大或某个层面的亵渎，而旗人的活动则不同，他们在目的上似乎显得更加率直。他们崇拜的神灵是那些在北京常见的——关帝、观音和中国宗教中普通的神灵。在一个听众都是自己团体人的媒介中，旗人资助者使用汉人的虔诚语言，把自己称之为“善人”、“善男信女”和“信士”。

在八旗城区里，直到多尔衮死亡，并且他的重建京城的计划也随之告终的1651年之后，才开始对当地寺院进行捐助。那年夏天，众多的汉军旗人自行组织恢复了内城北城墙边的一座寺院。他们选择了一座仍然活跃的明代关帝庙，重建了主殿，并在扩建
后的一座配殿中摆放了药王。（然而，天花依然席卷了整个北京 402
城。）两座石碑记载了这些事件，碑文是由洪承畴撰写的。洪承畴是1642年投降清朝的明朝官员，后在京做官并征战沙场，直到1665年去世。在1651年支持修复这座寺院的661人中，身为内阁大学士的洪承畴是级别最高的。其他人显然是旗人，而且全部或大多数是汉军旗人，有头衔的人隶属镶黄旗，他们在居住区内建有寺院。石碑的形制和碑文完全按照传统的明代标准。[51]

---

[50] 沈阳地方志专门列出了31座明代或更早期的寺院（由清代君主捐助的除外），《盛京通志》，卷26各处。藏传佛教受到特别偏爱，努尔哈赤在1621年捐给一位西藏喇嘛一座寺院，针对这些僧侣的法令于1633年制定，并且在1643—1644年较好的时节，一位达赖和班禅喇嘛的使臣停留在沈阳。塞缪尔·格鲁伯（Samuel Grupper）：《满族纪念碑简明参考目录：I.太祖、太宗和顺治皇帝》，载《满族研究通讯》，卷1～2（1977—1978年），各处；《清前期满族的保护和藏传佛教：综述》，载《西藏社会杂志》，第4期（1984年），51～54页；《大清会典事例》，1899年，卷501，11748页；柔克义：《拉萨的达赖喇嘛及其与清帝的关系，1644—1908》，载《通报》，第11卷（1990年），9页；牙含章：《达赖喇嘛传》，35～36页。

[51] 恒慕义主编：《清代名人传略》，358～360页；北京图书馆金石组编：《北京图书馆藏中国历代石刻拓本汇编》，第61册，46～47、48～49页。我已经试图对石碑上所列捐助者的名字进行谨慎总结。我能确定的都是汉军旗人；因为其他的名字听起来像是汉人的，我假设他们也是汉军。在清代的第一部分中，我就曾经表明这些内城寺院的捐助者是汉军（特别是当名单中包括其他旗人的时候）。这样的假定在朝代后期变得更加不确定。

征服中原后的最初两代中，接近皇帝的满洲贵族完全专注于国家政事，但是这种精力转移并没有妨碍他们扎根北京。1651年，新皇帝的一个叔父——济尔哈朗亲王，修建了一座小型观音庙，或许是为了感激他在征战西南中平安返回。他的儿子和继承者继续支持这座观音庙，翰林出身的汉族士大夫——或许是为了利用这个机会去加强与这个强势家族的联系？——为其准备了一块石碑。[52]

位于内城东南角的慈云寺是由李太后修建的，但是寺院只能自己保护自己。直到清代早期，“各种各样僧人全部散去，建筑坍塌，墙也倒塌，并且里外是水”。一位年老的化缘和尚和他的弟子（最初来自辽东）从五台山到北京，接管了住处，开始在北京寻求捐助。在17世纪40年代的某一时间，他们与宫中太监取得了联系，通过太监在旗人中找到资助者。各色人等（没有留下名字的），“皇子和公爵，贵族和平民”* 被劝说捐钱扩建、重建和重新装修寺院。在顺治皇帝万寿节，寺院出于奉迎的目的，举行特殊庆典活动，而且出于同样的目的，寺院的庭院被用于向贫困者发放食品。[53]

这些早期的冒险大多数似乎是由汉军旗人来进行的，他们有
403 大量寺院可以选择。最初在1644年，内城（不包括皇家范围）至少有287座宗教建筑，50多座是后来修建的。[54]

佛教寺院成寿寺是由45名汉军男子（还有1名女子）在1655年修建的；大学士宁完我撰写了石碑碑文，此后，这位辽东汉人达到了他的人生顶峰。[55] 1658年，135名有汉语发音名字的男子恢

---

[52] 徐乾学：《儋园文集》，卷36，31～32页；《清实录》（顺治朝），卷161，4764～4766页；恒慕义主编：《清代名人传略》，310～312、397～398页。寺院位于济尔哈朗控制的镶蓝旗居住区附近而不是其内。

* 该引文的中文原文无法找到，故此处直译。

[53] 菲尔德博物馆藏拓片第1434号。金之俊，一位来自江苏省的汉人京官，听说了外城寺院的一位僧人几年后在此创建一所僧侣医院（《息斋续外集》，卷10，27～28页）。

[54] 他们在东边和西边大概的比例为60：40。

[55] 北京图书馆金石组编：《北京图书馆藏中国历代石刻拓本汇编》，第61册，78～79页；恒慕义主编：《清代名人传略》，592页。资料没有告诉我们这些人在此是如何联系的，他们只是那样做了。

复了碧霞元君祠——这明显表明他们熟悉这位神灵——有八旗成员参与其中，这说明他们是这片区域的居民。在住寺僧人和363名妇女的帮助下，他们组成了一个团体，共享资源，重建殿堂和整修神像。[56]

1661年，有将近600名男女捐钱修复并重新命名一座几乎被废弃的明代寺院，尚之信名列其首，而且他们通过这些活动使如此大规模的集会合法化。尚之信的父亲是辽东汉族将军尚可喜，后来他在华南被封为有权势的“藩王”。几十名低级别的八旗官员（大概是汉军旗人），他们已经供职于省级衙门，加上众多的普通“信士信女”，与这个历时两年的工程有关。我们没有看出他们之间的联系。[57] 1684年，一名“虔诚的妇女”（或许是上了年纪）决定拯救即将倒塌的延禧寺——这座寺院或许位于她家附近——由她本人来支付费用。[58]

他们还修建了新的寺院（例如小型关帝庙和观音庙）。1673年，建于镶白旗居住区的土地庙反映了土地爷周边分布广泛却无史料记载的创造或重新安排。[59]

简而言之，八旗的男男女女很快回应了北京寺院的存在，施舍金钱、组织维护和恢复这些寺院，明代的活动没有明显中断。这些活动可能使他们在八旗制度的专制团体之外形成一种新的具有社会团体意义的体系，但是资料不允许我们对此加以证明。修 404

[56] 首都图书馆藏拓片第179号。寺院在镶红旗居住区内，但加入他们的那些人不是来自那个旗的人。

[57] 北京图书馆金石组编：《北京图书馆藏中国历代石刻拓本汇编》，第61册，73～74页。恒慕义主编：《清代名人传略》，634～635页。《清代职官年表》，卷2，1521～1524页；卷4，3182页。三位藩王是明代官员，他们已经与清廷站在一起并且在入主中原后在南方省份被封为藩王。在1673年，三藩反叛并且在八年战争后被清廷击败。

[58] 北京图书馆金石组编：《北京图书馆藏中国历代石刻拓本汇编》，第64册，66页。寺院在三十年后被几个旗人用于庆祝康熙六十万寿节。1713年万寿庆典，《万寿盛典初集》，卷41，47页；卷44，6页。

[59] 北京图书馆金石组编：《北京图书馆藏中国历代石刻拓本汇编》，第63册，140页；张江裁、许道龄：《北平庙宇碑刻目录》，63页。土地爷，北京市档案馆，民国时期，J2：8：531。

建和重建寺院还建立了本地可以协商的威望，帮助这些外来者在这座城市中成为希望得到尊重的人。

当第二代然后是第三代旗人在北京出生和成长时，他们继续以这种方式捐助当地的寺院，表明对当地文化的广泛参与。我们看到，到乾隆初期，有更多的满洲人、更多的旗人和非旗人的混血儿、更多的内城居民介入郊区和外城的寺院，明显的是，尽管当时缺乏自我意识的集体努力仍然占大多数，但更多的则是正式的宗教组织。当地文人和寄居官员受邀为石碑撰写碑文，他们明显看到这样做的好处。而且，和明代有着显著的区别在于：太监和宫廷精英没有吸引香客并且控制局面，僧侣没有起到影响作用，朝廷在行为上更加有组织化。

17 世纪晚期以后，汉军旗人在北京寺院和宗教活动上所起的作用降低了，捐助者名单上越来越清楚地辨认出混杂着汉语发音的满洲男性名字。在这些捐赠名单上绰号的存在表明一个更为广泛范围的参与，向下能延伸到内城的小胡同。在一块 1702 年的石碑上，列出的男性人员，其名字全都充斥着“三儿”、“四儿”、“黑子”和“丫头”之类的名字；一块 1719 年的碑文上记载了“曹大嘴”和“王黑奴”的捐助。[60]

一些捐助者组织的居住性质表明寺院被用于团体的形成。在 1686 年的一场大火后，将近两百个“里邻”修复附近的二郎庙，花了十年时间筹措资金并且援助常住的道士。一名新科旗人进士撰写了碑文，他就在这片区域的一个官府粮仓里供职。（现在并不清楚这一团体的整个情况——如果它称得上团体的话，我们见到的事例几乎都是如此。）1688 年，一座位于内城毁于新近地震的观音庙得到重修和扩建；居民组织成立了一个宗教团体，在一位旗

---

[60] 有关混合，参见在 1694 年重建舍饭寺中 128 个带有汉语和满语发音的名字。北京图书馆金石组编：《北京图书馆藏中国历代石刻拓本汇编》，第 65 册，62～63 页。1702 年，《北京图书馆藏中国历代石刻拓本汇编》，第 66 册，17～18 页（这些可能是内务府的雇工）。1719 年，首都图书馆藏拓片第 83 号。

人首领的领导下，捐助了一百盎司的银两。[61]

其他组织的捐助人似乎是由一起共事的男性成员组成。在皇城的小街、胡同和作坊里，明朝太监曾是热心的捐助者，现在新 405 的作坊组织形成了。1702 年，171 位内务府的汉人包衣与其他地位低下的满洲旗人一起重修了三义庙——关羽和他结义兄弟的寺院。但是，他们通过什么样的关系链来劝说汪绎——一位刚刚在进士考试中获得状元的苏州人，撰写文章颂扬兄弟般团结的品德，即“常贞至死”呢？[62]

寺院往往是重组和重新配置明代作坊的唯一残址。例如，1769 年，为了重建位于景山东边太监衙门里一座快要倒塌的关帝庙，一位住在附近的人（“里人”），可能是一位包衣，向附近其他人募款，自己亲自监督工程，并聘请一位有同情心的给事中撰写碑文。[63]

太监继续支持寺院并且利用他们的关系获得皇家赏赐，但是在规模上与他们地位的大幅度降低相当。1640 年后，充当捐助者的大量明代宫女销声匿迹了。（实际上，在 17 世纪 60 年代，就鲜有关于妇女捐助内城寺院的记载，甚至她们作为宗教团体的一部分。）[64]

---

[61] 1686 年，北京图书馆金石组编：《北京图书馆藏中国历代石刻拓本汇编》，第 65 册，89～90 页；《北京旅行指南》，115 页。1688 年，北京图书馆金石组编：《北京图书馆藏中国历代石刻拓本汇编》，第 64 册，112～113 页；第 83 册，46～47 页。团体参与这些捐助活动只是一个片段（在 1800 年前，这个时期有 12 个例证，约占 10%），我将在第十四章中更详细地研究它们。

[62] 北京图书馆金石组编：《北京图书馆藏中国历代石刻拓本汇编》，第 66 册，17～18 页。

[63] 北京图书馆金石组编：《北京图书馆藏中国历代石刻拓本汇编》，第 73 册，10 页；《日下旧闻考》，卷 39，621 页。

[64] 我只看到两个太监捐助皇城内已有的寺院（在 1705 年和 1756 年）或获得新的皇家赐予名字的例子——通过与明代上百次类似的活动相对比。北京图书馆金石组编：《北京图书馆藏中国历代石刻拓本汇编》，第 66 册，67～68 页。《日下旧闻考》，卷 52，833～834 页；卷 54，866 页。亦参见北京图书馆金石组编：《北京图书馆藏中国历代石刻拓本汇编》，第 71 册，109 页。有关妇女，参见在第十四章中的讨论。

18 世纪，八旗贵族继续投身到等级低微的临近寺院和重要的国家祠堂事务中，然而与明代同类人所做的相比，他们在更为广泛的社会中似乎没有起到主要的作用。在八旗世界里，这些寺院作为权力集合点的重要性在清代中叶就萎缩了，而且作为汉人接近君主的目的，它们似乎变得毫无价值。

在国家宗教仪式中，皇子通常代替皇帝，而来自内务府的官员经常负责重要的工程计划和寺院维护的日常事务。[65] 许多宗亲是皇宫里积极支持藏传佛教寺院和喇嘛的捐助者，他们大多数人（全部?）还参加在堂子里举行的满洲萨满教仪式。[66] 一些满洲人甚
406 至成为内城国家宗教祠堂中崇拜的对象。[67] 这些各类仪式不仅把贵族带入征服精英所专有的团体，而且也带入那些超出北京之外很远的团体。

大型王府建筑可以按照皇家的方式捐助个别寺院，向那些常住僧侣拨发钱粮，期望那些僧侣的祈祷和供奉为它们带来回报。[68] 这样的资助也可能是临时的。1703 年，康熙皇帝的一个妃子承担了位于京城北部湖泊附近一座碧霞元君寺院的恢复。这个举动把寺院转变成她家族的私人建筑?[69]

捐助可以针对不同的参与者。1749 年，傅恒因其在刚刚进行的金川之战中的功绩，被赐予了一座位于明代马房附近的新住宅，

---

[65] 例如，《宫中档雍正朝奏折》，第 25 册，378～379 页；吉尔：《金沙江》，131 页；戈登·卡明：《漫游中国》，第 2 卷，322 页；王士禛：《居易续谈》，卷 1，6 页。

[66] 喇嘛，《日下旧闻考》，卷 107，1787～1788、1790 页；震钧：《天咫偶闻》，卷 8，3～5 页；北京图书馆金石组编：《北京图书馆藏中国历代石刻拓本汇编》，第 69 册，1～2 页。堂子，孟森：《清代堂子所祀邓将军考》，见《明清史论著集刊》，第 2 辑，311～323 页。在清代早期，一些皇子是天主教徒。

[67] 旌勇祠供奉着明瑞，一位来自一个著名家族的满洲将军和公爵（他的姑妈是皇后），其他人死于 1768 年（悲惨的）征缅战争。《日下旧闻考》，卷 44，695～696 页；恒慕义主编：《清代名人传略》，578～579 页。

[68] 例如，《钦定总管内务府现行则例·掌仪司》，卷 2，33 页。

[69] 北京图书馆金石组编：《北京图书馆藏中国历代石刻拓本汇编》，第 66 册，26～27 页；第十四章中注 241。在 20 世纪，除了名字保留在寺院名单中，没有其他有关这座寺院的资料保存下来，这可能是私有化的表示。

他的家人负责而且独占了附近的马神庙。⑳ 傅恒还资助重建位于京城另一处的一座元代寺院，先前这座寺院是由一位皇家姻亲和有权势的满人明珠恢复的。㉑（宝禅寺，如图 12－2 所示。）傅恒优秀的儿子福康安在内城为天后（又称妈祖）修建了第一座寺院，妈祖是一位在中国东南沿海地区非常受欢迎的女性神灵。1788 年，福康安之所以这样做，是出于感激——既是个人，又是公事上的——他的军队成功地横渡了暴风雨交加的海峡，平定了林爽文在台湾的叛乱。㉒

407

图 12－2　宝禅寺

宝禅寺于 1477 年由一位太监在元代寺院遗址上重建，后来由有权势的满洲贵族恢复。1713 年，在举行康熙皇帝六十万寿庆典时，北京步军统领衙门的官员专门在里面修建了一座供坛，为皇帝健康咏诵经文。这幅木版画表现了沿着寺院前面的内城街道皇帝仪仗队行进。

资料来源：1713 年万寿庆典，《万寿盛典初集》，卷 41，42～43 页。也参见《万寿盛典初集》，卷 44，6 页；《日下旧闻考》，卷 52，833～836 页。

---

⑳　在 19 世纪 90 年代，寺院和居住地被用于京师大学堂，即后来的北京大学。北京图书馆金石组编：《北京图书馆藏中国历代石刻拓本汇编》，第 71 册，66 页；《日下旧闻考》，卷 39，620～621 页；阿灵顿、威廉·卢因森：《找寻古北京》，123 页；《文献丛编》，卷 1，560～562 页；恒慕义主编：《清代名人传略》，249、252、260 页。

㉑　《日下旧闻考》，卷 52，833～836 页；恒慕义主编：《清代名人传略》，252、577 页。这些人属于不同的旗，寺院还在其他的驻防区。

㉒　北京图书馆金石组编：《北京图书馆藏中国历代石刻拓本汇编》，第 75 册，92 页。这是首都第二座为天后修建的寺院。第一座在明代早期建于东郊并且于 1480 年修复，碑文由一位广东人撰写。《日下旧闻考》，卷 88，1483～1484 页。神灵在 1683 年已经从天妃被提升到天后（与下列所述相反，詹姆斯·华森：《神道设教的规划：南方沿海地区“天后”崇拜的演变，960—1960》，见姜士彬、黎安友、罗友枝编：《中华帝国晚期大众文化》，299 页）；在平定三藩中，其可能是神灵的帮助致使其被祭祀地位的上升。《大清会典事例》，1899 年，卷 445，10973 页；朱迪思·博尔茨（Judith M. Boltz）：《崇拜天妃》，载《美国东方学会学刊》，第 106 卷第 1 期（1986 年），221～232 页。

清朝皇帝捐助的寺院既可能变得红火，也可能变得冷清。警惕而勤政的皇帝和一个有能力的皇室意味着由国家宗教支持的寺院不会像明代太监捐建的寺院那样，易于落入公共范围。藏传佛教通过不为大众所分享的活动、寺院和信仰吸收了君主和旗人精英的宗教能量，甚至从这个帝国汉人那里引入的皇家捐助的祭拜（例如天后）也没有自然吸引当地的追随者。

正如我们在第五章和第十章中所认为的那样，由于坚持要求皇家捐助者的存在，皇家捐助者可能不鼓励合作与竞争。1800 年前，从国家、君主或内务府那里接受慷慨赠予的 63 座内城寺院中，只有大约 12 座寺院似乎同时从其他人那里获得重要支持。[73]那些与有权势的八旗家族建立密切联系的寺院似乎没有获得其他的资助，而且相当容易失去它们公众的特质。

在文献中很少读到僧人和清代精英之间的文字交往，而且很少有僧侣能得到如同明末动荡时期袾宏那样的声誉和尊敬。然而，在内城社会，僧人可以并且经常领导小型的宗教工程。[74]得
408 到来自乾隆皇帝之子皇六子质亲王的支持，允许慈因寺的僧人们举行纪念前任方丈的活动；1744 年多罗郡王弘景应一座郊区寺院僧人们的请求，为一座由他们照料的城市寺院的复建支付经费。[75]

虽然大多数内城寺院拥有旗人捐助者，但有一些则没有。汉人逐渐迁入内城，寺院有助于我们追踪这个过程。

官府衙门一开始就被汉人包围着，据说府尹、知县以及他们的下属所属的小团体继续存在。（但显然不总是这样。）在这些建筑物内，宗教结构提供了焦点。在图 11－2 所示的顺天府衙门里，

---

[73] 约占总数的 14％。可比较的明代比例是 15％。

[74] 例如，北京图书馆金石组编：《北京图书馆藏中国历代石刻拓本汇编》，第 67 册，127 页；第 70 册，173～174 页。《日下旧闻考》，卷 41，642～643 页。

[75] 皇子质亲王，北京图书馆金石组编：《北京图书馆藏中国历代石刻拓本汇编》，第 74 册，51、52 页；恒慕义主编：《清代名人传略》，373、963 页；《清史稿》，卷 165，5219 页。弘景，《北京图书馆藏中国历代石刻拓本汇编》，第 69 册，147 页。

至少有6座祠堂供属员们使用，那里可能供奉着狱神、科神、财神、包公、五圣以及我们的泰山娘娘。同样，在各个衙门（顺天、大兴和宛平）里设有为衙役们而不是公众祭拜的土地庙。[76]

通过从京城旗人那里获得住宅，清代寄居的汉人官员开始在首都为自己找到一个地方居住。冯溥的籍贯是山东益都，而且他的家族又和东北有联系，他是1646年的进士，从翰林升到尚书和大学士。[77] 冯溥似乎在1666年后一直居住在北京；他的住处位于外城，但他在内城的东南角有第二个家。

涉足旗人城区对那些只是暂时居住在北京的官员们来说，更为困难。1801年，在皇家的倡议下，内城文昌庙作为国家宗教的神灵被恢复，而它得到了超过140名官员、大学士、尚书、侍郎、翰林院文人和省级官员的赞同。[78] 如此一个稀缺的场合使得这些人拥有用于集体共同行动的合法官方场所。汉族士大夫被号召创作或撰写碑文纪念当地百姓进行的寺院建造，但是这样的任务在清代似乎变得很少见，而且很少拥有权威了。[79] 409

当店铺再次出现在内城时，店铺的汉人所有者带着他们熟悉的各种虔诚的公开行为，通过宗教与他们的旗人邻居建立了共同点。例如，1747年，大约50名男子在京城西边重建了一座小关帝庙，他们称自己在这个工程里“自乡绅而工商而士庶乐助”。[80] 1753年，店铺和商号开始资助位于西直门的一座五圣庙，在接下

[76] 《畿辅通志》，1884年，卷4，230～231页。《顺天府志》，1885年，插图。1943年调查，《北京庙宇征存录》，2页。张江裁、许道龄：《北平庙宇碑刻目录》，4页。北京图书馆金石组编：《北京图书馆藏中国历代石刻拓本汇编》，第72册，74页；第73册，149页。

[77] 毛奇龄：《西河合集》，卷2，1313～1324页。他的山东祖先在明代统治的第一个世纪就已生活在辽东，在16世纪早期回迁。

[78] 北京图书馆金石组编：《北京图书馆藏中国历代石刻拓本汇编》，第77册，96、97～98页。礼物范围从4盎司到1 000盎司银两，平均100盎司（中值50），并且总计约14 000盎司银两。

[79] 文字作者和书法作者的名字现在移到正文的结尾并且通常使用缩写。例如，北京图书馆金石组编：《北京图书馆藏中国历代石刻拓本汇编》，第74册，19页。

[80] 北京图书馆金石组编：《北京图书馆藏中国历代石刻拓本汇编》，第70册，4～5页。

来的 75 年中，持续不断地这样做。[81] 垄断市区饮用水运送供应的山东人，于 1778 年在内城一口比较甘甜的水井旁重建了一座龙王庙。[82] 在内外城开店的干鲜果品商人，于 1812 年资助在宛平县新建的一座城隍庙，并在新年悬挂灯笼（相互较劲炫耀?）[83]

到 18 世纪末，旗人和汉人成为内城寺院的积极捐助者。他们利用这样的活动建立对社会尊重的诉求，加强社会和政治联系，表达他们的态度和担忧。结果，内城寺院的数量稳定增长：从 1644 年的 287 座到 1740 年的 354 座，到 1800 年达到 385 座。虽然我们没有这些寺院大部分是何人资助的文献（仅有三分之一的寺院立有石碑），但是数量讲述了它们的故事。[84] 上百座的宗教建筑得到建造和重建，无数未曾记载的小规模捐助活动维持了那些寺院的存在。尽管我们对这样形成起来的相关团体知之甚少，但毋庸置疑的是，负责人是居民，大部分是北京内城的旗人。显而易见，把这里当成自己的家了。

汉人之外城

410 1644 年，明朝北京的汉人遭受了一次大规模冲击，远没有迁入的旗人那样快乐。北城的居民失去了他们的家，那些没有离开京城的人们一起被迫到南城去寻找新的住所。16 世纪 50 年代之

---

[81] 北京图书馆金石组编：《北京图书馆藏中国历代石刻拓本汇编》，第 71 册，19、165～166 页；第 73 册，135～136 页；第 76 册，85～86 页；第 79 册，8～9 页。50～150 名捐献者（包括但不明显限定于商行）资助了这些 5 块石碑，其中 4 块是为了纪念重建。

[82] 北京图书馆金石组编：《北京图书馆藏中国历代石刻拓本汇编》，第 74 册，18 页。他们似乎来自登州府并且没有，至少在此时，作为一个组织的一部分。葛禄博：《北京民俗》，75 页；韩又黎：《都门赘语》，8～17 页（感谢叶凯蒂与我分享这篇文章）。

[83] 北京图书馆金石组编：《北京图书馆藏中国历代石刻拓本汇编》，第 78 册，104～105 页。

[84] 在 433 座寺院中，据说只有 145 座曾立有石碑。在整个讨论过程中，我只提及在皇家范围之外的寺院。这些数字掩盖了损耗，因为我知道在清初一个半世纪中的内城，某个时期寺院数量多达 433 座。

前，这座“老城”是没有围墙环绕的，在环境上也不那么吸引人。[85] 老城拥有一些宽敞的街道，许多作坊和仓库，十字路口兼作市场，在城门附近挤满了商人、店主、农民和劳工。最北的区域被密集地占据着，而大型的祭坛占去了剩余的大部分。寺院是为数不多的建筑之一，许多似乎坐落于开阔的地方而不是拥挤的街道上。老城的一部分几乎是乡村，一些池塘点缀着南面的湿地，但是很少有令人心旷神怡的远景。

对于习惯了位于高雅巷子里的宽敞住宅的富有之家，被驱逐到新住处必然意味着艰难和屈辱，只能在粗俗的市场和灰蒙蒙的垃圾中做出抉择。寄居的士大夫、官员和商人被从靠近贡院、京城政府衙门的地方驱逐出去，宫殿建筑内的主人也是一样。旗人和平民之间的政治差异通过空间的分离被赋予如此具体的含义。

在清朝统治的过程中，这个外城融入重新组成的京城之中。北京的新汉人居民缓慢地扎下根来，重新确立他们的社会地位，在当地的事务中逐渐变得活跃起来。官员、商人和应试举子找到了住处和娱乐。由于从旗人和宫廷世界中隔离出来，外城被证明是新组织的合适土壤，而且直到19世纪末，外城还被证明是适宜于新的本地领导。为了理解这些变化，我们首先来看外城社会中的主要角色，接着是公共空间，然后是宗教在北京这一地区形成过程中的作用。

矩形的外城比它在北边的对手小一些，而且缺乏充满威严的皇家中心。明代的住宅区是沿着三个城门而连成片的：宣武门和崇文门在西边和东边，正阳门（或前门）在中间。在清代，大部分居民仍然居住在这些宏伟建筑之外高度商业化、人口密集的小巷和胡同里。这片商业区扩张了，邻近的水塘和芦苇池沼逐渐消失，店铺出现在皇家祭坛的围墙之外；附近的住宅成倍地增加， 411

[85] 据说18世纪耶稣会通过对比“新”的八旗城（“新城”）而称其为“老城”。利勒：《北京描写》，9页；《中国旅行》，52页。乾隆指的是内城和南城。《大清会典事例》，1899年，卷1035，17431页。

为旅客而修建的客栈也大量出现。许多人从附近天坛的井里汲取甜水。外城南半部仍然保持相对空旷，空间用于菜园、墓地和寺院。[86]（图 12－3 显示了京城的东南角。）由于外城面积相当于内城的三分之二，因而人口相比较少：18 世纪 70 年代，可能是 180 000 人，到清末，为 300 000 人左右。[87]

内城的被占用促使市场、庙会、旅京会馆、餐厅和昂贵的店铺向南重新部署。前门外地区作为京城的娱乐区得到重新组合，作为汉人和旗人用餐、看戏和找男娼女妓的地方得以发展。

内外两城之间的城门在黎明时分开启，到黄昏时关闭，居民被要求整夜待在家里。例外情况是在前门夜间三更汉官的入宫上朝。当分隔开的城市变得更加相互连接时，这个宵禁就变得越来越麻烦，特别是那些在外城过夜的旗人经常不得不利用黎明前的开放急忙赶回家里。[88] 一年当中，至少有六个月的时间，进出前门的皇家仪仗队要如此麻烦地关闭店铺和沿途净街。[89]

长期寄居京城的官员和商人，在北京出生和受教育的举子们作为外城的精英而出现。当地的汉人家庭不再通过高攀皇族姻亲和太监（旗人已经替代了他们）来获取自己的社会地位。因此，科举制度对于当地精英社会的产生变得尤为重要。清初，迅速效忠清朝的人已经明显占多数。

因为科举，那些居住在外城的人被认为是大兴县和宛平县的
412 居民，并且他们在府学的学生大量配额的竞争中肯定比他们乡村

[86] 闵明我：《闵明我神甫的游记和争议，1618—1686》，卷 2，214 页；斯温霍：《1860 年华北战役纪要》，356 页；德呢克：《中日商埠志》，501～502 页；乔治·斯当东爵士：《英使谒见乾隆纪实》，卷 2，323 页；章英华：《20 世纪二三十年代中国城市的内部结构》，62 页；地图集，侯仁之主编：《北京历史地图集》，31～32、41～42 号；《大清会典事例》，1899 年，卷 1031，2～3 页；瞿宣颖：《北平史表长编》，166～167 页。井，谈迁：《北游录》，312 页；金昌业：《稼斋燕行录》，146、205 页；吴长元：《宸垣识略》，卷 9，80 页。

[87] 《市政统计年鉴》，1 页；韩光辉：《北京历史人口地理》，128 页。与 1912 年内城的 456 000 人相比，梁方仲：《中国历代户口、田地、田赋统计》，268 页。

[88] 《大清律例》，卷 19，35 页；徐珂：《清稗类钞》，卷 1，119 页。

[89] 参见第三章。当南苑经常被拜访时，这些行列在清代早期可能相当多。

邻居具有优势。[90] 大兴、宛平与其他县那些通过顺天府乡试（向来自帝国其他地方的人开放）的举子们，分享更多而且构成复杂的配额。然后，他们直接和帝国中最优秀的举子们一起在殿试中进行竞争。在所有这些竞争中，当地文人表现得相当出色。

顺治皇帝统治时期，当来自中部和南部省份的人们尚无法确定对清朝的忠诚时，北京人如同其他来自中国北方的人一样，得益于清朝愿意帮助他们获取身份和官位。17 世纪 40、50 年代，每场考试中，每二十至三十名举子从京城获得一个会试的资格；在这些人中，有将近一半继续获得进士。[91] 这个非常充裕的举人名额在 1660 年被戏剧性地削减，然而，此后又逐渐增加，直到 18 世纪第二个十年也没有恢复到早期的水平。[92]

然而，北京的两个县仍然因科举而闻名。它们容易在府和省的科举考试中获得成功（仅在 19 世纪受到过天津的挑战）。每场会试，平均六个人获取功名（四个来自大兴，两个来自宛平），把这两个县的比率放在全国中，它们是最成功的。[93] 这些数字——与它们的比率相符合——较明显的是大兴，包括外城东边的县城，在产生科举身份上是相当有成效的，毫无疑问地保有更多商业和

---

⑩ 《大清会典事例》，1899 年，卷 371，9972 页。旗人亦参加这所学校但是有单独的配额。资料没有区分是大兴或是宛平的身份持有者，在乡村或城里拥有住宅。

⑪ 有关 1646—1660 年，在 163 名举人中，73 名获得进士出身。除非在其他方面注明，所有有关会试和殿试的数字来自《畿辅通志》，1884 年，卷 40～45。统计是我自己做的。有关比较的目的，我依靠进士的数字，构成略微不同，但在表面上是相同的，见毕汉思（Hans Bielenstein）：《清代进士的宗教起源》，载《远东古物博物馆馆刊》，第 64 期（1992 年），54 页。乾隆和嘉庆时期举人的数字是不完整。《顺天府志》，1885 年，卷 118，5863 页。

⑫ 他们在 168 个中的 106 个份额在 1660 年被减少了一半，但在 1710 年后稳定在大约 100 个。《大清会典事例》，1899 年，卷 348，9689～9693 页；《畿辅通志》，1884 年，卷 42，214～215 页。有关顺治朝，毕汉思：《清代进士的宗教起源》，载《远东古物博物馆馆刊》，第 64 期（1992 年），10 页。

⑬ 在清代前半期，位列第一和第五，毕汉思：《清代进士的宗教起源》，载《远东古物博物馆馆刊》，1992（64），21 页。多亏了北京，直隶省在会试中是三个最成功省份之一，即使它的份额在清末降低。毕汉思：《清代进士的宗教起源》，载《远东古物博物馆馆刊》第 64 期（1992 年），15～16 页。明代每场考试的比率是二比三。

财富的创造。[94]

在 1644 年后，就这样出现了当地的汉人科举精英，这是由举人配额的提高而引起的；一些家族延续了明朝时期的地位，而另一些则找到了进入社会上层的新旧办法。

413

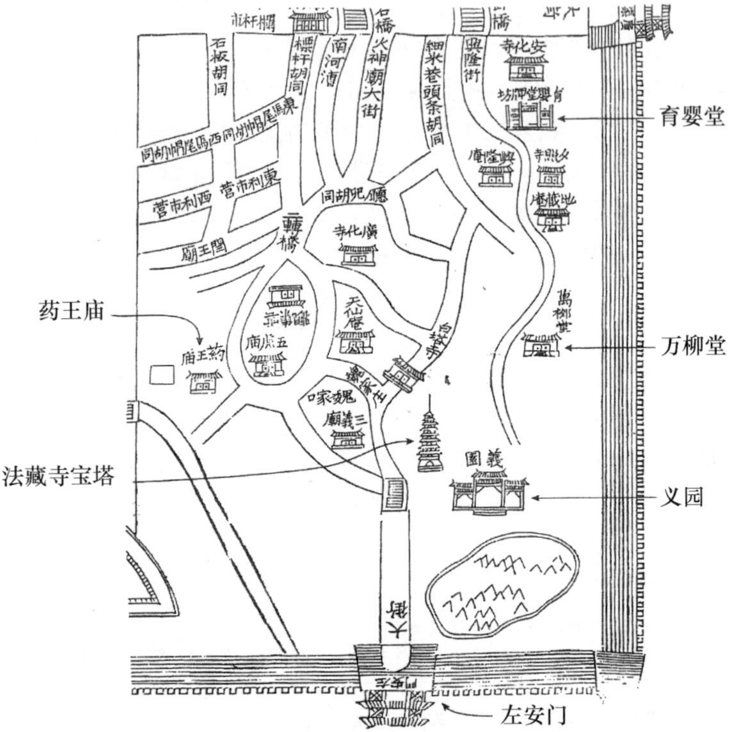

图 12－3 外城东面

资料来源：《首善全图》。

王崇简（1602—1678）是清代初期知名的宛平人之一。他于 1643 年在其 41 岁时获得进士出身，虽然在改朝换代之际带着他的家眷迁到南方，但不久他们就返回北京。1647 年，他的儿子王熙通过了新王朝举行的第二次会试；父与子于 17 世纪 50 年代在京城
414 做官，官至尚书。王熙很快学会了满语并且赢得了顺治皇帝的赏

[94] 在省和京城的科举身份获得者中，大兴在整个清代是宛平的两倍。

识。三藩之乱期间的 1674 年，王熙的决定性建议和在当地社会的威望，防止了北京发生慌乱。王熙的女儿与两个其他当地精英家族结婚，米家（米万钟的孙子米汉雯）和孙家（孙承泽的儿子）。王熙的孙子和曾孙也是翰林。[95]

精英也是由当地历史的编纂界定的（并且创造的）。1680 年，在续修直隶省志时，康熙皇帝要求要有类似历史的组成单元部分。大兴和宛平县做出了回应，每个县创作出简短的小册子。虽然这项工作由顺天府尹和知县监督，当地的士绅（包括米汉雯和其他府学的学生）乐意从集体的努力中获得声誉并且利用这些文字来宣誓对这座城市过往拥有权威。[96]

外城在 18 世纪继续产生知名的学者和官员。朱筠（1729—1781）和朱珪（1731—1807）兄弟是乾隆时期著名的学者，来自大兴。他们的祖先（可能是以某种政府雇用的形式）从浙江绍兴府迁到北京；朱筠和朱珪的父亲只获得了科举功名，在 18 世纪 50 年代他们升为翰林，他们的兄弟也成为官员。二人都参与《四库全书》的编纂，在京城和省里有过辉煌的经历。这个家族婚姻配偶也是当地人：朱珪女儿嫁给一位来自宛平的学者，他的姐妹嫁给一位大兴人，他的孙女也与来自邻近的一个通州人结婚。[97]

翁方纲（1733—1818）是来自大兴的一位奇人，他在十九岁就通过进士考试，而且一直活到庆祝自己中进士的第六十周年纪念，在与学术和考试相关的职位上度过了大部分的官员生涯，作为一位著名的诗人、书法家和鉴定家在全国赢得了名誉。他的社交世界与那些受教育的旗人相互交错在一起。[98]

---

[95] 恒慕义主编：《清代名人传略》，815～819 页。

[96] 《宛平县志》；《大兴县志》；《顺天府志》，1885 年，卷 122，6371～6372 页；《畿辅通志》，1735 年，前言。府志得到汇编但只保存在手稿中，《中国地方志联合目录》，1 页。一个省的方志在十年前就已经开始了。参见第十三章中更多有关这些著作的回顾内容。

[97] 恒慕义主编：《清代名人传略》，185～186、198～199 页；《顺天府志》，1885 年，卷 102，4881～4897 页。

[98] 恒慕义主编：《清代名人传略》，856～858 页。翁方纲为法式善的遗著《陶庐杂录》作序，旗人英和编辑了翁方纲的遗著年谱。

一座1782年的石碑标明了外城一所学校的恢复，为我们提供
415 了一个进一步察看“大兴、宛平绅士”的机会。四十人捐助了适当的金额；所有人都来自大兴和宛平，大部分是当时或曾经服务于官府衙门的人。他们包括著名的朱珪本人以及他的外甥吕麟（只是一个贡生）、内阁学士李绶、翰林院各类成员、部院官员、前任府尹和知县，以及一些低级别的候选官员。这群人中也包括查礼，其家族财产来自对天津当地盐业的垄断，他未能通过举人考试，但捐了一个职位，官至省级。恢复这所学校的最大一笔捐款——100盎司银，来自一位“内阁学士兼礼部侍郎”——朱珪自己本人捐了50盎司，其他人的捐款就更少了——可以肯定的是，一个有钱人买下了那个位次。[99] 当然，这些商人家族是当地的精英分子——对于我们来说，是看不出来的，但是大兴继续产生最高级科举功名举子们的事实就说明它拥有充足的最好的教育资源。（候考举子和候选官员可能是优秀的辅导教师。）

从1644年至1800年，来自大兴和宛平并产生进士的四百个家族如果当时居住在帝国的其他地方，它们或许能够作为地方统治精英发挥积极作用。事实正是如此，无论是人数众多或是富裕或是成功，他们在人数、地位和重要性上都比不上那些把京城当作他们暂栖地的学者、官员和商人——而且是不那么短暂的住处。北京大规模地输入人才。正如在明代，其清代当地精英因此生活在有权势的寄居者和宫廷精英长久的阴影中。[100]

---

[99] 北京图书馆金石组编：《北京图书馆藏中国历代石刻拓本汇编》，第74册，125～126页；《顺天府志》，1885年，卷102，4895～4896页；恒慕义主编：《清代名人传略》，185～186页。查礼：《清代名人传略》，19～21页；其他的查姓也列于其中。这个家族的财富使得他们在天津的别墅成为男人前往首都的路途中一个著名的会面之所。北京图书馆金石组编：《北京图书馆藏中国历代石刻拓本汇编》，第74册，126页。最大的捐助来自王起凤，我对其一无所知。布鲁纳特、哈盖尔斯特罗姆：《当代中国的政治组织》，第291号。

[100] 乾隆抱怨优秀候选人的缺乏（《大清会典事例》，1899年，卷371，9977页），并且在1777年宣布：“至于顺天大（兴）、宛（平）二县，土著甚少。”引自何炳棣：《中国会馆史论》，6～7页。

参加考试的举子是最大的外来者群体，并且定期和大量地流入。在理论上，顺天举人的考试每三年于秋天举行，进士的考试在接下来的春天举行。事实上，四年有三次考试，有时两个级别的考试在同一年举行。[101] 虽然考场在内城，但举子不得不停留在汉城。同时还进行武科考试。[102] 清朝第一次国家范围的考试于1646 416 年初冬举行，对于士大夫家族来说是明代的教育和身份制度将继续存在的一个信号。翰林院在1670年开始作为一个完全独立机构发挥作用并且不久重新夺回其传统的声誉。[103]

许多举子前来参加考试，而且即使没有成功，也要在京城度过数月或数年。顺天府考试在清初吸引了两千到七千名举子，到1735年修建了一万间号房（是明代规模的两倍），19世纪末，临时号房可达14 000间。[104] 很少的人能通过。1645年的配额被减少到只有168个，后来虽有所增加，但也没有超过250个。[105] 虽然数量没有大幅度增加，但许多人还是获得了进士出身：1761年，5 059人参加考试（有217人获得进士出身）；1894年，有6 896名举子（有320名获得进士出身）。[106]

---

[101] 从1645年至1884年的240年中，在186个不同年份举行了205场不同的考试；在19年中（将近全部在18、19世纪中），举行了两级考试。《畿辅通志》，1884年，卷6，40～45页。

[102] 每场配额约一百人，但是我没有关于竞争者是多少的资料。参见《大清会典事例》，1899年，卷716～718，特别是卷716，14358～14359页；卷717，14368～14369页；卷718，14378页。

[103] 从1644年至1670年，其大部分时间被并入其他政府部门。刘怡玮：《清朝的文渊阁：建筑与知识整理》，215页。

[104] 《宛平县志》，卷5，32页；张仲礼：《中国绅士：关于其在19世纪中国社会中作用的研究》，170页；《大清会典》，1899年，卷870，15840～15842页；雒魏林(William Lockhart)：《北京及其附近略记》，载《皇家地理学会杂志》，第36期（1866年），145页；吉尔：《金沙江》，133页。

[105] 其包括各种单独的次要配额。《畿辅通志》，1884年，卷42，214～215页；艾尔曼：《中华帝国晚期科举文化史》，170、682页。

[106] 1761年，文朵莲：《1761年的科举阶层：会试的政治》，143页。1894年，孟鹤龄：《远东的人民和政治：在英国、法国、西班牙和葡萄牙的殖民地、西伯利亚、中国、日本、朝鲜、暹罗和马来亚的旅行和研究》，204页。亦参见商衍鎏：《清代科举考试述录》，102～106页；《日下旧闻考》，卷48，747～758页。因为有许多特殊的考试，实际上每2.4年举行一次。

从一百人中选拔出2—4人的竞争是非常激烈的，举子们在北京度过了紧张的生活。举子们有的住在外城的寺院和客栈里，有时会被那些权贵们的私人住宅所诱惑而住在他们家里，他们总想着科场，有时会梦见参加殿试。这期间是算命、夜里失眠、漫不经心的游览、购买书籍、谣言和闲谈的时候。考试后，科场得意的几个人在其他人面对耻辱并对未来感到绝望时举行庆祝。[107]

尽管皇帝努力防止省级官僚的逗留并且让退休的官员返回家乡，但许多人仍在京城住留多年。如果科举获得成功，有身份的人能等到一个任命；省级官员在任期内要定期返回，住在不同的朋友家、租赁的房子、客栈和寺院里。[108] 长期的居住者有他们自己的房屋。

417 例如，诗人龚鼎孳（1616—1673）来自安徽合肥，在明朝获得进士，从1644年到他去世的三十年中，他一直效力于京城官僚机构。来自山东的男子刘统勋（1700—1773）的经历和其他许多成功的官员一样：1724年获得进士，进入翰林院，并在北京的朝廷机构中度过了五十年，他在北京的停留由于在省份承担短暂的特殊任命以及丁母忧返回他名义上的家里而中断。[109] 如此根深蒂固的寄居者家族是熟知当地环境的那些权威，并拥有接近君主的通天本事。甚至中级官员和部院中的低级官吏也能成为对北京政治温室产生影响的重要消息来源。正如我们将在第十五章中所看到的那样，来自同一个故乡的人们所创造的网络可以进一步增强他们在当地的力量。

许多外来的居民是商人。南城继续成为一个商业中心，而且此时是整个帝国内外所有寄居商人的家。一些商人组成行会，另

---

[107] 有关担忧考试的口头传说的冗长讨论，参见艾尔曼：《中华帝国晚期科举文化史》，第六章；亦参见约翰·麦思基尔：《进士的赐予》，载《华裔学志》，第23期（1964年），351～371页。

[108] 《大清会典事例》，1899年，卷1038，1～2页；何炳棣：《中国会馆史论》，6～7页；朱一新、缪荃孙撰，刘承幹考证：《京师坊巷志》，卷7～10各处。

[109] 恒慕义主编：《清代名人传略》，431、533页。

一些商人创建了来自同一个家乡的士大夫和商人能逗留的会馆。大多数贡献资源，并且为了共同的信仰，他们自己组织起来修建或维修寺院；一些积极参与泰山式的朝拜。单举出一个实例吧！酿酒行会习惯在崇文门外的一座小庙里聚会，他们自然而然地于1770年捐资扩建了这座寺院，并增建了一座戏台，征募两名进士来撰写碑文。[110] 这类活动吸引了许多寄居者的社交活力。会馆在清代经历了一个迅猛的发展，从明代的约40家发展到1788年的180家，所有这些都位于外城。[111]

这些寄居者的地位、教育、教养、关系和财富使得他们成为来自大兴和宛平男子们强有力的竞争者。然而，所有居住在外城的汉人的某种团结可能促使他们与旗人有着显著的不同。君主很少把自己包括在城的这个部分，政府虽然无处不在，但毕竟是分散的，尽管这是一个有可能成为好交际、政治活动和组织的地方。为了理解外城社会结构的某种事物并且解释其在19世 418
纪的变化，我们将继续沿着调查的线索，从地方至组织、活动进行讨论。

首先，有一个提示。外城完全被东西南北中五城御史管理着，每一个区由一位汉族和一位满洲巡城御史负责一队护军。虽然名义上也负责内城，但这些御史把他们的注意力集中于非在旗的汉族人口上。这个管辖范围扩大到所有十三个门外的（汉人）郊区。这些御史要为君主提供当天的消息并且能够迅速行动防备紧急事件。拥有众多属员、在旗旗人和绿营的步

[110] 北京图书馆金石组编：《北京图书馆藏中国历代石刻拓本汇编》，第73册，25页。他们两个中的一位是曹学闵，1754年陕西籍进士，官至侍郎并且协助其他的商业计划。北京图书馆金石组编：《北京图书馆藏中国历代石刻拓本汇编》，第74册，3页；第73册，104页；第87册，133～134页。《明清进士题名碑录索引》，卷2，1853页。

[111] 参见表15-1。不幸的是，这些商人很少有记载。

军统领衙门与五城御史机构重叠并经常取代后者。[112]

地方当局的不完整结构对君主是有利的，因为这种结构使得当地官员更难以成为当地社会的拥护者或领导者。在外城，没有重要的京官或地方官员，而且没有举行仪式的重要场所。负责城市管理的府尹、知县、禁卫军和五城御史的衙门全都设在内城。相反，五城布满了 11 个禁卫军长官和他们的代理人以及御史下属不起眼的办公部门。少数绿营军戒备哨所可以确保迅速动用军队；1670 年后，仿照内城的街门和哨所也落实到位。[113]

国家利用相对无人居住和未开发的外城部分用于自己的私人目的。虽然皇家管理着的明代窑炉、砖厂和作坊逐渐被放弃或私
419 有化，但是工部和皇室在此拥有财产。[114] 天坛附近的一些开阔土

---

[112] 参见第十一章，特别是注 17。御史的队伍原来包括一个满人、一个汉军旗人和一个汉人。1723 年，汉军旗人被裁撤。崔艾莉断言御史对两个城负责。在证据中，我看到他们差不多总是处理与汉人而不是与旗人相关的事情。按照我的观点，更多正式的监察责任主要保留在纸上，因为君主不久认识到允许汉人文官管理满人会引起不愉快。有关理论上的制度，《大清会典事例》，1899 年，卷 1032，17408 页。《日下旧闻考》，卷 49，772 页；卷 55，1 页。同样地，清代有一套外城区（几乎无形的）名称制度。顺治时期，这些偶尔会沿用明朝的区名，但是它们从此后的记载中几乎消失了，并且似乎（至少，已成为）毫无意义的单元。有关混合的例子，中国第一历史档案馆编目，黄册，2411 页；朱一新、缪荃孙撰，刘承幹考证：《京师坊巷志》，各处。我非常感激崔艾莉的友善并且就这个观点提供了有益的谈话和信件。管理北京的基础设施随着时间的推移变得更加复杂，并且管辖范围的问题从未避免混乱也就不足为奇了。参见崔艾莉：《帝制时代北京的空间秩序和警察》，载《亚洲研究学报》，第 54 卷第 4 期（1993 年），特别是 904～905 页；崔艾莉：《维护帝都北京的治安：清代步军统领衙门，1650—1850》，各处；《金吾事例》，卷 10～11；徐珂：《清稗类钞》，第 3 册，1335 页。

[113] 《日下旧闻考》，卷 62，1048 页。在外城有 23 个哨所，内城是其三分之一，这些肯定集中在城门附近的拥挤的地区。崔艾莉：《帝制时代北京的空间秩序和警察》，载《亚洲研究学报》，第 54 卷第 4 期（1993 年），892～894 页；《北京历史纪年》编写组：《北京历史纪年》，196、210 页。

[114] 《日下旧闻考》，卷 61，1001 页；金景善：《燕辕直指》，1067 页；潘荣陛：《帝京岁时纪胜》，9 页；军机档，乾隆朝，8160 页；内务府奏销档，卷 506，135～138 页，道光元年五月。内务府似乎掌管了位于外城的属于国家的所有土地。

地用于种植粮食，饲养用于祭祀供品的牲口，制作用于皇家马房的饲料，培育用于销售的水果。两个蓝旗的教场和军营设在这里。[115]

尽管政府的实际存在是分散的，但是国家权力在这里动用了各种公共性、惩罚性、劝诫性和善意性的模式。崇文门外是户部的税关，负责监督检查经过的商业交通。它的存在创造了一个拥挤、加强监督、财富和腐败的紧张地区。

刑部也选择了一个外城地点证明其权威和权力。明朝在皇宫的北边已经临时利用城市十字路口处决犯人。在征服的十年当中，清朝已经把这些处决转到外城，这样更有利于为他们的汉人臣民留下深刻的印象：每年初冬，在宣武门外的菜市口执行死刑的场面十分热闹。士兵们押送犯人，并由官员主持，然而刽子手吸引了看客们，他们的大刀和止血用品准备就绪。大批人群聚集着大叫："杀得好！"一些犯人被斩首，一些被绞死，其他人以一种痛苦（但吸引人?）的生不如死的方法慢慢死去，被处决人的头颅悬挂在城门外的笼子里，对于全体百姓来说，是一个可怕而残忍的警告。[116]

巡城御史有宣讲圣谕的任务。从 1659 年开始，要求外城的每个城区选择室外的"公所"用于双月宣讲圣谕，并规定当地名人列席。对于我来说，没有官方的资料说明在哪里举行这样的仪式，或者听众是哪些人，但是当局好像在天坛北面的药王庙（如图 2－3 所示），利用民众每月初一和十五在那里举行的定期集

---

[115] 关于天坛，何德兰：《中国的宫廷生活：首都及其官民》，334～336 页；《清代的旗地》，342～343 页；《清实录》（康熙朝），卷 240，10 页；《金吾事例》，卷 6，56～59 页。关于蓝旗，《大清会典事例》，1899 年，卷 870，15840 页。朱一新、缪荃孙撰，刘承斡考证：《京师坊巷志》，卷 7，30 页；卷 8，23、37 页。

[116] 关于明朝，《北京旅行指南》，100～101 页；雷大受：《西四牌楼：明代的刑场》，载《燕都》，1985 年第 8 期，12～13 页；谈迁 1654 年在菜市口观看行刑（《北游录》，84 页）。关于其他后来的描述，芮尼：《驻华英使馆第一年期间的北京和北京人》，卷 2，246～247 页；倭纳：《秋叶：自传》，166 页；密福特：《使馆馆员在北京——书信集》，190～196 页；德呢克：《游客在中国北方的备忘录》，33 页。内城的十字路口似乎已经用于处决。《北京旅行指南》，101 页。

市。这些地方不大可能像行刑的地方那样引人注意或给人以深刻印象。[117]

420 许多年来，汉城的居民没有县学，大兴和宛平男子用于获取最低功名的府学设在内城。1652 年，鉴于明末书院的政治教训，清朝禁止成立独立机构。[118]

1702 年，这个禁令在北京开始被打破。一位名叫钱晋锡的江苏人在北京当府尹，决定在外城为当地准备参加乡试的男子建立两所“义学”。[119] 找到合适的地方是一个问题，最终大兴的学校使用在洪承畴子孙的别墅内租来的房子，宛平学校设在长椿寺内。不清楚是什么原因，设在寺院的义学最后失败了，两所学校不久合并于洪氏宅院。王源是一位赞同王阳明学说而且多才多艺的学者。王阳明对明代历史产生过影响。王源在京城以教书为生，过着不稳定的生活，受邀讲学。他取得了巨大的成功，以至于府尹想要购买土地，接管学校，改进设施。当洪家拒绝时，官员就假意上奏，称这个家族希望把土地捐给学校。高兴的康熙皇帝为此赐予一块匾额，使得洪家除了扮演一位施主外别无选择。（这所学校位于天坛的北面，金鱼池的东面。）

1733 年，雍正皇帝采取措施在全国范围内提升这类学校的合法性，但又把它们置于更多的官方控制之下，何子山受到鼓舞，开始称这所学校为“首善书院”，公开倡导东林时期，并祭祀在北京昙花一现却远近闻名的东林书院的创立者——邹元标和冯从吾的牌位。1750 年，这所书院易名为风险较少并更能唤起本地人记忆的“金台书院”（金台夕照是燕京八景之一）。这所书院于 1782

---

[117] 《大清会典》，1899 年，卷 69，718 页。《大清会典事例》，1899 年，卷 1033，17415～17416 页；卷 1090，17960～17961 页。梅维恒：《〈圣谕〉中的语言和思想》，见姜士彬、黎安友、罗友枝编：《中华帝国晚期大众文化》。关于寺院，《北京旅行指南》，133 页。该药王庙于 1693 年恢复。

[118] 艾尔曼：《从理学到朴学：中华帝国晚期思想与社会变化面面观》，113～114、119～121 页。

[119] 这个发展发生在 1713 年之前并且 1715 年法令允许在全国任何地方建有这样的义学。艾尔曼：《从理学到朴学：中华帝国晚期思想与社会变化面面观》，119 页。

年被重建，长长的捐款者名单列出知名和成功人士。[120]

在第十六章中，我们将返回这个公共—私人活动的领域，顺便详细看看带有公共功能的私人机构在清末是如何被政府创立和接管的。目前，让我们转向在清初和中期北京团体中得到当地人、421
寄居文人和商人利用的更私人的地方得以发展的根源。我们以精英别墅和当地景点为开端，然后随着上下文的清晰化，转向寺院。

私人的家宅是持续社交的重要地方。外城的一些富裕汉人——当地人和寄居者——使得他们的家靠近商业区，而在另一方面，其他人把祭坛旁边的空旷荒芜地方改造成乡村庄园。17 世纪 60、70 年代，王崇简宽敞的怡园有助于在宣武门外喧闹的商业区之外创建一个时尚街区。[121] 他的园子在乾隆时期就消失了，然而，一种频繁更替的实例提供给每一代文人追踪他们前代的痕迹（通常从书面记载得知）——一丛竹子、一片紫藤、一座凉亭。

因为如此众多的外城住宅区域是重新修建的，所以当地人和寄居者往往在相同的社区安家。冯溥是 1646 年来自山东的进士，据推测是寄居者。他在康熙朝官居大学士，在以后的四十年中，或多或少地持续不断地住在北京。他在条件稍微差一些的外城东北角购置土地修建了一个园子。他在那里种树并起名叫“万柳堂”，此名源自依稀记忆的曾在北京郊区的一所元代园子。冯溥的园子因杰出的长江中下游学者在 1679 年受邀进京参加一个特殊的考试而出名，冯是一位主考官，他在这里招待他们。[122] 这样，在私

[120] 北京图书馆金石组编：《北京图书馆藏中国历代石刻拓本汇编》，第 74 册，125～126 页；叶名澧：《桥西杂记》，16～17 页；朱一新、缪荃孙撰，刘承幹考证：《京师坊巷志》，卷 8，11、25 页；恒慕义主编：《清代名人传略》，359～360、842～844 页；《顺天府志》，1885 年，卷 62，2189～2191 页。

[121] 恒慕义主编：《清代名人传略》，815～816 页；朱一新、缪荃孙撰，刘承幹考证：《京师坊巷志》，卷 10，43～47 页。（译者按：“怡园”，《京师坊巷志》作“亦园”。）

[122] 恒慕义主编：《清代名人传略》，243、564 页；朱彝尊：《日下旧闻》，冯溥的前言；朱彝尊：《曝书亭集》，卷 66，5～6 页；毛奇龄：《西河合集》，卷 2，1313～1324 页；《日下旧闻考》，卷 56，911 页；朱一新、缪荃孙撰，刘承幹考证：《京师坊巷志》，卷 7，32 页。冯在附近修建了一所育婴堂。

人家中的聚会再次引发了如何在应试举子、主考官、京官和与政治无关的公共场所之间如何进行社交的问题，但这类聚会一直以来有其需求。[123]

当时，风景区在外城发展，适合于小规模但更多公共社交性的郊游和野餐。位于天坛正北的金鱼池不再拥有大量的别墅和亭子，但仍然是一处文人漫步的地方。[124] 九月初九，不想去郊区漫游

422 的文人以及没有得到邀请去一个私人园子的人们可以到适宜的佛塔或附近的楼房建筑，或是去黑龙潭，甚至去南城的外墙。[125]

范思敬，一位来自浙江的士大夫官员，恢复了明末举行慈善社交活动的放生池，于17世纪50年代在外城东部相对空旷的地方修建了这样一片池塘。此后这种放生仪式被不同团体零零星星地上演，包括从商人手中购买鸟在东岳庙放飞的宗教团体（至少从1798年）。[126]

17世纪90年代，一位来自中原省份的官员江藻，因公出差来到皇家炉窑附近时，参观了皇家祭坛西面一座辽代寺院的遗

---

[123] 《清实录》（顺治朝），卷126，20～21页。白思奇（《北京士大夫的同乡会馆》第二章）认为宣武门以南地区是士大夫官员的一个集中地区。

[124] 约翰·麦思基尔：《进士的赐予》，载《华裔学志》，第23期（1964年），369页；元璟：《京师百咏》，见《完玉堂诗集》，卷7；施闰章：《施愚山先生全集》，诗歌，卷35，4页；朴趾源：《欢喜：热河的戏法娱乐》，载《远东学报》，第19期（1972年），25页；金景善：《燕辕直指》，1064页；罗信耀：《吴氏经历：一个北京人的生命周期》，上卷，176～177页；朱一新、缪荃孙撰，刘承幹考证：《京师坊巷志》，卷8，12页。

[125] 参见第三章中有关王崇简在九月初九所到之处。亦参见潘荣陛：《帝京岁时纪胜》，31页。《日下旧闻考》，卷56，908页；卷59，956～958页。朱一新、缪荃孙撰，刘承幹考证：《京师坊巷志》，卷10，51～52页。

[126] 关于范思敬，王士禛：《池北偶谈》，卷25，594页；北京图书馆金石组编：《北京图书馆藏中国历代石刻拓本汇编》，第64册，34页；《北京旅行指南》，78页。关于其他的，北京图书馆金石组编：《北京图书馆藏中国历代石刻拓本汇编》，第77册，31～34页；第93册，104～106页。安妮·斯旺·古德里奇：《北京东岳庙及传说》，31～33页。《燕京杂记》，124～125页。孙殿起辑、雷梦水编：《北京风俗杂咏》，49页。在皇家的生日活动中，这样的仪式也得到举行——壮观地。1713年寿典，《万寿盛典初集》，卷41，65页；卷44，3页。德龄公主：《紫禁城两年》（又名《我在慈禧太后身边的日子》），297～298页。

址。他发现西面有坡地，多水草，极望清幽，无一点尘埃气，恍置于山溪沼沚间。这样，他在这个安静的地点修建了一座陶然亭，其名引自唐代诗人白居易一首与朋友畅饮的诗。亭子很快成为参加科举的举子们和文人喜爱的地方，他们聚集在此吃、喝、聊天和观日落。这种情形一直持续了整个 18 世纪。在 1773 年，为画家罗聘举行的辞别会上，至少六十位朋友出席并在他的一幅绘画上题字。[127]

在京城满是尘土的世界里，宗教设施也提供了一种受欢迎的休闲之所。前面提到的清初当地文人王熙，于 1685 年参观了并随后恢复了外城西南角的龙泉寺，记载称："其地去余家二里而近，乐其幽寂，暇时辄往焉……若不知身之在城市者。"[128]

正如北京的其他部分那样，外城的寺院被加入许多目的。对于它们的使用和捐助的进一步研究，使我们看到更多有关清代初期和中期外城的生活是如何改变的。这里，君主的细微作用和寄居者的显著介入也是典型的特征。

1644 年，外城的寺院数量只有内城的一半，但到 1800 年 423
数量从 139 座增长到 213 座。[129] 在顺治时期只有相当少的私人建筑，肯定是对痛苦安置过程的一种反映，但寺院此后持续地

[127] 北京图书馆金石组编：《北京图书馆藏中国历代石刻拓本汇编》，第 66 册，59 页；王鸿绪：《横云山人集》，卷 2，115 页；金景善：《燕辕直指》，1066 页；《日下旧闻考》，卷 61，1000～1001 页；《都门纪略》，1864 年；敏俊：《友松吟馆诗钞》，卷 5～12 各处；戴璐：《藤阴杂记》，卷 10，252～256 页；罗信耀：《吴氏经历：一个北京人的生命周期》，下卷，68 页。预示着罗聘返回扬州的画是《归帆图》。文以诚：《自我的边界：中国肖像，1600—1900》，119 页。

[128] 北京图书馆金石组编：《北京图书馆藏中国历代石刻拓本汇编》，第 64 册，83 页；《日下旧闻考》，卷 61，1001 页；《北京旅行指南》，91 页。其他人是于 1770 年恢复了它，北京图书馆金石组编：《北京图书馆藏中国历代石刻拓本汇编》，第 73 册，36 页。

[129] 在外城有 139 座寺院，在内城则有 287 座，二者都不在皇家范围之内。共有 238 座寺院曾经于 1644—1800 年位于城市的这个部分，自清朝建立起，100 座寺院是新建的。

被修建或恢复。[130] 虽然在许多案例中详细资料是缺乏的，但是捐赠人包括了商人、普通百姓、僧侣、当地显赫家族、官员、寄居者和旗人。神灵范围包括北京的普通神灵：关帝和观音更是最常见的崇拜目标，但也有碧霞元君、火神、药王、马神、真武、地藏和东岳。虽然外城遍及寺院，但只有四分之一位于前门外密集的商业区。

正如我们在第十章中记载的那样，清朝君主对于外城的宗教设施只给予了很少的注意力。他们没有在此修建寺院，而且只对18座进行了捐助；只有4座在内务府的清单上，而且那个关注还是专设的。[131] 佛教寺院法源寺从许多皇帝那儿收到了不同寻常的礼物。[132] 太监很少成为捐助者，而当地官员甚至更少。[133] 最后，是外城的汉人居民支持了它的宗教机构。在清朝前半期，它们这样做是完全独立于朝廷当局的。

这种捐助背后的关系是难以厘清的。即使寺院明显服务于住在附近的家庭，但是现存的资料不允许我们清晰地重建这些集体。边界杂乱无章而重叠的北京城区周边，与其说是永久不变，不如

---

[130] 我了解从1644年至1800年这157年间，125个行动（重）建了有影响的95座寺院。

[131] 例如，北京图书馆金石组编：《北京图书馆藏中国历代石刻拓本汇编》，第61册，161页；第67册，155～156页。《日下旧闻考》，卷60，995页。《清代职官年表》，卷1，174～176页。

[132] 北京图书馆金石组编：《北京图书馆藏中国历代石刻拓本汇编》，第68册，150页；普利普·摩勒：《佛教寺院》，294～295页；《日下旧闻考》，卷60，972～985页；《钦定总管内务府现行则例·掌仪司》，卷2，25页。

[133] 例如，1688年在孝庄皇太后死后，她的下人在外城捐建了一座寺院，据说在那儿能为她祈祷；高士奇撰写了碑文，康熙皇帝题写匾额。恒慕义主编：《清代名人传略》，300～301页；金正中：《燕行录》，170～173页；《日下旧闻考》，卷55，890页。亦参见北京图书馆藏拓片第2881号；北京图书馆金石组编：《北京图书馆藏中国历代石刻拓本汇编》，第65册，59页。我了解只有两个行动包括官员。一座是由宛平知县于1678年恢复的前门关帝庙，北京图书馆金石组编：《北京图书馆藏中国历代石刻拓本汇编》，第63册，125页。另一座是1776年由步军统领衙门恢复位于琉璃厂附近没什么名气的火神庙，北京图书馆金石组编：《北京图书馆藏中国历代石刻拓本汇编》，第73册，183页。官员们领导与寺院相关的慈善活动在第十六章会予以讨论。

说是更富有流动性。[134] 据我们所知，在前门附近的关帝庙，于1702年由居民恢复，捐助来自“本巷各户”；在1789年，200个人和12个商人，也许是作为消遣的地方，为它的重建进行捐献。[135] 424
一个类似模式也许在大多数小的寺院中盛行。

和其他地方一样，一些僧侣精心安排了某些修复。1708年，一位僧人帮助组织附近地区（崇文门外）的居民重建一座早期被火烧毁的寺院；一位来自大兴然后供职于京城的进士撰写了题词，一位汉军旗人还捐赠了石碑。[136] 1746年，城中一座小尼姑庵里虔诚的尼姑们能够募集资金进行主要修缮，通过一些不明确的关系，安排了一位来自杭州的著名侍郎起草并撰写了碑文。[137] 基督教、藏传佛教以及伊斯兰教的信徒在其社区附近也建有自己的教堂、庙宇和清真寺。（这些我们将在第十五章中会看到更多。）

此外，他们还参与公共慈善机构和地方旅游事业（这些也将在后面的章节中予以考虑），家在大兴和宛平的男子作为个人，既积极捐助寺院又热心题词。可以看出，在这个层次他们可以证明（和创造）在当地的地位。田种玉，一位宛平进士，于1663年资助恢复一座小型观音庙，一位大兴县出身的举人李录予，于1697年为重建后的碧霞元君祠题词。王熙于1699年参与了在金鱼池附近的药王庙事务。其他的本地捐助者则鲜有高贵的背景，例如，绿营兵正四品都司。[138]

在外城，大量寺院和其他活动是由来到北京的外来者支持的。

---

[134] 有组织的团体将在接下来的三章中进行讨论。关于附近地区，参见第三章。

[135] 北京图书馆金石组编：《北京图书馆藏中国历代石刻拓本汇编》，第75册，116页。

[136] 北京图书馆金石组编：《北京图书馆藏中国历代石刻拓本汇编》，第66册，105～106页；《明清进士题名碑录索引》，卷2，1349页；《清代职官年表》，卷4，3258页。

[137] 《日下旧闻考》，卷61，1006页。

[138] 田种玉，《日下旧闻考》，卷61，1000～1001页；《明清进士题名碑录索引》，卷2，1871页。李录予，吴长元：《宸垣识略》，卷9，166页；《明清进士题名碑录索引》，卷2，1328页。王熙，北京图书馆金石组编：《北京图书馆藏中国历代石刻拓本汇编》，第65册，139页。都司，《日下旧闻考》，卷61，1009页。

就这一点而言，像大多数城市那样，寄居者们发挥着影响力，这是北京被认为和其他中国城市最类似的地方。这些外来者作为个人和团体行动，他们的存在、他们的威望、他们的资源和他们的兴趣是外城宗教和社会基础设施发展、形成的关键。

士大夫和想要当官的人们持续在城墙包围着的前门内的关帝
425 庙里占卜他们的未来。17 世纪 50 年代当历史学家谈迁在北京的时候，反复在那儿占卜命运；王士禛于 1659 年在那儿祷告，得到的预言在几年后获得应验。新的石碑和其他供品常由来京的客人提供。[139]

我们将在接下来的章节里，详细考察游人的捐助。此时，让我们注意到的不仅仅是本地人、游人参观、撰写的有关寺院与其他外城景点的诗词：著名的图书和古玩市场报国寺，因花草树木而闻名的崇效寺，法源寺。[140]

对寄居者们来说，利用寺院作为客栈是最常见的。[141] 僧人们出租房间，而游人们得到平和宁静。例如，在西区的莲花寺，是官员们在京城临时停留的著名地方。1799 年秋天，洪亮吉上书成亲王，直言国家形势（他因这份奏折而闻名），然后搬到莲花寺并住在寺院里，直到他因“大不敬”而被逮捕。[142]

住在或毗邻一所寺院，关注它的历史，赞叹它的场地，或者了解寺院的僧人，都可以使寄居者变成捐助者。王泽宏于 17 世纪 70 年代至 90 年代在北京做官，住在建于明代的保安寺，他伤感地

---

[139] 谈迁：《北游录》，50、83、91、128 页；王士禛：《池北偶谈》，卷 22，528 页。亦参见北京图书馆金石组编：《北京图书馆藏中国历代石刻拓本汇编》，第 62 册，13、56 页；第 63 册，55、160～161 页；第 64 册，80 页。施闰章：《施愚山先生全集》，散文，卷 18，4～5 页。

[140] 孙殿起：《琉璃厂小志》，290～303 页。北京图书馆金石组编：《北京图书馆藏中国历代石刻拓本汇编》，第 77 册，189 页；第 78 册，149 页。《顺天府志》，1885 年，卷 16，519 页。朱一新、缪荃孙撰，刘承幹考证：《京师坊巷志》，卷 9，10 页。

[141] 《北京指南》，卷 8，14～16 页；朱一新 、缪荃孙撰，刘承幹考证：《京师坊巷志》，各处。

[142] 朱一新、缪荃孙撰，刘承幹考证：《京师坊巷志》，卷 9，9 页；戴璐：《藤阴杂记》，卷 8，209 页；恒慕义主编：《清代名人传略》，374 页。

看到这所寺院逐渐荒废。当他再也无法忍受时，他就以某种方式任命新的负责人，并在那个人的帮助下，激励其他人（可能是邻居）重建一座殿堂，并恢复了寺院建筑的生气。[143]

许多寄居者的行为如同已经扎根此地的人们一样。以胡季堂为例。他于1729年出生于北京并且在那儿生活了三十年，他的父亲（来自河南）在京供职，后来他因晋升侍郎返回京城并且在其生命最后的二十年里住在北京。他获得并且重建了著名的怡园，即王崇简在米市胡同的园子。沿着那条街道是他的家族定期参拜的关帝庙。1789年5月，当胡季堂在衙署时，一场大火扫荡了整个附近地方。他冲进家门，看到火焰突然转离他的房子，绕过它和关帝庙，留下了几十间熏烧过的房子。胡对寺院恢复的情感掺杂着一个自然长期存在的感激之情，这种情感可能是当地人所期盼的。[144]

在乾隆皇帝统治时期，这样的情感似乎已经相当普遍了，当 426
时北京已成为众多寄居官员和文人的家。到18世纪末，一位山西官员为了感激自己在对缅战争中能幸存下来，在住宅附近修建寺院也就不足为奇了，他的母亲在三十年前就已经开始这样做了，并呼吁“附近庙址居住之士大夫量为出资”。[145]

虽然在高级官员中，这种惯例也许不会像明代那样普遍，但京官也在自己没有亲自参与的情况下为寺院的重建提供他们的权威和专业服务。龚鼎孳（1613—1773，一位安徽人，明代进士、诗人和官员）是全城各种不同寺院的捐助者，寺院工程中六篇碑文的作者、创作者、

[143] 《明清进士题名碑录索引》，卷1，262页。北京图书馆金石组编：《北京图书馆藏中国历代石刻拓本汇编》，第65册，92页；亦参见73册，32页。

[144] 《清代职官年表》，卷4，3189页；恒慕义主编：《清代名人传略》，333页；朱一新、缪荃孙撰，刘承幹考证：《京师坊巷志》，卷10，41页；戴璐：《藤阴杂记》，卷9，229页；吴长元：《宸垣识略》，卷10，204～205页；北京图书馆金石组编：《北京图书馆藏中国历代石刻拓本汇编》，第76册，150页。

[145] 《清代职官年表》，卷4，3259页；北京图书馆金石组编：《北京图书馆藏中国历代石刻拓本汇编》，第77册，29～30页。他从二十个人那里筹措了将近800盎司银，全部是有地位或有官衔的人物。

雕刻者。[146] 同样，沈荃（1624—1684，来自江苏松江府，在1652年进士考试中获得第三名，并且在翰林院当差几十年）于17世纪70年代和80年代撰写了至少八篇石碑碑文。大部分或许是事务性的安排，但肯定不是沈荃从绘有一尊白长袍观音像的《心经》上仔细复制而来的，《心经》和观音像于1683年铭刻在前门内菩萨庙的一块石制的匾额上。[147]

我们只能在这里顺便提一下，由当地人、寄居商人、画匠和学者组成的当地会馆和行会所在地的外城寺院也是相当重要的。在清代早期和中期，三分之一外城寺院修建和重建的行为涉及这样的组织——厨师、演员、酿酒者、屠夫、换钱者、赶考的举子等等。（这些内容将在第十五章中讨论。）

在整个18世纪，随着内城和外城之间分界线变得模糊，旗人成为外城生活的一部分。一些人在此度过他们的空闲时光，其他人也一起搬到此地。无论作为当地居民或游人，他们都会参与
427 附近的寺院中，作为个人和群体向寺院捐钱或捐物。[148] 蟠桃宫，一座位于外城东北角中等规模的寺院，于1662年由一位满人恢复。吴达礼，满洲正蓝旗人，其父在清军入关前加入清兵，于17世纪50年代在京部院任职。当他的儿子们因天花病倒时，他被劝说去庙里烧香；当男孩们存活下来时，他感激并重建了这座庙。[149]

---

[146] 恒慕义主编：《清代名人传略》，431页。关于石碑，《北京旅行指南》，170～171页。北京图书馆金石组编：《北京图书馆藏中国历代石刻拓本汇编》，第61册，83页；第62册，67、136页；第63册，35页。朱一新、缪荃孙撰，刘承幹考证：《京师坊巷志》，卷8，8页。《日下旧闻考》，卷103，1706页。

[147] 北京图书馆金石组编：《北京图书馆藏中国历代石刻拓本汇编》，第63册，55、56、160～161页；第64册，13～14页。《弘慈广济寺新志》，159～164页。《日下旧闻考》，卷58，943页。关于观音庙，北京图书馆金石组编：《北京图书馆藏中国历代石刻拓本汇编》，第67册，125页。

[148] 《清实录》（乾隆朝），卷441，15页。北京图书馆金石组编：《北京图书馆藏中国历代石刻拓本汇编》，第63册，5页；第68册，41页。

[149] 北京图书馆金石组编：《北京图书馆藏中国历代石刻拓本汇编》，第62册，5页；《满洲名臣传》，卷8，44～45页。（译者按：《满汉名臣传》中为满洲正蓝旗人，其他资料记载为满洲正红旗人。）石碑标明日期为1662年，姓吴，是工部尚书，但是吴达礼直到1669年才得到此职位。因此石碑是后立的。《清代职官年表》，卷1，174～179页。这座寺院的一部分（包括石碑）在整个20世纪80年代一直保存着，但是在那以后被夷为平地。

1667 年，外城的天仙庙斗母祭坛由常住的道士们组织重建，不仅吸引了周边慈善人士的支持，还有“内外两城满汉官僚”，共计 90 人。（实际上，寺院位于旗人驻地的街对面，也许可以解释这种满汉混杂支持的缘由。）[150]

郊区东岳庙和泰山圣母的寺院继续保持着有人气的明代崇拜，而且毋庸惊讶的是，在外城最早期寺院的修建或重建与这两种祭祀相关联。早在 1647 年，外城重要的药王庙就已经有朝圣团体了。[151]（我们将在第十四章中，研究朝圣团体。）

19 世纪前，外城汉人的生活在视觉媒介上的表现是极为稀少的。在地图上，除了城门、护城河和大的祭坛外，外城几乎或完全被忽视了。[152]（图 12－4 是典型。）甚至花园聚会之类的绘画也是罕见的。[153] 罗聘绘制了陶然亭的挂轴，但是在京城，他的思乡画册《江南烟雨》也许是更具代表性的作品。[154] 也许大部分人感到，外 428
城比不上皇宫和皇家范围精致，也明显不及农村那样令人愉悦。当然，郊区继续作为寺院和游人绘画和木版画的流行主题，现在我们转向北京的这一部分。

---

[150] 北京图书馆金石组编：《北京图书馆藏中国历代石刻拓本汇编》，第 63 册，106～107 页；1750 年地图，《清内务府藏京城全图》；仁井田陞：《北京工商ギルド资料集》，卷 6，1187～1189 页；朱一新、缪荃孙撰，刘承幹考证：《京师坊巷志》，卷 7，30 页。

[151] 北京图书馆藏拓片第 691 号。

[152] 在 1683 年或 1735 年的《畿辅通志》地图里，外城几乎没有包括在内。1688 年安文思（Magalhaes）的地图（显示在哈特马特・瓦拉文斯：《中国图画：16—18 世纪在镜子中欧洲了解中国》，图 22），或岗田玉山的《唐土名胜图会》中没有显示外城，乾隆时也没像内城一样得到绘制。最详细的清代表现形式参见吴长元的《宸垣识略》，图片 13～17；《嘉庆重修一统志》，卷 1，2 页。一幅罕有的 18 世纪地图由俄国使团绘制，包括前门和崇文门外排列在街道上货摊，郎喀（Lorenz Lange）：《1736 年从 Tsurukhaita 到北京的 Naunska 路长途旅行日记》。

[153] 稀有或忽略？参见柯律格：《早期现代中国的图像与视觉性》，第七章。姜斐德主张［《清代画家袁江》，见周汝式、克劳蒂亚・布朗编：《乾隆皇帝时期的中国绘画：论文集两卷》，即《菲伯斯》，第 6 卷第 2 期（1988 年），230、355 页］，袁江十足田园风格的挂轴源自 18 世纪 20 年代学者动身参加科举的场景，表现了北京。与 1715 年第二代长芦盐商安岐在他位于天津的别墅绘画相比较，《八代遗珍：纳尔逊美术馆、阿特金斯博物馆、堪萨斯城和克里夫兰艺术博物馆的收藏》，画 259，351～352 页。有关另一种描绘，可能已经不存在，参见清早期在首都集市中人们的绘画，李家瑞在《清代京师竹枝词四十种提要》中提到。

[154] 文以诚：《自我的边界：中国肖像，1600—1900》，119 页。

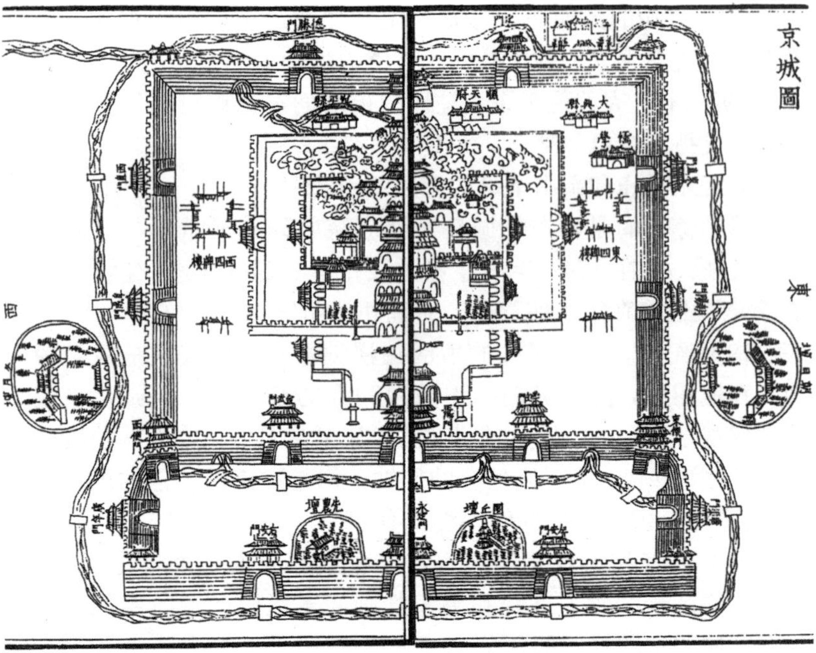

图 12－4　1684 年的北京城

这幅来自清初《大兴县志》的插图标示了京城：城墙、城门、护城河、国家宗教祭坛、东西牌楼、县和府的衙门。宫殿的后殿位于缭绕的云雾之中。

资料来源：《大兴县志》。

郊　区

北京城墙外的地区在 1644 年后也发生了变化。京城周边的财产被征服精英所占有，许多旗人被安置到农村。邻近郊区和城墙里城区之间的联系，一直密切保持，现在变得更加紧密，城区人
429 口更进一步扩散到农村。然而，“郊乡”无法进行简单定义，我们不能断定北京附近的所有生活实际上是以大城市为主要内容的。[155]

清朝统治者迅速声称开放城墙外的空间。明朝在京城的东边

---

[155] 1997 年 4 月，在牛津大学举行的有关中国城镇和乡村的会议中的论文和讨论对于思考“郊乡”是相当有用的。

饲养马匹，而新王朝及时以同样的目的在北京两边更为遥远的郊区占领了大量的“抛荒之地”。清初，黄旗、白旗和红旗的教场设在附近的郊区，教场充当旗人用于练习骑射和皇家定期检阅的地方。[156] 德胜门北的大教场包括一个高墙结构的观察塔，这个平坦开阔的平地不时地包围在尘雾以及回响着人和马的声音之中。[157]

清朝皇帝逐渐喜欢上西山的景色，使得这个地区越来越多的地方变成私人的别墅和地产。18 世纪，夏宫的建筑反映、刺激并强烈地造成了农村的郊区化。邻近村庄被殖民转变成包衣社区。当创建新的旗营时，它们也驻扎在皇家的别墅区内。图 12－5 显示了长方形的营房和兵营村庄，是这些军事存在的可见标志。许多西北郊区就这样在行政上和文化上成为旗人世界的一部分。[158] 在皇家媒介上的定期参观和频繁表述，加强了别墅与郊区祭坛、南苑、清代陵墓和盘山的关系。

大部分旗人似乎已经在城区定居，且依靠租金收入生存，但是有明显数量的旗人，特别是包衣居住在可以看到北京城墙的郊区。直到清末，这个郊区旗人数量仍然众多，是内城旗人数量的两倍之多，许多殷富之家也住在郊区。[159] 居民被不同的知县和旗人

---

[156] 明代，张爵：《京师五城坊巷胡同集》，10 页。清代，《八旗通志》，卷 22，412 页；《大清会典事例》，1899 年，卷 870，15840 页；《日下旧闻考》，卷 107，1776 页。

[157] 甘博，照片［约 1925 年］，由西德尼·甘博中国研究基金会（纽约城）所藏，截至 1989 年，5、368、2107 页。操练在春天和秋天举行，根据欧立德：《外来居民：满族在中国的经验，1644—1760》，314 页，但是秋天更经常被提及，柴桑：《京师偶记》，5 页；潘荣陛：《帝京岁时纪胜》，27 页；密福特：《使馆馆员在北京——书信集》，75 页。

[158] 《日下旧闻考》，卷 72，1215 页；卷 99，1650 页。麻伦：《清朝时期北京圆明园和颐和园的历史沿革》，56～57 页。密福特：《使馆馆员在北京——书信集》，111～112 页。乔治·奥古斯特·马肃：《北京及其居民的卫生研究》，47～48 页。关于军营，布鲁纳特、哈盖尔斯特罗姆：《当代中国的政治组织》，第 97～99、733～741 号；《日下旧闻考》，卷 99，第 1650～1666 页各处；《大清会典事例》，1899 年，卷 543，12264～12266 页。

[159] 在 1912 年，也许有 445 000 人？梁方仲：《中国历代户口、田地、田赋统计》，268 页；亦参见韩光辉：《北京历史人口地理》，125～128 页。这些数字应该被认为是有根据的推测。我们无法统计北京的全部“郊区”人口，因为没有这样的范畴。大兴和宛平在 1882 年合计人口为 386 000 人，韩光辉：《北京历史人口地理》，118 页。在 1926 年，城市统计被理解为位于城市郊区的地方有 380 000 人，对照在城墙内的 840 000 人。《北京指南》，卷 1，24～25 页。

430

图 12－5　西直门外的郊区

这幅画出自满洲旗人金梁的《西山名胜图说》，著于清末。是解释皇家范围和西北郊区几幅草图之一。绘画强调了在城墙和山脉之间稠密的住宅区，仔细地描述了寺院、村庄和别墅。这个细节显示了西直门外高梁桥和从城市来的运河，经过了五塔寺和万寿寺。更西边的西顶和邻近兵营属于八旗炮兵营。

资料来源：金梁：《西山名胜图说》。也参见柯娇燕：《孤军：满人一家三代与清帝国的终结》，278 页；同样场景的彩色描绘用于《燕都》1989 年第 6 期封底。

首领管理。 431

在明代，紧挨着城门外的区域——关——被视为城市而不是农村。早在1644年，步军统领衙门的士兵被要求管理这些三十至四十里地的区域（约二十公里）。他们也去照看关四周的道路和排水沟。[160] 巡城御史的捕役和来自步军统领衙门的士兵驻扎在每个城门外。[161] 在17世纪80年代后，顺天府每隔一段较远的距离设置四个厅，每个厅配有一队巡捕，驻扎在农村的四个方向（通州、卢沟桥、黄村和巩化城），每一队对犯罪现象负有责任。[162]

一些重要的衙门位于农村并且施展权力。税关（由在崇文门的税吏监督）对从张家口和沿着北方边境的其他地方而来的陆上货物运输收税，在山海关（前往东北的入口）、大运河上的天津和通州以及卢沟桥对从南方而来货物收税。[163] 在卢沟桥，参加顺天府考试的举子也在此逗留和接受检查。[164] 张家湾，通州陆路上的一个城镇，是更远的东南地区所产食盐的集散地，由天津的垄断商人销售。[165] 在每一个站点上，客栈为公差和他们的游人提供饮食和服务。 432

因为粮仓的财富和危险的船夫，通州受到内务府和步军统领衙门的特别关注。从北方和中原运来的粮食必须沿着运河快速运输，安全地存储于通州和北京；与漕运相关的旗人官员和文官在这个运河终点频繁地进行买卖。[166] 富有和贫穷的人经常轮流往来于

---

[160] 1771年，由内务府提供资金，工人从百姓中雇用。《金吾事例》，卷4，9～12页。

[161] 张伟仁主编：《明清档案》，顺治元年七月二十七日，尚未刊行。《大清会典事例》，1899年，卷590，12838～12839页；卷1031，17399页。《日下旧闻考》，卷62，1048页。

[162] 《顺天府志》，1885年，卷22，681～683页。

[163] 金正中：《燕行录》，卷1，588页。《大清会典》，1899年，卷23，237～238页。《大清会典事例》，1899年，卷234，8199～8202页；卷236，8221～8222页。

[164] 《北京历史纪年》编写组：《北京历史纪年》，207～208页；励宗万：《京城古迹考》，19页；《清实录》（嘉庆朝），卷59，19～21页。

[165] 《北京历史纪年》编写组：《北京历史纪年》。查嗣瑮：《查浦诗钞》，卷2，44页；吴士礼（威司利）：《1860年对华战争纪事》，182～183页。

[166] 戴维·凯利：《教派与社会：清朝漕运水手中罗教的形成，1700—1850》，51页以下。

通州，交通促进了北京东边郊区的发展；一条少有的铺有路面的道路，林立着的谷仓，连接着两座城市。

大兴和宛平是北京的两个县，得益于皇家的关照，“此为中枢”；它们是大量科举名额和减税的受益者，这些都是建立在靠近君主而恐惧动乱基础之上的。[167] 县官只对生活在北京城墙外的百姓有形式上的权力，因为他们管辖区内的大部分土地属于旗人，一个清晰的责任分离是不可能的。[168] 最初，大部分大兴和宛平的土地应该向旗人交纳租金而不是政府的税金，但至少从 18 世纪中期起，越来越多的旗人被鼓励成为“民”，知县的任务更加繁重了。

虽然大兴和宛平常被混为一谈，但彼此相差甚远。乡村的宛平有大兴的三倍之大，向西和向南扩展，境内有许多山丘。小一些的大兴包含全部已开发的平坦平原，包括北京和大运河之间大量的旅行线路。[169] 正如我们看到的那样，以商业为主的大兴产生的科举功名的人数是宛平县的两倍。两个县的农业土地都为城市富人提供奢侈品，为穷人提供生活必需品。

虽然许多北京的居民依靠从中部省份输入的粮食生存，但是城市的经济繁荣还是要依赖于周边的农村。北京周边地区种植了
433 吃面食汉族人口的主要作物：小麦、荞麦、小米、高粱和大豆。[170]
郊区也生产水果、蔬菜、肉类和家禽，商业花卉生意在西南郊区的丰台继续朝气蓬勃地发展。尽管有皇家的训诫，粮食也还是被

---

[167] 例如，1729 年为这两个县设置了一个备用金以便于它们能有充足的现金去办事，但大多数官员没有享受到。《畿辅通志》，1884 年，卷 2，99、106 页。

[168] 崔艾莉：《维护帝都北京的治安：清代步军统领衙门，1650—1850》，139～140 页；《北京历史纪年》编写组：《北京历史纪年》，210 页。

[169] 韩光辉：《北京历史人口地理》，113～117 页；《顺天府志》，1885 年，地图。

[170] 《清实录》（康熙朝），卷 240，14～15 页；上谕档方本，卷 199～201，乾隆四十年五月初十日；上谕档方本，卷 456，乾隆五十年十二月初三日；谈迁：《北游录》，31 页；宓吉：《从北京到彼得堡的西伯利亚陆路》，28 页；李明珠：《直隶省谷物价格，1736—1911：初步研究》，见托马斯·罗斯基、李明珠主编：《从经济角度看中国历史》，73～76 页。这些粮食也会作为租金付给八旗和内务府，《畿辅通志》，1884 年，卷 1，47 页。关于皇家的赞助者试图种植稻米，卜正民：《明清两代河北地区推广种稻和种稻技术的情况》，见李国豪编：《中国科技史探索》；谈迁：《北游录》，314 页。

用于酿制烈酒，北京东面和南面地区以出产烈酒而闻名。在 19 世纪中期，西方人看到有充足的证据证明大面积的菜园和用于在冬天保持农产品新鲜的地窖。[171]

北京西部山区是岩石、硝石、石灰石，尤其是煤炭的一个长期来源。[172] 无烟煤——通常是煤粉，混合着土，滚成球——在明代以前就已经在此开采并且成为京城首选的燃料。它易于燃烧，没有烟雾排放，适于做饭和对北方充当床与生活区域的炕进行加热。虽然偶尔会遭到反对而且有时候禁止在寺院附近烧煤，但是煤炭开采满足了永无止境的需求，并且吸引了投资者（包括拥有土地权利的旗人）。商业投资者和经销商似乎是山西人。[173] 在城门口，肮脏的煤场随处可见，骆驼和骡子把煤炭从门头沟或北面运到三家店是熟悉的场景。[174]

北京是一个就业市场，特别是在淡季。乡下人给富人当仆人，

---

[171] 《日下旧闻考》，卷 90，1536～1538 页；王士禛：《居易录》，卷 15，12～13 页；吴士礼（威司利）：《1860 年对华战争纪事》，182～183 页；琼斯·兰普瑞（Jones Lamprey）：《北京附近的西北地区旅行日记》，载《皇家亚洲学会会刊》，第 37 期（1867 年），247 页；韦廉臣：《华北、满洲及东蒙旅行记》，卷 1，248～249 页；贝勒（勒士畬得）：《北京平原和周边山村》，93 页。关于酒类，议覆档，1 页，乾隆二年七月初六日；113～114 页，乾隆二年八月十一日。杜德珍：《中国的饮料》，载《东方学会杂志》，第 3 卷第 4 期（1895 年），275～340 页。

[172] 参见金正中《燕行录》第 588 页关于成排的两轮运货马车载着石灰穿过卢沟桥进入北京的记载。

[173] 邓拓：《从万历到乾隆：关于中国资本主义萌芽时期的一个论证》，192～232 页；方行：《清代北京地区采煤业中的资本主义萌芽》，见《中国社会科学院经济研究所集刊》，第 2 集，186～212 页；《清朝文献通考》，卷 32，5146、5152 页；《大清会典事例》，1899 年，卷 1039，17469 页；《畿辅通志》，1884 年，卷 3，188～189 页；《清实录》（道光朝），卷 37，6～7 页。在戒台寺附近，《日下旧闻考》，卷 105，1737～1742 页；仁井田陞：《北京工商ギルド资料集》，卷 5，1067～1068 页；宫中档，乾隆朝，第 51915 号；北京图书馆金石组编：《北京图书馆藏中国历代石刻拓本汇编》，第 81 册，60～61 页。

[174] 潘荣陛：《帝京岁时纪胜》，34～35 页；斯温霍：《1860 年华北战役纪要》，371 页；韦廉臣：《华北、满洲及东蒙旅行记》，卷 1，144 页；喜龙士（又称喜龙仁）：《北京的城墙和城门》，147～148、153、182 页；《中华帝国：照片，1850—1912》，44～45 页；《燕京杂记》，132 页；季姆克夫斯基：《1820 年和 1821 年通过蒙古到中国的旅行》，297 页；福钧：《江户和北京，中日两国首都旅行纪事》，386 页。排放物有害健康。

在城市街道上挑卖各种各样的土特产：蜜饯海棠果、鸭、冬季副产品、糖果、扫帚、植物和鲜花、玩具、干果、坚果、扇子和栗子。[175] 掏茅厕的夜间走进城市带走粪便，进行烘干，用作土地肥
434 料。[176] 如果能绕过规定和城门的检查，在城里可以得到更好和更便宜的粮食。[177]

以一位名叫林清（Lin Qing）的男子为例，可以说明我们看到城乡之间的相互联系。他的父亲，一位土生土长的绍兴人（浙江），是顺天南路厅衙门中的一名吏员；他和妻子都安葬于黄村外。黄村是北京南面小镇子，那是衙门的所在地。林本人也在内城（西南角）和外城部分附近当差；他有汉军旗人的朋友和资助人，在山西商人经营的商店里做生意，并且与一位满洲旗兵是拜把子兄弟。晚年，他住在黄村。[178]

城里人为了他们的别墅和墓地而渐渐渗入农村。虽然西山在风水上提供了更理想的布局，但墓地还是在北京周围修建了起来。大型寺院随着太监坟墓而修建的时代已经过去，但是普通家族墓地星罗棋布分布于城区周围的农庄和山区土地上。清初，在被旗人没收的土地上的汉人坟墓还可以继续进入。[179] 旗人也需要墓地，

---

[175] 《北京民间风俗百图》；史大卫：《北京的人力车夫：20世纪20年代的市民与政治》，32页；《燕京杂记》，122页；塞缪尔·维克多·康斯坦特：《京都叫卖图》，各处。

[176] 史大卫：《北京的人力车夫：20世纪20年代的市民与政治》，155页；《北京民间风俗百图》。

[177] 《畿辅通志》，1884年，卷3，140页。《故宫周刊》，第227期，3页；第228期，1页。《北京历史纪年》编写组：《北京历史纪年》，232页。《金吾事例》，卷4，64～66页。为了阻止这样的购入，在危机时顺天府在北京周边建立价格稳定局（在厅站），那儿谷仓可以售卖存粮以便把农村的价格降下来。议覆档，147～158页，乾隆十六年三月初一日。这四个局后来得到更换和补充。军机档，乾隆朝，第6858号；李明珠、崔艾莉：《清代保障北京的粮食供应、国家、市场和警察》，载《亚洲研究学报》，第58期（1999年）。

[178] 韩书瑞：《千年末世之乱：1813年八卦教起义》，特别是第72～77页；《钦定平定教匪纪略》，卷20，33～34页；《故宫周刊》，第221期，1～3页；上谕档方本，卷169～173，嘉庆十九年十一月十四日。

[179] 《清实录》（顺治朝），卷14，9页。我没有系统地研究这个问题，但亦参见《宫中档雍正朝奏折》，第23册，96页。

每个人被分配了墓址，有些风水好，有些风水差。[180] 城墙围绕着的地方和常青的绿树映衬富人的陵园，立在龟背上的石碑刻着墓志铭，标志着一个皇家的亲戚或贵族。[181] 大型集体坟茔为太监和寄居者们的同乡团体提供了安息之地。

山丘的视野和景色继续受到所有有社会地位的北京人的喜爱。西山和卢沟桥经常在地图和绘画上得以表现，1751 年乾隆皇帝竖立了 8 块石碑，上面标示着全部 8 个景色真正或想象的位置。[182]

虽然大部分农村寺院由乡村社团供养，而且超过了我们在这里的
思考，但是宗教设施毕竟是城里和郊区之间的另一种联系。事实上， 435
在这本书中，我已经把郊区确定为寺院经常吸引城墙内人口的地区。如同那些在城内的寺院一样，乡村寺院允许创造团结，并帮助外来人自己扎根于当地的社会中。虽然由皇室带头，但没有太监把这些捐助活动扩展到更远的地方。相反，当地人和寄居的游人、僧人、普通居民和圣会，经常使用明代的基础设施，把乡村寺院编织进网络之中。

在清代北京周边的农村有多少宗教设施是无法知晓的。据我了解，1644 年 314 座郊区寺院是由城市居民捐助的（不包括在皇家范围内）。这个数字在 1780 年增加到 388 座，三分之一是在清代新建的。这些寺院在空间上的分布与明代相比并没有什么太大的变化：有半数在西北面，并且只有 15％在北京的东面、北面或南面。[183]

---

[180] 这些土地来自皇家地产。《八旗通志》，卷 22，410～411 页。参见麟庆《鸿雪因缘图记》卷 3 第 38～39 页关于作者家族在北郊的墓地。

[181] 约翰·贝尔：《1719—1722 年从圣彼得堡到北京旅行记》，155 页；季姆克夫斯基：《1820 年和 1821 年通过蒙古到中国的旅行》，314 页；北京图书馆藏拓片，各处。

[182] 史树青：《王绂北京八景图研究》，78～85 页；北京图书馆金石组编：《北京图书馆藏中国历代石刻拓本汇编》，第 70 册，154～157 页；徐珂：《清稗类钞》，卷 1，128 页。关于可见的表现，《南巡盛典》；吴长元：《宸垣识略》，卷 11；《嘉庆重修一统志》，卷 1。

[183] 从 1644 年至 1800 年，我知道有 490 座寺院存在于那时的郊区或其他地方；与城墙围绕着的城市联系的寺院的数量被大大高估了。大部分寺院位于城墙围着的城市方圆二十公里范围之内，但是我把更远距离的寺院也包括在内，它们是由城市居民定期捐助。490 座寺院中，只有 126 座被“捐助”的包括在有关北京指南手册范围内，并且它们与城市的联系可能是一个相当不同的次序。

在17世纪，郊区的寺院建设速度远低于城里的寺院，而且三分之二有文献记载的郊区建庙事务直到雍正和乾隆时期（1723—1795）才开始进行。清朝统治的前四十年，郊区很少建造寺院的事实说明只有在城内重建某种平衡后，居民自己才开始进入或重新进入乡村。

皇家的捐助是一种重要的激励。藏传佛教在新王朝统治下地位提高的明证就是它们在郊区的最早期寺院得以修建。清朝君主于1645年开始在西北郊修建大型藏传佛教寺院，例如继续由八旗贵族赞助发展的藏传佛教寺院，最终发展成为从中亚来的游人的中心。

正如我们在第十章中所看到的那样，皇室把36座郊区寺院列在供养的清单上，皇室成员所赐予的礼物更多。一位皇子，即未来的雍正皇帝，在他四十岁时，恢复了他所喜爱的位于郊区的大觉寺，并任命了一位新方丈。[184] 他的弟弟胤祥支付了卧佛寺的重
436 修，工程由其儿子于1734年完成。[185] 1757年，皇亲在潭柘寺为游方僧人修建一个大殿而捐助钱财，并且赐予其土地以供给他们全部的粮食。[186]

大兴和宛平的官员不在外城举行仪式。只有迎春仪式部分地依赖位于东郊的一个场地。巡城御史在城门外拥有权威，还能偶尔向修缮工程出借他们的名字或权力，而知县就没有这样做。[187]

游人使得寺院变得富有起来（但鲜有修复），精英游客们渴望看到早期时代的纪念遗址。北京的全部风景名录通过这些努力而扩大了。例如，北京西边的四平台地区（又称八大处），由于距离

---

[184] 北京图书馆金石组编：《北京图书馆藏中国历代石刻拓本汇编》，第67册，123页；《日下旧闻考》，卷106，1766页。

[185] 《日下旧闻考》，卷101，1680～1681页；亦参见奉宽：《妙峰山琐记》，14页。在18世纪中期后，皇子捐助的例子是极少的。

[186] 北京图书馆金石组编：《北京图书馆藏中国历代石刻拓本汇编》，第71册，110页。

[187] 例如，北京图书馆金石组编：《北京图书馆藏中国历代石刻拓本汇编》，第73册，168～169页。

遥远，在明末鲜有人知，在康熙朝，八大处开始突然被人注意，这或许反映了文人的“漫游”从被君主接管的西山那里的强迫转移。[188] 在1659年，一位来自山东的退休文人试图重修善应寺，寺院附近的不远处是文人长期喜爱的地方，但是没有筹措到金钱；十年后，其他一百多人（包括旗人）完成了这个任务。[189]

与其他地方一样，在虔诚的行为中，僧侣们经常带头。在1688年前的某一时间，一位出于善意的和尚在西北郊区为穷人修建客栈，后来吸引了皇家支持。[190]（这些慈善事业将在第十六章中进行讨论。）

太监此时是普通的赞助人，但仍经常集体行动。以他们在1701年重建刚铁庙为例。17世纪60年代，一些明朝宦官复兴了这个团体，他们定期为14世纪的英雄提供供品，并且在接下来的二十年中保持着寺院的活力。后来，清朝太监接管这座寺院。1701年，有超过一百名太监资助了这座寺院的重建，整修全部的仪式器具，重新镌刻了明代石碑。1727年，御膳房太监重修位于郊区通往夏季宫殿路上的灶君庙，附属的坟墓也为他们所利用，并且让这座灶君庙保持良好的修缮。1740年，皇家资助的太监墓地修建起来，从而避免了这些私人努力的需要。[191]

东岳神的寺院受到宫中居民更多的喜爱。18世纪中期，皇室 437

---

[188] 在汉语中这些地方似乎最初被称为“八大刹”（1748年前），接着是（19世纪中期）称作“八大处”或“八大庙”。北京图书馆金石组编：《北京图书馆藏中国历代石刻拓本汇编》，第70册，36页；首都图书馆藏拓片第667号；芮尼：《驻华英使馆第一年期间的北京和北京人》，卷1，111页；贝勒（勒士畲得）：《北京平原和周边山村》，86页。

[189] 《日下旧闻考》，卷103，1706页；北京图书馆金石组编：《北京图书馆藏中国历代石刻拓本汇编》，第62册，184～185页。

[190] 《日下旧闻考》，卷107，1774页。

[191] 关于刚祖，北京图书馆金石组编：《北京图书馆藏中国历代石刻拓本汇编》，第65册，173～174、182页。关于灶君，北京图书馆金石组编：《北京图书馆藏中国历代石刻拓本汇编》，第68册，45页；第71册，35页；第72册，53页；第74册，139页；第80册，56～57页。北京图书馆藏拓片第3442号。亦参见北京图书馆金石组编：《北京图书馆藏中国历代石刻拓本汇编》，第71册，11页。参见第十六章中更多有关墓地的内容。

包衣与为他们服务的太监一起组织集体的支持行动。皇室、工部和五城的当差制造工匠也资助那座寺院对建筑业祖师爷鲁班的崇拜。[192]（19 世纪末期，当太监权力复兴的时候，慈禧太后的宠臣李莲英与其他人一起捐给东岳庙灯笼，并为官方的太监墓地捐款。）[193]

与明代的宦官和宫女相比，清代的包衣是不同的捐助者。他们起初与其他旗人一同作为村庄寺院的捐助者出现。然而，在夏季宫殿团体成立后，一些包衣成为附近积极的捐助者。例如，在 1732 年，圆明园的皇家包衣捐了 2 700 盎司银，购买附近的土地并且修建了一座寺院。[194]

旗人和寄居的商人团体扩大了他们对郊区的捐助活动。1728 年，山西贩骡马的商人在西边之一的道路上为马神修建寺院，其他山西人于 1748 年恢复西边城门之外的一座寺院，以便于其能作为一个家乡团体的总部和存放灵柩的地方。这样的团体还寻求墓地，在附近修建小的寺院，在那儿举行适当的仪式，并有一位看管人或僧侣可以居住。[195] 17 世纪 70 年代，一位虔诚的满人碰巧走到阜成门外的一座地藏庵，看到这座寺院的窘状，就动手开始恢复，最终由他的遗孀和儿子完成。[196]

更为常见的是，捐助者的行动是集体的。靠近西郊的著名天宁寺宝塔的修缮，由一位常住僧人领导，在“善信广募”的援助下花费了十七年的时间；一位汉军旗人（也许是捐助人之一）于

[192] 北京图书馆金石组编：《北京图书馆藏中国历代石刻拓本汇编》，第 69 册，87 页；第 76 册，7～8 页。北京图书馆藏拓片第 7824 号。

[193] 刘厚滋：《北平东岳庙碑刻目录》，137 页；北京图书馆金石组编：《北京图书馆藏中国历代石刻拓本汇编》，第 90 册，208 页。

[194] 北京图书馆金石组编：《北京图书馆藏中国历代石刻拓本汇编》，第 69 册，38 页；第 73 册，167 页。有关 1723 年，北京图书馆金石组编：《北京图书馆藏中国历代石刻拓本汇编》，第 68 册，112 页；关于其他例子，第 68 册，143～144 页；第 74 册，55 页；第 79 册，53～54 页。

[195] 北京图书馆金石组编：《北京图书馆藏中国历代石刻拓本汇编》，第 68 册，60 页；第 70 册，26 页；第 77 册，137～138 页；第 81 册，95～96 页。仁井田陞：《北京工商ギルド资料集》，卷 1，97～109 页。

[196] 北京图书馆金石组编：《北京图书馆藏中国历代石刻拓本汇编》，第 63 册，100 页。

1699 年撰写了碑文。[197] 约 439 位捐助者（包括 72 名妇女）列于恢复东南郊区五圣寺的赞助者名单中；一些明显是满人，许多是在附近南苑当差的人。[198] 位于西北小山上的明代宝藏寺已经“圮废”，1699 年“左右居人”立社筹钱重建了它。到 1708 年，这座寺院如 438 同新建的一样；165 位捐助者中似乎有旗人。[199] 1764 年，200 多名住在阜成门外的人，有商人和普通市民（“关厢商民人等”），恢复了那里的火神庙。[200]

在西北郊区的八旗村庄，捐助者经常与一位清朝守护神关帝的寺院建筑相关联。一座建于 1750 年的关帝庙在接下来的整个二十年中，从其他旗人——一些都尉和一位大学士那里，获得了累积超过四百亩的乡村土地。到 1734 年，一篇碑文称三个村庄都为其施主。[201]

一些乡村寺院被卷入与泰山相联系的朝圣网络中，并且得到了以城市为基础的团体捐助，我们将在接下来的章节中对它们进行更详细的讨论。其他人与城区的联系只是细微的。1745 年，煤矿主在他们矿山附近修建了七圣庙，这与北京没有明显的联系，但在皇家所编辑《日下旧闻考》中保留了对他们寺院的叙述。[202]

雕刻一座石碑通常需要在京城精英阶层中寻找一位作者。西山的天仙庙是由附近的 33 名村民恢复的，他们征募一位翰林来撰写碑文。[203] 但不是所有村民都转向城市。北京东南四个村庄的人们

---

[197] 北京图书馆金石组编：《北京图书馆藏中国历代石刻拓本汇编》，第 65 册，140 页。

[198] 北京图书馆金石组编：《北京图书馆藏中国历代石刻拓本汇编》，第 72 册，54～55 页。

[199] 北京图书馆金石组编：《北京图书馆藏中国历代石刻拓本汇编》，第 66 册，107～108 页。有众多的名字是满语发音，后来的捐助者是清楚的。北京图书馆金石组编：《北京图书馆藏中国历代石刻拓本汇编》，第 72 册，154～155 页。

[200] 北京图书馆金石组编：《北京图书馆藏中国历代石刻拓本汇编》，第 72 册，62～63 页。这个团体似乎已经包括商店和个人。

[201] 北京图书馆金石组编：《北京图书馆藏中国历代石刻拓本汇编》，第 68 册，143～144 页。有关其他例子，北京图书馆金石组编：《北京图书馆藏中国历代石刻拓本汇编》，第 68 册，137～138 页；第 79 册，136、172 页；第 86 册，94～95 页。北京图书馆藏拓片第 2960 号。

[202] 北京图书馆藏拓片第 5128 号；《日下旧闻考》，卷 102，1689 页。

[203] 北京图书馆金石组编：《北京图书馆藏中国历代石刻拓本汇编》，第 72 册，162 页。

在 1715 年的一场洪水中能“独此方晏安如故”，认为他们社区的龙母负责保护了他们，“广募好善之士共为兴造”（不清楚他们参照谁），修建和扩大了寺院，他们邀请昌平州（位于京城正北）的生员创作并撰写了石碑碑文。[204] 显然，许多寺院得到它们服务村庄社区的支持并且与城市精英没有什么联系。

因此，必须把北京的“郊区”理解为一个城墙外松散的地区，
439 到处坑坑洼洼，缺乏固定的分界线，不断地被重新配置。人们从城市到农村、山区，从村庄到城市的流动创造出连接的纽带，这些纽带在分布上和强度上是不均衡的。如同皇家北京，城墙围绕着的城市是明显的和易于辨认的；京城的社会、休闲和运作世界更微弱不显，更难以确定。

在北京的生活中，欣赏近郊地区是研究由季节性节日所建立的城市联系的另一种方法。到 18 世纪中期，一个典型的清代周期已经建立，在表面上把北京的分离部分地缝合在一起：皇家范围、内城、外城和附近郊区。

北京之节日

正如我们在第八章中所看到的那样，节日已经帮助创造了一个有区别的北京文化。这些习俗，比词汇“传统的”含义更容易改变，如同许多其他地方一样，被清朝的征服所动摇。这是一种重新调整的措施，花了三代时间创造出大量新的清代岁时节日记载。[205]《帝京

---

[204] 北京图书馆金石组编：《北京图书馆藏中国历代石刻拓本汇编》，第 67 册，57 页。

[205] 1685 年，在宛平和大兴县当地部分的风俗中，提供了一个简短的岁时节日；这些文字几乎完全是从 1635 年的《帝京景物略》中摘录的，所描述的明代的风俗似乎仍在实行。参见《大兴县志》，卷 1，15～18 页。在首都也没有大的方志，《日下旧闻考》包括了清代的习俗；其岁时（部分也是“当地风俗”）包括来自明代或较早资料的一连串引文。朱彝尊：《日下旧闻》，卷 33，9～19 页，且增补的为卷 38，1～9 页。这些部分在《日下旧闻考》中被重复（《日下旧闻考》，卷 147～148）。1671 年和 1735 年的县志都没有包括岁时。在柴桑未刊行的笔记中，有一个非常简短的有关岁时节日的记述（同样在文中没有展开）。

岁时纪胜》是由潘荣陛——一位北京当地人撰写的，于1758年刊行。这本书的内容反映了在征服后的一个世纪里，一个完整城市生活的恢复，这部著作值得密切注意。

十二年来，潘荣陛受雇于紫禁城内各种不同的编史工程，并且利用退休撰写了北京的历史。[206] 按照农历月份（穿插着它们频繁出现的节假日），用简短单独的条文，他的“岁时”所描述的地方和活动与每个节日相联系。对于每个月份，潘荣陛列举了最有名的“时品”。他的风格和方法在下面的段落中可以看到：

地藏会。按照传统，七月三十日是专为地藏菩萨诞日而举行 440
的。“都门寺庙，礼忏诵经，亦扎糊法船，中设地藏王佛及十地阎君绘像，更尽时释放焰口焚化。街巷遍燃香火莲灯于路傍，光明如台。”[207]

这段清代中期的文字愉快地把北京与以前朝代的伟大京城联系在一起，但与明代的前任者不同，没有试图把当地的风俗与那些帝国其他部分的风俗联系在一起。当潘荣陛引用过去的时候，他通常是通过引用“传统”这种方式进行的；除了给定日期的事件外，明代很少被提及。[208] 他既没有依靠早期的书籍，也没有引用文人的诗歌资料。潘荣陛似乎不需要这些正统的东西，而代之以依靠自己的经历自信地进行写作。他更喜欢引用谚语解释或概括当地的信仰和习俗：“重阳无雨看十三，十三无雨一冬干。”[209] 同样，潘荣陛列举了当地在正月、五月和九月的各种忌讳（没有非难）：在元旦不食米饭，不在九月冒犯九女星，等等。[210]

因为潘荣陛是与此时而不是过去相联系，从他的笔记中我们

[206] 他不满于相关主题著作的缺乏（前言）。文字较长，但是在布局和内容上可与1635年的明末岁时进行比较。在19世纪的第二个十年前，我没有看到其他有关节日的系统描述。

[207] 潘荣陛：《帝京岁时纪胜》，28页。

[208] 如“传为……”或“旧传有……”。

[209] 潘荣陛：《帝京岁时纪胜》，23、32页。潘荣陛分别引用了19种不同的谚语。

[210] 应该按照当前英语中的“忌讳”，而不是汉语中的“迷信”用法去理解。潘荣陛：《帝京岁时纪胜》，13、23、34～35页。

既能看到作为满人征服的一个后果，即当地的风俗是如何变动的，又能看到在清代早期和中期过程中一个新的结合是如何完成的。（表12－1中列出了他的著作中主要的节日。地图12－1标明了活动地点。）

在表8－1和12－1中，数据的比较强调了明清之间节日的连续性。[211] 节日通常在家庭内部进行庆祝——新年、二月初二、清明、五月初五、六月初六、七月初七、七月十五、八月十五、九月初九、十月初一、冬至、腊月初八——仍然提供了岁历的支柱。
441 与神灵和寺院相关联的节日有了更多的变化。在18世纪，似乎有更多的神诞日得到庆祝，但即使这是潘荣陛一项涉猎更为广泛的研究成果，我们仍能确信他们是在新的地方庆祝。

地点上的某些变化是八旗占领北城的自然结果。潘荣陛了解到（但是没有引起注意）明代位于紫禁城附近的新年灯市已被重新部署到外城的若干个商业交叉地区。同样，在城隍庙每月三次的集市已迁到外城的报国寺。在早期的年代，公众惋惜道，集市“皆不如昔日之盛”。[212]

在某些庆祝中，在外城的新位置是简单加上去的，如观音的神诞日（二月十九日）或在仲夏的鬼节。[213] 在其他情况下，节日是新的。一座供奉太阳日君的寺院（在遥远的外城东南部分）在清代初期被恢复后，在二月初一神诞日的庆祝吸引了大批人群——或许是因为泰山圣母大殿的人气。[214] 在蟠桃宫，西王母娘娘的诞日也成为一个主要的节日，在三月头三天有庙会，并且附近有赛马活动。[215]

---

[211] 这些表中的每个节日包括我已选择的出自两种不同材料的资料。这个对照无法证明其连续性，但是通过其他的片段出处可以证实。

[212] 潘荣陛：《帝京岁时纪胜》，9、10、22页；谈迁：《北游录》，334页。没有留下资料可以确切告诉我们这些重新部署是如何进行的。庙会的改变更可能是一个有组织的决定，也许，是摊贩与个别僧侣商谈的结果。灯节，通过对比，似乎无规律地蔓延开来。

[213] 潘荣陛：《帝京岁时纪胜》，15、27～28页。

[214] 潘荣陛：《帝京岁时纪胜》，13～14页；吴长元：《宸垣识略》，卷9，172页；金昌业：《稼斋燕行录》，206～207页。

[215] 潘荣陛：《帝京岁时纪胜》，16～17页；吴长元：《宸垣识略》，卷9，168页。

许多与内城相关联的风俗得到旗人的接受（观看皇家的大象和赏莲）；同时，也出现新的庆祝地方。西直门内的一座明代寺院在18世纪初期得到那个区旗人的捐助并且于1758年恢复；它的军事技艺表演者在灯节期间受到欢迎，庙市直到世纪末期才得到发展。[216]

郊区寺院节日较少受到朝代更替的影响：白莲寺在正月仍然吸引了大批的人群，三月东岳神的神诞日和四月碧霞元君的神诞日继续受到喜爱。牡丹因颜色和气味在城市南部的丰台区大批地被商业种植，仍然在晚春吸引了观众。[217]

表12-1　《帝京岁时纪胜》中的1758年岁时 442

日期	活动
立春	府尹和官员们出席
正月初一	农历新年，官员们向君主朝贺，家族在家庆祝，烟火
正月初八	星灯
正月初八	在弘仁寺和黄寺举行打鬼仪式
正月初九	天诞，道观举行仪式
正月初一至十六	在琉璃厂参加集市，在另一地方漫步
正月十三至十六	上元，官员互相庆祝，城市张灯，士女结伴相游
正月十九	在白云观庆祝燕九
正月二十五	吃大餐，填仓
二月初一	吃太阳糕，在太阳宫庆祝
二月初二	熏虫并且吃与“龙抬头”相关的食物
二月十二	花王诞日

[216] 崇玄观。潘荣陛：《帝京岁时纪胜》，9页；《日下旧闻考》，卷52，840～841页；吴长元：《宸垣识略》，卷8，161页；《故宫周刊》，第194期。

[217] 潘荣陛：《帝京岁时纪胜》，12、17、18～19、22、25页。关于丰台，潘荣陛，《帝京岁时纪胜》，20页；王崇简：《青箱堂文集》；施闰章：《施愚山先生全集》，诗歌，卷23，13页；方苞：《方望溪全集》，206页；《日下旧闻考》，卷90，1536～1538页；阮葵生：《茶余客话》，242页。

续前表

日期	活动
二月十九	观音大士诞日，在观音庙庆祝
清明	通过参拜家族墓地纪念亡故的祖先，给孤魂上供品
三月初一至初三	西王母诞日，在蟠桃宫
三月二十八	东岳神诞日，在他的寺院庆祝
四月初八	浴佛节，参拜佛教的寺院
四月初八至十八	碧霞元君诞日，在她的寺院庆祝
四月初十至二十	药王诞日，在他的寺院庆祝
五月初一至初五	其他碧霞元君寺院的集市
五月初一至初八	都城隍庙的集市
五月初五	游览极胜，采取预防措施去躲避空气中的毒，已婚妇女回家
五月十三	关帝诞日，在其寺院中庆祝
六月初六	在家中和在宫中晒书和衣服
三伏	在护城河中清洗皇家的大象，在宫中和城市的湖泊中赏莲
七月初一至初七	道观崇拜七星
七月初七	女孩在她们家后院中碗里投浮针
七月十五	中元，在寺院中为孤魂表演典礼并且在城市湖泊上放灯船
七月三十	地藏菩萨诞日，在其庙中庆祝
八月十五	为满月提供供品，吃月饼
443 八月二十七	孔子诞日，学者在其寺院庆祝
九月初九	重阳，登高赏景，赏菊
十月初一	送寒衣给亡故的亲人
十月二十五	在白塔庆祝文殊菩萨诞日
冬至	冬至，官员们庆祝，其他人开始计算冬天来临的日子
十一月	在湖上滑冰
腊月初八	全家吃一种特殊粥
十二月二十三	家家祭灶君
十二月三十	全家在家中庆祝除夕

资料来源：潘荣陛：《帝京岁时纪胜》。

随着更多满人和蒙古人对藏传佛教的捐助，由喇嘛举行的驱邪仪式也演变成对公众的表演。早在约1700年，在黑教、黄教藏传佛教寺院（二者在北面郊区）和旃檀寺（在皇城内）的游人证明了这一点，全部是在清代早期创立的。仪式也被当地人称为“打鬼”，人群似乎已是观众而不再是信徒了。[218] 这些色彩丰富、吵闹、令人激动的仪式化戏剧，通过向观众撒钱传送一种外来刺激时达到高潮，似乎已使它们成为岁时值得纪念的一部分。此外，它们为藏传佛教团体和居民（汉人或旗人）提供了一个罕见共享活动的地点，且这些仪式在西藏宗教中可能是重要的，然而作为北京生活的一部分是不寻常的。

潘荣陛的记载揭示了在清朝开始时创造的旗民两个世界在1758年还没有完全融合。在九月初九，当来自旧南城的汉人前往外城法藏寺的宝塔时，北城的居民通常在西北郊区的五塔寺“登高”。潘荣陛更尖锐地指出，在新年，为了方便不同的游人在新年时参观前门受欢迎的关帝庙，里面的城门在新年前夕开放，以便于内城的居民能穿城祭祀；只有在次日早上，一个外面城门才会开放以便于汉族居民从“城墙外”（也就是说，从外城）能 445
进入祈祷。同样，在冬天的晚上，在一位从城墙内来的观众遵守宵禁令回家后，外城的戏院也会单独为一位汉人观众演戏。[219]

两城之间仍显尴尬的社会分离也反映在城隍的祭拜上。正如我们在第六章中所看到的那样，原来明代北城的寺院被用于供奉官方京城的城隍（都城隍）——既是国家宗教的一部分，又是帝国的神灵。清代国家定期重建这座庙，但是，一年中礼部只有在秋天和当朝皇帝的大寿日才会为这座庙供奉祭品。[220]

---

[218] 元璟：《京师百咏》，见《完玉堂诗集》，卷7；潘荣陛：《帝京岁时纪胜》，8～9页。参见第十五章中有关更详尽的内容。

[219] 潘荣陛：《帝京岁时纪胜》，31、23、33页。

[220] 《大清会典事例》，1899年，卷444，10961页。

444

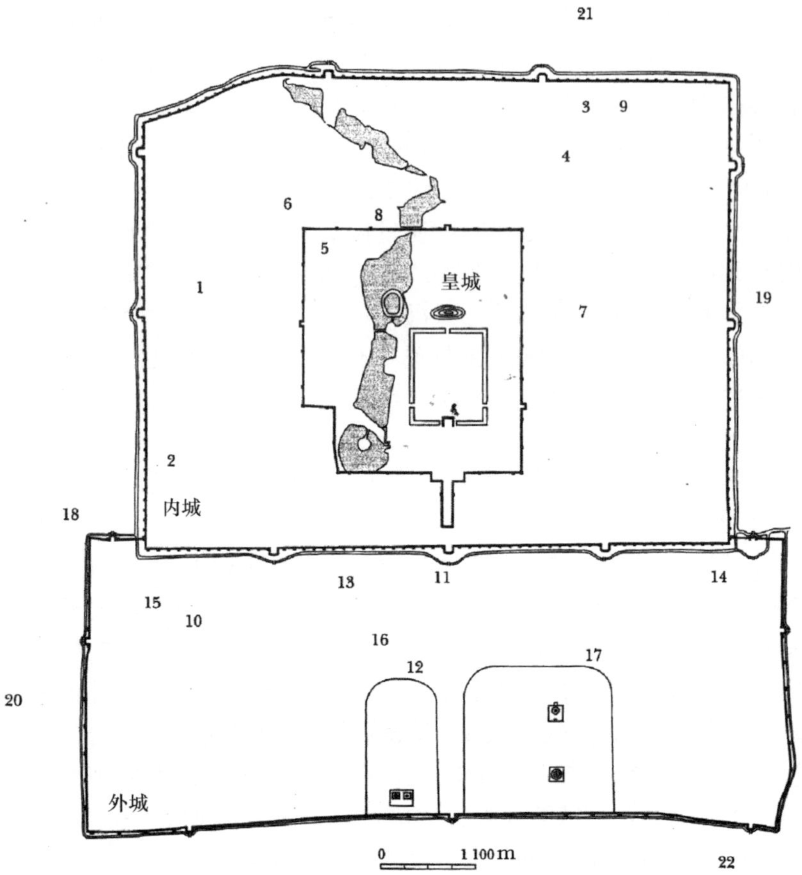

内城
1. 白塔寺
2. 城隍庙
3. 孔庙
4. 大兴城隍庙
5. 弘仁寺
6. 护国寺
7. 隆福寺
8. 宛平城隍庙
9. 雍和宫

外城
10. 报国寺
11. 关帝庙
12. 灵佑宫
13. 琉璃厂
14. 蟠桃宫
15. 善果寺
16. 土地庙
17. 药王庙

郊区
18. 白云观
19. 东岳庙
20. 五财神庙
21. 黄寺
22. 关帝庙

地图 12－1　清代北京的节日场所

在新的王朝统治下，这位神灵也被理解为城市的当地神灵，其诞日（五月十一日）的庆祝活动被用于这个认同的构建。早在17世纪50年代，汉军八旗居民也组织宗教团体为这位神灵摆放供品，并且一个大的道教和八天庙会先于神诞日举行。超过八百名旗人于1673年为这位神灵捐助了一顶新轿子，七百多人于1734年帮助恢复这座寺院。[221]

外城的汉人采用间接的方式来祭拜这位城隍。康熙时期（1662—1722），曾经在先农坛附近为这位神灵修建行宫。这里，明显沿袭了此地先前的活动，其仪式用于救助孤魂和无人供奉的饿鬼。直到18世纪，为死者魂灵摆放三天的供品（清明、七月十五日和十月初一日），一尊城隍神像以一种“巡行”的形式得以体现。具体线路没有得到描述；内城寺院的塑像到此，或反过来也一样？虽然这座寺院没有接受皇家捐助，但是受到汉人宗教团体以及来自江南人们的积极支持。[222]

单独但有联系的日程安排和地点似乎因此已经允许鞑靼城和汉城由自愿的团体组织用他们自己的仪式去补充城隍的皇家崇拜。其他证据表明，京城城隍有一个单一的身份，尽管分开（和竞争?）祭祀。考虑到城隍既是一方之土人群的代表，又在天庭的官僚机构中拥有一个地位，为了京城的居民，将这位神灵人格化，446
这个人的灵魂被理解为是死后追封的。

更多的是有关明代的于谦——1457年遭到处决的一位忠臣，

---

[221] 明代每月的市场已被迁移。北京图书馆金石组编：《北京图书馆藏中国历代石刻拓本汇编》，第61册，118页；第63册，38页；第68册，146页。励宗万：《京城古迹考》，14～15页。潘荣陛：《帝京岁时纪胜》，21～22页。《日下旧闻考》，卷50，792～799页。

[222] 北京图书馆金石组编：《北京图书馆藏中国历代石刻拓本汇编》，第69册，81～82页；第76册，20页。潘荣陛：《帝京岁时纪胜》，16、28页。北京图书馆藏拓片第4192号。吴长元：《宸垣识略》，卷10，209页。外城地点似乎靠近明代规定的举行厉坛仪式的临时祭坛（推测在这三天举行，由城隍主持，虽然我没有看到其证明）。《明史》，卷50，1311页。行宫也靠近东岳的一所寺院，并且一个也许作为其他神灵的大殿。二者确切地证明只在清代——1649年的东岳祭祀和后来城隍祭祀。关于明代的祭祀日期，《北京旅行指南》，139页。关于东岳，北京图书馆藏拓片第42号。北京图书馆金石组编：《北京图书馆藏中国历代石刻拓本汇编》，第61册，138、186页。

据说获得了都城隍的位置。1654 年，参观北京的明代历史学家谈迁，询问于谦（和谈迁同省）是否仍然“作为城隍”。一座寺院媒介显然已经传出于谦已经被杨继盛取代的消息（也可能是已经晋升）。[223] 杨继盛也是忠诚和正直士大夫的象征，他抵抗过蒙古侵略者，保卫北京；1555 年，他被错杀。[224] 被认为是城隍的于谦或杨继盛，这位神灵能如此成为北京的一个代表——既是城墙围绕的城市，又是帝国的首都。

这样一位神灵也可以被理解为官僚权力的（不是皇家的）政治象征。于谦的单独祭祀在清代结束，但在 18 世纪 80 年代，学者们开始在杨继盛以前的住处聚集，为他提供供品。[225] 满洲人的敏感提高了皇家的警觉，与汉人排外主义相联系的神灵的潜在含义可能加剧了在一个祭拜之内潜在的紧张局势，这个祭拜把京城的两个部分加以弥合。[226] 1763 年，在内城都城隍庙的皇家石碑，用汉文和满文镌刻，公开回应了（相当无力地）杨继盛取代于谦的这一说法。[227]

---

[223] 关于那个作为城隍的于谦，谈迁：《北游录》，77～78 页；查慎行：《人海记》，1 页；朱一新、缪荃孙撰，刘承幹考证：《京师坊巷志》，卷 4，8 页；马伯乐：《现代中国的神话》，见阿坎等编、F. M. 阿特金森译：《亚细亚神话》，285 页。关于那个作为城隍的杨继盛，《顺天府志》，1885 年，卷 16，510 页。1560 年，一座外城寺院（松筠庵），以前是杨继盛的住处，可能被提到作为一座城隍庙，张爵：《京师五城坊巷胡同集》，16 页。杨继盛继于谦作为城隍，首都图书馆藏拓片第 988 号；吴长元：《宸垣识略》，卷 7，136～138 页。

[224] 有关于谦（1398—1457），富路特、房兆楹主编：《明代名人传》，1608～1612 页。关于杨继盛（1516—1555，来自附近的保定），富路特、房兆楹主编：《明代名人传》，1503～1504 页。这两人批评宦官政策，遭到处决，后来被恢复名誉。

[225] 《日下旧闻考》，卷 46，720～721 页。其只在 19 世纪 80 年代才得以复兴。吴长元：《宸垣识略》，卷 10，189 页；《顺天府志》，1885 年，卷 16，510 页。参见第十六章。

[226] 外城寺院的一个殿堂被用于祭祀“忠君体国”的杨继盛，但在 1930 年前我无法证明——清末民族主义的反映？仁井田陞：《北京工商ギルド资料集》，卷 6，1104 页；北京市档案馆，民国时期，J2：8：74。

[227] 首都图书馆藏拓片第 988 号；亦参见《日下旧闻考》，卷 50，798 页。参见第三章更多关于在 1488 年，试图限制为这位神灵在郊区祭坛的牌位提供皇家供奉的供品。《明史》，卷 50，1306～1310 页。

由于得到皇帝、部院官员、满汉民众的祭祀，城隍可以衍生 447
出多重含义：是皇家京城的保护者（对于外来者），是抒发正义的呼声（对于皇家的冤枉判决），以及对城市和其共有鬼魂的超自然官方责任。对于城市而言，这位神灵在许多方面是一位既统一又分裂，适于多种意义和分裂的神灵。[228]

此外，有一座所谓的江南城隍庙，位于城墙外，建于明代，源于明代的南都南京，它的塑像没有包括在内城的寺院里。江南人，特别是商人，是其主要的资助者，寺院似乎已经用作他们私人祠堂。没有官员的雕像，而且也没有被潘荣陛提及。[229]

通过他的语言、他对公正无私的理解和他在普通主题上的着重点，潘荣陛强调了北京生活的融合。假设读者和他一样热衷于娱乐和消费，这种热爱体现在他逐月记载的吃和喝的东西、买的东西、看的东西和去的地方——穿过拥挤人群市场的快乐，放风筝、拉雪橇、踢球、斗鸡、酗酒、点爆竹、听音乐、斗蟋蟀以及看美丽的景色。潘荣陛特别提到北京开花的李子、芬芳的牡丹花、甜美的西瓜、甘美的葡萄、优雅的菊花和烈性葡萄酒。与明代太监刘若愚一样，他喜欢记载消费品中的特殊性、多样性和差别性。为了同道的狂热迷，在他的目标读者之中，向在北京的人推荐能找到最好东西的地方——新年最好的灯笼、消除疲倦和减轻宿醉最好的梨子、最美开花的海棠树等。

为了唤起当地人的自豪感和游人的兴趣，潘荣陛记载了一些

[228] 北京其他城墙也终于有了自己的城隍。雍正通过为它们修建寺院（祭祀由皇家举行）使紫禁城和皇城（在 1726 年和 1731 年）的祭祀得到提升和正规化。《日下旧闻考》，卷 19，259 页；卷 42，665 页。《大清会典》，1764 年，卷 88，23～24 页。19 世纪，为宛平和大兴增设城隍。

[229] 其于 1668 年恢复并且在 18 世纪 50 年代扩大；增加一座用于戏剧表演的舞台，这个神诞日巡游（在五月）得到了发展。北京图书馆金石组编：《北京图书馆藏中国历代石刻拓本汇编》，第 70 册，195 页；第 75 册，153～154 页。首都图书馆藏拓片第 915 号。

实际上是“甲于天下”的当地产品：例如，丰台的牡丹，或由皇
448 室制作的来自玉泉山的甜蒸馏酒。对北京的草本牡丹，他欣喜若狂道：“姚黄、魏紫之外，有夭红、浅绿、金边各种；江南所无也。”“乃都门之美品。向曾询及各省游历友人，咸以京师之冷淘面爽口适宜，天下无比。”当他称赞烧炕煤的经济超过了江南柴灶、闽楚竹炉时，寄居的读者也在他的心中。[230]

在所有这些评论中，意味着一个共享的北京文化（或至少可推断出），地理的或人为的隔离都未曾使这个文化分裂。实际上，在潘荣陛的语言中，他在精英和普通人之间进行区别（“士”或“士女”，“民”或“庶”），但没有在旗或非旗人之间进行区别。他们描述了无差别的“游人”活动，描写了“京师居民”，最常见的是依靠“都人”的习俗。

与明末描述特权阶层文人风俗的文章相比，潘荣陛的笔记包含了更多的内容。许多皇家的习俗和节日地点都被记载，包括共同活动，例如八旗贵族的新年风俗或在皇家湖面上滑冰。在白塔寺，太监道士举行的藏传佛教仪式被描述为人人熟知的风景，并且提供了有关这个位于皇城内小岛的历史资料。[231]

即使是商人各阶层的活动也会偶尔被提及。潘荣陛记载了在九月份皮货商人为占卜到一个寒冷多风的冬天而进行庆祝的事件，记载了关于商店、买卖和当地组织形成的朝圣团体，有关酒馆和茶馆做菊花展出的广告。戏院只是简短地被提及但没有像它们在19世纪那样被给予特别的关注。[232]

我们可以看到发生在单一地点上的各种活动中的另一种集成。天坛，皇家最古老和最神圣仪式的场所，皇帝和大批随从定期参观的地方，逐渐被市民侵占。天坛内古老的柏树是文人赋诗的主题，榆树籽（做成饼）和“龙须”菜（脆且美味，能够生吃）作为精美

---

[230] 潘荣陛：《帝京岁时纪胜》，20、36、23、15、35页。

[231] 潘荣陛：《帝京岁时纪胜》，37、1、10、35～36页。顺治时期，对特别铺张的七月佛教典礼，他所“听到的”得到充满感情的描述，“至今传为胜事”（第28页）。

[232] 潘荣陛：《帝京岁时纪胜》，34、14、25、32、9、14、33页。

的食物受到赞赏。[233] 对于短途旅行来说，五月初五的祭坛也是一个受欢迎的目的地。沿着外城墙北边弯曲的城墙内侧，小贩租用货摊售卖商品。[234] 外国人也可以谈论他们进入建筑西边以及进入和声署（尽管不是举行内部仪式自己的空间）的方法。[235] 对那些偷花和丢弃被打碎陶器的无礼野餐者的抱怨也没有产生什么效果：1742年，禁止吃喝的通告似乎是相当徒劳无益，令人惊奇的是，步军统领衙门成功地关闭了将近48个在建筑物内营业的商店。[236]

1758年，潘荣陛所描述的活动发生在各种公共空间中：在湖泊、池塘和护城河边，在沿着城市街道的市场交叉部分，在墓地以及精英的别墅内。但是在寺院中，宗教活动和节日仍扮演着主要的角色。寺院继续充当集市、观光和野餐最常见的地方，只有在十一月和十二月才没有广泛庆祝的神诞日。表述暗示了无数未命名的寺院：在“宇不下千百”中，观音的诞日得到庆祝，在九月“每座”道观为斗母设立一个祭坛，在“都门寺庙”或仅仅是“寺院”（庵、观、寺、园）举行的那些特殊仪式。[237]

特别是在《帝京岁时纪胜》94个条目中，37条（40%）所涉及的活动发生在寺院。64座寺院以某种或另一种能力而被提到名字，大部分是特殊事件的发生地。与1635年的《帝京景物略》相比较，其只提到10座寺院的名字，并且在任何我所看到的资料

[233] 谈迁：《枣林杂俎》，卷5，47页。谈迁：《北游录》，312页。施闰章：《施愚山先生全集》，诗歌，卷10，8页；卷25，9页；卷34，13页。查慎行：《人海记》，1页。金昌业：《稼斋燕行录》，146、205页。

[234] 《大清会典事例》，1899年，卷1031，17386页；瞿宣颖：《北平史表长编》，166～167页；朱一新、缪荃孙：《京师坊巷志稿》，卷2，195页。

[235] 朝鲜使臣自明代末期就已经这样做了。参见洪翼汉：《花浦先生朝天航海录》，167页；金昌业：《稼斋燕行录》，167～168页；洪大容：《湛轩燕记》，316页；金景善：《燕辕直指》，1068页。

[236] 朱一新、缪荃孙撰，刘承幹考证：《京师坊巷志》，卷7，18页；《大清会典事例》，1899年，卷1031，17386页；潘荣陛：《帝京岁时纪胜》，17、21页；瞿宣颖：《北平史表长编》，335～336页；杰弗里·迈耶：《天安门之龙：神圣的北京城》，137～141页。该禁令是由一位满洲贵族提出的，他与他的仆人看花并且发现人山人海。戴璐：《藤阴杂记》，卷5，133页。

[237] 潘荣陛：《帝京岁时纪胜》，15、27、28、31、35页。

中，作为明代定期节日中心的寺院数量，只有 26 座。[238]

地图 12－1 说明了一些清代最著名的寺院节日。在那期间，纵横交错的城市已经把北京的其余部分暴露给旗人，把内城开放给汉人，促使农村周边有了更多的发展。在 64 座命名的寺院中，
450 10 座在皇家范围之内；另外的 20％在内城，25％在外城，余下的位于城墙之外。在共同的城市生活中，郊区寺院更加平稳参与的趋势显然在清代继续维持着。

本章已经说明了首都对于清代征服所造成的变化是如何进行调节的。在 17、18 世纪，移民成为本地人，分隔开的人口开始混合，在皇家范围之外的生活发展出自己的文化和完整性。如果北京在 1403 年开始作为一个没有安全感的皇帝的伟大梦想，然后变形为君主和政府控制的城镇，但在五个世纪之后，其已经发展成为一个分散、自信和复杂的城市。

在清代，旅游业更进一步强化了北京居民、北京游人和那些只是听说过它的人的北京身份。在接下来的章节中，我们将研究城市景点在清代的发展和它们塑造城市的方法。

---

[238] 虽然潘荣陛的著作更加具体和完整，但是两者之间的差异不是资料来源的产物。我还没有找到任何一个他没提到的 18 世纪中期的节日。

国家清史编纂委员会·编译丛刊

北京：公共空间和城市生活（1400—1900）

下册

Peking: Temples and City Life, 1400-1900

[美] 韩书瑞（Susan Naquin）/ 著
孔祥文 / 译
孙 昉 / 审校

中国人民大学出版社
·北京·

Peking:

Temples and City Life, 1400–1900

Susan Naquin

UNIVERSITY OF CALIFORNIA PRESS
Berkeley Los Angeles London

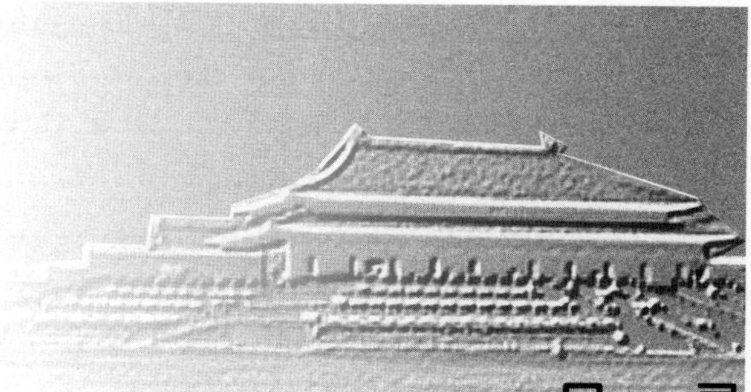

目　录

下　册

图表目录

下　册

表

地图

图

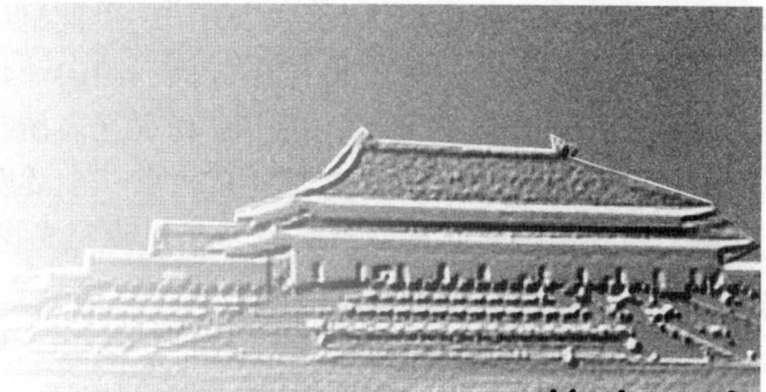

第十三章

清代北京的名胜

明末精英们创作的有关北京的丰富旅游文献，成为理解清代 451
这座城市的基础。经过新王朝一段时间的调整，一个“北京”开始从当地人与外地人留下的轨道和痕迹模式中显现出来。外来人与当地人相互作用所产生的旅游景点成为这个城市变化中的文化轮廓的一部分。正如我们将在这本书结尾所要看到的那样，最著名的一些景点提供了从明代通往清代、从清代通往现代中国的一座桥梁。

本章从 17 世纪末有关北京的互相矛盾的著作着手，进而依次研究皇家在定义和记载京城名胜的积极作为、寄居者和当地人私下传播的观点、与消费者和旅游者有关的地图和指南手册在 19 世纪的发展。正如我们将看到的那样，作为政治和文化中心的北京地位与其在明代相比，受到来自长江中下游城市的挑战是极其微弱的。直到中国受到西方文化的冲击时，清末商业中心和通商口岸才有可能产生更强有力的竞争。

1644 年后，为把北京重建为旅游者关注的目的地花去了一些时间。首先，清代的敏感和明代的痛苦记忆使得把这两个时期结合为一个单一历史的努力无法实现。一个世纪后，北京找到了一个新的平衡，人们这才开始喜欢与众不同的清代名胜。欧洲耶稣会士和传教士被大批士兵、外交官和观光者所代替。外国的、中国的和当地的景色被赋予晚期皇家北京一个活跃和维持多样性的身份。这些表现（而且是错误的表现）转变成我们所知道的北京，或者我们所想到的老北京和今天的北京。

方志和汇编

452 在最初的几十年中，记载北京的那些人受到压制，而且变得不确定：他们是如何表现旗人和新政权制度特征的呢？最初，只有极少数著作得以刊行，甚至在接下来的一个世纪，京城被赋予的文学形象及其重要性几乎完全置于历史研究和大量汇编的安全范围之内。

大兴籍人孙承泽在过去中寻求慰藉。身为1631年进士的孙承泽在1644年严重误判形势，曾短时期效力于起义者李自成，但是他在清朝很快又官复原职。在17世纪50年代，孙承泽研究并刊行了那些生活在明代最后四个时期的著名北京当地人的传记。[①] 同时，他还撰写了一部篇幅更长的有关明代北京的书籍。这部《春明梦余录》包括了更广阔的顺天府地区，但主要内容还是集中于京城。在有关消失京城类型的写作中，孙承泽创作了一份有关明代宫廷建筑、皇家祭坛和政府衙门详细历史资料汇编——所有明代以前宫殿的起源。两卷论述了“名迹”，并且按照它们的（一个重点在于）古迹列出其他55座寺院。这份资料汇编在私下流传，在孙承泽的有生之年没有刊行——事实上，直到1761年才得以刊行。[②]

---

① 孙承泽（1592—1676）：《畿辅人物志》；《顺天府志》，1885年，卷105，5096～5097页；恒慕义主编：《清代名人传略》，669～670页。虽然名词“畿辅”在明代就已经被用来指更大的北京地区，但是孙的著作首次在标题中使用它（据我所知）。

② 孙把他的著作编成了两个版本，长卷，为早期的《春明梦余录》（70卷）；短卷，即后来的《天府广记》（44卷）。后者以手抄本形式流传，谈迁：《北游录》，55页；恒慕义主编：《清代名人传略》，670页。其中没有包括地图或视觉资料。

江苏学者顾炎武在17世纪60年代到北京周边地区进行调查并且记载了有关历史遗址，但他的著作在刊行时也出现了波折。其简本《京东考古录》，对明代帝国的官方县志进行了细致的校正，直到1702年才开始刊印。他的长篇散文《昌平山水记》，甚至详细研究了更敏感的明代皇陵，直到1906年才得以刊行。③

除了令人失望的相关北京私家历史外，清朝国家精明地试图通过他们自己的撰写来抢占先机。一本《畿辅通志》的康熙朝版 453
本在新近任命的（汉人）总督指导下于17世纪70年代开始编纂，于1682—1683年出版。这是一部参考书，在4册46卷中，其基调是历史的、专业的并且似乎是中立的。在文字和地图上，北京是作为顺天府的中心而得到塑造的。④

为了充实官方的记载，编纂了有关北京两个县的当地历史，于1682—1685年刊行：《宛平县志》和《大兴县志》。编纂是在府尹的监督下进行的，这两部著作遵循着标准县志的样式并包括了某些相同的资料。从表面来看，由于对现在感到不适，他们删去了最近的变化，极少引用来自清代的资料，完全集中于明代时期。八旗的北京被全部忽略，皇城几乎没有被显示出来或被提及。城市的北京被分解为两个大县。简略、朴素且粗糙的制作，这就是首次且唯一关于北京及其所属县的方志。然而，退而求其次，它们对于游人来说可能仍然是有用的：当金昌业于1713年作为朝鲜使团的一员到达北京时，他购买了一本《大兴县志》的抄本，而且当他在北京周边进行私人旅行时，经常参照它。⑤

同时，当没有效忠明代的新一代汉人学者开始在京城官僚机

③　顾炎武的许多著作在《四库全书》中被禁，并且在北京他的两本著作一起消失了。顾炎武：《昌平山水记》，《京东考古录》；《昌平山水记》得到《四库全书》的注意但没有收录进去。《钦定四库全书总目》，卷76，4页。有关北京的古迹和万岁山（又称景山）消失的文章，《顺天府志》，1885年，卷122，6369～6370页。

④　《畿辅通志》，1683年。

⑤　我已经看到1684年和1685年的版本，是各种各样手写、印刷及二者的混合。也有一本1685年流产的府志，《中国地方志联合目录》，1页。金昌业：《稼斋燕行录》，149页及各处。

构任高职时，有关京城的不同种类著作的出版成为可能。面向清代北京缓慢转变的第一个阶段可以在高士奇的著作中看到，他是康熙皇帝的知己，又是1684年关于皇城的两卷本《金鳌退食笔记》的作者。高士奇利用接近档案与老太监们的条件，描述了汉人可能从未见过的地方的过去和现在。他对明代事件的公平对待和对清代珍闻的知悉，设定了一个更适宜于新时期的真实声调。他的地位使得这部书的刊行更加容易。⑥

有一部更全面、更严谨的关于北京的著作，与县志相比，似乎显得特别单薄，这部书是由朱彝尊（1629—1709）著，他是另一位来自浙江并有特权接近康熙皇帝宫廷的学者。朱彝尊于1688
454 年完成了《日下旧闻》，并且把京城的历史建在牢固的史学基础之上，同时仍然间接地展现了都城过去的风格。⑦“日下”这个标题反映了朱彝尊对北京的表达不只是作为一座城市自身的权力或作为县府所在地，而且还作为皇帝的住所。这样，北京清代的存在就是通过一系列汉人朝代和非汉人朝代都城——明、元、金和辽的建立而被容纳进来。

朱彝尊的重点放在明代的北京。他集中于北城，系统地描述了重要的建筑物，并且附有相关的人物和事件的引文。凭借广泛的阅读（这本书告诉我们有1 600个出处！其中包括了大部分在第八章中所讨论过的明代有关北京的书籍）。朱彝尊多次参观现场，访问年长的居民。朱彝尊所采用的史料优先于诗歌。显然他的目标是积累关于昔日习俗的记载，而不是摘录它们，或者保持它们的一致，或者是它们与当代活动的关系。

虽然朱彝尊对他所熟悉的宫殿给予了大量的关注，然而

⑥ 高士奇：《金鳌退食笔记》。“金鳌”一词指的是金鳌玉蝀桥，横跨并且划分皇城北边和中央湖泊。高士奇有用的研究出现在他的文集中和不同的18世纪汇编中，包括《四库全书》。《钦定四库全书总目》，卷70，4页。

⑦ 朱彝尊的42卷之外又有7卷增补，多数由其儿子编写；最后的版本在十年后完成并刊行。参见恒慕义主编：《清代名人传略》，182～185页；瞿宣颖：《北平史表长编》，225页。该书前言中提到了有关洛阳、开封和杭州的著作，朱彝尊视这些著作为先例。

对于这位作者和他假定的读者而言，寺院是首先感兴趣的公共建筑。[8] 通过这些寺院的地址，可以辨识出古老城市的痕迹；寺院的石碑碑文记载了北京的历史。这本书列出了令人印象深刻的 429 座寺院（据我统计），超过 1635 年《帝京景物略》的三倍。[9] 作为有价值的地点，郊区寺院的重要性通过相对大规模处理得到间接强调（占 42%）。与高士奇不同，更类似于方志，朱彝尊把清代首都完全排除在外。他按照明代城市的五城结构并且根据明代的资料描述了岁时节日。这样由他所表现的北京是不属于现在但属于过去的城市。

当然，分成 20 分册，用 2 个匣子包装的朱彝尊这部著作是不便携带的，而且没有地图，与其说是写给旅游者看，不如说是写给研究过去的严肃学者看。[10] 它的 8 篇前言（其一是他的高姓朋友的）热情地赞扬了《日下旧闻》的学术成就，这本书成为清代后期有关北京著作的范例。

对接下来的半个世纪而言，在简单或大部头的地方志里，北京继续得到着重描述。这座城市被写进康熙朝后期的《古今图书集成》里，标题的安排是通过引用更早文章来加以表现的。最详细的地图是顺天府地图，几乎没有显示北京城墙围绕的轮廓。此外，卷帙数以万计的宫廷出版物难以在公众中流传而 455
且非常不便使用。[11] 同样笨拙的是经过扩充的《畿辅通志》，于 1735 年以相当规模的 120 卷刊行。然而到了雍正时期，北京往前看而非眷恋以往，而且 1735 年的地方志，类似于较简短的 1746 年《大清一统志》，强调了皇家的存在以及当时北京的向心性（centrality）。[12] 1739 年 250 卷的《八旗通志》是一部更加毫无掩饰的清代著作。

在这些 18 世纪 20 年代至 40 年代出版的著作中，北京开始以

---

⑧ 所有词条中约 75%是寺院。

⑨ 1688 年比 1635 年有更多的寺院，但是并不是很多。

⑩ 每册是 25cm×17cm×9cm。

⑪ 《古今图书集成》，卷 10，7 页。

⑫ 关于皇城大殿和庭院的信息（以及寺院的简略列表）在《大清一统志》第 1 卷。

一种系统而详细的方式绘制地图。⑬《八旗通志》包括了一幅内城的地图，绘制了详细的街道和胡同，并且在刊行的书上首次用图表显示了八旗驻防的界线。显然有 41 座寺院被当作这座城市的地标（landmark）。虽然这幅地图对于辨认城市街道方向可能是有用的，但其目的是让八旗官方进行更好的控制。

一幅未标明日期的《京师全图》似乎利用《八旗通志》的地图作为范例得以绘制（约 1744 年?）。显然，这幅地图不是一本刊行书籍的一部分，这也许是最早的京师地图之一。⑭

在 18 世纪的上半期，在皇室成员的心中，制图是非常重要的。利用皇家作坊雇用的耶稣会士的测量技术，君主依靠新的详细地图开始显示和完成清朝对于整个京城的控制（作为整个帝
456 国)。⑮ 第一幅似乎是一幅大的（2.4m×1.8m）《皇城宫殿衙署图》，约 1723 年。⑯ 这幅地图不同于以往任何一幅北京地图，因为欧洲人关注的是各个部分之间的精确关系，以及地图信息的准确性和细节。宫殿的建筑、大量的皇城场地、湖泊的堤岸和岛屿、建筑和树木全部得到细心绘制。因为这是一幅皇家地图，不是为外来者而绘制的，建筑被标注但没有街道。当乾隆皇帝看到它时

---

⑬ 国家祭坛的简图被收录于各种会典，陈列皇家范围的这些部分的参考书只给那些不论以何种方式参加典礼的同类高官阅读。（图 11－3 显示一幅类似这样的图解。）

⑭ 1744 年地图 a，《京师全图》。有关年代，参见注 48。其尺寸（约一平方米）和缺乏有关皇城的细节意味着这是给官员或私人（不是皇家或旗人）使用的。1744 年地图 b，《京师城内首善全图》，在黄铭崇《18 世纪北京城市形态研究》第 11～12 页有展示并由他注明日期是 1744 年，属于相同的普通类型和形状。他们称为“大约 1744 年”，因为它没有显示雍和宫正式建造的那一年。我怀疑。

⑮ 耶稣会士参加绘制了北京地区的地图（在 1700 年洪水之后）和全国地图（在 1717 年）。《游记》，226～230 页。有关耶稣会士在清代地图绘制中的作用，参见哈利（J. B. Harley）、大卫·伍德（David Woodward）所编《地图学史》第 2 卷第 2 册。《东亚和东南亚传统社会中地图》中余定国（Cordell D. K. Yee）的文章；欧立德、司马富（Richard Smith）、劳拉·霍斯特拉（Laura Hostetler）未发表的论文；秦国经：《18 世纪西洋人在测绘清朝舆图中的活动与贡献》，载《清史研究》，1997 年第 1 期，37～44 页。

⑯ 1723 年地图，《皇城宫殿衙署图》。黄铭崇《18 世纪北京城市形态研究》第 9 页中标注其日期为 1723 年；1940 年版的介绍称 1750 年地图为“雍正初期”。

必定感到高兴，因为在1743年，在另一幅皇室绘制的地图上显示了全城内水路和水井。⑰

这些成果中达到顶点的成就是1750年内城巨幅地图的完成（14m×13m）。这幅地图的绘制特别认真细致，标明了主要街道、胡同、桥梁和城门，标注了1 275座寺院、38座王府以及大部分政府衙门，粗略地绘制了每个建筑的形状。全部以彼此相关的精确比例显示。⑱（如图2－1至2－5和10－4至10－5所示。）欧洲耶稣会士所带来的西方影响是显而易见的。这幅地图同样是为君主和八旗精英服务的：大部分汉族官员可能从未看到过它。

清代皇家资料的收集扩展到地图以外，形成了18世纪有关北京的图书。励宗万，京畿地区的当地人，在其1721年获得进士之后断断续续地服务于北京官僚机构，当他在工部任职时，承担了一个皇家委任的研究项目。他的1745年《京城古迹考》是为乾隆皇帝准备的。励宗万提供了北京47个地方简洁的描述（它们当中32座是寺院），从所知道的现有资料中首次概括，然后增加他自己有关当前位置的意见。这本实用的笔记可能是理想的指南手册，但是这本笔记仍然是手抄的，直到20世纪才可以在皇宫外看到。⑲

与其他的项目一样，在1742年到1769年之间编辑的《国朝宫史》是皇家对记载北京历史和现在辉煌感兴趣的证明。36卷记载

---

⑰　黄铭崇：《18世纪北京城市形态研究》，9、136～137页。

⑱　1750年地图，《清内务府藏京城全图》。原件（1∶650）存于北京，但据我们所知是两个缩减尺寸的版本。我感谢艾龙（Elling O. Eide）给我提供他的1∶2 600版本的复制品（用于我的插图）。参见黄铭崇：《18世纪北京城市形态研究》，6～13页；杨乃济：《〈乾隆京城全图〉考略》，载《故宫博物院院刊》，1984年第3期，8～24页；以及三个版本的介绍。有关寺院的数量，参见索引有关日本版第11～26页，是我统计的。

⑲　励宗万：《京城古迹考》，编者的前言；恒慕义主编：《清代名人传略》，490～491页；北京图书馆金石组编：《北京图书馆藏中国历代石刻拓本汇编》，第68册，150页。有关1745年的日期，《北京历史纪年》编写组：《北京历史纪年》，213页。《日下旧闻考》的编者看到了这份手稿，但是19世纪80年代《顺天府志》的编者没有看到。在第八章中讨论过，励宗万使用了许多明代资料，还有《春明梦余录》和《日下旧闻》。

的根本就是乾隆朝宫殿，是有关紫禁城和皇城的基本资料，因这
457 些资料被他的诗歌和法令引用而提升了价值。三个复本（只是手写的）全部保存在宫中。[20]

清代皇家对北京的兴趣如此浓厚但却是私人的。当处于另一个范围时，君主似乎抑制了对手的努力。除去一些印刷了重要地址的列表，已出版的系统描述北京的书籍在18世纪显然是很少的。[21] 当时未出版的文献现今通过重印就可以得到，这一情况可能使我们对上述事实视而不见。

有关北京最大的清代汇编是乾隆时期朱彝尊著作的增扩版《日下旧闻考》。这个皇家委任的项目开始于1774年，大体上到1785年完成。[22] 这部书以朱彝尊的著作为构架，带着读者从宫中到皇城、外城、郊区、顺天府的其他区域（最后第三部分）。穿越这座城市，但是这部书重新编排了资料去匹配清代北京的行政地理。史料被新的资料更新，并把朱彝尊著作的42卷扩大到160卷。有关皇家范围的部分是全新的，清代皇帝的活动得到非常详细的记载：在皇家手中的每块匾额、每块石碑、每副对联，以及来自乾隆皇帝纪念他每次在京城内外参观而作诗的精选句子（好在没有多少）。

在《四库全书》编纂期间，参与这个项目的人们举例证明了在当时的首都中考据学识的精神：他们精于考据，记录了资料中的自相矛盾，更正了过去的错误。[23]《日下旧闻考》中记载和颂扬的北京，首先，那是当时统治者引以为荣的家。明代已成为一系列北京过去的一个朝代，淹没于清代巨大资料的海洋之中。寺院

---

⑳ 直到20世纪才得以刊行。

㉑ 来自各种资料长篇“中国描写”的评价（托马斯·阿斯特利编：《航海旅行文集》，第4卷，8页）。北京“有图书出售，叙述了坊、街道或每个人居住的地方，任何公共职业的人们”。我没有看到任何存世的书稿。

㉒ 按照惯例给定日期为1785年，前120卷到1782年完成，最后30卷的资料日期晚至1788年。《钦定四库全书总目》，卷68，7～8页；1983年编者的前言。

㉓ 大学士于敏中是总裁官；那些在项目中工作的人是汉人与旗人兼有，就许多个人而言包括熟悉北京的人（例如福隆安、胡季堂以及朱筠）。参见勘阅缮校列表。

以前所未有的数量得到记载（783 座），特别是那些在皇家范围内的，并且，如同全部的正文一样，在风俗部分加大引文比重（散文比诗歌多）。《日下旧闻考》由内务府刊行，共 48 册（装在 8 个相当大的盒子中），似乎只有少数的学者才可以得到。㉔ 458

我们可以理解用康熙和乾隆时期宏伟纪念的图画作为用视觉媒介来记录皇家北京的类似尝试。生日仪仗的木版印刷品表现了一个真实而且可以认知的街道、界标和寺院的城市，即使为了这种场合而整理和清洁街道。同样，两位皇帝南巡绘画不是以一个普通的京城而是以一个可辨认的和皇帝的北京开始和结束的。㉕

18 世纪北京皇家版本的优势在绘画和文本二者中得到如此表现，如同皇家范围本身那样，因其大规模、资金充足的作品威胁压制了所有其他的版本。然而，乾隆的《日下旧闻考》是那个古老秩序最后的喘息。变化就在眼前。

几乎在《日下旧闻考》刊行的同时，一个便于使用的摘要得到刊行。吴长元（另一位浙江籍的长期寄居者）把 160 卷缩减为 16 卷的《宸垣识略》。他保留了大部分原有的条目，去掉了它们基本的出处，并且补充以新的内容。㉖ 此外，为方便游览，吴明确重新组织了材料。1788 年，这部著作以一个小八开、便携的线装书分册装入一个盒子里刊行。㉗ 在每页的上面留有空白区以便于所有

㉔ 贝勒（勒士畲得），本身系研究北京历史的一位学者，称在 19 世纪末期其是昂贵并且难以得到的。《北京及其周围地区考古和历史研究》，4 页。

㉕ 关于 1689 年的巡游，第一部分描绘了从永定门到南苑的旅行程；最后一部分开始于永定门内，表明了行进队伍通过正阳门和天安门，经过在午门外等候的官员，进入宫中。《北京故宫博物院：来自紫禁城的珍宝》，124～129 页；何慕文：《〈康熙南巡图〉：王翚的叙述》，66 页。乾隆皇帝的 1765 年巡游卷轴开始于正阳门，穿过外城，结束于午门。中国古代书画鉴定组编：《中国古代书画图目》，卷 1，京－2－614；何慕文：《文献和画像：康熙和乾隆南巡绘画》，见周汝式、克劳蒂亚・布朗编：《乾隆皇帝时期的中国绘画：论文集两卷》，即《菲伯斯》，第 6 卷第 1 期（1988 年），100～102 页。在 1887 年，9 本表现光绪皇帝大婚的图册，大部分设定在紫禁城内。《北京故宫博物院：来自紫禁城的珍宝》，133～137 页。

㉖ 《宸垣识略》包括了《日下旧闻考》中寺院词条的 80％。

㉗ 每册只有 18cm×11cm。

者写批注。

在反映并促进游人对八旗精英好奇心的同时，吴长元增加了有关满洲贵族的府邸和八旗官方衙门的词条。宫殿（包括大内的部分）和皇家别墅每个分为单独的章节。收录了一些由清代作者创作的诗歌。吴长元确定了著名汉人的家，总而言之，与任何我
459 们到目前为止所知道的书籍相比赋予汉城世界更多的关照。[28] 毕竟，这儿是他的世界。

一套十八幅地图补充了正文并且被方便地设置在每个应用的章节内。关于内城，《宸垣识略》按照1738年《八旗通志》里的地图，提供了更详细的宫殿内容。外城在视觉上以一幅普通地图和四幅更详细的地图加以表现。[29]（图13－1表明了宣武门外的外城部分。）虽然这些地图的质量远不如私有的皇家地图，甚至与《八旗通志》相比也不在一个水平上，但是它们以一种直截了当的方式呈现了基本的信息。

在这本关于北京的著作中，第一次提供了会馆列表：这些同乡会馆有82座位于外城的东边，99座则位于西边。郊乡拥有了它们自己的地图，包括不成比例大小的皇家别墅（围墙围绕着在云雾中的屋顶）和其他景点（例如高梁桥和卢沟桥）。吴长元的著作于1852年和1876年再版，附有新的前言，那个时期可以阅读中文的西方人发现它是“一本有用且容易获得的参考书”。[30]

《宸垣识略》是清代第一本真正有关北京的指南手册，是以前学术的和用于消遣用途的皇家汇编的一个精华本。它也成为外国人有关中国指南手册的第一部基础著作。岗田玉山（Okada Gyokuzan）利用它作为1805年有关清帝国插图著作的一个来源，一位

㉘ 吴长元认为有165座外城寺院，在数量和比例上二者绝对更多（与更大规模的《日下旧闻考》的117座相比）。

㉙ 一些后来的版本重新安排或省略了地图。有关外城，吴长元：《宸垣识略》，地图13～17，原来载于卷9和卷10。

㉚ 贝勒（勒士畲得）：《北京及其周围地区考古和历史研究》，4页；亦参见艾约瑟：《北京》，见韦廉臣：《华北、满洲及东蒙旅行记》，314页。关于会馆，吴长元：《宸垣识略》，卷9，180～181页；卷10，213～214页。

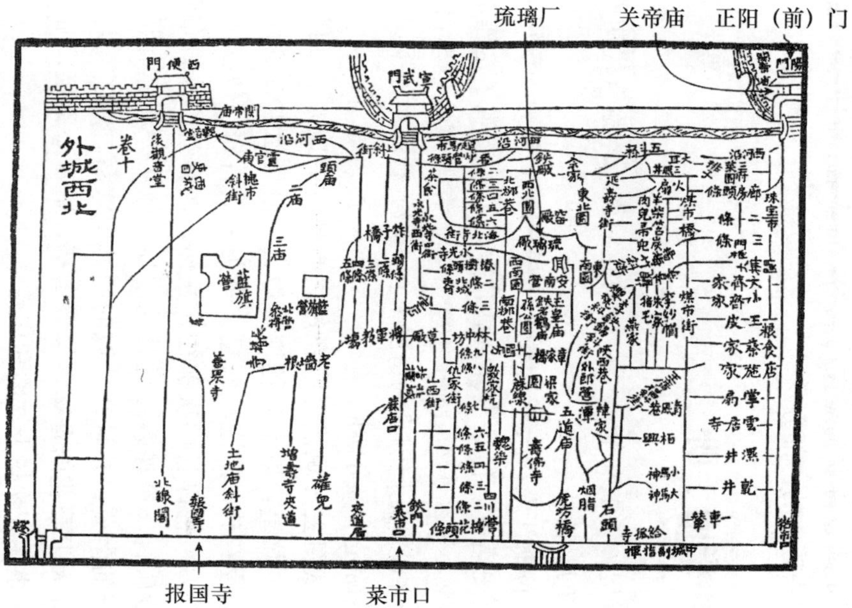

图 13－1　前门外西边

地图来自 1788 年的指南手册《宸垣识略》。表现了前门和宣武门外的外城部分。标注了街道、胡同、寺院、旗营和当地巡城御史衙门。
资料来源：吴长元：《宸垣识略》，卷 11。

俄国牧师在1829年把它译成俄文，一位法国人将其翻译并于同年刊行。（有关这些的更多内容见下面。）

《宸垣识略》为19世纪早期新的指南指明了方向，但是为了理解那些发展的背景，我们需要重新考虑17世纪40年代到19世纪这段时间，在私人著作中北京是如何被折射的。与明代一样，这个传统主要是通过诗歌和短文构成的，许多著作的传播只是手抄稿或更大部头著作的一部分。㉛

私人著作和指南手册

谈迁的日记、诗歌和笔记可以帮助我们重新体验清代初期到达首都游人们的心情。

461 谈迁，一位浙江人，从17世纪20年代开始，致力于撰写一部宏大的明朝历史著作，但是直到清朝征服后，才参观了这座北方的都城。从1654年冬天至1656年初春，他在北京度过了28个月*，似乎能在没有任何困难的情况下在内城旅行。对他来说，研究、快乐和旅游是不可分割的。㉜

谈迁自然试图去参观他可能在过去听到过的地方——利玛窦教堂和魏忠贤的坟墓，以及其他许多地方。但是他也看了许多著名的景点，阅读石碑，对废墟叹息，赞美参天古树。他在前门的关帝庙算命，为了神诞日两次前往东岳庙；他看到了重新布置的灯市，到明陵旅行，参观碧霞元君的中顶。他从一位官员朋友那儿获知了开阔的南苑，并且在外城的酒肆中饮酒。他多次与同伴去报国寺闻春天丁香花的香味，攀登望楼，赞赏海棠果，听有关寺院历史的故事，在松树下饮酒和作诗。

谈迁在祭坛中寻找先农坛并且试图进入天坛却未能获得成功。

㉛ 正如我对明代所做的，我已读到了清代早期和中期访问者的取样。

* 此处所述时间前后对应不一，但原文如此。

㉜ 富路特、房兆楹主编：《明代名人传》，1239～1242页；谈迁：《北游录》。谈迁的著作直到20世纪才被刊行。

他被安排进入曾属于李太后家族的园子；他和他的朋友在那儿借酒消愁作为他们思考人生的嘲弄：那个于1636年把它烧毁的满洲亲王，现在把它作为自己喜爱的园子，当他们以前的仆人被新的主人付以优厚的报酬时，那个曾经强大的李氏家族变得一贫如洗。谈迁看到多尔衮出殡的队伍，观看了旃檀佛，参观了超过50座寺院。在前往碧云寺路上迷路后，他对缺少指南感到遗憾，那是一个为期三天的西山秋季短程旅行（多次中的一次）。他对“燕人”或“都人”的风俗加以评论，宣称北京的书肆不如南京的那些书肆。

当诗人和举子施闰章在17世纪40年代末从安徽来到北京时，他也去寻找类似的地方，尽管不及谈迁所参观的那些地方学术气息浓厚。施闰章此后在部院的供职允许他参观西苑和参加国家宗教的仪式；通过短暂的旅行，他自己追寻着前代士大夫们的踪迹，撰写了必要的简短旅行笔记和诗歌（没有立刻刊行）。㉝

北京的居民——包括旗人——也为京城捐献塑像并且把京城信息传播给阅读公众。年轻的满洲诗人纳兰性德（1655—1685）精通汉族精英文化并且对京城非常感兴趣。他创作的诗歌大部分是关于内城、郊区和皇家范围的诗歌，他的作品反映了清代宫廷世界的魅力。㉞ 同样，明清之际在京城官僚机构供职的江苏人金之俊的许多诗歌，描写了其在皇家别墅和花园中的经历。㉟ 高士奇有关皇城的书籍在这种背景下应该可以得到理解。 462

对清代北京的欣赏就这样成为把当地人和游人（无论他们是不是旗人）聚拢在一起的一种活动。满洲皇帝经常漫步，穿越时

㉝ 他也为前门的关帝庙撰写石碑碑文，施闰章：《施愚山先生全集》，诗歌，卷14，5页；卷18，4～5页。恒慕义主编：《清代名人传略》，651页。

㉞ 纳兰性德：《通志堂集》，卷15～18各处。纳兰性德获得朱彝尊朋友的赞助并且引自朱彝尊的《日下旧闻》；恒慕义主编：《清代名人传略》，662～663页。

㉟ 金之俊：《息斋续外集》，卷7。

空吟诗作赋，还留下了参观景点的记载。[36] 京城中可以接近的景点，特别是它的寺院，为游人提供了住宿范围和各种目标。

这些共享的愉悦被大兴人、皇宫宠臣潘荣陛在其所著的《帝京岁时纪胜》中提炼出来。正如我们在后面的章节中所看到的那样，这部现存的简本图书，于1758年刊行，是为普通读者撰写的并且传播了清代城市的特殊性。潘荣陛不吝笔墨地描写了应季饮食的叫卖声和味道，以及在他们活动、禁忌、市场和景点的细节中所充满的热情。明确谈到当时旅游业的繁荣，书中解释了陌生的当地风俗，告诉游人观看和品尝最好的东西，记录“游览之地”并且告诉你如何到那里（“度石梁”，据说，“而西，有土阜高数十仞，可以登临眺远”）。[37]

许多学者创作了有关京城景观的诗歌。“竹枝词”是一种古老的七字一行的诗歌体裁，在这种情况下，竹枝词成为清代用于特征性描写北京景观、风景和活动的一种流行体裁。如同“杂咏”，这种体裁被认为适合于方言术语和当地的话题。[38]

这种诗歌在康熙朝中的士大夫中间逐渐流行。他们似乎已经创作包括他们所看到的北京特殊风俗的竹枝词，经常为那些来自
463 帝国其他地方的读者注释说明。主题包括了许多我们已在其他体裁中提到的内容。王鸿绪（1645—1723）的12首《燕京杂咏》赞美了可辨认的地方（它们半数为寺院）和京城独有季节的特殊性：在五月，市场上到处是牡丹，慈仁寺里海榴红（“却与江南色相同”），中顶的富有赞助人，酒坊和妓女，购买最好的东

---

[36] 例如《畿辅通志》，1884年，卷8，28～59、79～85页；卷9，145页；卷10，301页；卷11，302～335页。

[37] 潘荣陛：《帝京岁时纪胜》，9页及各处。

[38] 李家瑞：《清代京师竹枝词四十种提要》，载《读书周刊》（天津），第77期，1936年12月3日。路工编选：《清代北京竹枝词（十三种）》。孙殿起辑、雷梦水编：《北京风俗杂咏》。航羽：《历代竹枝词选》。吴晓铃：《双楷书室所藏清代有关北京之竹枝词》，载《燕都》，1991年第5期，2～3页；1992年第1期，40～41页；1992年第2期，2～3页；1992年第5期，4～5页。《汉语大词典》，卷8，1092页。

西——食物、色情、酒和郊游的味道和声音。其他男子的诗歌提到了灯节、新年庆典、大象和夏季出售的冰。他们还引出极少用其他方式所讨论的话题——赛马和骑马、当地酒菜和女人的举止，特别是妓女，而且还讽刺性地评论当地人的伪善和自负。㊴

在这些私人的著作中，北京更容易展示其黑暗的一面——这在皇家会典中是难以想象的。在他的抒情诗中，彭孙贻（1615—1673）列举了有关京城的“恶劣事物”，包括昆虫、飞鸟、炕、大蒜和乞丐。简略的散文有时包括了同样的理由。柴桑是于17世纪90年代在宫廷中供职的一位长江中下游人，在他的《京师偶记》中对于“北人”和在京师的生活持有一个批判的外来人立场：价格、塞满的街道和混乱的地址、灰尘和风、低劣的食物和对那些外来人的腔调识别的不方便。但是柴桑还选择了北京的岁时，用于更积极的观察，并描述其中的一些特殊事件。㊵

在18世纪，更多的有关北京的诗歌、奇闻和简短的游记被包括在最重要的文人——当地人以及寄居者——的作品集中，以手稿和印刷品的形式流传。这些著作简单地介绍了景色并且刺激了那些准备接近北京的读者的胃口：“封氏园盘松偃卧如盖，南北椭荫可半亩，为京师古迹，而余独未尝见。”㊶ 当这处遗址被参观和再参观、描述和再描述时，这种参考文献累积的影响随着时间的延续而变得更加强烈。

戴璐（1763年进士），是受雇于部衙三十年的寄居者，记载了
他在北京的长期生活，最后于1796年刊行了《藤阴杂记》。书中 464
三分之一集中于人和事件，但是其余部分按照五城和郊区进行组

㊴ 王鸿绪：《横云山人集》，529～532页。李家瑞：《清代京师竹枝词四十种提要》，载《读书周刊》（天津），第77期，1936年12月3日；路工编选：《清代北京竹枝词（十三种）》。

㊵ 柴桑：《京师偶记》。柴桑未标日期的笔记在1897年以一本文选的形式刊行前，似乎无法广泛得到。在文中标明日期的事件发生在1694—1697年；日历在第5页，有关京城的长篇评论在第13～15页。

㊶ 方苞（1668—1749）：《方望溪全集》，210页。

织并且集中在外城的北部和西部，那是戴璐所居住的地方。他分享了有关士大夫在首都生活的奇闻，追溯房子和别墅的连续主人，再次介绍了有关地方的诗歌体裁，具有明末《帝京景物略》的特点。(寺院已经完全作为文人生活的地点而发挥作用。)㊷

这些著作都没有配图，而且北京的绘画也为数稀少。与这些私人著作相对等的视觉物是由寄居者和当地男人为了记录值得纪念的社交场合而创作的图册和卷轴画：罗聘在翰林院和陶然亭的场景，或顾鹤庆在法式善位于内城湖边街坊的绘画。与私人的皇家著作相比是适中的画册，表现了当地的岁时活动。㊸

到了 18 世纪末，新的主题——戏院、会馆、考试——被引入到竹枝词，偶见于诗词中，到了 19 世纪，这些以书的形式刊行的诗歌使它们自己成为欣赏的目标。㊹ 1814 年的小册子《草珠一串》说明了这种发展并且预见了 19 世纪中期成熟的指南手册文献，捕捉了值得纪念的京城特色——妇女、商业、风俗、风尚、食物和游览。

1845 年，一种面向北京的游人，特别是商人和应试举子们的新型便携式和实用的指南手册出现了。《都门纪略》来源于诗集，最初是一套薄的两册书。接下来的 60 年至少有 23 个版本，许多编者和出版者将其扩充为八个分册，更换名字，扩充其内容。㊺ 其通常方便的（13cm×20cm）是二、四、六、八或十本薄册子放在一个布面盒子里。此书最初目的是帮助寄居商人找到他们周围的道路、通过当地的税关，以及了解哪儿是市场、店铺和有

㊷ 《明清进士题名碑录索引》，第 2 册，1394 页；戴璐：《藤阴杂记》，前言；卷 9，218 页。类似的资料可以在满洲皇子昭梿及其著名的著作中找到；其著作包含了北京许多地方的奇闻和当时王府的列表（昭梿：《啸亭续录》，卷 1，384 页）。

㊸ 后面相当多的资料来自乾隆和嘉庆朝，现存于“故宫博物院”，台北：故宫博物院，各处。

㊹ 杨米人 1795 年百首都门竹枝词（现已失传）首次被收集？李家瑞：《清代京师竹枝词四十种提要》，载《读书周刊》（天津），第 77 期，1936 年 12 月 3 日。

㊺ 《都门纪略》。虽然不是详尽的，我对这些书籍现存版本的调查还是比较彻底的，形成现在讨论的基础。

名的商品；当时，内容的变换是为了服务于一个更广泛的 465
顾客。

该书的原作者杨静亭，把早期书籍中的“杂记”类（风俗、旧址、季节性市场、地图、食物）与新的资料结合在一起：各种城市设施大门之上有名的对联和匾额的文字，店铺和工匠们的位置，戏院、剧团和著名演员的列表。第一个版本是一本分册（《都门杂咏》），留下了有关这些话题的二十八字节的竹枝抒情诗。我们能看到杨静亭在白云观那个条目中愉快和略微讥刺的腔调：

才过元宵未数天，白云观里会神仙。
沿途多少真人降，个个真人只要钱。㊻

扩充的第二版（1864 年）包括第一版的一本分册所列出的京城会馆，另一版本列出了从帝国其他地方到北京的路线和距离。后面的部分是一部分一部分地描述城市，列举了岁时节日，列出了从 1646 年开始每次科举进士的前三名，详述了下一年皇家仪式的日期。1879 年版夸口道：“天下全图、首善全图、皇城图说、征门地址、天下路程、都门杂咏、都门杂记、菊部群英。”正如我们将在第十六章中看到的那样，在道光朝时期及其以后，其资料的实用性既促进拥有外来者的当地戏曲的流行，又从中获得好处。

该书不再按区描述京城，而且在这个“都门”体裁中，许多资料集中于内城里的北京，那里有店铺和娱乐场所。1845 年的第一版已经注明，因为某些著名景点位于“禁区”，所以它们没有被包括在内，但在 1872 年之后，地图开始标明大内，并且有一本完整的分册专用于它。

在这些书中，寺院继续成为重要的地标。在“杂闻”和“旧迹”中，在那些列出的地方，它们是显著的并且形成了市

㊻　注释解释道：“在正月十九日，据说有一位神仙降至白云观。”希望能够遇到他，游客给穷人钱，穷人为了那个目的聚集在此。《都门竹枝词》，14 页。（译者按：作者此处引文出处有误，该引文摘自得硕亭的《草珠一串》。）

集的支柱。但他们没有穷尽列举会馆，开始忽视备受关注的娱
466 乐和其他消费形式。诗歌和散文的描写同样被有用资料的目录所取代。

从现存的许多版本判断，这些都门指南在19世纪末逐渐受到欢迎。我对19世纪70年代的9个版本和19世纪80年代的7个版本有所了解。在1886年版本（《朝市丛载》）中增加了旅馆和钱庄，更新了会馆和戏院的名字、地址。新的版本对早期版本的部分内容进行拙劣的修补和不均衡的更新。

在19世纪的后半期，晚清政府仍然相当朝气蓬勃，而且方志的传统仍富有生命力。当李鸿章任直隶总督时，他开始扩大省和府志的版本（分别完成于1884年和1886年）。但是与政府本身一样，这些版本利用早期的著作，并且以一个可预见的传统方式提供资料。㊼

在第一本《都门纪略》之前，北京的游人和居民开始接近真正方便的地图。在18世纪早期，这座拥有城墙的城市单独印刷的地图已经可以得到了。㊽ 确切能看到的是19世纪早期的地图。命名为（上边为文字）《首善全图》，这些地图通过把外城挤压为同样面积的内城而把北京转变成一个长方形。地图足够大（1.1m×0.6m），城市许多小巷和胡同的名字列于其上，而且当把它折叠时，便于

㊼ 另一个类似计划是《畿辅丛书》，1879年。

㊽ 我试图为北京现存的分开的地图建立一个顺序（而不是指定固定的日期），努力给它们标定日期，李孝聪：《欧洲收藏部分中文古地图叙录》。我提出，把“北京”用作“京师”的地图首次来自并且出现在18世纪中期［1744年地图a，《京师全图》（约1744?），藏于哈佛大学燕京图书馆；1744年地图b，《京师城内首善全图》（约1744?）。］

也有清中期内城皇家和旗人专门的地图，其目的似乎是为了城市安全。其特征是：缺少标题，使用颜色，专注满城，关注亲王府和政府衙门，显示不同旗分布的号码标记。我称它们“仅为官用”。李孝聪称18世纪的一幅比1800年后的地图要小（约85cm×110cm），并且细节也少。参见李孝聪的《欧洲收藏部分中文古地图叙录》，登记编号是06.01、06.02、06.03、06.05、06.09、06.10；斯宾克远东艺术，定于1993年6月3日至18日拍卖展览；皇家安大略博物馆地图920、921、948。我从与皇家安大略博物馆的詹姆斯·胡（James Hsu）的谈话中受益，其已经对他们的地图进行了研究。

携带。有一块空白的空间为皇城预留，继续保持皇家隐私的传统。[49]（这样一幅地图的细节显示在图12－3和图15－3中。）

一幅名为《京城全图》的类似地图于19世纪中期刊行。[50]（参见图13－2。）在几十年内，可能买到一幅较小的《京城内外首善全图》，它不仅标明了皇城内的许多地方，而且1860年后修建在城里的外国使馆也标注其中。[51] 在许多版本及注意方便游人中，这些清末地图反映了都门指南手册的连续版本（有不可拆开的地图）。它们既集中于当时的京城，又转向其过去的景色。它们表现了一个不一样的京城，不是皇家统治范围的那个。它们也强调了城墙内的城市。 467

在清代关于北京的中国著作和绘画中有这样几部分：只限于皇家使用的私人的著作；历史方面的汇编，传播于政府和学术圈子中；在私下可得到的著作和绘画，记载了文人的经验；用于访客和游客的地图和书籍。当由这类文献进行界定时，北京的身份是多样的和重叠的。

然而，京城不应在隔离状态下被理解，而是应该在与帝国内其他城市相对比中得到赞赏。尽管全面恢复这样的背景超出了在

㊾　标有“首善”的地图在顺序上处于次要地位，在整个19世纪都可以得到。如李孝聪：《记英国伦敦所见四幅清代绘本北京城市地图》，452页，我已在许多西方图书馆和图书馆目录中看过这些地图；一些是大一些的，似乎是后来印刷的。李孝聪提供了一幅出自柏林的1829年地图（经由俄国），他已从内部证据证明日期是乾隆或嘉庆朝（在1820年之前），李孝聪：《欧洲收藏部分中文古地图叙录》，登记编号06.04号和地图06.10号，亦参见登记编号06.06、06.08号。其中一部分见图13－2和15－3，二者比1860年早。

㊿　在这幅前使馆地图中，外城略微超出内城。地图在图13－2中显示，其通过阿尔芒·吕西于1861年在西方广为人知。亦参见李孝聪：《欧洲收藏部分中文古地图叙录》，登记编号06.07号。标注“京城”的地图也许紧随其后出现。

51　这幅地图有环绕着的城墙，两个大的祭坛简化为空的椭圆形。参见伊莱莎·鲁哈马·西德莫尔：《中国万岁的皇帝》，67页；莎拉·帕克·康格：《中国来信》，94页；郑连章：《紫禁城城池》；李孝聪：《欧洲收藏部分中文古地图叙录》，登记编号06.11号。这些地图有细微变化，是多次印刷的结果。一幅更晚的——但仍是清代的——地图被命名《京城详细地图》。在郊区，其只显示了一些建筑物，参见威廉·埃德加·盖洛：《中国十八省府》，404页。民国时期的地图在标题上用“北京”和“北平”。

468

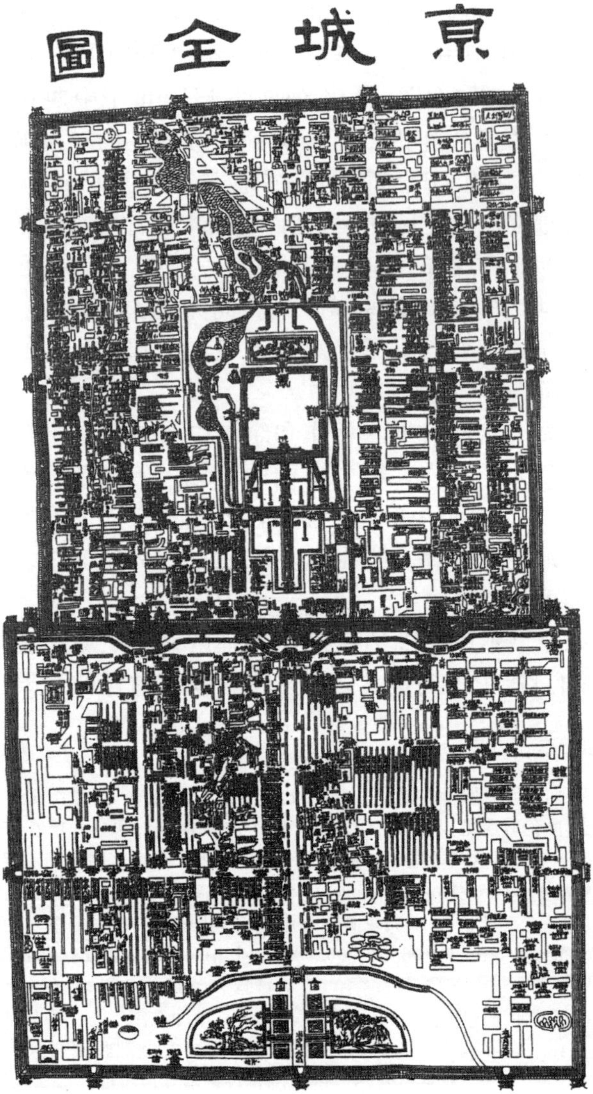

图 13－2　京城全图

资料来源：阿尔芒·吕西：《旅程纪念：1860 年有关中国战役的私人信件》（书后面）。原尺寸：约 100cm×58cm。

此进行的尝试，但是一些比较是可能的。

在清代早期，一条主线把北京和南京匹配成对，明代创始人的都城和明代南方都城的对抗。在那个南方的都城中，效忠和怀旧可以作为兴趣进行表达。在17世纪90年代，明末的高级妓女成为孔尚任有影响力的和博学的历史戏曲《桃花扇》的焦点，成为诗人王士禛诗歌的焦点，成为文学家余怀辛酸传记的焦点，并且也是画家石涛画册的焦点。[52] 这样的感情在18世纪被转换成一个更 469
广义的悲哀，正如郑板桥的诗词："问夜月何时是了。空照彻飘零宫殿""剩古碑荒冢"。[53] 怀旧被搁在一边，在政治上、文化上或商业上南京不是一个重要的对手。

长江中下游的其他城市是更强大的竞争者。苏州，在清代复兴了织造厂，仍然被理解为一座精致的文化城市，艺术家和演员以及厨师的来源地之一，维持其活力一直到19世纪早期。当乾隆皇帝参观苏州时，他留下了深刻的印象，并在1759年皇家委托绘画的手卷《盛世滋生图》以简洁、吸引人和全面的细节表现了这个苏州。[54] 与此同时，金钱使得扬州附近拥有慷慨的捐助者和旺盛的消费能力。极其富有的盐商资助的奢华别墅、有名的画家和戏剧性的生活以散文的形式得到细心周到的记载。[55] 然而，在这样的

---

[52] 白润德：《旧南京的句法、声音和情感：王士禛的〈秦淮杂诗〉》，载《中国文学》，第14期（1992年）；宣立敦：《孔尚任的世界：中国清代早期一个男人的信》，特别是第195～200、394页；《八代遗珍：纳尔逊美术馆、阿特金斯博物馆、堪萨斯城和克里夫兰艺术博物馆的收藏》，画238，322～323页。

[53] 张荣彤、保罗·葛鲁夫斯基编：《郑板桥诗词选》，24～25页。郑死于1765年。

[54] 《盛世滋生图》；张琳德：《苏州的衰落和上海的崛起：城市变化的经济形态研究，1756—1894》，75～76页；约翰·勒斯特：《伦敦大学亚非学院图书馆所藏1850年前出版的有关中国的西文图书》，54～59页。在19世纪，有关苏州的风景，马默：《从弱到强：苏州，1368—1550》，436页；张琳德：《苏州的衰落和上海的崛起：城市变化的经济形态研究，1756—1894》，第六和第七章。

[55] 何炳棣（Ho，Ping-ti）：《扬州盐商》，载《哈佛亚洲研究学报》，第17期（1954年），130～168页；安东篱：《清代扬州的中心地位》，见张琳德主编：《中华帝国晚期的江南城市》。当然这本书就是李斗1759年的《扬州画舫录》（有关扬州画舫的记载）；有大量关于这些"古怪"画家的文献。

比较中，1800 年的北京能更多地拥有其自己。它仍是帝国的神经中枢，拥有巨大财富和魔力的城市。

通商口岸的建立和 19 世纪中期太平军起义对中国中部城市的破坏改变了一切。在 1860 年后，天津在这个区域内挑战北京，上海为经济势力、城市活力和文化混合设置了国家标准。[56] 直到 1900 年，正如我们将在后面的章节中看到的那样，北京的中心地位受到冲击。

清代，北京旅游地点与定期流入的访问者有了一前一后的发展，这些游客轮流使得城市令人兴奋和多样化。世界性在很大程度上来自全国各地有才干和雄心勃勃的人们，而且也来自外国人的存在。随着他们的来访，这些来自清代统治边界以外的人们有助于识别和宣传当地的景色，创立城市的形象，广泛地界定了北京，并且他们自己成为中国游客关注的对象。

来自使团

470 北京的外国游客用不同的眼光看北京，他们的城市版本不仅与当地人进行沟通，而且通过口头和图片传达给家乡的读者。在前两个世纪中，这样的外国人是极少数的，但条约迫使曾经的北京对外打开大门，更多的外来者来到北京，并且在此停留更长的时间。直到 19 世纪末 20 世纪初，当“中国”成为有组织的一批批游客的目的地时，北京才被列在他们的清单上。

在 1860 年前，外国传教士长期居住在北京，来自欧洲和亚洲王国的人们以官方使团的身份来到清廷。这些男人所看到的北京

---

[56] 天津和上海的指南手册比“都门”类型开始得晚。参见张焘：《津门杂记》，1885 年前言；戴沙迪（Alexander Des Forges）：《街头杂谈和里弄故事：从〈海上花〉到〈子夜〉里上海生活的叙述》，第一章；叶凯蒂（Catherine Vance Yeh）：《描绘城市：老地图中的上海》，牛津大学，1997 年 4 月。

是活动受到限制形成的北京。得到皇家资助的蒙古和西藏喇嘛、耶稣会士和遣使会士在宫里、皇城、郊区的庄园、教堂和藏传佛教寺院里度过了他们大部分时光。对于使者而言，在时间和空间上的控制甚至更为严密：他们在监督之下游历帝国内外，沿着一条预先规定的路线，只限于北京，并且被允许停留的时间也仅仅只有几个月。

像明朝一样，清朝坚持外国使团的成员只能停留在一个指定的会馆内。会同馆自1542年被确定在紫禁城的东边，便于前往宫殿、理藩院和内阁。[57] 首先，朝鲜人、俄国人、琉球人、葡萄牙人和荷兰人全都留在这儿。在18世纪20年代后，当一座俄国的东正教堂被修建时，其被转为俄国馆，附近一座以前为中亚人修建的建筑成为朝贡使团的主要会馆。在宫殿西边也有一个维吾尔人的旅店，在德胜门北边有外蒙古馆。[58] 当主要的会馆饱和时，使团会溢出到其他地方，甚至偶尔是一座寺院，但是大多数游客集中在内城中心由政府管理的建筑里。

这些参观仪式的焦点是在紫禁城保和殿举行的新年宴会，虽然其他使团因皇帝的万寿节或其他理由到达北京，但大多数使者只能在冬季的两个或三个月份看到它。[59] 在城内及其周边私下的游 471

[57] 布鲁纳特、哈盖尔斯特罗姆：《当代中国的政治组织》，第392号；柯娇燕：《结构与符号在明清四夷（译）馆的作用》，载《中亚与内亚研究》，第5期（1991年），38～70页；埃里克·韦德默（Eric Widmer）：《18世纪俄国在华传教团》，88～94页。关于日常事务的摘要，卫思韩：《外交和幻觉：康熙时期的荷兰和葡萄牙使团，1666—1687》，29～36页。关于其他会馆，朱一新、缪荃孙撰，刘承幹考证：《京师坊巷志》，卷2，3～5、14页；卷5，2页；卷6，18页；卷7，14页；卷10，46页。这些会馆的集体研究是可以利用的。

[58] 关于俄罗斯馆，埃里克·韦德默：《18世纪俄国在华传教团》，88～90页；蒙思明：《北京的俄罗斯馆》，载《哈佛亚洲研究学报》，第23期（1960—1961年），20～22页。关于维吾尔人，金景善：《燕辕直指》，1106页。关于蒙古人，布鲁纳特、哈盖尔斯特罗姆：《当代中国的政治组织》，第498号；《大清会典》，1899年，卷68，712页；北京图书馆金石组编：《北京图书馆藏中国历代石刻拓本汇编》，第85册，105～106页。

[59] 蒙古王子在高级喇嘛转世的生日场合也赠送礼物，王湘云：《清朝宫廷的藏传佛教：章嘉二世阿旺罗桑却丹的生平与事业（1717—1786）》，297页。

览虽然是可能的，但却是令人沮丧的，有很多事物是这些人必定错过的。他们的关注集中于官方的往来和皇家的礼仪上，他们的集中出席加强了北京生活的这些方面。

在使臣的绘画和撰写的北京笔记中，皇家仪式和皇家空间自然占据着优势——正如清朝皇帝可能希望的那样。当新年延长的节日庆典充斥着街道时，复杂和庄严的朝贡者仪式着重强调了冬天的严酷和宫殿宏伟的规模。外国人也羡慕高高的朱红色城墙、金瓦屋顶、白色的汉白玉桥、花园和享乐房屋，称赞它们各个是美丽、迷人、快乐、豪华、巨大和令人惊叹的。这样的图像组成了他们的北京，但是在这些通用参量中，经验是不同的。让我们首先考虑中亚人，然后是朝鲜人，最后是欧洲人。

中亚人形成了北京最大的定期外来访者的组成部分。当满人宗主权被赋予蒙古人和西藏人然后是丝绸之路的穆斯林时，这些人派遣定期的“朝贡”代表团到达清朝的首都。[60] 理藩院再把他们分成组，在不同的时间轮流到北京。

这些代表团经常是相当庞大的（尤其在清初）——或许多达几千人。大多数在北京度过冬天。他们在北边郊区扎营，他们首领住在黄教或黑教寺院，或住在市区的一座使臣公馆中。即使进入 19 世纪，许多人仍然喜欢在旅店的院子里搭建帐篷。[61] 来自中亚的游客比其他外国人似乎较少受到监视，也许因为北京已经有了一个蒙古商人、许多汉人穆斯林和大量常住喇嘛的团体。

藏传佛教僧人在明代早期就已经到达北京。在清代，一些人

---

[60] 贾宁（Ning Chia）:《清初的理藩院和中亚礼仪，1644—1795》，载《清史问题》，第 14 卷第 1 期（1993 年），60～92 页；米华健（James A. Millward）:《嘉峪关外：1759—1864 年新疆的经济、民族和清帝国》，156～159 页；札奇斯钦：《清朝对蒙古的宗教政策》，再版载于他的《蒙古研究论文》，147 页。

[61] 贾宁：《清初的理藩院和中亚礼仪，1644—1795》，载《清史问题》，第 14 卷第 1 期（1993 年），76 页；雒魏林：《北京及其附近略记》，载《皇家地理学会杂志》，第 36 期（1866 年），130 页；资料来源见第十五章。

搬到由朝廷提供的寺院中；其他的来了又走了。转世高级喇嘛从远在塔尔寺或拉萨的他们家乡的社区，在清朝领土内沿着一条已经修建的通向宗教掌管地的朝圣小路进行定期旅行。一些寺院， 472
正如我们在第十章中所强调的那样，模仿在拉萨、承德和五台山修建的寺院，向他们借用和增添圣物。来访喇嘛的每次旅行加强了这种复杂的联系，而且他们的存在也为北京藏传佛教寺院增添了光彩。[62]

虽然似乎没有通过喇嘛把有关中国的信息系统地传回中亚的一个正规制度（如耶稣会士在欧洲提供给读者那样），但是在西藏的高僧传中却有关于转世活佛到达北京参拜的记述。此外，在仪式中由权威喇嘛表演的超自然表现的记载，以及记录这些时刻的绘画，使西藏读者在心中把大清与非凡的事件联系在一起。

章嘉呼图克图若贝多杰与乾隆皇帝有着密切的联系，他一生的大部分时光住在北京；会说汉语、蒙古语、满语和藏语，他住在嵩祝寺，跟一个不断拜访的游人有联系。他也于1734—1736年和1757—1758年到达拉萨并且于1749年和1764年前往安多地区。他撰写了有关北京两座寺院以及五台山神殿的笔记，他肯定也记载了从清朝首都前往那些地方的旅途中所遇到的事件。[63]

对于那些定期到达北京使团中有头衔的蒙古人来说，仪式的焦点在于新年那天的宴会，但是作为佛教徒，他们对于与高级喇嘛有关的寺院更感兴趣。皇城内旃檀寺的檀香木佛祖可能被视为城里的神圣对象。[64] 白塔寺长期与元代首都相关，一本指南手册在

---

[62] 根据1770年的法规，来自五台山的喇嘛，前往中国中部沿海的普陀山进行朝圣（为这个时期观音的主要朝圣地）必须在北京停留，获得一个通行证，政府不仅打算控制这样的交通，而且把北京放在他们的道路上。《大清会典事例》，1899年，卷501，11748页。

[63] 王湘云：《清朝宫廷的藏传佛教：章嘉二世阿旺罗桑却丹的生平与事业(1717—1786)》，103、113、124、125、160～165、211页，第六、七、八章中更为普遍。若贝多杰的笔记是关于檀香木佛和白塔寺的；用藏文书写，它们也被译成蒙文并在北京出版。弗拉基米尔·L. 乌斯本斯基，1998年个人的通信。

[64] 弗拉基米尔·L. 乌斯本斯基，1998年12月个人的通信。

1753年用蒙文刊行。在北郊的黄寺和黑寺是周边蒙古人的一个核心和一个购买宗教物品的好去处。18世纪中期由若贝多杰帮助监督恢复的雍和宫的喇嘛，多半是蒙古人，并且那座建筑也为蒙古高僧的侍从提供住宿和主持大规模的仪式。[65]

与众不同的清朝首都图像在中亚流传。通过一位著名诗人对逝去元代首都（大都，“我的伟大的宝石般的城市”）的哀悼，北
473 京被融入蒙古流行的文化之中。[66] 来访的蒙古人似乎还流露出这样的思想：北京是毗卢舍那（Vairochana）的家乡、佛法的化身和转轮圣王的象征。（北京和一个理想化的转轮圣王统治者之间的联系可能源于清朝君主，而且肯定服务于清朝君主的兴趣。）[67] 藏人也了解其他有关北京的普通故事——首都的城市布局是仿制一位神灵大威德金刚唐卡？[68] 也许最有影响的这些想象是由清代皇帝提出，自努尔哈赤时代起，他们已经把自己视为文殊菩萨的化身。西藏和蒙古的文献，包括有关五台山的书籍，传播了这种思想，

---

[65] 古伯察：《鞑靼西藏旅行记》，卷1，375～382页；艾约瑟：《北京》，见韦廉臣：《华北、满洲及东蒙旅行记》，第2卷，336页；傅海波：《1279年“白塔”的供奉》，载《亚洲专刊》，第3系列第7卷第2期（1994年），162页；海希西：《迷失的文明：蒙古再发现》，152～153页；《钦定总管内务府现行则例·掌仪司》，卷2，35页；阿奇博尔德·立德夫人：《北京及其附近指南》，34～35页；克劳（Carl Crow）：《中国旅行手册》，285页；帕特里夏·伯格：《维护国家：中国密教艺术的政治用途》，见魏盟夏编：《中国佛教图像，850—1850》，115页。雍和宫，谢瑞华：《旧金山亚洲艺术博物馆中的乾隆时期汉藏艺术》，载《东方》，1991年6月，36页；裴丽珠：《北京》，155～168页。

[66] 还通过传说，把永乐皇帝描写为元朝末代皇帝的遗腹子；陈学霖认为，该传说起源于北京蒙古社区并且传到中亚。陈学霖：《北京建城的蒙古传说》，载《亚洲专刊》，第3系列第3卷第2期（1990年），63～96页；司律思：《永乐皇帝蒙古血统传说的手稿》，见《蒙古文选：献给欧文·拉铁摩尔（Owen Lattimore）教授70寿诞》；海希西：《迷失的文明：蒙古再发现》，54页。关于诗，约翰·R. 克鲁格：《〈蒙古源流〉中的诗文》；弗拉基米尔·L. 乌斯本斯基补充给我这个参考。

[67] 塞缪尔·格鲁伯：《清初满洲的帝王祭祀：盛京密教寺院的大黑天文本与研究》，185页；帕特里夏·伯格（Patricia Berger）：《维护国家：中国密教艺术的政治用途》，见魏盟夏编：《中国佛教图像，850—1850年》，91、94页；柯娇燕：《历史的透镜：清帝国意识形态中的历史和族性认同》，第五章。

[68] 费尔丁那德·列森：《仪式与象征：藏传佛教和中国象征文集》，89～90页。

正如唐卡上乾隆皇帝的画像以文殊菩萨的形象被展示在诸如雍和宫这些地方。[69]

作为一个城市，北京辉煌的细节方面在视觉上似乎没有得到拉萨在西藏艺术上的那样表现。然而一些绘画使用皇家的建筑作为皇帝与转世喇嘛高度重视会议的背景。一些关于著名来访者的画面和活动，有助于我们重新获知藏族人对北京的了解和他们的表现。

1652 年，当五世达赖到京拜访时，他在南苑的一所寺院里得到设宴款待，下榻于新落成的黄寺，并在紫禁城受到顺治皇帝的接见。在拉萨布达拉宫的壁画纪念了这场会面，画面上这两个人坐在一座漂亮的汉式宫殿的前面。[70]

1780 年，前往北京途中的六世班禅喇嘛首次关注在热河的藏传佛教寺院，那是宗教圣地的另一个节点。一到北京，他和他的随从高级喇嘛们被带到圆明园、昆明湖旁的小山、香山的寺院（包括专门为他修建的昭庙）、皇宫、雍和宫、嵩祝寺（若贝多杰就住在那里）。访问使团住在黄寺。乾隆皇帝同样在南苑的寺院里接见班禅，128 年前，达赖喇嘛就是在那里觐见顺治皇帝的。这样的拜访吸引了远近不同地方庞大的喇嘛群体。[71] 班禅突然令人不祥 474

[69] 戴维·法夸尔：《清统治时期政教（佛教）合一现象》，载《哈佛亚洲研究学报》，第 38 期（1978 年），5～34 页；塞缪尔·格鲁伯：《清前期满族的保护和藏传佛教：综述》，载《西藏社会杂志》，第 4 期（1984 年），46～75 页；克里斯托弗·布吕克纳（Christopher Bruckner）：《中国皇帝的恩赐：来自宫殿庙宇的宝藏》；柯娇燕：《历史的透镜：清帝国意识形态中的历史和族性认同》，第五章；帕特里夏·伯格：《维护国家：中国密教艺术的政治用途》，见魏盟夏编：《中国佛教图像，850—1850》，113 页。

[70] 我于 1987 年看到这幅壁画；其在牙含章的《达赖喇嘛传》中得到重新复制。在实际会见中和绘画表现中，所处的位置是对这种复杂关系提出要求的重要方式，何伟亚：《喇嘛、皇帝和仪式：清帝国仪式的政治含义》，载《国际佛教研究学会期刊》，第 16 卷第 2 期（1993 年），243～278 页。亦参见柔克义：《拉萨的达赖喇嘛及其与清帝的关系，1644—1908》，载《通报》，第 11 卷（1910 年），17 页。

[71] 王湘云：《清朝宫廷的藏传佛教：章嘉二世阿旺罗桑却丹的生平与事业（1717—1786）》，250～251 页；徐珂：《清稗类钞》，第 4 册，1565 页；舒勒·坎曼（Schuyler Cammann）：《1780 年班禅喇嘛入京觐见：英藏关系中的一个插曲》，载《远东季刊》，第 9 期（1949 年），3～19 页；《日下旧闻考》，卷 74，125 页。

地死于天花，他的离世使北京出现了一个新的神圣之处：黄寺内的汉白玉佛塔，悲痛的皇帝下令保存这位圣人的遗骸。[72]（如图 15－2 所示。）

1908 年夏（128 年之后的又一次），在英国人入侵时逃离拉萨的十三世达赖喇嘛，应邀来到北京。他首先前往五台山，然后乘火车来到北京，在那儿他受到清朝高官显贵和来自京城里 28 座寺院的喇嘛的迎接，并且被用轿子抬到黄寺。他与皇帝和皇太后在宫中和西苑里见了几次面[*]；这几次会面后来被画在布达拉宫的墙壁上，宫殿建筑再次被用于使人联想到北京。达赖喇嘛还参观了嵩祝寺、白塔寺和玛哈噶剌庙；英国使臣在寺院中拜访了他。光绪皇帝和慈禧太后的相继死亡突然缩短了他的访问，但是这位高僧几次前往雍和宫为他们举行仪式。（毫无疑问，当地有关两位活佛不能“在同一地点出现”的迷信因重大危机而进一步加强了。）[73]

在北京，由于经常有这样的外部来访者——一些是皇家的，一些是宗教的——会影响到他们会馆的意义，成为北京居民必定欣赏的景点，塑造了北京的邻近地区，使得人口多样化。而且，通过这些游人、庄严的转世和名不见经传的喇嘛，北京为中亚来的藏传佛教徒们所熟悉。反过来，北京也被纳入更大的佛教世界中，这个世界的藏传佛教中心仍然位于那个高处的西藏。

我只能不负责任地推测穆斯林游客在北京可能看到的景观。他们肯定去京城的清真寺寻找拥有共同信仰的人们、可以接受的食品以及周边附近安全的住宿。正如我们将在第十五章中所看到的那样，维吾尔族的进贡者在内城东南地区驻扎，那儿有他们使

---

[72] 《日下旧闻考》，卷 107，1786～1789 页。

[*] 即光绪帝载湉和慈禧太后那拉氏。

[73] 柔克义：《拉萨的达赖喇嘛及其与清帝的关系，1644—1908》，载《通报》，第 11 卷（1910 年），76～88 页；牙含章：《达赖喇嘛传》，257～266 页。关于两位佛陀，庄士敦：《紫禁城的黄昏》。关于壁画，牙含章：《达赖喇嘛传》。

用过的清真寺。[74] 他们还参观令人尊敬的牛街清真寺吗？他们听说过元朝的陵墓吗？他们看到了宗教建筑旁边其他的景色吗？

更为完善的记载使我们得以更近距离查看来自朝鲜使团游客们的活动。平均三年一次的使团来到清廷，每次为几百人。尽管 475
随同每个使团的读书人衣着鲜明而且不说汉语，但是他们熟悉这个中央王国的历史和文化，并且能读写古典汉语。他们中的许多人按惯例坚持记载他们“燕行”（Yonhaengnok）的日记——当他们优美地称赞他们的目的地时——并且私下把这些日记传播给在家乡有兴趣的读者。朝鲜游人有了关于北京的书籍并且似乎已经读到他们前辈的笔记。这些日记记载了每天的活动，而且经常贯穿着参观当地周边的景观。他们是我们将要在此关注的“游人”。[75]

在明代初期，朝鲜使团的成员已经被允许无阻碍地接近北京，但是明朝从安全性的角度考虑，限制他们的活动。在以后的几个世纪中，限制有所松动，并且可以间歇地进行游览。[76] 和其他的使

[74] 来自中国北方任何地方的穆斯林可能会赞助花市清真寺。参见北京图书馆金石组编：《北京图书馆藏中国历代石刻拓本汇编》，第 68 册，73～74 页；李福良：《花市清真寺》，载《北京史苑》，第 3 辑（1985 年），335 页。

[75] 全海宗（C. Hae-jong hun）：《清代中朝朝贡关系》，见费正清编：《中国的世界秩序：传统中国的对外关系》；伽里·莱德亚德：《四百年间（1488—1887）在中国的朝鲜游人》，载《有关朝鲜的非定期论文》（西雅图，华盛顿），第 1 期（1974 年）；金昌业：《稼斋燕行录》，149 页；金景善：《燕辕直指》，1061、1068、1100 页。我依靠《燕行录》的描写，特别是卷 1，55～72 页（关于 1574 年）；卷 1，148～173 页（1624 年）；卷 1，213～223 页（1636 年）；卷 2，451～455、485～496 页（1720 年）；卷 1，277～349、476～515 页（1766 年）；卷 1，847～902 页（1769 年）；卷 2，587～613 页（1778 年）；卷 1，566～591 页（1792 年）；卷 1，1011～1118 页（1833 年）；卷 2，1245～1264 页（1887 年）。也依靠金昌业：《稼斋燕行录》，136～249 页（1713 年）；朴趾源：《热河日记》（1780 年）；李肇源：《燕蓟风烟》（1830 年）。亦参见伽里·莱德亚德：《四百年间（1488—1887）在中国的朝鲜游人》，载《有关朝鲜的非定期论文》（西雅图，华盛顿），第 1 期（1974 年），1～42 页；马芝安：《纽约克里斯蒂的日本和韩国销售》，载《东方》，1998 年 2 月，88 页；Yi Wŏnbok. “P'yo-am 豹庵 Kang Se-kwang 姜世晃 ŭi Chungguk kihaeng-ch'op（1）[Kang Se-kwang's ‘Album of a Journey to China’（1）].” *Han'guk Komisul* 1998 ＃10：36－45，＃11：44－51，80。

[76] 李鹤株（Lee，Peter H.）：《朝鲜故事杂录》，74～75 页；伽里·莱德亚德：《四百年间（1488—1887）在中国的朝鲜游人》，载《有关朝鲜的非定期论文》（西雅图，华盛顿），第 1 期（1974 年），1～42 页；金昌业：《稼斋燕行录》，211 页。

者一样，朝鲜人集中关注冬季时令的年度事件：新年宴会和灯节，瞻仰白云观里的丘真人，在琉璃厂和隆福寺购物，赛马，戏院，街头上耍戏法的人，杂技演员。与汉人学者一样，朝鲜人对于书、文、有名的绘画和偶然的皇家巡游感兴趣。他们对于清朝本身的看法是自相矛盾的；尽管他们扮演着适当朝贡人的角色，然而一种残留的对明朝的怀念似乎仍然盛行于他们的家乡。[77]

朝鲜人是积极的游客，有人吹嘘说："余前后出馆门者十三次，内城九门出入其八。"他们了解燕京八景，试图游览那些尚存的景点，并询问其他景点。当然，他们把更多的时间花在皇家的范围内，他们为太和殿所敬畏，穿过湖上的金鳌玉蝀桥，看到西苑的景色。有时候，通过坚持请求，他们设法进入天坛。他们求访堂子里神秘的满洲仪式，观看位于圆明园附近皇家围栏里的老虎，谈论他们观看观象台的路线，而且还去南堂参观壁画、画像和"自鸣钟"。[78]

寺院是朝鲜人最常记载的景点。虽然许多朝鲜人鄙视那些与儒家学说不同的学说——他们对黄教喇嘛格外挑剔——但是，作

476 为游客，他们并非如此刻板。据我了解到，有 79 座寺院曾被朝鲜人参观过或加以评论。只有 18 座（占 22%）在皇家范围内；其他的寺院相当均匀地分布在这座城市，而且相当多数的寺院位于外城，需要努力寻访，说明这些朝鲜人有着广泛的好奇心。

他们所描写的大部分寺院因其集市、节日、石刻或与元明的历史相关联的事件而闻名。[79] 一些是在皇家范围内经常旅行的路线上；其他寺院位于从使臣居住区到天坛附近甜水井的沿途上；还有一些是偶然发现的。

⑺ 他们继续使用明代的日历，并且清代帝国的地图被用明代的行政名称注释。伽里·莱德亚德：《朝鲜制图》，见《制图史》，第 2 卷第 2 册，257 页。

⑻ 洪大容：《湛轩燕记》，277～278、315～316 页；金景善：《燕辕直指》，162、1029、1064 页；朴趾源：《热河日记》，25 页。有关引文，金昌业：《稼斋燕行录》，240 页。

⑼ 其中半数关于北京的在明代文献中得到描述；大多数是在清代的会典或指南手册中。

孔庙和国子监在朝鲜人的景点列表中处于相当高的地位，是他们必到之所。金昌业和他的同乡一样，寻访祭拜诸葛亮（《三国演义》中的英雄）、宋朝英雄岳飞和文天祥丞相的三忠祠。他喜欢塑像并且与住院僧人喝茶，但对于寺院缺少声望而感到苦恼。在1713年这次相同的旅行中，金昌业还试图关注明代英雄于谦，在积满灰尘道路上用他的鞭子写了“忠节祠”三个字，希望有人能明白和指导他，但是没有人能回答。1769年，朴思浩（Pak Saho）在外城发现了另一座岳飞的圣祠（精忠庙）；1833年，金景善也发现了这座寺院。尽管这座寺院早已经是一个行会的重要中心，但是朝鲜人对与宋代爱国者相关的雕像和碑刻更感兴趣。[80]

朝鲜人以矛盾的心态接近佛教和道教设施。“此庙叫什么？你在做什么？”金昌业记载了他在繁忙外城的寺院遇到的一位年轻人。[81]从街上看到一座寺院，朝鲜人会走进去，向神灵鞠躬，燃香，查看神像，阅读碑文，漫步通过大厅和庭院，与僧人喝茶并且“讨论”寺院的历史，评价女香客们，并且不介意别人的注视。

自明代起，位于荒芜外城东南部分的法藏寺宝塔就以新年灯节而闻名，成为朝鲜人游览的主要目标。直到金昌业冒险蜿蜒爬上顶端后，看到他的同胞们手绘的大量涂鸦；和他的后继者一样，他也急切地品读那些涂鸦并添加。[82] 中国的游客不可能没有注意到 477
朝鲜人的存在。

姜世晃（Kang Se-kuang）在1784年刊印的图册集中关注可以形容的景致：湖边的白塔，旗人训练滑冰，还有昆明湖边的寺院。[83] 金景善描绘的他于1833年旅行的北方都城全图好像出自他

---

[80] 金昌业：《稼斋燕行录》，151～153、156～158页；朴思浩：《燕行纪程》，894页；金景善：《燕辕直指》，1038页。

[81] 金昌业：《稼斋燕行录》，206～207页。

[82] 金昌业：《稼斋燕行录》，205～207页；洪大容：《湛轩燕记》，316页；李坤：《燕行纪事》，604页；朴趾源：《热河日记》，25页；金景善：《燕辕直指》，1058页。

[83] Yi Wŏnbok. “P'yo-am 豹庵 Kang Se-kwang 姜世晃 ŭi Chungguk kihaeng-ch'op (1)［Kang Se-kwang's ‘Album of a Journey to China’ (1)］.” *Han' guk Komisul* 1998 #10：36-45，#11：44-51，80，特别是第37～39页。我非常感激勃格林德·约曼(Burglind Jungmann) 送给我这篇文章。

本人之手。这幅画非常规整且具有风格，主要表现了重重城墙和城门，还有紫禁城的中央大殿和主要的国家宗教祭坛。画面上没有湖泊河道、街巷、寺院或其他建筑物，这种站在皇家立场与金景善在停留的两个月中所参观的许多地方形成了鲜明的对比。[84]

尽管与所有藩属国一样，朝鲜人全神贯注于皇家典礼，但是他们是好奇的，可以看到并且选择性记载了一个比大部分外国人更为广阔的北京生活范围。他们的体验是紧张和变化的。他们通过汉人精英的著作来了解这座城市，通过他们自己的著作和重复参观在朝鲜人和中国人中增强了某些游览景点的声誉。而且使他们自己也成为看点，成为北京社会的多样部分。[85]

日本的德川政权没有和清朝建立正式的关系，日本人未获许参观北京，但是长崎和宁波之间定期和有条件的商贸确保了两种文化的联系。有关北京的资料是从刊行的书籍和与旅日中国商人的谈话中获得的，似乎拥有一个关于“唐土”书籍的观众。

1799 年的《清俗纪闻》没有论及北京，但是岗田玉山 1805 年的《唐土名胜图会》却这样做了。它包括 14 幅清朝首都的木版画，所有的画来源于作者在日本所能获得的出版物。在关于北京
478 的四章中，有两章是关于大内（即紫禁城）和皇城的，插图表现了西苑、太庙、社稷坛、正式宫廷宴会、湖面滑冰、在午门等候上朝的官员以及类似的皇家场景。其他章节包括一系列的城市景观，清代资料中一些常见的景观，一些则是想象的，但是大部分反映了已经建立的景点：翰林院、天文台、象房、八景、皇家夏季别墅和祭坛。在 19 世纪日本游客前往清朝首都之前，通过印刷品这种方式长久地树立起各种期待。[86]

---

[84] 我尚不清楚，金景善日记的初版中记载了这幅地图的哪一部分。

[85] 居民识别他们有特色的淡蓝色或白色衣服、帽子和发型，当他们经过时大叫“朝鲜人!”当他在首都的街上遇到了一位去过他的国家并能说他们的语言的人时，金昌业感到惊讶（《稼斋燕行录》，173 页）。

[86] 岗田玉山：《唐土名胜图会》；胡嘉：《〈唐土名胜图会〉初集评介》，载《北京史苑》，第 1 辑（1983 年），287～294 页。

在1860年前的那段时期，从欧洲来到北京的那些人没有像朝鲜人那样拥有谙熟语言和文化的优势，而且他们更多的外来性形成了相当不同的经验。对短期游览的西方人而言，北京是一个拥有众多景点的长途旅行的终点，而且一旦置身于这个都城之中，他们就会被藩属国的世界（使臣会馆、朝拜、宫殿）所深深吸引。他们带着对中国宗教的兴趣和偏见而来，这种兴趣和偏见使得他们倾向于儒家思想并轻蔑地看待其他形式的崇拜。

然而，这些欧洲人对于他们称之为“中国”的地方并非完全无知。14世纪的马可·波罗广为人知，传教士信件自16世纪就已经开始传播。与刊行的欧洲使团笔记一起，这些文献形成了大量有关明清帝国的一般知识和关于北京的详细知识。与其他外国人一样，欧洲人最终在这座城市作为居民和游人留下了他们的标志。让我们来看一下两份错综复杂的有关北京资料：西方游客的体验和他们所描写的这座城市。

马可·波罗已经把“中国”（Cathay）带入欧洲想象的世界中。他在13世纪70年代至80年代有关元帝国的笔记，对忽必烈大汗的描写，以及“他的城市大都和辉煌的宫殿”是最早证实有关大都、汗八里、北京的描述。虽然有关亚洲旅行著作的浪潮伴随着16世纪欧洲的扩张，再次慢慢地把中国带入中心，但是直到耶稣会士于1598年参观北京之前，对帝国的北部的认知仍然基本上是道听途说。[87] 479

在接下来的几个世纪中，利玛窦的著作成为欧洲人了解中国知识的基础，但是他平静无奇地谈论着这座北方都城。他对北京最为详细的描述反映了他的第一印象——北京的城市布局和建筑不及他以前居住过的地方南京。利玛窦承认北京有更大的政府活动，他谈到了高度集中于北京的士兵和官员，尘土飞

[87] 马可·波罗：《马可·波罗行记》，第2卷，140～143页。参见唐纳德·F.拉赫：《欧洲形成中的亚洲》，卷1第1册，第九章。

扬和泥泞的北京街道，使用一种“含沥青的物质”进行家庭供热的新方式。[88]

利玛窦有关中国宗教的想法——对他而言是一个严肃的问题——有助于为后来的传教士定下基调。对于佛教僧人，他表达了文献信息提供者所持有的公开立场以及他的歧视，他说：“寺院信徒这个特殊阶级被认为是，并且实际上是，在整个王国中最低级和最受鄙视的社会等级。他们来自平民最无用的部分，在他们年轻时作为奴隶被卖给佛教徒……虽然是一个不婚的阶级，但他们却如此专注于性的放任，只有最重的处罚能阻止他们的放荡。”他认为道士也不怎么样：“他们购买弟子，正如已经描述过的那样，他们是低下和不诚实的一个阶层。”[89]

是利玛窦开始为一个确定的欧洲人演示了明代北方都城名字的变化。他的著作使欧洲广泛地认识“Pechini 就是马可·波罗的 Campalu，Catai 就是 Cina”。[90] 利玛窦最初用意大利文写作，但他的著作被译成拉丁文（1615 年），然后是法文、德文、西班牙文和英文。有关两个明代首都的名字，变体甚至存在于一种语言中，被呈现出“Pacchino”和“Nanchino”（意大利文），“Pechini”和“Nanchini”（拉丁文），“Pachin”和“Nanchin”（德文和法文），以及“Pequin”和“Nanquin”（英文）。[91] 由都含有字母“k”的 Pekim，Pékin，Peking 凝练而成的“Peking”，在 1642 年曾德昭（Alvarez Semedo）的笔记刊出之后存在了几十年。曾德昭是一位葡萄牙耶稣士，他曾于 1613—1616 年和 1620—1637 年住在北

---

[88] 利玛窦：《16 世纪的中国：利玛窦日记，1583—1610》，309～311 页。

[89] 利玛窦：《16 世纪的中国：利玛窦日记，1583—1610》，100～101、102 页。

[90] 利玛窦：《利玛窦中国札记》，340～341 页；利玛窦：《16 世纪的中国：利玛窦日记，1583—1610》，311～313 页。他也更准确地测定了北京的纬度。参见唐纳德·F. 拉赫、埃德温·J. 范克雷：《欧洲形成中的亚洲》，卷 3 第 4 册，1575～1578 页。

[91] 参见利玛窦《16 世纪的中国：利玛窦日记，1583—1610》的前言中有关他著作的版本。利玛窦首次提到北京是在由金尼阁 1615 年编译的《利玛窦中国札记》第 4 卷第二章中，其首次参观载于第三章和第十二章，利玛窦的住处载于第 5 卷第七章。名称“顺天”也被认知和使用，特别是在 17 世纪的地图上。

京。[92] 直到17世纪50年代，偶然用罗马字体书写合并成一个名字，这个名字能被整个欧洲和北美阅读、识别，这可不是一件小事情。[93]（词语“China”可能也是这样被说出来的。）一旦它得到了始终如一的这样称呼，北京就成为（或似乎成为）可知的，并以一种新的方式被掌握；随后与汗八里的联系变得清晰起来，现在就可以以欧洲东方主义的表面系统方式为特色来积累有关这座城市的资料。 480

随着清朝的建立，从新兴的欧洲民族国家而来的使团断断续续地开始到达北京：俄罗斯、葡萄牙、荷兰、法国和大不列颠帝国。欧洲出版商准备印制和销售使团笔记的消息促进了使臣及其随从成员们坚持写日记。绘画以蚀刻版画为基础，成为印刷书中的插图。如同中国一样，北京就这样在文字和图画上被有选择性地表现出来的，在欧洲读者、游客或寄居者的心中苏醒了过来。[94]

纽霍夫（Johannes Nieuhof）的《东印度公司遣使觐见中国鞑靼皇帝记》包括了许多幅有关北京的绘画，这些绘画在后来的几十年中经常被再版。有一幅画以遥远的山岭为背景，描绘了一个被适中的矮墙所包围着的城市，另一幅画据称表现了紫禁城内三面都有举行仪式大殿的一处院落，第三幅绘画则表现出呈十字形

---

[92] 我没有看到葡萄牙文原稿，但是首次刊行的版本（用西班牙文翻译）在1642年用“Pekim”（曾德昭：《中华帝国史》），正如1645年法文和1655年英文版本。“Pequim”只用了几年就被替换。

[93] 参见卜弥格（Michael Boym）1652年地图，在顾浩华（Howard L. Goodman）《纸制方尖塔：在梵蒂冈拱顶里的东亚》（见《罗马复兴：梵蒂冈图书馆和文艺复兴》，263页，图190）中，或卫匡国经常再版的著作和地图（1654年以及之后）。

[94] 我曾查阅的笔记包括：约·弗·巴德利：《俄国·蒙古·中国》，卷1，143～151页中白克夫的内容（1657年）；纽霍夫：《东印度公司遣使觐见中国鞑靼皇帝记》，105～131页；托马斯·阿斯特利编：《航海旅行文集》，第3册，455～483页中范霍恩（Van Hoorn）的内容（1667年）；约·弗·巴德利：《俄国·蒙古·中国》，卷1，195～203页中米乐凡诺夫的内容（1670年）；约翰·贝尔：《1719—1722年从圣彼得堡到北京旅行记》；郎喀：《郎喀1727—1728年驻北京日记》，见杜德珍：《中俄政教志略》。

的皇城的平面俯视图。[95] 所有这一切都要归功于西方人的想象力和中国人的写实。

一旦来到北京，欧洲人的大部分时间和精力都被牢牢束缚于皇家范围内的藩属国外交和礼仪上。虽然对极少数使团成员来说，北京是座非常容易探索的城市，然而大多数成员似乎被限制在他们的旅店里。结果是泛泛而论。1693 年新年节日期间，俄罗斯使臣雅布兰（E. I. Ides）被领着四处参观。东道主在象房里向他们展示大象，这些动物的形象在关于午门的蚀刻版画中被描绘出来，并附有文字。[96] 大部分欧洲人发现了基督教堂，一些人注意到“他们牧师
481 的住宅”和“异教徒寺院”，但是极少数人才发现穆斯林的存在。[97] 这些游人意识到这座城市被分成两部分，一个是“鞑靼城”，一个是“汉城”，而且他们对确定北京人口的规模特别有兴趣。人们很容易把这些关注点解读为对中国庞大规模的普遍担忧。[98]

据我所知，西方绘制的第一幅北京地图是根据葡萄牙耶稣会

---

[95] 纽霍夫：《东印度公司遣使觐见中国鞑靼皇帝记》，115、127、128 页；唐纳德·F. 拉赫、埃德温·J. 范克雷：《欧洲形成中的亚洲》，卷 3 第 1 册，图 22、23、303、305、314；哈特马特·瓦拉文斯：《中国图画：16—18 世纪在镜子中欧洲了解中国》，236 页；包乐史、法尔肯堡（R. Falkenburg）：《约翰·纽霍夫的中国之旅，1655—1657》。

[96] 其他的图片集中于皇家仪式空间。雅布兰（E. I. Ides）：《1693 年俄罗斯使臣雅布兰的中国游记》，见托马斯·阿斯特利编：《由迄今已在任何语言中出版的，包含欧、亚、非、美洲的各种非凡事物的最令人尊敬的关系所构成的游记的文集新版》，第 3 卷，573～574 页；哈特马特·瓦拉文斯：《中国图画：16—18 世纪在镜子中欧洲了解中国》，147、157 页。亦参见郎喀：《郎喀 1727—1728 年驻北京日记》，见杜德珍：《中俄政教志略》，3 页。

[97] “Temple”是这些建筑的最普通的英语单词。参照纽霍夫：《东印度公司遣使觐见中国鞑靼皇帝记》，121、129 页。穆斯林，约·弗·巴德利：《俄国·蒙古·中国》，卷 1，150 页。

[98] 在 19 世纪中期的紧张气氛中，有关北京 200 万～300 万居民的早期估计是不值一提的，可以自信地向下订正到 100 万，或更少。有关取样，参见门德斯·平托（Fernsā Mendes Pinto）：《门德斯·平托游记》，234 页；李明（Le Comte，Louis）：《关于中国目前状况的新观察报告》，58 页；托马斯·阿斯特利编：《航海旅行文集》，卷 4，7 页；乔治·斯当东爵士：《英使谒见乾隆纪实》，卷 2，332 页；乔治·奥古斯特·马肃：《北京及其居民的卫生研究》，18 页；裴来尔（L. N. Wheeler）：《外国人在中国》，121 页。

士安文思（Gabriel de Magahães）观察结果而间接绘制的，该地图于1688年印刷刊行，以后继续印发。由于和许多地图一样着重反映内城，所以这幅地图只表现了北京的这一部分，内城像一块小方格的棋盘，其中皇城得到夸张性表现。从清初以来的西方插图中可以看到，一种理想化的城市被展现出来，直线、规整的比例、对称的格局，以及不可能具有的整洁。[99] 正如本土皇家对首都的鲜明看法一样——毫无疑问，它受到了这种看法的影响，并且也明确认可了这一看法的正确性——这个北京并非一个真正混乱之地。

稍晚一些的1736年，出现了一幅更不寻常的北京地图，该地图是由一位有经验的俄罗斯商团成员绘制的。这幅地图表达了这些长期寄居者更为不同的经验和在圣彼得堡累积的一部分有价值资料。[100] 北京从南至北得到了表现，这样适合于来自西伯利亚的游客。虽然这幅地图没有表现出受到耶稣会士在北京绘制地图的明显影响，但是它在总的尺寸和形状上大体准确。基本确定的特色都表现出来了，如宫殿、皇城、祭坛、城墙和城门，但是按比例缩小了，而且重要性降低了。这幅地图反而集中在理藩院、俄罗斯馆、公墓和基督教堂，增加了大的藏传佛教寺院、北边郊区甜水井和外城店铺。

18世纪西方欧洲使馆减少了，正如他们所记载的那样[101]，而在这个时期北京的欧洲视觉主要来自传教士。由于受雇于皇家，这些男人通晓满语和汉语，了解中国文化，并且常年居住在清朝领土上。他们不能被称为真正的游客，而且他们的世界围绕着君 482

⑲ 唐纳德·F. 拉赫、埃德温·J. 范克雷：《欧洲形成中的亚洲》，卷3第4册，图304。

⑳ 其为郎喀1781年刊行的有关其1736年旅行笔记的增补，郎喀：《1736年从Tsurukhaita到北京的Naunska路长途旅行日记》，677页以下，并且在福斯特（Clifford M. Foust）《1727—1805年俄国的对华贸易及其背景》第108页转载，但文字并不完全一致（但亦参见第128、380页）。郎喀至少进行了三次其他前往北京的旅行，郎喀：《郎喀1727—1728年驻北京日记》，见杜德珍：《中俄政教志略》。

㉑ 参见傅乐淑（Lo-shu Fu）：《中西关系资料编年史（1644—1820）》，各处。俄罗斯使团的英文和法文笔记是例外。

主，但是他们的确看到了北京。多明我会（Dominican）神父闵明我（Domingo Navarrette）就非常不满意，抱怨自己“成了囚犯”，而且他们没能看到“中国的城墙”。[102]

1708—1743年，杜赫德（Jean-Baptiste Du Halde）负责编辑一系列法国耶稣会（French Jesuit）书信，这些书信开始于1702年，并以各种版本持续到下个世纪。多卷本的《耶稣会士中国书简集》（*Lettres édifiantes et curieuses* and *Mémoires concernant l'hitoire*，*les sciences*，*les arts*，*les moeurs*，*les usages*，*etc. des Chinos*）把第一手中国笔记带给欧洲读者公众。[103] 四卷本的《中华帝国全志》（又称《中华帝国及其所属鞑靼地区的地理、历史、编年纪、政治及博物》，*Description géographique*，*historique*，*chronologique*，*politique*，*de l'Empire de la Chine et de la Tartarie chinoise*），是杜赫德于1735年从这本书简集中辑取的，并综合和组织了材料，按照一个世纪前曾德昭和其他人的惯例，客观看待中国的新资料以一种有组织和看似全面的方式表现出来。这个工作也是如此，正如书的全名所表示的那样，用地图来“充实”，用雕版插图进行“装饰”。[104]

正如众所皆知的那样，耶稣会士的著述展现了清朝皇帝喜欢的一幅画像及其统治制度。北京被置于对清代政治地理的这种同情和日益详细的理解之中。[105] 京城的某些方面正在成为历史：城

---

[102] 闵明我：《闵明我修士行记和论战，1618—1686》，卷2，219页；他于1665年在北京。传教士们希望在北京度过一生。傅乐淑：《中西关系资料编年史（1644—1820）》，273页。例如，闵明我：《闵明我修士行记和论战，1618—1686》；托马斯·阿斯特利编：《由迄今已在任何语言中出版的，包含欧、亚、非、美洲的各种非凡事物的最令人尊敬的关系所构成的游记的文集新版》，第3卷，513～530页；李明：《关于中国目前状况的新观察报告》，49～76页；《游记》。

[103] 高第（Henri Cordier）：《西人论中国书目》，第4卷并补编，54～59、923～930页；托马斯·佩希（Thomas Percy）编：《汉语札记》；《中国旅行》。

[104] 杜赫德（Jean-Baptiste Du Halde）：《中华帝国全志》；西奥多·福斯（Theodore N. Foss）：《中国耶稣会士百科全书：杜赫德的描述……中国（1735年）》，1979年。

[105] 唐纳德·F. 拉赫、埃德温·J. 范克雷：《欧洲形成中的亚洲》，卷3第1册，第二十至二十二章关于17世纪的内容。

墙、庞大而有序的人口，令人难忘的皇家存在。这些使团专注于它们最了解的事物——皇城、紫禁城和夏季行宫——而且强调，北京既是帝国的首都又是皇帝的家。更广泛的城市生活却没有得到多少表现。

对于外来者和北京的居民来说，因为他们处在天主教北京的中心，宗教场所经常被提到。直到18世纪早期，这些天主教教堂被整合，南堂、东堂、北堂和西堂替换了它们正式的名称。[106] 相应的中文名称让当地人意识到这个网络。其他的景色包括 483
郊区的栅栏墓地，在那儿利玛窦和许多后来的耶稣会士（以及其他的传教士）被埋葬于此，还有东正教的教堂和在北城墙外的俄罗斯人墓。[107] 天主教传教士很快注意到喇嘛（跟他们争夺皇家恩宠的竞争者），并且他们充分意识到“穆斯林的某些清真寺”。[108] 如同耶稣会和多明我会的竞争，他们在钦天监里的痛苦争斗把欧洲政治活动转移到了北京。

由耶稣会士寄回家乡的视觉图片，印证并强化了使团对皇家中心的记载。实际上，在欧洲可以得到比中国更多的清朝皇帝图片，但是大部分是伪造的，而且在位皇帝的画像在皇家之外无人

[106] 从一开始，几乎所有这些教堂都是按照地理名称（“东方教堂”“南方女修道院”“西方人的教堂”“东方住所”）和国家名称（“法国女修道院”“葡萄牙学院”），以及欧洲人的名字和中国人的名字称呼的。但是在四座教堂修建（即1723年）之前，这些称呼是相当不稳定的。闵明我：《闵明我修士行记和论战，1618—1686》，卷2，213页；约翰·贝尔：《1719—1722年从圣彼得堡到北京旅行记》，142、145页；宋君荣：《北京通信——宋君荣司铎书简集（1722—1759）》，180～181页；南怀仁：《欧洲天文学》，169～170页。我能确切证实的全部中文名字见姚元之：《竹叶亭杂记》，卷3，6页，日期始自19世纪头40年。在中文中，这些建筑也被称为“天主堂”和“西洋堂”（到19世纪早期）。朝鲜人记载一座“东面的天主堂”，洪大容：《湛轩燕记》，315页；金景善：《燕辕直指》，1029～1035页。

[107] 《游记》；宋君荣：《北京通信——宋君荣司铎书简集（1722—1759）》，各处；宋君荣：《中国首都北京计划的描述；由宋神父寄给英国皇家学会》，载《伦敦皇家学会哲学汇刊》，第50卷第2期（1758年），706页；引用的资料见托马斯（A. Thomas）：《北京传教历史，从最初到遣使会的到来》，113～128、227～231、336～342页。

[108] 托马斯·阿斯特利编：《航海旅行文集》，第4册，21、94～95、220页；宋君荣：《中国首都北京计划的描述；由宋神父寄给英国皇家学会》，载《伦敦皇家学会哲学汇刊》，第50卷第2期（1758年），715页。

知晓。[109] 除了在书中传播的地图和插图之外，还有适合挂在墙上的版画。中亚战役的蚀刻版画复制品保存在法国（与乾隆皇帝的愿望相反），并且这些庞大漂亮的印刷品在此后流传，可能经过再版。三幅画表现了北京：1757 年，在高大的午门外接受战败准噶尔的臣服，在郊区等待远方战役消息的皇帝，以及 1760 年在紫光阁的庆功宴。为了满足欧洲人持续不断的要求，18 世纪 80 年代晚期，赫尔曼（Isodore Stanislas Helman）在巴黎印制了一种画幅比较小而且极不精良的册子。赫尔曼增加了四个新的场面，包括耕犁仪式和一条京城街道上的皇家出行。[110] 所有这些都强调了纪念
484 碑、典礼和异国情调。难道我们可以说，在巴黎和北京都可以看到的原有版画中，两种不同的观众受到鼓舞去看同样的清朝京城吗?

建于康熙时期内城东南角观象台的仪器通过文字和图片为欧洲和中国所了解。精美的象限仪、六分仪、地球仪、浑天仪和其他天文仪器的版画由南怀仁（Verbiest）于 1674 年在中国（作为木版画）制作刊行，1687 年在欧洲（作为蚀刻版画）印行，并多次再版。[111]

---

[109] 有关 18 世纪的一些例子，参见哈特马特·瓦拉文斯：《中国图画：16—18 世纪在镜子中欧洲了解中国》，38、100、102、107、108、134、138、143、144、153、175 页。康熙皇帝在北堂因看到路易十四的画像而震惊，伊莎贝尔·维西埃（Isabelle Vissière）、让-路易·维西埃（Jean-Louis Vissière）：《一个文化的十字路口：18 世纪法国在北京的使命》，212～213 页。

[110] 伯希和：《中国皇帝的征服》，载《通报》，第 2 系列第 20 卷（1920—1921 年），245～262 页（他纠正了赫尔曼的错误）；毕梅雪：《乾隆皇帝征服的印记——吉美博物馆》，毕梅雪有关三条街的场景基于康熙万寿盛典游行的画轴或印刷品。赫尔曼（Helman）也好像对蚀刻版画中所表现的祖先仪式以及宫中的一个宴会负有责任（也许在太庙）。伦敦佳士德：《精美中国外销瓷器》，1985 年 7 月 9 至 10 日，第 77 号；《精美中国外销瓷和艺术作品》，1988 年 10 月 31 日，1988 年 11 月 2 日，第 302 号。

[111] 曹学佺：《直隶名胜志》，卷 1；南怀仁：《欧洲天文学》，250～251 页，图片 13；《大兴县志》，卷 1；金昌业：《稼斋燕行录》，209、211～212 页；岗田玉山：《唐土名胜图会》，卷 3。亦参见台北“故宫博物院”绘画藏品的摄影档案，卷 75，第 35 页中有关于一幅 1761 年中国人的肖像。

在杜赫德于1735年出版的摘辑本中的北京地图，比起安文思出版于1688年的辑本有了一个更大的进步，但是城墙内外的世界基本上仍然是空白的。[112] 相反，由利勒（J. N. de L'Isle）于1765年刊行的内城（即鞑靼城）地图，反映了这些耶稣会士在前十年为皇帝绘制城市地图而分享的知识。这幅地图表现了街道、住区、湖泊、水道、牌楼、城门、寺院和王府、官府衙门和宫殿。和那个时代可以公开获得的中国地图不同，这幅地图没有标出街道的名字，采用的是按照在地图上的关键条目用符号和数字进行标注的西方制图方法。[113]（详情如图13－3所示。）

这些对北京视觉和语言增强的描述得到了广泛传播，而且这就是西方读者和观众被鼓励去观看和喜爱的皇家北京。这也是皇家确定方向的北京，乾隆皇帝本人鼓励耶稣会士去看皇家北京，而且他利用传教士们的存在在字面上和象征性方面构建皇家北京。

在清代早期和中期，有关中国的欧洲文献大大增加了：在17世纪，至少有600本图书刊行，在18世纪有850本，在19世纪前半期有1 100本。[114] 尽管18世纪80年代后在华传教士有所减少，但是欧洲和中国在经济上变得更加错综复杂，了解清帝国成为一个更加紧迫的地缘政治学问题。18世纪90年代和19世纪第二个十年的英国和荷兰使团，有助于开启更加敌对和压抑的

---

[112] 2座基督教堂和皇家祭坛被标注。哈特马特·瓦拉文斯：《中国图画：16—18世纪在镜子中欧洲了解中国》，152页（来自1747—1749年德文版本）；亦参见杜赫德：《中华帝国全志》，卷1，地图；托马斯·阿斯特利编：《航海旅行文集》，第4册，6页；马赛尔·德东布（Marcel Destombes）：《杜赫德出版的中国原版城市地图，1735年》，见《中国问题研究国际研讨会：17、18世纪法国在中国的使命》。

[113] 利勒通过来自北京的耶稣会书信绘制了这幅地图，特别是在宋君荣：《中国首都北京计划的描述；由宋神父寄给英国皇家学会》，载《伦敦皇家学会哲学汇刊》，第50卷第2期（1758年）中的地图。

[114] 约翰·勒斯特：《伦敦大学亚非学院图书馆所藏1850年前出版的有关中国的西文图书》。这个统计包括再版和作为单册的翻译本。

时代。⑮

485 新的插图扩大了正在变化的中国影像。1793 年，陪同马戛尔尼（George Macartney）子爵访华的韦廉臣（William Alexander）

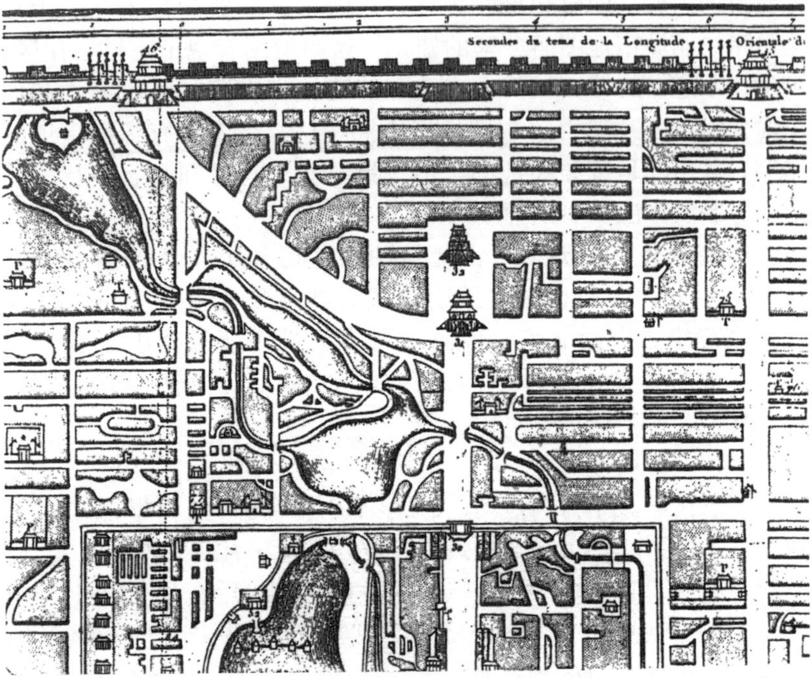

图 13－3 钟鼓楼

1765 年地图这个细节的记录是在耶稣会士情报的基础上进行的（沿着上面记着纵向的尺寸）。显示了宫殿北边的内城和皇城的一部分。著名的景色被用数字绘制和标明，细高的钟楼是第 32 号，较大的鼓楼是第 31 号。

资料来源：利勒：《北京描写》。

---

⑮ 小德金：《北京、马尼拉、毛里西亚岛游记》，卷 1，360～436 页；范罢览：《北京之行：1794 年和 1795 年荷兰东印度公司驻中华帝国朝廷使臣纪实》，第 2 卷；乔治·斯当东爵士：《英使谒见乾隆纪实》；克兰默-宾（J. L Cranmer-Byng）编：《前往中国的使臣：马戛尔尼在他觐见乾隆帝时保存的日记，1973—1974》；阿裨尔（Clarke A-bel）：《1816 年和 1817 年在中国内地旅行与往返航行纪事》；依里斯（Henry Ellis）：《新近出使中国纪事》。其他的笔记被列于约翰·勒斯特：《伦敦大学亚非学院图书馆所藏 1850 年前出版的有关中国的西文图书》。

创作的水彩画和蚀刻版画，以一种新的和令人信服的（对西方人而言）方式捕捉了清代影像。有关北京，他画了两个场景：高大的西直门，使团通过此处前往圆明园；“在北京皇家宫殿花园的风景”，在西苑乘皇家驳船和登琼华岛的白塔。其他绘画展示了韦廉臣在热河目睹的场景，首次向西方人揭示了皇家的休闲寓所。这些图片在 1799 年随着斯当东（George Staunton）使团笔记一同刊行，就这样传达给广大公众。[116] 通过了解这些景色，游客会想去看 486
看它们。例如，荷兰使团的一位成员，就已经知道前往游览长城是不可能的，但是他要求游览圆明园，因为他已经看过了它的图画。[117]

礼节仍然是关注的焦点，但是越来越成为冲突发生的竞技场。1795 年，荷兰人被八旗兵带入宫中湖面的冰上表演课，他们擅自展现某些滑冰技能，并接受邀请向皇帝炫耀他们的技艺。这是否暗示着某些更大的竞争呢？[118] 更为严重的是，英国人为了一个西方使臣表达对皇帝尊敬的合适姿势而积极地向清朝标准发起挑战；与马戛尔尼的协商在 1793 年变得紧张起来，而阿美士德（Amherst）使团在 1816 年出使中，因为拒绝磕头从北京返回。[119]

世纪之交的出版物扩大了这种更加乐观的语气，在更早期的商人和旅客的笔记中就已经以缄默的形式存在。有人在 1793 年谈论北京时，写道：“我们已经被诱惑形成如此崇高令人惊奇的伟大想法，我承认，我们有点失望。”然而他发现夏季别墅是“迷人并

---

[116] 苏珊·雷朱克思：《中国影像：韦廉臣》，52～53、59、60～61、64～65 页。韦廉臣也把他的草图用于以后的图片和出版，轮流被其他人盗印，苏珊·雷朱克思：《中国影像：韦廉臣》，14～17 页。有关在 1794—1795 年一位荷兰使臣类似的蚀刻版画，小德金：《北京、马尼拉、毛里西亚岛游记》，图 2、3、5、9 和 10。

[117] 范罢览：《北京之行：1794 年和 1795 年荷兰东印度公司驻中华帝国朝廷使臣纪实》，卷 2，36～37 页。

[118] 小德金：《北京、马尼拉、毛里西亚岛游记》，379 页；范罢览：《北京之行：1794 年和 1795 年荷兰东印度公司驻中华帝国朝廷使臣纪实》，卷 1，193 页。

[119] 何伟亚：《怀柔远人：马嘎尔尼使华的中英礼仪冲突》。

且愉快的”。到 1861 年，西方人更愿意评论中国人的贫困（“居民是贫穷而且肮脏的，他们的住所意味着肮脏和破旧”）和政府的专制。[120] 出于这部分原因，清朝很快就驱逐了在华传教士并关闭了他们的教堂。危险问题迫在眉睫，几十年后，一个工业化的英国将和清朝处于战争中。

清初和中叶外国游客所产生的关于北京的想法对中国人自己是否产生了影响，抑或是他们存在于一个隔离的世界？耶稣会的画家和制图者对北京的欧洲式想象本身是他们的协作成果，必然对清朝政府产生一个重要的影响。他们的城市地图用新的方法绘制，这种方法加强了和有助于皇家的控制。耶稣会宫廷画家在画面中对神秘宫廷生活的瞬间描写或许支持这种对现实的肖像和当时环境的一种欣赏。但是在这两种情况下对北京的不同思考方法似乎被局限在宫禁之中。

487 北京居民更为普遍地了解外来宗教的教堂、寺院和清真寺，而且这些地方成为相互重叠的旅游地点——例如，新年那天在南堂、黄寺或法藏寺游览。这些外来者，有穿着青衣的朝鲜人、身着绛红色长袍的西藏人或黑色长袍的耶稣会士，以及留着特殊发型的男子、古怪的食品是当地游人的兴趣所在，是北京世界性（consomopolitanism）的一部分。而他们外来者的目光，就像那些中国寄居者一样，成为看待北京的许多竞争和互补的方式之一。

从乾隆朝以后，皇家北京的西方图像被从南方流出的大量有关清帝国的笔记所淹没。1757 年，官方指定广州作为负责与欧洲贸易的通商口岸，直到 18 世纪末，居住广州的外国人群代表了商人、基督教使团和家庭消费阶层的不同兴趣。韦廉臣根据马戛尔

[120] 唐纳德·F. 拉赫、埃德温·J. 范克雷：《欧洲形成中的亚洲》，卷 3 第 4 册，1558、1793 页；塞缪尔·霍尔姆斯（Samuel Holmes）：《塞缪尔·霍尔姆斯日记》，133、135 页；关于 1816 年，阿裨尔：《1816 年和 1817 年在中国内地旅行与往返航行纪事》，75 页，说——我公正地承认——在海岸和天津之间地方，但亦参见第 87 页以后，103、106 页；依里斯：《新近出使中国纪事》，232、237 页。

尼访华绘制的图景或许没有引起公众像对《中国服饰》（*The Customes of China*）多种版本的兴趣（该书有用法文和英文为标题的60幅手工上色的雕版插图），或者，也没有乔治·亨利·梅森（George Henry Mason）在1800年和1801年编辑的《中国酷刑》（*The Punishments of China*，里面有22幅可怕的插图）更有趣。[121]绘画和书籍表现了广州的货栈和购买补给物品的船只，并且有游客讲述的故事，在他们当中，美国人越来越多，这增加了广州在海外的知名度。[122]

在19世纪30年代至50年代的鸦片战争时期，北京极少有欧洲人（教堂被关闭，只有一些俄国人常住），因此很少有关于中国北方的信息传到海外。[123]当经济和军事关系日益变得紧张时，北京与一个保守和充满敌意的宫廷相联系——不仅仅是在外国人的心目中。

当欧洲人企图用军事行动对付清朝首都时，这座城市的地图就有了一个新的重要作用。伊戈尔·季姆克夫斯基（Igor Timkovski）在1820—1821年出使北京时，不仅得到了一幅准确按照皇家传统绘制的城墙地图，他撰写的游记在19世纪20年代以俄文、波兰文、德文、法文和英文版本刊行。[124]甚至更好的京城和周边地区的地图在19世纪20年代被带到了俄罗斯，1843年传播更为广泛，在1860年，当法国和英国军队行军到北京时，这些地图再次

[121] 在1800年、1801年。同家出版商也推出了韦廉臣的《中国服饰》1804年版和以后的版本。

[122] 有关一份取样，约翰·勒斯特：《伦敦大学亚非学院图书馆所藏1850年前出版的有关中国的西文图书》，第209～230号。

[123] 一个宝贵的例子，帝礼仕：《北京城的描述》，载《中国丛报》，第2卷第10期（1834年），433～443页；第2卷第11期（1834年），481～499页。

[124] 参见高延《中国宗教制度》第394页和《清实录》（嘉庆朝）卷142第33～36页中有关清对于西方人送来国家以外的地图感到惊慌的描述。参见高第：《西人论中国书目》，第4卷并补编，第2473～2474页中有关于季姆克夫斯基的版本。我已看过了俄国和英国的地图。

传播开来。[125]

对于游客们

488 1860 年后，西方人依靠武力重返北京。英法联军在那年秋天烧毁了圆明园，咸丰皇帝出逃，紧接着就在次年夏天亡故，一个欧洲外交使团在北京组建起来了，这使得清朝首都可以接近了。

一批用法文和英文加插图描述 1860 年战役的笔记出现在欧洲和美洲的读者面前。英法联军向北京进发，在郊区作战，焚烧并抢劫了圆明园，胜利地开进北京，这些成为一个戏剧性的故事，替代了让人不满意的使臣笔记——这个故事在 1900 年的远征中可能会重新上演，甚至更加受到喜爱。由于已经不再是这个国家宠爱的客人，外国人描绘他们自己理直气壮地用武力打开清朝首都的故事。他们的力量（他们认为）不仅表现在联军进入这座城市，而且表现在通过条约允许外国使馆在京城设立常驻机构，允许传教士在帝国活动，以及拿着赃物撤离。

对中国人来说，皇家一直是饭后茶余的谈资。然而在 1860 年，君主的财富和华丽以一种新的野蛮方式被暴露了出来。对于欧洲人来说，“从皇帝的中国避暑之地……北京附近”的目标，丰

---

[125] 城墙环绕的城市的最新地图（按照西化的皇家样式）随着《宸垣识略》1829 年译本［由神父比丘林（Hyacinthe）译］进入俄国，然后进入法国。其由鲍狄埃（G. Pauthier）和巴赞（A. Bazin）在 1853 年刊行并且后来再版（保罗·瓦林：《远征中国》）。参见高第：《西人论中国书目》，第 4 卷并补编，211～212 页；比丘林：《北京的描述，附一幅首都地图》；约翰·勒斯特：《伦敦大学亚非学院图书馆所藏 1850 年前出版的有关中国的西文图书》，第 185 号；1843 年图，杰维斯（Jervis，T. B.）：《北京城图》；鲍狄埃、巴赞：《近代中国，或依中国文件编写的有关该大帝国历史、地理及学术概论》；贝勒（勒士畲得）：《北京平原和周边山村》，7 页。郊区最好的地图基于 Mikhail V. Ladyzhenskii 在 1830 年做的调查而绘制，于 1848 年刊行，并于 1865 年在芮尼《驻华英使馆第一年期间的北京和北京人》中再版。1848 年地图，Mikhail V. Ladyzhenskii “Plan stolichnago goroda Pekina s okrestnostiiu”；贝勒（勒士畲得）：《北京平原和周边山村》，6～7 页。有关与比丘林并列的中式风格地图，参见普西格：《从上海经由北京、内蒙古和俄罗斯东部到莫斯科，根据法国总理布尔布隆的笔记编辑，1859—1862 年》，载《旅游世界》（巴黎），第 9～10 期（1864 年），114～115 页。

富的皇家魅力，属于一种不同于自广州购买的“中国贸易”商品的秩序；这些财宝不久找到它们自己进入公开展示的办法，进入拍卖的渠道，最终进入博物馆。[126] 北京的朝廷不再是简单喜欢或鄙视的某种事物，而是可以拥有的某种事物。

同时，新的技术使中国更容易被看到。当紧密建立在图片基础上的蚀刻版画在流行的插图刊物中得到了广泛复制时，摄影技术把北京带入关注的焦点。宫殿废墟的照片成为这个破坏行为一种诗意的象征，但是战地摄影师可以毫无困难地识别已经确定的景观：城墙（其他之类的）、天坛、班禅喇嘛的汉白玉石碑和“冬季行宫”的湖滨白塔。[127] 当西方书籍开始在通商口岸刊行，而且中国人开始从事摄影时，精选遗迹的名声得到提升并进一步传播给中国的观众。 489

1858—1860 年签订的条约允许外国势力派遣常驻代表到北京，而且如果得到一个通行证，外国人被正式赋予“他们为了寻求快乐的旅游或因为贸易的目的前往内地各处”权力；在通商口岸近郊旅行，通行证也不是必需的了。[128] 明朝和清朝严厉控制的政治就这样被推翻了，国家被迫开放。

欧洲人的游览缓慢地开始了。在 19 世纪 60 年代和 70 年代，教堂和使馆建筑成为稀有游客的住宅、办公室和旅馆。在这个时

---

[126] 冒着烟的废墟也被开放给趁乱打劫的中国人，甚至一个非常透彻的研究也没有揭示谁拿了什么。何伟亚：《抢劫的命运：掠夺的经济和来自中国皇帝的颐和园物体的道德生活》，载《历史与人类学》，第 6 卷第 4 期（1994 年），319～345 页；何伟亚：《掠夺北京：1860、1900 年》，见刘禾（Lydia Liu）编：《交换的符码：全球化流通中的翻译问题》；柯律格：《东方古物/远东艺术》，载《立场》，第 2 卷第 2 期（1994 年），318～355 页。

[127] 提里耶（Régine Thiriez）：《西方拍摄的圆明园中西洋楼的照片：1860—1925》，18～40、100～200 页；托马斯：《镜头拍摄乾隆皇帝欧式宫殿的西方摄影师》，各处；《中华帝国：照片，1850—1912》，38、41、42～43 页；艾伯特·赫德（Albert F. Heard）：《中国景色，相册中的照片》，第 24、31、34、36、37、40 号；宓吉：《从北京到彼得堡的西伯利亚陆路》。在《旅游世界》普西格的笔记中蚀刻版画部分基于照片，部分基于团体成员的速写，部分基于在途中获取的中国照片。

[128] 马士（Hosea Ballou Morse）：《中华帝国对外关系史》，563 页。

期，到达北京旅行者的著作巩固了北京景色的基础，而且到 19 世纪 80 年代和 90 年代，悠闲的西方精英们能够自己到北京城观看这些景色。[129]

在 19 世纪 60 年代的战争期间，几乎一致的评论观点向游客清晰地表达了一种轻蔑语气："我们已经对这座城市的新奇事物感到厌倦，而且看到的景色全部是肮脏的、不平坦的和贫穷的居住街道。""精美结实城墙包围着大量散乱的废墟、泥土和腐烂的东西，这就是北京。"[130] 对于那些首次到达日本的人来说，正如越来越多的人那样，通过对比，他们不喜欢中国。[131] 英美人继续更加厌倦（"北京的巨大失败，不是吗？在那儿没有一幢两层的房子，嗯?"），而法国人则更喜欢（"北京，巨大迷人的城市""北京是我们越过海洋

---

[129] 有关这个部分接下来的概括，我特别依据，德呢克：《中日商埠志》；《北京及其周围地区旅游指南：北京城市平面图及其周围示意图》；范布兰克（Edward Barrington de Fonblanque）：《日本和北直隶；或，在日本和中国北方的两年》；福钧：《江户和北京，中日两国首都旅行纪事》；《普鲁士远征东亚：来自日本、中国和暹罗》；芮尼：《驻华英使馆第一年期间的北京和北京人》；密福特：《使馆馆员在北京——书信集》；比少耐：《从北京到上海旅行回忆录》；奥利弗·吉德拉神父（Abbé O. Girard）：《法国和中国，远东中国古代和现代的公共和隐私生活：中国的政治、社会、民事、宗教、军事体制。民俗、哲学、文学、科学、艺术、工业、商业、农业及自然产品。法国在中国的宗教、外交及军事行动及其影响，其在远东的政治及商业前景》；艾约瑟：《北京》，见韦廉臣：《华北、满洲及东蒙旅行记》，第 2 卷，313～392 页；查尔德：《北方中国》；波伏娃伯爵（Le Compte de Beauvoir Lodovic）：《北京、江户、旧金山：环游世界》；贝勒（勒士畲得）：《北京平原和周边山村》；吉尔：《金沙江》；杜德珍：《中国的疾病，与欧洲对比探讨其起因、条件和流行》；威廉·辛普森（William Simpson）：《相遇太阳：周游世界，埃及、中国、日本和加利福尼亚州，其中包括中国皇帝婚礼的记述》；罗淑亚（Le ComteJulien de Rochechouart）：《环游世界；北京及内陆中国》；哈巴：《参观北京两座著名的寺院》，载《教务杂志》，第 12 期（1881 年），362～372 页；濮义耐：《从河内到北京：中国札记》；伊莱莎·鲁哈马·西德莫尔：《北京的街道》，载《世纪杂志》，第 58 卷第 6 期（1899 年），859～873 页；傅磊斯夫人：《一位在许多国家的外交家妻子》。亦参见提里耶：《西方拍摄的圆明园中西洋楼的照片，1860—1925》，41～52 页。

[130] 斯温霍：《1860 年华北战役纪要》，381 页；范布兰克：《日本和北直隶；或，在日本和中国北方的两年》，213 页。

[131] 例如，范布兰克：《日本和北直隶；或，在日本和中国北方的两年》，180、183 页；奥利伍·里斯利·苏厄德（Olive Risley Seward）编：《威廉·H. 苏厄德世界游记》，136 页。

如此梦想拜访的城市”)。[132]

1866年，距“tourist”（旅行者）和“tourism”（旅游业）词语 490
在英语中开始使用只有半个世纪[133]，德呢克（Nicholas Dennys）在一份香港英文报纸《德臣报》(*China Mail*) 出版了61页的《游客在中国北方的备忘录》(“Notes for Tourists in the North of China”)。他为“世界的一部分是如此缺乏文明国家正常旅行设施”的困难感到遗憾，并且更多述说交通的“不幸”，但他对于运输方式、费用、住宿、护照、货币、地图、卫生、游览，当然还有购物和景色给予了实际关注。这份资料在接下来的年份作为德呢克的著作《中日商埠志》(*The Treaty Ports of China and Japan*) 的一部分再次出现。德呢克的著作多达六百页，在伦敦和香港两地出版；其似乎是西方第一本有关整个中国的指南手册。1876年，《德臣报》自己刊行了《北京及其周围地区旅游指南：北京城市平面图及其周围示意图》(*A Complete Guide to the Open Ports of Those Countries, Together with Peking, Yedo, Hongkong, and Macao, Forming a Guide Book and Vade Mecum, for Travellers, Merchants, and Residents in General, with 29 Maps and Plans*)，他们声称这是一本实用的指南手册，超过了德呢克的著作。以后有关这座城市和周边地区地图的类似版本（在1888年和1897年）在尺寸上比较小，并且篇幅上相对短一些。在这种帮助下，北京对于“喜欢游览的英国人”和志趣相投的西方人——甚至某些中国人而言变得可以接近了。由于做了适当的准备，外国游客更加渴望看到这座城市，而且他们的经历也更加真实。

作为1860年军事战役的后果，北京布局的准确表现进入西方公众的领域。[134] 外国制作的这座城市的地图越来越精确。几十年之

---

[132] 密福特：《使馆馆员在北京——书信集》，61页；莫里斯·伊里松（Maurice Irisson d'Hcrisson）：《一位赴华翻译的日记》，296页；波伏娃伯爵：《北京、江户、旧金山：环游世界》，51页。

[133] 《牛津英语词典》中的“Tourist”，1780年；“Tourism”，1811年；“A Traveller is now-a-days called a Tourist”，1814年。短语例如“tourist route”和“tourist season”直到19世纪70年代以及之后才得以证实。

[134] 阿尔芒·吕西：《旅程纪念：1860年有关中国战役的私人信件》；德呢克：《中日商埠志》；本章注125。

后，被城墙包围着的北京轮廓（长方形里的一个正方形）作为一个易于辨认的清朝首都明确地表现在文献中，并且一直如此保持到1949年。1949年后，大部分城墙消失了，从而打破了这个在现代和更古老旧城市之间的形象联系。同时，欧洲士兵和常驻的外交人员开始熟悉郊区，开始使用短语“京畿地区”，并且制作不同于清代版本的地图，牢牢地把这座城市放在更为广泛的范围之内。[135]

皇家范围的中心没有失去神秘的魅力，仍然禁止入内。先被称为“the Emperor's palace”，是众所周知的“Prohibited City”，
491 并且到19世纪80年代“通常”称为“Forbidden City”。[136] 西方人可以从金鳌玉蝀桥看到西苑，正如中国人长久以来所做的那样，但是他们无法轻易接近湖泊（“在其内及其周边，”他们确定，“可以发现一些大城市中最美丽的目标和地点”）以及景山（他们经常称之为煤山）。他们只能满足于远远地注视着禁区，注视其“古雅的形式和黄瓦在阳光下闪闪发光”。除了对“城市劫掠和掠夺”，德呢克在1867年坦率地承认，进入皇城是不可能的。[137]

他们肯定被圆明园所吸引，为此他们找到了被封闭的废墟（不得不偷偷地翻墙），但是你可以“通过礼仪和贿赂”进入昆明湖及其邻近的山。这个地区只得到了部分发展，并且，虽然许多地方被烧毁，仍然有可以参观的建筑，横跨在河面上别致的桥，受人喜爱的远景和可以在上面滑冰的湖面。[138]

---

[135] 贝勒（勒士畲得）《北京平原和周边山村》可能在这些地图中是最好的。

[136] 威尔逊（J. H. Wilson）：《中国》，162页。在法文中相应的是“Ville Rouge”“Ville Violette Reserve”“Ville Interdite”，普西格：《从上海经由北京、内蒙古和俄罗斯东部到莫斯科，根据法国总理布尔布隆的笔记编辑，1859—1862》，载《旅游世界》（巴黎），第9～10期（1864年），115页；樊国梁：《北京：历史与记述》，337页；亨利·凯斯维尔（Henry Casseville）：《北京：永远的城市》。德文中是“Verboten Stadt”，贝勒（勒士畲得）：《北京及其周围地区考古和历史研究》。

[137] 德呢克：《游客在中国北方的备忘录》，42页；福钧：《江户和北京，中日两国首都旅行纪事》，358页；德呢克：《中日商埠志》，507页。

[138] 贝勒（勒士畲得）：《北京平原和周边山村》，71页以下；德呢克：《游客在中国北方的备忘录》，57页；樊国梁：《北京：历史与记述》，209～210页。

天坛可以立即使人兴奋并且保持兴趣。在1860年，外国人强行闯入，最终为他们自己找到了古老的柏树，优美的蓝瓦顶大殿，安静的汉白玉祭坛；照片被拍摄。[139]（参见图17－1。）因此，天坛被反复地再现于蚀刻版画、照片、雕刻作品（它从未在中国出版），被包括在这座城市的每幅地图上。在宣布“是首都最显著和壮丽的建筑”，并且“宏伟”使其成为北京“伟大的景色”之一。19世纪90年代再次禁止入内，它的诱惑只能不断地增加。游客搜寻出其他的皇家祭坛，但是没能引起同样的兴趣。[140] 审美的情趣、庄严的皇家祭坛和一个破旧“荒废的”魅力在此与天子的想象力相结合。

北京，像天坛一样，有其自己的不一致，并且留给大多数西方游客以“壮观和完全废墟的混乱想法”。有人宣称它是“奇怪和豪华的”。在游客到达时，大多数的评论不仅是关于街上的人群、许多穷人、气味（“臭烘烘的!”），而且是有秩序的社会。在1899年，伊莱莎·西德莫尔（Eliza Scidmore）引用柯勒律治（Coleridge）的世纪古老诗句（“忽必烈汗的世外桃源/一座堂皇的安乐殿堂”），然后蹦出：“北京是世界上最难以置信、不可能、异常和令人惊奇的地方，是中国最辉煌、壮观、独特和有趣的城市。”[141] 492

[139] 艾伯特·赫德：《中国景色，相册中的照片》；斯温霍：《1860年华北战役纪要》，357、359页；宓吉：《从北京到彼得堡的西伯利亚陆路》，46页；雒魏林：《北京及其附近略记》，载《皇家地理学会杂志》，第36期（1866年），143页。

[140] 那里曾发生一场火灾，光绪皇帝曾亲自主持开幕式。艾约瑟：《现代中国：31篇有关说明国家现状的短文》，2～4页；丁韪良（W. A. P Martin）：《花甲忆记》，242页。“Temple of Earth”这一名字经常被混淆和不正确地用于先农坛（在中文有几个名字）和地坛二者上，而“Temple of Agriculture”被应用于先农坛和社稷坛二者上。

[141] 吉尔：《金沙江》；奥利弗·吉德拉神父：《法国和中国，远东中国古代和现代的公共和隐私生活：中国的政治、社会、民事、宗教、军事体制。民俗、哲学、文学、科学、艺术、工业、商业、农业及自然产品。法国在中国的宗教、外交及军事行动及其影响，其在远东的政治及商业前景》，37页；伊莱莎·西德莫尔：《北京的街道》，载《世纪杂志》，第58卷第6期（1899年），859页。柯勒律治的诗写于1797年，受了马可·波罗对元上都的描写的影响。约翰·R. 克鲁格：《〈蒙古源流〉中的诗文》，116～117页。

虽然皇家北京在西方社会中表现出相当大的魅力，但是外交官和扩张主义者也对与城市经济相关的方面感兴趣：煤炭供应、交易和当地产品（认为极少），加上农村的农产品。防守的城墙本身继续给人施加影响，这些“真正令人惊奇的人类工业古迹”得到描述、拍照和测量（并非完全无知的）。[142]

语言和文化中的专门知识在长期定居者中逐渐地积累，并开始得到理解、同情。传教士例如艾约瑟（Joseph Edkins，中国宗教的一位重要阐释者）和遣使会牧师樊国梁（Alphonse Favier，身穿中国服装并且留辫）成为城市和文化的拥护者。[143] 医务人员通常是受过良好教育参加使团的传教士，他们深入当地社区。他们的笔记不仅集中于健康和公共卫生方面，而且对北京的景仰之情也难以预料。[144] 特别感谢约翰·托马斯（John Thomson）广为人知的著作，直到19世纪70年代，北京的照片表现了更多老套的景色。[145] 街道生活、人和风俗的图画——即使是类似阶段的——开始表现普通的北京。当然，许多欧洲人参观与他们前辈相关的地方，特别是墓地和四座天主教堂（现在已经重建）。而且还有当前必须指出和拍照的有重要意义的新地方：使馆本身、海关大楼和总理衙门。

受强壮的西方男性游客和北京居民青睐的景致是内城城墙附近的使馆区，胆大之人在周边散步或骑马，并且不再被禁止。[146] 从附近的观象台所见之景经常被谈论：南面天坛蓝瓦，附近贡院的
493 露天号房，北边宫殿的黄色屋顶，高大的城门，远处紫色的西山。内城的钟楼和鼓楼作为界标朝向天空，引人注目（特别是形状美

---

[142] 约翰·托马斯：《用镜头看中国》，219页。

[143] 艾约瑟：《中国佛教》；E. G. 罗夫（E. G. Ruoff）编：《一个王朝的垂死挣扎》，7页。

[144] 雒魏林、杜德珍、乔治·奥古斯特·马肃和贝勒（勒士畲得）的著作是非常有用的原始资料。

[145] 约翰·托马斯的这些照片被首次刊行于《中国杂志》，然后以各种书的形式出版，约翰·托马斯：《中国及其人民的插图》；《用镜头看中国》；《中国人》。

[146] 在内城附近约24公里，威廉·埃德加·盖洛：《中国十八省府》，415页；罗淑亚：《环游世界；北京及内陆中国》，218页。

观的鼓楼）。一些人抱怨这座城市“从城墙上看到的景致比其他任何地方要更好”。⑭⑦

虽然对外国人给予了皇家和政府定位（在这几十年中商人是很少的），但是外城仍然被忽视了。德呢克在1866年宣称：“游人有兴趣的最重要目标几乎全部位于京城的北面。”西方人居住在内城的使馆区，去“汉城”购物。他们发现了琉璃厂的商店并且涌入前门外的大栅栏。由于他们已经了解中国商品，短期逗留和长期居住的游客自然会冲进去购买陶瓷、翡翠、青铜器、水晶、景泰蓝、皮毛、刺绣、绘画、“小古董”和“古玩”。虽然没有留意北京充满活力的娱乐世界，京城的西方居民慢慢成为中国的京剧迷。⑭⑧ 1900年前，他们在北京这个地区的势力还是很弱的。

在1860年之后的整整四十年中，外国人始终对中国宗教保持着一种兴趣。寺院在外表上引人注目，而且少数几个外国游客可以畅通无阻地进入“当地的”建筑。通商口岸的语言“偶像”（idols）和“寺院”（joss houses）逐渐地代替了“神”和“庙”，然而基督徒和旅行者通常无法理解他们所看到的，而且也不愿意赞同他们。不仅西藏的喇嘛们，还有通常意义上的僧人（即“和尚”），充其量是被称为“看上去是体面的人”，而且更多的则是一个“懒惰的，很蛮横的人”。佛教开始被理解为一种制度，而且“佛陀”得到认识，但是一群罗汉仍然被称作“看起来慈祥的老人”。⑭⑨

---

⑭⑦ 麦基（Robert James Leslie M'Ghee）：《我们如何去北京》，306页。

⑭⑧ 德呢克：《游客在中国北方的备忘录》，55页。德呢克提到戏院区域和一些戏院的名字；其他人参观饭店，或看一场演出，或批判性评论女性扮演者。密福特：《使馆馆员在北京——书信集》，347～355页；比少耐：《从北京到上海旅行回忆录》，51～52页；德微理亚：《北京和北方中国》，载《环游世界》（巴黎），第32期（1876年），241页；杜德珍：《中国的饮料》，载《东方学会杂志》，第3卷第4期（1895年），331页。1897年，樊国梁神父宣称戏院是“可怕的建筑，缺少维修和陈设”（樊国梁：《北京：历史与记述》，415页）。

⑭⑨ 芮尼：《驻华英使馆第一年期间的北京和北京人》，第1册，112页。

1860 年，英国军队暂时占领了北郊的藏传佛教黑寺和黄寺，后来的地图标注了这两座寺院。在“庄严和谐的”黄寺里纪念去世班禅喇嘛的“精巧雕琢”的汉白玉塔，非常受到喜爱，并被人反复拍照。[150]（如图 15－2 所示。）然而雍和宫尤其特别吸引欧洲人，而且欧洲人通过金钱和不可抗拒的压力的手段，可以顺利地
494 进入雍和宫，使它成为他们“习惯观光”的一部分。戴黄帽的喇嘛们比寺院本身更让人感兴趣，而且几乎没有游客会忽略对他们的谴责。[151]

孔庙得到了更为慷慨的评价，其以一排排的“汉白玉”桌子、“独特的”瓦房顶和“阴暗寂静的场地”受到喜爱。约翰·托马斯把一张对称的“古典大殿”（在国子监内）照片放在其 1874 年《中国和中国人民的图画》的皮制封面上。欧洲人也更加关注中国的穆斯林，他们的清真寺、墓地和习俗。[152] 在 18 世纪中叶为“红帽”中亚士兵而修建的清真寺与“香妃”的浪漫传说相关联，香妃是乾隆皇帝俘虏的穆斯林妃子，她从宫中的宝月楼，用思乡的眼睛注视着清真寺，而她的隔壁有卫兵把守。[153]

通过我自己的粗略统计，在 19 世纪后半期至少有 50 座寺院得到西方人的记载，它们中有 24 座形成了一个始终如一的核心。那

---

[150] 例如，《普鲁士远征东亚：来自日本、中国和暹罗》，第 43 号。

[151] 奥利伍·里斯利·苏厄德编：《威廉·H. 苏厄德世界游记》，159～161 页；孟鹤龄：《远东的人民和政治：在英国、法国、西班牙和葡萄牙的殖民地、西伯利亚、中国、日本、朝鲜、暹罗和马来亚的旅行和研究》，205、207 页；伊莱莎·鲁哈马·西德莫尔：《北京的街道》，载《世纪杂志》，第 58 卷第 6 期（1899 年 10 月），869 页；密福特：《使馆馆员在北京——书信集》，339 页。

[152] 雒魏林：《北京及其附近略记》，载《皇家地理学会杂志》，第 36 期（1866 年），154 页；乔治·奥古斯特·马肃：《北京及其居民的卫生研究》，74 页；贝勒（勒士畲得）：《北京平原和周边山村》，101 页；濮义耐：《从河内到北京：中国札记》，278 页。

[153] 参见德呢克：《游客在中国北方的备忘录》，53 页。这个参考比由米华健《乾隆宫廷中的一位维吾尔穆斯林：香妃的意义》［载《亚洲研究学报》，第 53 卷第 2 期（1994 年）］第 438 页中对于这个传说的分析中所引用的资料要早一些。有关更晚些的游客，参见罗淑亚：《环游世界；北京及内陆中国》，238 页；丁韪良：《花甲忆记》（又名《一位美国传教士眼中的晚清帝国》），245 页。

些皇家范围的一部分虽然要接近它们一直是困难的，但是仍然受到偏爱。他们兴冲冲地到黑龙潭这个明清皇帝求雨的地方游泳，这是西方人忘却（逐渐轻视）中国仪式严肃性的一种手段。竟然有人说，常住僧侣不仅允许这些侵犯行为，而且在夏季把房间出租给这样的客人们。[154]

外交团体很快学会了忍受京城夏季闷热的方法，即逃到西山。建在平台上并被称作“八大处”的一组寺院被占据了（由于种种原因），这些外国群体很快就拥有了“自己的”寺院，大多数寺院拥有“迷人的风景”，可以越过平原看到远处的城市。这些让他们感到十分愉悦的寺院“差不多足以使一个人变成佛教徒”。[155] 更努力的旅行者前往更远处的戒台寺和潭柘寺，并置身于兴盛的中国朝圣世界中。[156] 495

妙峰山和丫髻山——我们将在下一章节中讨论——是1861年英国使团一位成员水彩画的主题，密福特（A. B. Freeman-Mitford）在一封日期为1866年5月21日的信中（四月初八日，碧霞元君的生日）写道：“虔诚的中国人在这些天中，全部前往一座位

---

[154] 德呢克：《游客在中国北方的备忘录》，60页。密福特《使馆馆员在北京——书信集》第344页中发现一位“僧侣”住在里面，可能是个道士。当地的农民也到此祈雨，裴丽珠：《北京》，351页。

[155] 密福特：《使馆馆员在北京——书信集》，335页谈到大觉寺。我所看到的有关这个“八大”词语的第一次使用，参见福钧：《江户和北京，中日两国首都旅行纪事》，374页；亦参见本书第十二章。俄罗斯人也许首次利用这个区域，在19世纪30年代；芮尼：《驻华英使馆第一年期间的北京和北京人》，第1册，111、116页；亦参见贝勒（勒士畲得）：《北京平原和周边山村》，86页；《一个英国翻译学生在北京的学生生活》，195～199页。1898年后，在北戴河沿海新建的胜地变得更加受欢迎。尼格尔·奥利芬特（Nigel Oliphant）：《北京使馆之困日记》，150页；E. G. 罗夫编：《一个王朝的垂死挣扎》，31页。

[156] 贝勒（勒士畲得）：《北京平原和周边山村》，89～92页；罗淑亚：《环游世界：北京及内陆中国》，223～224页；哈巴：《参观北京两座著名的寺院》，载《教务杂志》，第12期（1881年），366～369页；艾约瑟：《中国佛教》，252～254页；韩书瑞：《潭柘寺的位置、圣徒和景色》，载《远东亚洲丛刊》，第10期（1998年），183～211页。这个德国人在大觉寺，而大觉寺就位于通往妙峰山之一的线路上。锡乐巴：《北京大觉寺》；贝勒（勒士畲得）：《北京平原和周边山村》，79～80页。锡乐巴精心绘制的画图如图5－2和图15－1所示。

于山中的圣殿朝圣，那山称为妙峰山，去烧香消灾祛病。”[157] 1884年朝圣时节，于雅乐（Camille Imbault-Huar）亲自登上山顶，相当同情地解释了宗教活动，并做了一些详细的说明。

事实上，大多数欧洲人认为乡村与城市形成了令人愉快的对比，并且即刻开始漫步于农村。福钧（Robert Fortune），植物标本采集者和特别的旅行者，在1863年调查丰台的苗圃和种植，在那儿，他的“出现在当地人中制造了一个很大的轰动”。[158] 其他不安分的西方人进行了中国人看来是遥远而他们认为似乎是容易的旅行。

明代陵墓现在完全处于外国人自我界定的范围内：“很值得一游。”外国人立即画下和拍下了通向陵墓的神道两侧的石像。[159] 更北边的是长城。这个奇观在19世纪以前很久就已成为欧洲有关中国神话的一部分，此时的游客们急切地想去游览长城。它真是“一个非常奇妙的景色！”又是“上天伟大的一个证明，这样的宏大工程以后是再也不会有啦”；约翰·托马斯承认：“如果没有包括长城部分的一张照片，那么这本书就配不上中国这个名字。”这个贪婪的需求增强了游客们的好奇心。[160]

西方居民和游客记载的场景——大部分是建筑物，而不是事
496 件，这种做法可能是对他们与北京生活节奏距离的一种衡量；从这样的描述中，读者很少能了解到京城的岁时。当然，公众

---

[157] 苏富比拍卖行：《精美中国艺术作品、家具、玉石雕刻、珠宝翡翠和中国贸易绘画》，第605号；感谢韩森在这个条目上对我的帮助。密福特：《使馆馆员在北京——书信集》，309～310页。

[158] 福钧：《江户和北京，中日两国首都旅行纪事》，368页。

[159] 德呢克：《游客在中国北方的备忘录》，61页；苏富比拍卖行：《精美中国艺术作品、家具、玉石雕刻、珠宝翡翠和中国贸易绘画》，第605号；芮尼：《驻华英使馆第一年期间的北京和北京人》。

[160] 林蔚：《中国的长城》，特别是第203～214页；孟鹤龄：《远东的人民和政治：在英国、法国、西班牙和葡萄牙的殖民地、西伯利亚、中国、日本、朝鲜、暹罗和马来亚的旅行和研究》，216页；约翰·托马斯：《中国及其人民的插图》，第4册，第56号。万里长城及其关口已在约1820年《燕京杂记》（第135页）中有记载，居庸关（正好在南口外）是北京最古老的景点之一，在任何一本都门风格的指南手册中，是一个标配条目。

的新年庆典，可以从一些更古老的西方文献中详知，这是不容忽视的。外国人加入琉璃厂附近的人群，观看杂耍和剑术；他们在灯节上漫步（“非常明亮的场景……但其听起来比其本身更多”）。庙会的固定程序和它们奇特的供品（望远镜、线香、鸟、写信人、街边牙医和理发师）逐渐地变得熟悉起来。然而，大多数西方人发现在北京的生活是沉闷的，只能指望着看到奢侈的婚礼、葬礼，以及为了偶尔的消遣而经过的一个皇家队列。[161]

当然，这些西方视野中的北京，既不是单一的也不是静止的。通常来说，我所依赖的笔记作者来自官方团体，很大程度上是男性，是英国人、法国人和美国人。[162] 19 世纪 70 年代，日本的幕府时代已经被迅速走上现代化的明治天皇统治下的国家所替代，从而开始把日本人算进在北京的外国人中。正如傅佛果（Joshua Fogel）已经展示的那样，虽然日本游客用中国文言文学习，并且认为已经能通过文人的眼睛欣赏中国，但是明治时代的改变造成了一个被加宽的隔阂。[163] 战略的思考开始与文化的思考相竞争。1881 年，在岸田吟香（Kishida Ginkō）的《清国地志》中，北京的木版地图反映了过去的惯例，因此同年斋藤幹（Saito Miki）的《北京和天津的路线图》（*Pekin yori Tenshin niitaru rojozu*），意味着

---

[161] 密福特：《使馆馆员在北京——书信集》；仪仗行进包括咸丰 1861 年的葬礼，雒魏林：《北京及其附近略记》，载《皇家地理学会杂志》，第 36 期（1866 年），154～156 页；同治 1872 年的婚礼，威廉・辛普森：《相遇太阳：周游世界，埃及、中国、日本和加利福尼亚州，其中包括中国皇帝婚礼的记述》，144～174 页。

[162] 有一些是妇女。奥利伍・里斯利・苏厄德陪同他的父亲在 1870—1871 年到过中国并且编辑了旅行笔记。傅磊斯夫人在她的《一位在许多国家的外交家妻子》中，描述她 1874—1878 年停留在北京的经历。阿奇博尔德・立德夫人 1899 年在其四本书中的头一本记述了中国。伊莱莎・鲁哈马・西德莫尔写了一本有关中国的书。我对德国和俄罗斯的资料没有公正地对待，这些资料为数不多，但仍然是重要的；参见高第：《西人论中国书目》，210～220 页。

[163] 西方风格外交关系开始于 1871 年，第一位使臣于 1873 年来到北京。傅佛果（Joshua A. Fogel）：《从游记看日本重新发现中国，1862—1945》，37 页。傅佛果非常详细地分析了 19 世纪到达中国的日本游人（第二、三章）。

未来的战争。[164]

西方视野中的北京在许多方面与那些中国人自己所产生的北京印象有着共同之处。皇帝的世界吸引和影响了每个人，而外国
497 人强化了这种如此容易接受的北京观感。因为这座城市的景色能容纳各种带有不同动机的赞助人，中国人和外国人都去观看天坛。两者汇聚在公众的庙会上，因为既有相似的动机（购物），又有不同的目的（崇拜）。在某些方面（例如孔庙），当地的顾客似乎对于西方人的存在已司空见惯；在另一方面（例如八大处的寺院），当地的精英们可能被外国人的存在所取代。西方人从当地人那得知并且开始在琉璃厂购买书籍（虽然他们极少阅读），加入在菜市口观看执行死刑的人群中（不知道一些中国人是否还记得在此被处死的英雄）。对骑马和赌博的热爱为真正的共同活动（如赛马）创造了物质基础。小型的本地蒙古矮种马的比赛不仅吸引了外国人寻求娱乐，而且也吸引了狂热的当地观众。[165]

由于对中国历史缺乏认真接触，所以西方人对北京景色所指的清代主题缺乏理解。1900 年前的指南手册类文献在这点上是非常薄弱并且促进了这样的遗忘。所以对于这些景色，他们很少关心。什么使得贡院集中了如此之多的精英焦虑？“再也没有比这个国家的贡院更沉闷和荒废的任何事情了，这是无法想象的。”樊国梁亲历过皇城内旃檀寺的藏传佛教仪式，虽然当地居民很久以前就把这些仪式变成了当地的表演，但是在 1900 年前西方人还没有发现他们后来可能所称的“驱邪舞”。[166] 永乐年间准备用于修建宫

[164] 岸田吟香：《清国地志》；这幅地图把这个城市引向日本（东在上面）并以《北京地图》为题。国会地图收藏图书馆拥有至少 6 幅 19 世纪 80 年代以来的日本地图，显示了中国北方的道路体系。

[165] 欧洲人团体已在西郊占用了一个古老的河床并且把它变更为一个赛马跑道。德呢克：《游客在中国北方的备忘录》，59 页；柯乐洪：《由陆路去中国》，180 页；安・布瑞芝：《姜黄色的狮鹫》，特别是第六、十章；《北京旅行指南》，198 页。

[166] 戈登・卡明：《漫游中国》，第 2 卷，206～209 页；樊国梁：《北京：历史与记述》，358～360 页。

殿的大批木材留在外城东门外不断地朽烂，这吸引了汉人和朝鲜游人长达几个世纪，而且在所有19世纪的指南手册中被提及。德呢克宣称，对这个地点“中国人非常重视”，但是很少有西方人对其表现出丝毫的兴趣。[167] 与朝鲜人不同，西方人了解的只是八景中的几个景点。[168] 虽然为南口长城着迷，但西方人对居庸关只表现出轻微的好奇。“马可·波罗之桥”（Maco Polo's Bridge）没有坐落在平常通往北京道路上（大部分来自天津的游人现在途经通州），
只有一个偶尔的游人骑着马去观看狮子。[169] 京剧明星、昂贵的宴会 498
和街边的快餐，会馆住宿和乡勇，闲谈和对国家政事的操纵，这些都处于洋人世界害怕的边缘。

虽然1900年前使馆区的范围是狭小而孤立的，但是常住的外国人成为北京社会可以看得见和强有力的一小部分。中国的知识分子和清政府开始热衷于早在二百年前就首次出现的西方技术和文化。这种日益密集参与的影响至今仍然起着作用，既明显又敏感，既表面又深远。然而，清末最有活力和最重要的相互作用发生的领域不是在旅游业方面，而且也不在北京。

正如我们将要在后面的章中所探讨的那样，清朝首都的相对孤立不久就被打破了。1895年被日本打败，1900年义和团的围困以及外国人的占领，使得北京和中国以革命性的方式受到侮辱和被迫打开。对于国内和世界的游人来说，当蒸汽轮船和铁路使得城市在新的规模基础上更易于接近时，这个王朝崩溃了，皇家的过往悄然地离开了，居民开始担忧这座城市的未来。没有了帝国，北京仍能是北京吗？不再是国家的首都了吗？当城市在20世纪初期重新定义其自身时，北京的世界性和复杂的身份可能成为力量的一种源泉。

---

[167] 这是神木厂，又称皇木厂，谈迁：《北游录》，44页；《日下旧闻考》，卷89，1518～1519页；金景善：《燕辕直指》，1068页；杨静亭编：《都门纪略》；德呢克：《游客在中国北方的备忘录》，55～56页。莫里斯·亚当（Maurice Adam）：《张陈某的木工棚》，载《北京政治》，第12期（1927年），293～298页。莫里斯·亚当是个例外。

[168] 我从未看到一份有关1900年前其作为一个单元的参考。

[169] 来因（J. Rhein）：《西域寺游札记》，载《东方学会杂志》，1885年，174页；查尔德：《北方中国》，约1874年，相册由美国国会图书馆的摄影部收藏，第6618号。

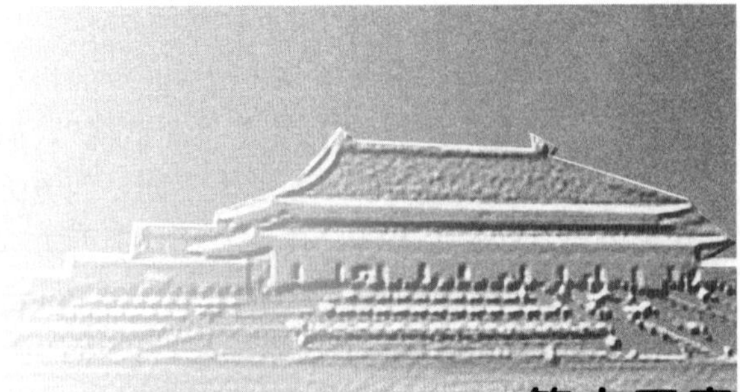

第十四章

宗教团体

499 在第七章中，我们已经看到在泰山神灵的寺院中，正式的、有组织的、持久的“圣会”在明末是如何出现的。本章将重新拾起那个故事并阐述这些团体在新的朝代下是如何兴旺起来并且被改造成为朝圣团体的。反过来，朝圣已经成为北京生活的一个本质特征。在京城文化中，这些受到清政府谴责的组织没有被从它们的中心地带驱逐出去。它们为我们提供了一个到达由当地人，而不是由国家或皇家关注所形成的北京最清晰的窗口。如同明朝的宗教圣会那样，清朝的宗教圣会主要围绕着两个相互关联的祭祀：一个是东岳大帝（又称东岳），另一个是泰山娘娘（又称泰山顶上天仙圣母、天仙圣母碧霞元君）。在其他受欢迎的神灵中，我们将首先研究这些神灵，而后转向专门为东岳和碧霞而形成的圣会，再其后追溯妙峰山朝圣地的历史。然后，才有可能把这些圣会与同时期的宗教组织进行比较，最后探究它们与政府之间的关系。

与第十五章相结合，本章将会说明中国城市的私人和公共组织常常被忽视的动态。我们将看到，虽然宗教机构鼓励合法、自愿团体的能力鲜有对手，但是压制和支持私人团体的能力再寻常不过了。同时，这些讨论将扩大我们对北京文化中旗人迅速介入和那个过程中宗教组织的角色的理解。而且，通过把我们的范围扩大到朝代末期，我们能察觉到发生19世纪北京的变化并在本书 500 的最后几章进行探讨。

为人熟知的神灵

在15世纪中叶的北京，名列第一的知名神灵碧霞元君在明末的许多本地寺院中得到祭拜，并且已经成为朝圣网络的一部分——这个网络与东岳祭祀交织在一起。有清一代，碧霞元君的独立身份得到了清晰的确定，她成为这座城市宗教信奉中最具公众表达活力的中心。但是，她在当地生活中的重要地位是无法孤立进行评价的，把她与其他在北京具有广泛信仰者的神灵进行比较作为开始，似乎是明智的。

献给一位神灵的寺院数量是历史学家可用量化考察寺院受大众欢迎程度的标准之一。根据这个不充分的标准，最受欢迎的三位神灵依次是关帝、观音和碧霞元君。① （参见表2-2。）快速地来看一下这些崇拜对象中的每一位，并注意每位神灵的历史、合法性、重要寺院和与之相关的节日，有助于我们理解碧霞元君在华北宗教文化中的特殊地位。

在清代北京，与任何其他神灵相比，供奉关帝的寺院数量是具有压倒性优势的：八分之一寺院（254座）将其视为主要的崇拜对象。② 神灵以其男性和公共品德、皇家和旗人赞助者以及其基于世俗的口头和文献的声望为特征。

---

① 在明末，同样的顺序已经流行了。对于我而言，在1 294座寺院中，主祀或次祀神灵的名字是了解的，将近半数（608座）有供奉这三位神灵中一位的殿堂，大多数（532座）作为主祀神灵。这些代表了全部寺院的29%和25%。

② 约占全部寺院的12%；外加至少其他47座寺院，在这些寺院中，他作为一位次要的神灵得到祭拜。

关帝受到清代统治家族的狂热崇拜，他们提升和奖赏神灵，重新修建和扩大他的寺院。明朝政府已将其指定为第三级祭祀，1853 年在挑选第二级祭祀的目录中，关帝被提升到第二级。他在北京寺院中的 1 座是由礼部按律资助，2 座由皇家资助，18 座受益于皇家的拜访或赠品，其余的由普通民众支持。这个时期，在比例上与所有寺院相比较，大部分是小规模和不起眼的寺院，位
501 于内城、外城以及郊区。只有几座寺院拥有常住的僧人团体。③

因为历史上的关羽（162—220）是这个神灵的原型，到了明清时期，这个祭拜的文化资源是古老、复杂和广泛普及的。关于这位忠诚武士以及他悲壮牺牲的传说已经在“三国”戏剧和小说记载中流传了数个世纪，形成了这位神灵的角色和绘画形象：他的髯须、他的刀、他的赤兔马、他的结义兄弟刘备与张飞、他的养子、他的将领和他的忠诚仆人——全部都是人所皆知并经常加以表现的。关于这位神灵圣人的传记文学后来得到了发展。在大部分清代关帝肖像的外形中，是以一个强壮、长着髯须并身着戎装，坐着仿佛要一跃而起的样子来加以描绘。两个主要的祭拜中心为了关注度而竞争：一个位于山西解州，另一个位于湖北当阳。④

在他的一生中，这位男子和神灵主要被确定扮演着勇敢、忠诚和正直的角色，但不同的寺院强调的则是其他的情节和品质。建在内城九个城门中的七座小型关帝庙强调了这位神灵的英勇作战。⑤

---

③ 我了解到，不超过 12 座寺院比两个院子大，只有少量的比三个院子大，并且 15 座（大部分在郊区）有土地捐助。杜赞奇：《雕刻的符号：关帝的神话，中国战神》，载《亚洲研究学报》，第 47 期（1988 年），第 785 页中论述到，在帝国内，其他的关帝庙是在官方北京寺院的管辖下。我没有看到这种情况的证据。每个行政区域没有指定一座关帝庙作为国家宗教的一部分。

④ 杜赞奇：《雕刻的符号：关帝的神话，中国战神》，载《亚洲研究学报》，第 47 期（1988 年）；阿灵顿、威廉·卢因森：《找寻古北京》，215 页；北京市档案馆，J2：8：30。参见杜赞奇：《雕刻的符号：关帝的神话，中国战神》，载《亚洲研究学报》，第 47 期（1988 年），784 页中有关 1693 年书籍对于“关帝神圣行为”的描述。其他经典著作把他的外表称为伏魔，李世瑜：《宝卷综录》，第 101、102 号。

⑤ 最北的两座寺院被改为真武，北方的神灵。喜龙士：《北京的城墙和城门》，147～148、153、157、160、164、166～167、172 页，以及 184、186 页。

另一个表现是姚彬的故事，他盗走了关羽的马给病中的母亲充当食物，原形大小的画像戏剧化地强调了这位神灵在愤怒和宽仁上的能力。⑥ 关帝庙（对于其他而言是相当稀有的）有两尊塑像是常见的并且被认为是双关帝庙。关羽不同的明代称号对于他和他的寺院成为可抉择的名字："三界伏魔帝君"、"协天大帝"、"忠义"和"老爷"。⑦ 他和结拜兄弟在寺院"三义庙"中 502
也是主祀神灵，而且有时在寺院的三圣、五圣和七圣中也是中心人物。⑧

尽管这位神灵有人气，但只有两座关帝庙融入了清代北京公众和集体的生活。⑨ 那座位于北京繁忙的前门里面的小寺院继续维持着其明末的效力。人们在新年那天，每月的初一、十五，以及这位神灵的五月诞日到那儿，其以占卜而特别闻名。⑩ 唯一拥有活跃宗教圣会的关帝庙是位于东南郊区的一座新建筑。朝圣圣会在1674 年到达这座十里河寺院（以乡村命名），在 20 世纪，它仍然

---

⑥ 在一幅壁画中，姚彬被绑了起来，而且是跪着和不悔改的表情，关圣人生气地坐在旁边，赤兔马（被盗了的马）以一个非难的姿势站立着，几位将领等着命令。刘侗、于奕正：《帝京景物略》，卷 3，101 页；金昌业：《稼斋燕行录》，180 页；《日下旧闻考》，卷 58，946 页；《北京旅行指南》。

⑦ 我了解有 7 座双关帝庙。参见第五章有关北京白马关帝庙。不同的指定包括不同的插图？双关帝庙也许已经竖立了塑像［庄士敦：《中国军事英雄崇拜》，载《新中国评论》，第 3 期（1921 年），41～64、79～91 页］，并且有在马背上的神像［威廉・沃森（William Watson）：《从商到清的中国象牙：东方陶瓷学会及大英博物馆举办的展览》，104 页；马书田：《北京城的关帝庙》，载《燕都》，1987 年第 3 期，19～20 页］。关帝有时具有作为一位财神的特征，参见《北京旅行指南》，219～220 页。

⑧ 神的各种组合提供了这些名字。有关那些包括关帝的内容，仁井田陞：《北京工商ギルド资料集》，卷 5，866 页；北京图书馆金石组编：《北京图书馆藏中国历代石刻拓本汇编》，第 77 册，114 页；马书田：《北京城的关帝庙》，载《燕都》，1987 年第 3 期，19～20 页。

⑨ 在官方的内城（现为满城）寺院中，神诞日那天的流行祭拜在清代已完全减弱。参见第十章。

⑩ 潘荣陛：《帝京岁时纪胜》，23 页；刘侗、于奕正：《帝京景物略》，卷 3，97～100 页；庄士敦：《中国军事英雄崇拜》，载《新中国评论》，第 3 期（1921 年），63 页；金正中：《燕行录》，573 页。谈迁在北京停留期间，在此处反复占卜（谈迁：《北游录》，50、83、91、128 页）。

在五月十三日吸引着这座城市两部分的捐助人。⑪

根据寺院数量进行判断，观音菩萨是北京仅次于关帝最受欢迎的神灵：据我了解，有176座寺院供奉着她。⑫ 与关帝相比，这个运行良好而且已广泛建立的祭拜是建立在无数古老的菩萨经文基础之上的，主要通过北京的僧人团体进行赞助，而且得到了清朝君主唯一的私下承认。

在官方资助的国家祭祀名册中，没有供奉观音的寺院。有26座供奉观音的寺院接受非正式皇家的捐赠物或参拜，有8座由内务府资助（这两类中，对观音庙的资助比给关帝庙的多）的寺院得益于私人而不是统治家族的官方供奉。然而，观音和关帝是汉人神灵中为数不多的会与在堂子和坤宁宫中举行的满洲萨满仪式相结合两位。⑬ 观音是一位佛教神灵，尼姑庵修建在其寺院的附近。⑭ 实际上，大部分佛教建筑在殿堂中的某处设有供奉菩萨的神
503 龛，通常在后面的一座望楼上。与所有清代宗教设施相比，在内城供奉菩萨的寺院相对较少，而在其他地方则略多一些。⑮

已经是汉族文化一部分的观音与关帝拥有同样悠久的历史，但她起源于观世音菩萨（Avalokitesvara），一位印度佛教的男性神灵，在中国中世纪时期被女性化和本土化。在诸多类别的佛教典籍中，有关她仁慈本性和惊人法力的知识被确立下来，并得到广泛传播。这些经典传达了各种版本的观音（作为不同化身的理解）：千手千眼有同情心的妙善传说中的一位神灵、雅致女性的白袍观音、博学指引朝圣者的善财童子（Sudhana）、优雅的南海观

⑪ 敦礼臣：《燕京岁时记》，49页；震钧：《天咫偶闻》，卷10，12页；《河北庙会调查报告》。

⑫ 约占所有寺院的8%；在至少另外48座寺院中她是第二位的神灵。

⑬ 孟森：《清代堂子所祀邓将军考》，见《明清史论著集刊》，第2辑，314～315页。

⑭ 我能确定17座观音庙拥有大量的僧侣团体（大部分为和尚，一些是尼姑和喇嘛），通过比较只有4座是关帝庙（3座有和尚，1座有道士）。

⑮ 观音，39∶26∶35（内城∶外城∶郊区）对47∶22∶29（全北京）。大部分佛教寺院在郊区。

音以及回应求子之人的慈祥神灵。这些角色反映在北京寺院的不同名字中：白衣、大悲、海潮、水月、紫竹、送子和慈悲。⑯ 对于这些名字而言，它们的造型和它们后面的故事反映了观音女人的本性，并且慈悲是她最普通的属性。

观音经常与文殊、普贤相结合，作为三大士中的一位，每位神灵都骑在一头独特的神兽上，观音骑的是一头狮子；有时候，他们在寺院里作为“三圣”得到崇拜。在藏传佛教中，她也是主要的神灵——达赖喇嘛自称是她的转世——北京有至少 4 座寺院的巨型木雕观音像表现了她千手千眼的大慈大悲。

虽然观音在帝国的其他地方有伟大的朝圣中心（位于浙江海岸边著名的普陀山）和一个扩展到大东亚的名声，但在北京她的祭拜周边没有组织宗教圣会，在这座城市公共生活中，她也没有起到一个特殊的重要作用。在她二月十九日的神诞日，在这座城市中，无数小的寺院以一种分散的方式进行庆祝，特别是有常住僧人的寺院。⑰ 在前门围绕着的城墙里，潘荣陛找到了一座尤其受 *504*
欢迎的寺院。⑱ 在二月、六月和九月的十九日，通常由僧人和居士举行佛经诵读。

观音就是这样一位具有丰富造型，并且在不断再版的佛教经文中拥有长久不同历史记载的神灵。虽然得到广泛祭祀，但她没有被吸收进国家宗教之中，而且她的节日在北京从未占据过中心

---

⑯ 于君方：《普陀山：中国的普陀洛迦山的创立和朝圣》，见韩书瑞、于君方编：《中国历史上的进香与宗教圣地》；于君方：《明代佛教》，见崔瑞德、牟复礼编：《中国剑桥史》，第 8 卷，893～952 页。一些是梵文翻译过来的经典，其他的是由中文创作，并且一些是宝卷。许多寺院有超过一个的名字，但是下面列出的显示了大约频率（是明代和清代的结合）：白衣 23、大悲 17、海潮 6、水月 5、紫竹 5、送子 3、慈悲 3。

⑰ 临时“圣会”的建立是为了革新，但是似乎没有朝圣，甚至没有来自杭州传说中的大悲塑像，其据说在 12 世纪的早期搬到北京。刘侗、于奕正：《帝京景物略》，卷 3，138 页；《日下旧闻考》，卷 95，1594～1596 页；于君方：《普陀山：中国的普陀洛迦山的创立和朝圣》，见韩书瑞、于君方编：《中国历史上的进香与宗教圣地》。

⑱ 潘荣陛：《帝京岁时纪胜》，15 页；普意雅：《二月的北京的风俗习惯》，载《中国》，第 35 期（1923 年），402 页。这个祠堂是为供奉洪承畴于 1642 年而建的，当得知洪承畴未死而投靠清朝时，就急忙地再次改奉观音。《顺天府志》，1885 年，卷 16，481 页；魏斐德：《洪业：清朝开国史》，219 页。

舞台。

关帝和观音都是北京宗教世界的重要一部分。对于这些祭拜，没有任何内在的东西能够阻碍有组织的祭祀，但是意外的组合允许另一位神灵吸收城市圣会的活力。让我们把注意力转向她：天仙圣母、泰山娘娘、碧霞元君。

在清代的北京，供奉碧霞元君的寺院有 102 座。[⑲] 和观音一样，她也不是国家宗教的一部分，但是她寺院中的 4 座从皇家接受资助，并且有 11 座因皇家的赠品或参拜而受到尊敬。据我所知，娘娘庙的规模偏于中小型，而且没有寺院或尼姑庵。居住的僧侣是多样的，并分成不同类型，和尚占 46%，道士占 30%，尼姑占 25%。她的庙宇在郊区的分布是不成比例的。[⑳]

碧霞的历史比我们刚刚讨论的两位神灵的历史要短得多，而且鲜有记载。虽然前身可以确定，但碧霞元君的祭拜似乎在 11 世纪至 14 世纪就已经出现了。在北京地区，对碧霞元君的祭拜开始得比较早：据我了解有 7 座供奉着碧霞的寺院，声称早于明代时期（与 7 座供奉观音和只有 3 座供奉关帝的寺院相比）。[㉑] 在山东泰山的祭拜有其自己的中心并且只在周边地区普及。[㉒] 正如我们在第七章所讨论的那样，这位女性神灵的祭拜是无法从东岳的祭拜中分离开来的，据说东岳神是碧霞的父亲。东岳的塑像在北京他的寺院中竖立，而且在他的寺院中经常可以发现碧霞的塑像。

505 由于缺乏与关帝和观音相关联的丰富历史，碧霞的祭拜更应

⑲ 占所有寺院的 5%。

⑳ 内城占 19%，外城占 11%，郊区占 40%（所有清代寺院中的比例为 47∶22∶29）。从各个时期得出僧侣的比例出现令人误解的结论；样本含量是 36。

㉑ 据我了解，在 1550 年，有 89 座寺院供奉观音，75 座供奉关帝，65 座供奉碧霞。在 20 座寺院中她是一位次要的神灵，并且在 14 座之多的寺院中，她的侍者可以被证实。

㉒ 谢肇淛的《五杂俎》（卷 4，281 页）认为在华中以及华北流行。参见布赖恩·多特：《登泰山：18 世纪中国的社会文化互动》，第二部分。我计划调查这个祭祀的传播。

感激东岳，但是二者没有文字上的广泛积累。尽管对这位山神的祭拜在中世纪才得到发展，但是数千年来，泰山已经被认作一座圣山。直到明代，有关东岳的观念已松散地附着于一位强有力、公正的男性化身之上，这位男性拥有判定生死的权力。㉓ 事实上，有关东岳和碧霞两位神灵的资料，主要传播于明代的经文、青铜器、木制神像和民间故事之中。㉔

有关泰山娘娘一生的清代笔记（为数很少）通常讲述一个国王的女儿拒绝结婚，前往泰山进行自我修炼，最终得道成仙的故事。㉕ 她通常代表一位拥有女性随从的统治者，全部与生育孩子相关；她以各种名字和身份（山民、玉女、女皇、神仙和圣母）为人所知。据我所知，这些有时候相互竞争的角色没有用不同的造型加以表示。她的大部分碑文强调了她的保护力量（佑、护）、她的垂恩、慈心以及她的浩荡或灵验的慈悲。

神的许多称号和名称为她的寺院提供了一系列的名称：天仙圣母、碧霞元君、泰山娘娘和娘娘。在北京周边最普通的名字是天仙、天仙圣母或天仙娘娘，大部分受欢迎的名字是“娘娘”。㉖ 清代，“圣母”比以往更为频繁地得到使用。

由于如此流行，娘娘像（通常和她的两位同伴神灵）也可以在一些北京大型寺院里找到，包括那些供奉观音、关帝、文昌帝君、真武大帝、城隍、火神爷、土地爷和药王的寺院。她的

㉓ 参见第七章中注 66；沙畹：《泰山志》，第一章，特别是第 27～28 页；安妮·斯旺·古德里奇：《北京东岳庙及传说》，34～39 页。

㉔ 《碧霞元君护国庇民普济保生妙经》；亦参见朱迪思·博尔茨：《10 至 17 世纪道教文献通论》，297 页。《弹词宝卷目录》，12b、13a、20a，增补，3b。有关传说，张宝章、彭哲愚：《香山的传说》，193～194 页；布赖恩·多特：《登泰山：18 世纪中国的社会文化互动》；彭慕兰：《泰山女神崇拜中的权力、性别和多元化》，见胡志德、王国斌、余宝琳编：《中国历史的文化和国家：习俗、和解和批评》，182～204 页。

㉕ 北京图书馆金石组编：《北京图书馆藏中国历代石刻拓本汇编》，第 66 册，28～29 页；《道教神仙画集》（珍藏本）第 110～121 页中有表现这个故事的绘画。有关在 20 世纪早期流行的传说，杜安：《宫廷和北京平民的礼仪》，载《法中友好协会简报》（巴黎），第 3 期（1911 年），135～136 页；顾颉刚编：《妙峰山》，120～123 页。

㉖ 在全部寺院中，约 75%的寺院名字是一个或另一个。

小殿堂或许能比主祀神灵吸引更多的人群。碧霞的诞日是在四月初，在明末清初是全城性的重大事件。虽然主持这些节日的寺院格局在清代发生了改变，但是这一事件的重要性一直持续到20世纪。

泰山娘娘的祭拜比观音和关帝的祭拜更为新颖，而且更地方化。与泰山之间的实际和象征性的彼此联系使泰山娘娘的寺院具
506 有特征，而且还以这些联系背后有组织力量的世俗宗教圣会为特征。与一位拥有相同历史深度更可比较的人物是中国南方的女性神灵妈祖，即天后。她也是把一位公正统治者的自然外表与母性结合起来的神灵，她还是一位受到许多地区有组织团体崇拜的神灵。㉗

为了更进一步探究具有泰山特性的宗教圣会，我们将开始于那些起源于大一些的东岳庙周边的圣会，然后转向那些活跃在碧霞元君分散神殿的宗教圣会。

东岳庙

东岳，即东岳之神，按照在此引用的标准不是一位受欢迎的神灵：在整个北京，只有2座寺院供奉着他。㉘ 然而，正如我们所看到的那样，对他的庄严祭拜及其大型寺院是明代京城公众宗教生活的中心。它们是北京宗教圣会的基础，特别是那些供奉碧霞

㉗ 朱迪思·博尔茨：《崇拜天妃》，载《美国东方学会会刊》，第106卷第1期（1986年），221～232页；詹姆斯·华森：《神道设教的规划：南方沿海地区“天后”崇拜的演变，960—1960》，见姜士彬、黎安友、罗友枝编：《中华帝国晚期大众文化》；张焘：《津门杂记》，卷2，28～32页。半地下的教门神灵无生老母，在某些方面也是类似的。她有一个相对短的历史，不在经典经书中传播，但是一个缺乏现存的形象使得她的表现形式难以进行分析。因为在中国北方，对这些神灵之间的区别感到困惑，顾颉刚编：《妙峰山》，120～123页。在东北和天津，有来自南方沿海由寄居者建立的妈祖祭拜，三位神灵有时相互融合。参见奥村义信：《满洲娘娘考》，145～147页；亦参见于君方：《明代佛教》，见崔瑞德、牟复礼编：《中国剑桥史》，第8卷。

㉘ 在玉泉山的皇家园子里面加上一座东岳庙。《日下旧闻考》，卷85，1418～1420页。参见本章注47。

的圣会，有助于我们对它们的理解。明代宫廷精英的突然离去和1644年宦官权力的急剧衰弱，使得东岳和碧霞祭拜最积极的资助人消失得无影无踪。此后，这些泰山神灵的信徒依靠在征服前所发展的组织形式，来确保他们在京城社会中的地位，我们将近距离观察这样的过程。

在清朝统治的头十年中，对大的山神寺院的有组织社会捐助的势头几乎没有减弱。在东郊城墙外交通方便的地方（一个不以人口重新部署为目标的地区），其捐助者的全市性，存活的明代组织的持续援助，旗人对于承担当地赞助人角色的意愿，所有这一切都有助于这个恢复。㉙

1646年秋天，大约五百人（当中半数为妇女）为东岳庙进行 507
了一次集体捐助；不是竖立一座新的石碑，他们只是把他们名字增添到1640年的石碑上，这块石碑是白纸圣会为“六顶”而竖立的，他们相互之间可能是有联系的。两年后，将近一千人为他们的悬灯圣会支付一座石碑的建造。白纸圣会在1648年和1650年委托竖立其他的石碑，每次有上百人或上千人的捐献。虽然提供的资料不充分，而且，由于石碑拓片质量不佳，难以确定这些人的具体身份，但后来有关这个组织的证据表明，他们是太监和宫女（也许仍受雇用，也许是退休了）。㉚

石碑建于1651、1652年，上面列出各种“会首”。后来的文字描绘了893位男性捐助者，他们形成了一个“求子圣会”作为“大清国顺天府大宛两县信士”。捐助者名字暗示了许多人是汉人，

㉙　在这些年中，我只知道其他两个活跃的宗教圣会，二者都是在药王庙。

㉚　灯笼，北京图书馆金石组编：《北京图书馆藏中国历代石刻拓本汇编》，第61册，27～28页。白纸，首都图书馆藏拓片第306、308号，北京图书馆藏拓片第1022号，以及第七章。1648年石碑的碑头最早使用的是我所见过的词语“老会”。“老会”的使用说明其已存在很长时间了；它本来是明代组织在清代的名称吗？刘厚滋：《北平东岳庙碑刻目录》，载《国立北平研究院院务汇报》，第7卷第6期（1936年），第120页有关1634年石碑是错误的（参见首都图书馆藏拓片第305号）。亦参见顾颉刚编：《妙峰山》，39页。

他们的会首住在外城。[31]

供奉东岳有社会地位的组织在1655年自信地声称，大供圣会邀请当时的大学士和在清初进士考试中获得状元的山东人傅以渐起草了他们的碑文；由另一位大学士，来自浙江望族，在1637年的考试取得榜眼的陈之遴亲手书写了碑文。历史学家谈迁就在那年神诞日当天，在前往寺院的人群之中。[32]

一块标有1656年——在清朝征服后12年的小石碑，标识了东岳祭拜中内城旗人（可能是汉人包衣）的迅速介入；他们与超过800名太监和160位妇女（也许来自宫中?）合作。他们的组织——悬灯圣会，由10位会首管理，可能与1648年的一个组织有关联。[33]

508 利用这些方法，东岳庙持续获得捐助。显然在征服后的一段时间里，太监扮演了一种重要的过渡时期的角色，汉人和妇女们大批地被赶走，汉军旗人迅速地接管了祭拜。对于生活已被改朝换代剧变所彻底破坏的汉人来说，令人安慰熟悉的宗教庆祝允许私人祈祷以一种公共和政治上可靠的方式集体进行建立。对于新来的人而言，一个北京流行祭拜宗教圣会的形成，有助于消除他们新旧家庭之间的隔阂，并且允许他们在当地社会中扮演一个在社会上可以接受的角色。

在下个世纪，在东岳庙的院子里大约每两年增加一块新的圣会石碑（1644—1804年的160年间，有77块）。这些活动此后以一个比较缓慢的步伐持续着（余下的106年是28块），与北京其他寺院相比，这座寺院从圣会接受的石碑碑文更多。近距离观察这些组织在清代后期的性质和发展可以看到，通常妇女和宫廷精英

[31] 北京图书馆金石组编：《北京图书馆藏中国历代石刻拓本汇编》，第61册，36、53页。

[32] 北京图书馆金石组编：《北京图书馆藏中国历代石刻拓本汇编》，第61册，83页；恒慕义主编：《清代名人传略》，96～97、253页；《清代职官年表》，卷1，7页。篆书是由龚鼎孳书写。谈迁未能于三月二十八日进入，并且在两天后再次尝试；他在1655年和1656年两年的神诞日前往。谈迁：《北游录》，58、99、100页。

[33] 北京图书馆藏拓片第987号。

是如何特别地起到一个逐渐降低的作用，旗人如何变得越来越积极，如何为神灵提供服务和扩大参拜者，并且在组织上如何变得更加复杂。[34]

大部分东岳庙的宗教圣会为寺院提供定期的服务，一些是按年，大部分是按月提供。一些组织集中在这个或那个大殿，而另一些组织则负责中央院子周围阴间 72 间的供奉之所。他们提供灯笼、纸、神像的衣服、人造花、香、供品和蜡烛；他们清扫大殿和地面，倒空香炉，安装遮篷和支付表演费。从 18 世纪中叶起，各类组织为口渴的游人们准备和提供茶水，感激的香客们称之为“甘露”或“及时雨”。[35] 每个圣会有自己的任务。除了镌刻安置在院子里的石碑外，他们还捐献新的钟和香炉。君主承担大规模的重建，但这些组织会定期修缮单座殿堂。

这些圣会——如同我在其他地方所描述的那样[36]——使用共同的善行语言。他们称自己为“善信”、“众善”或“众信”。他们声称“全心”或“同志”。“吾会中男女、长幼九十余人，住居各地， 509
同心共意。”因为这些目标是“依靠单独的努力是难以完成的，我们广泛寻求并且依靠帮助获得成功”。[37] 如此“共意”的全体一致可以掩饰独断专行，我们必须记住，因为期待的行为约束恰恰需要这种“虔诚和真诚”的一致。

大多数圣会的名字被显著地放在石碑的顶部。[38]（如图 14－1 所示。）碑文通常告知圣会过去的活动——“连年”、“最近三年”、“已经四年”、“多年”、“总计十年”、“超过十年”、“在二十年后”、

---

[34] 这个讨论是基于我所能看到的这座寺院大量的碑文实物之上的。刘厚滋提供了一份它们有用的列表（将近全部）。

[35] 北京图书馆金石组编：《北京图书馆藏中国历代石刻拓本汇编》，第 68 册，97～98 页。

[36] 韩书瑞：《北京妙峰山的进香：宗教组织与圣地》，见韩书瑞、于君方编：《中国历史上的进香与宗教圣地》。

[37] 北京图书馆金石组编：《北京图书馆藏中国历代石刻拓本汇编》，第 69 册，81～82 页。（译者按：此出处有误。）仁井田陞：《北京工商ギルド资料集》，卷 4，716～718 页；并第三章。

[38] 一块单独的石碑可能使用一个可互换的长些和短些版本的名字。

“超过二十年”、“几十年”或“超过五十年”，并且还有一种情况，“一百年从未中断过”。

新圣会复兴旧名号的意愿使其巧妙地建立了它们的历史。以白纸圣会为例。它的名字首次出现在东岳庙是1624年，最后是在1933年；二者之间，共有16块石碑在它们的名号中使用词汇“白纸”。一些分别是一年或两年，一块跟着另一块；其他的相隔四十年或六十年。它们之间有联系吗？贯穿于这一时期的事实是，表面上大部分“成员”仍然是太监，而且建议持续为阴间判官输送白纸钱。但是我们通常无法确定。

通过一系列负责清扫寺院灰尘和清理香炉的组织，我们能看到一个类似的不确定证据的模式。1690—1708年，扫尘圣会每月一次前往寺院，里外清理污物，“如同清扫一个人的内心”。[39]掸尘圣会在约1733—1800年，在每个月的不同日子里，举行类似的服务。这种服务于1849年再次恢复，也保持到20世纪30年代。[40]

在这些圣会里，起初组织上的复杂性是低级的，而且一些位
510 置会进行慷慨地分配。1678年，一个有584名成员的组织，有242名成员拥有五个头衔中的一个，这并不是非同寻常的比例。[41]大部分组织使用在明朝就已经出现的不太确切的名称。对于领导者和他们的助手来说，会首、正会首和副会首会重复出现。然而，有一种渐进而又普遍的趋势。我们发现用于组织领导人的词语——

㊴ 北京图书馆金石组编：《北京图书馆藏中国历代石刻拓本汇编》，第64册，146页；第66册，112～113页。首都图书馆藏拓片第328号。

㊵ 组织来自不同的地方。北京图书馆藏拓片第925号、926号。北京图书馆金石组编：《北京图书馆藏中国历代石刻拓本汇编》，第68册，116页；第69册，56页；第72册，16～18页；第73册，133～134页；第77册，31～34页；第83册，106～107、132～134页；第87册，7～8页；第93册，104～106页。首都图书馆藏拓片第350号。葛禄博：《北京民俗》，65页。安妮·斯旺·古德里奇：《北京东岳庙及传说》，29～30页。安妮·斯旺·古德里奇报告说，灰尘备受珍视，因为据说能变成金子。

㊶ 北京图书馆金石组编：《北京图书馆藏中国历代石刻拓本汇编》，第63册，114页。

组织领导者（领众、领会或会首），负责人或代理朝圣的领导者（正香首或副香首）；有关各种管理者的词语——管事或都管，以及那些“当月值班者”——当月。自18世纪中叶伊始，有一种专业组织扩大了，这种组织称某某为“把”（灰尘把、清扫把、茶把、面条把等等）。[42] 成员大部分经常被称为“众善人等”，或“随会”，或“会末人等”。有时他们被分成“信士”和“信女”，或者“会末信女（信士）”。我们不能还原这些词语的准确意思（假定有准确的），但是内部区别是清晰的。

这些组织可以募集到大量的钱财。一些定期从会员那儿请求资金（“凡与会之人，月为积贮香楮之资，资有余，则时黝垩丹漆其堂殿”）。[43] 其他人只有在一个主要计划就绪的时候才寻求捐助。“圣会”没有捐助基金，并且很少有共同或永久的财产。关于捐助物规模的有代表性资料，几乎是不存在的。这种沉默的情况是由于在口头上坚持集体精神造成的，还是由于特别不愿意强调成员之间的地位差异造成的呢？[44]

假如这些不同的圣会有中心进行协调的话，那么它就不是一个公众记载的事件，它与寺院的松散关系促进了组织偶然出现和消失（但是在此之后则更多）。例如，在这种情况下，对旗人而言，用熟悉的名号来建立新的圣会，并把他们自己纳入日常的节日之中是容易的。谁敢把他们赶走呢？

这些圣会的规模有多大呢？和明代一样，一块清代的石碑把捐助者的名字镌刻在背面，排列成行，顶部是最重要捐助者的姓

[42] 北京图书馆金石组编：《北京图书馆藏中国历代石刻拓本汇编》，第69册，56页；第83册，89～91页；第87册，7～8页，其他之中。汉字“把”通常作为一个动词，意指处理或负责。

[43] 北京图书馆金石组编：《北京图书馆藏中国历代石刻拓本汇编》，第72册，191～193页。

[44] 有关唯一一个（晚一些和次要的）例外情况，北京图书馆金石组编：《北京图书馆藏中国历代石刻拓本汇编》，第86册，82～83页。这些圣会的明代宦官建立者有其先例。与在本章中后面讨论的两座郊区佛教寺院相关联的“圣会”，宣扬个人赠品的规模，并且“会馆”坚持列出了每一笔捐赠的款项。

511 名。这些资料表明，圣会在规模上变化特别大。在 90 块东岳庙的石碑上有这样的信息，每块石碑上人的数量从 20 人至 1 500 人，平均为 357 人（如果平均到每个香会组织，是 256 人）。在这些组织中，有 25 个包括妇女；有名字的数量从 2 人至 1 360 人，平均 140 人（但是平均值只有 34 人）。

对于这个成员群体，我们能说什么呢（如果这个词不是太过强烈的话）？能从他们自己的名字中收集到的只有这么多能统计的总人数，这比识读每个人的名字要更为容易。幸运的是，1665 年后，石碑侧面文字提供了有关圣会地址的资料，例如："西直门里小街口金牛圣会当年香首赵廷士、施鸿猷、宋洪德、周国栋仝立。"这种"地址"，虽然是普通的，但是足以确定它们是基于内城还是外城的圣会（而且能确定是不是旗人）。

然而，这样的资料过于表面化以至于无法揭示这些组织是不是以一座寺院为总部的附近团体。这些组织建立的某某寺院与东岳庙的关系也不明显。在证据上，我们无法在此看到一个类似在福建和台湾的模式，这种模式就是在寺院周边，有组织的团体会朝圣更多"高级"寺院，这种习惯来自他们有"分香"的习俗。㊺

事实上，更多宗教圣会甚至没有确定一座作为其地址的寺院。子午圣会这样做，是个例外。这个组织竖立的第一座石碑，日期为 1704 年，上书圣会起源于西直门外的海潮庵（供奉观音）。这个相同的圣会（抑或是另一个？）用子午这个名号来宣称自己于 1716 年起源于内城的一座土地庙，实际上在接下来的年头里，还有另外一个圣会（？）使用相同的名号，设在内城的一座关帝庙。㊻ 没有任何一座寺院能被证明和东岳庙之间有固定的

㊺ 施舟人：《保生大帝的祭祀及其在台湾的传播：对分香的研究》，见维米尔（E. B. Vermeer）编：《17 至 18 世纪福建省的发展和衰亡》，397、413～414 页。有关与东岳庙的类似关系，田海：《中国近代早期地方社会和宗教组织：初步研究》，载《中亚与东亚的宗教研究》，第 8 期（1995 年），26 页。

㊻ 北京图书馆藏拓片第 2783 页；名字似乎指的是整日整夜燃烧的香，甲麓山人：《北京山厂庙会》，载《燕尘》，第 2 卷第 10 期（1909 年），16～18 页。北京图书馆金石组编：《北京图书馆藏中国历代石刻拓本汇编》，第 67 册，48 页；第 76 册，64 页。

联系。

甚至更让人惊讶的是，人们期望从中国南方所赋予的，起源于其他寺院供奉东岳或碧霞的圣会没有定期来到大寺院。（无论如何，在北京也只有另外一座寺院供奉东岳。）㊼ 至于泰山娘娘，在北京地区我无法说明其寺院中的任何一座是固定参拜东岳庙的总 512
部。职业组织可能因为在东岳庙内各种守护神灵而到其中的一座神殿，但这种假设比证明这点更容易。㊽ 参加圣会的僧尼们通过他们所属的寺院来确定自己的身份，但是那些寺院和东岳庙的联系还没有被提到。㊾ 这样就似乎合理地得出结论来，即圣会和这座寺院的联系是更为特定和短命的，较少扎根于常住团体，而且对泰山神灵信徒的严格限制不像台湾乡村事例那样，可以引起我们的期望。

我们能确定的是，清代前十年在东岳庙的祭拜中传统领导者是太监，但是他们的荣耀时光已经成为过去。18 世纪的石碑偶尔会提到太监捐助者，但他们的捐助直到 19 世纪末也没有再出现，甚至后来他们无法再在慷慨或炫耀上与他们明代的前辈相竞争。

如果没有得到皇家鼓励的默许和旗人的参与，清代太监也许不能担当这样的行动。宫廷正式接管了东岳泰山的寺院捐助，正如他们对泰山那样：神灵被包括在第三级的祭祀之中，并且在北

㊼ 其为重建于清代的一座小一些的外城祠堂，紧挨着城隍庙的东面，与其有密切关系。北京图书馆藏拓片第 42 号；潘荣陛：《帝京岁时纪胜》，17 页；吴长元：《宸垣识略》，卷 10，209 页；仁井田陞：《北京工商ギルド资料集》，卷 6，1103～1112 页；第十二章注 222。一些圣会对两座寺院都进行资助。在 1659 年，以其他地方为总部的掸尘圣会竖立了相同的石碑（同样的文字，不同的雕刻），在两座东岳庙为纪念碧霞而新建殿堂。北京图书馆金石组编：《北京图书馆藏中国历代石刻拓本汇编》，第 61 册，186 页（原件?）；第 61 册，138 页。1740 年的盘香圣会同样为这两座寺院提供其著名的“盘香”。北京图书馆金石组编：《北京图书馆藏中国历代石刻拓本汇编》，第 69 册，81～82 页。一座 1691 年的石碑提到在首都有东岳神的 10 座行宫，但是我无法想象除了碧霞元君的寺院，其指的是什么。首都图书馆藏拓片第 328 号。

㊽ 例如，让廉：《京都风俗志》，5 页。

㊾ 例如，北京图书馆金石组编：《北京图书馆藏中国历代石刻拓本汇编》，第 62 册，49～50 页。

京向当朝皇帝生日奉献适度的供品。[50] 1698年，一场大火烧掉了这座寺院，康熙皇帝支付了重建经费（“不劳一民，不与一役”），把为期三年的任务交到他兄弟福全的手上。六十年后（这个时间间隔是有意的），乾隆皇帝支付了另一次重建经费；当这位皇帝在前往东陵或日坛途中在此停留时，后部的房子就用于皇帝陛下的歇息。[51]

513 东岳神的寺院在1644年前就已在东北为人所知，而且对于旗人来说，没有花费多长时间就开始参加东岳庙的活动了。旗人还如此积极。相关记载的全部清代碑文中有半数来自内城，旗人团体成为祭拜的主要力量。[52]

附近的街坊和旗人关系友好，可能是许多圣会的核心，但以更多杂居人口为基础的圣会是常见的。到17世纪末期，一些有代表性、包容性的圣会被描述为：“都城内外各巷民者”（1691年），“朝阳门内外各巷居住信心弟子众善等”（1712年），“顺天府大宛两县各坊巷民者”（1717年），“四方瞻者”（1740年）。一块1749年的石碑在捐献者的名单中包括了一名蒙古正白旗人、一名汉军正蓝旗人、一名满洲镶黄旗人、一名汉军正白旗人、数名大兴县居民、来自东北的奉天的人，还有一人来自天津（他的名字系满语发音），这块石碑并非独一无二的。[53]

---

[50] 太常寺档，卷75。《大清会典事例》，1899年，卷415，10544～10545页；卷444，10961～10962页。

[51] 康熙，北京图书馆金石组编：《北京图书馆藏中国历代石刻拓本汇编》，第66册，65页；恒慕义主编：《清代名人传略》，251页；王士禛：《居易续谈》，卷1，第6页称来自官员的捐助也是可以接受的。乾隆，北京图书馆金石组编：《北京图书馆藏中国历代石刻拓本汇编》，第71册，211页；《日下旧闻考》，卷88，1488页；杜德珍：《中国治疗艺术》，载《教务杂志》，第3期（1870年），44页；《北京志》，翻译再版自《北华捷报》，上海，1874年3月20日。

[52] 东北县志提供了大量有关明代东岳庙的证据。毫无疑问，104块清代石碑中，有49块，并且可能至少12块甚至更多是由旗人或太监提供的。

[53] 附近，一块1690年石碑碑文标明，人们（许多是满人的名字）来自同一个“里”，正好在紫禁城外“聚集”在一起形成一个“会”。北京图书馆金石组编：《北京图书馆藏中国历代石刻拓本汇编》，第64册，144页。“里”被同样用于其他情况。1749年石碑，北京图书馆藏拓片第979号。其他的，刘厚滋：《北平东岳庙碑刻目录》，载《国立北平研究院院务汇报》，第7卷第6期（1936年），各处。

我们在第十二章中所看到的在更为广泛范围内清代北京社会渐进式整合（再整合）反映在圣会的语言上。一块1762年石碑清楚地说明，神诞日得到了全体人员的祝贺，无论“在旗在民”。其他人谈到，信徒为“京都顺天府大宛二县朝阳门内外旗民人等众善”。[54]

在17世纪末期之后，行业组织作为东岳庙新的赞助者出现，而且是一个固定存在的赞助者。到1670年，在第一个院子西侧的大殿里供奉的是鲁班，即石木工匠的保护神。有清一代，总共有15块相关的石碑安放在那个院子里。1753年大殿的修缮工作是由“五行八作”进行的。[55] 后来的石碑确认了瓦匠、木匠和石匠组成的团体（列于“作”中），以及粉刷匠、装修匠和顶棚匠组成的团体（列于“行”中）。在19世纪，这些团体开始分为单独的组织：瓦作在1843年赠送给神灵一件长袍，棚行在1846年竖立了自己的石碑。[56] 鲁班圣会（全部都是男性）的捐献者数量从60人至350人，每块石碑平均值为130人。店铺和作坊位于内城和外城。推测起来，这些圣会没有分设的神殿或聚会场所，而是利用东岳庙作为它们的集体空间。 514

这座寺院里的许多大殿是由其他行会援建的。清初，戏剧艺人们给他们的祖师爷捐助了一座神殿。[57] 那些饲养马匹驴子之类的人到这座寺院的马祖殿里观看三月和六月的大戏；重复捐献的石碑和木匾显示从1697年到1940年，那座殿堂的数次重建。[58] 羊行

---

[54] 北京图书馆藏拓片第1104号；北京图书馆金石组编：《北京图书馆藏中国历代石刻拓本汇编》，第77册，31～34页。参见后面有关意义多歧词语“旗民”的讨论。

[55] 安妮·斯旺·古德里奇：《北京东岳庙及传说》，141～143页；仁井田陞：《北京工商ギルド资料集》，卷4，716～718页。参见图7-1。

[56] 大部分这些石碑见《北京图书馆藏中国历代石刻拓本汇编》，但是一些也见仁井田陞：《北京工商ギルド资料集》，卷4，715～736页。

[57] 谈迁：《北游录》，58页；仁井田陞：《北京工商ギルド资料集》，卷4，753～756页；安妮·斯旺·古德里奇：《北京东岳庙及传说》，140～141页。

[58] 刘厚滋：《北平东岳庙碑刻目录》，载《国立北平研究院院务汇报》，第7卷第6期（1936年），127页；北京图书馆金石组编：《北京图书馆藏中国历代石刻拓本汇编》，第67册，113页；亦参见仁井田陞：《北京工商ギルド资料集》，卷4，697～707页。内城的居民，他们也许是内务府的一部分。

会在 1764 年留下了一座石碑，钟表匠们在 1863 年和 1864 年捐献了一个香炉和一块匾额。[59] 1837 年，来自天津的男子们捐助重建三座大殿，那里供奉着仓神和海神，天津是一座与北京有密切经济联系的城市。[60] 当安妮·斯旺·古德里奇在 20 世纪 30 年代早期对寺院进行研究时，她发现许多其他类似的圣会——没有留下碑文的记载——在大寺院建筑的许多壁龛和殿堂中祭祀着祖师爷：屠夫、矿工、澡堂业主、接生婆、乞丐和赌徒。[61]

圣会成员——如同寺院的捐助人一样——通常来自社会和各个阶层，其名字从优雅难懂到吴二虎和村三小姐之类，从旗人皇子、皇家精英到和尚、石匠。共同真诚的文字似乎抑制了在石碑上显示这些差异的冲动：列出的名字没有头衔或捐助的数额。

较之于明代，极少有东岳庙圣会可以号召有权威身份和高职位的男子来撰写它们的碑文。能这样做的少数圣会之一是 1737 年的白纸圣会，这个圣会的成员说服当时的一位大学士而且还是在
515 皇宫里非常有权势的张廷玉，为他们石碑顶部的四字头部分题写碑额。（或许他们是通过太监的关系？）[62] 大部分起草碑文的人拥有大城市生活的经历并且在北京居住了很长时间，最好的情况是他们是拥有进士身份并且任职于翰林院的人，但更常见的是巡抚、知府、御史、休致的省级官员、武官和寺院僧人。事实上，不是每块清代石碑都拥有可以查考的制作者或撰写人。

---

⑲ 北京图书馆金石组编：《北京图书馆藏中国历代石刻拓本汇编》，第 72 册，46～47 页。羊行会成员也许是穆斯林。仁井田陞：《北京工商ギルド资料集》，卷 4，760 页。

⑳ 北京图书馆金石组编：《北京图书馆藏中国历代石刻拓本汇编》，第 80 册，125～127 页。这些大殿没有保存到 20 世纪。安妮·斯旺·古德里奇：《北京东岳庙及传说》，262 页。

㉑ 安妮·斯旺·古德里奇：《北京东岳庙及传说》，第十一章。有关将近 40 座小的殿堂——没有包括 72 间阴间官员的祠堂，参见安妮·斯旺·古德里奇：《北京东岳庙及传说》，282 页以及平面图。

㉒ 北京图书馆金石组编：《北京图书馆藏中国历代石刻拓本汇编》，第 69 册，15 页。张廷玉（1672—1755）也出生在北京，并且据我判断，他一生的大部分时光在此度过。恒慕义主编：《清代名人传略》，54～56 页。

有关这些世俗组织和寺院居民之间关系的证据少得令人沮丧。自元代起，东岳庙有指定的庙户为它提供服务，并且我们可以找到有关他们的参考资料不早于1763年。那年，净炉会抱怨称，由于这些庙户无法完成管理照料寺院的任务，来自虔诚信徒的帮助如同他们自己一样是必需的。[63]

这座寺院的常住僧侣，如同其元代的创立者一样，是来自与道教张天师有关住在江西龙虎山非独身的正一派。娄近垣（1730—1790）或许为我们提供了一个这种联系在实际词语中的例子。娄近垣是一位在龙虎山出家的道士；他治愈了雍正皇帝的疾病，并且在北京受封（因此他相对可见到）。他是钦安殿（在宫中）、大光明殿（在皇城）和东岳庙的住持。在1741年至1763年，娄近垣还为东岳庙宗教圣会撰写了三篇碑文。[64] 然而，在整个清代，像他那样的道士在宫中是极少有价值的，而且他们的影响似乎也有所下降。[65]

其他住在东岳庙的道士似乎同样与其寺院的许多圣会相关联，而且住持的名字定期出现在石碑上。[66] 但是没有证据表明有大量道士常住，而且我们没有看到一个强大的独立僧侣圣会如同那些在某些佛教寺院中那样的存在。我没有找到或是由君主或是由市民捐献土地的参考资料。宗教圣会发挥的重要影响与宗教专业人员 *516* 的旗鼓相当。虽然利益冲突无疑会引起道士和世俗人员之间关系的紧张，但总的来说，他们共生的关系似乎有助于寺院的活力和财产。

---

[63] 沈榜：《宛署杂记》，卷17，167页；《日下旧闻考》，卷88，1484～1491页；北京图书馆金石组编：《北京图书馆藏中国历代石刻拓本汇编》，第72册，33～35页。

[64] 1730年，他在内城的另一座寺院中定居下来，来自江南和江西的48位道士组成圣会。陈国符：《道藏源流考》，181页；北京图书馆金石组编：《北京图书馆藏中国历代石刻拓本汇编》，第69册，64、87页；有关娄的某些非正统的道教，昭梿：《啸亭杂录》，卷9，274页。有关他的石碑，北京图书馆金石组编：《北京图书馆藏中国历代石刻拓本汇编》，第69册，87页；第71册，85～87页；第72册，33～35页。

[65] 梁文金、包如廉（Julian Pas）译：《当前研究：道教历史概况》，载《中国宗教杂志》，第15期（1987年），78页。虽然我采用此论述，但并没证实它。

[66] 1660—1846年，15位不同男子的名字出现在17块不同的石碑上。

东岳庙祭拜本身对于所有年龄和阶层的人来说是有吸引力的，而且宗教圣会只是寺院信徒中的一小部分。有关男人和女人、年轻的和年老的、城里的和乡村的以及士庶源源不断的陈词滥调似乎没有过于夸张。[67]

寺院在每月的初一、十五开放，吸引了卖主和客人；在三月二十八日，大批人因东岳诞日来到东岳庙。首先是不断的赛神巡游（虽然在我们的资料中仍然没有得到明确描述），但是其似乎在17世纪后就停止了，（也许）被皇家“迎神赛会”的禁令所禁止。[68] 宗教圣会的活动也许因此针对的是寺院本身和那些来到这里的人们，而不是巡游。

在蜿蜒的寺院建筑物里，其他神灵的殿堂在这一年中是个人和组织的焦点，行会赞助演戏，并在适当的场合下演唱。[69]

清初，供奉铁面无私的阴间判官和他们凶神恶煞的助手的小“寺”，是香客们和宗教圣会关注的一个重要焦点。“东岳天齐圣帝司察人间善恶，职掌幽冥。”奖赏和惩罚是用原物大小的塑像以可怕的形式表现的：“当你进入东岳庙时，你会遇到七十二司的大门并且马上会感到恐惧。”[70]

泰山娘娘和她的同伴神灵自明代就容身于东岳庙，有许多游
517 客来向她们祈求。她们的送子神力以祭坛上、双膝上和手臂里众

---

[67] 例如，北京图书馆金石组编：《北京图书馆藏中国历代石刻拓本汇编》，第61册，53页；第65册，121页；第69册，56页。谈迁：《北游录》，58、99页。休伯特(Ch. Hubert)：《1908年的北京》，载《东方的地理社会》，第33期（1912年），261～269页；朝鲜人通常于正月和二月在北京，没有看到一年一度的诞日庆祝，但是他们仍然推断，寺院非常受欢迎。洪大容：《湛轩燕记》，317页；朴思浩：《燕行纪程》，893页；金景善：《燕辕直指》，1012页。

[68] 北京图书馆金石组编：《北京图书馆藏中国历代石刻拓本汇编》，第65册，74～76页；第69册，56页。潘荣陛：《帝京岁时纪胜》，17页。让廉：《京都风俗志》，5页。

[69] 北京图书馆金石组编：《北京图书馆藏中国历代石刻拓本汇编》，第64册，160～163页；仁井田陞：《北京工商ギルド资料集》，卷4，704～706页。

[70] 北京图书馆金石组编：《北京图书馆藏中国历代石刻拓本汇编》，第67册，93～94页；第72册，191～193页。这些官员中的许多人在20世纪30年代被安妮·斯旺·古德里奇拍照，安妮·斯旺·古德里奇：《北京东岳庙及传说》，图片。

多扭动的婴儿造型生动地表现出来。[71] 由于她的一位随从是眼光娘娘，在她们大殿前的院子里摆了两个大水盆，用于清洗人的眼睛。[72] 东岳诞日和碧霞诞日的接近（分别在三月二十八日和四月初八日）使得一场不间断的庆祝活动成为可能。

在东岳庙的祭拜中，石碑偶尔清晰地表达了碧霞的地位："或曰泰山之神为碧霞元君玉女也。今又天齐仁圣，何欤？子应之曰：天地之理阴阳而已，祀碧霞玉女所以宣阴骘也，祀仁圣大帝所以享阳德也。" 1761 年，乾隆皇帝通过御书一块匾额给她的大殿宣布其合法："碧霄宰化"。[73]

正如我们所看到的那样，在东岳庙和供奉碧霞元君的寺院之间有许多联系、符号和组织。在 19 世纪期间，当在东岳庙的宗教圣会减少活动并且朝更加私人化和职业化发展时，碧霞的信徒似乎增加了。[74] 尽管这两位紧密相关神灵的不同表现在他们感知法力的高下上，但是由于将二者结合起来，增加了泰山祭祀的声望。这样的成就或许部分归因于它们的宗教组织。

朝圣和泰山娘娘

明末，在碧霞寺院形成的宗教圣会开始繁荣，甚至比在清代初期数目更大。这些活动的势头在尚不稳定的清朝统治初期，或许还能支持信徒们组织的激情，甚至把当地虔诚精神传染给新到

[71] 朴思浩：《燕行纪程》，893 页；金景善：《燕辕直指》，1012 页；杜德珍：《中国治疗艺术》，载《教务杂志》，第 3 期（1870 年），121～122 页；安妮·斯旺·古德里奇：《北京东岳庙及传说》，53～76 页，图 XII，XIII。通观全书，安妮·斯旺·古德里奇把来自主要被调查者（一位石先生）和其他地方的大杂烩，以及自己的观察混合在一起。矛盾和变化如此表现是中国宗教真实世界有价值的反映。有关拴娃娃求子的仪式，罗信耀：《吴氏经历：一个北京人的生命周期》，上卷，6、44～45 页。

[72] 潘荣陛：《帝京岁时纪胜》，17 页。洪大容：《湛轩燕记》，第 317 页报告这个院子在 1766 年有"儿打"石碑；在安妮·斯旺·古德里奇的平面图中没有显示出来。

[73] 北京图书馆金石组编：《北京图书馆藏中国历代石刻拓本汇编》，第 64 册，146 页；《日下旧闻考》，卷 88，1484 页。

[74] 安妮·斯旺·古德里奇：《北京东岳庙及传说》，44 页，以及第三、七章；亦参见马特罗列：《北方中国、蓝河谷和朝鲜》，43 页。

来的旗人。

从中国北方许多地方到泰山祭拜中心的发展良好的朝圣促进了碧霞寺院和对这些地方类似朝圣的巡游之间的联系。⑮ 一些碧霞
518 圣会在明代就已经是朝圣的圣会了，既专注于朝圣者的福利，又专注于维护重点寺院。清代，这些需要数日行程的有组织朝圣活动成为北京宗教生活的一个基本特色。起初，这些圣会参拜不同寺院，大部分远离这座城市。⑯ 然而，直到 18 世纪中期，大部分圣会集中于北京西部一座山峰——妙峰山上的新寺院里。

因为供奉同一位神灵的寺院相互竞争（但很少公开竞争），神灵感应力的中心是可以转变的。中国宗教的动态性意味着一位神灵的效力和声望是可以相互补充的，在许多其他的寺院中，造就了一些“成功”寺院的流动模式。因为这些原因，碧霞元君的信徒不仅强调公开神灵的普通力量，她的慷慨和灵验，而且他们还强调他们选择寺院的品质特性——提供的神奇事例，他们尊崇神灵的人气，或是它们所在地的历史和特殊优点。在北京生活中，妙峰山的优势需要放在这些供奉圣母的其他寺院背景中加以理解。⑰

明末，至少有 4 座供奉碧霞的寺院在她四月的诞日举行盛大庆典。（参见地图 14-1。）在这些寺院中，位于北京西边近郊平原上的西顶庙在清初是最有人气的。信徒们赞颂这座寺院旁边的泉水和山峰，称它闻名、灵验并且比其他山顶的寺院要好：“其地不山而远映峰□，若□□焉；不水而远接潺溪，若环带焉。”⑱

一个宗教圣会奉献给东岳庙外娘娘的第一块石碑是位于西顶

⑮ 布赖恩·多特：《登泰山：18 世纪中国的社会文化互动》，第二部分；杜德桥：《17 世纪小说中的朝拜：泰山和〈醒世姻缘传〉》，载《通报》，第 77 卷（1991 年），226～252 页；吴百益：《17 世纪人们朝拜泰山的矛盾心理》，见韩书瑞、于君方编：《中国历史上的进香与宗教圣地》；德怀特·贝克（D. W. Baker）：《泰山：中国的神圣东岳的故事》，9～10、17 页。

⑯ 有一个例外，在旗男人和女人的一个无名圣会于 1658 年另外恢复了一座内城普通的天仙庵。首都图书馆藏拓片第 179 号。

⑰ 有关这个的全部讨论，我利用了韩书瑞：《北京妙峰山的进香：宗教组织与圣地》，见韩书瑞、于君方编：《中国历史上的进香与宗教圣地》。

⑱ 北京图书馆藏拓片第 2759、2767 号；本书第七章。

庙的一块1654年石碑。由344名捐献者为庆祝三年一次供香的完成；三分之二的捐助者是妇女，其他是太监。碑文是由一位前盐运使司运同（四品）撰写，用神秘夸大的语言写作。没有使用圣会的名称，总部设在内城湖边的一座三圣寺。[79] 明清易代之间，太监们，也许是宫女们的重要作用再次凸显出来。

1656年，一个新圣会在西顶庙组建，为那些在神诞日步行来此进香的人们（或许，我们不能称他们为“朝圣者”?）提供茶水和果品。（这座寺院位于通往昆明湖的路上，距城墙大约六公里。如图12-5所示。）12年后，一千多人竖立了第二块石碑，上面列出了人名，几乎全部是男性，数百人被指定为会首。[80] 519

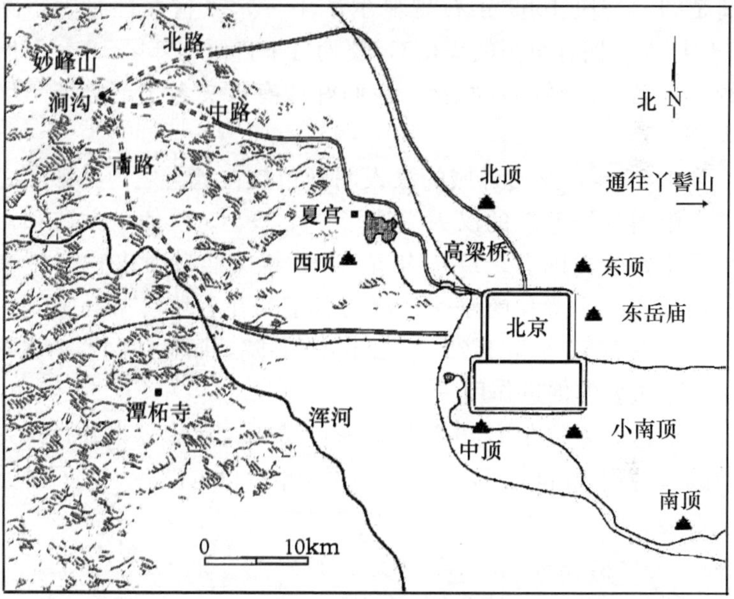

地图14-1　泰山娘娘庙

西顶庙持续吸引着有组织的捐助者。首先，碑文使用词语

---

⑲　北京图书馆藏拓片第2757号。

⑳　北京图书馆藏拓片第2759号。

“会”，并且提到了他们的“进香圣会”，但极少有名字。直到17世纪80年代，才更为正式地指定这样的圣会：“香灯圣会”、“子孙进香圣会”或“元宝会。”[81]

在17世纪后半期，在西顶的圣会与在东岳庙它们同时的圣会
520 是相似的。碑文使用集体行善的语言；圣会的名号表明一个组织的等级，而且随着时间的延续变得更为复杂。它们的活动集中于四月的碧霞诞日，包括了维修西顶庙、朝圣和帮助其他的朝圣者。

不久，这座寺院吸引了来自内城旗人大量并有组织的捐助。[82]在这些圣会中，有些是以周边居民为基础的，但是其他的组成是不清楚的。一块1669年石碑显示了不寻常乡村女性来客：除了140位男人（拥有组织的头衔），还列有来自西北郊区18个不同村庄约470名（已婚的）妇女。他们好像有汉文名字，也许是汉军旗人。[83]

到1689年，来自外城的汉人明确包括在圣会之内。那年，来自“正阳门外坊巷”的汉人组成了一个圣会。然而，太监和宫女仍然是主要的捐助者，1708年至1712年康熙皇帝支付了重修费用。西顶庙的住持和尚海秀，他的名字列在五块由圣会竖立的石碑上，他在1687年至1722年之间参拜寺院，而且他的资助也许起到了一个重要的促进作用。[84]

虽然这座寺院在1756年用皇家的费用再次修复，并且四月庙会持续举行到20世纪[85]，但是在1725年后再也没有立过石碑并且

[81] 北京图书馆藏拓片第2777、2787、2791号。

[82] 19篇铭文中的12篇是在1725年以前。

[83] 1669年（康熙八年）石碑在五塔寺。这个地区居住着汉军旗人。一座第二年的石碑是由几个满人和一个来自内城的太监竖立的。北京图书馆藏拓片第2789号。

[84] 1689年，北京图书馆藏拓片第2787号。1712年，北京图书馆金石组编：《北京图书馆藏中国历代石刻拓本汇编》，第66册，145页。海秀，北京图书馆藏拓片第2749、2771、2787号；北京图书馆金石组编：《北京图书馆藏中国历代石刻拓本汇编》，第66册，6～8、13页。

[85] 震钧：《天咫偶闻》，卷10，12页；普意雅：《四月的北京的风俗习惯》，载《中国》，第38期（1923年），302～303页。

也没有任何类似积极的朝圣圣会在西顶庙活动的证据。正如我们将要看到的那样，强烈的皇家注意力和新近灵验的对手也许会造成这个神灵魅力表现的衰落。

在清代早期，极少在其他娘娘庙里看到有组织的朝圣。在中顶庙（唯一建于 1627 年的一座寺院），宗教圣会最初是积极的。1664 年，一个超过两百人的圣会庆祝他们连续三年的进香。1696 年，来自外城的另一大群（汉族）男子和妇女记录了他们的“百子胜会”，这个圣会已经存在了二十多年，每年四月十八举行祭祀，感谢碧霞的特别灵验：“无子者有子也，有子者多子也。”[86] 521
（他们的石碑如图 14-1 所示。）

自一开始，这座寺院就毗邻于种植花卉的北京南部地区，是其吸引不常来此的游客以及世俗信徒的一部分，而且甚至在清末还持续有游客到此。虽然一个 19 世纪末期的资料声明“士女不需担心日头，离城半里有茶摊”，但是我们对于对这样的茶棚必定会负责的圣会一无所知。[87]

在高梁桥的碧霞寺（不是五顶之一），唯一的一块 1674 年石碑记载了超过 120 名来自内城镶红旗区一群人的捐助。在那之后，是否有许多朝圣者或更多的活动尚不清楚。[88]

由旗人组织的几个朝圣圣会在 17 世纪 60 年代至 18 世纪 90 年代之间对北顶庙有着强烈的兴趣——把帽子和长袍、腰带和靴子、金和银的仪式器具、请愿书和纪念碑、精致的甜品、香和蜡烛以及纸钱献给这位神灵。19 世纪，那儿似乎没有什么活动；1902

---

[86] 北京图书馆金石组编：《北京图书馆藏中国历代石刻拓本汇编》，第 65 册，85 页。

[87] 北京图书馆藏拓片第 3681 号。引文，《都门竹枝词》，27～28 页。（译者按：原文未能找到。）这座寺院，励宗万：《京城古迹考》，6 页；潘荣陛：《帝京岁时纪胜》，18～19、20、25 页。由于其他地方的组织继续竖立石碑，甚至一些并不太大，把这种标记的缺乏解读为降低关注的一个征兆，似乎是合情合理的。

[88] 北京图书馆藏拓片第 5833 号；贝勒（勒士畲得）：《北京平原和周边山村》，63 页；裴丽珠：《北京》，502 页。

年，一位满洲亲王重修了这座寺院。[89]

令人尊敬的南顶庙远在皇家南苑东南角，距城门约三十公里，在明末成为大群香客的中心。[90] 它的声望在清代也衰落了，特别受到一座竞争寺院（“小南顶”）的挑战，因为小南顶更为方便。最后，两座寺院举行受欢迎的庙会，并且二者接受了一些皇家捐助，但是没有石碑记载朝圣圣会的参拜。直到清朝末年，小南顶才作为城市精英观看赛马的地点而广为人知。[91]

北京西部蟠龙山的另一座寺院在明代得到修建、被毁然后重
523 建。17 世纪末至 18 世纪末，这座寺院供奉娘娘的壁龛吸引了朝圣圣会。石碑由圣会竖立，但经常是无名的，圣会的成员是来自北京西南郊区的旗人。[92] 然后，这座寺院似乎也从记载中消失了。

然而，在清代首都精英的范围内，另一座碧霞元君的寺院位于北京东南约五十公里大运河边。这座在里二泗的寺院历史似乎比较短，其声望仅仅是清代才有的现象。18 世纪，在那里举行过赛龙舟，潘荣陛评论这座寺院“香会纷纭，游人络绎”。此后，对这座寺院的了解就知之甚少了。[93]

---

[89] 北京图书馆金石组编：《北京图书馆藏中国历代石刻拓本汇编》，第 77 册，1、76 页；第 89 册，49 页。北京图书馆藏拓片第 8151、8153、8167 号；亲王是奕劻，恒慕义主编：《清代名人传略》，964～965 页。

[90] 励宗万：《京城古迹考》，6 页。其紧接妈祖（又称弘仁）桥。

[91] 小南顶，潘荣陛：《帝京岁时纪胜》，18～19 页；杨静亭编：《都门纪略》。市场，《草珠一串》，16～18 页。震钧：《天咫偶闻》，卷 9，1 页。杜安：《宫廷和北京平民的礼仪》，载《法中友好协会简报》（巴黎），第 3 期（1911 年），140 页。《北京旅行指南》，216 页。《点石斋画报》，甲，9～69 页；丁，10～74 页。南顶，《草珠一串》，16～18 页。

[92] 许道龄：《北平庙宇通检》，卷 2，27、89 页。所在地的石碑日期为 1707 年（康熙四十六年）、1738 年（乾隆三年）、1740 年（乾隆五年）、1773 年（乾隆三十八年），以及其他未标明日期的碎块。北京图书馆金石组编：《北京图书馆藏中国历代石刻拓本汇编》，第 66 册，141 页；第 67 册，170 页；第 71 册，188 页。北京图书馆藏拓片第 10276 号。

[93] 潘荣陛：《帝京岁时纪胜》，22 页；《宛平县志》，卷 3，18 页；《通州志》，卷 9，4 页。其保存到 20 世纪。李尉祖：《北京地区四大门崇拜》，载《民俗研究》，第 7 期（1948 年），63 页；《河北庙会调查报告》。

522

图 14－1　中顶庙石碑

这座石碑由百子胜会于 1696 年设置，百子胜会是一个来自前门外猪市口地区的组织，每年在碧霞元君诞日那天到此求子。碑文四周饰有许多小孩。这座寺院位于北京南郊的草桥村。玉皇被安放在大殿的后面，东岳神在中殿，而碧霞娘娘在前殿。阴间官员的神龛在院子里排成了一行。1987 年，这块石碑仍然立在一个现存的院子里。

照片：韩书瑞 1987 年摄。

注：北京图书馆金石组编：《北京图书馆藏中国历代石刻拓本汇编》，第 62 册，35 页；第 65 册，85 页。

位于涿州（京城西南约五十公里的一座城市）的东岳和碧霞寺院在北京的居民中再也没有达到其由明末太监和宫廷捐助所产生的声望顶端。然而，它坚持作为泰山寺院网络的一个节点。1671 年，一个涿州圣会立足于内城的一座寺院，开始在那儿进行年度朝圣；1689 年，超过 450 人捐钱修复它的大殿。[94]

泰山娘娘的这些寺院没有一座在清朝时期一直成功地保持稳定、有组织的支持。与此相反的少数中的一座处于京城的环线之

---

[94] 北京图书馆金石组编：《北京图书馆藏中国历代石刻拓本汇编》，第 64 册，125 页；潘荣陛：《帝京岁时纪胜》，18～19 页；本书第五章。

外，向东八十公里，位于双顶的山之上，也就是已知的丫髻山。[95]这个地点引起北京居民的注意，也许是因为它位于通往风景如画的盘山道路附近。这座碧霞寺院与竞争对手相比，其优势在于拥有一个（小的）山顶；通过易于达到的道路和仅有必须攀登的短途，其成为香客重要的目的地。[96]（丫髻山的寺院如图 14-2 所示。）

524

图 14-2　丫髻进香

在右下角可以看到旗人麟庆，在朝圣的小路上由一把太师椅抬着，那条小路经过一个小的客栈到达位于丫髻山山顶的两座寺院。在右边，圆形建筑供奉着玉皇大帝；在左边，高一些的建筑供奉着碧霞元君。

资料来源：麟庆：《鸿雪因缘图记》，卷 3，97～98 页。

---

⑮ 名字指的是一个年轻孩子的头发被捆成两个髻。寺院的 20 块石碑（1693—1933 年）保存至 1988 年；据我了解没有拓片。在山顶的寺院被重建。碧霞寺院早在 1604 年得到了证实；在这个地方的布告宣称（似乎有道理的）其是在成化朝（1465—1487 年）修建的。《涿州志》，卷 1，12～13 页；《怀柔县志》，卷 1，17 页。

⑯ 1715 年（康熙五十四年）这个地方的石碑记载到它“北靠长城，南面京城，依山环绕”。

第一个与丫髻山相关有记载的朝圣圣会是1693年的三顶圣会。那个圣会起源于东郊的一个村庄，在这个时期，利用与其他圣会相一致的简单名称，每年举行游山。在1696年，另一个圣会在上山 525
的道路上建造了一座碧霞寺院，以便于四月为香客提供茶水。[97]

在1698年，住在丫髻山的道士负责重建[98]，但是此后不久，这座寺院的命运急剧改变。也许在宫中由其他人介绍了这座寺院，康熙皇帝于1704年四月十一日前往那里，掀起了一波对这座山的热情。1713年（三月十八日），康熙皇帝六十寿诞，两个皇子大张旗鼓地去烧香。“诸王大臣及旗民人等，延在京道官四十八员至山，启建万寿道场。”据说两万到三万人聚集在这座寺院中，他们的灯笼铺满了整个地方。一块1714年的石碑由康熙第三子诚隐郡王胤祉撰写；1715年，康熙皇帝亲自撰写了碑文。他记录了“官民”到此为他祈祷的热情，并称赞他们在这座山的次高峰上捐建玉皇阁所做出的贡献。[99]

1708—1808年，当许多其他的碧霞寺院逐渐衰落下去时，来自朝圣圣会的10块石碑竖立在丫髻山。大部分（7块）来自总部位于内城的团体，出自总部位于外城和东部郊区的团体各为1块。圣会的规模从12人至297人，平均为126人。捐款人的五分之一是妇女，在春天，大群的人“不可胜数”。[100]

---

[97] 1693年，北京图书馆金石组编：《北京图书馆藏中国历代石刻拓本汇编》，第65册，27页；会首在御厨里当差并且可能是一个汉军旗人。1696年，北京图书馆金石组编：《北京图书馆藏中国历代石刻拓本汇编》，第65册，84页；捐助人来自何处是不清楚的。

[98] 《顺天府志》，1885年，卷24，761页。此地一块1906年（光绪三十二年）石碑提及了唯一的一次土地捐赠。

[99] 《顺天府志》，1885年，卷24，761～762页；此地1714年（康熙五十三年）、1715年（康熙五十四年）石碑；恒慕义主编：《清代名人传略》，922页。

[100] 只有三个圣会包括妇女。此地石碑，1708年（康熙四十七年）、1713年（康熙五十二年）、1716年（康熙五十五年）、1723年（雍正元年）、1755年（乾隆二十年）、1767年（乾隆三十二年）、1770年（乾隆三十五年）、1773年（乾隆三十八年）、1794年（乾隆五十九年），以及1808年（嘉庆十三年）。亦参见北京图书馆金石组编：《北京图书馆藏中国历代石刻拓本汇编》，第65册，84页；潘荣陛：《帝京岁时纪胜》，18～19页；《顺天府志》，1885年，卷24，761～763页。来自通州的信徒也赞助了寺院。《通州志》，卷9，4页。

在通往山上的道路上持续为朝圣者备办食物。寺院里富有进取心的和尚沿途欢迎他们，在 1770 年四月，一位旅行者发现在这条路上的一个客栈里“大部分客人”是前往丫髻山的。一些圣会挂起灯笼，给朝圣者分发茶水。[101] 大部分前往重要寺院途中的旅社位于约离北京十公里的贸易小镇东坝。[102]

526 幸运的是，满洲文人麟庆于 1808 年登上丫髻山，受他儿子的劝说，可能是治疗受伤的腿。在他的自传中，有 240 个场景，每个得到精彩的图解，麟庆选取了丫髻山的两个山顶，一个上面有圆形亭阁的玉皇阁，另一个有一个方形大殿的碧霞寺院。麟庆被画在一个登山的轿椅上，没有普通的人群在场。[103]（参见图 14-2。）19 世纪没有记录小型的朝圣活动，至少在 1886 年慈禧太后参拜之前没有，但是（旗人）虔诚的朝圣持续到了 20 世纪。[104]

对泰山娘娘的祭拜在清代这些寺院中的兴旺是不均衡的。[105] 朝圣团体和君主各自的支持在 17、18 世纪是最朝气蓬勃的，并且此后减少；然而，如果把未得到记载的妙峰山的民众虔诚和发展中的朝圣背景排除在外（我们将马上转向此），这些趋势将无法得到真正的理解。

---

[101] 北京图书馆金石组编：《北京图书馆藏中国历代石刻拓本汇编》，第 65 册，84 页；第 74 册，57 页。1794 年（乾隆五十九年）、1808 年（嘉庆十三年）此地石碑。旅游者，雷国楫：《燕游日记》，卷 4，14 页；《宫中档雍正朝奏折》，第 3 册，106～107 页。

[102] 北京图书馆金石组编：《北京图书馆藏中国历代石刻拓本汇编》，第 65 册，84 页；第 74 册，57 页。《宫中档雍正朝奏折》，第 3 册，106～107 页。1740—1741 年，唐英为这座寺院提供了一套精美雕刻的瓷器祭祀器皿，唐英是景德镇的皇家督陶官。大部分保存，柯玫瑰（Rose Kerr）：《中国陶瓷：清代的瓷器，1644—1911》，66～69 页，图 45；卜士礼（S. W. Bushell）：《东方陶瓷艺术：沃尔特斯收藏》，396 页；耿宝昌：《谈唐英款的瓷器及其他》，载《景德镇陶瓷》，1982 年第 2 期，1～3 页；乌尔瑞希·威斯纳：《希尔德斯海姆罗莫博物馆欧姆舍的中国瓷器收藏》，图 52、53。

[103] 麟庆：《鸿雪因缘图记》，卷 3，97～98 页。来自这本书的其他插图见图 3-3、6-1。

[104] 吴振棫：《养吉斋丛录》，卷 7，9 页；普意雅：《四月的北京的风俗习惯》，载《中国》，第 38 期（1923 年），308 页；1906 年（光绪三十二年）、1924 年（民国十三年）、1931 年（民国二十年）、1935 年（民国二十四年）此地石碑。

[105] 其他早期的清代碧霞寺院也是朝圣的目标，可能有宗教圣会，但是它们甚至极少得到很好的记载。

与泰山之间的联系被深深地嵌入碧霞元君的祭拜之中，产生了单座寺院相互联系以及连接着东岳神灵的各种方式。正如我们已经看到的那样，东岳和碧霞经常在同座寺院中被发现。有时候，玉皇被增加到碧霞的寺院中，通常在后面的两层建筑中。1693 年，三顶圣会每年瞻仰“玉皇山、丫髻山和东岳”。[106]

1685 年宛平和大兴县志（可能反映出较早期的惯例）称，在四月“游高梁桥西顶、草桥之中顶、弘仁桥、里二泗、丫髻山，为碧霞元君诞也”。[107] 在 1745 年的历史遗址调查中，励宗万一共列出 6 座碧霞元君寺院，即使并不都是活跃的。潘荣陛更支持 1758 年的 527
描述，提到了 9 座著名的娘娘寺院。[108] 不固定的一系列顶点为香客们清楚地列出了绕行的路线：在 1640 年，6 座；在 1665 年，8 座；在 1674 年，5 座；在 1678 年，2 座；在 1681 年，4 座；在 1691 年，3 座；在 1756 年，9 座。[109] 显然，没有哪一个单一系统成为主流。

在北京地区，其他寺院没有用这样的方式与娘娘关联，而且娘娘的神殿被认为彼此互有关系，并似乎明显作为设置的一部分（无论如何，是不一致地或不清楚地界定）；同样地，参拜一系列

[106] 北京图书馆金石组编：《北京图书馆藏中国历代石刻拓本汇编》，第 65 册，27 页。我不知道“玉皇山”是一座山或是一座寺院。涿州圣会（1689 年）和北顶圣会（1796 年）确定供奉这三位神灵。北京图书馆金石组编：《北京图书馆藏中国历代石刻拓本汇编》，第 64 册，125 页；第 77 册，1 页。

[107] 《宛平县志》，卷 3，18 页；《大兴县志》，卷 1，16 页。（在两个县志中）路线几乎相同而又不同寻常，但无法从（我所能辨识的）明代文献中推导出这一情况。人们可能读到文字如“高梁桥（庙）和西顶”。

[108] 励宗万《京城古迹考》卷 6 中称两个（西顶和小南顶）是完整的并且其他的（南顶、中顶、东顶和北顶）成为废墟。潘荣陛：《帝京岁时纪胜》，18～19 页；他的列表与励宗万的相同，加上在高梁桥、涿州和丫髻山的寺院。

[109] 6 座，首都图书馆藏拓片第 306 号。8 座，北京图书馆金石组编：《北京图书馆藏中国历代石刻拓本汇编》，第 62 册，46～50 页。5 座，北京图书馆藏拓片第 2767 号。2 座，《北京图书馆藏中国历代石刻拓本汇编》，第 63 册，114 页；首都图书馆藏拓片第 672 号，一座是东岳庙，另一个是妙峰山？4 座，北京图书馆金石组编：《北京图书馆藏中国历代石刻拓本汇编》，第 63 册，155 页，1770 年（乾隆三十五年）丫髻山石碑。3 座，北京图书馆金石组编：《北京图书馆藏中国历代石刻拓本汇编》，第 65 册，27 页；未标明日期的三顶圣会丫髻山石碑残存。9 座，北京图书馆金石组编：《北京图书馆藏中国历代石刻拓本汇编》，第 71 册，93～97 页。

供奉这位神灵寺院的想法对于她的祭拜来说是基本原则。

有趣但难以发现的一组稍微不同的关联，涉及碧霞元君寺院和一个当地萨满教士“四大门、五大家”祭拜之间的关系。在北京地区，人们相信，狐狸、黄鼠狼、刺猬和蛇能主宰粗心的人或无礼的事情。因此许多（大多数?）北京人家里修建了这些动物的小神龛。[110] 根据我们最好的资料——一篇 1948 年由李尉祖撰写的文章，当媒介，往往是妇女，受到这些神灵的控制时，他们可以获得治疗疾病的能力（用香灰和魔力）。萨满教已经得到发展，每位神灵与一种动物相关联，被文雅地称为“仙”。[111] 在某些方面，这些萨满神灵与碧霞元君的祭拜联系在一起，得到立刻的指派并由其增强。直到 20 世纪，在北京的一些人仍然相信丫髻山是四个神圣动物的起源地，而且那是萨满旅程的起点。王奶奶，娘娘的一个下属，被认为掌管着这些动物神灵。[112]

到现在为止所描述的全部泰山娘娘在北京寺院的命运直接受到一个新祭拜中心出现的影响，那是拥有众多信徒的地方，而且
528 那里的圣会变得更加复杂和强大。某些其他寺院可能通过它们与妙峰山的关系来获得声望，但是最终，妙峰山一带的成功破坏了它们的声望。

---

[110] 密福特：《使馆馆员在北京——书信集》，66 页。许多北京文人笔记有关于狐狸的故事，并非都与这个祭拜相关，参见韩瑞亚（Rania Huntington）：《狐狸与明清小说》；亦参见纪昀：《阅微草堂笔记》，90～91 页。

[111] 李尉祖：《北京地区四大门崇拜》，载《民俗研究》，第 7 期（1948 年），1～94 页；亦参见张焘：《津门杂记》，卷 2，39 页；韩瑞亚：《狐狸与明清小说》，96～100、125～129 页；罗信耀：《吴氏经历：一个北京人的生命周期》，下卷，79～84 页；泽田瑞穗：《蟠桃宫の神离咪々》，载《东方宗教》，第 26 卷（1965 年），64 页；贺登崧、李世瑜、常志文：《万全的寺院和历史（察哈尔）》，载《华裔学志》，第 13 期（1948 年），286～287 页。有关一个家庭祠堂的照片，彼得·卢姆（Peter Lum）：《我自己的翅膀》，对开面，148 页。祭拜持续到今天。

[112] 李尉祖：《北京地区四大门崇拜》，载《民俗研究》，第 7 期（1948 年），1～94 页；韩瑞亚：《狐狸与明清小说》，96、256 页；李世瑜：《王三奶奶的故事》；莫里斯·亚当：《张陈某的木工棚》，载《北京政治》，第 12 期（1927 年），293～298 页；詹姆斯（Jameson，Raymond De Loy）：《一个外国人眼中的中国民俗》，92～93 页。

妙峰山

17 世纪末期始，一座新的供奉碧霞元君的寺院在北京西北的山上开始因为灵验获得声望。[113] 信徒输送了他们的虔诚，到那里需要三天的路程。他们自称神灵的弟子，虔诚地到此进香、朝山、朝顶和拜圣母。

宗教组织被深深地卷入到这种祭拜中，实际上它们最终精心策划了它。完整的记载允许我们更准确地接近它们的工作，从而去评价这些圣会的多功能性、开放性、灵活性和组织上的可能性（和限度）。对妙峰山作用的探究不仅可以使我们了解那个遗址的历史，而且更进一步加深我们对 18、19 世纪北京社会的理解。

奇异之山妙峰山，位于距城市约四十公里远，高 1 330 米，是西山后部的最高峰。[114]（参见地图 14-1。）我们第一份有关那座山供奉碧霞寺院可靠的记载来自一个宗教圣会，作为圣母娘娘寺院网络的一部分，这个圣会在 1689 年参拜了它；其他的证据表明，这个地点在 17 世纪后半期变得受人欢迎。到 1703 年，信徒们已经可以把它列到重要的碧霞寺院之中。[115]

---

[113] 这个讨论借鉴了我 1992 年的文章，有兴趣的读者可以转向它看到更多的细节。

[114] 普意雅：《北京附近地图，1：25 000，工程师普意雅汇编 20 幅比例为 1：200 000 的地图》。泰山只比其高 200 米。

[115] 我对于顾颉刚在《妙峰山》，特别是第 124～128 页中给出的一个明代日期的观点表示怀疑；亦参见韩书瑞：《北京妙峰山的进香：宗教组织与圣地》，见韩书瑞、于君方编：《中国历史上的进香与宗教圣地》，338、369 页。这个 1689 年北顶圣会建立于西顶。首都图书馆藏拓片第 653 号；这块 1689 年（康熙二十八年）石头在遗址中幸存。这篇碑文的核心内容被印在 1684 年版的《宛平县志》，但是石碑上的日期清楚地标明为 1689 年。1857 年一个二顶圣会在妙峰山上留下了一块石碑，石碑称这个圣会始于康熙朝，并且 1678 年在东岳庙活跃着另一个二顶圣会。北京图书馆金石组编：《北京图书馆藏中国历代石刻拓本汇编》，第 63 册，114 页。在一块背面也使用二顶圣会名字的 1836 年石碑，推测是从一块不复存在的 1663 年石碑上切割下来。首都图书馆藏拓片第 671 号，以及 1836 年（道光十六年）石碑所在地。如果正确，1663 年可能是朝圣活动在此的最早证据。有关 1703 年，北京图书馆金石组编：《北京图书馆藏中国历代石刻拓本汇编》，第 66 册，28～29 页。

529 新的寺院位于一个遥远的地点。光秃秃的山已经得到了开发并零星有人居住，但仍然是荒凉的，且远离北京。这些建筑不在妙峰山山顶上，而是在位于靠近山顶的南坡尽头，从那里可以看到远处蜿蜒山谷南向的景色，山谷里流淌着浑河，是通往蒙古的为数不多的通道之一。[116]

前往这座山的道路比前往其他碧霞寺院更为险峻。从北京来到这座山的脚下，要花费一天的大部分时间；从山脚下，前面又是一整天的艰辛攀登，上山是陡峭狭窄的石路，还必须花掉一天的时间屈着膝返回来。由于从起点的驿站到终点的驿站之间有平坦的小路，所以朝圣者可以乘车或骑骡马，对于艰难的攀登，富裕的人可以靠“爬山虎”——肩扛的藤椅抬上去。其他游人只能步行。但是朝圣者们并没有被吓到，或许这是一种挑战。在北京及周边的娘娘庙中，只有妙峰山才可以被说成是一座真正的山。

朝圣者的捐献物为妙峰山天仙圣母日益增长的名望提供了大量的证据。从 1689 年到 1910 年，朝圣者给山顶寺院捐献了 36 块题写的石碑和 17 件其他物品，纪念了这个地点的发展；39 件其他捐献品送给了沿途的寺院和神殿。[117] 由于这位神灵拥有强大的感应力，至少到 1778 年，这座寺院的灵感宫广为人知。[118]

详尽阐述的一组通往那里的路线不仅反映了妙峰山的发展，而且使朝圣的基础设施和社会中心的先后发展成为可能。到 1882 年，石碑上的文字提到了上山的“五路”，尽管后来又重复了这一描述，与五顶一样，这个数字更具有象征意义。实际上，通往寺院的一系列路径格局是变动的，其中有三条路最为重要：南道、

---

[116] 《大明一统志》，卷 1，124～127 页；刘侗、于奕正：《帝京景物略》，卷 7，321～325 页。我遵照当时的用法，称其为山庙。有关这个位置的一个最近民间故事，张宝章、彭哲愚：《香山的传说》，190～192 页。

[117] 这些类似的概括是基于保存在妙峰山石碑的实物或在首都图书馆、北京图书馆的拓片，由奉宽（《妙峰山琐记》，特别是第 89～91 页）和顾颉刚（《妙峰山》，特别是第146～152 页）的资料加以补充。我于 1987 年和 1988 年在妙峰山看到石碑。寺院已经完全重建，增加了新的石碑，但是许多古老的石碑已经消失了。

[118] 我能首次证明的名字是在 1778 年。首都图书馆藏拓片第 664 号，以及此地残存。

中道和北道。[119]（如地图 14-1 所示。）沿途设置了朝圣者的客栈，称之为“茶棚”；一些茶棚变成规模完整的寺院。[120] 530

南道似乎是最古老的线路；它的路程稍长，但不那么艰难，而且是从北京往西走的良途，先摆渡过浑河，然后沿着长长的路，缓慢上升到通往寺院对面的山谷。1751 年，两个从西郊来的圣会在途中一座废弃的寺院旁边竖立了石碑；1777 年，另一个圣会在这个地点建造了回香亭。此后（经过 20 世纪 20 年代），不同的圣会使用这个地点，并且其他的圣会在路上为朝圣者施茶粥。[121]

从北京走中道更能直接到达妙峰山，特别是在 18 世纪，中道作为通往皇庄的交通路线而得到改善。朝圣者从这些宫殿西北的山脚开始攀登，沿着陡峭的小路上去，然后下来，然后再爬上妙峰山。至少从 18 世纪 70 年代起，大觉寺后面的一座明代关帝庙被向山顶进发的朝圣者所使用。在寨尔峪，沿着这条路向高处走，另一座小的寺院至少从 1807 年起开始活跃起来；此处的圣会提供简单的茶点，在夜晚挂起灯笼照亮道路，（在 19 世纪 30 年代）修缮了这座寺院，并且增加了大量的房间供朝圣者睡觉。沿着这条路，类似的旅舍持续活跃到 20 世纪。[122]

直到 19 世纪末，这两条路线还是主要的通路。19 世纪 80 年代，重建颐和园昆明湖地区的皇家复兴行动和 19 世纪 90 年代铁路的到来刺激了北道的发展。[123] 所有道路聚合在涧沟，一个位于山庙寺院下三百米的小村在每年朝圣期间热闹起来。

---

[119] 被称为“北中”“老北面”“新北面”“新中间”“南中间”。这些术语指的是香客们旅程最后的、多山的阶段；许多平坦的道路为他们提供了进山的入口。

[120] 顾颉刚编：《妙峰山》，162 页；罗信耀：《吴氏经历：一个北京人的生命周期》，上卷，88 页；奉宽：《妙峰山琐记》，27 页。

[121] 首都图书馆藏拓片第 707、708、709 号；北京图书馆藏拓片第 8153 号；奉宽：《妙峰山琐记》，59 页；顾颉刚编：《妙峰山》，36 页。相反，韩书瑞：《北京妙峰山的进香：宗教组织与圣地》，见韩书瑞、于君方编：《中国历史上的进香与宗教圣地》，339 页，发现的任何一条路线的最早记录是在此处的 1751 年石碑。今天的道路是沿着南道。

[122] 奉宽：《妙峰山琐记》，22～33 页；首都图书馆藏拓片第 664 号。

[123] 19 世纪的 12 块石碑所提到路线名字只有前往南道和中道的路线。有关北道，顾颉刚编：《妙峰山》，56～61、182～183 页。

在山顶的寺院建筑与朝圣一样成长起来。[124] 圣母碧霞元君在主
531 殿里被供奉着，而财神和送子娘娘被安放在围绕着那个院子重要的侧殿里。[125] 后殿放着一尊白袍观音，小一些的侧殿用于供奉释迦牟尼和地藏，其他房间用于朝圣者住宿。到了1900年，主要庭院里有一处放置数十座纪念性石碑的碑林，还有一块巨大的石头，上面被凿了大坑，当作香炉。侧面是其他三个单独的神殿，而稍微倾斜的后面是一座回香亭，那里供奉着东岳大帝。

这座寺院似乎有一些佛教僧人的住处。[126] 虽然当年每个月寺院的活动得到记载，但是至少从清代中叶起，朝圣时节还是四月的头十五天（通常在阳历的五月）。四月初八是碧霞元君的诞日。[127] 一个稍小的秋季朝圣以一种对称的方式在七月发展起来。许多圣会宣称“每年春秋我们前往妙峰山金顶”，并且当“（山庙）开山”时，朝圣者会提到两个“香期”。[128]

从朝圣者那儿获得的纪念性礼物摆满了寺院的房子和院子。这些礼物包括石板、木制匾额、金属钟、编钟和香炉，更多是暂时性的纸质和布质还愿物，它们的文字有助于构成寺院自身和通往它的道路，而且有助于朝圣行为和朝圣者本身。18世纪，这

---

[124] 首都图书馆藏拓片第677、687、695、717号；敦礼臣：《燕京岁时记》，38～40页；顾颉刚编：《妙峰山》，131～132页；金禅雨《妙峰山指南》的布局。

[125] 镀金的木像［马特罗列（Claudius Madrolle）：《中国西部和北方、朝鲜、西伯利亚》］没有保存下来；新的石膏像于20世纪80年代竖立，我这一部分全部来自顾颉刚编的《妙峰山》和奉宽的《妙峰山琐记》。

[126] 首都图书馆藏拓片第656、667、715号；艾约瑟：《中国佛教》，271页。

[127] 有关在初八达到顶点并且到十六日结束的时间表，参见军机档，嘉庆朝，第51173号；顾颉刚编：《妙峰山》，34～35、74～108页。

[128] 秋季（通常来说是在七月和八月）吸引了极少的香客。《宫中档雍正朝奏折》，第25册，369～370页；首都图书馆藏拓片第740号。标记秋天日期的物品在1767年八月捐给了财神庙。首都图书馆藏拓片第693号。有关秋季朝圣的各种日期，于雅乐：《北京周边神秘的朝圣山峰》，载《亚洲杂志》，第8系列第5期（1885年），63页；普意雅：《北京及其附近》，第一系列，《仰山寺院》；顾颉刚编：《妙峰山》，103～105页；麟庆：《鸿雪因缘图记》，卷3，64～65页。偶尔有礼物在二月制作。艾约瑟自19世纪60年代就已住在北京，说明僧侣在淡季留下了“关闭且无人居住”的寺院（《中国佛教》）。在1907年，震钧称寺院在四月“开放”并且在此后“封山”（震钧：《天咫偶闻》，卷9，17页）。

些礼物大约每五年制作一次（大部分在山庙中），然后在19世纪（大部分对于沿途的神殿）变得更加经常性（每隔一年半间一次）。几乎全部石碑制作费用由圣会支付——显然，朝圣圣会来自北京。

到18世纪30年代，这些圣会专门供奉妙峰山，而其他的娘娘庙越来越被边缘化并被取而代之。在新镌刻的石碑上夸大了愿望的表达，但预示了这个地点的名声，例如，在1755年，“香火云集……道路络绎，似日月而无休”。[129] 532

自清代中期以后，圣会指定会首并且逐渐成为正式名称。自称圣会，但是，有时候其他圣会自称为“香会”。大部分“会”有正式的名字，它们中的一些不时再次出现。正如在北京的其他地方一样，这些圣会逐渐变得专业化，而且在内部存在更多的差别。除了平常圣会会首和副会首的位置外，会无系统地增设其他职位：钱都管、茶都管、司房都管、饭把都管、请驾都管等。[130]

这些发展可以通过一个具体例子得到更好的理解。以引善老会为例。据推测，引善老会于1663年成立，但是其首次得到确切证明是在1737年，其最后的石碑立于1857年。[131] 起初，这个圣会在内部没有什么差别，但是到1749年，有1位香首，8位助手管理，而且有3个其他命名的位置被9个人占据（另有163位被列出）。到1806年，有3位香首，12个其他的头衔委派给97位男子以及95位信徒。头衔反映了朝圣的具体任务：负责伞，负责财务，负责神像，负责路线，等等。1836年，变得更加专业化；有14个增加的头衔，而且只有45人（并且在1857年有一个类似的增加）。

这个圣会捐赠了7块石碑，每块石碑上的人数上下波动（在17人和268人之间，中位数和平均数为144人），正如妇女的数量一

[129] 首都图书馆藏拓片第661号。

[130] 顾颉刚编：《妙峰山》，22～25页，以及无数的石碑。

[131] “引善”，即“引导某人从善”，用在此处指的是，引导其他人捐钱，并且引导普通的捐赠人。首都图书馆藏拓片第657、660、661、669、672、696号。金勋认为圣会存在到20世纪。

样（在一块上有一些人，另一块有11人，第三块有88人）。很少能够证明其连续性，“成员”可以理解为意味着只是一次性的参与。其也许是名字，也许是他们的随身物品（有名字列于其上），并且有权使用它们，半个世纪从一个会首传至下一个会首，构成圣会的精华。[132]

533 这个引善老会比大部分圣会的规模要小一些。总的来说，妙峰山的圣会（在有用的资料基础上计算）范围从数人至超过九百人（在1823年），平均为190人。10%以下是妇女——但是那足以引起官方对其行为不当的怀疑。（更多关于此参见后面部分。）[133]

在北京春天的节日中，受欢迎的朝圣逐渐有了自身的影响。1758年，潘荣陛承认妙峰山是四月份在西山地区可以经常游览的地方之一，而且朝圣既刺激，又与其他山的地点例如潭柘寺或戒台寺相匹敌。[134] 在妙峰山，圣母的诞日是在初八庆祝，而不是十八日（正如明代各顶的惯例）。也许因此，在四月初八佛祖诞日的庆祝活动在清代销声匿迹了，而药王的诞日似乎从四月中旬移到四月末。[135] 东岳庙的庆祝活动在三月二十八日，恰好合适，而且受影响比较少。丫髻山还通过从四月初一到十八日的“开放”与妙峰山直接竞争，

---

[132] 例如，首都图书馆藏拓片第664号。

[133] 我有关于清代31个捐助石碑圣会的数字。平均是144人。清代石碑列出约5 960个名字，188个（3%）是妇女。在11块列有妇女的石碑上，只有约6%的名字是女性，并且妇女的数字只有18个。亦参见韩书瑞：《北京妙峰山的进香：宗教组织与圣地》，见韩书瑞、于君方编：《中国历史上的进香与宗教圣地》，注46中有关类似的结论建立在20世纪所有全部朝圣观察者的基础之上，不只是圣会。可与布赖恩·多特《登泰山：18世纪中国的社会文化互动》相比较。

[134] 其不在潘荣陛有关其他碧霞寺院的列表之中。潘荣陛：《帝京岁时纪胜》，18～19页。

[135] 在四月十三日举行；潘荣陛：《帝京岁时纪胜》，19页；《日下旧闻考》，卷147，2354页；《北京指南》，卷2，9～10页。于四月二十八日举行，北京图书馆金石组编：《北京图书馆藏中国历代石刻拓本汇编》，第65册，139页；第72册，187～188页；第78册，64～65页。仁井田陞：《北京工商ギルド资料集》，卷4，804～808页。北京图书馆藏拓片第3735、10237号。普意雅：《四月的北京的风俗习惯》，载《中国》，第38期（1923年），311页。有关佛诞日，潘荣陛：《帝京岁时纪胜》，18页；与刘侗、于奕正《帝京景物略》卷2第68页、卷5第192页相比较。

但是其他的碧霞寺院把它们的庙会延期至五月。[136] 人们很难不把其他寺院活力的下降归结于妙峰山日益增长的人气。

我们可以看出，路上的灯笼以及18世纪为朝圣者免费提供茶水等众多服务的肇始，成为妙峰山独有的一个特征（在北京的背景之下）。服务不只是集中于寺院本身（正如他们在东岳庙所做的那样），而且也在前往寺院的路上提供相同的服务。19世纪（和20世纪），增加了这样的服务。他们坚持善行的精神，这种善行具有普通佛教徒和儒家世俗虔诚的特征，特别是这些圣会。不仅仅是一座石碑声明的“为善最乐”。[137]

这些朝圣圣会的全名通常提到贡献的这些服务：义合膏药老会、一心秉善毛掸清茶圣会、恭献鲜花老会等。[138] 一个圣会通常负责一项任务：供应一种东西，照料充当单一客栈的神殿，或修理石头小路的一段。开始，这些服务覆盖范围是零星的，但是随着朝圣人气的逐渐旺盛（反过来，朝圣活动被这些真诚的服务所鼓励），这样的服务大量增加，直到各种可以称作旅游团体的设施得到提供时为止。1822年和1899年的碑文详细记载了这些新生事物。 *534*

由妙峰山寺院住持（一位僧人）捐助的内城寺院圣会镌刻了两块1822年的石碑。[139] 他们纪念山顶一座新财神大殿的重建，这个任务花费了他们二十多年的时间。对于这个代价高昂的努力，碑文任命在南道上16个茶棚和在中道10个茶棚作为捐助者。长长的个人捐助者名单包括了许多拥有文武官职的旗人，他们来自内城和夏季行宫周边的郊区；寺院、店铺、外城居民，甚至附近山上的石灰矿主和煤矿主把它们连接在一起。

1823年，捐献一座香炉的960人中还包括许多店铺和商号。

---

[136] 潘荣陛：《帝京岁时纪胜》，18～19页。

[137] 首都图书馆藏拓片第658号。对于更多的有关这些圣会在修辞上的矛盾态度表达，韩书瑞：《北京妙峰山的进香：宗教组织与圣地》，见韩书瑞、于君方编：《中国历史上的进香与宗教圣地》。

[138] 顾颉刚编：《妙峰山》，41～52页。

[139] 首都图书馆藏拓片第667、694号。

当时，香客圣会已经为寺院内部提供香、水果、花卉、祭坛装饰品和祷告的垫子（在山顶上和沿途）；有一个圣会全权负责刻印和解释山庙上的算卦签子。⑭

到19世纪中期，我们开始拥有许多艺人圣会的记载，它们是当时朝圣的一个固定部分（而且，可能已经成为固定部分，从它们在明末南顶朝圣的出现来判断，大多数宗教节日里没有提到他们）。当他们“开道”时，一些人会涂抹他们的面部来吓走魔鬼；其他人表演民间戏曲，在拉紧的绳索上行走，耍坛子或石秤砣，表演舞狮，打花鼓，或在人群中表演眼花缭乱的武术。⑭

在这些娱乐中，秧歌队是较为有名的。他们是民歌合唱团，在北京通常由踩着高跷的人组成。到19世纪60年代（如果没有那么早的话），他们参加妙峰山的朝圣。每队在30人至45人之间，其中半数为真实的表演者；其他人是管理、指导和开路的
535 人。他们的跳跃、旋转和欢跃，全部都在高跷上，令其他的香客惊奇。⑭

一块1899年的石碑显示了到那年朝圣圣会扩展的范围和规模。⑭ 沿着朝圣路线有61座茶棚、56个有特定任务的圣会和24个娱乐圣会。这些圣会来自京城内外以及整个北部和西部郊区。19世纪90年代的资料表明，这块石碑绝对没有把它们全部列举出来。例如，根据1894—1897年的手写列表，在19世纪90年代指

---

⑭ 首都图书馆藏拓片第713号。

⑭ 军机档，嘉庆朝，第83202号；于雅乐：《北京周边神秘的朝圣山峰》，载《亚洲杂志》，第8系列第5期（1885年），62～71页；葛禄博：《北京民俗》，65、102页；《钦定总管内务府现行则例·掌仪司》，各处；韩书瑞：《北京妙峰山的进香：宗教组织与圣地》，见韩书瑞、于君方编：《中国历史上的进香与宗教圣地》，图8-1。

⑭ 甘博编：《中国定县地区的农村戏剧》；李景汉、张世文：《定县秧歌选》；朱迪·约翰逊（Judith J. Johnson）：《定县秧歌选研究》；首先我能证明他们于1894年参与，《内务府掌仪司承应各项香会花名册》，卷2，8页。亦参见甘博：《定县：一个华北农村社区》，329页；艾约瑟：《中国佛教》，269页；傅起凤：《中国杂技古今谈》，82页。

⑭ 首都图书馆藏拓片第700号。

定了13个秧歌队，但是只有4个秧歌队的名字列在石碑上。[144]

在19世纪末，圣会提供的服务更多更杂。修补大殿，粉刷神像，提供必需品：香炉、钟、编钟、蜡烛、花、水果、油、垫子、祭坛罩、祷告垫子、灯笼。对朝圣者本人而言，这些圣会提供了茶水、粥、盐、蔬菜、饭碗、爆竹和简单的住宿。它们准备鞋子和餐具，提供药物和贴膏，铺设石路并随后打扫，沿途架设灯笼，在南道的河边设置栏杆，为渡船提供缆绳。

预先宣布这些活动的一个固定时间表，邀请公众参加，对这些一周或两周为朝圣做奉献的圣会而言，是通常的惯例。例如，19世纪90年代，一个来自南部郊区捐献水果和花的圣会，在四月初五，聚在一起度过夜晚（守晚）；在初六，开始上山的行程；初七，朝顶，他们在神像面前摆香，焚烧一个写有他们名字和列有礼物的请愿书；初八，他们回香。20世纪20年代，观察者们差不多为每个圣会记载了类似、高度仪式化的时间表。[145]

然而，这些圣会是如何准确地进行组织的呢？一个1817年的例子为我们提供一个少有的探究内部情况的机会。[146] 福宁*是一位 536
无业的皇族成员，正红旗人，居住在内城西南角，四十岁。他向圣母许愿，如果能在四月初八登上妙峰山，将用七天时间真诚地为朝圣者施茶粥。为了这个目的，他“复兴”了一个诚献粥茶圣会，写下了他的计划，并张贴在其他地方，其中有甘石桥——一个前往山顶途中的内城西北角外的小村庄。（这些碑文式样的纸质通告通常张贴在京城周边的城墙和城门上，宣传朝圣。图14-3中

[144] 另一份当代的资料估计，沿着主路有超过90个旅舍（相对于石碑上的61个）。《内务府掌仪司承应各项香会花名册》，各处。参见金勋《妙峰山志》第42～43页有关20世纪20年代16个积极的圣会；让廉：《京都风俗志》，5页。

[145] 奉宽：《妙峰山琐记》，106页；首都图书馆藏拓片第676号；顾颉刚编：《妙峰山》，48页及各处。

[146] 军机档，嘉庆朝，第51173号，来自步军统领衙门的档案。我特别感激“中央研究院”的刘成云（Liu Chengyun）让我对这个资料加以注意。

* 原文拼写为“Fucun”，查台湾“中央研究院”史语所档案目录，应译为“福宁”。

就显示了一个通告。)[147]

福宁雇用他的兄弟和侄子，以及一个老朋友淳德（Chunde），是一名在那个村子里值守的八旗（镶蓝旗）兵丁。然后，淳德去“戍守之区的商铺和民户”*，从大约二十个人手里集资。福宁募集了额外的钱财，并在一个登记簿上列出了捐献者的名字。由于没有固定地方去建祭坛并为神像供奉祭品（不知是哪座神像），所以神像是要送到山上的，淳德就安排了一个人（汉人）从位于甘石桥的煤铺老板那里借来了两间房子。到三月十六日，钱已被募集齐，安排了八位圣会中的旗人，在四月初七准备集合去朝圣。[148]

从碑文的资料上来看，福宁恰好符合组建圣会成员的情况，而且他的活动表明这些圣会是临时且自愿的，与职业性圣会或居家型圣会松散地相互重叠，而且完全是短期性的。福宁还向我们表明，清代中叶，这样的朝圣圣会在北京旗人当中是如何变得常见起来的。

他的例子促使我们对一个圣会总部和朝圣地点之间的关系进行重新讨论。(用在中国南方农村田野考察的含义去理解北方城市的一个问题。) 在妙峰山，存在着各种各样的关系，在其他地方的村民团体中，只有某些关系是类似的。

20 世纪的朝圣圣会通告使用“下处”或“处”来表示圣会和它的神像在朝圣之前安顿的地方。在妙峰山的情况中，这个地方
537 有时是一座寺院，但经常是一个私人的住宅或其他建筑。[149] 葛禄博（Wilhelm Grube）大约在 1900 年对这些在北京的圣会进行了观察，说这些圣会会首或者利用他们的家或者“租”一座寺院作为

---

[147] 有许多例子来自 20 世纪初期顾颉刚编：《妙峰山》。

* 此处为直译。

[148] 在这一点上，他们被过分热心的官员逮捕了。淳德可能利用他的侍卫职务去强捐，但如果这是事实，他不是已经取得成功了吗?

[149] 我所知道使用“处”这个词的这些组织，4 个朝圣妙峰山，8 个朝圣东岳庙或其他的碧霞寺院。一块 1742 年石碑提到“肯处”(经核准的地方?)，那儿是圣会起源的地方。首都图书馆藏拓片第 659 号。亦参见奉宽：《妙峰山琐记》，各处；甘博照片集，卷 7，496 页，第 2863 号。一块 1665 年石碑由“沿途”246 个（没有名字的）的寺院捐献给东岳庙，北京图书馆金石组编：《北京图书馆藏中国历代石刻拓本汇编》，第 62 册，49～50 页。

它们的总部，并强调艺人团体在淡季需要练习的场地。在寨尔峪维护旅店的圣会当年在两个地方募集资金，一处是一家店铺，另一处是一座观音庙。[150] 有丰富的证据表明，这些圣会——如同其他地方汉人朝圣者一样——抬着他们的神像（称为“圣驾”），但不

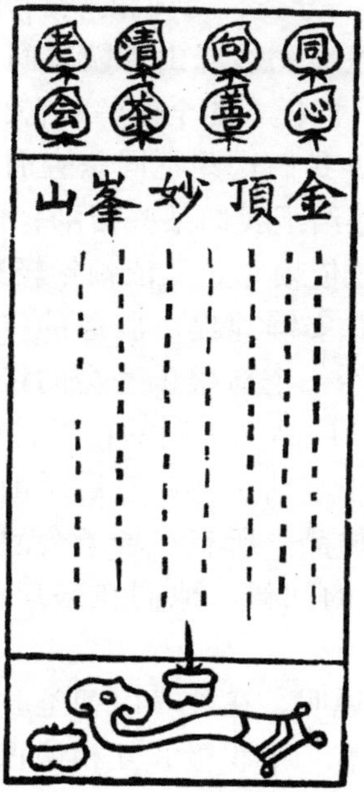

图 14－3　朝圣圣会告示

北京山会的黄色告示是一个常见的情景，而且表明张贴告示的房屋的主人是妙峰山朝圣圣会的一名成员。

同心乐善清茶老会的这个告示宣布了金顶妙峰山朝圣。罗信耀绘图和说明。罗信耀是满人，于 20 世纪 40 年代积极地记载有关北京的生活。

资料来源：罗信耀：《吴氏经历：一个北京人的生命周期》，上卷，81 页。

清楚这些神像是否源于寺院或私人家庭。[151] 我知道两个以碧霞寺院为基地的妙峰山朝圣者的事例。其中一个圣会是在内城的一所寺院开始“圣驾”之行的，甚至在石碑上列出了他们僧人以及山庙 *538*

[150] 葛禄博：《北京民俗》，102 页；首都图书馆藏拓片第 729 号。

[151] 圣会的任务包括在路上“设坛”，“请”和“护”神灵。首都图书馆藏拓片第 664、667 号；顾颉刚编：《妙峰山》，58～59 页。

僧人的名字。[152] 在大部分情况下，显然没有这样对等或联系。

“回香”这个词被用作“进香”的反义词，意思是朝圣完毕回家。它是“下山”、“回城”（或“回村”）、“安驾”和“谢山”过程中的一部分。是否包括从山庙中带着香返回（用于集体的崇拜），或者以某种方式“分香”，我们的资料并没有提到。[153]

总而言之，朝圣圣会和妙峰山寺院之间的关系与圣会本身似乎是不同的。没有单一的模式能全面解释它们。

没有碑文资料告诉我们这些不同圣会的许多活动是如何协调的，但是葛禄博的观察给了我们某些帮助。他关注的重点是“武”圣会的表演者，这些既依赖专业又依赖年轻男性的业余爱好者们，可能不同于缺少竞争并安静地提供服务的“文”圣会。葛禄博在某些细节上描述了开始一个新娱乐圣会的仪式程序。已经签约的捐款人和准备好的随身用品（木制的箱子、旗子和表演装备），组织者可能在一个餐馆中宴请成员，然后展示他们的装备并且在一个临时的祭坛上摆放供品。所有在场圣会的会首在第二天早上受到邀请并得到新会首的问候；他们在祭坛前磕头并且被招待一顿饭。[154]

这份资料清楚地说明，在妙峰山朝圣时节，圣会看来似乎在毫不费力地配合着，有一个积极并互相认识的男性群体，他们协调计划，并确定行业规则和参加表演者的路线。福宁没有提到这
539 样的领导者，但在逻辑上认为，他们是存在的。他们的控制是针对大型、富有、悠久或有权威的圣会，还是仅仅针对表演娱乐人员的圣会？总之，社区的居民或区域似乎没有得到讨论。

---

[152] 首都图书馆藏拓片第667号。参见步济时：《北京的行会》，82～85页有关在20世纪20年代“搬运行会”；他们的行业领域在外城，把天宁寺作为他们的总部。

[153] 顾颉刚编：《妙峰山》，114～115页。顾颉刚承认从“下山”中区分“回香”是困难的。在17世纪的小说中，“回香”指在当地碧霞寺院举行关于朝圣者从泰山返回的一个庆典。杜德桥：《去泰山的女朝圣者：来自17世纪小说的一些记录》，62页。

[154] 葛禄博：《北京民俗》，102页；韩书瑞：《北京妙峰山的进香：宗教组织与圣地》，见韩书瑞、于君方编：《中国历史上的进香与宗教圣地》，359页。

关于妙峰山朝圣圣会报酬的无系统（而且是过于少见的）资料暗示了不同的原则在起作用。顾颉刚根据自己在1925年的田野调查推断，以城市为活动中心的圣会捐赠是自愿的，村庄居民则根据自己的财产状况来决定自己的捐献程度，而职业圣会的全部成员是强制捐献。⑮

然而，号召可以使大笔金额得到募集。福宁的目标是适中的，他希望他的自愿集合的组织里的每个成员的捐献超过一串铜钱，他自己拿出共计50串铜钱。1842年，另一个圣会每月从不同规模的捐献中募集了给人深刻印象的210串铜钱。一个来自城里的膏药老会，活跃于18世纪中期，能够依靠从城市不动产中获得的至少4 000盎司银的捐款收入，用于资助其一年一度的活动。⑯由于石碑对社会边缘的穷人们是忽视的，因此我们所知道的建议来自一位富有的客户也就不足为奇了。根据上下文，一个人只需要花费40个铜钱就可以购买山庙中的一个卦签；在1872年，维修一条山路花费了600盎司银。⑰

一些圣会把它们的资金用于与朝圣相关的支出或永久的纪念，例如石碑。一些圣会积累了集体资产：箱子、盒子、旗子和横幅，以及为朝圣者服务必须使用的其他装备。20世纪（可能更早一些），它们给这些物品做上标记，写上圣会的名字，以使所有人看到。

由于它们根植于京城的社会之中，它们集体的资源、它们坚持的热情，以及它们的方式通过这种方式，在根本上是暂时的、地域性的和自然结构的朝圣，妙峰山的宗教圣会在这个祭拜的历史中是一个决定性因素。作为旅行的代理人和导游，它们为朝圣

⑮　顾颉刚编：《妙峰山》，21～22页。《一位中国历史学家自传——有关古代中国历史讨论（古史辨）的序》，140页。

⑯　福宁，军机档，嘉庆朝，第51173号。1842年，首都图书馆藏拓片第729号。15个人每个月捐4串钱用于他们春天和秋天的供品木炭；30人捐5串用于供品和香客的茶。他们自夸他们没有依靠和尚去募钱。膏药商，首都图书馆藏拓片第664号。

⑰　首都图书馆藏拓片第694、759号。有关钱，附录三。

做宣传和提供帮助；作为表演者，它们用声响、色彩、刺激和行动来增强这个令人精疲力竭路线的魅力。

540 来自内城和西北郊的旗人团体提供领导并压制了大多数圣会成员，对北京历史而言，具有相当大的兴趣。捐献者的列表通常充满了可以识别的在旗男人和女人、皇家成员、在圆明园的旗人包衣和雇工、皇室的雇工、亲王、满人、汉人和蒙古旗人。

事实上，几乎捐献山庙的全部圣会来自内城和郊区。圣母的汉族信徒们加入圣会和旅行，但是那些来自外城的人们更喜欢在沿途活动而不是在山顶上。[158] 圣会也许会偶尔使用“旗民人等”这个短语，事实上与听到的相比，极少包括在内，反映了对于个体的一个被理想化的强调团结和共同的目的。[159] 但它是一个成功的修辞：到处——绝对是到处——我已经看到的是作为一个狭隘的旗人关注而被提及的朝圣。

在朝圣者中包含着平均主义——“无论贵贱”等等——却被世俗上和实际上优先给予皇家参拜者掩盖。在19世纪的妙峰山，来自皇宫内的参拜者先于公众祈祷并献“头香”；然后向全体参拜者开放寺院。这些宫中的亲王、妇女和贵族得到允许进入圣母的主殿，而普通人则在院子里进行参拜。[160]

---

[158] 奉宽：《妙峰山琐记》，51、52页；起源地不清楚的圣会中有一些捐款人的名字看起来是满人的。

[159] 首次证实在妙峰山1749年的一块石碑是由来自西北郊区几个村子的“旗民”捐助的（首都图书馆藏拓片第660号），词语定期再次出现，通常指来自内城或郊区的人。只有两次包含外城的人得到明确阐述，在两个例子中，满洲人似乎也在场，北京图书馆金石组编：《北京图书馆藏中国历代石刻拓本汇编》，第83册，106～107页；首都图书馆藏拓片第715号。至19世纪90年代，许多旗人转为“民”，正确地说在内城的“旗和民”[亦见刘厚滋：《北平东岳庙碑刻目录》，载《国立北平研究院院务汇报》，第7卷第6期（1936年），137页]。有关这个单一的修辞，亦参见韩书瑞：《北京妙峰山的进香：宗教组织与圣地》，见韩书瑞、于君方编：《中国历史上的进香与宗教圣地》，359页。

[160] 徐珂：《清稗类钞》，卷1，9页；奉宽：《妙峰山琐记》，95页。电影片段由甘博于1925—1926年拍摄（“妙峰山”），显示主殿被有效地隔离开，这种习惯，当然，是富人和有权人在实际上和仪式上占统治地位的众多表达之一。

葛禄博轻蔑地认为，清末毫无用处的武术朝圣圣会的会首是富有家庭中被宠坏的儿子。[161] 当然，就像老舍写于 1935 年的一篇小说所讲述的妙峰山那样——在这些场合下，“年轻男子有机会出头露面，并展示他们的肌肉”。[162] 朝圣适宜于那些炫耀性的竞相消 541
费，这对城市节日来说是共有的，而且实际上，官员们担心年轻的女子们利用这一机会抛头露面或对存在的卖淫持缺乏同情的抱怨是有一些根据的。[163]

毋庸置疑，清代中叶，内城与郊区的满人和汉军旗人圣会是妙峰山最积极的捐助者。在清朝征服的一两代时间里，他们和非旗籍邻居开始把新的寺院推荐给受他们尊敬的神灵。此外，他们是通过在北京文化中已经得到充分建立的一种成型圣会来这样做的。我们可以这样把妙峰山朝圣视为北京当地文化中旗人同化的一种媒介和象征。

但是旗人绝不是妙峰山碧霞元君唯一的信徒，即使他们是组织最好的人。如果没有大量无组织个体朝圣者的参与，新的祭拜地点可能无法获得成功或名气。[164] 到 19 世纪 80 年代，许多资料证明了这个地方是招徕大批香客的地点，对朝圣具有广泛社会吸引力，拥有大批的朝圣者。有份史料说：“道上行人如蚁，车如流水，马如龙。”另外有人判断，在接下来的几十年中，每年有一到两万人来到这里。“从王公到士大夫和百姓，所有人都极其虔诚。”他们的动机是各种各样的，而且他们的行程比起那些圣会更短，但是无组织的朝圣者会遵从由圣会安排的暂时的和

---

[161] 葛禄博：《北京民俗》，102～103 页。葛禄博似乎已经对城市的香会非常熟悉，这些香会被编入皇家捐助之下，而且一位御史也有相同的意见。军机档，咸丰朝，第 83202 号。

[162] 老舍：《月牙儿》，151 页；吴怀斌、曾广灿等：《老舍研究资料》，1057 页。老舍本人是满人。

[163] 例如，军机档，咸丰朝，第 83202 号；震钧：《天咫偶闻》，卷 9，17 页。

[164] 韩书瑞：《北京妙峰山的进香：宗教组织与圣地》，见韩书瑞、于君方编：《中国历史上的进香与宗教圣地》，361 页。

空间的网络。[165]

自一开始，大量的信徒中就包括了乡民，但是直到 19 世纪初，汉人店铺和商号的长长名单才出现在石碑上。例如，铁器商们向山顶的财神殿捐献了一座香炉，芦席棚子工匠们向山上一个
542 客栈捐建了一座鲁祖殿（公输祠）。[166] 19 世纪 50 年代至 90 年代，有钱有权的崇文门税关的全体人员（从高层到跑腿的人）捐钱修路，并于 1892 年从城里的商人和其他城门的相关衙门那里募集了巨额资金。[167] 当地的满洲贵族也积极参与，1773 年的一块小石碑的碑文出自乾隆帝的皇六子永瑢。[168]

致力于 1899 年恢复的个人捐助者是庞杂的混合：来自兵部的搬运工，来自内城祖家街的王先生，来自工部的侯先生，外城琉璃厂的玉器行同业会馆，得来茶馆，永义棚店，生姜铺，“来自北道的两位老翁”，还有 27 名妇女。[169] 值得注意的是，士大夫没有参与其中。在我所看到的有关参与朝圣的明确证据表明，只有 3 个人（汉族）拥有官位，在 19 世纪 60 年代后期，这 3 个人中的每一位都为客栈撰写了碑文或题写了匾额。[170]

在妙峰山，青铜器具是昂贵而稀有的。妙峰山的 8 口钟是由

---

[165] 张焘：《津门杂记》，卷 2，35 页；敦礼臣：《燕京岁时记》，38～40 页；杜安：《宫廷和北京平民的礼仪》，载《法中友好协会简报》（巴黎），第 3 期（1911 年），136 页；亦参见百一居士：《壶天录》，前言；顾颉刚编：《妙峰山》，1、17～18 页。香客的行程通常需要在路上两晚三天，在火车和汽车出现后缩短很多。

[166] 首都图书馆藏拓片第 695、731、732、741 号，亦参见第 655、714 号。一些村民毋庸置疑是汉军旗人。

[167] 首都图书馆藏拓片第 726 号。卢沟桥（也许税关设在那儿）捐了 12 串铜钱，城门每个 21 串，棉纱行会 24 串，靛青染料行会 12 串，并且大蒜商人 7 串。各种茶行（例如）捐四大捆一叶茶、八斤茶叶和一筐茶叶；各种粮店捐了 10 斤至 15 斤的小麦或小米；且一个酒行会捐了十万串铜钱。（一斤为半公斤。）这些捐助是如何做到自愿的？正如其他地方，在很多慈悲的请求中，有一个不言而喻的强迫成分。

[168] 首都图书馆藏拓片第 771、663 号；《清史稿》，卷 165，5219 页；恒慕义主编：《清代名人传略》，373、963 页；奉宽：《妙峰山琐记》，92～93 页。

[169] 首都图书馆藏拓片第 700 号。

[170] 奉宽：《妙峰山琐记》，30 页；首都图书馆藏拓片第 731、732、711 号。1925 年，一位现代知识分子庄严（Zhuang Yan）描述山庙里石碑上的书法是难看的和粗俗的，顾颉刚编：《妙峰山》，147 页。

铁铸成的，而且是由没有组织的数十名捐献者支付费用。铁制香炉可能是个人或家族提供的赠品。[171] 在山顶至少有 11 个小铁磬，有 9 个放在沿途的寺院里，小铁磬是最小而且最能负担得起的金属捐赠品。[172] 然而，大部分香客只带着他们自己和在神灵面前使用的香和纸钱的费用。在回答圣母宣称的“有求必应”的约定时，他们在她的面前简单地表达个人的恐惧和担忧。

那些祈祷得到回报的朝圣者坚定地履行他们的承诺。虽然忏悔者在数量上相对来说是极少的，但是他们为所有朝圣的人们定下一个重要虔诚的调子。（20 世纪）几乎没有关于妙峰山的记载提 543
到他们：穿着犯人衣服的人，脖子上戴着木枷，坐在路边恳求捐助帮他完成修理当地一座寺院的愿望；另一个人像一匹马一样，四肢着地爬上山，一言不发，在他的背上驮着一个马鞍，感谢治好了他的疾病；一位妇女裹着小脚，会沿着陡峭道路三步一拜。[173] 如同许多圣山，妙峰山甚至有一个“舍身崖”，那些绝望的人在这里可以为其他人放弃自己的生命。[174] 如此鼓舞人心的榜样受到特别的尊重。他们是圣母权力的象征，是这位神灵与每位朝圣者之间有效的联系纽带。他们以极端的形式进行表现，似乎是理想朝圣者的态度：真诚、热爱、坚韧、全身心和感恩。[175]

登顶是困难的，但是下山是快乐的。朝圣者冀望酬以“福气”和“好运”。他们可以购买红绶、纸花、绒花、剪成蝙蝠形的花以

---

[171] 在三个例子的资料中，每座钟有 29、34、39 位捐助者。香炉，首都图书馆藏拓片第 652、681、693、695、737、749、750、753 号；奉宽：《妙峰山琐记》，各处。

[172] 是在一位妇女所能承受的范围之内，首都图书馆藏拓片第 679 号。有关铁磬，参见第三章。

[173] 顾颉刚编：《妙峰山》，159～160 页；奉宽：《妙峰山琐记》，61 页；李景汉：《妙峰山朝顶进香的调查》，载《社会学杂志》，第 2 卷第 5～6 期（1925 年），1～42 页；甘博，“妙峰山”短片。

[174] 贝勒（勒士畲得）：《北京平原和周边山村》，81 页；休伯特：《1908 年的北京》，载《东方的地理社会》，第 34 期（1913 年），120 页；罗信耀：《吴氏经历：一个北京人的生命周期》，上卷，87 页。其他地方，韩书瑞、于君方编：《中国历史上的进香与宗教圣地》，226～227、233、319～320 页。

[175] 于雅乐：《北京周边神秘的朝圣山峰》，载《亚洲杂志》，第 8 系列第 5 期（1885 年），63 页。

及其他象征着福气的东西，宣称佩带者已经“朝山进香，带福还家”。返回的朝圣者可以通过那些装饰在他们衣服、头发、帽子和缠头巾上喜庆的纪念品即刻加以辨认。[176]

那些不能亲自前往的人可以安排替代品：某人的名字可以包括在山顶烧香的圣会成员表中，可以通过朋友或亲戚送一个“香板”，或在北京西边城门外面的一个指定茶棚里制作供品。[177]

对某些北京寺院而言，由于文人所确立的外出漫步这种世俗论调已经占领了历史记载，所以留给我们的只能是去猜测一下游人的虔诚。在妙峰山，情况正好相反。宗教信仰是至高无上的，只有历史学家才反而会想象那些人是为了逃离市区才登上山顶的，是为了享受春季天气或以玫瑰芬芳而闻名地区的气味。

在清末，妙峰山朝圣达到了新的高度并受到更广泛的资助。
544 以往远离这个地方的皇家宫廷也开始参与其间。[178] 早在1859年，有5名太监（“虽异姓，而实同心”）修复了位于北安河的一座明代小庙，这个村子成为中道的起点。1870年，修复了那条朝圣道路的一部分，一名太监劝说144个人（一些妇女和商人）和他一起给附近一所寺院施茶。[179] 和明代皇太后介入当地宗教的形式一样，慈禧太后和她的仆人们于1885年赐给山顶寺院第一口青铜钟。[180]

慈禧太后对山顶寺院的兴趣源于朝圣人流经过新落成颐和园

---

[176] 顾颉刚编：《妙峰山》，162页。

[177] 顾颉刚编：《妙峰山》，136～137、156～158、205～206页；李慈铭：《越缦堂菊话》，见张江裁编：《清代燕都梨园史料正续编》，卷3，1299页；奉宽：《妙峰山琐记》，4页。

[178] 皇子的例外情况在以前讨论过。

[179] 北京图书馆金石组编：《北京图书馆藏中国历代石刻拓本汇编》，第51册，108页；第82册，160～161页；第83册，186页。在寺院中，由一位太监转成的和尚可能有利于这些活动。

[180] 首都图书馆藏拓片第683、874号；李景汉：《妙峰山朝顶进香的调查》，载《社会学杂志》，第2卷第5～6期（1925年），8页。我没有找到她参拜寺院的证据，虽然徐珂在《清稗类钞》卷1第9页中称她那样做了。

的场面感染了她。19 世纪 90 年代，她养成了从这座行宫上一个特殊观景台观看他们的习惯。娱乐人员在她前面停下来进行表演，并且找到了一个能接受他们表演和慷慨的观众。挑出来的戏班子被慷慨地赏给现金，并有权扛着大幅皇家黄色横幅，上书象征皇家的字词“万寿无疆”。这样的圣会得到允许称自己为“皇会”。[181]在 1896 年四月初五、初六和初七，18 个圣会每天列队经过，超过 2 100 人，每个平均 40 人。[182]

在 19 世纪的最后十年，妙峰山从一个更广阔的地区，包括保定（在北京以南 140 公里），而且还有更为重要的天津城，吸引着香客和朝圣圣会。[183] 在 1860 年后，天津这个最新指定的通商口岸开始挑战在这个行政区内北京的经济和文化中心地位。到 19 世纪 70 年代，有从天津来的香客到达妙峰山。1886 年，天津的“善士”在朝圣季节期间，在多山的中道成立了以安放灯笼为目的的圣会；他们这样做持续了长达二十年，淡季时在北安河的一座寺院里存放他们的灯笼。1910 年，天津的船夫们为了感谢娘娘在暴风雨里的庇护，在那里开始为香客们提供食物。[184]

起初，天津的香客从运河行进到北京（通过虔诚的船主，免 545
费乘船）并且绕向京城北面。1896 年后，一条铁路加快了这个行程，促进了北道的发展，因为那里离铁路线最近。在 20 世纪头十年，另一条铁路绕过北京，向西到三家店并且通过山脉向西北到达张家口，改善了到达妙峰山山脚下游客的旅程。[185]

---

[181] 1899 年石碑上最早的 24 个圣会的名字（和在上面的其他 4 个圣会）受到垂青。首都图书馆藏拓片第 700 号；葛禄博：《北京民俗》，65 页。在艾米尔塔什博物馆的收藏中，一份民间印刷品列出了这些皇家偏爱的圣会。玛利亚·鲁道夫（Maria Rudova）：《中国流行画》，第 113 号（说明有误）；亦参见周华斌：《京都古戏楼》，图 44。

[182] 《内务府掌仪司承应各项香会花名册》，卷 6，2～3 页。这些香会的规模从 22 人到 64 人。

[183] 于雅乐：《北京周边神秘的朝圣山峰》，载《亚洲杂志》，第 8 系列第 5 期（1885 年），63 页；张焘：《津门杂记》，卷 2，35 页。

[184] 张焘：《津门杂记》，卷 2，3 页；首都图书馆藏拓片第 745、746 号；奉宽：《妙峰山琐记》，34～35、37、69、73 页。

[185] 《都市丛谈》，65～66 页；《北京历史纪年》编写组：《北京历史纪年》，各处。

19 世纪中期，一位天津的香客发展了妙峰山祭拜的第一个分支。王奶奶，或称王三奶奶，是一位农村妇女，以身为治病术士和圣母的信徒而闻名。据说她募钱修复通往妙峰山的一个破旧的旅舍，然后留在那里为香客提供茶水。她于一个春天死在山上——一些人说她是穿着单薄的衣服冻死的。她的坟墓位于中道起点附近，最终在山庙内一个专门的大殿里安放了她的塑像：一位满头白发的老太太，裹着脚，身着蓝色农民衣服。[186]

王奶奶对来自天津本地人的祈祷表示出一个特殊响应能力，并且他们反过来以香火、供品和雕像来回报她。自此之后，王奶奶神殿在碧霞寺院里的存在把妙峰山圣母从她的泰山女神或其他表现形式中区分出来。到 20 世纪，王奶奶已经成为当地萨满巫师动物神祭拜的一部分；她被理解为这些“仙”的“统治者”，并且负责它们萨满巫师的任命。[187]

19 世纪 80、90 年代，皇家和天津捐助人的进入促进了朝圣的发展，但是这种发展却突然停止了。在 1900 年五月初，一大群香客在一场反常的暴风雪中被冻死。不久以后，义和团起义包围了北京的使馆，皇上和太后西逃，京城被外国军队占领；清朝于 1911 年结束。朝圣被这些事件破坏了，直到 1917 年后才得以恢复。[188] 在相对平静的 20 世纪 20、30 年代，和他们人数不相称的富

---

[186] 葛禄博：《北京民俗》，65 页；周振鹤：《王三奶奶》，载《民俗》，第 69～70 期（1929 年），68～107 页；泽田瑞穗：《蟠桃宫の神离咪々》，载《东方宗教》，第 26 期（1965 年），69～71 页；李世瑜：《王三奶奶的故事》；董福明（Fu-ming Tung）：《妙峰山的中国巡回表演者》，载《教务丛刊》，第 12 卷第 1 期（1939 年），24 页。我们没有关于她死亡的确切日期；坟墓于 1873 年修复，并且山庙早在 1852 年为她捐了一个铁磬。首都图书馆藏拓片第 691、726 号；奉宽：《妙峰山琐记》，27～28、93 页；裴丽珠、伊戈尔（Igor Mitrophanow）：《阴历年：中国风俗节日记》，287 页；顾颉刚编：《妙峰山》，131、175 页。

[187] 首都图书馆藏拓片第 746 号；顾颉刚编：《妙峰山》，206 页；泽田瑞穗：《蟠桃宫の神离咪々》，载《东方宗教》，第 26 期（1965 年），69～71 页；李尉祖：《北京地区四大门崇拜》，载《民俗研究》，第 7 期（1948 年），43～45、50、64 页。在 20 世纪初期，通过乩板与王奶奶进行联系是可能的。周振鹤：《王三奶奶》，载《民俗》，第 69～70 期（1929 年），83～84、94～102 页。

[188] 奉宽：《妙峰山琐记》，102～104 页；金勋：《妙峰山志》，3 页。

有天津圣会在妙峰山的朝圣中占据了一席之地，并且当他们在一个更大的区域里提升了这个地点的知名度时，对于山上的基础设施做出了重要的贡献。[189] 546

表演者“皇会”的声望和天津居民的参与，也许促进了清末天津西面的杨柳青制作的宗教木刻再现了朝圣场景。朝圣还被画在图画中，其他媒体也为香客、游客和可能会成为游客的人们进行创作。[190]

至少到19世纪80年代，妙峰山的名气已经传播到北方以外。当上海《点石斋画报》的编辑寻找场景来炫耀他们新的插图技术时，选择了展示北京的南顶和妙峰山。每个场景配有一段文字，显示了热闹的节日场面，那个场景与地点本身没有丝毫的相似之处。[191]（这有关系吗?）朝圣圣山现在在国外也有了名气：妙峰山首次被外国人绘画是在1862年；在1866年，首次在一本外国人的书中被提及；于1888年首次在一幅外国地图中显示；并且在1919年，首次被拍照。[192]

---

[189] 尽管偶尔会提到在20世纪二三十年代从保定和张家口（每个距北京约150公里远）来的香客，妙峰山寺院的吸引力没有扩大到京畿以及天津以外的地区。例如，李景汉：《妙峰山朝顶进香的调查》，载《社会学杂志》，第2卷第5～6期（1925年），9页；《北京指南》，卷2，9～10页。有关1949年以来寺院的命运，韩书瑞：《北京妙峰山的进香：宗教组织与圣地》，见韩书瑞、于君方编：《中国历史上的进香与宗教圣地》，345页。

[190] 大部分能标明的日期为1890—1930年。例如，韩书瑞：《北京妙峰山的进香：宗教组织与圣地》，见韩书瑞、于君方编：《中国历史上的进香和宗教圣地》注36和图7.1；奉宽：《妙峰山琐记》，7页；《妙峰山赈济图》［感谢劳拉·霍斯泰特勒（Laura Hostetler）提醒我注意这项］。亦参见顾颉刚编：《妙峰山》，15页；刘锡诚主编：《妙峰山·世纪之交的中国民俗流变》，39～54页，卷首插图。

[191] 《点石斋画报》，甲，9～68页；丁，8～64页。

[192] 对于我而言，这些全部为“第一次”。1862年，苏富比（Sotheby）拍卖行：《精美中国艺术作品、家具、玉石雕刻、珠宝翡翠和中国贸易绘画》，30～31页，1991年10月605项中的“金顶”，由G. H. W.辑的《一本中国和日本的水彩画册》；丫髻山也被印刷。1866年，德呢克：《游客在中国北方的备忘录》，60页。1888年，《北京及其周围地区旅游指南：北京城市平面图及其周围示意图》。1919年，《中国名胜》，第十四种，《西山》。其他早期欧洲描绘的山，贝勒（勒士畲得）：《北京平原和周边山村》，35页；艾约瑟：《中国佛教》，271～272页；哈巴：《参观北京两座著名的寺院》，载《教务杂志》，第12期（1881年），365页；《一个英国翻译学生在北京的学生生活》，226页。普意雅：《四月的北京的风俗习惯》，载《中国》，第38期（1923年），308页，我没有看到比此文更早的有关丫髻山的欧洲参考文献。

朝山在20世纪中国和外国观光者的文献中是经常可以看到的（原因我们将在后面进行深度探讨）。

这样似乎毫无疑问，在清代，妙峰山在北京已成为尽人皆知的词语，位于山顶上的圣母被认为是碧霞元君在当地最有效的表现。1742年，山庙已经被称为“金顶”，它名字的愿望不久就得到
547 了满足。此外，到20世纪初，一名旗人会吹嘘道：“京北妙峰山，香火之盛闻天。”妙峰山当之无愧。[193] 朝圣和这座圣山造就了一种奉献和圣会、节日和赛会的文化，这两种文化独立于君主和政府两者之外。

其他圣会

尽管人数众多，但是妙峰山的朝圣和供奉泰山娘娘的圣会在清代北京并不是唯一的宗教组织形式。在这部分中，我们要研究其他类似的圣会，并且把这些圣会放在一个更广泛的背景之中。[194] 在这种情况下，我们将更好地理解这些在自愿基础上形成的，缺乏大量共同的社团资源，以及主要为香客提供饮食和服务的“圣会”所受到的限制条件。

独立于泰山祭拜之外，人数最多的朝圣者和朝圣圣会以北京以西40公里的山上两处紧邻的建筑为中心：潭柘寺和戒台寺

---

[193] 引文出自震钧：《天咫偶闻》，卷9，17页。金顶，首都图书馆藏拓片第659号；此后这是一个普通的名称。在1758年，潘荣陛《帝京岁时纪胜》第18～19页已称丫髻山的香会最朝气蓬勃。有关它们名声的比较，参见韩书瑞：《北京妙峰山的进香：宗教组织与圣地》，见韩书瑞、于君方编：《中国历史上的进香与宗教圣地》。

[194] 通常我把石碑的数量作为一种评估方法，特别是那些由圣会建立的石碑，而这些圣会的数字与其他资料概貌相一致。统计全部清代任何种类的石碑，东岳庙居首位，有100块，妙峰山紧接其次，有57块，戒台寺和潭柘寺分别有48、43块，白云观有22块，其他寺院为数更少。那些与朝圣相关的清代石碑约80块在东岳庙，57块在妙峰山（山顶及沿途），10块在丫髻山，9块在西顶，并且3块在其他顶；潭柘寺有21块，戒台寺有19块。

（清代的通称）。这两座寺院之间的主要关系是相邻（它们相隔14公里）。由于在附近缺少其他的地方去参拜，圣会和个人通常到这两个地方游览。[195] 到明代末期，它们已经成为重要的寺院，吸引着富有的捐助人和偶尔到来的游客。清代，大量皇家的慷慨捐赠和宗教圣会的关注把这两座寺院更多地带入北京的世界之中。

清代早期，潭柘寺和戒台寺的世俗虔诚越来越组织化，并呈现出与泰山模式圣会一样的某些标志。[196] 圣会活动在18世纪可能 548
得到可靠的记载，但声称有更早的例子。1714、1725年在潭柘寺，1743年在戒台寺，世俗捐助者们自己组织的名字暗示了和东岳庙活动相类似但是目的略有不同。[197]

总部设于北京北郊的供米清茶老会，声称自17世纪20年代就已经在潭柘寺活动。他们每年三月十五日为“斋僧”到潭柘寺；在1725年，为此目的，他们募集金钱购买和捐赠土地，土地可以为僧侣团体产生固定的收入。1711年，大悲圣会在10位会首的指导下，形成于同一座寺院。他们的目标是修缮观音祭坛和捐赠封地，用于资助定期的仪式和香火的稳定供应，他们发誓每年四月十三日在寺院中相会。大悲圣会的名字也于1744年用于戒台寺，并且两座寺院被圣会又使用了一个世纪。[198] 在接下来的一个半世纪

---

[195] 北京图书馆藏拓片第6809号；北京图书馆金石组编：《北京图书馆藏中国历代石刻拓本汇编》，第79册，28～29页；《中国古代书画图目》，卷1，京-5-134。

[196] 根据戒台寺一块1609年的石碑（北京图书馆金石组编：《北京图书馆藏中国历代石刻拓本汇编》，第59册，6页），为香客提供茶水是由96位无名会首集体提供的一次行善活动。亦参见《日下旧闻考》，卷105，1739页。

[197] 北京图书馆金石组编：《北京图书馆藏中国历代石刻拓本汇编》，第67册，23页，以及此地1714年（康熙五十三年）石碑。他们修理了大悲坛。《潭柘山岫云寺志》，46页。《北京图书馆藏中国历代石刻拓本汇编》，第68册，32页；第69册，118页；亦参见第69册，146页。

[198] 北京图书馆金石组编：《北京图书馆藏中国历代石刻拓本汇编》，第68册，32页；第69册，146页；第75册，110页；第76册，99页；第77册，71页；第81册，45页；此地1785年（乾隆五十年）石碑。以及北京图书馆金石组编：《北京图书馆藏中国历代石刻拓本汇编》，第67册，23页；第70册，142页。北京图书馆藏拓片第6903、7331号。

中，大量的证据记载了这些圣会和类似的圣会。在这类资料的基础上，我们所说的有关这些圣会与那些在东岳庙和妙峰山的圣会是如何进行比较的呢？[199]

首先，相似之处。

在潭柘寺和戒台寺，这些组织称它们自己为“圣会”，而这类圣会的名字也用于泰山寺院。成员有类似的头衔，经常称他们自己为“善众”的圣会。他们的总部可以通过有类似语言的类似石碑来加以辨认。这些圣会与那些妙峰山的圣会在规模上大体相当——平均为 130 人。[200]

此外，这样的组织在当年的大部分时间内并不存在，但每年
549 参拜寺院一次。他们的目的是间歇地“供”香或“进”香，尤其是在 19 世纪 80、90 年代，为香客提供有用的服务。圣会为一座寺院大殿提供灯笼，修缮茶棚、桥、路和香客住宿的房间。1882 年，来自天津的圣会和那些妙峰山的圣会一样，也有一个朝圣计划表，而且在这十年中，其他圣会宣称“供香者不绝如缕”。[201]

在石碑碑阴留下名字的潭柘寺和戒台寺的那些捐助人——这样宣称了领导角色——他们是满汉旗的男人和妇女（明确认定这样）、他们的地方长官、皇家的汉人包衣、满洲亲王和他们家族的成员、拥有皇家血统的男子。清末，正如在妙峰山那样，来自天津的店铺和人们也变成积极的捐助者。[202]

---

[199] 我的判断根据主要是来自两座寺院的 80 多块石碑，我将只引用一个有代表性的抽样。有关潭柘寺更大量的资料引自韩书瑞：《潭柘寺的位置、圣徒和景色》，载《远东亚洲丛刊》，第 10 期（1998 年），183～211 页。

[200] 资料可用于 39 个圣会。妇女（样本含量是 19）的平均数是 44 名，总体而言，妇女只占全部捐助人的 16%。

[201] 北京图书馆金石组编：《北京图书馆藏中国历代石刻拓本汇编》，第 69 册，96 页；第 77 册，121 页；第 80 册，45 页；第 85 册，90 页；第 86 册，132 页；第 87 册，71 页；第 89 册，71 页。北京图书馆藏拓片第 7205 号。

[202] 北京图书馆金石组编：《北京图书馆藏中国历代石刻拓本汇编》，第 71 册，110 页；第 72 册，48 页；第 80 册，143 页；第 81 册，44 页；此地 1858 年（咸丰八年）石碑。韩书瑞：《潭柘寺的位置、圣徒和景色》，载《远东亚洲丛刊》，第 10 期（1998 年），183～211 页。

然而，又有许多的不同。

戒台寺和潭柘寺位于浑河对面，较妙峰山香路偏南，正式的朝圣圣会到19世纪80、90年代才形成。在此以前，捐助者组织利用一个简单的组织样式。[203] 更重要的是，为香客准备的赠品是极少的，我没有看到艺人的迹象，而且，这些组织活动的受益人首先是和尚。潭柘寺和戒台寺是寺院，泰山的寺院则不是。这样募集的金钱是为了支付特殊的仪式，为有病或年老的僧人提供特别保障，在18世纪，更常见的捐助是捐土地给寺院，这样可以为僧人和神灵的供香提供一个固定的补给。[204]

有权力住持领导下的几百人僧侣团体主要关注他们自己的事务：维持宗教忠诚的日常事务，为来客提供特殊的服务，招待拜访的僧人，管理他们的财产，举行受戒，应对一个庞大独立团体的日常政策性事务。[205] 虽然寺院里设有非经典的神灵大殿，但是佛教神灵、默念仪式和诵经支配着日常生活。观音，一个无组织虔诚的对象，在两座寺院中供奉着。在这些建筑之中，我试图理解 550
她的人气是一个补偿女性的存在。[206] 此外，因为这两座寺院明代拥有良好的捐赠，而且在清代是皇家慷慨赠予的接受者，所以僧侣

[203] 有关许多圣会的职位和头衔的第一个实例来自1893年，北京图书馆金石组编：《北京图书馆藏中国历代石刻拓本汇编》，第87册，71页。一块1930年石碑纪念了在此的一座圣母殿，没有更早期的证明，北京图书馆藏拓片卡片目录。在20世纪，潭柘寺是四个萨满动物（因为其居民是蛇？）网络的一部分。李尉祖：《北京地区四大门崇拜》，载《民俗研究》，第7期（1948年），1～94页。

[204] 北京图书馆金石组编：《北京图书馆藏中国历代石刻拓本汇编》，第72册，182页。这些活动伴随着乾隆的参观。北京图书馆金石组编：《北京图书馆藏中国历代石刻拓本汇编》，第71册，110页；《潭柘山岫云寺志》，199～203页。1710—1911年，我了解有23块单独但相对小的土地馈赠（戒台寺12块，潭柘寺11块）。12块捐给戒台寺，全部是在1748年和1793年，合计只有1 736亩，平均是144亩。

[205] 关于规模，励宗万：《京城古迹考》，23页。戒台寺也许小一些，我没有具体数字。

[206] 在戒台寺，北京图书馆金石组编：《北京图书馆藏中国历代石刻拓本汇编》，第79册，128、129页；第81册，27页。潭柘寺，北京图书馆金石组编：《北京图书馆藏中国历代石刻拓本汇编》，第74册，120页；第75册，160页。

相对独立于捐助之外。（潭柘寺获得较好的捐助。）[207]

因此，世俗圣会不会像对只有一两位常住僧人的寺院那样随意控制，更遑论去接管了。住持管理赠品，必定试图劝说捐助人资助佛教仪式和增加捐助，那是僧人未来自立的唯一保证。[208] 泰山模式的圣会不适于这些情况。

寺院的捐助扩展到整年，与佛教神圣日子相协调：在佛诞日布道（四月初八），在六月初六晒佛经，于七月十五日举行盂兰盆会。在三月、四月似乎会有偶尔的访客。[209] 不管（或许因为）他们虔诚的目标，纪念性石碑公开地讨论捐助的金钱并且经常把个人捐助列出来。

在皇家活动范围内，这些寺院的运作也是良好的。二者（如同东岳庙但不像妙峰山）是大量参观和礼物的接受者，它们控制了拥有权力的宫廷官员们的注意力，既有汉人又有满人。康熙、乾隆和嘉庆都在重要随从的陪同下亲自来到这里参拜。19 世纪中期，尽管恭亲王在宫内担负了许多责任，但他也是一位捐助人。[210]

由于潭柘寺和戒台寺在明代就已经建立了风景如画胜地的声

---

[207] 本书第三章；《潭柘山岫云寺志》，各处。

[208] 永明海澄圣会捐钱给两座寺院（在 1802 年和 1804 年），明确地“同交本寺方丈”。北京图书馆金石组编：《北京图书馆藏中国历代石刻拓本汇编》，第 77 册，121 页；菲尔德博物馆藏拓片第 1838 号；北京图书馆金石组编：《北京图书馆藏中国历代石刻拓本汇编》，第 70 册，161 页。

[209] 两座寺院在三月上旬“开放”，但是一个典型的清中期圣会在正月十五日、五月初一和八月十五日，清末的香客在四月二十日至二十四日到此。敦礼臣：《燕京岁时记》，30～32 页；此地各处石碑。

[210] 韩书瑞：《潭柘寺的位置、圣徒和景色》，载《远东亚洲丛刊》，第 10 期（1998 年），183～211 页；《日下旧闻考》，卷 105，1737～1742 页；菲尔德博物馆藏拓片第 1705 号；恒慕义主编：《清代名人传略》，931 页；韩书瑞：《潭柘寺的位置、圣徒和景色》，载《远东亚洲丛刊》，第 10 期（1998 年）；《起居注》，嘉庆二十四年。恭亲王，北京图书馆金石组编：《北京图书馆藏中国历代石刻拓本汇编》，第 86 册，197 页；乔治·凯茨（George N. Kates）：《丰腴年代：北京，1933—1940》，218～219 页；恒慕义主编：《清代名人传略》，382 页；《潭柘山岫云寺志》，175～189 页；普意雅：《北京及其附近》，第二系列，《佛教寺院：戒台寺》。

誉，所以它们还继续吸引着精英游客们。受过教育和有教养的男子们认为其拥有适宜远行的特色，所以它们依靠洞穴、远景和历史事件为题材的历代诗歌而获得提升。因而，这两所寺院所能吸引的捐助网络是广泛的，扩大至北京之外，并且按照精英们的标准受到相对的尊敬。[211]

有关个人捐献的资料，证实其是在一个相对广泛的较高收入 551
水平上的合作。1764 年，戒台寺的 111 位捐献者倾向于捐助给小一些的礼物：大部分只捐给半盎司银，最慷慨的捐助者捐出 31 盎司银，整个圣会的范围在两位数之间。与此相反，1882 年，潭柘寺的一个朝圣圣会，赠品规模在 2 盎司银和 300 盎司银之间。[212] 这些捐助全都超出正常人的范围之外。（参见附录三。）

这样，虽然在旗人社团中对妙峰山祭拜的热情使得泰山模式的朝圣组织与它们的相类似，但戒台寺和潭柘寺成熟的寺院结构似乎更偏爱富裕的捐助者，这使得有组织的世俗香客处于边缘。

清代，北京的药王庙也有一些活跃的圣会，但类型不同。这个祭拜似乎已经与泰山神灵的寺院部分地融合，并且如此吸引着朝圣者。石碑的数量更少，而且其他的证据表明，与那些郊区寺院相比，富裕的跟随者也是比较少的。

在清代的都城，有几十座药王庙，在以前的朝代中，一些药王庙在这座城市的岁时上有它们自己的位置。[213] 1647 年，一些“圣会”出现在外城的南药王庙，但后来从记载中消失了。每月

---

[211] 施闰章：《施愚山先生全集》，诗歌，卷 13，11 页；卷 23，5 页；方苞：《方望溪全集》，206～207 页；《潭柘山岫云寺志》，89～174 页；北京图书馆金石组编：《北京图书馆藏中国历代石刻拓本汇编》，第 79 册，24 页。在 1822 年，84 位来自直隶 23 个不同县的人捐钱。

[212] 1764 年，北京图书馆金石组编：《北京图书馆藏中国历代石刻拓本汇编》，第 72 册，48 页；此地石碑。平均值是 3.2。1882 年，北京图书馆金石组编：《北京图书馆藏中国历代石刻拓本汇编》，第 85 册，90 页。前一个例子的平均值为 16，后一个例子的平均值为 5。

[213] 药王作为主要神灵的寺院，有 19 座；作为一位次要神灵的寺院，有 12 座。

初一和十五的集市吸引了大批的人群，但吸引力可能来自碧霞元君（有一座殿堂在此）。当金昌业于1713年冬天参观时，他发现了一座全新的两层大殿，那里坐落着9位娘娘。他在庙会那天到达的时候，据说“贵家”已经做了短暂的访问，而且参拜者是村妇（按他自己的观点，有病，不是特别漂亮）。[214] 到18世纪50年代，这座寺院已经被香药行会接管和私有化；他们给他们的祖师爷以更多的关注，在一座新建的舞台上举行庆祝其诞日的表演。[215]

552 在安定门附近的北药王庙（内城），我们看到了一种类似药王和娘娘的结合，却是一个不同的结果。在此，宗教圣会由旗人信徒和后来外城的行会成员参加，两个诞日合并在四月中旬共同庆祝。1719年的一个“悬灯圣会”，每月的初一和十五负责从在此举办的市场收取租金用于支付灯笼和香火的开支。最后，碧霞的殿堂发展成为一座独立的寺院。[216]

郊区的药王庙，保持着神灵在四月二十八日的诞日。在都城西南种花地区的看丹村，因为来自京城各处的人们而变得非常受欢迎。（如图3-2所示。）在此，直到18世纪中叶，朝圣圣会完全是泰山圣会的类型。1768年的一次修复是由26个这样的“圣会”捐献的，它们的名字表明了它们的责任：悬挂灯笼、捐药、清扫灰尘、呈现表演，或提供香、花、凉茶、蜡烛、供品和新鲜的水果。五百名个人（包括五十名妇女）称来自“京都顺天府宛平县城内关外旗民人等”。圣会还拥有特殊的功能——包括表演人员和娱乐人员——并且与朝圣者有相对较长的历史。

---

[214] 1647年和1650年的石碑保存得非常差。北京图书馆藏拓片第691、693、694号；谈迁：《北游录》，81页。有关这座寺院，第二章和图2-3。金昌业：《稼斋燕行录》，180、205、207页。

[215] 仁井田陞：《北京工商ギルド资料集》，卷4，801～816页。其他行会是后来加入的。

[216] 许道龄：《北平庙宇通检》，卷1，59、77页。北京图书馆金石组编：《北京图书馆藏中国历代石刻拓本汇编》，第61册，46～47页；第67册，104页；第70册，93～94页；第74册，33～34页。首都图书馆藏拓片第84、86号。潘荣陛：《帝京岁时纪胜》，19、22页。这座寺院也许是1640年被命名为“六顶”之一的药王庙。

这座寺院位于一个妙峰山圣会绕行的路线之上：是否因为它在通往涿州路上的位置，使其成为该地区泰山朝圣绕行的一部分？[217]

我们还发现了针对关帝的少数旗人圣会。1661 年，内城一个关帝庙的“里人”利用“三圣圣会”呈现他们的捐助和修葺寺院。1654 年，他们在西顶也许已经相当活跃，并且暂时受到其圣会鼓励；后来没有圣会支持、组织或在其他方面的迹象。[218] 郊区十里河村的关帝庙于 1674 年接受了来自没有名称但是有组织的捐助拜访，1720 年、1744 年和 1811 年的石碑是由供应灯笼、供香、清扫寺院的乐善圣会竖立的。1811 年，40 名男性捐助者（表面上全部为旗人）可能安排他们中的 4 位负责每年捐助的花费，每年循环，以至于经过十年可以全部分享到责任。[219]（这样的安排表明他们来自同一个村子。） 553

其他北京寺院圣会的证据甚至更为零散。一些短命的早期清代圣会，它们使用香灯圣会的名字，实际上一些可能是朝圣者。在大部分情况下，捐助者好像是旗人或太监，他们借用这种（有威信吗?）圣会语言用于简单临时的圣会支持。[220]

总的说来，东岳神和泰山娘娘的信徒最广泛利用圣会的情况似乎是清楚的。在清代早期，旗人已经抓住东岳庙在明代已经发展的可能性，在那儿利用它们，并且把它们转移到碧霞寺院；在 18、19 世纪，这种模式被越来越经常地用于崇拜妙峰山的圣母。

---

[217] 北京图书馆金石组编：《北京图书馆藏中国历代石刻拓本汇编》，第 71 册，8 页；第 72 册，187～188 页；第 78 册，66～67 页。北京图书馆藏拓片第 3735 号。顾颉刚编：《妙峰山》，118 页。一块 1849 年石碑提到“朝顶”，所以那儿也许有一个碧霞殿或东岳殿。北京图书馆藏拓片第 3735 号。

[218] 北京图书馆金石组编：《北京图书馆藏中国历代石刻拓本汇编》，第 61 册，175～177 页。北京图书馆藏拓片第 2757 号。

[219] 北京图书馆金石组编：《北京图书馆藏中国历代石刻拓本汇编》，第 63 册，56 页；第 78 册，83～84 页。北京图书馆藏拓片第 6362 号。

[220] 北京图书馆金石组编：《北京图书馆藏中国历代石刻拓本汇编》，第 62 册，175 页；第 64 册，112～113 页；第 65 册，182 页。

在其他的寺院中，碧霞的塑像吸引了信徒，这类宗教圣会的形成是零星的。

就是这种对泰山神灵的祭拜为北京提供了最广泛采用的自愿宗教圣会形式，那是一种既适于普通的寺院又适于朝圣的形式。在清代，城市存在着其他类型的组织，但似乎没有得到扩展（尽管沉默中存在争辩的危险）。圣会的组织力量（开放、灵活性）同时使得它们变得更加短暂（没有社团资源，与一个家族的基础联系是薄弱的）。这些性质，正如我们将看到的那样，与私人化的寺院和组织将在下一章中进行讨论。

除了泰山，我们对于清代朝圣圣会的了解是非常不充分的。顾颉刚根据自己在1925年对妙峰山的研究，决定把香会从那些抬出一座寺院里的神像在一个地区里巡游的赛会中区分开来。他把后者与“南方”联系在一起，意指长江中下游中心省份（顾颉刚来自苏州），并且前者用“北方”来表达。这个分析的差异是有用的吗？

劳格文（John Lagerwey）已经表明，在湖北（中国中部）武当山上有大量的朝圣者竖立的石碑。35块日期标明为清代，大部分是当地人竖立的。圣会同样开始于寺院和村庄，使用我们在北
554 京发现的同类语言和头衔（会首、善会等等）。[221] 如果以前没有假设，我们可以把它们认定为泰山类型吗？在全国有许多的朝圣地点，但是现在的研究不允许我们表明其他哪个对有组织的朝圣者更具有吸引力。它们全都是有吸引力吗？

不仅在北京而且似乎在所有地方都有城隍巡游。康豹（Paul Katz）已经研究了后来在浙江省对瘟元帅（一个掌控疫病权力的神灵）的皇家祭拜。在祭拜瘟元帅的节日里，许多寺院（交替地）组织通过城市的巡游，家族和城区的邻里在神灵经过的路上安排

---

[221] 顾颉刚编：《妙峰山》，11～12页；劳格文：《五台山进香》，见韩书瑞、于君方编：《中国历史上的进香与宗教圣地》，309～315页；于君方：《普陀山：中国的普陀洛迦山的创立和朝圣》，见韩书瑞、于君方编：《中国历史上的进香与宗教圣地》，236页提到了在20世纪村庄“香会”和位于通往西北陕西省的南五台山途中的旅社。

招待。这种队伍在20世纪的台湾是常见的，它们与以乡村和城市区域性为基础的祭拜相联系。[222]

这些和其他的分散事例说明，清代帝国的本地文化包含了许多组织的可能性，也说明这种区域的聚集是得到期望的，而且还说明在过分投入到模式之前，我们应该对种类进行图解。这本书所要表明的是，当我们进行研究时，我们发现在更广大的北京有许多种类的宗教组织，面向僧人、仪式、寺院和朝圣之间不同的方向。占优势的那个是悠久且获得良好发展并与对泰山神灵的祭拜相联系，它们可能属于从其他地方传播到北方省份祭拜的一种类型。同时，其他较少正式的圣会——在帝国其他部分那些似乎不陌生——在建立和恢复寺院，支持僧人和道士，为个人和集体利益而资助仪式中，扮演着一个有价值的角色。这些不同圣会为这个城市居民的团结和集合提供了不同的方法。

这种集体活动的能力正是政府怀疑宗教的原因之一。为了理解清政府在北京宗教组织历史上的影响，必须更仔细地研究它的政策、行为以及二者的影响。

政府的影响

考虑到北京朝圣圣会的能量和范围，读者可能会惊奇地发现它们是不合法的。这种不合法性在清律例中没有得到明确说明，但是在皇家的法令中，具有法律效力并且被后来的皇帝加以阐明和重申。对宗教圣会的反对是基于对相互联系的关注，最普遍的 555
担心是不再处于政府控制之下的宗教活动，尽管这种担忧同样没

[222] 康豹：《厉鬼与送船：中国帝制晚期浙江的瘟元帅信仰》，148～153、192～202、209～213页。有关台湾一份重要文献，例如，桑高仁：《一个中国社区的历史和魔力》，99～100页；戴德安：《鹿港：一个中国城市的商业和社区》，148页。安排在这样一个旅游类型的主要节日例子在帝国许多其他地方可以找到，约翰·施赖奥克：《安庆的寺院及其崇拜：近代中国人的宗教信仰》，104页；曹志涟：《忆苏州：中华帝国晚期的城市生活》，177～193页；周绍明（Joseph P. McDermott)：《神和匪徒：16世纪的苏州》，“中国城镇和乡村”会议上提交的论文，牛津大学，1997年4月。

有得到清晰表达。

在明代，政府的担忧集中在危险的教义，但律例包括了反对各种集会的规定，包括宗教游行。1644年后，新的发展加剧了旧有的忧虑，尽管政府反应变得更为有效。对朝圣和宗教圣会的皇家通告反映了特别的关注。认可宗教思想、组织的真正力量，以及它挑战世俗规范、常识和政权的力量。假设普通人是愚蠢并容易上当的，那么会导致对僧侣和宗教领导人的担忧和不信任，并且更倾向于监视、控制或指定宗教活动。政府怀疑任何发生在寺院里的大规模人群集会和活动，反对宗教游行，通常认为妇女最好是待在家里。

由于受到这样的关注，圣会似乎成为国家警惕的明显目标。它们募集钱款，组织人员，允许男人和女人公开交往，在世俗的领导下，它们与寺院结合，是难以监视或控制的。在安全极为重要，公众行为有更严格标准，无数皇帝谕旨有特别指示的北京，这样的关注达到何等密切的程度呢？[223] 出于所有这些原因，一个皇帝接着一个皇帝，以谕旨的形式对宗教圣会的律例全部或部分进行直接补充。由于这样做，他们创制了大量可能被理解为清代处理朝圣的判例。

同时，作为北京居民的清朝皇帝，也卷入了泰山娘娘的祭拜中。把他们的个人忠诚放在他们的公告旁边，我们就能看到更深层的冲突力量是被他们的君主在这个作为首都的城市里释放出来的。这些力量对北京而言是独特的，而且在帝国的其他地方感觉相对微弱。

一只手给予并且用另一只手拿走的君主权力，不只限于宗教世界。皇帝总是专横的，然而这个占统治地位家族的个人家庭的建立，在北京与旁边正式负有责任的中央政府官僚机构共同存在，因而允许存在一种统一的分歧，这种分歧影响京城生活的方面太
556 多了，以至于在此不予以考虑。当这两个活动的渠道相互支援时，

---

[223] 例如，《大清会典事例》，1899年，卷501，11737页；议覆档，205～206页，乾隆二年四月十八日。

潜在而且甚至更强有力的竞争增加了一个城市的风险，这种巨大的危险也伴随着巨大的机会。

1644年秋天（当北京勉强获得安全时），年轻皇帝下令把那些“跳神驱鬼逐邪以惑民心者”处死，把“烧香聚众”确定为可以识别这些麻烦制造者的特征之一。这种联系在1656年顺治皇帝的一份主要谕旨中得到反复声明。他责备那些异常的圣会“执旗鸣金聚众拈香”，声称“今后再有踵行邪教，仍前聚会、烧香、敛钱号佛等事”，由京城和省级官员进行逮捕。在另一份谕旨中，他表达了强烈的倾向，不允许妇女（当众）去寺院里烧香。㉔

1667年、1673年和1679年，康熙皇帝逐渐把他所关注的异端邪说（其中更多的内容将在下一章叙及）与对宗教游行的担心结合起来，按照有关宗教的法律，确定任何人“进香”或“迎神”将会受到惩罚。1709年，他对“鸣金和打鼓，聚众烧香，男女混处”的习俗感到担忧。㉕

雍正皇帝更加宽容一些（这令人感到意外吗?），在1724年，他把注意力集中在主要问题上。妇女，特别是北京的妇女，被诱骗进入“组织圣会去庙里进香”并且加入“赛神”的游行。这是应该禁止的。他所称的“平常春秋两季的乡村祭祀”——模糊的语言足以包括大部分任何事情——可能不会受到处罚。不久以后，为了弄清前往丫髻山的路上请求捐款的客栈是否为所说的（非法）收税，直隶总督解释皇帝的命令为“赴名山参拜”是允许的。㉖

当乾隆皇帝于1736年登上皇位时，他所做的首要之一事情就是通过慷慨免除那些朝圣者两个世纪之久的政府税金来承认泰山

㉔ 《清实录》（顺治朝），卷9，20页；卷68，24～25页；卷104，12～13页。《大清会典事例》，1899年，卷1038，17457页。《大清律例》，卷16，8页。

㉕ 《大清会典事例》，1899年，卷501，11737～11738页；卷1038，17458页。高延：《中国的宗派主义和宗教迫害：宗教史的一页》，153页。参见田海《中国历史上的白莲教》中有关某些受关注的历史。

㉖ 《大清会典事例》，1899年，卷501，11738页；卷1038，17458页。《宫中档雍正朝奏折》，第3册，106～107页。

557 的声望。[227] 然而，几年后，他批评跨省“进香”的惯例，催促他的官员劝说百姓没有必要进行长途旅行，因为“神灵随处降格”。当京城的妇女们“结群烧香”造成问题时，军机处重申了1724年的规定。1762年，乾隆皇帝发布另一份敕令，坚持当时男女杂处的“善会”是危险的，有必要受到处罚。1774年，在南顶修缮期间，他是相当戒备的，对认为供奉碧霞元君的寺院太多了的“某些人”进行委婉的评论。[228] 当盛行的宗教组织白莲教——以及后来的三合会——这种类型在18世纪后期传播开来时，清政府甚至更加怀疑宗教活动，（在他们的心中）可能会酿成叛乱。

1800年，嘉庆皇帝受到他父亲当政“实录”的提醒，这个“实录”称有必要阻止长途朝圣：“著该管衙门及各督抚等，出示晓谕，严行禁止”，违者按律惩治。当被请求澄清限制妇女在寺院烧香时，嘉庆皇帝着重和多次重申法律规定。[229] 1813年冬天，一场宗教引起的叛乱在宫中上演之后，他坚持执行宗教游行的禁令。然而，在这些和其他的敕令中，嘉庆皇帝表明，他认识到宗教信仰和习惯是难以改变的，在朝圣的人群中难免“有匪徒混迹其中”，而且那种贸然加强法律字面意义的尝试容易失去作用。[230]

1834年，道光皇帝再次重申禁止跨省进香；后来，北京的朝圣节日促使热心的御史（在1852和1885年）再次要加强对妇女朝圣的禁令。皇家和官员对于这个问题的关注就这样一直持续到清朝灭亡也没有减少。[231]

---

[227] 费用是每人0.14盎司银（理论上为140铜钱）。《清实录》（雍正朝），卷7，25～26页；《清实录》（乾隆朝），卷21，10页。

[228] 《清实录》（嘉庆朝），卷92，19～20页；议覆档，205～206页，乾隆二年四月十八日；《大清会典事例》，1899年，卷1038，17458～17459页；《通州志》，A，23～24页。

[229] 《清实录》（嘉庆朝），卷66，12～13页；卷204，2页；卷306，1页。《大清会典事例》，1899年，卷501，11747页。

[230] 《清实录》（嘉庆朝），卷280，13～14页；卷66，12～13页；卷204，2页；卷306，1页。

[231] 《畿辅通志》，1884年，卷5，363页；军机档，咸丰朝，第83202号；《大清会典事例》，1899年，卷1038，461页；震钧：《天咫偶闻》，卷9，1页。

在本章所讲述的北京有活力的泰山式朝圣圣会的故事，暴露了清政府履行其禁令的失败。或者说他们取得成功了吗？一些证据表明，这些法令至少部分实现了他们的预期效果。

1740 年，在东岳庙竖立的一块石碑坦率地声明，在神诞日的迎神游行已经被当朝所“严厉禁止”。事实上，游行似乎已被中止。一 558
块 1768 年石碑记载称，皇帝已经禁止妇女进入那座寺院，并且拒绝了常住道士一个妥协性建议，即允准妇女在一个月中的两天（初二和十六）进行参拜。[232] 显然，一些约束是可以感觉到的。

由于意识到有动乱的危险，寺院僧侣和宗教圣会期望声明他们的不是法令所禁止的淫荡或非正统的崇拜（“淫祀”）。一块石碑解释道：“敬拜不得包括淫祀，吾人远离异端，崇敬正道。”另一块石碑称：“（吾神）不入淫祀之列。”1664 年，一个中顶朝圣圣会特别声明由宋代皇帝真宗授予的碧霞元君并且宣告“尔可告诸此寺，不得淫祀”。[233]

本章的证据表明，虽然北京地区的朝圣没有被间歇颁布的皇家敕令所阻止，但是官员的折磨有一个令人心寒的影响。一位寺院的僧人，寻求捐献用于修葺通往丫髻山路上的一座桥，他因收税而被逮捕。旗人朝圣者福宁因为“召集和形成一个组织”而被捕。和尚明秀（Mingxiu）因为组成一个“善会”受到一位御史的指控。当然，这些种类举动若受到政府的欢迎或鼓励就会大大增加。[234]

清政府在朝圣中阻止妇女参加也取得了成效。标记在宗教圣会石碑上的名字表明女性数量急剧下降的一种趋势。1644—1722 年，有关东岳庙圣会的石碑，平均每块石碑有 250 位妇女列于其

---

[232] 北京图书馆金石组编：《北京图书馆藏中国历代石刻拓本汇编》，第 69 册，56 页；第 72 册，191～193 页。《大清会典事例》，1899 年，卷 1038，17459 页。

[233] 北京图书馆金石组编：《北京图书馆藏中国历代石刻拓本汇编》，第 62 册，35 页；第 67 册，184 页；第 69 册，184 页。亦参见北京图书馆金石组编：《北京图书馆藏中国历代石刻拓本汇编》，第 66 册，123 页；北京图书馆藏拓片第 5881 号。

[234] 和尚最终被释放。《宫中档雍正朝奏折》，第 3 册，106～107 页。我不知道福宁例子的处理。军机档，嘉庆朝，第 51173 号。在盘问中，宣布对明秀的指控消失了。外纪档，道光十八年八月初九日。

上。在1723年至1911年，平均为39位。[235] 虽然这些数字在各方面会存在问题，但是它们与针对数量不断增长的妇女的政策相等。[236]

官员的奏折和皇家的敕令并不是在不了解当地流行习俗的情况
559 下撰写的。对北京宗教活动的高度关注，是由那些充分了解这样的活动是何等广泛而且重要的人提出来的。一份1735年的御史奏折向雍正解释称："近来，臣在城厢内外看到那些寺院，如西顶、北顶和南顶，有人不务正业，逢四、五月装饰神像，敲锣打鼓，行走游街。此谓进香。"他选择其他的碧霞寺院（没有名字的神灵）——"在西山、丫髻山和涿州"——并且描述十天节日期间当"男女老少，远远近近"聚合，形成一百人或二百人的圣会。在1737年，另一位御史建议，特别禁止"顶庙"建立圣会。[237] 后来，嘉庆皇帝解释说："朕在藩邸时，即素知民间有赴丫髻山、天台山等处进香之事，而近京各省，相习成风。"一份1852年御史奏折集中在妙峰山："数年来，每年当臣离苑（夏季行宫）去执行公务时，都会看到此种情景。"[238]

显然，对朝圣政策表达清晰的官员和皇帝似乎已经了解他们所谈到的内容。这种熟悉绝非巧合。许多人自己本身就是信徒和赞助人。

---

[235] 范围也在收缩：从2至1，较早期367位妇女（样本含量是23），稍后时期从1至213（样本含量是53）。如果只看碧霞寺院和东岳庙，趋势是相同的。

[236] 我们不知道，名字在石碑上的所有妇女实际上是否去过寺院，我们也不知道如何详细归纳那些刻在石碑上的人。关于清代妇女地位的变化，曼素恩（Susan Mann）：《缀珍录：18世纪及其前后的中国妇女》，23～29页以及各处。

[237] 《宫中档雍正朝奏折》，第25册，369～370页；议覆档，乾隆二年四月十八日。对朝圣的批评经常来自御史，他们的建议众所周知并且经常是不切实际的——希望是这样。概括是建立在我对清代文档的经验基础上的，参见波拉切克：《鸦片战争与清政府之内部斗争》，32～38页（特别是关于他们希望信任谣言和闲谈）；孔飞力：《叫魂：1768年中国妖术大恐慌》，192～193页。

[238] 《清实录》（嘉庆朝），卷66，12～13页。天台山是北京西面的一座山庙，那是祭拜碧霞的地方。庄士敦：《浪漫的皇帝》，载《新中国评论》，第2期（1920年），184页；并且是石碑的所在地。御史，军机档，咸丰朝，第83202号。（译者按：此处引文的汉语原文尚未找到，故用直译。）《大清会典事例》，1899年，卷1038，17460页。

东岳神和他的寺院仍然受到清代皇帝个人的关照。北京东岳庙利用皇家费用重修了两次：一次是在 1700 年一场火灾后，而另一次修缮是在六十年后。满汉合璧的大石碑记载了这些事件，并且自豪地竖立在主院子中。当乾隆皇帝和光绪皇帝（并且肯定还有其他人）前往东陵时，在此驻足，嘉庆皇帝一年来过几次。康熙皇帝和乾隆皇帝不止一次地参拜位于山东泰山脚下这位神灵的主要寺院。1756 年，乾隆皇帝在玉泉山附近他的夏季住处为东岳神修建了一座小寺院，把泰山祈雨和这座玉泉山加以比较。[239] 给予 560
东岳神不容置疑的正统信仰，这样的捐助也许并不令人吃惊。

泰山娘娘的皇家忠诚是相当不固定的——所以更加私人化。康熙皇帝似乎是第一位供奉她的皇帝。1678 年，他在皇家狩猎庄园里修建了一座寺院，以便可以在狩猎庄园里为他亡母的魂灵祈祷。[240] 1703 年，惠妃，在 20 位太监的帮助下，负责在内城娘娘庙的修复。[241] 此后，皇家捐助是定期而专注的。康熙皇帝在 1704 年后数次参拜过丫髻山，赐予道士荣誉，并且赐给寺院金钱和御书。1707 年，有一份皇家敕令修复和重新命名一座在西郊的小碧霞寺院，康熙赐其亲书匾额。[242]

第二年，宫中有人安排资助西顶的重新命名和重修，然后成为太监和旗人朝圣圣会活跃的一个中心。皇五子负责工作，他建造满汉合璧的石碑。康熙皇帝参拜了这座寺院，用金色和绿色的

[239] 《日下旧闻考》，卷 85，1418～1420 页；卷 88，1484～1491 页。《起居注》，卷 24，光绪十二年；杜德珍：《中国治疗艺术》，载《教务杂志》，第 3 期（1870 年），41 页；敦礼臣：《燕京岁时记》，28～30 页。康熙去泰山 3 次，乾隆 9 次，布赖恩·多特：《登泰山：18 世纪中国的社会文化互动》，186 页。

[240] 永佑庙。其母亲是来自东北的汉军。她是一位捐助者吗？《日下旧闻考》，卷 74，1251～1252 页；吴长元：《宸垣识略》，卷 12，255 页；恒慕义主编：《清代名人传略》，327～328 页。

[241] 北京图书馆金石组编：《北京图书馆藏中国历代石刻拓本汇编》，第 66 册，26～27 页；本书第十二章注 69。这位满洲妇女是胤禔的母亲，胤禔在那时是康熙在世的最年长儿子。

[242] 1704 年，此地石碑；《畿辅通志》，1735 年，卷 51，18 页；《清实录》（康熙朝），卷 215，3 页；《顺天府志》，1885 年，卷 24，761～762 页。1707 年，《日下旧闻考》，卷 97，1616 页。

瓦重塑辉煌，赐予寺院一个新的名字（广仁宫）、一块两种语言的石碑、皇家御书的 8 块匾额、神像的衣服和每年四月十七日的供香。[243] 1713 年，当庆祝他六十万寿时，康熙皇帝完成了小南顶的重修，使用的也是皇家的经费。同年，正如我们所看到的那样，这位皇帝参拜丫髻山，安排了全年的供香和在那儿的新建筑。[244] 这些活动不仅构成了对碧霞元君崇拜的重要支持，而且它们还表明康熙皇帝熟悉这个有人气的朝圣。

虽然雍正皇帝松动了在朝圣上的禁令，但他参与碧霞祭拜的次数并不多。在他统治的第一年（1723 年），在新的圆明园内修建
561 了一座娘娘庙；后来他赐给由他的父亲恢复的小娘娘庙一块匾额。[245] 这些都是为了他家族的妇女们吗？

乾隆皇帝把对这位神灵的活跃捐助与对圣会的实际宽容结合起来。在 1744 年和 18 世纪 70 年代之间，他修缮了许多碧霞寺院，赐予匾额，参拜它们，并且由皇家定期安排资金。接受者包括小南顶（1744 年、1773 年）、丫髻山（1747 年、1753 年）、在西郊的几所小的寺院（1747 年）、大的东岳庙（1761 年）、中顶（1771 年）和南顶（1773 年）。[246] 他还陪着他母亲五次前往泰山顶上的娘娘庙（从 1748

---

[243] 北京图书馆金石组编：《北京图书馆藏中国历代石刻拓本汇编》，第 66 册，145、153 页；《日下旧闻考》，卷 99，1639～1641 页；励宗万：《京城古迹考》，卷 6；《钦定总管内务府现行则例・掌仪司》，卷 2，33 页。皇子是胤祺，寺院的名字为广仁宫。

[244] 励宗万：《京城古迹考》，卷 6；《钦定总管内务府现行则例・广储司》，卷 3，55～56 页；《日下旧闻考》，卷 139，2248～2249 页；《钦定总管内务府现行则例・掌仪司》，卷 2，33 页；此地康熙五十四年石碑。

[245] 《日下旧闻考》，卷 82，1372 页；《钦定总管内务府现行则例・掌仪司》，卷 2，25、26、30、32 页。匾额没有标明日期。《日下旧闻考》，卷 97，1616 页。

[246] 小南顶，《日下旧闻考》，卷 90，1523～1524 页；励宗万：《京城古迹考》，卷 6。丫髻山，《日下旧闻考》，卷 139，2248～2249 页。小的寺院，《日下旧闻考》，卷 101，1676～1679 页；卷 106，1764 页。吴长元：《宸垣识略》，卷 15，300 页。《钦定总管内务府现行则例・掌仪司》，卷 2，27、30 页。普意雅：《北京及其附近》，第一系列，《仰山寺院》。东岳庙，《日下旧闻考》，卷 88，1488 页。中顶，《日下旧闻考》，卷 90，1530～1531 页。南顶，《日下旧闻考》，卷 90，1522～1523 页；《通州志》，A，23～24 页；北京图书馆金石组编：《北京图书馆藏中国历代石刻拓本汇编》，第 73 册，124～126 页；恢复与桥的修缮相结合。

年至 1776 年），而且太后的虔诚还略逊于乾隆皇帝呢！[247]

19 世纪的捐助更为保守，但是碧霞寺院仍然可以从皇家男人和女人那儿得到个人的照顾。嘉庆皇帝到西顶、小南顶、中顶和丫髻山进香。据说，他的皇后赐予妙峰山的寺院各种礼物（包括一顶新的轿子）。1837 年，她（作为一位皇太后）支付重建一场火灾后的丫髻山寺院的经费。[248] 身为一名皇子时，道光皇帝被派往南顶和丫髻山进香；他创作了有关后面地点的诗，并且我们拥有了 1807 年关于他为圣母祈祷的祷文内容。他慷慨地安排了年度经费用于西顶的香火，分配庙户守护西顶，保证和尚在每次皇家参拜后得到赏赐。[249]

在北京 19 世纪中期大部分皇家捐助间断之后，慈禧皇太后开始了对妙峰山的祭拜。据说当她的儿子（同治皇帝）患上天花时，她于 1874 年上山为他祈祷。在 1883 年和 1885 年，皇帝和皇太后捐钟给山顶寺院；慈禧还赐御书和资助朝圣圣会。据说她也在 1886 年朝拜了丫髻山。[250]

所有这一切的证据——甚至在更广泛和多样的皇家信仰和赞 562
助的背景下——表明了个人对碧霞元君的忠诚：通过几代皇后和皇妃的捐助，至少得到康熙皇帝、乾隆皇帝、道光皇帝和慈禧太后的捐助，以及在北京地区皇家个人对神灵和其祭拜一贯支持的模式。因此，也许清朝皇帝不愿严厉禁止朝圣这位神灵，这是可以理解的。

沿着这条相同的思路进行推理，承担着执行禁止朝圣的责任

---

[247] 布赖恩·多特：《登泰山：18 世纪中国的社会文化互动》，186、224 页。

[248] 《起居注》，嘉庆二十一年，嘉庆二十四年；《钦定总管内务府现行则例·掌仪司》，南苑部分；麟庆：《鸿雪因缘图记》，卷 3，97～98 页；《御制诗余集》，卷 2，19 页；金勋：《妙峰山志》，35～36 页；恒慕义主编：《清代名人传略》，968 页。

[249] 《畿辅通志》，1884 年，卷 11，348、359 页；《钦定总管内务府现行则例·掌仪司》，卷 2，30、33 页；《大清会典事例》，1899 年，卷 1219，19235 页。

[250] 徐珂：《清稗类钞》，卷 1，8～9 页；奉宽：《妙峰山琐记》，95 页；恒慕义主编：《清代名人传略》，730 页；首都图书馆藏拓片第 682、683 号；李景汉、张世文：《定县秧歌选》，8 页；奉宽：《妙峰山琐记》，26 页；吴振棫：《养吉斋丛录》，卷 7，9 页。

的顺天府官员也不是祭拜的陌生人。如图 11-2 所示，在衙门内的右边有一个娘娘殿，那里无疑是不同神殿中最大的，而且在北京的任何一段经历都会让他们有可能参加一年一度的朝圣活动。

北京的步军统领衙门应该是毫无困难地掌握了这些朝圣者们的动态。通过他们的力量，指定了 29 座位于郊区的寺院为“官管”。在这些寺院中，一座是东岳庙，六座是碧霞元君寺院，包括南顶、中顶和西顶。[251] 步军统领衙门的吏员们本身就是北京居民，必然了解这些祭拜的名气。虽然在这些寺院之内或附近可能会出现一位官员阻止朝圣，但其主要的目的似乎是为了维持秩序。1879 年，当一个拥有大量官员和商人成员的宗教圣会决定修缮在中道的茶棚之一时，他们安排了驻扎在郊区一名步军统领进行协理。[252] 就是这样执行了对朝圣的禁令。

在北京，对于朝圣和宗教圣会的反对可能来自儒家官员——因为在明代有大量反对流行宗教的实践？我们可以确定的争论是，皇帝和当地官员愿意容忍这种宗教行为，但高级官僚则不是？

这并非易事。许多京官自己是旗人，不是敌对的外来者。此外，在清政府做官的那些人不像政府职位强加给他们的角色那样（有些
563 讽刺的意味），会提出反对宗教。许多北京寺院有其文人的赞助者，这座城市的圣会赞助人虽然极少受到赞扬，但仍然反映了拥有身份的旗民官僚的一个密集交织。在西顶，15 块石碑中有 7 块是由翰林院官员撰写的（包括两位大学士），所有的都在 1704 年前。在东岳庙清代圣会的 103 块石碑中，19 块是由进士撰写，11 块由在翰林院的男人撰写（只有 1 块在 1769 年前），5 块是由大学士撰写。[253]

政府对朝圣的敌意也是无系统的。与更广阔帝国的问题——19 世纪稳定增长——相比，和平的朝圣圣会变成微不足道的事情。

---

[251] 《金吾事例》，卷 9，61 页；卷 6，31～49 页各处。这些表面上全部为绿营的汉人士兵。

[252] 首都图书馆藏拓片第 723 号。

[253] 在 1867 年后，只有一位进士或翰林。

事实上，反复劝告、无系统的镇压和缄默许可的模式似乎是由官僚个人（或皇帝）造成的，具有这种政治制度和政治文化的普通特征。正如孔飞力（Philip Kuhn）认为的那样，专断的皇权、日常的官僚活动与一个“官僚君主政治”不安的结合，在那儿作为与不作为经常发生冲突。[254]

也许可能，正如在京城的其他地方，皇家赞助人的慷慨给予、固执己见和过高要求会自动地替代其他的行动者和活动，而且不费力地使其他朝圣者边缘化。尤其是在皇家来访与一个污辱宗教信仰的有组织公共表达修辞相结合时。此外，正如我们提到的明代事例一样，皇家参与可以减轻一座寺院对于团体支持的依赖，并且阻止其他的赞助人。这些情况在清代时期仍然是真实的。必须存在的常住僧人给予来自皇室的皇帝代表和官员以关注，而牺牲了少数富人和有权的赞助人，也许驱赶这样的人们去其他的地方，在那儿他们可以有自己的领域。西顶、丫髻山和东岳庙的经验表明了这些起作用的动态。

17 世纪 20 年代至 30 年代，西顶刚刚被发现并且非常受欢迎。在清代早期，受到有组织和无组织的市民的积极资助。皇家参与的一个密集期开始于 1708 年，而且在 1725 年后，没有世俗朝圣圣会的证据；一个世纪后，团体支持似乎已经完全枯竭了。在丫髻山，大群皇家游客鼓励了旗人中的朝圣团体，但他们是否同时阻止了普通的朝圣者？

东岳庙的皇家存在虽然是分散的，但仍然是重要的；然而，建筑设施是庞大的，而且可能资金不足，宗教圣会在整个清代是存在的。在此，是否有一个相关的皇家意愿去宽容这儿的人群，564
因为把人们暴露于阴间神灵的七十二座神殿之下被认为会对行为产生有益影响？当一个圣会在它的石碑上宣称假装神圣是不祥的时候，“因果不昧”。[255] 来自皇家存在和反复禁止“赛神”的冷风当

[254] 孔飞力：《叫魂：1768 年中国妖术大恐慌》，尤其第九章。

[255] 北京图书馆金石组编：《北京图书馆藏中国历代石刻拓本汇编》，第 77 册，31～34 页。

然说明了在神诞日当天游行（最后在 1717 年提到）结束的原因。此外，18 世纪中期之后，宗教圣会在寺院中的活动在这一年里更加广泛地传播开来，并且较少地集中于神诞日。难道是政府和皇家的忽略，使得晚清这样活动复活成为可能？[256]

在 19 世纪，我们看到在东岳庙和妙峰山，所有男性职业行会成员为了他们集体的目的，利用增设寺院里的侧殿参与寺院生活。他们意识到这是一个取代受到政府更多怀疑的混合自愿圣会的机会了吗？我们将在下一章中进一步讨论在北京生活中这类组织的作用，但是它们的增长明显暗示了其对宗教和朝圣圣会的挑战。

泰山模式的宗教圣会多次被禁止，在它们的寺院里，与一个经常性的皇家存在相结合是有效果的。它们减少了妇女抛头露面，阻止神像通过街道的巡游，去掉了那些君主不感兴趣的寺院的朝圣，可能使那些潜在的组织者感到担忧。当皇家赠品给对东岳、碧霞的祭拜带来崇拜和长久生命力时，政府敌对的态度保证了在可能接受的范围内世俗公众的作用。

与明代相比，清政府加在这些圣会之上的控制是沉重的。然而，正如本章所显示的那样，约束一如既往，朝圣圣会在京城前所未有繁荣起来。它们进一步把城市开放给农村，把旗人融入他们新的家园，允许定期广泛的公众集会，并且巩固了北京身份当地和区域的范围。

---

[256] 北京图书馆金石组编：《北京图书馆藏中国历代石刻拓本汇编》，第 67 册，64 页；第 83 册，89～91 页。

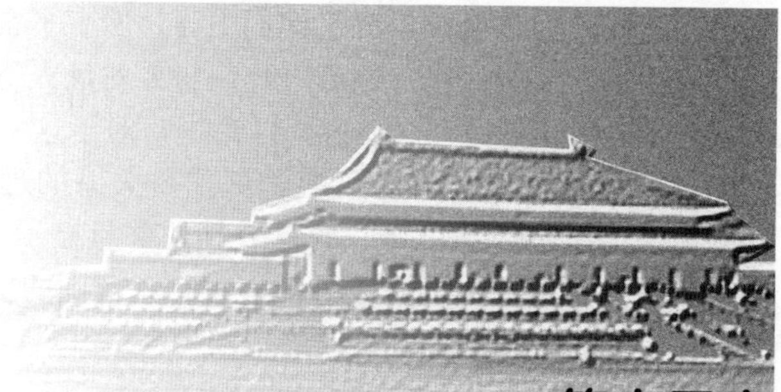

第十五章

寺院与私人目的

前述众章已经对北京宗教设施在人们之间如何创建联系，如 565
何把城市居民结合在一起进行了阐述。但是寺院也能成为专有团体的焦点，并被用来划分人群。这种私有化的冲动违背了宗教机构表面上开放的性质，但是占有数量优势的捐助者可能会有一种不均衡的影响，因而本质上这是一种自然的结果。没有制度上的屏障防止支持者范围变小，但是有许多力量鼓舞这样的做法。

如同寺院和尼姑庵的私人处所用于特定僧侣一样，宗祠只用于子孙后代。宗教设施可以滋养外来的或被禁止的信仰，举行特殊的仪式，照料已故的信徒。有权势的捐助者可以利用他们的资源，来掌控一座寺院，为了他们自己的目的而利用空间。在这些情况下，团结得以加强，界限被强化。这些组织比迄今所讨论的那些更加团结、更加排外、管得更紧，存在时间更长。此外，自相矛盾的是，这些比较私人化的机构拥有共同的资源和目标感，从而能使一个广泛的社会行动成为可能。

为了对北京生活及其潜在性的方面进行了解，我们将转向穆斯林及清真寺、基督徒及教堂、藏传佛教徒及其寺院。然后，我们研究教门信徒的特殊地位，对于他们而言，所有平常的祭祀场所都过于危险以至于无法使用。最后，我们将要对汉人寄居者建立和使用的会馆做进一步的研究。在这些讨论中，对于这些团体的历史，它
566 们的社会重心以及它们与政府全部重要关系的理解是重要的。这些寺院说明了清代北京特殊的世界性，并且显示 19 世纪的事件是如何促进超越家庭和政府之外的一种行动范围的扩大。

家　族

在北京，正如在中国的其他地方一样，家族是核心的社会单位；一座祠堂是一个家族的私有财产，在这个家族周边一个专有团体得到创立和复兴。这些祠堂包括祖先的牌位，在新年、某些假期以及举行重要的仪式时，祠堂是共同家族仪式的所在地。在帝国的这个部分，普遍认为，共同的父系关系并没有在这一部分得到精心的发展，而且在中国北方，祠堂也不是一种常见的集体表达形式。[①] 也许确实如此。

在皇家血统内，一些贵胄家族正式得到批准可以拥有家庙（也许是在他们的王府里），禁止奢侈消费的等级制度在这里得到说明。[②] 但是对于我来说，只有很少的例子可以了解。满洲索绰络氏的后裔至少从 18 世纪起在内城就拥有一个氏宗祠。19 世纪 30 年代，这座祠堂倒塌了，由于缺乏资源和族内意见不一，直到 1880 年，才重建祠堂。宛平当地人王崇简（1602—1678）和他的后代在外城有一个氏宗祠（各种各样的称呼“家庙”及“宗祠”）。[③]

---

① 伊沛霞、詹姆斯·华森主编：《中华帝国晚期的家族组织，1000—1940》。但参见关文彬《天津的商人世界：一座中国城市的社会和经济》第 260～289 页中一个令人信服的理由，天津的城市宗族能变得与那些其他地方一样强大、强有力和资金充足。

② 《大清会典事例》，1899 年，卷 455，11089～11096 页。参见第二章中一个祖先祭坛的描述。

③ 直至 1789 年被烧毁；他们也有一本宗谱。恒慕义主编：《清代名人传略》，815～816 页；北京图书馆金石组编：《北京图书馆藏中国历代石刻拓本汇编》，第 78 册，74 页；朱一新、缪荃孙撰，刘承幹考证：《京师坊巷志》，卷 10，46 页；朱一新、缪荃孙：《京师坊巷志稿》，卷 2，270 页。宗谱构成了王崇简文集的卷 11。索绰络氏（Socolo），北京图书馆金石组编：《北京图书馆藏中国历代石刻拓本汇编》，第 85 册，21 页。

1943年，对北京寺院的调查首次系统地把这座城市的宗祠包括在内。列出了它们当中的70座，其中不少于12座祠堂是我所了解的。差不多90%的祠堂在内城。大部分是在清末出现的，当时地位意识较强的旗人接管并把它转成小团体的寺院——经常毗邻于土地庙。④

不管有无家庙，家族会定期公开表现他们的身份，特别在两大仪式场合：婚礼和葬礼。每个仪式都是炫耀家族财富和展现关系网络的时机。如果一个人能了解规矩，一个家族的资源、信誉、社会地位和社会野心会被简单地表现在嫁妆或葬礼的仪仗以及伴随的宴会之中。在北京，只有一个家族——皇帝的——其不朽的 567
宗祠和宏伟壮观统治着的公共场合和城市空间。

对于那些成为宗教专业人士的男人和女人来说，寺院是替代家庭。紧挨着佛道两教寺院和尼姑庵的公共殿堂的是僧侣们的私人住处。（参见图15-1。）僧伽的观念仍然得到尊重，这些僧侣团体获得准许拥有一个合法的独立存在。只要和尚和道士是顺从和忠诚的，君主就是慷慨和保护的。偶尔（来自汉族官员）要求全部废除僧侣职业的建议被满洲皇帝轻轻地搁置在一边："岂必尽驱还俗？"（乾隆皇帝1737年）；"僧道亦齐民之一"（嘉庆皇帝1813年）。⑤

然而政府坚持管理、控制和任意进行批评。即使僧侣数量庞大，也有已建立规章的古老寺院会因过着"不做任何工作"的奢华生活而受到嘲笑，没有住持和没有受众的较小寺院易于受到怀疑是"无赖和制造麻烦"的避难所，允许不体面地男女混处。在19世纪中期，当社会问题成倍增加时，寺院被指责为是妓院和鸦片

④ 首都图书馆藏拓片第1801号；亦参见《大清会典事例》，1899年，卷455，11089～11097页。在内城的62座土地庙中，有9座在1943年调查（《北平庙宇征存录》，各处）中是作为家庙而被描述的。

⑤ 《大清会典事例》，1899年，卷501，11741页；《清实录》（嘉庆朝），卷276，28～29页。

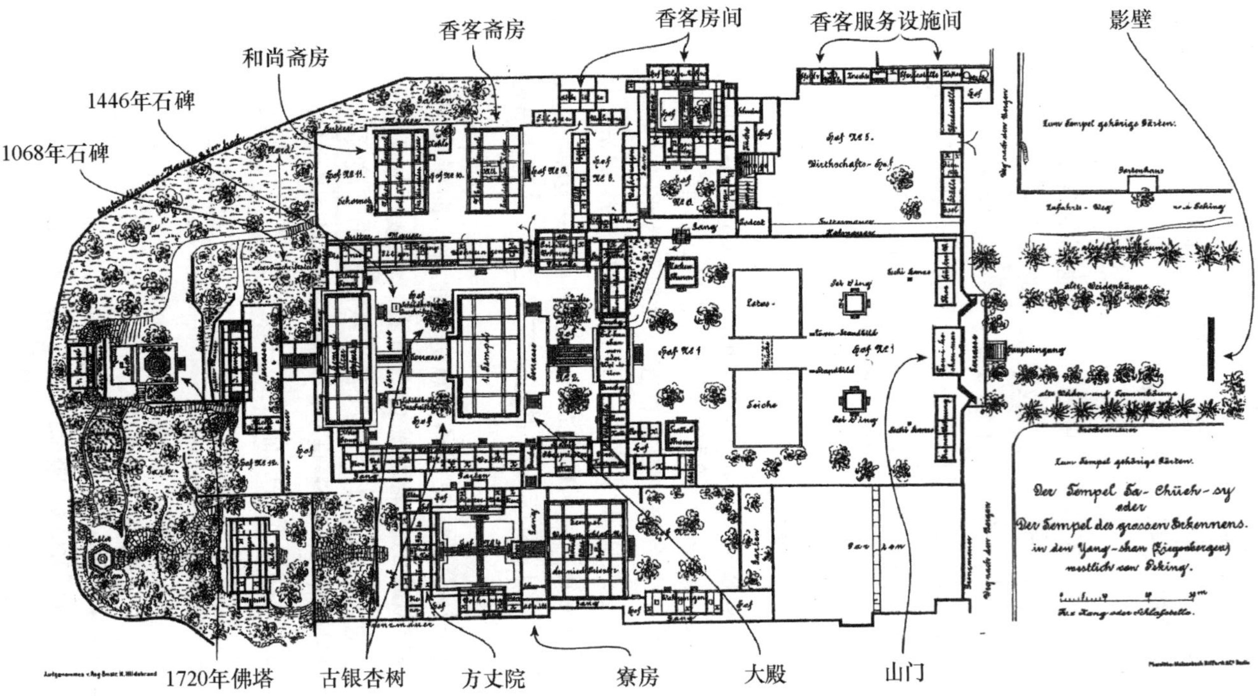

图 15-1　西山大觉寺平面图

资料来源：锡乐巴：《北京大觉寺》，图 1-2。

窝的代理处，是戏院和赌博的放荡场所。⑥

极少数寺院拥有超过 10 名僧侣，到清朝末年，大部分寺院地处郊区——潭柘寺、白云观、碧云寺，或许还有其他 12 座寺院。⑦零散的数字提供了它们随着时间而下降的片段。1442 年，外城法源寺的 81 名和尚捐助了一块石碑；1822 年，至少有 24 名常住和尚，然而到 1908 年，仅剩下 1 名和尚。⑧ 另一座古老的外城寺院善果寺，在一块 1476 年的石碑中，列出了 82 名和尚捐助者；到 1483 年，是 96 名；1683 年，是 54 名；1908 年，仅有 11 名。⑨ 郊区的潭柘寺在 18 世纪中期有约 300 名和尚；1881 年，一位西方人发现常住的和尚只有 13 人。⑩ 1444 年，白云观至少有 88 名道士；1780 年，有“100”名道士；1811 年，有 300 名；1833 年，有 569
“几百”名道士；而在 1941 年，有 108 名。⑪ 尽管这些数字不成系统，但收缩的模式是相同的。

如果可能，寺院团体的几十、上百名僧人能照料自己的生死，正如潭柘寺所做的那样为生病和残疾的僧人修建了一个单独的寺院旅店。极少数的幸运者必须依靠公众的慈善。亡故的人被火葬；然后骨灰被放在骨灰缸里，有时放在密封的佛骨塔里——大小适中，在清代为数极少。内城广济寺的塔院位于城外一个山脚下，与许多墓地一样，由围墙围绕着，种植着松树。但亡故僧人的遗

⑥ 《清实录》（雍正朝），卷 6，9～11 页，引自高延：《中国的宗派主义和宗教迫害：宗教史的一页》，122～123 页；宫中档，宗教类，第 417 包；《清实录》（道光朝），卷 314，6～7 页；《大清会典事例》，1899 年，卷 400，19 页。

⑦ 表 2 - 3。

⑧ 《日下旧闻考》，卷 60，972～985 页；北京图书馆金石组编：《北京图书馆藏中国历代石刻拓本汇编》，51 册，106～107 页；《钦定总管内务府现行则例 · 掌仪司》，卷 2，31 页；1908 年调查，《京师内城庙宇调查表》。

⑨ 菲尔德博物馆藏拓片第 955、960、1473 号。

⑩ 励宗万：《京城古迹考》，23 页；哈巴：《参观北京两座著名的寺院》，载《教务杂志》，第 12 期（1881 年），368 页。裴丽珠：《北京》，324 页，于 20 世纪第二个十年在那儿找到“一百座”。

⑪ 北京图书馆金石组编：《北京图书馆藏中国历代石刻拓本汇编》，第 51 册，121～122 页；朴趾源：《热河日记》，25 页；小柳司气太：《白云观志（附东岳庙志）》，145～147 页；金景善：《燕辕直指》，1107～1108 页；《华北宗教年鉴》，241 页。

骸不仅仅是僧人团体简单的私事。1653 年，当慈云寺的一位老和尚圆寂时，在寺院院子里举行复杂的火葬仪式引起了广泛的兴趣，尽管也许没有达到纪念石碑所声称的“成百上千”的人诵读佛祖的名字。⑫

这些僧侣团体也有他们自己的岁时节日。道士们更乐意庆祝如下神诞日：玉皇大帝（正月初九）、老子（二月十五日）和神仙吕洞宾（四月十四日）；佛教徒纪念观音（二月十九日）、释迦牟尼（四月初八）或文殊菩萨（十月二十五日）的诞日。两者都在七月十五为死者举行复杂的仪式（中元节）。许多这些季节性仪式为公众所共享，并且融入城市的节日之中。

总的来说，在清代的北京生活中，寺院和尼姑庵扮演了一个受压抑的角色。与明代相比较，少量的寺院能得到皇家的捐助，人们很少看到在全国范围内有声望的和尚。⑬ 与之相反，君主大规模慷慨的赠予反而集中在藏传佛教的喇嘛。京城的寺院对帝国持续起着重要的作用，但是与它们拥有受戒和颁发度牒的权力相比，对于它们知识或精神领袖的资料知之甚少。允许受戒和尚的机构数量增长了一倍，从三座增加到六座，并且受戒的规模相当大——来自全国的 1 500 名和尚于 1733 年在法源寺受戒。⑭

570 以一座道教全真派大型开放的道观白云观为例。为了众多常住者、受戒、每年的节日和许多在侧殿举行的庆祝仪式，需要定期的收入。1706 年、1756 年和 1787 年的皇家修复以及来自皇家

---

⑫ 菲尔德博物馆藏拓片第 1434 号；《日下旧闻考》，卷 96，1603 页；《弘慈广济寺新志》，20～57 页。一位虔诚的医生发誓帮助这个内城慈云寺为年老的和尚修建一个殿堂、一个病室和一个药房。金之俊：《息斋续外集》，卷 10，27～28 页。我从潭柘寺的佛塔推断而来，但有关一个例子参见北京图书馆金石组编：《北京图书馆藏中国历代石刻拓本汇编》，第 71 册，32 页。

⑬ 根据我的统计，在明代有 77 座，在清代有 60 座寺院。在这些寺院中，明代的 41 座寺院和清代的 33 座由皇家捐助。

⑭ 这 3 座明代寺院继续举行受戒，并且增加了 3 座。北京图书馆金石组编：《北京图书馆藏中国历代石刻拓本汇编》，第 86 册，152 页；《弘慈广济寺新志》，126～132、171～178 页；普利普·摩勒：《中国佛教寺院》，294～295 页；《日下旧闻考》，卷 60，979 页。关于 1733 年，普利普·摩勒：《中国佛教寺院》，294～295 页。

捐赠的金钱，对于寺院的生存是至关紧要的。19世纪初，当需要新的收入来源时，道观长老会转向富裕的私人捐助者，并寻求宗教圣会帮助解决困难，但没有放弃对财政的控制权。⑮ 正如潭柘寺和戒台寺一样，一个宽敞的公共区域使寺院得以继续生存。较小的寺院和尼姑庵有更多的困难，经常过分危险地依赖一些捐助者。⑯

太监是他们出生家族的一分子，但是他们不能结婚也没有后代（一些太监有养子）。与他们明代前辈所做的一样，清代太监缺乏资源去资助寺院的看管人；反而，他们依靠君主，分享他们的资源。例如，1700年，康熙皇帝把在宫殿附近的一个明代建筑转变为专门用于年老太监安度晚年的一个设施。⑰ 此后，上百位太监组成"义会"，为获取用于寺院的房地产而进行慷慨捐助。⑱

雍正皇帝捐献了西郊一块460亩土地作为安葬宫中太监的墓地，在此形成了一个群落。在那里，修建了一座关帝庙便于供奉；土地的捐赠是由君主配给的。在恩济庄的新墓地一直保存到清朝结束；有权势的慈禧太后宠臣李莲英，也被埋葬在那儿。类似的过程以较小规模发生着。御膳房太监捐钱恢复一座郊区的灶王庙

⑮ 北京图书馆金石组编：《北京图书馆藏中国历代石刻拓本汇编》，第66册，87页；第75册，93～94页；第78册，72、74页；第85册，87～88页；第86册，6～7页。《日下旧闻考》，卷94，1575～1585页。《钦定总管内务府现行则例·掌仪司》，卷2，31页。小柳司气太：《白云观志（附东岳庙志）》，145～153、158～159、164～167、173～175、181～183、190～191页。受戒，这座寺院举行过许多次，也能带来收入。小柳司气太：《白云观志（附东岳庙志）》，140～191页各处；梁文金、包如廉译：《当前研究：道教历史概况》，载《中国宗教杂志》，第15期（1987年），78页。

⑯ 例如，在夏天，郊区寺院被外国人租用，或在19世纪后期由满洲贵族接管。

⑰ 他们祭祀西苑湖中的水神——也许与对明代保护皇家成员而死的三位太监相关的祭拜有关。高士奇：《金鳌退食笔记》，卷2，4～5页；昭梿：《啸亭续录》，卷2，144页；北京图书馆藏拓片第647号。还有一个供奉泰山娘娘的祠堂。首都图书馆藏拓片第451号。

⑱ 北京图书馆金石组编：《北京图书馆藏中国历代石刻拓本汇编》，第71册，195页；第73册，92页；第75册，135页。首都图书馆藏拓片第450、451、647号。《日下旧闻考》，卷41，641页。

（在 1754 年），并有效地接管了一处附属于墓地可以用作养老的房子。其他的包衣继续捐助一座在西郊的太监庙，即刚铁庙；到 19
571 世纪，主要由在圆明园的太监资助这座寺院。[19]

所有这些建筑和墓地，不用说，是相当私人化的，也仅限于捐助的太监（和他们的皇家资助人）。他们不存在公众的节日并且阻止外人参观。北京外国宗教的私人化寺院也存在同样的情况。

穆斯林

长久以来在北京的穆斯林就已经是公开设立的一个团体，可以根据他们的神职人员和礼拜的地方进行辨认。一些穆斯林是来自中国西北和中亚的临时来访者，但大部分是——或已经成为——当地人。对于他们，在穆斯林占绝大多数的周边地区，清真寺是中心的节点，或者是分散信徒团体形成的中心。它们是北京少数民族团体中最古老的，也是最开放并且与当地社会结合最好的团体。

（已知的）6 座明代清真寺和它们的教区没有受到破坏的影响，一直保存到清朝征服时期。新的满洲统治者以慈悲宽容的态度对待伊斯兰教，允许其公开设立，抵制汉族官僚主张对宗教实行更严厉控制的政策。1729 年，雍正皇帝承认在帝国内穆斯林居民拥有一个不同的宗教，但是他宣布由于他们不同的习俗，与帝国的其他人一样他们“皆国家之赤子”，并且予以公正慈悲地对待。一个相当规模的北京清真寺成员把这个重要的口谕刻在安放在院子

⑲ 恩济庄，《日下旧闻考》，卷 97，1616 页；北京图书馆金石组编：《北京图书馆藏中国历代石刻拓本汇编》，第 69 册，83 页；鲁琪、刘精义：《清代太监恩济庄茔地》，载《故宫博物院院刊》，1979 年第 3 期，51～58 页；裴丽珠：《北京》，314～315 页；佟洵：《李莲英墓之谜》，见林克光等主编：《近代京华史迹》。灶君庙，北京图书馆金石组编：《北京图书馆藏中国历代石刻拓本汇编》，第 71 册，35 页；第 80 册，56～57 页。刚铁庙，北京图书馆金石组编：《北京图书馆藏中国历代石刻拓本汇编》，第 65 册，173～174 页；第 65 册，182 页；第 75 册，101～102 页；第 80 册，181～182 页；第 84 册，52～53 页。

里的石碑上。乾隆皇帝后来反复强调了这些观点。[20]

穆斯林主张一种单独的身份，但在他们公开的修辞中却采取了折中态度。坦率地承认他们宗教的异国起源，他们强调分享中国的价值并且发誓放弃与异端邪说之间的联系："其教与中国圣人原无二理"，"忠君孝亲为道"。[21]

但是中国的穆斯林仍然是不同的，在北京似乎能立刻被辨认 572
出来。他们虔诚的行为明显地与众不同。他们常去某个专有的宗教设施，一天祈祷5次，每隔7天有一个特殊的礼拜，一年中固定一个斋月，并且遵循着一个完全不同的宗教历法。他们不用棺材进行埋葬，可以在他们的墓碑、香炉和石碑上发现外国文字的铭刻。[22] 穆斯林的服饰也略有不同（特别是他们的头饰），他们的妇女也不缠足。他们拥有可以识别的穆斯林姓氏和可预见的职业。因为他们吃牛肉和羊肉（没有猪肉），他们会成为肉商，在经营的饭馆中，这样的肉类是主要的食物，他们以骡马商人为谋生职业。[23]

与其他的外国宗教一样，伊斯兰教提供了与外面的重要联系。其清

---

⑳　《清实录》（雍正朝），卷80，6～8页；北京图书馆金石组编：《北京图书馆藏中国历代石刻拓本汇编》，第68册，73～74页；《清实录》（乾隆朝），卷1159，10～12页："则朕之视回教民人，皆吾赤子。"但亦参见米华健：《嘉峪关外：1759—1864年新疆的经济、民族和清帝国》，159～160页。

㉑　北京图书馆金石组编：《北京图书馆藏中国历代石刻拓本汇编》，第57册，89～90页；第59册，152～153页；亦参见第74册，111页；第81册，192～193页；第85册，23～24页。

㉒　谈迁：《北游录》，357～359页。查慎行：《人海记》，1页。北京图书馆金石组编：《北京图书馆藏中国历代石刻拓本汇编》，第57册，65～67、89～90页；第59册，152～153页；第60册，3页；第61册，76～77页；第79册，50页；第81册，192～193页。死者，韩书瑞：《华北的葬礼：一致性与变化》，见华琛、罗友枝编：《中华帝国晚期和当代的丧葬礼仪》，50页；雒魏林：《北京及其附近略记》，载《皇家地理学会杂志》，第36期（1866年），154页。

㉓　林志宏：《北京人的社会生活》，171页；《清实录》（雍正朝），卷80，6～8页；贝勒（勒士畲得）：《北京平原和周边山村》，101页；塞缪尔·维克多·康斯坦特：《京都叫卖图》，10页；德微理亚：《北京和北方中国》，载《环游世界》（巴黎），第32期（1876年），231页；韩又黎：《都门赘语》，38页；官方指南，《东亚官方指南：欧亚之间横跨大陆的联系》，38页；仁井田陞：《北京工商ギルド资料集》，卷4，704页；彭年：《北京回族的经济生活变迁》，载《回族研究》，1993年第3期，31～35页。

真寺成为穆斯林拜访者到达都城的中心，在中国北方，伊斯兰教在北京的穆斯林和其信徒之间建立了共同的基础。[24] 1759 年，对新疆叛乱的平定把北京与中亚的伊斯兰世界在各个方面更加紧密地联系在一起。

早在 1756 年，京城就建立了一所培养皇家成员学习回族口语和书面语的学校，1758 年穆斯林哈萨克人开始派“朝贡使团”到北京。在新疆被纳入帝国版图之后的几年里，有来自这些土地绿洲城镇的哈萨克人、吉尔吉斯人和操突厥语的民族首领派出的使团定期到达京城。由理藩院负责管理，这些使团常在冬季进行长途旅行，他们的行程因为车队装满了行李和不断壮大的热切商人而变得缓慢。在北京，这些客人捐助了一座清真寺，位置正好位于紫禁城的正东方。[25]

随着内亚的征服，乾隆皇帝也把一些著名的穆斯林家族迁至京城。这些八百多名奇特的人被纳入一个蒙古八旗之下，在皇城西南角为他们修建了住处，包括王府和他们使用的清真寺。1764 年，在新的清真寺内安放了 2 块用汉、满、蒙古和维吾尔文铭刻（阿拉伯文）的石碑。这个群体因其不同的头饰在口头上被称为“红帽回回”。当时还有约三百名中亚音乐家、舞蹈演员和杂技演
573 员为皇家服务，从事宫廷娱乐。[26]

㉔ 《清实录》（雍正朝），卷 80，6～8 页；贝勒（勒士畲得）：《北京平原和周边山村》，100 页；《顺天府志》，1885 年，卷 12，322 页。

㉕ 《顺天府志》，1885 年，卷 9，292 页；米华健：《嘉峪关外：1759—1864 年新疆的经济、民族和清帝国》，156～160 页；约瑟夫・弗莱彻（Joseph F. Fletcher）：《19 世纪清朝与中亚的关系》，见费正清：《剑桥中国史》，第 10 卷，62、64、76 页；舒勒・坎曼：《1780 年班禅喇嘛入京觐见：英藏关系中的一个插曲》，载《远东季刊》，第 9 期（1949 年），3～19 页。

㉖ 《嘉庆重修一统志》，1820 年，卷 2，12 页；北京图书馆金石组编：《北京图书馆藏中国历代石刻拓本汇编》，72 册，59～60 页；《北京市清真寺调查》，载《回教月刊》，第 1 卷第 7 期（1938 年），57 页；乔治・斯当东爵士：《英使谒见乾隆纪实》，卷 2，296 页；米华健：《乾隆宫廷中的一位维吾尔穆斯林：香妃的意义》，载《亚洲研究学报》，第 53 卷第 2 期（1994 年），427～458 页；米华健：《嘉峪关外：1759—1864 年新疆的经济、民族和清帝国》，156～160 页；朱一新、缪荃孙撰，刘承幹考证：《京师坊巷志》，卷 2，14 页；《普鲁士远征东亚：来自日本、中国和暹罗》，第 42 号；傅起凤：《中国杂技古今谈》，74 页；阿奇博尔德・立德夫人：《熟悉的中国》，506 页；山本赞七郎：《风景如画的北京》。在 1987 年，安放在内城城隍庙内的 1764 年石碑仍然保存着。

清真寺是北京穆斯林聚居区的宗教和社会核心。[27] 最早已知的穆斯林群体是分散的，3 个在内城，2 个在外城，2 个在郊区。最大的聚居区位于外城牛街及其周边地区。内城东面的清真寺用于朝贡使团，在宫廷附近另有一个新的回回营。外城花市的清真寺似乎是由肉商以及直隶省其他地方一部分穆斯林商人捐助的。（如图 2-5 所示。）其他的聚居区鲜有明晰的界定。[28]

墓地也是划有界线的空间，在那里不同的习俗和信仰可以在私下里起作用，墓地在北京的穆斯林中形成了另一个重要的节点。牛街清真寺在其宽敞的建筑内有一块墓地，但是可以在西郊看到一块更为重要的墓地（和社区）。[29]

清代的首都有多少穆斯林呢？一位法国观察者推测，在 1869 年有 10 000 人，1938 年更可靠的估计是 170 000 人至 200 000 人——在当时绝对是一个不小的数目。虽然在全国的一些城市中，穆斯林人口比北京的多，但大部分则更少一些。在 20 世纪 30 年

㉗ 有关这些清真寺的资料是不均衡的。我了解只有 7 座能确切地标明是在 1760 年前，另外 8 座出现于 19 世纪末期的档案中。到 1911 年，我统计为 39 座，其中 15 座在郊区，7 座在外城，17 座在内城。依靠城市的定义，后面的资料标明在 20 世纪第二个十年，有 22 座至 32 座，在后来的几十年是 40 座至 50 座。J. 瑟维尼吉（J. Servigny）：《中国的穆斯林》，载《东方地理协会》，第 34 期（1913 年），43 页；甘博：《北京社会调查》，511 页；克劳：《中国旅行手册》，284 页；《北京市清真寺调查》，载《回教月刊》，第 1 卷第 6 期（1938 年），34 页；《华北宗教年鉴》，315～316 页；杜磊：《中国穆斯林》，174 页。

㉘ 北京图书馆金石组编：《北京图书馆藏中国历代石刻拓本汇编》，第 68 册，73～74 页；《北京市清真寺调查》，载《回教月刊》，第 2 卷第 1 期（1938 年），38～45 页；北京图书馆金石组编：《北京图书馆藏中国历代石刻拓本汇编》，第 73 册，15 页。有关其他的，朱一新、缪荃孙撰，刘承幹考证：《京师坊巷志》，卷 3，9 页；卷 5，23 页；卷 8，23 页。米华健：《嘉峪关外：1759—1864 年新疆的经济、民族和清帝国》，159 页。《北京市清真寺调查》，载《回教月刊》，第 1 卷第 7 期（1938 年），57 页。

㉙ 雒魏林：《北京及其附近略记》，载《皇家地理学会杂志》，第 36 期（1866 年），154 页。《北京市清真寺调查》，载《回教月刊》，第 1 卷第 6 期（1938 年），35 页；第 1 卷第 7 期（1938 年），60 页；第 1 卷第 8 期（1938 年），43 页；第 2 卷第 1 期（1938 年），44 页。李坤：《燕行纪事》，607 页。

代，每座北京的清真寺服务的群体规模平均为 4 000 人。[30] 有多少神职人员呢？一份 1908 年的调查统计，外城半数清真寺为 17 人；来自 1941 年一些记载较好的资料显示，在 49 座清真寺中有 156 位毛拉，或每座清真寺约有 3 位毛拉。[31]

574 在伊斯兰教神职人员、天主教教徒和藏传佛教徒之间有一个重要的区别，天主教徒和佛教徒是由君主资助的，并且在居民中禁止改变宗教信仰。比照之下，毛拉（阿訇）来自并且作为现有的群体的一部分而生活。他们没有在形式上拘泥于宗教教义之中——虽然适应主流文化的谨慎冲动，以及对引起麻烦的担心必定阻止了活跃的传教活动，并在几个世纪中使得差异变得缓和。

而且，穆斯林被理解为是合法的城市居民。1878 年，位于宣武门外和东郊的两座清真寺的宗教领袖获得授权，允许为穷人开设粥厂，如同其他组织所做的那样，从皇家的谷仓里获得用于分发的大米。直到清末，在北京的旅游景观中，清真寺（尤其在牛街中的一座）已经赢得一个小小的地位。[32]

虽然对穆斯林居民通常是仁慈的，但清政府偶尔也会有理由关注来自西方分离主义者的冲击以及伊斯兰教宗教激进主义不稳定的势力。在 1759 年后，当与中亚和通过中亚的联系变得更为频繁时，穆斯林成为新宗教思想的重要渠道。自 15 世纪起，复活主义者苏菲派引起了间歇动乱，偶尔到过帝国的心脏地区。在西北省份甘肃的起事于 18 世纪 80 年代已经被镇压，但更惨烈的失败是在 1828 年，张格尔挑战清朝在新疆的领导权长达 8 年之

---

[30] 乔治·奥古斯特·马肃：《北京及其居民的卫生研究》，74 页。《北京市清真寺调查》，载《回教月刊》，第 1 卷第 6 期（1938 年），34 页；第 1 卷第 8 期（1938 年），43 页。一份详尽的 1982 年调查发现了 184 000 人，参见杜磊：《中国穆斯林》，174～175 页。没有理由认为与 20 世纪相比，清代会有更多的穆斯林。

[31] 1908 年调查，《京师内城庙宇调查表》；《华北宗教年鉴》，315～316 页。这样，在 1911 年前，城里约有 120 位毛拉。

[32] 《顺天府志》，1885 年，卷 12，319、322 页。吴长元：《宸垣识略》，卷 7，139 页；卷 9，167 页；卷 10，198 页。关于外来者，参见第十三章。

久，北京庆祝处死张格尔，在西苑紫光阁举办凯旋的庆典。㉝ 19 世纪 60 年代，在中国西南和西部形势更严峻，成立了“独立”的穆斯林政权，北京的官员们开始担心当地有共同信仰的反叛者。在 1862 年夏天，清朝加强警戒，更严密地监察旅行者煽动性的小册子。㉞

19 世纪后半期，穆斯林和他们的邻居之间的紧张局势似乎越来越明显（也许更加敌对）。1885 年七月十五日，当汉人按传统为死者的灵魂摆放供品时，在牛街地区发生了三天穆斯林之乱。当义和团在 1900 年夏天围困使馆时，欧洲人声称来自中国西北的穆斯林士兵支援围困，尤其反对外国人，成为义和团热心的支持者。㉟ 575

我们没有证据证明，在危险时刻北京的清真寺充当了穆斯林政治活动的中心，但是它们可能这样做了。有相对清晰明确和专有社区的存在，在空间上它们的位置接近清真寺，在其他地方，伊斯兰教世界的教育和政治角色是由毛拉扮演的，并且清政府授予其相对的自治，所有这些说明它们的政治组织能力远远超过中国的寺院。㊱ 在帝国的其他地方，这些可能性导致有组织的反对；在北京，似乎有不可抗力控制着它们。

北京的基督教团体——天主教和俄国的东正教——虽然比穆

㉝　约瑟夫·弗莱彻：《19 世纪清朝与中亚的关系》，见费正清编：《剑桥中国史》，第 10 卷，66、74、87～90 页；约瑟夫·弗莱彻：《盛清时期对蒙古、新疆和西藏的治理》，见费正清编：《剑桥中国史》，第 10 卷，360～366 页；莫里斯·罗沙比：《从 1368 年到目前的中国和内亚》，119～120、171～173 页；米华健：《嘉峪关外：1759—1864 年新疆的经济、民族和清帝国》，34～36 页；恒慕义主编：《清代名人传略》，68 页。

㉞　《清实录》（同治朝），卷 35，43～45 页；《大清会典事例》，1899 年，卷 1033，17421 页；芮玛丽（Mary Clabaugh Wright）：《同治中兴：中国保守主义的最后抵抗（1862—1874）》，108～110 页。

㉟　周锡瑞：《义和团的起源》，292 页。我对于 1885 年事件没有做更多了解。《北京历史纪年》编写组：《北京历史纪年》，249 页。

㊱　在 20 世纪或者更早，清真寺拥有学校。斐士：《北京及其近郊指南》，87 页。《北京市清真寺调查》，载《回教月刊》，第 1 卷第 6 期（1938 年），35 页；第 1 卷第 8 期（1938 年），46 页；第 2 卷第 1 期（1938 年），40、44 页。亦参见北京图书馆金石组编：《北京图书馆藏中国历代石刻拓本汇编》，第 81 册，192～193 页。

斯林的团体小很多，但是在崇拜外国神灵方面同样是有区别的，在它们的教堂周边形成了当地信徒和外国信徒混合的团体。因在北京建立不久，这些基督教团体就小心翼翼地依赖皇家的忍耐和已有的外国牧师。

基督徒

北京的天主教徒是由明末的外国传教士转变而来的。到1700年，有3座天主教堂，全部都在内城。（参见地图15-1。）2座天主教堂有铭匾和乌龟驮着的石碑，这是皇家捐助和资助的公开证明：南堂在宣武门附近，落成日期可追溯至马可·波罗时代；北堂，在17世纪90年代建于皇城内，受到康熙皇帝的赐福。第三座，东堂，建于顺治朝，由汉族信徒捐建，然后于17世纪70年代，在迫害之后得到著名旗人信徒和捐助者的资助而重建。第四座，西堂，始于1723年遣使会士德礼格（Theodorico Pedrini），他在内城西北角购买地产用于居住，然后在那里修建了一座教堂。[37]（如同碧霞元君的各顶，这些地理位置的选定优先考虑的是方便而不是准确。）

577 这些教堂建筑主要是外国天主教传教士的住处。在清代，超过一百名传教士到达京城，并居住在京城。[38] 明末耶稣会士已经部分实现的与士大夫深交的梦想，却在清初慢慢地消退了。汤若望全面负责钦天监，成为顺治皇帝的一位良师益友，他能坦率地与康熙皇帝进行讨论，但是由于担心天主教扩大，教士们始终被控制在一个小的范围内。

---

[37] 现在的北堂与原来的那座位置不同。东堂，费赖之（Louis Pfister）：《在华耶稣会士传略及书目提要》，卷1，23页；柯娇燕：《历史的透镜：清帝国意识形态中的历史和族性认同》，86页；恒慕义主编：《清代名人传略》，792～794页。西堂，《修道会和在中国传道的记忆》，卷1，274～275页；包士杰（Jean-Marie Planchet）：《北京宗教建筑参观指南》；迪瓦恩：《北京的四座教堂》，73页。

[38] 在北京图书馆藏拓片卡片目录中，我统计有38篇碑文是关于死于1730年至1812年并被埋于正福寺墓地中的人，67篇是关于1654年至1785年在栅栏的墓地。参见北京图书馆金石组编：《北京图书馆藏中国历代石刻拓本汇编》，各处有关于此的资料。

576

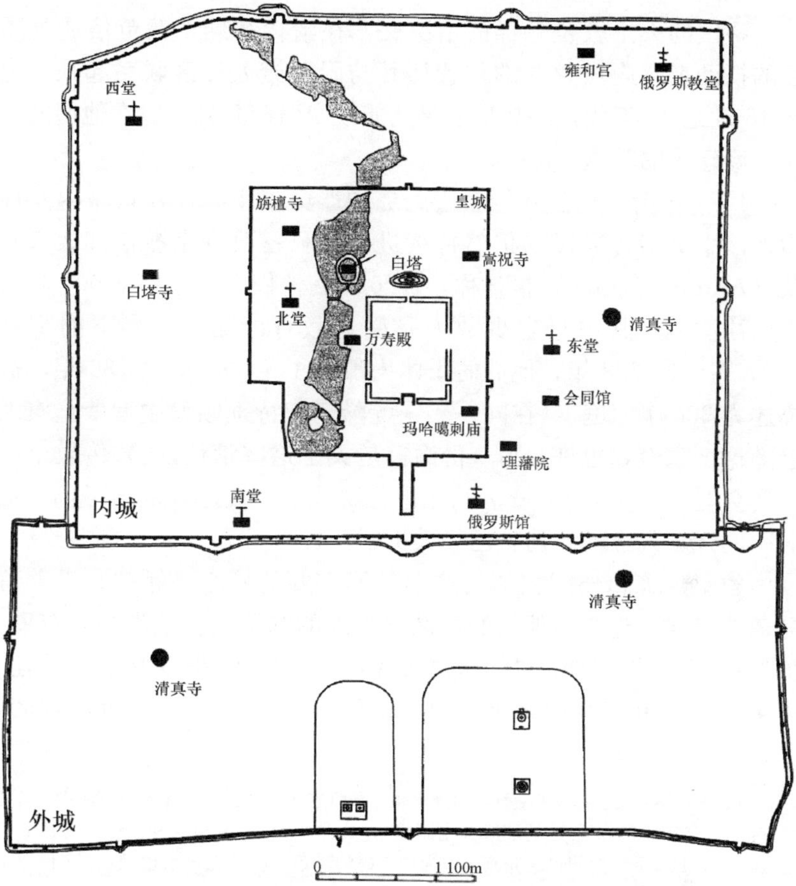

地图 15－1　基督教、藏传佛教和伊斯兰教的中心

在 18 世纪雍正皇帝和乾隆皇帝统治下，传教士——从遣使会士扩大到多明我会士、方济各会士和耶稣会士——几乎成为皇室专属雇员。他们承担各种专业任务，如天文学家、制表匠、数学家、翻译、建筑师、画家、园丁和工程师。1741 年，北京有 22 名耶稣会士；那些专门服务于皇帝的教士在颐和园附近也有住处。与穆斯林、蒙古人、西藏人和俄罗斯人相关的宗教建筑一样，天主教堂允许容留使馆人员，但只能是那些来自罗马教廷而不是欧洲的使团。[39]

中国的天主教是怎样的情况呢？在清代初期，精英信徒是重要的捐助者，内城教堂的位置使其与附近旗人社区联系起来。迟至18世纪20年代，满洲皇子仍然能改变信仰并且可以在他们的王府中修建小的教堂。[40]

1724年后，当公开传教遭到更加严厉禁止时，在京城内及周边地区中更多普通民众仍然持续进行着秘密改变宗教信仰。宋君荣（Antoine Gaubil）报告称，1726年，他们在北京有3 000名成人信徒群体，其中只有少数人是受过教育的男子，剩下的都是“穷人”；到1728年，他们的团体增加到了4 000人，1736年，被描述为300个家庭。（在同一年，乾隆皇帝特别颁发谕旨禁止旗人追随这个宗教，也许，另一份谕旨是关于这些信徒的。）传教士一年还会对2 000至4 000名幼儿进行洗礼——被抛弃的孩子们，他们中的许多人在成年前就已经夭折了。[41]

教堂建筑和外国牧师是这个信仰必要的核心，保护和供养着
578 分散的信徒。建筑由他们的社区（当地的和那些在欧洲的）资助：虽然在1730年的地震中全部遭到损毁，但最终得以修缮或重建。大多数在城里拥有产生单独收入的财产。[42] 在整个18世纪期间，

---

[39] 迪瓦恩：《北京的四座教堂》，65页；塞西尔·伯德莱、米歇尔·伯德莱：《郎世宁：一个在中国皇帝朝廷的耶稣会士画家》，45～48页；《修道会和在中国传道的记忆》，卷1，103页。他们也培养旗人作为拉丁语的译者，埃里克·韦德默：《18世纪俄国在华传教团》，109～110页。

[40] 我指的是苏努的儿子们。魏若望（John W. Witek）：《18世纪早期中国的满洲基督徒：初步研究》，见《16世纪到20世纪间中国与西方的接触中的成与败》；恒慕义主编：《清代名人传略》，692～694页。东堂和南堂包括在1739年《八旗通志》的北京地图中，《八旗通志》，卷2，2～10页。

[41] 宋君荣：《北京通信——宋君荣司铎书简集（1722—1759）》，127、163、202、386、445页；高延：《中国的宗派主义和宗教迫害：宗教史的一页》，124～125页；迪瓦恩：《北京的四座教堂》，81～82页。

[42] 宋君荣：《北京通信——宋君荣司铎书简集（1722—1759）》，265页；迪瓦恩：《北京的四座教堂》，44页。在1750年，一个特殊的恩赐允许在宫中服务的传教士购置旗地。北京图书馆金石组编：《北京图书馆藏中国历代石刻拓本汇编》，第70册，138页；乔治·斯当东爵士：《英使谒见乾隆纪实》，卷2，8页；迪瓦恩：《北京的四座教堂》，33～34、75、162页。

宗教服务继续举行——男人和女人在隔开的房间中。在京城的活动支持了更远地方的信徒，并且给予宗教必要的连贯性，但是拘捕的危险意味着皈依不得不是秘密的，仪式也是非常私人化的。

这些中国天主教徒中许多人——随着时间的推移人数更多？——住在城外。他们平静地到城内的教堂做弥撒，接受圣礼，崇拜圣像以及寻求指导。因为教堂也是图书馆和出版者，信徒到北京得到神圣的《圣经》复本，最初是公开的，然后是秘密的。来自四面八方的宗教信徒由在18世纪耶稣会士培养的中国传教士进行照料。例如，樊守义（Louis Fan），一位山西人在前往欧洲参观后于1725年来到北京；他在直隶和东北改变宗教信仰，当他以71岁高龄去世时，被安葬在北京。㊸ 按当前研究的情况，很难说明这个基督教实际上包含些什么，以及与帝国内其他地方的中国天主教如何不同。㊹

18世纪90年代，据推测在京城约有5 000名宗教信徒，包括旗人和平民、汉人和满洲人、男人和女人，甚至皇族的成员（早期满洲宗教信徒的后代）。一些似乎是那些经常与传教士一起工作的人，例如受训练对宫中和宫廷社区西式钟表进行维修的男子。㊺

作为陌生景观的天主教教堂，融入了非信徒的生活之中。谈迁在1654年冬天到达南堂，与汤若望谈论天主教，观看外国的物品和

㊸ 宋君荣：《北京通信——宋君荣司铎书简集（1722—1759）》，546～547、720～721页；魏若望：《18世纪早期中国的满洲基督徒：初步研究》，见《16世纪到20世纪间中国与西方的接触中的成与败》，269页；宫中档，秘密结社类，第779包，第8号；高延：《中国的宗派主义和宗教迫害：宗教史的一页》，391页；费赖之：《在华耶稣会士传略及书目提要》，卷2，607～608页；方立中（Joseph van den Brandt）编注：《在华遣使会士列传，1697—1935》，1～25号，特别是第18、21、22号；贝勒（勒士畲得）：《北京平原和周边山村》，97页。有关樊守义，荣振华（Joseph Dehergne）：《1552年至1800年在华耶稣会士列传及补编》，第282号。

㊹ 但是参见裴士丹（Daniel H. Bays）编：《基督教在中国：从18世纪至今》。

㊺ 克兰默-宾编：《前往中国的使臣：马戛尔尼在他觐见乾隆帝时保存的日记，1973—1974》，102页；《清实录》（嘉庆朝），卷142，33～36页；季姆克夫斯基：《1820年和1821年通过蒙古到中国的旅行》，364～365页；高延：《中国的宗派主义和宗教迫害：宗教史的一页》，386～387页；邓恩（George H. Dunne）：《从利玛窦到汤若望：晚明的耶稣会士》，362页；戈登·卡明：《漫游中国》，第2卷，257页。

油画（“供耶稣的画像，望之如塑”）。汉人和朝鲜的游客都发现了更多的差异：建筑、壁画、另一幅圣母的肖像、自鸣钟、望远镜和风
579 琴、硬皮书和中亚的葡萄（大量的）生长的藤架。[46]

与其他的寺院一样，这些建筑是定期（可能默默地增长）仪式和假期（在圣诞节和复活节）的中心，但在阴历新年，在城市的岁时节日上天主教教堂为它们自己安放了一个位置。尤其是北堂，挤满了游客，风琴的声音和钟乐器全天鸣响着。[47]

天主教仪式是独特的，据说有好奇的邻居爬上邻近建筑观看仪式。一幅约1700年的罕见绘画表现了北堂的内部院子里一个偷窥者观看在欧式花园和巨大石头的建筑物正面一个隆重仪式的场景；几百个人出席，他们中的一些是穿着黑长袍的耶稣神父。当然，公开的活动吸引了更多人的兴趣：一座新教堂的偶然建成或者伴随着一个皇家拜访，或者是皇家礼物到达的队伍。[48]

未经允许的游行是危险的，但是葬礼是一个普通而且可以接受的公开场面，天主教复制了当地的习俗。当南怀仁（Ferdinand Verbiest）于1688年去世时，其覆盖丝制盖帘的棺材按中式习俗抬着，伴有乐师、一个大十字架、一幅有耶稣和玛利亚的像、穿着白色的衣服的送丧人、50个骑马人。1741年，当巴多明（Dominique Parrenin）在北京生活了四十年后去世时，装入棺材的尸体同样是抬着穿过城市到达墓地的。一位旗人用中文写着他的名字，清朝官员拿着写在一块黄缎子上的皇家悼词随行，信徒抬着玛利亚和圣米迦勒的像，沿途百姓出来观看。遗体在天主教祷告者、

---

[46] 谈迁：《北游录》，45～46页。亦参见《宛平县志》，卷1，38～39页；阮葵生：《茶余客话》，459页。郎世宁（Giuseppe Castiglione）的绘画和壁画用于南堂和东堂这两座教堂。约·弗·巴德利：《俄国·蒙古·中国》，卷1，150页；洪大容：《湛轩燕记》，315～316页；金景善：《燕辕直指》，1035页；杜赫德：《中华帝国全志》，卷1，101页；《日下旧闻考》，卷49，779页；吴长元：《宸垣识略》，卷7，125～126页。

[47] 参见前面的注释。

[48] 《修道会和在中国传道的记忆》，卷2，118～119页；《游记》，201页。绘画存于巴黎的法国国家图书馆。参见南怀仁：《欧洲天文学》，图43中有关论点呈现了北堂。

仪式和哭声（“哭声和眼泪”）之中被安葬。[49]

对于天主教来说，北京墓地本身是另一个节点。第一块墓地是1610年在内城西边城墙外为利玛窦修建的。在西方广为人知的栅栏墓地，在18世纪间一直被使用，为72位欧洲人和16位中国耶稣会士提供了一个安息的地方。供奉圣母玛利亚的一座小教堂于1660年在此修建。在汤若望相邻但单独的中式墓地（包括一条由动物守卫陵墓的大路）于1708年被包括在内之后，这个地方出现与众不同的混杂情况：高大拱形砖墓的顶端有十字架，石碑上 580
刻有拉丁文和中文的墓志铭，一排排整齐墓的中间有一条长长的甬道通向一个永久的石头祭坛。与教堂一样，墓地也成为一个当地游人观光的风景。[50]

第二块天主教墓地在皇家的允准下于1732年在西南郊区修建（也是来自一座明代宦官捐助的寺院附带着的墓地财产）。为了更方便地到达夏季别墅，其为皇家服务的法国耶稣会士所使用。在这里，发现了冯秉正（de Mailla）、蒋友仁（Benoist）、钱德明（Amiot）、王致诚（Attiret）、宋君荣（Gaubil）、汤执中（Incarville）和张诚（Gerbillon）的墓穴——都是乾隆宫廷中著名的耶稣会士。第三块更小的墓地正好位于栅栏的对面，归方济各会修士以及18世纪与西堂相关联的神父使用。[51]

另一个与传教士相关的地方是观象台，位于贡院附近内城的东墙上。这个用于观象的平台及其青铜仪器自元代起就已经在那个地方了，明代末期成为当地一处令人好奇的地方。在1673年，

㊾　南怀仁，艾约瑟：《北京》，见韦廉臣：《华北、满洲及东蒙旅行记》，378页。巴多明（Parrenin），宋君荣：《北京通信——宋君荣司铎书简集（1722—1759）》，548～550页；荣振华：《1552年至1800年在华耶稣会士列传及补编》，第611号。

㊿　包士杰：《栅栏墓地和天主教文献，1610—1672》，23～25页；高第：《西人论中国书目》，1028～1036页；朴趾源：《热河日记》，25页；《日下旧闻考》，卷96，1609～1610页；马爱德（S. J. Edward Malatesta）、高智瑜（Gao Zhiyu）编：《虽逝犹存：栅栏，北京最古老的天主教墓地》。名字来自栅栏，也称为葡萄牙人墓地。

(51)　正福寺就是所称的法国人墓地。北京图书馆藏拓片第2249号；高第：《西人论中国书目》，1035～1036页。西堂，高第：《西人论中国书目》，1031～1032页；包士杰：《栅栏墓地和天主教文献，1610—1672》，35～37页。

当南怀仁和他的同僚们再次掌控钦天监时，他们安装了一套令人印象深刻的新仪器。在欧洲，观象台通过南怀仁出版图书的印画而闻名，经过几个世纪，得到感兴趣的中国人、朝鲜人以及欧洲人参观。[52]

尽管存在间歇的斗争，他们相对的隔离使得天主教神父认为他们自己（而且被认为）是一个单独的团体。他们教堂的名称是通过罗盘上的点来强调彼此之间的联系。虽然在数量上是极少的，但它们在其外来方面与众不同，天主教会是 19 世纪到来的西方存在的侵略先驱（虽然还没有人认识到它）。

当欧洲商人和传教士在 17 世纪通过海路到达中国南方时，俄罗斯人通过陆路向东横贯亚洲来到中国。在 17 世纪 80 年代，黑龙江沿岸雅克萨的和其他的西伯利亚边区村落的哥萨克人从效忠沙皇转而效忠清帝。他们建立了一个单独包衣旗人营，被带到北京（和沈阳），（他们被分配）在内城东北角镶黄旗的区域里指
581 定的住房。他们充当君主弓箭制作者和卫兵。他们当中有一位俄罗斯东正教神父马克西姆·列昂杰夫（Maksim Leont'ev）。1683 年，在这个社区附近得到正式赐予的一座寺院，他们把它改建成一座小教堂，供奉圣尼古拉斯（St. Nikolas）并且向信徒们开放。[53]

这座小教堂是清代北京俄罗斯团体的一个集中点。官方使臣是第二个中心的专门赞助者。与穆斯林和天主教徒一样，俄罗斯人得到允准，信奉同一宗教的教徒们可来拜访。首先（约 1670 年），为了方便俄罗斯商队在他们到达北京时可以祷告，他们的随

---

[52] 据说观象台，不正确地，是由耶律楚材建造。曹学佺：《直隶名胜志》，卷 1；谢肇淛：《五杂俎》，卷 2，146～147 页；谈迁：《北游录》，94 页；《日下旧闻考》，卷 46，721～722 页；南怀仁：《欧洲天文学》，250～251 页图 13。

[53] 来自雅克萨的一座被拆除教堂的圣像在此得到安装。蒙思明：《北京的俄罗斯馆》，载《哈佛亚洲研究学报》，第 23 期（1960—1961 年），31 页；埃里克·韦德默：《18 世纪俄国在华传教团》，4、15、20、24、32 页；福斯特：《1727—1805 年俄国的对华贸易及其背景》，4～7 页。

从信徒在天主教南堂中的一个小礼拜堂中安置了东正教的圣像。[54]在缔结《尼布楚条约》之后（于1689年在耶稣会士翻译帮助下订立），北方的边界得到稳定，1694年，把位于六部附近的一个旅店留给俄罗斯人，成为广为人知的俄罗斯馆。俄罗斯旗人作为当地向导和中间人帮助客人。一旦发现有旗人的小教堂，就会有用西伯利亚毛皮制品换取中国丝绸的使者和商人在那里做礼拜。[55]

在1728年签订《恰克图条约》之后，清廷不再允许商队穿过边境，但允许从俄罗斯派来的神父居住在北京，向旗人基督徒提供服务。此后，高级教士们随着每个到来的“使团”接连不断地到达京城，并停留此地约十年之久，给不断同化的阿尔巴津人（Albazinians）* 带来了新鲜的活力。这座小教堂在1730年地震后由其旗人团体重建（在政府的帮助下），通过俄罗斯高级教士获得家乡间歇的经济援助。然而，直到19世纪初，根据一个外国游人的记载，这座院子“处于如此破败的情形，即将坍塌”。[56]

1728年后，俄罗斯馆成为基督教会使团的主要住处，是为了他们以及其他的俄罗斯客人而不是当地信徒存在的。那儿修建了一座小教堂，是众所周知的“节教堂”；围墙内有教士们的房

[54] 约·弗·巴德利：《俄国·蒙古·中国》，卷1，202页；裴丽珠：《北京》，484页；埃里克·韦德默：《18世纪俄国在华传教团》，24页。

[55] 埃里克·韦德默：《18世纪俄国在华传教团》，21～23、88～90、94页；蔡鸿生（Cai Hongsheng）：《俄罗斯馆纪事》，1页；约翰·贝尔：《1719—1722年从圣彼得堡到北京旅行记》，139页。俄罗斯纺织品越来越多地用以交换中国的茶叶、烟草和棉花。福斯特：《1727—1805年俄国的对华贸易及其背景》，344～360页。

* 阿尔巴津人（俄语：Албазинцы；英语：Albazinians），17世纪40—80年代，清朝与俄国在雅克萨（俄称阿尔巴津）发生了一系列冲突，一些被俘或投诚的俄罗斯人被送到北京，编为满洲八旗下的“俄罗斯佐领”，清人称其“俄罗斯旗人”，俄国史籍称其“阿尔巴津人”。

[56] 季姆克夫斯基被埃里克·韦德默在《18世纪俄国在华传教团》第96页中引用。13个使团于1729—1859年得到派遣。蒙思明：《北京的俄罗斯馆》，载《哈佛亚洲研究学报》，第23期（1960—1961年），33页；埃里克·韦德默：《18世纪俄国在华传教团》，第二章；福斯特：《1727—1805年俄国的对华贸易及其背景》，50～51页。在1866年，一位英国观察者宣称阿尔巴津人“除了宗教信仰外，与中国人别无二致”。密福特：《使馆馆员在北京——书信集》，212页。

间、一间厨房、一座谷仓、几间马厩、一座钟塔和一处种植着葡萄的花园。紧邻的是用于来访使臣的更大客栈和一所教授汉人和
582 满人学俄语的学校。[57] 在附近有皇家学校，先是阿尔巴津人，然后是基督教会使团成员教授旗人俄语，把他们培养成翻译。这个社区有自己的墓地，至少从 1734 年开始使用；墓地位于城墙外，在城市东北角之外，以便于到达阿尔巴津人的教堂。[58]

像耶稣会士一样，东正教的大修道院院长也从清朝接受一份俸禄，但他们被认为是为俄罗斯旗人和朝贡使团提供服务的；理藩院称他们为“喇嘛”。[59] 虽然中国人认为他们是放荡而惹是生非的，但是这些俄罗斯的教士们并不是积极的劝人改变宗教信仰的人，基本上摆脱了异端承担者的污名，这个罪名会对天主教造成伤害。他们以一种随意的方式照料他们的人群，帮助商队，取得城市地产从而成为游手好闲的房东，购置图书。一些是严肃研究亚洲历史和文化的学生，借助他们的专长，在俄罗斯逐渐出现了蒙古文、满文、藏文和汉文方面的杰出图书馆。[60]

---

[57] 蔡鸿生：《俄罗斯馆纪事》，18 页；坂野正高：《中国和西方，1858—1861：总理衙门的起源》，302 页；埃里克·韦德默：《18 世纪俄国在华传教团》，97～98、112～113 页。

[58] 这是俄罗斯文馆。蒙思明：《北京的俄罗斯馆》，载《哈佛亚洲研究学报》，第 23 期（1960—1961 年），41 页；埃里克·韦德默：《18 世纪俄国在华传教团》，105～108 页；《日下旧闻考》，卷 62，1024 页。我统计有 27 块墓碑的拓片（用汉文、满文和俄文写）是在 1718 年到 1870 年期间，北京图书馆金石组编：《北京图书馆藏中国历代石刻拓本汇编》，第 67 册，86 页；郎喀：《郎喀驻北京日记，1727—1728》，见杜德珍：《中俄政教志略》，10 页；福钧：《江户和北京，中日两国首都旅行纪事》，370 页；斐士：《北京及其近郊指南》，36 页。

[59] 埃里克·韦德默：《18 世纪俄国在华传教团》，100～102 页；蔡鸿生：《俄罗斯馆纪事》，38～41、47～59 页。主要的神父，大修道院院长，被称为大喇嘛。蒙思明：《北京的俄罗斯馆》，载《哈佛亚洲研究学报》，23 期（1960—1961 年），24、26 页。

[60] 福斯特：《1727—1805 年俄国的对华贸易及其背景》，32、50～51 页；阿尔贝·帕里（Albert Parry）：《在中国的俄罗斯（希腊东正教）传教士，1689—1917：他们的文化、政治和经济角色》，载《太平洋历史评论》，第 9 期（1940 年）；埃里克·韦德默：《18 世纪俄国在华传教团》，第六章，157～166 页；瓦西里·帕夫洛维奇·瓦斯里夫：《东亚语言作品简评，在圣彼得堡图书馆发掘到的文章》，载《圣彼得堡皇家科学院历史哲学班学报》，第 13 期（1856 年），感激弗拉基米尔·L. 乌斯本斯基提供了这条参考资料。

在18世纪，北京的东正教和天主教团体有着遥远但不冷淡的关系。[61] 在19世纪初期，当天主教徒的地位变得越来越令人绝望时，他们俄罗斯同行被证明是有帮助的。

虽然在北京的天主教徒被赋予特殊恩赐，但他们的命运仍然会受到皇家在帝国其他地方对传教政策的决定影响。命运的摇摆是常见而令人恐惧的。1661—1669年，在京城的耶稣会士遭到监禁，他们的教堂被关闭，其他地方的传教士也被逮捕；然后，这些严厉的措施在康熙皇帝时期得到扭转。在18世纪的头十年中，激烈且众所周知的有关皈依天主教的人是否允许进行祖先祭祀的争论达到高潮之后有关改信宗教的禁令被重申。1724年，命令所有“西洋人”搬到澳门。只有那些在北京为君主服务的传教士 583 除外。[62]

乾隆皇帝在京城继续执行依靠耶稣会士的专业技能和禁止这个宗教在帝国内更进一步发展的双项策略。白莲教教义和天主教教义同时被宣布为非法。命令京官留意那些京城居民（特别是旗人）不得被这个外国宗教所诱惑。[63]

在1773年命令取缔耶稣会之后，极少有新人（此时是天主教遣使会士）来到北京，而且当年老的牧师于19世纪第二个十年去世后，宫廷传教士的地位不断地被削弱。[64] 18世纪70年代和90年代，带有宗教意味的千禧年叛乱加强了皇家对于宗教的关注，正如18世纪80年代的穆斯林叛乱那样。1784年，忧心的乾隆皇帝

---

[61] 福斯特：《1727—1805年俄国的对华贸易及其背景》，51、128、155页。

[62] 邓恩：《从利玛窦到汤若望：晚明的耶稣会士》，316～339、360～368页；安熙龙：《马背上的统治：鳌拜摄政时期的满族政治统治，1661—1669》，146～151页；《清实录》（康熙朝），卷31，4～5页；高延：《中国的宗派主义和宗教迫害：宗教史的一页》，273页；《清实录》（康熙朝），卷272，8页；《清实录》（雍正朝），卷14，1页（1724年1月11日）。

[63] 《清实录》（乾隆朝），卷13，20～22页；《大清会典事例》，1899年，卷1038，17459页；迪瓦恩：《北京的四座教堂》，81～82页。

[64] 钟鸣旦（Nicolas Standaert）：《耶稣在中国（1580—1773年）》，载《中西文化交流史杂志》，第12期（1991年），9页；迪瓦恩：《北京的四座教堂》，88页。

称：“近闻西洋人与回人本属一教。”[65]

1805年，政府的注意力和怀疑集中在北京。一位皈依天主教的广东人被拦截，发现他携带着地图和代表意大利传教士的文件。当清政府发现当地旗人团体的许多人——包括皇家的成员已经改信天主教时，皇帝再次宣布禁止天主教。这时，北京的教堂遭到搜查并且缴获了他们的《圣经》，送到皇帝那里；审查内容后，嘉庆皇帝感到更加痛苦：“释道二氏尚不可信，况西洋教耶?”[66] 不断地云集在广州和澳门的欧洲船只加重了皇家的不安，到1811年，嘉庆皇帝准备采取更为严厉的措施。

嘉庆皇帝放弃了他的期望——人们会拒绝改信天主教，并且天主堂“亦不自绝”，嘉庆皇帝还注意到一位御史的建议，取消了在京城恩及天主教的保护。此时，只保留了那些受雇于钦天监的教士们，其余的教士被驱逐出这个帝国。西堂被拆除，1812年的一场火灾后，东堂被夷为平地。1813年，八卦教起义期间，
584 其余的教堂也被步军统领衙门处置了；1826年，北堂的教产被充公。在最后的传教士于1838年去世后，南堂被封闭，看管墓地的人也被放逐了。经过几十年，北京的天主教徒继续遭到逮捕。[67] 南堂的权力被转给俄罗斯高级教士，图书馆移到阿尔巴津人所在地的北馆。[68] 这样，在1860年外国军队到达北京前，公开的基督教机构消失了，只有俄罗斯人依然存在。北京，曾经比帝国其他城市容纳了更多欧洲人的城市，当西方人带着全新条

---

[65] 《清实录》（乾隆朝），卷1221，3～4页；伯纳德·H. 维勒克：《1784—1785年中华帝国政府和天主教使团》，摘要，第9号。福康安试图让他相信天主教的不同之处——天主教徒吃猪肉，朗诵十戒，并且不懂伊斯兰教的经文。

[66] 《清实录》（嘉庆朝），卷142，33～36页；上谕档方本，卷59，嘉庆十年五月初五日；高延：《中国的宗派主义和宗教迫害：宗教史的一页》，391～394页。迪瓦恩：《北京的四座教堂》，94页中指出在北京的教堂设置士兵，妇女用的单独礼拜堂被关闭。

[67] 《清实录》（嘉庆朝），卷143，32～33页；迪瓦恩：《北京的四座教堂》，96～99页；包士杰：《北京宗教建筑参观指南》。关于在皇族成员之中晚于19世纪30年代的改变宗教信仰者，高延：《中国的宗派主义和宗教迫害：宗教史的一页》，525页。

[68] 这个图书馆后来被转给北堂。裴丽珠：《北京》，484页；包士杰：《北京宗教建筑参观指南》。

款不断要求进入时，发现自己几乎无传教士可用。

藏传佛教徒

与毛拉和传教士一样，北京的藏传佛教僧侣和喇嘛服务于一个界定的游人和当地信徒团体。在明清两代，向汉族世俗团体传播藏传佛教是被禁止的；事实上，16 世纪末和 17 世纪初，黄教在蒙古人和藏人当中占据着统治地位，权力集中于更少数并更有权力转世的僧人手中时，藏传佛教变得更加不同于汉地佛教，而且也更加具有宗派特征。清代，相对于“西僧”或“番僧”，人们更倾向于用外来词“喇嘛”来称呼这个宗教的僧侣。结果，藏传佛教寺院变得更加独特和更加孤立，即使是在它们变得强势而富有的时候。[69]

如同耶稣会士一样，喇嘛是得到皇家允许进入的外来者，在皇家的许可下住在京城，得到君主的支持。与耶稣会士一样，藏传佛教僧侣被允许拥有自己的宗教团体；在宫中，拥有大批的信众，太监在宫里热衷于参与祭祀并获得信任。[70] 清代早期，在北京限制外来喇嘛数量的努力被一个更热烈的欢迎所取代。尽管慷慨的捐助促成其长期留居北京，但是这些僧侣仍然受到理藩院的管理和限制。他们不能像普通的僧侣那样旅行，不能在私人捐助者的家中长期居住，也不能拥有自己的财产。受戒由僧录司负责，试图用度牒加以限制的努力（1736—1774）被迫放弃了。在 19 世纪，管理和支持都有所减弱。[71] 585

在清代的北京有多少喇嘛呢？雍和宫的喇嘛可能比任何其他寺院的都多，一个朝鲜游客称在 1766 年“至少有几千名”；欧洲

[69] 例如雍和宫是不对普通公众开放的。杨静亭编：《都门纪略》，1845 年；裴丽珠：《北京》，155～168 页。

[70] 故宫博物院主编：《清宫藏传佛教文物》，14 页。

[71] 《大清会典事例》，1899 年，卷 501，11748～11749 页；《清实录》（顺治朝），卷 68，24～25 页；议覆档，18～19 页，乾隆二年七月十八日；《钦定总管内务府现行则例·会计司》，卷 4，78 页。

人猜测1860—1900年喇嘛的数量在1 000名至2 000名；一份1908年调查称有550名，1941年调查称315名。官方称两座寺院在1780年（一共）有2 000名喇嘛，但是大部分其他的寺院也许只有上述数量的十分之一。[72] 也许我们可以估计，乾隆时期数量在4 000人至5 000人？

在京畿地区53座藏传佛教寺院中（自18世纪末期起），31座处于皇家范围之外，同样分别位于内城和郊区。没有一座位于外城的汉族居住范围内。虽然压倒性的大多数（86%）正式接受皇家的捐助，但它们也有私人的捐助——来自中亚和蒙古旗人、满洲贵族以及在北京的皇家成员。[73] 僧人通常火葬，所以单独的墓地是不需要的。尸体有时先被制成木乃伊放在一个大的木桶里，保存在一个特殊的殿堂中，后来被烧掉；骨灰被装在一个袋子里挂在墙上。[74]

清代初期，从中亚来的车队在北边郊区扎营，为修建一座藏传佛教寺院而形成了自然的社区。用于接待来访使团的外馆，一个热闹的集市，生产祭祀神像和器具的作坊，所有这一切都使北边郊区聚集了更多的信徒。旗人教场位于附近，一些人在黑寺举

---

[72] 20世纪的调查统计表明，在整个城市中，喇嘛的数量为500人至1 000人。1908年调查，《京师内城庙宇调查表》；《华北宗教年鉴》，197～198页（764个喇嘛和1 734个和尚）。雍和宫，洪大容：《湛轩燕记》，338页；宓吉：《从北京到彼得堡的西伯利亚陆路》，38～45页；孟鹤龄：《远东的人民和政治：在英国、法国、西班牙和葡萄牙的殖民地、西伯利亚、中国、日本、朝鲜、暹罗和马来亚的旅行和研究》，205页；《华北宗教年鉴》，197～198页。艾约瑟的独特估计（在1 300人和1 500人之间）可能显示超出大胆猜测（艾约瑟：《北京》，见韦廉臣：《华北、满洲及东蒙旅行记》，344～345页）。有关其他的，《内务府庆典成案》，卷1，14～15页。

[73] 我的数字。有关幸存的，黄颢：《在北京的藏族文物》。裴丽珠《北京》第158页报告了“定期朝贡”由蒙古八旗支付给雍和宫（可能用于学生僧侣的资助，根据弗拉基米尔·L. 乌斯本斯基）；弗拉基米尔·L. 乌斯本斯基：《清朝的“藏传佛教北京”》，未发表论文，1996年；第十章。

[74] 马库斯·R. 奥格登（Marcus R. Ogden）：《北京观光购物记》，11页；裴丽珠：《北京》，224～228页。佛塔是为显赫的僧人修建的。约翰·托马斯：《中国人》，对开面，111页。

行比武。[75]

18世纪20年代初，当清朝在中亚的蒙古和西藏地区影响达到顶峰时，在北京的蒙古人自己开始了一波捐助修建藏传佛教寺院 586 的高潮。不同的喇嘛争相扩大影响和获取恩惠。[76] 1721年，康熙皇帝批准哲布尊丹巴呼图克图和一长串“感激的”喀尔喀蒙古王子们，以及北面郊区其他藏传佛教寺院（资福院，毗邻黑寺）的高僧的一个共同请求，可以为定期朝贡的使团提供精神上的支持。次年，在去世之前，康熙皇帝还对他上述那些蒙古贵族的请求做出妥协，他们一再提出恢复内城受人崇敬的护国寺，以便于他们在那里为他祈祷。蒙古人提供了资金和材料，康熙皇帝赐予两座寺院四种文字的大石碑。1723年，一个类似的组织请求允许恢复黄寺（五世达赖喇嘛曾经居住过），并提供其三界佛祖的肖像、一座八角佛塔、藏传佛教经典的复本——通过他们令人印象深刻的联合，捐助了4.3万盎司银，而且获得了许可。[77]

在接下来的世纪中，私人捐助资福院的土地大量来自中亚的游客们。果亲王（雍正皇帝的弟弟）记载、收集并出版了藏文经文，并于1735年前去会见达赖喇嘛。[78] 通晓多种语言的若贝多杰（1717—1786）是第二世章嘉呼图克图，积极地推进了藏传佛教在北京的发展，支持从翻译、教学到仪式、神像和建筑的所有事。为了庆祝乾隆皇帝的六十岁万寿（在1770年），未记载名字的

---

[75] 震钧：《天咫偶闻》，卷8，545页；《北京旅行指南》，230页；《日下旧闻考》，卷107，1786～1789页。

[76] 弗拉基米尔·L. 乌斯本斯基：《允礼（1697—1738）：满洲政治家和藏传佛教徒》，8～18页。

[77] 北京图书馆金石组编：《北京图书馆藏中国历代石刻拓本汇编》，第67册，133、153、141页；第69册，1～2页。《日下旧闻考》，卷107，1787～1788页。哲布尊丹巴呼图克图在17世纪90年代由康熙赐予治理蒙古信徒的权力。王湘云：《清朝宫廷的藏传佛教：章嘉二世阿旺罗桑却丹的生平与事业（1717—1786）》，257、267～285页。《日下旧闻考》，卷53，846页；卷107，1790页。

[78] 北京图书馆金石组编：《北京图书馆藏中国历代石刻拓本汇编》，第69册，1～2页；第70册，201～202页；第73册，128～129页；第74册，132～133页；第78册，235～236页。弗拉基米尔·L. 乌斯本斯基：《允礼（1697—1738）：满洲政治家和藏传佛教徒》。

（和未记数的）“内外高官”捐助在西苑的角落里建造新的藏式万佛殿。[79] 在若贝多杰七十岁生日时，来自内亚各地的喇嘛与乾隆皇帝一起赠送礼物给他。[80]

许多事件的露天表演和盛况成为京城生活中司空见惯的景象。当六世班禅喇嘛于 1780 年到达北京时，他在黄寺不仅给虔诚的蒙古人而且还给普通的佛教僧侣讲经。令主人们惊骇的是，这位年轻的喇嘛突然死于天花（皇帝称“悲伤难以名状”），全体在京的满人和蒙古人哀悼他；乾隆皇帝耗费巨资，把保存在一座金塔里的遗体护送回故乡，并在黄寺建了另一座雕刻精美的
587 汉白玉佛塔。（如图 15－2 所示。）当离开寺院踏上返回扎什伦布
寺的历时七个月的行程时，许多人和乾隆皇帝一起送别出殡的队伍。[81]

1711 年，为章嘉呼图克图在皇城内重建的嵩祝寺综合建筑物，是一个制作和销售蒙古文和藏文书籍的中心。若贝多杰住在那里，当他讲法时，大批的北京喇嘛和拜访的蒙古人来到这里。由于他对热河及其附近的蒙古地区，以及北京的藏传佛教寺院拥有管理权，所以他在这些喇嘛中自然有一群支持者。[82]

---

[79] 《日下旧闻考》，卷 28，401 页；普利普·摩勒：《中国佛教寺院》，63 页。

[80] 谢瑞华：《旧金山亚洲艺术博物馆中的乾隆时期汉藏艺术》，载《东方》，1991 年 6 月，34～45 页。王湘云：《清朝宫廷的藏传佛教：章嘉二世阿旺罗桑却丹的生平与事业（1717—1786）》，特别是第 289 页；《日下旧闻考》，卷 107，1786～1789 页。（译者按：若贝多杰为三世章嘉。）

[81] 震钧：《天咫偶闻》，卷 8，4 页；王湘云：《清朝宫廷的藏传佛教：章嘉二世阿旺罗桑却丹的生平与事业（1717—1786）》，250～253 页；克莱门茨·R. 马克姆（Markham，Clements R.）编：《叩响雪域高原的门扉——乔治·波格尔西藏见闻及托马斯·曼宁拉萨之行纪实》，132、208 页。有关这位喇嘛的像，故宫博物院主编：《清宫藏传佛教文物》，图 11；《紫禁城》，第 57 期（1990 年），封面。约翰·托马斯：《用镜头看中国》，250 页。

[82] 这个综合建筑物包括嵩祝寺、法渊寺和智珠寺。《日下旧闻考》，卷 39，616 页；艾约瑟：《北京》，见韦廉臣：《华北、满洲及东蒙旅行记》，341 页；《迷失的文明：蒙古再发现》，152～153、159 页；王湘云：《清朝宫廷的藏传佛教：章嘉二世阿旺罗桑却丹的生平与事业（1717—1786）》，70、117、127 页；札奇斯钦：《清朝对蒙古的宗教政策》，见《蒙古研究论文》，147～148 页。

这些喇嘛团体有着自己专有的日历和仪式，一些成为北京更广阔世界的一部分。重要的仪式集中于冬季月份，可以方便中亚参观者。在文殊的神诞日（十月二十五日），西苑白塔和皇宫西边白塔寺两处的喇嘛们，绕着这两座白塔，引人注目地展示号角、螺号和灯笼。在腊月初八，即纪念释迦牟尼成佛的日子，雍和宫的喇嘛们（如同许多城市寺院的僧人）大量施粥给穷人，这些是由蒙古王公和宫廷成员捐助的。[83] 588

图 15－2　黄寺的汉白玉佛塔

资料来源：宓吉：《从北京到彼得堡的西伯利亚陆路》，42 页。

---

[83] 潘荣陛：《帝京岁时纪胜》，35～36 页；杜安：《宫廷和北京平民的礼仪》，载《法中友好协会简报》（巴黎），第 2、3 期（1911 年），220～221 页；妙舟：《北平永安寺记》，载《微妙声》，第 3 期（1937 年），41～46 页；让廉：《京都风俗志》，10 页。费尔丁那德・列森、古斯塔・蒙杰尔（Gosta Montell）：《雍和宫：北京藏传佛教寺院图解，附藏传佛教神话和祭仪笔记》，6 页。

大规模的藏传佛教仪式戏剧性地在农历新年前后上演。由一位住在京城的重要转世喇嘛负责，这些仪式持续几天，目的是重演佛教教义战胜邪恶力量，以及除旧迎新。

早晨，身穿赭色长袍、头戴鸡冠状黄帽的喇嘛们，坐成一排，用他们特有的深沉、催人入睡的男低音轰鸣声吟诵着佛经。下午，在院子里举行一场精致的舞戏表演。一些喇嘛带着色彩鲜艳的动
589 物和魔鬼面具，或戴着象征魔力的头骨和骨饰物。一些喇嘛代表亡者的灵魂，跌跌撞撞地走着；其他喇嘛扮演宗教的顺从者。这些驱魔场景伴随着震耳欲聋的号角、鼓、铜钹和螺号的喧嚣声，不时被快速的旋转追逐所打断，僧侣们挥舞着他们的鞭子管理人群，当一位高级喇嘛出场时，所有的人跪拜在他的面前，整个仪式达到了高潮。然后，一个逼真的人像（用面粉制成，被染成红色）被刺穿，取出内脏。一块块地被吃掉，或者抛向人群，抓住它们的人视其为象征好的运气；剩下的内脏被队伍拿到寺院外面烧掉。为了最后的净化，把钱投到火里。第二天，喇嘛们用一顶轿子抬着释迦牟尼像，伴以诵经和音乐，由现在顺从的恶魔跟随着，去巡视寺院（出巡）。[84]

至少到1700年，公众才注意到这些仪式，到18世纪中叶，这些“打鬼”仪式于正月中不同的日子在旃檀寺和黄寺举行；一个世纪后，黄寺和黑寺的仪式为大众所知；20世纪初，那些在雍和宫的仪式最为流行。[85] 表演者吸引了不同的观众，当食物和钱被撒向人群时，人群变得难以控制。1783年，4位妇女在黑寺被踩踏而死。[86]

---

[84] 有关一些描述，《草珠一串》，16～18页；《金吾事例》，卷9，8页；让廉：《京都风俗志》，3～4页；普意雅：《正月前两周的朝圣》，载《中国》，第12期（1922年），205～209页；敦礼臣：《燕京岁时记》，10～11页；莎拉·帕克·康格：《中国来信》，211～212页。第三章注113。

[85] 元璟：《京师百咏》，见《完玉堂诗集》，卷7中；潘荣陛：《帝京岁时纪胜》，8～9页；《金吾事例》，卷7，71页；樊国梁：《北京：历史与记述》，358～360页；敦礼臣：《燕京岁时记》，10～11页；阿奇博尔德·立德夫人：《北京及其附近指南》，50页。义和团对旃檀寺的破坏似乎促使其向雍和宫（1900年前好像没有在那儿举行仪式）转移。

[86] 《金吾事例》，卷9，8页。这个例子在1851年被援引过，表明在此前的七十年中是最重大的事件。

明代初期禁止汉人学习藏传佛教的命令似乎已经废止，皇家试图在大的寺院里保留喇嘛，防止与世俗人不体面的联系，可能都没有获得成功。⑧⑦ 富有的满人和蒙古人通常邀请一班喇嘛在家族的葬礼上同普通的和尚和道士一起诵经，这些僧侣出现在内城的送葬队伍中是一个常见的景象。⑧⑧ 居住或拜访北京的高级转世喇嘛被居民亲密地称为“活佛”，被视为有权势的人，并在当地的宗教和社会中给予一定的地位。⑧⑨

在皇家的发起下，起源于元代艺术上的汉藏风格得到积极的推动，这在京城的许多藏传佛教寺院的建筑、装饰和塑像上都能看到。它们的殿堂和祭坛包括汉族的神灵，以大量的中国丝绸悬 590
挂品和来自皇城内作坊的昂贵景泰蓝器具装饰。⑨⓪ 然而，在许多地方是有区别的：塑像上挂着白色的哈达，祈祷的旗子挂在树上，从宁夏来的丝制地毯铺在地上，浓墨重彩的唐卡挂在墙上，祭祀的器具是用头骨制作的，还把人的骨头放在祭坛上。从内到外，这些寺院和他们的居住者的外观反映了中亚的和汉族的文化混合。⑨①

⑧⑦ 《清实录》(乾隆朝)，卷 47，11 页；《清实录》(顺治朝)，卷 68，24～25 页；《燕京杂记》，123 页。

⑧⑧ 托马斯·阿斯特利编：《航海旅行文集》，卷 4，94～95 页（描述了康熙一个兄弟的葬礼）；罗信耀：《吴氏经历：一个北京人的生命周期》，下卷，112～113 页；柏干(M. L. C. Bogan)：《满族的风俗与迷信》，83、91 页。

⑧⑨ 王湘云《清朝宫廷的藏传佛教：章嘉二世阿旺罗桑却丹的生平与事业（1717—1786)》第 296～297 页引用了赵翼（1727—1814）的陈述，在北京的“男女”总是把哈达放在路上让若贝多杰的马车碾过，这样会带给他们好运。他们是蒙古人和满洲人吗？

⑨⓪ 谢瑞华：《旧金山亚洲艺术博物馆中的乾隆时期汉藏艺术》，载《东方》，1991 年 6 月，34～45 页；奥宾·萨巴蒂埃（Aubin Sabatier)：《侵占期的中国天才，1901—1906》，114～117 页；费尔丁那德·列森：《仪式与象征：藏传佛教和中国象征文集》，91～94 页；费尔丁那德·列森、古斯塔·蒙杰尔：《雍和宫：北京藏传佛教寺院图解，附藏传佛教神话和祭仪笔记》，卷 1。关帝被等同于蒙古英雄格萨尔。柯娇燕：《历史的透镜：清帝国意识形态中的历史和族性认同》，第六章；罗友枝：《清代宫廷社会史》，259 页。在雍和宫为孔子准备举行一个藏族礼仪。费尔丁那德·列森：《仪式与象征：藏传佛教和中国象征文集》，91～94 页。

⑨① 但这主要是在北京产生的一个混合体——尤其大部分的镀铜像、仪式器具、绘画和佛经。

当西藏和蒙古的圣地在北京得到复制时，在游人和居民的心中，北京的风格把京城和藏传佛教联系在一起。由乾隆皇帝竖立的刻有四种文字的高大汉白玉碑，可能被看作君主如何试图把这些不同世界纳入其中的合适象征：碑文中的汉文面向北，藏文向西，蒙古文向东，而满文向南。[92]

在内城和郊区，许多较古老的藏传佛教寺院并不宣扬它们的外来性；相反，它们与其他寺院一样，服务于公众。对内城生活重要的集市在三座藏传佛教寺院内举行，完全与庙内的居住者喇嘛无关。人们远足时，春天会在西山的法海寺驻足，九月初九会登上五塔寺顶赏景。[93] 1758 年的《帝京岁时纪胜》，在岁时中提到 8 座藏传佛教寺院的名字，而 19 世纪的指南手册经常提到的就有 5 座。

从帝国其他地方到达京城的中国人，带着些许的怀疑去看这种宗教的寺院和僧人，即使是满人震钧，也称它们的神像“奇”。[94] 一个更普遍的反对教权主义支持对喇嘛的谴责，因为他们喝酒、吃肉、拥有财产，并且生育子女；在一些地方，他们被认为比汉族和尚更加放荡。朝鲜和欧洲游客既被吸引，又遭到排斥。[95]

591 因为喇嘛团体所依靠的来自北京民众的捐助是有限的，所以他们基本上依赖于君主。当乾隆皇帝以后的皇家捐助变得少而又少时，他们的捐助变得不足，贫困破坏了庙宇的秩序。19 世纪，喇嘛不得不去争夺收入。例如，19 世纪 70 年代，白塔寺的喇嘛们拆毁了附属于他们寺院的皇家行宫，卖掉木材，在那里种上了能创造收入的果树，修建了一堵新的围墙把果树圈起来。然而，他

[92] 何伟亚：《喇嘛、皇帝和仪式：清帝国仪式的政治含义》，载《国际佛教研究学会期刊》，第 16 卷第 2 期（1993 年），243～278 页；王湘云：《清朝宫廷的藏传佛教：章嘉二世阿旺罗桑却丹的生平与事业（1717—1786）》，109 页。

[93] 有关在白塔寺、隆福寺和护国寺的集市，参见第十六章。潘荣陛：《帝京岁时纪胜》，19、31～32 页。

[94] 震钧：《天咫偶闻》，卷 1，17 页；他意指玛哈噶刺庙。“奇特的”也意味着“有趣的”。

[95] 洪大容：《湛轩燕记》，338 页；托马斯·阿斯特利编：《航海旅行文集》，卷 4，21 页；《燕京杂记》，123 页；《清实录》（乾隆朝），卷 47，11 页；亦参见宫中档，宗教类，第 417 包。

们的创业精神没有受到赞美，人们指责这些人和其他僧侣用廉价石头替换了神像上的珍贵珠宝，盗走丰富的供品，卖掉他们的财产。这些指控并非空穴来风。清末，喇嘛强迫游客捐助，一些喇嘛甚至出现在粥厂寻求救济。[96]

教　门

唯意识论教派，其信仰使其成为一种不同的少数宗教，也存在于北京法律和社会的边缘。明代的白莲教在 1644 年没有停止活动，也没有受到国家的镇压。在接下来的两个世纪中，处于因中央政府分心的疏忽和产生敌意相结合形成的一种不断变化的氛围中的这些宗教组织继续存在并得到间歇地发展。当寺院中的祭祀变得危险时，信徒反而被迫利用家庭和私人空间。他们在世俗传道士中建立团体，没有僧侣，通过印刷的手稿和口头传播他们的教义。他们被发现遍布北京城内外，是北京社会中看不见却有特色的一部分。

1644 年后，政府禁止教门直接传教并且在此后无数的敕令中反复重申。尤其是偶尔发现了广泛传教的网络和千禧年叛乱的危机（在 1774 年、1796 年和 1813 年），导致当局不断采取更为严厉和更具体的法律。明代的法规被修改和增加，对于信徒和官员惩罚只做了微小的调整。北京当局反复告诫“禁止和阻止”这些类别的“邪教”。[97]

政府所称的异端与普通的习俗无法清楚地加以区别，但是狂热的官僚利用法律可以去人为地划清界限，孤立信徒。越来越多的教派名字被列于非法组织的名单上。携带不常见的经文，建立 592

[96] 《北京志》，1878 年 12 月 17 日、1880 年 6 月 1 日和 8 日（西方日期）；《清实录》（光绪朝），卷 114，16 页。

[97] 古·布莱斯：《大清律例》，第 364、365、470 条。高延：《中国的宗派主义和宗教迫害：宗教史的一页》，139～147 页。《清实录》（顺治朝），卷 9，20 页；卷 26，18 页；卷 104，12～13 页。《大清会典事例》，1899 年，卷 1038，17458 页。《大清律例》，卷 16，9 页。

师徒网络，聚集信徒，以及夜间聚会，都能引起怀疑。甚至诵读经文、施魔法、念咒、默思、抽签、素食、燃香、募捐，以及与其他行为相结合，都可以成为起诉的理由。1821 年修改的律例中，即使没有更危险的行为，用“邪说”来煽惑他们的首领也以斩首论处。[98]

这样严厉的法律只是间断地被实施。许多宗教可以追溯到明代末期的创始人，基本教义通过师徒的链条传承下来，把这些宗教带进 19、20 世纪。然而，有必要保持低调形象塑造了清代教门的信仰、组织的结构和性质，并妨碍了永久性和公共性的宗教机构的发展。师徒之间的关系易于破裂，比较古老的经文不断地减少，核心信仰经常受到无法控制的修改和详尽的阐述。然而，任何时间、任何地点只要政府放松监管，制度上的根源就有可能沦陷。零散的证据结合在一起，显示了一幅生动的图画，特别是在清代北京城内外的秘密宗教团体。[99]

明末教主的坟墓成为连续强有力的象征和用于集会的非传统地点，并且在京城地区有一些这样地点。教宗罗清的弟子们照料他在密云县（北京东北）的坟墓，其他地方的神职人员和世俗百姓仍然祭拜他的塑像。1768 年，官员们发现这个家族并惩办了他们，查抄了“讲堂”，捣毁了塑像，刨了坟墓。[100] 直到 19 世纪第二个十年，当危险变得越来越大时，信徒从北京步行到顺义县的净空长老塔（五十公里远）进行供奉。另一位明末教宗米氏的牌位

---

[98] 高延：《中国的宗派主义和宗教迫害：宗教史的一页》，146～147 页。在 18 世纪期间，关于清代平常如何处理教派的全面见解，高士达（Blain CampbellGaustad）：《清朝中期的异端宗教和国家：白莲教起义的背景研究，1796—1804》，30～38 页。

[99] 虽然教义传播到帝国的其他地方，但最古老的嫡派和教义来自中国北方。

[100] 议覆档，308～313 页，乾隆十一年七月二十六日；军机档，农民战争类二次增补，第 23 包第 4 号；上谕档方本，卷 215，嘉庆二十一年二月二十日；军机档，农民战争类，第 2770 包第 3 号；韩书瑞：《中华帝国晚期白莲教的传播》，见姜士彬、黎安友、罗友枝编：《中华帝国晚期大众文化》，256 页注释 2。在 1816 年，仍可识别的罗教弟子已搬到北京。在 20 世纪初期，一座罗氏家庙还在街上保存着，这是一个巧合吗？参见奉宽：《妙峰山琐记》，50 页。

和坟茔，在12代后，仍于藁城县（直隶中部）存在，远近百姓仍然到这里来继续供奉。王森教主的许多弟子和他造反的儿子王好 593
贤于19世纪20年代在北京东面两百公里的他们家乡滦县石佛村继续传播宗教。这个家族在附近有自己的家庙，在许多省有门徒网络；19世纪第二个十年一个集中的皇家注意导致了大范围的逮捕。[101]

在很少例子中，有教门信徒利用寺院作为集结的地方。皇家的捐助维持了保明寺的存在——保明寺是位于北京郊区的尼姑庵，明末的归圆就在那里撰写了她的经文。口头和书面的习俗建议信徒们去“黄村（这座寺院的所在地）捐奉钱谷”，常住的尼姑们也许支持与教门信徒们之间建立联系。我们知道，一位名叫张因（Zhang Yin）的男子于18世纪20年代来到这里成立了一个圣会，在接下来的十几年中，他往返多次，介绍他的女儿和北京郊区的徒弟们前往保明寺。他死后，他的女儿接管了这个组织，并在接下来的三十多年中，从南边的直隶，屡屡拜访保明寺。17世纪50年代，黄天道和一炷香派也到这座寺院进行祭拜，正如19世纪初期米氏的追随者所做的那样。[102]

在从中国中部向北京运送贡米的船队上劳作的船夫们是罗清的信徒，起初他们聚集在北京的“佛堂”里和大运河的南端——那里是船夫们过冬的地方。一个张氏家族（一些明末经文也是这样称呼）住在外城的虎坊桥附近，和一个刻印佛经的设施有关，

---

[101] 净空，军机档，农民战争类，第2299包第2号、第2463号；军机档，嘉庆朝，第51998号。米氏，《那文毅公奏议》，卷41，28～31页；宫中档，农业类，第712包第3号。王氏家族，韩书瑞：《华北的两个家族：永平王家，1500—1800》，见伊沛霞、华琛编：《中华帝国晚期的家族组织》，227～239页。

[102] 李世瑜、韩书瑞：《保明寺：明清中国的宗教与皇帝》，载《哈佛亚洲研究学报》，第48期（1988年），170～181页；《那文毅公奏议》，卷39，31～37页；上谕档方本，卷165～167，嘉庆二十二年六月十七日。高士达《清朝中期的异端宗教和国家：白莲教起义的背景研究，1796—1804》第73～121页已经详尽地研究这个教派。亦参见：宫中档，秘密结社类，第481包第1号。军机档，农民战争类增补，第318包第1号；农民战争类二次增补，第53包第9号。宫中档，乾隆朝，第14624号。宫中档，农业类，第712包第3号。

张氏家族自 17 世纪初就为信徒们提供宗教经文。他们也有一个“庵堂”——看起来大概是单纯的——罗教的漕运船夫信徒们，每年夏天到这里来烧香捐钱。[103]

弘阳教似乎在北京尤为流行。明末弘阳教的经书继续流传（复制和再复制），印制用于祭拜的飘高老祖肖像。汉军八旗相当容易地加入了这个教派，并迅速控制了它，正如在北京其他宗教
594 活动中他们所做的那样。1682 年，一些妇女随着他们旗人儿子和丈夫从京城来到广州驻防，他们带着弘阳教的经书、画像、习俗和思想。尽管有过数次大逮捕，但是弘阳教还是存活于北京内外，找到新的教徒，并且复兴了前人的兴趣。例如，18 世纪 50 年代，一位汉军旗人包衣联系到以前加入弘阳教的男信徒，如同他自己的祖父一样，一起恢复了集会。1817 年，另一个人列出 12 位先师，从而使他与两百五十年前的飘高老祖连接起来。[104]

这些弘阳教组织（以及类似的）与它们北京的邻居有什么区别呢？除了缺少它们自己的寺院，表面上并没有什么特别的。教徒是素食主义者，供奉“佛”像，念诵经文，并且一年举行几次聚集。一些师傅治疗疾病；其他的被它们的非宗教邻居召集去在葬礼上诵经。大部分是传播弘阳教的名字及其经文，举行这些无害的活动并且一代代秘密地集会。它们大部分独特的思想和特殊神灵的画像被秘密地保存起来。[105]

在第十二、十四章中所描述的朝圣组织也许有助于对这些教

---

[103] 戴维·凯利：《教派与社会：清朝漕运水手中罗教的形成，1700—1850》，第二章，特别是第 88、99、120～121 页；宫中档，秘密结社类，第 477 包第 1 号；军机档，农民战争类，第 2771 包第 5 号，第 2290 包第 11 号。经文，宫中档，秘密结社类，第 261 包第 6 号；军机档，农民战争类，第 2300 包第 1 号；宫中档，乾隆朝，第 47408 号。

[104] 艾约瑟：《中国北方宗教派别》，载《教务杂志》，第 16 卷第 7 期（1886 年），251 页；军机档，农民战争类，第 2585 包第 1 号；宫中档，秘密结社类，第 490 包第 24 号。

[105] 有关一份抽样，宫中档，秘密结社类，第 454 包第 28 号，第 490 包第 1 号；外纪档，嘉庆二十二年十月十八日，道光五年十一月二十八日；军机档，农民战争类，第 2746 包第 1 号，第 2299 包第 2 号。

派与寺院进行比较。[106] 对于每一个人来说，参与不是自动的而是个人决定的结果（虽然迫使其他家族成员去参加）。这些组织全部都募集钱财，不时举行集会，并且它们有自己的名字。但是也有重要的区别。寺院是公开宗教组织的主要中心、热情关注的对象和渴望香客的目标；没有它，“圣会”就无法生存。而且，这些寺院拥有更为广泛的支持者。

通过与白莲教发展的对比，它们的活动没有一个公开的场所。它们也许本没有秘密团体，但是清代的法律促使它们成为秘密的教派。“教”是它们的中心。因为一个“教”既是一种“学说”，又是一个“派”，它是师徒的信仰和组织教义和网络，那是中心，而不是一个地方。拜师行为成为关键的仪式，归属感以一个活的并且恪守承诺某种信仰的网络形式显现，以口头诵经或书面经文的形式表现出来。

按照我的观点，与一个永久性的公开崇拜之地不同，与其说
是设计，不如说是需要，是一种“非正统”身份的结果。面对政 595
府的监督，一个教派的秘密的和传教的模式是可以感觉得到的，经常是必要的。混合在一起有许多好处。一些教派每天晚上在信徒的家里举行小规模聚会，沉思诵经；其他的每个月两次，或一年三次，在正月十五日、七月十五日和十月十五日。一个组织的信徒见面仅仅是把他们的经文在六月初六摆到太阳底下，正如佛教寺院所做的那样。举行其他仪式活动的日子是比较低调的。一些组织在师傅的忌辰聚集，家族或朝圣教派的礼仪混合在一起。在其他情况下，流动的讲道者可能无规律地一年一次到来，他们得到信徒们的招待。[107]

然而，清代的资料表明这些组织对于它们自己祭拜的地方有一种可以识别的倾向，那里保存着塑像、摆放着供品，并储存着

[106] 我所做的这些概括是基于清代档案中有关清代中期在北京和直隶的教派资料基础之上的；大部分在邻近的省份有分支。例如，《那文毅公奏议》，卷 42，6～12 页。

[107] 例如，外纪档，嘉庆十九年五月十一日；军机档，农民战争类，第 2794 包第 6 号，第 2826 包第 1 号；《那文毅公奏议》，卷 41，42～47 页；宫中档，秘密结社类，第 490 包第 20 号，第 731 包第 2 号。

经文。我们发现一些组织在自己家之外增设房屋，秘密利用现有的寺院，或建造他们自己寺院的事例。当政府发现这样的建筑物时，就会查抄并将其转用于公众（贫民收容所、避难所、谷仓、学堂）。[108] 同样，虽然这些教门在没有实体神灵偶像的情况下可以进行管理——神灵的身份可能会标示他们为邪教——当留下他们自己的标记时，但他们就更乐意拥有它们。罗道长、飘高老祖、其他人以及无生老母的画像，绝非少见。[109]

1813 年秋天的不寻常事件——自称为八卦教的教门在华北发动了一场起义，为我们提供了 19 世纪初期一个进入京城秘密宗教信仰和组织的窗口。[110] 这个起义的北京部分，是由一位从拥有超凡魅力的无用之人变成宗教领袖的林清组织的，包括来自京畿地区的超过六百人。他们没有把寺院作为总部。大部分是村民，一些人来自南郊，其他人来自远至一百公里的地方。林清联系并聚集了拥有各种名称的组织的不同师傅，在这个无生老母的宗教中，全部承认拥有一个共有的信仰。通过师徒联系的链条，松散地分布在名为八
596 卦教的多个组织下，这些信徒组织了叛乱。与在南面直隶、邻接的河南和山东的秘密宗教合作，林清准备转换一个新的时代，那个时代只有信徒能够存活。作为弥勒佛的化身，他要夺取京城。

参加林清教派的人们反映了北京生活的一个部分，在用于这本书的资料中，这是不常见的，他们显示了这样的宗教网络：当穿过这座城市的复杂世界时，能联系不同的个人和种类。举例而

---

[108] 军机档，农民战争类，第 2927 包；宫中档，秘密结社类，第 497 包第 1 号。参见戴维·凯利：《教派与社会：清朝漕运水手中罗教的形成，1700—1850》，164～168 页中有关在乾隆统治下，清代政策总体上更加严厉了。

[109] 我在这里使用的例子也来自直隶。外纪档，道光二年二月初一日；军机档，农民战争类，第 2746 包第 1 号；宫中档，秘密结社类，第 446 包第 5 号，第 480 包第 18 号，第 497 包第 1 号，第 731 包第 2 号；《那文毅公奏议》，卷 70，4047 页；军机档，农民战争类增补，第 278 包第 1 号；高延：《中国的宗派主义和宗教迫害：宗教史的一页》，22～23 页。

[110] 我已在自己的《千年末世之乱：1813 年八卦教起义》书中，对这些事件进行了相当详细的描写。

言，许多小贩和受雇的劳工，他们的工作是从乡村到乡村。一位三十岁的男人，住在北京西面十二公里远的农村，但在城里的东四牌楼贩卖果子。一对婆媳在市郊的一个村子里纺细麻线。一位官员在市郊马驹桥征收税粮。一位村民在城里表演皮影戏。一个客栈老板，他的客栈位于无人和他竞争的外城东南部。宣武门外斗鸡坑胡同相邻的几家，包括在那里经营日用商品的一家。在前门外鲜鱼口庆隆戏院的管理者。政府衙门里的一位书吏。一位冗余的八旗兵丁。一位制作箭的旗人。在旗地上从租客那里收租的中间人。一位皇家保镖。正蓝旗豫亲王王府的包衣，一些住在农村，一些住在城里。一位镶白旗满洲旗人，王府的保镖。一位正黄旗汉军旗人和他的儿子，当时父子俩都服兵役。几个正黄旗皇家成员。⑪

许多旗人和满人已经成为弘阳教信徒一个分立网络的部分，包括夫妇、主仆，上至四世皇子，下至守护家族坟茔的夫妇。涉及的 6 个太监是这个事件成功所在。他们提供了皇宫里的情报，使林清在不确定的计划上拥有了信心；他们对于宫廷生活的情报可能刺激了这些在皇家世界边缘度过人生大部分时间的人们的欲望。⑫

即使他们绝大多数是乡村居民，但几乎所有人都与城墙内的北京有联系。首先，虽然他们在私人的家中聚集，但他们有时利用京城的客栈和茶馆讨论计划。他们只有一次是在寺院中见面。他们所招募成员中的一位是和尚绪乾，一位来自山东的僧人，他在北京已经住了二十多年，自 1798 年起就是（非常受到尊敬的）
广济寺的一员。他与来自山东的教派信徒保持着联系，他们前往 597
那座寺院与他讨论起义。⑬

---

⑪ 韩书瑞：《千年末世之乱：1813 年八卦教起义》，66～72、158～160、302～303、308～309 页。《故宫周刊》，第 211 期，2 页；第 213 期，1 页；第 223 期，1～3 页；第 224 期，1～2 页；第 225 期，3 页。上谕档方本，卷 161～163，嘉庆二十一年十二月二十六日。

⑫ 至少 15 位太监包括之内，韩书瑞：《千年末世之乱：1813 年八卦教起义》，72～77、308～309 页；《钦定平定教匪纪略》，卷 4，3～5 页。

⑬ 军机档，农民战争类，第 2527 包。《钦定平定教匪纪略》，卷 21，28～32 页；卷 22，30～33 页。

后面的故事可以快速地讲述。北京的叛乱遭到了迅速镇压。亲王、内务总管们、宫中的太监、旗人以及步军统领惊慌地聚集在一起，努力恢复了紫禁城的秩序。战斗在当天结束（1813 年九月十五日），大多数教众被杀或被抓。他们在其他地方的联系是积极的，而且小心避免被发现。[114]

在随后的几十年中，清政府遏制教派的这种能力被迅速侵蚀。虽然京城保持良好的警戒，但是政府军事统治的其他地方遭到严重蚕食，普通的违法者开始以步枪进行武装和配备马匹。[115] 在 19 世纪中期，来自社会各阶层民众动员激增，公开反抗政府的控制，秘密的兄弟会和白莲教、兵勇混杂难分，混淆了早些年代的差异。19 世纪中期太平天国的末日基督教教义赋予异端一个全新的含义。

尽管他们已经具备千禧年叛乱的潜在能力，但在清代末期，许多教派组织似乎试图成为更合法的组织。这个过程意味着它们拥有自己的建筑物。词语“在理”指的是一连串的宗教实践，包括通常视为值得赞美的行为：不食肉、不饮酒和不吸烟（烟草和鸦片）。众所周知，在理教在北京和中国北方建立了一个小公所；在天津，一位重要的清代教主坟墓是一年一度朝圣的焦点。其成员尽力树立他们是公开、守法和正统的角色。1883 年，当一位御史报怨他们是真正的“白莲教徒”时，当时有权力的总督李鸿章进行了调查，根据他们反对“外国鸦片的毒害”为其进行辩护。当时，这些信徒已经成为北京社会的固有部分，并且在京城各处建造他们自己的殿堂。[116]

正如我们在后来进一步看到的那样，清末的混乱和干扰分散了政府的注意力，改变了需要优先考虑的事，这对于许多组织来说成为可能——并不只是秘密教派——从一个更私人的类型转换

---

[114] 那些人在河南和山东集合了更多的信徒，并且是在他们的叛乱被镇压之前的三个月。

[115] 例如，1822 年的事件延伸到河南、安徽的边界，或在 1835 年，曹顺在山西起义。

[116] 石汉椿：《在理教起义——热河金丹派，1891 年》，载《近代中国》，第 6 卷第 2 期（1980 年），161～196 页；韩书瑞：《千年末世之乱：1813 年八卦教起义》，44 页；赵东书：《理教汇编》，201～206 页；《北京指南》，卷 3，3 页。

成一个更公开的类型。 598

在转向一个高度集中于寺院团体的不同类别之前，我们可以暂停思考那些到现在为止所讨论过的问题。它们由陌生人、宗教专业人员或独身的男人和女人所组成，这些人在数量上是少数的，在地位上是边缘的。他们的一些建筑——清真寺、郊区的藏传佛教寺院和使馆——形成了附近的核心；其他的则是由信奉同一宗教的人、教友或信徒组成的更广泛，常常是更分散的团体的节点。为了生存，他们的大多数建筑要么依靠捐赠获得的捐款，要么依靠从国外募集来的稳定资金。许多这些团体依赖于君主，因此会受到其责难和限制。实际上，一些虔诚的个人资助者代替了更多断断续续的捐助者。这样做，他们的身份变得更加明确，他们在当地的存在变得可以辨认，甚至他们努力保持在北京社会适合的地位。对我们现在将要转而讨论的组织而言，这种途径更为容易。

会　馆

家乡和职业“会馆”在明末得到发展，在清代进入全盛时期。没有像白莲教那样遭到政府的禁止，没有如同圣会那样得到勉强的容忍，会馆以社会组织的合法形式得到接受。1644 年的人口变化打断了它们的发展，然而一旦寄居者们重新部署在外城，会馆就移植了它们的根并且开始成长。在 18、19 世纪期间，这些会馆增加并且种类多样化，首创于北京这个重要而新型的城市社会结构中。[117]

[117] 花在收集有关北京会馆原始资料上的学术精力比分析它们多得多。除了非常重要的仁井田陞和今堀诚二等在 1942—1944 年调查，以及在北京图书馆藏的拓片（比较喜欢那些在李华著作中刊载的少数拓片），我研究了在五塔寺收集的石碑。我也查阅了 13 所 20 世纪会馆的历史。有关北京会馆的二手文献包括甘博：《北京社会调查》；加藤繁：《清代北京商人会馆》，载《史学杂志》，第 53 卷第 2 期（1942 年），1～31 页；步济时：《北京的行会》；冬篱：《北京清代会馆》，载《科技史文集》，第 77 期（1984 年），149～152 页；李华：《明清以来北京工商会馆碑刻选编》；傅公钺：《北京会馆沿革与作用》，见《首都博物馆文集》，第 5 辑，66～72 页；白思奇：《北京士大夫的同乡会馆：中国首都会馆的社会政治演变》。英文中，有关其他城市中会馆最新和重要的论述，参见罗威廉：《汉口：中国城市的商业和社会，1796—1889》，第八至十章；张琳德：《上海：从市镇到通商口岸，1074—1858》，第五章；顾德曼：《家乡、城市和国家：上海的地缘网络与认同，1853—1937》，第三至五章。

北京会馆的历史说明，秘密的组织是如何首先利用寺院空间去加强它们自己的团结，并创造了独立的集会中心，随后，在19世纪末期，成为一波世俗和激进城市组织的一部分。

记住“行”（我称之为“guilds”）和“会馆”（我称之为“lodges”）之间的区别是重要的，这个区别在英语的二手文献里经常被
599 弄得模糊不清。“行”是针对有相同职业的男人；“会馆”指的也是这样，但并非必须如此。“行”拥有一个悠久的历史，可以追溯到中世纪时期，因为它们在政府和手工业、商业团体之间斡旋；它们既是本地人又是外来者的城市团体。比较而言，会馆在明代时期是新型的并且是只为寄居者准备的。虽然一些“行”创建了会馆，但并非全部如此，大多数会馆（在北京）不是基于“行”。两种组织依靠团结，通过同时存在的包容与排斥来说明界定自己。集体的祭祀对于两种组织是基本的。一个行会是一个组织；一个会馆既是一个组织，又是一个地方。[118]

我们将从研究清代的会馆开始——它的范围、种类和一般历史——然后转向行会、会馆和寺院之间复杂而纠缠的关系。这些关系可以被视为北京社会和宗教机构中的另一条线索。会馆形成、聚集了集体的身份，正如同时期的团体和自愿团体那样，但是那些活动——正如我们在第十二章和第十四章中所看到的那样——主要包括内城和郊区的居民；在此我们将与外城联系起来，那是汉人居住的地方。

与家族和寺院团体一样，清代的会馆通过在那些属于和不属于的人们之间建立明确的界限来确立自己。包含的理由可以改变，但是成员资格有具体规定和有所选择，而非自愿并对

---

[118] 英文词语“lodge”传达了（虽然不完善）这两个关键的要素。许多作者翻译会馆为“guild”。“帮”和“公所”，一般用于清代其他城市，在清代的北京很少使用。有关其他地方词语的范围，罗威廉：《汉口：中国城市的商业和社会，1796—1889》，254～255页；张琳德：《上海：从市镇到通商口岸，1074—1858》，123～124页；顾德曼：《家乡、城市和国家：上海的地缘网络与认同，1853—1937》，38～46页。我发现顾德曼的方法是最合适的。

所有人开放。会馆的前提是私人的，用于专门的用途。因此，会馆呈现出一种与少数宗教和私人捐助拥有同样性质新的排他性模式。

按照我的观点，坚持发现会馆组织拥有一个简单起源或是单一要素的学术文献，会使人误入歧途。把它视为一种可以灵活用于多种用途的机构会更好一些。我们不要被组织前后不一地使用这个词语的事实所迷惑，这些组织属于不同的类别。这正是其组织模式的力量所在。同样，会馆和寺院之间的关系无法简单概述；其变化超出了寺院用于会馆场所和在会馆内设立祠堂。

在北京的生活中，简单地看一下其他自称为“馆”的机构可 600
以为会馆的地位提供有价值的线索——并且会让我们想起在这个城市中公共的和准公共的地方范围。“馆”，通常用于复合词，是一类建筑。一方面，它是某种有威信政府衙门名字的后缀，特别是那些与保存记载相关的：庶常馆、国史馆或起居注馆——翰林院的三部分，方略馆——附属于内阁。这些衙门是政府的一部分，但对普通民众是关闭的。[119]

另一方面，“馆”被用于旅馆、饭馆和戏院、茶馆和酒馆的后缀，这类建筑向顾客开放，人们可以走进去并停留一段时间。这些建筑词语有了很大的改变，也许是清代它们在功能和性质上真实变化的一种反映。“梨园馆”和“园馆”的词语被用于指戏院。酒楼可以被称为“酒馆”，茶楼称为“茶馆”。1833 年，金景善在北京被带到宽敞的东来馆的一个精致宴会上，“一个非常有名的吃饭地方”。旅馆有各种各样的名字，“客馆”是其中的一个。上述地方只有部分是值得尊敬的（并

---

[119] 布鲁纳特、哈盖尔斯特罗姆：《当代中国的政治组织》，第 201、204、205、139 号。这些衙门在它们的开端共享一个共同临时品质？马礼逊《华英字典》卷 1 第 661～662 页列出许多与学校相关的其他用法，但在北京我无法证明。它是表现这个后缀重要性的一种方式，随着清末改革中新机构的设立，这种方式再普通不过了。布鲁纳特、哈盖尔斯特罗姆：《当代中国的政治组织》，第 150、174、331、597 号各处。

且在政府的眼里大概是危险的），还可以视为妓馆、赌馆和烟馆的后缀。[120]

这个词也被用于“会馆”和“公馆”，后者是朝贡的使者在北京停留的地方。会同馆和各种分馆负责提供住房和管理外国使团，包括在北郊的一个外馆，内城用于俄罗斯使团的北馆和南馆（也就是俄罗斯馆）。为政府服务的官员住宿的旅馆被称为“公馆”，为政府管理马匹的马房被称为“马馆”。[121]

在所有这些词语的使用中，我们能看到一个核心意义：一个人们临时停留或工作的建筑。一处会馆就是这样一个清楚真实的地方。它是被“创立”的事物，一个世俗的空间，有时值得尊敬，
601 有时则不是，可能由政府管理，可能由一个私人团体管理。相比之下，慈善组织、宗教组织和行会是偶尔没有如此永久总部的人们的组织。

“会馆”中的“会”可以用作名词（集会）和动词（集会）；后缀或前缀说明集会或多或少有些危险。（参见在第七章的讨论。）“会匪”和“邪会”是坏的；“善会”和“义会”是好的。“会馆”没有背上自私的私人用意或异端的反政府活动的污点。这个词语的妙处——从那些想在家族和政府范围之外寻求把人们结合在一起的观点出发——在于其体面性和灵活性。在1683年，建一所“会馆”能被描述为“义举”。[122]

“公所”，与会馆在意思上是有异同点的词语，已经在二手文

---

[120] 戏院，潘荣陛：《帝京岁时纪胜》，卷14，33页。酒馆，军机档，内政类，第329包，乾隆三年十月十二日。茶馆，《草珠一串》，2页。饭馆，金景善：《燕辕直指》，1070～1071页。旅馆，仁井田陞：《北京工商ギルド资料集》，卷6，1155页。烟馆，马礼逊：《华英字典》，卷1，661页。

[121] 公馆，布鲁纳特、哈盖尔斯特罗姆：《当代中国的政治组织》，第498号；《大清会典》，1899年，卷68，712页。旅馆，小德金：《北京、马尼拉、毛里西亚岛游记》。马房，布鲁纳特、哈盖尔斯特罗姆：《当代中国的政治组织》，第425号B。

[122] 仁井田陞：《北京工商ギルド资料集》，卷5，857～858页。在清代法律中关于“秘密结社”的一个持续讨论，参见王大为：《清初和清中期的兄弟拜把秘密社会：历史传统的形成》，第五章。他认为自17世纪开始，“会”指的是非法集会。

献中得到没有结论的争论[123]，“公所”在清代北京是用于表达一种“公共建筑”最普通的官话词语。然而，我也可以证明，在1712年，它意味着一座祠堂，来自一个地区的男人能在此地聚集，也就是说，它指一处像会馆的地方。[124]（正如我们将在第十六章中所看到的，其也被用于清末某些新的组织。）

参加一处“会馆”是由两个狭隘归属特点之一所决定的：故乡和共有的职业。在它们当中，故乡情感提供了更有效合法的修辞。感情词语“同乡”唤起熟悉标准和温暖的感情：“我们会馆的建立是基于‘联乡情’真诚的友谊。友谊是五种关系中的一种。四海之内皆兄弟。”[125] 当然，引用儒家关于友谊的观点并注意到去某个“馆”是“如同回家”，能更好地掩盖无法保护和更自私的动机。[126]

有关北京的最常见的说法提醒人们注意其吸引了整个帝国的 602
人：“五方辐辏”，“名利汇集之所”，而且“人口稠密聚集”。[127] 那些能来到此地的人们不是移民，而是寄居者，住在京城的男子们是临时的。那些共享一个家乡或一个职业（或二者都是）的外来者形成了早期的会馆。

不幸的是，在清代北京有多少寄居者，或他们从何而来是不可能知道的。一个根据事实的猜测是，在清代末期有十万名寄居者，或许占一百万城市人口的10%至15%。在这个朝代的早期，旗民分居是明确的，这样的寄居者集中于外城。他们也许有五万

[123] 例如，张琳德：《上海：从市镇到通商口岸，1074—1858》，123页，文献引用自那儿。

[124] 在外城一个公所能读到圣谕。《大清会典事例》，1899年，卷1033，17415页。当地官员经常下令把没收的宗教殿堂或天主教教堂转成公所。《清实录》（雍正朝），卷14，14页；议覆档，276～280页，乾隆十一年七月十六日；仁井田陞：《北京工商ギルド资料集》，卷1，93～95页。

[125] 仁井田陞：《北京工商ギルド资料集》，卷2，153～154页；亦参见卷5，857～858页。

[126] 《绍兴县馆纪略》，卷8，13页，引自一座1826年石碑。

[127] 《日下旧闻考》，卷43，672页；卷50，797～798页。仁井田陞：《北京工商ギルド资料集》，卷5，1021～1022页。

人之多，占外城人口的三分之一？[128]

无论如何，通过与汉口、上海或扬州进行比较，寄居者和移民二者是北京居民一个相对少的部分。[129] 因此，在学术上有关这些地方的著作不应只产生有关寄居者组织的唯一模式。北京或许不比这些城市更典型，但也差不到哪里？

与那些主要是经济中心的城市相比较，北京吸引了各色人等，其中外地的科考士子和官员人数众多而且重要。寄居者是一个混合体，包括每几年朝覲返省的官员，参加科举的举子们停留六个月，商人或京官在北京度过他们生命中的大部分时间，每天来了又去的农民融入城市人口之中，也许因为它是京城，那里的分歧理应被超越，也许因为旗人和非旗人是真正可以利用的范畴，用于讨论北京的修辞没有强调内部人和外部人、主人和客人或者当
603 地人和寄居者之间的区别。[130]

请把这些问题谨记于心，让我们转向北京的“会馆”，研究促使它们发展成为有影响力的城市组织的原则和过程。

虽然 1644 年由北京分离所导致的断裂使得“会馆”早期历史难以回顾，但是至少明代京城已知的类似会馆就有 45 处。[131] 当寄

---

[128] 来自 1936 年的数字显示，约 200 000 名“居民”（占 150 万的 13%）来自北京之外或河北省。重要的数字来自——数量按降序排列——山东（86 000）、山西、辽宁、江苏、河南、湖北和浙江（10 000）。不知道如何利用这些数字去再造一个更早的情形，但是我鲁莽地往回推断，亦参见第十二章注 87。在 18 世纪 80 年代，外城超过了其 1912 年规模（也许 180 000 人）的一半，所以我减半推断有 100 000 名寄居者。这个推理是脆弱的；读者要擦亮眼睛。这样的猜想表现了一个上限？他们混淆了寄居者和移民？（除了旗人，北京在清代只经历了小规模的人口移入。）

[129] 罗威廉：《汉口：中国城市的商业和社会，1796—1889》，1984 页；罗威廉：《汉口：中国城市的冲突和社区，1796—1895》；顾德曼：《家乡、城市和国家：上海的地缘网络与认同，1853—1937》，14 页；张琳德：《上海：从市镇到通商口岸，1074—1858》；安东篱：《清代扬州的中心地位》，见张琳德主编：《中华帝国晚期的江南城市》。

[130] 一个词需要用于寄居者，“客”是最经常使用的。例如，北京图书馆金石组编：《北京图书馆藏中国历代石刻拓本汇编》，第 73 册，16 页；潘荣陛：《帝京岁时纪胜》，22 页。

[131] 参见第六章注 105 白思奇的更多的 70 处。

居者小心翼翼地返回来时，他们争相要求收回失去的财产，找到新的地方去生存，重新建立他们的顾客、联系和同胞的网络。作为（大部分）单身男人，他们的资源主要是身后的家，也许这些外来者比当地的居民有一个更惬意的时光，甚至在感到极度痛苦后已经决定接受满洲的统治，精英寄居者只能被迫在更喧闹、更肮脏、更新、较低级的外城找到住处。在接下来的年份中，他们重新组织，通过同乡和职业团结形成小的群体，这可以形成寄居者身份的轮廓。“会馆”再次出现。

清代，这些会馆的主要故事是受欢迎和成功的。会馆起初缓慢地重建（约每三年一处），约在 1720 年后，频率加快（每两年一处，然后一年一处）。到 1788 年，《宸垣识略》列出了北京 181 处会馆。[132]

19 世纪的指南手册通常提供了会馆列表，表明其清末更加引人注目的增长：1864 年版的《都门纪略》，记载有 329 处，一个数字表明在 1788 年后，每年增加约 2 处。增加持续着：1872 年，366 处；1886 年，395 处；1929 年，510 处。[133] 对于这五十年，甚至考虑到这些数字的准确度，差不多每年增加 3 处会馆。混合、分裂和放弃的类似过程伴随着这个增长，但是会馆的数量于 1644 年至 1929 年有一个平稳而快速的增长。这些数量使得京城在帝国内远远走到任何其他城市的前头。通过比照，在上海，在 1840 年前，只有 26 处会馆，差距在接下来的半个世纪没有缩小。[134] 北京在这个机构的发展中当然走在了前列。

---

[132] 吴长元：《宸垣识略》，卷 9，180～181 页；卷 10，213～214 页。

[133] 《都门纪略》，1864、1872、1886 年，卷 3，1～35 页；《北平指南》，卷 5，31～44 页。一份 1906 年调查，虽尚不充分但也许比这些清单更可靠，统计外城有 275 处会馆。1906 年调查，《京师外城巡警总厅第一次统计书》，33 页。白思奇：《北京士大夫的同乡会馆：中国首都会馆的社会政治演变》，59～64 页。

[134] 并且在 1930 年只有 62 处。顾德曼：《家乡、城市和国家：上海的地缘网络与认同，1853—1937》，223 页；亦参见张琳德：《上海：从市镇到通商口岸，1074—1858》，147 页。在 1856 年前，汉口有 41 处会馆。罗威廉：《汉口：中国城市的商业和社会，1796—1889》，277 页。

604 “会馆”是由汉族寄居者创造的，因此位于清代的外城是必然的。[135] 他们集中于宣武门、正阳门和崇文门外的地区，西边比东边更多一些。（在内城，寺院可以被用作会馆，正如我们看到的那样。）形成会馆的职业组织代表了一系列的职业，从演员到棚子的制作者，从钱庄老板至剃头匠；一些是京畿地区本地人，但大部分来自远处。建立会馆的寄居者，正如他们在明代那样，是来自每个省的工匠、商人、官员和科举举子的不同组合。[136]

就像形成会馆的某些职业多年从事商业活动，其他的则反映了不断扩大的清代进口货物世界和新的帝国联系的利益，在明清之际以及整个清朝，活跃的同乡团体的长期变化反映了帝国首都地位和经济中心的变迁。表 15－1 显示了在明清时期以省为基础的同乡会馆的变化。[137]

在清代的前半期，江西人继续建造着数量最多的会馆，至朝代末期仍保持着领先。[138] 来自山西和陕西的商人和手工业者的存在是可以预见的。来自西北的商人自 1644 年前以来一直是清代皇家的钱庄庄主；此外，北京与邻近的山西有着相当紧密的经济联系，从那儿输入煤、油、颜料、金属制品和染料。

与生意人相比，浙江的寄居者更乐意成为士大夫官员。在清代该省列于产生“进士”省份的第二位（仅次于江苏），但是在北

---

[135] 旗人被君主定义为居民，而不是寄居者。清代早期，他们偶尔用同乡标志“三韩”（指辽东）似乎反映与东北的联系，最终为支持北京而放弃了这个说法。我已看到这个词使用过五次（一次在 1655 年，三次在 1672 年，一次在 1726 年）。有关一个例子，北京图书馆金石组编：《北京图书馆藏中国历代石刻拓本汇编》，63 册，5 页。或许这些人是真正来自东北的移民？

[136] 吴长元：《宸垣识略》，卷 9，180～181 页；卷 10，213～214 页。白思奇通过把它们与其他种类区分开来，提供了有关“士大夫”会馆的优秀分析。在我比较肤浅的研究中，发现很难清楚地加以区分，只得把会馆混在一起。

[137] 在 1788 年或 1886 年目录中，没有理由认为区域分布被系统地扭曲了。

[138] 我没有完全地弄清楚是为什么。虽然它们在考试中做得很好，江苏和浙江始终如一地名列前茅。毕汉思：《清代进士的区域来源》，载《远东古物博物馆馆刊》，第 64 期（1992 年），16 页。组织会馆的一些人无疑是书商，但是其他人却如此热心地主张他们应有的社会地位，他们的职业未被提及。

京衙门中本地人也从事吏员、贩卖药材和酒的商人、裁缝和服装工人以及钱庄庄主等职业。广东人在首都也从事丝绸、织锦、药 605
材、水果、优质木头和外国商品的输入生意。19 世纪，海外贸易带来的财富增加了考试成功的概率。来自安徽的人，特别是徽州府，同样包括商人和学者。这些会馆和其他组织变化的机遇和进取，反映了这个帝国的变化，许多建立在不同基础上对当地有影响的寄居者组织的存在防止任何一处会馆逐渐坐大，但是这也许是北京的特点。[139]

表 15-1　　北京会馆的省籍

会馆	时间		
	1644 年前	1788 年	1886 年
江西	6	33	64
山西	4	17	36
陕西	1	17	26
浙江	7	15	34
福建	9	13	20
湖南	3	13	17
安徽	6	12	35
广东	2	12	32
湖北	1	11	24
混合	2	11	8
江苏	0	9	26
直隶	0	3	12
山东	1	3	8
贵州	0	3	7

[139] 仁井田陞：《北京工商ギルド资料集》，卷 5，973～974 页；毕汉思：《清代进士的区域来源》，载《远东古物博物馆馆刊》，第 64 期（1992 年），18、80～81 页。北京的会馆、它们的起源地以及与其他城市类似机构之间的联系，虽然重要，但超出了这本书的范围。

续前表

会馆	时间		
	1644年前	1788年	1886年
河南	1	2	13
云南	2	2	10
广西	0	2	7
四川	0	1	14
总计	45	181	395

资料来源：明代，我自己统计。1788年，吴长元：《宸垣识略》，卷9，180～181页；卷10，213～214页。1886年，《都门纪略》，1886年，卷3，1～35页。

在清代，对于会馆最值得尊敬的公开表达的清晰理由之一
606 是需要——真正的，不是带修辞色彩的——为年复一年到此参加考试的人提供住宿。虽然北京有大量的旅馆和旅店，但没有便利的预订制度，找到合适的住处——特别是对于精英男子们来说——显然是一场持久战。如此无可争议地受人尊敬的人们，操着相同的语言，偏爱相同的食物，有着共同的家乡网络，需要的不仅是去满足他们找到房间，而且是找到在一起住的要求。⑭⓪

来自广东（南海县）的人解释称，在为参加科举而进行长途旅行之后，那些幸运通过的人们仍然不得不留在北京等待任命；寄居者想的是"庶几旅人于处君子攸宇乎"，而不是到处租房子。浙江会馆于1829年恢复，成为来自该省当时在政府有职位人物的私人旅馆。⑭① 事实上，建造会馆的那些人实际上只有男人——也许

⑭⓪ 仁井田陞：《北京工商ギルド资料集》，卷6，1155页；柴桑：《京师偶记》，14页。对京城会馆中地方菜肴实用性的启示性思考，参见白思奇：《北京士大夫的同乡会馆：中国首都会馆的社会政治演变》，144～147页；有关一个反面观点，参见顾德曼：《家乡、城市和国家：上海的地缘网络与认同，1853—1937》，22页。

⑭① 广州，北京图书馆金石组编：《北京图书馆藏中国历代石刻拓本汇编》，第80册，84页；仁井田陞：《北京工商ギルド资料集》，卷6，1155页。浙江，《北京图书馆藏中国历代石刻拓本汇编》，79册，155页。在明代，湖北有一处省级会馆，并且浙江从1734年开始利用这个形式。没有其他省这样做。

是已婚的男人——这只会增加这个机构的社会地位。[142]

虽然大部分会馆是以地理单位来命名的，但它们可以作为同乡一把合法的保护伞——特别是富裕的人们——他们在北京经商。例如，山西（平阳府）的临汾和襄陵会馆，1743 年由来自 307 个店铺和商号捐助恢复。这些捐助者包括 13 位富有的油商和酒肆老板、纸商和布商。[143]

正当的理由也可以使用纯粹的社交语言和对保护神的正常感激表达出来："所谓会馆，有什么用处？其是一个因外出经商的'里人'供奉神灵和一起宴会的地方。""当这处会馆开始建立时，其用于定期祭拜神灵，祷告感激；然后是父亲、兄弟、儿子、学生一起聚会和聊天的地方；这些活动加强了当地的情感联系，并且巩固了可信赖的行为。"[144] 增强会馆的私密性并管理菜肴（以及厨师），当然有其他的私人动机，这种私人动机是更乐意在高档餐厅里花自己的钱举办宴会。

作为一种机构，"会馆"会对变化做出响应，并善于包容不同 607
的组织。第六章对寄居者的讨论强调，汉人的身份既不是单一的，也不是一成不变的，是复杂的，并由环境造成的。因此，北京的寄居者经常重新定义形成于会馆的周边团体。包容性是由排他性加强的，界限经常被划分和重新划分。文人试图把商人排除在外，地方官试图倾轧他们的对手，生意人排挤他们的竞争者。有一个组织试图放弃会馆的名称，以便于他们可以因为"私人"而拒绝一些同乡。野心勃勃的男人有时把控制着的财产用于他们自己，

[142] 据我所知，在行会或会馆的石碑上没有妇女的名字。1908 年的会馆调查在游客和其他居民之间（可能是雇员）加以区别；在后来的种类中，每处会馆有约 2 名妇女（和 3 名男子）。1908 年调查，《京师内城庙宇调查表》会馆部分；亦参见白思奇：《北京士大夫的同乡会馆：中国首都会馆的社会政治演变》，67～69 页。

[143] 仁井田陞：《北京工商ギルド资料集》，卷 2，154～157 页。油商捐了 20 盎司银，其他人只捐了 2 盎司银。组织的规模到 1803 年再次恢复增长（690 个），然后在 1873 年缩小到 300 个。仁井田陞：《北京工商ギルド资料集》，卷 2，157～162 页；卷 2，166～169 页。

[144] 仁井田陞：《北京工商ギルド资料集》，卷 5，973～974、979～981 页。

这容易引起长期的争端。[145]

拥有为数不多寄居者的省份是通过形成省级会馆开始的，通过北或南、新或旧的前缀来相互区别。1807 年，来自湖南和湖北的官员共同建造了更加宽敞的湖广会馆，以两个省的行政单位来命名。更弱的县可能在府的旗号下相互联合。[146] 一些会馆起初是提供给参加科举的举子，但是逐渐包括越来越多的商人。其他会馆开始于官员或商人，后扩大到学者。一些由来自同一个地区的职业组织开始，但后来成为包括来自其他地方的寄居者的地方。

然而，长期的趋势是朝着更多元化的方向发展，如果一个联合证明是不稳定的——正如，明显地，他们经常所做的——可能被划分：可能会建立单独的住处，或建造一处全新的会馆。[147] 当来自一个地区或一种职业的人获得成功时，它们的数量会增加，而且作为原来规定的组织，经常变得过大或场地过小以至于无法在一个机构里提供空间。这样的“会馆”可能会分割成更小的单位，而且，当会馆证明成为有组织人们一种合法的模式时，
608 它会越来越受到欢迎。虽然一些组织失败了，但是我们看到，会馆在清末的增加是因为越来越细化的组织创建“会馆”所造成的。

个人对于如何加入也许有一些选择。[148] 阶层经常成为团体与地

---

[145] 一些例子，《重续歙县会馆录》，A，16 页；B，26～27 页。《闽中会馆志》，第 3、4 册。孙殿起：《琉璃厂小志》，273 页。仁井田陞：《北京工商ギルド资料集》，卷 5，984～986 页。北京图书馆金石组编：《北京图书馆藏中国历代石刻拓本汇编》，第 69 册，80 页；第 84 册，149 页。

[146] 《北平湖广会馆志略》，卷 4，1～2 页。其他例子，《都门纪略》，1886 年，卷 3，24 页；首都图书馆藏拓片第 1745 号；北京图书馆金石组编：《北京图书馆藏中国历代石刻拓本汇编》，第 85 册，37 页。

[147] 1810 年，山西人掌控了染色行会会馆，但是该组织后来扩展到包括来自山东来的人，然后是来自直隶的人。仁井田陞：《北京工商ギルド资料集》，卷 3，357～378 页。第一处广州“会馆”是为士大夫而建的，但是第二处是 1715 年专门为商人建造的。仁井田陞：《北京工商ギルド资料集》，卷 5，965～990 页。其他例子，北京图书馆金石组编：《北京图书馆藏中国历代石刻拓本汇编》，第 68 册，58 页；仁井田陞：《北京工商ギルド资料集》，卷 5，851～862 页；《河间会馆录》，前言，35～36 页。

[148] 要区别清楚个人或商行在可能涉及的不同团体中的不同参与情况，需要一个非常详细的研究。我也想知道会员——如果这个词语合适的话——意味着什么。

方主义做斗争最好的理由。隶属于一个同行组织或逗留于一处同乡会馆会更好吗？后者意味着与比自己更好的或者不受欢迎的下级有接近的机会？保证最好的住宿和联系是根据什么样级别——县、府还是省？如果一个组织有其自己的寺院会更好吗？

拥有重要共同资源的“会馆”有长期的机构生活。从明末至清末，超过12处之多的会馆得到了可靠的记载。[149] 相比之下，数百处清末“会馆”突然崛起。许多组织搬迁，借用不同寺院的殿堂或租用更合适的房子。购买一处新的独立建筑是一个更大、更偶然的一步；这是最佳的选择，但需要优秀的领导和一群关键的人物和资源——大概需要五万或十万盎司银。[150]

这些“会馆”有各种形式和规模。大部分是城市建筑，临街且三面与它们的邻居紧挨着。感谢由仁井田陞和他的同事在20世纪40年代所进行的调查工作，我们可以看到与一座寺院或一座华丽的王府相比，那些幸存的会馆规模属于中等大小；它们有朴素的门脸与更小、更狭窄的外城商业地段空间建筑。（会馆的简图如图15－4所示。）大部分会馆明显不是用于容纳更多的人。事实上，一份1908年北京会馆调查表明，大的可以容纳62人临时住宿，但是平均在10人以下。[151]

---

[149] 我统计了19处，另有20处只是声称自己在明代就已存在。白思奇所用的总数是38处。我能证明在1886年前有198处会馆。

[150] 1861年修建的广州会馆中的一处是为了改进财产的风水。仁井田陞：《北京工商ギルド资料集》，卷5，982～983页。湖广会馆，最大会馆之一，有40 000平方米。冬篱：《北京清代会馆》，载《科技史文集》，第77期（1984年），151页。（湖南）长沙会馆在1922年约有1 600平方米。《北京长沙郡馆财产录》，卷1，地图，对开面，6页。一直保存到1987年位于烂缦胡同的湖南会馆的一部分的进深与一座小的寺院差不多，而且更为狭长。拥有一百个房间的（浙江）山稽会馆花费了五千盎司银。《绍兴县馆纪略》，卷8，13页。其他的费用，北京图书馆金石组编：《北京图书馆藏中国历代石刻拓本汇编》，第80册，84、108页。

[151] 1908年调查，《京师内城庙宇调查表》会馆部分（在其刊行前几年，我在中国第一历史档案馆看到这份档案）。参见仁井田陞调查资料中各处的照片。北京会馆的布局在白思奇《北京士大夫的同乡会馆：中国首都会馆的社会政治演变》第133～139页中有相当详细的讨论。

609 在北京，当包括如此富有和有地位客人的“会馆”有需要时，可以募集大笔的钱财。举例来说，有250位捐助者为1796年湖北麻城县会馆的恢复捐款，他们大部分拥有举人身份并且每个人捐了两盎司银——按会馆的标准不是很多。更有代表性的是，新的湖广会馆于1830年用五千盎司银修建，是从在京和在各省著名的同乡那儿募集的，每个人的捐助从十盎司到三百盎司银。[152]

当它们在数量上增加时，会馆——如同其他在本书中所讨论的机构那样——它们的组织变得更加复杂和多样化。管理的责任被事实复杂化，会馆部分单位有时是“商行”——生产、分销或销售商品和服务的商业单位。[153]

“会馆”的共同资源（特别是土地和建筑），由更富有和交际广泛的成员所任命的管理者来照料。一些是固定的；其他则是轮流任职。[154] 在跨阶级的组织中，专制行为是自然的，声望和财富对于领导者是毫无疑问的资格，援助和控制是难以辨别的。[155] 读者应该相信，这些组织既是可开发的，又是需要保护的，它们的成员既是被支配的，又是需要帮助的，它们的领导者既是宽宏大量的经纪人，又是财力充裕和贪婪的自我为中心者。这样的机构处于这些各种各样的潜在性之中，就其本性而言是承受压力（虽然不总是一种紧张的压力），有时表现一个方面，有时则是另一个方面。

共同制定的规定和章程（规约、规条、条规、规章、章程）对约束管理者和成员行为有同样的作用。职业行会通常也制订这样的规章，我们可以在浙江钱庄行会中看到永久展示它们的动力，

---

[152] 北京图书馆金石组编：《北京图书馆藏中国历代石刻拓本汇编》，第77册，4页；《北平湖广会馆志略》，卷4，1～2页。

[153] 难以确定的是这些机构的捐助者是谁。某某号、家、斋、楼、铺、店、园和房翻译为一个通常所说的“商号”。仁井田陞：《北京工商ギルド资料集》，卷2，154～157页。

[154] 仁井田陞：《北京工商ギルド资料集》，卷5，984～986页。

[155] 有关汉口这样的内部策略，罗威廉：《汉口：中国城市的冲突和社区，1796—1895》，第十章。

一旦建造用于他们共同使用的一座祠堂（在1721年），他们就把它们的规定刻在石头上。[156]

直到19世纪初期，“会馆”才开始在石头上展示它们的规定和规章。1817年当药行转变为一处会馆时，就把它的规章刻在一块石碑上。[157] 此后，这种习惯变得更加普遍，在20世纪成为常 610
态。这些分条列举的规定通常总结了机构的历史，指名其主要的神灵，列举其建筑和财产，详细说明捐助成员的数量，约定了会面和祭祀的日期，描述了管理者的责任和义务，规定惩罚，宣称谁能谁不能使用设施。这样的规定得到正式认可（公议）并公之于众。[158]

“会馆”形成了北京周边寄居者的核心吗？正如他们有时在上海和汉口所做的那样吗？[159] 显然不是。甚至在明代，在这座城市中，同乡的聚集地相对是极少的，清代的重新部署使得老邻居的维持变得困难。而且，由于许多北京的寄居者居住时间过于短暂，以至于不能形成毗邻的社区。我们发现寄居者混杂在相邻的几条大街上，而不是在其会馆周围的整洁社区，大街两侧分布着来自不同地方的众多会馆。

外城的某些部分，被主要大路隔开，离最繁华的商业区稍远，证明相当适合用于会馆。这种情况出现在城市的东边，举例来说，

---

[156] 他们的仪式得到清晰的解释，需要捐献特殊的香，禁止把殿堂租给外来者，等等。有关1721年和1733年，仁井田陞：《北京工商ギルド资料集》，卷1，95～96、97～100页。

[157] 李华：《明清以来北京工商会馆碑刻选编》，93～94页。有关其他早期的例子，仁井田陞：《北京工商ギルド资料集》，卷2，322～324页（山西）；北京图书馆金石组编：《北京图书馆藏中国历代石刻拓本汇编》，第79册，150～151页（云南）。但是按石碑规约推测日期为1753年，来自（安徽）休宁会馆。《京师休宁会馆公立规约》。

[158] 某些例子，《京师河南全省会馆管理章程》《河间会馆录》《重续歙县会馆录》。仁井田陞：《北京工商ギルド资料集》，卷2，322～324、326～327页；卷3，364～365、366～367页。李华：《明清以来北京工商会馆碑刻选编》，93～94页。北京图书馆金石组编：《北京图书馆藏中国历代石刻拓本汇编》，第79册，150～151页；第88册，76页。

[159] 罗威廉：《汉口：中国城市的冲突和社区，1796—1895》，77页；顾德曼：《家乡、城市和国家：上海的地缘网络与认同，1853—1937》，16～17页。

在长巷的四条平行的小巷，在草厂的十条小巷。1788 年在草厂，九条胡同中有 29 处会馆。有来自 6 个省份的会馆相互混杂着；7 处其他的是来自湖北，5 处来自湖南。（这个地区如图 15－3 所示。）1908 年，在外城的西边，骡马市主大街南面连续在三条街道上都有会馆：8 处在潘家胡同，7 处在西边的街上，8 处在东边的街上。⑯ 不同于

611

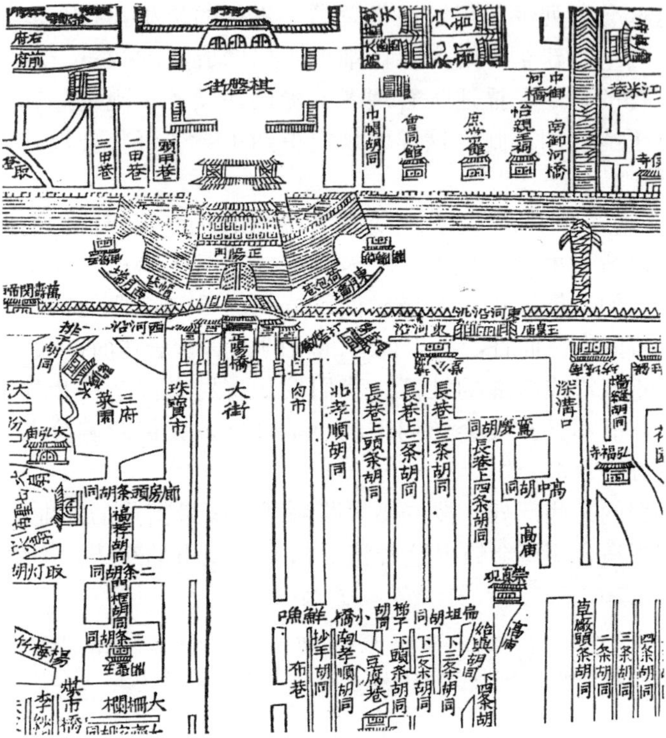

图 15－3　前门外东边

来自 19 世纪早期的北京地图的细节（按比例）显示了内城的和外城前门东边的附近地区。外城的长巷和草厂胡同是会馆扎堆的地方。在 19 世纪 60 年代，内城怡亲王祠堂的两边地区（包括会同馆），成为使馆住宅区的一部分。

资料来源：《首善全图》。

---

⑯ 1908 年调查，《京师内城庙宇调查表》会馆部分。白思奇《北京士大夫的同乡会馆：中国首都会馆的社会政治演变》第 121～126 页认为士大夫会馆集中于宣武门外，但他没有提供更多的证据。

紧挨着行政区域的一片片住宅，我们发现是一个不同的混合。

频繁转手也破坏了通过邻近而形成的团结。1788 年，沿着称为西珠市口相当短的道路，有 8 处会馆来自下列省份（一些是省一级的，一些是府一级的，一些是县一级的）：山西（3 处会馆），江西（2 处），浙江（2 处），奉天（1 处）。在 1886 年，仍然有 8 处会馆，但是 2 处已被更换。在 1905 年，有 10 处会馆，代表了更多（而不是更少）的省份。[161]

然而，有一些关注点。例如，山西人对于城市西边城门外地区感兴趣（并且可能试图占优势），在那儿他们自然地沿着道路进入北京并且好像有店铺、仓库、一块墓地和有旅社的寺院。[162] 612

行会和会馆的非正式关系，既是由来自一个府或省的人运营，也是为他们服务，毫无疑问是存在的，在本书现在的分析中是看不见的。正式的关系好像不存在；他们可能过于危险。籍贯之间的竞争，如果没有像科举或商战而显现出来，会变成为寻求一处更大、更气派的"会馆"，并且为营造声望而举行奢侈的宴会，邀请有演技的戏班子，谄媚当权者。据我所知，竞争没有采取公开游行或展览的形式。

从它们肇兴于明代伊始，清代"会馆"得到了如此发展和增加。它既作为一种新的组织形式，又作为一种新的场所进行发展。许多会馆起源于寺院，有关这些关系让我们现在转变方向。

行会、会馆和寺院

要弄清清代寺院、行会和会馆之间的区别是困难的。它们的种类有时重叠，而且关系随着时间而改变。一些同乡和职业组织把寺院当成他们的会馆或墓地进行祭拜；其他的组织在会馆内设

[161] 吴长元：《宸垣识略》，卷 9，180～181 页；卷 10，213～214 页。《都门纪略》，1886 年。《日下旧闻考》，卷 61，998 页。朱一新、缪荃孙撰，刘承幹考证：《京师坊巷志》，卷 7，15 页。

[162] 1738 年（乾隆三年）四月在五塔寺的石碑。

有一个或多个祠堂；一些行会聚集在寺院的大殿内举行会议或祭拜，其他行会自己组建会馆。因为大多数文献中有关行会和会馆的内容倾向于贬低或忽视宗教的作用，所以在此揭示一系列可能存在的关系是有用的。

寺院，如同会馆，是场所，它们长期提供为会馆所拥有的许多功能：为游人提供短期的住处，拜神之处，以及人们可以聚集之处。有同行或同乡集体举行祭拜是普通的惯例，作为捐助人一起参加，请僧人为死者进行祈祷服务。而且，宗教祭拜包括一个适宜的慈悲友爱的语言和善行，证实捐助者无私的动机。[163] 寄居者使用寺院一点也不令人奇怪。

第十二章和第十四章所讨论的许多种类的寺院中，捐助者是
613 会馆和行会。我了解到 85 座寺院的捐助者是以一种或另一种方式进行的，大部分位于外城。[164] 在京城的这部分捐赠中，皇家捐赠往往是没有的，而只有少数旗人的捐赠，这样的活动对保持宗教基础设施和形成外城公共生活是非常重要的。

职业定义身份的寄居者和当地人会加入行会，向保护神进行祈祷。有些行会不得不为他们的神灵建造新的寺院。金属冶炼工人（主要来自山西）为灶君修建寺院，以善行文字来纪念他，然后利用机会在隔壁修建一处会馆。但是，对于许多被捐助的神灵来说，寺院早就存在了；对于共同祭祀来说，寺院是自然的场所。例如，在外城的灶君庙，厨师行会负责一年一度的神诞日。[165]

无论如何，寺院是昂贵的。那些不能修建一座新的和不能拥有一所现成寺院的组织，经常占用一个现存建筑的殿堂。那里，通常在他

---

[163] 例如，仁井田陞：《北京工商ギルド资料集》，卷 5，919、1069～1070 页。

[164] 在内城有 7 座，在外城有 48 座，在郊区有 29 座。

[165] 熔炼工匠，仁井田陞：《北京工商ギルド资料集》，卷 5，1063～1086；亦参见仁井田陞：《北京工业与商业协会以及作为其连贯性的元素的宗教和同乡关系》，载《民俗研究》，第 9 期（1950 年），182～197 页。厨师，敦礼臣：《燕京岁时记》，68 页；葛禄博：《北京民俗》，82 页。

们神灵的诞日，共同奉祀表达他们的感激，要求从神灵那得到庇护，通过仪式来界定组织。许多行会利用较大寺院的偏殿来作为他们祭拜和集会的场所，但只有一些行会为了这样做成立了圣会。[166]

以精忠庙为例。精忠庙建于明代某年，供奉宋朝忠诚的化身——岳飞。在1679年的大地震中，精忠庙受到严重损坏，由四个不同的职业组织重建，每个行会有其单独用于祭祀的空间。正对着大门的里面是一个独立的戏台；离院子左边（南面）更远的地方是岳飞原来的殿堂；一个附属的侧殿供奉着鲁班；院子的右边是一个三层楼高的大殿，每一层都供奉着不同的神灵。

演员是最早捐助精忠庙的职业组织，他们自明代开始就这样做了。寺院作为他们会馆之一至少是在1672年之后。他们在第二层房间举行献给他们保护人“喜神”的祭祀，仪式由来自附近药王庙的道士举行。[167] 这座大殿逐渐与其他人共享。第三层是奉祀孙膑的一个祭坛，他是皮匠的保护神；在1786年后，靴匠行会在此祭祀和举行他们两年一次的会议。从1869年起，第一层用于供奉 614
许多工匠的保护神鲁班，由油漆行会进行管理。在1848年，在主院子里的用于鲁班的另一座殿堂由瓦木行会接管（大部分人来自直隶的不同县），他们组成了一个鲁班圣会。（这些行会在东岳庙是活跃的，那里也有他们捐助的一座殿堂。）舞台使得每个神诞日表演戏剧成为可能。比较而言，岳飞的主殿，同时用于完全不同的顾客。[168]

演员在“行”之间不是唯一开始利用一座寺院举行共同祭祀

---

[166] 例如，北京图书馆金石组编：《北京图书馆藏中国历代石刻拓本汇编》，第73册，83页；第74册，66页。

[167] 张江裁编：《清代燕都梨园史料正续编》，卷4，2181～2186页；仁井田陞：《北京工商ギルド资料集》，卷4，572、577、578～583、585～594页。

[168] 北京图书馆金石组编：《北京图书馆藏中国历代石刻拓本汇编》，第75册，60～61页；仁井田陞：《北京工商ギルド资料集》，卷4，572、577、585、598～599、605～612、613～649、662～663页；步济时：《北京的行会》，189页。有关东岳庙，仁井田陞：《北京工商ギルド资料集》，卷4，716～718页。岳飞殿有著名官员捐献的石碑并且受到朝鲜人敬慕。北京图书馆金石组编：《北京图书馆藏中国历代石刻拓本汇编》，第66册，69页；朴思浩：《燕行纪程》，894页；吴长元：《宸垣识略》，卷9，176页；金景善：《燕辕直指》，1038页。

然后将其转成一个更私人会馆的行当。药行首先利用一座药王庙，但是在 1817 年行会建造了一处独立的会馆，不仅需要一个新的建筑而且制订规章确定他们的身份。山西的士大夫既维持了一座寺院，又维持了一处会馆。[169]

其他的行会更乐意认为他们自己是宗教团体而不是专业团体。1869 年，一位盲人领导了内城一座被废弃寺院的恢复，把它转变成用于盲人说书和算命（似乎是旗人）的中心。他们称他们的组织为“三皇圣会”，在他们庇护神灵的后面，利用圣会机构使他们的捐助合法化并且约束成员。[170]

一些职业组织形成行会，这些行会除了名字外，实际上就是会馆。糖饼行，于 1709 年获取了一块墓地，利用“会首”的办公处所去管理他们捐助用作总部的马神庙的事务，他们自己有关于任期、罚款和不正确行为的法规（游手好闲的人和酒鬼会被开除）。[171]

其他寄居者垄断了好似是他们会馆的寺院。来自浙江宁波和绍兴的人在这座明代北方城市有一座寺院供奉靖江神张相公。在满汉分城而居时期他们失去了此庙。在 1679 年，作为一个替换，绍兴贵族绅士在外城重建了一座文昌庙，有效地接管了它，并且增加了张相公的祠堂。在 19 世纪 20 年代早期，
615 来自宁、绍的许多同乡和由同乡经营的钱庄一起重建它并且开始称其为宁绍乡祠（这个词，“乡祠”，在清代似乎开始得到使用）。[172]

---

[169] 三忠祠于 1624 年建于外城，是为了纪念在明末关外战争中死亡的山西人；1667 年后，他们在另一处修建了一座会馆。《日下旧闻考》，卷 59，951～953 页。北京图书馆金石组编：《北京图书馆藏中国历代石刻拓本汇编》，第 73 册，131～132 页；第 79 册，73 页。关于 1817 年，李华：《明清以来北京工商会馆碑刻选编》，92～94 页。

[170] 北京图书馆金石组编：《北京图书馆藏中国历代石刻拓本汇编》，第 83 册，207～208 页；步济时：《北京的行会》，102～106、117～118 页；塞缪尔·维克多·康斯坦特：《京都叫卖图》，51 页。

[171] 仁井田陞：《北京工商ギルド资料集》，卷 5，1011～1035 页；李华：《明清以来北京工商会馆碑刻选编》，130～151 页。

[172] 北京图书馆金石组编：《北京图书馆藏中国历代石刻拓本汇编》，第 64 册，45 页；第 80 册，25 页。吴长元：《宸垣识略》，卷 10，205 页。沈榜：《宛署杂记》，卷 19，203 页。朱一新、缪荃孙撰，刘承幹考证：《京师坊巷志》，卷 2，18 页。同时，他们开始收回内城的寺院，精明地把它奉献给关帝。

虽然这样的祠堂没有被称为会馆，但它们的空间和它们的仪式似乎由中国中部富有和有影响的当地人以会馆似的方式进行私下管理。

对于他们自己私人或租用房子的会馆，有一间或更多的房间用于宗教奉祀是基本的。由来自广东的人修建的仙城会馆如图 15－4 所示。1943 年，它位于前门附近的一条小街上。通过一扇小侧门进入，向右转进入第一个院子；后面有一间大的会议室，在那后面有第二个院子（有石碑），再后面，三间房用于祠堂。主要的神灵是关帝，位于首位，在东面和西边有单独的房间用于供奉天后

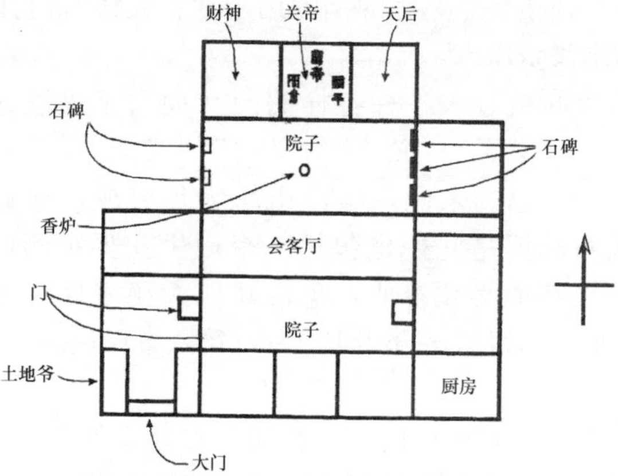

图 15－4 仙城会馆的布局

这是仙城会馆的平面图，用于来自广东的商人，图由仁井田陞于 1943 年夏天绘制。会馆于 1713 年修建，位于外城的正阳门外大街，于 1809 年和 1862 年重建。

资料来源：仁井田陞：《北京工商ギルド资料集》，卷 5，968 页。

和财神。院子周边的小房间被用于藏书和接待室。[173]（卧室在楼 *616*
上吗?）

有些会馆在建筑上有奢华的戏楼。[174] 湖广会馆的一座戏楼，

---

[173] 仁井田陞：《北京工商ギルド资料集》，卷 5，967～970、988 页。在 1862 年，没有主要恢复的记载，地点由仁井田陞描述，也许保持了其清代形状。其位于王皮胡同。

[174] 我了解有 11 个。

空间足以容纳四百人，但是大多数戏楼可能位于院子的另一侧，独立于有神像的房间。[175] 就像宴会一样，“会馆”内的戏楼建筑代表了一种有用的专用权。当有才华的当地人在进士考试中获得成功时，这种设施完善的空间不正是非常适合当地人进行庆祝的场所吗？

寄居者，不论来自国内或是海外，需要埋葬那些客死他乡人们尸体的墓地，一种充满孝顺、宗教和兄弟般多愁善感的责任。“呜呼！是吾乡人封骨之区也！”[176] 理论上，墓地有附属的小型寺院，那儿有一位和尚或道士可以举行必要的仪式，通常在清明节和七月十五日，接受一笔小的捐款用于“香火钱”，它们本身只有少得可怜的维修费用。[177]

慈善的目的被嵌入各种各样的同义词用于表述这种“仁爱的墓地”——“义冢”“义地”“义田”“义茔”，并且大部分称为“义园”——总的来说，是由组织为贫穷成员而做的一种真正的慈善服务。但是此处也包括一个用生死界定团体的被守护的狭隘特权。墓地必须警戒，免得其他人秘密埋葬或侵犯财产的周边。“外人不得冒葬于此！”[178]（与第六章讨论的公共墓地可相比较。）

来自（安徽）安庆府的人，自明代在北京就有一块墓地，在附近他们修建了一座关帝庙用于祭拜。来自登州和莱州府的山东人，于1742年在外城的西南部购买了一块墓地；附近有一座寺

[175] 湖广会馆戏楼已被重修并且用于表演。有关其他的，仁井田陞：《北京工商ギルド资料集》，卷5，1040页；周华斌：《京都古戏楼》，图30～33、115～151。

[176] 北京图书馆金石组编：《北京图书馆藏中国历代石刻拓本汇编》，第86册，63页。在世系的结构中，墓地也是最重要的第一步。韩书瑞：《华北的两个家族：永平王家，1500—1800》，见伊沛霞、华琛编：《中华帝国晚期的家族组织》。

[177] 仁井田陞：《北京工商ギルド资料集》，卷5，1017～1018页。参见仁井田陞：《北京工商ギルド资料集》卷2第327～330页关于会馆对雇员的讼案。

[178] 《重续歙县会馆录》，B，3～9页；仁井田陞：《北京工商ギルド资料集》，卷5，996～998页。云南会馆有一份对在北京去世官员和参加科举考试举子的慷慨和详细的帮银列表。北京图书馆金石组编：《北京图书馆藏中国历代石刻拓本汇编》，第79册，150～151页。

院，在那儿，生病的同乡能恢复健康以及存放棺柩。[179] 防止棺材破裂和骸骨暴露是明确规定的职责，证明了墓地的“恢复”和扩大。 617

“会馆”和寄居者行会获得和使用坟墓。在外城，我可以证明在清代有 26 块墓地的存在，在 1926 年，有 36 块。[180]（其他的墓地是在郊区。）一些墓地是小的，一些是大的。成功的寄居意味着可以埋葬更多的尸体，所以就需要新的小块土地。我们可以在（安徽）歙县会馆的例子中看到这种增长的模式。在明末，他们每次增加小的一些亩数土地，缓慢地得到 20 亩；1785 年，50 亩已经不够了，他们又购买了 34 亩多土地。另一个行会经过一个半世纪的过程，逐渐地得到 300 亩墓地；第三个行会不得不增加邻近寺院更多的房间用于容纳全部的棺材。金属行会有 3 块墓地，按一个固定的计划轮流在各处进行埋葬。[181]

成功的同行或同乡的组织就这样逐渐增加财产：在市镇的会馆，在外围有一块墓地，并且在附近的寺院有一个殿堂；财产的安排可能变得复杂。[182] 估衣商人（最初，全都来自浙江宁波府的慈溪县）于 1744 年（或在此之前）在北京修建了一处会馆；里面有用于他们庇护神祭祀的殿堂。1788 年，在这处“会馆”的隔壁建造了一座财神庙，转向帮助附近居民和他们同省的商人（酒商和

[179] 张江裁编：《清代燕都梨园史料正续编》，卷 3，1680～1681 页；北京图书馆金石组编：《北京图书馆藏中国历代石刻拓本汇编》，第 79 册，88～89 页；亦参见仁井田陞：《北京工商ギルド资料集》，卷 5，991～1008 页。

[180] 《北平指南》，卷 5，31～44 页。日本地图显示它们分散在外城的外围（例如，1939 年地图）。

[181] 北京图书馆金石组编：《北京图书馆藏中国历代石刻拓本汇编》，第 5 册，31～44 页。《重续歙县会馆录》，B，各处。3 块土地有 300 亩。仁井田陞：《北京工商ギルド资料集》，卷 1，110～111 页；卷 5，919～928 页。棺柩的存放也经过这样一个时间表。仁井田陞：《北京工商ギルド资料集》，卷 1，103～109 页。

[182] 艺人不仅使用精忠庙，而且在陶然亭地区也有一块墓地（至少从 1732 年起）。他们利用剧院相对集中固定区域的一个殿堂，把道士从附近的寺院请来进行服务。在 19 世纪 80 年代，他们在城镇的相同部分获得了另一块地产，称之为“公所”。张江裁编：《清代燕都梨园史料正续编》，卷 3，1671～1673 页；卷 4，2181～2259 页。仁井田陞：《北京工商ギルド资料集》，卷 4，753～756 页。

靴商）。寺院继续得到这群不同商人的支持。紧邻的会馆继续从事服装买卖，其间从浙江来的商人是极少的。[183] 在这个建筑内，我们可以看到当地和职业焦点的转换，寺院和会馆对于变更捐助、公开和排外性流动结合的适应性。

外城有 24 座寺院，主要由一处单一的同乡会馆所使用。（另
618 外在内城 4 座，在郊区有 4 座。）这样的建筑有时是来自家乡的英雄祠堂（如三圣祠），有时是故乡神灵（如张相公庙），这样他们为北京提供了遥远祭拜的孤独前哨。例如，来自福建两个不同府的纸商利用祭拜天后（流行的南方神灵）作为 1836 年建立一处合办会馆的框架。[184]

对于当地有钱人来说，祠堂似乎拥有一个持续时间长、可更新的权力去动员寄居者（某一阶层的），也易于被政府征用。民族英雄文天祥和于谦对于他们当地人（江西的吉安和浙江的杭州）都是强有力的象征，当他们的祠堂成为明代国家宗教的一部分时，这样的感情得到传播。在清代，这些人成为更多可接受同乡附属机构便利的中心。到 18 世纪末，文天祥的一座新祠堂在外城得到修建，供来自吉安的人所使用。一座于谦的祠堂于 19 世纪 80 年代在其原来的地点重新建造，成为来自杭州参加科举考试举子的落脚地。[185] 这样专一的团体可能降低利用这类英雄在一个更广泛的基础上去动员百姓的可能性。

当在旗人和汉人区域之间的界限变得更加可以互相渗透时，公开的宗教目的使得外城寄居者获得或重新夺得在内城寺院的影响成为可能。明朝内城的宁绍乡祠在 17 世纪 70 年代至 80 年代，由一位受尊敬的京官重新修建。19 世纪 20 年代，经营钱庄的宁波

[183] 首都图书馆藏拓片第 1383 号；仁井田陞：《北京工商ギルド资料集》，卷 2，257～261、265～270 页。

[184] 《闽中会馆志》，3 页。

[185] 《都门汇纂》，1886 年，卷 3，24 页；震钧：《天咫偶闻》，卷 2，25 页。原始资料与在吉安的“二贤祠”中的其他塑像不符。吴长元：《宸垣识略》，卷 9，165 页；戴璐：《藤阴杂记》，卷 5，131～132 页；《江西会馆纪略》，4 页。

人从他们同乡那募集捐款再次重建了它；他们不得不利用在外城的关系找到一位和尚当住庙僧人。[186] 山东漕运工人于1778年支付了在内城甘甜水井边龙王庙的重建。[187]

虽然寺院、行会和会馆以各种不同的方式联结起来，但是长期的趋势有利于更多世俗的机构。对寺院的依赖在19世纪没有增加；实际上，在1880年只有32个宗教建筑为会馆使用，其中24个是在1800年前建造的。相比之下，在1800年后建造的上百处新会馆位于私人的建筑内并且狭隘地集中于家乡的范围，表面上的 619
表现驱使在京城要有代表更多的县和府的会馆。[188]

在京城的寄居者中，清代会馆加强了同乡意识吗？旅行和转移到一个新环境，他们自己乐意这样做，当然，由新会馆提供的组织架构促进了同乡作为身份和加入的一个规定标准。同样，长期寄居，相互交叉的职业身份，以及跨越同乡层面突变频率的事实都会削弱任何一个单位的力量，缺乏语言或文化上有别的邻居也会如此。

与改变宗教不同，在他们的殿堂和公墓建筑之外，行会和会馆很少试图形成团体。他们不组织游行，他们仅仅作为众多捐助者之一参加当地节日的庆祝。而且，在一座寺院中为一位神灵举行的诞日典礼上，北京的当地人，不言而喻地被排除在行会或会馆所赞助的唱戏之外。

会馆——如同寄居的普通策略、家族登记制度和参加科举的身份——阻止了外来者转成本地人。特别是北京不仅加重了一位寄居者对他遥远家乡的感觉（变得如此遥远），而且也向他揭示了嵌入皇家政府结构中的国家历史和文化。身份的这两个级别与附

[186] 那位官员，于成龙（1684年），在宁绍同乡的鼓动下肯定是行动了。他称寺院为宁漕关帝庙。（“漕”指的是北京和长江中下游之间粮食运输的联系。）恒慕义主编：《清代名人传略》，937～938页；《清代碑传全集》，331页。

[187] 北京图书馆金石组编：《北京图书馆藏中国历代石刻拓本汇编》，第74册，18页。

[188] 白思奇认为他们主要是为学者和官员准备的。

着于北京本身的身份相竞争。

与其他的会馆相比，一些会馆与北京的生活有着更加紧密的联系。与外国的宗教一样，从容地扎根于北京，我们希望在更古老的会馆中有更大的当地行动主义。[189] 在服务经济中，占据重要壁龛的外来者是事实上的永久寄居者，继续不断与家乡联系并从家乡获得补充，与来自单个县大批参加科举的男子们相比，他们与这座城市有着一种更为紧密的联系，停留在一所会馆中，但不是大批移民的先遣部队。[190]

无论在会馆还是在寺院，会馆支持寄居者向内转化，强调他们的分离，并且移动至不同的节奏。隐藏于北京年度循环节日之
620 中的是职业和同乡神灵诞日的庆祝。这些节日包括在正月初五、三月十五日、七月二十二日和九月十七日对财神的不同表示，在五月初七是鲁班，而五月十三日是关帝。书商视文昌的诞日为二月初三，福建人庆祝天后是在三月二十三日，而山东人在八月二十七日向他们的同乡孔子表示敬意。

然而，本地人在数目上超过了寄居者，到清代中期，如果外来者愿意的话，北京明显形成了一个为他们认同的本地文化。正如我们所看到的那样，许多寄居者是这个本地北京更重要的消费者——其商品、服务和景点。他们是 19 世纪新型指南手册的读者，到 1872 年，提供了会馆名字和地址长长的清单。[191] 他们是各种新福利活动的领导者，对此我们将在第十六章中加以探讨。

值得注意的是，北京的会馆是在政府的阴影之下生存的，它们的繁荣正如它们所做的同样引人注目。这个成功是创立机构的那些人的社会地位以及他们相当精明的一个证明。在 1860 年前，

---

[189] 正如在上海所发生的。顾德曼：《家乡、城市和国家：上海的地缘网络与认同，1853—1937》，第三章。

[190] 来自这个地区的寄居工人甚至更容易被吸收进来。

[191] 参见《都门纪略汇纂》，1872 年前言。

会馆不从事公共事务，他们也没有更多与政府一起公开做的事。与汉口或上海不同，北京的行会和会馆不是主要的公共建筑，它们的殿堂也不是主要的景色——它们几乎不被人注意。尽管它们需要政府的默许，在清代会馆还是能准确发展它们作为私人组织的身份，因为它们与政府保持着一定的距离。会馆和行会都被赋予对它们自己成员保持警戒的期望，当政府开始进行人口登记时，会馆承担起如同家、寺院、旅馆和剧院所拥有的责任。[192] 它们求助于法律制度来裁决与局外人的争端。但会馆没有接受皇家来访者，而且也没有皇家的捐助者，他们与当地京官的关系通常是需要掩饰的。

这些与政府的非正式关系是关键性的。它们不仅保证了会馆作为一个机构的存在，而且使得无数小恩小惠更好地结合起来。在 1822 年，山西人安排了五城巡城御史中的一位对那些违反行会规章的人发布了一个警告，在 1836 年，来自（安徽）徽州的某人利用他的关系制定了一个类似的警告——后来刻在石碑上，安放在该地——防止侵入他们郊区墓地的人。这两个事件被理解为无数看不见的政府援助行动中少有的公开例子，会馆能通过密集的私人关系网络获得这种帮助。他们本地人的地位越高，获得帮助 *621*
的机会越便利。[193]

清代君主对北京会馆的态度是难以捉摸的。会馆不是旗人社会的一部分，并且其与任何在登上王位前后的清朝皇帝曾经进入的一个机构不同。但是在政府最高的范围内，会馆成员为皇帝服务并且可以确信的是，会馆得到了紫禁城内的理解。以下面的事件为例。一位热情的巡城御史于 1751 年在四川会馆逮捕了参与赌

---

[192] 《大清会典事例》，1899 年，卷 1033，17416～17417、17420 页；《清实录》（嘉庆朝），卷 277，25～26 页。

[193] 仁井田陞：《北京工商ギルド资料集》，卷 5，1073～1074 页；北京图书馆金石组编：《北京图书馆藏中国历代石刻拓本汇编》，第 80 册，104 页。两份官方声明来自南城御史。歙县坟墓于 1769 年首次得到这样一块石碑。北京图书馆金石组编：《北京图书馆藏中国历代石刻拓本汇编》，第 73 册，7 页。有关更多这样的成果，参见白思奇：《北京士大夫的同乡会馆：中国首都会馆的社会政治演变》，第四章。

博的人；会馆管理者反驳道，他们只是庆祝当地某人的儿子在最近会试中的成功；乾隆皇帝称御史“鲁莽”，并且驳回了案子。[194]

时刻都在产生的细分性会馆分散了寄居精英的能量，保证了他们的特别忠诚——从一位猜疑君主的角度上看，非常令人满意。鲁莽的年轻举子们可能就这样受到他们更精明学长的监视，雄心被成功者驯服，任何集体活动的机会被降到更低。同样，不断增长的会馆数量可能使得任何单一会馆不成比例的强大变得困难。

令人尊敬、资金充裕、组织有序、有合法的场所用于共同活动和可接受的聚会理由，使得北京的会馆拥有成立组织的潜在性。虽然——如同宗教机构一样——它们是从家族和政府中分离出来，但在功能上我们不能称它们是公共的。在 1860 年之前，排外性和私密性是更重要的考虑。然而，在 19 世纪中末期，正如我们在下一章中所看到的那样，私人的权力成为更广泛活动的基础。

---

⑲ 军机档，乾隆朝，第 6646 号。

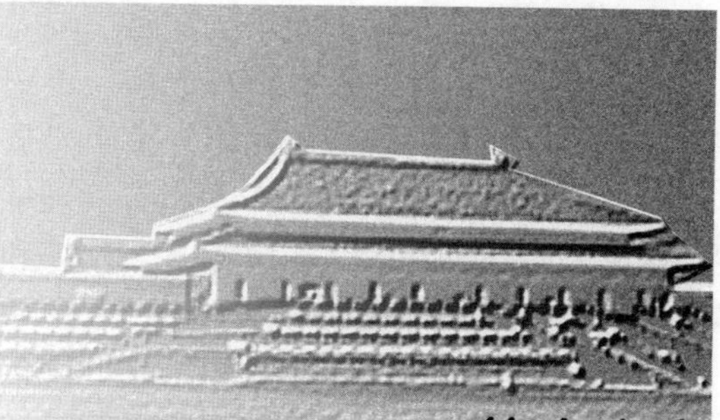

第十六章

寺院和公共目的

寺院——清真寺、教堂、藏传佛教寺院、佛教寺院以及尼姑 622
庵——是清代北京用于各种聚会和交际场所的一部分。在前面各章中，我已经了解了北京人利用家庭、邻居、家乡、八旗以及宗教作为他们选择联合的基本方法。在本章中，我们将把这座城市作为一个整体来进行考虑。对无差别和无组织的公众而言，京城社会的重要方面体现在那些开放的地方：旅游景点、粥厂、庙会、诗社、集市、店铺、戏院和慈善堂。这些可以接近的地方和它们举行的活动有助于形成一个同类和有区别的当地文化，皇家的北京从前台滑落到后台。我们将把注意力集中在以寺院为基础的活动上，购物、娱乐、福利救济和政治这些活动有助于构建一个更为广阔的北京，但我们将把它们放在市场、饭店、客栈和戏院所共有的许多特征的背景之下。

虽然这些活动对于所有人是开放的，但是公共的参与有时会受到阶级和性别的限制。市场用购买力来强调和表达：顾客通过他们所能负担得起的东西来证明自己的财富，他们所要购买的东西证明了他们的品味；性别经常决定一个人在何处购物。娱乐也同样被如此分类。收入颇丰的演员主要是男性，在收费的高级戏院进行表演。街头艺人在户外表演，希望能获得扔过来的一些铜板；穷人可以免费观看。在粥厂请求发放救济品的男人、女人和小孩宣告了他们的贫困。富有和有管理能力的男人建立、捐赠和控制了这些慈善活动。在政治上，阶级和性别的梯度甚至更加陡
623 峭。只有官员获得授权可以讨论国家的政治。甚至那些明显有兴趣把他们从更为狭窄的关注中区别开来的人们，仍然无法进入权力的殿堂，而只不过是有关系的外来者。根本不鼓励大多数人关心。因此这些活动全部有助于形成北京共享的城市文化，同时也使其阶层和性别差异更加明显。

反过来，就这些不同种类的活动而言，接下来的讨论会停留在清代早期和中期的一系列发展上，而不是集中于 19 世纪后半期的变化上。直到那时，由于服务于北京更广泛社区的世俗组织的迅猛发展，寺院越来越被忽视。在这本书的结尾，我们将这样推动北京的故事穿过清末，到达 1900 年，并且直指 20 世纪。①

让我们从市场和消费开始吧。

市　场

对于来自周边地区以及更远地方的商品和服务来说，北京是一位贪婪消费者。皇家的欲望是巨大（还有满足它的方法），而且在其全盛时期管理着庞大的建设工程（桥梁、房屋、陵墓、寺院、堤坝）。到了 18 世纪，一个明显渴望享乐的富裕贵族阶层已经从征战时期的旗人中出现了。京城必然会为来自帝国其他城市的寄居精英们提供昂贵的品味。约有一百万城市居民不仅为满足这些需要而劳作，而且他们自己也需要供养、服装、住房和娱乐。②

① 在 19 世纪后可以得到更多有关北京历史的资料，与其相比，此处的表述可能有些粗略。我在本章中把对主题的深入研究留给其他人。

② 20 世纪的北京工厂不多，但若因此认为它没有生产力，显然过于轻率。我已经为下面的段落从 1911 年前大量零散的北京原始资料中提取了资料。

这座城市是一个原材料和制成商品的活跃生产者。皇室作坊用木材、象牙、宝石和翡翠等生产出大量的奢华物品；它生产景泰蓝、漆器、玻璃制品、绘画、大炮以及上百万枚硬币。甚至在19世纪，当内务府紧缩开支时，商业作坊还继续为精英消费者进行小规模生产。③ 北京和周边地区还继续生产陶瓷容器、砖、瓦、煤、石灰和花岗岩。如同蟋蟀、鸣禽、鸽子、斗鸡、宠物狗和金鱼一样，种植花木用于销售。制作和销售人造花以及各种玩具。

京城为那些富有和有购买欲望的精英阶层提供了独一无二的 624
消费场所。它还是购买新的或二手官服，从帽子、腰带到靴子的地方。人们可以购买在城市寺院中印制的手稿以及由内务府撰写、设计和印刷的精美和昂贵的成套书籍。④ 旧货在此处被转手，并在这个过程中被界定为古董：翡翠、青铜器、绘画、书法、拓本、珍本、墨条和印章。在此处，人们可以通过所获之物建立自己的品味和优雅。

北京从周边的农村获得了食物，有助于建立一个食物等级制度，从粥厂稀粥到美食烹饪。这些食品包括羊肉、牛肉、猪肉、鸭肉、鸡肉、圆白菜、坚果、萝卜、豆角、桃子、梨、杏、西瓜和柿子。⑤ 当地生产高粱、小米、小麦（首选的主食），甚至可能比城墙里可供使用的进贡粮食更为昂贵，也更加新鲜。来自更广大地区的盐、鲜果和干果、麻油、鱼、蟹以及未加工的烈性蒸馏酒缓解了生活的痛苦。当然，这座城市也吞噬着来自农村的男女劳动力。

因为其是京城，北京还从遥远的地方输入商品：黑貂和白貂

---

③ 参见相关例子，克罗地亚·布朗（Claudia Brown）、唐纳德·拉宾纳（Donald Rabiner）：《澈如晶，红如焰：中国后期玻璃》，31页中有关玻璃制品。

④ 有关少量的资料，海希西：《在蒙古语中北京藏传佛教的印本：蒙古文学史资料》，各处。包士杰：《北京宗教建筑参观指南》。北京图书馆金石组编：《北京图书馆藏中国历代石刻拓本汇编》，第73册，168～169页；第74册，52页；第86册，4页。柳存仁：《道藏的汇编和历史价值》，见李度南、柯林·麦克拉斯、王赓武：《中国历史资料论文集》，105页。

⑤ 关于中国北方贸易的一个更重要的讨论，关文彬：《天津的商人世界：一座中国城市的社会和经济》，第四章。

的皮毛、绿茶、异国风味的水果和稀有珍珠，华中的甜酒、高档瓷器以及丝绸品，南方地区的硬木家具，中亚地区的玉石和绿松石，喂养动物所需的豆类，大量的水稻。皇家垄断了大部分这些商品，分配给按等级细分的宫廷团体，并且从那里向下和向外分配给有直接关系的其他人。在 19 世纪末的二十年中，北京甚至还有欧洲和美洲的商品销售给那些有兴趣和了解它们的人的手中：药品、钟表、灯油和火柴。

北京还输入和生产文化。作为该地区的主要城市，为那些可以负担得起和欣赏它们的人们提供一个高水平技艺的许多特殊服务：装裱、碑文雕刻、烹饪、裁缝和图书生产。作为京城，北京服务于大都市精英，并且可能提供比帝国内其他城市范围更加不同的商品和服务。

北京的商品是通过一系列机制进行分配的，并且它的居民也据此加以区别。最精美的物品被私下赠予或出售，人们可以在商店中得到好的东西，那些质量稍次的商品可以从地摊或街上购得。
625 小贩是城市生活所必需的（特别是居家的妇女），是特有叫喊声和噪声的制造者，他们向普通公众叫卖，包括从孩子的鞋子到槟榔每件实用的物品。他们在小巷里往来穿行，提供算命、剥猪皮、磨刀或修理破碗等服务。在街上，人们可以拔牙或剃头、写信或换钱。当然那里也有商店，一些集中于商业区，一些分散在居民区附近。在店铺里，财富支配着人们的进入。最好店铺的正面装饰着大量雕刻镀金的木制柱子和纸衬的格子窗。在外面，一个复杂的代码符号宣告了所提供的商品；在里面，会用茶水招待体面的顾客，并给予集中的照顾。一个金融和采购的精细网络得以构成并且联系着这些不同水平的分配。

虽然内城最初只是作为一个居民区，但是商业设施自己很快在出租的房子中重建或从负债累累的旗人手中购得。正如《康熙六旬万寿庆典图》向我们所展示的，至少到 1716 年已经有许多烟草、茶叶、木材、薰香、药材、粮食的店铺和钱庄；穿过西四牌楼就是广为人知的“大市街”。到 1756 年，步军统领衙门不得不进行自我调整，去适应在满城内有超过70间店铺和客栈，只要它们进行登记和秩序良好。他们试图（无效地）禁止其他店铺的出现。在那时，许多店铺位于内城北部。到19世纪早期，许多街道排列着店铺，它们中的一些是相当雅致的，到1851年，在满城内有一万五千个登记的店铺家庭（铺户）。⑥

在外城，三大城门外的店铺鳞次栉比，特别是在前门外迷宫一样的胡同里是众所周知的大栅栏。许多商品沿着某条街道和某些交叉地区进行销售：鲜鱼、花、珠宝、骡子、瓜、米、帽子和马的市场。⑦ 人们也可以参观大东市、黑市、乞丐市、早市等。仓库则安排得稍远一些，经常位于沿着外城墙开阔的空间。

对于北京经济而言，国家的政策是一个直接干涉、有限的税收和一只自由的手的混合物。通过复杂和薄弱的研究，在此对于这些政策只能以一种最简单的方式加以概述。进贡的谷物被国家分配给旗人和官员，以铜钱计量的谷物价格和市场定期受到监控。在许多指定的（尤其是有利可图的）生意中，将近上千名寄 626
居和当地商人为经纪执照支付费用，包括典当、酒、粮食、纺织、金属和药品。在这座城市中，在买卖房屋中有一个交易税（通常是房地产?）。⑧ 路税是向进入城市进行销售的商品包括牲畜征税；税关位于崇文门，但是在各个城门也进行收税。这些被估定金额的征收对象是批发商和奢侈品商人；当任何商品离开北京的城门时，小贩和小船通常是免税的（虽然容易出现非

⑥ 《金吾事例》，卷3，41～47页；卷6，15～18页。比丘林：《北京的描述，附一幅首都地图》，5～16页。

⑦ 朱一新、缪荃孙撰，刘承幹考证：《京师坊巷志》，各处。1756年，在猪市大街上有27家猪肉店。《金吾事例》，卷3，42页。关于大栅栏，潘荣陛：《帝京岁时纪胜》，10页；《燕京杂记》，121页；德微理亚：《北京和北方中国》，载《环游世界》（巴黎），第32期（1876年），193～256页。

⑧ 曼素恩：《地方商人与官僚政府，1750—1950》，48～49、227页；《清朝文献通考》，卷32，各处，特别是第5151页；《顺天府志》，1885年，卷51，1912页。部分证明显示，当建造一个新的建筑和购买墓地时，在外城必须承担纳税义务。仁井田陞：《北京工商ギルド资料集》，卷1，11～13页；卷5，919、996～998页。北京图书馆金石组编：《北京图书馆藏中国历代石刻拓本汇编》，第80册，124页。

法的勒索）。[9]

虽然地处华北平原的边缘，但作为皇家中心的角色，北京拥有对资源不成比例的控制权。这样，当与更广泛区域的经济关系随着人口和商业活动的增加变得更加紧密时，与宽广的地区相比，在就近的内地它们的影响变得更大。通州凭借进贡粮食贸易与北京有着紧密的联系，在这两座城市之间的道路上酒肆、酿酒厂和客栈星罗棋布。[10]

虽然天津更远一些，但是在清末的京畿地区它的变化有着显著的影响。这座商业城镇有北京的一半大，位于北京东南 110 公里远。从 17 世纪末期起，天津成为当地盐业垄断的总部和富有盐商家族的家乡，在此设有一个重要的税关，在 18 世纪末开始产生出大批拥有科举身份的重要人物，并且于 1871 年取代了作为总督府所在地保定的地位。1860 年，在外国列强迫使天津对外开放成为一个通商口岸后，天津进入一个新的经济增长时期。由于直接暴露于西方文化和势力之下，天津开始采取了一种与北京截然不同的路线。这两座城市之间的联系变得更加紧密，特别是在 1884 年互通电报之后，一条铁路于 1897 年修建。文化的竞争和联系补充了经济部分。[11]

在把北京连接一起以及与外界进行连接时，庙会扮演了一个
627 特殊的角色。商贩和卖艺者们伴随着宗教节日，推动文化与经济的结合，正如他们创造和强化了社会差别。这些集市造成一种令

⑨ 《大清会典》，1899 年，卷 23，234、236 页各处；谢林：《崇文门税关概述》。

⑩ 施坚雅有关中国北方的区域体系，施坚雅主编：《中华帝国晚期的城市》，211～249 页；亦参见关文彬：《天津的商人世界：一座中国城市的社会和经济》，第四章；杜德珍：《中国的饮料》，载《东方学会杂志》，第 3 卷第 4 期（1895 年），317 页。

⑪ 关文彬：《天津的商人世界：一座中国城市的社会和经济》；刘易斯·伯恩斯坦（Lewis Bernstein）：《天津近代史，1800—1910》；贺萧：《天津的工人，1900—1949》；德呢克：《游客在中国北方的备忘录》；雷穆森（Otto Durham Rasmussen）：《天津——插图本史纲》，283～288 页。第十四章描述了北京宗教生活中的天津百姓和金钱。天津的精英也邀请有名气的北京戏班子进行庆祝，还请来自首都寺院的西藏喇嘛举行葬礼。关文彬：《天津的商人世界：一座中国城市的社会和经济》，333、348 页。

儿童们和游客们记得住并和北京生活相联系的刺激。但是到了清末，它们越来越被边缘化，并逐渐被更新型的市场和娱乐所替代。⑫

清代北京周期性市场既按年又按月的周期进行运转。年度节奏的建立是按神诞日的顺序形成的，如表 16－1 所示（自 19 世纪起）。对于公众来说，这些神诞日宣告了寺院的慷慨和无差别的开放，反过来大量人群的存在也吸引了卖主和表演者。在某些情况下，庆祝活动延长至几天，甚至整个月（如在东岳庙），甚至更长（在十里河关帝庙）。

明代热闹的神诞日从来没有返回到内城。这些一年一度的大型庙会在外城和郊区得到重新部署；唯一的例外是城隍庙。许多（但不是全部）郊区寺院节日在 1644 年后继续举行。比较而言，外城的庆祝活动几乎不得不从头开始发展。对一位神灵法力的期待会从一种表现转化为另一种表现，这提供了一个框架，在宗教术语中这个框架使得公众注意的突然转移可以得到理解。

一年一度的庙会几乎全部集中于上半年，而且只是部分商业事件。在妙峰山，只有与朝圣相关的商品用于销售；在中顶，因为其位置靠近丰台，鲜花得到销售；善果寺市集，是僧人每年举行晒佛经的场所，似乎只有一些商品可以销售。其他的年度假期，包括个人家族的节日，是为消费和馈赠礼品而建立的场合，因此更加商业化，但是它们与这些神诞日出现得过于稀少和短暂，以至严重影响了商品在北京的分布或作为购物的主要场合。

新年的集市是另外一个问题。虽然在正月，与两周灯节相联系的展示已经转向位于外城的几个地方，但这个节日保持了对食物、商品和娱乐的一个延长的消费期。集市逐渐再次集中到被这样称呼的一个几乎被废弃的生产瓦的作坊场地琉璃厂。虽然“商品云集”而且到处都是表演者，这个新年的集市以其古董和书籍的制作而闻名——对于购买者而言，维持这种一年一度场合的商 628

⑫　对于北京市场来说，有一种不同且视觉上非常有趣的方法，使用了许多相同的资料，参见黄铭崇：《18 世纪北京城市形态研究》，102～113 页。

品既极其珍贵又数量众多。⑬（参见图 16－1。）

表 16－1　　19 世纪北京重要神诞日庆典

日期	神或寺院	位置
正月初一	五财神	西南郊区[1]
正月十九	白云观	西郊
二月初一	太阳日君	外城[2]
三月初一至初三	蟠桃宫	外城[3]
三月二十八	东岳庙	东郊[4]
四月初八	碧霞元君	妙峰山和其他郊区
四月二十八	药王	南郊[5]
五月初一至初十	城隍	内城[6]
五月十三	关帝	外城和东南郊区[7]
六月初一	碧霞元君	南郊[8]
六月初五至初六	善果寺	外城[9]
八月初一至初三	灶君	外城[10]
九月十七	五财神	西南郊区[11]

1. 震钧：《天咫偶闻》，卷 9，3 页。
2. 金昌业：《稼斋燕行录》，206～207 页；潘荣陛：《帝京岁时纪胜》，13～14 页。
3. 潘荣陛：《帝京岁时纪胜》，16～17 页。
4. 潘荣陛：《帝京岁时纪胜》，17 页；敦礼臣：《燕京岁时记》，28～30 页。
5. 北京图书馆金石组编：《北京图书馆藏中国历代石刻拓本汇编》，第 71 册，8 页；第 72 册，187～188 页；第 84 册，108 页。《都门纪略》，1886 年。
6. 毕钟沅：《北上备览》；敦礼臣：《燕京岁时记》，46～48 页；震钧：《天咫偶闻》，卷 10，12 页。
7. 北京图书馆金石组编：《北京图书馆藏中国历代石刻拓本汇编》，第 78 册，83～84 页；毕钟沅：《北上备览》。
8. 潘荣陛：《帝京岁时纪胜》，25 页；普意雅：《七月的北京的风俗习惯》，载《中国》，第 40 期（1923 年），394 页。
9. 毕钟沅：《北上备览》；让廉：《京都风俗志》，7 页；朱一新、缪荃孙撰，刘承幹考证：《京师坊巷志》，卷 8，34 页。
10. 让廉：《京都风俗志》，8 页；敦礼臣：《燕京岁时记》，68 页；朱一新、缪荃孙撰，刘承幹考证：《京师坊巷志》，卷 7，24 页；罗信耀：《吴氏经历：一个北京人的生命周期》，下卷，22～23 页。
11. 震钧：《天咫偶闻》，卷 9，3 页。

---

⑬ 《宛平县志》，卷 1，17 页；卷 6，80 页。潘荣陛：《帝京岁时纪胜》，9、10、22 页；1750 年图，《清内务府藏京城全图》，XII：7－8。

在琉璃厂地区的几所寺院，利用新年假期开放它们的庭院给卖主（收取一定费用）。售卖珠宝和宝石的货摊设在一座小火神庙里，1776 年，步军统领在这片拥挤的区域里，因为有火灾危险而精心重建了这座火神庙。土地庙把空间出租给书商和古董商人。来自帝国不同地区的书商在附近由其资助人命名的文昌会馆内进行祈祷和感谢。⑭ 直到 19 世纪 60 年代，正月集市的地点开始被称为厂甸。在世纪交替之际，日益增长的世俗化和商品化使得这个 629
地区直到民国时期仍保留了永久店铺和一个年度集市的位置。色彩鲜明的清末木刻印刷品纪念（并宣传）了这些场所。⑮

图 16－1　从新年庙会回家

资料来源：罗信耀：《吴氏经历：一个北京人的生命周期》，下卷，171 页。

在清代出现了一个不同的互相联系、遍布城市的月度“庙市”，其间远离宗教和面向经商的平衡也被打破了。

⑭ 北京图书馆金石组编：《北京图书馆藏中国历代石刻拓本汇编》，第 73 册，183 页；金景善：《燕辕直指》，1070～1071 页；杜安：《宫廷和北京平民的礼仪》，载《法中友好协会简报》（巴黎），第 2 期（1910 年），124 页；孙殿起：《琉璃厂小志》，273～282 页。

⑮ 《草珠一串》，16～18 页；毕钟沅：《北上备览》；罗信耀：《吴氏经历：一个北京人的生命周期》，下卷，174～179 页。印刷，阎崇年：《古都北京》，251 页；林岩等编：《老北京店铺的招幌》，彩色版画第 3 号。这个地方的一部分是干净的、整齐的，并且在 1918 年更加商业化，成为已知的海王村公园，那儿的庙会被部分合并。关于 1937 年调查，王宜昌：《北平庙会调查报告（侧重其经济方面）》，27 页；王卓然：《北京厂甸春节庙会调查与研究》。该地区完全得到重建并且于 20 世纪 80 年代被再次整修。

虽然这场变迁不像一个世纪后所看到的那样平稳，但是由于18世纪的形势稳定，外城有了两个月度市场。一个是在宣武门外的土地庙，这个市场至少持续到1713年，其“逢三”（即每个月的初三、十三和二十三日）举行。另一个是在城东，不在一座寺院而是在花市举行。当金昌业于1713年进行参观时，他发现商品沿街在地上摆着，街上挤满了人。⑯

630 两个主要的庙市统治着拥有极少商业的内城，1721年修复了护国寺，1725年修复了隆福寺；它们的市场于18世纪50年代落成，非常活跃，一直持续到20世纪。西边的护国寺在每月的初七和初八举行庙市；东边的隆福寺在初九和初十举行。对于旗人而言，这些是基本的购物中心。据推测，最初由于商业设施的缺乏，这些市场非常重要；它们既远离一个主要的交叉路口，又远离城门。（二者在18世纪的地图上得以显示。）⑰

东岳庙——位于东郊朝阳门外——有助于在初一和十五填补集市每个月的周期循环。在18世纪，商人、富人和“百族”学者会在这些相同的日子里聚集在（宫殿的北面）药王庙会。两座寺院似乎都没有在任何一个地方靠近受大众欢迎的东、西大的庙会。⑱

---

⑯ 17世纪50年代，尝试举行每月的庙会，并在先农坛北面的大灵佑宫举行灯市，但是二者都没有持续下去。谈迁：《北游录》，88、334页；查慎行：《人海记》，3页。土地，查慎行：《人海记》，1页；潘荣陛：《帝京岁时纪胜》，22页。这也许是谈迁在1655年参观的“城隍”庙（谈迁：《北游录》，122～123页）。

⑰ 北京图书馆金石组编：《北京图书馆藏中国历代石刻拓本汇编》，第67册，153页；潘荣陛：《帝京岁时纪胜》，22页。参见陈宗蕃编著《燕都丛考》卷2第339页的有关建议，护国寺集市起源于西四牌楼，搬到广济寺附近，当那所寺院被修复时（在1699年）再次搬迁。亦参见1937年调查，王宜昌：《北平庙会调查报告（侧重其经济方面）》。护国寺的一部分于1987年仍然存在。在隆福寺的遗址上有一个百货公司。两座寺院都有喇嘛，接受皇家的捐助，也许有极少的参观者；二者以前都没有举办过庙会。吴长元：《宸垣识略》，地图；《八旗通志》，卷2，2～10页地图。

⑱ 北京图书馆金石组编：《北京图书馆藏中国历代石刻拓本汇编》，第67册，104页；1937调查，王宜昌：《北平庙会调查报告（侧重其经济方面）》，40～46页；潘荣陛：《帝京岁时纪胜》，22页；敦礼臣：《燕京岁时记》，23页。或许东岳庙也在初二、十六、二十五和二十六各有一次集市，杨静亭编：《都门纪略》，1845年；《都门汇纂》，1872年；毕钟沅：《北上备览》。

其他庙市定期举行，但不是按月安排日程。在1644后的十年间，曾经在北城城隍庙举行过的市集于每月相同的三天（初一、十五和二十五）在位于外城西部一座重要的寺院报国寺得到重新部署。虽然乾隆皇帝于1756年通过恢复寺院对其进行配合，但是它的市场活力却因其竞争对手的分流逐步下降。[19] 同时，外城一座新的城隍庙已经出现（正如我们在第十二章所看到的那样），并且一年举行三次庙会。

消费者的需要扩大了新年节日的商业化。直到18世纪末，崇元观（位于内城西北角的一座寺院）从初一到十五已经发展成为一个市场。郊区的大钟寺（从初一至初十）也是一样。最后，位于东四牌楼的灯市口和宫殿北门——全部位于内城，店铺在灯节时再次与灯展进行相互竞争。[20] 新年也是朝贡使团涌入京城的日 631
子。位于北郊的藏传佛教寺院欢迎着来自中亚的访客，在内城使臣住处附近的市场上，高丽参和蒙古货相互竞争。[21]

这种市场组合的影响是，不但为买方而且为卖方提供了定期且周期性的大大小小商品交易的场所。除了两个内城和六个外城市场外，每月的每一天，内城或外城的城墙内都有一个市场。直到20世纪20年代，这些间隔已经被填满了。[22] 并且一年中的头八个月里至少同样有一个神诞日集市。

隆福寺每个月有六天的集市（逢九、十）。1936年的一份调查梗概显示，不仅在每个院子的中央和边上设有货摊，而且也在寺院前面往来的街道上设有货摊。（这座寺院的布局如图2-4所示。）

---

[19] 谈迁：《北游录》，334、392页。王士禛：《居易续谈》，卷1，7～8页。王鸿绪：《横云山人集》，卷1，529～532页；卷2，660、673页。《畿辅通志》，1735年，卷51，1页。朴趾源：《热河日记》，25页。孙殿起：《琉璃厂小志》，290～303页。《日下旧闻考》，卷59，963～968页。朱一新、缪荃孙撰，刘承幹考证：《京师坊巷志》，卷8，31～33页。

[20] 吴长元：《宸垣识略》，卷8，161页；金景善：《燕辕直指》，1094～1095页；敦礼臣：《燕京岁时记》，6～9、12～14页。

[21] 德呢克：《中日商埠志》；裴丽珠：《北京》，44～45、457～458页；芮尼：《驻华英使馆第一年期间的北京和北京人》，卷2，101～102页。

[22] 马库斯·R.奥格登：《北京观光购物记》，14页。

在那时，有更多的货摊（946 个），超过任何其他周期性的市场。服装、珠宝和食品的卖主最多，人们可以购买到毛皮、鱼类、花、盆栽、古董、钟表（甚至在 18 世纪）、鼻烟壶和小狗。虽然这座寺院在 1901 年经历了一场大火，但是一些喇嘛仍然返回来，继续举办集市。尽管（或者也许因为）会有热切的卖主如牙医用英语刊登广告“最新的卫理公会教徒，镶假牙和假眼”，但是西方游人还是特别喜欢它。㉓

这些周期有助于把城市结合在一起。这个制度——其似乎已经是一个制度——有助于为那些依赖这些市场的人确定一个无差别的城市社会，然而，在游客看来，这些集市有助于在外来者的心目中区别北京及其文化。对于卖主来说，内城和外城的居民的成份也许不同，但他们全部都是顾客。这些市场的开放同样创造了各色人等可以会面和杂处的时间和空间，即便他们的购买力变化非常大。对集市日程的了解，对商品供应的熟悉，对最低价格的经验，对美味小吃的记忆——这些界定了知情者。所以 19 世纪指南手册为首次到来的游客传播了这样的信息也就不足为奇了。

在这个供应和需求的简洁构造后面，是为利益而进行的经常
632 性欺骗：为了争夺市场内好位置的斗争，市场之间的竞争，一方面是常设店铺之间的竞争，另一方面是小贩之间的竞争，卖主以狡猾和强迫的手段来定价，买主则拐弯抹角地绕开这样的行为，以及秘密销售偷来或受限制的商品。㉔ 消费者不再感到安心：地位经常受到挑战，品味在变化，嗜欲来之容易，以至于超过了资源的承载力。

在清代，这种一般的趋势不仅扩展到内城商业活动，随着时间而增加，而且购买和销售的活动彻底地从寺院转移到世俗建筑

㉓ 《草珠一串》，4 页；1908 年调查，《京师内城庙宇调查表》；陈宗蕃编著：《燕都丛考》，卷 2，289～291 页；裴丽珠：《北京》，458～461 页；洪大容：《湛轩燕记》，318 页；伊妮德·桑德斯·坎德林（Enid Saunders Candlin）：《城墙上的缺口：旧中国回忆录》，195 页；许多其他的游客。有关王宜昌有价值的研究，1937 年调查，王宜昌：《北平庙会调查报告（侧重其经济方面）》，43、49、56～58 页。（护国寺也被调查过。）

㉔ 这些努力在 19 世纪末以前几乎是不可能的。

中。在义和团起事时期，大栅栏地区被烧毁，在1900年后，由主张改革的清政府在新的、独有的、持久的场地建立了新的市场。东安市场，一种有屋顶的永久集市，建在皇宫东边旧的灯市地区，是一个密布餐饮、购物和娱乐的地方。与此同时，位于对面——商业化较少的紫禁城一侧的西单市场开张了。至1911年，在前门外又发展出一个夜市来。1914年，一个新的商业区在先农坛北部出现。百货公司的到来对集市而言又多了一个竞争者。当20世纪带来了正规化的场地时，新政府试图规范价格，确保商品货真价实，并把剩下的周期性市场变成以阳历为周期的市场。

庙市存活到这个大不相同的时代，甚至它们的时间表也得到了强化，但是它们在这座城市中的地位毕竟已经发生了变化。新市场和百货公司拥有“现代”的商品并且吸引了更年轻的顾客；通过对比，销售手工艺和中国商品的庙会和市场，现在似乎过时了。㉕

并行的世俗化和商业化进程允许存在更传统的安排，也影响了艺人们，他们是那些寺院庆祝活动的重要特征。

娱　乐

在庙会和集市上，娱乐与游客关注的商业相互竞争。实际上，到现在为止，对于读者显而易见的是，寺院为各种表演者的集中提供了空间和场合。直到清代后半期，非传统的生活还是极为罕 633
见的，当完全用于娱乐的地方增加时，就会收取入场费，并向富有的顾客募捐。㉖

㉕ 官方指南，《东亚官方指南：欧亚之间横跨大陆的联系》，61页；杨法运、赵筠秋等编：《北京经济史话》，23～27页；林志宏：《北京人的社会生活》，88页；1937年调查，王宜昌：《北平庙会调查报告（侧重其经济方面）》，27、59、64～65页；《北京旅行指南》，104～105页；史明正：《北京转变：中国首都的城市基础设施、公共工程和社会变迁，1900—1928》，120～121、203页；黄铭崇：《18世纪北京城市形态研究》，105页；董月：《现时的记忆：民国北京的变迁沧桑，1911—1937》，第二章。

㉖ 在清末和20世纪初期，有关流行娱乐的资料数量众多，这一主题应该得到认真研究。

在泰山祭拜的朝圣和节日里，有组织的艺人总是会出现。虽然许多人拥有非常高超的技巧并且已经表演多年，但他们似乎还是重要的业余爱好者。除了定期参加这些庆典活动外，他们还有其他的谋生方式。在妙峰山，这些团体作为香客到此，服务于神灵；在其他的庙会上，他们会从寺院的管理者那儿接受一点小小的报酬。[27] 对于我而言，尚不清楚的是这些团体在实际中是如何稳定下来的。他们肯定没有固定的地方进行表演。喜爱秧歌、高跷、戏剧、舞狮、杂技和其他技艺的观众必须预先安排出席某一个寺院节日。

一些同类的艺人在北京每个月的集市上进行表演。他们在寺院的院子里利用干净的空地或者附近的街道表演节目，并且要求众人捐献。人们可以看到朝圣中不常见的专业人员，例如，操纵木偶的人、盲人音乐家或斗鸡者。[28] 在定期的庙会上，还有用玩具、魔术和动物表演（熊、猴子、鼠）来吸引孩子们的艺人，拥有极其灵巧技艺的成年人和更重要的游戏机会。这些专业人士，可能是个人或小的家族团体，通常在街上进行表演并且他们通常要求必须有一个固定的时间表和适合的场地。尤其是拥有技能的艺人可能受雇在富人家里进行私人表演，或——甚至更好——成为永久的侍从。

一些专业人员也会拥有固定的建筑，他们可以在那里进行表演。到了20世纪初——肯定更早——在茶楼里说书，而且有用于这一目的的机构（书馆）。唱大鼓，旗人的一种习俗，同样找到进入茶楼的方法并且与“歌女”有联系。[29]

㉗ 葛禄博：《北京民俗》，111页；甘博：《定县：一个华北农村社区》，330页；徐珂：《清稗类钞》，卷1，9～10页；朱迪·约翰逊：《定县秧歌选研究》，52页；老舍：《月牙儿》，30、151～152页。葛禄博认为，舞狮者在平日是盖房人和制陶人。

㉘ 密福特：《使馆馆员在北京——书信集》，224页；金昌业：《稼斋燕行录》，207页；戈登·卡明：《漫游中国》，第2卷，257页。

㉙ 葛禄博：《北京民俗》，101页；官方指南，《东亚官方指南：欧亚之间横跨大陆的联系》，51页；凯瑟琳·史蒂文斯：《北京的鼓音》，9、61～65、81页；李家瑞：《北平俗曲略》，4～5页；柯娇燕：《孤军：满人一家三代与清帝国的终结》，91页；《北京民间风俗百图》。

赛马是一种普通的消遣，尤其在清朝满洲和宫廷贵族中。庙会和新年为骑马比赛提供场合：在外城东边的蟠桃宫附近，还有在北郊、西郊和南郊的大钟寺、白云观和南顶。清末，这种活动变得更加专业。到1870年，欧洲人把京城西边的一个干枯的河床 634
变成了一条比赛路线。他们骑着蒙古矮种马，创造了每年春天一次的赛季，吸引了大批中外观众。赌注肯定增加了刺激，当时甚至还有一个正面看台（于1900年被烧毁后又重建）。[30]

在大众文化的世界中，满洲、旗人和汉人文化的混合是容易的，阶级的分化相对轻微，而民众对于不同类型的接触使得融合变得相对容易。在娱乐中，一种北京的风格可以从满洲、东北和当地习俗的混合中浮现出来，具有些许长江中下游的风格。

在神诞日的庆典中，有组织、系统的戏剧性表演（“戏”）是非常普通的。一方面，在一个寺院的院子里，为此目的而捆扎起临时的竹子戏台，雇用剧团举行为期几天的表演。一些寺院拥有砖石砌筑的永久性戏台。（如图3-2所示。）阜成门外西郊一座火神庙的戏台是由附近21个店铺捐建的；用于他们自己的表演，钱款是从每个店铺募集来的。[31] 我们可以推测在这样小的寺院里，在理论上尽管它们开放给普通公众，但主要还是附近的人参加。如果寺院更大一些，社会基础更广泛些，那么会有更多的公众到场和看戏。

会馆也上演戏剧表演。一些会馆利用“它们”寺院的舞台，例如精忠庙，可能有上百个观众。其他的人更喜欢听表演者用他

㉚　敦礼臣：《燕京岁时记》，12～14页；金景善：《燕辕直指》，1108页；柏干：《满族的风俗与迷信》，15～16页；《燕京杂记》，115页；王士禛：《居易录》，卷6，6～7页。关于欧洲人，德呢克：《游客在中国北方的备忘录》，59页；密福特：《使馆馆员在北京——书信集》，237页；辛博森主编：《来自北京的有欠审慎的信函》，34页；《北京旅行指南》，198页。

㉛　田仲一成：《朝鲜使节燕行路程における清代初期兴行演剧の形成》，载 *Kumamoto hōbungaku*，第25期（1970年），36～69页；北京图书馆金石组编：《北京图书馆藏中国历代石刻拓本汇编》，第82册，173页。

们家乡的语言，避免与大众混合；这些表演在他们会馆私人范围内举行。君主、旗人贵族和非常富有的人可以在他们的府第中提供戏台。这种私人化可能是受到了皇家“五城寺观僧尼开场演剧”长篇大论反对的鼓励，这样妻妾可以参加。多么令人震惊啊！[32]

令人不快的是，旗人可能因为这样轻浮行为而浪费他们的时间，康熙皇帝于1671年下令禁止在内城建造戏院。虽然有这样的禁令，但是清朝皇家和明朝一样，在内务府的清单上拥有自己的戏班子；乾隆皇帝本人就是一个戏迷，而且支持把太监演员替换为从安徽引入的戏班子。康熙皇帝、乾隆皇帝和乾隆皇帝的母亲每次盛大的万寿庆典包括了从全国各地引入的表演者，并且在城
635 市街道上搭建了几十座戏台。文人和商人寄居者定期给北京带来不同地区不同风格的结合。受到皇家资源和兴趣的鼓励，以及当地人和游人的热情欢迎，戏曲在北京繁荣起来。[33]

正当戏剧表演在寺院和会馆持续举行时，商业剧院（戏馆、戏庄、戏楼）出现了。它们集中在外城大栅栏地区，很快旗人成为它们最热心的赞助人。[34] 这些建筑只提供给社交、消费和娱乐，它们通过寻求富裕的行家鼓励品味的分层。

首先，戏班子是远近闻名的，但是到18世纪末，则是戏院和明星。这些私人拥有的戏院建筑（不足10座）收取一定费用向公众开放。广告板通告了不同戏班子轮流的出场。表演全部在下午举行；为不同的顾客提供不同级别的座位；在表演期间顾客可以吃东西和聊天，偶尔大声地叫好；演员可以随意走到台下去拜访

---

[32] 潘荣陛：《帝京岁时纪胜》，14页；周华斌：《京都古戏楼》，101～115页；林志宏：《北京人的社会生活》，52页；《大清会典事例》，1899年，卷1038，17458～17459页。

[33] 《大清会典》，1696年，卷161，7784页；柯林·麦克拉斯：《清代京剧百年史，1770—1870》；戴鹤白（Roger Darrobers）：《京剧：清朝末期的戏剧及其社会》。

[34] 德呢克：《中日商埠志》，505页；德微理亚：《北京和北方中国》，载《环游世界》（巴黎），第32期（1876年），231页。在此，正如在其他地方，我只给出在清代北京我能证实的词语。

他们的戏迷。㉟

在城里，唱戏是如此狂热，以至于僧人和道士在1800年受到告发，指责他们表演的是昆曲而不是宗教仪式。㊱ 虽然皇位仍在被继承，但是在令人消磨意志的夜晚表演中，伪善的辞藻似乎也无法消除“淫歌艳曲”。到19世纪中叶，演出都在夜晚举行。甚至在伪装成茶馆和“杂耍馆”的内城戏院里唱戏。到19世纪末，首座允许妇女观看（单独座位）的戏院已经大胆地开张了。㊲

19世纪早期，受到皇家品味和占优势的西北、长江中下游地区风格之间复杂的相互影响，“京剧”出现了，成为一种与北京拥有紧密联系的新混合体。在这种戏剧风格中，女性模仿者在乾隆朝末期开始声名鹊起。有一本刊印于1818年关于京城的书提到了 636
他们，断然地声称：“京师优童，甲于天下……大约十三四岁始，十七八岁止，俟二十岁，已作浔阳妇。”（大部分这些戏剧明星来自长江中下游。）充满热情的戏迷们观看他们的演出，争论着他们的优缺点，并且给他们写诗或创作与他们有关的诗词；少数幸运者还成为他们的保护者和情人。㊳（优伶们的会馆得到如此丰厚的

㉟ 关世沅：《最早的北京游览指南〈都门纪略〉》，载《北京史苑》，第3辑（1985年）；柯林·麦克拉斯：《清代京剧百年史，1770—1870》，207～211页；柯林·麦克拉斯编：《从起源至今的中国戏剧》，第四章；樊国梁：《北京：历史与记述》，415页；密福特：《使馆馆员在北京——书信集》，347～355页。一座1785年石碑上只列出当年的8座戏院（张江裁编：《清代燕都梨园史料正续编》，卷3，1675～1676页）。柯林·麦克拉斯《清代京剧百年史，1770—1870》第206页的资料汇编为9座；并且戴鹤白《京剧：清朝末期的戏剧及其社会》第254页记载在19世纪有12座或更多。1906年调查，《京师外城巡警总厅第一次统计书》第23页中发现在外城有7座戏馆，几乎每天举行表演；虽然一些是比较大，一些是较小的，但每次表演有超过500位顾客观看。

㊱ 宫中档，宗教类，第417包。

㊲ 《清实录》（嘉庆朝），卷42，3～4页；张江裁编：《清代燕都梨园史料正续编》，卷3，1622、1625～1626页；比少耐：《从北京到上海旅行回忆录》，50～52页；《大清会典事例》，1899年，卷400，10386页；杨掌生：《京尘杂录》，425页。妇女，忧患生：《京华百二竹枝词》，12页；周华斌：《京都古戏楼》。

㊳ 《燕京杂记》，127页；柯林·麦克拉斯：《清代京剧百年史，1770—1870》；乔治·奥古斯特·马肃：《北京及其居民的卫生研究》，129～133页；戴鹤白：《京剧：清朝末期的戏剧及其社会》，第四章。在这个讨论中，所有这些演员的年龄（正如本书中的所有年龄）实际上是中国人的岁数；按照西方人的算法，应该减去一岁。

投资也就不足为奇了。）

京剧迅速成为主要事物和专门书籍的一个主题。[39] 1804 年《日下看花记》补充了 90 位当红明星的传记（以及有关的诗词）："金宝。姓杨，十四岁，扬州人，先在庆芳，近附金玉部……面如悬匏，浅白渗红，眉湾春柳。"道光时期的小说《品花宝鉴》开始流行，"京师演戏之盛，甲于天下"，并且使得当时的北京世界成为其主题。[40] 当新的城市指南手册开始出现时，戏院、公司和明星被明显地标注出来。

《品花宝鉴》对清代地方特色的小说发展是一座重要的里程碑，不仅着笔于当时而且还着笔于 19 世纪 30 年代可以认知的北京城。该书由一位江苏寄居者陈森著，公开赞美京城的戏剧文化（和其感情核心中的同性恋关系）。[41] 在我看来，小说及其散布这一事实是北京文化的一种体现，既反映又有助于合并当地身份的一个重要方面，它是由旗人、本地汉人和寄居者共享的。到 19 世纪中期，来自著名京剧戏剧场景的彩色木版印刷在天津附近的杨柳青制作；在世纪之交，明星在照片中得以永生。[42]

正如《品花宝鉴》所显示的那样，19 世纪的北京拥有各种
637 普通民众可以吃、喝、谈话和娱乐的地方，这些地方形成了包括寺院和戏院运转在内的更广泛背景之中的另一个部分。虽然它们的声望使得它们显得尤为突出，但是戏院是社交的场所并且理应

---

[39] 张江裁编：《清代燕都梨园史料正续编》，卷 1，各处；此处最早的再版著作来自 1785 年，并且把 46 位演员的传记与许多诗人放在一起。

[40] 张江裁编：《清代燕都梨园史料正续编》，卷 1，240 页（引用了一个 1803 年的内容）；陈森：《品花宝鉴》，1 页。

[41] 郑绪雷（Stephen H. L. Cheng）：《〈海上花〉和清末名妓小说》，2～15 页；陈森：《品花宝鉴》，1984 年版序言，1900 年版前言。

[42] 另外一个很显著的是，在 19 世纪 50 年代至 60 年代，一位名叫文康的满洲旗人——用北京的口语——创作《儿女英雄传》，这是另一部以活跃在京城的真实人物为原型的小说，故事发生在一个世纪以前。鲁迅：《中国小说史略》，337～340 页；恒慕义主编：《清代名人传略》，444～445、853 页。印刷，玛利亚·鲁道夫：《中国流行画》；藤井彦五郎：《北清名胜》。

被视为更小和更多喝茶场所（茶园、茶馆、茶房、茶舍，可能有娱乐）、酒肆（酒馆、酒庄、酒园、酒铺、酒楼）、餐馆（饭馆、饭庄）和客栈（客店）的一个延续。[43] 但是如何来描述唱戏、宴请友人的地方，或是柏尔（John Bell）于1721年所参观过的“公共房屋”呢？这个“公共房屋”里面坐了八百人，有供吃饭（和赌博）的长桌子，而且，在屋子的一边，有一个供吃饭期间或饭后唱戏的台子。[44] 街上建起了一些不那么高档的茶馆，里面铺着席子，摆满了桌椅。一个人可以自带茶叶，整天坐在那里吃着点心。那里可能有说书的（特别是在内城）或拉琴的。一些饭馆专注于外卖食物，另一些饭馆只会为宴会进行准备。[45]

妓院是另一种社交场所。一些妓院是独有的，供应食物、饮料和鸦片（随着清朝日渐末路），还有可供享用的女人——以高等妓女的形式——她们会唱曲和聊天；一些妓院仅提供基本的服务，并向所有的来客开放。其他的地方还有男妓。[46] 在内城，妓院被明令禁止，最有名的妓院在郊外，在外城的西边，并且（只）在1900年后，才位于前门的“八大胡同”。[47] 妓院与寺院共享一种与愉悦、色情、堕落相关的联系，它不仅在民众的想象中堕落，而

---

[43] 有关在茶园的表演，《草珠一串》，10页；张江裁编：《清代燕都梨园史料正续编》，卷1，525页。有关戏馆和酒肆的区别，杨掌生：《京尘杂录》，424页。

[44] 潘荣陛：《帝京岁时纪胜》，33页；《大清会典事例》，1899年，卷1033，17416页；约翰·贝尔：《1719—1722年从圣彼得堡到北京旅行记》，158～159页。

[45] 密福特：《使馆馆员在北京——书信集》，140页；杜德桥：《中国的饮料》，载《东方学会杂志》，第3卷第4期（1895年），282～283页；麟庆：《鸿雪因缘图记》，我引用的是1886年版本，卷3，55～56页；傅公钺等：《旧京大观》，241页；毕钟沅：《北上备览》；罗信耀：《吴氏经历：一个北京人的生命周期》，下卷，70页。

[46] 杜德桥：《中国的饮料》，载《东方学会杂志》，第3卷第4期（1895年），318页；乔治·奥古斯特·马肃：《北京及其居民的卫生研究》，123、125、129页。

[47] 《燕京杂记》，129页；约翰·贝尔：《1719—1722年从圣彼得堡到北京旅行记》，183页；乔治·斯当东爵士：《英使谒见乾隆纪实》，卷2，334页；徐珂：《清稗类钞》，卷1，124页；大卫·季德：《毛家湾遗梦：1949年北京秘闻》，121页；1906年调查，《京师外城巡警总厅第一次统计书》，34页b；燕瑞博：《北京生活侧影》，35～36页；杜德桥：《中国的饮料》，载《东方学会杂志》，第3卷第4期（1895年），第320页中称它们是得到许可的设施。

且有时也在现实中堕落。

清末出现了一个新的娱乐场所——“烟馆”。1813年，嘉庆皇帝发现侍卫中许多成员吸食鸦片，到1838年，当清朝因鸦片而准备与英国开战时，得知三位满洲贵族和相当数量的其他人带着他们的妾在东郊运河沿岸的寺院里以唱歌和吸食鸦片的形式为尼姑庆祝生日。（所有人受到了严厉惩罚。）到19世纪80年代，抽大烟
638 变得更专业化（并且饮酒作乐减少了?），许多地方提供专门的鸦片烟枪。[48]

一份1906年调查可以让我们了解当年在北京外城用于娱乐、社交和享乐的场所数量：699间烟馆、308间妓院（娼优下处）、301间客栈（旅馆）、247间酒饭店和246间茶馆。所有这些商业设施都允许个人的社交。一些场所使用某一方言的表演或特有地方的食物和女人来招徕那个地方的顾客。但是大部分场所向一个更为广泛的公众开放，并且证明了那就是我们在此所关心的要点，这些场所不仅在数量上大大超过了会馆（根据相同的调查，会馆为275座），而且也超过了寺院数量（265座）。[49] 想要和早期进行数量比较是不可能的，而且也无法证明我那个令人印象深刻的结论，即从明代到20世纪，这种永久性娱乐设施的发展轨迹，是与庙会职能的下降相伴随着的。[50]

---

[48] 《清实录》（嘉庆朝），卷271，12页；瞿宣颖：《北平史表长编》，348～349页；杨乃济：《清代轰动京师的“灵官庙”丑闻》，载《紫禁城》，第36期（1986年），30～31页；崇彝：《道咸以来朝野杂记》，19页；《清史稿》，卷164，5150～5153页；《北京历史纪年》编写组：《北京历史纪年》，248～249页；戈登·卡明：《漫游中国》，第2卷，287页。

[49] 1906年调查，《京师外城巡警总厅第一次统计书》，33～34页。有关清代澡堂，我所知甚少。它们是重要的吗？参见史大卫：《北京的人力车夫：20世纪20年代的市民与政治》，169、325页。我自己的数字是338座寺院（包括教堂和清真寺）；在其他地方也给出一个更多数量范围内的会馆，人们怀疑这个调查有会馆未被统计在内。

[50] 在使用1911年后有关清末的资料时我一直保持谨慎。差异是相当大的，许多有名的“旧”民国住宅被证明是近代的。

政府服务

福利服务定义了一种与众不同的北京民众。与任何到目前为止我们所讨论的机构相比，其在数量上少得多，并且与政府部门有着更为紧密的联系，城市救济的地方和机制在清代同样经历着重要的变化。清代是通过依靠特定的皇家干涉、几个永久的政府机构和大量的寺院开始的。个人的积极性倾向于受到政府机构（例如育婴堂和粥厂）的管理，由君主资助，并且由当地官员负责。在19世纪中期，较新的私人机构（例如消防队和乐善堂）出现在外城，但国家也介入它们的捐献和管理。当福利开始包围公众安全并且当这种机构蔓延到全北京时，寺院的作用就萎缩了，但是一个更广泛的社会获得了服务。紧急服务的提供是慷慨的捐献者和贫困的接受者持续不断地进行协商和重新定义的一个舞台，政府和当地领导者既相互合作又相互竞争。作为一个自治公共领域的舞台是不容易得到理解的。

在明代，政府福利服务不是广泛存在的，显然当地精英是不 639
积极的。与明代相比，清初的解决办法没有什么太大的区别。皇家对北京人口关注的姿态和务实的精神，为这个王朝积下了功德，并轻易地得到民众的接受。最初，这样的关注均匀地扩展开来。清代统治家族对“八旗子弟”负有特殊的职责，非同寻常的家长式社会服务反映了皇家对他们福利的关注。实际上，这些服务表明了旗人团体的边界，并且界定了其内部的阶层。

在清代前半期，当内城和外城的区别变得明显时，与旗人渗入的官僚机构相比较，机构不是为汉民存在的。相反，君主使得某些资源可以使用并且预见了穷人数量的增长。这些福利活动被指向——此处要帮助的太多，以至于无从界定——郊区和外城一个普通的非旗人民众的北京。用于这些活动的语言是古老而强有力的，受到儒家政治哲学的影响。政府关注的目标是京城的“民”或“民人”，尤其是饥民和贫民。皇帝照顾“我民”；悲悯他们的艰苦并且想要帮助他们。根据一种临时条件来认定穷人，这种条件可以通过救济和雇用得到补救。

开始，君主依靠寺院和类似寺院的建筑，利用它们的开放和与“善行”的关系。正如我们看到的那样，这些活动后来经常被重新部署在这些用于这个新目的的永久性建筑内；政府提供财产（粮食或金钱），个人（和尚和精英）充当管理者。

1644 年春天，贫穷和无家可归的汉人成为一个必须面对的问题。清朝当局通过配给食物或金钱来回报那些被认为是贫困的人。然后新政权利用明代养济院去处理“鳏寡孤或病而至贫的人”，但是由于这些养济院地处现在的满城，它们无法用于汉族居民。官员们承认慈善捐助品是有吸引力的并且容易使人上瘾，而且在许多议题开始讨论后，紧接着马上就是关于如何使穷人恢复有报酬的工作，以及遣送外来者返乡。[51] 许多救济措施需要在穷人、非穷
640 人以及在北京团体周边之间划出界限。

在前半个世纪，君主专注特定的皇家善举，用于满足当地的需要。保存至今的 1653—1654 年图书资料揭示了这些紧急行动的一些情况。在那些年，因为严重的水灾，孝庄皇太后开始采取一系列行动，从她自己的财产中拿出八万盎司银（明显是相当大的金额）用于帮助“满汉兵民”。1654 年，利用这些金钱，西城救济了一万四千多人，所有京城居民为两千名临时来客（大部分来自山西）节省金钱。不辞辛劳地记录了每个人的姓名、年龄和住址（大部分是以小家庭为单位），而且支付每人 0.17 盎司银；那些年已七十及以上的老人还会分到一匹长布。由两名满洲高官来负责，六名翻译和一百多名骑兵进行协助。（我们不知道接受这样的金钱会带有多少屈辱，对于这些分配是如何进行的或在什么地方进行的，没有精确的记载。）1655 年，其他的资金捐助用于旗人，在随后的年份中，君主提供了成百上

[51] 《清实录》（顺治朝），卷 41，13 页；卷 5，17 页。张伟仁主编：《明清档案》，A2-12 号、A30-25 号。《清实录》（康熙朝），卷 89，14 页。

千盎司银。[52]

这些皇家姿态——其不可预测性可能是为了防范不肖之人——继续成为处理北京紧急事件的常用手段。在1679年地震之后，年轻的康熙皇帝调拨十万盎司银给户部用于重建“京师内外城”。[53]

到雍正统治时期，虽然已经建立了一个更正规的救济制度，但皇家慷慨的姿态仍然照常出现。雍正皇帝对摧毁西北郊区的1730年地震做出迅速反应，紧接着命令进行损失的调查和拨给每个旗三万盎司银。第二天，他命令巡城御史调查剩余的人口并且估算所需的数目。二万盎司银用于北京“附近”地区，另外的三万盎司银被分给旗人。那年晚些时候，宛平和大兴县得到了额外的预算资金，到了冬天，在北京销售存粮来平抑市场价格。[54]

这些举动表明当地哪些百姓可以被理解为对北京的资源拥有权利。京城内外被划分为旗人和非旗人团体两部分，是自然的无可争议的受益人。此外，君主对于来自大兴县和宛平县，甚至来 641
自“京畿地区”的人们负有一个特殊的责任，视情况随意下达指示。

这些皇家措施没有利用永久性的场地，只要皇家成员有这样的意向，他们的私人金钱是充足的，它们就是有效的。在18世纪，与银两相比，君主更喜欢从京城的谷仓中拨出粮食，但是紧急情况仍然会动用现金。[55]

永久性的机构是另一种处理北京市民长期需要的明显方式。明代，宫廷利用寺院进行食物分配，而县官则是安排几处养济院

---

[52] 《清实录》(顺治朝)，卷77，6页；卷79，2～3页；卷82，10～12页；卷89，9页；卷103，8～9页；卷113，20页。黄册，中国第一历史档案馆，2405页（老年人占全部数字的5%）、2411、2412页。谈迁：《北游录》，65页。

[53] 中国科学院编：《中国地震目录》，102～103页；《清实录》(康熙朝)，卷82，13～15页；

[54] 《清实录》(雍正朝)，卷97，11～13页；卷98，1～2页；卷99，15～16页；卷101，5～6页。

[55] 在1806年洪水期间，《大清会典事例》，1899年，卷1036，17436页。

和义冢。清代建立并扩大了这个基础。

1653年的洪水促使清朝皇帝要求在外城的五城每一处修建有20个房间的栖流所。这些栖流所用于接收和照料流民、城市街道上的病人和无家可归者、那些无人照看和无法自理的人。六处栖流所是从头开始修建的，在五城招募当地的市民负责进行管理。巡城御史安排钱粮预算用于维持，为每位居民提供粮食、保暖衣服、被褥、柴火钱、医疗治疗、一口棺材和公费安葬。虽然这些避难所能帮助的人是相当少的，但是它们至少在19世纪中期维持了这种功能。[56]

城市汉族贫民以及来自周边农村的难民为数众多，其季节性需求通常由饭厂或粥厂来满足。这些是永久性机构，在每年的冬季月份免费分发煮熟的粥（由小米或次一级的大米制成）。这些中心可以长期或短期开放，它们的数量可以增加或减少，它们位置可以改变，分发粮食的数量也可以扩大或削减。[57] 由于它们和临时性、流动性相关联，所以使用的是现有的机构而不是投入新的机构。

642 这些活动完全由政府来操作，户部提供粮食和用于购买柴薪的银两，五城巡城御史负责管理，政府雇用人员。对于本地人而言，这种慷慨的资金很快就成为一种权力，在外来者的眼里是京城值得注意的一种特色。此外，粥厂（如谷仓和米站）是君主为京城居民提供食物的一个公共示范。[58]

粥厂始建于1650年，到1652年正式形成。最初有10个，五城中的每个有2个；在这些粥厂中，有6个设在外城，4个在北、南、东、西的城门外近郊。当有需要时，会增加其他的粥厂：

---

[56] 《北京历史纪年》编写组：《北京历史纪年》，190页。《大清会典事例》，1899年，卷869，15837页；卷1036，17438页。《大清会典》，1899年，卷69，718页。《金吾事例》，卷8，57页。贫穷的西城有两座栖流所。

[57] 《大清会典事例》，1899年，卷1035，17430～17436页，1885年《顺天府志》卷12第318～322页有详细描述。

[58] 这点已在李明珠、崔艾莉《清代保障北京的粮食供应：国家、市场和警察》［载《亚洲研究学报》，第58期（1999年），992～1039页］中得到令人信服的论证。

1726 年，在其他郊区的关厢设粥厂；1759 年，在内城临时设粥厂；1762 年后，在十公里半径内的 4 座或 5 座村庄内间断设置，大部分位于北京南面。[59]（马上就要考虑 19 世纪了。）

这些粥厂内热气腾腾的大桶在每个冬天的四个半月里运转，从十一月的初一直到次年三月二十日；在 1780 年后，它们多开放一个月。通常它们每天分配两石粮食，每个季节约三百石。（每天足以供应两千人。）[60] 在遭受洪灾的乡村、旱灾、歉收、粮价上涨或大量涌入的难民需要它时，这些中心就会提前开放，推迟关闭，并增加发放粮食的定额。

有清一代，寺院被用于设置粥厂。它们适于设置粥厂不仅因为它们的布局宽敞且有助于控制进入，而且还由于政府几乎没有其他选择。在已知的粥厂中，超过三分之二位于寺院建筑中。并非所有寺院能被征募。慈善行动可能会完全占用大部分普通规模寺院的院子；分发本身也许只持续一天的部分时间，但是在长达四到五个月时间的冬季救济中，存储和保护粮食需要政府的持续参与。这样对于开始被指定为食物分发点的十座寺院，而只有一座寺院似乎拥有一个活跃的团体生活也就不足为奇了。大部寺院则是处于半放弃的状态，这种状态是一座寺院生活周期的一个正常阶段；此外，寺院一旦被选为冬季救济的地点，这些地方就很
难再次收回它们用于宗教目的的功能了。[61] 这些寺院似乎会因为它 643
们在城里所处的位置（可怜的邻居?）、建筑的规模，或是因为它没有周边或居民社区的反对而被选择。在 19 世纪，随着对更多公共空间需求的增加，许多临时使用的寺院已经成为社区活动的场所，因此被占用的时间就不那么长了。[62] 在清代，曾经有 50 座北

---

[59] 1759 年设立粥厂的地方没有名字且似乎只是一次性的。《清实录》（乾隆朝），卷 599，10 页。

[60] 统计来自李明珠、崔艾莉：《清代保障北京的粮食供应：国家、市场和警察》，载《亚洲研究学报》，第 58 期（1999 年），992～1039 页。

[61] 在外城的安国寺是一个例外，但是在 1833 年，也被描述为几乎空无一人。金景善：《燕辕直指》，1065 页。

[62] 《顺天府志》，1885 年，卷 12，320～321 页。

京的寺院被用作粥厂。

图 16-2 显示了在 1890 年一场洪灾期间分配救济品的情况，可以让我们了解寺院空间是如何使用的，以及穷人是如何被公开界定的。首先，领取者们被集中到后面和旁边的院子里，通过一个侧门（右前方），然后，他们在警惕官员们的眼皮子底下，一个个经过院子中央的香炉；他们被分给稀粥（中部左侧），然后被催促着走到前面的院子，并从前门走出去。

一个类似程序的信息描述可以从 18 世纪前十年的两位耶稣会士的一份报告中发现，皇帝支付银两，由这两位教士购买和分发济困物品。

> 他们提供了炉子和大水壶或锅炉；他们购买了一些大米和足够多的中式餐具，仿效农村的方式用盐腌制根茎和菜去调制米饭的清淡和滋味。设立一个标志，穷人不慌不忙地走进来并站在一起，男人在一边，妇女在另一边。然后他们排成一排通过一个狭窄的通道，每人得到一份米饭和菜，并被带到一个指定的地方，在那里他们聚在一起，直到盘子空了。当餐具被收好并清洗完毕后，其他穷人按照开始那些人同样的顺序，得到款待。[63]

于 1876 年制定的指导方针详细说明，在后半夜开始烹饪并且在黎明开始分发，人们带自己的碗，给每个人点一次数，大门被关闭了，没有人能进入，“即使是旗人”。协调是重要的：所有粥厂同时开放，使得想侵占双份成为不可能。那些体格健全和穿着得体的人被告知去找工作。“如果他们不听话并且不想离开，或者如果他们争论或故意引起一个扰乱，不论旗人与否，都会被带走或受到处置。”士兵负责维持秩序。[64]

---

[63] 《游记》，213 页。有关不太详细的清单是用中文记载的，军机档，内政类，第 5 包，光绪二年十一月二十五日；《大清会典事例》，1899 年，卷 1036，17437～17438 页。

[64] 军机档，内政类，第 5～6 包，光绪二年十一月二十五日；《金吾事例》，卷 11，19 页；雒魏林：《北京伦敦布道会中国医院的第二次报告》，6 页。

这些粥厂是非常成功制度的一部分，它能确保北京居民能负 644
但得起食物。[65]虽然粥厂由五城管理，但经常得到君主的资助。在粮价高涨的年份，“米厂”会以折扣价出售（平粜）政府的粮食来补充粥厂。到 1722 年，在外城和郊区共有五个这样的地方。当 1730 年粥厂的数量达到双倍时，就会为一个更广泛的公众提供服

图 16－2　1890 年小南顶的水灾救济

虽然被洪水全部包围，但这座建造良好的郊区寺院泰山娘娘庙（南顶娘娘庙）保护了大批洪水受害者，他们在院子里避难。巡城御史和城市的善堂为难民供应粥。

资料来源：《畿辅赈溺全图》，第 24 号。

务，并且在 19 世纪内外的比率是 60∶40。这些情况并非每年都会 645
发生，可能几十年都不会出现一次，但它们的数量因为临时紧急情况出现可能会马上增加。政府建筑，不是寺院，起初用于这种功能，但是从乾隆朝末期，这些职责明显转移到城市粮店——从事这

[65] 更详尽的内容，李明珠、崔艾莉：《清代保障北京的粮食供应：国家、市场和警察》，载《亚洲研究学报》，第 58 期（1999 年），992～1039 页。

种活动更为便利的场所。[66]

当地官员也会采取其他方式承担紧急援助分发的任务。1743年夏天，据说当一万多人在酷热中倒下时，乾隆皇帝为每个城门拨款一千盎司银（给繁忙的前门双倍）；步军统领衙门官员用这些钱为城里的百姓分发冰水和药品。设置在81个城市十字路口的临时“茶摊”成为分发地点。[67]

除了流浪者的家外，当时北京还有一座普济堂、一座功德林和一座育婴堂。这些机构开始只是虔诚个人的善事，但是最后也处于顺天府的管辖之下，受五城巡城御史监督，由君主资助并且仍由居民个人管理。它们被预想为明代养济院的替代品，有时是被这样指定的。这个官僚化的模式与由梁其姿（Angela Leung）发现的长江中下游（并且通常是全国）在雍正和乾隆时期的模式相类似，但在整个清代时期，自始至终是北京的典型特征。[68] 争论这样的机构是“公”或“私”，似乎是没有用的。它们两者都是。

普济堂开始于私人的范围并且随后部分由君主指定。在17世纪90年代，位于外城西城门外一座小寺院的僧人寻找资助人帮助那些手工劳动者，这些劳动者受雇于政府修建通往卢沟桥的道路，但每年冬天却沦为乞丐。1697年，他说服了一位“士绅”（其可能是一位在郊区经商的商人）购置了一个建筑，用于“那些往来没有任何地方居住的穷人和病人”。在那里，为工人提供食物、住所、服装和医疗照料；把那些有传染性疾病的人从其他人中隔离开，为死者提供棺材和埋葬。建筑被指定为“修路慈悲院”，其中
646 大部分人员来自西郊。次年，其他捐助人的捐赠使得设施扩大成

[66] 《大清会典事例》，1899年，卷1034，17423～17429页；邓海伦：《“朝令夕改”：清代中国的货币政策周期，1744年11月至1745年6月》，载《通报》，第82卷（1996年），66～136页。

[67] 《清实录》（乾隆朝），卷194，1页；《金吾事例》，卷12，52页。宋君荣《北京通信——宋君荣司铎书简集（1722—1759）》第625页认为，在七月中旬的十天，有11 400人死亡。

[68] 梁其姿：《施善与教化：明清的慈善组织》，第四章。

为可能，而且致仕的学者们为这种努力增加了声誉。

几年后，顺天府府尹看到慈悲院的成功，就上奏皇帝。康熙皇帝颁赐御书匾额，御制碑文表彰捐献者的佛教徒虔诚，将其重新命名为“普济堂”。当时作为皇子的雍正皇帝每年捐助给普济堂一千盎司银，1723 年登上皇位后，在银两和粮食上赐给普济堂一个慷慨固定的收入。虽然顺天府被赋予正式的职责并为皇家资金提供渠道，但后来的管理者有可能是太监。在 1805 年，另一份皇家捐赠用于建立捐款基金。每年冬天普济堂也派粥，在夏天派发茶水和冰。词语“堂”的使用把这个复合体从一座普通的寺院中区分开了，并且掩盖了寺院佛教徒们的发起，作为容纳寄居者的场所，但是仍然为祭坛保留了一个房间。[69]

德胜门外北郊的功德林有一个类似的起源，也许是受到了普济堂成功的激励。在此，另一位僧人用他筹集的捐款建了一所养济院，每年冬天分发食物，在夏天分发茶水和药品。雍正皇帝刚刚登上皇位，一位巡城御史向皇帝祈求赐品并且成功地获得每年一千盎司银。皇太后赐予一块土地和用于重建的金钱。1736 年，与普济堂和各种粥厂一样，获得赏赐粮食用于冬天救济。直到 19 世纪 70 年代，机构一直由僧人管理。[70]

北京的育婴堂源于清代早期位于外城东部夕照寺的私人善举。这些善行（开始是埋葬尸体和修复寺院）最初得到一位当地人和来自江苏的高官以及后来各种各样的身居高位京官的赞助。例如，1697 年，一群天津商人（包括贩盐?）成立了一个团体，每月提供三十盎司银。虽然从寺院中逐渐分离，但其殿堂内仍设有祭坛用

[69] 北京图书馆金石组编：《北京图书馆藏中国历代石刻拓本汇编》，第 69 册，179～180 页；《日下旧闻考》，卷 92，1550～1551 页；《顺天府志》，1885 年，卷 12，316～318 页；潘荣陛：《帝京岁时纪胜》，16 页。

[70] 《日下旧闻考》，卷 107，1774 页；《顺天府志》，1885 年，卷 12，318～319 页。为了这些目的，雍正皇帝是通过分配皇家收入的所有物品来制作这些礼物的。普济堂的资金来源于税关；功德林的资金最初来自雍和宫的租金收入，后来自崇文门税关。在清末，功德林变成一所监狱，现今，其内设置了一个公安局。《日下旧闻考》，卷 92，1550 页；《顺天府志》，1885 年，卷 12，318～319 页；郭振军：《功德林与京师第二监狱》，载《北京史苑》，第 1 辑（1983 年），333～336 页。

647 于祭拜。[71] 这所育婴堂有一辆牛车载着在整个城市街道收集来的弃婴（被关心弃婴的传教士们经常讨论的一种行为）。育婴堂接管了活着的婴儿，由一位有偿的奶妈进行照料和抚养。夭折的婴儿被放在街道对面的一个地窖中，然后被埋葬在附近的大墓地里。[72]

1724年，两个避难所也做着同样的事，雍正皇帝通过捐钱接管了育婴堂，提供一个固定的收入，赋予府尹监管的权力；日常的管理再次离开了私人之手。与官方及私人性质的机构保持联系，皇家资金与来自其他18个人——内阁大学士、府尹和巡抚（平均捐银160盎司）的捐助相结合。当时，需要土地确保捐助。雍正皇帝对于这个机构非常满意，他命令在全国的每个县都建立一个类似的机构。[73] 这种不同合作的普通模式在北京得到反复遵循，并且抑制了有时在帝国其他地方也能找到的发展更完善的私人机构。[74]

政府也懂得其有责任对被遗弃的尸体进行迅速和妥当的埋葬。对于自然灾害的受害者，政府会迅速挖掘临时坑穴来安葬死者并请和尚诵经。[75]

在1741年，政府首次在外城赞助修建义冢。那年获得了17块

---

[71] 《日下旧闻考》，卷56，909～911页；毛奇龄：《西河合集》，卷2，1313～1324页。其似乎开始于1662年（比长江中下游略微晚些），由（苏州）金之俊和（大兴）胡兆龙成立，并且由冯溥、龚鼎孳、姚文然、赵之符和王熙延续。金和龚二人都是汤若望的敬慕者。恒慕义主编：《清代名人传略》，160、243、431、890页；金之俊：《息斋续外集》，卷10，26页；《顺天府志》，1885年，卷12，325页；《宫中档雍正朝奏折》，第25册，501～502页；梁其姿：《施善与教化：明清的慈善组织》，71～77页。关于关帝、文昌、土地各寺院和创办人，北京图书馆金石组编：《北京图书馆藏中国历代石刻拓本汇编》，第66册，4～5页。

[72] 杜德珍：《1865年第四次北京医院年度报告——与伦敦布道会相关联》，29～31页；乔治·奥古斯特·马肃：《北京及其居民的卫生研究》，119～121页。

[73] 北京图书馆金石组编：《北京图书馆藏中国历代石刻拓本汇编》，第68册，29～30页；《宫中档雍正朝奏折》，第25册，501～502页；《日下旧闻考》，卷56，909～911页。1869年的管理者是这个负责家族中的第三代。不时会有人来此视察。乔治·奥古斯特·马肃：《北京及其居民的卫生研究》，119页。

[74] 梁其姿：《施善与教化：明清的慈善组织》，第5～6章；但雷蒙德·陆（Raymond David Lum）：《中华帝国晚期的慈善事业和公众福利》，特别是16～17、88～91、131～132页。

[75] 《大清会典事例》，1899年，卷1036，17443页；杜德珍：《1865年第四次北京医院年度报告——与伦敦布道会相关联》，36页。《畿辅赈溺全图》第29号呈现了在接下来的一个洪灾中，大多数死者被埋在一座义冢里。

土地用于处理（汉族）成人和死在街上或普善堂或育婴堂里的孩子。最后，12块墓地提供给外城的汉民，5块在郊区。[76]

救济是一种捐助品，而不是一种权利，而且只限于京城的居民（还是被限定的）。1762年，官方不乐意看到四十多个来自通州附近乡村的饥民不仅到北京外城的粥厂讨饭，而且大摇大摆地闯进内城的顺天府讨钱，（他们说）这样做是为了回家。[77] 648

在对1801年洪水的回应中，我们可以看到永久性机构、惹人注目的皇家慷慨以及微弱的私人部分的组合。在那年六月（仲夏），延绵的雨水浸泡了土地，淤泥阻塞了北京周边河道，引起了城市西南永定河在四个地方决口，淹没了城市南面、西南郊区和以外的乡下地方。最后，九十多个县需要救济。[78]

整个帝国对于这类灾难采取紧急措施的标准反应在这里得到了特别彻底的执行。嘉庆皇帝命令立即修复堤坝上的溃口（后来还开凿了河道）；鼓励洪水受灾者去堤坝重建工地，并务工挣钱。他会视情况而定期派人视察受影响的地区，然后向灾民分发钱粮。他还减免受灾地区的田赋并将贡粮用于赈灾。他还通过把粮食送给遭受洪灾的南苑地区的居民以体恤旗人社区，批准发放额外一个月的定额，允许皇子提高他们的津贴，并且允准城内旗人可以在事先未经步军统领衙门批准的情况下修缮他们的家。

同时，顺天府和五城巡城御使在遭受洪灾的西南郊设立粥厂，在离城区更远的地方设立五个新的施粥站发放额外增拨的

---

[76] 张江裁编：《清代燕都梨园史料正续编》，第3册，1671～1673页；首都图书馆藏拓片第1776号；北京图书馆金石组编：《北京图书馆藏中国历代石刻拓本汇编》，第69册，33页。私人的埋葬在城墙内仍然不被允许。朱一新、缪荃孙撰，刘承幹考证：《京师坊巷志》，卷10，32页；杜德珍：《医学报告》，载《海关税务司》（上海），1872年，29页；《大清会典事例》，1899年，卷1036，17443页。在18世纪30年代，寄居者已经开始获得用于墓地的外城土地。

[77] 军机档，内政类，第316包，乾隆二十七年十月二十五日。

[78] 《钦定辛酉工赈纪事》，各处。对李明珠出版的（《直隶省谷物价格，1736—1911》，见托马斯·罗斯基、李明珠主编：《从经济角度看中国历史》）和未出版的有关这个主题的著作表示感谢。

粮食，使赈灾可以持续到冬天，并且安排埋葬死者。向城内的粥厂拨发额外的食品，坚持开放到来年春天。给京城的避难所额外拨发钱款。⑲ 皇帝决定在城内现有的施粥站向穷困的人分发有保暖内衬的衣服；这种行为不久就成为冬季救济仓库的应做之事。⑳

649 寺院在这个紧急情况中扮演着一个必要的角色。在乡村，躲避洪水的农民分别在被墙壁围绕着并且牢固的院子里避难，包括据说容纳有一千人的中顶。和尚们组织救援，存储粮食，提供食物。㉑

嘉庆皇帝在他的父亲死后掌管帝国只有 27 个月，亲自忙于这些事务。作为一种谦虚和真诚的公开姿态，他前往社稷坛祈祷晴天。他根据皇子时的经历（“朕常遇乞者”）以及他从皇宫至圆明园途中所目睹的场景来做出这个决定。正如李明珠所阐述的那样，他个人的介入有助于克服结构分裂，这种结构分裂通常会妨碍大规模官方的一致行动。其反映了这个赈济努力的皇家优势，一本专门记载相关记录和诏书的手册——《钦定辛酉工赈纪事》纪念了这些成就。㉒

在清代早中期，只要保持某些控制，君主就乐意代表这样的赈济责任；个人的主动赈济则以矛盾的心情被接受。㉓ 1744 年，根据以前酷夏的惯例，步军统领衙门提议“官员照料百姓”，认为

---

⑲ 《北京历史纪年》编写组：《北京历史纪年》，225 页；《畿辅通志》，1884 年，卷 4，213～228 页；《清实录》（嘉庆朝），卷 84，各处；《大清会典事例》，1899 年，卷 1035，17433～17434 页。

⑳ 1822 年后，改为派钱。《大清会典事例》，1899 年，卷 1036，17436～17438 页。

㉑ 《畿辅通志》，1884 年，卷 2，20～21 页；卷 4，216～217、223 页。

㉒ 李明珠：《海河流域的洪水控制和饥荒救济：1801、1917 年》，为美国学术团体协会与社会科学研究学会题为“中国历史上洪水和饥荒”研讨会准备的论文；《钦定辛酉工赈纪事》。

㉓ 1704 年，康熙皇帝授权资助天主教使团去供养难民，但是他希望它们也能捐献一份，并且利用它们的墓地作为分发中心。康熙皇帝捐了 2 000 盎司银，天主教使团捐了 500 盎司，《游记》，212 页。

“百姓彼此照料不够好”。商人和富人聚集在京城，一些人愿意做善事。为什么不命令顺天府尹去寻求援助呢？可以通过许诺一个奖赏或一块纪念匾额来鼓励任何愿意捐钱帮助穷人的人。一个自愿的捐助者可以向大兴或宛平县或五城或现存的机构之一捐钱，或他们能为在避难所所在的一块空地上修建一个临时建筑或利用现有的寺院分发药品。[84] 这个似乎合理的建议被搁置一旁并且没有得到实施。

皇家的阻力来自乾隆皇帝对于私人动员的神经紧张或官僚的不安吗？在1801年的洪水期间，官员们主张应禁止居民捐钱用于救济，相反，嘉庆皇帝却简单地声明，他认为私人捐助越多越好。然而，尽管这位皇帝希望捐助者得到支持，并且奖以匾额或证书， 650
但是重要的个人主动权在实际上得到允准前，已经存在了将近一个半世纪。[85]

到了清代中叶，这样的赈济包括季节性粥厂、永久性避难所和一个应急仓库。君主和当地政府表达了对京城的一种责任感，有助于界定扩展到农村的京畿地区。虽然这些福利事业被认为是重要的，但是没有通过它们进行管理的建筑。有时会在管理章程中详细说明，有时则没有，有时是寺院，有时是模糊规定的建筑，这些福利场所在京城的地图上甚至很少被标注出来。

考虑到在19世纪前由政府发出的矛盾信号，私人补充政府措施是零星的也就不足为奇了。一些社团在一个更为永久的基础上为它们自己的组织做准备。正如我们在第十五章中所看到的那样，寄居者、太监、和尚以及少数宗教的信徒，为他们上年纪的人或已经逝去的人做特殊的准备。各种私人而非集体墓地依靠私人捐助的支持，充作老人的家，以及存放棺材、埋葬和供奉祖先祭品

---

[84] 军机档，内政类，第311包，乾隆九年四月二十六日。

[85] 《畿辅通志》，1884年，卷4，213页；《清实录》（嘉庆朝），卷84，26～28、37页。

的场所。

在这些危机中，私人个体做出贡献，优点得到谦逊或夸耀的展示。外城南部长期废弃的太清观于 1801 年由一位天津人重建，源于他受到一个溺死者梦境的惊吓。他从三个朋友那里请求捐助，但是他本人捐助了大部分所需资金用于一个重要的重建项目、墓地、每年分发给穷人的衣物以及掩埋死者。[86]

这些种类活动可以渲染组织的努力，为穷人提供更多的普通食物。来自广济寺的和尚——他们的专业责任清晰——在改朝换代的过程中，从战场上收殓尸体，勇敢地面对可怕的哭声，且为大多数死者的灵魂举行超度仪式。有两个成立于东岳庙的圣会，全年中每个月有四天摆设茶碗和饮品。寄居者组织极少拓展类似的服务。在外城西门外的关帝庙前，为口渴的路人设置的茶摊（如同寺院本身，由山西商人修建）是不同寻常的。[87] 如果这样的活动非常成功，就可能吸引政府持续做下去。

像北京这样庞大又重要城市的福利需求是巨大的。根据君主干涉的意愿，私人的努力受到一个不寻常程度的阻挠，皇帝承诺
651 定期提供足够和负担得起的食物，并且他有能力这样做。然而，当皇帝不那么乐意和不能从事这种活动时，私人的主动性就会得以恢复，而且北京的经验就会与帝国内其他城市的经验结合起来。

私人慈善事业

在北京，用于普通福利的私人机构的增加是一个缓慢的过程。这种机构在 18 世纪得到了适度的容忍，但最终在 19 世纪中期的危机中得到鼓励。

---

[86] 北京图书馆金石组编：《北京图书馆藏中国历代石刻拓本汇编》，第 78 册，272 页。

[87] 《弘慈广济寺新志》，33～111 页；北京图书馆金石组编：《北京图书馆藏中国历代石刻拓本汇编》，第 70 册，18～19 页；北京图书馆藏拓片第 979 号。茶摊，北京图书馆金石组编：《北京图书馆藏中国历代石刻拓本汇编》，第 69 册，30 页。

清末的北京善堂和福利局既是对当地紧急情况又是对全国范围的趋势做出的反应。它们是冉枚烁所描绘的十多年前在长江中下游城市中19世纪精英行动主义扩张的一个部分，“组织能力”的一种表现是通过“精英管理、半官方的当地行动”表达的。[88] 1850—1880年，没有被破坏中国中部和西北部的战争和饥荒所包围，北京可以通过它的寄居精英们向在其他地区已经得到发展的组织类别靠近（反之亦然），而且外来者更容易承担起当地领导者的角色。[89]

在北京（正如在许多城市一样），这些清末机构与政府有着亲密和复杂的关系，顾德曼所理解的“部分的自治、相互渗透和协商”比任何“公”与“私”之间的有序机构要好。[90] 正如我在第七章中所提出的那样，因为政府是在一个宽阔的视角上进行观察——不是说侵入——何者构成了公众领域，所以强调私人范围（非家族的私人范围）的弱点是最有用的。而且，我们在此研究的社会服务机构不仅是关于政府和管理权力，而且也是关于社会地位的创造以及把赠予者从接受者中区分开来。

让我们从在19世纪变得重要的私人开创的慈善组织的两个载体局和善堂开始。这两者既是组织又是场所，是可以转而服务于更广泛公众的机构，也以不同的方式利用政府服务话语、佛教优点和儒学社会地位。

---

[88] 冉枚烁：《中国的精英行动主义和政治转变：浙江（1865—1911）》，此后她和许多其他人详细阐述了这一点。关于清代汉口，罗威廉：《汉口：中国城市的冲突和社区，1796—1895》。关于上海，顾德曼：《家乡、城市和国家：上海的地缘网络与认同，1853—1937》，第四章至第五章；冉枚烁：《中国的精英行动主义和政治转变：浙江（1865—1911）》，第三章。关于广州，冉枚烁：《中国公共领域的起源：晚清时期的地方精英和社区事务》，载《汉学研究》，第9卷第2期（1990年），13～60页；魏斐德：《大门口的陌生人》，63～65、152页；雷蒙德·陆：《中华帝国晚期的慈善事业和公众福利》。就天津而言，更加紧密地保持着类似和同期的发展，并且持续进行，关文彬：《天津的商人世界：一座中国城市的社会和经济》，第十章。

[89] 更密切地关注时间、联系和影响的一份全国范围的综合性研究，应该能弄清楚在19世纪上海、天津、汉口、广州、北京和其他地方表面上平衡发展的准确关系。

[90] 顾德曼：《家乡、城市和国家：上海的地缘网络与认同，1853—1937》，304页。

652 “局”这个字眼通常用于为君主制造供给品的非常具体的政府机构。明代，太监管理着为皇家服务的局——兵仗局（军械库）或酒醋局。在清代北京最重要的政府局可能是宝泉局和宝源局。米局由君主于1728—1753年成立，它们当中的26个（位于内城旗人单位分拨的建筑中）从户部获得资金，由内务府管理。米局是从旗人那里购买粮食然后进行转卖的地方。这些局与由五城管理的位于外城和郊区的政府米厂类似，那里的大米也是以稍低的市场价格进行销售的。这样，“局”这个字眼拥有了一个作为合法的官方事务场所的起源。[91]

善堂（字面含义为“善行的会所”）利用了其他先例。这些慈善或博爱的堂子是由佛教徒与儒家私人“善会”的传统和政府资助的福利堂形成的。夫马进（Fuma Susumu）、梁其姿和韩德玲已经陈述了对17世纪和18世纪的长江中下游这种机构的基本看法。[92]

因此，在北京由寄居者建立最早的“善堂”也就不足为奇了。广育善堂（位于琉璃厂附近）建于乾隆朝（可能在1790年），与位于寿佛寺私人管理的粥厂有联系，并且与一个收集记载其档案

---

[91] 吴建雍：《清代北京的粮食供应》，见《北京历史与现实研究》，179、181页。议覆档，147～158页，乾隆十六年三月初一日。《清实录》（雍正朝），卷66，13页。《清实录》（乾隆朝），卷827，9～10页。李明珠、崔艾莉：《清代保障北京的粮食供应：国家、市场和警察》，载《亚洲研究学报》，第58期（1999年），992～1039页。“局”有时也用于私人商号的名字（北京图书馆金石组编：《北京图书馆藏中国历代石刻拓本汇编》，第70册，23页；第78册，66～67页）。模仿政府慈善机构成立的以获利为目的的“米局”和“被局”是非法的。瞿宣颖：《北平史表长编》，348～349页；《清实录》（道光朝），卷408，1～2页。

[92] 夫马进：《善会善堂的出现》，见小野和子编：《明清时代的形成和社会》；韩德玲：《善堂：明末清初慈善机构的重整》，载《亚洲研究学报》，第46期（1987年），309～337页；梁其姿：《施善与教化：明清的慈善组织》；雷蒙德·陆：《中华帝国晚期的慈善事业和公众福利》，第四章（关于广州）。在北京，我能证明最早使用善堂词语（在1885年的《顺天府志》的列表之外）是在1811年（北京图书馆金石组编：《北京图书馆藏中国历代石刻拓本汇编》，第78册，74页）；其他的好像是在19世纪70年代。罗威廉认为这个机构出现的日期是在19世纪20年代的汉口（罗威廉：《汉口：中国城市的冲突和社区，1796—1895》，92、106页）。

的团体有关系；所有这一切表明，已经有来自江苏的男子们开始进行慈善活动。这个慈善堂持续到19世纪30年代，那时它和地保 653
合作管理收容寡妇之所。[93] 其他两个早期善堂是在嘉庆朝成立的，也位于外城的西边。一个是一位河南人于1818年创办的，居于各官署的中间，其他寄居者们捐献银两，并且雇用了一名管理者。这个善堂每个冬天接纳一些老人和病人——从附近地区？——供应食物、衣服，埋葬他们（当必要时）。[94]

19世纪中期的危机把一些机构变成了一种倾向：先是缓慢地，然后是快速地，把慈善和救济变成了一系列公共服务，并且伴随着北京精英们激进主义的爆发。除了长期的贫困、反常的天气、高昂的米价、乡村的水旱灾害之外，京城还要面对着瘟疫、严重的内乱和前所未有的军事威胁。传统的办法似乎无能为力，而且在北京也和其他地方一样，遇到这些挑战的政府通过允准甚至是鼓励更多的私人主动来寻找解决办法。

19世纪北京的第一次危机是小规模的一次：1813年秋天，紫禁城发生叛乱。因为这场危机只持续了数天，战斗也被限制在宫里，自然也就没有进行总动员，震动主要是在心理上。嘉庆皇帝加强了宫中和城门的防卫并且开始了一波家族登记。[95]

1821年，北京经历着其自17世纪40年代以来第一次大规模的瘟疫。霍乱从亚洲南部和东南部开始蔓延，从广东到厦门再到

---

[93] 《顺天府志》，1885年，卷12，320、325、327～328页；吴长元：《宸垣识略》，卷10，185页；北京图书馆金石组编：《北京图书馆藏中国历代石刻拓本汇编》，第75册，163页。其与1774年的惜字会馆有关联。《顺天府志》，1885年，卷12，328页；卷62，2207页。有关其与长江中下游的关系，梁其姿：《施善与教化：明清的慈善组织》，132～155页。

[94] 《顺天府志》，1885年，卷12，322页；朱一新、缪荃孙撰，刘承榦考证：《京师坊巷志》，卷8，34页；《龚自珍全集》，187～188页；《清代职官年表》，卷1，653、659页；《清代碑传全集》，卷39，211～212页；北京图书馆金石组编：《北京图书馆藏中国历代石刻拓本汇编》，第78册，74页。其他开始于“嘉庆初”；其与1800—1801年的洪水有联系吗？

[95] 更多人被从旗人名单中剔除，也是这次叛乱的结果。参见第十一章。

长江中下游，向北横扫，在那年的七月末通过大运河到达京城，然后向西和北推进进入内城。同时，灾难性的洪水离开西南郊区，留下了超过一米深的积水。[96]

传统中医目录对瘟疫只提供了有限的措施。[97] 例如，在 1679—1680 年，当干旱已经使得北京饥民的暂住人口增加时，这些人在整个冬天依靠粥厂生存，疾病在中心人群中传播开来。康熙皇帝下令太医院准备药品进行分发，并且派 30 名医
654 生去五城的每一处检查和照顾病人。[98] 不清楚他们这样做有多少益处。

道光时期，霍乱传染病更加严重。1821 年夏天，新成立的（但是临时的）官方机构分发药物和棺材。[99] 及时注意埋葬肯定是有益的，秋季的顺天府考试延迟了两个月，以避免在人群密集环境下可能引发的疾病传染。诸如刺舌头和上颚、吃藿香丸、用药水洗眼、放鞭炮去吓走引起瘟疫的恶魔、诵经或求教于萨满巫师的个人措施可能更多是在心理上获得安慰。[100] 最后，这场瘟疫在到达中亚和欧洲之前无情地在人群中蔓延。

私人赞助的牛痘局于 19 世纪 20 年代在北京出现，后倒闭，于 19 世纪 60 年代再度出现。第二次浪潮受到北京伦敦布道会医院应用琴纳技术（自 1861 年开始）的鼓励，或许是由 1860—1870 年比

---

[96] 王吉民、伍连德：《中国医史》，214、824 页；《清实录》（道光朝），卷 21，34～35 页；郝懿行：《晒书堂笔录》，见《郝氏遗书》，卷 1，9～10 页。洪水，《清实录》（道光朝），卷 21，26～27 页。

[97] 罗芙芸：《从保护生命到保卫国家：天津公共卫生的出现，1859—1953》，31～55 页；班凯乐（Carol Benedict）：《19 世纪中国的鼠疫》，第四章。

[98] 那些人被送到东城，住在东岳庙并且每日去附近的粥厂，一些后来的人住在城镇另一边的观音庙。《清实录》（康熙朝），卷 89，14 页；卷 90，17 页。北京图书馆金石组编：《北京图书馆藏中国历代石刻拓本汇编》，第 63 册，149 页。

[99] 我没有更多的资料，但是与之相关的这个术语表明它们是以米局为模板的。《起居注》，道光朝，1 页；《清实录》（道光朝），卷 21，34～35 页。

[100] 《清实录》（道光朝），卷 22，3 页。上谕档方本，卷 167，道光元年八月十六日；卷 307～308，道光元年八月二十六日。昭梿：《啸亭续录》，卷 4，497 页。郝懿行：《晒书堂笔录》，见《郝氏遗书》，卷 1，9～10 页。

通常流行的可怕疾病更致命的一种疾病所促使的。[101] 似乎两个牛痘局在内城，两个在外城。[102] 但祈祷还是最普通的应对办法。当十八岁的同治皇帝于 1874 年十一月感染天花时，慈禧到妙峰山祈祷（亲自?），在宫门外的一个斗母宫（似乎是在一个临时的祭坛上），为天花女神摆放精致和昂贵的供品。但这无济于事。[103]

鸦片战争期间（1839—1842），北京没有受到进攻，当时战斗尚局限于中国中部和南部沿海地区，但它确实见证了清朝海岸脆弱性的一个先兆。英国船舰于 1840 年夏天行驶到天津附近的河口，在淤泥滩上徘徊，举行不确定的谈判。虽然在那场战争最后 655
处理的结果中，上海成为最北的通商口岸，但是在接下来的二十年中，北京没有再次经历外国人的直接存在，对于外国人从海上入侵的可能性已经采取了一切非常具体的形式加以防范。

在北京，19 世纪三四十年代是一个社会不安定的时期。鸦片，虽然被禁止，但是在 1815 年已经被秘密地从南方大量输入城中进行销售；1838—1839 年，在北京地区发现当地县官是位瘾君子，并有上百名鸦片贩子在京城被捕。正如崔艾莉在某些细节上所描述的那样，盗窃和抢劫正在增长，而步军统领衙门极少得到更多的资金，所起的作用也微乎其微。为解决旗人人口问题，道光皇帝提供了更多他自己的资源，批准更多的勇丁，加强夜间巡逻；

---

[101] 梁其姿：《明清预防天花措施之演变》，见《国史释论——陶希圣九秩荣庆祝寿论文集》，250～252 页。波乃耶（J. Dyer Ball）：《中国文物》，704 页。杜德珍：《医学报告》，载《海关税务司》（上海），1871 年，6～15、73～82 页；1872 年，7～9、29～49 页。杜德珍：《中国的疾病，与欧洲对比探讨其起因、条件和流行》，43 页。J. G. 科马克（J. G. Cormack）：《在北京的早期西方医学》，载《中国医学杂志》，第 40 卷第 6 期（1926 年），519 页。梁元生：《上海道台：社会变迁中的纽带人物，1843—1890》，50 页；王吉民、伍连德：《中国医史》，273～301 页。

[102] 王吉民、伍连德：《中国医史》，286～287 页。后者由安平水会建立（参见后来的讨论），其他的由忠义局建立，在 1874 年搬到火神庙的房间里。《顺天府志》，1885 年，卷 12，326、328、329 页；今堀诚二：《北平市民的自治构成》，54、114～120 页。

[103] 杜德珍：《中国治疗艺术》，载《教务杂志》，第 3 期（1870 年），103 页；杜德珍：《1874 年第十三次北京医院年度报告——与伦敦布道会相关联》，14～15 页；恒慕义主编：《清代名人传略》，730～731 页；徐珂：《清稗类钞》，卷 1，9 页。碧霞元君的一位侍者是痘神。

到 1851 年，额外增加八百人守卫内城。[104]

对社会组织冲突的非政府回答来自一个似乎不太可能的方面：消防员。虽然石头的使用保护了北京的一些建筑，但是邻近的许多房屋是非常脆弱的，灭火是政府为北京居民提供的一种长期服务。火班的责任在于外城的五城、内城的步军统领衙门、紫禁城的皇室与颐和园。[105] 新的水局出现在外城，它们遵循着那些先前成立局的规则，但是在由私人组织提供的公共责任中标志着一个重要阶段。[106]

在 19 世纪 40 年代迈出了第一步。1845 年外城前门附近一条街道上的居民（肯定是商人）成立太平水会。[107] 公议水会是 1848 年由来自安徽的商人建立的，位于城门口附近拥挤的地方。[108]（参见图 16－3。）与善堂一样，这些局都得到了容忍和安置，一直存在到 1850 年，与粥厂和避难所一起由政府运行，在 19 世纪后期形成了扩大公共服务的基础。

656 在 19 世纪 50 年代的紧要关头，当国家的灾难成为地方问题时——第一个威胁来自太平天国起义，然后是英法联军的 1860 年

[104] 崔艾莉：《维护帝都北京的治安：清代步军统领衙门，1650—1850》，302～328 页；外纪档，嘉庆二十年正月初十日，嘉庆二十年六月二十八日。一盎司银值 700～800 串铜钱。《畿辅通志》，1884 年，卷 5，368 页。

[105] 《大清会典事例》，1899 年，卷 1036，17442 页；卷 1163，18703 页。崔艾莉：《维护帝都北京的治安：清代步军统领衙门，1650—1850》，265～271 页。

[106] 有关灭火队的权威著作，今堀诚二：《北平市民的自治构成》。有关天津，关文彬：《天津的商人世界：一座中国城市的社会和经济》，360～364 页。有关汉口，罗威廉：《汉口：中国城市的冲突和社区，1796—1895》，163～168 页。任何熟悉这个时期在江户德川家族首都组织良好的灭火队员的人来说（参见威廉・凯利：《燃烧行动：在将军的都城和百姓城镇中的火灾和消防》，见詹姆斯・麦克莱恩、约翰・M. 梅里、鹈川馨主编：《江户和巴黎：早期现代城市和国家生活》），他们在北京的重要性不足为奇。

[107] 在这个打磨场胡同中，最积极的商人来自山西。《顺天府志》，1885 年，卷 12，329 页。今堀诚二：《北平市民的自治构成》，79～80 页。北京图书馆金石组编：《北京图书馆藏中国历代石刻拓本汇编》，第 72 册，174 页；第 85 册，126 页。

[108] 今堀诚二：《北平市民的自治构成》，23～27 页；《顺天府志》，1885 年，卷 12，328 页。

入侵——刺激了北京当地组织的细化和活动范围的一次扩展。[109]

来自中国南方的太平天国军队，一大群信基督教的汉人起义军意图瓦解和推翻这个王朝，于 1853 年二月（3 月）占领了南京。他们在那里残杀八旗军，将其定名为天京，并且立即派遣一支北伐军夺取北京。在 1853 年的夏天和秋天，这些军队越过河南，向北进入山西，然后向正北穿过直隶，直逼清政府所在地京城。太平军大肆封赏他们的指挥官，自己大胆地向这个王朝发起挑战，让这些男子们承担用各种手段征服、消灭、攻取、摧毁和肃清满洲野蛮人的任务。

图 16－3　1897 年的北京消防员

这些消防员穿着特殊的制服并且拿着一个可识别的旗帜。中间是他们的抽水泵和贮水箱。这个木版画收录于神父樊国梁综合性图书《北京：历史与记述》，于 1897 年在北京出版。长期居住在这座城市的樊国梁是在 1900 年义和团围困时期北堂最著名的防御者之一。

资料来源：樊国梁：《北京：历史与记述》，411 页。

到了当年九月底，由于沿途微弱的抵抗，叛军抵达天津郊外。657
在那里，他们突然停止向前推进，并被清军阻止长达三个月；1854 年的正月，叛军最终突破了清军防线，但他们还是放弃进攻北京，返回南方。他们的援兵只抵达临清（山东大运河边上的一座城市），也被击退了。八旗、绿营和乡勇的联合防御已经可以阻

[109] 与罗威廉的《汉口：中国城市的冲突和社区，1796—1895》中提到的 19 世纪 80 年代在汉口叛乱中的集体行动相比较。

止北方省份被叛军占领，也许拯救了这个王朝。[110]

太平天国的京城直到 1864 年才被夺回来，他们挑战满洲权威影响的失败和在帝国内权力的分配是值得注意的。当这些和其他叛军组织反对这个王朝的时候，官员们向清朝承诺——和大多数朝代一样——鼓励组成乡勇协助抵抗。整个中国，许多类型的动员以广泛和前所未有的规模进行着。通常被认为是危险的独立团体现在允准成为合法、武装、受资助和有组织的社会角色。

虽然北京免于冲突保持了安全，但太平军推进的影响是明显的。在 1853 年的夏天和秋天，上千人因恐慌而逃离了这座城市。驻扎在附近的士兵应征服役。随着更多的军队需要补给，对中央政府资金的需求也增加了；当原铜难以从云南运来时，京城的铸币厂开始发行劣币，然后用钞票来弥补硬币的不足，钱庄也就关门大吉了。商人们被迫向政府财库捐纳金钱换取官职。

由于发现了起义军向北派来的密探，北京城门加强戒备，沿着护城河，在城区积极设置路障。[111] 一支现有的消防队立即利用这场紧急情况扩大了它的活动，组织人手巡逻街道，而且在那年由外城其他的店主行会按照这个惯例成立了三个新消防局。正如我们将要看到的那样，在接下来的十年中，由于和这种更自由的动员政策保持一致，对于这些团体组织，官员们开始利用与合作，这样它们就成为合法并有影响的组织。[112]

19 世纪 50 年代，西方对条约的修订施加了压力——即使太平

---

[110] 简又文：《太平天国革命运动史》，169～194 页；马默：《从弱到强：苏州，1368—1550》，第 1 页地图 6，93～94 页。

[111] 瞿宣颖：《北平史表长编》，352～353 页；《北京历史纪年》编写组：《北京历史纪年》，233 页；《清实录》（咸丰朝），卷 85，9～10 页；简又文：《太平天国革命运动史》，181 页；斯卡思（John Scarth）：《在华十二年见闻》，173～178 页。斯卡思引用一位五城巡城御史的笔记，外城有三万户家庭逃离。

[112] 《顺天府志》，1885 年，卷 12，328～329 页；今堀诚二：《北平市民的自治构成》，30～35、82～83、95～99、114、157 页。

天国占领中国中部的大部分——包括要求允许外国外交人员住在北京。当这个压力于1858年又一次开始具体化为军事威胁时，京 658
城的士兵再次得到动员，其他人被转移，乡勇被组织起来。出于对外国人围城的恐惧而抢购食品，结果导致食品价格飞涨；皇宫需要五百辆马车准备逃跑的消息加剧了人们的歇斯底里。朝廷指定了三位满洲亲王防御内城（重中之重）。[113]

1858年春天，西方列强（英国、法国、俄国和美国）的代表再次行驶到渤海湾，占领了守卫着通往天津河道的大沽要塞，然后强行开辟出一条进入那个城市的线路，当年六月经过谈判在那里设立了一个新租界。

根据那项条约的约定，当外国人一年后重返京城定居时，清军收回了他们的欢迎并且把他们击退到大沽。这样，1860年夏天英国人和法国人再次到来，现在是公开敌对。在八月期间，他们占领了大沽，然后是天津，9月初，行进至通州和北京。京师的防御再次由蒙古将军僧格林沁来掌控。两军互相对峙。

随着继继续续的谈判，欧洲军队在北京东部与清军交战，击退清军，联军进军至京师。八月初八（9月22日），咸丰皇帝恐慌了，从圆明园逃到遥远的热河避暑山庄。十月初，当清朝不仅仍然拒绝屈服，而且把派去谈判的代表抓起来时，愤怒的联军再次发起进攻。他们闯入并掠夺了郊区的圆明园（在10月6日），在北部郊区扎营，威胁要猛攻附近的安定门。然而，双方似乎都不愿意打仗了，10月13日，清朝当局不战而降。

法国和英国指挥官决定通过摧毁圆明园来惩罚清朝。就这样，这座宏大的皇家庄园于10月17日至18日（九月初四至初五）被臭名昭著地付之一炬。然后，额尔金勋爵（Lord Elgin）和法国专使葛罗（Baron Gros）获得允许进入城内，新的条约于十月末签订。在几天的时间里，外国士兵在北京和皇宫里任意漫游，但与1900年（当联军将要占领北京时）不同，他们不久就离开了。咸

[113] 周育民：《法华古寺风云录》，见林克光等主编：《近代京华史迹》，412页。

丰皇帝留在热河，一直到来年的夏天去世。[114]

北京的防卫被可信任的满洲人调整到一个新衙门（处，又称
659 作公所），这个衙门设在内城不搭调的法华寺，一座离皇城不远的宽敞的佛教寺院。[115] 咸丰皇帝的同父异母弟弟恭亲王担负起职责，从被毁灭的圆明园附近的庄园里搬到市区西边一座有宝塔的寺院天宁寺，他就从那里进入北京，签订了谈判文件。[116] 额尔金勋爵当时已经在内城东边的怡亲王府（怡亲王已逃往热河）扎营，葛罗接管了贤良寺（离城南不远的一座祠堂）。[117] 1859 年与俄国签订的正式条约是在俄罗斯馆签订的，俄罗斯馆是他们长期外交关系一处方便的遗迹。1860 年十月在礼部的厅堂中与英法签订了《北京条约》；法海寺被用于接待外国人。[118]（显然政府缺少用于处理这些前所未有事情的合适场所。）

这些条约对清朝造成的影响是巨大的：在武力的胁迫下，国家被迫向外国经济文化势力开放。一般而言，北方，特别是京城，直到那时候还避免与西方人进行直接接触，此时也感受到了变化。天津成为一个通商口岸并且开始发生变化，变成中国北方一个主要商业中心。北京受到自 1644 年以来从未有过的震动。在 1861 年的春天，当英法公使到达他们在城区新建的使馆时，一个世纪之久的西方存在开始了。[119]

“皇帝夏宫”的毁灭在今天已经变成这样一个强大的象征（象征了无情的帝国主义和中国的虚弱这两个方面），我们必须小心，

---

[114] 瞿宣颖：《北平史表长编》，236～240 页；恒慕义主编：《清代名人传略》，380 页。有关这场声名狼藉的战争有许多西方记载。

[115] 震钧：《天咫偶闻》，卷 3，19～20 页；周育民：《法华古寺风云录》，见林克光等主编：《近代京华史迹》；恒慕义主编：《清代名人传略》，668、853 页。

[116] 瞿宣颖：《北平史表长编》，239 页；恒慕义主编：《清代名人传略》，381 页。

[117] 《北京历史纪年》编写组：《北京历史纪年》，239 页；恒慕义主编：《清代名人传略》，924 页。

[118] 马士：《中华帝国对外关系史》，612 页；《通往世界首都的路线时刻表和陆路到印度、波斯、远东的指南》，325 页；震钧：《天咫偶闻》，卷 3，19～20 页。

[119] 马士：《中华帝国对外关系史》，589、593～612 页；《北京历史纪年》编写组：《北京历史纪年》，239 页；恒慕义主编：《清代名人传略》，380～381 页。

不要对 19 世纪 60 年代做过多的复述。[120] 然而，对于北京的历史来说，赤裸裸的事实却让人毫不怀疑这个野蛮行径的重要性。圆明园和昆明湖建筑被烧毁了，这个地区日常皇家的存在几乎被消灭，汉人的进入突然成为可能。[121]

道光皇帝可能是清代已知最后一个强有力的皇帝（相对来说）。1860 年后，中央权力转而由皇亲联合操控，其中就有咸丰皇帝的后妃，作为皇后（然后是皇太后），提供了所谓的连续性措施。在这个所谓的同治中兴时期，尽管朝廷加强了与君主周边满 660
洲官员的联系，但它仍紧紧依靠着各省的汉族官员。

至于北京，在入侵期间和之后的当地动员持续着，正如新衙门所需要做的乏味之事一样。1860 年 7 月，文祥和三位其他满洲贵族成员负责位于法华寺的巡防处（现在由君主有效地接管）。虽然巡防兵从未与敌人交战，但文祥和其他人还是积极参与和平谈判，负责维护在城区中的治安。1860 年 8 月末，恭亲王同意一项提议，要求在京官员留意他们周边治安，鼓励乡勇与捕役-士兵一道巡逻，并成立了更多的“水会”。1861 年到达北京的外国人发现乡勇在夜晚积极对抗当地的土匪。[122]

一旦消防局接受官方的庇佑，它们在数量上就会迅速增加并且在范围上扩大。官方表彰团体是“民捐民办”，对于那些想把自己标示为有价值姿态的男子们而言是真正的鼓励。但个人的捐助

---

[120] 何伟亚：《抢劫的命运：掠夺的经济和来自中国皇帝的颐和园物体的道德生活》，载《历史与人类学》，第 6 卷 4 期（1994 年），319～345 页。有关 1871 年中国的看法，罗郁正、舒威霖：《待麟集：清代诗词选，1644—1911》，311～316 页（王闿运的诗）。

[121] 雒魏林：《北京及其附近略记》，载《皇家地理学会杂志》，第 36 期（1866 年），147 页。当这位皇太后在 19 世纪 80 年代进行重建时，她把注意力集中在湖上。

[122] 周育民：《法华古寺风云录》，见林克光等主编：《近代京华史迹》；震钧：《天咫偶闻》，卷 3，19～20 页；恒慕义主编：《清代名人传略》，668、853 页；《清实录》（咸丰朝），卷 325，10～11 页；《大清会典事例》，1899 年，卷 1032，17413～17414 页；李华：《明清以来北京工商会馆碑刻选编》，157～158 页；芮尼：《驻华英使馆第一年期间的北京和北京人》，卷 1，49 页。

与公共资金相结合，户部守护着其授予和控制的权力。[123]

新的消防团体就这样在外城存活下来。许多消防团体最终（寻求并且）从五城接受作为官方奖赏的木制匾额以及对它们服务的表彰。其后，在承认人口杂居和保留先前旗人权力的前提下，内城也成立了类似的消防队。这些消防队用于团防，并被置于五城的管辖之下。[124] 这些多功能的“水局”显而易见成为多用途的周边治安组织。新的权力使得它们处于危险之中——不仅仅对于政府——因为它们可以通过拒绝提供服务来强索“捐款”，有力量挑战它们的对手和打败它们的敌人。

对于这些组织来说，要找到合适的永久空间是不容易的。公义水局于1853年开始设在一家当铺，于1865年获得了一个“公所”。公义水会于1848年开始设在芜湖会馆，搬迁过一次，然后
661 募集钱款修建了自己的房子。不协调地使用寺院也减少了。20世纪40年代，今堀诚二有价值的论文中提到了17个水会的历史，有8个水会设在寺院中。[125] 然而，所有这些会——如同家、店铺和会馆一样——都在房屋的一边设置用于祭拜的殿堂或祭坛。[126] 它们还在墙上和门上悬挂木制纪念匾额，类似于在寺院院子里展示表现民心和个人荣誉的石碑。

与寄居会馆相比，这些组织最初在附近形成并且从那个区域的安全关注中获得它们存在的正当理由。（有关它们的领导人我无法了解更多。）在1871年前某一时间，住在外城主要街道（前门西南）虎坊桥一带的店主组建了成善水会，把土地庙作为它的总部。一座大殿用于火神的祭祀，另一座大殿是一个

[123] 今堀诚二：《北平市民的自治构成》，157页。

[124] 今堀诚二：《北平市民的自治构成》，30、36、46、106页；《大清会典事例》，1899年，卷1032，17413页。

[125] 今堀诚二：《北平市民的自治构成》，33～34、95页，以及21～22、26～27页。我没有看到寺院使用的模式；两个郊区的水会也利用寺院。今堀诚二：《北平市民的自治构成》，166页。

[126] 今堀诚二：《北平市民的自治构成》，各处。有关神灵崇拜的资料在20世纪40年代以前无法获得有把握的证据。

会客室。[127]

一旦成立，这些水会经常偏离主题去协助一个更广阔地区，并提供了比夜间安全巡逻和灭火更多的服务：它们组建新的粥厂或提供警卫，接种有效的疫苗，管理庇护所，收集和烧掉写过东西的纸张，分发冬衣，在蝗灾时期帮助南部郊区捕蝗虫，并且在洪水期间提供紧急援助。[128] 这个活动列表的扩大与消防队的任务范围从一个街坊扩大到整个城区是同步的。大批消防队协助扑灭了1888年紫禁城太和门的大火以及1889年天坛内蓝色圆顶的祈年殿大火（雷电引起的），这显示了它们的“功绩”——被奖以金钱和纪念性的匾额。对于这些服务，公共服务业的传统语言仍然适用：“功德甚深”。[129]

精英们管理的这些“水会”与政府密切合作。它们并不是一个没有国家参与的领域。它们的活动需要官方授权，每三年要向户部备案，户部试图限制它们的数量；巡城御史和捕役长批准它们的计划并且颁发奖赏。1883年，当乡勇因外城街道的警戒而再次组建时，他们也得到了一份正规的官方预算的支持。[130] 在这种关系中，政府在不损失家长式的道德威信或对当地精英的控制下，可以比日常许可的有限人员产生更广泛、更深远的影响。 662

1876年，北京还面临着另一场自然灾害：华北大饥荒。冉枚

[127] 今堀诚二：《北平市民的自治构成》，121～127页；李华：《明清以来北京工商会馆碑刻选编》，157～158页；北京图书馆金石组编：《北京图书馆藏中国历代石刻拓本汇编》，第84册，45页。《顺天府志》，1885年，卷12，329页词条，正如今堀诚二所表明的那样，其是不正确的。

[128] 今堀诚二：《北平市民的自治构成》，23～24、55～57、79～80、85、115页；《顺天府志》，1885年，卷12，321、329页。

[129] 李华：《明清以来北京工商会馆碑刻选编》，157～158页；今堀诚二：《北平市民的自治构成》，23～24、33～34、52、79～80、125～126页；艾约瑟：《现代中国：31篇有关说明国家现状的短文》，2～4页。

[130] 今堀诚二：《北平市民的自治构成》，23～24、26～27、73、79～80、118页；军机档，内政类，光绪七年二月十五日；《大清会典事例》，1899年，卷1032，17413、17417～17418页。

烁把这个延长了的危险视为对精英行动主义的一个刺激，而事实上，精英们在北京的行动主义依然遵循着已经确立的惯例。[131] 这场饥荒是数年未能缓解干旱的结果，到 1876 年，饥荒影响了山西、陕西、山东、河南和直隶。饥馑在 1877—1878 年达到高峰，在 1880 年，这时候的灾难按照常规发展，估计有九百万到一千三百万人死亡。天津吸引了来自长江中下游有管理能力的慈善家，成为从中国中部输入粮食用于分发的中心，外国人成立了救济委员会的总部。[132] 北京是受灾地区的外围，没有位于通往受影响地区的供应通道上，它的专用粮食生命线也没有中断。这座城市的主要问题是应付没有危及自己食物安全的难民。

尽管政府回应每年在京师及周边增加新的设施，但是食物的需求在 19 世纪 70 年代早期变得迫切起来。因为永定河的堤坝经常坍塌（当时维修不善?），这座城市西南部在 1867—1873 年连年发生洪水。1875 年夏天，当年轻的光绪皇帝登上皇位时，北京也感受到了即将来临的干旱影响。已有的 15 座粥棚，已经开放超期两个多月（至五月二十日），现在变成提前三个月开放（从七月）。[133]

到了 1876 年夏天，当人们逃离遭受旱灾影响的农村寻求生计时，难民开始到达北京的城门，因为他们知道在那里可以得到粮食。当他们的数量增加时，城里的粮食价格上涨，新的粥厂、善堂、消防队、避难所和孤儿院开始活跃起来，大量打折的粮食被卖出用以平抑粮价。光绪皇帝在 1877 年夏天祈雨（随后有 6
663 次）。[134] 当难民大量涌入时，粥厂无以为继，出现了更多的乞丐、

---

[131] 冉枚烁：《中国的精英行动主义和政治转变：浙江（1865—1911）》，142～147 页。亦参见罗威廉：《汉口：中国城市的冲突和社区，1796—1895》，28 页。

[132] 除非另有注明，我依赖理查德·博尔。亦参见罗芙芸：《从保护生命到保卫国家：天津公共卫生的出现，1859—1953》，93～100 页；罗芙芸：《超越善行：天津广仁堂》，载《妇女史杂志》，第 8 卷第 4 期（1997 年），54～90 页。

[133] 瞿宣颖：《北平史表长编》，361～367 页；《北京历史纪年》编写组：《北京历史纪年》，242～244 页；军机档，内政类，第 5 包，光绪元年三月十八日。

[134] 《顺天府志》，1885 年，卷 12，319～326 页；《北京历史纪年》编写组：《北京历史纪年》，246 页；军机档，内政类，第 5～6 包，各处；瞿宣颖：《北平史表长编》，367～369 页。

更多的盗贼和更多的尸体。乡勇被带来用于维持粥厂外长长难民队伍的秩序。到1878年冬天，25个中心拼命地分发食物。[135]

更大的饥荒救济不仅由熟悉情况和经过考验的政府措施来完成，而且由重要和前所未有的私人部门的捐助完成。在大城市中呼吁援助是有效的（例如，通过在长江中下游新近创办的报纸），强调分享人道有助于创造一种更广泛团体的感觉，扩展至海外华人（“我们现在与他们生活在同一天空之下”）。这个团体甚至包括外国人，他们也组织起来募集钱款（“这样悲惨的景象到处都是”）。通过与更早一个世纪的大饥荒相对比，这个地区性的灾难就这样由官员们和来自一个广阔地区普通居民错综复杂的努力进行应对的。[136]

在北京，1876—1880年的措施是基于寄居精英（官员和商人）和城市官员（府尹和御史）之间密切的合作。士绅建立新的机构并担任管理者，但是这些管理者转过来祈求官方的承认和资源；由慈善的市民捐给政府用于救济的金钱，然后由御史分配给善堂来进行分发。[137] 嘉庆时期的犹豫不决已经过去，但是控制的冲动仍然是强烈的。

1878年，在天津的官商寄居者获得了总督李鸿章的支持，成立了广仁堂，对孤儿寡母之家而言，它可以得到政府和私人共同定期的资助。[138] 四位江苏人效仿这个程序于1880年在北京而且是

---

[135] 军机档，内政类，第5包，光绪四年二月十三、二十五日；《清实录》（光绪朝），卷67，21页；今堀诚二：《北平市民的自治构成》，23～24页。

[136] 理查德·博尔（Paul Richard Bohr）：《中国的饥荒和传教士：作为赈灾管理者和国家改革倡导者的李提摩太，1876—1884》，51页，在1878年，上海翻译了一份关于捐款箱的公告，并且在第21页中，引用了一本1878年在伦敦刊行加插图的筹募基金活动书；冉枚烁：《中国的精英行动主义和政治转变：浙江（1865—1911）》，145～146页；卫思韩：《外交和幻觉：康熙时期的荷兰和葡萄牙使团，1666—1687》，特别是第314～317页。

[137] 军机档，内政类，第5～6包，各处。

[138] 罗芙芸：《从保护生命到保卫国家：天津公共卫生的出现，1859—1953》，第二章；罗芙芸：《超越善行：天津广仁堂》，载《妇女史杂志》，第8卷第4期（1997年），67～80页。

在外城成立了一个类似的机构。第二年，他们向顺天府申请政府补助，获得了三百石粮食；在以后的几年中，和其他类似的善堂、粥厂和避难所一样，政府拨给它们相同数量的粮食。[139]

广仁堂是一座刚刚购买了84间房屋的大宅院，有3个庭院
664 （系乾隆时期一位大学士的宅邸）。被遗弃的孩子们（五到十五岁）获得衣食供给，得到教育，学习有用的技能。被断定是意志坚定而且身家清白的寡妇每月会得到一笔津贴。（当然，道德的判断是相对的。）小孩子和老人也被带进来并且提供给住房。1881年夏天，有超过四百人在此居住。次年，这个善堂复制了自己，并在宛平、通州和其他附近的县为孤儿们成立学校。

这个组织表明反对杀婴的态度，虔诚地兜售自我完善的道德（“多一个工人，少一个无赖”），明确规定了小到孤儿如何被照顾的每个管理细节。新的被褥每三年一换，新的冬衣每两年一换，夏衣每年一换；鞋子每三个月一换，理发一个月两次，在夏季每五天洗一次澡。每个月三十张厕纸，每个房间有一个便壶，每天早上由男孩子倒掉；在房子里或往水井里小便要鞭打多少下；在学校房间有水盆用于在去厕所后和在拿书前洗手；等等。管理人每年年底向顺天府尹和巡城御史、天津广仁堂和那些捐助的贵族报告他们的记录。所有人前往前门关帝庙烧香以示他们的诚实。

对于广大公众的这种责任感也是以教育为目的。结果，北京最终开始出现学校。3所义学于19世纪头十年在外城被建立。在1864年和1875年之间，在内城开始有6所之多的学校，然后在1883年前，又建了另外7所学校。在这同样的二十年中，外城建了另外7所学校，郊区建了14所学校。儒家和西式教育家认为寺院不是适合的地方，所以大多数学校位于新的房屋内。[140]

---

[139] 《顺天府志》，1885年，卷12，323～325页。1882年的《京都广仁堂章程》描述了殿堂及其活动的重要细节。四位创办人袁善、朱百遂、冯光勋、季邦桢，全部为进士出身。《明清进士题名碑录索引》，卷1，640、765页；卷2，1071、1353页。

[140] 《顺天府志》，1885年，卷62，2205～2208页。19世纪有38所义学。

这些首创既是官方的又是个人的。1882、1883年的半数学校完全由府尹周家楣成立，事实上，在联系私人和公共事业这个领域周家楣是相当活跃的。相比之下，内城的9所义学是由一位名叫王海的满人慷慨资助的，而且它们清楚地表明这些旗人是如何追随慈善事业寄居者们的领导。王海于1869年在内城建起他的第一所学校，并于第二年在西便门外的路边捐助了一个粥厂；然后他在接下来的几十年中在位于内城和外城的其他义学花费了数以万计盎司银。对于这些努力，通过巡城御史（曾经渴望在两个方 665
面拍马屁）引起了皇家的注意，他被奖以官衔（不是一个职位）。[141]王因对其所负责团体观念豁达而引人注目。

北京的少数宗教团体也融入公共活动之中。两个由穆斯林管理的粥厂用于他们团体的成员，如同其他的粥厂一样，在1878年后由官方供给粮食。[142]看起来政府认为它们是一个独立的范畴（正如他们自己所认为的那样）。

甚至教门信徒也受到了鼓励。至少到19世纪80年代，在理教教徒开始在北京为他们的集会建立会堂。他们也把世俗和宗教善行的语言用于他们的中心：乐善堂公所、福善同修堂公所等。约1900年一个同情教派的描述显示，大多数堂子有男男女女上百名，定期举行聚会，抨击饮酒和鸦片。信徒们用合法性来武装自己，把福利和皈依宗教结合起来，希望能引起身体上沉溺和精神上迷惘的人们的注意。[143]

同时，外国人的存在也越来越明显。他们在城里形成了一个独有的团体，但是也给他们带来了关注集体善行的机构。1860年后，俄国人迅速重建了他们的存在，把俄罗斯馆变成他们新使馆

---

[141] 《顺天府志》，1885年，卷12，321页；卷62，2205～2206页。

[142] 《顺天府志》，1885年，卷12，322～323页；北京图书馆藏拓片第7890号；《大清会典事例》，1899年，卷1035，17435页。

[143] 赵东书：《理教汇编》，201～206、209～210页；杜安：《宫廷和北京平民的礼仪》，载《法中友好协会简报》（巴黎），第3期（1911年），149页。二十年后，一本当地指南手册公开讨论了这个宗教，列出了59个殿堂。《北京指南》，卷3，3页。

的所在地。[144]

公使卜鲁斯（Frederick Bruce）和布尔布隆（Alphonse de Bourboulon）于1861年3月到达——布尔布隆太太（Madame de B.）和她的女仆也许是第一批住在北京的西方欧洲妇女。这些外交官被允许租住离俄罗斯馆不远的两位亲王的王府，其位置位于新出现的使馆区。这个地区位于六部官署的正东边，长久以来是一个半官方的区域。经过接下来的四十年，美国、德国、意大利、荷兰、
666 西班牙、奥地利、比利时和日本人在此投资于外交人员的住宿。[145]虽然没有像通商口岸那样生活在正式被占领的土地上，但北京的外国居民受到治外法权的保护，形成了一个独立的团体。

新建筑在它们的外表和功能上是西方的——医院、银行、教堂、邮局——成为外国生活的可识别特征。对于各种全新的变化，专用的空间是需要的。到19世纪70年代末，有了一个台球室、戏院和滑冰场。[146]（只是在1900年后这个地区才被围墙包围起来。）

大部分更古老的欧洲公墓于1860年得到改造。英国士兵被安葬于城墙北面的俄罗斯墓地，一块重要的纪念碑标志着他们的死亡，而法国人则是利用在栅栏已经分派的土地。法国正福寺墓地被修复了，英国人于19世纪70年代在西城墙外修建了一块新的墓地，并且把他们的墓穴迁到那里。[147]

---

[144] 密福特：《使馆馆员在北京——书信集》，210～212页；埃里克·韦德默：《18世纪俄国在华传教团》，96页；坂野正高：《中国和西方，1858—1861：总理衙门的起源》，41～42、130页。

[145] 芮尼似乎没有考虑过俄国人，但是注意到第一批到访的女性是1860年为法国军队提供服务的人。芮尼：《驻华英使馆第一年期间的北京和北京人》，第一章。最初，外国人永久支付年租金。有关英国使馆，附有插图，参见斯蒂芬·马克布莱特（Stephen Markbreiter）：《搜寻一个身份：在北京的英国使馆，1861年》，载《亚洲艺术》，第13卷第3期（1983年），120～130页；亦参见蒙思明：《北京的俄罗斯馆》，载《哈佛亚洲研究学报》，第23期（1960—1961年），29页。

[146] 威廉·辛普森：《相遇太阳：周游世界，埃及、中国、日本和加利福尼亚州，其中包括中国皇帝婚礼的记述》，141页。

[147] 芮尼：《驻华英使馆第一年期间的北京和北京人》，卷1，94页；莫里斯·伊里松：《一位赴华翻译的日记》，400页；麦基：《我们如何去北京》，26页；斐士：《北京及其近郊指南》，37页。

到达北京的传教士需要教堂。1860 年，已被废弃了二十年的南堂是“一片废墟，屋顶有个大洞，地上长满草，里面的东西被洗劫一空，院子外被小贩占据着”。十月，在此举行的“弥撒”是北京最早的照片之一，成为一个象征返回时刻的纪念。当时，收回和修复了每一座天主教堂，汉族信徒谨慎地再次出现。俄罗斯高级教士搬到旧的阿尔巴津人的教堂，他们曾予以保护的耶稣会图书馆安置在北堂。[148] 依靠皇家亲善的日子已经过去了。新的教堂现在可以重建并开放给所有人，他们许多人是新教徒。[149]

不久，基督教的仁慈在这些教堂中开始起作用，显示了对学校、药房、医院、粥厂和孤儿院一种普遍的公共责任感。[150] 1861 年 9 月，英国使馆的医生雒魏林，在伦敦布道会的赞助下在隔壁开办了一间小医院。在 1864 年春天，由一位苏格兰人继任者杜德珍，“困难地”购买了城里同一个地区一座相当大的火神庙。这所重新部署的诊所一年可以看约一万名门诊病人，但是只有几十张床位。另一位苏格兰人莫维廉（William Murray）于 1871 年开始 667
教授盲童，最终利用使馆的资金，为他们建立了一所小学校。1879 年，美国长老会开始经营一个附属于他们教会的药房，然后于 1886 年修建他们自己的医院。到 1900 年，在城里至少有 18 座

[148] 迪瓦恩：《北京的四座教堂》，160、168 页；提里耶：《西方拍摄的圆明园中西洋楼的照片，1860—1925》，60 页；芮尼：《驻华英使馆第一年期间的北京和北京人》，卷 1，44～45 页；北京图书馆金石组编：《北京图书馆藏中国历代石刻拓本汇编》，第 86 册，109～110 页；包士杰：《北京宗教建筑参观指南》；埃里克・韦德默：《18 世纪俄国在华传教团》，96 页。

[149] 在 19 世纪 60 年代，得到伦敦布道会、圣公会、美以美会、美国公理会和美国长老会的赞助。甘博：《北京社会调查》，378 页；海波思（Marshall Broomhall）：《中华帝国：概论和教会概况》。

[150] 对外国人建立孤儿院的禁令是无效的。德呢克：《游客在中国北方的备忘录》，47 页；奥利弗・吉德拉神父：《法国和中国，远东中国古代和现代的公共和隐私生活：中国的政治、社会、民事、宗教、军事体制。民俗、哲学、文学、科学、艺术、工业、商业、农业及自然产品。法国在中国的宗教、外交及军事行动及其影响，其在远东的政治及商业前景》，46 页；艾约瑟：《北京》，见韦廉臣：《华北、满洲及东蒙旅行记》，364 页；罗淑亚：《环游世界；北京及内陆中国》，233 页；濮义耐：《从河内到北京：中国札记》，284、286 页；约翰・格兰特・勃赤（John Grant Birch）：《在中国北部和中部的旅行》，5～6 页；迪瓦恩：《北京的四座教堂》，162、174、185 页。

基督教堂，在传教士的指导下拥有相当多样的世俗和宗教活动，为那些选择关注人们的行动主义提供了模式。[151]

在1860—1900年，大量的政府和私人处所在北京创立了处理城市问题的机构：粥厂、销售谷物的局、消防队、冬季避难所、孤儿院、接种局、善堂、慈善学校、教堂和医院。这也是读者应该记住的，会馆的数量以每年三个的速度爆炸性增长。虽然寺院仍然被用作新组织的总部，但它们愈来愈被绕开。拥有了政府批准，新的机构就不再需要躲在寺院慈善的光环之下，而是可以公开利用世俗的建筑。然而这些局、堂和办公室仍然注重用它们的公德心广告把它们自己包围起来。

1890年，灾难性的夏季洪水是北京救济机构所面对的另一次挑战，通过私人和官方协同的努力成功地应对了这次危机。纪念这些努力并附有插图的图书与官方编纂的皇家领导的1801年洪水赈灾文献呈现出一个有益的对比。这本普通的1892年《畿辅赈溺全图》包括36幅有关洪水和救济的木版画，每幅画有一个简短的说明文字。这部书由主管的寄居者赞助，意在为他们的活动带来荣誉，由潘祖荫撰写序言。潘祖荫是顺天府尹，来自苏州家族，但是他出生于而且几乎完全生活在北京。[152] 这部书使我们有机会对在19世纪末紧急赈灾的某些细节进行研究。

---

[151] 戈登·卡明：《漫游中国》，第2卷，221～226页；戈登·卡明：《中国数字形式的发明》；阿特伯里（B. C. Atterbury）：《北京医学教会工作》，载《中国博医会报》，第1卷第3期（1887年），114页；E. G. 罗夫编：《一个王朝的垂死挣扎》，46页。雒魏林的医院位于崇文门内大街。根据杜德珍的记载，教士从一个上级（?）得到允许并且搬到"毗邻的小巷中的一座小庙中"；神像不得不在晚上被秘密地重新安置。杜德珍：《1865年第四次北京医院年度报告——与伦敦布道会相关联》，1～2页；戈登·卡明：《漫游中国》，第2卷，288～316页；阿特伯里：《北京医学教会工作》，载《中国博医会报》，第1卷第3期（1887年），113页；雒魏林：《北京伦敦布道会中国医院的第二次报告》。

[152] 《畿辅赈溺全图》，1892年前言；恒慕义主编：《清代名人传略》，608～609页。潘祖荫在19世纪70年代和80年代至少为6块北京寺院的石碑和1868年东岳庙的一个宗教圣会撰写碑文（北京图书馆金石组编：《北京图书馆藏中国历代石刻拓本汇编》，第83册，132～134页）。

在19世纪七八十年代，永定河河水不断泛滥，但是1890年五月末和六月初（7月）持续几周的降雨（紧接着一场春旱之后）把北京郊区变成沼泽地，在城西南堤坝上造成一个很大的破坏。西 668 南郊区从南苑直到城墙立刻被淹没：在种植花卉和灌木的村子里，田地变成湖泊，房屋坍塌了。乡间小溪上的普通桥梁——甚至横跨在向南延伸的护城河上——被淹没或损毁。城门外街上的居民不得不爬到树上或他们的屋顶上。村民寻找更高的地方，急忙攀上砖墙和石头房屋，或抱住飘浮的家具或家畜。最初，南苑的城墙把洪水挡在墙外，但是由于地基被冲走，那个地区也被淹没了。南北交通被切断，但幸运的是卢沟桥仍没关闭（看起来更糟糕）。甚至在北京的北面，房屋处于一米深的水里，住户只得住在他们的砖“炕”上。[153]

因为北京自身没有被淹没，所以仍然有一个安全的食物供应，危险是一个展示城市公德心的理想机会。一旦得到有关情况的报告，光绪皇帝就把事情全权交与府尹潘和陈处理。他批准了他们推荐的新粥厂，并把一万五千盎司银补充到从慈禧太后私人资金中拨出来的五万盎司银的专用捐助中。因为这场危机不久成为地区性的危机，所以必须输入额外的粮食用于平抑粮价；永定河的决口由总督李鸿章负责进行修补。庆祝光绪皇帝二十岁的万寿节以压抑的方式沉闷地进行着。[154]

府尹们专心于北京地区，成立了新的“赈抚局”，一个位于郊区义学，另一个在关帝庙附近的右安门，在那里存储粮食用于进一步的分发。根据长期建立的程序，难民要进行登记，然后领取食物。根据十几年前早期大饥荒时期建立的先例，官员们依靠的是他们的资金和私人的捐助以及受欢迎的城市救济组织的努力。善堂受到官方“敦促”协助发放救济，为此目的分发政府的

---

[153] 《畿辅赈溺全图》；今堀诚二：《北平市民的自治构成》，卷9，5、7～11页；麻伦：《清朝时期北京圆明园和颐和园的历史沿革》，203页；《北京历史纪年》编写组：《北京历史纪年》，244～252页，各处。

[154] 《清实录》（光绪朝），卷285～286，各处。

粮食。[155]

这些善堂使用一种关注他人的用语，这个用语现在被发现跨越了一个更广泛的组织和行为，从朝圣团体到教门、同乡会馆、消防队、家、庇护所：善、义、普、同、安和济。寻问这样的词语属于佛教徒或儒家或还是具有别的什么含义，是没有意义的。

669 《畿辅赈溺全图》提到或举例说明六个人运营善堂的成果。[156]他们带着粮食前往受灾地区的边缘，有时用骆驼来运输。他们从永定门外的分发中心领取粮食、馒头和酱菜，把它们放在船上，带给一些能找到地方栖息的受灾者。他们用船运送男人，救援那些受洪水影响而孤立无援的人；横跨护城河的右安门桥被冲毁了，他们就把人摆渡过护城河。在水位达到最高点时，他们就驾驶着长而浅的小船，用竹篙子或纤夫为动力，运载大袋的粮食或多达 24 人。通过旗帜上显著的名字可以认出每个组织。这些善堂还在洪泛区设立粥厂，修缮必要的房屋，在冬天和春天为百姓提供食物，在冬天月份中分发由京城的寄居者捐助的加垫料的衣服。在这些努力中，用砖石砌筑的寺院保存得相当好。一些寺院，如小南顶，是洪水的避难处（如图 16－2 所示）；其他的寺院被用作粥厂。[157]

当洪水后退时，善堂为一个在右安门内和另一个在广渠门内的“暖厂”配备人手，为妇女和男人提供其他单独的避难所。善堂捐钱给难民，以便于他们可以重返家园和购买可以安葬死者的墓地。他们付给百姓钱去搜索皇家的南苑，抓捕那些诱捕南苑动物或砍倒其树木的人。府的吏员监督那些巡视村庄和抓捕趁火打劫者的乡勇。善堂也雇人挖掘护城河，平整外城东边的道路，在春天清理道路和小溪，修缮整个受灾地区损坏的桥梁。他们还在

---

[155] 《畿辅赈溺全图》，尤其是第 14、20、22～25、36 号。

[156] 普善水局被特别地挑出来。有关其历史，《顺天府志》，1885 年，卷 12，329、321 页；今堀诚二：《北平市民的自治构成》，84～87 页。

[157] 《畿辅赈溺全图》，第 5、14、22～26 号；敏俊：《友松吟馆诗钞》，卷 9，10 页。同善堂在其殿堂之上有一个中顶场景的绘画。今堀诚二：《北平市民的自治构成》，52、56～57 页。亦参见图 3-2。

外城建立一座大谷仓（北京那部分的第一座）。[158]

根据《畿辅赈溺全图》和敏俊诗歌（敏俊是一位满人，参加了救援行动），这种人类痛苦的景象是非常令人伤感的，并且对饥饿、孤苦、贫困的明显态度使捐助者非常满意。这些外城善堂的领导者不是代表或为了19世纪初创造他们的少数街坊的利益。总的来说，他们是大北京的代表。他们不仅因其显而易见的慷慨，而且因为他们与城市官员的工作关系赢得声誉。他们受益，北京 670
受益，清政府也受益。至少是在不久的将来。

把旗人与寄居者联系在一起、把私人的努力等同于官方的努力的行动主义可能被视为皇家北京的衰弱以及城市政府和城市精英结合的象征。当文化和社会分割消失时，由明代和清代早期的统治者造成的政治隔离得到了克服。这座城市早已拥有属于自己的东西。

在19世纪末，城市服务的激增可以理解为在中国社会中已存在组织潜力的一种反映。许多因素在清末引起了同等变化。来自内部（太平天国）和外部（外国人）的挑战对于这个王朝来说是致命的，中央政府不再直接控制其所需要的资源。知识分子、财政和组织储备处于政府之外，而且它们通过这个精英管理范围发挥作用，正如它们被动员去镇压19世纪中期的叛乱那样。

至于北京，政府赐福给这些新组织，这对于我而言是必要的。然而，在其他方面它们不能以这样的数量存在。同时，按照精英的观点来看，这是一个可以控制的新领域，如果有时用令人沮丧的方式来获得地位和增强他们的力量也是自然而然的事情。此外，这些机构允许寄居者像京城的居民那样起作用，显示他们对这座城市的关心，扮演当地领导者的角色。

然而，就它们数量而言，晚清服务组织并非独立或甚至特别强大。在19世纪70年代和1900年之间，虽然就它们相对短暂的历史进行判断是困难的（在环境根本改变之后），但在北京它们似

[158] 《畿辅赈溺全图》，第27～36号；敏俊：《友松吟馆诗钞》，卷9，10页。

乎只是比我所研究的圣会略微长寿一些，并且它们的领导、资金或权利的存在更加安全。因为缺少政府的支持，它们的社团资源和活动范围是相当有限的。

此外，大量不同的清末组织是以考试和商业组织为基础的联合，缺少任何一个压倒性占优势的组织去进一步阻止全市的整合。在 1902 年之前，没有共同的结构，1902 年成立了第一个商会和其他行业组织，而且这些行业组织只包括了一些城市组织。在报纸出现（1901 年）之前，人们很难形成一种基于广泛共识的观念。

此外，因为需要资金和合法性，更多组织似乎不仅急切地寻求政府的同意，还有政府的帮助。正如史大卫有见识地观察到的
671 那样，“就像植物朝着阳光生长那样，此时中国组织朝着政治权威成长”。实际上，类似的原则在经济舞台上也起着作用。官方监督和商人管理的想法（官督商办）指导了许多所谓的清末洋务运动的创办者。[159]

独立的冲动也被制止了，因为公共领域是有威信的，而且个人的活动完全不值得尊敬。而到了世纪之交，新出现的“国家”概念通过成为一个新的忠诚目标和权力的根源改变了这个有争论的词语。在这个过程中，政治活动和政治组织被改变。国家的严密控制意味着这场革命在北京还没有彻底完成。这个京城逐渐而艰难地成为政治中心舞台。

政　治

在清代，国家政治以中国历史学家所熟悉的方式进行改变，但是过于复杂以至于不在此进行讨论。到 19 世纪，可以这么说，汉军旗人很久以前就已经停止成为官僚的中间人，因为身份和职

---

[159] 对于这样的主动性也许是进行重新评估的时候了。比较费维恺（Albert Feuerwerker）：《中国早期工业化：盛宣怀（1844—1916）和官督商办企业》，1～30 页；史大卫：《北京的人力车夫：20 世纪 20 年代的市民与政治》，285 页。

位的竞争已变得非常压抑，几乎令人绝望，而且18世纪激烈的朋党之争已被重大的政治争论所掩盖，尤其是关系到外面的世界。到了19世纪中叶，公开清晰表达的反满思想加剧了宫廷的孤立，而对清朝生存的担忧把满汉官员们吸引到了一起。

经过一个半世纪的统治，清朝似乎已经成功地在京城保持了无组织和个人的政治状态（即限制于官方房屋或私人宅室中）。随着当朝皇帝坚定意志的逐渐消退以及危机的增长，通过限制消息传播和政府之外人们令人沮丧观点的表达来试图限制政治参与变得收效甚微。正像关于盗窃、异端邪说和叛乱的律例的不断增加却无法消除民众的起义一样，如同对戏院的批评没有终结表演一样，如此责难宗派并没有消除鼓励结盟和争论的条件。

乾隆朝的一个遗产是朝廷内外确信政府变得效率低下，需要改革。当外交政策议题已经涉及北边和西北的边界时，对皇帝和 672
少数（大部分是满人）官员而言独断决定更为容易。当19世纪来自海上的新危机开始影响东南沿海城市时，更多人们（他们中的许多人是相当见多识广）开始关注并且想要参与。1840年后，来自内外威胁帝国生存的许多问题提高和拓宽了精英的政治意识，而且在19世纪70年代，报纸在沿海城市的出现加剧了这个过程。但是批评家和将要成为官员的人们仍然无法获得在一起集合或组织的许可，在北京尤其如此。

在清代早期，私人精英聚会发生在家中和富有家族的别墅、风景如画的寺院院子或外城的陶然亭。因为同乡是特殊且如此之危险，可以作为团体更广泛交往形式的基础，还因为19世纪在政治上活跃的人也不得不关心非私人性质的问题，所以寺院就提供了一个中立的场所，以表明他们的善行和公共利益。

紧随着乾隆朝晚期的对抗和19世纪头十年逐渐增加的边境危机，我们看到文人在北京动员的开始。这个动员采用了一个诗社形式来命名——宣南诗社，位于宣武门外明代的行政区。这个诗社——当然是非官方的——在京城的官员和文人中（他们当中的翁方纲是卓越者)为知识分子和赞助建立纽带,他们分享官僚改革和复兴的希望。波拉切克认为“野心家”的目标与名字“社”所表达的“审美伙伴关系”同样重要,这些聚在一起的野心勃勃和关注时事的男子们在小团体中仍然以诗人的身份在受人钦佩的逝者的生日上相聚。他们的一些集会是在陶然亭。[160] 虽然其成员保持着联系,但宣南诗社是暂时性的组织,他们进行徒劳无益的政治斗争,而且没有坚持长久。

这个诗社的遗迹与其他年轻的批评家和改革家(这次与潘世恩相关)连接在一起形成“集”,已被波拉切克翻译为 the Spring Purification group(湛春集)。在 19 世纪 20、30 年代,他们在北京外城西南郊区的一座寺院崇效寺集会。虽然没有像陶然亭那样
673 有名,但它也是文人可以集会的地方,在强权的国家中,要么是摆脱粗俗,要么是摆脱屈辱的关系。这样的集会经常发生在重要考试的月份和年份,当京城充斥着渴望的年轻人时,他们的感情从高尚的梦想转为生气、厌恶和抑郁。[161]

1829 年,湛春集为了抗议在松筠庵集会,他们认为政府在新疆的政策过于迅速地屈服于外国人。这座外城的寺院早在 17 世纪 80 年代就已经成为寄居者的居住地,但是它于 18 世纪 80 年代作为杨继盛——明代忠臣(又是城隍)的祠堂得到修复。[162] 19 世纪三四十年代,满汉御史(毕竟他们是指定的皇家政策批评者)利用这幢房屋进行讨论,而且——也许他们是合法的存在——也在那里安排定期的供品。[163] 在 1840 年前后,这些人也是林则徐的支持

---

[160] 有时称为观音庙的东花园。波拉切克:《鸦片战争与清政府之内部斗争》,39~40、46~50、226~227 页;叶名澧:《桥西杂记》,12~13 页。

[161] 波拉切克:《鸦片战争与清政府之内部斗争》,83~85、315~316 页。

[162] 这些外国人是浩罕人。波拉切克:《鸦片战争与清政府之内部斗争》,219~220、224、349 页。这个团体的成员于 1847 年也捐助寺院的重修。王士禛:《池北偶谈》,卷 17,401~402 页;《弘慈广济寺新志》,33 页。

[163] 恒慕义主编:《清代名人传略》,333 页。北京图书馆金石组编:《北京图书馆藏中国历代石刻拓本汇编》,第 75 册,77、78 页;第 76 册,29、165 页;第 77 册,20 页;第 81 册,143 页。昭梿:《啸亭杂录》,卷 9,296 页。戴璐:《藤阴杂记》,卷 7,180~182 页。《北京旅行指南》,137~138 页。《清代职官年表》,卷 4,3173、3245 页。

者，而且是激进的并在道义上支持严厉禁止输入鸦片的拥护者。

在1843—1844年冬天，受到鸦片战争失败的耻辱刺激，另一批官员和士大夫——他们当中的一些人也是湛春集的部分成员，以及将鸦片战争看作皇家向外国人投降的其他反对者，表面上是为了个人，但是实际上是为公共目的而走到一起。（他们的“公共目的”是帝国的官场。）张穆、何绍基和其他人利用他们的框架希望去祭拜17世纪的汉人学者顾炎武；他们选择被人忽视的报国寺（经常用旧名字慈仁寺来称呼它），据说顾炎武曾经在那里居住过。他们在那里修建了一座小祠堂，挂着他的画像，并且一年举行数次集会。志趣相投文人的牌位被安放在祠堂中，过了几十年，成为游历学者急切寻求参观的一个地方——在那里，他们在审美情趣的幌子下自由地会面和谈话、策划与算计。[164]

然而，确切地说，因为寺院是公共建筑并拥有不同的赞助人，所以它们对于更有效或有更好组织的政治活动来说，是可怜的平台。对于国家来说，为了公共目的指派一座寺院比关心市民更容易。在19世纪80年代初，松筠庵成为《顺天府志》编纂的总部并 674
且由直隶省的官员进行修复。[165]

比较起来，同乡会馆更加难以超越它们的特殊性。在19世纪40年代初期，（浙江）绍兴的宗稷辰——他本人与湛春集有联系——把一个中等会馆变成纪念在鸦片战争中牺牲的两位同乡的祠堂。虽然他通过进一步表彰两位知名明代忠臣去强调忠诚和正义的崇高理想，虽然他把圣祠命名为“正义阁”，但有关最近战争复杂和充满热情的感情也得到了表达。然而，有同情心的同乡可以集合在一起进行祭祀，但这不是一个建立在更广泛基础之上

[164] 波拉切克：《鸦片战争与清政府之内部斗争》，217～225页。波拉切克没有查阅的资料包括：北京图书馆金石组编：《北京图书馆藏中国历代石刻拓本汇编》，第82册，122页；震钧：《天咫偶闻》，卷7，25页；朱一新、缪荃孙撰，刘承幹考证：《京师坊巷志》，卷8，33页。顾炎武于1668年参观。那里也有阎若璩的牌位，后来迁至（山西）天源会馆。祠堂于1856年修复。寺院幸存到现在（1999年）；该祠堂已关闭。

[165] 《顺天府志》，1885年，卷16，510页；北京图书馆金石组编：《北京图书馆藏中国历代石刻拓本汇编》，第87册，133～134页。

的团体。[166]（正如我们在第十五章结尾所认为的那样，也许把清朝对于会馆的宽容视为划分和分裂这些精英忠诚的一个聪明方法。）对于会馆来说，更典型的情况是纯粹用于动员当地商号，正如当太平军进攻他们的家乡时，1852 年和 1853 年安徽庐州府人所做的那样。这些在京城的寄居者，包括李鸿章和他的父亲，焦急地聚集在他们的会馆，决定返乡组织团练。[167]

清政府承认，对话是危险的并且警告不要在公共场所议论政治——所以在茶楼贴着“莫谈国事”[168] ——但是印刷的文字是动员和形成团体的一种更有力的手段。19 世纪 70 年代，新的和更有效的沟通手段开始威胁清政府对信息的垄断，不是通过面对面的联系，而是通过分享迅速传播的报刊，这为团体的形成提供了手段。[169]

在清代初期和中期，在北京节选的诏令每天得到印制并且传播给在京城和省里的官员。[170] 非政府人员没有这样的公共媒介，只
675 能依靠谈话和信件。然而，大多数城市似乎已经对于匿名的小册子、告示、传单和手册（中文有各种名字称呼；这些没有保存，并且人们简直无法知道哪个英语单词是正确的）司空见惯。有时口头传播有趣的或通俗的诗篇抄本；这些可以被用于讥讽和批评

---

[166] 朱一新、缪荃孙撰，刘承幹考证：《京师坊巷志》，卷 9，4～5 页；波拉切克：《鸦片战争与清政府之内部斗争》，221、328、349 页；《绍兴县馆纪略》，1 页。明代的男人是倪元璐和刘宗周。

[167] 北京图书馆金石组编：《北京图书馆藏中国历代石刻拓本汇编》，第 82 册，71 页。二十年后，任直隶总督，他的忠诚处于更高的水平，李鸿章为北京一座新的安徽会馆题字。北京图书馆金石组编：《北京图书馆藏中国历代石刻拓本汇编》，第 84 册，17 页；李乔：《安徽会馆——淮军集团的一个据点》，载《北京史苑》，第 1 辑（1983 年），326～328 页；亦参见白思奇：《北京士大夫的同乡会馆：中国首都会馆的社会政治演变》，209～216 页。

[168] 辛博森主编：《来自北京的有欠审慎的信函》，36 页。辛博森所写的时期约 1900 年。中文文字实际上所说的是“王朝事务”？

[169] 这些是班纳迪克·安德森（Benedict Anderson）的“想象的共同体”。

[170] 《邸报》。王士禛：《池北偶谈》，卷 4，75 页；托马斯·阿斯特利编：《航海旅行文集》，卷 4，257 页；林语堂：《中国新闻舆论史》，77～78 页。

政府，但是在北京它们过于危险以至于并不常见。它们过于短命——而且也许过于原始——以至于无法拥有持久的政治影响。⑰

报纸是西方人引进的一个真正革命性的创新，在香港和通商口岸首次被了解，很晚才来到北京。在上海（自 1872 年）和汉口（自 1873 年），新媒体及其新意识改变了当地和国家的政治。⑫（上海《申报》，例如，在南方为 1877—1878 年北方饥荒募集捐款中是非常重要的。）这个增强的政治灵敏度和对一个更大共同体（是帝国，还是中国呢?）的关心被小心地引进北京，而且直到 1900 年后京城才终于拥有了自己的报纸。

19 世纪 90 年代，政治的基础迅速改变，但是在哪里和如何组织的问题相差无几。1895 年春天，仍然在松筠庵——在举行进士考试和听取考试结果的间隙——激进的改革者康有为和梁启超，或许想起杨继盛可能就是在那里写下了对宦官严嵩的抗议书*，召集举子们抗议他们视为耻辱的《马关条约》。

清朝灾难性地战败于一个新型现代化日本的手下是未曾预料到的，而且是难以容忍的，随之而来的是呼吁改革——激进的、稳健的、改良的和保守的。在愤怒和崇高理想的驱使下，康、梁起草了“万言书”，里面是长长的重要建议，包括放弃北京并把首都重新设在内陆的西安！六百人在请愿书上签名，“万言书”被私下流传抄写并且正式面呈给御史。但它没有被上奏给皇帝。⑬

接着，勇敢的康有为，此时是一名进士，利用在一个部院里的非重要官职，把他的其他奏折呈给上级，由他们上奏给皇帝；

---

⑰ 有这样一些不成系统的参考资料，《大清会典事例》，1899 年，卷 1038，17452 页；《大清律例》，卷 23，7 页；林语堂：《中国新闻舆论史》；波拉切克：《鸦片战争与清政府之内部斗争》，215 页；罗荣邦（Jung-pang Lo）：《康有为传和论文集》，65 页；《北京民间风俗百图》；马士：《中华帝国对外关系史》，371～372 页。

⑫ 罗威廉：《汉口：中国城市的冲突和社区，1796—1895》，24 页。

* 此处作者有误，严嵩并非宦官，而是内阁首辅。

⑬ 《北京旅行指南》，137～138 页；罗荣邦：《康有为传和论文集》，64～65 页；史景迁：《天安门：中国人民和中国革命，1895—1980》；徐中约（Immannel C. Y. Hsu）：《中国近代史》，367 页。

同时，他和他的同人继续行动，强烈地感受到在一个国家范围基676础上组织新社会的需要。康有为取得了短暂的成功，通过说服《邸报》出版者发行一份增刊而开始一份报纸（《中外纪闻》），由梁启超和其他人供稿。1895 年夏季，康、梁和不断增加的其他人开始在松筠庵聚会，他们在那儿形成了改革社团。[174] 直到年末，在北京的行动因困难而幻灭，康有为离开京城。

在 1898 年夏天和秋天，作为当时的中国知名学者，康有为返回京城，说服光绪皇帝进行变革，短暂的、著名的百日维新试图重建一个宽容的清政府。一所国立大学、新学校、新政府办公室、报纸、铁路、“美化京师”，甚至允许满人从事商业这些改革措施在上谕中被密集而迅速地发布——在慈禧太后重新“垂帘听政”前。随后慈禧太后从皇帝那里夺取了政权，变革暂时中断了。[175] 因此，当慈禧及其亲信越来越紧握宫中权力的时候，北京因其保守主义的堡垒而闻名。

同时，反满情绪成为一股强有力的力量。这种趋势在中国南方开始于 19 世纪中期但无情地影响着北京。太平天国起义者的团结是在边境客家团体中建立起来的，客家人知道满人是不同的，但他们从未见过满人。忽视旗人的复杂类别，他们确定清朝统治者为满人，把他们作为帝国问题的根源挑选出来，用丑恶的表达和充满激情的语言来中伤他们。满人被称为“胡”（对北方蛮夷的一种旧的称呼）或“妖胡”（带有恶魔似的能力的蛮夷），而且北京地区此时被称为“妖穴”。在 1854 年的太平天国出版物中，被列举的满人罪恶是具体的。他们改中国之服制，变中国之形容，他们赌博和抽鸦片，他们是懒惰和闲散的，他们“足上首下，倒置尊卑”，并且他们“盗中国之天下”。满人是“痞棍刁徒”，“狗

---

[174] 罗荣邦：《康有为传和论文集》，67 页；72～73 页；林克光：《松筠庵与公车上书》，见林克光等主编：《近代京华史迹》，251～255 页；徐中约：《中国近代史》，367～368 页；张灏：《梁启超与中国知识分子的转变，1890—1907》，61～62 页。

[175] 徐中约：《中国近代史》，275～276 页。康有为当时打算从首都搬到上海。罗荣邦：《康有为传和论文集》，122 页。

党狐群。试思人既为妖，则所居尚得以都名乎”？[176]

太平天国这种大胆、生动和公开的语言不仅强有力，而且足以煽动对满人的大屠杀，打破了长达两个世纪对坦率讨论这种差别的古老禁忌。君主再也无法控制和包容这样的讨论；叛乱者、统治者和忠诚的官员现在同样生活在一个模糊记忆的怨恨受到鼓励、陈旧的民族成见被赋予了新的活力的世界里。太平军威胁了整 677
个皇家的社会、经济和文化秩序，以及站在清朝一边的汉族地方精英和省级官场——由于众所周知的原因——清政府最终镇压了他们。但是谈话中的革命是不可能取消的。

从 19 世纪 70 年代至 19 世纪末期，宫中的实际权力掌握在一位妇女手中，这侵蚀了官员们对君主的忠诚，使人想起了明代政治的内廷外朝特征，官员们试图把皇帝从妇女和太监的干预中分离开来。虽然慈禧与省级官员紧密合作，例如李鸿章把朝廷从冲突中拯救出来，但清朝的结束正如其开始一样——决定的做出集中于少数的亲王手中。

孙中山，一位来自中国南方的客家人，他久居海外，是太平天国的一个追慕者，于 1894 年也来到北方。作为一位完全处于官僚组织之外的人，他也试图向李鸿章提交请愿书，希望推动激进的改革。和康有为一样，他也被回绝了。然后孙中山似乎从天津到北京。那时正与日本开战，他可能看到——而不是冷静地处理危机——为慈禧皇太后六十寿诞做盛大的准备。[177] 虽然战败后庆祝活动被取消，但是许多中国人认为将资源从国家层面征用并转移到地方和个人是非常错误的。孙中山的观点和行动变得越来越革命，并且后来他被人们认为于 1911 年推翻了清朝。当然，他把政治带到了街上。

这位太后的优先权有助于北京日益成长的团体，这些团体似

---

[176] 梅谷（Franz Michael）、张仲礼：《太平叛乱：历史与文献》，卷 2，276～294 页；中文原文载于《太平天国印书》，卷 2，439～452 页。

[177] 陈锡祺主编：《孙中山年谱长编》，73～74 页；贝尔纳·马丁（Bernard Martin）：《奇异的活力：孙中山传》，45 页；恒慕义主编：《清代名人传略》，298 页。

乎许多是外来的、保守的甚至可能会背叛统治者的。[178] 实际上，是一个魔鬼的巢穴。在城市内部，在汉民和他们旗人邻居之间的关系并非如此简单。正如我们看到的，单独的行政辖区已变得无可救药地混乱，许多普通旗人很久以前就已经从皇家的名单中消失，内城是一个在社交上混合的和商业化的地区，全城提供服务的合作屡见不鲜。但是在“汉”与“满”之间所感受到的区别，仍然（或再次）存在，这种区别因乾隆皇帝试图不断强调满洲因素而加重。西方的游客，他们自己以敌对的感情对待“鞑靼人”，迅速看
678 到了这样的差异，也许他们是对的。[179] 旗人已在地位低下的城市居民的海洋之中消失了，但是满洲贵族幸存下来，这是有目共睹的。民族和当地身份之间的这些矛盾在 1911 年后可能以惊人的方式得到解决。

在北京，我们没有看到与西方文化的武力对峙，这种对峙曾经在上海、天津和其他通商口岸中发生过，更不像 19 世纪日本江户幕府所经历过的与西方文化严重冲突所导致的激进分裂。实际上，在 1900 年前，可能支配着 20 世纪的有关“国家”和“现代性”的讨论仍然多半发生在远离北京的舞台上。

---

[178] 事实上，与乾隆时期花在首都上的费用相比是相当少的，皇家对于道路和下水道维护的费用在 1831 年减到一半，随后再次减半；城墙之外，只有来往颐和园的道路仍被维护着。《金吾事例》，卷 4，9～12 页；史明正：《北京转变：中国首都的城市基础设施、公共工程和社会变迁，1900—1928》。

[179] 德呢克：《游客在中国北方的备忘录》，24 页；克劳：《中国旅行手册》，256 页；伊妮德・桑德斯・坎德林：《城墙上的缺口：旧中国回忆录》，190 页。妇女们扑着粉的白脸和精致的发型，满洲人特有看得见的标志，似乎是清末的时尚，但不是更早一些的。参见倭纳：《秋叶：自传》，23 页；约翰・托马斯：《中国人》，对开，150 页；伽里・莱德亚德：《四百年间（1488—1887）在中国的朝鲜游人》，载《有关朝鲜的非定期论文》（西雅图，华盛顿），第 1 期（1974 年），19 页；乔治・斯当东爵士：《英使谒见乾隆纪实》，卷 3，296～297 页。

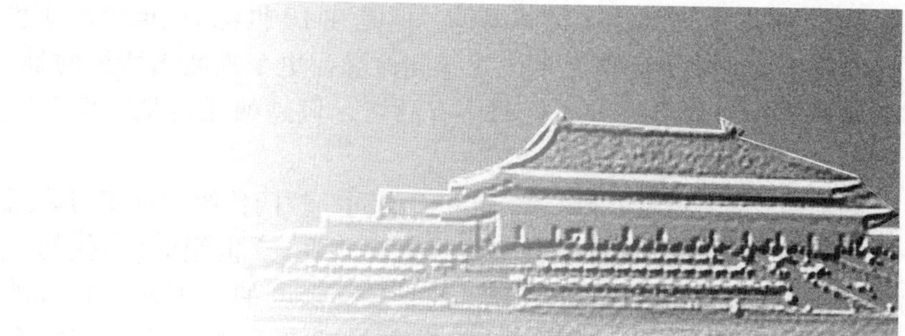

结 语

寻找老北京

1900 年，农民起义军和外国军队入侵北京，震惊了清廷，促使 679
清廷决定最后时刻的改革，这场改革实际上加速了 1911 年王朝的覆灭。在中华民国时期，北京被剥夺了其作为首都的地位，只是作为一个废黜皇帝的家而被保留下来。其与新兴国家其余部分的关系完全改变了，身份的中央特性也已丧失了，这座城市犹犹豫豫地为重新定义自己而斗争。* 对于许多人来说，答案是把北京自己与过去联系在一起。在 20 世纪第二个十年至 30 年代，满人重新定义他们自己为真正的北京文化管理者，这座明清时期的城市被宣布为典型的旧首都，而且寺院、节日和城市生活成为中国传统的伤感标志。

1900 年及其众多后果

义和团在北京出人意料地轰然溃败了。虽然强大的太平军早

* 此处作者有误，1911 年春，南京临时政府北迁，北京成为中华民国首都，直到 1927 年国民政府定都南京，1928 年改北京为北平特别市。

在 1853 年就已经到达了天津附近，但是在 19 世纪 90 年代，分散的习武之人的聚集使得大多数人感到诧异。更令人匪夷所思的是，虽然清代国家对宗教运动长期持有敌意，但是朝廷还是犹豫不决地决定支持这些叛乱。

利用激起 1774 年和 1813 年起义的同一教门传统的许多习武团体，以一个激进主义分子和好战模式出现在 19 世纪 90 年代的山东，这是对经济灾难、中央政治的衰弱、加剧的外国入侵和激进的基督教传播所做出的综合性反应。[①] 1898 年和 1899 年，省级军
680 队的镇压逐渐变得无效，部分是因为某些官员同情排外的言辞和“义和拳”的这些目标。

1898 年秋天，北京偶然发生的攻击外国人事件预示着麻烦的到来。令人尊敬的海关总税务司赫德（Robert Hart）报告了一个传闻，在那年的九月初九，“所有在北京的外国人会被消灭，而且全盛时代将重返中国”。[②] 在一个许多人担心全国被瓜分的时代，这是一个有说服力的文字。在接下来的一年半中，义和团组织、实践和信仰在中国北方的肥沃土壤中繁殖并且发生突变，同时政府的回应越来越犹豫不定和模棱两可，外交的抗议则越来越强烈。

无论是为了消除外国的影响，寻求皇家的支持，还是为了抗议清朝未能保护当地宗教，以及结束造成严重后果的干旱，这些分散的义和团组织被吸引到北方的保定、天津和北京这个可以看到外国人的三角地带中。他们尤其被吸引到了北京。[③] 1900 年的阴历五月（5、6 月），事态的发展到了紧急关头。虽然北京居民和义和团外来者之间的关系仍然是一个谜（当地人参加吗？给予积

---

① 在理教于 1891 年在东北起义。石汉椿：《在理教起义——热河金丹派，1891》，载《近代中国》，第 6 卷第 2 期（1980 年），161～196 页。有关义和团，周锡瑞：《义和团的起源》；柯文：《历史三调：作为事件、经历和神话的义和团》；与周锡瑞的观点相比较，我看到了更紧密的教门联系。

② 引自周锡瑞：《义和团的起源》，182 页。

③ 参见周锡瑞《义和团的起源》以及对 1900 年早期义和团揭帖明确表达出来的关注（引自第 282 页）。

极的支持吗?)，但是当年春夏的主要事件人人皆知。④

四月，在京城的街上，戴着红腰带和配备了大刀的年轻人越来越常见。坛作为仪式和组织中心被设立了起来，寺院的庭院被借来用于训练和传授在义和团中有名的武艺。他们的目标是多样而不定的，但是对宗教的关注始终是重要的。来自1900年早期的一份公告宣称："由于新教和天主教的存在，佛教的神灵受到压迫并把我们的圣人推到了幕后。"⑤ 这种忧虑集中在外国人和中国基督徒身上。

当义和团从乡村进入北京时，带来了暴力，许多居民，特别 681
是那些有财产的居民，离开这座城市或隐退到他们店铺和家的墙后面。五月初一（5月28日），义和团烧毁了郊区丰台的新火车站并且破坏了轨道；五月初九（6月5日），连接天津的铁路被切断；五月十五日（6月11日），日本使馆的一位干事被杀；在接下来的几天，通往恰克图（从此可达俄国）的电报线被切断。来自北京附近受到惊吓的传教士带着中国信徒陆续开始在城内避难。现在他们直接迁入更安全的使馆。

五月十六日（6月12日），义和团显示了其与当地社会的某种熟悉，一个人会与北京本地人联系，义和团的团民开始烧毁在外城和西南郊区中国信徒们的住宅和财产。接下来的三天时间（6月13日至15日），这样的袭击扩展到城墙里面其他外国人的住宅、教堂、医院和学校，甚至使馆本身。火，弱者廉价有力的武器，得到重复和有效的使用。在五月二十日（6月16日），大火在前门外外国人经营的商业区燃烧起来，大火失去控制。中国的消防队

④ 接下来的解释基于二手文献和对目击者证言粗略的研究，这些不足以告诉我们有关义和团的实际情况，《义和团兴起》；刘以桐：《民教相仇都门闻见录》；《义和团文献汇编》；尼格尔·奥利芬特（Nigel Oliphant）：《北京使馆之困日记》；周锡瑞：《义和团的起源》；柯文：《历史三调：作为事件、经历和神话的义和团》。1996年3月，与柯文在华盛顿的伍德罗·威尔逊国际中心参加的一次会议有助于我的思考。

⑤ 《义和团兴起》，ix～x，8页。义和团把某些北京寺院作为其总部。周锡瑞：《义和团的起源》，231页；玛丽·胡克（Mary Hooker）：《在北京的幕后：在使馆包围时期的经历》，7页；《义和团兴起》，69页；尼格尔·奥利芬特：《北京使馆之困日记》，16、211页。他们在北京的出现可能早于1900年春天。

员无法对抗这场巨大的火灾，这场大火迅速地包围了商业和娱乐区，摧毁了上千间房屋和店铺，甚至城门本身也遭到毁坏。[⑥] 五月二十四日（6 月 20 日），德国公使克林德男爵（Baron Clemens Ketteler）被一名清军士兵击毙。

到五月二十五日（6 月 21 日），外国团体被集中在内城的两处地方：一处是宫殿正西边的北堂，那里有将近一百位法国天主教牧师、修女以及超过三千名信徒，他们被大群敌对的义和团团民包围着；另一处是使馆区，其宽松的周边现在得到了保护和防御，有一千名外国人和二千五百名中国人在那里避难。

这些被围困的团体现在主要致力于战斗，使用武器、魔术和信仰：火、剑、枪、步枪、地雷、大炮、来复枪和野战炮；纸钱、咒语、阴魂附体，还有祈祷。灯笼、扇子、横幅、尿液、裸体女人、阴毛、天上的阳光、风，所有这些都能成为义和团的武器。他们在北京印制揭帖，张贴在墙上，疯狂的传闻迅速传遍这座城市。普通百姓处于一片恐慌之中，不知道相信哪个故事，站在哪一方，是否或往哪儿跑。受这场危机的鼓舞，各教门预测在这场劫难中有一个巨大的转折，并为它们的教义招募新的追随者。

在所有这些事件中，当地的捕役退缩了。到 6 月 21 日，君权正式与义和团一方结盟。新近组织起来的政府军队——一支驻
682 扎在南苑由满人荣禄率领的军队和一支部署在城市东北由董福祥率领（包括来自甘肃的穆斯林士兵）——似乎已经控制了对使馆的包围。据推测，义和团军队在皇家的领导下，聚集在一起，它的注意力集中在北堂。那里，（义和团）圣母的金剑和她的女性追随者试图反抗穿着黑袍、长着白胡子的“鬼王”（主教樊国梁）。后来的木版印刷品和许多故事记载了这次漫长和充满情绪的战斗——对于义和团信徒来说，可能比使馆更为

⑥ 尼格尔·奥利芬特：《北京使馆之困日记》，16～17 页；今堀诚二：《北平市民的自治构成》，23～24 页；柯文：《历史三调：作为事件、经历和神话的义和团》，122～128 页。

重要。[7]

到了7月，这两个愈来愈陷入僵局的围困成为义和团的主要活动。同时，外部救济行动起来，一支联军开始自己打向京城。被围困的外国人坚持着（英勇地，正如他们所想的那样），两个月后一支八国联军从天津赶来。8月14日（七月二十日），使馆的围困被解除了。

外国的攻击有着一个强有力而持久的影响。在外国人胜利后，皇帝和太后逃到陕西西安，有十五个月没有回来。北京被联军接管。内城和外城以及郊区被划分成区，每个列强负责其中一个区。直到9个月后，即次年（1901年）5月，美国人撤离，到9月，全部占领才结束。《辛丑条约》的签订是当年谈判的高潮，于1901年9月7日（光绪二十七年七月二十五日）签订。慈禧和光绪皇帝最终于1902年1月7日（光绪二十七年十一月二十八日）返回北京。[8]

在这个长期的占领期间，北京处于一种陌生的状态。在超过一年的时间里，“北京就像从里面翻出来的手指头套那样”。[9] 它还是京城吗？固定的皇家仪式在朝廷缺失以及祭坛变成外国军营的情况下如何举行呢？京城政府事务在其衙门被占领和文件被烧毁的情况下如何进行呢？

当环境需要和良心起作用时，当地百姓通过多种手段做出调整：勾结、迎合外国人，向外国人牟取暴利，抵抗、推选、蔑视
他们。难怪两本1906年浪漫小说《情海石》和《恨海》利用义和 683
团占领时期的恐慌和破坏作为它们故事的戏剧性背景。[10]

---

⑦　有关一份印刷品，柯文：《历史三调：作为事件、经历和神话的义和团》，140页；复制品见阿列克谢耶夫（Alexeev）的藏品。北堂指的是“西什库”，源于其新的地址（19世纪80年代）。

⑧　恒慕义主编：《清代名人传略》，299页；亦见徐中约：《中国近代史》，399～401页。

⑨　明恩溥：《北京的转变》，载《前景》，第68卷第3期（1901年），162页。

⑩　韩南（Patrick Hanan）译：《恨海》。林语堂在其《京华烟云》中所做的相同。

城市精英把他们的注意力转向新的权力中心——联军司令，也就不足为奇了。正如韩德（Michael Hunt）所阐述的那样，美国占领者乐于依靠寄居精英在治理方面的帮助，故意并彻底地绕过真正的当局。似乎在曾国藩（太平天国战争中的湖南英雄）孙子的鼓动下，美国人把湖广会馆作为他们的总部。⑪ 1901 年 3 月，“几千名汉城的代表”聚集在这个会馆，还有一万多名当地人（“贵族、商人、旗人和普通百姓”）向美国代表请愿，要求他们不要离开！⑫ 虽然这个外国统治和当地授权的插曲以十个月后朝廷的返回而终结，但其自然地延续了前半个世纪的发展——而且不可能轻易地被忘记。

在 1900 年的 5、6、7、8 月间，西方人在北京所拥有的银行、商店、旅馆、学校、住宅以及十二座基督教堂、海关和墓地蒙受了巨大的损失。东堂于 6 月 13 日被烧毁；南堂和西堂于 6 月 14 日被烧毁，而且前者被一块石头一块石头地拆毁了。在城区东北角的俄国教堂被炸毁了（幸亏神父们把圣像保护了下来）。当大的土壕和土建工事得到修建时，北堂附近被夷为平地，但教堂及其双尖顶仍然保留着。五座基督教堂被毁。1860 年的战争死亡者墓碑、西堂墓地和正福寺被全部摧毁了。英国墓地的石碑被推倒，坟墓被掘开，小教堂被烧，树和周边围墙被推倒了。⑬ 非宗教建筑也遭受了损失，特别是那些靠近战斗中心的地方：翰林院、亲王府、

⑪ 我在此几乎完全依靠韩德的资料，他的资料集中于外城。外国人的政策只是得到了简单调整。

⑫ 韩德：《被遗忘的占领：北京，1900—1901》，载《太平洋历史评论》，第 45 期（1979 年），521～522 页。

⑬ 阿灵顿、威廉·卢因森：《找寻古北京》，142、177、237 页；包士杰：《北京宗教建筑参观指南》；裴丽珠：《北京》，487～488 页；辛博森主编：《来自北京的有欠审慎的信函》，364 页；阿尔方斯·穆默：《摄影日记》，104 页；理查德·A. 斯蒂尔（Richard A. Steel）：《穿过北京下水道：解救义和团围攻，1900—1901》；惠泽霖：《北堂书目》，第 34 卷，125 页；迪瓦恩：《北京的四座教堂》，215 页；桑德厚：《天主教的北京：天主教徒现代和历史名胜指南》，15～16 页；海波思：《中华帝国：概论和教会概况》；尼格尔·奥利芬特：《北京使馆之困日记》，9～10 页；莎拉·帕克·康格：《中国来信》，164 页。

吏部和礼部以及前门外的商业地区。北京的创伤还包括在围攻前和围攻期间僧侣们的逃跑，以及此后对寺院贵重物品的掠夺。关 684
羽谴责姚彬盗马的塑像、一尊罕见的陶瓷观音像和著名的旃檀寺檀香木佛像永远消失了。⑭

这些损失的责任是不容易厘清的。一座寺院的石碑含糊地声明："在光绪庚子（1900 年）秋，京师兵乱，殿宇被焚。"⑮ 翡翠行会会馆被外国士兵（洋兵）占领长达一年，蒙受了相当大的损失，湖广会馆也是一样。据说，关帝保佑了东岳庙，使任何想住在这里的外国人患病。尽管西方人对于穆斯林清兵非常恼火，却似乎没有进攻清真寺，但许多其他的寺院被损毁而且再也没有重建起来，许多寺院位于京城西边的山上，那儿可能是义和团扎营的地方。⑯

对于外国人来说，占领是一个机会，可以迅速掌握、调查和绘制这座城市的地图，拍照曾经难以接近的皇家范围。⑰ 私人的满洲堂子被毁了，何伟亚将其称为占领中"象征性战斗"的一部分。外国人在这里扎营，可以毫无顾忌地享用着其他神圣场所的一切，特别是天坛和先农坛。⑱ 皇家的北京再也没有恢复其全部的庄严和

⑭ 邓之诚：《骨董琐记　续琐记》，卷 4，6 页；《旧都文物略》，卷 7，16 页；《北京旅行指南》，145～146 页。

⑮ 北京图书馆金石组编：《北京图书馆藏中国历代石刻拓本汇编》，第 89 册，24 页。

⑯ 仁井田陞：《北京工商ギルド资料集》，卷 1，18～20 页；《北平湖广会馆志略》，卷 1，3 页；韩德：《被遗忘的占领：北京，1900—1901》，载《太平洋历史评论》，第 45 期（1979 年），511～512 页。有关一块会馆石碑上外国人的涂鸦，北京图书馆金石组编：《北京图书馆藏中国历代石刻拓本汇编》，第 87 册，190 页。关帝也帮助太后逃离。甘博：《定县：一个华北农村社区》，420 页；《北京市清真寺调查》，载《回教月刊》，第 1 卷第 6 期（1938 年），36 页。虽然一座石碑宣称"（城市的）庙舍半数遭焚毁"（北京图书馆金石组编：《北京图书馆藏中国历代石刻拓本汇编》，第 88 册，172 页），据我了解只有 20 座被毁。

⑰ 小川一真：《清国北京皇城写真帖》；奥山恒五郎：《北京皇城建筑装饰》；并配有许多地图。

⑱ 英国在前，美国在后。何伟亚：《掠夺北京：1860、1900 年》，见刘禾编：《交换的符码：全球化流通中的翻译问题》；明恩溥：《北京的转变》，载《前景》，第 68 卷第 3 期（1901 年）。有关堂子，阿灵顿、威廉·卢因森：《找寻古北京》，118～119 页（一个人想知道得更多）。一幅中国地图显示了占领区，现存于慕尼黑民俗文化博物馆第 23-4-4 号。有关一个德国人，汉斯-马丁·海因兹（Hans-Martin Hinz）、克里斯托夫·林德（Christoph Lind）：《青岛：中国 1897—1914 年德国殖民地历史的一章》，37 页。

仪式权力。

基督教堂与所关联的慈善活动——孤儿院、学校和医院——焕发出更大的活力。不久，恢复了破旧的北堂，1904 年重建了南堂，1905 年重建了东堂，西堂则于 1912 年重建。俄罗斯教堂也在扩大的地面上重建起来。对于他们的死亡者，德国人、奥地利人和意大利人拥有了一处新的公墓；其他坟墓被迁到这座城市的北堂。[19]

政府恢复了。在紫禁城城墙上炸开的洞被填补了，衙门被收回了，生意继续进行。商店重新存满货物。就被外交人员或传教
685 士占领的住宅，满洲贵族与他们进行租金的商谈。贡院中的木制马厩（因为柴薪而遭劫）得到了重建。在煤山和天坛郊游的外国人不再免于惩罚。[20]

有些变化是永久的。一旦签订了条约，“租界”就正式从清朝管辖范围内去掉，在明确的界线内重建，由外国军队公开防守。作为一个感觉不公的围困纪念碑，一座粗犷、难看的石头牌坊在克林德被杀之处修建了起来。[21] 一条重新连接的铁路线引入北京，通过外城直接经过天坛并且刚好环绕内城的外部。北京成为铁路网络的一个枢纽，向南到保定及以更远的地方，向北到南口和张家口，向西到当地的矿山，向东到天津和山海关。[22] 1901 年，京城最终拥有了自己的报纸：每三天发行一次的《顺天时报》和每

---

[19] 刘俊文：《北京：中国古代和现代首都》，159～161 页；惠泽霖：《北堂书目》，第 34 卷，125 页；迪瓦恩：《北京的四座教堂》，215 页；裴丽珠：《北京》，487～488 页；菲尔德博物馆藏拓片第 1984 号；包士杰：《北京宗教建筑参观指南》。

[20] 明恩溥：《北京的转变》，载《前景》，第 68 卷第 3 期（1901 年），157～162 页。该殿堂只举行过两场多进士考试。

[21] 奥宾·萨巴蒂埃：《侵占期的中国天才，1901—1906》；裴丽珠：《北京》，56～57 页。中国人对于德国牺牲者的祭品在 1918 年被移到中央公园并且撰写了新的碑文；现在仍在那儿保存着。阿灵顿、威廉·卢因森：《找寻古北京》，150 页。

[22] 莎拉·帕克·康格：《中国来信》，187～188 页；《北京旅行指南》，82 页；明恩溥：《北京的转变》，载《前景》，第 68 卷第 3 期（1901 年）；库克：《库克的北京、天津、山海关、奉天、大连、旅顺和汉城旅游手册》；《东亚官方指南：欧亚之间横跨大陆的联系》；《北京指南》；史明正：《北京转变：中国首都的城市基础设施、公共工程和社会变迁，1900—1928》，355～360 页。

月两期的《北京新闻汇报》。㉓

回头来看，1900年在北京的历史上是一个重要的时间段，不再受到赏识、不再具有决定性足以证明我们的故事可以以此为终点。对这座城市和权威建筑的草率对待降低了皇家的权威，而且城市精英尝到了新秩序的滋味。慈禧太后一回到北京，几乎立即投身于改革事业。在1902—1906年，由这些新政策所引起的变化是革命性的而且影响深远，对于北京和迅速分裂的帝国来说，开创了一个新时代。

在新成立的民政部管理之下，北京的管理变得更加集中。正如史明正所表明的那样，一个自我意识的现代城市基础设施得到建设：下水道、自来水和电灯。改善的路面和新型交通以及通信开始使这座城市变得更小：火车、电车、人力车和一些机动车和自行车；电报、电话和邮政系统。步军统领衙门开始转变成警察队伍，消防员得到集中和重新组合，并且新的军队部署就位。㉔

商务总会，一种由西方人引进的组织形式，为了把商品的生 686
产者和销售者吸引到一起，而且（在理论上）这样可以授权和控制，于1902年得到清朝君主批准成立。上海和其他城市迅速创立了这些机构，1907年的北京也仿而行之。北京商务总会的总部位

㉓ 《中西闻见录》于1872年和1876年在北京公开发行。林语堂：《中国新闻舆论史》，92页。

㉔ 理查德·A. 斯蒂尔：《穿过北京下水道：解救义和团围攻，1900—1901》，89页；忧患生：《京华百二竹枝词》，14页；史明正：《北京转变：中国首都的城市基础设施、公共工程和社会变迁，1900—1928》，100、284、353页；约翰·格兰特·勃赤：《在中国北部和中部的旅行》，4页；史大卫：《北京的人力车夫：20世纪20年代的市民与政治》；惠泽霖：《北堂书目》，卷33，121页；王光越：《宣统三年北京电话史料》（一），载《历史档案》，1994年第2期，64～69页；魏斐德：《上海警察，1927—1937》，19～20页。在皇家统治范围内，这些改革许多是慈禧所期望的。从1888年起，西苑已经有了电灯和小铁路。史明正：《北京转变：中国首都的城市基础设施、公共工程和社会变迁，1900—1928》，315～317页；杨乃济：《太液池边的小铁路》，载《紫禁城》，第13期（1982年），8页；约翰·格兰特·勃赤：《在中国北部和中部的旅行》，4页。

于前门外传统商业区的一幢新房里。联系和配合以前存在的组织（主要的行会和私人公司），它成为当地一个重要力量。㉕

新政策没能把清代的政府制度转变成可以生存于20世纪世界的国家。1895年被日本战败和1898年夭折的改革运动，加速了清朝国家的分裂。慈禧太后和光绪皇帝都死于1908年，此时在更加残破的王朝中心留下了一个不可逆转的真空。1912年2月，年幼的宣统皇帝被迫退位，历时268年的清朝统治和皇家制度本身也就终结了。

古老的首都

1900年后的四十几年，不仅给国家而且给北京带来了更多的冲击、耻辱和快速的改变。当满人和皇家制度被视为中国落后的根源时，京城自身也遭到怀疑。1911年至1927年，北京只在国家的名义上成为不稳定政府的所在地，拥有了新的（不祥的）名称——北京（北方首都）。1927年，国民党军队的领导人蒋介石，完成了无数南方人将国民政府首都迁到南京的梦想。1928年6月，北京正式被边缘化并且易名为北平。1937年，日本军队占领了这座城市，重新更名为北京。

伴随着政治权力下降而来的还有其他变革。在一个我们无法在此继续的故事中，北京在20世纪变成了一座相当不同的城市。㉖在公共空间的利用上有许多更戏剧性的变化。新政府深入社会，需要更多的建筑物。消除“迷信”的运动提供了把寺院充公的充

㉕ E. G. 罗夫编：《一个王朝的垂死挣扎》，57页；史大卫：《北京的人力车夫：20世纪20年代的市民与政治》，99～101页；布鲁纳特、哈盖尔斯特罗姆：《当代中国的政治组织》，第465、774、938号；甘博：《北京社会调查》，461～462页；顾德曼：《家乡、城市和国家：上海的地缘网络与认同，1853—1937》，177～178页；史大卫：《北京的人力车夫：20世纪20年代的市民与政治》，第五章。

㉖ 在许多著作中，参见董玥：《现时的记忆：民国北京的变迁沧桑，1911—1937》；史明正：《北京转变：中国首都的城市基础设施、公共工程和社会变迁，1900—1928》；史大卫：《北京的人力车夫：20世纪20年代的市民与政治》。

足而正当的理由，许多寺院成为政府和军队的办公地，以及学校、警局、宿舍和新团体的总部。[27] 其他的城市现代化的机构和象征（长久以来人们熟悉的地方，如上海）在北京创立：公园、动物园和植物园、图书馆、艺术和自然历史博物馆、学校和大学。正如史大卫所阐述的那样，新的大规模政治活动不久把城市的街道转变成一个前所未有的示威和抗议地点。 687

在保存的档案中，我们只调查了这个故事的一小部分，并且集中于在游人和居民的想象和经历之中北京明清的历史是如何被理解的。正如我们将要看到的那样，国内外的旅游、图片、历史和通俗小说用对皇家过去的强烈感受以及对其当地文化的直白感情改变着这个 20 世纪的城市。经过对自身的重新定义，北京在幕后存续了好多年，并且随时准备登上舞台，成为在 1949 年 10 月中华人民共和国成立时配得上的首都。

在国外，义和团对使馆的包围成为可以利用民众好奇心可立即出版图书的主题。在以后的十年间，出现了许多图书。与 1860 年记载相比，读者群扩展到英国、法国、美国、德国和日本之外，而且到 1902 年，正在发展的西方旅游业已经为中国做好了准备。美国公使的妻子莎拉·帕克·康格记载道，美国人不但没有对如此恶劣对待他们同胞的国家产生厌恶，而是"疯狂地来到北京，是的，疯狂地到北京参观"。[28] 而且他们还不是唯一的。

英国公司的列车时刻表，一条已经建立的权威旅行路线，在 19 世纪 70 年代就已经拥有一本关于印度的指南手册，但是 1903 年在其《通往世界首都的路线时刻表和陆路到印度、波斯、远东的指南》中增加了 22 页的"中国路线"，认为："自 1900 年起，外国人可以游览城市（指北京）。" 1904 年，马特罗列（Claudius

---

㉗ 杜赞奇：《现代性话语权中的知识和权力：中国 20 世纪初期反对民间宗教的运动》，载《亚洲研究学报》，第 50 期（1991 年），67～83 页。

㉘ 莎拉·帕克·康格：《中国来信》，230 页。有关围困的记载过多，以至于无法在此列出；参见柯文《历史三调：作为事件、经历和神话的义和团》中的参考文献。

Madrolle）刊行了他第一本法文亚洲指南手册《中国西部和北方、朝鲜、西伯利亚》（共 144 页）。[29]

688 托马斯·库克（Thomas Cook）提供了更多的指南手册。他的公司于 1872 年组织了首次环球旅游，在那十年和接下来的十年中，包括澳洲和印度。代理处把令人满意的综合性服务对准了相对富有的中产人们，似乎创造了词语“tourist office”（“旅行社”）、“tourist agent”（“旅游代办处”）、“tourist route”（“观光路线”）。乘蒸汽轮船到中国旅行当时是再普通不过的了，不久铁路不仅连接了北京和中国南方而且还有朝鲜。在 1910 年，当他们第一部中国指南手册出版时，库克在香港和横滨拥有办公室，能够提供到“北京、天津、山海关、奉天、大连、旅顺和汉城”的旅行，“某些是不同的，某些是新的——仍是古老的，独一无二的变化”。他们新版的指南手册很快就面世了。[30]

19 世纪 90 年代，日本邮船株式会社开始为其在亚洲的旅客发行英文小册子。[31] 各种有关北京的精美摄影书（附有英文、中文和日文的说明）于 20 世纪头十年在日本发行，而且北京的方志于 1908 年由驻中国的军队司令部编辑。[32] 也是在那年，（积极筑路的）日本帝国国有铁路公司开始编写其袖珍五册本的《东亚官方指南：欧亚之间横跨大陆的联系》，在第四册中有关于中国的部分，于 1915 年用英语发行，是为了提供给各国旅游者——“那些每年不断增长的被吸引到中国的人”。[33]

---

[29] 《通往世界首都的路线时刻表和陆路到印度、波斯、远东的指南》，325 页；《牛津英语词典》中“火车时刻表”；其广告称自己为“在后期东印度公司支持下建立的”。在以下的讨论中，脚注或正文所提供的参考文献对于寻找这些指南手册提供了充足的信息。

[30] 约翰·普德尼（John Pudney）：《托马斯·库克的故事》；《牛津英语词典》；库克：《库克的北京、天津、山海关、奉天、大连、旅顺和汉城旅游手册》，7 页。

[31] 《日本邮船株式会社汽船托运人和旅客信息手册》；后来的版本以各种名称出现，《东亚一瞥》和《东方一瞥》等。

[32] 山本赞七郎：《风景如画的北京》；藤井彦五郎：《北清名胜》；小川一真：《清国北京皇城写真帖》；《北京志》。

[33] 《东亚官方指南：欧亚之间横跨大陆的联系》，前言。

其他的指南手册接踵而来，又厚又快；虽然内文常用汉字出版，但是英语看起来已成为更理想的通用语言。1906 年出版了鲍依（Boy-Ed）中尉的指南手册。1909 年出版了斐士（Emil Fischer）的手册，1924 年发行第二版。汉斯·巴尔克（Hans Bahlke）撰写的手册《普通的商人、北京、哈德门大街》（*General Marchant, Peking, Hatamen Street*）于 1909 年出版。新版的库克《指南手册》于 1913 年、1917 年、1920 年和 1924 年出版。马特罗列于 1911 年出版其书的新版，并于 1912 年出了英文版。1914 年，卡尔·贝地克（Karl Baedeker）的第一部旅行指南《俄罗斯、德黑兰、旅顺和北京：旅行者手册》（*Russia, with Teheran, Port Arthur and Peking*）面市，该书重点放在陆上线路。克劳（Carl Crow）于 1913 年出版的《中国旅行手册》（*The Travelers' Handbook for China*）当然包括关于北京的一部分，其后又推出了四个版本（1915 年版、1921 年版、1925 年版和 1933 年版）。1920 年，裴丽珠在上海发行了她非常重要的《北京》（*Peking: A Historical and Inimate Description of Its Chief Places of Interest*），1922 年出版了增补本。

当更多有关北京的资料进入这个公共领域时，这些旅游文献变得更加专业化：丸山幸一郎 1921 年的《北京》（*Pekin*），中野江 689
汉 1922—1925 年的《北京繁昌记》（*Sketches of Peking Life*），1929 年的袖珍本《北平指南手册》（*Peping Pocket Guide*），20 世纪 30 年代由当地报纸发行的英语指南手册。[34] 1935 年，阿灵顿和威廉·卢因森为他们在北京的人员出版了《找寻古北京》（*In Search of Old Peking*），并且美军为他们在中国的工作人员准备了《北京观光购物记》（*Notes on Sighting and Shopping in Peking*）。[35] 1934 年，由村上知行编辑出版了一本齐备的日文指南手

㉞ 《北京指南》；弗朗西斯·维驰（Francis Vetch）：《北京袖珍指南手册》。

㉟ 马库斯·奥格登（Marcus R. Ogden）：《北京观光购物记》。对这本书的研究已经告诉我，阿灵顿和威廉·卢因森早期的著作是以一个草率的方式剽窃了以前的成果，因此他们的书无法获得信任。与英文著作相比较，裴丽珠的《北京》绝对是更好的。

册《北平》，1940 年他在《北京岁时记》中描述了这座城市的岁时。

中文指南手册保持着同步。使用方便的都门类图书持续存在到 20 世纪——1910 年编辑的《新增都门纪略》将近 700 页，于 1917 年更新，但是最终被新的西式指南手册所取代。按照日本和欧洲的模式，1910 年京奉铁路（往东北方向）刊行了一份有关其沿线景点的指南（215 页，加插图）。京绥铁路（往西北方向）于 1922 年也同样出版了这种手册，南面的京汉铁路于 1923 年也出版了这样的手册。后来大量的“从北京到汉口旅游景点记录”得到出版。[36]

中文著作也为新国家呼唤着北京。1912 年，民国元年，在上海的商务印书馆开始出版现在称为《中国》的指南手册，每年都有新的版本推出。[37] 那个出版社还发行了《中国名胜》（1912 年）、《北京宫苑名胜》（1917 年）以及《直隶名胜》（1920 年）。[38] 其 1919 年出版的有关北京的指南被首次专注于那个城市及特定部分、特定地点。[39] 从 1929 年开始，中国旅游服务社出版了自己特有的景点指南手册——首都（当时指南京）、西湖、上海、昆明、汉口以及仅仅是非常陈旧的北京（1947 年）。[40]

1919 年的《实用北京指南》很快有了“扩充”版本。其他扩充版本的指南有：1929 年的《北京指南》和 1932 年的《简易北京景点指南手册》。到 20 世纪 30 年代中期，许多类似和著名的北京
690 旅游指南版本出版。[41]明显受到传统的和西方类型的影响，这些书是小开本，加插图，拥有非常详细的实用信息并且廉价生产。在

㊱ 这是未标注日期的《燕楚游骖录》。铁路指南。

㊲ 《中国旅行指南》；至少有 13 个版本刊行（在整个 1925 年）。

㊳ 《中国名胜》《直隶名胜》《北京宫苑名胜》。

㊴ 《北京指南》。后来的版本于 1923 年（第三版）和 1926 年（第四版）出版。

㊵ 《北平导游》。有关杭州，参见周锡瑞主编的《重构中国城市：现代性与民族认同，1900—1950》中王立平的论文。

㊶ 《实用北京指南》《北平旅行指南》《北平市指南》《北京旅行指南》《最新北京指南》。

它们的内容中有一种一致性。作为完全独立于观光者的文字，它们联合起来固化了一个“想象的”北京。

这样，依靠蒸汽轮船、铁路、旅行社、银行和旅馆，中国被融入一个全国和世界范围的旅游景点网络之内。㊷ 所有中国指南手册后面是民族主义和资本主义的关注。铁路作为新国家的大动脉而创建，新旧景色作为中国的象征被推向市场，得到间接或直接的消费。这份文献也有利于南京作为新首都概念的重建，并且为北京宣布了新的身份。在国家旅行的网络后面隐藏着帝国。列车时刻表已经把北京预想为前往印度的“中国线路”一部分。20 世纪第二个十年，马特罗列的法文本系列不断增补，包括中国南方、菲律宾、印度支那、日本和夏威夷；法文本包括了河内、云南、安南中部、中国南方、爪哇、日本、马来半岛、泰国、印度支那、菲律宾、美国港口。日本出版者不仅断然把北京置于“横贯欧亚大陆”的世界中，而且还纳入新兴的日本帝国内。㊸ 旅游业与外国经济权力、政治影响和殖民企图纠缠在一起。

旅行的商业化明显体现在商业广告（“北京最好的景泰蓝”）、摄影店（“柯达冲印”）、酒商和旅馆：“北京铁路卧车大酒店，使馆区和公馆街内唯一的酒店，自初期为外交官、文人、军人、特许人员、商人、全球跑腿之人会面之所，等等。”“北黎明宫［酒店］是最大的！干净！安静！最舒适！最方便！训练有素的！似家的！基督教的！住宿地点。”㊹

照片既满足又刺激了人们对北京的向往。日本人在义和团运动后立即制作了昂贵和精美的摄影册。东京帝国博物馆赞助了小川一真 1906 年版精美限量的宫中图片画册。喜龙仁《北京的城墙和城门》（1924 年）中的不朽照片承袭了同样的传统，而唐纳德·曼尼（Donald Mennie）在他 1920 年印刷精美的《北京美观》（*The*

㊷ 路线、时间和费用的详细表格同时印制。

㊸ 他们的官方指南，《东亚官方指南：欧亚之间横跨大陆的联系》；后来的指南包括朝鲜，日本西南、东北，中国，以及“东印度群岛”。20 世纪 40 年代，在他们占领中国时期，印制发行了该城市的指南（例如《北京景观》）。

㊹ 斐士：《北京及其近郊指南》。《北京旅行指南》1938 年中的英文广告。

691 *Pageant of Peking*）和随后两个版本中收录了 66 张照片。海因兹·冯·皮克海默（Heinz von Perckhammer）的照片用德文、英文、法文和西班牙文加以说明。这些是大开本、漂亮、昂贵的书籍，更适合于在扶手椅上而不是在手提箱上阅读。[45]

更廉价的画报类“风景书”似乎起源于美国，但是山本赞七郎的摄影室在中国已经开始设立。出版了 1895 年中日战争的摄影（以及后来许多类似的关于日本的摄影），山本赞七郎创作了多种语言的《风景如画的北京》（1901 年）和《北京名胜》（1909 年）。每本书包括了附有简短说明的照片，通常是日文、中文和英文。风景明信片约 1900 年在西方似乎已经发展起来，并且开始展现 20 世纪初的北京。[46]

附有北京图片说明的图书在随后的几十年中大量出版：《北京景色》（*Scenes of Peking*，1915 年）、《中国名胜：西山》（*Scenic China*：*The Western Hills*，1919 年）以及 20 世纪 20 年代的《北京艺术系列》（*Peking Art Series*）。《中华帝国名胜》（*Views of the Chinese Empire*）等图册集是上海商务印书馆为观光的外国团队（体育团队或商会）发行的类似双语纪念性摄影图册，这些图书通常以几十张北京照片为开头。[47]

虽然在此提到的这类书籍对于某些想看和了解北京景点的人们提供了有用的信息，但是它们在规模、详略、价格、细节、覆盖的范围、实用性、来源、分布、语言和读者上还是有所不同。然而，从整体上看，它们不仅展示了一个有关北京的多语种文献爆炸式增长，而且还揭示出不同，有时甚至是竞争激烈的对这座城市进行重新定义的尝试，因为它已不再是帝国的中心——京师。在这个过程中，北京于 20 世纪 30 年代作为“故都”崛起，一座昔日皇家荣耀的城市，一座拥有特殊传统文化的城市。这个抽象化的过去就这样成为那些希望避开强加给北京现代化世界人们的一

---

[45] 亦参见赫伯特·怀特（Herbert C. White）：《燕京胜迹》；《支那北京城建筑》。

[46] 《牛津英语词典》“明信片”；以及上面的注 32。罗南熙（Nancy Norton Tomasko）慷慨地分享了她的专业和中国指南手册的收藏（其中一些在此引用）。

[47] 亦参见《历史上北平及周边的风景》。

个避风港。同时，一个统一的历史有助于在新的国家里创造（和加强）与地方相协调的一种当地身份。

这个转化的部分包括保护和宣传北京作为帝王之家的身份。有人或许认为1900年外国军队对紫禁城的侵犯、1911年皇家政权的消失以及1924年末代皇帝出逃皇宫，都会降低附着于皇家的北京价值。一点也没有。渐渐褪去的皇家魅力仍具有相当的吸引力， 692 即使它更侧重依附于朝廷和君主；而且，作为整体而言，清帝国已经被新国家所拥有和包容在内。

联军的占领，在各方面被视为耻辱，对增强北京的皇家吸引力有着相互矛盾的影响。因为义和团运动而在外国人中出现的反华情绪——至少在某些地区——受到一种对清代皇家制度屈尊俯就的狂热追随。基督教的宽仁、慈禧的重大转变、新政的许诺以及西方的自信促成了一个短暂的热诚时代。

在1902年和慈禧去世的1908年之间，这种热情的感觉似乎是由外国团体的妇女们意外接触慈禧太后而萌生的。（与维多利亚女王死于1901年1月相关?）苏珊·康格（Susan Conger），一位在围困中幸存下来的人，于1900年9月参观了让她眼花缭乱的“真正紫禁城”。在慈禧返回北京后，康格经常受邀进入皇宫和颐和园，与她同行的美国人对那里充满了热情。1903年，她安排凯瑟琳·卡尔（Katherine Carl），一位海关官员的姐姐，为慈禧绘制肖像并于1904年在圣路易斯的万国博览会上展出。[48] 卡尔的著作《慈禧写照记》（*With the Empress Dowager of China*）（1905年），莎拉·帕克·康格（Sarah Pike Conger）出版的《中国来信》（1909年）以及何德兰（Isaac Taylor Headland）的《中国的宫廷生活》（*Court Life in China*，1909年，在其妻子的笔记基础上撰

---

[48] 莎拉·帕克·康格：《中国来信》；卡尔女士：《慈禧写照记》；艾琳·科尔蒂诺维斯（Irene F. Cortinovis）：《圣路易斯世界博览会的中国》，载《密苏里州历史评论》，第72卷第1期（1977年），59～66页。这是中国首次参加世界博览会，皇帝的一个侄子出席。

写的，他的妻子作为医生服务于慈禧的娘家），每本书附有一位女性的“私密”肖像，他们强调她的伟大没有得到充分的欣赏。

回应这种对清朝宫廷的迷恋，对慈禧生活的伪学术的叙述是由濮兰德（J. O. P. Bland）和巴克斯（E. Backhouse）所写：《慈禧外纪》（*China under the Empress Dowager*：*Being the History of the Life and Times of Tzu Hsi*，*Compiled from State Papers and the Private Diary of the Comptroller* of *Her Household*，1910）。1911年由德龄公主所著的《紫禁城两年》（*Two Years in the Forbidden City*）同样详细叙说了宫廷内部生活的魅力。[49] 卡尔、德龄、濮兰德和巴克斯的著作全部被及时地翻译成中文，其他类似传记的英文版和法文版也出现了。大部分附有大量为慈禧偏爱的姿势插图：太后陛下穿着她的百蝶长袍，太后陛下在莲花池中的船上，皇宫里的公主们，等等。

693 溥仪在1912年的退位把生命力从皇家机构中抽离出来，并且把它变成中国最后王朝引人入胜的历史。术语“满清”产生于这个活跃的民族主义时期，作为一个新的名称用于“满洲的清朝”，并且在以后的几十年里经常使用。这个标签把满洲等同为清朝，强调其外来性，与过去的朝代相比，将其贬低了。[50]

然而，即使是使用这个词的著作，也在以中国流行文化的方式再造清朝。从1913年开始，上海的出版商出版了一种“清廷秘史”之类的图书。有关皇帝和皇后胆大妄为的故事，充满着宫廷闲谈和政治阴谋，被出版成小册子并且反复再版：《满清十三朝宫闱秘史》《康熙南巡秘记》《顺治出家》等。[51]

在20世纪20年代至30年代，德龄（用英文）创作了《御苑兰馨记》（*Old Buddha*，1928）、《童年回忆录》（*Kowtow*，1929）、《莲花瓣》（*Lotus Petals*，1930）、《金凤凰》（*Golden Phoenix*，

㊾ 她实际上是身居高位满洲外交官的女儿，在海外受过教育，1905—1907年为慈禧的宫女。德龄：《紫禁城两年》；德龄：《我在慈禧太后身边的日子》，前言。

㊿ 也许仍然没有传达出英语词组 alien rulers（外来统治者）所要表达的那种分歧。

51 《满清十三朝宫闱秘史》、《康熙南巡秘记》、《顺治出家》以及1914年《满清稗史》中的许多故事。

1932)、《玉和龙》(*Jades and Dragons*，1932)、《御香缥缈录》(*Imperial Incense*，1933）和《瀛台泣血记》(*Son of Heaven*，1935）等，每部著作都利用了她所称的与皇家的亲密关系；一些书被译成日文并且大部分译成中文（而且现在仍然以那种语言印刷)。在后面的几十年中，大部分有关这位太后的传记许多是虚构的，显然是为了迎合公众的口味：《慈禧太后私生活秘史》(*La femme qui command à cinq cents millions d'hommes*)。于1912—1924年作为溥仪的师傅——末代皇帝最亲密的人，庄士敦不同寻常经历的回忆录也是这个潮流的一部分。[52]

这些和许多其他成功出版的作品有助于把北京皇家过去转化为一种适于向外国人和汉人销售的商品。这座城市没有被一笔勾销，而且不愉快过去的无关残存物也是同样如此。相反地，这些文献有助于在北京和清廷之间、在清王朝和中国之间保持一种平衡。在上升的民族主义和对外国人和过去敌视的背景下，阅读大众似乎已经准备向现代中国索要这份富有魅力的皇家遗产，还有北京。

1911年后，旅游业呼应和推动了这个浓缩精华的皇家北京的近代化，并且加深了对这个作为中国首都的清代城市的重新定义。[53] 国家宗教祭坛是最早公共化并向游人开放的皇家空间之一， 694
而且它们立即作为历史景点而被接受。[54] 慈禧太后的颐和园也部分开放，受到持久的欢迎。

在辛亥革命后的十年中，紫禁城无法完全满足旅游者的渴望。虽然大殿在指南手册中得到描述，但是它们大部分是禁止入内。年轻的溥仪仍然住在范围缩小和脱离现实的皇宫里，一直到1924

[52] 有兴趣的读者能找到以下作者被译成各种语言的书籍（在参考文献中没有引用的)：查尔斯·佩蒂特（Charles Pettit)、华雷（Daniele Varè)、约翰·莱新（George Lancing)、莫里斯·科利思（Maurice Collis)；布鲁伯·玛蒂尔达·亨特（Bluebell Matilda Hunter)、赛珍珠（Pearl S. Buck）等。庄士敦：《浪漫的皇帝》，载《新中国评论》，第2期（1920年），1～24、180～194页；庄士敦：《紫禁城的黄昏》。

[53] 两百五十万游客在1939年参观了北京的景点；55%是中国人，41%是日本人，只有十万人是西方人。《市政统计年鉴》，80页。

[54] 于1915年从社稷坛和先农坛开始。史明正：《北京转变：中国首都的城市基础设施、公共工程和社会变迁，1900—1928》，194～198页；《北京指南》。

年。南部几个较小的展厅偶尔会向公众开放，1925 年，紫禁城变成了故宫博物院。虽然许多房屋仍然关闭着，但是毕竟第一次可以接近举行重大仪式的大殿和大内北部的居住区，这刺激了民众窥视的欲望，激起保守的怀旧感。[55]

天坛是外国人最渴望参观的地方，被迅速视为“在北京参观的众多有趣地方中它是最重要的，到目前为止是最美丽的”，被不停地拍照，游人为它着迷：“美丽”，“印象深刻”，“壮观”，“宏伟”，“豪华”。“象征这世界的中心，围墙象征着宇宙，宝顶象征着无限，并覆以苍穹。”[56] 在个地基上，耸立于平台祭坛之上的蓝色圆顶祈年殿是天坛的象征，而且是相当合适的，裴丽珠就选择这座大殿作为她 1920 年的书籍的封面。（参见图 17－1。）

695

图 17－1　天坛的祈年殿

资料来源：普西格：《从上海经由北京、内蒙古和俄罗斯东部到莫斯科，根据法国总理布尔布隆的笔记编辑，1859—1862》，载《旅游世界》（巴黎），第 9～10 期（1864 年），48 页。

---

[55] 克劳：《中国旅行手册》，277、279 页；顾若愚：《北京故宫博物院》，载《华裔学志》，第 2 期（1936 年），167～190 页；《北京旅行指南》；阿灵顿、威廉·卢因森：《找寻古北京》；乔治·凯茨：《丰腴年代：北京，1933—1940》。

[56] 库克：《库克的北京、天津、山海关、奉天、大连、旅顺和汉城旅游手册》，25～26 页；克劳：《中国旅行手册》，246 页。在辛亥革命前其已向外国人但不是中国人开放。

然而，不仅只有外国人喜爱天坛。清朝及其之后的政权也利用它来作为国家的象征。[57] 当宣统皇帝于 1909 年登基时，当袁世凯于 1916 年建立他的（短命的）王朝时，当一部新宪法于 1923 年被采纳时*，天坛都作为纪念邮票的图案。[58]

皇家范围的一部分通过一大批传记和旅游文献——以及游人自己——变成“景观”，促使把北京贬为昔日皇家所在地，这是一个令人熟悉过程的延续。但不是每个人都如此狭隘地看待这座城市。清末有关城市历史、寺院、节日和食物的图书描述了一个被更加广泛诠释的城市文化，指南手册、报纸文章、学者研究和小说也贡献了其中的一部分。中国和外国的看法也在这里混合、加 696
强并相互交织在一起。

随着北京当时地位的日益降低，北京只能在它的过去中寻找威信并保持昔日的活力。到清末，虽然旗人已经成为北京生活的中心，但极少有旗人刊行有关这座城市的书籍。在 19 世纪的最后十年，这个情况发生了变化；当这个王朝开始动摇时，满人拿起他们的笔撰写有关两个多世纪他们家乡的故事。19 世纪 90 年代，震钧开始草草地记载了北京，最终变成一本相当重要的著作《天咫偶闻》。1900 年初春，另一位满人敦礼臣，完成了一本更短的小册子。[59] 虽然这些由当时还只是中年的作者所撰写的著作开始于 1900 年前，但是它们都反映了不安的政治气氛和对昔日一种期许

[57] 早在 1878 年，皇家海关代表清朝开始发行邮票。第一张邮票标有“大清”文字，用英语写着“CHINA”；在中央有一条盘绕的龙，是长久以来皇帝的象征，二者是相等的。直到 1894 年，“大清国”这个术语仍被使用。马润生编：《马氏国邮图鉴》，1 页；14 页以下；濮兰德、巴克斯：《慈禧外纪》，扉页（八旗）。

* 当时的国会通过了《中华民国宪法》，史称《天坛宪法》。

[58] 同一座祈年殿在 1913 年与在地里的一位农民同时出现在邮票上，并且也用于山东青岛啤酒的商标中，至今仍能看到。马润生编：《马氏国邮图鉴》，78、95、103、117 页。

[59] 1900 年，震钧四十三岁，敦礼臣是四十五岁。敦礼臣的著作于 1906 年刊行，于 1935 年译成英文（在北京发行），然后于 1941 年译成日文（在东京发行）。亦参见让廉：《京都风俗志》。

的怀恋。[60] 在这濒临消亡的过去中，君主起到了一个重要作用，但是日常生活和文化也起了重要作用。

敦礼臣把重点放在城市生活并且告诉读者他记载了习俗、景色、物产和当地人才，以往的（皇家）文献对它们视而不见。正如我在其他地方所证明的那样，这不是为游客而创作的一本书，而且敦礼臣很少把注意力放在他们的兴趣或活动上。[61] 这部书对于北京狂热爱好者和知情者来说，充斥了经过归类的资料——当地食品、当地植物、当地物产和当地节日。它列举了北京特有的喜好：十二种蟋蟀、三十六种不同的鸽子和一百三十三种菊花。震钧的研究在不同地方通常更有条理，但是它集中于不成比例的内城和名宅，并对大众和个人提供了意见。

不难理解，清末满人想记下他们看到的被革命威胁和事件破
697 坏的世界。[62] 对于敦礼臣所描述的旗人正在消失的世界是如此温暖和令人喜爱，我们也不应该感到惊讶。如果《燕京岁时记》中旗人文化与北京文化拥有相同的影响，那么这不是一个虚假的平衡。

从里至外，清代民族的复杂性被搁置在一边。满人已成为旗人精英坚定的剩余核心，世纪交替的汉族民族主义简单狂热地把他们转变成敌人。[63] 它可能因此强烈要求首都的满人强调他们的当地身份而不是一个民族。这些满洲旗人不是外国人，他们作为北京人的自我展示不需要耍花样。1911 年后，他们乐于承

---

[60] 在他 1903 年的前言中，震钧描述了灾祸，他认为 1860 年以来的灾难已经影响了朝代和这座城市，导致这座城市一直处于“京师之为京师，亦仅仅矣”的状态。震钧：《天咫偶闻》，卷 10，25～27 页。敦礼臣的著作也受到进步旗人和保守旗人之间紧张关系的影响。敦礼臣：《燕京岁时记》，VII；柯娇燕：《孤军：满人一家三代与清帝国的终结》，第六章。

[61] 韩书瑞：《北京的节日》，见《民间信仰与中国文化国际研讨会论文集》。

[62] 参见柯娇燕：《孤军：满人一家三代与清帝国的终结》，188～189 页有关旗人金梁有同样的动力。

[63] 例如，柯娇燕：《孤军：满人一家三代与清帝国的终结》，179～182、194 页。

认自己为官话的理想老师和北京“传统”文化的权威。[64]

试图在口头上保存清代京城很难成为满人的一个垄断。这座城市的汉人寄居者也感受到正在发生的遗失。作为19世纪80年代省志项目的一部分，朱一新和缪荃孙行走在城市街道上研究现存的景观，当刘承幹于1904年编辑出版他们的笔记时，他引用了消失的宋代都城。这些长江中下游的男人们，被最近的发展搅得心神不安，长期以来一直是北京的崇拜者。在《京师坊巷志》的前言中，刘承幹忧愁地记载了北京自1900年以来的许多变迁——不但包括“军事破坏”，而且包括政府最近的重新组建——并且把他的笔记比作是一个梦的记载。[65] 野蛮的外国敌人的出现和1911年清朝的崩溃，使得满人和汉人在珍惜值得记忆的过往帝国时代的辉煌中，似乎更易找到共同的联系。

旅游者受到鼓励去了解北京悠久的历史。[66] 外国的指南手册在强调这座城市是古老而永久的同时，又强调其辉煌的古老和过去，它的尊贵是永恒的。僧人们的褪色长袍、积满灰尘的祭坛、破碎的石头、坍塌的城墙以及古树；荒芜寂静、安静、无穷的悠闲和休息的气氛；尊贵、壮观、神秘和魅力。大多数游客拍摄的照片

---

[64] 杜安：《宫廷和北京平民的礼仪》，载《法中友好协会简报》（巴黎），第2期（1910年），105～138、215～237、327～368页；第3期（1911年），134～155、209～233页；第4期（1912年），66～84页。萨莫尔·维克多·康斯坦：《京都叫卖图》。林语堂：《京华烟云》，342页。

[65] 《顺天府志》，1885年，1987年再版序言；朱一新、缪荃孙撰，刘承幹考证：《京师坊巷志》，台湾和北京的再版前言。亦参见缪荃孙的《琉璃厂书肆后记》。

[66] 在20世纪第二个十年至30年代，有许多关于北京的笔记。例如，倭纳：《秋叶：自传》；C. D. 韦伯斯特（C. D. Webster）：《北京印象》，载《英国贸易的帝国评论与报道》（伦敦），第29期（1915年），205～215页；木下杢太郎：《支那南北记》；亚历山德拉·埃塞德里德·格兰瑟姆（Mrs. Alexandra Etheldred Grantham）：《京畿笔谈》；艾伦·纽博尔德·拉莫特（Ellen Newbold La Motte）：《北京尘土》；那波利贞（Naba Toshisada）：《燕吴载笔》；吉尔伯特·柯林斯（Gilbert Collins）：《极端的东方混合》；丹比：《迷人的北京》；亨利·凯斯维尔：《北京：永远的城市》；乔治·凯茨：《丰腴年代：北京，1933—1940》；蒲乐道（John Blofeld）：《老北京城纪事》；彼得·卢姆：《我自己的翅膀》。

是古老的建筑和传统习俗，不是新的和当前的。[67]

698 在20世纪20年代、30年代和40年代早期，对这座城市古迹的研究加深了对北京历史的研究，也许受到不远处1926年一种被迅速命名为“北京人”的原始人类的真正远古骨头发现的鼓舞。* 外国人联合中国人参加了这个工作。神甫包士杰仔细研究了这座城市中天主教的教堂和公墓；喜仁龙拍摄并且测量这座城市的宫殿和城墙。他把询问目光放得更宽广，铁路工程师和专业制图师普意雅对“北京及其周边”陵墓、寺院和建筑进行了细致的研究、绘画和描述。[68]

到20世纪20年代，中国人和西方人确定京城“风俗”是一个受到威胁的有价值的文化残存，特别是“传统的”而不是现代的，是北京“别具一格特性”中的一个。让·伯赫特（Jean Bouchot）的《胡同生活场景：北京民俗概述》（*Scenes of Life in the Alleyways: Sketches of Peking Customs*，1922）是众多节日和假期的半学术性的调查文献之一。[69] 其他人研究婚姻和葬礼风俗、

---

[67] 例如，唐纳德·曼尼（Donald Mennie）：《北京美观》；甘博照片（约1925年），由西德尼·甘博中国研究基金会（纽约城）所藏，截至1989年。

* 即中国著名古人类学家裴文中先生发现的北京猿人头盖骨化石，太平洋战争爆发后，此化石失踪，至今下落不明。

[68] 包士杰：《正福寺的墓地和教堂（1732—1917）》；包士杰：《北京宗教建筑参观指南》；《栅栏墓地和天主教文献，1610—1672》；普意雅1921—1924年的十五个系列；普意雅：《关于北京地区及其城墙的记载。摘自正在进行的有关北京的笔记。古往今来》，载《远东古物博物馆馆刊》，第1期（1929年），30～60页；普意雅：《北京附近地图，1∶25 000，工程师普意雅汇编20幅比例为1∶200 000的地图》，1923年以及1925—1926年1∶100 000一个系列。

[69] 葛禄博：《北京民俗》。杜安：《宫廷和北京平民的礼仪》，载《法中友好协会简报》（巴黎）第2期（1910年），105～138、215～237、327～368页；第3期（1911年），134～155、209～233页；第4期（1912年），66～84页。普意雅在1922—1923年《中国》中的文章；青木正儿：《北京风俗图谱》，卷2；中野江汉：《北京繁昌记》；张江裁：《天桥一览》、《北平岁时志》；卜德的1936年从敦礼臣的译文，《北京习俗和节日年鉴》的译注；叶德礼（Matthias Eder）：《北京房前的装饰》，载《民俗研究》，第2期（1943年），51～78页；叶德礼：《北京古代手工艺术展览》，载《民俗研究》，第7期（1948年），123～134页；李家瑞：《清代京师竹枝词四十种提要》，载《读书周刊》（天津），第77期，1936年12月3日。

民歌以及街道小贩。满汉学者和学生在寺院集市上做田野调查。寺院、石碑和朝圣也得到调查和考察。[70] 现代的风俗替代了过去的风俗。1939 年，另一位满人罗信耀为外国人创作了连载于《北京日报》的英文文章《吴氏经历：一个北京人的生命周期》。[71]（作者的插图可以在图 14-3 和 16-1 中看到。）1913 年后，海内外知名京剧演员梅兰芳重新铸造了北京的戏剧，不仅作为“京戏”或“京剧”，而且作为“国剧”，促进了对其流派的深入研究。[72]

有关北京的短文定期在中文报纸和杂志上出现。[73] 1908 年，一份日文期刊《燕尘》开始（在北京）刊登有关中国及其京城的短文，包括有关当时事件的定期信件、皇家告示的译文、北京习俗和名胜的短文以及在帝国各地的旅行记录。《中国》(*La Chine*)，于 1921 年到 1924 年在法国一个月出版两次，为其他外国人提供了 699

---

[70] 习俗，安妮·科马克（Annie Cormack）：《中国的生日、婚礼、葬礼和其他习俗》；柏干：《满族的风俗与迷信》。歌，李家瑞：《清代京师竹枝词四十种提要》，载《读书周刊》（天津），第 77 期，1936 年 12 月 3 日；罗常培：《北京俗曲百种摘韵》；金曾·约翰生（Kinchen Johnson）：《北平民歌童谣》。小贩，萨莫尔·维克多·康斯坦：《京都叫卖图》。集市，奉宽：《妙峰山琐记》；《河北庙会调查报告》。调查，许道龄：《北平庙宇通检》；余棨昌：《故都变迁记略》；寺院，小柳司气太：《白云观志（附东岳庙志）》；许道龄：《北平庙宇通检》；1943 年调查，《北京庙宇征存录》。石碑，刘厚滋：《北平东岳庙碑刻目录》，载《国立北平研究院院务汇报》，第 7 卷第 6 期（1936 年），115～138 页；张江裁、许道龄：《北平庙宇碑刻目录》。朝圣，顾颉刚编：《妙峰山》；亦参见韩书瑞：《北京妙峰山的进香：宗教组织与圣地》，见韩书瑞、于君方编：《中国历史上的进香与宗教圣地》，356 页。

[71] 正文作为一部两卷本图书得到刊行（1939—1940），于 1943 年被译为日文（参见罗信耀：《吴氏经历：一个北京人的生命周期》）。罗信耀（1908—1992）在其著的英文版于 1983 年重印时，为卜德所了解。当我在 20 世纪 80 年代中期遇到他时，他是一位住在靠近紫禁城的一所老房子中精力充沛和有魅力的人；他花费人生的大部分时间从事科学翻译。

[72] 在本书中有关京剧所使用的术语，我依靠图书馆目录和杨世彭的《北京戏剧研究资料》。在这个媒介中，京戏或京剧直到 20 世纪 20 年代才开始流行；平剧（北平剧）这个词语在 20 世纪 30 年代和 1949 年后的台湾使用。英文术语“Peking Opera”在 1949 年后得到普遍使用，其后得到中华人民共和国政府的正式使用。戴鹤白：《京剧：清朝末期的戏剧及其社会》。

[73] 例如，陈宝和：《宇宙风》。

有关北京节日和风景的配图文章。1927—1954 年，中国旅行社为中国读者刊行了名为《旅行指南》（*Chinese Traveller*）的月刊。在当地的期刊中，顾颉刚和其他知识分子分析并称赞在 20 世纪 20 年代中期当地出版的《民俗》期刊。

中国和西方的作者还发现了有关北京的明清著作；在 20 世纪 20 年代，一些学者开始再版这些难得发现的原始资料。没有人像不知疲倦的张江裁那样积极。他编辑并再版数量庞大的关于皇家京城末期的原始资料：当地戏曲（1934 年）、岁时（1936 年）、天桥娱乐（1936 年），以及四种相关的各种资料文选（1937 年，1938 年、1939 年和 1943 年）。在日本占领时期（从 1937 年中期开始），进行了其他调查：碑文、岁时、会馆、寺院以及附近的组织。[74]

北京对于西方美学家有一种特殊的吸引力。皮埃尔·洛蒂（Pierre Loti）和维克多·谢阁兰（Victor Segalen）有关清末宫廷的著作对于一位寻求强烈不同经历的读者来说是有吸引力的，还有一些人——乔治·凯茨（George Kates）、奥斯伯特·西特韦尔（Osbert Sitwell）、哈罗德·阿克顿（Harold Acton）和约翰·布洛斐德（John Blofeld）等——到北京生活了几个月和几年，悄悄地走进一位中国学者奢华而平静生活中（部分是想象的）。他们学习（一些）中文，把自己置身于城市的过去（部分）和所谓的行家（常常是满人）之中。其他的西方人创作有关放逐生活的小说，以一个受人尊敬的城市为背景进行写作。[75]

北京不仅以旧京或旧都被提到，而且以故都被提及。故都，如同故宫（“古老的宫殿”，意味着紫禁城），暗示了一个积极、卓越和持久的古迹，比英语短语例如“Old Peking”或“the Old South”（在美国语境里）或甚至“Old Money”（在美国语境里）

---

[74] 仁井田陞：《北京工商ギルド资料集》；罗信耀：《吴氏经历：一个北京人的生命周期》；村上知行：《北京岁时记》；今堀诚二：《北平市民的自治构成》。

[75] 马特尔（D. de Martel）、L. 德霍耶（L. de Hoyer）：《北京剪影》；安·布瑞芝：《姜黄色的狮鹫》；华雷：《天国裤子的制作者》；哈罗德·阿克顿（Harold Acton）：《牡丹与马驹》；谢福芸：《现代北京的故事》。

表达得更好。因为故乡的某种感召力，故都坚持强调宝贵的过去仍然很重要，事实上，北京是古老的但仍充满活力的城市。其他 700 文献同样强调了其不变的性质、怠惰和平静，“北京的中世纪式平静氛围”。[76]

这类学术性和文学性著作所描述、记忆和创造的老北京，包括了皇家世界，但又超越了它。这个北京也是一座普通家族和普通生活的城市，有小的乐趣和大的不公平，有变化着的季节、房子、寺院以及节日。参照这些发展良好并牢固扎根于当地的文化方面，提供了一种落后的联系和一种超越政治地位变化的地方认同感。

北京文化的意识在民国初期是非常强烈的，而且在小说中可以看到它们最强有力的某些描述。参观一个相当普通的北京已是明清故事和小说的主要内容，但虚构的北京在 1911 年后呈现出了一种完全不同和更具体的特性。[77] 这样的描述肯定影响也反映了一种增强的日常生活意识。

张恨水的《啼笑因缘》（1929—1930）中的许多活动，发生在天桥这个新的娱乐场所，林培瑞（Perry Link）已经把这本小说描绘为“可能是 20 世纪上半叶阅读最广的小说”。[78] 在文学圈中更有影响的是舒庆春，一位满洲旗人，他以笔名老舍进行创作。和其他旗人一样，他对当地忠诚是非常强烈的，在 20 世纪 20 年代，开始在北京出版一系列小说和故事。[79] 在这些小说中，《骆驼祥子》（1937）因对一名年轻、坚韧、乐观的人力车夫的无力而绝望的痛

---

[76] 倭纳：《秋叶：自传》，497 页。过时的名字例如“燕京”“燕都”都被找回来并得到积极使用。

[77] 张英进：《中国现代文学和电影中的城市》，第二章大量讨论了这些小说，（第 73 页）认为直至 20 世纪 20 年代城市很大程度上是作为背景而起作用的。

[78] 林培瑞（E. Perry Link）：《鸳鸯蝴蝶派：20 世纪早期中国城市的通俗小说》，34～36 页。这个地区位于前门和永定门之间，沿着外城的中轴线。张江裁、许道龄：《北平庙宇碑刻目录》；董玥：《现时的记忆：民国北京的变迁沧桑，1911—1937》，第五章。

[79] 吴怀斌、曾广灿等：《老舍研究资料》，984、1032 页；他的小说约“五部半”在北京创作；亦参见张英进：《中国现代文学和电影中的城市》。

苦描写闻名于中英文世界——因其主人公（和作者）对于北京的矛盾感情：“它不管死亡，不管祸患，不管困苦，到时候它就施展出它的力量，把百万的人心都催眠过去，作梦似的唱着它的赞美诗。它污浊，它美丽，它衰老，它活泼，它杂乱，它安闲，它可爱，它是伟大的夏初的北平。”[80]

林语堂，一位南方的寄居者和文人，甚至更加狂热于其1939年的小说《京华烟云》，用英文写作并在纽约出版发行。他的北京 701 是上层社会的北京，一座“壮观的”“天然美丽的”城市。本地人是快乐而平静的，“温和，节制，爱好和平，非常有耐性”。它的文化表现出“既富有人文的精神，又富有崇高华严的气质与家居生活的舒适”。因为安宁而悠闲，它是艺术家而不是赚钱人的家园，这个北京是一个拒绝现代和激进的地方。当描写日本人占领下的这座城市时，林语堂用令人吃惊的语言对这段真正的北京历史一扫而过：“别处的数百年，在北平只是几段瞬息的时刻……老北京遭受异族的征服很多次了，但被征服者却将入侵者征服，将敌人变通修改，使之顺乎自己的生活方式。”[81]

北京这些充满热情、浪漫的景象，与《寻找古北京》这种旅游文献相对应，强调了这座城市的魔力和魅力。几乎所有这些著作拥有一个共同点，就是集中于北京文化方面，与过去和普通人相联系。这个看法不仅恢复了北京某些已经迷失在其政治和经济中心里的声誉，而且也有助于把它从国家其他地方的对手城市——天津、南京或上海中区分开来。此外，与北京庄严的皇家纪念碑相结合，一种相对过时、文学、非商业、非西方化的当地文化似乎更加与众不同。[82]

在此讨论的著作肯定没有反映当代中国和美国社会科学家所研究的世界。1921年由甘博编辑的《北京社会调查》（*Peking*：*A*

---

[80] 老舍著，让·M. 詹姆斯译：《骆驼祥子》。首次翻译（非忠实地）为英文 *Rickshaw Boy*，1945。

[81] 林语堂：《京华烟云》，742、743、171、529页。

[82] 亦参见张英进：《中国现代文学和电影中的城市》，120～125、135、141页。

Social Survey）为那时的北京定下了基调，根据如下内容进行定义：价格、工资和生活水平，乞丐、福利、疾病和公共健康，食物供给、人口统计和犯罪。老北京也没有宣传它的新式大学和文学运动，通过它们，这座城市在寻求文化上的领导地位，更不用说同时代城市激烈的政治阴谋、国际危机、罢工、暴动、屠杀、腐败、吸毒、通货膨胀和外敌入侵——一个“传统”处处面对“现代”的世界，在那里汉人涌进新的公园，而且那里还是理想主义的学生们、独裁的党派、军阀和帝国主义争权夺利的场所。[83] 老北京没有现代城市的焦虑和兴奋，是受欢迎还是蒙羞取决于它的政治地位。

这座城市的中文名字也反映了分裂。正式名字于 1912 年突然由“京师”变为“北京”，1928 年改为“北平”，1937 年又被日本人改回“北京”。相比之下，外国语言中令人尊敬的名字 Peking 的实用性使它对于日本人、欧洲人和美国人来说更容易融入这座城市的过去和现在之中。相对地，说英语的人至少从 1866 年就已经 *702* 使用“Pekingnese”来指代这座城市的居民，但是，当可资比较的汉语词汇“北京人”变得流行时——20 世纪初的某段时间肯定如此，它就不那么明显了。[84]

1949 年后，日本人战败了，国民党被赶到台湾，中国共产党当政，这些矛盾依然存在。对台湾而言，老北京是中国传统一个方便而强有力的象征，面对在大陆的革命，他们认为自己是安全的。他们修建自己的故宫*，建造了一个较小的蓝色圆顶祈年殿的复制品，把以北京方言为基础的国语作为官方语言，并且引进“北京烤鸭”餐馆和满族中文教师。中国共产党在确定如何对待老北京上面临更为严重的困难。领导人自己也是外来者，对宣称的北京文化魅力尤其敏感，用一个意识形态武装自己，把过去视为

---

[83] 史大卫《北京的人力车夫：20 世纪 20 年代的市民与政治》中的材料。

[84] 《牛津英语词典》，“Pekingese”。我无法证明在 1902 年前这个词语表示的是中国人（并且这来自一个外国人），明恩溥：《中国谚语和俗语》，135 页。《汉语大词典》（卷 2，196 页）只有一个关于消失的原始人类的词条。

* 即台北“故宫博物院”。

进步的一个障碍。社会、经济和政治问题受到直接攻击。只有当它们能巩固新国家的权力和权威时，城市的纪念碑、文化和公共场所才得以保留。

北京的独特性？

在北京的这段历史中，我已经把这座城市的寺院和它们的赞助人置于中心地位，我所能重塑的就是把它们植入其中的社会。在五个世纪的变化中，我提取出不同的主题——城市的世界主义、宫廷世界的重要性、有组织寄居者的存在、当地精英软弱的地位以及参观者、游客的重要性。我也对各种发展做了追溯——郊区并入城市、明清之间的分离状态、旗人转变为当地人、寺院组织的扩增以及世俗机构和组织的增加。读者现在应该也能更清楚地理解北京寺院、它们的差异、它们的多样性、它们的许多资助人，并且——首先是——它们对城市生活的必要性。

我希望这本书也能举例说明有时候北京不同身份的曲折变化。宗教生活，它应该更清晰，是当地人和游客间城市复杂名誉的持
703 久部分：作为帝国的都城、皇帝之家、京官的所在地、精英文化的中心、地区中心和故乡。至少到明末，这个身份的差异和并列已经结合而创造了一种有区别的当地特性，通过一个不同表现的领域来进行传播。当来自宫廷和国家在城市上不容置疑的重要影响得以证明时，我同时试图复原普通生活的多样性和活力。此外，尽管有明显的连续性，但我已经试图着重强调变化，并使读者对有关永久北京的一种陈词滥调保持怀疑。

有思想的读者将认识到，作为北京的历史，这本书仍然是十分不完整的。一些扭曲和遗漏之处已经通过集中于寺院和宗教加以介绍，其他的则是现存资料的自然结果。读者极少了解被如此之多的京城居民所强烈关注的令人激动但叛逆的政治。我没有尝试进行一系列有关当地经济、工作或劳动、食物、购物以及无数其他形式的消费、婚姻、葬礼或家庭生活的研究。林语堂如此热烈称赞的“在北京生活中的人类成分”已经被艰难地从资料中摘

录出来，而且总的来说，人们在很大程度上已经被融入这个故事里。即使是皇帝、皇后和杰出的士大夫官员，我们知道某种关于他们名字和生活的事情只不过是个跑龙套的角色。

我所使用过的资料呈现出一种令人沮丧的乐观情绪，这也许是极其重要的。读者不得不想象北京生活丑陋的另一面：日常事务在陌生人之间的曲解；撒谎、欺骗、盗窃和对于利益坚持不懈的动机；富人的舒适奢侈和轻易占有权力以及穷人的无望之间存在着巨大的差异；无所不在的悲观和死亡；日常的侮辱、内部的不平等和严重的不公。我希望其他人会研究其他的资料并且撰写一份经过修订的版本。

在这个对北京宗教组织、公共空间和城市身份的研究中，我希望也能有更多有关一个单一地方的历史。通过研究一座城市，我已经试图探究观察更广泛关联的某种过程。寺院的资金、管理和捐助的普通原则在第三章中介绍了，应该已经在后面各章中通过具体例子进行了阐明。这个研究通过在帝国末期和早期现代都市社会中定位寺院，把有关中国宗教的现存历史和人类学的文献放大了。从中国农村更同类群体中获得的范例，似乎应该得到谨慎的运用。

特别是，我已经试图扩大我们对20世纪以前在中国社会中成立的各种组织的理解，并且对形成和维持它们的宗教和空间的重要性进行了阐述。北京有一个丰富的社团生活。寺院团体、邻居 704
和工友、虔诚的世俗男人和女人的组织、寺院和朝圣团体、慈善团体、诗社、行会和当地会馆、行会共享资源，吸引人们为了各种目的而组织在一起。虽然容易受到政府敌意的攻击，但是这些组织运用寺院的自然空间在家庭和国家之外创造了一个社会空间。如果我们把对中国社会的了解扩展到这两个主导机构之外，这或许是将来一个富有成果的研究领域。

从这一座城市的经验里我们可以推断到什么程度呢？五百多年中，北京是王朝的首都，而且没有其他地方既在明代又在清代享有这种地位。考虑到北京与其作为首都地位的身份如此紧密联系在一起，还有其他城市像北京这样的吗？我相信在某些方面它们是可以的。认真关注这些相似之处可能有助于我们判断到达那里有多远。

即使是作为君主的所在地，皇家的北京与一些其他城市还是有相同之处的。明代的南京和清代的沈阳，两者都是帝国的陪京，也有皇家的活动、太监和不寻常的高水平皇家投资。有关问题，从北京推广到它们，似乎是经过深思熟虑的。此外，北京宗教的皇家赞助，属于在帝国其他任何地方这样捐助的一部分，而且可能已经包括了维持、干涉、垄断和引诱依赖的同样过程。

君主的存在在北京创造了一群寄生的当地精英，他们的权力和权威依靠皇家的关系：皇家的亲戚、皇家的雇员和由君主选择的军事将领。但是这个宫廷精英在其他的地方也能发现，即使是以一种分散的方式——在明代王府、清代的东北、八旗驻防和皇家制造作坊所在地。在这两个王朝的统治下，宫廷精英都依赖于为了君主和来自君主的收入，独立于日常的政府管理，后者鼓励他们约束自己的权力。然而，他们使用普通方法去保留自己的权力。在北京内外，他们要么出身于当地家族，要么与当地家族通婚，他们投资土地，培养他们的后代，呈现出在帝国其他部分可以发现的当地精英的某些特性。

我认为，与皇家首都相比，北京拥有的更多。这座城市容纳了不同的人口并且与农村有着密切的联系。它也拥有一个以土地和考试为基础的当地精英，有抱负的、成功的学者和官员，他们共享了一个国家的精英文化。北京当地的家族，受到更多显赫的寄居者和强有力宫廷精英的排斥，他们在结构上的软弱程度是不
705 同寻常的，但并不像他们所表达的那样。

当然，在半永久性的居住中追求富有地位的寄居者眼里，北京肯定不是唯一的。在帝国内的大多数城市中，这种人不同程度地存在着。苏州因其强大的当地精英而不同寻常，清代的天津、扬州甚至汉口的社会由盐商精英所统治，广州和上海也拥有各种各样且相当强大的寄居商人。像其他城市一样，在北京的居民区中有更普通的参观者和外来者，虽然在比例上远远少于如汉口和

上海这种移民城市。

肇始于北京的同乡和职业会馆扩展到帝国的其他城市，并且在它们城市的社会中形成了一个共同的成分。此外，依靠新的精英管理制度，清末北京城市生活的转变是相类似的——而且是有联系的——如冉枚烁笔下的浙江、罗威廉笔下的汉口、顾德曼笔下的上海以及关文彬笔下的天津所显示的那样。

通过为政府提供办公用房，北京更类似于帝国的其他一千多个行政中心。正如府城和省会所做的那样，它吸引了参加科举的举子，所有的城市都可以在文人精英想象的世界中找到位置。一直到县级的行政所在地都被城墙围绕着，北京在规模上是根本不同的。它甚至更接近于数量较少的城市，拥有两道或更多内嵌式围墙。当然，在其他的地方，政府存在被大大地减少了，而且其他权力中心不太容易受到威胁，但是正如我们所看到的那样，即使是在北京，对于国家的活动也还是有实际限制的。

那么，规模是怎样的呢？与帝国内其他城市相比，北京也许人口相对稠密，但其只是众多的大城市之一：明代的南京和苏州，19 世纪的广州、汉口和苏州（被上海所取代）。清代早期划分的汉城和满城也许使得政府规模与其他地方更为相称。

北京参与了全国性的这种趋势，其从 15 世纪扩展到 20 世纪：增长的商品化，加强了的市场和城市的网络，加深了的一个更广泛世界经济和文化的参与，城市的扩展，社会组织的繁荣，政府机构的加强。虽然我没有在此论述这个过程，但是它导致中国作为一个国家的产生。[85]

对我而言重要的是，在北京生活中寺院的作用并非特别地与众不同。在北京丰富的团体生活中，我没有看到北京在这个时期与中国其他许多城市有所不同的证据，除非也许有更好的证据存 706

[85] 我对与中国以外的国家进行比较感到不安。它们是非常刺激的，但是难以形成体系，我把这个任务留给了其他人。有关一个相当成功的例子，詹姆斯·L. 麦克莱恩（James L. McClain）、约翰·M. 梅里曼（John M. Merriman）、鹈川馨（Ugawa Kaoru）：《江户和巴黎：早期现代的城市和国家生活》。

在。许多君主的宗教活动是城市其他居民行为的一个部分。皇帝们不仅崇拜受欢迎的神灵，也支持受到官僚批评的神灵。如同中国北方其他城市一样，北京被包括在泰山朝圣地区之内，并且北京许多有区别的宗教生活与祭拜相联系，祭拜在这个地区内对于百姓是熟悉的。

作为典型的皇家首都，北京的概念有助于过分强调城市的特征。正如在其他方面一样，这些老北京 20 世纪的美景已经被扭曲和引入歧途。至此，读者应该对这个复杂性有一个更准确的理解。

而且明清时期的北京与今天的北京有什么样的关系？古老城市和它的寺院的命运又是怎么样的呢？

老北京的大部分建筑幸存到 20 世纪 50 年代中国共产党接管时期。紫禁城、西苑、颐和园和皇家范围内的一些其他地点在革命中被保存下来，然后是狂热的“文化大革命”。在某些争论之后，城市的外墙被拆除，成为现在所称的二环路，皇城作为一个单独的结构消失了。[86] 寺院、市场、食物、节日和仪式这些嵌入其中的当地文化被打上“封建”和“迷信”标签，受到严格的削减。只有在最后的十年，这样的实践才受到了鼓励，但是传统行为的现在版本受到了商品化和同质化的力量以及过去的塑造。人口成倍地增长，而且新的住宅把郊区和农村转为城区，但是在整个 20 世纪 70 年代，很少有汽车和高楼大厦，内城和旧的外城大部分保持了它们 1949 年以前的样子。

相比之下，最后十年半的破坏，在这个世纪中比任何时期都更加巨大。我们见证了在本书开始时永乐朝的大规模重建。不合时宜的古老建筑极少有强有力的保护者。内城的某些部分保持了早期的样子，但是外城被有计划地夷为平地。只有向西位移的经

---

[86] 马尔温·塞缪尔斯（Marwyn S. Samuels）、卡门西塔·塞缪尔斯（Carmencita Samuels）：《近代中国北京和地方权力》，见阿格纽（John A. Agnew）、詹姆斯·S. 邓肯（James S. Duncan）编：《权力所在：地理和社会想象力的结合》；侯仁之：《历史上的北京城》。

济重心，特别是东郊也许（仅仅是也许）把一些遗迹转成离奇的“古老城市”。

有关北京历史的学术成就遵循着一个相反的发展轨迹。1978 707
年前，开始了资本主义的萌芽、工人和其他马克思主义问题的一个特殊的研究。当城市的结构于20世纪80年代被摧毁时，学术开始繁荣。主要的资料得到大量的再版，可以得到绝版几个世纪的著作。民间故事被搜集，画图和照片被出版，并且一个城市的历史地图集和年表也得到了编制。随着大批国内和国外游客的到来，在新的地图和指南手册中，西山风景扮演了一个重要的角色。皇家北京没有失去它的畅销性，在国内外，现在宫殿精美的图片，其中的物件和皇家范围内的其他部分可以广泛地得到。旅游展览把“紫禁城”带到了日本、欧洲和北美。同时，汉语文学作品有许多关于城市的古老海关、集市和寺院的书籍和文章。记忆和再发现“老北京”已成为一个真正的产业。在1994年，真正历史最终得到编写。[87]

在北京，紫禁城和颐和园外面的几十所寺院一直保存到20世纪80年代。[88] 一些是拥有僧人受戒有限权力的寺院——白云观（道士），法源寺和广济寺（和尚），雍和宫和黄寺（喇嘛）。一些寺院位于西北郊区，对于旅行和旅游业是个诱人的地方——碧云寺、卧佛寺、潭柘寺、戒台寺和大觉寺。大钟寺成为一所钟的博物馆，五塔寺成为石碑博物馆，而万寿寺则成为一所艺术博物馆。

中等规模和小的寺院经营不善。一些寺院被马上拆毁了（京城的土地庙和精忠庙），而后是另外一些（蟠桃宫）；它们的位置被用于建造新的建筑（20世纪50年代的医院和90年代的大厦）。一些被用作学校（宝应寺）、个人住宅（长椿寺和护国寺）甚至是工厂（报国寺）。最近，一些寺院已经被收回并得到重建（东岳庙）。大部分消失、记忆中的寺院，如果有的话，只是作为公共汽车站和街道的名字而存在。

---

[87] 《北京通史》。

[88] 只统计了那些仍在起作用的寺院或景点。

708 碧霞元君五顶寺院中的三顶，在20世纪80年代仍矗立在废墟中。妙峰山和丫髻山的寺院建筑已经被夷为平地，但是，受益于远离城市，于20世纪90年代重建。妙峰山现在不仅是一个有益身心的旅游景点，而且也是重建的朝圣团体的目的地。[89]

我的研究还没有开始，现在也不打算把乡愁运用到要么是消失的寺院，要么是失落的北京之中。事实上，其目的恰恰是为了把城市的永恒过去作为历史加以记载。尽管如此，如果只是——有那一瞬间——反对当前城市的破坏，那么这本书甚至让我想起了一个“逝去都城的梦幻记载”。

---

[89] 刘锡诚主编：《妙峰山·世纪之交的中国民俗流变》。我在1988、1999年参观过丫髻山，该山恢复缓慢，资金不足且鲜为人知（可能是一件好事）。

附录一

寺院数目

我在本书中经常会（依照不同的类型）提到北京寺院的具体 709
数目。这些数目使得我们对于准确了解情况造成一定的影响。它们不是绝对的，但是庞大而多样的数量足以说明一般的模式。尽管这些数字出自我所看到的相关资料，但是有十个出处是非常重要的，每个都是对那个时代的一种审视。它们提到名字的寺院数量范围从约 50 座到超过 1 000 座。①

我都做了哪些统计？我把 1403 年至 1911 年所有据说在北京城墙以内的宗教设施包括在内。我记载了乡村周边的寺院，只有当居住在城内人们的捐助具有确切证据或很大的可能性时，我才把它们包括在内。② 那些只有单一不可靠证据的寺院绝对被排除在外。我最终列出了 2 564 座寺院，其中四分之一（706 座）是在

① 蒋一葵：《长安客话》；沈榜：《宛署杂记》；刘侗、于奕正：《帝京景物略》；《日下旧闻考》；吴长元：《宸垣识略》；朱一新、缪荃孙：《京师坊巷志稿》；1908 年调查，《京师内城庙宇调查表》；许道龄：《北平庙宇通检》；1943 年调查，《北京庙宇征存录》。参见参考文献的全部内容。

② 我尽可能采用《日下旧闻考》中的内容。

1885年后得到证实的，还有303座寺院，由于资料极为零散，所以无法证实。

有证据表明，我的数据是远远不足的。15世纪70年代以来的笔记资料推测称北京城内及其周边有639座寺院的名字是通过礼部敕赐的；但据我了解，这一时期只有315座寺院名字是通过礼部敕赐的。③ 来自1750年非常详尽的内外城地图标注了1 275座
710 寺院；但据我所知，那一年只有586座。④ 1851年，据步军统领衙门调查，内城有866座寺院；而据我了解，只有429座。⑤ 20世纪更加完善的调查反映出，在1911年后，我统计的寺院数量有了突然增长，从大约1 000座到超过1 500座。构成“北京”的定义各不相同，但是前三个比较说明，我统计出整个寺院数量的一半，而最后一个比较意味着我已经掌握了三分之二与寺院相关的文献。那些可能不起眼的小寺院正在消失。

---

③ 《日下旧闻考》，卷60，986～987页；我没有查找原始档案。明中期其他的诗词（夸大地？）提到，单单在西山就有400座至500座寺院。《日下旧闻考》，卷106，1757～1758页。

④ 1750年地图，《清内务府藏京城全图》，索引11～26，以及我的统计。

⑤ 《金吾事例》，卷6，15～18页。

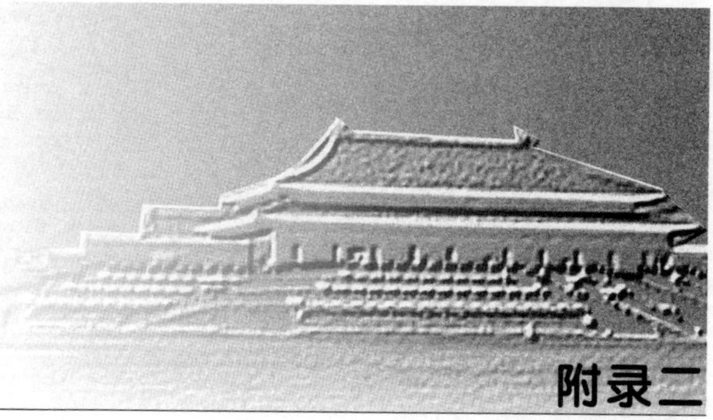

附录二

碑文资料

据我所知，在明清北京寺院的 2 390 块石碑中，三分之一系明 711
代石碑。（一些有题铭的钟和香炉也包括在内。）在这些石碑中，五分之一有极少或没有文字资料。当抄写（通常只是部分地），或拓印，或石头本身保存下来时，碑文才得以保存下来。我主要依靠 20 世纪 80 年代北京图书馆和首都图书馆收藏的拓片。占绝大多数的前者被收录于 1990—1991 年出版的图册中，尽管钟铭被排除在外，而且已经发行的版本经常由于图片过小以至于无法阅读。在 1987、1988 年，我找到了在城内及周边不同地方仍存下的石碑和钟，其中一些保存在石碑博物馆（五塔寺）和古钟博物馆（大钟寺）。这些碑文的许多部分由于过度磨损，以至于除了一些残片外根本无法辨识。其他内容，特别是那些与行业会馆相关的内容，是由仁井田陞、今堀诚二、奥野信太郎于 20 世纪 40 年代转录的。1788 年的《日下旧闻考》是另一部编辑和转录碑文的重要资料。张江裁和许道龄于 1936 年的石碑调查（名称、日期、作者和尺寸），尽管没有包括郊区的部分，但是正如刘厚滋同年来自东岳庙的列表那样，是相当有用的。在我的注释中，有关某些地方可以找到石碑的信息在 1990 年是准确的。

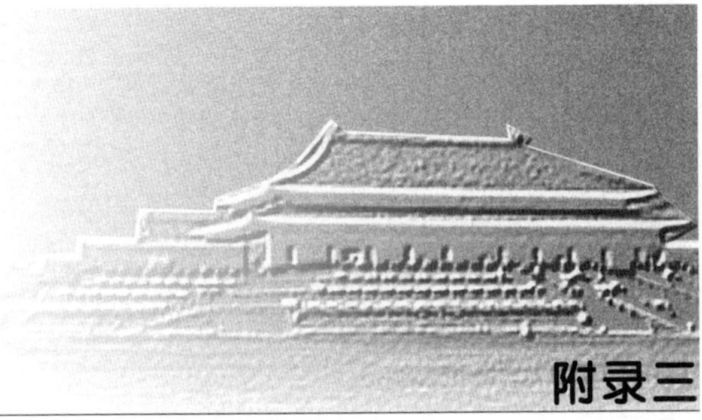

附录三

明清寺院的捐助

712 土地按照亩来计量（一亩约合 1/6 英亩或 1/15 公顷），在清代，（一百亩）被视为大笔的捐奉。

明清的复本位货币制度的两个基本组成要素是银和铜。银有时也被称作“白金”，或者甚至被简称为“金”。在交易中用盎司（两）来称重或计量，1 盎司约合 37 克。铜被铸成中间带孔的圆形硬币（文），铜钱以一千文为一组用绳子穿起来编成“串”（也称之为“吊”、“缗”或“千”）。“圆”指的是输入的墨西哥银币。我避免过时的西方词语“tael”，即大清海关于 19 世纪规定的一盎司银。

理论上，一千文铜钱等价于一盎司银，然而银和铜的相对价值和购买力经常变动。它们所帮助维持的经济同样在五个世纪中发生了巨大的增长和变化。

盎司——盎司银

串——一吊钱

千——一千铜钱

间——在房屋里的一个开间

713

序号*	时间	数目	捐助者	用途	资料来源
1	1424	122 亩	公主	创建	《北京图书馆藏中国历代石刻拓本汇编》，第 52 册，73～74 页
2	1425	82 亩	公主	—	《北京图书馆藏中国历代石刻拓本汇编》，第 52 册，73～74 页
3	1466	10 000 余亩	皇家	—	《日下旧闻考》，卷 59，963～968 页
4	1468	200 亩	皇家	创建	北京图书馆藏拓片第 5269 号
5	1472	600 亩	皇家	创建	《北京图书馆藏中国历代石刻拓本汇编》，第 52 册，90 页
6	1477	200 亩	—	重建	《日下旧闻考》，卷 95，1594～1596 页
7	1480	64 亩	太监	创建	《北京图书馆藏中国历代石刻拓本汇编》，第 52 册，152 页
8	1480	220 亩	太监	创建	《北京图书馆藏中国历代石刻拓本汇编》，第 52 册，158 页
9	1484	535 亩	太监和皇帝	创建	《宛署杂记》，卷 17，182 页
10	1485	158 亩	皇家	创建	《日下旧闻考》，卷 97，1621～1622 页
11	1486	984 亩	皇家	创建	《宛署杂记》，卷 17，182 页
12	1499	676 亩	皇家	创建	《宛署杂记》，卷 18，182 页
13	1500	40 亩	太监	—	《北京图书馆藏中国历代石刻拓本汇编》，第 53 册，78 页
14	1503	10 000 盎司	太监和皇帝	恢复	《北京图书馆藏中国历代石刻拓本汇编》，第 53 册，144 页
15	1503	6 亩	个人	创建	《北京图书馆藏中国历代石刻拓本汇编》，第 53 册，96 页
16	1504	6 000 亩	皇家	创建	《日下旧闻考》，卷 107，1778 页

* 为便于查找、统计，“序号”一列系译者所加。

续前表

序号	时间	数目	捐助者	用途	资料来源
17	1507	208 亩	皇家	—	《北京图书馆藏中国历代石刻拓本汇编》，第 53 册，132 页
18	1507	400 亩	皇家	创建	《北京图书馆藏中国历代石刻拓本汇编》，第 53 册，130 页
19	1507	1 154 亩	皇家	—	《北京图书馆藏中国历代石刻拓本汇编》，第 53 册，132 页
20	1507	470 亩	皇家	—	《北京图书馆藏中国历代石刻拓本汇编》，第 53 册，132 页
21	1507	200 亩	皇家	—	《北京图书馆藏中国历代石刻拓本汇编》，第 53 册，133 页
22	1511	180 亩	太监	创建	《北京图书馆藏中国历代石刻拓本汇编》，第 58 册，93～94 页
23	1513	400 亩	太监	—	《北京图书馆藏中国历代石刻拓本汇编》，第 54 册，6 页
24	1513	300 亩	太监	—	《北京图书馆藏中国历代石刻拓本汇编》，第 54 册，6 页
25	1513	421 亩	太监	—	《通志堂集》，卷 15，3～4 页
26	1513	806 亩	太监	创建	《北京图书馆藏中国历代石刻拓本汇编》，第 54 册，7 页
27	1513	763 亩	太监	创建	《宛署杂记》，卷 17，182 页
28	1518	452 亩	太监	创建	《宛署杂记》，卷 17，182 页
29	约 1521	1 000 金	太监	创建	《日下旧闻考》，卷 59，968 页
30	约 1521	2 000 亩	皇家	创建	《枣林杂俎》，卷 5，47 页
31	1548	3 000 金	太监们	创建	五塔寺嘉靖时武神碑
32	1549	300 亩	太监	捐助	《北京图书馆藏中国历代石刻拓本汇编》，第 55 册，144 页
33	1551	70 亩	太监们	创建	《北京图书馆藏中国历代石刻拓本汇编》，第 55 册，153～154 页
34	1552	500 金	太监	恢复	《北京图书馆藏中国历代石刻拓本汇编》，第 56 册，60 页

续前表

序号	时间	数目	捐助者	用途	资料来源
35	1557	50 亩	—	捐助	《北京图书馆藏中国历代石刻拓本汇编》，第 57 册，48 页
36	1560	200 亩	太监	创建	《北京图书馆藏中国历代石刻拓本汇编》，第 56 册，48 页
37	1563	4 000 盎司	皇家	创建	《北京图书馆藏中国历代石刻拓本汇编》，第 56 册，93～94 页
38	1566	3 亩	太监	创建	《北京图书馆藏中国历代石刻拓本汇编》，第 57 册，103～104 页
39	1572	58 亩	皇家	捐助	《北京图书馆藏中国历代石刻拓本汇编》，第 56 册，192 页
40	1573	110 亩	太监	捐助	《北京图书馆藏中国历代石刻拓本汇编》，第 57 册，3 页
41	1573	1 500 盎司	太后	恢复	《北京图书馆藏中国历代石刻拓本汇编》，第 57 册，4 页
42	1573	1 000 盎司	皇室和宫里人	恢复	《北京图书馆藏中国历代石刻拓本汇编》，第 57 册，4 页
43	1574	2 000 盎司	皇家	恢复	《日下旧闻考》，卷 128，2065 页
44	1574	600 亩	皇家	捐助	《日下旧闻考》，卷 90，1526～1527 页
45	1577	550 亩	皇家	创建	《宛署杂记》，卷 18，183 页
46	1578	3 000 亩	皇家	创建	《宛署杂记》，卷 17，182 页
47	1579	420 亩	团体	捐助	《宛署杂记》，卷 18，183 页
48	1585	50 盎司	太监们	恢复	《北京图书馆藏中国历代石刻拓本汇编》，第 57 册，133 页
49	1591	200 亩	太监	创建	《北京图书馆藏中国历代石刻拓本汇编》，第 58 册，11 页
50	1592	397 盎司	宛平	每年费用	《宛署杂记》，卷 14，108～114 页

续前表

序号	时间	数目	捐助者	用途	资料来源
51	1592	26 盎司	宛平	每年费用	《宛署杂记》，卷 14，114～115 页
52	1594	50 盎司	皇家	仪式	《帝京景物略》，卷 4，172～176 页
53	1594	250 盎司	团体	创建	《北京图书馆藏中国历代石刻拓本汇编》，第 58 册，53 页
54	1594	67 亩	太监	捐助	《北京图书馆藏中国历代石刻拓本汇编》，第 58 册，52 页
55	1597	25 盎司	太监	—	《北京图书馆藏中国历代石刻拓本汇编》，第 59 册，31～32 页
56	1598	100 金和 487 亩	皇家	创建	《北京图书馆藏中国历代石刻拓本汇编》，第 58 册，84 页
57	1599	2 700 金	太监	创建	《北京图书馆藏中国历代石刻拓本汇编》，第 58 册，93～94 页
58	1601	100 亩	—	创建	《北京图书馆藏中国历代石刻拓本汇编》，第 58 册，114 页
59	1605	100 盎司	太后	创建	《北京图书馆藏中国历代石刻拓本汇编》，第 58 册，170～171 页
60	1605	205 盎司（1～50/捐助者）	太监们	—	《北京图书馆藏中国历代石刻拓本汇编》，第 58 册，170～171 页
61	1607	77 亩	太监，捐助	捐助	《北京图书馆藏中国历代石刻拓本汇编》，第 58 册，199～200 页
62	1611	500 盎司	太监们	—	《北京图书馆藏中国历代石刻拓本汇编》，第 59 册，31～32 页
63	1613	约 30 亩	太监	恢复	《日下旧闻考》，卷 55，890 页
64	1613	80 盎司	—	土地赎回	《北京图书馆藏中国历代石刻拓本汇编》，第 59 册，62 页

714

续前表

序号	时间	数目	捐助者	用途	资料来源
65	1613	480 吊	—	学校恢复	《顺天府志》，1885 年，卷 61，2125 页
66	1624	1 000 亩	太监	捐助	北京图书馆藏拓片第 9776 号
67	1628	5 000 盎司	太监	恢复	《日下旧闻考》，卷 97，1613～1614 页
68	1642	100 亩	皇家	创建	《日下旧闻考》，卷 90，1530 页
69	1645	5 亩	个人	—	《北京图书馆藏中国历代石刻拓本汇编》，第 61 册，17 页
70	1657	30 000 盎司	皇家	恢复	《日下旧闻考》，卷 66，1098 页
71	1657	1 000 盎司金	皇家	恢复	《日下旧闻考》，卷 60，995 页
72	1664	92 亩	—	捐助	《北京图书馆藏中国历代石刻拓本汇编》，第 65 册，82 页
73	约 1670	33 亩	个人	捐助	《北京图书馆藏中国历代石刻拓本汇编》，第 74 册，162 页
74	1670	200 盎司	—	重建	《北京图书馆藏中国历代石刻拓本汇编》，第 62 册，172 页
75	1672	50 亩	三位妇女	—	《北京图书馆藏中国历代石刻拓本汇编》，第 63 册，10 页
76	1678	36 盎司余（12～24/捐助者）	会馆	恢复	《北京工商ギルド资料集》，卷 2，313～314 页
77	1683	292 亩	多个人	—	菲尔德博物馆藏拓片第 1474 号
78	1688	83 盎司（1～10/捐助者）	—	恢复	《北京图书馆藏中国历代石刻拓本汇编》，第 64 册，112～113 页
79	1692	10 000 盎司	皇家	恢复	《潭柘山岫云寺志》，81～88 页
80	1702	300 盎司	皇家	—	《潭柘山岫云寺志》，81～88 页
81	1704—1717	500 盎司/年	太后	—	《潭柘山岫云寺志》，81～88 页
82	1705	1 000 亩	太监	—	《北京图书馆藏中国历代石刻拓本汇编》，第 66 册，67～68 页
83	1708	554 盎司	个人	恢复	《北京图书馆藏中国历代石刻拓本汇编》，第 66 册，105～106 页

续前表

序号	时间	数目	捐助者	用途	资料来源
84	1708	487 盎司	—	恢复	《北京图书馆藏中国历代石刻拓本汇编》，第 66 册，105～106 页
85	1709	80 盎司	会馆	—	《北京工商ギルド资料集》，卷 5，1015～1016 页
86	1710	200 亩	团体	—	《北京图书馆藏中国历代石刻拓本汇编》，第 66 册，148 页
87	1713	5 000 盎司	皇家	—	《顺天府志》，1885 年，卷 24，761 页
88	1714	860 亩和 50 间	—	捐助	《北京图书馆藏中国历代石刻拓本汇编》，第 67 册，23 页
89	1716	300 盎司	皇家	—	《顺天府志》，1885 年，卷 24，761 页
90	1717	30 亩	村民们	捐助	《北京图书馆藏中国历代石刻拓本汇编》，第 67 册，62 页
91	约 1720	1 000 盎司/年	皇家	—	《日下旧闻考》，卷 92，550～551 页
92	1723	200 亩	皇家	—	《日下旧闻考》，卷 107，1774 页
93	1724	2 991 盎司（100～240/捐助者）	皇家和官方	—	《北京图书馆藏中国历代石刻拓本汇编》，第 68 册，29～30 页
94	1725	100 盎司	朝圣组织	土地	《北京图书馆藏中国历代石刻拓本汇编》，第 68 册，32 页
95	1725	30 盎司	尼姑	—	《北京图书馆藏中国历代石刻拓本汇编》，第 68 册，32 页
96	1725	97 亩	—	—	《北京图书馆藏中国历代石刻拓本汇编》，第 68 册，32 页
97	1732	2 784 盎司	包衣?	—	《北京图书馆藏中国历代石刻拓本汇编》，第 68 册，112 页

续前表

序号	时间	数目	捐助者	用途	资料来源
98	1734	419 亩	村民	—	《北京图书馆藏中国历代石刻拓本汇编》，第 68 册，143～144 页
99	1735	500 盎司	皇室	—	《宫中档雍正朝奏折》，第 25 册，378～379 页
100	1736	300 盎司	个人	捐助	《北京图书馆藏中国历代石刻拓本汇编》，第 69 册，1～2 页
101	1738	4 亩	多个人	创建	《北京图书馆藏中国历代石刻拓本汇编》，第 69 册，30 页
102	1743	181 亩	—	恢复	《北京图书馆藏中国历代石刻拓本汇编》，第 69 册，119～120 页
103	1744	13 亩	—	捐助	《北京图书馆藏中国历代石刻拓本汇编》，第 69 册，125 页
104	1744	200 盎司	皇家	—	《潭柘山岫云寺志》，199～203 页
105	1746	32 盎司和 10 亩	宗教圣会	—	房山云居寺乾隆十一年四月初八石碑
106	1748	4 亩	妇女	—	《北京图书馆藏中国历代石刻拓本汇编》，第 70 册，23 页
107	1748	26 亩余	朝圣组织	—	菲尔德博物馆藏拓片第 1585 号
108	1748	30 亩	多个人	恢复	北京图书馆藏拓片第 2960 号
109	1748	220 盎司和 400 吊	两位男人	捐助	潭柘寺乾隆十三年石碑
110	1751	14 亩	和尚	—	《北京图书馆藏中国历代石刻拓本汇编》，第 70 册，161 页
111	1751	122 盎司	朝圣圣会	—	《北京图书馆藏中国历代石刻拓本汇编》，第 70 册，142 页
112	1752	200 盎司	—	修缮	《北京图书馆藏中国历代石刻拓本汇编》，第 70 册，195 页

715

续前表

序号	时间	数目	捐助者	用途	资料来源
113	1752	1 000 盎司（25～200/捐助者）	会馆	创建	五塔寺石碑
114	1753	250 亩	村民们	恢复	《北京图书馆藏中国历代石刻拓本汇编》，第 71 册，11 页
115	1754	250 亩和 15 间	个人	—	《北京图书馆藏中国历代石刻拓本汇编》，第 71 册，36 页
116	1755	30 盎司	个人	—	《北京图书馆藏中国历代石刻拓本汇编》，第 71 册，56 页
117	1756	1 370 盎司	多个人	恢复	《北京图书馆藏中国历代石刻拓本汇编》，第 71 册，78 页
118	1756	500 盎司	皇家	—	《北京图书馆藏中国历代石刻拓本汇编》，第 71 册，78 页
119	1757	120 亩	家族	—	《北京图书馆藏中国历代石刻拓本汇编》，第 72 册，15 页
120	1757	3 500 亩	皇亲	—	《北京图书馆藏中国历代石刻拓本汇编》，第 71 册，110 页
121	1758	52 亩	—	捐助	《北京图书馆藏中国历代石刻拓本汇编》，第 71 册，115～116 页
122	1758	200 盎司	—	捐助	《北京图书馆藏中国历代石刻拓本汇编》，第 78 册，35～36 页
123	1759	1 666 盎司（4 盎司＝最大捐助）	宗教圣会	—	《北京图书馆藏中国历代石刻拓本汇编》，第 70 册，195 页
124	1759	195.5 盎司（0.3～40/捐助者）	会馆	—	《北京图书馆藏中国历代石刻拓本汇编》，第 71 册，145～146 页
125	1761	51 盎司	宗教圣会	—	《北京图书馆藏中国历代石刻拓本汇编》，第 71 册，213 页
126	1761	28 852 盎司	皇家	修缮	《内务府庆典成案》，卷 2，13～17 页

续前表

序号	时间	数目	捐助者	用途	资料来源
127	1761	47 515 盎司	皇家	修缮	《内务府庆典成案》，卷 2，13～17 页
128	1761	212 亩	宗教圣会	捐助	《北京图书馆藏中国历代石刻拓本汇编》，第 71 册，195 页
129	1762	120 亩	多个人	礼物	《北京图书馆藏中国历代石刻拓本汇编》，第 72 册，15 页
130	1764	150 盎司	官方	—	《北京图书馆藏中国历代石刻拓本汇编》，第 72 册，74 页
131	1764	355 盎司	朝圣组织	—	《北京图书馆藏中国历代石刻拓本汇编》，第 72 册，48 页
132	1766	4 千	朝圣组织	—	北京图书馆藏拓片第 10276 号
133	1766	21 亩	—	捐助	《北京图书馆藏中国历代石刻拓本汇编》，第 72 册，187～188 页
134	1766	150 盎司	—	恢复	菲尔德博物馆藏拓片第 1666 号
135	1767	270 盎司	会馆	恢复	《北京图书馆藏中国历代石刻拓本汇编》，第 72 册，174 页
136	1770	80 盎司	会馆	—	《北京图书馆藏中国历代石刻拓本汇编》，第 73 册，34～35 页
137	1770	625 盎司	宗教团体	舞台	《北京图书馆藏中国历代石刻拓本汇编》，第 73 册，19～22 页
138	1772	457 盎司（4～170/捐助者）	会馆	—	首都图书馆藏拓片第 1383 号
139	1773	900 金	街坊	重建	《北京图书馆藏中国历代石刻拓本汇编》，第 73 册，104 页
140	1774	1 700 余盎司（6～24/捐助者）	会馆	恢复	《北京图书馆藏中国历代石刻拓本汇编》，第 73 册，131～132 页；第 79 册，73 页
141	1776	5 800 盎司	步军统领衙门	恢复	《北京图书馆藏中国历代石刻拓本汇编》，第 73 册，183 页

续前表

序号	时间	数目	捐助者	用途	资料来源
142	1776	300 千	朝圣组织	捐助	《北京图书馆藏中国历代石刻拓本汇编》，第 73 册，177 页
143	1776	100 盎司，300 盎司	多个人	—	《北京图书馆藏中国历代石刻拓本汇编》，第 74 册，67 页
144	1777	65 亩	个人	—	《北京图书馆藏中国历代石刻拓本汇编》，第 73 册，177 页
145	1777	49 亩	个人	—	《北京图书馆藏中国历代石刻拓本汇编》，第 73 册，177 页
146	1777	466 亩	个人	—	北京图书馆藏拓片第 7275 号
147	1778	1 600 千	恢复 *	恢复	《北京图书馆藏中国历代石刻拓本汇编》，第 74 册，18 页
148	1778	10 000 盎司	恢复**	恢复	《清实录》（乾隆朝），卷 1058，14 页
149	1779	206 亩	个人	捐助	《北京图书馆藏中国历代石刻拓本汇编》，第 74 册，48 页
150	1779	40 亩	个人	—	《北京图书馆藏中国历代石刻拓本汇编》，第 73 册，177 页
151	1779	3 900 盎司	皇家	恢复	《北京图书馆藏中国历代石刻拓本汇编》，第 74 册，44 页
152	1779	4 000 盎司	朝圣组织	—	首都图书馆藏拓片第 708 号
153	1782	276 盎司	会馆	—	《北京工商ギルド资料集》，卷 2，333～335 页
154	1782	10 盎司和 125 亩	个人	—	《北京图书馆藏中国历代石刻拓本汇编》，第 74 册，132～133 页
155	1784	3 000 盎司	—	捐助	《北京图书馆藏中国历代石刻拓本汇编》，第 78 册，35～36 页
156	1786	506 亩	个人	供品	北京图书馆藏拓片第 7275 号
157	1787	30 盎司	个人	—	《北京工商ギルド资料集》，卷 4，578～583 页

* ** 原文如此。

续前表

序号	时间	数目	捐助者	用途	资料来源
158	1788	8 600 盎司	皇家	恢复	《北京图书馆藏中国历代石刻拓本汇编》，第 75 册，93～94 页
159	1788	100 盎司	妇女	恢复	《西峰寺》，184 页
160	1788	20 000 盎司	妇女	恢复	《西峰寺》，172 页及以下
161	1788	17 000 盎司	妇女	恢复	《西峰寺》，173 页及以下
162	1788	3 000 盎司	妇女	仪式器具	《西峰寺》，174 页及以下
163	1789	近 12 间房	团体	捐助	《北京图书馆藏中国历代石刻拓本汇编》，第 75 册，135 页
164	1789	103 千	—	恢复	《北京工商ギルド资料集》，卷 5，1 页
165	约1790	6 盎司	—	三天仪式	《钦定总管内务府现行则例·掌仪司》，卷 2，25 页
166	约1790	63 盎司	—	九天仪式	《钦定总管内务府现行则例·掌仪司》，卷 2，25 页
167	约1790	52 盎司	—	九天仪式	《钦定总管内务府现行则例·掌仪司》，卷 2，25 页
168	约1790	1 150 盎司/年	皇家	—	《钦定总管内务府现行则例·掌仪司》，卷 2，22～34 页各处
169	约1790	214 盎司/年	皇家	—	《钦定总管内务府现行则例·掌仪司》，卷 2，22～34 页各处
170	约1790	15 盎司/年	皇家	—	《钦定总管内务府现行则例·掌仪司》，卷 2，22～34 页各处 716
171	1790	30 000 文京钱	店主	会馆	《北京工商ギルド资料集》，卷 5，1015～1016 页
172	1790	200 文～35 盎司/捐助者	多个人	恢复	《北京图书馆藏中国历代石刻拓本汇编》，第 75 册，153～154 页
173	1790	40 盎司	个人	重绘	《北京工商ギルド资料集》，卷 4，589 页
174	1790	140 盎司	戏剧组织	—	《清代燕都梨园史料正续编》，第 3 册，1675～1676 页

续前表

序号	时间	数目	捐助者	用途	资料来源
175	1791	470 亩	个人	—	《北京图书馆藏中国历代石刻拓本汇编》，第 75 册，183 页
176	1793	792 盎司（12～120/捐助者）	多个人	恢复	《北京图书馆藏中国历代石刻拓本汇编》，第 77 册，29～30 页
177	1793	5 582 盎司	—	恢复	《北京图书馆藏中国历代石刻拓本汇编》，第 76 册，49 页
178	1793	172 吊	—	捐助	《北京图书馆藏中国历代石刻拓本汇编》，第 76 册，60 页
179	1793	56 千	村民们	恢复	《北京图书馆藏中国历代石刻拓本汇编》，第 76 册，63 页
180	1794	88 盎司	—	修缮旗杆	《北京图书馆藏中国历代石刻拓本汇编》，第 76 册，83 页
181	1794	20 盎司和 136 吊	八人	恢复	《北京图书馆藏中国历代石刻拓本汇编》，第 76 册，81 页
182	1794	400 金	—	恢复	《北京图书馆藏中国历代石刻拓本汇编》，第 76 册，85～86 页
183	1795	4～40 吊/捐助者	—	恢复	《北京图书馆藏中国历代石刻拓本汇编》，第 76 册，73～74 页
184	1799	289 亩	皇家	—	《清代太监恩济庄茔地》，51 页
185	乾隆朝	150 盎司	会馆	—	《北京工商ギルド资料集》，卷 2，335 页
186	1801	8 000 盎司	四位男人	恢复	《北京图书馆藏中国历代石刻拓本汇编》，第 78 册，72 页
187	1801	35 000 盎司（10～250/捐助者）	官员们	重建	《北京图书馆藏中国历代石刻拓本汇编》，第 77 册，96 页
188	1801	4 吊～100 盎司/捐助者	—	恢复	《北京图书馆藏中国历代石刻拓本汇编》，第 77 册，88～89 页
189	1802	5 000 盎司	皇家	捐助	《北平史表长编》，333～334 页
190	1803	2～30 千	—	—	《北京图书馆藏中国历代石刻拓本汇编》，第 77 册，142～143 页

续前表

序号	时间	数目	捐助者	用途	资料来源
191	1803	4 000 盎司和 2 500 吊	—	恢复	《北京图书馆藏中国历代石刻拓本汇编》，第 77 册，137～138 页
192	1803	26 亩	—	墓地	《北京图书馆藏中国历代石刻拓本汇编》，第 77 册，137～138 页
193	1803	14 072 盎司	当铺	会馆	《北京工商ギルド资料集》，卷 3，411～413 页
194	1804	300 千	宗教圣会	—	菲尔德博物馆藏拓片第 1838 号
195	1805	600 千	团体	恢复	《北京图书馆藏中国历代石刻拓本汇编》，第 78 册，74 页
196	1806	2 701 盎司	两个会馆	恢复	《北京工商ギルド资料集》，卷 4，812～816 页
197	1807	4 盎司（最多的礼物）	多家店	恢复	《北京图书馆藏中国历代石刻拓本汇编》，第 78 册，9～10 页
198	1807	1 吊（最多的礼物）	多个人	恢复	《北京图书馆藏中国历代石刻拓本汇编》，第 78 册，9～10 页
199	1807	5 000 盎司（10～300/捐助者）	—	恢复	《北平湖广会馆志略》，卷 4，1～2 页
200	1808	500 盎司	团体	节日	丫髻山嘉庆十三年三月石碑
201	1808	6 000 盎司	个人	—	《白云观志（附东岳庙志）》，145～147 页
202	1808	50～100 盎司/捐助者	多个人	—	《北京图书馆藏中国历代石刻拓本汇编》，第 78 册，35～36 页
203	1809	2 000 盎司	个人	—	《白云观志（附东岳庙志）》，145～147 页
204	1808—1809	45 顷	个人	—	《白云观志（附东岳庙志）》，145～147 页
205	1809	300 余亩	皇家	—	《北京图书馆藏中国历代石刻拓本汇编》，第 78 册，54 页

续前表

序号	时间	数目	捐助者	用途	资料来源
206	1810	1 500 吊	朝圣圣会	—	《北京图书馆藏中国历代石刻拓本汇编》，第 78 册，64～65 页
207	1811	27 千	个人	恢复	《北京图书馆藏中国历代石刻拓本汇编》，第 78 册，74 页
208	1811	600 千	—	恢复	《北京图书馆藏中国历代石刻拓本汇编》，第 78 册，74 页
209	1811	55 吊	个人	—	首都图书馆藏拓片第 451 号
210	1813	5 900 盎司	多家店	—	《北京图书馆藏中国历代石刻拓本汇编》，第 78 册，113 页
211	1814	1 700 余盎司	会馆	恢复	《北京图书馆藏中国历代石刻拓本汇编》，第 79 册，73 页
212	1818	110 盎司	会馆	墓地	《北京工商ギルド资料集》，卷 5，991～1008 页
213	1818	3 610 吊	多家店	恢复	《北京图书馆藏中国历代石刻拓本汇编》，第 78 册，174 页
214	1820	1 000 盎司	两个人	—	《起居注》（道光朝），卷 1
215	1822	1 200 余盎司	会馆	恢复	《北京工商ギルド资料集》，卷 5，1017～1018 页
216	1822	72 吊和 400 文	宗教圣会	—	《北京图书馆藏中国历代石刻拓本汇编》，第 79 册，24 页
217	1822	500 吊	朝圣圣会	—	《北京图书馆藏中国历代石刻拓本汇编》，第 79 册，28～29 页
218	1822	89 亩	个人	—	《北京图书馆藏中国历代石刻拓本汇编》，第 79 册，25 页
219	1823	200～5 000 文	—	恢复	首都图书馆藏拓片第 920 号
220	1824	1 800 盎司	多家店	—	《北京工商ギルド资料集》，卷 4，675～678 页
221	1825	7 240 吊	个人	—	《北京图书馆藏中国历代石刻拓本汇编》，第 79 册，88～89 页
222	1826	6 742 吊	宗教圣会	—	《白云观志（附东岳庙志）》，147～148、190～191 页

717

续前表

序号	时间	数目	捐助者	用途	资料来源
223	1826	3 200 盎司	个人	创建	《北京图书馆藏中国历代石刻拓本汇编》，第 80 册，76 页
224	1827	1 800 盎司	—	恢复	《北京图书馆藏中国历代石刻拓本汇编》，第 79 册，122 页
225	1827	400 盎司	会馆	恢复	《北京工商ギルド资料集》，卷 5，1015～1016 页
226	1828	36 盎司/年	内务府	—	《钦定总管内务府现行则例・掌仪司》，卷 2，34 页
227	1829	300 盎司	会馆	恢复	《北京图书馆藏中国历代石刻拓本汇编》，第 80 册，25 页
228	1830	3 000 盎司	个人	—	《北京图书馆藏中国历代石刻拓本汇编》，第 79 册，175 页
229	1831	10～50 吊/捐助者	会馆	翻修	《清代燕都梨园史料正续编》，第 3 册，1681～1688 页
230	1834	1 366 千（1～144/捐助）	宗教圣会经过十年	—	《白云观志（附东岳庙志）》，150～153 页
231	1835	40～200 吊	一家店	—	北京图书馆藏拓片第 5561 号
232	1836	2 321 吊	会馆	恢复	《北京工商ギルド资料集》，卷 5，1019～1020 页
233	1837	714 千（20～360/捐助者）	街坊	—	《北京图书馆藏中国历代石刻拓本汇编》，第 80 册，128～129 页
234	1837	50 盎司	个人	—	《北京图书馆藏中国历代石刻拓本汇编》，第 80 册，143 页
235	1837	2 000 吊	个人	—	《北京图书馆藏中国历代石刻拓本汇编》，第 80 册，143 页
236	1837	100 吊	个人	—	《北京图书馆藏中国历代石刻拓本汇编》，第 80 册，143 页
237	1837	50 吊	一名妇女	—	《北京图书馆藏中国历代石刻拓本汇编》，第 80 册，143 页

续前表

序号	时间	数目	捐助者	用途	资料来源
238	1837	3 198 吊	演员们	恢复	《清代燕都梨园史料正续编》，第 3 册，1685～1688 页
239	1838	2 070 盎司（10～700/捐助者）	家族	宗祠	《北京图书馆藏中国历代石刻拓本汇编》，第 80 册，170～171 页
240	1839	800 吊	十名太监	—	《北京图书馆藏中国历代石刻拓本汇编》，第 80 册，189～191 页
241	1839	10～100 吊/捐助者	包衣们	—	《北京图书馆藏中国历代石刻拓本汇编》，第 80 册，183 页
242	1841	500 盎司	多个人	—	《北京图书馆藏中国历代石刻拓本汇编》，第 81 册，27 页
243	1841	600 吊	妇女	—	《北京图书馆藏中国历代石刻拓本汇编》，第 81 册，27 页
244	1842	200 盎司	个人	—	《北京图书馆藏中国历代石刻拓本汇编》，第 81 册，95～96 页
245	1842	37 吊和 100 文	会馆	每年的仪式	《北京工商ギルド资料集》，卷 5，1021～1022 页
246	1842	3 000 吊	太监们	墓地	北京图书馆藏拓片第 3442 号
247	1844	4 000 吊～50 盎司/捐助者	—	墓地	北京图书馆藏拓片第 7573 号
248	1846	820 吊	会馆	修缮	《北京工商ギルド资料集》，卷 5，1015～1016 页
249	1846	1 400 余吊	会馆	恢复	《北京图书馆藏中国历代石刻拓本汇编》，第 81 册，125 页
250	1847	1 盎司	官方	供品	《北京图书馆藏中国历代石刻拓本汇编》，第 81 册，143 页
251	1848	3 300 盎司	街坊	恢复	首都图书馆藏拓片第 172 号
252	1848	210 吊	会馆团体	—	《北京工商ギルド资料集》，卷 4，621～623 页

续前表

序号	时间	数目	捐助者	用途	资料来源
253	1849	3 400 吊（50～800/捐助者）	多家店和行会	—	《北京工商ギルド资料集》，卷 2，257～258 页
254	清末?	1 200 吊～20 千	多家店	—	承恩寺未标明日期的石碑
255	1850	170 吊	一家店	—	《北京图书馆藏中国历代石刻拓本汇编》，第 81 册，199 页
256	1851	8 000 盎司	—	捐助	房山云居寺咸丰元年四月初八石碑
257	1852	3 吊～60 盎司/捐助者	多家店	—	《北京图书馆藏中国历代石刻拓本汇编》，第 82 册，49～50 页
258	1852	1 946 吊（70 吊＝最大的礼物）	朝圣圣会	—	《北京图书馆藏中国历代石刻拓本汇编》，第 82 册，39～40 页
259	1852	500～2 200 千	多个人	恢复	《北京图书馆藏中国历代石刻拓本汇编》，第 82 册，51～52 页
260	1852	70～80 千	—	恢复	《北京图书馆藏中国历代石刻拓本汇编》，第 82 册，36 页
261	1853	200 文	—	恢复	《北京图书馆藏中国历代石刻拓本汇编》，第 82 册，57 页
262	1854	4 650 盎司	—	恢复	《北京图书馆藏中国历代石刻拓本汇编》，第 82 册，78～79 页
263	1856	60 吊	一家店	恢复	《北京工商ギルド资料集》，卷 5，1071～1072 页
264	1857	500 盎司	—	恢复	《北京图书馆藏中国历代石刻拓本汇编》，第 82 册，123 页
265	1859	5 千～2 盎司/捐助者	—	恢复	首都图书馆藏拓片第 756 号
266	1859	2 000 吊	—	捐助	《北京图书馆藏中国历代石刻拓本汇编》，第 82 册，172 页
267	1862	1 082 吊	店铺组织	恢复	《北京工商ギルド资料集》，卷 5，1022～1025 页

续前表

718

序号	时间	数目	捐助者	用途	资料来源
268	1862	1 180 吊或 880 文	店铺组织	恢复	《北京工商ギルド资料集》，卷 5，1022～1025 页
269	1862	120 千	—	创建	《北京图书馆藏中国历代石刻拓本汇编》，第 83 册，25 页
270	1864	4 298 吊（10～580/捐助者）	街坊	恢复	《北京图书馆藏中国历代石刻拓本汇编》，第 83 册，46～47、85 页
271	1866	800 盎司	—	恢复	《北京图书馆藏中国历代石刻拓本汇编》，第 83 册，85 页
272	1866	8 018 吊	宗教圣会	—	北京图书馆藏拓片第 647 号
273	1867	2 500 盎司（0.5～120/捐助者）	—	扩建	《北京图书馆藏中国历代石刻拓本汇编》，第 83 册，120 页
274	1869	2 407 盎司（10～630/捐助者）	多个行会	修缮	《北京工商ギルド资料集》，卷 2，258～261 页
275	1869	202 盎司（0.1～3.2/捐助者）	行会	恢复	《北京工商ギルド资料集》，卷 4，607～612 页
276	1870	400 盎司	—	恢复	《北京图书馆藏中国历代石刻拓本汇编》，第 83 册，183 页
277	1870	500 盎司	四位太监们	香炉	《北京图书馆藏中国历代石刻拓本汇编》，第 83 册，212～213 页
278	1870	1～20 盎司（10～800 吊/捐助者）	行会	—	《北京图书馆藏中国历代石刻拓本汇编》，第 83 册，207～208 页
279	1870	50 吊～100 盎司	—	墓地	《清代燕都梨园史料正续编》，第 3 册，1690～1692 页
280	1872	600 盎司	—	修路	首都图书馆藏拓片第 759 号

续前表

序号	时间	数目	捐助者	用途	资料来源
281	1872	2～100 盎司/捐助者	多家店	恢复	《北京图书馆藏中国历代石刻拓本汇编》，第 84 册，37～38 页
282	1872	5～120 吊/捐助者	多家店	—	《北京图书馆藏中国历代石刻拓本汇编》，第 84 册，22 页
283	1873	10～100 吊/捐助者	多个人	修缮	《北京图书馆藏中国历代石刻拓本汇编》，第 84 册，48 页
284	1873	120 盎司	—	恢复	《北京图书馆藏中国历代石刻拓本汇编》，第 84 册，45 页
285	1873	188 亩和 430 盎司	村民	捐助	首都图书馆藏拓片第 451 号
286	1873	1 400 吊	六位男人	—	首都图书馆藏拓片第 451 号
287	1873	1 161 盎司	五位男人	—	首都图书馆藏拓片第 451 号
288	1878	50～200 盎司/捐助者	朝圣圣会	—	《北京图书馆藏中国历代石刻拓本汇编》，第 84 册，160 页
289	1879	5 000 盎司	善堂	恢复	《北京图书馆藏中国历代石刻拓本汇编》，第 84 册，187 页
290	1879	1 000 盎司	—	增加房间	《北京图书馆藏中国历代石刻拓本汇编》，第 84 册，187 页
291	1879	81 亩	—	捐助	《北京图书馆藏中国历代石刻拓本汇编》，第 84 册，187 页
292	1879	20 亩	—	捐助	《北京图书馆藏中国历代石刻拓本汇编》，第 87 册，193～194 页
293	1880	358 盎司（2～500/捐助者）	朝圣者	恢复	首都图书馆藏拓片第 711 号
294	1880	1 500 吊（40～60/捐助者）	朝圣者	恢复	首都图书馆藏拓片第 711 号
295	1880	8 222 吊	个人	—	首都图书馆藏拓片第 711 号
296	1880	40 盎司	个人	—	首都图书馆藏拓片第 711 号

续前表

序号	时间	数目	捐助者	用途	资料来源
297	1880	2 400 盎司	穆斯林团体	—	《北京图书馆藏中国历代石刻拓本汇编》，第 85 册，23～24 页
298	1880	2 135 盎司（50～200/捐助者）	多家店	重建	《北京图书馆藏中国历代石刻拓本汇编》，第 85 册，18 页
299	1880	150 吊 ～ 440 盎司	多个人	恢复	《北京图书馆藏中国历代石刻拓本汇编》，第 85 册，19 页
300	1880	9 772 吊和 398 盎司	朝圣圣会	恢复	首都图书馆藏拓片第 711 号
301	1882	1～10 吊	多名村民	恢复	《北京图书馆藏中国历代石刻拓本汇编》，第 85 册，97～98 页
302	1882	1 200 盎司	朝圣圣会	—	《北京图书馆藏中国历代石刻拓本汇编》，第 85 册，96 页
303	1882	2～300 盎司/捐助者	朝圣圣会	—	《北京图书馆藏中国历代石刻拓本汇编》，第 85 册，90 页
304	1883	200 盎司	—	花费	《白云观志（附东岳庙志）》，157 页
305	1883	800 吊	一家店	—	《北京图书馆藏中国历代石刻拓本汇编》，第 85 册，111 页
306	约 1885	9 965 盎司	演员们	恢复	《清代燕都梨园史料正续编》，第 3 册，1692～1693 页
307	1885	6 吊～10 圆	—	恢复	《北京图书馆藏中国历代石刻拓本汇编》，第 85 册，175～176 页
308	1886	3 260 金	—	捐助	《北京图书馆藏中国历代石刻拓本汇编》，第 86 册，4 页；《北京工商ギルド资料集》，卷 4，675～678 页
309	1886	765 亩	家族	—	《白云观志（附东岳庙志）》，164～166 页
310	1886	1 400 余亩	—	捐助	《白云观志（附东岳庙志）》，164～166 页

续前表

序号	时间	数目	捐助者	用途	资料来源
311	1886	1 000 盎司（50～200/捐助者）	朝圣圣会	—	《北京图书馆藏中国历代石刻拓本汇编》，第 86 册，2 页
312	1887	1 300 盎司（4 圆～500 盎司/捐助者）	街坊	恢复	首都图书馆藏拓片第 180 号
313	1887	20 盎司	一名妇女	—	首都图书馆藏拓片第 180 号
314	1887	1 300 盎司（4～500/捐助者）	—	恢复	《北京图书馆藏中国历代石刻拓本汇编》，第 86 册，59 页
315	1887	685 盎司	旗人	恢复	《北京图书馆藏中国历代石刻拓本汇编》，第 86 册，101～102 页
316	1887	400 盎司	—	恢复	《北京图书馆藏中国历代石刻拓本汇编》，第 86 册，48 页
317	1887	200 盎司	两位男人	—	首都图书馆藏拓片第 451 号
318	1887	60 金	两位男人	—	《北京图书馆藏中国历代石刻拓本汇编》，第 86 册，63 页
319	1888	15 吊	寺院	—	《北京图书馆藏中国历代石刻拓本汇编》，第 86 册，104 页
320	1888	5～150 吊	多家店/街坊	修缮	《北京图书馆藏中国历代石刻拓本汇编》，第 86 册，75～76 页
321	1888	1 480 吊	四座窑炉	恢复	《北京图书馆藏中国历代石刻拓本汇编》，第 86 册，104 页
322	1889	1 100 盎司	朝圣圣会	—	《北京图书馆藏中国历代石刻拓本汇编》，第 86 册，132 页
323	1890	2 000 盎司	—	恢复	《北京图书馆藏中国历代石刻拓本汇编》，第 86 册，145 页
324	1890	500 盎司	—	恢复	《北京图书馆藏中国历代石刻拓本汇编》，第 86 册，145 页

719

续前表

序号	时间	数目	捐助者	用途	资料来源
325	1890	7～32 盎司/捐助者	多个人	重建	《北京图书馆藏中国历代石刻拓本汇编》，第 86 册，144 页
326	1892	50 盎司（2～24/捐助者）	官方	茶棚	首都图书馆藏拓片第 723 号
327	1892	390 千（3～48/捐助者）	官方	茶棚	首都图书馆藏拓片第 723 号
328	1892	642.4 千（4～96/捐助者）	商人们	茶棚	首都图书馆藏拓片第 723 号
329	1892	346 千（4～72/捐助者）	多家店	茶棚	首都图书馆藏拓片第 723 号
330	1893	635 盎司（1～63/捐助者）	朝圣圣会	—	《北京图书馆藏中国历代石刻拓本汇编》，第 87 册，71 页
331	1894	660 盎司	一家店	—	《北京图书馆藏中国历代石刻拓本汇编》，第 87 册，89 页
332	1895	1 100 盎司（2～200/捐助者）	多个人	—	《北京图书馆藏中国历代石刻拓本汇编》，第 87 册，133～134 页
333	1898	2.7 盎司	个人	—	《北京图书馆藏中国历代石刻拓本汇编》，第 88 册，9 页
334	1898	10 盎司（最多的礼物）	多家店	恢复	《北京图书馆藏中国历代石刻拓本汇编》，第 88 册，31～33 页
335	1900	1～40 盎司	多家店	重建	《北京图书馆藏中国历代石刻拓本汇编》，第 88 册，70～71 页
336	1900	3 221 吊	团体	恢复	《北京图书馆藏中国历代石刻拓本汇编》，第 88 册，93 页
337	1902	1 000 盎司	会馆	恢复	《北京工商ギルド资料集》，卷 1，115～116 页
338	1903	580 盎司	宗教圣会	恢复	《北京图书馆藏中国历代石刻拓本汇编》，第 88 册，163 页
339	1905	10～500 盎司/捐助者	朝圣圣会	—	《北京图书馆藏中国历代石刻拓本汇编》，第 89 册，71 页

续前表

序号	时间	数目	捐助者	用途	资料来源
340	1905	240 盎司	三位妇女	—	《北京图书馆藏中国历代石刻拓本汇编》，第 89 册，71 页
341	1907	700 吊	—	土地	《北京图书馆藏中国历代石刻拓本汇编》，第 89 册，129 页
342	1908	84 500 盎司（133～10 000/捐助者）	官员们	重建	《北京图书馆藏中国历代石刻拓本汇编》，第 89 册，174 页
343	1909	1～100 盎司/捐助者	宗教圣会	—	《北京图书馆藏中国历代石刻拓本汇编》，第 90 册，30 页
344	1910	15 圆、11 盎司和 200 吊	村民们	恢复	《北京图书馆藏中国历代石刻拓本汇编》，第 90 册，45～46 页
345	1911	5 000 盎司	太监	—	《北京图书馆藏中国历代石刻拓本汇编》，第 90 册，92 页
346	1911	3 000 盎司	太监	—	《北京图书馆藏中国历代石刻拓本汇编》，第 90 册，92 页
347	1911	1～30 盎司/捐助者	—	恢复	《北京图书馆藏中国历代石刻拓本汇编》，第 90 册，82～83 页
348	1911	400 余亩	太监	捐助	《北京图书馆藏中国历代石刻拓本汇编》，第 90 册，93 页
349	1911	210 亩	朝圣圣会	—	《北京图书馆藏中国历代石刻拓本汇编》，第 90 册，104 页

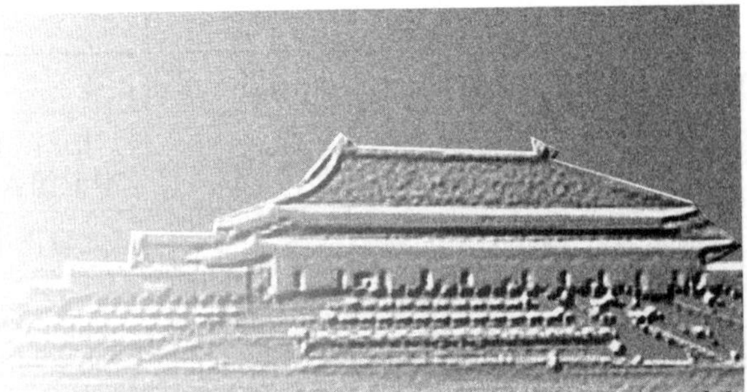

参考文献

721 注：中国和朝鲜作者的名字引用全称。其他文字作品的作者名字，只引用姓，必须避免混淆时，引用第一个开始的名字。出版年代的标明只为了有必要区分同一个作者的不同著作或同一个著作的不同版本。

参考文献中，有关再版的版本，除非另有注明，我引用的是再版的原来的卷数和页码。大多数情况下（也许有可能），我也核查了原始版本的复印本。未注明日期的文本文件和必须检索档案时标出时间。

Abel，Clarke. *Narrative of a journey in the interior of China，and of a voyage to and from that country in the years* 1816 *and* 1817，*containing an account of the most interesting transactions of Lord Amherst's embassy to the court of Pekin，and observations of the Countries which it visited*. London：Longman，1818.

阿禆尔. 1816 年和 1817 年在中国内地旅行与往返航行纪事，包括对阿美士德使团去北京宫廷最有趣事务报告，以及他们对所访问国家的观察. 伦敦：朗曼，1818.

Acton，Harold：*Peonies and Ponies*. London：Chatto&Windus，1914.

哈罗德·阿克顿. 牡丹与马驹. 伦敦：查图温都斯，1914.

——. *Memoirs of an Aesthete*. London: Methuen, 1948.

——. 一位唯美主义者的回忆录. 伦敦：梅修因，1948.

Adam, Maurice. "Chen Mou Tch'ang, Le Hangar du Bois-Génie." *Politique de Pékin* 12 (1927): 293-298.

莫里斯·亚当. 张陈某的木工棚. 北京政治，12 (1927)：293—298.

安双成 (An Shuangcheng). 顺康雍三朝八旗丁额浅析 "Shun Kang Yong san chao baqi ding'e jianxi" [A preliminary analysis of the number of registered males in the Eight Banners during the Shunzhi, Kangxi, and Yongzheng reigns]. 历史档案，1983 (2)：100—103.

青木正儿 (Aoki Masaru). 北京风俗图谱 *Pekin fūzoku zufu* [Illustrated Peking customs]. 东京：平凡社，1964—1965. 2 卷.

Arlington, L. C., & William Lewisohn. *In Search of Old Peking*. Peking: Vetch, 1935.

阿灵顿，威廉·卢因森. 找寻古北京. 北平：魏智，1935.

Asai Motoi 浅井纪. "Minmatsu Jō-kō-ju no ran no shiryō ni tsuite 明末徐鸿儒の乱の史料汇について [Sources for the study of the rebellion of Xu Hongru at the end of the Ming]." *Tōyō gakuhō* 60 (1978a): 54-91.

浅井纪. 明末徐鸿儒の乱の史料汇について. 东洋学报，60 (1978)：54-91.

——. 明末の间香教汇についてMinmatsu no Bunkakyū ni tsuite [On the Wen xiang sect of the late Ming]. 明代史研究，6 (1978)：1-20. 722

Astley, Thomas, ed. *A New General Collection of Voyages and Travels: consisting of the most esteemed relations which have been hitherto published in any language, comprehending every-thing remarkable in its kind in Europe, Asia, Africa, and America*. London: 1745 - 1747; reprint ed., New York: Barnes & Noble, 1968. 4 vols.

阿斯特利·托马斯，编. 航海旅行文集. 伦敦：1745—1747；再版，纽约：Barnes & Noble，1968. 4 卷.

侯仁之 (Hou Renzhi)，主编. 北京历史地图集 *Beijing lishi ditu ji* [An historical atlas of Peking. 北京：北京出版社，1985. 在文章中用＃标注地图编号.

Atterbury. B. C. "Medical Missionary Work in Pekin." *China Medical Missionary Journal* 1: 3 (1887): 113-115.

阿特伯里. 北京医学教会工作. 中国博医会报，1：3 (1887)：113-115.

Atwood，Christopher. “The Marvellous Lama in Mongolia：The Phenomenology of a Cultural Borrowing.” *Acta Orientalia Academiae Scientiarum Hung* 46：1（1992－1993）：3－30.

艾骛德. 蒙古非凡喇嘛：一个文化模仿的现象学. 匈牙利东方学报，46：1（1992—1993）：3－30.

B&H：H. S. Brunnert&V. V. Hagelstrom. *Present Day Political Organization of China*. Trans. A. Beltchenko. 1911；reprint ed.，Taipei：Ch'engwen，1971.

布鲁纳特，哈盖尔斯特罗姆. 当代中国的政治组织. 贝勒城科，译，1911；再版，台北：成文出版社，1971.

八旗文经 *Ba qi wenjing*［Writings from the Eight Banners］. 1901.

Backhouse，E.，&J. O. P. Bland. *Annals and Memoirs of the Court of Peking*（*from the 16th to the 20th Century*）. Boston：Houghton Mifflin，1914.

巴克斯，濮兰德. 北京宫廷的编年史和回忆录（从16世纪到20世纪）. 波士顿：霍顿·米夫林，1914.

Baddeley，John F. *Russia*，*Mongolia*，*China*：*Being Some Record of the Relations Between Them from the Beginning of the XVIIth Century to the Death of the Tsar Alexei Mikhailovich AD 1602—1676*. *Rendered mainly in the form of narratives dictated or written by the envoys sent by the Russian Tsars*，*or their Voevodas in Siberia*，*to the Kalmuk and Mongol Khans and Princes*；*and to the Emperors of China*. *With Introductions*，*Historical and Geographical*. *Also a series of Maps showing the progress of Geographical Knowledge in Regard to Northern Asia During the XVIth*，*XVIIth*，*and XVIIIth centuries*. *The Texts Taken more especially from Manuscripts in the Moscow Foreign Office Archives* London：Macmillan & Co.，1919. 2 vols. Includes texts of missions of Theodor Isakovich Baikoff（Baikov）1653－1657（1：130－166），Milovanoff 1670（1：195－203）.

约·弗·巴德利. 俄国·蒙古·中国. 伦敦：Macmillan&Co.，1919，2卷. 包括巴伊克夫1653—1657（1：130－166）、米洛瓦诺夫1670（1：195－203）使团的文件.

Baedeker，Karl. *Russia with Teheran*，*Port Arthur*，*and Peking*：*Handbook for Travellers*. NewYork：Scribner's，1914.

卡尔·贝地克. 俄罗斯、德黑兰、旅顺和北京：旅行者手册. 纽约：

Scribner's，1914.

Bahlke，Hans. *Guide to Peking and Neighborhood*. Tianjin，1909.

汉斯·巴尔克. 北京及其周边指南. 天津，1909.

百一居士（Baiyi Jushi). 壶天录 *Hutian lu* [Record of a miniature heaven]. 1885，前言；再版，笔记小说大观：第4册：57-58.

Baker，D. W. *T'ai Shan* ：*An Account of the Sacred Eastern Peak of China*. Shanghai：Commercial Press，1925.

德怀特·贝克. 泰山：中国神圣东岳的故事. 上海：商务印书馆，1925.

Balazs，Etienne，& Yves Hervouet. *A Sung Bibliography*（*Bibliographie des Sung*). Hong Kong：Chinese University Press，1978.

艾蒂安·白乐日，吴德明. 宋代书录. 香港：香港中文大学出版社，1978.

Ball，J. Dyer. *Things Chinese*；*or*，*Notes Connected with China*. 5th ed.，revised by E. Chalmers Werner. Shanghai：Kelly& Walsh. 1925.

波乃耶. 中国文物. 第5版. 倭讷，修订. 上海：别发洋行，1925.

Banno，Masataka. *China and the West*，1858-1861：*The Origins of the Tsungli Yamem*. Cambridge：Harvard University Press，1964.

坂野正高. 中国和西方，1858—1861：总理衙门的起源. 剑桥：哈佛大学出版社，1964.

Barnhart，Richard M. *Painters of the Great Ming*：*The Imperial Court and the Zhe School*. Dallas，Tex.：Dallas Museum of Art，1993.

班宗华. 大明的画家：宫廷与浙派. 得克萨斯州达拉斯：达拉斯艺术博物馆，1993.

Bartholomew，Terese Tse. "Sino-Tibetan Art of the Qianlong Period from the Asian Art Museum of San Francisco." Orientations（June 1991）：34-45.

谢瑞华. 旧金山亚洲艺术博物馆中的乾隆时期汉藏艺术. 东方（1991年6月）：34-45.

Bartlett，Beatrice S. *Monarchs and Ministers*：*The Grand Council in Mid-* 723
Ch'ing China，*1723-1820*. Berkeley：University of California Press. 1991.

白彬菊. 君主与大臣：清中期的军机处（1723—1820). 伯克利：加州大学出版社，1991.

Bays，Daniel H.，ed. *Christianity in China*：*From the Eighteenth Century to the Present*. Stanford：Stanford University Press，1996.

裴士单，编. 基督教在中国：从18世纪至今. 斯坦福：斯坦福大学出版社，1996.

Beauvoir，Lodovic，Le Compte de. *Pékin，Yedoo，San Francisco：Voyage Autour du Monde*. Paris：H. Plon，1872.

卢多维克·波伏娃伯爵. 北京、江户、旧金山：环游世界. 巴黎：普隆出版社，1872.

中国道教协会，编印. 北京白云观 *Beijing Baiyunguan/The White Cloud Daoist Temple*（*Baiyun Guan*），北京：1983.

北京宫苑名胜 *Beijing gongyuan mingsheng/Views of the Winter and Summer Palaces，Peking*. 上海：商务印书馆，1917.

北京古刹名寺 *Beijing gu cha ming si/Ancient Temples in Beijing*. 北京：中国世界语出版社，1995.

北京景观 *Beijing jingguan/Pekin keikan* [Views of Peking scenes]. 北京：1940.

北京旅行指南 *Beijing lüxingzhinan* [A tourist guide to Peking]. 北京：经济新闻社，1938.

北京民间风俗百图 *Beijing minjian fengsu bai tu* [One hundred pictures of folk customs in Peking]. [清]；再版，北京：书目文献出版社，1982.

北京市档案馆，编. 北京寺庙历史资料 *Beijing simiao lishi ziliao* [Sources on the history of Peking temples]. 北京：中国档案出版社，1997.

北京通史 *Beijing tongshi* [General history of Peking]. 北京：中国书店，1994. 10卷.

北京指南 *Beijing zhinan* [Guide to Peking]. 第4版. 上海：商务印书馆，1926. 非连续编页码.

北平导游 *Beiping daoyou* [Guide to Peking]. 上海：中国旅行社，1947.

北平考 *Beiping kao* [A study of Peking]. [1403年前?]；再版，北京：北京古籍出版社，1980.

北平旅行指南 *Beiping lüxing zhinan* [A tourist guide to Peking]. [约1935年].

北平指南 *Beiping zhinan/Peiping guide*. 北平：北平民社，1929.

北平市指南 *Beipingshi zhinan* [A guide to Peking city]. 上海：1936.

Bell，Charles，Sir. *The Religion of Tibet*，Oxford：Oxford University Press，1931.

查尔斯·贝尔. 西藏的宗教. 牛津：牛津大学出版社，1931.

Bell，John. *A Journey from St. Petersburg to Pekin，1719-22*. Ed. J.

L. Stevenson. Edinburgh：Edinburgh University Press，1965.

约翰·贝尔. 1719—1722年从圣彼得堡到北京旅行记. 史蒂文森，编. 爱丁堡：爱丁堡大学出版社，1965.

Belsky，Richard David. "Beijing Scholar-Official Native-Place Lodges：The Social and Political Evolution of *Huiguan* in China's Capital City." Ph. D. diss.，Harvard University，1997.

白思奇. 北京士大夫的同乡会馆：中国首都会馆的社会政治演变. 博士论文，哈佛大学，1997.

Benedict，Carol. *Bubonic Plague in Nineteenth-Century China*. Stanford：Stanford University Press，1996.

班凯乐. 19世纪中国的鼠疫. 斯坦福：斯坦福大学出版社，1996.

Berger，Patricia. "Preserving the Nation：The Political Uses of Tantric Art in China，" pp. 89－123 in *Latter Days of the Law：Images of Chinese Buddhism，850－1850*. Ed. Marsha Weidner. Lawrence：Spencer Art Museum，the University of Kansas，in association with the University of Hawaii Press，1994.

帕特里夏·伯格. 维护国家：中国密教艺术的政治用途//魏盟夏，编. 中国佛教图像，850—1850. 斯宾塞美术馆、堪萨斯大学与夏威夷大学出版社，1994：89-123.

Bernard，Henri，S. J. *Aux origines du cimetiere de Chala；le don princier de la Chine au P. Ricci（1610－1611）*. Tientsin：1934.

裴化行. 栅栏墓地的起源. 天津，1934.

Bernstein，Lewis. "A History of Tientsin in Early Modern Times，1800－1910." Ph D. diss.，University of Kansas，1988.

刘易斯·伯恩斯坦. 天津近代史，1800—1910. 博士论文，堪萨斯大学，1988.

Beurdeley，Cécile，&Michel Beurdeley. *Guiseppe Castiglione：A Jesuit Painter at the Court of the Chinese Emperors*. Trans. Michael Bullock. Rutland. Vt.：Charles Turttle，1971.

塞西尔·伯德莱，米歇尔·伯德莱. 郎世宁：一个在中国皇帝朝廷的耶稣会士画家. 迈克尔·布洛克，译. 拉特兰：Charles Turttle，1917.

毕钟沅. 北上备览 *Bei shang beilan* [Preparing for a journey north]：1 册. 1888. 随意编码. 724

Bielenstein，Hans. "The Regional Provenance of Chin-shih during Ch'ing."

Bulletin of the Museum of Far Eastern Antiquities 64（1992）：1-178.

毕汉思．清代进士的区域来源．远东古物博物馆馆刊，64（1992）：1-178.

Birch，John Grant. *Travels in North and Central China*. London：Hurst& Blackett，1902.

约翰·格兰特·勃赤．在中国北部和中部的旅行．伦敦：Hurst& Blackett，1902.

1713年万寿庆典．万寿盛典初集 *Wanshou shengdian chuji* [His Majesty's sixtieth birthday celebrations]. 1716；再版，四库全书：653—654. 台北：台湾商务印书馆，1983. 引用原卷数和页码.

1790年万寿庆典：八旬万寿盛典 *Ba xun wanshou shengdian* [His Majesty's eightieth birthday celebrations]. 1792；再版，四库全书：77—78. 台北：台湾商务印书馆，1983. 引用原卷数和页码.

碧霞元君护国庇民普济保生妙经 *Bixia Yuanjun huguo bimin puji baosheng miao jing* [Marvelous sutra of Bixia Yuanjun who protects the nation and the people，preserves life and saves all] //续道藏 *Xu Daozang*，1607；再版，台北："国家图书馆"，1961.

北京市香山公园，北京市特艺公司画册组，编．碧云寺罗汉堂 *Biyunsi Luohantang* [The Arhat Hall of the Biyun Monastery]. 北京：1979.

北京图书馆金石组，编．北京图书馆藏中国历代石刻拓本汇编. *BJTB*：*Beijing Tshuguan cang Zhongguo lidai shike taben huibian* [Collected Chinese historical stelae housed in the Peking Library]. 郑州：中州古籍出版社，1990—1991. 100卷．注：为方便读者，我向读者提供《北京图书馆藏中国历代石刻拓本汇编》中石碑（或拓片）的引文，这些是我在不易到的地方（如北京图书馆、首都图书馆、菲尔德博物馆及现场）所读到的.

Bland，J. O. P.，&E. Backhouse. *China under the Empress Dowager*：*Being the History of the Life and Times of Tzu Hsi*，*Compiled from State Papers and the Private Diary of the Comptroller of Her Household*. London：William Heinemann，1910；revised ed.，1914.

濮兰德，巴克斯．慈禧外纪．伦敦：威廉·海涅曼，1910；校订本，1914.

Blofeld，John. *City of Lingering Splendour*：*A Frank Account of Old Peking's Exotic Pleasures*. 1961；reprint ed.，Boston：Shambala，1989.

蒲乐道．老北京城纪事．1961；再版，波士顿：香巴拉出版社，1989.

Blussé，Leonard，&R. Falkenburg. *Johan Nieuhofs beelden van een chinareis. 1655-1657*. Middleburg：Stichting，1987.

包乐史，法尔肯堡. 约翰·纽霍夫的中国之旅，1655—1657. 米德尔堡：Stichting，1987.

Bodde，Derk. *Festivals in Classical China：New Year and Other Annual Observances during the Han Dynasty，206B. C.-A. D. 220*. Princeton：Princeton University Press，1975.

卜德. 汉代中国的节日. 普林斯顿：普林斯顿大学出版社，1975.

Bogan，M. L. C. *Manchu Customs and Superstitions*. Tianjin：China Booksellers，1928.

柏干. 满族的风俗与迷信. 天津：中国图书公司，1928.

Bohr，Paul Richard. *Famine in China and the Missionary：Timothy Richard as Relief Administrator and Advocate of National Reform，1876-1884*. Cambridge：Harvard University，East Asian Research Center，1972.

理查德·博尔. 中国的饥荒和传教士：作为赈灾管理者和国家改革倡导者的李提摩太，1876—1884. 剑桥：哈佛大学东亚研究中心，1972.

Boltz，Judith M. "In Homage to T'ien-fei." *Journal of the American Oriental Society* 106：1 (1986)：211-232.

鲍菊隐. 崇拜天妃. 美国东方学会会刊，106：1 (1986)：211-232.

——. *A Survey Of Taoist Literature，Tenth to Seventeenth Century*. Berkeley：Institute of East Asian Studies，University of California，1987.

——. 道家文献概观：10—17 世纪. 伯克利：加州大学东亚研究所，1987.

——. "Not by the Seal or Office Alone：New Weapons in Battles with the Supernatural，" pp. 241-305 *in Religion and Society in T'ang and Sung China*. Ed. Patricia Buckley Ebrey&Peter N. Gregory. Honolulu：University of Hawaii. 1993.

——. 不只靠官印：与神灵斗争中的新武器//伊沛霞，彼得·N. 格里高，编. 唐宋宗教与社会. 檀香山：夏威夷大学，1993：241-305.

Bosat Man [Victor H. Mair]. "Backhill/Peking/Beijng." *Sino-Platonic Papers* 19 (1990).

博萨特曼. 北京. 汉学理论文萃. 19 (1990).

Bouchot，Jean. *Scénes de la vie des hutungs：Croquis des moeurs pékinoises*. Peking：A. Nachbaur，1922. 725

让·伯赫特. 胡同生活场景：北京民俗概述. 北京：A. Nachbaur，

1922.

Bouillard，G [eorges]. *Péking et ses environs. Premiére série：Le Yang Shan et ses temples*. Peking：Albert Nachbaur，1921. No pagination.

普意雅. 北京及其附近：第一系列：仰山寺院. 北京：Albert Nachbaur，1921. 未分页.

——. "Pélerinages de la premiére quinzaine de la 1e lune." *La Chine* 12 (1922)：193-214.

——. 正月前两周的朝圣. 中国，12（1922）：193-214.

——. *Péking et ses environs. Deuxiéme série；Un Temple Buddhiste：Kie T'ai Sze*. Peking：Albert Nachbaur，1922b. No pagination.

——. 北京及其附近：第二系列：佛教寺院：戒台寺. 北京：Albert Nachbaur，1922. 未分页.

——. "Usages et coutumes à Pékin durant la 2e lune." *La Chine*35 (1923a)：117-136.

——. 二月的北京风俗习惯. 中国，35（1923）：117-136.

——. "Usages et coutumes à Pékin durant la 4e lune." *La Chine*38 (1923b)：299-311.

——. 四月的北京风俗习惯. 中国，38（1923）：299-311.

——. "Usages et coutumes aà Pékin durant la 7e lune." *La Chine*40 (1923c)：469-478.

——. 七月的北京风俗习惯. 中国，40（1923）：469-478.

——. "Carte des environs de Péking，au 1：25，000，Dressée par G. Bouillard，Ingenieur. Carte d'Assemblage au 1：200，000 des 20 feuilles，" 1922-1923d.

——. 北京附近地图，1：25 000，工程师普意雅汇编 20 幅比例为 1：200 000 的地图. 1922—1923.

——. *Péking et ses environs. Huitiéme série：Les Temples autour de Hsiang Shan：TianT'aiSze Wo Fo Sze*. Peking：A1bert Nachbaur，1924a. No pagination.

——. 北京及其附近：第八系列：香山周围的寺院：天台寺　卧佛寺. 北京：A1bert Nachbaur，1924. 未分页.

——. *Péking et ses environs. Neuviéme série；Les Temples des Péking：Le Temple Lamaist de Yung Ho Kung ou Templed es Lamas*. Peking：Albert Nachbaur，1924. No pagination.

——. 北京及其附近：第九系列：北京的寺院：喇嘛庙雍和宫及其喇嘛. 北京：Albert Nachbaur，1924. 未分页.

——. *Péking et ses environs. Dixiéme série*: *Tsing Ming Yuan* (*La Fontaine de Jade*). Peking: Albert Nachbaur, 1925. No pagination.

——. 北京及其附近：第十系列：静明园（玉泉山）. 北京：Albert Nachbaur，1925. 未分页.

——. "Note succincte snr I'historiqne du territoire de Péking et sur les diverses enceintes de cette ville. Extrait d'une notes en préparation sur Péking. *à* traverse les âiges." *Bulletin of the Museum of Far Eastern Antiquities* 1 (1929): 39-60.

——. 关于北京地区及其城墙的记载，摘自正在进行的有关北京的笔记，古往今来. 远东古物博物馆馆刊，1（1929）：30-60.

Bouinais, A. *De Hanoi à Pèkin*: *Notes sur la Chine*. Paris: Berger-Levrault, 1892.

濮义耐. 从河内到北京：中国札记. 巴黎：Berger-Levrault，1892.

Boulais, Gui. *Manuel du code chinois*. Shanghai: Imprimerie de la Mission Catholique. 1924; reprint ed., Taipei: Ch'eng-wen, 1966.

古·布莱斯. 大清律例. 上海：天主教会印刷所，1924；再版，台北：成文出版社，1966.

The Boxer Rising: *A History of the Boxer Trouble in China*, *Reprinted from the Shanghai Mercury*. 1900; reprint ed., New York: Paragon, 1967.

义和团兴起：中国义和团问题的历史，再版自上海文汇报. 1900；再版，纽约：佳作书局，1967.

Boy-Ed, (Oberleutnant). *Peking und Umgebung*. Tianjin: Brigade-Zeitung. 1906.

鲍依. 北京及其周边. 天津：Brigade-Zeitung，1906.

八旗通志 *BQTZ*: *Baqi tongzhi* [Gazetteer of the Eight Banners]. 1739; 再版，长春：东北师范大学出版社，1985. 全8册.

Braam, André Everard van (Houckgeest). *An authentic account of the embassy of the Dutch East-India Company to the court of the emperor of China. in the year 1794 and 1795* (*subsequent to that of the earl of Macartney*). *Continuing a description of several parts of the Chinese empire unknown to Europeans. Taken from the journal of Andrè, Everard van Braam, chief of the direction of that company, and second in the embassy*. Trans.

M. L. E. Moreau de Saint-Mery. London: 1798. 2 vols.

范罢览. 北京之行：1794 年和 1795 年荷兰东印度公司驻中华帝国朝廷使臣纪实. 伦敦：1798. 2 卷.

Bradshaw's Through Routes to the Capitals of the World and Overland Guide to India. Persia and the Far East: A Hand Book of India. Colonial, and Foreign Travel with Itineraries of the Principal Railways, Ocean-tracks, River-ways, Post Roads, and Caravan Routers. London: Henry Blacklock, 1903.

通往世界首都的路线时刻表和陆路到印度、波斯、远东的指南. 伦敦：Henry Blacklock, 1903.

Brandt, Joseph van den. *les Lazaristes en Chine, 1697-1935*. Peking: Imprimerie des Lazaristes, 1936.

方立中，编注. 在华遣使会士列传，1697—1935. 北平：北堂印书馆，1936.

Bredon, Juliet. *Peking: A Historical and Intimate Description of Chief Places of Interest*. 2d ed. Shanghai: Kelly&Walsh, 1922.

裴丽珠. 北京. 第 2 版. 上海：别发洋行，1922.

Bredon, Juliet, & Igor Mitrophanow. *The Moon Year: A Record of Chinese Customs and Festivals*. Shanghai: Kelly & Walsh, 1927.

裴丽珠，伊戈尔. 阴历年：中国风俗节日记. 上海：别发洋行，1927.

726 Bretschneider, E [mil]. *The Plain of Peking and the Neighboring Hill Country*. Simla: Government Central Branch Press, 1876a.

贝勒（勒士畲得）. 北京平原和周边山村. 西拉姆：政府新闻中心分社，1876.

——. *Archaeological and Historical Researches on Peking and Its Environs*. Shanghai: American Presbyterian Mission Press, 1876b.

——. 北京及其周围地区考古和历史研究. 上海：美华书馆，1876.

Bridge, Ann. *The Ginger Griffin*. 1934; reprint ed., Oxford: Oxford University Press, 1985.

安·布瑞芝. 姜黄色的狮鹫. 1934；再版，牛津：牛津大学出版社，1985.

Brook, Timothy. "The Spread of Rice Cultivation and Rice Technology into the Hebei Region in the Ming and Qing." pp. 659-690 *in Explorations in the History of Science and Technology in China*. Ed. Li Guohao. Shanghai:

Guji，1982.

卜正民．明清两代河北地区推广种稻和种稻技术的情况//李国豪，编．中国科技史探索．上海：上海古籍出版社，1982：659－690.

——. *Geographical Sources of Ming-Qing History*. Ann Arbor：Center for Chinese Studies，University of Michigan，1988.

——．明清历史的地理资料．安阿伯：密歇根大学中国研究中心，1988.

——．"Funerary Ritual and the Building of Lineages in Late Imperial China." *Harvard Journal of Asiatic Studies* 49（1989）：465－499.

——．中华帝国晚期的丧礼和宗族建设．哈佛亚洲研究学报，49（1989）：465－499.

——．*Praying for Power*：*Buddhism and the Formation of Gentry Society in Late-Ming China*. Cambridge：Council on East Asian Studies，Harvard University，1993.

——．为权力祈祷：佛教与晚明中国士绅社会的形成．剑桥：哈佛大学东亚研究理事会，1993.

Brook，Timothy，&B. Michael Frolic，eds. *Civil Society in China*. Armonk，N. Y：M. E. Sharpe，1997.

卜正民，傅尧乐，编．中国市民社会．阿蒙克，纽约：M. E. Sharpe，1997.

Broomhall，Marshall，ed. *The Chinese Empire*：*A General and Missionary Survey*. London：1907.

海波思，编．中华帝国：概论和教会概况．伦敦：1907.

Brown，Claudia，&Donald Rabiner. *Clear as Crystal*，*Red as Flame*：*Later Chinese Glass*. New York：China Institute in America，1990.

克罗地亚・布朗，唐纳德・拉宾纳．澈如晶，红如焰：中国后期玻璃．纽约：华美协进社，1990.

Bruckner，Christopher. *Chinese Imperial Patronage*：*Treasures from Temples and Palaces*. London：Asian Art Gallery，1998.

克里斯托弗・布吕克纳．中国皇帝的恩赐：来自宫殿庙宇的宝藏．伦敦：亚洲艺术画廊，1998.

Bryant，Daniel. "Syntax，Sound，and Sentiment in Old Nanking：Wang Shih-chen's 'Miscellaneous Poems on Ch'in-huai.'" *Chinese Literature*：*Essays*，*Articles*，*Reviews*14（1992）：25－90.

白润德．旧南京的句法、声音和情感：王士禛的《秦淮杂诗》．中国文学，14（1992）.

Buck，David D. *Urban Change in China：Politics and Development in Tsinan，Shangtung，1890－1949*. Madison：University of Wisconsin Press，1978.

鲍德威. 中国的城市变迁：1890—1949年山东济南的政治与发展. 麦迪逊：威斯康星大学出版社，1978.

Buissonnet，Eugène. *De Pékin à Shanghai，souvenirs de voyages*. Paris：Amyot，1871.

比少耐. 从北京到上海旅行回忆录. 巴黎：Amyot，1871.

Burgess，John Stewart. *The Guilds of Peking*. New York：Columbia University Press，1928.

步济时. 北京的行会. 纽约：哥伦比亚大学出版社，1928.

Bushell，S. W. *Oriental Ceramic Art：Collection of W. T. Walters*. New York：Appleton，1899.

卜士礼. 东方陶瓷艺术：沃尔特斯收藏. 纽约：阿普尔顿，1899.

Cahill，James. *Parting at the Shore：Chinese Painting of the Early and Middle Ming Dynasty，1368－1580*. New York：Weatherhill，1978.

高居翰. 江岸送别：明初与明中绘画，1368—1580. 纽约：Weatherhill，1978.

——. *The Distant Mountains：Chinese Painting of the Late Ming Dynasty，1570－1644*. New York：Weatherhill，1982a.

——. 山外山：晚明绘画，1570—1644. 纽约：Weatherhill，1982.

——. *The Compelling Image：Nature and Style in Seventeenth-Century Chinese Painting*. Cambridge：Harvard University Press，1982b.

——. 气势逼人：17世纪中国绘画的本质和风格. 剑桥：哈佛大学出版社，1982.

蔡鸿生. 俄罗斯馆纪事 *Eluosiguan ji shi* [An account of the history of the Russian hostel]. 广东：广东人民出版社，1994.

Cammann，Schuyler. "The Panchen Lama's Visit to China in 1780：An Episode in Anglo-Tibetan Relations." *Far Eastern Quarterly* 9（1949）：3－19.

舒勒·坎曼. 1780年班禅喇嘛入京觐见：英藏关系中的一个插曲. 远东季刊，9（1949）：3－19.

Candlin，Enid Saunders. *The Breach in the Wall：A Memoir of the Old China*. 1973；reprint ed.，New York：Paragon，1987.

伊妮德·桑德斯·坎德林. 城墙上的缺口：旧中国回忆录. 1973；再版，纽约：佳作书局，1987.

曹学佺（Cao Xuequan). 直隶名胜志 *Zhili mingsheng Zhi* [Famous sites in the Zone of Direct Rule]. [约 1593—1619].

草珠一串 *Caozhu yi chuan* [A string of grass pearls]. 1814 年前言.

Carl，Katharine Augusta. *With the Empress Dowager of China*. New York：Century，1905.

卡尔. 慈禧写照记. 纽约：世纪出版公司，1905.

Casseville，Henry. *Pékin：Ville Eternelle*. Paris：Fasquelle，1934.

亨利·凯斯维尔. 北京：永远的城市. 巴黎：Fasquelle，1934.

CH-6：*The Cambridge History of China*. vol. 6，*Alien Regimes and* 727
Border States，907 - 1368. Ed. Herbert Franke & Denis Twitchett. Cambridge：Cambridge University Press，1994.

傅海波，崔瑞德，编. 剑桥中国史：第 6 卷：辽西夏金元史，907—1368. 剑桥：剑桥大学出版社，1994.

CH-7：*The Cambridge History of China*. Vol. 7，*The Ming Dynasty*，*1368 - 1644*. Part 1. Ed. Frederick W. Mote & Denis Twitchett. Cambridge：Cambridge University Press. 1988.

牟复礼，崔瑞德，编. 剑桥中国史：第 7 卷：明代史，1368—1644. 剑桥：剑桥大学出版社，1988：第一部分.

CH-8：*The Cambridge History of China*，vol. 8，*The MingDnasty*，*1368 - 1644*. Part 2. Ed. Denis Twitchett & Frederick W. Mote. Cambridge：Cambridge University Press，1998.

崔瑞德，牟复礼，编. 剑桥中国史：第 8 卷：明代史，1368—1644. 剑桥：剑桥大学出版社，1988.

柴桑（Chai Sang). 京师偶记 *Jingshi ouji* [Chance notes from the Capital]. [约 1697]；再版，北京历史风土丛书. 台北：古亭书屋，1969.

Chan，Albert. "Peking at the Time of the Wan-li Emperor（1572 - 1619）." *International Association of Historians of Asia*，*Second Biennial Conference Proceedings*. Taipei，October 1962.

阿尔贝·陈. 万历皇帝年间的北京（1572—1619). 亚洲历史学家国际协会第二次会议会刊. 台北，1962 年 10 月.

——. *The Glory and Fall of the Ming Dynasty*. Norman：University of Oklahoma Press. 1982.

——. 明朝的光荣与衰落. 诺曼：俄克拉何马大学出版社，1982.

Chan，David B. *The Usurpation of the Prince of Yen，1398-1402*. San Francisco：Chinese Materials Center，1976.

陈大卫. 燕太子的篡夺，1398—1402. 旧金山：中国资料中心，1976.

Chan，Hok-lam. "A Mongolian Legend of the Building of Peking." *Asia Major*，3d ser.，3：2（1990）：63-93.

陈学霖. 北京建城的蒙古传说. 亚洲专刊，第3系列，3：2（1990），63-96.

——. "'The Distance of a Bowshot'：Some Remarks on Measurement in the Altaic World." *Journal of Sung-Yuan Studies* 25（1995）：29-46.

——. "一箭之隔"：关于阿尔泰地区测量的论述. 宋元学刊，25（1995）：29-46.

Chan，Wing-hoi. "Ordination Names in Hakka Genealogies：A Religious Practice and Its Decline，" pp. 65-82 *in Down to Earth*：*The Territorial Bond in South China*. Ed. David Faure & Helen F. Siu. Stanford：Stanford University Press. 1995.

陈永海. 客家族谱中的命名：一种宗教习俗及其衰落//科大卫，萧凤霞，编. 深入乡土社会：华南的地缘纽带. 斯坦福：斯坦福大学出版社，1995：65-82.

Chang，Chung-li. *The Chinese Gentry*：*Studies on their Role in Nineteenth-Century Chinese Society*. Seattle：University of Washington Press. 1955.

张仲礼. 中国绅士：关于其在19世纪中国社会中作用的研究. 西雅图：华盛顿大学出版社，1955.

Chang，Hao. *Liang Ch'i-chao and Intellectual Transition in China，1890-1907*. Cambridge：Harvard University Press，1971.

张灏. 梁启超与中国知识分子的变迁，1890—1907. 剑桥：哈佛大学出版社，1971.

Chang，Sen-dou. "The Morphology of Walled Capitals，" pp. 75-100 in *The City in Late Imperial China*. Ed. G. William Skinner. Stanford：Stanford University Press，1977.

章生道. 城治的形态与结构研究//施坚雅，编. 中华帝国晚期的城市. 斯坦福：斯坦福大学出版社，1977：75-100.

Chang，Te-ch'ang. "The Economic Role of the Imperial Household in the

Ch'ing Dynasty." *Journal of Asian Studies* 31 (1972): 243-273.

张德昌. 清代内务府的经济职能. 亚洲研究学报, 31 (1972): 243-273.

Chang, Ying-hwa. "The Internal Structure of Chinese Cities, 1920s and 1930s: An Ecological Approach." Ph. D. diss., Princeton University, 1982.

章英华. 20世纪二三十年代中国城市的内部结构. 博士论文, 普林斯顿大学, 1982.

Chase, Hanson. "The Status of the Manchu Language in the Early Ch'ing Dynasty." Ph D. diss., University of Washington, 1979.

汉森·施兹. 清初满语的地位. 博士论文, 华盛顿大学, 1979.

Chavannes, Edouard. *Le T'aiChan: Essai de monographie d'un culte chinois*. Paris: Leroux. 1910.

沙畹: 泰山志. 巴黎: Leroux, 1910.

陈宝良 (Chen Baoliang). 中国的社与会 *Zhongguo di sheyu hui* [China's societies and associations]. 杭州: 浙江人民出版社, 1996.

陈高华 (Chen Gaohua), 陈智超 (Chen Zhichao). 中国古代史史料学 *Zhongguo gudaishi shiliaoxue* [Sources for ancient Chinese history]. 北京: 北京出版社, 1983.

陈国符 (Chen Guofu). 道藏源流考 *Daozang yuanliu kao* [A study of the history of the Daoist Canon]. 1963; 再版, 台北: 古亭书屋, 1964.

Ch'en, Kenneth K. S. *Buddhism in China: A historical Survey*. Princeton: Princeton University Press, 1964. 728

陈观胜. 佛教在中国: 历史考察. 普林斯顿: 普林斯顿大学出版社, 1964.

——. *The Chinese Transformation of Buddhism*. Princeton: Princeton University Press, 1973.

——. 中国的佛教转型. 普林斯顿: 普林斯顿大学出版社, 1973.

陈森 (Chen Sen). 品花宝鉴 *Pin hua baojian* [Precious mirror for judging flowers]. [约1838]; 再版, 台北: 广雅出版有限公司, 1984; 再版, 上海: 上海古籍出版社, 1990.

陈田 (Chen Tian):《明诗纪事》*Ming shi jishi* [Records of Ming poets]. [1897—1911年]; 再版, 台北: 商务印务馆, 1968. 4卷.

陈文述 (Chen Wenshu). 颐道堂诗选 *Yidaotang shi xuan* [Selected poems from the Yidao Hall]. 1817年前言.

陈锡祺 (Chen Xiqi), 主编. 孙中山年谱长编 *Sun Zhongshan nianpu*

changbian [Sun Yatsen's chronological autobiography]. 北京：中华书局，1991. 上下册.

陈学霖（Chen Xuelin）[Chan，Hok-lam]. 元大都城建造传说探源 Yuan Dadu cheng jianzao chuanshuo tanyuan [Legends surrounding the building of Yuan Dadu]. 汉学研究，5：1（1987）：85-127.

——. 刘伯温与哪吒城：北京建城的传说 *Liu Bowen yu Nazha cheng*：*Beijing jian cheng di chuanshuo*. [Liu Bowen and Nazha's city：Legends about the founding of Peking]. 台北：东大图书出版社，1996.

陈宗蕃（Chen Zongfan），编. 燕都丛考 *Yandu cong kao* [Compendium on Peking]. 1930—1931 年分为三部分；再版，北京：北京古籍出版社，1991. 部分引用和再版页码.

Cheng，Stephen H. L. "'Flowers of Shanghai' and the Late Ch'ing Courtesan Novels." Ph. D. diss.，Harvard University，1980.

郑绪雷.《海上花》和清末名妓小说. 博士论文，哈佛大学，1980.

Cheung，Anthony，&Paul Gurofsky，eds. *Cheng Pan-ch'iao*：*Selected Poems*，*Calligraphy*，*Paintings*，*and Seal Engravings*. Hong Kong：Joint Publishing，1987.

张荣彤，保罗·葛鲁夫斯基，编. 郑板桥诗词选. 香港：香港三联书店，1987.

Chia，Ning. "The Lifanyuan and the Inner Asian Rituals in the Early Qing (1644—1795)." *late Imperial China* 14：1（1993）：60-92.

贾宁. 清初的理藩院和中亚礼仪，1644—1795. 清史问题，14：1（1993），60-92.

Child，T. "Northern China." [Ca. 1874]. Photographic album held by Library of Congress Photographic Division #6618.

查尔德. 北方中国. [约 1874]. 相册由美国国会图书馆的摄影部收藏，第 6618 号.

China：5,000 *Years*，*Innovation and Transformation in the Arts*. Selected by Sherman Lee. New York：Guggenheim Museum，1998.

李雪曼，选编. 中国：5 000 年，艺术的创新和转型. 纽约：古根海姆博物馆，1988.

The Chinese Traveller，*containing a geographical*，*commercial*，*and political history of China*，*with a particular account of their customs*，*manners*，*religion*，*agriculture*，*government*，*arts*，*sciences*，*ceremonies*，*buildings*， *language*, *physick*, *trade*, *manufactures*, *shipping*, *plant*, *trees*, *beasts. birds. etc. etc.* London: 1775. 2 vols.

中国旅行. 伦敦: 1775. 2卷.

崇彝 (Chongyi). 道咸以来朝野杂记 *Dao Xian yi lai chaoye zaji* [Miscellaneous notes on the court and populace in the Daoguang and Xianfeng eras]. 1887; 再版, 北京: 北京古籍出版社, 1982.

Chou, Ju-hsi. "Tangdai: A Biographical Sketch." In *Chinese Painting under the Qian long Emperor*: *The Symposium Papers in Two Volumes* Ed. Ju-hsi Chou&Claudia Brown. *Phoebus* (Arizona State University) 6: 1 (1988): 132-140.

周汝式. 唐岱: 传记概略//周汝式、克劳蒂亚·布朗, 编. 乾隆皇帝时期的中国绘画: 论文集两卷. 《菲伯斯》(美国亚利桑那大学) 6: 1 (1988): 132-140.

Chow, Kai-wing. *The Rise of Confucian Ritualism in Late Imperial China*: *Ethics*, *Classies*, *and Lineage Discourse*. Stanford: Stanford University Press, 1994.

周启荣. 中华帝国晚期儒教礼制的兴起: 伦理、经典与宗族话语. 斯坦福: 斯坦福大学出版社, 1994.

Christie's London. "Fine Chinese Export Porcelain." 9-10 July 1985.

伦敦佳士德. 精美中国外销瓷器. 1985年7月9日至10日.

——. "Fine and Early Chinese Ceramics, Jades, and Works of Art." 21 April 1986.

——. 精美早期中国陶瓷、玉器, 以及艺术作品. 1986年4月21日.

——. "Fine Chinese Export Porcelain and Works of Art." 17 November 1986.

——. 精美中国外销瓷和艺术作品. 1986年11月17日.

——. "Fine Chinese Export Porcelain and Works of Art." 31 October 1988. 2 November 1988. 729

——. 精美中国外销瓷和艺术作品. 1988年10月31日, 1988年11月2日.

Chuang, Chi-fa, "The Emperor's New Pets: Naming Castiglione's 'Ten Champion Dogs'" Trans. Mark Elliott. National Palace Museum Bulletin 23: 1 (1988): 1-13.

庄吉发. 皇帝的新宠物: 郎世宁的《十骏犬》命名由来. 欧立德, 译.

故宫通讯，23：1（1988）：1-13.

中国农村惯行调查 *Chūgoku nōson kankō chōsa* [Reseatch on Chinese village customs]. 1941—1944；1952—1957；再版，东京：岩波书店，1981. 6卷.

Chun，Hae-jong. "Sino-Korean Tributary Relations in the Ch'ing Period," pp. 90-111 in *The Chinese world Order*：*Traditional China's Foreign Relations*. Ed. John K. Fairbank. Cambridge：Harvard University Press. 1968.

全海宗. 清代中朝朝贡关系//费正清，编. 中国的世界秩序：传统中国的对外关系. 剑桥：哈佛大学出版社，1968：90-111.

Clark，Walter Eugene，ed. *Two Lamaistic Pantheons*. Cambridge：Harvard University Press，1937，2 vols.

克拉克，编. 两种喇嘛众神谱. 剑桥：哈佛大学出版社，1937. 2卷.

Clunas，Craig. *Superfluous Things*：*Material Culture and Social Status in Early Modern China*. Cambridge，England：Polity Press，1991.

柯律格.《长物志》：早期现代中国的物质文化和社会状况. 剑桥，英格兰：Polity Press，1991.

——. "Oriental Antiquities/Far Eastern Art." *positions* 2：2（1994）：318-355.

——. 东方古物/远东艺术. 立场，2：2（1994）：318-355.

——. *Fruitful Sites*：*Garden Culture in Ming Dynasty China*. London：Reaktion Books，1996.

——. 明代中国的园林文化. 伦敦：Reaktion Books，1996.

——. *Pictures and Visuality in Early Modern China*. London：Reaktion Books. 1997.

——. 早期现代中国的图像与视觉性. 伦敦：Reaktion Books，1997.

Cohen，Myron L. "Shared Beliefs：Corporations，Community，and Religion among the South Taiwan Hakka during the Ch'ing." *Late Imperial China* 14：1（1993）：1-33.

孔迈隆. 共有的信仰：清代台湾南部客家人的社会组织、社区和信仰. 清史问题，14：1（1993）：1-33.

Cohen，Paul. *History in Three Keys*：*The Box as Event*，*Experience*，*and Myth*. New York：Columbia University Press，1997.

柯文. 历史三调：作为事件、经历和神话的义和团. 纽约：哥伦比亚大学出版社，1997.

Cole，James H. *Shaohsing：Competition and Cooperation in Nineteenth-Century China*. Tucson：University of Arizona Press，1986.

柯志文. 绍兴：19世纪中国的竞争与合作. 图森：美国亚利桑那大学出版社，1986.

Collins，Gilbert. *Extreme Oriental Mixture*. London：Methuen，1925.

吉尔伯特·柯林斯. 极端的东方混合. 伦敦：梅修因，1925.

Colquhoun，Archibald R. *Overland to China*. New York：Harper，1900.

柯乐洪. 由陆路去中国. 纽约：哈珀，1900.

元一统志 *Yuan yitongzhi* [Comprehensive gazetteer of the Yuan empire]. [1303]；上海：中华书局，1966.

大明一统志 *Da Ming yitongzhi* [Comprehensive gazetteer of the Ming empire]. 1505.

大清一统志 *Da Qing yitongzhi* [Comprehensive gazetteer of the Qing empire]. 1746.

嘉庆重修一统志 *Jiaqingchongxiuyitongzhi* [Comprehensive gazetteer, revised in the Jiaqing reign]. 1820. 1843；再版，上海：商务印书馆，1934.

Conger，Sarah Pike. *Letters from China，with Particular Reference to the Empress Dowager and the Women of China*. Chicago：A. C. McClurg，1909.

莎拉·帕克·康格. 中国来信. 芝加哥：A. C. McClurg，1909.

——. *Old China and Young America*. Chicago：F. G. Browne，1913.

——. 年老的中国和年轻的美国. 芝加哥：F. G. Browne，1913.

Constant，Samuel Victor. *Calls，Sounds，and Merchandise of the Peking Street Peddlers*. Beijing：The Camel Bell，[1936].

塞缪尔·维克多·康斯坦特. 京都叫卖图. 北京：驼铃，[1936].

Cook，T. *Cook's Handbook for Tourists to Peking，Tientsin，Shan-Hai-Kwan，Mukden，Dalny，Port Arthur，and Seoul*. London：T. Cook& Son，1910.

库克. 库克的北京、天津、山海关、奉天、大连、旅顺和汉城旅游手册. 伦敦：T. Cook&Son，1910.

——. *Cook's Tourist' Handbook of Peking，Tientsin，Shan-Hai-Kwan，Mukden，Dairen，Port Arthur，and Keijyo（Seoul），with Maps，Plates，and Illustrations*. 2d ed. Yokohama：Box of Curios Press，1913.

——. 库克. 库克的北京、天津、山海关、奉天、大连、旅顺和汉城旅游手册. 第 2 版，横滨：Box of Curios Press，1913.

Cordier，Henri. *Bibliotheca Sinica dictionnaire bibliographique des ouvrages relatifs à l'empire chinois*. Paris：1908－1922；reprint ed.，Taipei；Ch'eng-wen，1966. 4 vols. & Supplement.

高第. 西人论中国书目. 巴黎：1908—1922；再版，台北：成文出版社，1966. 4 卷和补编.

730 Cormack，Annie. *Chinese Birthday*，*Wedding*，*Funeral*，*and Other Customs*. 2d ed. Peking：Librairie Française，1923.

安妮·科马克. 中国的生日、婚礼、葬礼和其他习俗. 第 2 版. 北京：Librairie Française，1923.

——. *The Temple of Confucius*，*Peking*. Peking：Wu Lai-hsi，1926.

——. 北京孔庙. 北京：Wu Lai-his，1926.

Cormack，J. G. "Early Days of Western Medicine in Peking." *China Medical Journal* 40：6 (1926)：516-534.

J. G. 科马克. 在北京的早期西方医学. 中国医学杂志，40：6 (1926)：516-534.

Cortinovis，Irene F. "China at the St. Louis World's Fair." *Missouri Historical Review* 72：1 (1977)：59-66.

艾琳·科尔蒂诺维斯. 圣路易斯世界博览会的中国. 密苏里州历史评论，72：1 (1977)：59-66.

Cranmer-Byng，J. L.，ed. *An Embassy to China*：*Being the Journal Kept by Lord Macartney during His Embassy to the Emperor Ch'ien-lung*，*1793－1794*. London：Longmans，1962.

克兰默-宾，编. 前往中国的使臣：马戛尔尼在他觐见乾隆帝时保存的日记，1973—1974. 伦敦：朗曼斯，1962.

Crossley，Pamela Kyle. "*Manzhou yuanliu kao* and the Formalization of the Manchu Heritage." *Journal of Asian Studies* 46 (1987)：761-790.

柯娇燕. 《满洲源流考》和满洲历史源流的形成. 亚洲研究学报，46 (1987)：761-790.

——. "The Qianlong Retrospect on the Chinese-martial (*hanjun*) Banners." *Late Imperial China* 10：1 (1989)：63-107.

——. 乾隆对汉军八旗的再理解. 清史问题，10：1 (1989)：63-107.

——. *Orphan Warriors*：*Three Manchu Generations and the End of the Qing World*. Princeton：Princeton University Press，1990.

——. 孤军：满人一家三代与清帝国的终结. 普林斯顿：普林斯顿大学出版社，1990.

——. "Structure and Symbol in the Role of the Ming-Qing Foreign Translation Bureaus (*siyi guan*)." *Central and Inner Asian Studies* 5 (1991): 38-70.

——. 结构与符号在明清四夷（译）馆中的作用，中亚与内亚研究，5 (1991): 38-70.

——. "Manchu Education," pp. 334 - 378 *in Education and Society in Late Imperial China, 1600 - 1900*. Ed. Benjamin A. Elman & Alexander Woodside, Berkeley: University of California Press, 1994.

——. 满族教育//本杰明·艾尔曼，伍思德，编. 中华帝国晚期的教育和社会，1600—1900. 伯克利：加州大学出版社，1994.

——. "Making Mongols: The Qing Era and the Emergence of Mongol Identity." Paper prepared for the ACLS/SSRC Conference on "Ethnic Identities and the China Frontier: Changing Discourse and Consciousness," Dartmouth College, 1996.

——. 创造蒙古：清代和蒙古身份的出现. 为议题为"民族特性和中国边疆：改变话语和意识"的美国学术团体协会与社会科学研究学会会议准备的论文，达特茅斯学院，1996.

——. *The Manchus*. London: Blackwell, 1997.

——. 满洲人. 伦敦：布莱克韦尔，1997.

——. *A Translucent Mirror: History and Identity in Qing Imperial Ideology*. Berkeley: University of California Press, 1999.

——. 历史的透镜：清帝国意识形态中的历史和族性认同. 伯克利：加州大学出版社，1999.

Crossley, Pamela Kyle., & Evelyn S. Rawski. "A Profile of the Manchu Language in Ch'ing History." *Harvard Journal of Asiatic Studies* 58: 1 (1993): 63-102.

柯娇燕，罗友枝. 满语在清史研究中的作用. 哈佛亚洲研究学报，58: 1 (1993): 63-102.

Crow, Carl. *The Travelers' Handbook for China*. Shanghai: Hwa-Mei Book Concern, 1913.

克劳. 中国旅行手册. 上海：华美书局，1913.

故宫博物院，编. 清宫藏传佛教文物 *Cultural Relics: Cultural Relics of*

Tibetan Buddhism Collected in the Qing Palace/Qing gong cangchuan fojiao wenwu. 北京：紫禁城出版社，1992.

Cumming. C. F. Gordon. *Wanderings in China*. Edinburgh：William Blackwood，1886. 2vols.

戈登·卡明. 漫游中国. 爱丁堡：威廉·布莱克伍德，1886. 2卷.

大明律 *Da Ming Lu* [Laws of the Great Ming]. [日本]：Monobe Kan，1722.

大清律例 *Da Qing lǜli* [Laws and statutes of the Qing]. 1736；再版，四库全书：672-673. 台北：台湾商务印书馆，1983. 引用原卷数和页码.

戴璐（Dai Lu）. 藤阴杂记 *Tengyin za ji* [Miscellaneous notes from under the wisteria]. 1796；再版，北京历史风土丛书，台北：古亭书屋，1969.

戴逸（Dai Yi）. 乾隆帝和北京的城市建设 "Qianlongdi he Beijing di chengshi jianshe [The Qianlong emperor and the building of the city of Peking] //清史研究集：第六辑. 1988：1-37.

Danby，Hope. *In Charming Peking*：*A Diary of Seven Days Spent in the Old Chinese Capital*. Peking：North China Standard，1930.

丹比. 迷人的北京. 北京：华北正报，1930.

——. *The Garden of Perfect Brightness*：*The History of the Yuan Ming Yuan and of the Emperors Who Lived There*. London：Williams and Norgate，1950.

——. 圆明园：圆明园和生活在那儿的皇帝的历史. 伦敦：Williams and Norgate，1950.

Daojiao shen xian hua ji（*Zhencang ben*）/道教神仙画集（珍藏本）/*Al-*
731 *bum for Taoist Deities and Divine Immortals*（*Collectors'Version*）. Ed. Zhongguo Daojiao Xiehui. Peking：Huaxia，1995.

中国道教协会，编. 道教神仙画集（珍藏本）. 北京：华夏出版社，1995.

Darrobers，Roger. *Opéra de Pékin*：*Théatre et sociétè à la fin de l'empire sino-mandchou*. Paris：Bleu de Chine，1998.

戴鹤白. 京剧：清朝末期的戏剧及其社会. 巴黎：Bleu de Chine，1998.

Davis，Edward. "Arms and the Tao：Hero Cult and Empire in Traditional China." In *Sōdai no shakai to shūkyō* 宋代の社会と宗教 [Society and religion in the Song period]. *Sōdaishi kenkyūkai kenkyū hōkoku*（东京）2（1985）：1-56.

爱德华·戴维斯. 武器和道：传统中国的英雄崇拜和帝国//宋代的社会和宗教. 宋代史研究会研究报告（东京），2（1985）：1-56.

大兴县志 *Daxing xian zhi* [Gazetteer of Daxing county]. 1684.

De Groot, J. J. M. *Sectarianism and Religious Persecution in China*: A Page *in the History of Religions*. 1903 - 1904; reprint ed., Taipei: Literature House, 1963. Two volumes in one.

高延. 中国的宗派主义和宗教迫害：宗教史的一页. 再版，台北：Literature House，1963. 2卷合订本.

——. *The Religious System of China*: *Its Ancient Forms*, *Evolution. History*, *and Present Aspect*, *Manners*, *Customs*, *and Social Institutions Connected Therewith*. Leiden: 1892 - 1910; reprint ed., Taipei: Nantian, 1982. 5 vols.

——. 中国宗教制度. 莱顿：1892—1910；再版，台北：南天书局，1982. 5卷.

Dean, Kenneth. *Taoist Rituals and Popular Cultures of Southeast China*. Princeton: Princeton University Press, 1993.

丁荷生. 中国东南的道教仪式与民间崇拜. 普林斯顿：普林斯顿大学出版社，1993.

——. *Lord of Three in One*: *The Spread of a Cult in Southeast China*. Princeton: Princeton University Press, 1998.

——. 三教合一：一个崇拜在中国东南的传播. 普林斯顿：普林斯顿大学出版社，1998.

DeGlopper, Donald R. *Lukang*: *Commerce and Community in a Chinese City*. Albany: State University of New York Press, 1995.

戴德安. 鹿港：一个中国城市的商业和社区. 奥尔巴尼：纽约大学出版社，1995.

Dehergne, Joseph. *Répertoire des Jesuites de Chine de* 1552 *à* 1800. Rome: Institutum Historicum, 1973.

荣振华. 在华耶稣会士列传及补编. 罗马：Institutum Historicum，1973.

邓拓（Deng Tuo）. 从万历到乾隆：关于中国资本主义萌芽时期的一个论证 "Cong Wanli dao Qianlong: Guanyu Zhongguo zibenzhuyi mengya shiqi di yige lunzheng [From Wanli to Qianlong: An argument concerning the period of the sprouts of capitalism in China]." 1956年；再版，论中国历史的几个问题

Lun Zhong guo lishi di jige wenti [On several questions in Chinese history]. 北京：生活·读书·新知三联书店，1963：181-233.

邓之诚（Deng Zhicheng）. 骨董琐记　续琐记 *Gudong suoji*，*xu suo ji* [Notes and further notes on antiquities]. [北京：1927].

Dennys，Nicholas B. *Notes for Tourists in the North of China*. Hong Kong：Shortrede. 1866.

德呢克. 游客在中国北方的备忘录. 香港：商萧德锐，1866.

——，ed. *The Treaty Ports of China and Japan. A complete guide to the open ports of those countries，together with Peking，Yedo，Hongkong，and Macao，forming a Guide Book and Vade Mecum，for travellers，merchants，and residents in general，with 29 maps and plans*. London：Trubner & Co.，and Hong Kong：Shortrede & Co. 1867.

——，编. 中日商埠志. 伦敦：Trubner &Co.；香港：商萧德锐，1867.

Der Ling，Princess. *Two Years in the Forbidden City*. New York：Moffat，Yard，1911.

德龄公主. 紫禁城两年. 纽约：莫发特-亚德，1911.

Des Forges，Alexander. "Street Talk and Alley Stories：Tangled Narratives of Shang hai from *Lives of Shanghai Flowers*（1892）*to Midnight*（1933）." Ph D. diss.，Princeton University，1998.

戴沙迪. 街头杂谈和里弄故事：从《海上花》到《子夜》里上海生活的叙述. 博士论文，普林斯顿大学，1998.

Destombes，Marcel. "Les originaux chinois des plans de ville publiés par J-B Du Halde，s. j. en 1735，" pp. 85-97 in *Actes du Colloque International de Sinologie：La Mission franfçaise de Pekin au 17e et 18e siècles*. Paris：Les Belles Lettres，1976.

马赛尔·德东布. 杜赫德出版的中国原版城市地图，1735 年//中国问题研究国际研讨会：17、18 世纪法国在中国的使命. 巴黎，1976：85-97.

Deveria：Choutze，T. [Deveria，Gabriel]. "Pékin et le Nord de la Chine." *Le Tour de Monde，Nouveau Journal des Voyages Publié sous la direction de M. Edouard Charton. et illustré，par nos plus céléres artistes*（Paris）31：305-368；32：193-256（1876）.（Articles dated 1873.）

德微理亚. 北京和北方中国. 环游世界，31：305-368；32：193-256（1876）.（文章日期为 1873 年.）

Devine，W. *The Four Churches of Peking*. London：Burns，Oates，&

Washbourne，1930.

迪瓦恩．北京的四座教堂．伦敦：Burns，Oates，&Washbourne，1930.

十二朝东华录 DHL：*Shi'er chao Donghua lu* [Records of twelve reigns from the Donghua Gate]．台北：大东书局，1968．30 卷. 732

点石斋画报 *Dianshizhai huabao* [Lithography Studio pictorial]．上海．1884 年观点引自注释.

丁世良（Ding Shiliang），赵放（Zhao Fang）．中国地方志民俗资料汇编：华北卷．comps．*Zhongguo difangzhi minsu ziliao huibian：Huabei juan* [Collected materials on popular customs from Chinese local histories：North China]．北京：书目文献出版社，1989.

刘侗（Liu Tong），于奕正（Yu Yizheng）．帝京景物略 *DJ*：*Dijing jingwu lue* [Description of the scenery of the imperial capital]．1635；再版，北京：北京古籍出版社，1980.

DMB：*Dictionary of Ming Biography*，*1368—1644*．Ed．L. C. Goodrich & Chaoying Fang．New York：Columbia University Press，1976.

富路特，房兆楹，主编．明代名人传．纽约：哥伦比亚大学出版社，1976.

都门纪略 *DMJL*：*Dumen jilue* [Short account of the capital]．北京．以下是我所见到版本的标题和规模的变更：1845，杨静亭（Yang Jingting）编．都门纪略 *Dumen jilue*，2 册；1864，新增都门纪略 *Xinzeng Dumen jilue*，4 册；1864，都门纪略 *Dumen jilue*，4 册；1867，新增都门杂记 *Xinzeng Dumen za ji*，4 册；1872，都门纪略汇纂 *Dumen jilue/Dumen huizuan*，7 册；1872，都门汇纂 *Dumen huizuan*，6 册；1874，新增都门纪略 *Xinzeng Dumen jilue*，4 册，在注释中引用；1874，都门汇纂 *Dumen huizuan*，9 册；1878，增补都门纪略 *Zengbu Dumenjilue*，8 册；1879，都门汇纂 *Dumen huizuan*，10 册；1879，增补都门纪略 *Zengbu Dumen jilue*，10 册；1883，都门汇纂 *Dumen huizuan*，10 册；1886，李若虹（Li Ruohong）编．朝市丛载 *Chao shi congzai*，8 册；1910，新增都门纪略 *Xinzeng Dumen jilue*，6 册；再版，台北：文海出版社，[1971]；1917，最新都门纪略 *Zuixin Dumenjilue*，6 册.

冬篱（Dong Li）．北京清代会馆 Beijing Qingdai huiguan [Peking's Qing dynasty lodges]．科技史文集 *Kejishi wenji*，11（1984）：149-152.

Dong，Yue．"Memories of the Present：The Vicissitudes of Transition in Republican Beijing，1911－1937．" Ph. D. diss.，University of California at San Diego，1996.

董月. 现时的记忆：民国北京的变迁沧桑，1911—1937. 博士论文，加州大学圣地亚哥分校，1996.

Dott，Brian Russell. "Ascending Mount Tai：Social and Cultural Interactions in Eighteenth Century China." Ph. D. diss.，University of Pittsburgh，1998.

布赖恩·多特. 登泰山：18世纪中国的社会文化互动. 博士论文，匹兹堡大学，1998.

Douglas，Robert Kennaway. *China*. New York：G. P. Putnam's，1899.

道格拉斯. 中国. 纽约：G. P. 普特南，1899.

Douin. G. "Cérémonial de la cour et coutumes du peuple de Pékin，" in Bulletin de l'association amicable franco-chinois（Paris）2（1910）：105-138，215-237，327-368；3（1911）：134-155，209-233；4（1912）：66-84.

杜安. 宫廷和北京平民的礼仪. 法中友好协会简报（巴黎），2（1910）：105-138，215-237，327-368；3（1911）：134-155，209-233；4（1912）：66-84.

Dray-Novey，Alison. "Policing Imperial Beijing：The Ch'ing Gendarmerie，1650-1850." Ph. D. diss.，Harvard University，1981.

崔艾莉. 维护帝都北京的治安：清代步军统领衙门，1650—1850. 博士论文，哈佛大学，1981.

——. "Spatial Order and Police in Imperial Beijing." *Journal of Asian Studies* 52：4（1993）：885-922.

——. 帝制时代北京的空间秩序和警察. 亚洲研究学报，52：4（1993），885-922.

Dreyer，Edward L. *Early Ming China：A Political History 1355-1435*. Stanford：Stanford University Press，1982.

爱德华·德雷尔. 明初中国：1355—1435年政治历史. 斯坦福：斯坦福大学出版社，1982.

Du Halde，Jean-Baptiste. *Description géographique，historique，chronologique，politique，et physique de l'empire de la Chine et de la Tartarie，chinoise，enrichie des cartes générales et particuliéres de ces pays，de la carte générale et des cartes particulieres du Thibet，& de la Corée；& ornée d'un grand nombre de figures & de vignettes gravées en tailledouce*. La Hague：Henri Scheurleer，1735. 4 vols.

杜赫德. 中华帝国全志. La Hugue：Henri Scheurleer，1735. 4卷.

Du Jianye et al. , eds. *Palace of Harmony/Yonghe Gong* 雍和宫. Hong Kong：Yazhou Yishu，1994.

杜剑叶，等编. 雍和宫. 香港：亚洲艺术，1994.

杜信孚（Du Xinfu），纂辑. 明代版刻综录 *Mingdai banke zonglu* [Catalogue of Ming editions]. 扬州：广陵古籍刻印社，1983.

Duara，Prasenjit. “Superscribing Symbols：The Myth of Guandi，Chi- 733
nese God of War.” *Journal of Asian Studies* 47（1988）：778–795.

杜赞奇. 雕刻的符号：关帝的神话，中国战神. 亚洲研究学报，47（1988）：778–795.

——. “Knowledge and Power in the Discourse of Modernity：The Campaigns against Popular Religion in Early-Twentieth-Century China.” *Journal of Asian Studies* 50（1991）：67–83.

——. 现代性话语权中的知识和权力：中国 20 世纪初期反对民间宗教的运动. 亚洲研究学报，50（1991）：67–83.

Dudbridge，Glen. “A Pilgrimage in Seventeenth-Century Fiction：T'ai-shan and the *Hsing-shih yin-yüan chuan*.” *T'oung Pao*77（1991）：226–252.

杜德桥. 17 世纪小说中的朝拜：泰山和《醒世姻缘传》. 通报，77（1991）：226–252.

——. “Women Pilgrims to T'ai Shan：Some Pages from a Seventeenth-Century Novel，” pp. 39–64 in *Pilgrims and Sacred Sites in China*. Ed. Susan Naquin & Chünfang Yü. Berkeley：University of California Press，1992.

——. 去泰山的女朝圣者：来自 17 世纪小说的一些记录//韩书瑞，于君方，编. 中国历史上的进香与宗教圣地. 伯克利：加州大学出版社，1992：39–64.

Dudgeon，John. *The Fourth Annual Report of the Peking Hospital，in connection with the London Missionary Society. Under the care of John Dudgeon，M. D.，C. M. for the year* 1865. Shanghai：Presbyterian Mission Press，1865.

杜德珍. 1865 年第四次北京医院年度报告——与伦敦布道会相关联. 上海：美华书馆，1865.

——. “Chinese Arts of Healing.” *Chinese Recorder* 3（1870）：40–44，99–103，120–125.

——. 中国治疗艺术. 教务杂志，3（1870）：40–44，99–103，120–125.

——. “Medical Reports.” Inspectorate of Customs (Shanghai). 1871: 6-15, 73-82. 1872: 7-9, 29-49.

——. 医学报告. 海关税务司（上海），1871：6-15，73-82；1872：79，29-49.

——. *The Eleventh Annual Report of the Peking Hospital for* 1872, *in connection with the London Missionary Society*. Shanghai: Presbyterian Mission Press, 1873.

——. 1872 年第八次北京医院年度报告——与伦敦布道会相关联. 上海：美华书馆，1873.

——. *The Thirteenth Annual Report of the Peking Hospital for* 1874, *in connection with the London Missionary Society*. Shanghai: Presbyterian Mission Press, 1875.

——. 1874 年第十三次北京医院年度报告——与伦敦布道会相关联. 上海：美华书馆，1875.

——. *The Diseases of China, Their causes, conditions, and prevalence contrasted with those of Europe*. Glasgow: Dunn&Wright. 1877.

——. 中国的疾病，与欧洲对比探讨其起因、条件和流行. 格拉斯哥：Dunn&Wright，1877.

——. “The Beverages of the Chinese.” *Journal of the Peking Oriental Society* 3: 4 (1895): 275-340.

——. 中国的饮料. 东方学会杂志，3：4（1895）：275-340.

《都门竹枝词》*Dumen zhuzhi ci* [Bamboo-branch lyrics from the capital]. 1877.

敦礼臣（Dun Lichen）. 燕京岁时记 *Yanjing suishiji* [Record of the annual calendar of the capital at Yan]. 1900 年后记；再版，北京：北京古籍出版社，1981.

Translated by Ono Katsutoshi as *Pekin nenjū gyōki*. Tokyo: Iwanami, 1914. Translated and annotated by Derk Bodde as *Annual Customs and Festivals in Peiking*. 1936; 2d ed., Hong Kong: Hong Kong University Press. 1965. Because of Bodde's useful notes, I have cited the translation rather than the original.

由小野胜年为《燕京岁时记》翻译. 东京：岩波书店，1914. 卜德为《燕京岁时记》译注，1936；第 2 版，香港：香港大学出版社，1965. 鉴于卜德有用的注释，我引用的是其译文而非原文.

Dunne, George H. *Generation of Giants: The Story of the Jesuits in China in the Last Decades of the Ming Dynasty*. London: Burns & Oates, 1962.

邓恩. 从利玛窦到汤若望：晚明的耶稣会士. 伦敦：Burns & Oates, 1962.

Dunstan, Helen. "'Orders Go Forth in the Morning and Are Changed by Nightfall': A Monetary Policy Cycle in Qing China, November 1744-June 1745." *T'oung Pao* 82 (1996a): 66-136.

邓海伦. "朝令夕改"：清代中国的货币政策周期，1744 年 11 月至 1745 年 6 月. 通报，82（1996）：66-136.

——. *"Conflicting Counsels to Confuse the Age": A Documentary Study of Political Economy in in Qing China, 1644-1840*. Ann Arbor: Center for Chinese Studies, University of Michigan, 1996b.

——. 参差言论足以乱世：清代政治经济的文献研究，1644—1840. 安阿伯：美国密歇根大学中国研究中心，1996.

都市丛谈 *Dushi congtan* [Conversations about the capital]. 1940.

Eberhard, Wolfram. "Temple-Building Activities in Medieval and Modern China: An Experimental Study." *Monumenta Serica* 23 (1964): 264-318.

艾博华. 中世纪和近代中国的寺院建设活动：一个实验研究. 华裔学志，23（1964）：264-318.

Ebrey, Patricia Buckley, & Peter N. Gregory, eds. *Religion and Society in T'ang and Sung China*. Honolulu: University of Hawaii, 1993.

伊沛霞，彼得·N. 格里高，编. 唐宋宗教与社会. 檀香山：夏威夷大学，1993.

Ebrey, Patricia Buckley, & James L. Watson, eds. *Kinship Organization in Late Imperial China, 1000-1940*. Berkeley: University of California Press, 1986.

伊沛霞，詹姆斯·华森，编. 中华帝国晚期的家族组织，1000—1940. 伯克利：加州大学出版社，1986.

ECCP: *Eminent Chinese of the Ch'ing Period*. Ed. Arthur W. Hum- 734
mel. Washington, D. C.: U. S. Government Printing Office, 1943-1944.

恒慕义，主编. 清代名人传略. 华盛顿：美国政府印刷局，1943—1944.

Eder, Matthias. "Hausfontdekorationen in Peking." *Folklore Studies* 2 (1943): 51-78.

叶德礼．北京房前的装饰．民俗研究，2（1943）：51−78.

——．“Eine Ausstellung des alten Kunsthandwerkes in Peking.” *Folklore Studies* 7（1948）：123−134.

——．北京古代手工艺术展览．民俗研究，7（1948）：123−134.

Edkins，Joseph. “Peking” pp. 2：313−392 in *Journeys in North China，Manchuria，and Eastern Mongolia*，by Alexander Williamson. London：1870. 2 vols.

艾约瑟．北京//韦廉臣．华北、满洲及东蒙旅行记：第2卷．1870：313−392．2卷本.

——．*Chinese Buddhism：A Volume of Sketches，Historical，Descriptive，and Critical*．London：Trubner&Co，1880.

——．中国的佛教．伦敦：Trubner&Co，1880.

——．“Religious Sects in North China.” *Chinese Recorder*，16：7（1886）：245−252.

——．中国北方宗教派别．教务杂志，16：7（1886）：245−252.

——．*Modern China：Thirty-one Short Essays on Subjects Which Illustrate the Present Condition of the Country*. Shanghai：Kelly&Walsh，1891.

——．现代中国：31篇有关说明国家现状的短文．上海：别发洋行，1891.

Eight Dynasties of Chinese Painting：The Collections of the Nelson Gallery-Atkins Museum，Kansas City，and the Cleveland Museum of Art. Cleveland，Ohio：Cleveland Museum of Art，1980.

八代遗珍：纳尔逊美术馆、阿特金斯博物馆、堪萨斯城和克里夫兰艺术博物馆的收藏．俄亥俄州克里夫兰市：克里夫兰艺术博物馆，1980.

Elliott，Mark Christopher. “Bannermen and Townsmen：Ethnic Tensions in Nineteenth-Century Jiangnan，” *Late Imperial China* 11：1（June 1990）：36−74.

欧立德．旗人和民人：19世纪江南的民族矛盾．清史问题，11：1（1990年6月）：36−74.

——．“Resident Aliens：The Manchu Experience in China，1644−1760.” Ph. D. diss.，University of California at Berkeley，1993.

——．外来居民：满族在中国的经历，1644—1760．博士论文，加州大学伯克利分校，1993.

——．“Ethnicity in the Qing Eight Banners.” Paper prepared for the

ACLS/SSRC Conference on "Ethnic Identities and the China Frontier: Changing Discourse and Consciousness," Dartmouth College, 1996.

——. 清代八旗中的民族性. 为议题为"民族特性和中国边疆：改变话语和意识"的美国学术团体协会与社会科学研究学会会议准备的论文，达特茅斯学院，1996.

——. "Vocabulary Notes from the Manchu Archives 2: On the 'booi.'" *Saksaha* 3 (1998): 18-21.

满族档案 2 中的词语笔记：有关"booi". *Saksaha* 3 (1998): 18-21.

Ellis, Henry. *Journal of the proceedings of the late embassy to China; comprising o correct narrative of the public transactions of the embassy, of the voyage to and from China, and of the, journey from the mouth of the Pei-Ho to the return to Canton*. 2d ed. London: John Murray, 1818. 2vols.

依里斯. 新近出使中国纪事. 第 2 版. 伦敦：John Murray，1818. 2 卷.

Elman, Beniamin A. *From Philosophy to Philology: Intellectual and Social Aspects of Change in Late Imperial China*. Cambridge: Council of East Asian Studies, Harvard University, 1984.

艾尔曼. 从理学到朴学：中华帝国晚期思想与社会变化面面观. 剑桥：哈佛大学东亚研究理事会，1984.

——. *Classicism, Politics, and Kinship: The Ch'ang-chou School of New Text Confucianism in Late Imperial China*. Berkeley: University of California Press, 1990.

——. 经学、政治和宗教：中华帝国晚期常州今文学派研究. 伯克利：加州大学出版社，1990.

——. *A Cultural History of Civil Examinations in Late Imperial China*. Berkeley: University of California Press, 2000.

——. 中华帝国晚期科举文化史. 伯克利：加州大学出版社，2000.

二园集 *Er yuan ji* [Gatherings at two gardens]. 杏园雅集图 *Xingyuan ya ji tu* [Elegant gathering in the Apricot Garden]，竹园寿集图 *Zhuyuan shou ji tu* [Birthday gathering in the Bamboo Garden]. 约 1560.

Esherick, Joseph W. *The Origins of the Boxer Uprising*. Berkeley: University of California Press, 1987.

周锡瑞. 义和团的起源. 伯克利：加州大学出版社，1987.

——, ed. *Remaking the Chinese City: Modernity and National Identity, 1900 - 1950*. Honolulu: University of Hawaii Press, 2000.

——，编. 重构中国城市：现代性与民族认同，1900—1950. 檀香山：夏威夷大学出版社，2000.

法海寺壁画 *Fahaisi bihua* [The wall paintings of Fahaisi]. 北京：中国旅游出版社，1993.

樊彬（Fan Bin）. 燕都杂咏 *Yandu za yong* [Miscellaneous poems on the Capital]. [约 1830?]；再版，燕都风土丛书. 北京：燕归来簃，1939.

735 方苞（1668—1749）Fang Bao. 方望溪全集 *Fang Wangxi quanji* [Collected works of Fang Bao]. 再版，集部丛刊. 台北：新路出版社，1963.

Fang，Chao-ying. "A Technique for Estimating the Numerical Strength of the Early Manchu Military Forces." *Harvard Journal of Asiatic Studies* 13：1（1950）：192-215.

房兆楹. 评估早期满族军队兵力的一种方法. 哈佛亚洲研究学报，13：1（1950）：192-215.

方濬师（Fang Junshi）. 西峰寺 *Xifengsi* [The Xifeng temple] //蕉轩随录 *Jiaoxuan suilu* [Notes from the Banana Veranda]：卷 2. 1872；再版，台北：文海出版社，1969：171-196.

方行（Fang Xing）. 清代北京地区采煤业中的资本主义萌芽 Qingdai Beijing diqu caimeiye zhong di zibenzhuyi mengya [The coal mining industry of the Qing dynasty Peking area and the sprouts of capitalism] // 中国社会科学院经济研究所集刊. 第 2 辑（1981 年）：186-212.

Farmer，Edward L. *Early Ming Government*：*The Evolution of Dual Capitals*. Cambridge：East Asian Research Center，Harvard University，1976.

范德. 明初的政府：两京的发展. 剑桥：哈佛大学东亚研究中心，1976.

Farquhar，David M. "Emperor as Bodhisattva in the Governance of the Ch'ing Empire." *Harvard Journal of Asiatic Studies* 38（1978）：5-34.

戴维·法夸尔. 清统治时期政教合一现象. 哈佛亚洲研究学报，38（1978）：5-34.

法式善（Fashishan）. 陶庐杂录 *Taolu za lu* [Miscellaneous notes by Fashishan]. 1817；再版，北京：中华书局，1984.

Faure，David. "What Made Foshan a Town? The Evolution of Rural-Urban Identities in Ming-Qing China." *Late Imperial China* 11：2（1990）：1-31.

科大卫. 佛山城镇发展史：明清时期乡镇—城市认同的演化. 清史问题，11：2（1990）：1-31.

Favier，Alphonse. *Pékin：Histoire et description*. Peking：Imprimerie des Lazaristes，1897.

樊国梁. 北京：历史与记述. 北京：北堂印书馆，1897.

Feifel：Pak Jiwon [Pak Chiwŏn]. "Huan-hsi：Magic Entertainment in Jehol." Translated and annotated by Eugen Feifel. *Oriens Extremus* 19 (1972)：143-153.

丰浮露. 朴趾源，"欢喜：热河的戏法娱乐". 丰浮露，译注. 远东学报，19 (1972)：143-153.

奉宽（Fengkuan). 妙峰山琐记 *Miaofengshan suo ji* [Information gathered about Miaofengshan]. 北平：北京书局，1929.

Feuchtwang，Stephen. "City Temples in Taipei under Three Regimes，" pp. 264-301 in *The Chinese City between Two Worlds*. Ed. Mark Elvin &G. William Skinner. Stanford：Stanford University Press，1974.

王斯福. 三个政权之下的台北城市寺院//伊懋可，施坚雅，编. 两个世界之间的中国城市. 斯坦福：斯坦福大学出版社，1974：264-301.

——. "School-Temple and City God，" pp. 581-608 in *The City in Late Imperial China* Ed. G. William，Skinner. Stanford：Stanford University Press，1977.

——. 学宫与城隍//施坚雅，编. 中华帝国晚期的城市. 斯坦福：斯坦福大学出版社，1977：581-608.

——. *The Imperial Metaphor：Popular Religion in China*. London：Routledge，1992.

——. 帝国的隐喻：中国民间宗教. 伦敦：劳特利奇，1992.

Feuerwerker，Albert. *China's Early Industrialization：ShengHsuan-huai（1844-1916）and Mandarin Enterprise*. Cambridge：Harvard University Press，1958.

费维恺. 中国早期工业化：盛宣怀（1844—1916）和官督商办企业. 剑桥：哈佛大学出版社，1958.

Field Museum：Stelae rubbings held in the Field Museum of Natural History，Chicago. Catalogue：*Catalogue of Chinese Rubbings from the Field Museum*. Fieldiana Anthropology，New Series. No. 3. Ed. Hartmut Walravens. Researched by Hoshien Tshen&M. Kenneth Starr. Chicago：Field Museum of Natural History，1981. Cited by rubbing number.

菲尔德博物馆. 碑刻拓片由菲尔德自然史博物馆收藏. 芝加哥. 目录.

菲尔德博物馆中国拓本目录. 由哈特穆·特文斯编的《拓本聚瑛》，新编系列，第 3 号. 陈和铣和肯尼思·斯塔尔研究. 芝加哥：菲尔德自然史博物馆，1981.

Finnane，Antonia. "Prosperity and Decline under the Qing：Yangzhou and Its Hinterland，1644 - 1810." Ph. D. diss.，Australian National University，1985.

安东篱. 清时的盛衰：扬州及其内地，1644—1810. 博士论文，澳大利亚国立大学，1985.

——. "Yangzhou：A Central Place in the Qing Empire，" pp. 117－150 in *Cities of Jiangnan in Late Imperial China*. Ed. Linda Cooke Johnson. Albany：State University of New York Press，1993.

——. 清代扬州的中心地位//张琳德，编. 中华帝国晚期的江南城市. 奥尔巴尼：纽约大学出版社，1993：117－150.

Fischer，Emil S. *Guide to Peking and Its Environs Near and Far，by Fei-shih*. Tianjin：Tientsin Press，1909；revised ed.，Tianjin：Tientsin Press，1924.

斐士. 北京及其近郊指南. 天津：天津印字馆，1909；修订本，天津：天津印字馆，1924.

Fisher，Carney T. *The Chosen One：Succession and Adoption in the Court of Ming Shizong*. Sydney：Allen&Unwin，1990.

费克光. 选定其一：明世宗朝廷里的继承和收养. 悉尼：Allen&Unwin，1990.

736 Fletcher，Joseph F. "Ch'ing Inner Asia c. 1800，" pp. 35 - 106 in *The Cambridge History of China*，vol. 10，*Late Ch'ing*，*1800 - 1911*，Part 1. Ed. John K. Fairbank. Cambridge：Cambridge University Press，1978a.

约瑟夫·弗莱彻. 19 世纪清朝与中亚的关系//费正清，编. 剑桥中国史：第 10 卷：晚清，1800—1911，部分一. 剑桥：剑桥大学出版社，1978：35－106.

——. "The Heyday of the Ch'ing Order in Mongolia，Sinkiang，and Tibet，" pp. 351－408 in *The Cambridge History of China*，vol. 10，*Late Ch'ing 1800 - 1911*，Part 1. Ed. John K Fairbank. Cambridge：Cambridge University Press，1978b.

——. 盛清时期对蒙古、新疆和西藏的治理//费正清，编. 剑桥中国史：第 10 卷：晚清，1800—1911，部分一. 剑桥：剑桥大学出版社，1978：351－

408.

Fogel, Joshua A. *The Literature of Travel in the Japanese Rediscovery of China, 1862–1945*. Stanford: Stanford University Press, 1996.

傅佛果. 从游记看日本重新发现中国，1862—1945. 斯坦福：斯坦福大学出版社，1996.

Fonblanque, Edward Barrington de. *Niphon and Pe-che-li; or, Two Years in Japan and Northern China*. London: Saunders, Otley, 1862.

范布兰克. 日本和北直隶；或，在日本和中国北方的两年. 伦敦：Saunders, Otley, 1862.

Fong, Wen C., &James C. Y. Watt. *Possessing the Past: Treasures form the National Palace Museum, Taipei*. New York: Metropolitan Museum of Art, 1996.

方闻，屈志仁. 拥有过去：台北"故宫博物院"藏中华瑰宝赴美巡展. 纽约：大都会艺术博物馆，1996.

Forêt, Philippe. "Making an Imperial Landscape in Chengde, Jehol: The Manchu Landscape Enterprise." Ph. D. diss., University of Chicago, 1992.

菲利普·弗赖特. 热河承德的皇家风景：满洲的造园工程. 博士论文，芝加哥大学，1992.

Fortune, Robert. *Yedo and Pekin: A narrative of a journey to the capitals of Japan and China*. London: J. Murray, 1863.

福钧. 江户和北京：中日两国首都旅行纪事. 伦敦：J. Murray, 1863.

Foss, Theodore N. "A Jesuit Encyclopedia for China: A Guide to Jean-Baptiste Du Halde's *Description… de la Chine* (1735)." Ph. D. diss., University of Chicago, 1979.

西奥多·福斯. 中国耶稣会士百科全书：杜赫德的描述……中国（1735年）. 博士论文，芝加哥大学，1979.

Foulk, T. Griffith. "Myth, Ritual, and Monastic Practice in Sung Ch'an Buddhism," pp. 147–208 in *Religion and Society in T'ang and Sung China*. Ed. Patricia Buckley Ebrey&Peter N. Gregory. Honolulu: University of Hawaii, 1993.

福尔克. 宋代禅宗中的神话、仪式、寺院实践//伊沛霞，彼得·N. 格雷戈里，编. 中国唐宋宗教与社会. 檀香山：夏威夷大学，1993：147-208.

Foust, Clifford M. *Muscovite and Mandarin: Russia's Trade with China and Its Setting, 1727 – 1805*. Chapel Hill: University of North Carolina

Press，1969.

福斯特. 1727—1805年俄国的对华贸易及其背景. 教堂山：北卡罗来纳大学出版社，1969.

Franke，Herbert，“Consecration of the ‘White Stûpa’ in 1279.” *Asia Major*，3d ser.，7：2（1994）：155-184.

傅海波. 1279年“白塔”的供奉. 亚洲专刊，第3系列，7：2（1994）：155-184.

Fraser，Mrs. Hugh（Mary Crawford）. *A Diplomatist's Wife in Many Lands*. New York：Dodd，Mead，1910. 2 vols.

傅磊斯夫人. 一位在许多国家的外交官夫人. 纽约：Dodd，Mead，1910. 2卷.

Freedman，Maurice. *The Study of Chinese Society*：*Essay by Maurice Freedman*. Selected and introduced by G. W. Skinner. Stanford：Stanford University Press，1979.

莫理斯·弗里德曼. 中国社会研究：弗里德曼随笔. 施坚雅，选编和介绍. 斯坦福：斯坦福大学出版社，1979.

Freeman-Mitford. A. B. *The Attaché at Peking*. London：Macmillan. 1900. Letters reproduced here were dated 1865-1866.

密福特. 使馆馆员在北京——书信集. 伦敦：Macmillan，1900. 在此复制的书信所标日期为1865—1866年.

傅公钺（Fu Gongyue）. 北京会馆沿革与作用 Beijing huiguan yange yu zuoyong [The history and functions of Peking's lodges] //首都博物馆文集：第5辑. 1990：66-72.

——，et al. *Jiu jing da guan* 旧京大观/*Old Beijing in Panorama*. Peking：Renmin Zhongguo，1992.

——，等. 旧京大观. 北京：人民中国出版社，1992.

Fu，Lo-shu. *A Documentary Chronicle of Sino-Western Relations*（*1644-1820*）. Tucson：University of Arizona Press，1966.

傅乐淑. 中西关系资料编年史（1644—1820）. 图森：美国亚利桑那大学出版社，1966.

Fu，Qifeng. *Chinese Acrobatics through the Ages*. Trans Ouyang Caiwei&Rhoda Stockwell. Peking：Foreign Languages Press，1985.

傅起凤. 中国杂技古今谈. 欧阳材伟，罗达·斯托克韦尔，译. 北京：外文出版社，1985.

藤井彦五郎（Fujii Hikogorū）. 北清名胜 *Bei qing mingsheng/The Views in North China*. 第2版，东京：1903.

Fuma Susumu 夫马进. "Zenkai，zentō no shuppatsu 善会善堂の出发 [The emergence of philanthropic associations and philanthropic halls]，" pp. 189-232 *in Min Shin jidai no keseito shakai*. Ed. Ono Kazuko. Kyoto：Jimbum kagaku kenkyū jo，1983.

夫马进. 善会善堂的出现//小野和子，编. 明清时代的形成和社会. 京都：Jimbum kagaku kenkyū jo，1983：189-232.

朱一新（Zhu Yixin），缪荃孙（Miao Quansun），撰，刘承幹（Liu Chenggan），考证. 京师坊巷志 *FXZ*：*Jingshi fangxiang zhi* [Gazetteer for the wards and lanes of the Capital]. 1905年前言；再版，北平地方研究丛刊，台北，古亭书屋，1969. 2卷.

朱一新（Zhu Yixin）、缪荃孙（Miao Quansun）. 京师坊巷志稿 *FXZ* 737
Draft：*Jingshi fangxiang zhi gao*. 约1884；再版，北京：北京古籍出版社，1982.

Gamble，Sidney D. *Peking*：*A Social Survey*. Conducted under the auspices of the Princeton University Center in China and the Peking Young Men's Christian Association. Assisted by John Stewart Burgess. New York：George H. Doran. 1921.

甘博. 北京社会调查. 普林斯顿大学中国中心和北京基督教青年会主持进行. 约翰·伯吉斯协助. 纽约：George H. Doran，1921.

——. Photographs. [Ca. 1925]. Held by The Sidney D. Gamble Foundation for China Studies（New York City），as of 1989. Cited by loose-leafed notebook number.

——. 照片. [约1925]. 由西德尼·甘博中国研究基金会（纽约城）所藏. 截至1989. 引用散页笔记页码.

——. "Miao Feng Shan." Short film. [Ca. 1926]. Held by The Sidney D. Gamble Foundation for China Studies（New York City）. as of 1989.

——. "妙峰山". 短片. [约1926]. 由西德尼·甘博中国研究基金会（纽约城）所藏. 截至1989.

——. *Ting Hsien*：*A North China Rural Community*. Starnford：Starnford University Press，1954. [Fieldwork 1926 - 1933.]

——. 定县：一个华北农村社区. 斯坦福：斯坦福大学出版社，1954. [田野调查，1926—1933.]

——，ed. *Chinese Village Plays from the Ting Hsien Region* (*Yang Ke Hsuan*)：*A Collection of Forty-Eight Chinese Rural Plays as Staged by Villagers from Ting Hsien in Northern China*. Amsterdam：Philo Press，1970.

——，编. 中国定县地区的农村戏剧. 阿姆斯特丹：Philo Press，1970.

高士奇（Gao Shiqi）. 金鳌退食笔记 *Jin'ao tuishi biji* [Leisure Dotes from the Golden Tortoise Bridge]. 1684 年前言；再版，台北：古亭书屋，1970.

Gaubil，Antoine. "A Description of the Plan of Peking，Capital of China；sent to the Royal Society by Father Gaubil，e Societate Jesu，translated from the French." *Philosophical Transactions of the Royal Society of London* 50：2（1758）：704-726.

宋君荣. 中国首都北京平面图的描述；由宋神父寄往英国皇家学会，译自法文. 伦敦皇家学会哲学汇刊，50：2（1758）：704-726.

——. *Correspondance de Pékin*，*1722-1759*. Ed. Renée Simon&Joseph Dehergne. Geneva：Librairie Droz，1970.

——. 北京通信——宋君荣司铎书简集（1722—1759）. 西蒙，荣振华，编. 日瓦纳：德罗兹书店，1970.

Gaustad，Blain Campbell. "Religious Sectarianism and the State in Mid-Qing China：Background to the White Lotus Uprising of 1796-1804." Ph. D. diss.，University of California at Berkeley，1994.

高士达. 清朝中期的异端宗教和国家：白莲教起义的背景研究，1796—1804. 博士论文，加州大学伯克利分校，1994.

Geil，William Edgar. *Eighteen Capitals of China*. London：Constable，1911.

威廉·埃德加·盖洛. 中国十八省府. 伦敦：Constable，1911.

Geiss，James Peter. "Peking under the Ming（1368-1644）." Ph. D. diss.，Princeton University，1979.

盖杰民. 明代北京（1368—1644）. 博士论文，普林斯顿大学，1979.

——. "The Leopard Quarter during the Cheng-te Reign." *Ming Studies* 24（1987）：1-38.

——. 正德朝的豹房. 明史研究，24（1987）：1-38.

耿宝昌（Geng Baochang）. 谈唐英款的瓷器及其他 Tan TangYing kuan di ciqi ji qita [On porcelain inscribed by Tang Ying and other items]. 景德镇陶瓷，1982（2）：1-3.

Geographical &Topographical Society of China. ed，*Index and Illustra-*

ted Guide Book to the New Official Plan of Peking. Shanghai: Geographical & Topographical Society of China, 1917.

中国地理学会，编. 新北京官方规划索引和说明指南. 上海：中国地理和地形学会，1917.

Gernet, Jacques. *Buddhism in Chinese Society: An Economic History from the Fifth to the Tenth Centuries*. Trans. Franciscus Verellen. New York: Columbia University Press, 1995.

谢和耐. 中国5—10世纪的寺院经济. 傅飞岚，译. 纽约：哥伦比亚大学出版社，1995.

Giles, Lionel. "A Note on the Yung Lo Ta Tien." *New China Review* 2: 2 (1920): 137-153.

翟林奈. 永乐大典笔记. 新中国评论，2：2（1920）：137-153.

Gill, William John. *The River of Golden Sand: The narrative of a journey through China and eastern Tibet to Burmah*. London: J. Murray, 1880.

吉尔. 金沙江. 伦敦：J. Murray，1880.

Girard, Abbé O. *France et Chine, vie publique et Privée des Chinois anciens et modernes passé et avenir de la France dans L'Extreme Orient: Institutions politiques, socials, civiles, religieuses et militaries de la Chine, moeurs et coutumes, philosophie et literature, sciences et arts, industrie et commerce, agriculture et productions naturelles, action religieuse, diplomatique et militarie de la France en Chine, son influence civisatrice, son avenir politique et commercial dans l'Extrême Orient*. Paris: Hachette, 1869. 2 vols. *738*

奥利弗·吉德拉神父. 法国和中国，远东中国古代和现代的公共和隐私生活：中国的政治、社会、民事、宗教、军事体制，民俗、哲学、文学、科学、艺术、工业、商业、农业及自然产品，法国在中国的宗教、外交及军事行动及其影响，其在远东的政治及商业前景. 简称：法国和中国. 巴黎：Hachette，1869. 2卷.

Gladney, Dru C. *Muslim Chinese: Ethnic Nationalism in the People Republic*. Cambridge: Council on East Asian Studies, Harvard University, 1991.

杜磊. 中国穆斯林. 剑桥：哈佛大学东亚研究理事会，1991.

龚自珍（1792—1841）Gong Zizhen. 龚自珍全集 *Gong Zizhen quanji* [Complete works of Gong Zizhen]. 上海：上海人民出版社，1975.

Goodman, Bryna. *Native Place, City, and Nation: Regional Networks and Identities in Shang hai, 1853－1937*. Berkeley：University of California Press，1995.

顾德曼. 家乡、城市和国家：上海的地缘网络与认同，1853—1937. 伯克利：加州大学出版社，1995.

Goodman，Howard L. “Paper Obelisks：East Asia in the Vatican Vaults，” pp. 251－292 in *Rome Reborn：The Vatican Library and Renaissance Culture*. Ed. Anthony Grafton. Washington，D. C.：Library of Congress，1993.

顾浩华. 纸制方尖塔：在梵蒂冈拱顶里的东亚//罗马复兴：梵蒂冈图书馆和文艺复兴. 格拉夫敦，编. 华盛顿特区：美国国会图书馆，1993.

Goodrich，Anne Swann. *The Peking Temple of the Eastern Peak：The Tung-yueh Miao in Peking and Its Lore，with 20 plates. Appendix：“Description of the Tung-yueh Miao of Peking in 1927”* by *Janet R. Ten Broeck*. Nagoya：Monumenta Serica，1964.

安妮·斯旺·古德里奇. 北京东岳庙及传说. 名古屋：华裔学志，1964.

——. *Chinese Hells：The Peking Temple of Eighteen Hells and Chinese Conceptions of Hell*，St. Augustin：Monumenta Serica，1981.

——. 中国地狱：北京十八地狱庙与中国的地狱观念. 圣奥古斯丁：华裔学志，1981.

Goodrich. Luther Carrington. *The Literary Inquisition of Ch'ien-lung*. Baltimore：Waverly Press，1935.

富路特. 乾隆朝的文字狱. 巴尔的摩：Waverly Press，1935.

Goossaert，Vincent. “The Creation of Modern Taoism：The Quanzhen Order.” Ph. D. diss.，École Pratique des Hautes Études，1997.

高万桑. 现代道教创立：全真教教规. 博士论文，高等研究实践学院，1997.

Gordon-Cumming，C. F. *The Inventor of the Numeral-Type for China，by the use of which illiterate Chinese both blind and sighted can very quickly be taught to read and write fluently*. London：1898.

戈登·卡明. 中国数字形式的发明. 伦敦，1898.

Grantham，Mrs. Alexandra Etheldred. *Pencil Speakings from Peking*. London：George Allen & Unwin. 1918.

格兰瑟姆. 京畿笔谈. 伦敦：George Allen & Unwin，1918.

Grootaers，Willem A.，with Li Shih-yü&Chang Chi-wen. “Temples and

History of Wan ch'üan (Chahar). The Geographical Method Applied to Folk-lore." *Monumenta Serica* 13 (1948): 209-316.

贺登崧，李世瑜，常志文. 万全的寺院和历史（察哈尔）. 华裔学志，13 (1948): 209-316.

——. *The Sanctuaries in a North-China City: A Complete Survey of the Cultic Buildings in the City of Hsuan-hua (Chahar)*. Bruxelles: Institut Belge des Hautes Etudes Chinoises, 1995.

——. 中国北方城市的圣地. 布鲁塞尔：Institut Belge des Hautes Etudes Chinoises, 1995.

Grube, Wilhelm. *Zur Pekinger Volkskunde*. Koniglichen Museum für Volkerkunde 7: 1-4. Berlin: W. Spelmann, 1901.

葛禄博. 北京民俗. 民族皇家博物馆，7: 1-4. 柏林：W. Spelmann, 1901.

Grupper, Samuel. "A Handlist of Manchu Epigraphical Monuments. I. The Reigns of T'ai-tsu, T'ai-tsung, and the Shun-chih Emperor." *Manchu Studies Newsletter* 1-2 (1977-1978): 75-90.

塞缪尔·格鲁伯. 满族纪念碑简明参考目录：I. 太祖、太宗和顺治皇帝. 满族研究通讯，1—2 (1977—1978): 75-90.

——. "The Manchu Imperial Cult of the Early, Ch'ing Dynasty: Texts and Studies on the Tantric Sanctuary of Mahakala at Mukden." Ph. D. diss., Indiana University, 1979.

——. 清初洲的帝王祭祀：盛京密教寺院的大黑天文本与研究. 博士论文，印第安纳大学，1979.

——. "Manchu Patronage and Tibetan Buddhism during the First Half of the Ch'ing Dynasty: A Review Article." *Journal of the Tibet Society* 4 (1984): 46-75.

——. 清前期满族的保护和藏传佛教：综述. 西藏社会杂志，4 (1984): 46-75.

Gu Fo Tianzhen kaozheng Longhua jing [Dragon-flower precious sutra verified by the Ancient Buddha Tianzhen]. [1654]; reprint ed., Peking: Cisheng, 1929.

古佛天真考证龙华经. [1654]；再版，北平：Cisheng, 1929.

顾颉刚 (Gu Jiegang)，编. 妙峰山 *Miaofengshan* [Mount Miaofeng]. 广东：中山大学语言历史学会研究所，1928. 1925 年完成田野调查.

——. *The Autobiography of a Chinese Historian. Being the Preface to a*

739 *Symposium on Ancient Chinese History*（*Ku Shih pien*）. [Published in Chinese in 1926.] Translated and annotated by Arthur W. Hummel. Leiden: 1931; reprint ed., Taipei: Ch'eng-wen, 1972.

——. 一位中国历史学家自传——有关古代中国历史讨论（古史辨）的序. [1926年中文本出版]. 恒慕义，译注. 莱顿：1931；再版，台北：成文出版社，1972.

古今图书集成 *Gu jin tushu jicheng* [Illustrated imperial encyclopedia]. 1726；再版，台北：文兴出版社，1964.

顾炎武（Gu Yanwu）. 昌平山水记 *Changping shanshui ji* [An account of the Chang-ping area]. [约1660]；再版，北京：北京古籍出版社，1982.

——. 京东考古录 *Jingdong kaogu lu* [Record of the antiquities east of the capital]. [约1660]；再版，北京：北京古籍出版社，1982.

关纪新（Guan Jixin），孟宪仁（Meng Xianren）. 满族与沈阳语、北京语 Manzu yu Shenyang yu，Beijing yu [Manchus and the languages of Shenyang and Peking]. 满族研究，1987（1）：73-81.

关世沅（Guan Shiyuan）. 最早的北京游览指南《都门纪略》Zuizaodi Beijing youlan zhinan 'Dumen jilue' [Peking's earliest guidebook，the 'Dumen jilue'). 北京史苑：第3辑. 北京：北京出版社，1985：430-439.

弘慈广济寺新志 *Guangji zhi*：*Hongci Guanjisi xin zhi* [New gazetteer of the Hongci Gnangji monastery]. 1704. 再版，中国佛寺史志汇刊：44. 台北：明文书局，1980. 引用再版页码.

故宫周刊 *Gugong zhoukan* [Palace museum weekly]. 北京：1929—1936.

Guide for Tourists to Peking and Its Environs：*With a plan of the city of Peking and a sketch map of its neighborhood*. Hong Kong：'China Mail' Office，1876；Peking：Pei-t'ang Press，1888；Tientsin：Tientsin Press，1897.

北京及其周围地区旅游指南：北京城市平面图及其周围示意图. 香港：中国邮局办公室，1876；北京：北堂，1888；天津：天津印字馆，1897.

Guide to Peking. Published by the *Peking Leader*，then the *Peiping Chronicle*. *1931-1938*.

北京指南. 由《北京导报》出版，后由《北平时事日报》出版，1931—1938.

Guignes，Chrétien Louis Joseph de. *Voyages à Peking*，*Manille*，*et l'Isle de France faits dans l'intervalle des annes*, *1784 à* 1808. Paris: l'Imprimerie imperiale, 1808. 4 vols.

小德金. 北京、马尼拉、毛里西亚岛游记. 巴黎：l'Imprimerie imperiale, 1808. 4 卷.

郭振军（Guo Zhenjun）. 功德林与京师第二监狱 Gongdelin yu Jingshi Di'er Jianyu [The Gongdelin and the Capital Number Two Prison]. 北京史苑：第1辑. 北京，北京出版社，1983：333-336.

国朝宫史 *Guochao gong shi* [The palace history for our dynasty]. [1769]; 再版，北京：北京古籍出版社，1987. 2 卷.

台北"中央图书馆"善本书目 *Guoli Zhongyang Tushuguan shanben shumu* [Catalogue of the rare books in the National Central Library]. 台北："中央图书馆"，1967. 4 卷.

Guy, R. Kent. *The Emperor's Four Treasuries*: *Scholars and the State in the Late Ch'ien-lung Era*. Cambridge: Council on East Asian Studies, Harvard University, 1987.

盖博坚. 四库全书：乾隆晚期的文人与政治. 剑桥：哈佛大学东亚研究理事会，1987.

宫中档 GZD：Gongzhong dang [Palace memorial archives]

1. "故宫博物院"，台北. GZD：QL. 乾隆朝 Qianlong reign.

2. 中国第一历史档案馆，北京. GZD 以下是目录，包号：文件号. GZD—MM：秘密结社 [Mimijieshe] 类. GZD-NY：农业 [Nongye] 类. GZD-R：宗教 [ZongJiao] 类.

宫中档雍正朝奏折 GZDZZ-YZ; *Gongzhong dang Yongzhen zuozhe* [memorials of the Yongzheng reign]. 台北："故宫博物院"，1977—1980. 32 册.

韩光辉（Han Guanghui）. 清与民国三百年间北京今市域内人口地理的初步研究 Qing yu Minguo sanbai nian jian Beijing jinshiqu nei renkou dili di chubu yanjiu [A preliminary study of the population geography of the present city of Peking over the three hundred years from Qing to Republic]. 硕士论文，北京大学地理系，1984.

——. 北京历史人口地理 *Beijing lishi renkou dili* [Historical population geography of Peking]. 北京：北京大学出版社，1996. 740

韩又黎（Han Youli）. 都门赘语 *Dumen zhuiyu* [Superfluous words from the capital]. [清].

Hanan，Patrick，trans. *The Sea of Regret*：*Two Turn-of-the-Century Chinese Romantic Novels*. Honolulu University of Hawaii Press，1995.

韩南，译. 恨海. 檀香山：夏威夷大学出版社，1995.

Handbook of Information for Shippers and Passengers by the Steamers of the Nippon Yusen Kaisha（*Japan Mail S. S. Co. Ltd*）. [Tokyo]：1899.

日本邮船株式会社汽船托运人和旅客信息手册. [东京]：1899.

航羽（Hang Yu），编. 历代竹枝词选 *Lidai zhuzhi ci xuan* [Selected bamboo branch lyrics from across the ages]. 长沙：湖南文艺出版社，1987.

Hansen，Valerie. *Changing Gods in Medieval China*，1127-1276. Princeton：Princeton University Press，1990.

韩森. 变迁之神：南宋时期的民间信仰. 普林斯顿：普林斯顿大学出版社，1990.

汉语大词典 *Hanyu da cidian* [Great dictionary of Chinese]. 上海：上海辞书出版社，1987—1994. 12册.

郝懿行（1757—1825）（Hao Yixing）. 晒书堂笔录 *Shaishutang bilu* [Notes from the Airing-the-Books Hall] //郝氏遗书 *Haoshi yi shu*，1809—1884.

Happer，A. P. "Visit to Two Celebrated Peking Temples." *China Recorder* 12（1881）：362-372.

哈巴. 参观北京两个著名的寺院. 教务杂志，12（1881）：362-372.

Harley，J. B.，&David Woodward，eds. *The History of Cartography*. Vo1. 2，Book 2. *Cartography in the Traditional East and Southeast Asian Societies*. Chicago：University of Chicago Press，1994.

哈利，大卫·伍德，编. 地图学史：第2卷第2册. 东亚和东南亚传统社会中地图. 芝加哥：芝加哥大学出版社，1994.

Harrell，Stevan，Ju Deyuan，&Susan Naquin. "Lineage Genealogy：The Genealogical Records of the Qing Imperial Lineage." *Late Imperial China* 6：2（1985）：37-47.

郝瑞，鞠德源，韩书瑞. 清代皇族的玉牒. 清史问题，6：2（1985）：37-47.

Hashimoto，Mantaro J. "The Altaicization of Northern Chinese，" pp. 76-97 in *Sino-Tibetan Studies*. Ed. John McCoy&Timothy Light. Leiden：Brill，1986.

桥本万太郎. 中国北方汉语的阿尔泰化//约翰·麦克考恩，黎天睦，编.

汉藏研究. 莱顿：Brill，1986：76-97.

黄册 HC：Huang ce [Yellow registers]. 中国第一历史档案馆，北京，册类：由中国第一历史档案馆编目；文字类：内阁大库现存清代汉文黄册目录 *Neige Daku xian cun Qingdai Hanwen Huangce mulu* 1936 年编目.

何炳棣（He Bingdi）[Ping-ti Ho]. 中国会馆史论 *Zhongguo huiguan shi lun* [A historical survey of landsmannschaften in China]. 台北：学生书局，1966.

何镗（He Tang）. 名山胜概记 *Ming shan shenggai ji* [Accounts of famous mountain scenery]. [约 1633]. 非连续编页码. 引用为卷数.

Headland，Isaac Taylor. *Court Life in China：The Capital，Its Officials，and People*. New York：Fleming Revell，1909.

何德兰. 中国的宫廷生活：首都及其官民，纽约：Fleming Revell，1909.

Heard，Albert F. "Views in China." Photographs in album. [1860]. Held by the Peabody Essex Museum.

艾伯特・赫德. 中国景色，相册中的照片. [1860]. 皮博迪・艾塞克斯博物馆收藏.

Hearn，Maxwell K. "Document and Portrait：The Southern Tour Paintings of Kangxi and Qianlong." In *Chinese Painting under the Qianlong Emperor：The Symposium Papers in Two Volumes*. Ed. Ju-hsi Chou&Claudia Brown. *Phoebus*（Arizona State University）6：1（1988）：91-131.

何慕文. 文献和画像：康熙和乾隆南巡绘画//周汝式，克劳蒂亚・布朗，编. 乾隆皇帝时期的中国绘画：论文集两卷. 菲伯斯（亚利桑那大学），6：1（1988）：91-131.

——. "The 'Kangxi Southern Inspection Tour'：A Narrative Program by WangHui." Ph. D. diss.，Princeton University，1990.

——.《康熙南巡图》：王翚的叙述. 博士论文，普林斯顿大学，1990.

河北庙会调查报告 *Hebei miaohui diaocha baogao* [A report on a survey of the temple fairs of Hebei]. [民国时期]. 手写稿收藏于社会科学院图书馆，北京.

Hedin，Sven. *Jehol，City of Emperors*. New York：E. P. Dutton，1933. 741

斯文・赫定. 热河：帝王之都. 纽约：E. P. Dutton，1933.

Heer，Ph. de. *The Care-Taker Emperor：Aspects of the Imperial Insti-*

tution in Fifteenth-Century China as Reflected in the Political History of the Reign of Chu Ch'i-yu. Leiden：Brill，1986.

希尔．看守皇帝：15 世纪中国皇家的机构的方面所反映的在朱祁钰统治期间的政治历史．莱顿，Brill，1986.

Heissig，Walther. *Die Pekinger Lamaistischen Blockdrucke in Mongolischer Sprache*：*Materialien zur Mongolischen Literaturgeschichte*. Wiesbaden：Otto Harrassowitz，1954.

海希西．在蒙古语中北京藏传佛教的印本：蒙古文学史资料．威斯巴登：Otto Harrassowitz，1954.

——. *A Lost Civilization*：*The Mongols Rediscovered*. Trans. D. J. S. Thomson. New York：Basic Books，1966.

——．迷失的文明：蒙古再发现．托马斯，译．纽约：Basic Books，1966.

——. *The Religions of Mongolia*. Trans. Geoffrey Samuel. Berkeley：University of California Press. 1980.

——．蒙古的宗教．杰夫里·萨缪尔，译．伯克利：加州大学出版社，1980.

Henriot，Christian，&Catherine Yeh，eds. *Chinese Urban History Workshop*：*A Reader*（*1850－1990*）. Lyon：Institut d'Asie Orientale，1996.

安克强，叶凯蒂，编．中国城市历史作坊：一位读者（1850—1990）．里昂：Institut d'Asie Orientale，1996.

Hershatter，Gail. *The Workers of Tianjin*，*1900－1949*. Stanford：Stanford University Press，1986.

贺萧．天津的工人，1900—1949．斯坦福：斯坦福大学出版社，1986.

Hevia，James L. "Making China 'Perfectly Equal.'" *Journal of Historical Sociology* 3：4（1990）：379－400.

何伟亚．使中国完全平等．历史社会学杂志，3：4（1990）：379－400.

——. "Lamas，Emperors，and Rituals：Political Implications of Qing Imperial Ceremonies." *Journal of the International Association of Buddhist Studies* 16：2（1993）：243－278.

——．喇嘛、皇帝和仪式：清帝国仪式的政治含义．国际佛教研究学会期刊，16：2（1993）：243－278.

——. "Loot's Fate：The Economy of Plunder and the Moral Life of Objects 'From the Summer Palace of the Emperor of China.'" *History and An-*

thropology 6：4 (1994)：319-345.

——. 抢劫的命运：掠夺的经济和来自中国皇帝的颐和园物体的道德生活. 历史与人类学，6：4 (1994)：319-345.

——. *Cherishing Men from A far*：*Qing Guest Ritual and the Macartney Embassy of 1793*. Durham，N. C.：Duke University Press，1995.

——. 怀柔远人：马嘎尔尼使华的中英礼仪冲突. 达勒姆，北卡罗来纳：杜克大学出版社，1995.

——. "Looting Beijing：1860，1900，" in *Tokens of Exchange*：*The Problem of Translation in Global Circulations*. Ed. Lydia Liu. Durham，N. C.：Duke University Press，1999.

——. 掠夺北京：1860、1900 年//刘禾，编. 交换的符码：全球化流通中的翻译问题. 达勒姆，北卡罗来纳：杜克大学出版社，1999.

京师安徽会馆存册 HG Anhui：*Jingshi Anhui huiguan cun ce*（One fascicle about the Anhui lodge in Peking]. 1886.

北京长沙郡馆财产录 HG Changsha 1：*Beijing Changsha jun guan caichan lu* [A record of the property of the Changsha prefectural lodge in Peking]. 1922.

北京长沙郡馆志略 HG Changsha 2：*Beijing Changsha jun guan zhi lue* [Short gazetteer of the Changsha prefectural lodge in Peking]. 1924.

河间会馆录 HG Hejian：*Hejian huiguan lu* [Account of the Hejian lodge in Peking]. 1771.

京师河南全省会馆管理章程 HG Henan：*Jingshi Henan quan sheng huiguan guanli zhangcheng* [Regulations for the management of the All Henan lodge in Peking]. 1913.

北平湖广会馆志略 HG Huguang：*Beiping Huguang huiguan zhi lue* [Short gazetteer of the Huguang lodge in Peking]. 1947.

江西会馆纪略 HG Jiangxi：*Jiangxi huiguan jilue* [Short account of the Jiangxi lodge in Peking]. 1933.

闽中会馆志 HG Minzhong：*Minzhong huiguan zhi*（A gazetteer of Fujian lodges in Peking]. 1942. 4 册. 非连续编页码. 引文为册.

北平福建泉郡会馆志 HG Quan jun：*Beiping Fujian Quan jun huiguan zhi* [Gazetteer of the Fujian Quanzhou lodge in Peking]. 1937.

绍兴县馆纪略 HG Shaoxing：*Shaoxing xian guan jilue* [Short account of the Shaoxing county lodges in Peking]. 1920 年前言.

742 重续歙县会馆录 HG She xian：*Chongxu She xian huiguan lu* [Record of the She county lodge in Peking，continued]. 1834.

京师休宁会馆公立规约 HG Xiuning：*Jingshi Xiuning huiguan gongli guiyue* [Public regulations for the Xiuning lodge in Peking]. 1922.

Hildebrand，Heinrich. *Der Tempel Ta-chüeh-sy*（*Tempel des grossen Erkennens*）*bei Peking*. Berlin：A. Asher，1897；reprint ed.，Peking：Pekinger Pappelinsel-Werkstatt，1943.

锡乐巴. 北京大觉寺. 柏林：A. Asher，1897；再版，北京：Pekinger Pappelinsel-Werkstatt，1943.

Ho，Ping-ti. "The Salt Merchants of Yangchow." *Harvard Journal of Asiatic Studies* 17（1954）：130-168.

何炳棣. 扬州盐商. 哈佛亚洲研究学报，17（1954）：130-168.

——. *The Ladder of Success in Imperial China*：*Aspects of Social Mobility*，*1368-1911*. New York：Columbia University Press，1962.

——. 明清社会史论. 纽约：哥伦比亚大学出版社，1962.

Ho，Wai-kam，et al.，eds. *The Century of Tung Ch'i-ch'ang*. Kansas City：Nelson-Atkins Museum of Art，1992. 2 vols.

何惠鉴，等编. 董其昌的世纪. 堪萨斯城：纳尔逊艺术博物馆，1992. 2卷.

Holmes，Samuel. *The Journal of Mr. Samuel Holmes*，*Sergeant-major of the XIth Light Dragoons*，*during his attendance*，*as one of the Guard on Lord Macartney's Embassy to China and Tartary*，*1792-3*. London：W. Bulmer，1798.

塞缪尔·霍尔姆斯. 塞缪尔·霍尔姆斯日记. 伦敦：W. Bulmer，1798.

洪翼汉（Hong Ikhan). 花浦先生朝天航海录 *Hwap'o sŏnsaeng choch'ŏn hanghae rok* [Mr，Hong's tribute mission by the sea route]. [1624.] In *Yŏnhaengnok sŏnjip* 燕行录全集：1：129-182.

洪大容（Hong Taeyong). 湛轩燕记 Tamhŏn yŏn'gi [A journey to Peking]." [1765—1766.] In *Yŏnhaengnok sŏnjip* 燕行录全集：1：231-430.

红楼梦 *Hong lou meng*. 曹雪芹（Cao Xueqin）著. 1792. 杨宪益（Yang Hsienyi）和戴乃迭（Gladys）译为 *A Dream of Red Mansions*. 北京：外文出版社，1978. 3卷. David Hawkes 和 John Minford 译为 *The Story of the Stone*. 纽约：Penguin，1973—1986. 5卷.

Hooker，Mary. *Behind the Scenes in Peking*：*Being Experiences during the Siege of the Legations*. London：John Murray，1910；reprint ed.，Oxford：Oxford University Press，1987.

玛丽·胡克. 在北京的幕后：在使馆包围时期的经历. 伦敦：John Murray，1910；再版，牛津：牛津大学出版社，1987.

Hosie，Lady. *The Pool of Ch'ien Lung：A Tale of Modern Peking*. London：Hodder&Stoughton，1944.

谢福芸. 现代北京的故事. 伦敦：霍德和斯托顿，1944.

侯仁之（Hou Renzhi）. 历史上的北京城 *Lishishang di Beijingcheng*. [Historical Peking.] 第 2 版. 北京：中国青年出版社，1980.

Howard，Paul Wilson. "Opium Suppression in Qing China：Responses to a Social Problem. 1729－1906." Ph. D. diss.，University of Pennsylvania，1998.

保罗·霍华德. 清朝禁烟：对鸦片问题的反应，1729—1906. 博士论文，宾夕法尼亚大学，1998.

Hsu，Immanuel C. Y. *The Rise of Modern China*. 3d ed. Oxford：Oxford University Press，1983.

徐中约. 中国近代史. 第 3 版. 牛津：牛津大学出版社，1983.

Hsu，Sung-p'eng. *A Buddhist Leader in Ming China：The life and Thought of Han-shan Te-ch'ing，1546－1623*. University Park：Pennsylvania State University Press，1979.

徐颂鹏. 明代佛教领袖：憨山德清的生平与思想，1546—1623. 大学园区：宾夕法尼亚大学出版社，1979.

胡嘉（Hu jia）.《唐土名胜图会》初集评介 *Morokoshi meishō zue'*chuji pingjie [A Preliminary critique of the 'Illustrated Compendium of Famous Sites in China']. 北京史苑：第 1 辑. 北京：北京出版社，1983：287－294.

华北宗教年鉴 *Huabei zongjiao nianjian* [Yearbook of religion in North China]. 兴亚宗教协会. 北京：1941.

怀柔县志 *Huairou xian zhi* [Gazetteer of Huairou county]. 1604.

黄颢（Huang Hao）. 在北京的藏族文物 *Zai Beijing di Zangzu wenwu* [Tibetan cultural relics in Peking]. 北京：民族出版社，1993.

Huang，Ray. *Taxation and Governmental Finance in Sixteenth-Century Ming China*. Cambridge：Cambridge University Press，1974.

黄仁宇. 16 世纪明代中国之财政与税收. 剑桥：剑桥大学出版社，1974.

743 ——. *1587: A Year of No Significance*. New Haven: Yale University Press, 1981.

——. 万历十五年. 纽黑文：耶鲁大学出版社，1981.

皇极金丹九莲正信皈真还乡宝卷 *Huangji jindan jiulian zhengxin guizhen huanxiang baojuan* [Precious scripture of the Imperial Ultimate golden elixir and nine lotus (path to) rectifying belief, reverting to the real, and returning to our true home]. 1523.

Hubert, Ch. "Pé-king en 1908." *Sociète de Geographie de. l'Est* 33 (1912): 107-136, 248-274; 34 (1913): 119-147, 219-239.

休伯特. 1908 年的北京. 东方的地理社会，33 (1912)：107-136，248-274；34 (1913)：119-147，219-239.

Huc, M. *Souvenirs d'un Voyage dans la Tartarie, le Thibet et la Chine pendant les années 1844, 1845, et 1846. 2d ed*. Paris: Librairie d'Adrien le Clerc, 1853. 2 vols.

古伯察. 鞑靼西藏旅行记. 巴黎：Librairie d'Adrien le Clerc，1853. 2 卷.

Hucker, Charles O. *The Censorial System of Ming China*. Stanford: Stanford University Press, 1966.

贺凯. 明代中国的监察制度. 斯坦福：斯坦福大学出版社，1985.

——. *A Dictionary of Official Titles in Imperial China*. Stanford: Stanford University Press, 1985.

——. 中国古代官名辞典. 斯坦福：斯坦福大学出版社，1985.

会典 *Huidian* [Collected statutes]:

1587 年. 大明会典 *Da Ming huidian* [Collected statutes of the Great Ming]. 再版，北京：中华书局，1989.

1696 年. 大清会典 *Da Qing huidian* [Collected statutes of the Great Qing]. 再版，台北：文海出版社，1992.

1764 年版本.

1899 年. 钦定大清会典图事例 *Qinding Da Qing Huidian tu shili* [Imperially collected statutes, diagrams, and substatutes of the Great Qing]. 再版，台北：中文，1963. 引用 1899 年会典、会典图或会典事例.

Hummel, Arthur. "Annual Report of the Librarian of Congress for the Fiscal Year Ended June 30, 1940: Division of Orientalia." 1941; reprinted in *Chinese Collections in the Library of Congress: Excerpts from the Annual Re-*

port (s) of the Librarian of Congress, 1898—1971. Comp. Ping-kuen Yu. Washington, D. C.: Center for Chinese Research Materials, Association of Research Libraries, 1974. Original pages cited.

薛君度. 1940年6月30日国会图书馆财政年度结束年度报告：东方部. 1941；再版，国会图书馆中国收藏：节选自国会图书馆1898—1971年年度报告，余秉权编纂. 华盛顿特区：中国研究资料中心，研究图书馆协会，1974. 引用原页码.

Hung, William. *Shao yuan tu lu kao* 勺园图录考/*The Mi Garden*. Cambridge: Harvard-Yenching Institute, Sinological Index No. 5, 1933.

洪业. 勺园图录考. 剑桥：哈佛燕京学社汉学索引第5号，1933.

Hunt, Michael. "The Forgotten Occupation: Peking. 1900-1901." *Pacific Historical Review* 45 (1979): 501-529.

韩德. 被遗忘的占领：北京，1900—1901. 太平洋历史评论，45 (1979)：501-529.

Huntington, Rania. "Foxes and Ming-Qing Fiction." Ph. D. diss., University of Chicago, 1996.

韩瑞亚. 狐狸与明清小说. 博士论文，芝加哥大学，1996.

Hurvitz, Leon, trans. *Scripture of the Lotus Blossom of the Fine Dharma* (*The Lotus Sutra*). New York: Columbia University Press, 1976.

利昂·胡维兹，译. 妙法莲花经. 纽约：哥伦比亚大学出版社，1976.

Hwang, Ming-chorng. "A Study of Urban Form in 18th Century Beijing." Master's thesis, Massachusetts Institute of Technology, 1986.

黄铭崇. 18世纪北京城市形态研究. 硕士论文，麻省理工学院，1986.

Hyacinthe [Bitchurin], Reverend. *Description de Pékin avec un plan de cette capitale*. Trartslated from Chinese to Russian by Rev. P. Hyacinthe. Translated from Russian to French by Ferry de Pigny. St. Petersburg: 1829.

比丘林神父. 北京的描述，附一幅首都地图. 由比丘林神父将中文译成俄文. 由费利·德·比尼将俄文译成法文. 圣彼得堡，1829.

Hyland, Alice R. M. *Deities, Emperors, Ladies, and Literati: Figure Painting of the Ming and Qing Dynasties*. Birmingham, Ala.: Birmingham Museum of Art, 1987.

爱丽丝·海伦. 神、君主、女人和文人：明清时期的人物画. 伯明翰，亚拉巴马州：伯明翰艺术博物馆，1987.

Hymes, Robert P. *Statesmen and Gentlemen: The Elite of Fu-chou,*

Chiang-hsi, *in Northern and Southern Sung*. Cambridge: Cambridge University Press, 1986.

韩明士. 官宦与绅士：两宋江西抚州的精英. 剑桥：剑桥大学出版社，1986.

Iakinth [Hyacinthe], Archimandrite. *Opisanie Pekina. s prilozheniem plana sei stolitsy, snyatago v 1817 godu*. St. Petersburg: Smirdin. 1829; reprint ed., Peking: Russia House, 1906.

亚金特 [亚森特] 修士. 北京. 圣彼得堡：Smirdin，1829；再版，北京：俄罗斯馆，1906.

Idema, Wilt L. "The Pilgrimage to Taishan in the Dramatic Literature of
744 the Thirteenth and Fourteenth Centuries." *Chinese Literature*: *Essays*, *Articles*, *Reviews* 19 (1997): 23-57.

伊维德. 13、14 世纪戏剧中的泰山朝山. 中国文学，19（1997）：23-57.

Ides, E. I. "The Travels of Everard Isbrand Ides, the Russian Ambassador, in China, 1693." pp. 3: 566-575 in *A New General Collection of Voyages and Travel*: *consisting of the most esteemed relations which have been hitherto published in any language*, *comprehending everything remarkable in its kind in Europe*, *Asia*, *Africa*, *and America*. Collected by Thomas Astley. London: 1745—1747; reprint ed., New York: Barnes and Noble, 1968. 4 vols.

雅布兰. 1693 年俄罗斯使臣雅布兰的中国游记//托马斯·阿斯特勒，编. 由迄今已在任何语言中出版的，包含欧、亚、非、美洲的各种非凡事物的最令人尊敬的关系所构成的游记的文集新版. 再版，纽约：Barnes and Noble，1968. 4 卷.

Im, Kaye Soon. "The Rise and Decline of the Eight Banner Garrisons in the Ch'ing Period (1644 - 1911): A Study of the Kuang-chou, Hang-chou, and Ching-chou Garrisons." Ph. D. diss., University of Illinois at Urbana-Champaign, 1981.

任桂淳. 清朝八旗驻防兴衰史：广州、杭州与荆州驻军研究. 博士论文，伊利诺伊大学厄巴纳-香槟分校，1981.

今堀诚二（Imahori Seiji）. 北平市民的自治构成 *Peipin shimin no jiji kōsei* [The self governing organizations of the people of Peking]. 东京：文求堂书店（Bunkyūdo），1947.

Imbault-Huart, Camille. "Le pèlerinage de la montagne du Pic Mystérieux prés de Pékin." *Journal Asiatique* 8e sèrie，5 (1885)：62-71.

于雅乐. 北京周边神秘的朝圣山峰. 亚洲杂志，第 8 系列，5 (1885)：62-71.

Imperial China：Photographs，1850－1912. Historical texts by Clark Worswick & Jonathan Spence. [New York]：Pennwick，1978.

中华帝国：照片，1850—1912. 历史文字由克拉克·斯维克（Clark Worswick）和史景迁（Jonathan Spence）提供. [纽约]：Pennwick，1978.

Irisson d'Hcrisson，Maurice. *Journal d'un interprète en Chine*. 5th ed. Paris：Ollendorff，1886.

莫里斯·伊里松. 一个赴华翻译的日记. 第 5 版. 巴黎：Ollendorff，1886.

L'Isle，Joseph Nicolas de. *Description de la ville de Pèking，pour servir a l'intelligence，du plan de cette ville，gravé par les soins de m. de l'Isle*. Paris：1765.

约瑟夫·尼古拉斯·德·利勒. 北京描写. 巴黎：1765.

Jagchid，Sechin. "The Manchu-Ch'ing Policy toward Mongolian Religion." 1976; reprint ed.，pp. 140－154 in his *Essays in Mongolian Studies*. Provo：David Kennedy Center for International Studies，Brigham Young University，1988.

札奇斯钦. 清朝对蒙古的宗教政策. 1976；再版，蒙古研究论文. 普罗沃：大卫·肯尼迪国际问题研究中心，杨百翰大学，1988：140-154.

Jameson，Raymond De Loy. *Three Lectures on Chinese Folklore*. Peiping：1932.

詹姆斯. 一个外国人眼中的中国民俗. 北平：1932.

Jen，Yu-wen. *The Taiping Revolutionary Movement*. New Haven：Yale University Press，1973.

简又文. 太平天国革命运动史. 纽黑文：耶鲁大学出版社，1973.

Jensen，Lionel. "The Invention of 'Confucius' and His Chinese Other，'Kong Fuzi'." *positions* 1：2 (1993)：414-449.

詹启华. "Conficius"的发明和其中国同类，"Kong Fuzi". 立场，1：2 (1993)：414-449.

畿辅通志 *JFTZ*：*Jifu tongzhi* [Gazetteer of the capital region]. 1683 年版. 1735；四库全书. 再版，台北：台湾商务印书馆，1983. 引文再版. 1884；再版，石家庄：河北人民出版社，1985.

计六奇（Ji Liuqi）. 明季北略 *Ming ji bei lue* [Events in the north in the late Ming]. [1670]；再版，北京：中华书局，1984. 2 卷.

纪昀（Ji Yun）. 阅微草堂笔记 *Yuewei caotang biji* [Random jottings from the Cottage of Close Scrutiny]. 1800；再版，上海：新文华出版社，未注明日期. 引文为章节和页码.

蒋一葵（Jiang Yikui）. 长安客话 *Chang'an ke hua* [A visitor's remarks on the capiml]. 明 [约 1603?]. 北京：北京古籍出版社，1980.

钦定平定教匪纪略 *Jiaofei*：*Qinding Pingding jiaofei jilue* [Imperially authorized account of the pacification of the sectarian rebels]. 1816；再版，台北：文海出版社，1971.

畿辅丛书 *Jifu congshu* [Collectanea of the capital region]. 1879.

金禅雨（Jin Chanyu）. 妙峰山指南 *Miaofengshan zhinan* [A guide to Mount Miao feng]. [北京]：名胜导游社，[约 1936].

金受申 Jin Shoushen. 北京的传说 *Beijing Legends*. 北京：Panda Books，1982.

金之俊. 息斋续外集 *Xizhai xu waiji* [Supplementary collection from the Studio of Rest]. 1661.

745 京都广仁堂章程 *Jingdu Guangrentang zhangcheng* [Regulations of the Guangren Hall in Peking]. 1882.

金梁（Jinliang）. 西山名胜图说 *Xishan mingsheng tushuo* [Illustrated sights of the Western Hills]. 1914.

津门保甲图说 *Jinmen baojia tushuo* [Illustrated Tianjin household registry]. 1846.

明清进士题名碑录索引 *Jinshi suoyin*：*Ming Qing jinshi timing beilu suoyin* [An index to the stelae name-lists of Ming and Qing metropolitan-degree holders]. 上海：上海古籍出版社，1980. 3 卷.

金吾事例 *Jinwu shili* [Procedural regulations for the Peking Gendarmerie]. 1851. 引文按册的页码.

金勋（Jinxun）. 妙峰山志（附皇会考）*Miaofengshan zhi*，*fu Huanghui kao* [Gazetteer of Mount Miaofeng，with an appended study of the imperial associations]. 1929.

旧都文物略 *Jiu du Wenwu lue* [Sketches of cultural remains from the old capital]. 北平：北平市政府，1935；再版，台北："故宫博物院"，1971. 非连续编页码.

旧京返照集 *Jiu jing fanzhao ji* [Collected photographs of the old capital]. 北京：人民美术出版社，1987.

军机档 JJD：Junjidang [Grand Council copies of palace memorials].

1. "故宫博物院"，台北. 以下为军机档朝代和档案号码. JJD：JQ. 嘉庆朝（Jiaqing reign）；JJD：QL，乾隆朝（Qianlong reign）；JJD：XF. 咸丰朝（Xianfeng reign）.

2. 中国第一历史档案馆，北京. 以下为军机档类别和包裹号码：档案号码. 档案日期有时根据鉴定而来. JJD-NM：农民战争类 Peasant Uprising [Nongmin zhanzheng]；JJD-NM-S：农民战争类增补 Peasant Uprising category，supplement；JJD-NM-SS：农民战争类二次增补 Peasant Uprising category，second supplement；JJD-NZ：内政类 Domestic Affairs [Neizheng] category；JJD-NZR：内政类 Domestic Affairs category 赈济分类 Relief [Zhenji] subcategory.

Johnson，David. "The City-God Cults of T'ang and Sung China." *Harvard Journal of Asiatic Studies* 45：2（1985）：363-457.

姜士彬. 唐宋中国的城隍祭仪. 哈佛亚洲研究学报，45：2（1985）：363-457.

Johnson，Judith，J. "A Critical Study of the Ting-Hsien Yang-ko Hsuan." Ph. D. diss.，Florida State University，1978.

朱迪·约翰逊. 定县秧歌选研究. 博士论文，佛罗里达大学，1978.

Johnson，Kinchen. *Folksongs and Children-Songs from Peiping*. Taipei：Orient Cultural Service，1971.

金曾·约翰生. 北平民歌童谣. 台北：东方文化书局，1971.

Johnson，Linda Cooke. "The Decline of Soochow and the Rise of Shanghai：A Study in the Economic Morphology of Urban Change，1756-1894." Ph. D. diss.，University of California at Santa Cruz，1986.

张琳德. 苏州的衰落和上海的崛起：城市变化的经济形态研究，1756—1894. 博士论文，加州大学圣克鲁斯分校，1986.

——. *Shanghai：from Market Town to Treaty Port，1074-1858*. Stanford：Stanford University Press，1995.

——. 上海：从市镇到通商口岸，1074—1858. 斯坦福：斯坦福大学出版社，1995.

Johnston，R. F. "The Romance of an Emperor." *New China Review* 2（1920）：1-24，180-194.

庄士敦．浪漫的皇帝．新中国评论，2（1920）：1-24，180-194.

——．“The Cult of Military Heroes in China.” *New China Review*3 (1921)：41-64，79-91.

——．中国军事英雄崇拜．新中国评论，3（1921）：41-64，79-91.

——．*Twilight in the Forbidden City*．New York：Appleton-Century，1934.

——．紫禁城的黄昏．纽约：Appleton-Century，1934.

日下旧闻考 JWK：*Rixia jiuwen kao* [Study of “Ancient Accounts Heard in the Precincts of the Throne”]．约 1785 年；再版，北京：北京古籍出版社，1983.

Kahn，Harold L. *Monarchy in the Emperor's Eyes*：*Image and Reality in the Ch'ien-lung Reign*．Cambridge：Harvard University Press，1971.

康无为．皇帝心目中的君主统治：乾隆朝的想象与现实．剑桥：哈佛大学出版社，1971.

康雍乾时期城乡人民反抗斗争资料 *Kang Yong Qian shiqi chengxiang*
746 *renmin fankang douzheng ziliao* [Sources on the resistance struggles of city people in The Kangxi，Yongzheng，and Qianlong'reigns]．北京：中华书局，1979．2 卷.

K'ang Yu-wei：*A Biography and a Symposium*．Ed. and trans. Jung-pang Lo. Tucson：University of Arizona Press，1967.

康有为传和论文集．罗荣邦，编译．图森：亚利桑那大学出版社，1967.

Karmay，Heather. *Early Sino-Tibetan Art*．Warminster：Aris &Phillips，1975.

噶尔梅．早期汉藏艺术．沃明斯特：Aris &Phillips，1975.

Kates，George N. *The Years That Were Fat*：*Peking*，*1933-1940*．New York：Harper& Row，1952.

乔治·凯茨．丰腴年代：北京，1933—1940．纽约：Harper&Row，1952.

Katō，Shigeshi [Katō Shigeru]．“On the Hang or the Associations of Merchants in China.” *Memoirs of the Research Department of the Toyo Bunko* 8 (1936)：45-83.

加藤繁．中国商人的行会和协会．东洋文库研究所回忆录，8（1936）：45-83.

——．“Shindai ni okeru Pekin no shōnin kaikan ni tsuite 清代に于ける北京の商人会馆に就いて [Peking merchant lodges in the Qing period].” *Shi-*

gaku zasshi 53：2 (1942)：1-31.

——. 清代北京商人会馆. 史学杂志，53：2 (1942)：1-31.

Katz，Paul R. *Demon Hordes and Burning Boats*：*The Cult of Marshal Wen in Late Imperial Chekiang*. Albany：State University of New York Press，1995.

康豹. 厉鬼与送船：中国帝制晚期浙江的温元帅信仰. 奥尔巴尼：纽约大学出版社，1995.

——. *Images of the Immortals*：*The Cult of Lu Dongbin at the Palace of Eternal Joy*. Honolulu：University of Hawaii Press，2000.

——. 多面相的神仙：永乐宫的吕洞宾崇拜. 檀香山：夏威夷大学出版社，2000.

Kelley，David E. "Sect and Society：The Evolution of the Luo Sect among Qing-Dynasty Grain Tribute Boatmen，1700－1850." Ph. D. diss.，Harvard University，1986.

戴维·凯利. 教派与社会：清朝漕运水手中罗教的形成，1700—1850. 博士论文，哈佛大学，1986.

Kelly，William W. "Incendiary Actions：Fires and Firefighting in the Shogun's Capital and the People's City，" pp. 310-331 in *Edo and Paris*：*Urban Life and the State in the Early Modern Era*. Ed. James L. McClain，John M. Merriman，and Ugawa Kaoru. Ithaca:. Cornell University Press，1994.

威廉·凯利. 燃烧行动：在将军的都城和百姓城镇中的火灾和消防//詹姆斯·麦克莱恩，约翰·M. 梅里，鹈川馨，编：江户和巴黎：早期现代城市和国家生活. 伊萨卡：康奈尔大学出版社，1994：310-331.

Kent，Richard K. "Depictions of the Guardians of the Law：Lohan Painting in China，" pp. 183－213 in *Latter Days of the Law*：*Images of Chinese Buddhism*，*850-1850*. Ed. Marsha Weidner. Lawrence：Spencer Art Museum，the University of Kansas，in association with the University of Hawaii Press，1994.

理查德·肯特. 法律监护人的描述：中国的罗汉画//魏盟夏，编. 中国佛教图像，850—1850. 劳伦斯：斯宾塞美术馆、堪萨斯大学和夏威夷大学出版社，1994：183-213.

Kéroulée，Georges de. *Un voyage à Pé-kin*. Paris：P. Brunet，1864.

乔治·德·科容理. 北京一游. 巴黎：P. Brunet，1864.

Kerr，Rose. *Chinese Ceramics*：*Procelain of the Qing Dynasty*，*1644－1911*. London：Victoria and Albert Museum，1986.

柯玫瑰. 中国陶瓷：清代的瓷器，1644—1911. 伦敦：维多利亚和阿尔伯特博物馆，1986.

Kessler，Lawrence D . *K'ang-hsi and the Consolidation of Ch'ing Rule*，*1661－1684*. Chicago：University of Chicago Press，1976.

凯思乐. 康熙帝与清朝统治的巩固，1661—1684. 芝加哥：芝加哥大学出版社，1976.

Kidd，David. *Peking Story*：*The Last Days of Old China*. New York：Clarkson N. Potter，1988.

大卫·季德. 毛家湾遗梦：1949 年北京秘闻. 纽约：Clarkson N. Potter，1988.

金昌业（Kim Ch'angŏp）. 稼斋燕行录 Nogajae Yŏnhaengnok [A journey to Pekin]. [1713 年.] In *Chosŏn kunsŏ taege soksok* 朝鲜群书大系续：第 7 辑. 1914.

金正中（Kim Chŏngjung）. 燕行录 Y'ŏnhaengnok [Record of a journey to Peking]. [1792.] In *Yŏnhaengnok sŏnjip* 燕行录全集：1：535－612.

金景善（Kim Kyŏngsŏn）. 燕辕直指 Yŏnhaeng chikchi [Guide for a journey to Peking]. [1833 年 .] In *Yŏnhaengnok sŏnjip* 燕行录全集：1：931－1188.

金堉（KimYuk）. 朝天日记 Choch'ŏn iIgi [Diary of a tribute mission] "1636－1637 年". In *Yŏnhaengnok sŏnjip* 燕行录全集：1：203－228.

木下杢太郎（Kinoshita Mokutarō）. 支那南北记 *Shina namboku ki* [Chronicle of north and south China]. 东京：1926.

岸田吟香（Kishida Ginkō）. 清国地志 *Shinkoku chishi* [A gazetteer of the Qing nation]. 东京：1881.

Kleeman，Terry F. *A God's Own Tale*：*The 'Book of Transformations' of Wenchang*，*the Divine Lord of Zitong*. Albany：State University of New York Press，1994.

祁泰履. 梓潼帝君与文昌化书. 奥尔巴尼：纽约大学出版社，1994.

747 甲麓山人（Kōroku Sanjin）. 北京山厂庙会 *Pekin sansho byōkai* [Peking's tain temple fairs]. *Enjin* 燕尘，2（1909）：1：21－23；3：14－18；10：16－18.

Kôster，Herman. "The Palace Museum of Peking." *Monumenta Serica* 2

(1936)：167-190.

顾若愚. 北京故宫博物院. 华裔学志，2（1936）：167-190.

Krueger，John R. *Poetical Passages in the Erdeni-yin Tobci*. The Hague：Mouton，1961.

约翰·R. 克鲁格.《蒙古源流》中的诗文. 海牙：Mounton，1961.

Kuhn，Philip A. *Soulstealers：The Chinese Sorcery Scare of 1768*. Cambridge：Harvard University Press，1990.

孔飞力. 叫魂：1768 年中国妖术大恐慌. 剑桥：哈佛大学出版社，1990.

Kwan，Man Bun. "The Merchant World of Tianjin：Society and Economy of a Chinese City." Ph. D. diss.，Stanford University，1990.

关文彬. 天津的商人世界：一座中国城市的社会和经济. 博士论文，斯坦福大学，1990.

权悏（Kwŏn Hyŏp）. 燕行录 Yŏnhaengnok [Record ofajourney to Peking]." [1597]. In *Yŏnhaengnok sŏnjip* 燕行录全集：1：103-126.

La Motte，Ellen Newbold. *Peking Dust*. New York：Century，1920.

艾伦·纽博尔德·拉莫特. 北京尘土. 纽约：Century，1920.

Lach，Donald F. *Asia in the Making of Europe*. Vol. 1，*A Century of Discovery：Book I and Book II*. Chicago：University of Chicago Press：1965.

唐纳德·F. 拉赫. 欧洲形成中的亚洲：卷 1：发现的世纪：第一册和第二册. 芝加哥：芝加哥大学出版社，1965.

Lach，Donald F.，with Edwin J. Van Kley. *Asia in the Making of Europe*. Vol. 3，*A Century of Advance. Book I：Trade，Missions，Literature. Book IV：East Asia*. Chicago：University of Chicago Press：1993.

唐纳德·F. 拉赫，埃德温·J. 范克雷. 欧洲形成中的亚洲：卷 3：发展的世纪. 第一册：贸易、传教和文献；第四册：东亚. 芝加哥：芝加哥大学出版社，1993.

Lagerwey，John. *Taoist Ritual in Chinese Society and History*. New York：Macmillan，1987.

劳格文. 中国社会和历史中的道教仪式. 纽约：Macmillan，1987.

——. "The Pilgrimage to Wu-tang Shan，" pp. 293-332 in *Pilgrims and Sacred Sites in China*. Ed. Susan Naquin & Chün-fang Yü. Berkeley：University of California Press，1992.

——. 五台山进香//韩书瑞，于君方，编. 中国历史上的进香与宗教圣地. 伯克利：加州大学出版社，1992：293-332.

来新夏（Lai Xinxia）. 清人北京风土笔记随录 Qingren Beijing fengtu biji suilu [Qing casual writings about Peking]. 故宫博物院院刊，1983（3），18-21.

Lam，Joseph S. C. *State Sacrifices and Music in Ming China*：*Orthodoxy*，*Creativity*，*and Expressiveness*. Albany：State University of New York Press，1998.

约瑟夫·S. C. 林. 中国明代国家的祭品和音乐：正统、创造力和表现. 奥尔巴尼：纽约大学出版社，1998.

Lamprey，Jones. "Notes of a Journey in the North-West Neighborhood of Pekin." *Journal of the Royal Asiatic Society* 37（1867）：239-269.

琼斯·兰普瑞. 北京附近的西北地区旅行日记. 皇家亚洲学会会刊，37（1867）：239-269.

Lange，Lorenz. "Dnevneya zapiski karavannomu puti chrez Naunskuiu dorogu ot Tsurukaitu do Pekina 1736 godu" [Diary of the caravana long the Naunska Road from Tsurukhaita to Peking in the year，1736]，pp. 7：466-505，8：602-631，and map following 8：677（1781）in *Akademicheskiia izvestiia*，*Soderzhashchiia v seve istoriiu nauk i noveishiia otkrytiiaa onkyh*. St. Petersburg：Pri S. Peterburskoi Imp. Akademii Nauk. 1779 - 1781. 8 vols.

郎喀. 1736年从Tsurukhaita到北京的Naunska路长途旅行日记. 卷7：466-505；卷8，602-631，及地图接着的卷8，677（1781）//*Akademicheskiia izvestiia*，*Soderzhashchiia v seve istoriiu nauk i noveishiia otkrytiiaa onkyh*，圣彼得堡：Pri S. Peterburskoi Imp. Akademii Nauk，1779—1781. 8卷.

——. "Journal of Lange's Residence at Peking，1727-28." Appended to John Dudgeon，*Historical Sketch of the Ecclesiastical*，*Political and Commercial Relations of Russia with China*，*drawn chiefly from original sources*. Peking，1872；reprint ed.，Peking：Wentiange，1940.

——. 郎喀驻北京日记，1727—1728. 附于杜德珍（John Dudgeon）. 中俄政教志略. 北京，1872；再版，北京：Wentiange，1940.

老舍 Lao She（又舒庆春，Shu Qingchun）. 骆驼祥子 *Rickshaw*：*The Novel Lo-t'o Hsiang Tzu*. 让·M. 詹姆斯（Jean M. James），译. 檀香山：夏威夷大学出版社，1979.

——. *Crescent Moon and Other Stories*. Peking: Chinese Literature, 1985.

——. 月芽儿. 北京：中国文学，1985.

Le Comte, Louis. *Memoirs and observations topographical, physical, mathematical, mechanical, natural, civil, and ecclesiastical made in a late journey through the empire of China*. Translated from the French. London: 1697.

李明. 关于中国目前状况的新观察报告. 由法语转译. 伦敦：1697.

Ledyard, Gari. "Korean Travelers in China over Four Hundred Years, 1488-1887." *Occasional Papers on Korea* (Seattle, Wash.) 1 (1974): 1-42.

伽里·莱德亚德. 四百年间（1488—1887）在中国的朝鲜游人. 有关朝鲜的非定期论文（西雅图，华盛顿），1（1974）：1-42.

——. "Cartography in Korea," pp. 235-345 in *The History of Cartography*. Vol. 2, Book 2, *Cartography in the Traditional East and Southeast Asian Societies*. Ed. J. B. Harley & David Woodward. Chicago: University of Chicago Press, 1994. 748

——. 朝鲜制图//制图史：第2卷第2册：东亚和东南亚传统社会中的制图. J. B. 哈利，大卫·伍德沃德，编. 芝加哥：芝加哥大学出版社，1994.

Lee, James Z., & Cameron D. Campbell. *Fate and Fortune in Rural China: Social Organization and Population Behavior in Liaoning, 1774-1873*. Cambridge: Cambridge University Press, 1997.

李中清，康文林. 中国农村的命运与幸运：辽宁的社会组织与人口行为，1774—1874. 剑桥：剑桥大学出版社，1997.

Lee, James, Cameron Campbell, & Feng Wang. "The Last Emperors: An Introduction to the Demography of the Qing Imperial Lineage." pp. 361-382 in *Old and New Methods in Historical Demography*. Ed. David S. Reher & Roger Schofield. Oxford: Clarendon, 1993.

李中清，康文林，王丰. 清代皇族人口统计初探//戴维·莱尔，罗杰斯科·菲尔德，编. 历史人口统计学中新旧方法. 牛津：Clarendon，1993：361-382.

Lee, James, Wang Feng, & Cameron Campbell. "Infant and Child Mortality among the Qing Nobility: Implications for Two Types of Positive Check." *Population Studies* 48 (1994): 395-411.

李中清，王丰，康文林. 清代皇族中婴儿和儿童死亡率：两种积极限制类型的含义. 人口研究，48（1994）：395-411.

Lee，Peter H. *A Korean Storyteller's Miscellany*：*The P'aegwan chapki of Ŏ Sukkwŏn*. Princeton：Princeton University Press，1989.

李鹤株. 朝鲜故事杂录. 普林斯顿：普林斯顿大学出版社，1989.

Legouix，Susan. *Image of China*：*William Alexander*. London：Jupiter Books，1980.

苏珊·雷朱克思. 中国影像：韦廉臣. 伦敦：Jupiter Books，1980.

雷大受（Lei Dashou）. 西四牌楼：明代的刑场 Xisi pailou：Mingdai di xingchang [West Four-Arches：Ming dynasty execution grounds]. 燕都，1985（8）：12－13.

雷国楫（Lei Guoji）. 燕游日记 *Yan you riji* [Diary of a visit to Peking]. 1771.

Lessing，Ferdinand D. *Ritual and Symbol*：*Collected Essays on Lamaism and Chinese Symbolism*. Taipei：Oriental Cultural Service，1976.

费尔丁那德·列森. 仪式与象征：藏传佛教和中国象征文集. 台北：东方文化服务，1976.

Lessing，Ferdinand Diederich，in collaboration with Gosta Montell. *Yung-ho-kung*：*An Iconography of the Lamaist Cathedral in Peking*，*with Notes on Lamaist Mythology and Cult*. Vol. 1. Stockholm：1942.

费尔丁那德·列森，古斯塔·蒙杰尔. 雍和宫：北京藏传佛教寺院图解，附藏传佛教神话和祭仪笔记：第1卷. 斯德哥尔摩：1942.

Leung，Angela. See Liang Qizi.

梁其姿. 参见 Liang Qizi（梁其姿）条目.

Leung，Man-Kam. "Mongolian Language Education and Examinations in Peking and Other Metropolitan Areas during the Manchu Dynasty in China (1644-1911)." *Canada Mongolia Review* 1：1（1975）：29－44.

梁文金. 中国清朝时期北京和其他大都市蒙古语言教育及考试（1644—1911）. 加拿大蒙古评论，1：1（1975）：29－44.

Leung，Man Kam，&Julian Pas，trans. "Current Research：An Outline of Taoist History." *Journal of Chinese Religions* 15（1987）：61－79.

梁文金，包如廉，译. 当前研究：道教历史概况. 中国宗教杂志，15（1987）：61－79.

Leung，Yuen-sang. *The Shanghai Taotai*：*Linkage Man in a Changing Society*，*1843－90*. Honolulu：University of Hawaii Press，1990.

梁元生. 上海道台：社会变迁中的纽带人物，1843—1890. 檀香山：夏威夷大学出版社，1990.

李慈铭（Li Ciming）. 越缦堂菊话 Yuemantang juhua [Chrysanthemum words from the Yueman Hall]. [1881 年] //张江裁（Zhang Jiangcai），编. 清代燕都梨园史料正续编 *Qingdai yandu liyuan shiliao cheng xu bian*：第 3 卷. [1934，1938]；再版，台北：学生书局，1965：1295－1332.

李东阳（Li Dongyang）. 怀麓堂稿 *Huailutang gao* [Draft from the Huailu Hall]. 1518；再版，台北：学生书局，1975. 8 卷. 引文为再版卷数和页码.

李福良（Li Fuliang）. 花市清真寺 Huashi Qingzhensi [The Flower Mart-mosque]. 北京史苑：第 3 辑. 北京：北京出版社，1985：334－338.

李华（Li Hua）. 明清以来北京工商会馆碑刻选编 *Ming Qing yilai gongshang huiguan beike xuanbian* [A selection of stelae from Ming and Qing Peking lodges]. 北京：文物出版社，1980.

李家瑞（Li Jiarui）. 北平俗曲略 *Beipingsuqu lue* [A sketch of popular Peking tunes]. 北平：国立中央研究院历史语言研究所，1933.

——. 清代京师竹枝词四十种提要 Qingdai Jingshi zhuzhi ci sishi zhong tiyao [A summary of forty kinds of Peking bamboo-branch lyrics from the Qing period]. 读书周刊（天津），第 77 期，1936 年 12 月 3 日.

——. 北平风俗类征 *Beiping fengsu leizheng* [A compendium of Peking customs]. 上海：商务印书馆，1937. 749

李景汉（Li Jinghan）. 妙峰山朝顶进香的调查 Miaofengshan "chaoding jinxiang" di diaocha [A survey of the Miaofengshan "pilgrimage"]. 社会学杂志 *Shehuixuezazhi/Chinese Journal of Sociology*，2：5－6（1925）：1－42.

李景汉（Li Jinghan） [Franklin C. H. Lee]，张世文 Zhang Shiwen [Franklin S. W. Chang]. 定县秧歌选 *Dingxian yangge xuan* [A selection of Yangge plays from Ding county]. [北京?]：Jiehua，1933.

Li，Lillian M. "Flood Control and Famine Relief in the Hai Ho Basin：1801 and 1917." Paper prepared for the ACLS/SSRC Workshop on Food and Famine in Chinese History，Harvard University，1980.

李明珠. 海河流域的洪水控制和饥荒救济：1801、1917 年. 为美国学术团体协会与社会科学研究学会题为"中国历史上洪水和饥荒"研讨会准备的论文，哈佛大学，1980.

——. "Grain Prices in Zhili Province，1736－1911：A Preliminary Study，" pp. 69－100 in *Chinese History in Economic Perspective*. Ed. Thomas G.

Rawski&Lillian M. Li. Berkeley：University of California Press. 1992.

——. 直隶省谷物价格，1736—1911：初步研究//托马斯·罗斯基，李明珠，编. 从经济角度看中国历史. 伯克利：加州大学出版社，1992：69-100.

Li，Lillian M.，&Alison Dray-Novey. "Guarding Beijing's Food Security in the Qing Dynasty：State，Market，and Police." *Journal of Asian Studies* 58（1999）：992-1039.

李明珠，崔艾莉. 清代保障北京的粮食供应：国家、市场和警察. 亚洲研究学报，58（1999）：992-1039.

李流芳（Li Liufang）. 游西山小记 You Xishan xiao ji [Short account of roaming the Western Hills] //何镗. 名山胜概记 *Ming shan shenggai ji*：卷1. [约 1633.]

李乔（Li Qiao）. 安徽会馆——淮军集团的一个据点 Anhui huiguan—Huaijun jituan di yige judian [The Anhui lodge：An organizing center for the Huai Army]. 北京史苑：第 1 辑. 北京：北京出版社，1983：326-328.

李世瑜（Li Shiyu）. 宝卷综录 *Baojuan zong lu* [A comprehensive bibliography of precious scriptures]. 上海：中华书局，1961.

——. 王三奶奶的故事 Wang San Nainai di gushi [The story of Granny Wang]. 手稿. 1984.

Li，Thomas Shiyu. &Susan Naquin. "The Baoming Temple：Religion and the Throne in Ming and Qing China." *Harvard Journal of Asiatic Studies*48（1988）：131-188.

李世瑜，韩书瑞. 保明寺：明清中国的宗教与皇帝. 哈佛亚洲研究学报，48（1988）：131-188.

Li，Wei-tsu. "On the Cult of the Four Sacred Animals（Szu Ta Men 四大门）in the Neighborhood of Peking." *Folklore Studies* 7（1948）：1948：1-94.

李尉祖. 北京地区四大门崇拜. 民俗研究，7（1948）：1-94.

李孝聪（Li Xiaocong）. 记英国伦敦所见四幅清代绘本北京城市地图 Ji Yingguo Lundun suo jian si fu Qingdai huiben Beijing chengshi ditu [Four Qing-period manuscript maps of Peking city seen in London，England] //袁行霈（Yuan Xingpei），主编. 国学研究：第 2 卷. 北京：北京大学出版社，1994：449-481.

——. 欧洲收藏部分中文古地图叙录 *Ouzhou shoucang bufen Zhongwen gu ditu xulu*/*A Descriptive Catalogue of Pre*-1900 *Chinese Maps Seen in Europe*. 北

京：国际文化，1996. 引文是登记编号和地图编号.

李中清（Li Zhongqing）[James Lee]，郭松义（Guo Songyi），主编. 清代皇族人口行为和社会环境 *Qingdai huangzu renkou xingwei yu shehui huangjing* [Population behavior and social background in the Qing imperial lineage]. 北京：北京大学出版社，1994.

励宗万（Li Zongwan）. 京城古迹考 *Jingcheng guji kao* [Investigation of the ancient traces in the Capital]. 1745；再版，北京：北京古籍出版社，1981.

梁方仲（Liang Fangzhong）. 中国历代户口、田地、田赋统计. *Zhongguo lidai hukou tiandi tianfu tongji* [Statistics on China's population, land, and land taxes over the ages]. 上海：上海人民出版社，1980.

梁其姿（Liang Qizi）[Angela Leung]. 明清预防天花措施之演变 Ming Qing yufang tianhua cuoshi zhi yanbian [The development of smallpox preven- 750
tive techniques during the Ming and Qing] //国史释论——陶希圣九秩荣庆祝寿论文集. 台北：食货出版社，1987：239-253.

——. 施善与教化：明清的慈善组织 *Shishan yu jiaohua*：*Ming Qing di cishan zuzhi* [Doing good and moral improvement：Ming and Qing philanthropic organizations]. 台北：联经出版公司，1997.

Liang，Ssu-ch'eng，with Wilma Fairbank. *A Pictorial History of Chinese Architecture*：*A Study of the Development of Its Structural System and the Evolution of Its Types*. Cambridge：Massachusetts Institute of Technology Press，1984.

梁思成，费慰梅. 图像中国建筑史. 剑桥：麻省理工学院出版社，1984.

辽东志 *Liaodong zhi* [Gazetteer of Liaodong]. 1537；再版，辽海丛书. 大连：1934.

Liddell，T. Hodgson. *China*：*Its Marvel and Mystery*. *With 40 illustrations in colour by the author*. London：G. Allen，1910.

李通和. 帝国丽影. 伦敦：G. Allen，1910.

林克光（Lin Keguang）. 松筠庵与公车上书 "Songyun'an yu gongche shang shu [The Songyun'an and the examination candidates' petition]" //林克光，等主编. 近代京华史迹 *Jindai jinghua shiji*. 北京：中国人民大学出版社，1985：244-256.

林岩（LinYan），等编. 老北京店铺的招幌 *Lao Beijing dianpu di zhaohuang* [The shop signs of old Peking]. 北京：博文出版社，1987.

Lin，Yutang. *A History of the Press and Public Opinion in China*. Chicago：University of Chicago Press，1936.

林语堂. 中国新闻舆论史. 芝加哥：芝加哥大学出版社，1936.

——. *Moment in Peking*：*A Novel of Contemporary Chinese Life*. New-York：John Day，1939.

——. 京华烟云. 纽约：John Day，1939.

灵应泰山娘娘宝卷 *Lingying Taishan Niangniang baojuan* [Precious scripture of the Efficacious Lady of Mount Tai]. [1652]. 2 卷.

Link，E. Perry. *Mandarin Ducks and Butterflies*：*Popular Fiction in Early-Twentieth-Century Chinese Cities*. Berkeley：University of California Press，1981.

林培瑞. 鸳鸯蝴蝶派：20 世纪早期中国城市的通俗小说. 伯克利：加州大学出版社，1981.

麟庆（Linqing）. 鸿雪因缘图记 *Hong xue yin yuan tu ji* [A swan on the snow：An i1lustrated record of my preordained life]. 1849；第 2 版，上海：1886. 1849 年版本未编页码；我引用的是 1886 年版本. 插图来自这两个版本.

Lipman，Jonathan N. *Familiar Strangers*：*A History of Muslims in Northwest China*. Seattle：University of Washington Press，1997.

李普曼. 熟悉的陌生人：西北回民史. 西雅图：华盛顿大学出版社，1997.

Liscomb，Kathlyn. "The Eight Views of Beijing：Politics in Literati Art." *Artibus Asiae* 49：1-2 (1988-1989)：127-152.

李嘉琳. 北京八景：人文艺术中的政治. 亚洲艺术，49：1-2（1988—1989)：127-152.

Little. Mrs. Archibald (A1icia Helen Neva Bewicke). *Intimate China. The Chinese as I Have Seen Them*. London：Hutchinson，1899.

阿奇博尔德·立德夫人. 熟悉的中国. 伦敦：Hutchinson，1899.

——. *Guide to Peking and the Neighborhood*. Tianjin：1904.

——. 北京及其附近指南. 天津：1904.

Liu，Cary Y. "The Ch'ing Dynasty Wen-yüan-ko Imperial Library：Architecture and the Ordering of Knowledge." Ph. D. diss.，Princeton University，1997.

刘怡玮. 清朝的文渊阁：建筑与知识整理. 博士论文，普林斯顿大学，

1997.

刘澄圆（Liu Dengyuan）．东岳庙七十六司考证 *Dongyuemiao qishiliu si kaozheng* [A study of the seventy-six offices of the Dongyuemiao]．1919；再版，[北京]：1936.

刘锋（Liu Feng），编．香山八大处风景区 *Xiangshan Badachu fengjingqu* [The scenic area of Xiangshan's Eight Great Sites]．北京：中国旅游出版社，1986.

刘厚滋（Liu Houzi）．北平东岳庙碑刻目录 Beiping Dongyuemiao beike mulu] [A catalogue of the stelae of the Peking Dongyuemiao]．国立北平研究院院务汇报 *Guoli Beiping Yanjiuyuan yuankao huibao*，7：6（1936）：115-138.

刘家驹（Liu Jiaju）．清朝初期的八旗圈地 *Qingchao chuqi baqi；quan di* [On the encirclement of lands by the Eight Banners in the early Qing]．台北：文史哲出版社，1964.

Liu，Junwen. *Peking：China's Ancient and Modern Capital*. Peking：Foreign Languages Press，1982. 751

刘俊文．北京：中国古代和现代首都．北京：外文出版社，1982.

刘若愚（Liu Ruoyu）．酌中志 *Zhuo zhong zhi* [Deliberations on the past]．约1640；再版，海山仙馆丛书．台北：艺文印书馆，1967．引用原有卷数和页码．该部分文字作为《明宫史》*Ming gong shi* [History of the Ming palace] 印刷.

Liu，Ts'un-yan. "The Compilation and Historical Value of the Tao-tsang." pp. 104-119 in *Essays on the Sources for Chinese History*. Ed. Donald D. Leslie，Colin Mackerras，&Wang Gungwu. Columbia：University of South Carolina Press. 1973.

柳存仁．道藏的汇编和历史价值//李度南，科林·麦克拉斯，王赓武．中国历史资料论文集．哥伦比亚：南卡罗来纳大学出版社，1973：104-119.

刘小萌（Liu Xiaomeng）．从房契文书看清代北京城中的旗民交产 Cong fangqi wenshu kan Qingdai Beijing cheng zhong di qi min jiao chan [Transactions in property between Banner and non -Banner people in Peking in the Qing period as seen in contracts for buildings]．历史档案，1996（3）：83-90.

刘锡诚（Liu Xicheng），主编．妙峰山·世纪之交的中国民俗流变 *Miaofengshan，Shiji zhi jiao di Zhongguo minsu liubian* [Miaofengshan，developments in Chinese folk culture at the turn of the century]．北京：中国城市出版社，1996.

刘以桐（Liu Yitong）. 民教相仇都门闻见录 Min Jiao xiang chou dumen wenjian lu [A record of things seen and heard concerning the mutual hatred of the people and the Christians in the capital] //翦伯赞，等编. 义和团：第 2 册. 上海：1951：183－196；再版，义和团文献汇编. 台北：鼎文书局，1973. 4卷.

刘镇伟（Liu Zhenwei）. 中国古地图精选 *Zhongguo gu ditu jingxuan* [A selection of China's ancient maps]. 北京：中国世界语出版社，1995.

刘之光（Liu Zhiguang）. 北京清代王府概述 Beijing Qingdai wangfu gai shu [Princely mansions in Qing Peking]. 北京文物与考古，1983（1）：129－175.

刘枝万（Liu Zhi-wan）. 台湾省寺庙教堂名称主神地址调查表 Taiwanshheng simiao jiaotang mingcheng zhushen dizhi diaocha biao [A survey of the names，gods，and addresses of Taiwan's temples and churches]. 台湾文献，11：2（1960）：37－236.

Lo，Irving Yucheng，& William Schultz. *Waiting for the Unicorn：Poems and Lyrics of China's Last Dynasty，1644－1911*. Bloomington：Indiana University Press，1990.

罗郁正，舒威霖. 待麟集：清代诗词选，1644—1911. 布卢明顿：印第安纳大学出版社，1990.

Lockhart，William. "The Second Report of the London Missionary Society's Chinese Hospital at Peking." [For 1863.] 上海：1864.

雒魏林. 北京伦敦布道会中国医院的第二次报告. [1863.] 上海：1864.

——. "Notes on Peking and Its Neighborhood." *Journal of the Royal Geographical Society* 36（1866）：128－156.

——. 北京及其附近略记. 皇家地理学会杂志，36（1866）：128－156.

Lopez，Donald S.，Jr. *Prisoners of Shangri－La：Tibetan Buddhism and the West*. Chicago：University of Chicago Press，1998.

唐纳德·S. 洛佩兹. 香格里拉的囚徒——藏传佛教与西方. 芝加哥：芝加哥大学出版社，1998.

Loti，Pierre，*Les derniers jours de Pékin*. Paris：Cahnann－Levy，1902.

皮埃尔·洛蒂. 在北京最后的日子. 巴黎：Cahnann－Levy，1902.

罗信耀（Lowe，H. Y） [Luo Xinyao]. *The Adventures of Wu；The Life Cycle of a Peking Man*. Peking，1940－1941；reprint ed.，Princeton：Princeton University Press，1983. Two vols. in one；introduction by Derk

Bodde. Also published as *Pekin no shimin* 北京の市民，and *Zoku* 续 *Pekin no shimin*. Tokyo：Bungei Shunjū，1941&1943.

罗信耀. 吴氏经历：一个北京人的生命周期. 北京：1940—1941. 再版，普林斯顿：普林斯顿大学出版社，1983. 2 卷合为 1 卷；由卜德介绍. 也以《北京的市民》和《续北京的市民》出版. 东京：文艺春秋，1941，1943.

北京市社会科学研究所（Beijingshi Shehui Kexue Yanjiusuo）《北京历史纪年》编写组. 北京历史纪年 *LSJN*：*Beijing lishi jinian* [A chronology of Peking history]. 北京：北京出版社，1984.

路工（Lu Gong），编选. 清代北京竹枝词（十三种）*Qingdai Beijing zhuzhi ci*，*shisan zhong* [Qing Dynasty Peking bamboo-branch lyrics，thirteen kinds]. 北京：北京出版社，1962.

Lu，Hsun. *A Brief History of Chinese Fiction*. Peking：Foreign Languages Press，1976. 752

鲁迅. 中国小说史略. 北京：外文出版社，1976.

陆九皋（Lu Jiubi）. 谢廷循杏园雅集图卷 Xie Tingxun Xingyuan yaji tu juan [Xie Huan's painting of the "Elegant Gathering in the Apricot Garden"]. 文物，1963（4）：24-26.

鲁琪（Lu Qi），刘精义（Liu Jingyi）. 清代太监恩济庄茔地 Qingdai taijian Enjizhuang yingdi [The Qing dynasty eunuch cemetery at Enjizhuang]. 故宫博物院院刊，1979（3）：51-58.

陆容（Lu Rong）. 菽园杂记 *Shuyuan za ji* [Miscellaneous notes from the Bean Garden]. 1494；再版，守山阁丛书. 台北：艺文印书馆，1968.

吕树芝（Lü Shuzhi）. 明代北京宫城图 Mingdai Beijing gongcheng tu [A picture of the palace city of Ming Peking]. 历史教学，1982（9）：64.

Lucy，Armand. *Souvenirs de Voyages*：*Lettres Intimes sur la Campaigne de Chine en* 1860. Marseille：Jules Barile，1861.

阿尔芒·吕西. 旅程纪念：1860 年有关中国战役的私人信件. 马赛：Jules Barile，1861.

Lui，Adam Yuen-chung. *The Hanlin Academy*：*Training Ground for the Ambitious*，*1644-1850*. Hamden，Conn.：Shoe String Press，1981.

吕元骢. 清代翰林院，1644—1850. 哈姆登，康涅狄格州：Shoe String Press，1981.

Lum，Peter [Bettina Peter Lum Crowe]. *My Own Pair of Wings*. San Francisco：Chinese Materials Center，1981.

彼得·卢姆．我自己的翅膀．旧金山：汉学研究资料中心，1981.

Lum，Raymond David. “Philanthropic and Public Welfare in Late Imperial China.” Ph. D. diss.，Harvard University，1985.

雷蒙德·陆．中华帝国晚期的慈善事业和公众福利．博士论文，哈佛大学，1985.

罗常培（Luo Changpei）．北京俗曲百种摘韵 *Beijing su qu bai zhong zhaiyun* [Selections from a variety of Peking popular songs]．北京：来熏阁书店，1950.

罗桑彭（Luo Sangpeng）．北平法源寺沿革考 Beiping Fayuansi yange kao [A study of the development of Peking's Fayuan temple]．正风半月刊，1：8（1935）：85-96；1：21（1935）：78-81；1：22（1935）：102-110.

Lust，John. *Western Books on China Published up to 1850，in the Library of the School of Oriental and African Studies，London University*. London：Bamboo Publishing，1987.

约翰·勒斯特．伦敦大学亚非学院图书馆所藏1850年前出版的有关中国的西文图书．伦敦：Bamboo Publishing，1987.

Lutz，Walter，ed. *Japan：A Cartographic Vision：European Printed Maps from the Early 16th to the 19th Century*. Munich：Prestel，1994.

沃尔特·卢茨，编．日本：制图视觉：16世纪初期至19世纪欧洲地图印刷．慕尼黑：Prestel，1994.

Lynn，Jermyn Chi-hung. *Social Life of the Chinese（in Peking）*. Tianjin：China Booksellers，1928.

林志宏．北京人的社会生活．天津：中国书局，1928.

Ma，Jen-mei. “Shen Chou's Topographical Landscape.” Ph. D. diss.，University of Kansas，1990.

马仁美．沈周的山水风景画．博士论文，堪萨斯大学，1990.

马季戈（Ma Jige）．《宣宗行乐图》卷 “Xuanzong xingle tu” juan [The handscroll of “Xuanzong's Entertainments”]．紫禁城，58（1990）：34-38.

Ma，L. Eve Armentrout. “Fellow-regional Associations in the Ch'ing Dynasty：Organizations in Flux for Mobile People，a Preliminary Study.” *Modern Asian Studies* 18：2（1984）：307-330.

马伊芙·阿门特劳特．清代区域协会：流动人口变迁中组织的初步研究．现代亚洲研究，18：2（1984）：307-330.

马书田（Ma Shutian）．北京城的关帝庙 Bejingcheng di Guandimiao

[Peking's Guandi temple]. 燕都，1987（3）：19-20.

Ma Zung-sung，ed. *Ma's Illustrated Catalogue of the Stamps of China*. Supplemented and translated by Ma Ren-chuen. Shanghai：Shun Chang，1947.

马润生，编. 马氏国邮图鉴. 由马任全增补和翻译. 上海：顺昌，1947.

Mackerras，Colin P. *The Rise of the Peking Opera，1770-1870：Social Aspects of the Theatre in Manchu China*. London：Oxford University Press，1972.

柯林·麦克拉斯. 清代京剧百年史，1770—1870. 伦敦：牛津大学出版社，1972.

——，ed. *Chinese Theater from Its Origins to the Present Day*. Honolulu：University of Hawaii Press，1983.

——，编. 从起源至今的中国戏剧. 檀香山：夏威夷大学出版社，1993.

Madrolle，Claudius. *Chine du nord et de l'ouest，Corée，le Transsibérien*. Paris：Comité de l'Asie française，1904.

马特罗列. 中国西部和北方、朝鲜、西伯利亚. 巴黎：Comité de l'Asie française，1904.

——. *Northern China，the Valley of the Blue River，Korea*. Paris：Ha- 753
chette，1912.

——. 北方中国、蓝河谷和朝鲜. 巴黎：Hachette，1912.

Mailla，Joseph Anne Marie Moyriac de. *Histoire gengérale de la Chine*. Paris：1777-1785；reprint ed.，Taipei：Ch'eng-wen，1969. 13 vols.

冯秉正. 中国通史. 巴黎：1777—1785；再版，台北：成文出版社，1969. 13卷.

Mair，Victor H. "Language and Ideology in the Written Popularization of the *Sacred Edict*." pp. 325-359 in *Popular Culture in Late Imperial China*. Ed. David Johnson. Andrew J. Nathan. &Evelyn S. Rawski. Berkeley：University of California Press，1985.

梅维恒.《圣谕》中的语言和思想//姜士彬，黎安友，罗友枝，编. 中华帝国晚期大众文化. 伯克利：加州大学出版社，1985：325-359.

——. [Pusa Man]. "Why We Say 'Peking' Instead of 'Beijing'." *Sino-Platonic Papers* 19（1990）.

——. [菩萨蛮]. 为什么我们用"Peking"而不是"Beijing". 汉学理论文萃，19（1990）.

Malatesta，Edward J.，&Zhiyu Gao，eds. *Departed Yet Present：Zhala，The Oldest Christian Cemetery in Beijing*. San Francisco：Ricci Institute，University of San Francisco，1995.

马爱德，高智瑜，编. 虽逝犹存：栅栏，北京最古老的天主教墓地. 旧金山：利玛窦中西文化历史研究所，旧金山大学，1995.

Malone，Carroll Brown. *History of the Peking Summer Palaces under the Ch'ing Dynasty*. Urbana：University of Illinois，1934.

麻伦. 清朝时期北京圆明园和颐和园的历史沿革. 厄巴纳：伊利诺伊大学，1934.

Mammitzsch，Ulrich Hans-Richard. "Wei Chung-hsien（1568-1628）：A Reappraisal of the Eunuch and the Factional Strife at the Late Ming Court." Ph. D. diss.，University of Hawaii，1968.

乌尔里希・马米切希. 魏忠贤（1568—1628）：对明末朝廷中宦官和党争重新评估. 博士论文，夏威夷大学，1968.

满清稗史 *Man Qing bai shi* [Anecdotal history of the Manchu Qing dynasty]. 上海：1914.

Man-cheong，lona Doung. "The Class of 1761：The Politics of a Metropolitan Examination." Ph. D. diss.，Yale University，1991.

文朵莲. 1761 年的科举阶层：会试的政治. 博士论文，耶鲁大学，1991.

Mann，Susan. *Local Merchants and the Chinese Bureaucracy，1750－1950*. Stanford：Stanford University Press，1987.

曼素恩. 地方商人与官僚政府，1750—1950. 斯坦福：斯坦福大学出版社，1987.

——. *Precious Records：Women in China's Long Eighteenth Century*. Stanford：Stanford University Press，1997.

——. 缀珍录：18 世纪及其前后的中国妇女. 斯坦福：斯坦福大学出版社，1997.

满洲名臣传 *Manzhou ming chen zhuan* [Biographies of famous Manchus]. 年代不详；再版，满名臣传（*Man ming chen zhuan*）//清代传记丛刊. 台北：明文书局，1965. 6 卷.

毛奇龄（Mao Qiling）. 西河合集 *Xihe heji* [Collected works of Mao Qiling]. 1720；再版，国学基本丛书. 台北：商务印书馆，1968：315-317.

1723 年地图. 皇城宫殿衙署图 *Huangcheng gongdian yashu tu* [Map ofthe Imperial City，its palaces，and offices]. [约 1723]. 藏于"故宫博物院"，

台北.

1744年地图. 京师全图 *Jingshi quan tu* [Complete map of the Capital]. [约1744?]. 藏于哈佛燕京图书馆.

1744年地图. 京师城内首善全图 *Jingshi chengnei shoushan quan tu* [Complete map of the Premier Capital inside the walls]. [约1744?].

1750年地图. 清内务府藏京城全图 *Qing Neiwufu cang Jingcheng quan tu* [The Qing Imperial Household Agency's complete map of Peking]. 1750, 442张的比例为1∶650, 由北京故宫博物院藏. 1940年再版为两个版本: 比例为1∶2400的多张和比例为1∶2600的折叠, 附索引, *Kenryū keijō zenzu kaisetsu sakuin* 加摹乾隆京城全图解说, 索引, 由Kōain Kahoku Renrakubu Seimukyoku Chōsajo编辑. 1∶2400版本作为加摹再版的《乾隆京城全图》*Qianlong Jingcheng quantu*, 北京: 北京燕山出版社, 1996. 引用根据网格数字. 全部描述来自1∶2600日本版本.

Map 1843: Jervis, T. B. "Chinese Plan of the Tartar, or Inner City, Nuy-Ching, and the Imperial Palace King-too, of Peking, or Chun-tsien-foo, the Northern Residence of the Court, or Capital of the Chinese Empire." London: 1843.

1843年地图. T. B. 杰维斯. 北京城图. 伦敦: 1843.

1848年地图. Ladyzhenskii, Mikhail V. "Plan stolichnago goroda Pekina s okrestnostiiu." 圣彼得堡: 1848. 由纽约公共图书馆收藏. 754

1939年地图. 北京市街图 *Pekin shigai zu* [Map of the streets of Peking]. 地图比例为1∶15, 000, 1939; 再版, 东京: Nihon rettō o meguru gekidō no Showa hanseiki no Shiryō, 1986.

首善. 首善全图 *Shoushan quan tu* [Complete map of the Premier City]. [19世纪早期].

Markbreiter, Stephen. "In Search of an Identity: The British Legation at Peking, 1861." *Arts of Asia* 13: 3 (1983): 120-130.

斯蒂芬·马克布莱特. 寻求认同: 在北京的英国使馆, 1861. 亚洲艺术, 13: 3 (1983): 120-130.

Markham. Clements R., ed. *Narratives of the Mission of George Bogle to Tibet and of the Journey of Thomas Manning to Lhasa*. 2d ed. London: Trübner, 1879.

克莱门茨·R. 马克姆, 编. 叩响雪域高原的门扉——乔治·波格尔西藏见闻及托马斯·曼宁拉萨之行纪实. 第2版. 伦敦: Trübner, 1879.

Marmé，Michael. “From Rout to Hegemony：Suzhou，1368－1550.” Ph. D. diss.，University of California at Berkeley，1987.

马默. 从弱到强：苏州，1368—1550. 博士论文，加州大学伯克利分校，1987.

——. “Heaven on Earth：The Rise of Suzhou，1127－1550，” pp. 17－46 in *Cities of Jiangnan in Late Imperial China*. Ed. Linda Cooke Johnson. Albany：State University of New York Press，1993.

——. 地球上的天堂：苏州的崛起，1127—1550//张琳德，主编. 中华帝国晚期的江南城市. 奥尔巴尼：纽约大学出版社，1993.

de Martel，D.，&L. de Hoyer. *Silhouettes of Peking*. Trans. D. de Warzee. Peking：China Booksellers，1926.

德马特尔，L. 德霍耶. 北京剪影. 瓦尔泽，译. 北京：China Booksellers，1926.

Martin，Bernard. *Strange Vigour：A Biography of Sun Yatsen*. London：Heinemann，1944.

贝尔纳·马丁. 奇异的活力：孙中山传. 伦敦：Heinemann，1944.

Martin. W. A. P. *A Cycle of Cathay or，China，South and North，with Personal Reminiscences*. *3d ed*. New York：Fleming H. Revell，1900.

丁韪良. 花甲忆记. 又名：一位美国传教士眼中的晚清帝国. 第 3 版. 纽约：Fleming H. Revell，1900.

Martini，Martino. *Bellum Tartaricum，or the conquest or the great and most renowned empire of China，by the invasion of the Tartars，who in these last seven years，have wholly subdued that vast Empire. Together with a map of the provinces，and chief cities of the countries，for the better understanding of the story*. Translated from 1654 Latin edition. London：John Grook，1655.

卫匡国. 鞑靼战记. 由 1654 年拉丁文版本转译. 伦敦：John Grook，1655.

丸山幸一郎（Maruyama Kōichirō），编. 北京. 东京：Osaka Yagō，1921；扩充编辑，北京：1932.

Maspero，Henri. “The Mythology of Modern China，” pp. 252－384 in *Asiatic Mythology*. Ed.，J［oseph］Hackin et al. Trans. F. M. Atkinson. NewYork：Crowell，［1932］.

马伯乐. 现代中国的神话//阿坎，等编，F. M. 阿特金森，译. 亚细亚神话. 纽约：Growell，[1932]：252-384.

Mattos，Gilbert L. *The Stone Drums of Ch'in*. Nettetal：Steyler Verlag-Wort und Werk，1988.

马几道. 秦石鼓. 内特塔尔：Steyler Verlag-Wort und Werk，1988.

McClain，James L.，John M. Merriman，&Ugawa Kaoru，eds. *Edo and Pairs：Urban Life and the State in the Earlt Modern Era*. Ithaca：Cornell University Press，1994.

詹姆斯·L. 麦克莱恩，约翰·M. 梅里曼，鹅川馨，编. 江户和巴黎：早期现代的城市和国家生活. 伊萨卡：康奈尔大学出版社，1994.

McDermott，Joseph. "Of Gods and Gangsters：Suzhou in the 16th Century." Paper presented at the Conference on Town and Country in China，University of Oxford，April 1997.

周绍明. 神和匪徒：16 世纪的苏州. 题为"中国城镇和乡村"会议上提交的论文，牛津大学，1997 年 4 月.

Mémoires concernant l'histoire，les sciences，les arts，les moeurs，les usages，etc. des Chinois，parles missionaries de Pékin. Paris：Nyon，1776 - 1791. 15 vols.

北京传教士关于中国历史、科学、艺术、风俗、习惯录. 巴黎：Nyon，1776—1791. 15 卷.

Mémoires de la Congrégation et de la Mission en Chine. Paris：1912. 3 vols.

修道会和在中国传道的记忆. 巴黎：1912. 3 卷.

孟森（Meng Sen）. 清代堂子所祀邓将军考 Qingdai Tangzi suo si Deng jiang jun kao [A study of the worship of General Deng in the QingTangzi] //明清史论著集刊 [Collected articles on Ming and Qing history]：第 2 辑. 北京：中华书局，1984：311-323.

Meng，Ssu-ming. "The E-lo-ssu Kuan（Russian Hostel）in Peking." *Harvard Journal of Asiatic Studies* 23（1960 - 1961）：19-46.

蒙思明. 北京的俄罗斯馆. 哈佛亚洲研究学报，23（1960—1961）：19-46.

Mennie，Donald. *The Pageant of Peking*. Shanghai：A. S. Watson，1920.

唐纳德·曼尼. 北京美观. 上海：A. S. Watson，1920.

Meskill，John. "A Conferral of the Degree of *Chin-Shih*." *Monumenta* 755
Serica 23（1964）：351-371.

约翰·麦思基尔. 进士的赐予. 华裔学志，23（1964）：351-371.

——. "Academies and Politics in the Ming Dynasty," pp. 149 - 174 in *Chinese Government in Ming Times*. Ed. Charles O. Hucker. New York: Columbia University Press，1969.

——. 明代书院和政治//贺凯，编. 明代中国政府. 纽约：哥伦比亚大学出版社，1969：149-174.

——. *Academies in Ming China: A Historical Essay*. Tucson: University of Arizona Press，1982.

——. 明代书院：历史散论. 图森：亚利桑那大学出版社，1982.

Meyer，Jeffrey F. *The Dragons of Tiananmen: Beijing as a Sacred City*. Columbia: University of South Carolina Press，1991.

杰弗里·迈耶. 天安门之龙：神圣的北京城. 哥伦比亚：南卡罗来纳大学出版社，1991.

M'Ghee，Robert James Leslie. *How We Got to Peking*. London: Richard Bentlery，1862.

麦基. 我们如何去北京. 伦敦：Richard Bentlery，1862.

缪荃孙（Miao Quansun）. 琉璃厂书肆后记 *Liulichang shusi hou ji* [Later account of the bookstores of Liulichang]. [约 1876]；再版，北京：中国书店，1925.

妙应寺白塔 *Miaoyingsi baita* [The white stupa of the Miaoyingsi]. 北京：文物出版社，1985.

妙舟（Miaozhou）. 北平雍和宫记 Beiping Yonghegong ji [An account of Peking's Yonghegong]. 微妙声，1（1937）：52-60；2：41-46.

——. 北平永安寺记 BeipingYong'ansiji [An account of Peking's Yong'ansi]. 微妙声 3（1937）：41-46.

Michael，Franz，in collaboration with Chung-li Chang. *The Taiping Rebellion: History and Documents*. Seattle: University of Washington，1966 - 1971. 3 vols.

梅谷，张仲礼. 太平军叛乱：历史和文献. 西雅图：华盛顿大学，1966—1971. 3 卷.

Michie，Alexanden. *The Siberian Overland Route from Peking to Petersburg，through the deserts and steppes of Mongolia，Tartary，etc.* London: Murray，1864.

宓吉. 从北京到彼得堡的西伯利亚陆路. 伦敦：Murray，1864.

Millward, James A. "A Uyghur Muslim in Qianlong's Court: The Meanings of the Fragrant Concubine." *Journal of Asian Studies* 53: 2 (1994): 427-458.

米华健. 乾隆宫廷中的一位维吾尔穆斯林：香妃的意义. 亚洲研究学报，53：2 (1994)：427-458.

——. *Beyond the Pass: Economy, Ethnicity, and Empire in Qing Central Asia, 1759-1864*, Stanford: Stanford University Press, 1998.

——. 嘉峪关外：1759—1864 年新疆的经济、民族和清帝国. 斯坦福：斯坦福大学出版社，1998.

Milne, William, trans. *The Sacred Edict Containing the Sixteen Maxims of the Emperor Kang hi Amplified by his son, the Emperor Yoong-ching; Together With a Paraphrase on the Whole, by a Mandann.* 1815 preface. Shanghai: American Presbyterian Mission Press, 1870.

米怜，译. 康熙皇帝庭训格言. 1815 年前言. 上海：美华书馆，1870.

Minford, John. "Tracks in the Snow 鸿雪因缘图记—episodes from an autobiographical memoir by the Manchu Bannermen Lin-ch'ing (1791—1846) with illustrations by leading contemporary artist." Trans. Yang Tsung-han. Ed. John Minford. With a foreword by Liu Ts'un-yan. *East Asian History* 6 (1993): 105-142.

闵福德.《鸿雪因缘图记》——满洲旗人麟庆（1791—1846）自传体回忆录节选，插图由当艺术家作. 杨宗翰，译. 闵福德，编. 前言柳存仁作. 东亚历史，6 (1993)：105-142.

明实录类纂：北京史料卷 *Ming shilu leizuan: Beijing shi juan* [The Ming Veritable Records edited by categories: Peking history]. 武汉：武汉出版社，1992.

明实录类纂：宫廷史料卷 *Ming shilu leizuan: Gongting shi juan* [The Ming Veritable Records edited by categories: Palace history]. 武汉：武汉出版社，1992.

敏俊 (Minjun). 友松吟馆诗钞 *You song yinguan shi chao* [Poems from the Friendly Pine Chanting Lodge]. 1899.

Modern China 19: 2 (1993). Symposium issue titled "'Public Sphere'/'Civil Society' in China?"

近代中国，19：2 (1993). 研讨会标题"中国的公共领域/'民间团体'?"

Morache, Georges Auguste. *Pékin et ses habitants, Étude d' hygiène*.

Paris：Baillière，1869.

乔治·奥古斯特·马肃. 北京及其居民的卫生研究. 巴黎：Baillière，1869.

Morgan，Carole. *Le Tableau du Boeuf du Printemps*：*Étude d'une page de l'almanach chinois*. Paris：Institute des Hautes Etudes Chinoises，1980.

茅甘. 对中国年鉴中一页的研究. 巴黎：汉学研究所，1980.

Morrison，Robert. *A Dictionary of the Chinese Language*. London：Trubner，1865. 2vols.

马礼逊. 华英字典. 伦敦：Trubner，1865. 2卷.

Morse，Hosea Ballou. *The International Relations of the Chinese Empire*：*The Period of Conflict*，*1834-1860*. 1910；reprint ed.，Taipei：Book World Co.，1966.

马士. 中华帝国对外关系史. 再版，台北：Book World Co.，1966.

756 北京市清真寺调查 Beijingshi Qingzhensi diaocha [A survey of the mosques of Peking]. 回教月刊，1：6（1938）：33-38；1：7（1938）：54-63；1：8（1938）：43-56；2：1（1938）：38-45.

Mote. F. W. "A Millennium of Chinese Urban History：Form，Time，and Space Concepts in Soochow." *Rice University Studies* 59（1973）：335-365.

牟复礼. 中国千年城市史：苏州的形式、时间和空间概念. 莱斯大学研究，59（1973）：335-365.

——. "The Transformation of Nanking，1350-1400，" pp. 101-153 in *The City in Late Imperial China*. Ed. G. William Skinner. Stanford：Stanford University Press，1977.

——. 南京的变迁，1350—1400//施坚雅，主编. 中华帝国晚期的城市，101-153. 斯坦福：斯坦福大学出版社，1977.

——. "The Intellectual Climate in Eighteenth-Century China：Glimpses of Beijing，Suzhou，and Yangzhou in the Qianlong Period，" in *Chinese Painting under the Qian-long Emperor*：*The Symposium Papers in Two Volumes*. Ed. Chou Ju-hsi&Claudia Brown. *Phoebus*（Arizona State University）6：1（1988）：17-55.

——. 18世纪中国的知识氛围：乾隆时期北京、苏州、扬州一瞥//周汝式，克劳蒂亚·布朗，编. 乾隆皇帝时期的中国绘画：论文集两卷. 菲伯斯（亚利桑那大学）：6：1（1988）：17-55.

——. "Review Article：Urban History in Later Imperial China." *Ming*

Studies 34 (1995): 61-76.

——. 书评：中华帝国晚期的城市史. 明史研究，34 (1995)：61-76.

Mote，Frederick W.，& Howard L. Goodman. *A Research Manual for Ming History*. Princeton：The Chinese Linguistics Project，Princeton University，1985.

牟复礼，霍华德·L. 顾德曼. 明史研究手册. 普林斯顿：普林斯顿大学中国语言学项目，1985.

张伟仁 (Chang Wejen)，主编. 明清档案 *MQDA*：*Ming Qing dang'an* [Archives of the Ming and Qing]. 台北："中央研究院"历史语言研究所，1986.

明人传记资料索引 *MRZJ*：*Mingren zhuanji ziliao suoyin* [An index to Ming biographical sources]. "中央图书馆"编. 台北："国家图书馆"，1965. 2卷.

明史 *MS*：*Ming shi* [History of the Ming dynasty]. 1739；再版，台北：中华书局，1974.

明实录 *MSL*：*Ming shilu* [Veritable records of the Ming dynasty]. 台北："中央研究院"历史语言研究所，1961—1966. *MSL-JJ*：世宗实录 [嘉靖] 朝. *MSL-WL*：神宗实录 [万历] 朝. *MSL-ZD*：武宗实录 [正德] 朝.

Mumm，Alfons. *Ein Tagebuch in Bildern*：*Meinen Mitarbeitern in Peking ur freundlichen Grinnerung an ihren Chef*. Peking：1902.

阿尔方斯·穆默. 摄影日记. 北京，1902.

Mungello，D. E. *Curious Land*：*Jesuit Accommodation and the Origins of Sinology*. Honolulu：University of Hawaii，1989.

孟德卫. 神奇的国度：耶稣会士传教本土化和汉学研究的起源. 檀香山，夏威夷大学，1989.

村上知行 (Murakami Tomoyuki). 北平 *Hokuhei* [Beiping]. 北平：1934.

——. 北京岁时记 *Pekin saijiki* [Record of the annual calendar in Peking]. 东京：1940.

Muramatsu，Yuji. "Banner Estates and Banner Lands in Eighteenth Century China— Evidence from Two New Sources." *Hitotsubashi Journal of Economics* 12：2 (1972)：1-13.

村松佑次. 18世纪旗人财产和土地——来自两个新来源的证据. 一桥经济学杂志，12：2 (1972)：1-13.

Murck, Alfreda. “Eight Views of the Hsiao and Hsiang Rivers by Wang Hong,” pp. 213-235in *Images of the Mind: Selections from the Edward L. Elliott Family and John B. Elliott Collections of Chinese Calligraphy and Painting at the Art Museum, Princeton University*. Ed. Wen C. Fong et al. Princeton: The Art Museum, 1984.

姜斐德. 王洪的潇湘八景//方闻，等编. 心印. 普林斯顿：艺术博物馆，1984：213-235.

——. “Yuan Jiang: Image Maker,” in *Chinese Painting under the Qianlong Emperor: The Symposium Papers in Two Volumes*. Ed. Chou Ju-hsi & Claudia Brown. Phoebus (Arizona State University) 6: 2 (1988): 228-249.

——. 清代画家袁江//周汝式，克劳蒂亚·布朗，编. 乾隆皇帝时期的中国绘画：论文集两卷. 菲伯斯（亚利桑那大学），6：2（1988）：228-249.

Na, Chih-liang, & William Kohler. *The Emperor's Procession: Two Scrolls of the Ming Dynasty*. Taipei: National Palace Museum, 1970.

那志良，威廉姆·科勒. 皇帝出行：明代两个卷轴. 台北：“故宫博物院”，1970.

757 那文毅公奏议 *Na Wenyigong zouyi* [The collected memorials of Nayancheng]. 1834年；再版，台北：文海出版社，1968.

那波利贞（Naba Toshisada）. 燕吴载笔 *En-Go saihitsu* [A record of Yan and Wu]. 东京：1925.

中野江汉（Nakano Kōkan）. 北京繁昌记 *Pekin hanjōji* [Sketches of Peking life]. 北京：Shina Fubutsu Kenkyūkai，1922—1925.

南巡盛典 *Nan xun shengdian* [Record of four imperial southern tours]. 1771年前言；再版，笔记小说大观：26. 台北：新兴书局，1979.

Naquin, Susan. *Millenarian Rebellion in China: The Eight Trigrams Uprising of 1813*. New Haven: Yale University Press, 1976.

韩书瑞. 千年末世之乱：1813年八卦教起义. 纽黑文：耶鲁大学出版社，1976.

——. *Shantung Rebellion: The WangLun Uprising of 1774*. New Haven: Yale University Press, 1981.

——. 山东叛乱：1774年王伦起义. 纽黑文：耶鲁大学出版社，1981.

——. “Connections between Rebellions: Sect Family Networks in Qing China.” *Modern China* 8: 3 (1982): 337-360.

——. 叛乱间的联系：清代中国的教派家庭网络. 近代中国，8：3

(1982)：337-360.

——. "The Transmission of White Lotus Sectarianism in Late Imperial China." pp. 255-291 in *Popular Culture in Late Imperial China*. Ed. David Johnson, A. J. Nathan, & Evelyn S. Rawski. Berkeley: University of California Press. 1985.

——. 中华帝国晚期白莲教的传播//姜士彬，黎安友，罗友枝，编. 中华帝国晚期大众文化. 伯克利：加州大学出版社，1985：255-291.

——. "Two Descent Groups in North China: The Wangs of Yung-P'ing Prefecture, 1500-1800," pp. 210-244 in *Kinship Organization in Late Imperial China, 1000-1940*. Ed. Patricia B. Ebrey & James L. Watson. Berkeley: University of California Press, 1986.

——. 华北的两个家族：永平王家，1500-1800//伊沛霞，华琛，编. 中华帝国晚期的家族组织. 伯克利：加州大学出版社，1986：210-244.

——. "Funerals in North China: Uniformity and Variation." pp. 37-70 in *Death Ritual in Late Imperial and Modern China*. Ed. James L. Watson & Evelyn S. Rawski. Berkeley: University of California Press, 1988.

——. 华北的葬礼：一致性与变化//华琛，罗友枝，编. 中华帝国晚期和当代的丧葬礼仪. 伯克利：加州大学出版社，1988：37-70.

——. "The Peking Pilgrimage to Miao-feng-shan: Religious Organizations and Sacred Site," pp. 333-377 in *Pilgrims and Sacred Sites in China*. Ed. Susan Naquin & Chün-fang Yü. Berkeley: University of California Press, 1992.

——. 北京妙峰山的进香：宗教组织与圣地//韩书瑞，于君方，编. 中国历史上的进香与宗教圣地. 伯克利：加州大学出版社，1992：333-377.

——. Review of Beatrice S. Bartlett, *Monarchs and Ministers*. *Modern Asian Studies* 27: 4 (1993): 917-920.

——. 评论白彬菊《君主与大臣》. 现代亚洲研究，27：4（1993）：917-920.

——. "The Annual Festivals of Peking." pp. 853-882 in *Minjian xinyang yu Zhongguo wenhua guoji yantao huilunwenji* [Proceedings of the International Conference on Popular Beliefs and Chinese Culture]. Taipei: Center for Chinese Studies, 1994.

——. 北京的节日//民间信仰与中国文化国际研讨会论文集. 台北：汉学研究中心，1994.

——. “Sites, Saints, and Sights at the Tanzhe Monastery.” *Cahiers d'Extrême-Asie* 10（1998）：183-211.

——. 潭柘寺的位置、圣徒和景色. 远东亚洲丛刊，10（1998）：183-211.

Naquin, Susan, &Evelyn S. Rawski. *Chinese Society in the Eighteenth Century*. New Haven：Yale University Press. 1987.

韩书瑞，罗友枝. 18 世纪的中国社会. 纽黑文：耶鲁大学出版社，1987.

Naquin, Susan, &Chün-fangYü. eds. *Pilgrim and Sacred Sites in China*. Berkeley：University of California Press. 1992a.

韩书瑞，于君方，编. 中国历史上的进香与宗教圣地. 伯克利：加州大学出版社，1992.

——. “Introduction,” pp. 1-38 in *Pilgrims and Sacred Sites in China*. Berkeley：University of California Press. 1992b.

——. 前言//中国历史上的进香与宗教圣地. 伯克利：加州大学出版社，1992：1-38.

纳兰性德（Nara Singde）. 通志堂集 *Tongzhitang ji* [Collection from the Tongzhi Hall]. 1691；再版，上海：上海古籍出版社，1979.

Navarrete, Domingo Fernandez. *The Travels and Controversies of Friar Domingo Navarrete, 1618 - 1686*. Ed. J. S. Cummins. Cambridge：Cambridge University Press，1962. 2vols.

闵明我. 闵明我修士行记和论战，1618—1686. 库敏士，编. 剑桥：剑桥大学出版社，1962. 2 卷.

清代职官年表 *Nianbiao*：*Qingdai zhiguan nianbiao* [Chronological table of Qing officials]. 北京：中华书局，1980. 4 卷.

758 聂崇正（Nie Chongzheng）. 分藏两地的《雍正帝祭先农坛图》Fen cang liang di di ‘Yongzhengdi ji Xiannongtan tu'juan [On the scroll ‘Yingzheng Worships at the Xiannongtan' that is held in two places]. 文物天地，1990（3），44-47.

Nieuhof, Johannes. *An embassy from the East-India Company of the United Provinces, to the Grand Tartar Cham, emperour of China, delivered by their excellcies Peter de Goyer and Jacob de Keyzer, at his imperial city of Peking, where in the cities, towns, villages, ports, rivers &c. in their passages from Canton to Peking are ingeniously described by John Nievhoff*. London：1669.

纽霍夫．东印度公司遣使觐见中国鞑靼皇帝记．伦敦：1669.

Niida，Noboru. “The Industrial and Commercial Guilds of Peking and Religion and Fellow-Countrymanship as Elements of Their Coherence.” *Folklore Studies* 9 (1950)：179-205.

仁井田陞．北京工业与商业协会以及作为其连贯性的元素的宗教和同乡关系．民俗研究，9 (1950)：179-205.

Niida，Noboru 仁井田陞．［*Niida Noboru hakushi shu*］*Pekin kōshō ‘girudo’ shiryōshū* 北京工商ギルド资料集［Source materials on Peking “guilds” compiled by Dr. Niida Noboru］. Ed. Saeki Yuichi 佐伯有一 & Tanaka Issei 田仲一成．东京：Tōkyō Daigaku Tōyō Bunka Kenkyūjo，1975—1983. 6vols. Fieldwork carried out in 1942—1944 together with Imahori Seiji 今堀诚二 & Okuno Shintarō 奥野信太郎.

仁井田陞（Niida，Noboru）．北京工商ギルド资料集．佐伯有一，田仲一成，编辑．东京：Tōkyō Daigaku Tōyō Bunka Kenkyūjo，1975—1983. 6卷．田野调查在1942—1944年与今堀诚二和奥野信太郎进行.

Norman，Henry. *The Peoples and Politics of the Far East*：*Travels and Studies in the British*，*French*，*Spanish*，*and Portuguese Colonies*，*Siberia*，*China*，*Japan*，*Korea*，*Siam*，*and Malaya*. 1894 *preface*. London：T. Fisher Unwin，1900.

孟鹤龄．远东的人民和政治：在英国、法国、西班牙和葡萄牙的殖民地、西伯利亚、中国、日本、朝鲜、暹罗和马来亚的旅行和研究．1894年前言．伦敦：T. Fisher Unwin，1900.

Norman，Jerry. *Chinese*. Cambridge：Cambridge University Press，1988.

罗杰瑞．汉语．剑桥：剑桥大学出版社，1988.

台北“故宫博物院”绘画藏品的摄影档案（截至1993年5月）．引文为散卷数和页码.

钦定总管内务府现行则例·广储司 *NWF Guongchusi*：*Qinding Zongguan Neiwufu xianxingzeli*：*Guangchusi*［Imperially issued regulations for the Imperial Household Agency：Office of Privy Purse］．北平：国立北平故宫博物院，1937.

钦定总管内务府现行则例·会计司 *NWF Kuaijisi*：*Qinding Zongguan Neiwufu xianxing zeli*：*Kuaijisi*［Imperially issued regulations for the Imperial Household Agency：Office of Accounts］．北平：国立北平故宫博物院，1937.

钦定总管内务府现行则例·南苑 *NWF Nanyuan*：*Qinding Zongguan Neiwufu xianxingzeli*：*Nanyuan* [Imperially issued regulations for the Imperial Household Agency：Southern Park]. 北平：国立北平故宫博物院，1937.

内务府庆典成案 *NWF qingdian*：*Neiwufu qingdian cheng'an* [Imperial Household Agency precedents for celebrations]. [约 1790]；再版，中国史料丛刊续编：第 6 册. 台北：文海出版社，1979.

内务府掌仪司承应各项香会花名册 *NWF xianghui*：*Neiwufu Zhangyisi chengying ge xiang xianghui huaming ce* [Lists of names of [Miaofengshan] pilgrimage association members submitted to the Imperial Household Agency Office of Palace Ceremonies]. [1896—1898]；1937. 藏于北京图书馆.

钦定总管内务府现行则例·掌仪司 *NWF Zhangyisi*：*Qinding zongguan Neiwufu xianxing zeli*：*Zhangyisi* [Imperially issued regulations for the Imperial Household Agency：Office of Palace Ceremonies]. 北平：国立北平故宫博物院，1937.

内务府奏销档 *NWF-ZX*：Neiwufu Zouxiao dang [Imperial Household Agency archives，Financial accounts volumes]. 中国第一历史档案馆，北京. 引文为卷数、页码和档案的日期.

OED/2：*The Oxford English Dictionary*；2d ed. on compact disc. Oxford：Oxford University Press，1992.

牛津英语词典. 第 2 版. 光盘. 牛津：牛津大学出版社，1992.

Official Guide：*Official Guide to Eastern Asia*：*Trans-Continental Con-*
759 *nections between Europe and Asia*. Ed. Imperial Japanese Government Railway. Tokyo：1913-1917. 4 vols. Vol. 4，*China*. Tokyo：1915.

东亚官方指南：欧亚之间横跨大陆的联系. Imperial Japanese Government Railway，编，东京：1913—1917. 4 卷. 卷 4，中国. 东京，1915.

Ogawa，K [azumasa]. *Photographs of Palace Buildings of Peking/Shinkoku Pekin kōjō sha shinchō*. Comp. Imperial Museum of Tokyo（Tokyo Kokuritsu Hakubutsukan). Tokyo：Ogawa Kazuma，1906. 2 vols.

小川一真. 清国北京皇城写真帖. 光盘. 东京帝国博物馆. 东京：小川一真，1906. 2 卷.

Ogden，Marcus R. *Notes on Sightseeing and Shopping in Peking*（*Peking for the Army and Navy*). 5th ed. Peking：Standard Press，1937.

马库斯·R. 奥格登. 北京观光购物记. 第 5 版，北京：标准出版社，1937.

岗田玉山（Okada Gyokuzan）．唐土名胜图会 *Morokoshi meishō zue* [Illustrated compendium of famous sites in China]，大阪：1805．引文为卷数．

Okada，Hidehiro．"Mandarin，a Language of the Manchus：How Altaic?"．pp. 165－187 in *Historische und bibliographische Studien zur Mandschuforschung*．Ed. Martin Gimm，Giovanni Stary，&Michael Weiers．Wiesbaden：Otto Harrassowitz，1992．

冈田英弘．满语，满洲人的语言：阿尔泰语？//嵇穆，史达礼，魏弥贤，编．满族研究中的历史和文献研究．威斯巴登：Otto Harrassowitz，1992：165－187．

奥村义信（Okamura Yoshinobu）．满洲娘娘考 *Manshū Nyannyan kō* [A study of Our Lady in Manchuria]．长春：满洲关系史料集成 Manshū Jijō Annaijo，1940．

Okuyama，Tsunegoro．*The Decoration of the Palace Buildings in Peking/Pekin kōjō kenchiku sōshoku*．Comp. Imperial University of Tokyo（Tokyo Teikoku Daigaku）．Tokyo：Ogawa Kazuma，1906，2 vols．

奥山恒五郎．北京皇城建筑装饰．东京帝国大学，编．东京：Ogawa Kazuma，1906．2卷．

Oliphant，Nigel．*A Diary of the Siege of the Legations in Peking during the Summer of* 1900．London：Longmans，Green，1901．

尼格尔・奥利芬特．北京使馆之困日记．伦敦：Longmans，Green，1901．

Overmyer，Daniel L．*Precious Volumes：An Introduction to Chinese Sectarin Scriptures from the Sixteenth and Seventeenth Centuries*．Cambridge：Asia Center，Harvard University，1999．

欧大年．宝卷：16—17世纪中国民间宗教文献导读．剑桥：哈佛大学亚洲中心，1999．

Ownby，David．*Brotherhoods and Secret Societies in Early and Mid-Qing China：The Formation of a Tradition*．Stanford：Stanford University Press，1996．

王大为．兄弟结拜与秘密会党：一种传统的形成．斯坦福：斯坦福大学出版社，1996．

Oxnam，Robert B．*Ruling from Horseback：Manchu Politics in the Oboi Regency，1661－1669*．Chicago：University of Chicago Press，1975．

安熙龙．马背上的统治：鳌拜摄政时期的满族政治统治，1661—1669．

芝加哥：芝加哥大学出版社，1975.

小柳司气太（Oyanagi Shigeta）. 白云观志（附东岳庙志）*Hakuunkan shi*，*Tsuketari Tōgakubyū shi* [Gazetteer of the Baiyunguan，with Dongyuemiao gazetteer attached]. 东京：1934.

朴趾源（Pak Chiwŏn）. 热河日记 *Yŏrha ilgi* [Diary of a journey to Rehe]，26 局 [1780]；再版，中华丛书，台北：台湾书店，1956. 未标页码. 引文为部分数字.

朴思浩（Pak Saho）. 燕行纪程 Yŏnhaeng kijong [A journey to Peking]. [1768]. In *Yŏnhaengnok sŏnjip* 燕行录全集：1：825-862.

Palastmuseum Peking：*Schatze aus de Verbotenen Stadt*. Frankfurt am Main：Insel Verlag，1985.

北京故宫博物院：来自紫禁城的珍宝. 法兰克福：Insel Verlag，1985.

Paludan，Ann. *The Imperial Ming Tombs*. Hong Kong：Hong Kong University Press，1981.

安·帕路丹. 明十三陵. 香港：香港大学出版社，1981.

潘荣陛（Pan Rongbi）. 帝京岁时纪胜 *Dijing suishi jisheng* [Famous sites in the annual calendar of the capital]. 1758；再版，北京：北京古籍出版社，1981.

潘深亮（Pan Shenliang）. 吕文英、吕纪合作《竹园寿集图》浅析“Lü Wenying，Lü Ji he zuo ‘Zhuyuan shou ji tu’ qianxi [On the ‘Birthday Gathering in the Bamboo Garden’ painted by Lü Wenying and Lü Ji]. 故宫博物院院刊，1988（4）：61-63.

Parry，Albert. “Russian（Greek Orthodox）Missionaries in China，1689-1917：Their Cultural，Political，and Economic Role.” *Pacific Historial Reviou* 9（1940）：401-424.

阿尔贝·帕里. 在中国的俄罗斯（希腊东正教）传教士，1689—1917：他们的文化、政治和经济角色. 太平洋历史评论，9（1940）：401-424.

760 Pauthier. G.，&A. Bazin. *Chine Moderne*，*ou Description historique*，*geographique et litteraire de ce vaste empire*，*d'après des documents chinois*. Paris：Firmin Didot，1853.

鲍狄埃，巴赞. 近代中国，或依中国文件编写的有关该大帝国历史、地理及学术概论. 巴黎：Firmin Didot，1853.

The Peace of Peking. Peking：1938.

北京的和平. 北京：1938.

北京志 *Pekin shi* [A gazetteer of Peking]. Comp. Shinkoku Chūtongun Shireibu Tokyo：Hakubunkan，1908.

北京志. 光盘. 东京：Hakubunkan，1908.

Peking and the Surrounding Country. Taijin：H. Lee，1916.

北京和周边地区. 天津：H. Lee，1916.

Peking Art Series. Peking：Camera Craft Co.，[1920s?].

北京艺术系列. 北京：Camera Craft Co.，[20 世纪 20 年代?].

Peking City Archives [Beijing shi Dang'anguan]. Peking. Republican era. Citations are to document number.

北京市档案馆. 北京. 民国时期. 引文为档案号码.

Peking Gazette. （Translations reprinted annually from the *North China Herald*.）Shanghai：1873-1884. Citations are to Western date.

北京志. （翻译再版自《北华捷报》）. 上海：1873—1884. 引文为西方日期.

Peking Library：Stelae rubbings held in the Peking Library [Beijing Tushuguan] in Peking but not published in *BJTB*. Citations are to rubbing number.

北京图书馆所藏石碑拓片，但不是《北京图书馆藏中国历代石刻拓本汇编》. 引文为拓片编号.

Pelliot，Paul. "Les 'Conquêtes de l'empereur de la Chine.'" *T'oung Pao*，2d ser.，20（1920-1921）：184-274.

伯希和. 中国皇帝的征服. 通报. 第 2 系列，20（1920—1921）：184-274.

鹏昊（Peng-Hao）. 慈禧六旬庆典点景 Cixi liu xun qingdian dianjing [Sketches for the celebrations of Cixi's sixtieth birthday]. 紫禁城，1983（19）：31-33.

彭年（Peng Nian）. 北京回族的经济生活变迁 Beijing huizu di jing ji shenghuo bianqian [Changes in the livelihood of Muslims in Peking]. 回族研究，1993（3）：31-35.

Peng，Xinwei. *A Monetary History of China*（*Zhongguo Huobi Shi*）. Trans. Edward H. Kaplan. Bellingham. Wash.：Western Washington University Press，1994.

彭信威. 中国货币史. 卡普兰，译. 华盛顿：西华盛顿大学出版社，1994.

Perckhammer，Heinz von. *Peking*. Berlin：Albertus，1928.

海因兹·冯·佩克哈墨. 北京. 柏林：Albertus，1928.

Percy，Thomas，ed. *Miscellaneous pieces relating to the Chinese*. London：Dodsley，1762，2 vols.

托马斯·佩希，编. 汉语札记. 伦敦：Dodsley，1762. 2卷.

Perdue，Peter C. "The Qing State and the Gansu Grain Market，1739-1864，" pp. 100-125 in *Chinese History in Economic Perspective*. Ed. Thomas G. Rawski&Lillian M. Li. Berkeley：University of California Press，1992.

濮德培. 清政府和甘肃的谷物市场，1739—1864//托马斯·罗斯基，李明珠，编. 从经济角度看中国历史. 伯克利：加州大学出版社，1992：100-125.

Peterson，Willard J. *Bitter Gourd*：*Fang I-chih and the Impetus for Intellectual Change*. New Haven：Yale University Press，1979.

毕德胜. 方以智和17世纪30年代的思想变化. 纽黑文：耶鲁大学出版社，1979.

——. "What to Wear? Observation and Participation by Jesuit Missionaries in Late Ming Society,' pp. 403-421 in *Implicit Understandings*：*Observing*，*Reporting and Reflecting on the Encounters between Europeans and Other Peoples in the Early Modern Era*. Ed. Stuart B. Schwartz. Cambridge：Cambridge University Press，1994.

——. 穿什么衣服？明末社会耶稣会士观察和参与//斯图亚特·史瓦兹，编. 模糊的认识：近代早期欧洲和其他国家人民的观察、报告和反思. 剑桥：剑桥大学出版社，1994：403-421.

Pfister，Louis. *Notices biographiques et bibliographiques sur les Jesuites de l'ancienne mission de Chine*，*1522-1773*. Shanghai：Imprimerie de la Mission Catholique，1932-1934. 2vols.

费赖之. 在华耶稣会士传略及书目提要. 上海：Imprimerie de la Mission Catholique，1932—1934. 2卷.

Pinto，Fernsão Mendes. *The Travels of Mendes Pinto*. Ed. and trans. Rebecca D. Catz. Chicago：University of Chicago Press，1989.

门德斯·平托. 门德斯·平托游记. 丽贝卡·D. 卡茨，编译. 芝加哥：芝加哥大学出版社，1989.

Pirazzoli-T'Serstevens，Michèle. *Graveurs des conquêtes de l'empereur de*

Chine K'ien-long au Musée Guimet. Paris：Musée Guimet，1969.

毕梅雪. 乾隆皇帝征服的印记——吉美博物馆. 巴黎，1969.

Planchet，Jean-Marie. *Le Cimitière et la Paroisse de Tcheng-fou-sse (1732-1917)*. Peking：lmprimerie des Lazaristes，1918.

包士杰. 正福寺的墓地和教堂（1732—1917）. 北京：遣使会印刷厂，1918.

——. *Guide du Touriste aux Monuments religieux de Pèkin*. Peking：Imprimerie des Lazaristes，1923.

——. 北京宗教建筑参观指南. 北京：北堂印书馆，1923.

——. *Le cimetière et les oeuvres catholiques de Chala，1610-1627*. Peking：Imprimerie des Lazaristes，1928.

栅栏墓地和天主教文献，1610—1672. 北京：北堂印书馆，1928.

Playfair，G. M. H. *The Cities and Towns of China：A Geographical* 761
Dictionary. 2d ed. 1910；reprint ed.，Taipei：Ch'eng-wen，1971.

白挨底. 中国地名辞典. 第2版. 1910；再版，台北：成文出版社，1971.

Polachek，James. *The Inner Opium War*. Cambridge：Council for East Asian Studies. Harvard University，1992.

波拉切克. 鸦片战争与清政府之内部斗争. 剑桥：哈佛大学东亚研究理事会，1992.

Pollak，Michael. *Mandarins，Jews，and Missionaries：The Jewish Experience in the Chinese Empire*. Philadelphia：Jewish Publication Society of America，1980.

迈克尔·波拉克. 清朝官吏、犹太人和传教士——犹太人在中华帝国的经历. 费城：美国犹太出版协会，1980.

Polo，Marco. *Marco Polo；The Description of the World*. Translated and annotated by A. C. Moule&Paul Pelliot. London：Routledge，1938. 2 vols.

马可·波罗. 马可·波罗行记. 穆尔（一译牟里或慕阿德），伯希和，译注. 伦敦：劳特利奇，1938. 2卷.

Pomeranz，Kenneth. "Power，Gender，and Pluralism in the Cult of the Goddess of Taishan，" pp. 182-204 in *Culture and State in Chinese History：Conventions，Accommodations，and Critiques*. Ed. Theodore Huters，R. Bin Wong，&Pauline Yu. Stanford：Stanford University Press，1997.

彭慕兰．泰山女神崇拜中的权力、性别和多元化//胡志德，王国斌，余宝琳，编．中国历史的文化和国家：习俗、和解和批评．斯坦福：斯坦福大学出版社，1997：182-204.

Poussielgue，A. "Relation de voyage de Shanghai à Moscou，par Pékin，la Mongolie et la Russie Asiatique，redigée d'après les notes de M. de Bourboulon，ministre de France，et de Mine. de Bourboulon，1859 - 1862." *Tour du Monde*.（Paris）9&10（1864）：passim.

普西格．从上海经由北京、内蒙古和俄罗斯东部到莫斯科，根据法国总理布尔布隆的笔记编辑，1859—1862．旅游世界（巴黎），9－10（1864）：各处.

Prendergast，Christopher. *Paris in the Nineteenth Century*. Oxford：Blackwell，1992.

克里斯托弗·普任德葛斯特．19世纪巴黎．牛津大学：Blackwell，1992.

Die Preussische expedition nach ost-asien：*Ansichten aus Japan*，*China und Siam*. Berlin：1864；reprint ed.，Tokyo：Tenri Daigaku，1975.

普鲁士远征东亚：来自日本、中国和暹罗．柏林：1864；再版，东京：Tenri Daigaku，1975.

Prip-Mϕller，J. *Chinese Buddhist Monasteries*：*Their Plan and Its Function as a Setting for Buddhist Monastic Life*. 1937；reprint ed.，Hong Kong：Hong Kong University Press，1967.

普利普·摩勒．中国佛教寺院．1937；再版，香港：香港大学出版社，1967.

Pudney，John. *The Thomas Cook Story*. London：Michael Joseph，1953.

约翰·普德尼．托马斯·库克的故事．伦敦：Michael Joseph，1953.

Purchas，Samuel. *Purchas his Pilgrimage. Or relations of the world and the religions observed in all ages and places discovered*，*from the Creation unto this present* . 4th ed. London：1626.

塞缪尔·珀切斯．世界旅行记大成．第4版．伦敦：1626.

起居注 Qijuzlm [Record of daily imperial actions]．中国第一历史档案馆，北京.

秦国经（Qin Guojing）．18世纪西洋人在测绘清朝舆图中的活动与贡献 Shiba shiji Xiyangren zai cehui Qingchao yutu zhong di huodong yu gongxian [The involvement and contribution of Westerners to the Qing dynasty topographical surveys of the eighteenth century]. 清史研究，1997（1）：37-44.

秦岭云（Qin Lingyun）. 北京法海寺明代壁画 *Beijing Fahaisi Mingdai bihua* [Ming dynasty wall paintings in Peking's Fahaisi]. 北京：中国古典艺术出版社，1959.

钦定四库全书总目 *Qinding Siku quanshu zongmu* [Index to the imperially authorized Manuscript Library in Four Treasuries]. 1782；再版，上海：商务印书馆，1934. 4 卷. 引文为册数、卷数和原页码.

清西陵览胜 *Qing Xiling lan sheng* [Seeing the sights of the Qing Western：Tombs]. 石家庄：河北美术出版社，1987.

清代碑传全集 *Qingdai beizhuan quanji* [Complete collection of Qing dynasty stelae epitaphs]. 上海：上海古籍出版社，1987. 2 卷.

中国第一历史档案馆，编. 清代档案史料丛编 *Qingdai dang'an shiliao congbian* [Collected Qing dynasty archival documents]：第 10 辑. 北京：中华书局，1984.

中国人民大学清史研究所、档案系中国政治制度史教研室，合编. 清代的旗地 *Qingdai di qidi* [Banner lands in the qing period]. 北京：中华书局，1989. 3 卷.

清代家具生活 *Qingdai jiaju shenghuo/Daily Life in the Qing Dynasty*. 三栋屋博物馆展览目录，香港：Regional Council，1987.

钦定辛酉工赈纪事 *Qinding Xinyou gongzhen ji shi* [Imperially issued account of the relief work in 1801]. 1802. *762*

清末北京城市管理法规 *Qingmo Beijing chengshi guanli fagui* [Documents on the supervision of late Qing Peking]. 北京：北京燕山出版社，1996.

清史编年 *Qingshi biannian* [Qing history year by year]. 北京：中国人民大学出版社，1988—1991. 引文为卷数和页码.

邱仲麟（Qiu Zhonglin）. 明代北京都市生活与治安的转变 "Mingdai Beijingdushi shenghuo yu zhi'an di zhuanbian [Changes in urban life and public order in Ming period Peking city]."《九州学刊》（香港），5：2（1992）：49-106.

清史稿 QS：*Qingshi gao* [Draft Qing history]. 1934；再版，台北：Hongshi，1981. 20 卷.

清实录 QSL：[Veritable Records of the Qing dynasty]. 奉天：1937；再版，台北：台湾华文，1964. 引文为原卷数和页码. QSL-DG：道光朝. QSL-GX：光绪朝. QSL-JQ：嘉庆朝. QSL-KX：康熙朝. QSL-QL：乾隆

朝. QSL-SZ：顺治朝. QSL-TC：天聪. QSL-TZ：同治朝. QSL-XF：咸丰朝. QSL-YZ：雍正朝.

瞿九思（Qu Jiusi）. 足本万历武功录 *Zu ben Wanli wugonglu* [Military achievements of the Wanli reign]. 1612. 再版，台北：艺文印书馆，1970.

瞿宣颖（Qu Xuanying）. 北平史表长编 *Beiping shibiao changbian* [A chronological history of Peking]. 1937；再版，台北：古亭书屋，1969.

让廉（Ranglian）. 京都风俗志 *Jingdu fengsu zhi* [Essay on the customs of the capital]. 手稿 1899. [藏于首都图书馆].

Rankin，Mary Backus. *Elite Activism and Political Transformation in China：Zhejiang Province，1865 - 1911*. Stanford：Stanford University Press，1986.

冉枚烁. 中国的精英行动主义和政治转变：浙江（1865—1911）. 斯坦福：斯坦福大学出版社，1986.

——. "The Origins of a Chinese Public Sphere：Local Elites and Community Affairs in the Late Imperial Period." *Études Chinoises* 9：2（1990）：13-60.

——. 中国公共领域的起源：晚清时期的地方精英和社区事务. 汉学研究，9：2（1990）：13-60.

Rasmussen，Otto Durham. *Tientsin：An Illustrated Outline History*. Tianjin：Tientsin Press，1925.

雷穆森. 天津——插图本史纲. 天津：天津印字馆，1925.

Rawski，Evelyn S. "Ch'ing Imperial Marriage and Problems of Rulership," pp. 170-203 in *Marriage and Inequality in Chinese Society*. Ed. Rubie S. Watson& Patricia Buckley Ebrey. Berkeley：University of California Press，1991.

罗友枝. 清代的皇室婚姻和政治统治问题//华若碧，伊沛霞，编. 中国社会中的婚姻关系和男女平等问题. 伯克利：加州大学出版社，1991：170-203.

——. "The Creation of an Emperor in Eighteenth-Century China," pp. 150-174 in *Harmony and Counterpoint：Ritual Music in Chinese Context*. Ed. Bell Yung，Evelyn S. Rawski，&Rubie S. Watson，Stanford：Stanford University Press，1996.

——. 18 世纪皇帝形象的创立//荣鸿增，罗友枝，华若碧，编. 和谐与矛盾：中国语境中的礼乐. 斯坦福：斯坦福大学出版社，1996：150-174.

——. *The Last Emperors：A Social History of Qing Imperial Institu-*

tions. Berkeley：University of California Press，1998.

——. 清代宫廷社会史. 伯克利：加州大学出版社，1998.

Reichelt，Karl Ludvig. *Truth and Tradition in Chinese Buddhism*：*A Sludy of Chinese Ma hayana Buddhism*. Revised & enlarged ed.，Shanghai：Commercial Press，1934.

艾香德. 中国佛教中的真实性与传说. 修订和扩充版. 上海：商务印书馆，1934.

任金城（Ren Jincheng）. 明刻《北京城宫殿之图》——介绍日本珍藏的一幅北京古地图 Ming ke "Beijing cheng gongdian zhi tu" —Jieshao Riben zhencang di yi fu Beijing gu ditu [A Ming "Picture of the City and Palaces of the Northern Capital" —introducing an old picture of Peking held in Japan]. 北京史苑：第 3 辑. 北京：北京出版社，1985：423-429.

Rennie. D. F. *Peking and the Pekingese during the First Year of the* 763 *British Embassy at Peking*. London：Murray，1865. 2vols.

芮尼. 驻华英使馆第一年期间的北京和北京人. 伦敦：Murray，1865. 2 卷.

Rhein，J. "Notes Taken on a Journey to Si-yu-sz（Temple of the Western Regions）." *Journal of the Peking Oriental Society*（1885）：173-185.

来因. 西域寺游札记. 东方学会杂志，（1885）：173-185.

Ricci，Matteo，*Historischer bericht*，*was sich in dem grossen und nun je lenger je mehr bekandten königreich China*，*in verkündigung dess H. Euangelij und fortpfiantzung des Catholischen Glaubens*，*von*，*1604 und volgenden Jaren*，*denckwürdigs zugetragen*. [1611a].

利玛窦. 历史报告. [1611].

——. *Lettres annales des royaumes du japon et de la Chine*，*des années 1606 ώ 1607*. *escrites parles par les Pères Jean Rodrigues ώ Matthieu Ricci*，*de la compagnie d'esus*. Paris：1611b.

——. 1606、1607 年日本和中国年报. 巴黎，1611.

——. *De Christiana expeditione apud Sinas suscepta ab Societate Jesu*. Ed. and trans，Nicolas Trigault. 1615.

——. 利玛窦中国札记. 金尼阁，编译，1615.

——. *Histoire de l'expèlition chrestienne au royaume de la Chine*，*entreprise par les pères de la Compagnie de lesus comprise en cinq livres*. [Trigault's 1615 work]，Trans. S.D. de Riquebourg-Trigault. Lyon：Horace Cardon，1616.

——. 利玛窦中国札记. 瑞克贝·金尼阁，译. 里昂：Horace Cardon，1616.

——. *Fonti ricciane; documenti Originali concernenti Matteo Ricci e la storia delle prime relazioni tra l'Europa e la Cina (1579-1615)*. Rome：Libreria dello Stato，1942—1949. 3vols.

——. 利玛窦全集. 罗马：Libreria dello Stato，1942—1949. 3 卷.

——. *China in the Sixteenth Century: The Journals of Matthew Ricci, 1583-1610*. [Trigault's 1615 work]. Trans. Louis J. Gallagher. New York：Random House，1953.

——. 16 世纪的中国：利玛窦日记，1583—1610. [金尼阁的 1615 年著作]. 加莱格尔，译. 纽约：Random House，1953.

Riely，Celia Carrington. "Tung Ch'i-ch'ang's Life (1555-1636)," pp. 2：387-457 in *The Century of Tung Ch'i-ch'ang*. Ed. Wai-kam Ho et al. Kansas City：Nelson-Atkins Museum of Art，1992. 2 vols.

李慧闻. 董其昌生平（1555—1636）//何惠鉴，等编. 董其昌的世纪. 堪萨斯城：纳尔逊艺术博物馆，1992. 2 卷.

Robinson，David. "Banditry and Rebellion in the Capital Region during The Mid-Ming (1450-1525)." Ph. D. diss.，Princeton University，1995a.

大卫·宾逊. 明中期京畿地区土匪与叛乱（1450—1525）. 博士论文，普林斯顿大学，1995a.

——. "Notes on Eunuchs in Hebei during the Mid-Ming Period." *Ming Studies* 34 (1995b)：1-16.

——. 明中期河北太监纪事. 明史研究，34（1995）：1-16.

——. "The Failed Coup of 1461 and the Chinese Mongols." Unpublished paper，June 1996.

——. 1461 年政变失败和中国蒙古. 未发表论文，1996 年 6 月.

Rochechouart，Le Comte Julien de. *Excursions autour du monde; Pékin et l'interieur de la Chine*. Paris：1878.

罗淑亚. 环游世界；北京及内陆中国. 巴黎：1878.

Rockhill，W. W. "The Dalai Lamas of Lhasa and Their Relations with the Manchu Emperors of China，1644-1908." *T'oung Pao* 11 (1910)：1-104.

柔克义. 拉萨的达赖喇嘛及其与清帝的关系，1644—1908. 通报，11（1910）：1-104.

Rogaski，Ruth. "From Protecting Life to Defending the Nation：The Emergence of Public Health in Tianjin，1859-1953." Ph. D. diss.，Yale University，1996.

罗芙芸. 从保护生命到保卫国家：天津公共卫生的出现，1859—1953. 博士论文，耶鲁大学，1996.

——. "Beyond Benevolence：A Confucian Women's Shelter in Treaty-Port China." *Journal of Women's History* 8：4（1997）：54-90.

——. 超越善行：天津广仁堂. 妇女史杂志，8：4（1997）：54-90.

Rossabi，Morris. *China and Inner Asia from* 1368 *to the Present*. London：Thames and Hudson，1975.

莫里斯·罗沙比. 从1368年到目前的中国和内亚. 伦敦：Thames and Hudson，1975.

——. "Muslims and Central Asian Revolts，" pp. 169-199 in *From Ming to Ch'ing*. Ed. Jonathan D. Spence & John E. Wills，Jr. New Haven：Yale University Press，1979.

——. 穆斯林和中亚起义//史景迁，卫思韩，编. 从明到清. 纽黑文：耶鲁大学出版社，1979：169-199.

Roth，Gertraude. "The Manchu-Chinese Relationship，1618 - 1636，" pp. 1-36 in From *Ming to Ch'ing*：*Conquest*，*Region*，*and Continuity in Seventeenth-Century China*. Ed. Jonathan D. Spence& John E. Wills，Jr. New Haven：Yale University Press，1 979.

陆西华. 满汉关系，1618—1636//史景迁，卫思韩，编. 从明到清：17世纪中国的征服、地区和连续性. 纽黑文：耶鲁大学出版社，1979.

Rowe，William T. *Hankow*：*Commerce and Society in a Chinese City 1796-1889*. Stanford：Stanford University Press，1984.

罗威廉. 汉口：中国城市的商业和社会，1796—1889. 斯坦福：斯坦福大学出版社，1984.

——. *Hankow*：*Conflict and Community in a Chinese City*，*1796—1895*. Stanford：Stanford University Press，1989.

——. 汉口：中国城市的冲突和社区，1796—1895. 斯坦福：斯坦福大学出版社，1989.

——. "The Public Sphere in Modern China." *Modern China* 16：3 *764*
（1990）：309-329.

——. 近代中国的公共领域. 近代中国，16：3（1990）：309-329.

Rozman，Gilbert. *Urban Networks in Ch'ing China and Tokugawa Japan*. Princeton：Princeton University Press，1973.

饶济凡. 清朝和幕府时代日本的城市网络. 普林斯顿：普林斯顿大学出版社，1973.

——. "Two Sources of Population Data for Nineteenth Century China." *Ch'ing-shih wen-t'i* 3：8（1977）：72-78.

——. 19世纪中国人口数据两个来源. 清史问题，3：8（1977）：72-78.

铁路指南：

京奉铁路旅行指南 *JingFeng tielu lüxingzhinan* [Guide to the Peking-Fengtian Railroad Line]. 1910.

京绥铁路旅行指南 *Jing Sui tielu lüxingzhinan* [Guide to the Peking-Suiyuan Railroad Line]. 1922.

京汉铁路旅行指南 *Jing Han tielulüxingzhinan* [Guide to the Peking-Hankou Railroad Line]. 1923.

阮葵生（1727—1789）（Ruan Kuisheng）. 茶余客话 *Cha yu ke hua* [A visitor's remarks ovcr tea]. 年代不详；再版，北京：中华书局，1959. 2卷.

Rudova，Maria. *Chinese Popular Prints*. Leningrad：Aurora Art Publishers，1988.

玛利亚·鲁道夫. 中国流行画. 列宁格勒：Aurora Art Publishers，1988.

Ruitenbeek，Klaas. *Discarding the Brush：Gao Qipei（1660-1734）and the Art of Chinese FingerPainting / Schilderen zonder penseel：Gao Qipei（1660-1734）en de Chinese vingerschilderkunst*. Amsterdam：Rijksmuseum，1992.

鲁克思. 遗弃画笔：高其佩（1660—1734）和他的手指画. 阿姆斯特丹：Rijksmuseum，1992.

——. *Carpentry and Building in Late Imperial China：A study of the Fifteenth-Century Carpenter's Manual，Lu Ban Jing*. Leiden：Brill，1993.

——. 中华帝国晚期的木作与营造. 莱顿：Brill，1993.

Ruoff，E. G.，ed. *Death Throes of a Dynasty：Letters and Diaries of Charles and Bessie Ewing，Missionaries to China*. Kent，Ohio：Kent State University Press，1990.

E. G. 罗夫，编. 一个王朝的垂死挣扎. 俄亥俄州肯特：肯特大学出版社，1990.

龙池清（Ryüchi Kiyoshi）. 明代的僧官 Mindai no sükan [Buddhist officials in the Ming]. 支那佛教史学 *Shina bukkyō shigaku*，4：3（1940）：35-36.

——. Mindai Pekin ni okeru rama kyōdan 明代北京における喇嘛教团 [The Lamaist order in Peking in the Ming] *Bukkyō kenkyū* 4：6（1941）：65-76.

——. 明代北京における喇嘛教団. 佛教研究，4：6（1941）：65-76.

Sabatier，Aubin. *Le Genie en Chine*：*Période d'occupation*，*1901-1906*. Paris：Librairtie Militaire Berger-Levrault，1910.

奥宾·萨巴蒂埃. 侵占期的中国天才，1901—1906. 巴黎：Librairtie Militaire Berger-Levrault，1910.

Saito Miki 斋藤干. "Pekin yori Tenshin ni itaru rojozu 北京より天津に至る路上图 [Map of the route between Tianjin and Peking]." 1881.

斋藤幹. 北京和天津的路线图. 1881.

Sakai Tadao 酒井忠夫. *Chūgoku zenshono kenkyū* 中国善书の研究 [A study of Chinese morality books]. 东京：Kōbundō，1960.

酒井忠夫. 中国善书的研究. 东京：Kōbundō，1960.

——. "Minmatsu ni okeru kōhōkyō to teigeki no an 明末におけよ红封教と梃击案 [The red envelope teaching of the late Ming and the case of the attack with the club]." pp. 390-398 in *Tsukamoto hakushi shōjü kinenkai bukkyō shigaku ronshū*，Kyoto：Kyoto University，1961.

——. 明末におけよ红封教と梃击案//*Tsukamoto hakushi shōjü kinenkai bukkyō shigaku ronshū*. 京都：京都大学，1961：390-398.

Samuels，Marwyn S.，&Carmencita Samuels. "Beijing and the Power of Place in Modern China，" pp. 202-227 in *The Power of Place*：*Bringing Together Geographical and Sociological Imaginations*. Ed. John A. Agnew & James. S. Duncan. Boston：Unwin Hyman，1989.

马尔温·塞缪尔斯，卡门西塔·塞缪尔斯. 近代中国北京和地方权力//阿格纽，詹姆斯·S. 邓肯，编. 权力所在：地理和社会想象力的结合. 波士顿：Unwin Hyman，1989.

三才图会 *San Cai tuhui* [Comprehensive illustrated encyclopedia]. 1609；再版，台北：成文出版社，1970. 6卷. 引文为再版卷数和页码.

Sandhaas，Joseph A.，S. V. D. *Catholic Peking*：*A Guide to Modern and Historic Places of Interest to Catholics*. Peking：Catholic University

Press，1937.

桑德厚. 天主教的北京：天主教徒现代和历史名胜指南. 北京：天主教大学出版社，1937.

Sangren，P. Steven. *History and Magical Power in a Chinese Community*. Stanford：Stanford University Press，1987.

桑高仁. 一个中国社区的历史和魔力. 斯坦福：斯坦福大学出版社，1987.

765 *Sanjiao wenxian*：*Matériaux pour l'etude de la religion chinoise*. No. 1. Paris：École Prátique des Hautes Études，Centre de Documentation et d'Etudes du Taoism. 1997.

三教文献：第一辑. 巴黎：高等研究实践学院道教文献研究中心，1997.

Santangelo，Paolo. "Urban Society in Late Imperial Suzhou，" pp. 81-116 in *Cities of Jiangnan in Late Imperial China*. Trans. Adam Victor. Ed. Linda Cooke Johnson. Albany：State University of New York Press，1993.

桑保罗. 中华帝国晚期的苏州城市社会//中华帝国晚期的江南城市. 亚当・维克多，译，张琳德，编. 奥尔巴尼：纽约大学出版社，1993：81-116.

Satō Manabu 佐藤学. "Minshō Pekin e no fuminso kyōsei ijū ni tsuite 明初北京への富民层强制移住について [The forced migration of wealthy people to Peking in the early Ming]." *Tōyōgakuhō* 64：1-2 (1983)：69-98.

佐藤学. 明初北京への富民层强制移住について. 东洋学报，64：1-2 (1983)：69-98.

Sawada Mizuhō 泽田瑞穗. "Ban-to-ku no kamigami 蟠桃宫の神离咪々 [The gods of the Pantaogong]." *Tōhō shūkyō* 26 (1965)：55-75.

泽田瑞穗. 蟠桃宫の神离咪々. 东方宗教，26 (1965)：55-75.

——. *Zōhō Hōkan no kenkyū* 增补宝卷の研究 [An expanded version of The Study of Precious Scriptures]. 东京：Kokusho Kankōkai，1975.

——. 增补宝卷の研究. 东京：国书刊行会，1975.

Scarth，John. *Twelve Years in China*：*The People*，*The Rebels*，*and the Mandarins*. 1860；reprint ed.，Wilmington，Del.：Scholarly Resources，1972.

斯卡思. 在华十二年见闻. 1860；再版，特拉华州威尔明顿：Scholarly Resources，1972.

Scenes in Peking. Peking：Peking Camera Craft Co.，[1915].

北京景色. 北京：北京照相机厂，[1915].

Scenic China. Series XIV: Western Hills. Peking. Shanghai: Commercial Press, 1919.

中国名胜：第十四种：西山．上海：商务印书馆，1919.

Schipper, Kristofer M. "Neighborhood Cult Associations in Traditional Tainan," pp. 651-676 in *The city in Late Imperial China*. Ed. G. William Skinner. Stanford: Stanford University Press, 1977.

施舟人．旧台南的街坊祀神社//施坚雅，主编．中华帝国晚期的城市．斯坦福：斯坦福大学出版社，1977：651-676.

——. "The Cult of Pao-sheng ta-ti and Its Spreading to Taiwan: A Case Study of fen-hsiang," pp. 397 - 416 in *Development and Decline of Fukien Province in the 17th and 18th Centuries*. Ed. E. B. Vermeer. Leiden: Brill. 1990.

——．保生大帝的祭祀及其在台湾的传播：对分香的研究//维米尔，编．17 至 18 世纪福建省的发展和衰亡．莱顿：Brill，1990.

Scidmore, Eliza Ruhamah. "The Streets of Peking." *Century Magazine* 58: 6 (October 1899): 859-873.

伊莱莎・鲁哈马・西德莫尔．北京的街道．世纪杂志，58：6（1899 年 10 月）：859-873.

——. *China, the Long-Lived Empire*. New York: Century, 1990.

——．中国万岁的皇帝．纽约：世纪，1990.

Segalen, Victor. *René Leys*. [1914?].

维克多・谢阁兰．勒内・莱斯．[1914?].

Seidel, Anna. "Chronicle of Taoist Studies in the West, 1950 - 1990." *Cahiers d'Extrême Asie* 5 (1989—1990): 223-347.

索安．西方道教研究编年史，1950—1990 年．远东亚洲丛刊，5（1989—1900）：223-347.

Semedo, Alvarez. *Imperio de la China*. Madrid: 1642.

曾德昭．中华帝国史．马德里：1642.

——. *Histoire universelle du grand royaume de la Chine*. Paris: 1645.

——．大中华历史．巴黎：1645.

——. *The History of That Great and Renowned Monarchy of China*. London: 1655.

——．中华帝国通史．伦敦：1655.

Serruys, Henry. "Foreigners in the Metropolitan Police during the 15th

Century.” *Oriens Extremus* 8 (1961)：59-83.

司律思. 15世纪首都警察中的外国人. 远东学报，8 (1961)：59-83.

——. “A Manuscript Version of the Legend of the Mongol Ancestry of the Yung-lo Emperor,” pp. 19-61 in *Analecta Mongolia*：*Dedicated to the Seventieth Birthday of Professor Owen Lattimore*. Ed. John G. Hangin&Urgunge Onon. [Bloomington，Ind]：Publications of the Mongolia Society，Occasional Papers，No. 8，1972.

——. 永乐皇帝蒙古血统传说的手稿//蒙古文选：献给欧文·拉铁摩尔教授70寿诞. John G. Hangin&Urgunge Onon，辑. [布卢明顿]：蒙古社会出版，不定期论文，第8号，1972.

Servigny，J. “Les Musulmans chinois.” *Societé de Geographie de L'Est n. s.* 34 (1913)：40-45.

J. 瑟维尼吉. 中国的穆斯林. 东方地理协会，34 (1913)：40-45.

Seward，Olive Risley，ed. *William H. Seward's Travels around the World*. New York：Appleton，1873.

奥利伍·里斯利·苏厄德，编. 威廉·H. 苏厄德世界游记. 纽约：Appleton，1873.

Shahar，Meir，&Robert P. Weller，eds. *Unruly Gods*：*Divinity and Society in China*. Honolulu：University of Hawaii Press. 1996.

夏维明，罗伯特·P. 威乐，编. 任性之神：中国神和社会. 檀香山：夏威夷大学出版社，1996.

Shan，Guoqiang，“The Tendency toward Mergence of the Two Great Traditions in Late-Ming Painting,” pp. 3：1-27 in *Proceedings of the Tung Ch'i-chang International Symposium*. Ed. Wai-ching Ho et al. Kansas City：Nelson-Atkins Museum of Art. 1991.

单国强. 晚明绘画中两个伟大传统融合的倾向//何惠清，等编. 董其昌国际学术研讨论文集：3. 堪萨斯城：纳尔逊艺术博物馆，1991：1-27.

766 商衍鎏 (Shang Yanliu). 清代科举考试述录 *Qingdai keju kaoshi shulu*; [A study of the examination system in the Qing]. 1958；再版，北京：三联书店，1983.

上谕八旗 *Shangyu Baqi* [Edicts to the Eight Banners]. 1735.

Shek，Richard Hon-Chun. “Religion and Society in Late Ming：Sectarianism and Popular Thought in Sixteenth and Seventeenth Century China.” Ph. D. diss.，University of California at Berkeley，1980a.

石汉椿. 明末宗教和社会：16、17世纪中国教派主义和流行的思想. 博士论文，加州大学伯克利分校，1980.

——. "The Revolt of The Zaili, Jindan Sects in Rehe (Jehol), 1891." *Modern China* 6：2 (1980b)：161-196.

——. 在理教起义——热河金丹派，1891. 近代中国，6：2 (1980)：161-196.

——. "Millenarianism without Rebellion: The Huangtian Dao in North China." *Modern China* 8：3 (1982)：305-336.

——. 千禧年无乱：中国北方的黄天道. 近代中国，8：3 (1982)：305-336.

沈榜 (Shen Bang). 宛署杂记 *Wanshu Za ji* [Miscellaneous notes about my office at Wanping]. 1593；再版，台北：古亭书屋，1970. 北京：北京出版社：1961. 除非另行注明，引文均来自台北版本.

沈德符 (Shen Defu). 万历野获编 *Wanli yehuo bian* [Unofficial gleanings from the Wanli reign]. 1616；再版，北京：中华书局，1979. 3卷.

盛世滋生图 '*Sheng shi zi sheng*' *tu* [The painting "Scenes of Vitality in a Prosperous Age"]. 北京：文物出版社，1986.

盛京通志 *Shengjing tongzhi* [Gazetteer of Shenyang]. 1736；再版，台北：文海出版社，1965. 3卷.

石继昌 (Shi Jichang). 旗人姓名琐话 Qiren xingming suohua [A few remarks on Bannermen names]. 燕都，1987 (6)：11-12.

Shi, Mingzheng. "Beijing Transforms: Urban Infrastructure, Public Works, and Social Change in the Chinese Capital, 1900 - 1928." Ph. D. diss., Columbia University, 1993.

史明正. 北京转变：中国首都的城市基础设施、公共工程和社会变迁，1900—1928. 博士论文，哥伦比亚大学，1993.

施闰章 (Shi Runzhang). 施愚山先生全集 *Shi Yushan xiansheng quan ji* [Complete works of Shi Runzhang]. 1739. 诗歌、散文和传记引用单独的页码.

史树青 (Shi Shuqing). 王绂北京八景图研究 Wang Fu Beijing ba jing tu yanjiu [A Study of Wang Fu's painting of the eight views of Peking]. 文物，1981 (5)：78-85.

支那北京城建筑 *Shina Pekinjō kenchiku* [The architecture of Peking in China]. 东京：Kenchiku Kōgei，1925.

实用北京指南 *Shiyong Beijing zhinan* [A practical guide to Peking]. 上海：商务印书馆，1919 及以后的版本.

市政统计年鉴 *Shizheng tonji nianjian* [Annual statistics from the (Peking) City government]. [北京]：1939.

Shoudu Library：Stelae rubbing held in the Capital Library [Shoudu Tushuguan] in Peking. Citations are to rubbing number.

首都图书馆：石碑拓片，由首都图书馆收藏. 引文为拓片的编号.

Shryock，John. *The temples of Anking and Their Cults*：*A Study of Modern Chinese Religion*. Pairs：Librairie Orientaliste Paul Geuthner，1931.

约翰·施赖奥克. 安庆的寺院及其崇拜：近代中国人的宗教信仰. 巴黎：Librairie Orientaliste Paul Geuthner，1931.

中国古代书画鉴定组编. 中国古代书画图目 *SHTM*：*Zhongguo gudai shuhua tumu* [A catalogue of ancient Chinese painting and calligraphy]. 北京：文物出版社，1986.

Simpson，William. "The Imperial Wedding in China." *Illustrated London News*. Vol. 61#1739，pp. 619-624. December 28，1872.

威廉·辛普森. 中国皇帝的婚礼. 伦敦画报，61：1739，619-624. 1872 年 12 月 28 日.

——. *Meeting the Sun*：*A Journey all round the world*，*through Egypt*，*China*，*Japan and California*，*including an account of the marriage ceremonies of the emperor of China*. Boston：Estes &Laurtat，1877.

——. 相遇太阳：周游世界，埃及、中国、日本和加利福尼亚州，其中包括对中国皇帝婚礼的记述. 波士顿：Estes&Laurtat，1877.

767 Siren，Osvald. *Walls and Gates of Peking*：*Researches and Impressions*，*Illustrated with*，*109 Photograveurs after Photographs by the Author and* 50 *Architectural Drawings Made by Chinese Artists*. New York：Orientalia，1924.

喜龙士. 北京的城墙和城门. 纽约：Orientalia，1924.

——. *The Imperial Palaces of Peking*：*Two hundred and seventy-four plates in collotype after photographs by the author*，*twelve architectural drawings and two maps*，*with a short historical account by Osvald Siren*. Paris：Van Oest，1926. 3 vols.

——. 北京的皇家宫殿（附有 274 幅作者提供的画、12 幅建筑图和 2 幅地图，并附有喜龙士的简短说明）. 巴黎：Van Oest，1926. 3 卷.

——. “Chinese Sculptures of the Sung, Liao, and Chin Dynasties.” *Bulletin of the Museum of Far Eastern Antiquities* 14 (1942): 45-64.

——. 宋、辽和金代中国的雕刻. 远东古物博物馆馆刊, 14 (1942): 45-64.

Sitwell, Osbert. *Escape with Me*. London: Pan Books, 1939.

奥斯伯特·西特韦尔. 与我一同逃离. 伦敦: Pan Books, 1939.

Skinner, G. William. “Mobility Strategies in Late Imperial China: A Regional Systems Analysis.”. pp. 327-364 in *Regional Analysis*, Vol. 1. Ed. Carole A. Smith. NewYork: Academic Press, 1976.

施坚雅. 中华帝国晚期的流动策略：一项区域系统的分析//卡罗尔·A. 史密斯, 编. 宗教分析: 1. 纽约: 学术出版社, 1976: 327-364.

——. “Introduction,” “Regional Urbanization in Nineteenth-Century China,” and “Urban Social Structure in Ch’ing China,” pp. 3-31, 211-249, 521-533 in *The City in Late Imperial China*. Ed. G. William Skinner. Stanford: Stanford University Press, 1977.

——. 介绍. 19世纪中国的地区城市化. 清代中国的城市社会结构//施坚雅, 主编. 中华帝国晚期的城市. 斯坦福: 斯坦福大学出版社, 1977: 3-31, 211-249, 521-522.

Smith, Arthur H. “The Transformation of Peking.” *Outlook* 68: 3 (1901): 157-162.

明恩溥. 北京的转变. 前景, 68: 3 (1901): 157-162.

——. *Proverbs and Common Sayings from the Chinese, together with much related and unrelated matter, interspersed with observations on Chinese things-in-general*. New and revised ed. Shanghai: American Presbyterian Mission Press, 1902.

——. 中国谚语和俗语. 新版及修订版. 上海: 美华书馆, 1902.

Smith, Henry D., II. “Introduction.” pp. 9-13 in *Hiroshige, One Hundred Famous Views of Edo*. New York: G. Braziller, 1986.

亨利·D. 史密斯, II. 介绍//歌川広重, 名所江户百景. 纽约: G. Braziller, 1986.

Smith, Joanna E. Handlin. “Benevolent Societies: The Reshaping of Charity during the Late Ming and Early Ch’ing.” *Journal of Asian Studies* 46 (1987): 309-337.

韩德玲. 善堂：明末清初慈善机构的重整. 亚洲研究学报, 46 (1987):

309-337.

——. "Gardens in Ch'i Piao-chia's Social World: Wealth and Values in Late-Ming Kiangnan." *Journal of Asian Studies* 51：1 (1992)：55-81.

——. 在祁彪佳社会世界中的园林：明末江南的财富和价值. 亚洲研究学报，51：1 (1992)：55-81.

——. "Liberating Animals in Ming-Qing China：Buddhist Inspiration and Elite Imagination." *Journal of Asian Studies* 58 (1999)：5-84.

——. 明清时期的放生：佛教徒的灵感和精英们的想象. 亚洲研究学报，58 (1999)：55-81.

徐长辅 (Sŏ Changbo). 蓟山纪程 "Kyesan kijŏng [A journey to The Ji mountains]. [1803]." In *Yŏnhaengnok sŏnjip* 1：669-831.

Sommer，Deborah A. "Images into Words：Ming Confucian Iconoclasm." *National Palace Museum Bulletin* 29：1-2 (1994)：1-24.

司马黛兰. 图像转成文字：明代儒教打破旧习. 故宫通讯，29：1-2 (1994)：1-2.

宋晨 (Song Cheng). 精美的赤金镶嵌长寿佛像 Jingmeide chijin xiangqian Changshoufo xiang [On a lovely Long-life Buddha of pure gold with inlays]. 燕都，1986 (5)：36-37.

宋彦 (SongYan). 山行杂记 Shan xing za ji [Account of a trip to The mountains] //陈继儒 (Chen Jiru)，编. 宝颜堂秘笈：普集 *Baoyantang miji puju*：7. [1606]；再版，上海：文明书局，1922. 无连续页码.

Sotheby's. *Catalogue of Chinese Decorative Arts*. London：29 October 1982.

苏富比拍卖行. 中国装饰艺术目录. 伦敦：1982 年 10 月 29 日.

——. *Fine Chinese Works of Art*，*Furniture*，*Jade Carvings*，*Jadeite Jewellery*，*and China Trade Paintings*. Hong Kong：30-31 October，1991.

——. 精美中国艺术作品、家具、玉石雕刻、珠宝翡翠和中国贸易绘画. 香港：1991 年 10 月 30-31 日.

Soulliere，Ellen Felicia. "Palace Women in the Ming Dynasty：1368-1644." Ph. D. diss.，Princeton University，1987.

艾伦·弗雷西亚·索利尔. 明代宫廷妇女：1368—1644. 博士论文，普林斯顿大学，1987.

Spence，Jonathan D. *Ts'ao Yin and the K'ang-his Emperor*：*Bondservant and Master*. New Haven：Yale University Press，1966.

史景迁. 曹寅与康熙：一个皇室宠臣的生涯揭秘. 纽黑文：耶鲁大学出版社，1966.

——. *The Gate of Heavenly Peace: The Chinese and Their Revolution. 1895-1980*. New York: Viking, 1981.

——. 天安门：中国人民和中国革命，1895—1980. 纽约：Viking，1981.

——. The Search for Modern China. New York: Norton, 1990. 768

——. 追寻现代中国：1600—1912年的中国历史. 纽约：Norton，1990.

Sperling, Eliot H. "Early Ming Policy toward Tibet: An Examination of the Proposition that the Early Ming Emperors Adopted a 'Divide and Rule' Policy toward Tibet." Ph. D. diss., Indiana University, 1983.

艾略特·H. 斯珀林. 明初对西藏的政策. 博士论文，印第安纳大学，1983.

Spink: *Far Eastern Art at Spink. An Exhibition for Sale to be Held 3rd-18th June 1993*. London: Spink, 1993.

斯宾克：斯宾克远东艺术. 定于1993年6月3日至18日拍卖展览. 伦敦：斯宾克，1993.

Standaert, Nicholas. "The Jesuit Presence in China (1580 - 1773): A Statistical Approach." *Sino-Western Cultural Relations Journal* 12 (1991): 4-17.

钟鸣旦. 耶稣在中国（1580—1773）. 中西文化交流史杂志，12（1991）：4-17.

Staunton, George, Sir. *An Authentic Account of An Embassy from the King of Great Britain to the Emperor of China; including Cursory Observations Made, and Information Obtained, in Travelling Through That Ancient Empire, and a Small Part of Chinese Tartary*. London: G. Nicol, 1798. 3 vols.

乔治·斯当东爵士. 英使谒见乾隆纪实. 伦敦：G. Nicol，1798. 3卷.

Steel, Richard A. *Through Peking's Sewer Gate: Relief of the Boxer Siege, 1900-1901*. Ed. George W. Barrington. New York: Vantage Press, 1985.

理查德·A. 斯蒂尔. 穿过北京下水道：解救义和团围攻，1900—1901. 乔治·W. 布什巴林，编. 纽约：Vantage Press，1985.

Steinhardt, Nancy R. Shatzman. "Imperial Architecture under Mongol Patronage: Khubilai's Imperial City of Daidu." Ph. D. diss., Harvard University，1981.

夏南悉. 蒙古资助下的帝国建筑：忽必烈的大都皇城. 博士论文，哈佛大学，1981.

——. *Chinese Imperial City Planning*. Honolulu：University of Hawaii Press，1990.

——. 中华帝国的城市规划. 檀香山：夏威夷大学出版社，1990.

Stevens，Catherine. “Peking Drumsinging.” Ph. D. diss.，Harvard University. 1972.

凯瑟琳·史蒂文斯. 北京的鼓音. 博士论文，哈佛大学，1972.

顺天府志 *STFZ*：*Shuntian fuzhi* [Gazetteer of Shuntian prefecture]. 1407；再版，北京：北京大学出版社，1983. 1593年版. 1885；再版，北京：新华书店，1987.

Strand，David. *Rickshaw Beijing*：*City People and Politics in the 1920s*. Berkeley：University of California Press，1989.

史大卫. 北京的人力车夫：20世纪20年代的市民与政治. 伯克利：加州大学出版社，1989.

Strassberg，Richard E. *The World of K'ung Shang-jen*：*A Man of Letters in Early Ch'ing China*. New York：Columbia University Press，1983.

宣立敦. 孔尚任的世界：中国清代早期一个男人的信. 纽约：哥伦比亚大学出版社，1983.

——，trans. *Inscribed Landscapes*：*Travel Writing from Imperial China*. Berkeley：University of California Press，1994.

——，译. 笔下风景：中华帝国旅行著述. 伯克利：加州大学出版社，1994.

Strickmann，Michel. “Chinese Poetry and Prophecy：The Written Oracle in East Asia.” MS 1990.

司马虚. 中国的诗歌与预言：东亚的书面神谕. 手稿，1990.

Struve，Lynn A. “History and the Peach Blossom Fan.” *Chinese Literature*：*Essays*，*Articles*，*Reviews* 2 (1980)：55-72.

司徒琳. 历史和《桃花扇》. 中国文学：随笔、文论、评论，2 (1980)：55-72.

——，ed. and trans. *Voices from the Ming-Qing Cataclysm*：*China in Tiger's Jaws*. New Haven：Yale University Press，1993.

——，编译. 明清之变：虎口中的中国. 纽黑文：耶鲁大学出版社，

1993.

——. *The Ming-Qing Conflict, 1619－1683: A Historiography and Source Guide*. Ann Arbor, Mich.: Association for Asian Studies, 1998.

——. 明清冲突，1619－1683：史学史和史料导读. 密歇根州安阿伯：美国亚洲研究学会，1998.

Stuart, Jan. "Layers of Meaning," pp. 32－61 in *Joined Colors: Decoration and Meaning in Chinese Porcelain: Ceramics from Collectors in the Min Chiu Society, Hong Kong*. Ed. Louise Court&Jan Stuart. Washington, D.C.: Arthur M, Sackler Gallery, 1993.

简·斯图尔特. 层的意义//刘易斯·考特，简·斯图尔特，编. 加入颜色：中国瓷器中的装饰和意义，香港敏求精舍收藏家的陶瓷. 华盛顿特区：赛克勒博物馆，1993.

——. "Imperial Pastimes: Dilettantism as Statecraft in the 18th Century," pp. 55－65 in *Life in the Imperial Court of Qing Dynasty China*. *Proceedings of the Denver Museum of Natural History*, Series 3: 15 (1998).

——. 帝国的娱乐：18 世纪作为治国方略的消遣主义//中国清代帝国宫廷的生活. 丹佛自然历史博物馆学报，3：15（1998）：55－65.

Stulova, E. C. *Baotzuian o Pu-mine* ["Puming's Precious Scripture," a facsimile reprint and translation]. Moscow: Nauka, 1979.

司徒洛娃.《普明宝卷》译注. 莫斯科：Nauka，1979.

孙承泽（1592—1676，Sun Chengze）. 畿辅人物志 *Jifu renwu zhi* [Notable men of The capital region]. [1658 年]；再版，明代传记丛刊，台北：明文书局，1991.

——. 天府广记 *Tianfu guang ji* [Extensive account of heaven's prefecture]. 1704；再版，北京：北京出版社，1962. 769

——. 春明梦余录 *Chunming meng yu lu* [Record of a remembered dream of the capital]. 1761；再版，香港：Longmen，1965.

孙殿起（Sun Dianqi）. 琉璃厂小志 *Liulichang xiao zhi* [A small gazetteer of Liulichang]. 北京：北京古籍出版社，1962.

孙殿起（Sun Dianqi），辑. 雷梦水（Lei Mengshui），编. 北京风俗杂咏 *Beijing fengsu za yong* [Miscellaneous poems on Peking customs]. 北京：北京古籍出版社，1982.

孙健（Sun Jian），编. 北京古代经济史 *Beijing gudaijingji shi* [An economic history of premodern Peking]. 北京：北京燕山出版社，1996.

1906年调查. 京师外城巡警总厅第一次统计书 *Jingshi Waicheng xunjing zongting diyici tongji shu* [First comprehensive statistics from the Capital Outer City police]. 北京：1907.

1908年调查. 京师内城庙宇调查表 *Jingshi Neicheng miaoyu diaocha biao* [Survey of the temple residents of the Capital Inner City]. 由内务部（户籍科）所进行的人口普查，6本小册子，3本是秋季，3本是冬季，日期为光绪三十四年［1908年］十二月三十日. 由北京科学院图书馆收藏. 京师外城庙宇调查表，未注明日期，但似乎是相同的调查. 5本小册子是外城东部的，西部的遗失了2册，由中国第一历史档案馆收藏，北京：民政部第28号. 这部分的其他调查中发现的档案文件，包括有关商店、演员、政府办公室、旅舍的册籍，后者已出版为：清末北京外城巡警右厅会馆调查表. 历史档案，1995（2）：59-65.

1937年调查. 王宜昌（Wang Yichang）. 北平庙会调查报告（侧重其经济方面）*Beiping miaohui diaocha baogao，cezhong qi jingji fangmian* [A report on a survey of Peking temple fairs，with an emphasis on their economic aspects]. 北京：民国学院印行，1937.

1943年调查. 北京庙宇征存录 *Beijing miaoyu zhengcun lu* [A record of surviving Peking temples]. 中国史迹风土丛书. 北京：松云阁，1943.

1985年调查. 北京市满族调查报告 Beijing shi Manzu diaocha baogao [Report on a survey of Manchus in Peking city] //满族社会历史调查. 沈阳：辽宁人民出版社，1985：81-137.

铃木敬（Suzuki Kei），编. 中国绘画总合图录 *Chūgoku kaiga sogo zuroku/Comprehensive Illustrated Catalogue of Chinese Paintings*. 东京：东京大学，1982—1985. 5卷.

Swallow，Robert W. *Sidelights on Peking Life* . Beijing：China Booksellers，1927.

燕瑞博. 北京生活侧影. 北京：中国书店，1927.

Swatek，Catherine. “Images of Women and Their Men in Two Plays by Tang Xianzu.” Paper prepared for the Conference on Women and Literature in Ming-Qing China，Yale University，June 1993.

史凯娣. 汤显祖两幕剧中妇女和他们男人的形象. 为“中国明清妇女和文学研讨会”而准备的论文，耶鲁大学，1993年6月.

Swinhoe，Robert. *Narrative of the North China Campaign of 1860；containing personal experiences of Chinese character，and of the moral and social condition of the country, together with a description of the interior of Pekin*. London：1861.

斯温霍. 1860年华北战役纪要. 伦敦：1861.

上谕档方本 SYD：Shangyudang fangben [Imperial Edict Record Book, square version]. 中国第一历史档案馆，北京. 引文为卷数和日期.

太常寺 Taichangsi [Office of Sacrifices] archives. 中国第一历史档案馆， 770
北京. 引文为卷数和日期.

太常寺则例 Taichangsi zeli [Regulations for the Office of Sacrifices]. 道光本（1821—1850）. 引文为卷数.

太平天国印书 *Taiping Tianguoyin shu* [Printed works of the Taiping Celestial Kingdom]. 南京：江苏人民出版社，1979. 2卷.

泰山志 *Taishan zhi* [Gazetteer of Mount Tai]. [1522—1566].

谈迁（Tan Qian）. 国榷 *Guo que* [An evaluation of the events of our dynasty]. [约1653]；再版，北京：中华书局，1988. 6卷.

——. 北游录 *Beiyou lu* [Record of a journey north]. [1656]；再版，笔记小说大观：第7编第8卷. 台北：新兴书局，1975.

——. 枣林杂俎 *Zaolin za zu* [Miscellaneous notes from the jujube orchard]. 上海：1911.

谭其骧（Tan Qixiang），主编. 清人文集地理类汇编 *Qingren wenji dililei huibian* [Collectcd writings on places by Qing people]. 杭州：1988—1990. 7卷.

谭文（Tan Wen）. 北京掌故 *Beijing zhanggu* [Historical anecdotes about Peking]. 香港：上海书局，1974.

Tanaka Issei 田仲一成. "Chōson shisetsu En kō rotei ni okeru Shindai shoki kyōgo engcki no keisei 朝鲜使节燕行路程にぉける清代初期兴行演剧の形成 [On early Qing theatrical performances as seen by Korean emissaries to Peking]." *Kumamoto hōbungaku* 25（1970）：36-69.

田仲一成. 朝鲜使臣燕行路程にぉける清代初期兴行演剧の形成. Kumamoto hōbungaku，25（1970）：36-69.

弹词宝卷目录 *Tanci baojuan mum* [A catalogue of storytelling texts and preocious scriptures]. 中国科学院文学研究所图书馆，编. 手写稿. [北京]：1919，增补约1948.

Tanner，Tony. *Venice Desired*. Oxford：Blackwell，1992.

托尼·坦纳. 威尼斯渴望. 牛津：Blackwell，1992.

潭柘山岫云寺志 *Tanzhe zhi*：*Tanzheshan Xiuyunsi zhi* [Gazetteer of theTanzhe shan Xiuyun monastery.] 1739 和 1885；再版二册合一. 中国佛寺志系列 *Zhongguo fosizhi* series，卷 44. 台北：明文书局，1980. 引文为再版页码.

Tao，Margaret. "Christie's Japanese and Korean Sales in New York." *Orientations* (February 1998)：86-88.

马芝安. 纽约克里斯蒂的日本和韩国销售. 东方，(1998 年 2 月)：86-88.

陶允嘉 (Tao Yunjia). 西山纪游 Xishan jiyou [Record of a walk in the Western Hills]. [1614] //何镗. 名山胜概记：1A. [约 1633].

Taylor，Romeyn. "Official Religion in the Ming," pp. 840-892 in *The Cambridge History of China*. *vol.* 8，*The Ming Dynasty*，*1368-1644*，Part 2. Ed. Denis Twitchett& Frederick W. Mote. Cambridge：Cambridge University Press，1998.

罗米音・泰勒. 明代官方宗教//崔瑞德，牟复礼，编. 剑桥中国史：第 8 卷：明代史，1368—1644. 剑桥：剑桥大学出版社，1998：840-892.

Teiser，Stephen F. *The Ghost Festival in Medieval China*. Princeton：Princeton University Press，1988.

太史文. 中国中古时期的鬼节. 普林斯顿：普林斯顿大学出版社，1988.

Ten Broeck，Janet Rinaker，&Yiu Tung 尤桐. "A Taoist Inscription of the Yuan Dynasty：The Tao-chiao Pei." *T'oung Pao* 40 (1950-1951)：60-122.

珍尼特・R. 顿布鲁克，尤桐. 元代道教碑. 通报，40 (1950—1951)：60-122.

ter Haar，B [arend] J. *The White Lotus Teaching in Chinese Religious History*. Leiden：Brill，1992.

田海. 中国历史上的白莲教. 莱顿：Brill，1992.

——. "Local Society and the Organization of Cults in Early Modern China：A Preliminary Study." *Studies in Central and East Asian Religions* 8 (1995)：1-43.

——. 中国近代早期地方社会和宗教组织：初步研究. 中亚与东亚的宗教研究，8 (1995)：1-43.

Thiriez，Régine. "Les Photographes Occidentaux des Palais Européens du Yuan mingyuan：1860 - 1925." Ph. D. diss.，École Pratique des Hautes

Études，1994.

提里耶. 西方拍摄的圆明园中西洋楼的照片，1860—1925. 博士论文，高等研究实践学院，1994.

Thomas，A. *Histoire dela Mission de Pékin. Depuis les origins jusqu'a la l'arrivée des lazaristes*. Paris：Louis-Michaud，1923. 771

A. 托马斯. 北京传教历史，从最初到遣使会的到来. 巴黎：Louis-Michaud，1923.

——. *Barbarian Lens：western Photographers of the Qianlong Emperor of China's European Palaces*. Amsterdam：Gordon&Breach，1998.

——. 镜头拍摄乾隆皇帝欧式宫殿的西方摄影师. 阿姆斯特丹：Gordon&Breach，1998.

Thomson，J [ohn]. *Illustrations of China and Its People；A series of* 200 *photographs with letter press descriptive of the places and people represented*. London：1873－1874. 4vols.

约翰·托马斯. 中国及其人民的插图. 伦敦：1873—1874. 4卷.

——. *Through China with a Camera*. 2d ed. London：Harper，1899.

——. 用镜头看中国. 第2版. 伦敦：Harper，1899.

——. *The Chinese*. Indianapolis：Bobbs-Merrill. 1909.

——. 中国人. 印第安纳波利斯：Bobbs-Merrill，1909.

天仙玉女碧霞元君经 *Tianxian Yunü Bixia Yuanjun jing* [Scripture of the Celestial Immortal Jade Woman，Sovereign of the Azure Clouds]. 1576.

Timkovski，George. *Travels of the Russian Mission Through Mongolia to China and Residence in Peking in the Years 1820－1821*. With corrections and notes by Julius von Klaproth. London：1827. 2vols.

季姆克夫斯基. 1820年和1821年通过蒙古到中国的旅行. 伦敦：1827. 2卷.

Tong，James W. *Disorder under Heaven：Collective Violence in the Ming Dynasty*. Stanford：Stanford University Press，1991.

汤维强. 天堂下的骚乱：明朝的集体暴力. 斯坦福：斯坦福大学出版社，1991.

佟洵（Tong Xun）. 李莲英墓之谜 Li Lianying mu zhi shu [On LiLianying's grave] //林克光，等主编. 近代京华史迹. 北京：中国人民大学出版社，1985：453-471.

清朝文献通考 *Tongkao*：*Qingchao wenxian tongkao* [Encyclopedic history of institutions for the Qing dynasty]. [1785]；上海：1936；再版，台北：1965.

通州志 *Tongzhou zhi* [Gazetteer of Tong department]. 1879；再版，台北：成文出版社，1968.

Torbert，Preston M. *The Ch'ing Imperial Household Organization：A Study of Its Organization and Principal Functions，1662－1796*. Cambridge：Council on East Asian studies Harvard University，1977.

陶博. 清代内务府：对其机构和职能的研究，1662—1796. 剑桥：哈佛大学东亚研究理事会，1977.

[Tracy，Ira]. "Description of the City of Peking." *Chinese Repository* 2 (1834) 10：433－443；11：481－499.

帝礼仕. 北京城的描述. 中国丛报，2 (1834) 10：433－443；11：481－499.

Travels：The Travels of Several Learned Missioners of the Society of Jesus into Diverse Parts of the Archipelago，India，China，and America Containing a general description of the most re markable town：with a particular account of the customs，manner and religion of those several nations，the whole interspersed with philosophical observations and other curious remarks. Translated from the French original published in Paris in 1713. London：1714.

游记. 由 1713 年巴黎出版的法文版转译. 伦敦：1714.

Tsai，Shih-shan Henry. *The Eunuchs in the Ming Dynasty*. Albany：State University of New York Press，1996.

蔡石山. 明朝太监. 奥尔巴尼：纽约大学出版社，1996.

Tsao，Jr-lien (Jerlian). "Remembering Suzhou：Urbanization in Late Imperial Suzhou." Ph. D. diss.，University of California at Berkeley，1992.

曹志涟. 忆苏州：中华帝国晚期的城市生活. 博士论文，加州大学伯克利分校，1992.

Tsingta：Ein Kapitel deutscher Kolonialgeschichte in China 1897－1914. Ed. Hans-Martin Hinz&Christoph Lind. [Berlin]：Deutsches Historisches Museum，[1998].

青岛：中国 1897—1914 年德国殖民地历史的一章. 汉斯-马丁・海因兹，克里斯托夫・林德，编. [柏林]：德国国立历史博物馆，[1998].

Tsukamoto Zenryu 塚本善隆. *Chōgoku kinsei Bukkyōshi no sho mondai* 中

国近代佛教史の诸问题 [Some questions in the history of modern Chinesc Buddhism]. Tokyo：Daitō，1976.

塚本善隆. 中国近代佛教史的诸问题. 东京：Daitō，1976.

Tung，Fu-ming. "Chinese Itinerant Players at Miao Feng Shan. Evidences of Greek Influence in the Pilgrimage Plays at the Temple of the Jade Lady." *Collectanea Commissionis Synodalis* 12：1 (1939)：20-43.

董福明. 妙峰山的中国巡回表演者. 教务丛刊，12：1 (1939)：20-43.

Uitzinger，Ellen. "For the Man Who Has Everything：Western-Style Exotica in Birthday Celebrations at the Court of Ch'ien-lung," pp. 216-239 in *Conflict and Accommodation in Early Modern East Asia*：*Essays in Honour* 772
of Erik Zürcher. Ed. Leonard Blussé& Harriet Tvol. Zurndorfer. Leiden：Brill，1993.

吴艾兰. 为了拥有一切的男人：乾隆宫廷在万寿盛典中的西式新奇事物//包乐史，宋汉理，编. 近代早期东亚的冲突与调解. 莱顿：Brill，1993：216-239.

Uspensky，Vladimir L. "'Lamaist Beijing' under the Qing Dynasty." Unpublished paper，1996.

弗拉基米尔·L. 乌斯本斯基. 清朝的"藏传佛教北京". 未发表论文，1996.

——. *Prince Yunli* (*1697-1738*)：*Manchu Statesman and Tibetan Buddhist*. Tokyo：Institute for the Study of Languages and Cultures of Asia and Africa. 1997.

——. 允礼 (1697—1738)：满洲政治家和藏传佛教徒. 东京：亚洲和非洲语言和文化研究所，1997.

Varè，Daniele. *The Maker of Heavenly Trousers*. London：Methuen，1935.

华雷. 天国裤子的制作者. 伦敦：Methuen，1935.

Varin，Paul. *Expédition de Chine*. Paris：1862.

保罗·瓦林. 远征中国. 巴黎：1862.

Vassiliev，Vassili Pavlovich. "Notice sur les ouvrages en langues de l'Asie orientale，quise trouyent dans la bibliothèque de l'Université，de Saint-Pétersbourg." *Bulletin de la Classe historique-philologique de Acaddémie impériale des sciences de Saint-Pétersbourg* 13 (1856)：562-606.

瓦西里·帕夫洛维奇·瓦斯里夫. 东亚语言作品简评，在圣彼得堡图书馆发掘到的文章. 圣彼得堡皇家科学院历史哲学班学报，13（1856）：562-606.

Verbiest，Ferdinand. *The Astronomia Europaea of Ferdinand Verbiest，S. J.（Dilligen，1687）：Text，Translation，Notes，and Commentaries by Noel Golvers*. Nettetal：Steyler，1993.

南怀仁. 欧洲天文学. 内特塔尔：Steyler，1993.

De Verboden Stad：Hofcultuur van de Chinese keizers（1644－1911）/ The Forbidden City：Court Culture of the Chinese Emperors（1644－1911）. Rotterdam：Museum Boymans-van Beuningen，1990.

紫禁城：中国皇帝的宫廷文化（1644—1911）. 鹿特丹：Museum Boymans-van Beuningen，1990.

Verhaeren，Hubert. *Catalogue de la bibliothèque du Pe-t'ang*. Peking：Imprimerie des Lazaristes，1949.

惠泽霖. 北堂书目. 北京：北堂印书馆，1949.

Vetch，Francis. *Peping Pocket Guide*. Peking：1929.

弗朗西斯·维驰. 北京袖珍指南手册. 北平：1929.

Views of Historic Peping & Neighborhood. 1930.

历史上北平及周边的风景. 1930.

中国名胜 *Views of the Chinese Empire/Zhongguo mingsheng*. 上海：商务印书馆，1910.

Vinograd，Richard. "Private Art and Public Knowledge in Later Chinese Painting，" pp. 177－202 in *Images of Memory：On Remembering and Representation*. Ed. Susanne Kücher&Walter Melion. Washington，D. C.：Smithsonian Institution Press，1991.

文以诚. 近代中国画中的私人艺术和公共知识//苏珊·屈赫尔，瓦尔特·梅利翁，编. 记忆影像：关于记忆和代表. 华盛顿特区：Smithsonian Institution Press，1991：177－202.

——. *Boundaries of the self：Chinese Portraits，1600－1900*. Cambridge：Cambridge University Press，1992.

——. 自我的边界：中国肖像，1600—1900. 剑桥：剑桥大学出版社，1992.

Vissière，Isabelle. &Jean-Louis Vissière. "Un carrefour culturel：la mission française de Pékin au XVIII siècle，" pp. 211－221 in *Actes du IIIe Colloque International de Sinologie：Appréciation par l'Europe de la tradition*

Chinois à partir du XVIIe siècle. Paris：Les Belles Lettres，1983.

伊莎贝尔·维西埃、让-路易·维西埃. 一个文化的十字路口：18 世纪法国在北京的使命//中国问题研究国际研讨会：17 世纪以来欧洲对中国传统的认识. 巴黎：Les Belles Lettres，1983.

Von Glahn，Richard. "Municipal Reform and Urban Social Conflict in Late Ming Jiangnan." *Journal of Asian Studies* 50：2 (1991)：280-307.

万志安. 明末江南的市政改革和城市社会冲突. 亚洲研究学报，50：2 (1991)：280-307.

——. *Fountain of Fortune*：*Money and Monetary Policy in China*，*1000-1700*. Berkeley：University of California Press，1996.

——. 财富的源泉：中国 1000-1700 年的货币和货币政策. 伯克利：加州大学出版社，1996.

Waddell，L. Austine. *The Buddhism of Tibet*，2d ed. London：Heffer，1939.

奥斯汀·瓦德尔. 藏传佛教. 第 2 版. 伦敦：Heffer，1939.

Wadley，Stephen A. "The Mixed-Language Verses from the Manchu Dynasty in China，" pp. 60-112 in *Papers on Inner Asia*，No. 16. Bloomington：Indiana University，1991.

威哲扬. 中国清朝混合语言的诗句//亚洲腹地：第 16 辑. 布卢明顿：印第安纳大学，1991：60-112.

外纪档 Waijidang [Record books of palace memorials copied for the Grand Secretariat]. 台北："故宫博物院". 未标页码. 引文为档案日期.

Wakeland，Joanne Clare. "Metropolitan Administration in Ming China：Sixteenth Century Peking." Ph. D. diss.，University of Michigan，1982.

乔安妮·克莱尔·维克兰. 中国明朝首都的行政部门：16 世纪的北京. 博士论文，密歇根大学，1982.

Wakeman，Frederic，Jr. *Strangers at the Gate*：*Social Disorders in South China*，*1839-1861*. Berkeley：University of California Press，1966.

魏斐德. 大门口的陌生人. 伯克利：加州大学出版社，1966.

——. "The Shun Interregnum，" pp. 41-88 in *From Ming to Ch'ing*： 773
Conquest，*Region*，*and Continuity in Seventeenth-Century China*. Ed. Jonathan D. Spence&John E. Wills，Jr. New Haven：Yale University Press，1979.

——. 大顺政权//史景迁，卫思韩，编. 从明到清. 纽黑文：耶鲁大学出版社，1979：41-88.

——. *The Great Enterprise*: *The Manchu Reconstruction of Imperial Order in Seventeenth-Century China*. Berkeley: University of California Press, 1985. 2 vols.

——. 洪业：清朝开国史. 伯克利：加州大学出版社，1985. 2 卷.

——. *Policing Shanghai*, *1927-1937*. Berkeley: University of California Press, 1995.

上海警察，1927—1937. 伯克利：加州大学出版社，1995.

Waldron, Arthur. *The Great wall of China*: *From History to Myth*. Cambridge: Cambridge University Press, 1990.

林蔚. 中国的长城. 剑桥：剑桥大学出版社，1990.

Walravens, Hartmut. *China Illustrata*: *Das Europaische China verstandnis im Spiegel des 16. bis 18. Jahrhunderts*. Weinheim: Herzog-August Bibliothek, 1987.

哈特马特·瓦拉文斯. 中国图画：16—18 世纪在镜子中欧洲了解中国. 魏因海姆：Herzog-August Bibliothek，1987.

Walton, Linda. "Southern Sung Academies as Sacred Places," pp. 335-363 in *Religion and Society in T'ang and Sung China*. Ed. Patricia Buckley Ebrey&Peter N. Gregory. Honolulu: University of Hawaii, 1993.

万安玲. 南宋神圣之所书院//伊沛霞，彼得·N. 格里高利，编. 唐宋时期的宗教与社会. 檀香山：夏威夷大学，1993：335-363.

万依（Wan Yi). 论朱棣营建北京宫殿迁都的主要动机及后果 "Lun Zhu Di yingjian Beijing gongdian, qian du di zhuyao dongji ji houguo [On Yongle's motives for building palaces in Peking and moving his capital here and their consequences]." 故宫博物院院刊，1990（3）：31-36.

王灿炽（Wang Canchi). 燕都古籍考 *Yandu gu ji kao* [A study of old records about Peking]. 北京：京华出版社，1995.

Wang, Cheng-hua "Material Culture and Emperorship: The Shaping of Imperial Roles at the Court of Xuanzong (r. 1426-35)." Ph. D. diss., Yale University, 1998.

王正华. 物质文化和皇帝统治：宣宗时期（1426—1435）帝国角色的形成. 博士论文，耶鲁大学，1998.

王崇简（Wang Chongjian). 青箱堂文集 *Qingxiangtangwenji* [Collected writings from the Qingxiang Hall]. [1676]. 所有引文均来自王的诗集.

王光越（Wang Guangyue). 宣统三年北京电话史料（一）Xuantong san

nian Beijing dianhua shiliao [Documents on telephones in Peking in 1911]. 历史档案，1994 (2)：64-69.

王宏钧 (Wang Hongjun). 反映明代北京社会生活的《皇都积胜图》"Fanying Mingdai Beijing shehui shenghuo di 'Huangdu jishengtu' [The 'Picture of the Accumulated Sights of the Imperial Capital' as a reflection of Peking social life in the Ming]." 历史教学，1962 (7)：43-45.

王宏钧 (Wang Hongjun)，刘如仲 (Liu Ruzhong). 明代后期南京城市经济的繁荣和社会生活的变化：明人绘《南都繁会图卷》的初步研究 Mingdai houqi Nanjing chengshijingji di fanrong he shehui shenghuo di bianhua：Mingren hui "Nandu fanhui tuiuan" di chubuyanjiu [Social change and economic growth in the city of Nanking in the late Ming：A preliminary study of the Ming handscroll "The Flourishing Southern Capital"]. 中国历史博物馆馆刊，1979 (1)：99-106.

王鸿绪 (Wang Hongxu). 横云山人集 *Hengyun Shanren ji* [Collected works of Wang Hongxu]. [1719]；再版，台北：汉华文化事业有限公司，1972. 2卷.

Wang，Shih-ch'ing. "Religious Organization in the History of a Chinese Town." pp. 71-92 in *Religion and Ritual in Chinese Society*. Ed. Arthur P. Wolf. Stanford：Stanford University Press，1974.

王世庆. 一个中国城镇历史中的宗教组织//武雅士，编. 中国社会的宗教和仪式. 斯坦福：斯坦福大学出版社，1974：71-92.

王士禛 (Wang Shizhen). 池北偶谈 *Chibei outan* [Chance conversations north of The pond]. 1691；再版，北京：中华书局，1982. 2卷.

——. 居易录 *Juyi lu* [Notes at leisure]，1701.

——. 居易续谈 *Juyi xu tan* [Further conversations at leisure]. [约1704] //学海类编 *Xue hai lei bian* ：第110册. 台北：文源书局，1961.

Wang，XiangYun. "Tibetan Buddhism at the Court of Qing：The Life 774
and Work of lCang-skya Rol-pa'i-Ido-rje (1717-1786)." Ph. D. diss.，Harvard University，1995.

王湘云. 清朝宫廷的藏传佛教：章嘉二世阿旺罗桑却丹的生平与事业 (1717—1786). 博士论文，哈佛大学，1995.

王智敏 (Wang Zhimin)，闪淑华 (Shan Shuhua). 明代观音殿彩塑 *Mingdai Guanyindian caisu* [The painted sculpture of a Ming dynasty Guanyin hall]. 台北：艺术图书公司，1994.

王锺翰（Wang Zhonghan）. 清代旗地性质初探 Qingdaiqidi xingzhi chutan [On The nature of Banner lands in the Qing]. 文史，1979（6）：127-137.

王卓然（Wang Zhuoran）. 北京厂甸春节会调查与研究 *Beijing Changdian chunjiehui diaocha yu yanjiu* [A survey and investigation of the Spring Festival fair at Changdian in Peking]. 北京：北京高等师范平民教育社，1922.

宛平县志 *Wanping xian zhi* [Gazetteer of Wanping county]. 1684.

万寿衢歌乐章 *Wanshou quge yuezhang* [Songs for the imperial birthday]. 1790.

Warner，Marina. *The Dragon Empress：Life and Times of Tz'u-hsi，1835-1908，Empress Dowager of China*. New York：Macmillan，1972.

玛利纳·瓦勒. 龙皇后. 纽约：Macmillan，1972.

Watson，James L. *Emigration and the Chinese Lineage：The Mans in Hong Kong and London*. Berkeley：University of California Press，1975.

华琛. 移民与宗族：香港与伦敦的文氏一族. 伯克利：加州大学出版社，1975.

——. "Standardizing the Gods：The Promotion of T'ien Hou（'Empress of Heaven'）along the South China Coast，960-1960，" pp. 292-324 in *Popular Culture in Late Imperial China*. Ed. David Johnson，Andrew J. Nathan，& Evelyn S. Rawski. Berkeley：University of California Press，1985.

——. 神道设教的规划：南方沿海地区"天后"崇拜的演变，960—1960//姜士彬，黎安友，罗友枝，编. 中华帝国晚期大众文化. 伯克利：加州大学出版社，1985.

Watson，James. L.，& Evelyn S. Rawski，eds. *Death Ritual in Late Imperial and Modern China*. Berkeley：University of California Press，1988.

华琛，罗友枝，编. 中华帝国晚期和当代的丧葬礼仪. 伯克利：加州大学出版社，1988.

Watson，William. "Bronze，Iron，and Pewter，" pp. 84-157 in *Chinese Art：The Minor Art*. Ed. R. Soame Jenyns &William Watson. New York：Universe Books，1963.

威廉·沃森. 青铜、铁和白蜡//詹宁斯，威廉·沃森，编. 中国的艺术：镜子艺术. 纽约：Universe Books，1963：84-157.

——. *Chinese Ivories from the Shang to the Qing：An Exhibit Organized by the Oriental Ceramic Society，Jointly with the British Museum*. London：Oriental Ceramic Society，1984.

——. 从商到清的中国象牙：东方陶瓷学会及大英博物馆举办的展览. 伦敦：东方陶瓷学会，1984.

Weale，B. L. Putnam [B. L. Simpson]，ed. *Indiscreet Letters from Peking. Being the notes of an Eye-Witness，which set forth in some detail，from day to day，the real story of the siege and sack of a distressed capital in 1900 — the year of great tribulation*. New York：Dodd，Mead，and Co.，1919.

辛博森，编. 来自北京的有欠审慎的信函. 纽约：Dodd，Mead，and Co.，1919.

Webster，C. D. "Impressions of Peking." *The Empire Review and Journal of British Trade* (London) 29 (1915)：205-215.

C. D. 韦伯斯特. 北京印象. 英国贸易的帝国评论与报道（伦敦），29 (1915)：205-215.

Wei，Dong. "Qing Imperial 'Genre Painting'：Art as Pictorial Record." *Orientations* 26：7 (1995)：18-24.

魏东. 清帝国的"风俗画"：图画记录艺术. 东方，26：7 (1995)，18-24.

未齐 (Wei Qi). 紫禁城中的寡妇院——慈宁宫 "Zijincheng zhong di gua fuyuan：Cininggong [On the Cininggong，the home of widows in the Forbidden City]." 紫禁城，1982 (4)：24-25.

Weidner，Marsha，ed. *Latter Days of the Law：Images of Chinese Buddhism，850-1850*. Lawrence：Spencer Art Museum. the University of Kansas，in association with the University of Hawaii Press，1994.

魏盟夏，编. 中国佛教图像，850—1850. 劳伦斯：斯宾塞美术馆、堪萨斯大学、夏威夷大学出版社，1994.

Welch，Holmes. "Dharma Scrolls and the Succession of Abbots in Chinese Monasteries." *T'oung Pao* 50 (1963)：93-149.

尉迟酣. 中国寺院中达摩卷轴和方丈的继承. 通报，50 (1963)：93-149.

——. *The Practice of Chinese Buddhism，1900 - 1950*. Cambridge：Harvard University Press，1967.

——. 中国佛教的实践：1900—1950. 剑桥：哈佛大学出版社，1967.

Weller，Robert. *Unities and Diversities in Chinese Religion*. Seattle：University of Washington Press，1987.

魏乐博．中华宗教的整合与分裂．西雅图：华盛顿大学出版社，1987.

775 Weng，Wango H. C. *Gardens in Chinese Art，from Private and Museum Collections*. New York：China Institute in America，[1968].

翁万戈．中国园林艺术，来自私人和博物馆的收藏．纽约：华美协进社，[1968].

文献丛编 *Wenxian congbian* [Collection of archival documents]. 1935；再版，台北：台联国风出版社，1964. 2卷.

Werner，Edward T. Chalmers. *Autumn Leave：A sheaf of paper，sociological and sinological，philosophical and metaphysical，with an autobiographical note*. Shanghai：Kelly& Walsh，1928.

倭纳．秋叶：自传．上海：别发洋行，1928.

Wheatley，Paul. *The Pivot of the Four Quarters：A Preliminary Enquiry into the Origins and Character of the Ancient Chinese City*. Chicago：University of Chicago Press，1971.

惠特利．四方之极：中国古代城市起源及特点初探．芝加哥：芝加哥大学出版社，1971.

Wheeler，L. N. *The Foreigner in China*. Chicago：John C. Buckbee，1881.

裴来尔．外国人在中国．芝加哥：John C. Buckbee，1881.

"*Where Chinese Drive*"：*English Student-Life at Peking*. By a Student Interpreter [William Henry Wilkinson]. London：William Allen，1885.

一个英国翻译学生在北京的学生生活．务谨顺．伦敦：William Allen，1885.

White，Herbert C. *Peking the Beautiful：Comprising 70 Scenic Photographic Studies of the Celebrated Monuments of China's Northern Capital and Its Environs*. Shanghai：Commercial Press，1927.

赫伯特·怀特．燕京胜迹．上海：商务印书馆，1927.

White，Julia Marie. "Topographical Painting in Early-Ming China：'Eight Scenes of Peking' by Wang Fu." M. A. thesis，University of California at Berkeley，1983.

朱利亚·玛丽·怀特．明代早期的实景画：王绂的《北京八景图》．硕士论文，加州大学伯克利分校，1983.

Whitefield，Roderick. "Che School Paintings in the British Museum." *Burlington Magazine* 114 (1972)：285-294.

罗德里克·怀特菲尔德. 大英博物馆里的车派绘画. 勃林顿杂志，114(1972)：285-294.

Widmer，Eric. *The Russian Ecclesiastical Mission in Peking during the Eighteenth Century*. Cambridge：East Asian Research Center，Harvard University，1976.

埃里克·韦德默. 18世纪俄国在华传教团. 剑桥：哈佛大学东亚研究中心，1976.

Wiesner，Ulrich. *Chinesisches Porzellan die Ohlmer-sche Sammlung im Roemer-Museum，Hildesheim.* Mainz am Rheim：Philipp von Zabern，1981.

乌尔瑞希·威斯纳. 希尔德斯海姆罗莫博物馆欧姆舍的中国瓷器收藏. 莱茵河畔美茵兹：Philipp von Zabern，1981.

Will，Pierre-Étienne. *Bureaucracy and Famine in Eighteenth-Century China*. Trans. Elborg Forster. Stanford：Stanford University Press，1990.

魏丕信. 18世纪中国的官僚与饥荒. 埃尔博格·福斯特，译. 斯坦福：斯坦福大学出版社，1990.

Willeke，Bernard H. *Imperial Government and Catholic Missions in China during the Years 1784－1785*. St. Bonaventure，N. Y：The Franciscan Institute. 1948.

伯纳德·H. 维勒克. 1784—1785年中华帝国政府和天主教使团. St. Bonaventure，纽约：The Franciscan Institute，1948.

Williamson，Alexander. *Journeys in North China，Manchuria，and Eastern Mongolia*. London：1870. 2 vols.

韦廉臣. 华北、满洲及东蒙旅行记. 伦敦：1870. 2卷.

Wills，John E.，Jr. *Embassies and Illusions：Dutch and Portuguese Envoys to K'ang-hsi，1666－1687*. Cambridge：Council on East Asian Studies. Harvard University，1984.

卫思韩. 外交和幻觉：康熙时期的荷兰和葡萄牙使团，1666—1687. 剑桥：哈佛大学东亚研究理事会，1984.

Wilson，J. H. *Travels and Investigations in the Middle Kingdom*. NewYork：1887.

威尔逊. 中国. 纽约：1887.

Wilson，Thomas A. *Genealogy of the Way：The Construction and Uses of the Confucian Tradition in Late Imperial China*. Stanford：Stanford University Press，1995.

魏伟森. 追根溯源：中华帝国晚期儒家传统的构建及效用. 斯坦福：斯坦福大学出版社，1995.

Witek，John W. “Manchu Christians in Early Eighteenth-Century China：A Preliminary Study，” pp. 265－279 in *Succès et Échecs de la rencontre Chine et Occident du XVIe au XXe Siècles*. Actes duVe Colloque International de Sinologie de Chantilly，15－18 September 1986. Paris：Ricci Institute. 1993.

魏若望. 18 世纪早期中国的满洲基督徒：初步研究//16 世纪到 20 世纪间中国与西方的接触中的成与败. 尚蒂伊中国问题研究国际研讨会，1986 年 9 月 15—18 日. 巴黎，利玛窦学院，1993：265－279.

Witffogel，Karl A.，&Chia-sheng Feng. *History of Chinese Society：Liao（907－1125）*. Philadelphia：Transactions of the American Philosophical Society，n. s. 36. 1946.

魏特夫，冯家昇. 中国社会史：辽（907－1125）. 费城：美国哲学学会学报，新序列号 36，1946.

Wolf，Arthur P. “Gods，Ghosts，and Ancestors，” pp. 131－182 in *Religion and Ritual in Chinese Society*. Ed. Arthur P. wolf. Stanford：Stanford University Press，1974.

武雅士. 神、鬼和祖先//武雅士，编. 中国社会中的宗教和仪式. 斯坦福：斯坦福大学出版社，1974.

Wolseley，G. J.，Lieutenant-Colonel. *Narrative of the War with China in 1860*. London：Longman Green，Longman &Roberts，1862.

吴士礼中校. 1860 年对华战争纪事. 伦敦：Longman Green，Longman & Roberts，1862.

Wong，K. Chimin，& Lien-the Wu. *History of Chinese Medicine：Being a Chronicle of Medical Happenings in China from Ancient Times to be Present Period*. 2d ed. 1936；reprint ed.，In one volume，Taipei：Southern Materials，1997.

王吉民，伍连德. 中国医史. 第 2 版. 1936；再版，1 卷，台北：Southern Materials，1997.

776 Wright，Arthur F. “Symbolism and Function：Reflections on Chang-an and Other Great Cities.” *Journal of Asian Studies* 24（1965）：667－679.

芮沃寿. 象征意义和作用：对长安和其他大城市的思考. 亚洲研究学报. 24（1965）：667－679.

Wright，Mary C. *The Last Stand of Chinese Conservatism：The T'ung-*

chih Restoration, *1862-74*. 2d ed. New York: Athemeum, 1966.

芮玛丽. 同治中兴：中国保守主义的最后抵抗（1862—1874). 第 2 版. 纽约：Athemeum，1966.

吴长元（Wu Changyuan). 宸垣识略 *Chenyuan shilue* [Sketches of the imperial enclosure]. 1788；再版，北京：北京古籍出版社，1981.

吴怀斌（Wu Huaibin)，曾广灿（Zeng Guangcan)，等. 老舍研究资料 *Lao She yanjiu ziliao* [Sources for the study of Lao She]. 北京：十月文艺出版社，1985. 2 卷.

吴建雍（Wu Jianyong). 清代北京的粮食供应 Qingdai Beijing di liangshi gongying [Grain supply in Qing dynasty Peking] //北京历史与现实研究 *Beijing lishi yu xianshi yanjiu* [A study of Peking's history and actuality]. 北京社会科学院，等编. 北京：北京燕山出版社，1989：167-186.

——. 清前期北京城市生活 Qing qian qi Beijing chengshi shenghuo [City life in Peking in the early Qing] //吴建雍（Wu Jianyong)，等编. 北京城市生活史 *Beijing chengshi shenghuo shi*. 北京：开明出版社，1997：221-292.

Wu, Nelson. "The Toleration of Eccentrics." *Art News* 56：3 (1957)：27-29，52-54.

鹿桥. 怪人的容忍. 艺术新闻，56：3 (1957)：27-29，52-54.

Wu, Pei-yi. *The Confucian's Progress*: *Autobiographical Writings in Traditional China*. Princeton: Princeton University Press, 1990.

吴百益. 儒者的历程：中国古代的自传写作. 普林斯顿：普林斯顿大学出版社，1990.

——. "An Ambivalent Pilgrim to T'ai Shan in the Seventeenth Century," pp. 63-102 in *Pilgrim and Sacred Sites in China*. Ed. Susan Naquin&Chün-fang Yü. Berkeley: University of California Press, 1992.

——. 17 世纪人们朝拜泰山的矛盾心理//韩书瑞，于君方，编. 中国历史上的进香与宗教圣地. 伯克利：加州大学出版社，1992：63-102.

Wu Wei-ping. "The Development and Decline of the Eight Banners." Ph. D. diss., University of Pennsylvania, 1969.

吴卫平. 八旗兴衰. 博士论文，宾夕法尼亚大学，1969.

吴文彬（Wu Wenbin). 丁观鹏所画的两幅年景画 "Ding Guanpeng suo hua di liang fu nianjing hua [Two calendrical-scene paintings by Ding Guanpeng]. 故宫博物院院刊，35 (1986)：40-45.

吴晓铃（Wu Xiaoling). 双楷书室所藏清代有关北京之竹枝词 "Shuanghun Shushi Suo cang Qingdai you guan Beijing zhi zhuzhi ci [Qing dynasty bamboo branch lyrics on Peking from the Two Mimosa Study]."燕都，1991（5）：2-3；1992（1）：40-41，（2）：2-3，（5）：4-5.

吴玉清（Wu Yuqing），吴永兴（Wu Yongxing），等编. 清朝八大亲王 *Qingchao ba da qinwang* [The eight great princes of the Qing dynasty]. 北京：学苑出版社，1993.

吴振棫（1792—1870，Wu Zhenyu）. 养吉斋丛录 *Yangjizhai conglu* [Collected notes from The Cultivating Auspiciousness Studio]. 1896；再版，北京：北京古籍出版社，1983.

项维贞（Xiang Weizhen）. 燕台笔录 *Yantai bi lu* [Notes on Peking].［约1700.］学海类编 *Xue hai lei bian*：第110册. 台北：文源出版社，1964.

Xiao，Tong（501－531）. *Wen xuan，or Selections of Refined Literature*. Vol. 1，*Rhapsodies on Metropolises and Capitals*. Translated and annotated by David R. Knechtges. Princeton：Princeton University Press，1987.

萧统（501－531）. 昭明文选：卷1：京都. 康维达，译注. 普林斯顿：普林斯顿大学出版社，1987.

萧洵（Xiao Xun）. 故宫遗录 *Gugong yi lu* [A remnant record of the old palace].［1616］；再版，北京：北京古籍出版社，1980.

小方壶斋舆地丛钞 *Xiaofanghu zhai yudi congchao* [Geographical compendium from the Small Square Vase Studio]. 上海：著易堂，1891. 引文为卷数与页码.

777 谢林（Xie Lin）. 崇文门税关概述 Chongwenmen shuiguan gaishu [A study of the Chongwen Gate tax office]. 北京史苑：第1辑. 北京：北京出版社，1983：80-94.

谢肇淛（Xie Zhaozhi）. 五杂俎 *Wu za zu* [Five assorted offerings]. 1608；再版，台北：新兴书局，1971.

北京图书馆善本组，辑（Beijing Tushuguan Shanbenzu）. 析津志辑佚 *Xijin*：*Xijin zhi ji yi* [Edited records from the Xijin gazetteer].［约1350］. 北京：北京古籍出版社，1983.

许大龄（Xu Daling）. 明代北京的经济生活 Mingdai Beijingdi jinji shenghuo [The economic life of Peking in the Ming]. 北京大学学报（人文科学），1959（4）：41-63.

许道龄（Xu Daoling）. 北平庙宇通检 *Beiping miaoyu tongjian* [An inventory of Peking's temples]. 北京：国立北平研究院史学研究会，1936.

2卷.

许惠利（Xu Huili），编．卧佛寺与樱桃沟 *Wofosiyu Yingtaogou* [CherryGlen and the Temple of the Reclining Buddha]．北京：中国旅游出版社，[1986].

徐珂（Xu Ke)．清稗类钞 *Qing bai lei chao* [Miscellaneous classified information from the Qing]．1917；再版，北京：中华书局，1984—1986. 13卷.

徐乾学（Xu Qianxue)．儋园文集 *Danyuan wenji* [Collected writings from the Tranquil Garden]．1697；再版，清名家集汇刊 *Qing ming jia ji huikan*，台北：汉华文化，1971.

Ya，Hanzhang. *The Biographies of the Dalai Lamas*. Trans. Wang Wenjiong. Peking：Foreign Languages Press，1991.

牙含章．达赖喇嘛传．王文炯，译．北京：外文出版社，1991.

Yamamoto，S [anchirō]. “Picturesque Views of Peking.” Peking：1901.

山本赞七郎．风景如画的北京．北京：1901.

——．北京名胜 *Pekin meishō/Beijing mingsheng* [Famous sights of Peking]．东京：1909.

阎崇年（Yan Chongnian)．古都北京 *Beijing-The Treasures of an Ancient Capital/Gudu Beijing*．北京：朝华出版社，1987.

燕楚游骖录 *Yan Chuyoucanlu* [Record of tourist stops in Yan and Chu]．[约1930]；再版，台北：学生书局，1970.

Yang，Daniel Shih-P'eng. *An Annotated Bibliography of Materials for the Study of Peking Theater*. Madison：University of Wisconsin，1967.

杨世彭．北京戏剧研究资料．麦迪逊：威斯康星大学，1967.

杨尔曾（Yang Erzeng)．西山图说 Xishan tu shuo [Illustrated account of the Western Hills] //新镌海内奇观 *Xinjian Hai nei qi guan* [New edition of the “Wondrous Sights in the Empire”]：卷2．1610.

杨法运（Yang Fayun)，赵筠秋（Zhao Yunqiu)，等编．北京经济史话 *Beijing jingji shihua* [Economic history of Peking]．北京：北京出版社，1984.

Yang，Hsuan-chih（d. 555?). *A Record of Buddhist Monasteries in Loyang*. Trans. Yi-t'ung Wang. Princeton：Princeton University Press，1984.

杨衒之．洛阳伽蓝记．王伊同，译．普林斯顿：普林斯顿大学出版社，1984.

Yang，I. “The Land System of the Early Ch'ing Dynasty.” *Chinese Stud-*

ies in History：*The Early Ch'ing Dynasty*：*State and Society*，*1601－1722*. Vol. 2，part 2（fall-winter 1981—1982）：93－112.

I. 杨. 清前期土地制度//中国历史研究：清前期的国家与社会，1601—1722：第2卷第2部分（1981—1982秋冬）：93－112.

杨乃济 Yang Naiji. 太液池边的小铁路"Taiyichi bian di xiao tielu [The small rail-road beside the Central and South Lakes]."紫禁城，13（1982）：8.

——. 那王府历史沿革与现状 Nawangfu lishi yange yu xianzhuang [The history and present status of the Prince Na mansion] //燕京春秋 Yanjingchunqiu. 北京：北京出版社，1982：160－170.

778 ——.《乾隆京城全图》考略 Qianlong jingcheng quan tu'kaolue [Astudy of "The Complete Qianlong Map of Peking"]. 故宫博物院院刊，1984（3）：8－24.

——. 清代轰动京师的"灵官庙"丑闻 Qingdai hongdong Jingshi di "Lingguanmiao" chouwen [The disgraceful Qing dynasty affair at the Lingguan temple that put the capital in an uproar]. 紫禁城，36（1986）：30－31.

杨学琛（Yang Xuechen），周远廉（Zhou Yuanlian）. 清代八旗王公贵族兴衰史 *Qingdai baqi wanggong guizu xing shuai shi* [A history of the rise and decline of the Qing Banner nobility]. 沈阳：辽宁人民出版社，1986.

杨掌生（Yang Zhangsheng）. 京尘杂录 *Jingchenju lu* [A record of drama in the capital]. 清；再版，新曲苑：第2册，台北：中华书局，1970：422－433.

燕京杂记 *Yanjing za ji* [Miscellaneous notes about Peking]. [约1820]；再版，北京：北京古籍出版社，1986.

Yao，Tao-chung. "Ch'uan-chen：A New Taoist Sect in North China during the Twelfth and Thirteenth Centuries." Ph. D. diss.，Arizona State University，1980.

姚道中. 全真教：12—13世纪中国北方的一个新的教派. 博士论文，亚利桑那大学，1980.

姚元之（1773—1852，Yao Yuanzhi）. 竹叶亭杂记 *Zhuyeting za ji* [Miscellaneous notes from the Bamboo Pavilion]. 1893.

叶名澧（Ye Mingfeng）. 桥西杂记 *Qiao xi za ji* [Miscellaneous accounts from west of the bridge]，1871；再版，台北：艺文印书馆，1967.

Yeh，Catherine Vance. "Representing the City：Shanghai and Its Maps." Paper presented at the Conference on Town and Country in China，University of Oxford，April 1997.

叶凯蒂. 描绘城市：老地图中的上海. 为题为“中国城镇和乡村研讨会”提交的论文. 牛津大学，1997 年 4 月.

议覆档 YFD：Yifu dang [Record book of Grand Council deliberations]. 中国第一历史档案馆，北京. 引文为页码和日期.

李肇源（Yi Kawōn）. 燕蓟风烟 *Yōn'gi p'ungyōn* [Tranvels to Yan and Ji]. [约 1830]. 北京图书馆手稿.

李押（Yi Kap）. 燕行纪事 Yōnhaeng kisa [Record of a journey to Peking]. [1777]. In Yōnhaengnok sŏnjip 2：556-693.

Yi Wŏnbok. “P'yo-am 豹庵 Kang Se-kwang 姜世晃 ŭi Chungguk kihaengch'op (1) [Kang Se-kwang's ‘Album of a Journey to China’ (1)].” *Han'guk Komisul* 1998 #10：36-45，#11：44-51，80.

李元福. 豹庵姜世晃的《中国旅行画册》(1). 韩国古美术，1988 (10)：36-45；(11)：44-51，80.

尹钧科（Yin Junke）. 明代北京郊区村落的发展 Mingdai Beijing jiaoqu cunluo di fazhan [On the development of suburban villages in Ming dynasty Peking]. 历史地理，1983 (3)：121-130.

燕行录选集 *Yŏnhaengnok sŏn jip* [Collected accounts of journeys to Peking]. 首尔：首尔大学，1960—1962. 2 卷.

忧患生（You Huansheng）. 京华百二竹枝词. *Jinghua bai'er zhuzhi ci* [A hundred bamboo-branch lyrics about the capital]. 北京：1910.

Yü，Chün-fang. *The Renewal of Buddhism in China：Chu-hung and the Late Ming Synthesis*. New York：Columbia University Press，1981.

于君方. 佛教在中国的复兴：袾宏与晚明的整合. 纽约：哥伦比亚大学出版社，1981.

——. “P'u-t'o Shan：Pilgrimage and the Creation of the Chinese Potalaka,” pp. 190 - 245 in *Pilgrims and Sacred Sites in China*. Ed. Susan Naquin & Chün-fang Yü. Berkeley：University of California Press，1992.

——. 普陀山：中国的普陀洛迦山的创立和朝圣//韩书瑞，于君方，编. 中国历史上的进香与宗教圣地. 伯克利：加州大学出版社，1992：190-245.

——. “Ming Buddhism,” pp. 893 - 952 in *The Cambridge History of China*. Vol. 8，The Ming Dynasty. *1368-1644*. Part 2. Ed. Denis Twitchett & Frederick W. Mote. Cambridge：Cambridge University Press，1998.

——. 明代佛教//崔瑞德，牟复礼，编. 中国剑桥史：第 8 卷：明朝，1368—1644. 部分 2. 剑桥：剑桥大学出版社，1998：893-952.

——. *Kuan-yin: The Transformation of Avalokiteśvara*. New York: Columbia University Press, forthcoming.

——. 观音. 纽约：哥伦比亚大学出版社，即将出版.

779 于德源（Yu Deyuan）. 明代北京的庄田 Mingdai Beijing di zhuangtian [Estate lands in Ming Peking]. 北京史苑：第3辑. 北京：北京出版社，1985：117-127.

Yu, Hui. "Naturalism in Qing Imperial Group Portraiture." *Orientations* 26：7 (1995)：42-50.

于辉. 清皇家团体人像中的自然主义. 东方，26：7 (1995)：42-50.

于杰（Yu Jie），于光度（Yu Guangdu）. 金中都 *Jin Zhongdu* [The Jin capital]. 北京：北京出版社，1988.

余棨昌（Yu Qichang）. 故都变迁记略 *Gudu bianqian jilue* [Account of the changes in the old capital]. 1941；再版，台北：古亭书屋，1968.

于善浦（Yu Shanpu），编. 清东陵大观 *Qing Dongling da guan* [A general look at the Qing Eastern Tombs]. 石家庄：河北人民出版社，1985.

御制诗余集 *Yu zhi shi yu ji* [（The Jiaqing Emperor's）imperial poems, supplementary collection]. 北京：文渊阁 [约1820].

首都博物馆，编. 元大都 *Yuan Dadu* [The Yuan capital]. 北京：北京燕山出版社，1989.

袁宏道（Yuan Hongdao）. 袁中郎先生全集 *Yuan Zhonglang xiansheng quanji* [Collected works of Yuan Hongdao]. 1610；再版，台北：伟文图书出版社有限公司，1976.

Yuan, Hung-tao [Yuan Hongdao]. *Pilgrim of the Clouds: Poems and Essays by Yuan Hungtao and His Brothers*. Trans. Jonathan Chaves. New York: Weatherhill. 1978.

云游集：袁宏道及其兄弟的诗和散文. 齐皎瀚，译. 纽约：Weatherhill，1978.

元璟（Yuan Jing）[1703?]. 京师百咏 Jingshi bai yong [Poems on the Capital] //完玉堂诗集 *Wanyutangzhuji* [Collection from the Enjoying Jade Hall]：第7卷.

袁中道（Yuan Zhongdao）. 珂雪斋集 *Kexuezhai ji* [Writings from the Jade-White Snow Studio]. 1618；再版，中国文学珍本丛书：卷41. 上海：上海杂志公司，1936.

圆明园四十景图咏 *Yuanmingyuan sishi jingtu yong* [Pictures and poems of the forty vistas of the Yuanmingyuan]. 北京：中国建筑工业出版社，1985.

岳和声（Yue Hesheng）. 餐微子集 *Canweizi ji* [Dining-on-thorns collection] 和擒妖始末 *Qin yao shimo* [Complete account of the capture of the wizards]. 1624；再版合辑，台北：伟文图书公司，1977. 2卷. 引文为再版卷数和页码.

查慎行（Zha Shenxing）. 人海记 *Renhai ji* [Notes on society]. 1713. 未标页码，引文为册.

查嗣瑮（Zha Sili）. 查浦诗钞 *Zhapu shi chao* [Poems of Zha Sili]. 1793.

张宝（Zhang Bao）. 续泛槎图三集 *Xu Fan cha tu san ji* [Illustrated journey; continued, third collection]. [1831]；再版，上海：点石斋，1880.

张宝章（Zhang Baozhang），彭哲愚（Peng Zheyu）. 香山的传说 *Xiangshan di chuanshuo* [Tales of Xiangshan]. 石家庄：河北少年儿童出版社，1985.

章潢（Zhang Huang）. 图书编 *Tu shu bian* [Edited maps and books]. 1613；再版，台北：成文出版社，1971.

张江裁（Zhang Jiangcai）编. 清代燕都梨园史料正续编 *Qingdai yandu liyuan shiliao zheng xu bian* [Source materials on theater in Peking in the Qing period, original and supplement]. [1934, 1938]；再版，台北：学生书局，1965. 4册.

——. 天桥一览 *Tianqiaoyi lan* [A glance at Heaven's Bridge]. 天津：1936；再版，台北：古亭书屋，1968.

——. 北平岁时志 *Beiping suishi zhi* [A gazetteer of Peking's annual calendar]. 北平：国立北平研究院史学研究会，1936.

——. 北平史迹丛书 *Beiping shiji congshu* [Collectanea on Peking's historical sites]. 1937；再版，台北：古亭书屋，1969. 780

——. 京津风土丛书 *Jing Jin fengtu congshu* [Collectanea on Peking and Tianjin customs]. 1938；再版，台北：古亭书屋，1969.

——. 燕都风土丛书 *Yandu fengtu congshu* [Collectanea on the customs of Yan]. [1939].

——. 中国史迹风土丛书 *Zhongguo shiji fengtu congshu* [Collectanea on Chinese local customs]. 北京：松云阁，1943.

张江裁（Zhang Jiangcai），许道龄（Xu Daoling）. 北平庙宇碑刻目录 *Beiping miaoyu beike mulu* [A list of the stelae in Peking temples]. 北平：国立北平研究院总办处出版课印行，1936.

张爵（Zhang Jue）. 京师五城坊巷胡同集 *Jingshi wu cheng fangxiang*

hutong ji [List of the wards and alleys of the five districts of the Capital]. 1560；再版，北京：北京古籍出版社，1982.

张琏（Zhang Lian）. 明代中央政府刻书研究 *Mingdai zhongyang zhengfu keshu yanjiu* [A study of the printing of books by the central government in the Ming period]. 台北：中国文化大学史学研究所，1982.

张焘（Zhang Tao）. 津门杂记 *Jinmen za ji* [Miscellaneous notes on Tianjin]. 1885 年前言.

Zhang Yingjin. *Configurations of the City in Modern Chinese Literature and Film*. Stanford：Stanford University Press，1992.

张英进. 中国现代文学和电影中的城市. 斯坦福：斯坦福大学出版社，1992.

赵东书（Zhao Dongshu）. 理教汇编 *Lijiao huibian*. 第 2 版. 台北：理教总公所，1973.

赵吉士（Zhao Jishi）. 寄园寄所寄 *Jiyuan ji suo ji* [Records kept while staying in the Ji Garden]. 1695.

赵润星（Zhao Runxing），杨宝生（Yang Baosheng）. 戒台寺 *Jietaisi*. 北京：北京燕山出版社，1986.

——. 潭柘寺 *Tanzhesi*. 北京：北京燕山出版社，1986.

赵翼（Zhao Yi，1727—1814）. 簷曝杂记 *Yanpu za ji* [Miscellaneous notes from under the eaves]. 再版，笔记小说大观. 7：4. 台北：新兴书局，1975：2423-2485.

昭梿（Zhao Lian）. 啸亭杂录 *Xiaoting za lu* [Miscellaneous notes from the Whistling Pavilion]. [1815]；再版，台北：弘文馆，1986.

——. 啸亭续录 *Xiaoting xu lu* [Further notes from the Whistling Pavilion]. [1826]；再版，台北：弘文馆，1986.

郑连章（Zheng Lianzhang）. 紫禁城城池 *Zijincheng cheng chi* [Walls and moats of the Forbidden City]. 北京：紫禁城出版社，1986.

震钧（Zhenjun）[a. k. a. Tang Yah 唐宴]. 天咫偶闻 *Tianzhi ouwen* [Hearsay from close to heaven]. 1907.

直隶名胜 *Zhili mingsheng* [Sights of Zhili province]. 第 3 版. 上海：商务印书馆，1920.

中国地方志联合目录 *Zhongguo difangzhi lianhe mulu* [Union catalogue of gazetteers of China]. 北京：中华书局，1986.

中国第一历史档案馆馆藏档案概述 *Zhongguo Diyi lishi Dang'an guan*

cang dang'an gai shu [A survey of the archives at the First Historical Archives]. 北京：中国档案出版社，1985.

中国科学院（Zhongguo Kexueyuan）地球物理研究所（DiqiuWuliYanji- 781
usuo），编. 中国地震目录 *Zhongguo dizhen mulu* [An index to earthquakes in China]. 1970；再版，华盛顿特区：1976. 二册合一.

中国佛教艺术 *Zhongguo fojiao yishu/Buddhist Art in China*. 台北：台湾博物馆，1978.

中国佛教之旅 *Zhongguo fojiao zhi lu/Chūgoku bukkyō no ryo*：第一册. 京都：Dainihon，1990.

金玉满（Jin Yuman），等编. 中国旅游文献书目选编 *Zhongguo lüyou wenxian shumu xuanbian* [Bibliography of books on travel in China]. 北京：中国旅游出版社，1986.

中国美术全集 *Zhongguo meishu quan ji* [A complete collection of Chinese art]. 北京：人民美术出版社，1984—1989.

中国名胜 *Zhongguo mingsheng/Views of China*. 上海：商务印书馆，1912.

周华斌（Zhou Huabin）. 京都古戏楼 *Jingdu gu xilou* [The old theaters of the capital]. 北京：海洋出版社，1993.

周绍良（Zhou Shaoliang）. 明万历年间为九莲菩萨编造的两部经 Ming Wanli nianjian wei Jiulian Pusa bianzao di liang bu jing [Two sutras edited for the Nine Lotus Bodhisattva in Ming Wanli]. 故宫博物院院刊，1985（2）：37-40.

——. 明代皇帝、贵妃、公主印施的几本佛经 Mingdai huangdi，guifei，gongzhu yinshi di jiben fojing [Several Buddhist scriptures printed and distributed by Ming emperors，concubines，and princesses]. 文物，1987（8）：8-11.

周育民（Zhou Yumin）. 法华古寺风云录 Fahua gu si fengyun lu [An account of the precarious position of the old Fahuasi] //林克光（Lin Keguang），等主编. 近代京华史迹 *Jindai jinghua shiji*. 北京：中国人民大学出版社，1985：409-416.

周振鹤（Zhou Zhenhe）. 王三奶奶 Wang Sannainai [Granny Wang]. 民俗，69-70（1929）：68-107.

朱偰（Zhu Xie）. 元大都宫殿图考 *Yuan Dadu gongdian tukao* [An illustrated study of the palaces of Yuan Dadu]. 1936；再版，北京：北京古籍出版社，1990.

——. 明清两代宫苑建置沿革图考 *Ming Qing liangdai gongyuan jianzhi yange tukao* [Illustrated study of the development of the buildings of the palace in the

Ming and Qing]. 1947；再版，北京：北京古籍出版社，1990.

朱彝尊（Zhu Yizun）. 日下旧闻 *Rixiajiuwen* [Ancient accounts heard in the precincts of the throne]. 1688. 增补本，约1697.

——. 曝书亭集 *Pushuting ji* [Collection from the Airing-the-Books Pavilion]. 1708年前言；再版，四部备要 *Sibu beiyao*，上海：中华书局，1941.

涿州志 *Zhuozhou zhi* [Gazetteer of Zhuo department]. [1522—1566].

紫禁城 *Zijincheng/Forbidden City*. 双月刊. 北京.

紫禁城帝后生活 *Zijincheng di hou shenghuo*，*1644–1911* [The life of emperors and empresses in the Forbidden City]. 北京：中国旅游出版社，1982.

Zito，Angela. *Of Body and Brush*：*Grand Sacrifice as Text/Performance in Eighteenth Century China*. Chicago：University of Chicago Press，1997.

司徒安. 身体与笔：18世纪中国作为文本/展演的大祀. 芝加哥：芝加哥大学出版社，1997.

畿辅赈溺全图 ZNQT：*Jifu zhenni quan tu* [Fully illustrated account of the flood relief in the capital region]. 1892. 引文为说明号码.

782 最新北京指南 *Zuixin Beijing zhinan* [Newest guide to Peking]. 北京：自强书局，1938. 无连续页码.

Zurndorfer，Harriet G. "'One Adam having driven us out of Paradise，another has driven us out of China'：Yang Kuang-hsien's Challenger of Adam Schall von Bell，" pp. 141–68 in *Conflict and Accommodation in Early Modern East Asia*：*Essays in Honour of Erik Zürcher*. Ed. Leonard Blussé & Harriet T. Zurndorfer. Leiden：1993.

宋汉理. 亚当把我们推出天堂，其他人把我们推出中国：杨匡贤的挑战者汤若望//包乐史，宋汉理，编. 近代早期东亚的冲突与调解. 莱顿：1993：141–168.

索　引

（页码为原书页码，即本书边码）

黑体数字为图、地图或表所在的页码。

捐助人指的是北京寺院的捐助人。

《国家清史编纂委员会·编译丛刊》已出书目

1.《中国近事报道》
［法］李明著，郭强等译，大象出版社，2004

2.《中国新史》
［葡］安文思著，何高济、李申译，大象出版社，2004

3.《清初扬州文化》
［美］梅尔清著，朱修春译，复旦大学出版社，2004

4.《八国联军占领实录：天津临时政府会议纪要》（上下册）
倪瑞英等译，刘海岩校，天津社会科学院出版社，2004

5.《州县官的银两——18世纪中国的合理化财政改革》
［美］曾小萍著，董建中译，中国人民大学出版社，2005

6.《在“模范殖民地”胶州湾的统治与抵抗——1897—1914年中国与德国的相互作用》
［德］余凯思著，孙立新译，刘新利校，山东大学出版社，2005

7.《这些从秦国来——中国问题论集》
［英］赫德著，叶凤美译，天津古籍出版社，2005

8.《亲历晚清四十五年——李提摩太在华回忆录》
［英］李提摩太著，李宪堂、侯林莉译，天津人民出版社，2005

9.《汉口：一个中国城市的商业和社会（1796—1889）》
［美］罗威廉著，江溶、鲁西奇译，彭雨新、鲁西奇校，中国人民大学出版社，2005

10.《耶稣会士傅圣泽神甫传：索隐派思想在中国及欧洲》
［美］魏若望著，吴莉苇译，大象出版社，2006

11.《奉天三十年（1883—1913）——杜格尔德·克里斯蒂的经历与

回忆》
[英] 杜格尔德·克里斯蒂著，[英] 伊泽·英格利斯编，张士尊、信丹娜译，湖北人民出版社，2007

12.《清初耶稣会士鲁日满常熟账本及灵修笔记研究》
[比] 高华士著，赵殿红译，刘益民审校，大象出版社，2007

13.《明治前期日中关系史研究》
[日] 安冈昭男著，胡连成译，王晓秋审校，福建人民出版社，2007

14.《义和团的起源及其运动》
[日] 佐藤公彦著，宋军、彭曦、何慈毅译，中国社会科学出版社，2007

15.《东正教在华两百年史》
[俄] 尼古拉·阿多拉茨基著，阎国栋、肖玉秋译，陈开科审校，广东人民出版社，2007

16.《美国政府解密档案：美国驻中国广州领事馆领事报告（1870—1906）》（影印全 25 册）
广西师范大学出版社组织整理，程焕文审订，广西师范大学出版社，2007

17.《英国的课业：19 世纪中国的帝国主义教程》
[美] 何伟亚著，刘天路、邓红风译，刘海岩审校，社会科学文献出版社，2007

18.《压力下的生活：1700—1900 年欧洲与亚洲的死亡率和生活水平》
[瑞典] 托米·本特森、[美] 康文林、李中清等著，李霞、李恭忠译，史建云审校，社会科学文献出版社，2007

19.《扬子江上的美国人——从上海经华中到缅甸的旅行记录（1903）》
[美] 威廉·埃德加·盖洛著，晏奎、孟凡君、孙继成译，沈弘、吴乃华审校，山东画报出版社，2008

20.《中国十八省府》
[美] 威廉·埃德加·盖洛著，沈弘、郝田虎、姜文涛译，沈弘、

李宪堂审校，山东画报出版社，2008

21.《汉口：一个中国城市的冲突和社区（1796—1895）》
[美] 罗威廉著，鲁西奇、罗杜芳译，马钊、萧致治审校，中国人民大学出版社，2008

22.《俄国各民族与中国贸易经济关系史（1917年以前）》
[苏] 米·约·斯拉德科夫斯基著，宿丰林译，徐昌翰审校，社会科学文献出版社，2008

23.《过失杀人、市场与道德经济：18世纪中国财产权的暴力纠纷》
[美] 步德茂著，张世明、刘亚丛、陈兆肆译，[美] 步德茂审校，社会科学文献出版社，2008

24.《清代水利与区域社会》
[美] 森田明著，雷国山译，叶琳审校，山东画报出版社，2008

25.《中国丛报》（影印全21册）
张西平主编，顾钧、杨慧玲整理，广西师范大学出版社，2008

26.《清代田赋刍论（1750—1911）》
[美] 王业健著，高风等译，高王凌、黄莹珏审校，人民出版社，2008

27.《清代来华传教士马若瑟研究》
[丹麦] 龙伯格著，李真、骆洁译，张西平审校，大象出版社，2009

28.《耶稣会士白晋的生平与著作》
[德] 柯兰霓著，李岩译，张西平、雷立柏审校，大象出版社，2009

29.《耶稣会士张诚——路易十四派往中国的五位数学家之一》
[法] 伊夫斯·德·托玛斯·德·博西耶尔夫人著，辛岩译，陈志雄、郭强、古伟瀛、刘益民审校，大象出版社，2009

30.《清代宫廷社会史》
[美] 罗友枝著，周卫平译，雷颐审校，中国人民大学出版社，2009

31.《清代森林与土地管理》

[美] 孟泽思著，赵珍译，曹荣湘审校，中国人民大学出版社，2009

32.《中国：糖与社会——农民、技术和世界市场》

[美] 穆素洁著，叶篱译，林燊禄校，广东人民出版社，2009

33.《世界时间与东亚时间中的明清变迁》（上下卷）

[美] 司徒琳主编，赵世玲译，赵世瑜、杜正贞审校，三联书店，2009

34.《奉天国际鼠疫会议报告（1911）》

国际会议编辑委员会编辑，张士尊译，苑洁审校，中央编译出版社，2010

35.《清代中国的物价与经济波动》

[日] 岸本美绪著，刘迪瑞译，胡连成审校，社会科学文献出版社，2010

36.《清末中琉日关系史研究》（上下册）

[日] 西里喜行著，胡连成等译，王晓秋审校，社会科学文献出版社，2010

37.《圣经与枪炮——基督教与潮州社会（1860—1900）》

[美] 李榭熙著，雷春芳译，[美] 周翠珊审校，社会科学文献出版社，2010

38.《俄中商贸关系史述》

[俄] 阿·科尔萨克著，米镇波译，阎国栋审校，社会科学文献出版社，2010

39.《在华俄国外交使者（1618—1658）》

[俄] 娜·费·杰米多娃、弗·斯·米亚斯尼科夫著，黄枚译，米镇波审校，社会科学文献出版社，2010

40.《满与汉：清末民初的族群关系与政治权力（1861—1928）》

[美] 路康乐著，王琴、刘润堂译，李恭忠审校，中国人民大学出版社，2010

41.《儒学与近代中国》

［英］庄士敦著，潘崇、崔萌译，李宪堂审校，天津人民出版社，2010

42.《十九世纪前的俄中外交及贸易关系》

［俄］特鲁谢维奇著，徐东辉、谭萍译，陈开科审校，岳麓书社，2010

43.《帝王之都——热河》

［瑞典］斯文·赫定著，赵清译，杨迟审校，中央编译出版社，2011

44.《移民的秩序——清代四川地域社会史研究》

［日］山田贤著，曲建文译，卿学民、刘景文审校，中央编译出版社，2011

45.《清代鸦片政策史研究》

［日］井上裕正著，钱杭译，常建华审校，西藏人民出版社，2011

46.《清代中国的若干问题》

［日］古桥秀雄编，杨宁一、陈涛译，张永江审校，山东画报出版社，2011

47.《清代在华的英国博物学家：科学、帝国与文化遭遇》

［美］范发迪著，袁剑译，中国人民大学出版社，2011

48.《俄罗斯汉学史》

［俄］П.Е. 斯卡奇科夫著，［俄］В.С. 米亚斯尼科夫编，柳若梅译，白春仁外文校订，汤开建中文校订，社会科学文献出版社，2011

49.《中国近代财政史研究》

［日］岩井茂树著，付勇译，范金民审校，社会科学文献出版社，2011

50.《清代社会经济史》

［日］山本进著，李继锋、李天逸译，雷国山审校，山东画报出

版社，2012

51.《宝卷——十六至十七世纪中国宗教经卷导论》
[美] 欧大年著，马睿译，郑须弥审校，中央编译出版社，2012

52.《新词语新概念：西学译介与晚清汉语词汇之变迁》
[德] 郎宓榭、阿梅龙、顾有信著，赵兴胜等译，郭大松审校，山东画报出版社，2012

53.《嘉定忠臣——十七世纪中国士大夫之统治与社会变迁》
[美] 邓尔麟著，宋华丽译，卜永坚审校，中央编译出版社，2012

54.《中国旅行记（1816—1817 年）——阿美士德使团医官笔下的清代中国》
[英] 克拉克·阿裨尔著，刘海岩译，刘天路校，上海古籍出版社，2012

55.《19 世纪俄中关系：资料与文献 第 1 卷（1803—1807）》
[俄] B.C. 米亚斯尼科夫主编，徐昌翰等译，徐昌翰、薛衔天审校，广东人民出版社，2012

56.《中华帝国晚期的权力与政治：袁世凯在北京与天津 1901—1908》
[美] 斯蒂芬·R. 麦金农著，牛秋实、于英红译，张学继审校，天津人民出版社，2013

57.《基督教新教传教士在华名录》
[英] 伟烈亚力著，赵康英译，顾钧审校，天津人民出版社，2013

58.《阿美士德使团出使中国日志》
[英] 亨利·埃利斯著，刘天路、刘甜甜译，刘海岩审校，商务印书馆，2013

59.《救世——陈宏谋与十八世纪中国的精英意识》
[美] 罗威廉著，陈乃宣、李兴华、胡玲等译，赵刚、孔祥文审校，中国人民大学出版社，2013

60.《马戛尔尼使团使华观感》
[英] 乔治·马戛尔尼、约翰·巴罗著，何高济、何毓宁译，商务印书馆，2013

61.《呈现意义：晚清中国新学领域》
[德] 朗宓榭、费南山主编，李永胜、李增田译，王宪明审校，天津人民出版社，2014

62.《十九世纪中国的鼠疫》
[美] 班凯乐著，余新忠校，中国人民大学出版社，2015

63.《黄金圈住地》
[美] 雅克·当斯著，周湘、江滢河译，广东人民出版社，2015

64.《科学在中国（1500—1900）》
[美] 本杰明·艾尔曼著，原祖杰等译，中国人民大学出版社，2016

65.《清代海外贸易史研究》
[日] 松浦章著，李小林译，天津人民出版社，2016

66.《晚清日本驻华领事报告编译》
李少军编，李少军等译，社会科学文献出版社，2016

67.《李希霍芬中国旅行日记》
〔德〕费迪南德·冯·李希霍芬著，〔德〕E. 蒂森选编，李岩、王彦会译，华林甫、于景涛审校，商务印书馆，2016

68.《维特档案——访问记　笔记》
[俄] 谢·尤·维特著，李晶、杨怀玉、张丽、叶柏川、王福曾译，李玉贞审校，社会科学文献出版社，2016

69.《君主与大臣：清中期的军机处（1723—1820）》
[美] 白彬菊著，董建中译，中国人民大学出版社，2017

70.《太平天国运动与现代中国》
[日] 小岛晋治著，徐曼译，社会科学文献出版社，2017

71.《清代儒家礼教主义的兴起——以伦理道德、儒学经典和宗族为切入点的考察》
[美] 周启荣著，毛立坤译，天津人民出版社，2017

72.《北京：公共空间和城市生活（1400—1900）》
[美] 韩书瑞著，孔祥文译，孙昉审校，中国人民大学出版社，2019

图书在版编目（CIP）数据

北京：公共空间和城市生活（1400—1900）/（美）韩书瑞著；孔祥文译；孙昉审校．—北京：中国人民大学出版社，2019.3
（国家清史编纂委员会·编译丛刊）
ISBN 978-7-300-23827-2

Ⅰ.①北… Ⅱ.①韩… ②孔… Ⅲ.①城市史-研究-北京-1400-1900 Ⅳ.①K291

中国版本图书馆 CIP 数据核字（2017）第 004201 号

国家清史编纂委员会·编译丛刊
北京：公共空间和城市生活（1400—1900）
［美］韩书瑞（Susan Naquin） 著
孔祥文 译
孙 昉 审校
Beijing：Gongggong Kongjian he Chengshi Shenghuo（1400—1900）

出版发行	中国人民大学出版社		
社　　址	北京中关村大街 31 号	**邮政编码**	100080
电　　话	010－62511242（总编室）		010－62511770（质管部）
	010－82501766（邮购部）		010－62514148（门市部）
	010－62515195（发行公司）		010－62515275（盗版举报）
网　　址	http://www.crup.com.cn		
	http://www.ttrnet.com（人大教研网）		
经　　销	新华书店		
印　　刷	涿州市星河印刷有限公司		
规　　格	148 mm×210 mm　32 开本	**版　　次**	2019 年 3 月第 1 版
印　　张	34.625 插页 4	**印　　次**	2020 年 1 月第 3 次印刷
字　　数	945 000	**定　　价**	149.00 元（全二册）